# 図版 刀銘総覧
〔普及版〕

飯田一雄 編著

刀剣春秋

# 自序

「図版刀銘総覧」は「刀工総覧」の姉妹書として編集した。
「刀工総覧」は故川口陟翁が大正七年に初版を刊行してから増補改訂して版を重ね、日本刀銘鑑の底本とされてきている。昭和三十九年に翁が亡くなられてのち、昭和四十三年に刀剣春秋新聞社が再版し更に版を重ねて、これまでに二十七版をかぞえる。銘鑑書であることから、同書は銘文を項目別に集成しているのであるが、口絵写真をのぞいては図版、押形などは一切使用していない。

そこで「刀工総覧」が押形、図版を収載していないという欠を補う必要性から、「図版刀銘総覧」が姉妹書として編集されることになった。両書は互いに密接に補完しあい、二部作で一体となる内容である。

「図版刀銘総覧」は銘字を集成した図版集であることから、「刀工総覧」より版型が大きくなっているが、銘字図版の配列は「刀工総覧」の記載順に従い、古刀・新刀・現代刀を三大別した。

収載した銘字図版は二千二百余個があり、これらは永年の間、留保してきた相当量の資料中から選抜したものである。著名工の銘字を網羅し、できる限り年代的変遷を順列するほか、代別を加え、二流工は可能な限り、また三流工でも資料性が高いものはつとめて採ることにした。

収載銘については、池田末松先生からご指導を賜わったことを記し、深甚の感謝を申し上げたい。

「刀工総覧」と併読してページを繰ってくだされればありがたく、刀剣研究と愛好のよき伴侶として坐右に置かれるなら誠に幸いである。

昭和五十九年八月

於阿佐谷大鳥前辺

飯　田　一　雄　誌

# 凡例

一、刀銘図の配列は「刀工総覧」が掲載する刀銘の配列順に従った。ただし紙面の配分上、順列が若干前後するものがある。

二、著名工のほか、三流工の刀銘図も選別して収載している。「刀工総覧」に未収載の銘鑑漏れ資料も好参考となるものを加えてある。

三、各項目をアイウエオ順とし、古刀（文禄から以前）、新刀（慶長から幕末まで）、現代刀（明治から以降）の順で配列した。

古刀は○印、新刀（新々刀ふくむ）は△印、現代刀は□印を刀銘に冠して付し、三区分している。

四、刀銘図は三十余年の間、作刀から実写し手元に集めた資料を基本にした。なかに鮮明でない刀銘図がふくみ、かなり取捨して選別したが、資料の上から欠かせないものは、あえて収載したものがある。なかに他資料から引用したものもあるが、永年の間に及ぶため出典名が明らかでないものがある。

この点については何卆ご寛恕を賜わりたい。

五、（　）内は刀銘の呼び名で、古来から慣用してきているものを主とし、俗称も採った。〈　〉内は流派銘、氏、姓、代別、その他必須事項を但し書きとして加えてある。

六、刀銘図は実物大を原則とし、縮小したものがある。

七、刀銘の判読順は太刀銘、刀銘にかかわらず、作銘を優先し、年紀、注文銘その他の銘文を読み下し、但し書きの長銘は省略したものがある。

八、時代区分は七期に大別し、鎌倉、室町、江戸の各時代をそれぞれ三分割して計十三分割した。さらに平安朝期は刀工により末期と後期に分け、鎌倉、室町、江戸の三期は前期と後期に二分割したものがある。

これらの時代区分にかかわらず、裏年紀がある刀銘には、その年号を表示している。明治以降の現代刀工は活躍した主年代を採っている。

①　平安期（　　　末期）（　　　後期）
②　鎌倉期（初期　中期　末期）（前期　後期）
③　南北朝期
④　室町期（初期　中期　末期）（前期　後期）
⑤　桃山期

⑥　江戸期（初期　中期　末期）（前期　後期）

⑦　現　代　　　　　　　　（明治・大正・昭和）

九、刀工の時代区分は、刀工により年代のまたがるもの、あるいは年代が確定していないものなどがある。従っておよそ、その刀工の活躍した主年代、また年紀の確認できるものはその有銘の初期年号を優先して採ることにより、年代を設定した。

「桃山期」は慶長から寛永頃まで、「江戸初期」は正保頃から承応・明暦頃まで、「江戸末期」は文化・文政から慶応までを一応の目安とした。

十、索引を付して参考の便に供した。

# 図版刀銘総覧 目次


## あ

秋〈あき〉……11・14
顕〈あき〉……12
有〈あり〉……12・17
在〈あり〉……13・18
ア〈あ〉……14
昭〈あき〉……14
朝〈あさ・とも〉……17
天〈あま〉……17

## い

家〈いえ〉……19・21
一〈いち・かず〉……20・23
市〈いち〉……24
石〈いし〉……24

## う

氏〈うじ〉……25・28
雲〈うん〉……26
右〈う〉……28
埋〈うめ〉……30

## え

円〈えん〉……31

## お

大〈おお・だい〉……32
興〈おき〉……32
奥〈おき〉……32
起〈おき〉……34

## か

景〈かげ〉……35・55
勝〈かつ〉……38・56
月〈がつ〉……40・218
一〈かず〉……23
兼〈かね〉……40・58
包〈かね〉……52・71
金〈かね〉……54・76・80
果〈か〉……55
加〈か〉……55
克〈かつ〉……58
岩〈がん〉……54

## き

菊〈きく〉……77・82
清〈きよ〉……77・82
金〈きん・かね〉……80・92
竒〈き〉……81
紀〈き〉……81
鬼〈き〉……82
休〈きゅう〉……82

## く

國〈くに〉……99
圀〈くに〉……126・131
邦〈くに〉……139

## こ

是〈これ〉……141・142
上〈こう〉……141
乕〈こ〉……142

## さ

左〈さ〉……144
西〈さい〉……144
貞〈さだ〉……144・152・159
定〈さだ〉……147・157
實〈さね〉……148・158
真〈さね〉……149・158
三〈さん〉……151

## し

重〈しげ〉……162・164
鎮〈しげ〉……163・168
順〈じゅん・のぶ〉……163
繁〈しげ〉……167・171
七〈しち〉……168
下〈しも〉……168
寿〈じゅ〉……169
真〈しん〉……170
荘〈しょう〉……172
實〈じつ〉……163

## す

末〈すえ〉……173
助〈すけ〉……173・183
祐〈すけ〉……179・190

資〈すけ〉……182
佐〈すけ〉……196

**せ**

千〈せん〉……197

**た**

大〈だい・おお〉……32・198・202
高〈たか〉……198・202
貴〈たか〉……199・203
隆〈たか〉……199
鷹〈たか〉……203
忠〈ただ〉……199・203・214
達〈たつ〉……201
為〈ため〉……200・213
種〈たね〉……200・212
胤〈たね〉……212
玉〈たま〉……213

**ち**

近〈ちか〉……215・217
親〈ちか〉……216
周〈ちか〉……217

**つ**

次〈つぐ〉……218・221・225
勉〈つとむ〉……225
綱〈つな〉……219・223
恒〈つね〉……220・225
経〈つね〉……220
常〈つね〉……221・225
紹〈つぐ〉……221
継〈つぐ〉……221

**て**

照〈てる〉……73・226
英〈てる〉……226
輝〈てる〉……227

**と**

外〈と〉……229
遠〈とう〉……229
利〈とし〉……229・233
友〈とも〉……230・237
俊〈とし〉……230・233・239
世〈とし〉……230
倫〈とも〉……231・238
東〈とう〉……233
刻〈とき〉……233
辰〈とき〉……233
歳〈とし〉……234
寿〈とし〉……235・239
朝〈とも・あさ〉……238
具〈とも〉……238

**な**

直〈なお〉……241・246
尚〈なお〉……241・250
成〈なり〉……242・250
長〈なが〉……242・251
永〈なが〉……245・253
浪〈なみ〉……246

**に**

仁〈にん〉……255
入〈にゅう〉……255

**の**

信〈のぶ〉……256・262・269
延〈のぶ〉……259
則〈のり〉……259・267
法〈のり〉……261
順〈のぶ・じゅん〉……262
宣〈のぶ〉……266
陳〈のぶ〉……266
徳〈のり〉……267

**は**

春〈はる〉……270
治〈はる〉……270

**ひ**

久〈ひさ〉……272・278
秀〈ひで〉……273・281・289
廣〈ひろ〉……274・283
弘〈ひろ〉……277・287
寛〈ひろ〉……277・288
巌〈ひろ〉……277
汎〈ひろ〉……288
博〈ひろ〉……289

**ふ**

総〈ふさ〉……290

藤〈ふじ〉……290
冬〈ふゆ〉……290
房〈ふさ〉……291

ほ

宝〈ほう〉……293

ま

正〈まさ〉……295・301・323・324
政〈まさ〉……300・321
當〈まさ〉……301
将〈まさ〉……301・323
昌〈まさ〉……322
方〈まさ〉……322

み

光〈みつ〉……325・327・330
道〈みち〉……326・328
通〈みち〉……326
三〈みつ〉……327
明〈みょう〉……330

む

宗〈むね〉……331・335
統〈むね〉……333
村〈むら〉……334

も

元〈もと〉……341・349
基〈もと〉……342
盛〈もり〉……342・352・356

守〈もり〉……345・354
森〈もり〉……348
師〈もろ〉……348
本〈もと・ほん〉……351

や

安〈やす〉……357・362
康〈やす〉……360・366
泰〈やす〉……361・371
保〈やす〉……362
靖〈やす〉……372

ゆ

行〈ゆき〉……16・373・376
幸〈ゆき〉……375

よ

吉〈よし〉……382・391
義〈よし〉……388・401・405・406
能〈よし〉……389
賀〈よし〉……390
祥〈よし〉……390
頼〈より〉……390・405
良〈よし〉……404・406
慶〈よし〉……404
美〈よし〉……404

り

了〈りょう〉……407
良〈りょう〉……407
旅〈りょ〉……407

参考文献資料……408
年代早見表……409
日本年号索引……410
五畿七道と国別一覧……412
刀工別索引……414

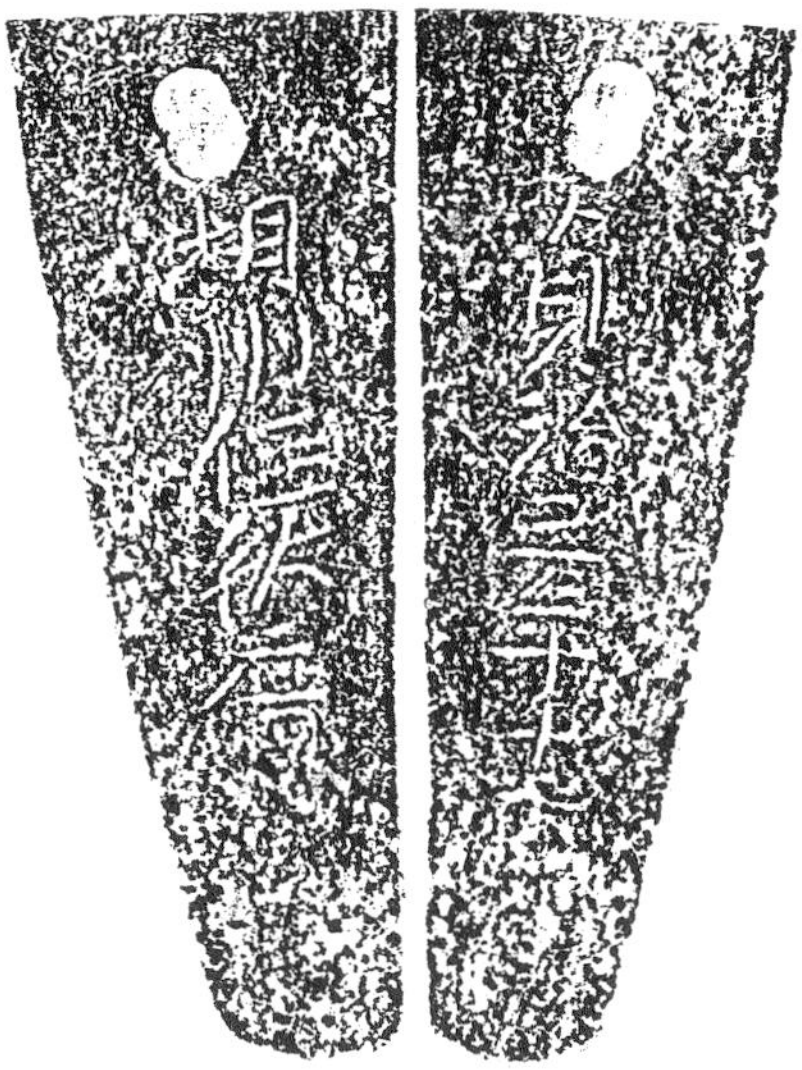

○相州住秋廣（あきひろ）
貞治三年十二月日
相模國―貞治

○相州住秋廣（あきひろ） 永和二 相模國―永和

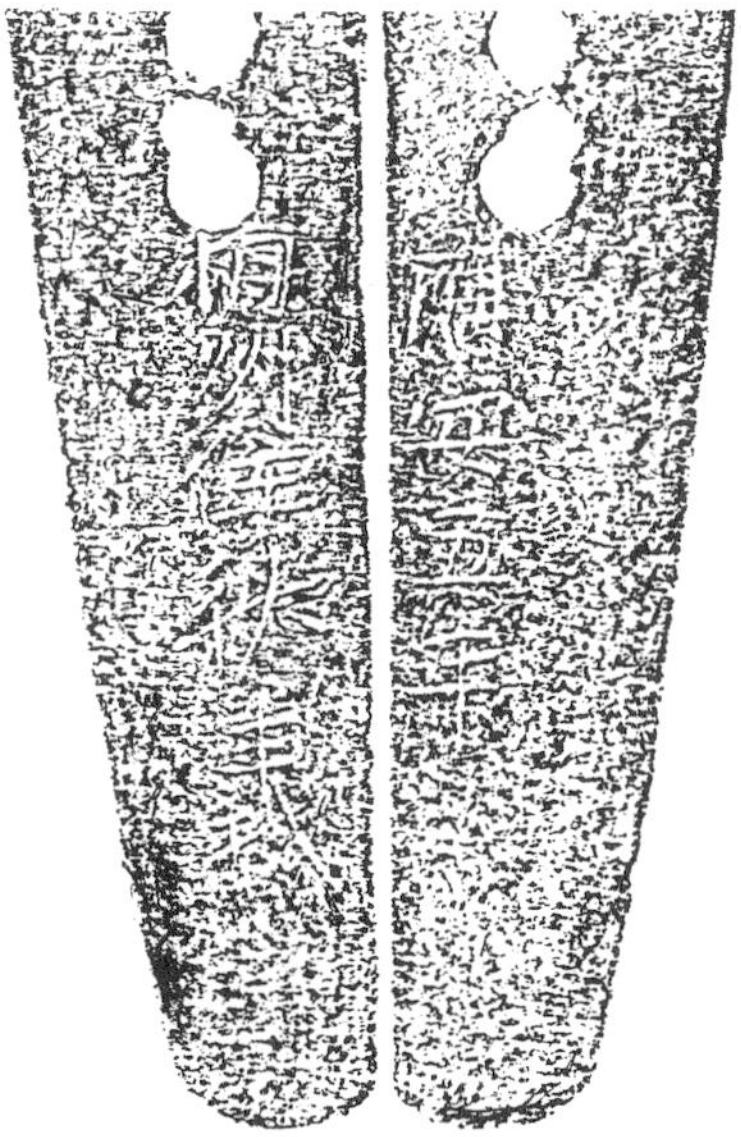

○相州住秋義（あきよし） 応安五年 相模國―応安

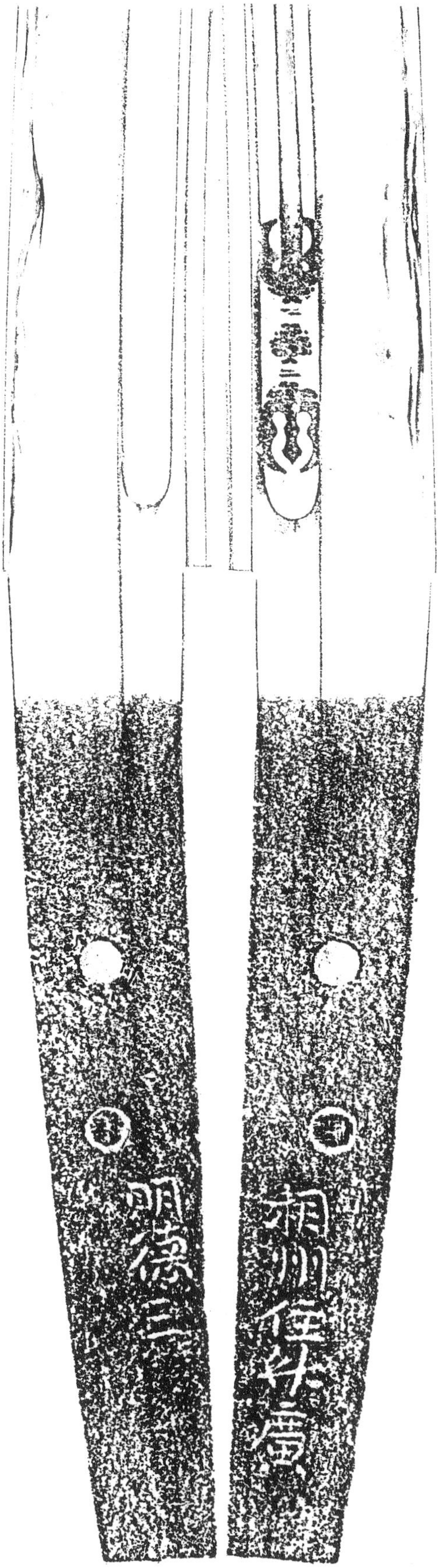

○相州住秋廣（あきひろ） 明徳三 相模國―明徳

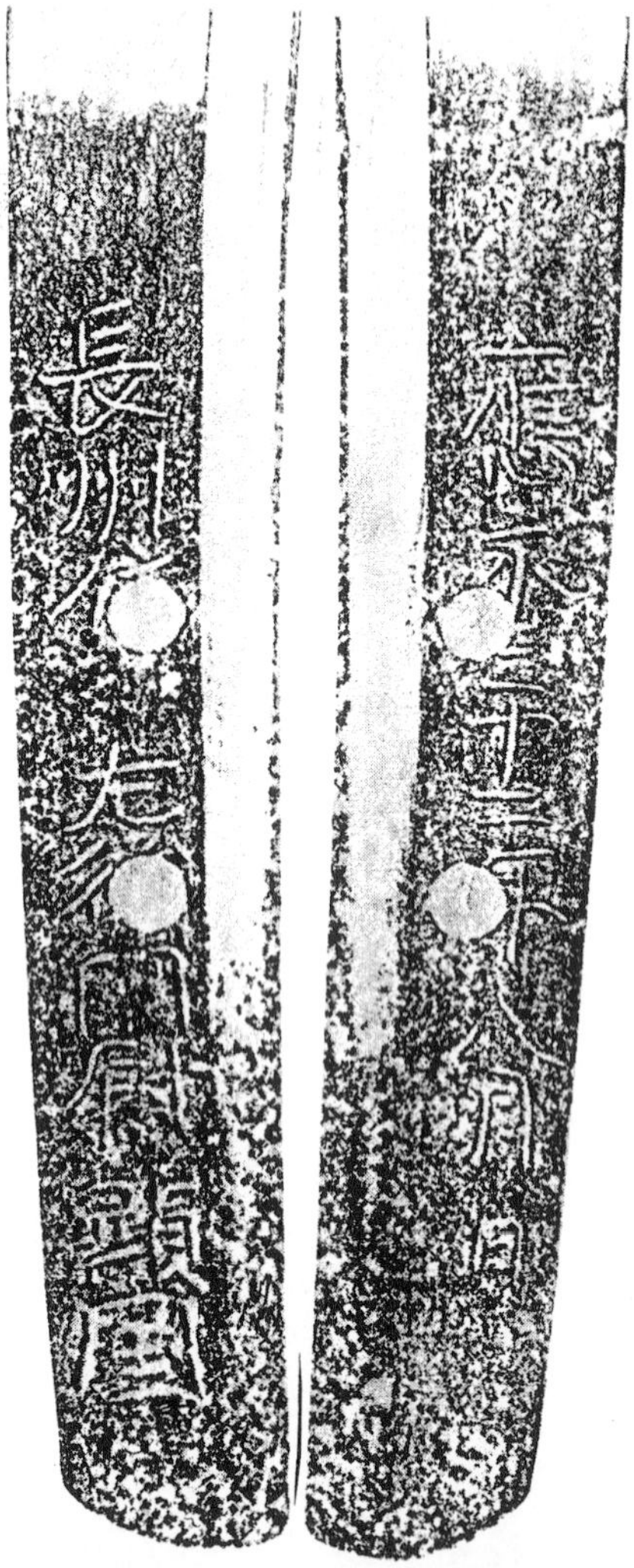

○長州住左衛門尉顕國（あきくに）
応永二十二年八月日
長門國―応永

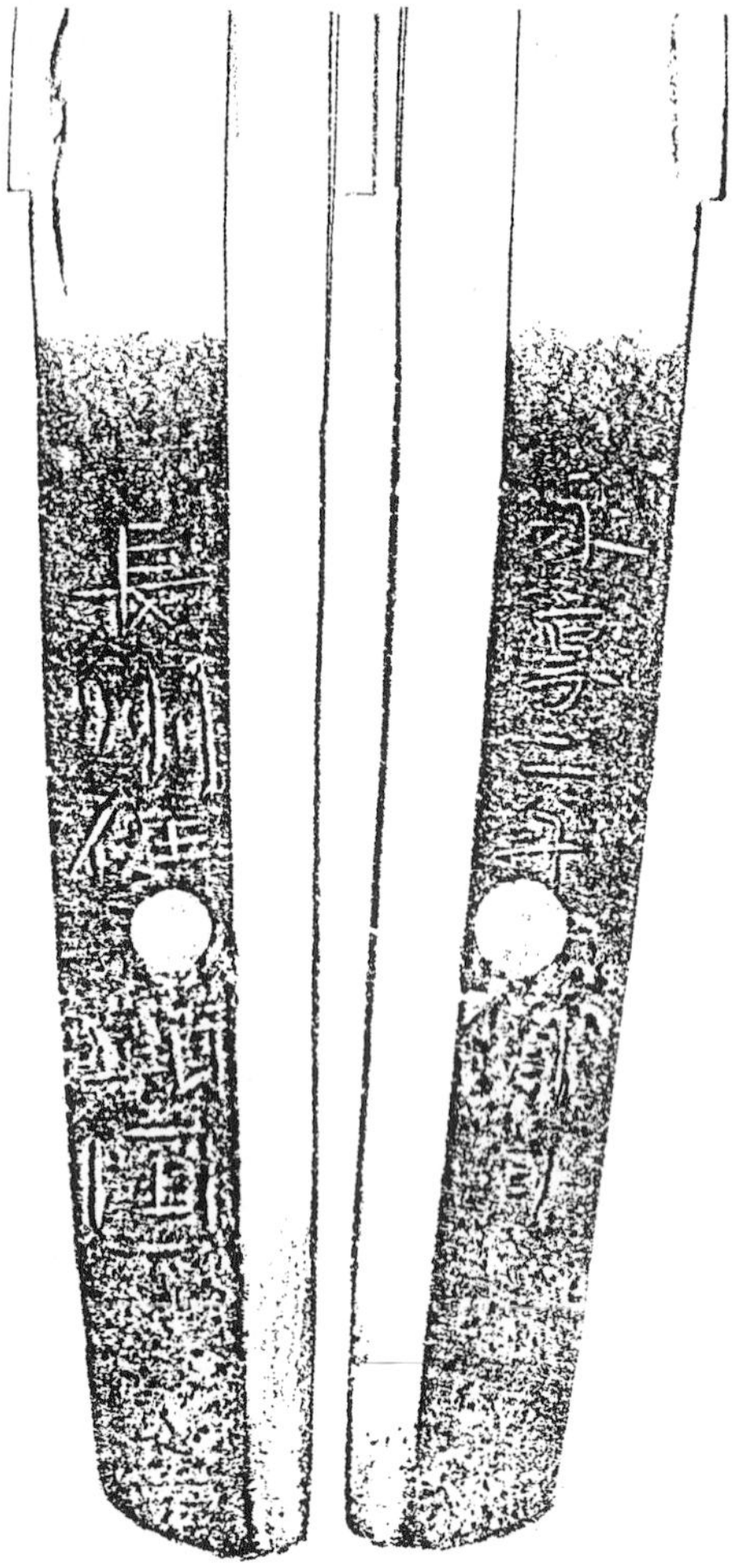

○長州住顕國（あきくに）
永享二年□月日
長門國―永享

○長州住顕國（あきくに）長門國―室町期

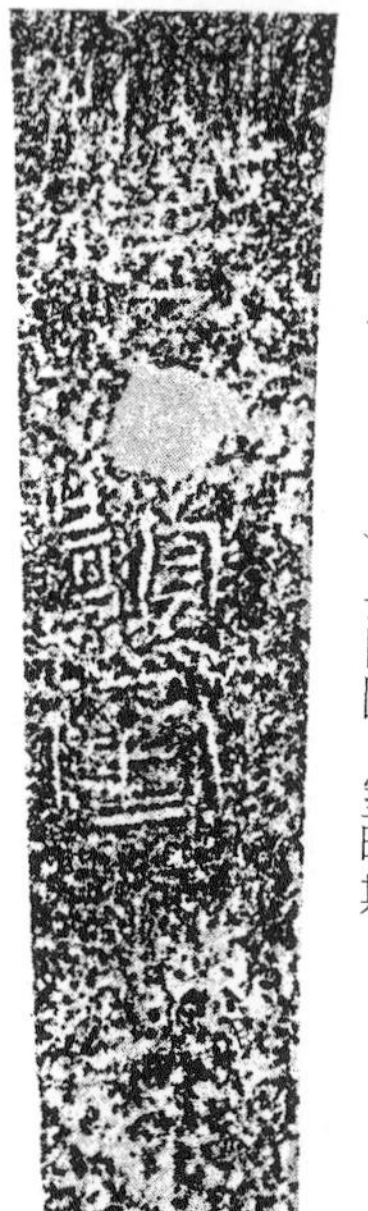

○長州住顕國（あきくに）長門國―室町期

○有綱（ありつな）伯耆國―平安後期

○有綱（ありつな）伯耆國―平安後期

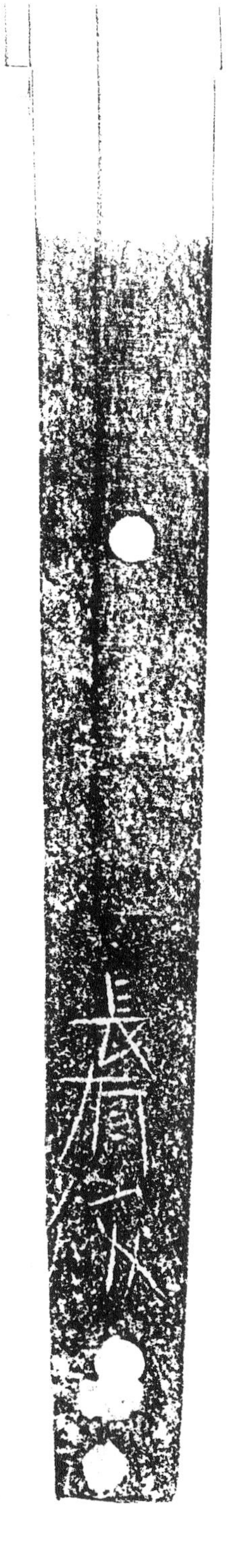

○長有俊（ありとし）　大和國―南北朝期

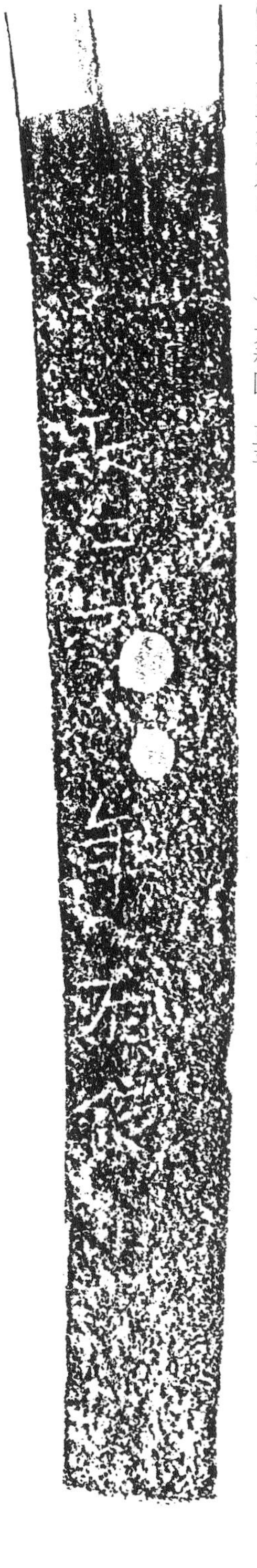

○正平六年有俊（ありとし）　大和國―正平

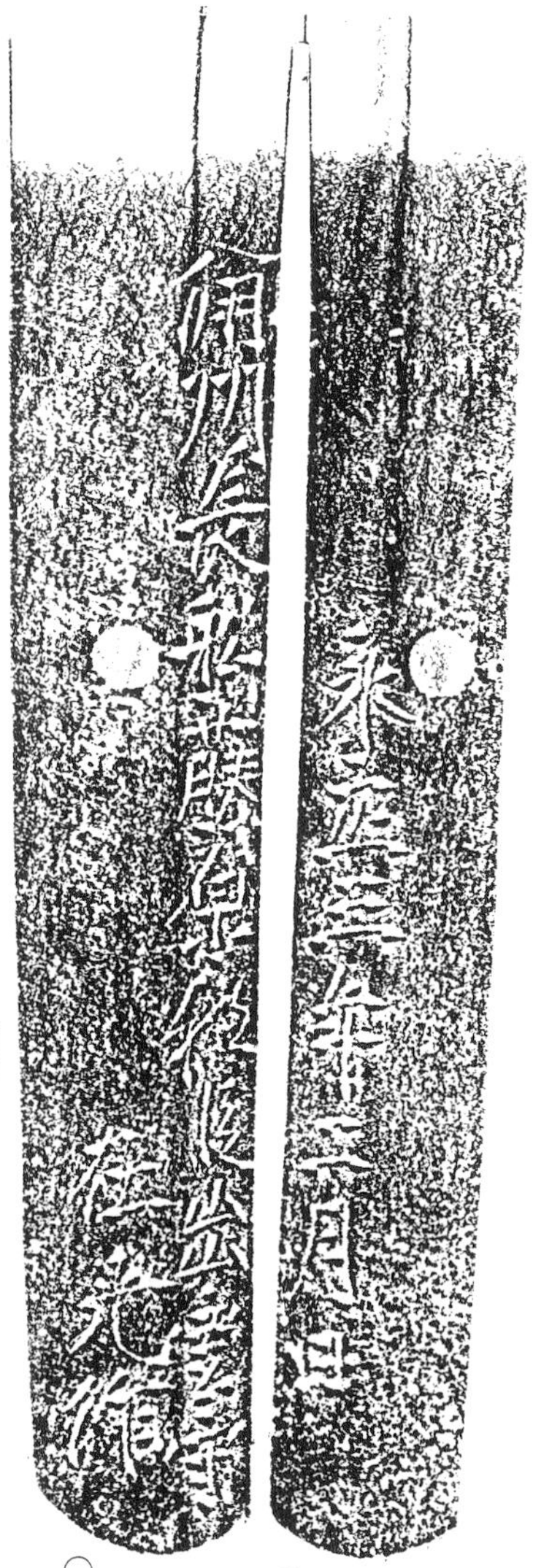

○備州長船藤原朝臣出雲守　在光作（ありみつ）
永正三年二月日
備前國―永正

○備前國住長船九郎左衛門尉在光作（ありみつ）
主紀家次
備前國―天文

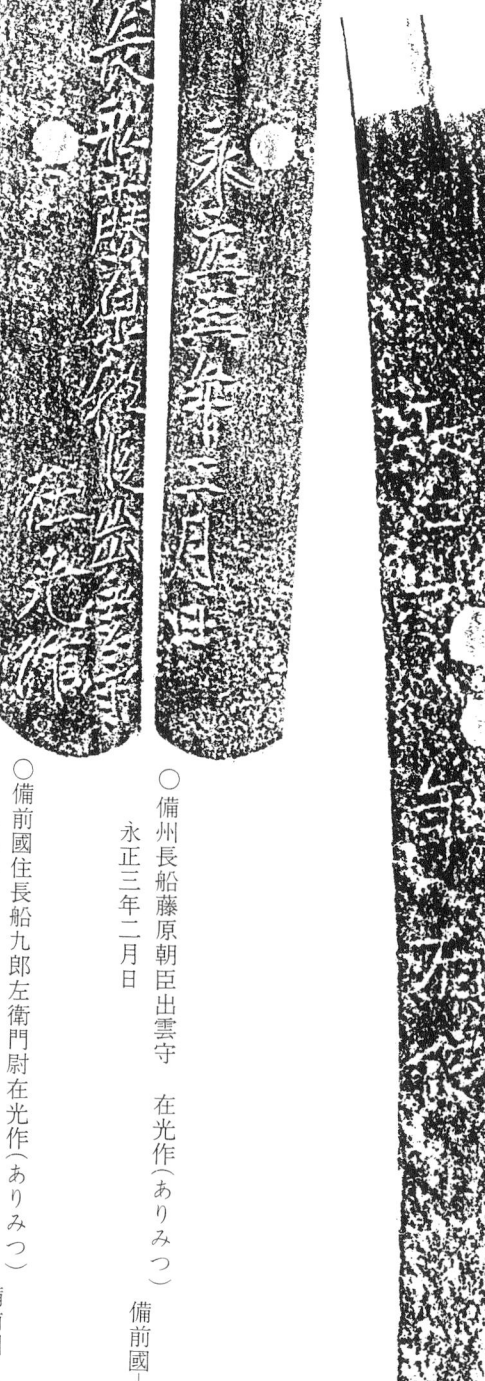

△アサ丸作（アサまる） 加賀國—江戸初期

△秋弘（あきひろ） 上野國—幕末

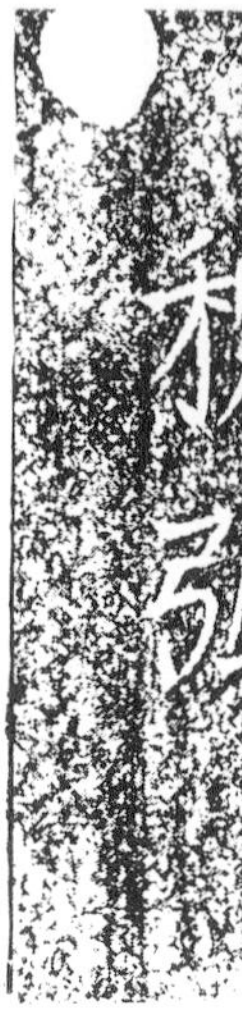

△上州住源秋房（あきふさ）
寛延二年四月日
上野國—寛延

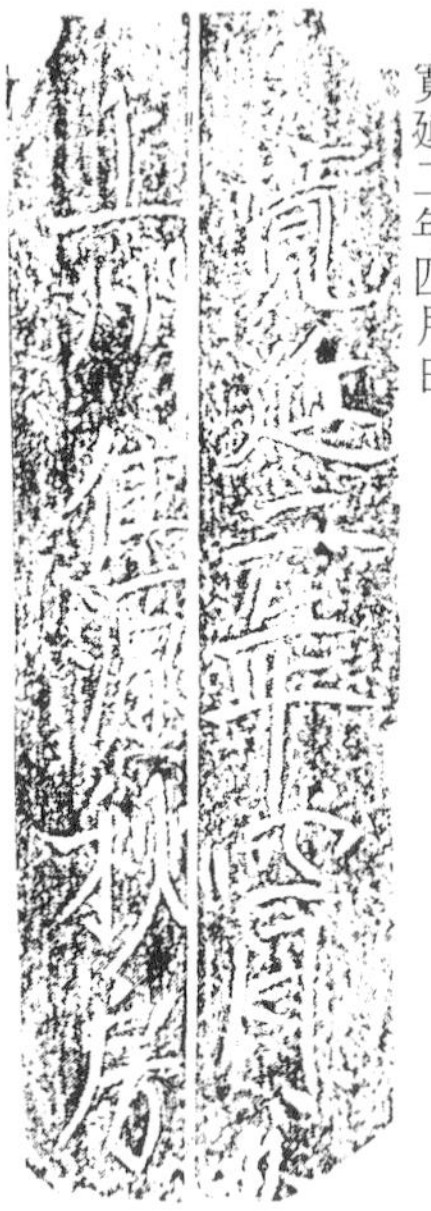

□天田昭次作之（あきつぐ）
昭和五十年乙卯弥生吉日
為田中茂氏
新潟県—昭和

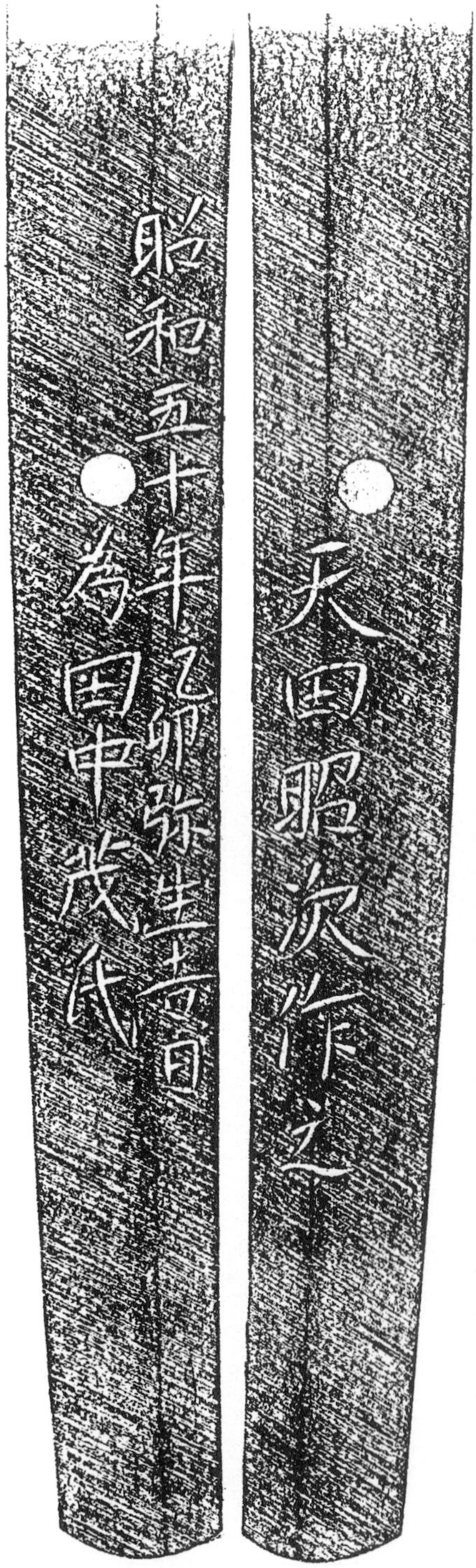

△水生子昭秀（あきひで） 享和三年八月日
羽前國—享和

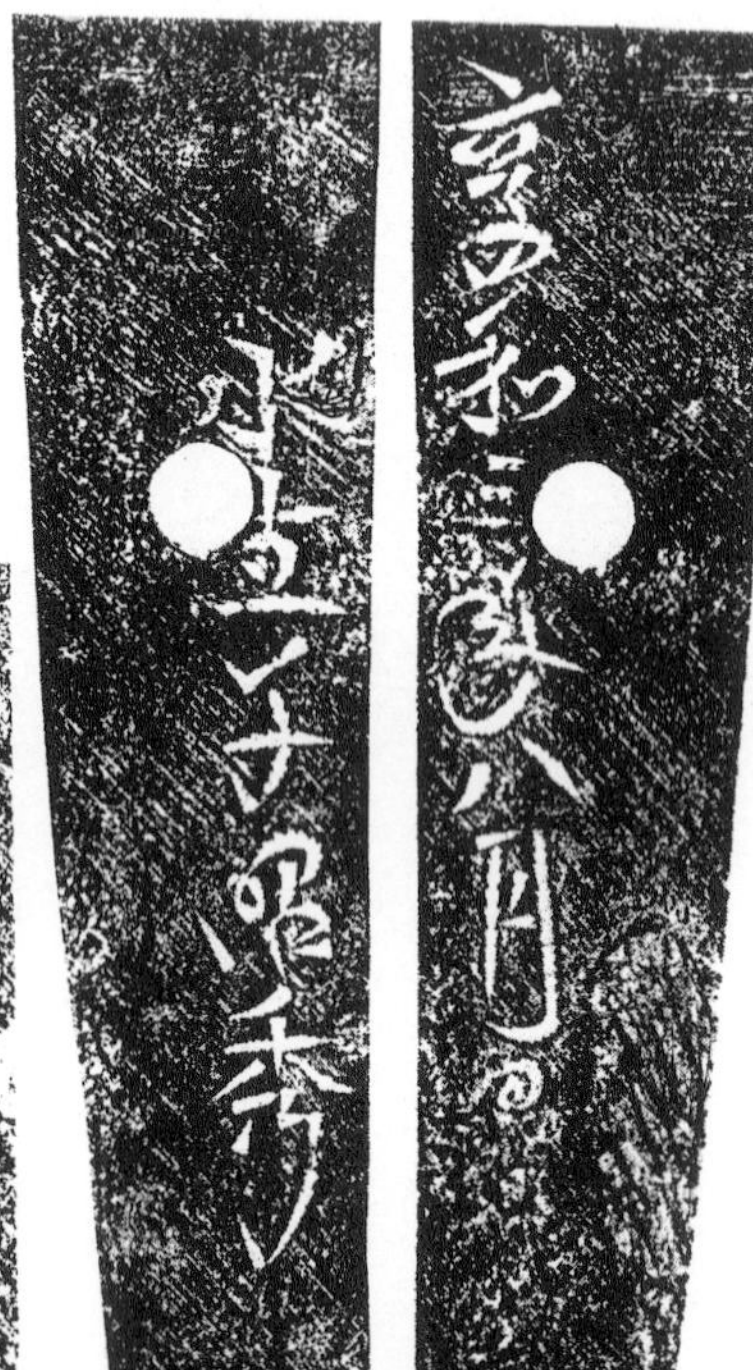

△出羽國住人昭秀（花押）
（あきひで）
文化六年二月吉日
羽前國—文化

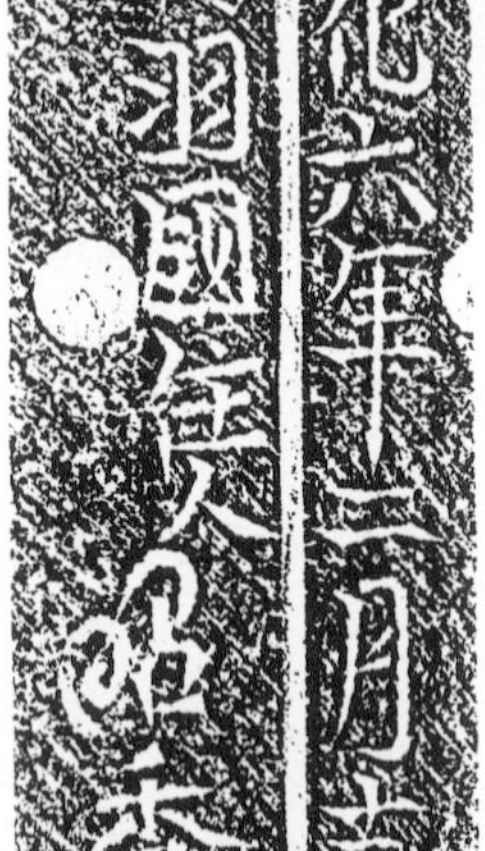

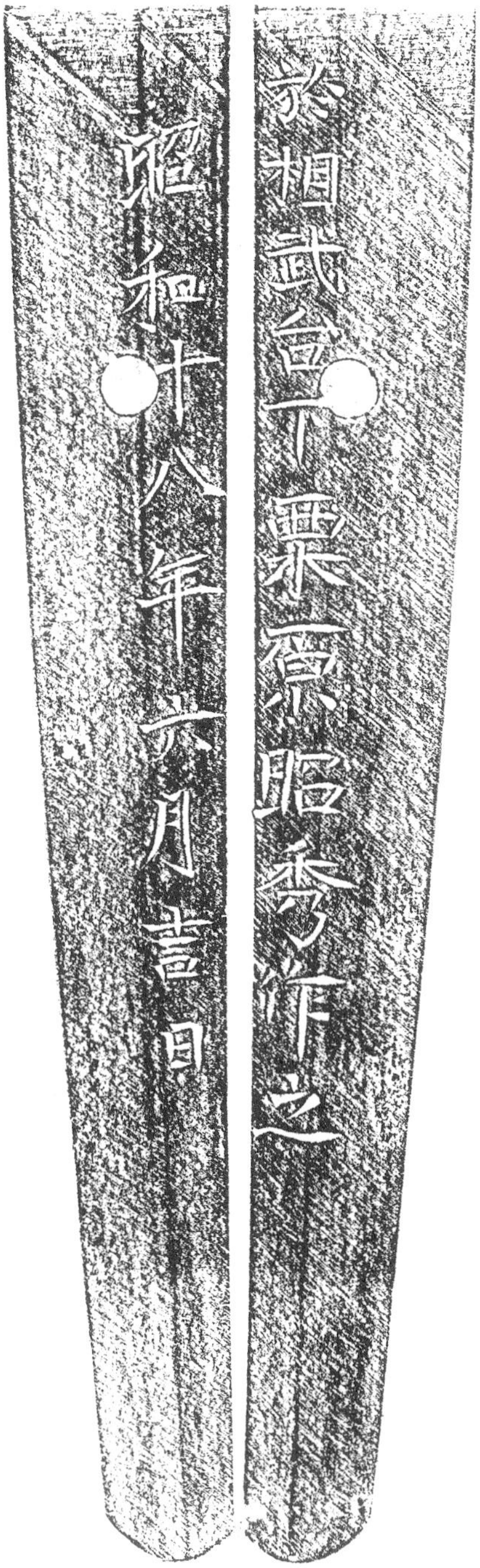

□於相武台下栗原昭秀作之（あきひで）
昭和十八年六月吉日
東京―昭和

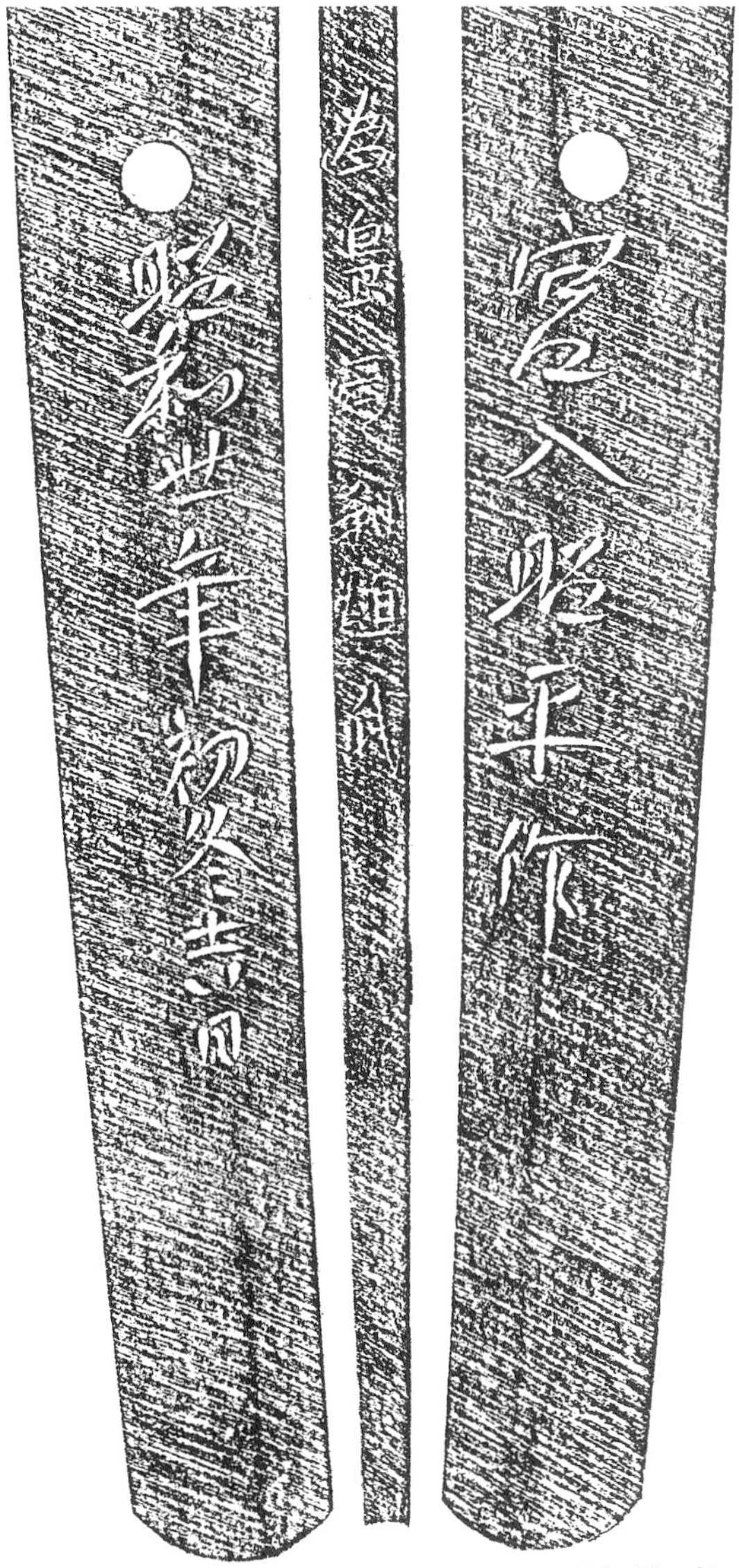

□宮入昭平作（あきひら）
昭和丗年初冬吉日
為島田利恒氏
長野県―昭和

□宮入昭平造（あきひら）
昭和丗五年八月吉日
長野県―昭和

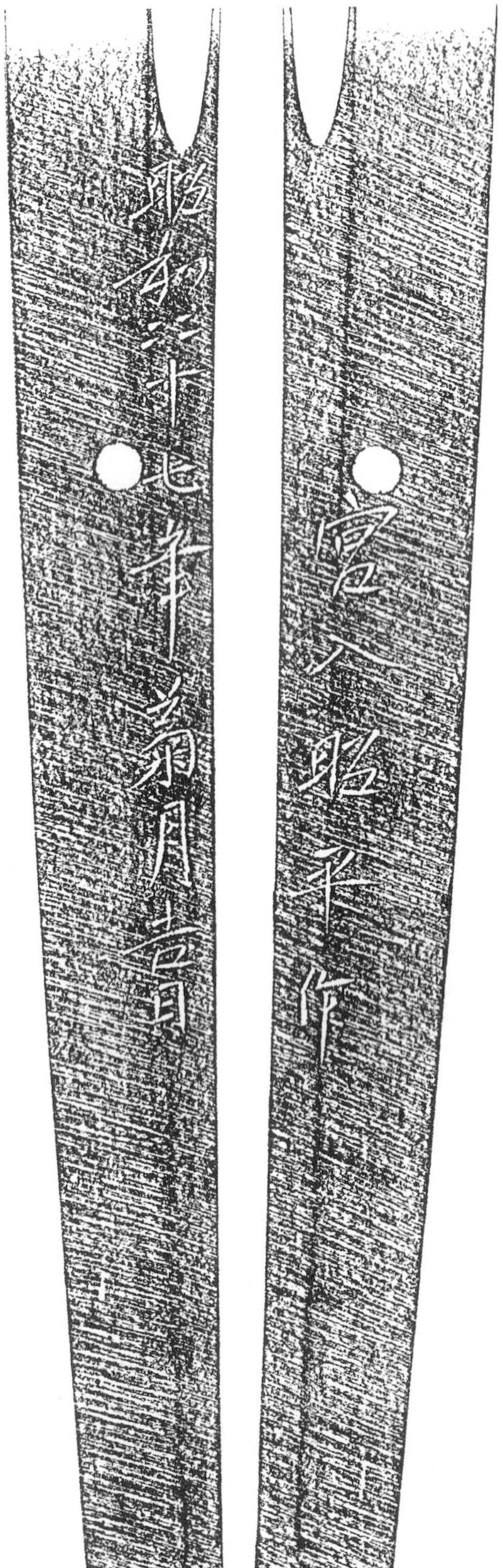


□宮入昭平作（あきひら）　長野県—昭和
昭和二十七年菊月吉日

□宮入行平作（ゆきひら）昭和五十二年八月日　長野県—昭和
〈昭和四十八年昭平から行平に改銘、
昭和五十二年十一月二十四日、六十四歳没〉

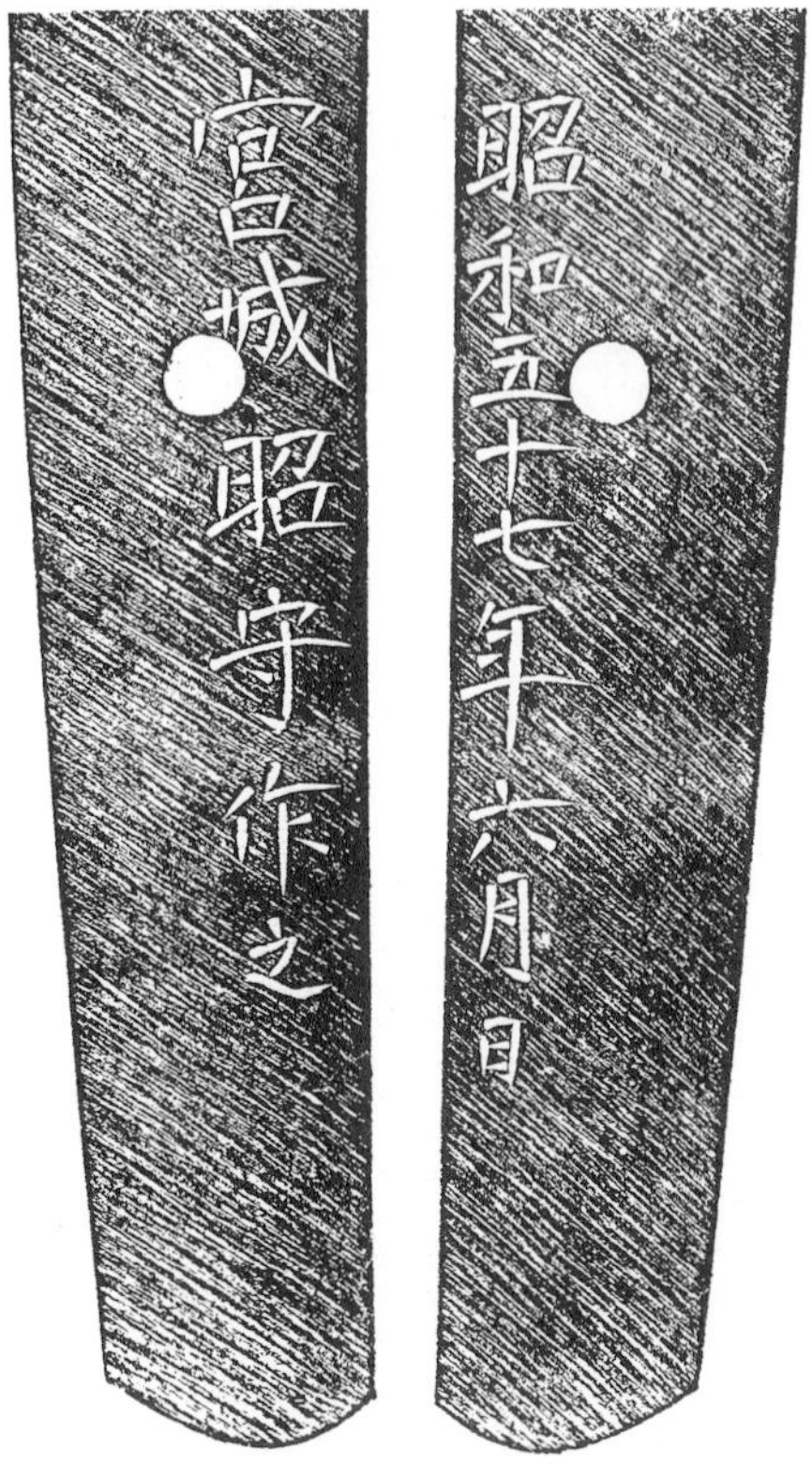


□宮城昭守作之（あきもり）　宮城県—昭和
昭和五十七年六月日

△播州藤原朝郷於南紀作（あささと・ともさと）播磨國―江戸末期

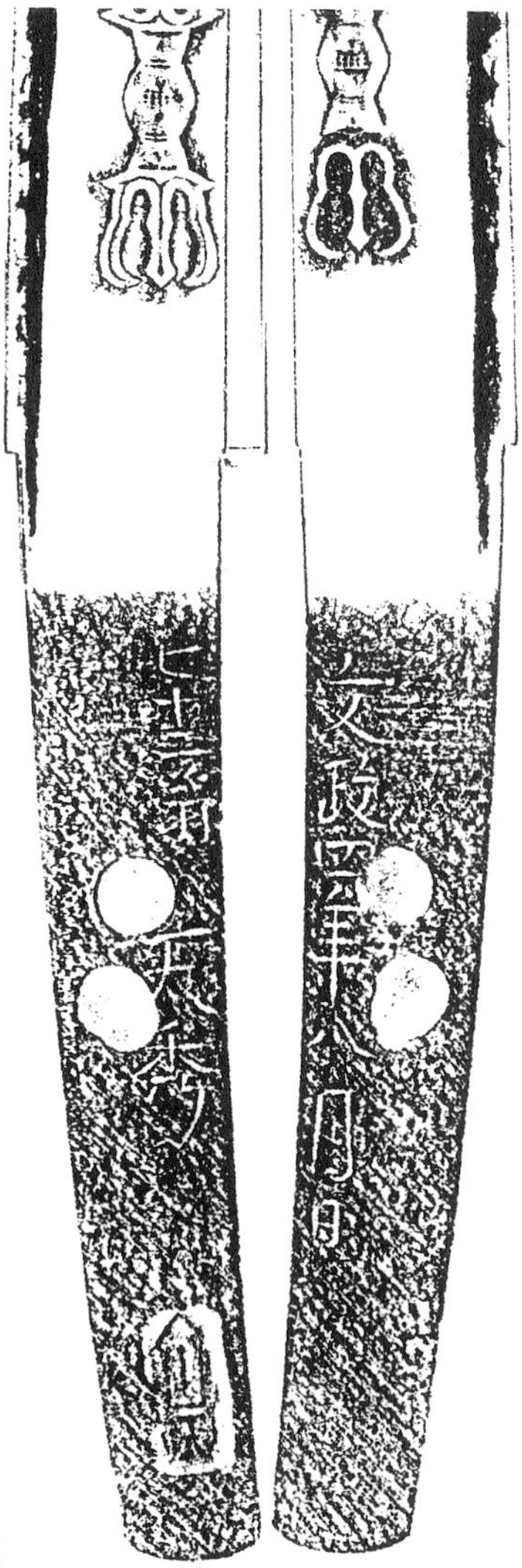

△七十二翁天秀（あまひで）文政四年八月日　武蔵國―文政

△羽陽臣近藤天寿〈花押〉（あまとし）天保六年二月日　出羽國―天保

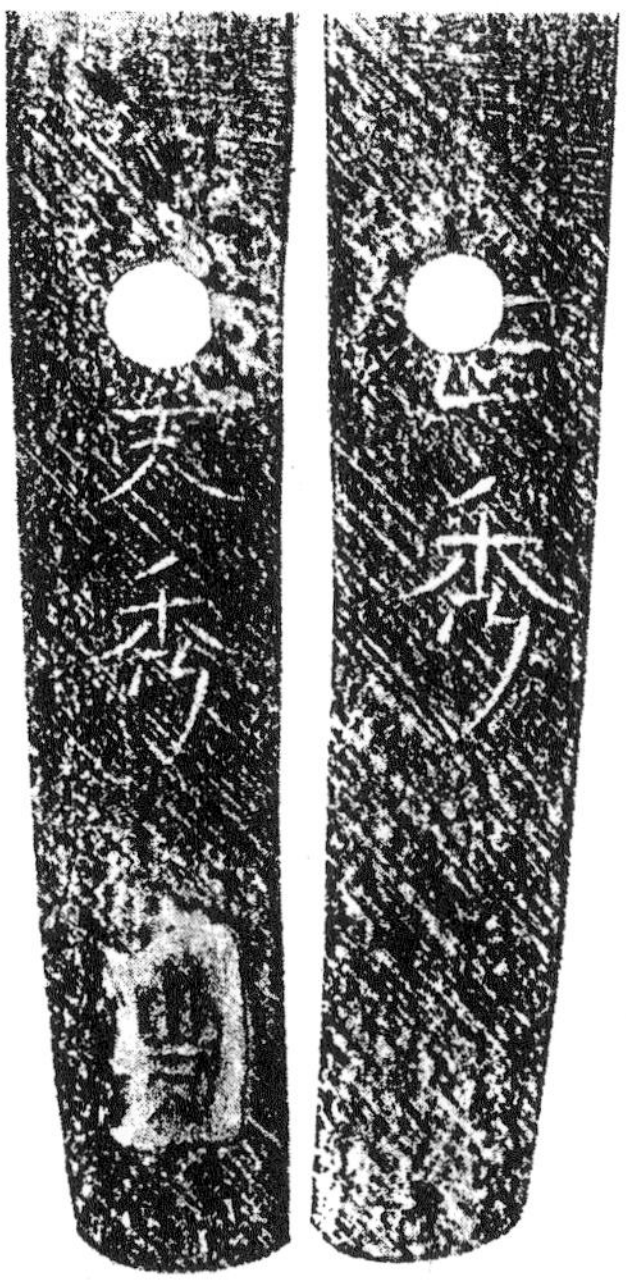

△天秀・正秀（あまひで）武蔵國―江戸末期
〈初代・正秀晩年の天秀と二代・正秀合作〉

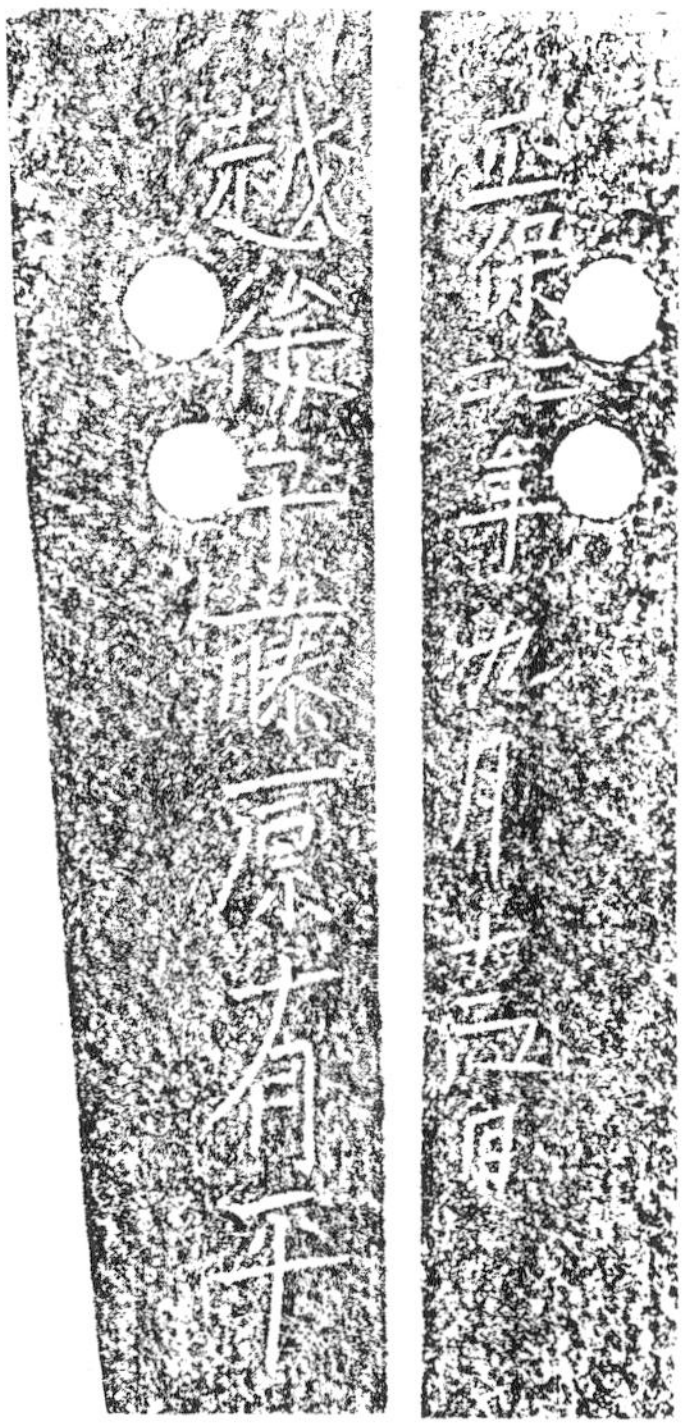

△越後守藤原有平（ありひら）正保二年九月吉日　加賀國―正保

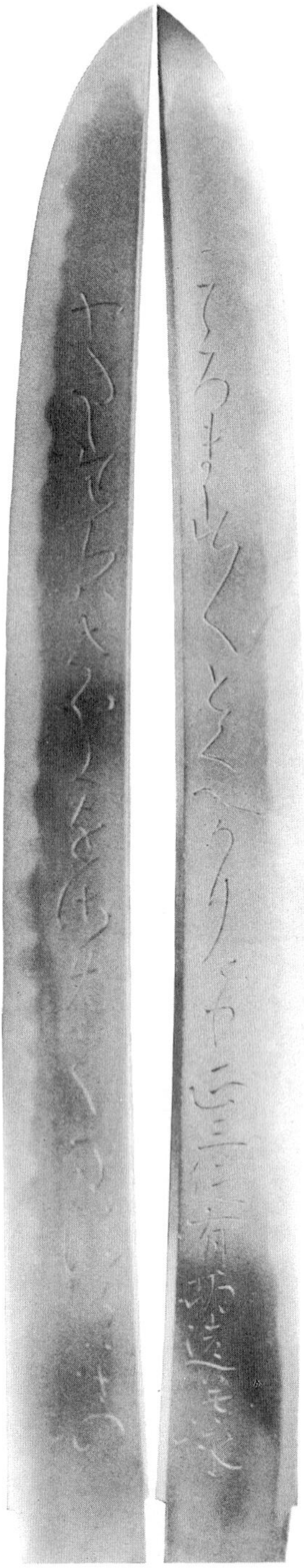

△正三位有功造並詠（ありこと）　山城國―江戸末期

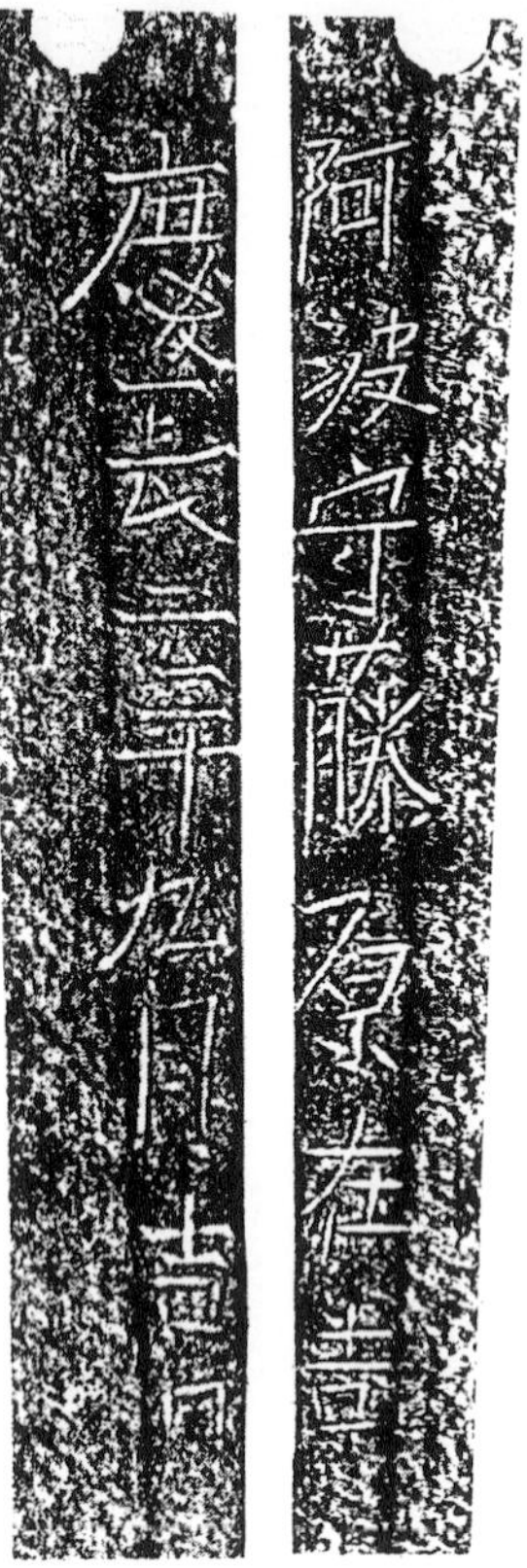

△阿波守藤原在吉（ありよし）　山城國―慶長
慶長二年九月吉日

△阿波守藤原在吉（ありよし）　山城國―桃山期

△正三位有功作（ありこと）　山城國―江戸末期

△阿波守在吉（ありよし）　山城國―桃山期

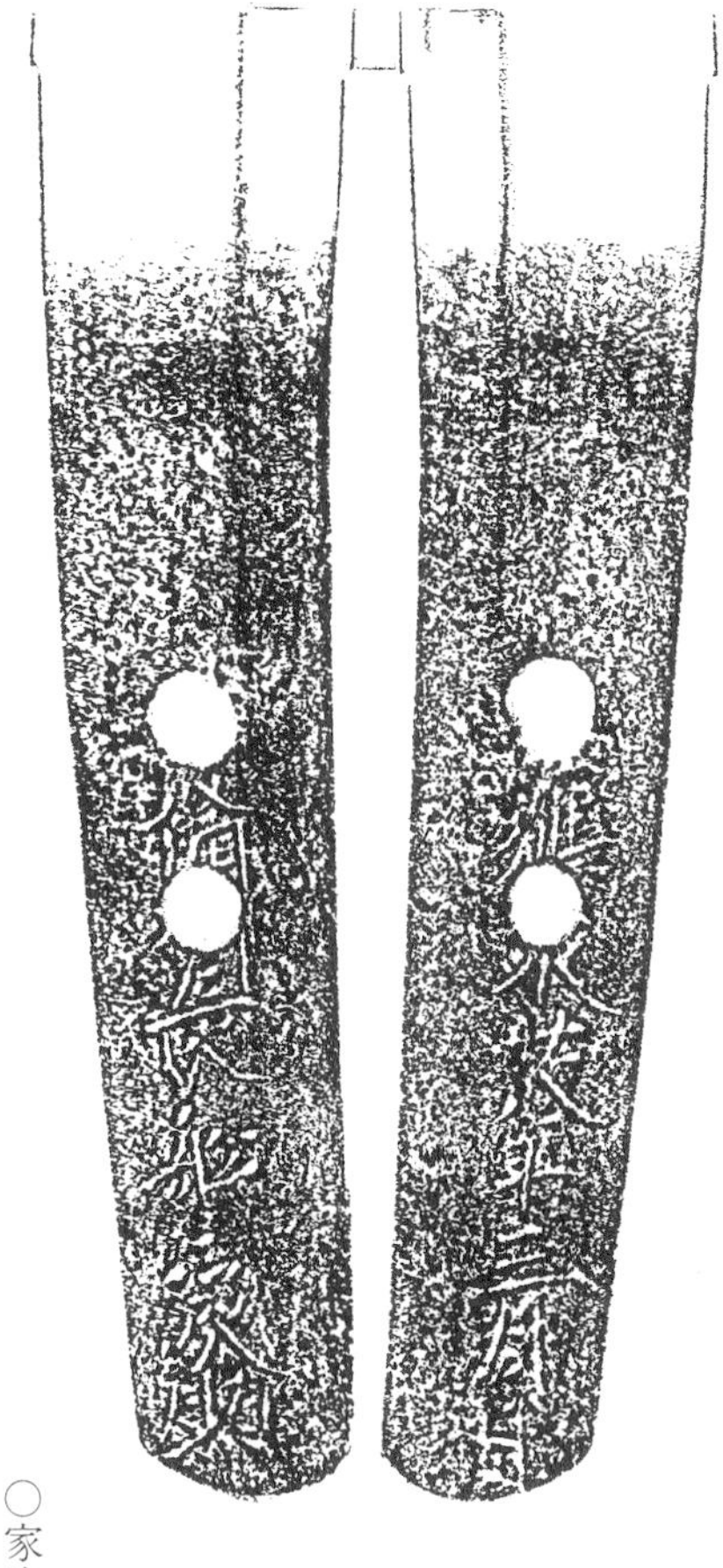

○備州長船家助（いえすけ）応永廿八年二月日　備前國―応永

○家忠（いえただ）備前國―鎌倉前期

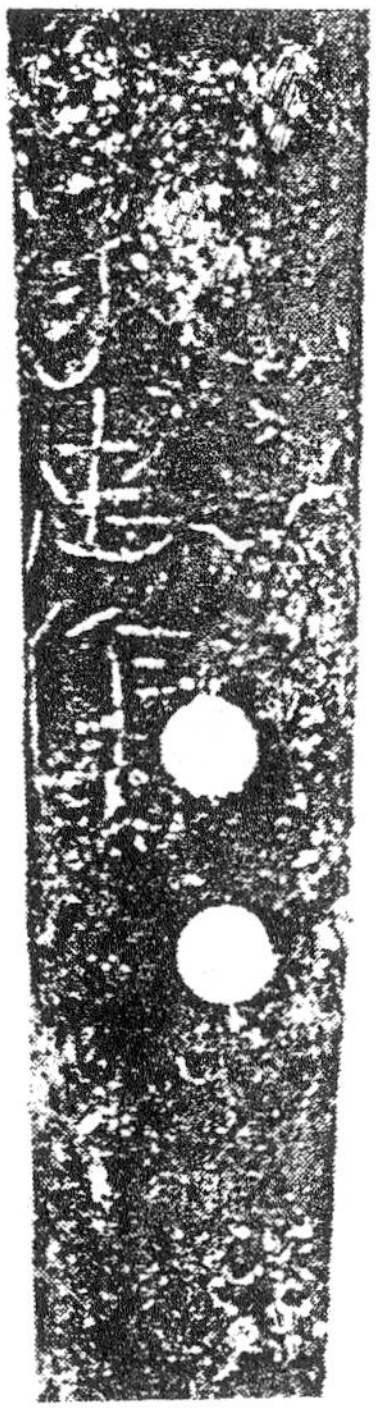

○家忠作（いえただ）備前國―鎌倉前期

○家次（いえつぐ）加賀國―室町期

○加州藤原家次作（いえつぐ）
加賀國―室町期

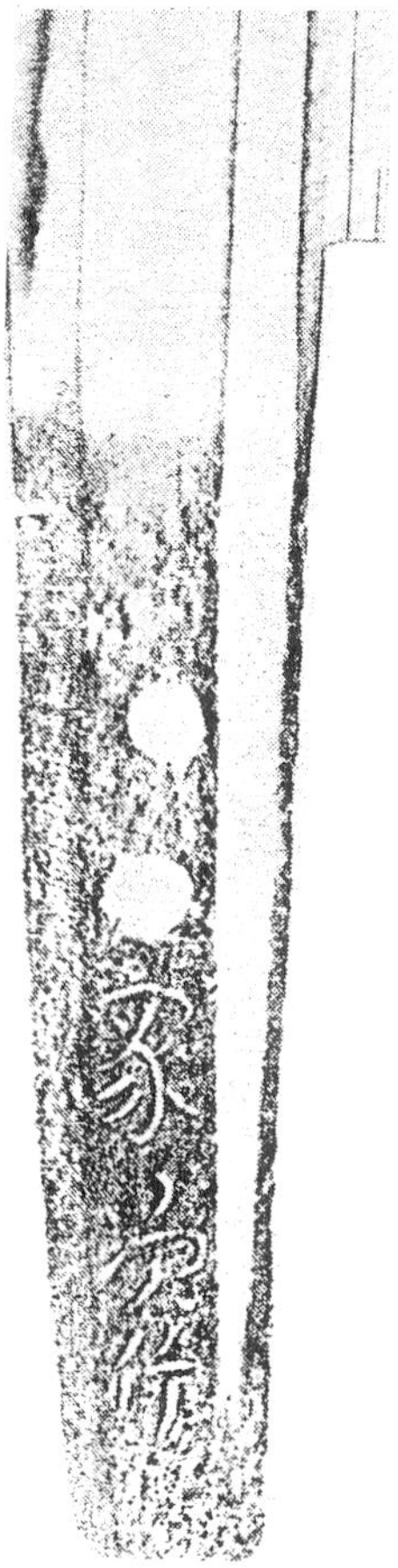

○家次作（いえつぐ）越中國―室町期

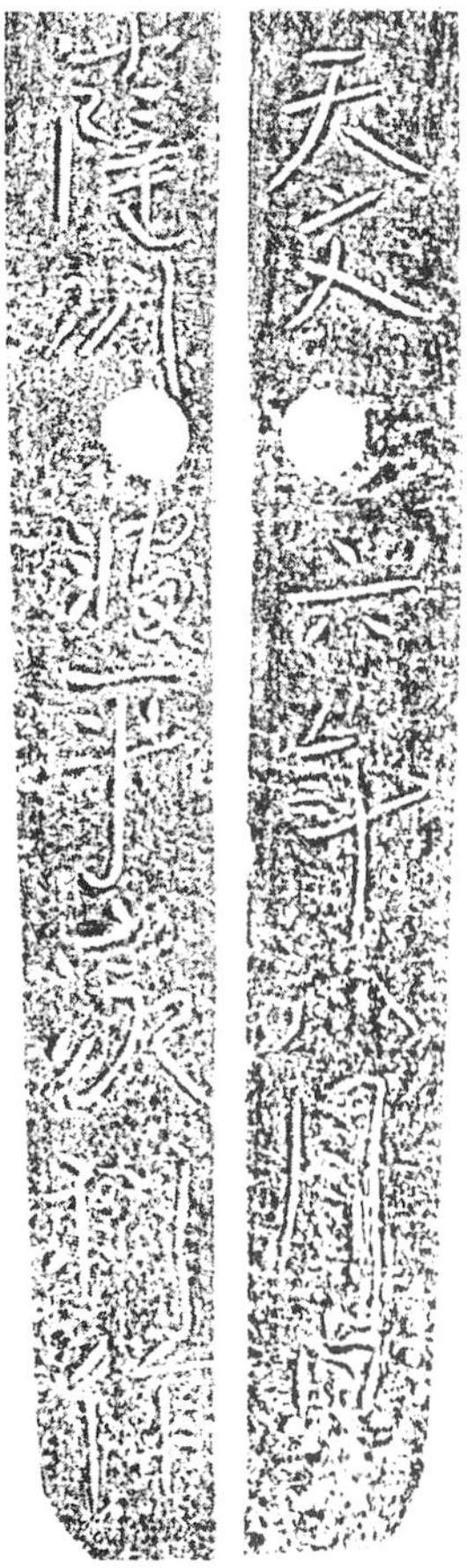

○薩州波平家利作（いえとし）
天文六年八月日
薩摩國―天文

○家光（いえみつ）備前國—室町後期

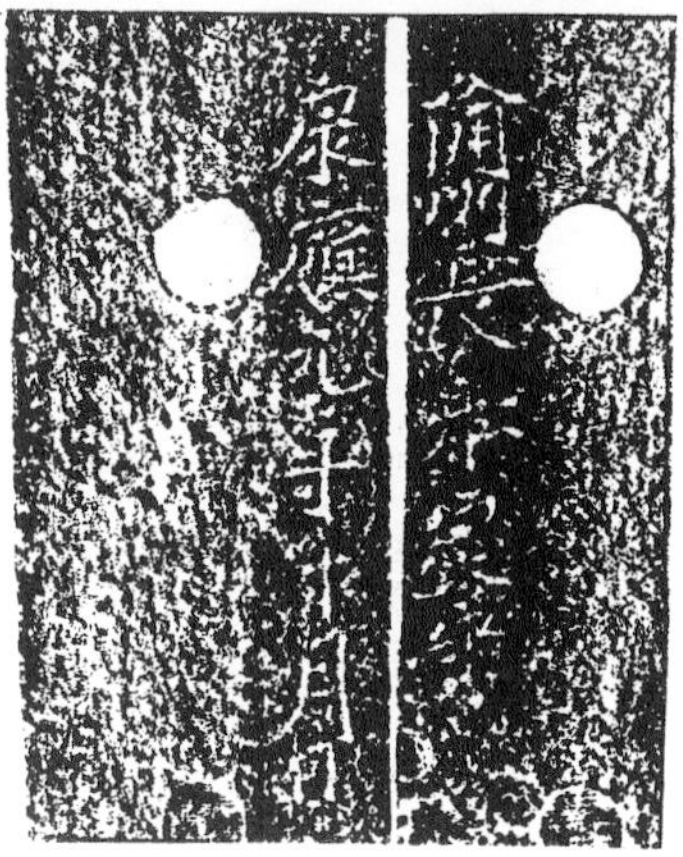

○備州長船家守（いえもり）
康応元年十月日
備前國—康応

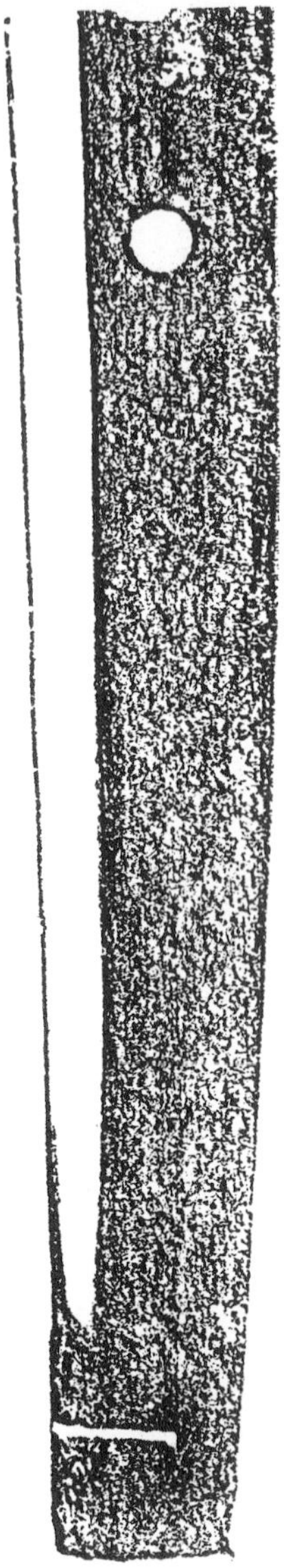

○一（いち）〈福岡一文字〉備前國—鎌倉中期

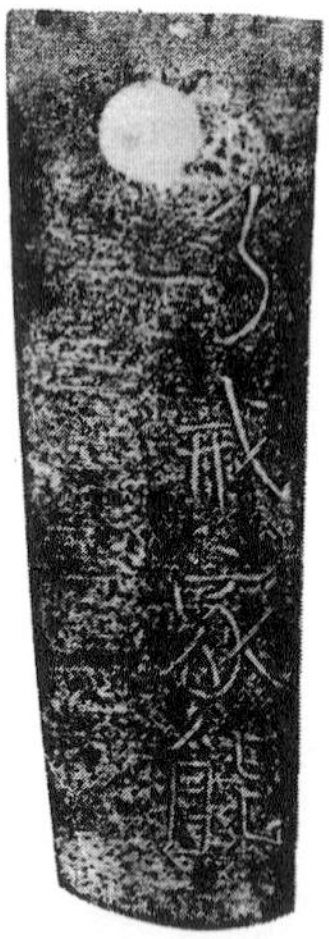

○了戒家能（いえよし）山城國—室町中期

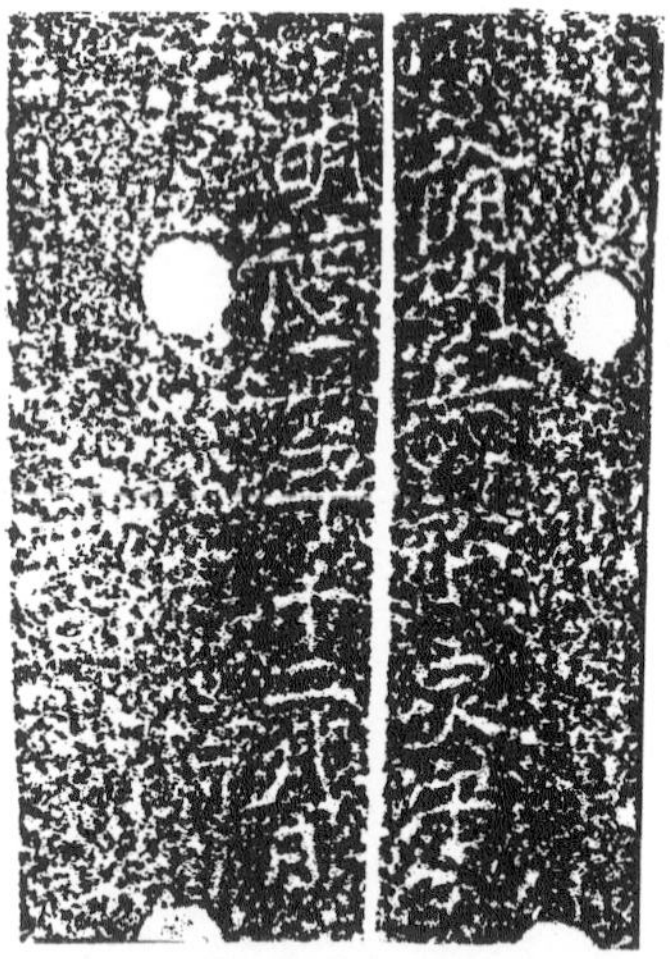

○備州長船家守（いえもり）
明徳二年十二月日
備前國—明徳

○備州長船家安（いえやす）
嘉暦二年九月日
備前國—嘉暦

○一（いち）〈福岡一文字〉備前國—鎌倉前期

○一（いち）〈吉岡一文字〉備前國—鎌倉末期

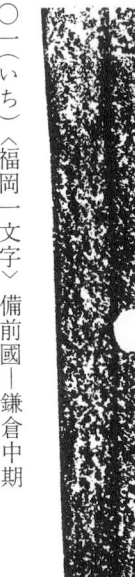

○"一"の字の種々

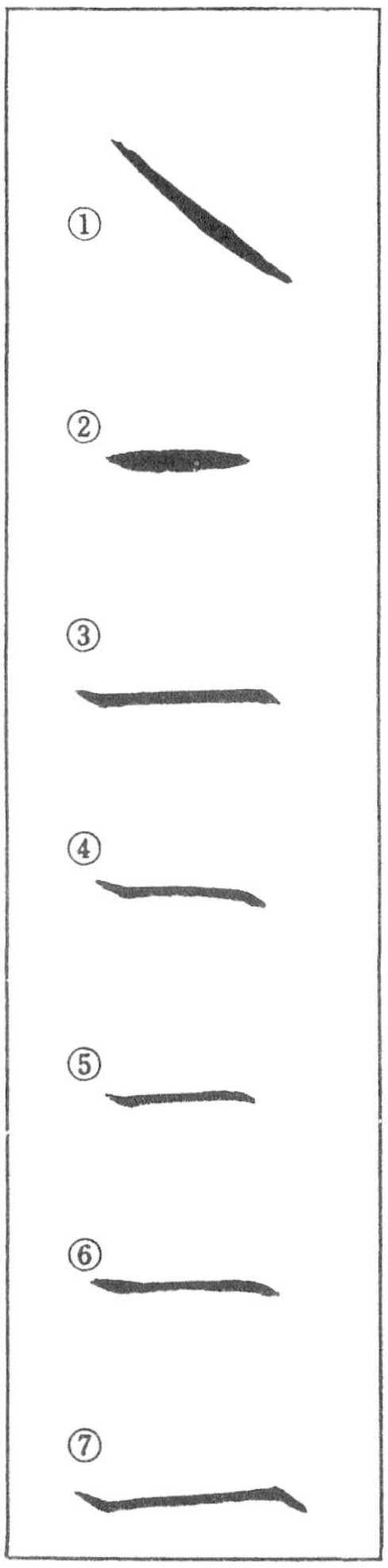

①は斜に打ち込んだもので、文字というよりは符牒といった感じ、則宗・尚宗の個銘があるものにみられ一文字では最も古い。①～⑥は鎌倉初期から中期にかけての福岡一文字、⑦は鎌倉末期の吉岡一文字、ツケトメが強く抑揚がある。

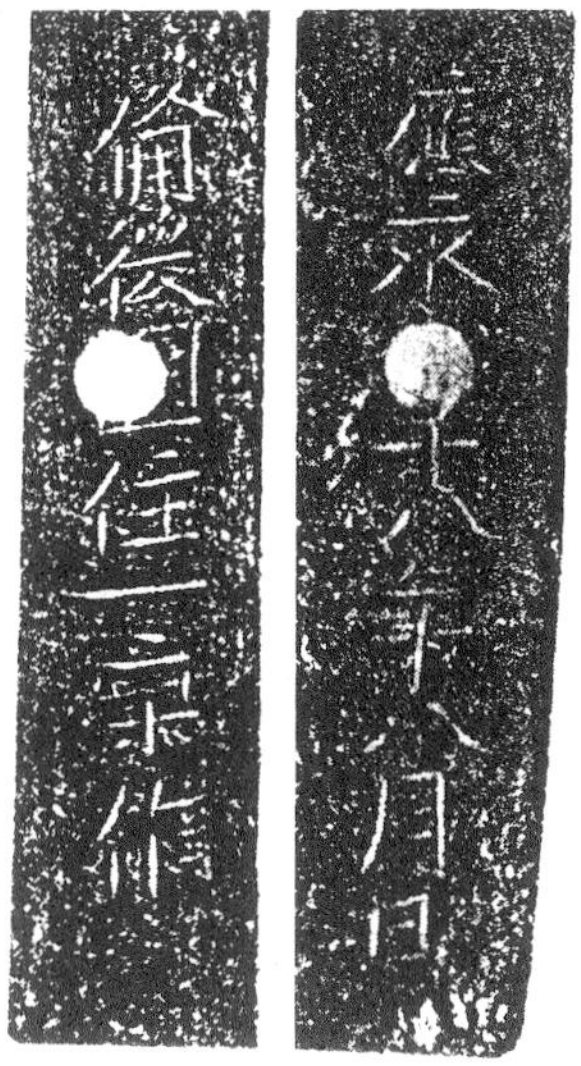

○備前國住一乗作（いちじょう）〈法華〉備後國—応永
応永十八年八月日

△奥州住家定（いえさだ）陸前國—江戸中期

△加州住藤原家重作（いえしげ）承応三年八月吉日　加賀國—承応

△加州住藤原家重作（いえしげ）万治元年八月日　加賀國—万治

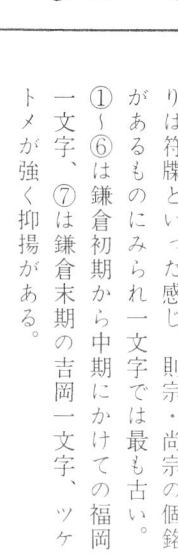

△賀州金沢住人吉兵衛尉家忠（いえただ）
正保三丙戌年八月日
加賀國—正保

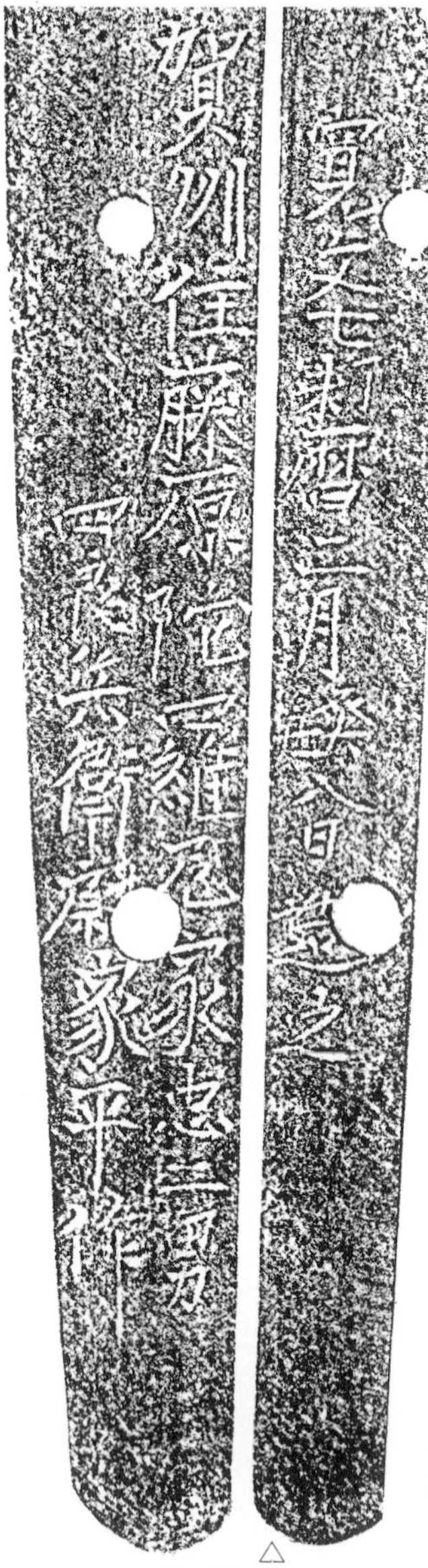

△賀州住藤原陀羅尼家忠二男
四郎兵衛尉家平作（いえひら）〈初代〉加賀國—寛文
寛文七丁未暦二月癸丑八日造之

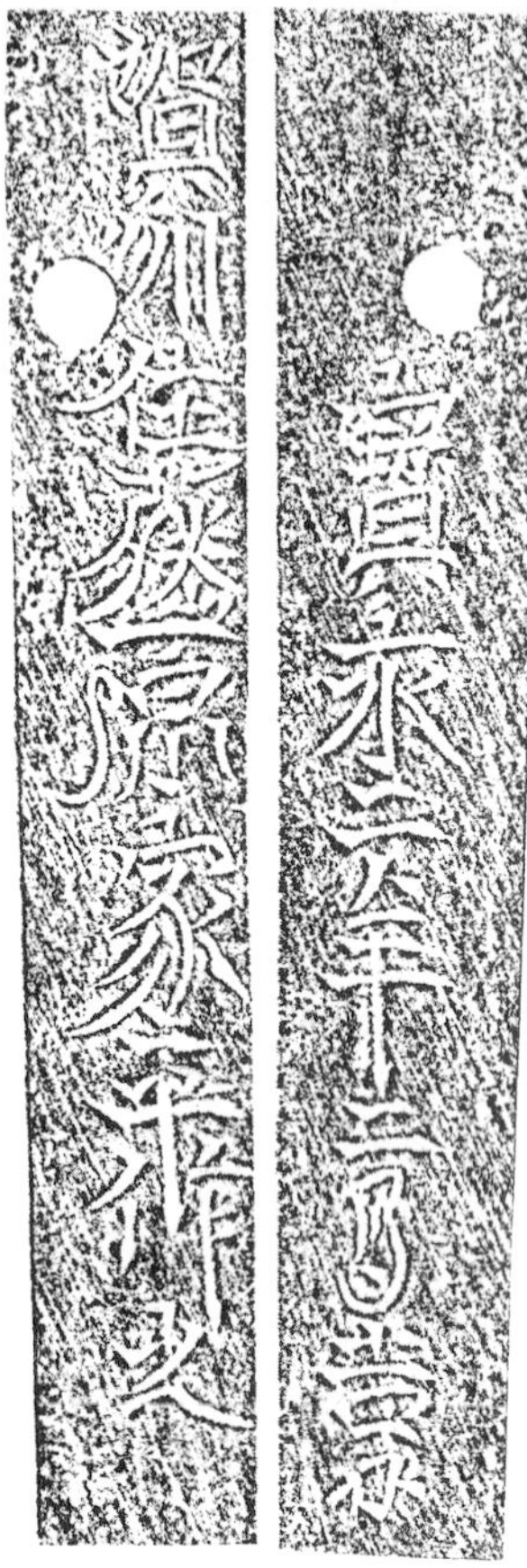

△賀州住藤原家平作之（いえひら）〈二代〉加賀國—宝永
宝永二年二月吉日

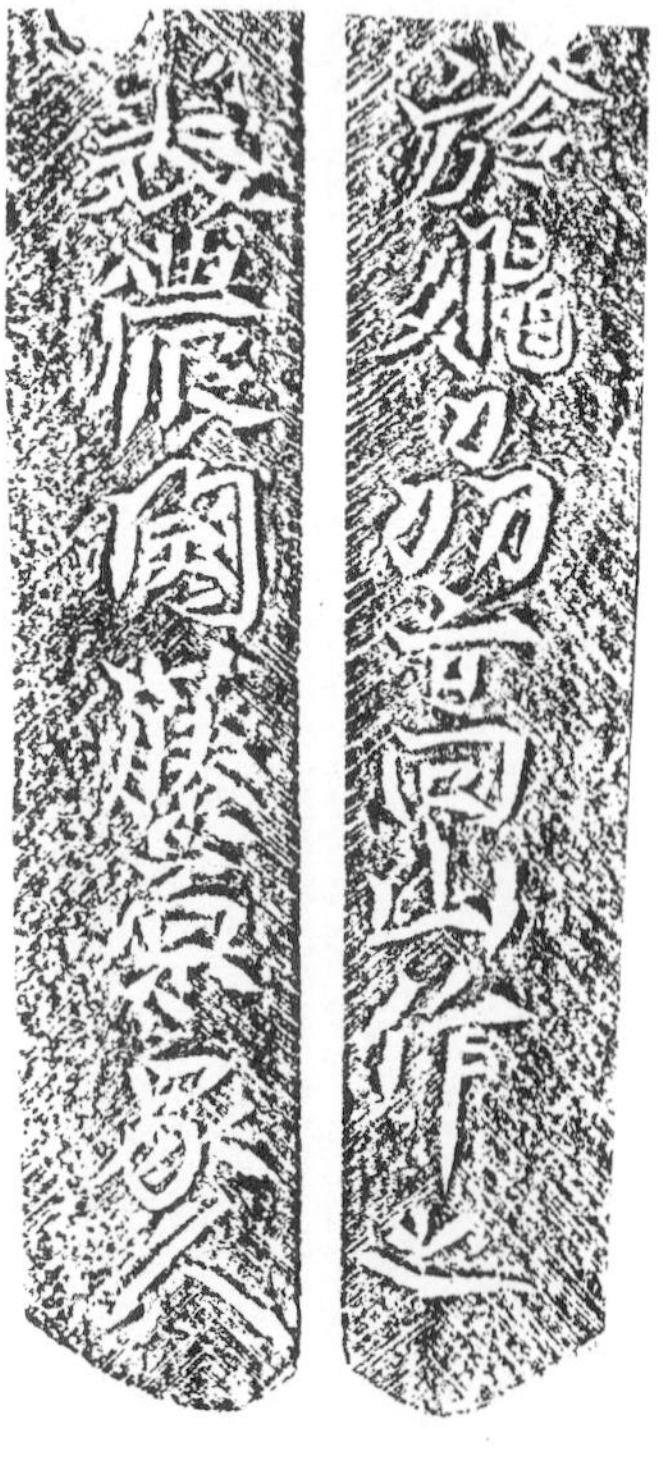

△美濃関藤原家久（いえひさ）
於飛州高山作之
美濃國—桃山期

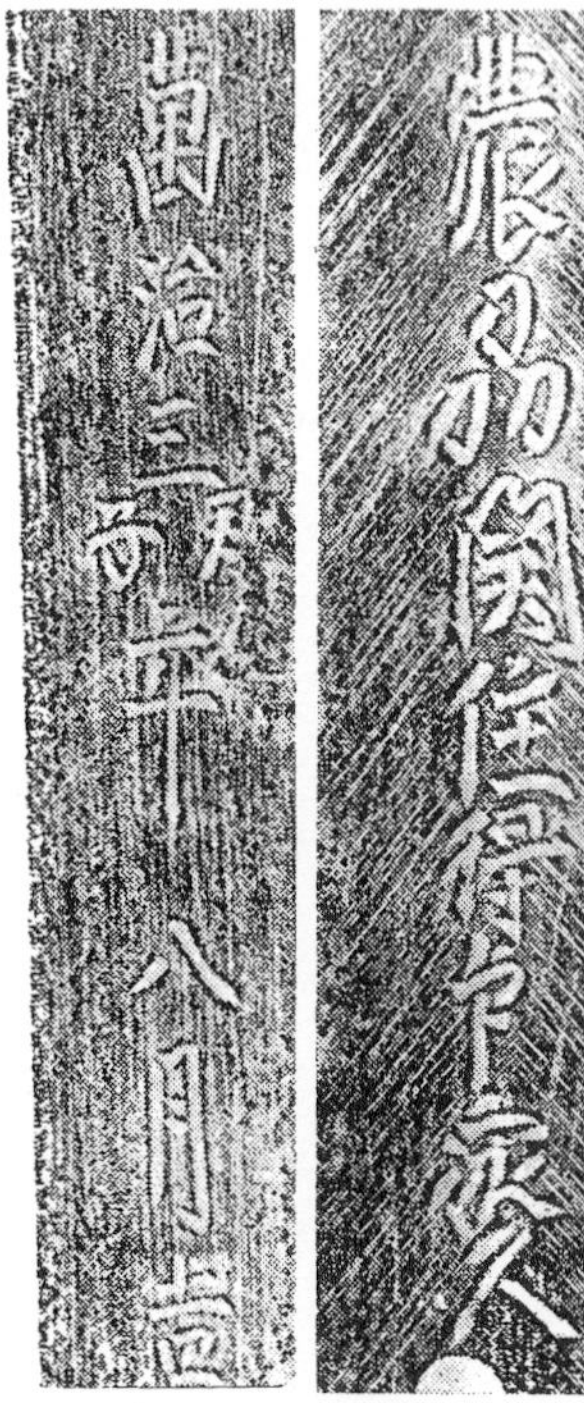

△濃州関住得印家久（いえひさ）
万治三庚子年八月吉日
美濃國—万治

△出羽國庄内住池田一定（かずさだ）
慶応三年三月日
羽前國―慶応

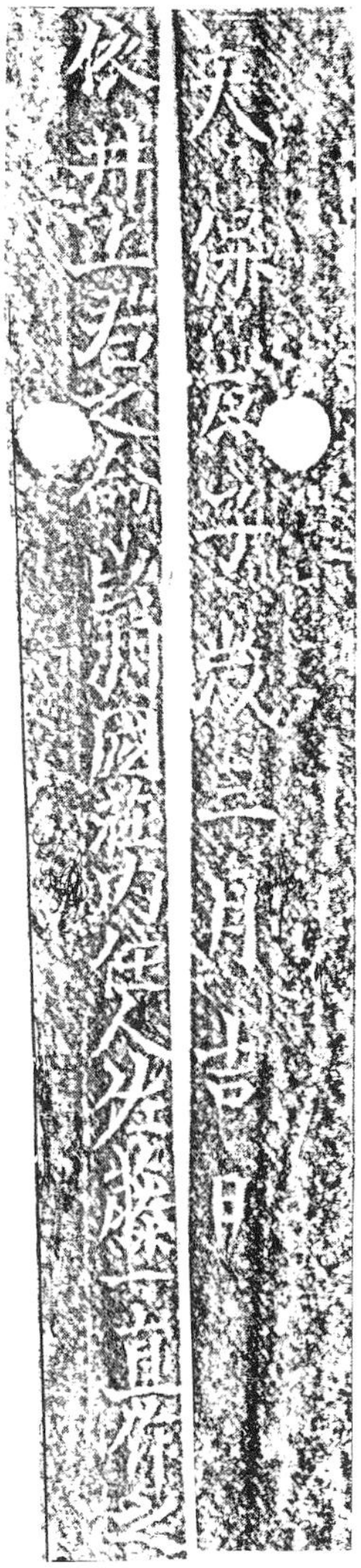

△依井上君之命出羽國荘内住人佐藤一直作之（かずなお）天保庚子歳三月吉日
羽前國―天保

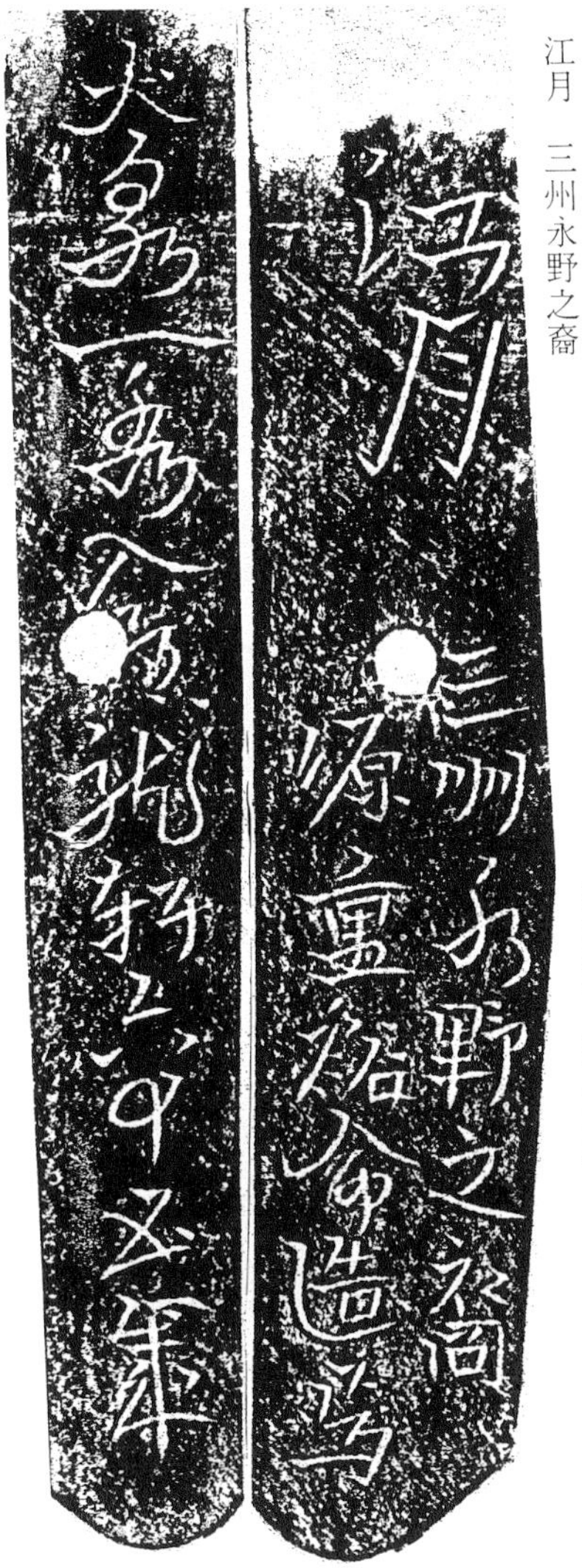

△大泉一秀入道龍軒六十五歳（いっしゅう・かずひで）
江月　三州永野之裔
羽前國―江戸末期

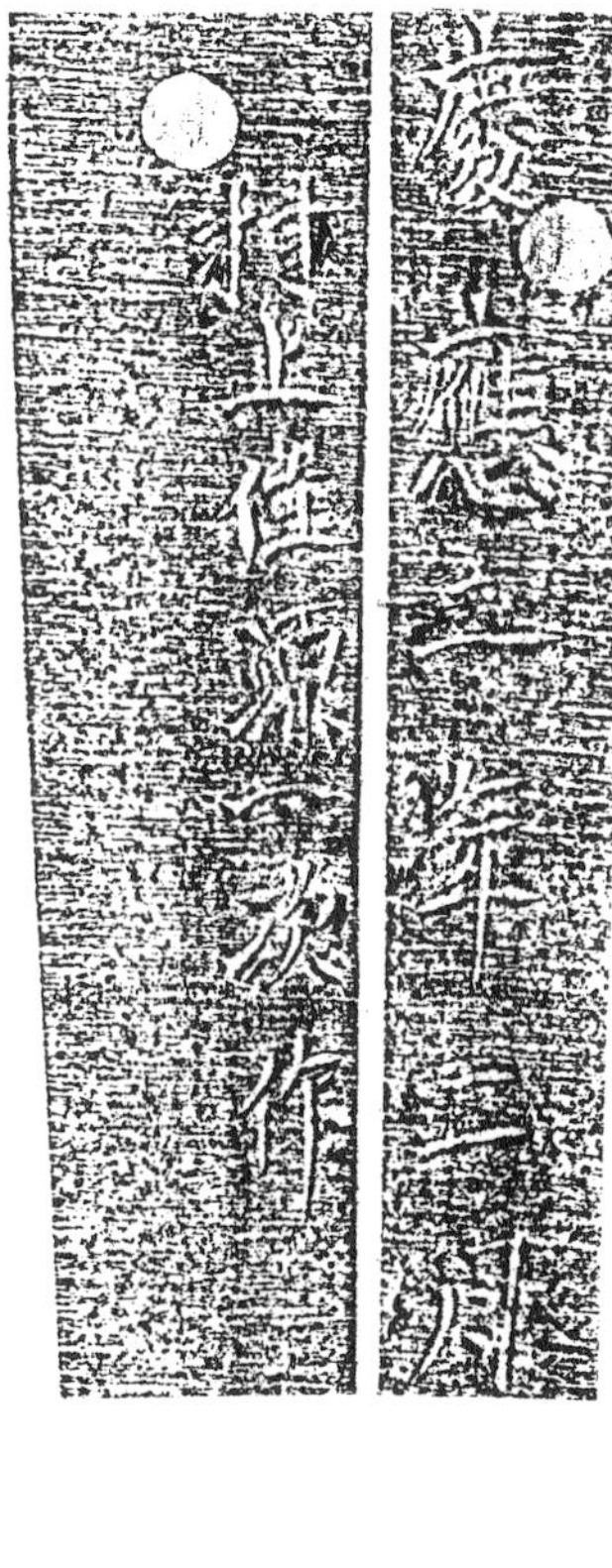

△村上住源一次作（かずつぐ）
慶応二年二月日
越後國―慶応

△信濃國住一則作（いっそく・かずのり）
明治二年八月日
信濃國―明治

△一秀（いっしゅう・かずひで）
文政七年十月日
羽前國―文政

△出羽國庄内住池田一秀入道龍軒（いっしゅう・かずひで）
文政十年八月日
羽前國―文政

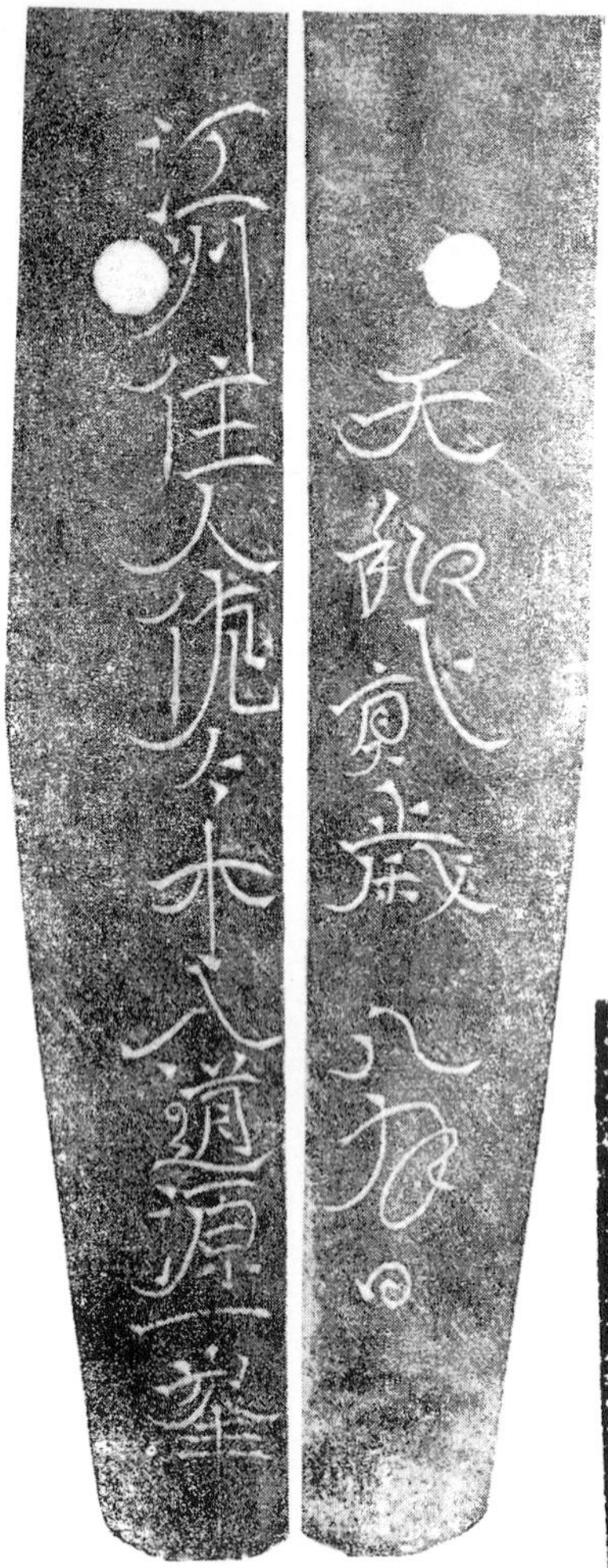

△江州住人佐々木入道源一峯（いっぽう）
天和貳歳八月日
近江國―天和

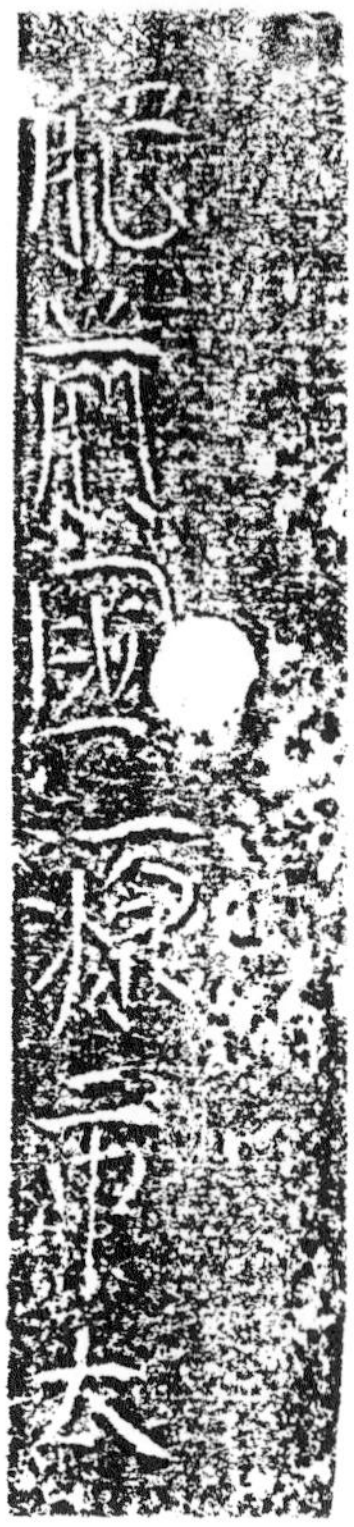

△肥前國源市太（いちた） 肥前國―江戸中期

△筑之前州福岡住一英造之（いちえい・かずひで） 筑前國―江戸中期

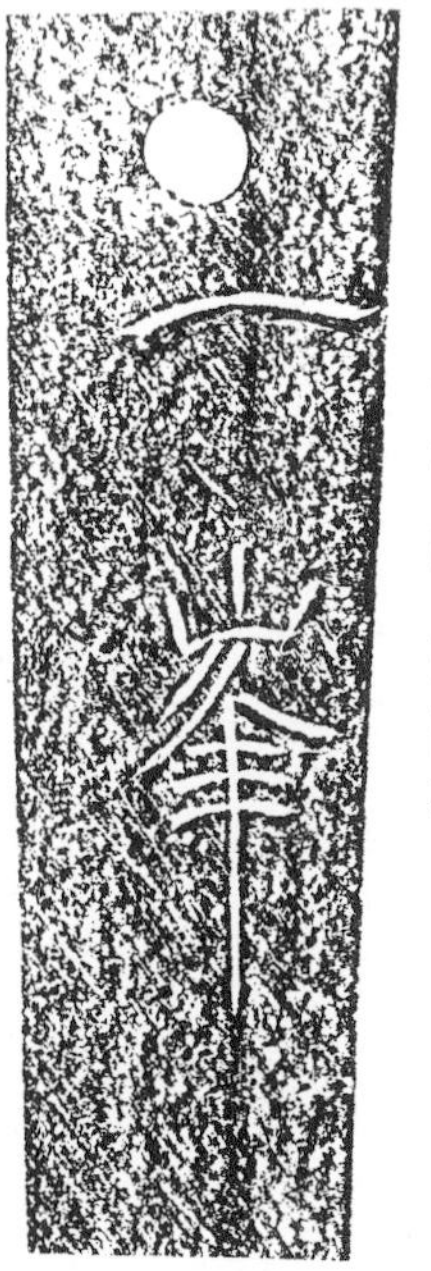

△一峯（いっぽう） 近江國―江戸中期

△山城國住石塔（いしとう） 山城國―江戸期

○権少将氏貞（うじさだ）
弘治元年二月吉祥日
美濃國―弘治

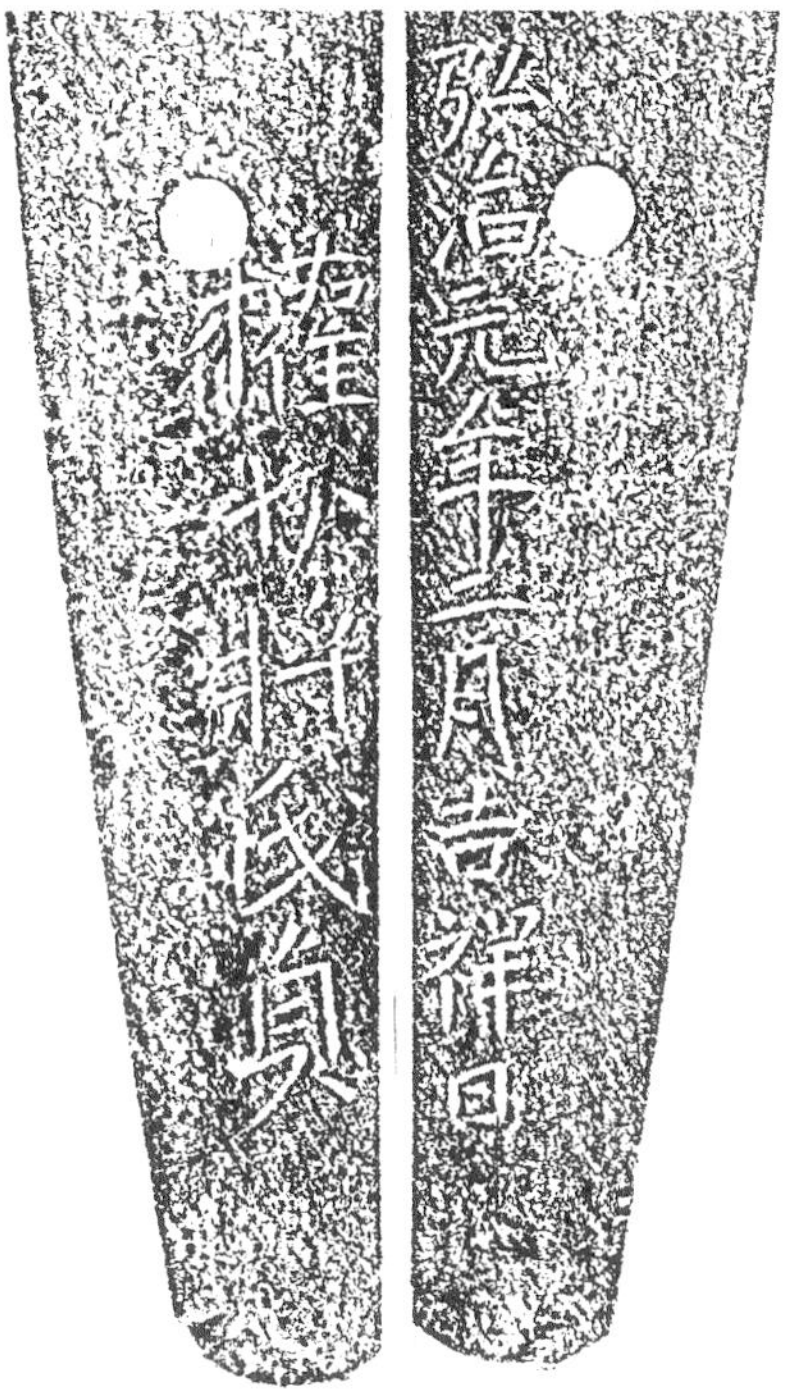

○濃州関住氏貞（うじさだ）
天文十五年八月日
美濃國―天文

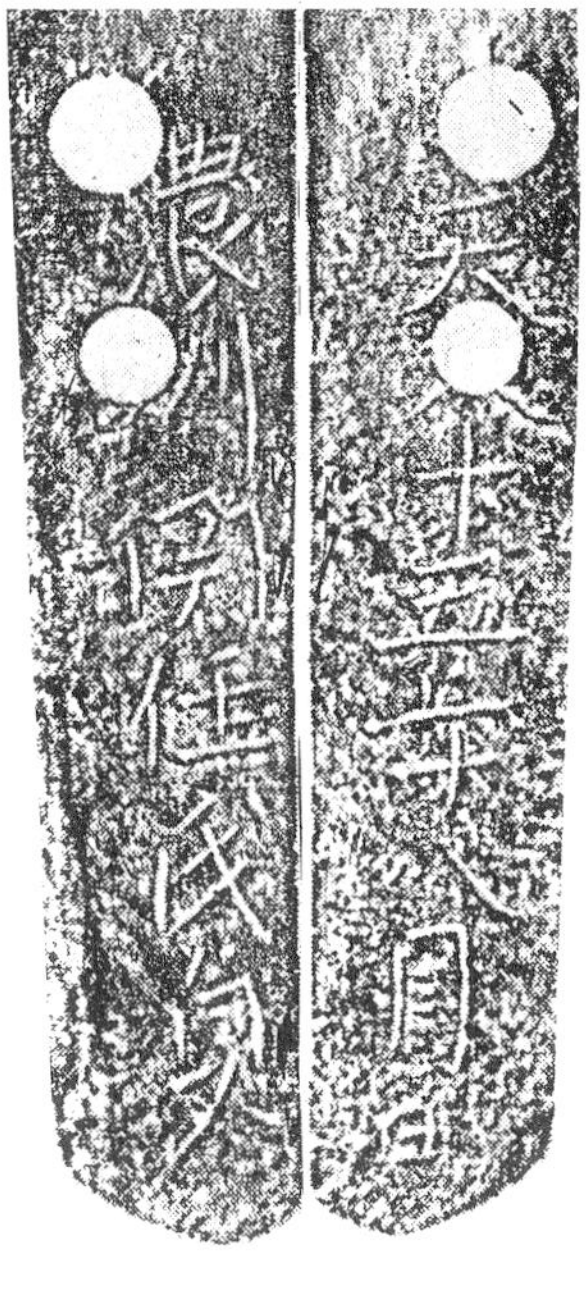

○岩捲氏信（うじのぶ） 美濃國―室町末期

○出雲守藤原氏貞（うじさだ）
天正十七年二月吉日
美濃國―天正

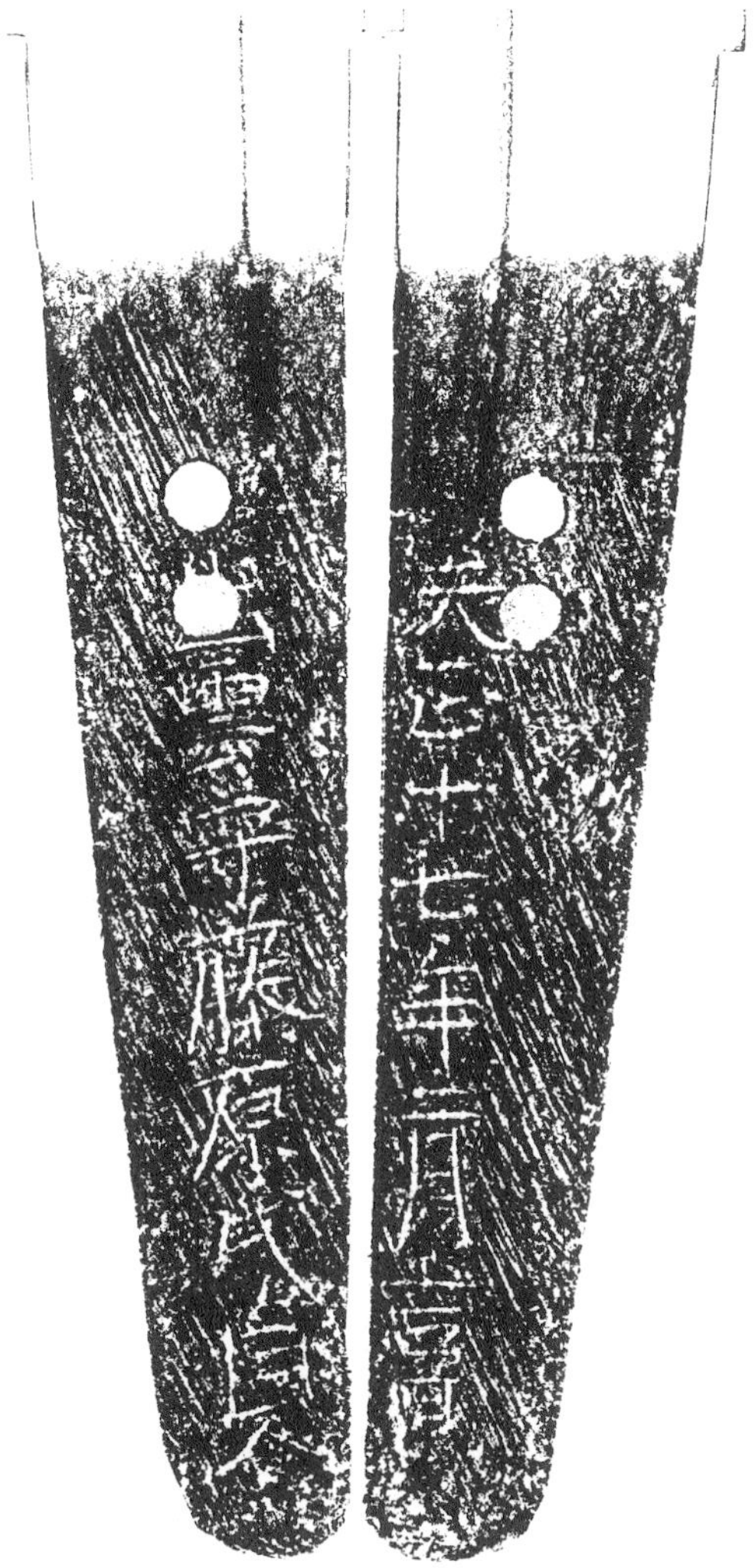

○若狭守氏房作（うじふさ）
天正二年八月日
美濃國―天正

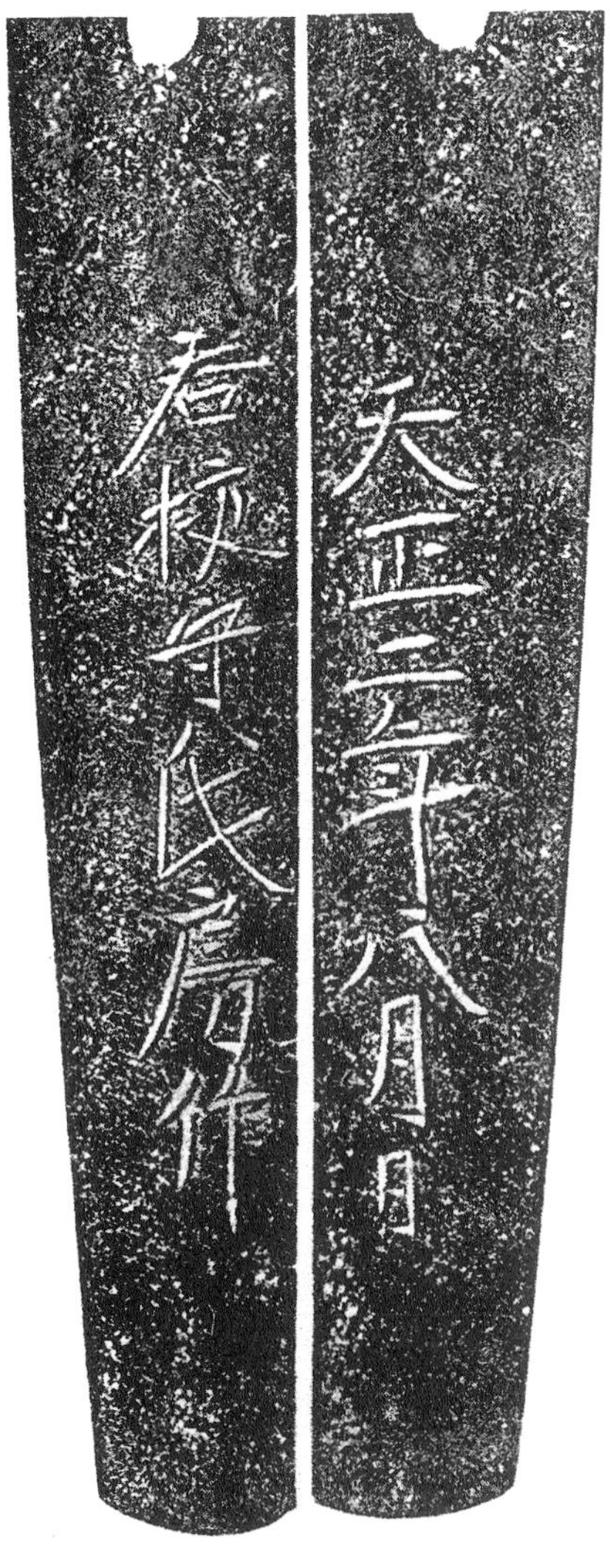

○左衛門尉藤原氏房造（うじふさ） 美濃國―永禄
永禄十三年四月吉日

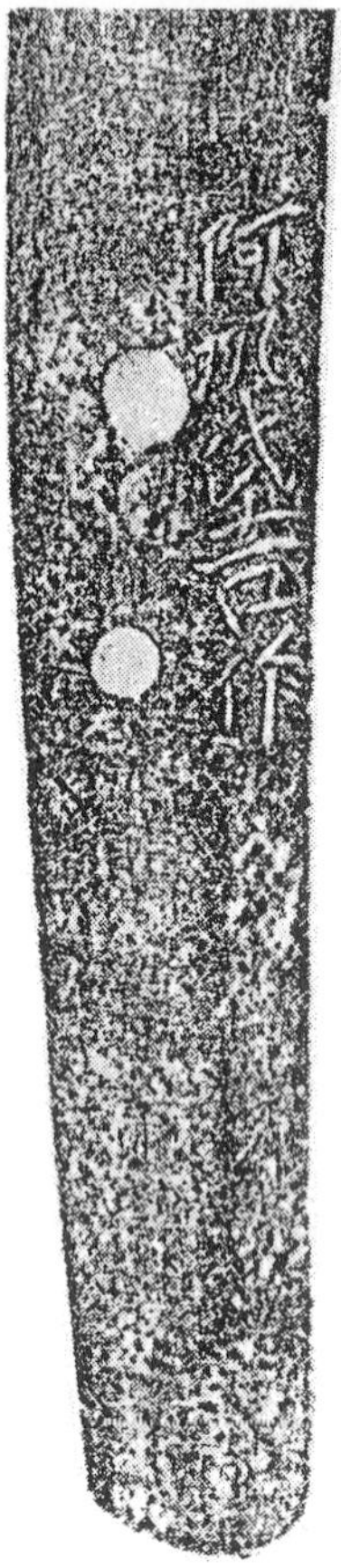

○阿州氏吉作（うじよし） 阿波國―室町後期

○雲次（うんじ） 備前國―鎌倉末期

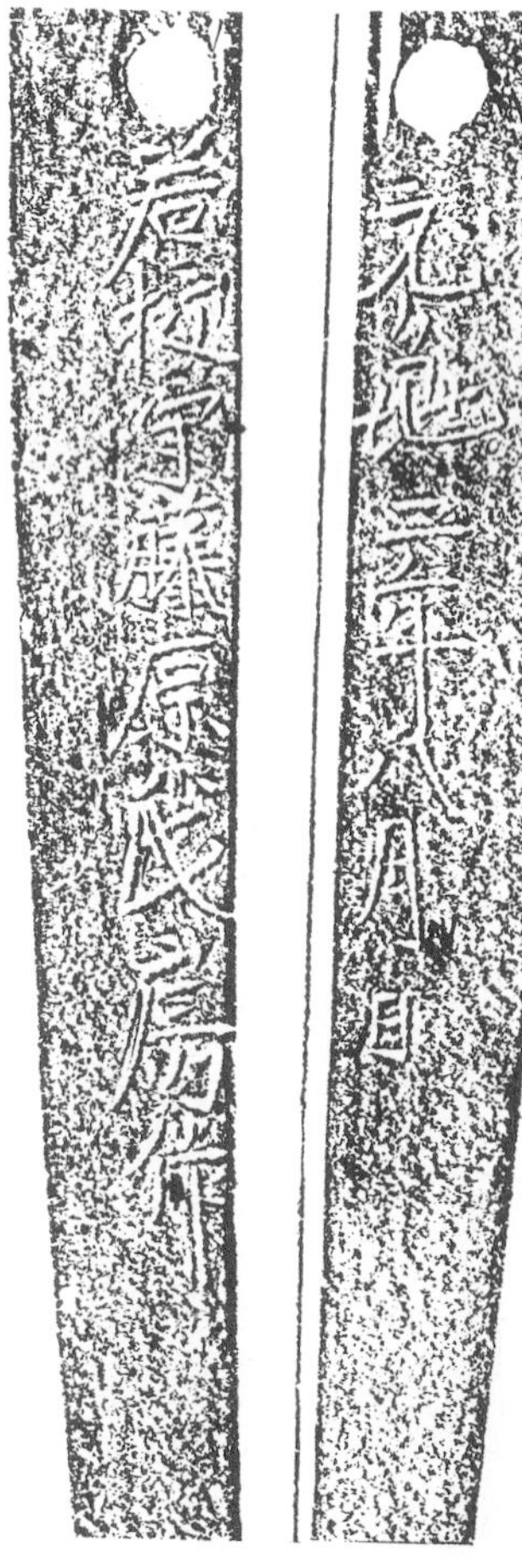

○若狭守藤原氏房作（うじふさ） 美濃國―元亀
元亀二年八月日

○尾州名古屋住氏正（うじまさ） 尾張國―天正
天正四年二月日

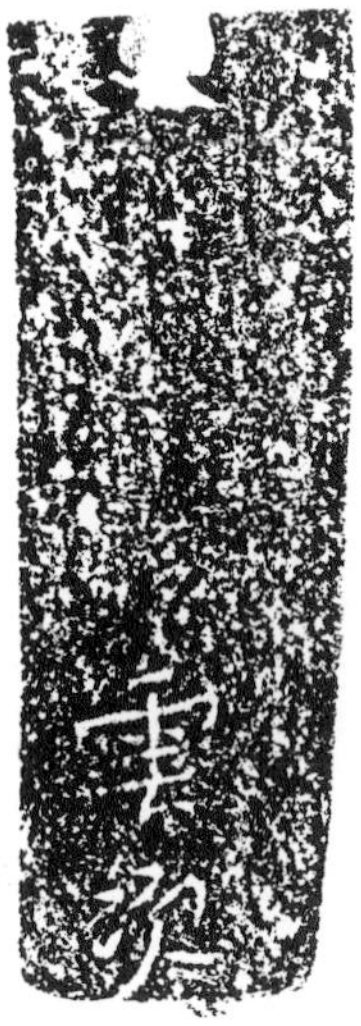

○雲次（うんじ） 備前國―鎌倉末期

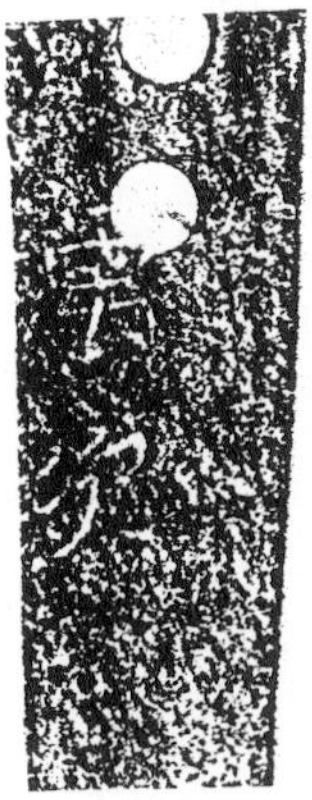

○雲次（うんじ） 備前國―鎌倉末期

○備前國住雲次（うんじ）備前國―鎌倉末期

○備前國住雲次（うんじ）備前國―鎌倉末期

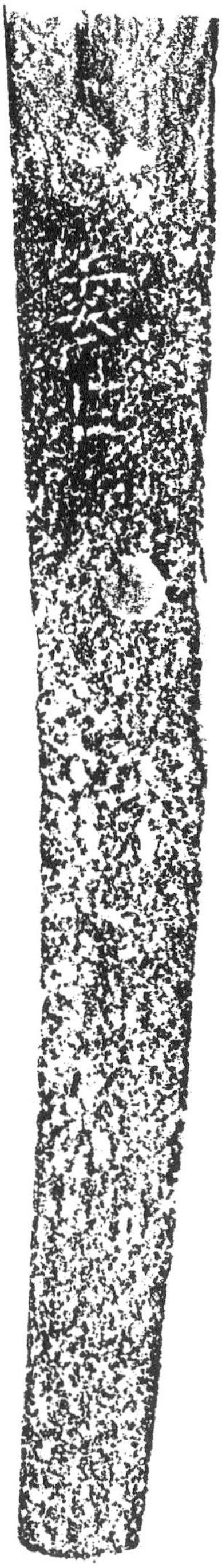

○雲生（うんしょう）備前國―鎌倉後期

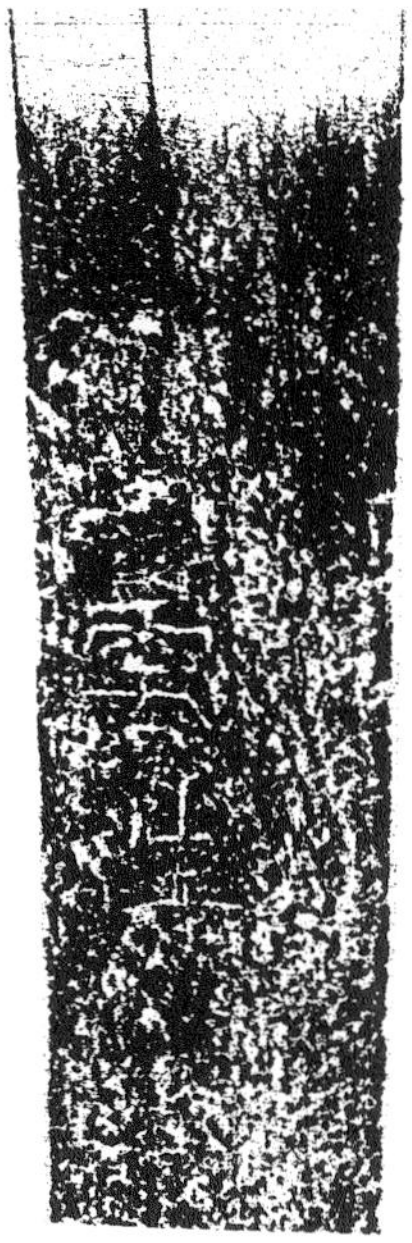

○雲生（うんしょう）備前國―鎌倉後期

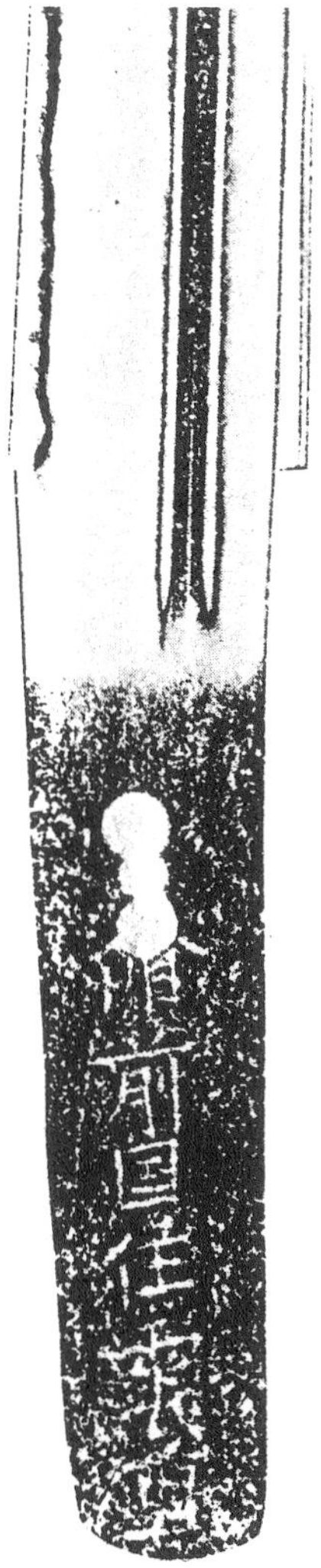

○備前國住雲重（うんじゅう）備前國―南北朝期

○備前國宇甘住雲重貞治（うんじゅう）備前國―貞治

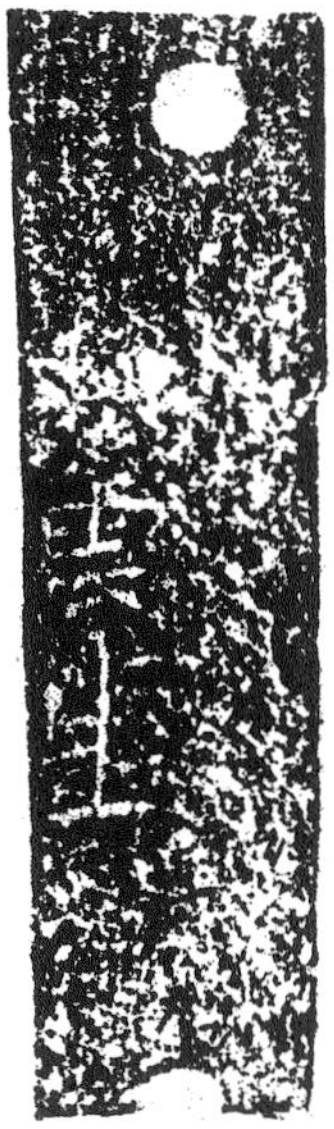

○雲生（うんしょう）備前國―鎌倉後期

○雲生（うんしょう）備前國―鎌倉後期

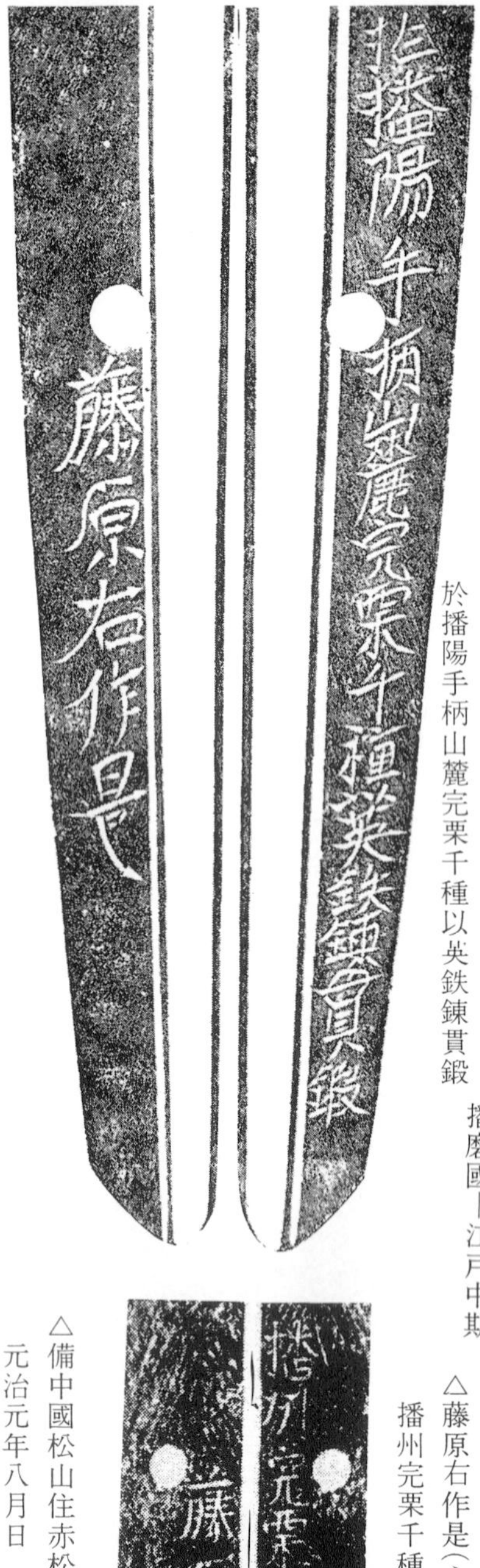

△藤原右作是（うさく）
於播陽手柄山麓完栗千種以英鉄錬貫鍛

播磨國―江戸中期

△藤原右作是（うさく）
播州完栗千種丸一以英鉄錬貫鍛

播磨國―江戸中期

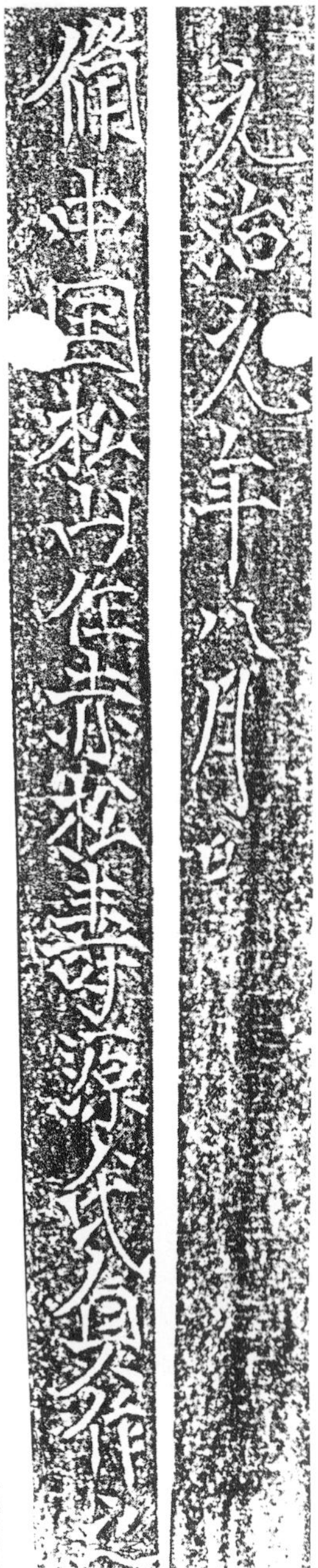

△備中國松山住赤松寿源氏貞作之（うじさだ）
元治元年八月日

備中國―元治

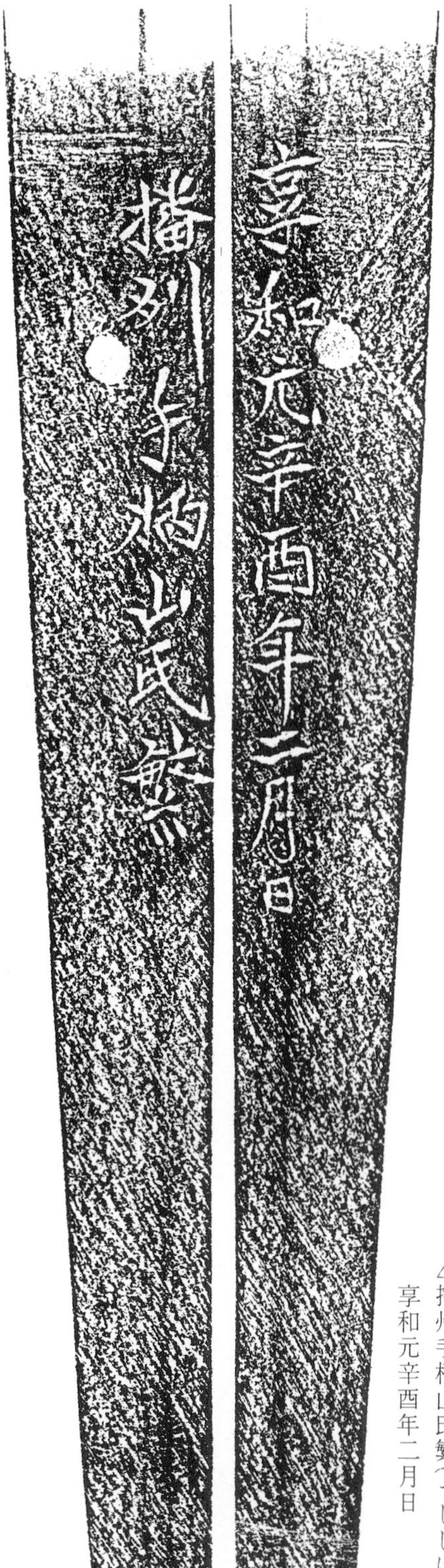

△播州手柄山氏繁（うじしげ）
享和元辛酉年二月日

播磨國―江戸末期

△大和大掾藤原氏重（うじしげ） 播磨國―江戸中期

△大和守藤原氏次（うじつぐ） 美濃國―江戸中期

△尾州名古屋住氏永（うじなが） 尾張國―桃山期

△建依別《たけよりわけ》中嶋氏詮造之（うじのり） 文久三癸亥正月日 土佐國―幕末

△飛弾守藤原氏房（うじふさ） 美濃國―桃山期

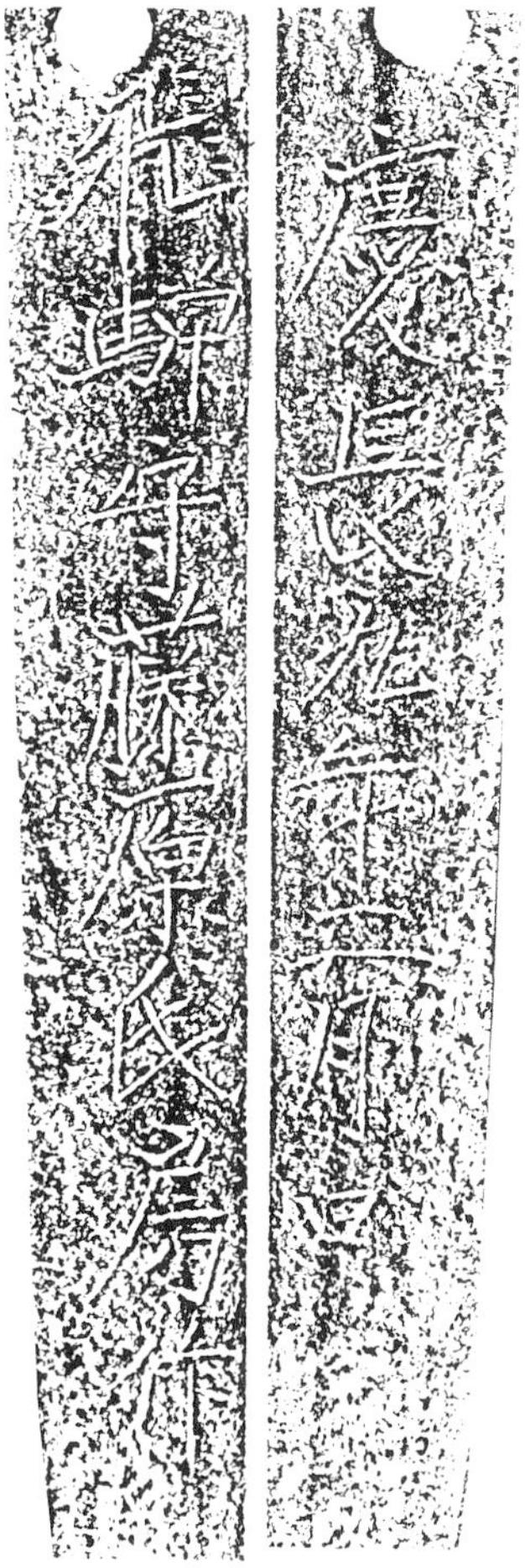

△飛弾守藤原氏房作（うじふさ）
慶長九年二月日
美濃國―桃山期

△飛弾守藤原氏房（うじふさ） 美濃國―桃山期

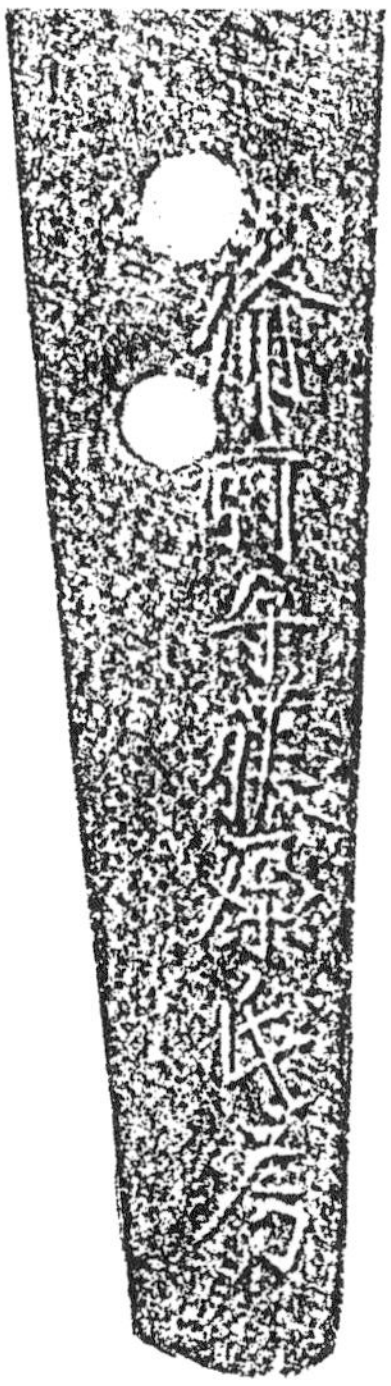

△備前守藤原氏房（うじふさ） 美濃國―江戸中期

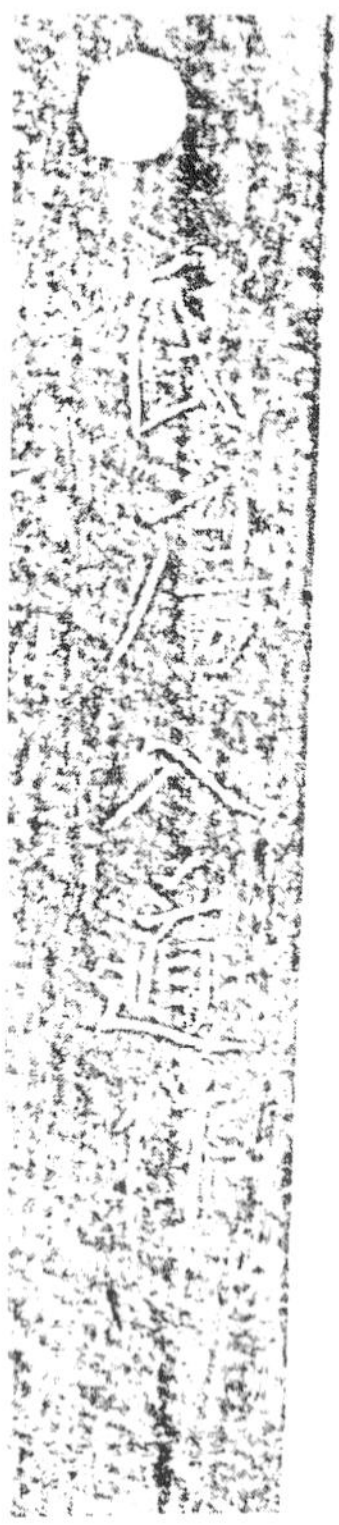

△氏房入道作（うじふさ） 薩摩國—桃山期

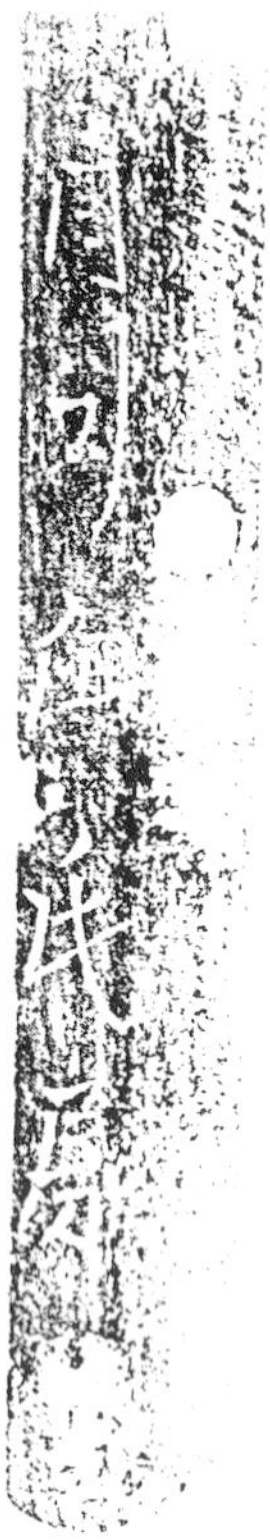

△日州住氏房（うじふさ） 日向國—桃山期

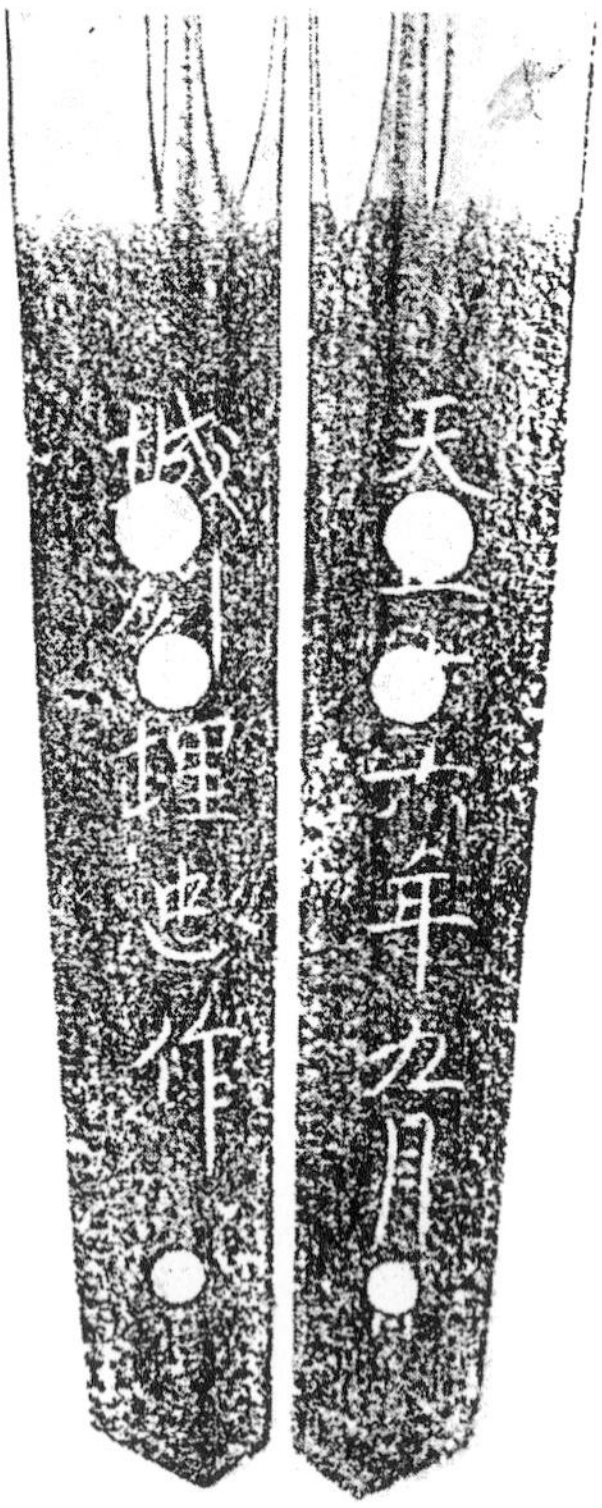

△城州埋忠作（うめただ） 天正十六年九月日 山城國—天正

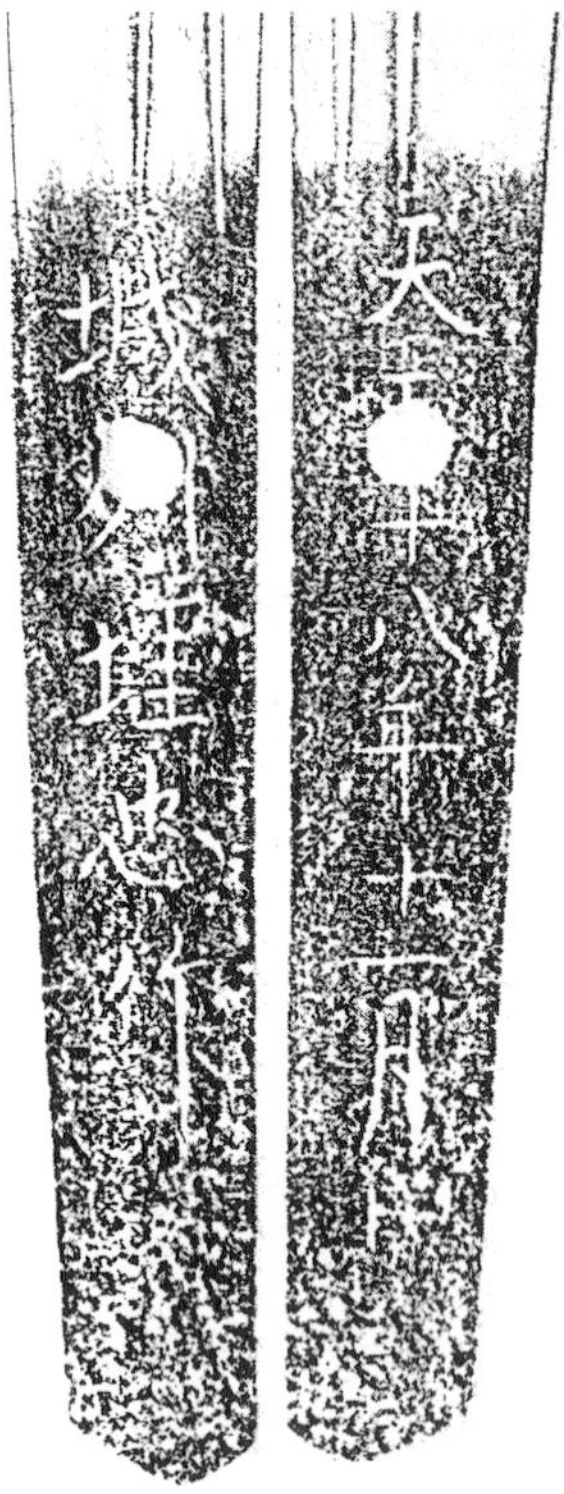

△城州埋忠作（うめただ） 天正十八年十一月日 山城國—天正

△阿州海部住氏吉（うじよし） 阿波國—江戸末期

△若狭守藤原氏善（うじよし） 尾張國—江戸中期

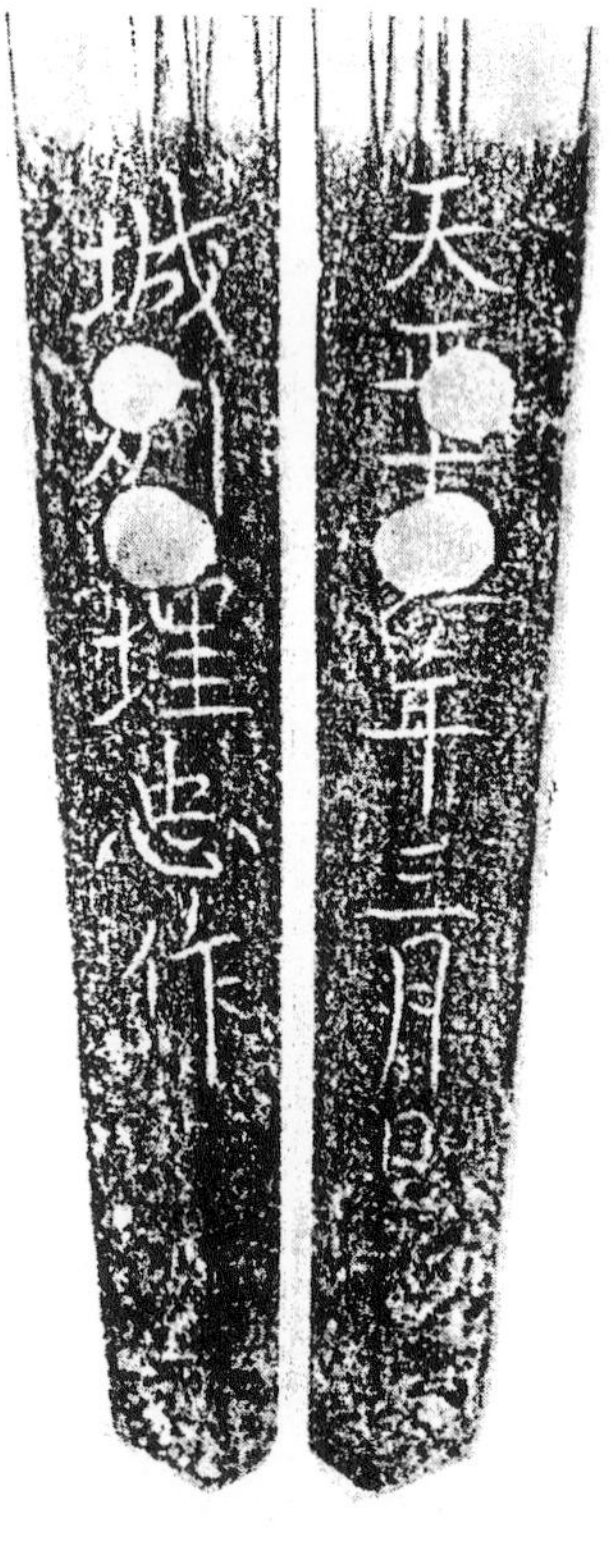

△城州埋忠作（うめただ） 天正十九年三月日 山城國—天正

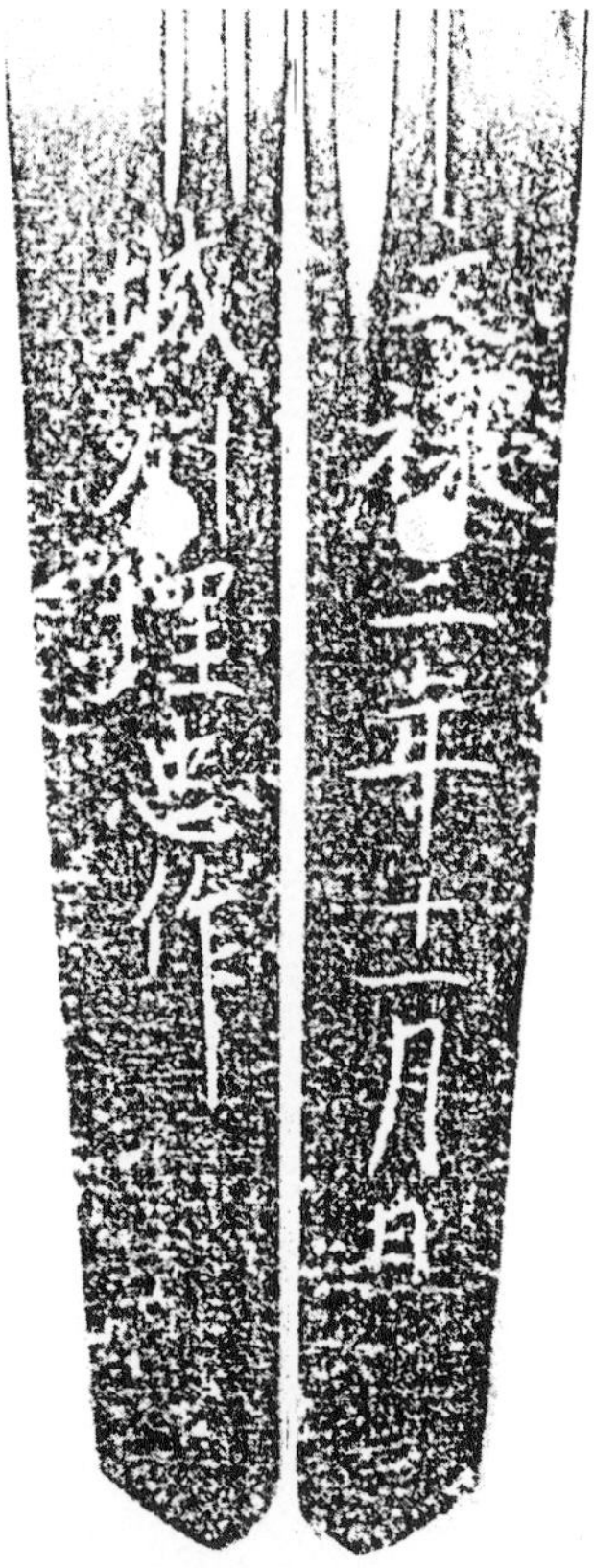

△城州埋忠作（うめただ） 文禄二年十一月日 山城國—文禄

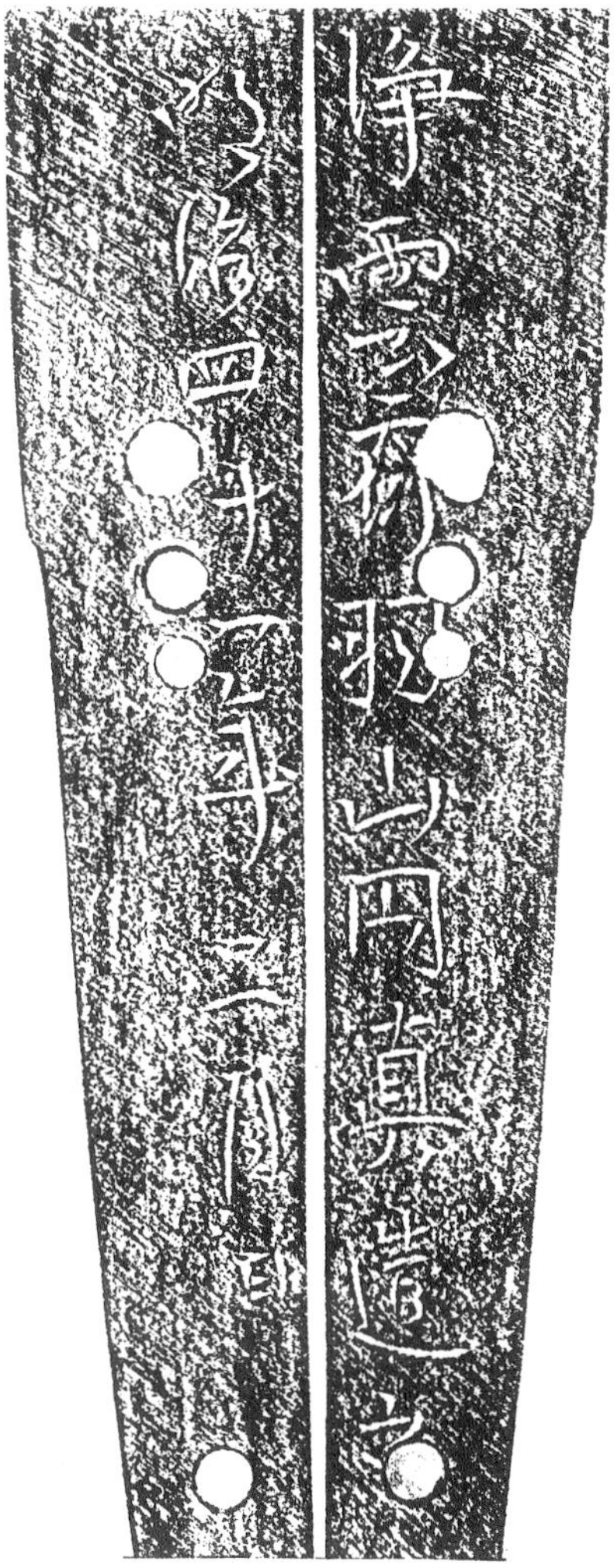

△浄雲斎羽山円真造之（えんしん）
明治四十一年二月日
東京―明治

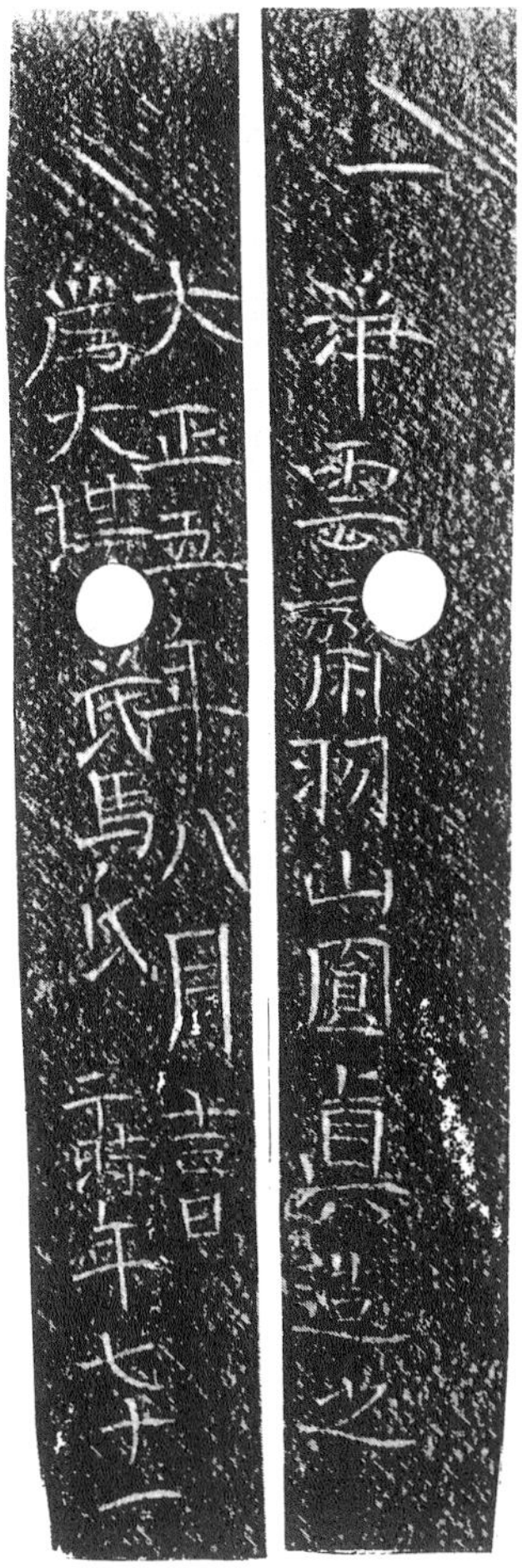

△一浄雲斎羽山円真造之（えんしん）
大正五年八月吉日
為大場茂馬氏　于時年七十一
東京―大正

△浄雲斎円真作（えんしん）〈大小刀の銘〉
東京―明治

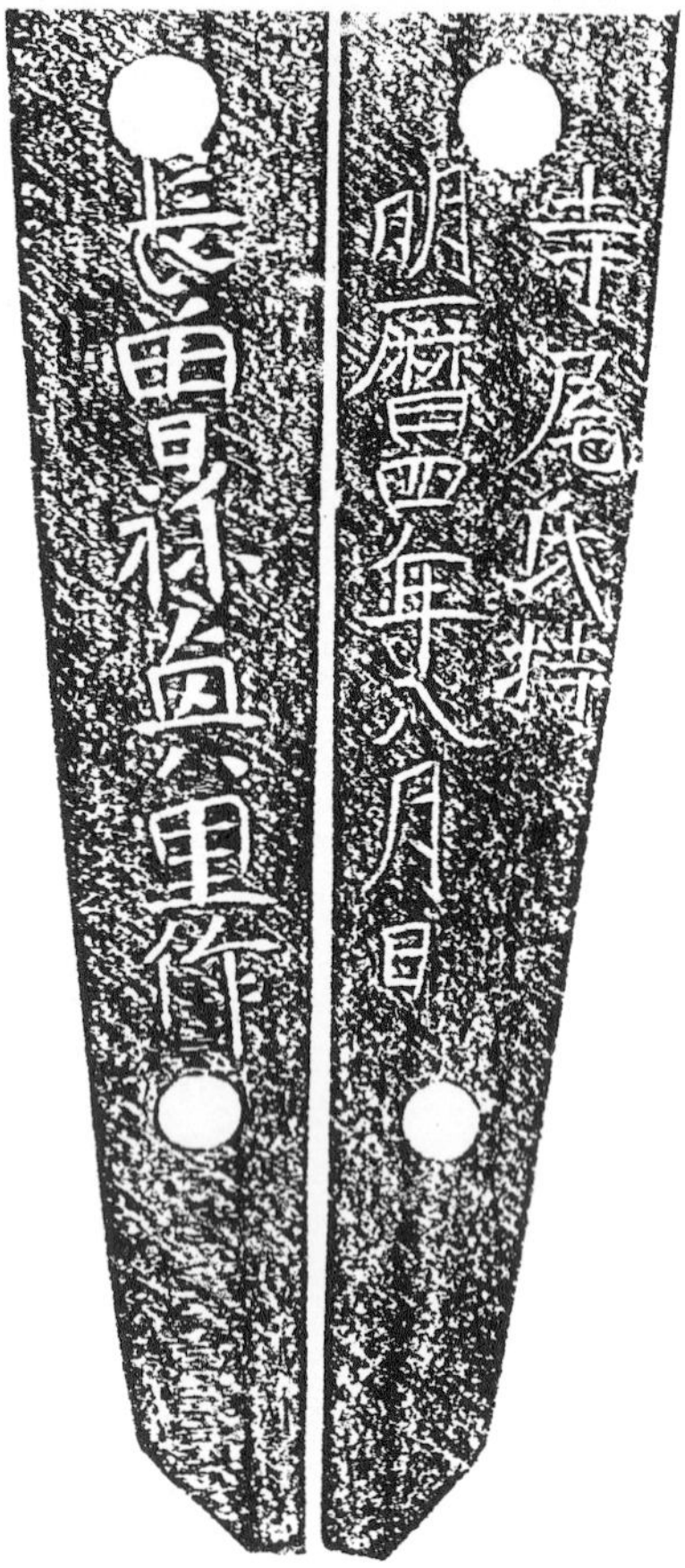

△長曾禰奥里作（おきさと）
明暦四年八月日　寺尾氏持
武蔵國―明暦

△長曾禰奥里（おきさと）　武蔵國―江戸前期

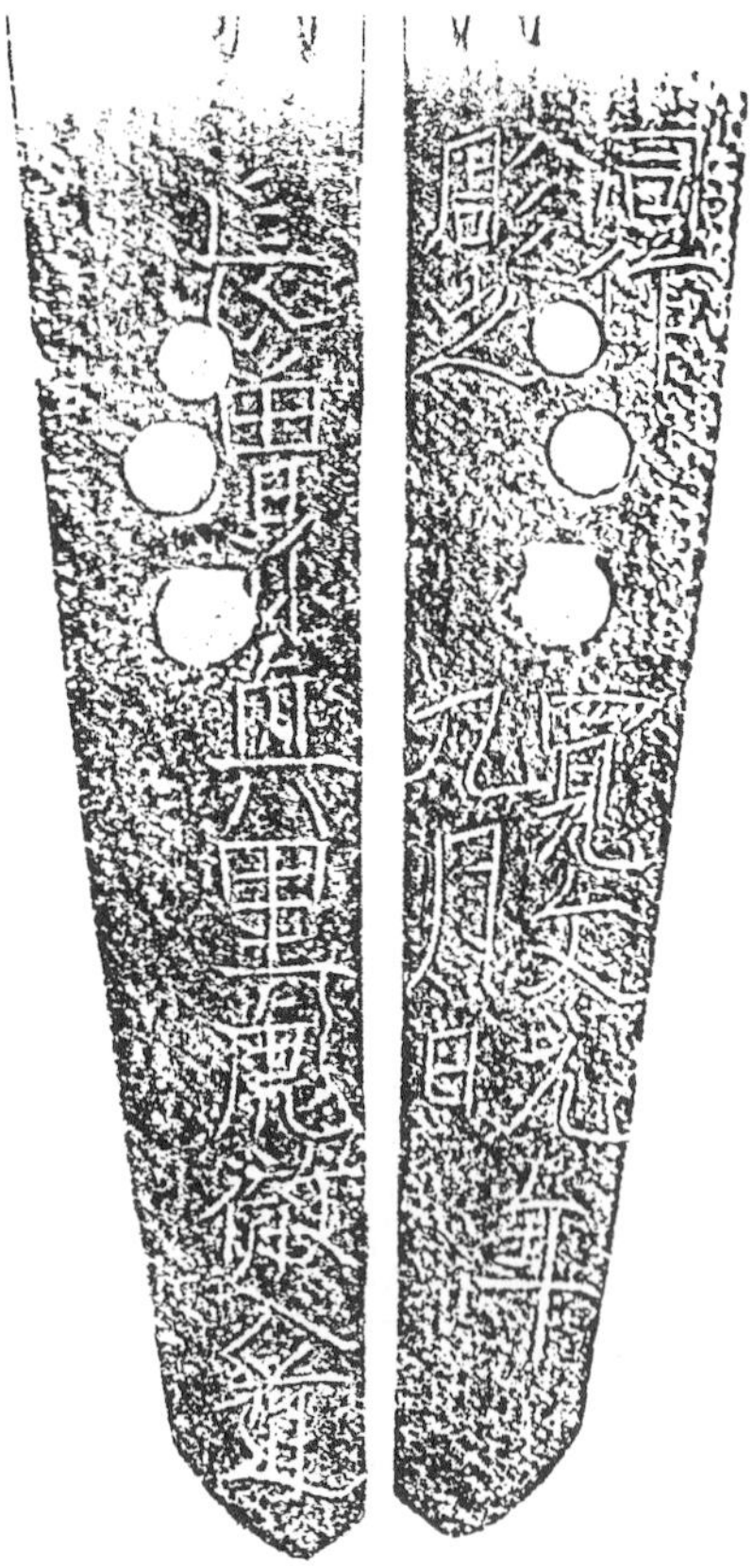

△長曾禰奥里虎徹入道（おきさと）
同作彫之　寛文元年九月日
武蔵國―寛文

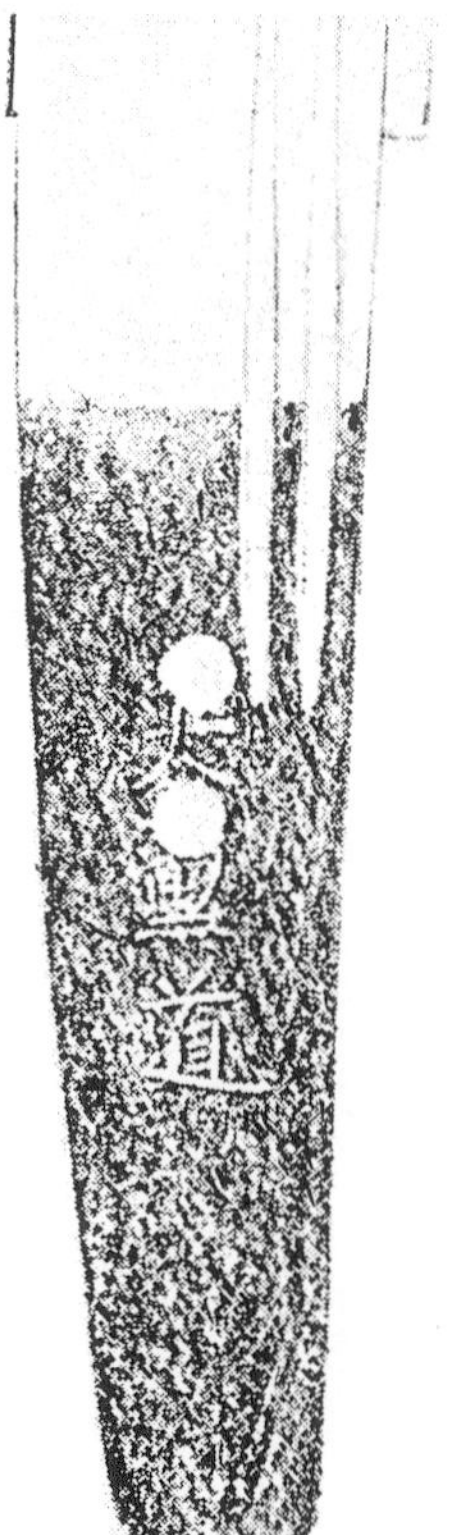

○大兼道（おおかねみち）　美濃國―室町末期

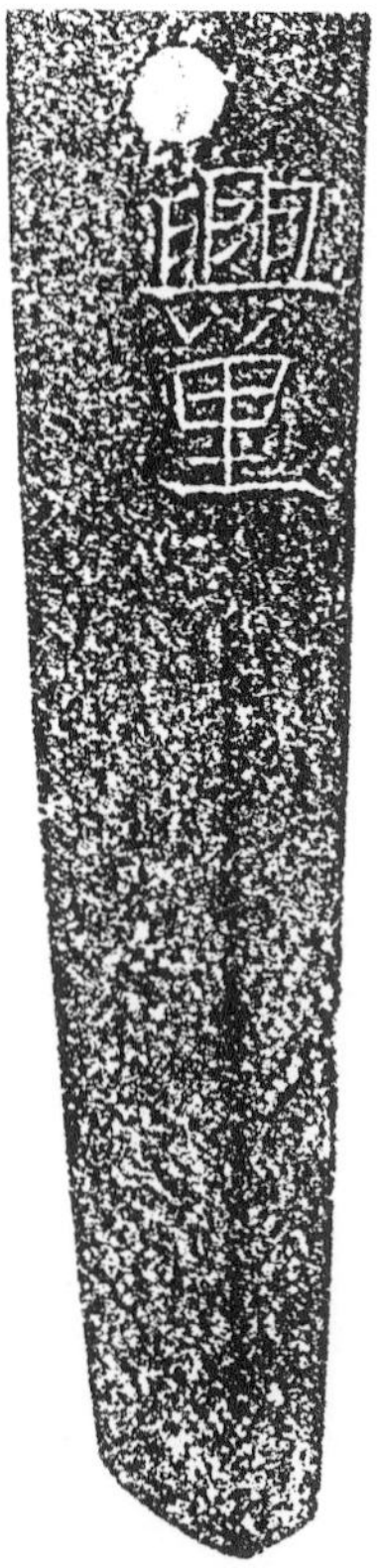

△興里（おきさと）　武蔵國―江戸中期

△長曾禰虎徹入道興里（おきさと）　武蔵國―江戸中期

△長曾禰興里入道乕徹（おきさと）　武蔵國―江戸中期

△長曽禰興里作（おきさと） 延宝二年二月吉日　武蔵國―延宝

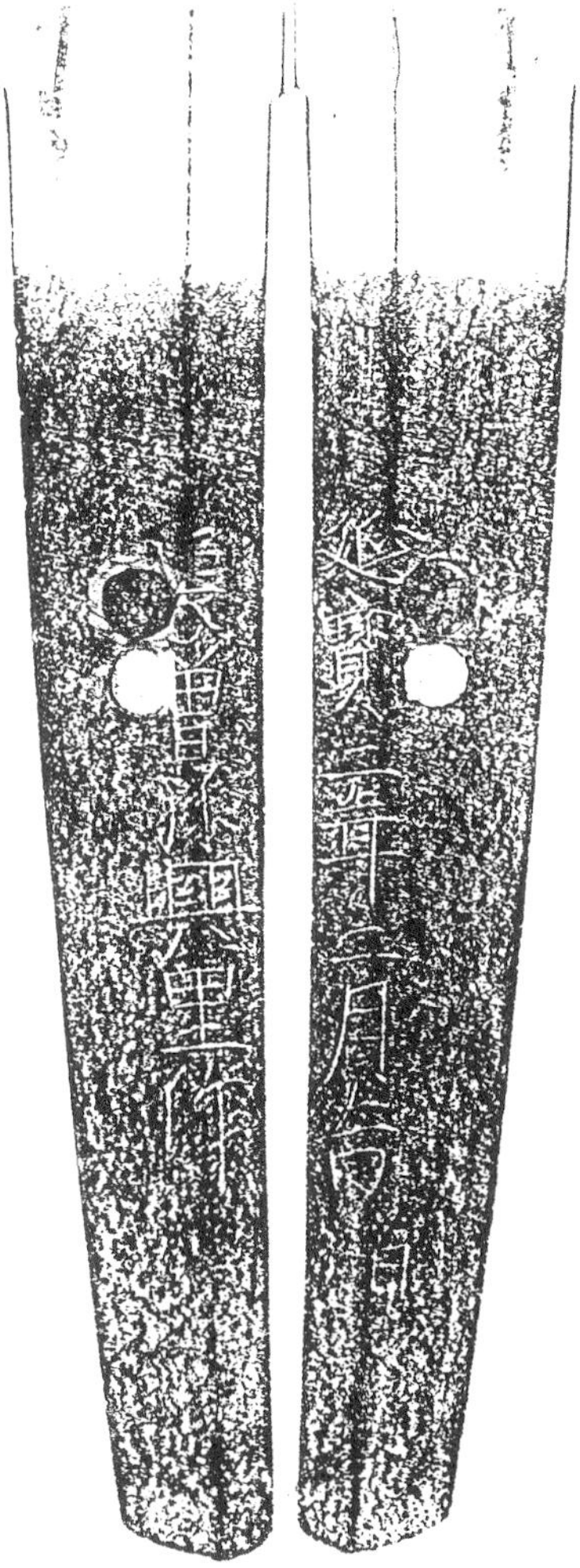

△長曽禰興里入道乕徹（おきさと） 延宝四年八月日彫物同作　武蔵國―延宝

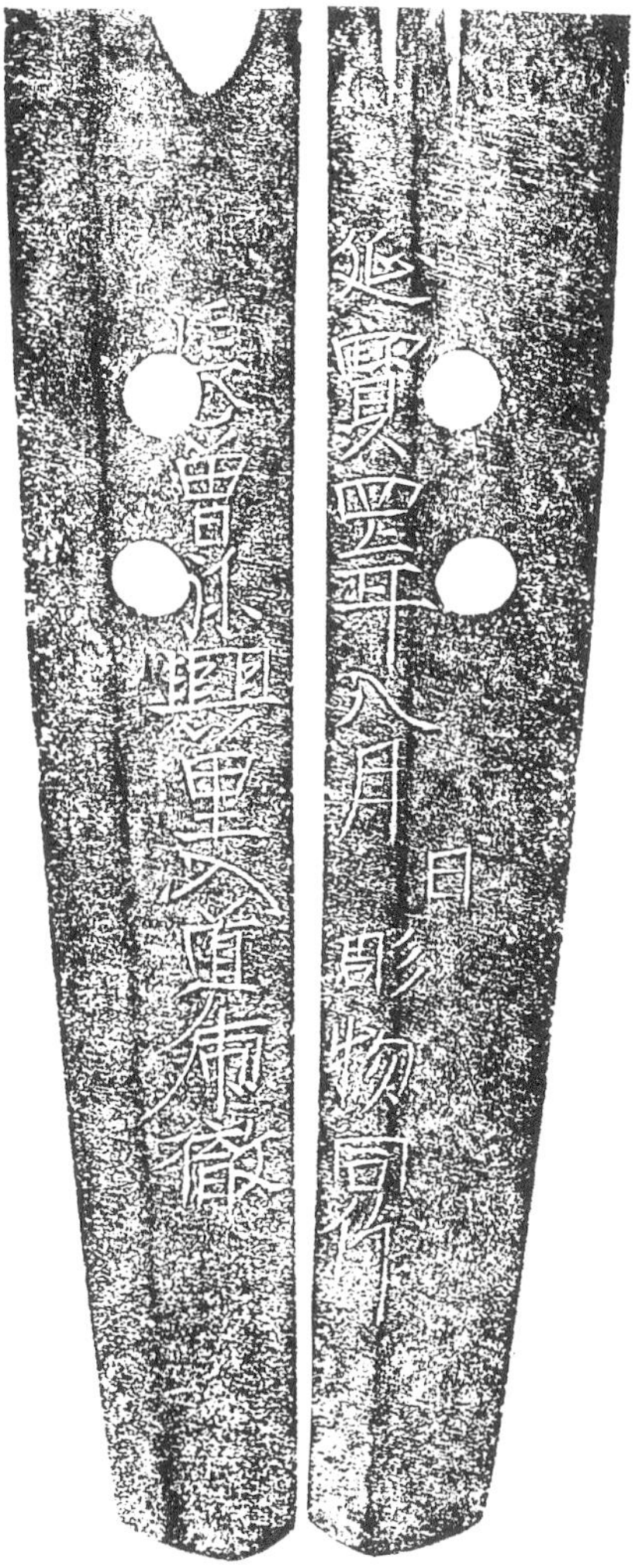

△長曽禰興直作（おきなお） 武蔵國―江戸中期

△長曽禰興久（おきひさ） 武蔵國―江戸中期

△長曽禰興正（おきまさ） 武蔵國―江戸中期

△長曽禰興正作（おきまさ） 武蔵國―江戸中期

△長曽禰虎徹興正（おきまさ） 武蔵國―江戸中期

□起正作（おきまさ）　東京―昭和

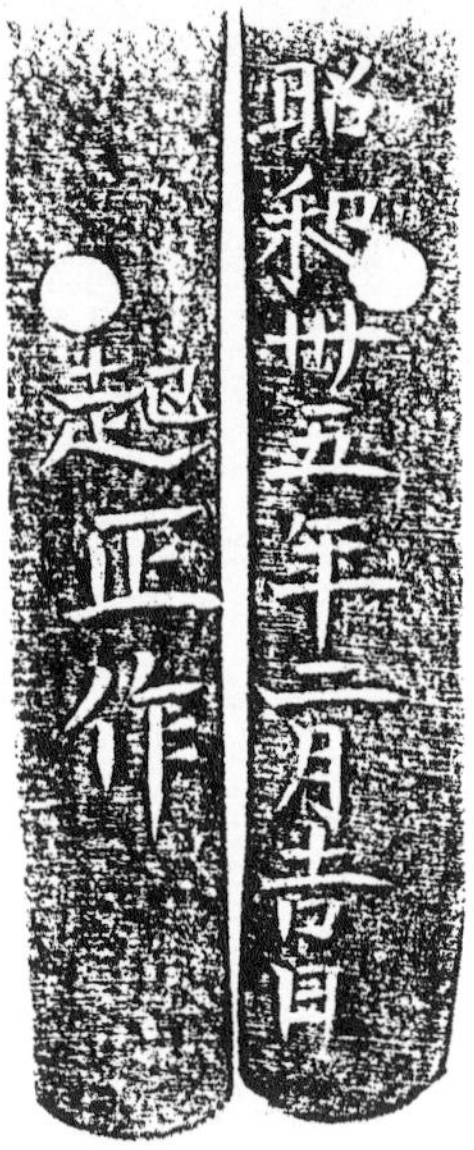


□起正作（おきまさ）
昭和卅五年二月吉日
東京―昭和

○景真（かげざね）（正中一文字）備前國—鎌倉末期

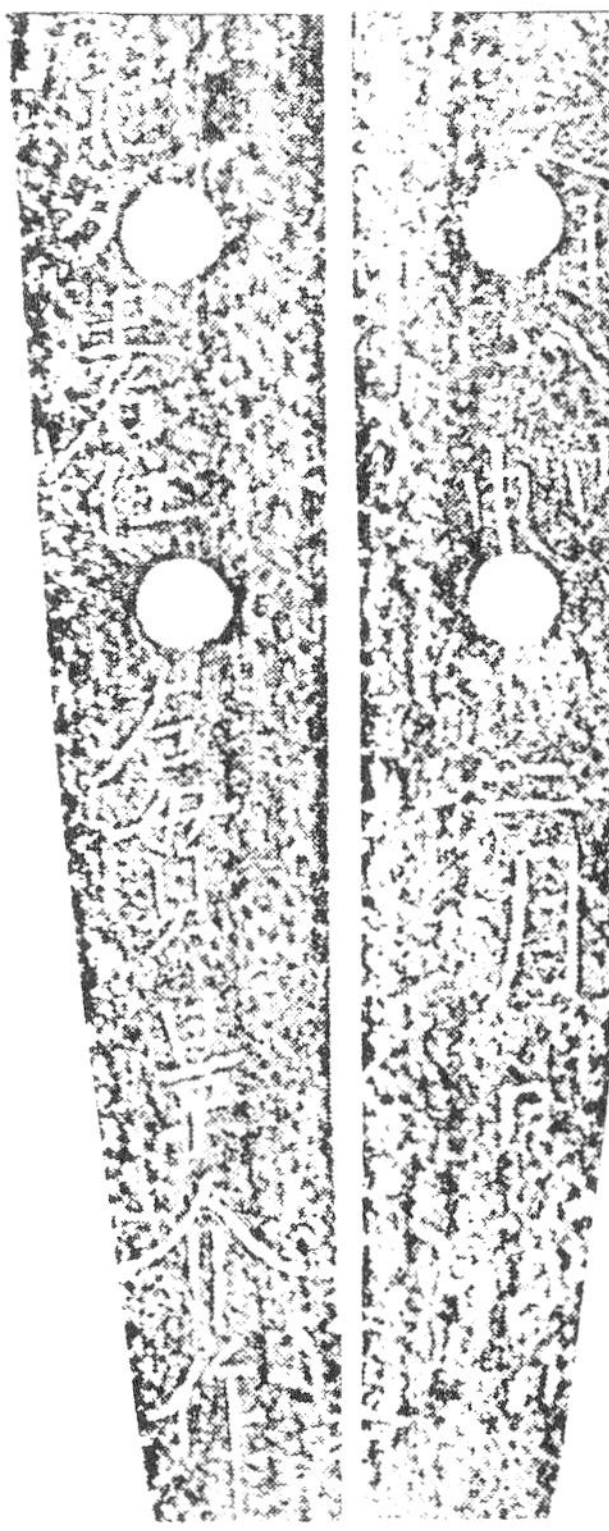

○肥州玉名住石貫景介作（かげすけ）
文明八丙申二月日
肥後國—文明

○因州住景長（かげなが）因幡國—南北朝期

○因州住景長（かげなが）因幡國—南北朝期

○景則（かげのり）〈古備前〉備前國—鎌倉初期

○景則（かげのり）〈吉井〉備前國—南北朝期

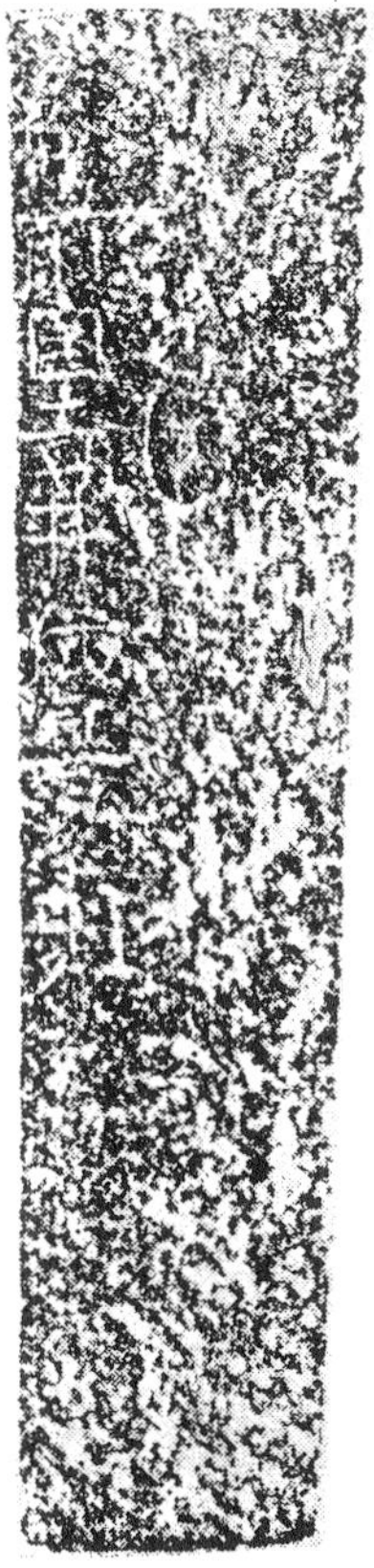

○備前國吉井住景則（かげのり）〈吉井〉備前國—南北朝期

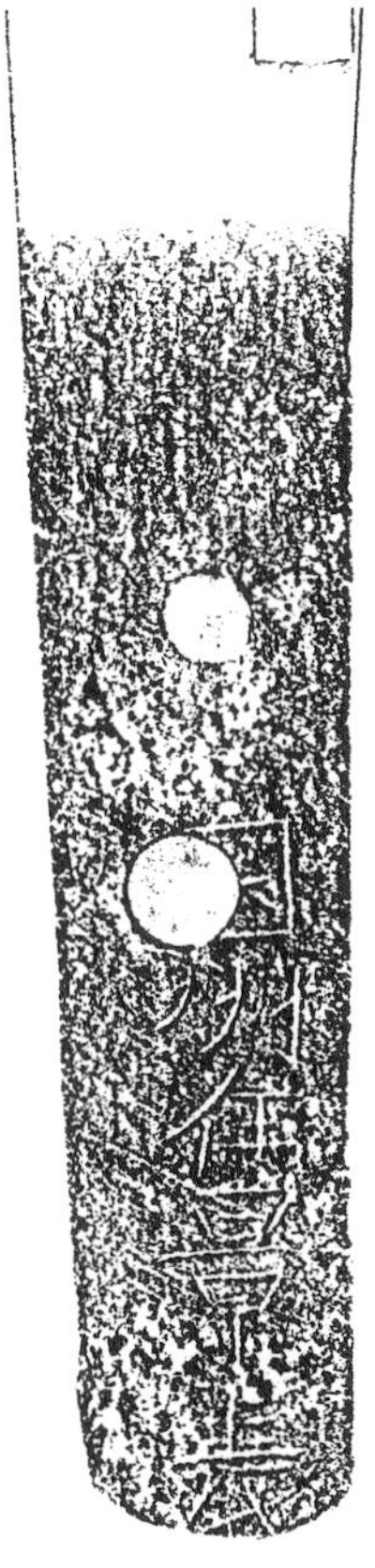

○因州住景長（かげなが）因幡國—南北朝期

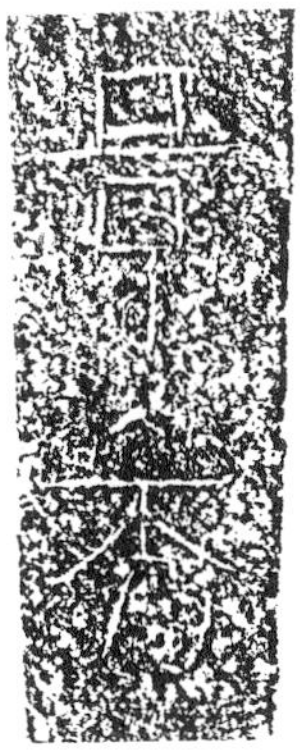

○景秀（かげひで）備前國—鎌倉中期

○景秀（かげひで）備前國—鎌倉中期

○備州長船住景政（かげまさ）
備前國―鎌倉末期

○備州長船景政（かげまさ）
文保元年十月日
備前國―文保

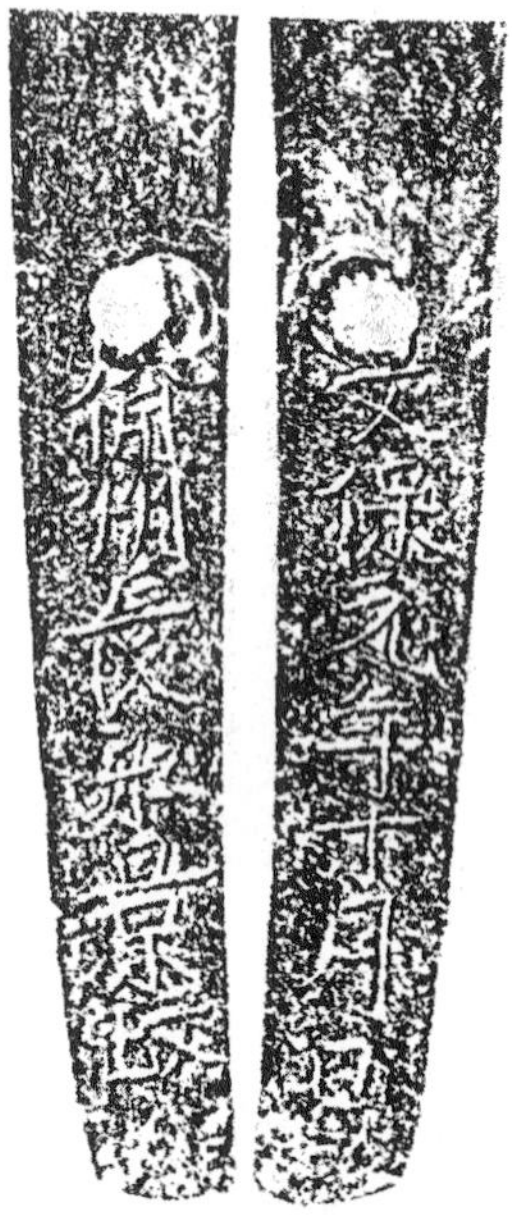

○景光（かげみつ） 備前國―鎌倉末期

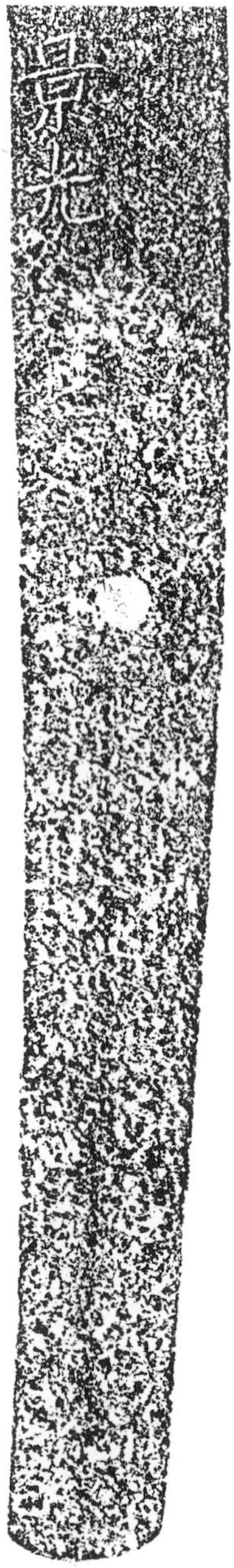

○備州長船住景光（かげみつ）
正和三年十一月日
備前國―正和

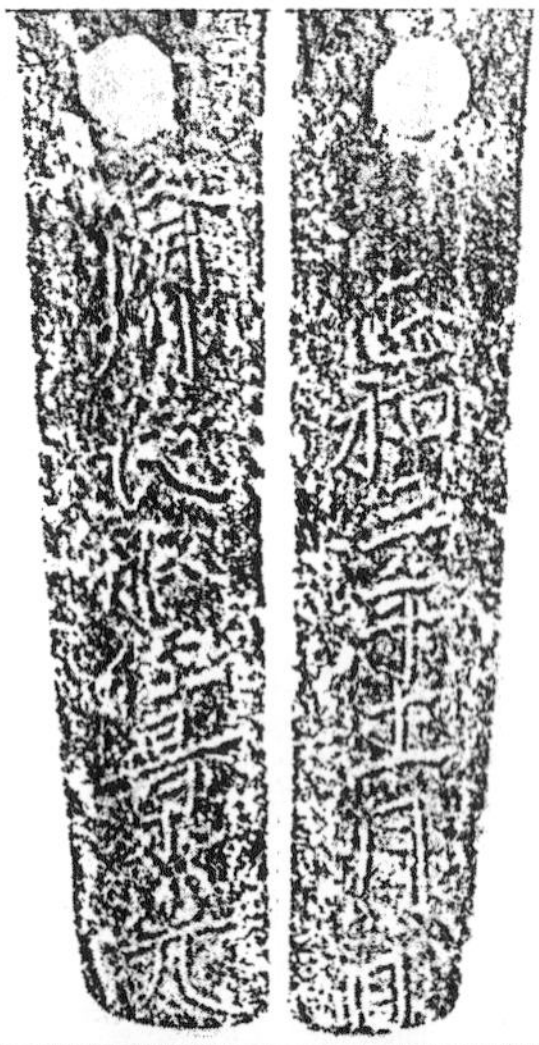

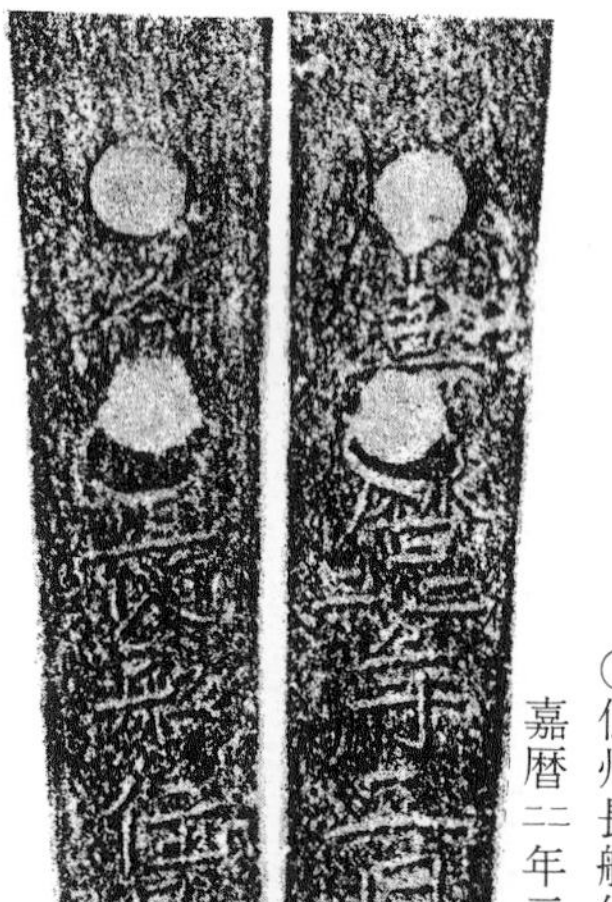

○備州長船住景政（かげまさ）
嘉暦二年二月日
備前國―嘉暦

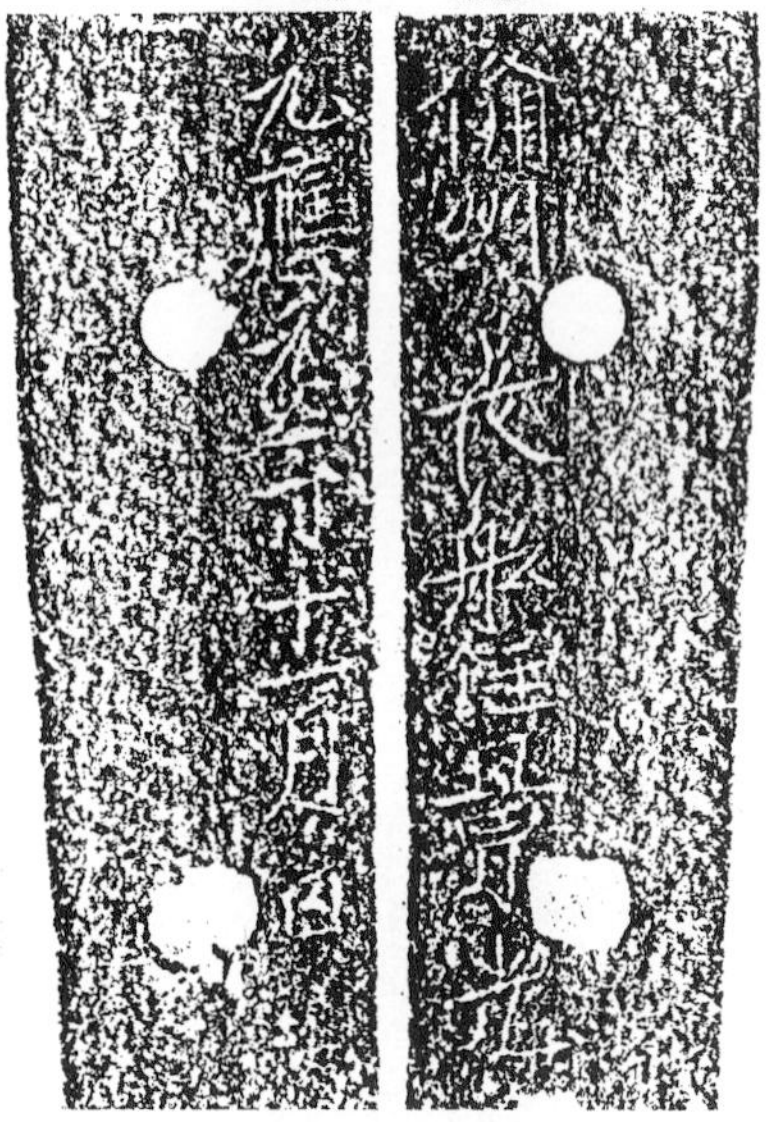

○備州長船住景光（かげみつ）
元応元年十一月日
備前國―元応

〇備前國長船住景光（かげみつ）　正中二年七月日　備前國―正中

〇備州長船景光（かげみつ）　元徳二年十月日　備前國―元徳

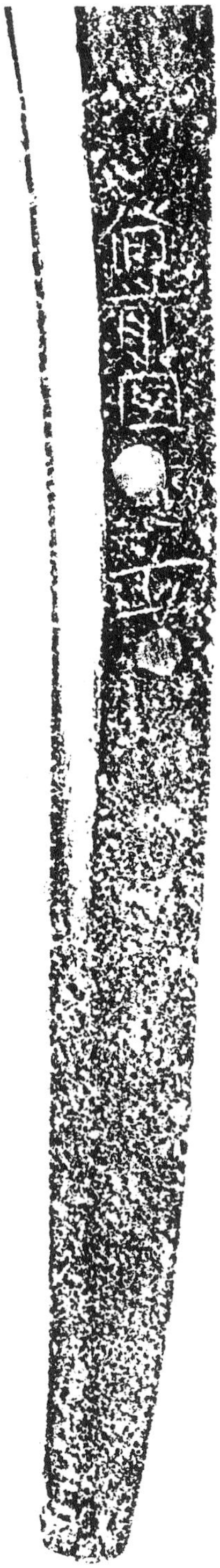

〇備前國景安（かげやす）〈古備前〉　備前國―平安末期

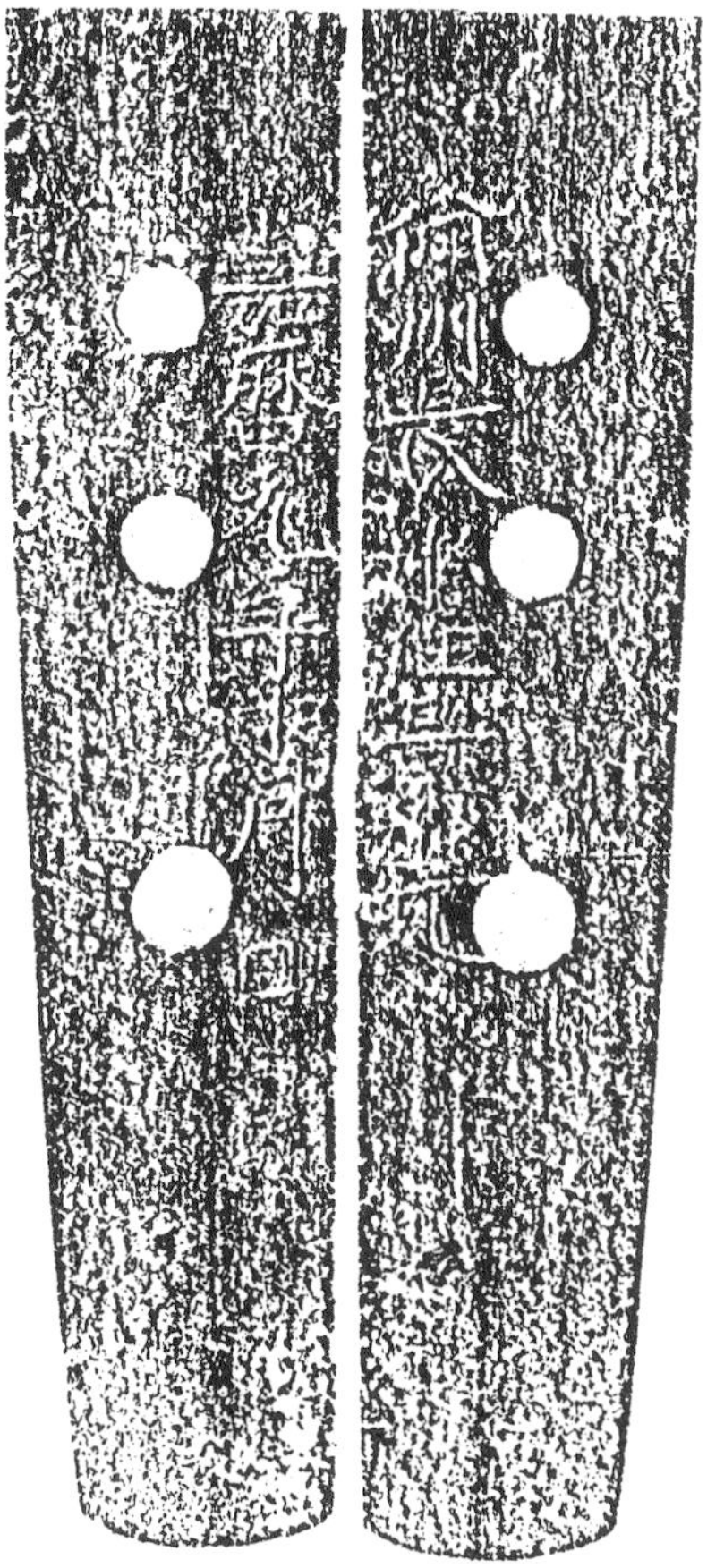

〇備州長船住景光（かげみつ）　嘉暦元年十月日　備前國―嘉暦

〇景光（かげみつ）　加賀國―室町初期

〇景光（かげみつ）　加賀國―室町中期

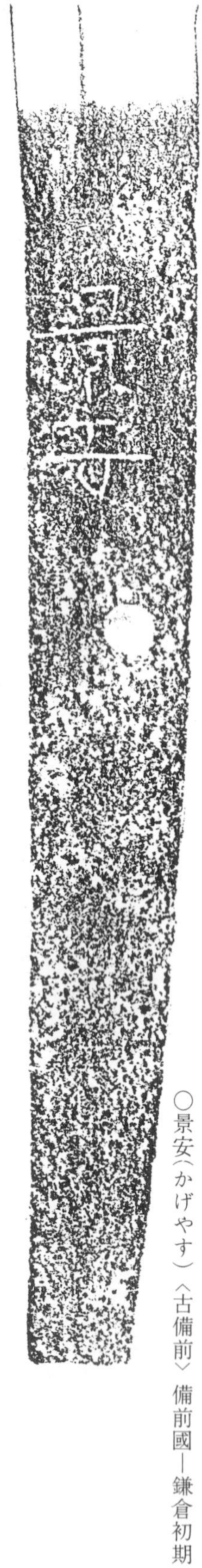

○景安（かげやす）〈古備前〉備前國—鎌倉初期

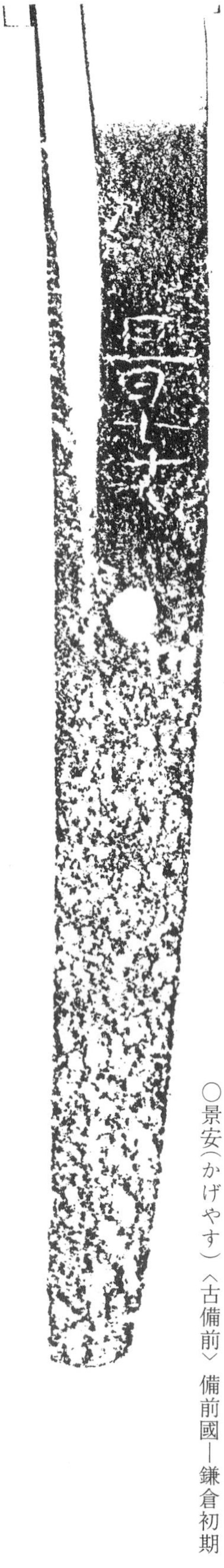

○景安（かげやす）〈古備前〉備前國—鎌倉初期

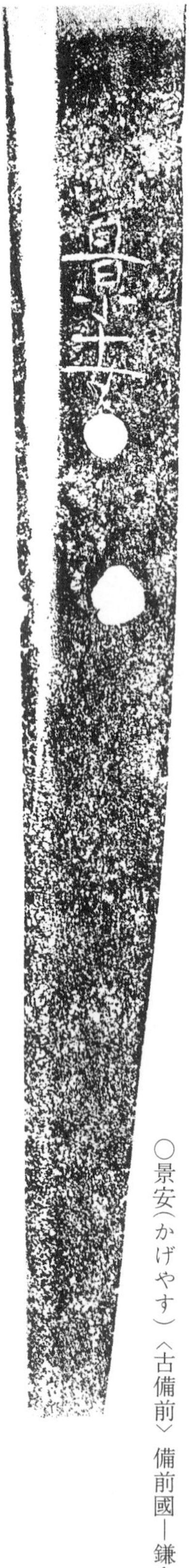

○景安（かげやす）〈古備前〉備前國—鎌倉初期

○勝家（かついえ）加賀國—室町末期

○常州東条庄高田住勝貞作（かつさだ）常陸國—天文
干時天文拾年九月吉日

○勝廣造（かつひろ）下野國—室町末期

○備前國住長船勝光宗光　備中於草壁作（かつみつ）〈宗光と合作〉備前國―文明
文明十八年拾二月十三日

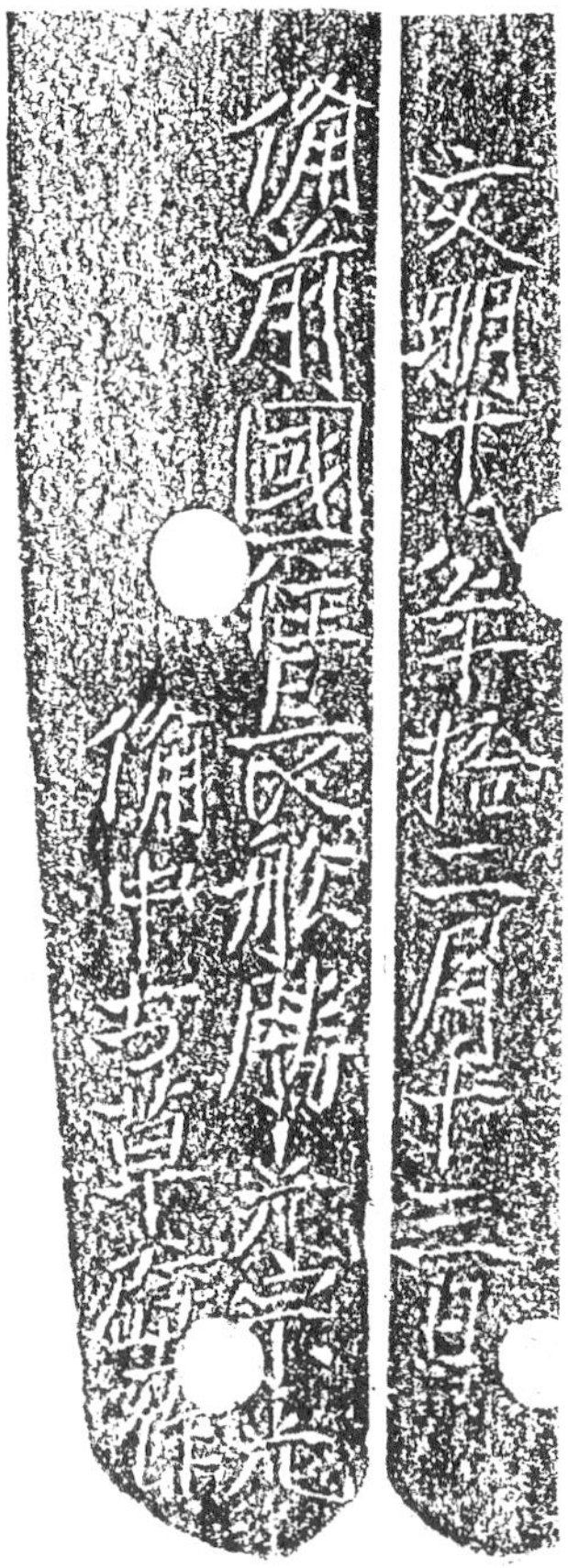

○備前國住長船二郎左衛門尉勝光（かつみつ）　備前國―延徳
延徳元年八月吉日

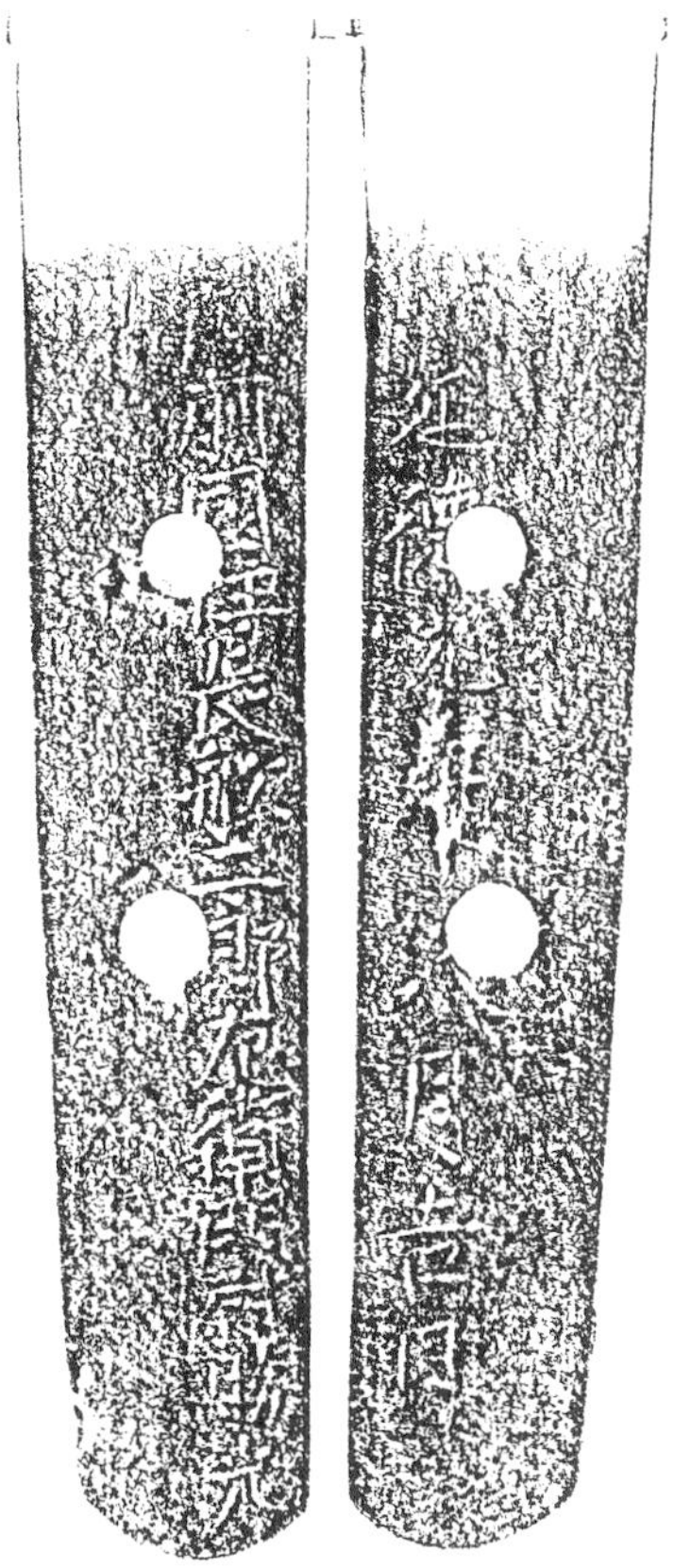

○備州長船勝光宗光（かつみつ）〈宗光と合作〉備前國―明応
明応三年二月日

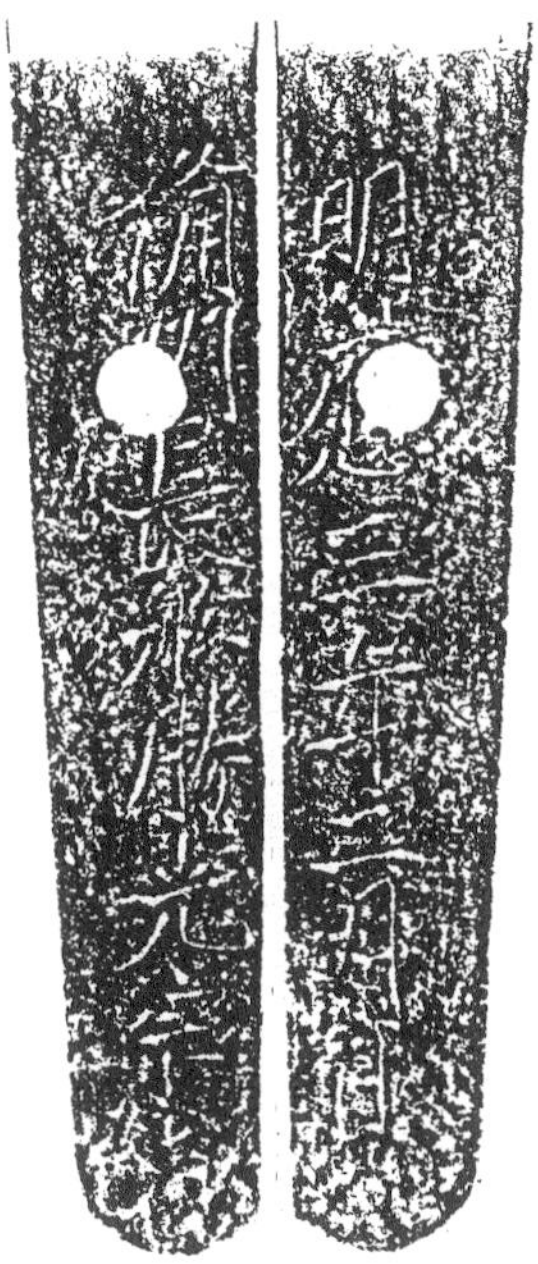

○備前國住長船二郎左衛門尉　藤原勝光（かつみつ）　備前國―永正
永正元年八月吉日
朝嵐　松下昌俊所持

○備前國住長船次郎左衛門尉藤原勝光同左京進宗光（かつみつ）〈宗光と合作〉備前國―大永
大永五年八月吉日

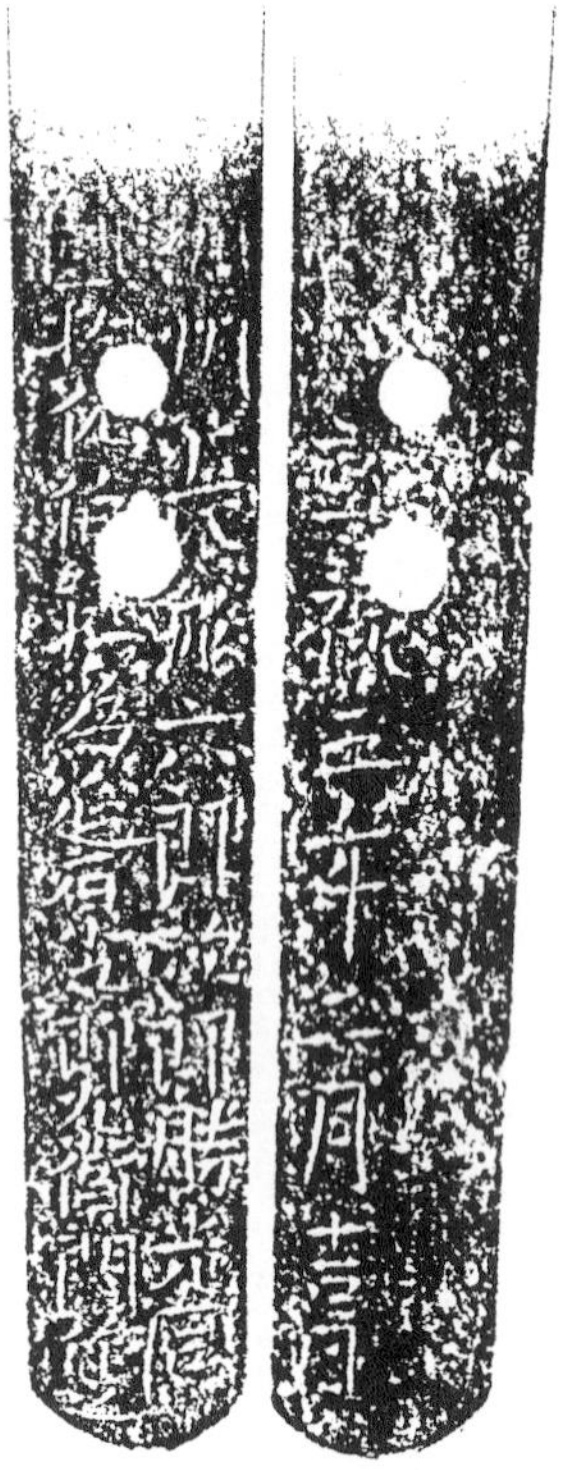

○備州長船六郎次郎勝光同
國於佐伯□為延原九郎左衛門作之（かつみつ）備前國—享禄
享禄五年二月吉日

○平勝盛（かつもり）豊後國—室町末期

○高天神　兼明（かねあき）遠江國—室町末期

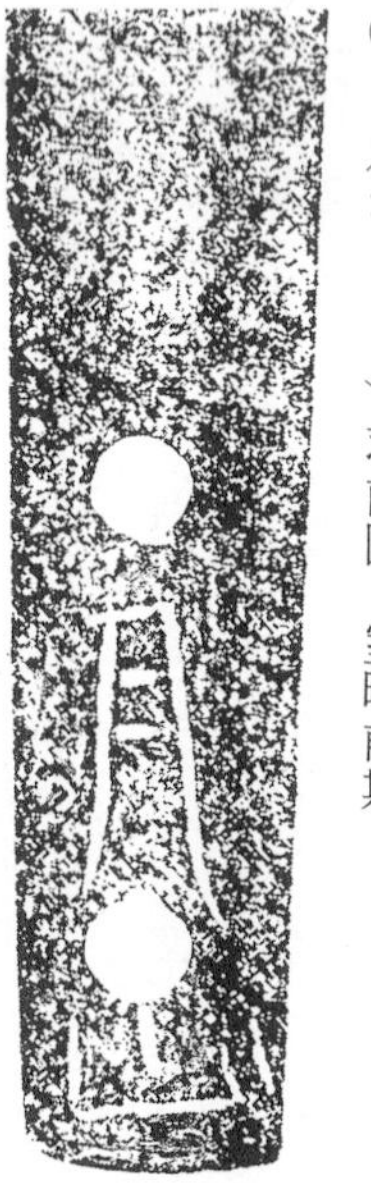

○月山（がっさん）羽前國—室町前期

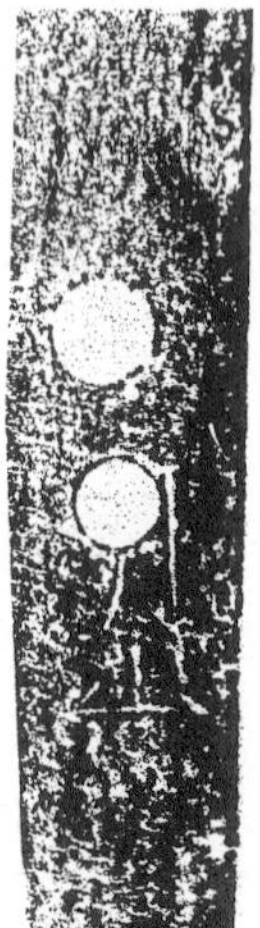

○月山（がっさん）羽前國—室町後期

○高天神兼明（かねあき）〈切付銘有〉美濃國—室町後期

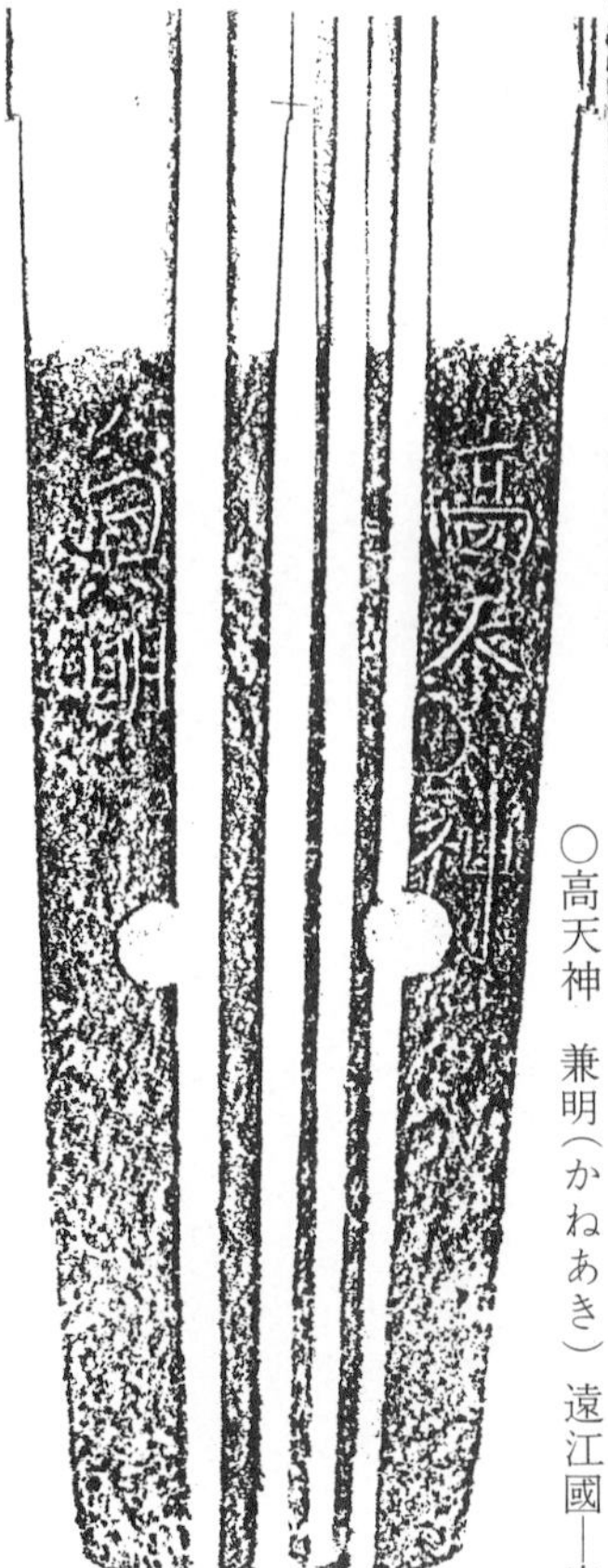

○高天神　兼明（かねあき）遠江國—室町末期

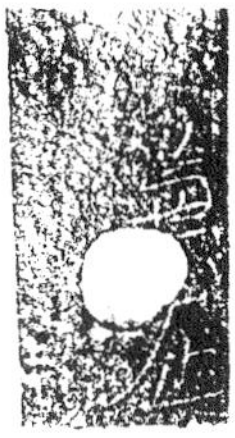

○兼在（かねあり）美濃國―室町末期

○濃州関住兼岩作（かねいわ）美濃國―室町末期

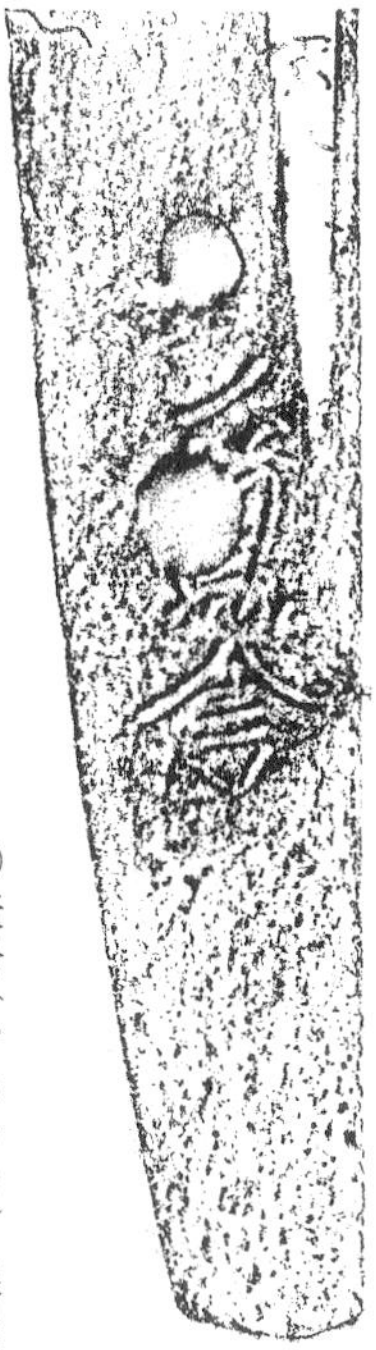

○兼舎（かねいえ）美濃國―室町末期

○兼岩（かねいわ）美濃國―室町末期

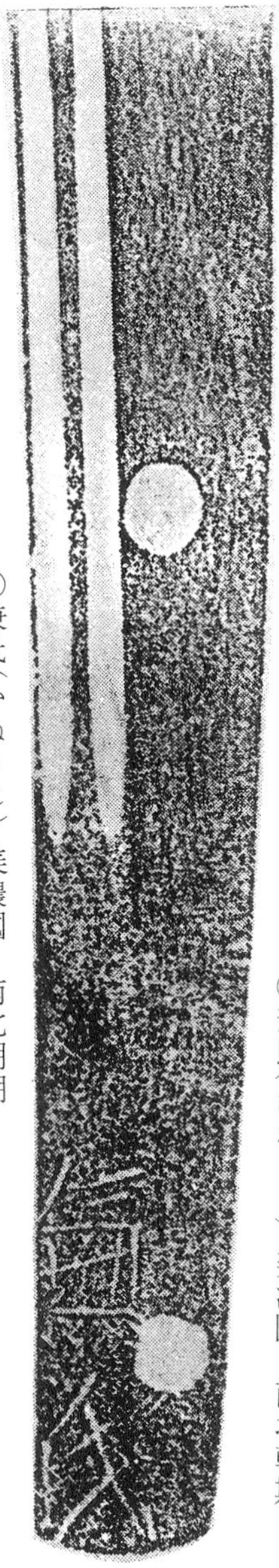

○兼氏（かねうじ）美濃國―南北朝期

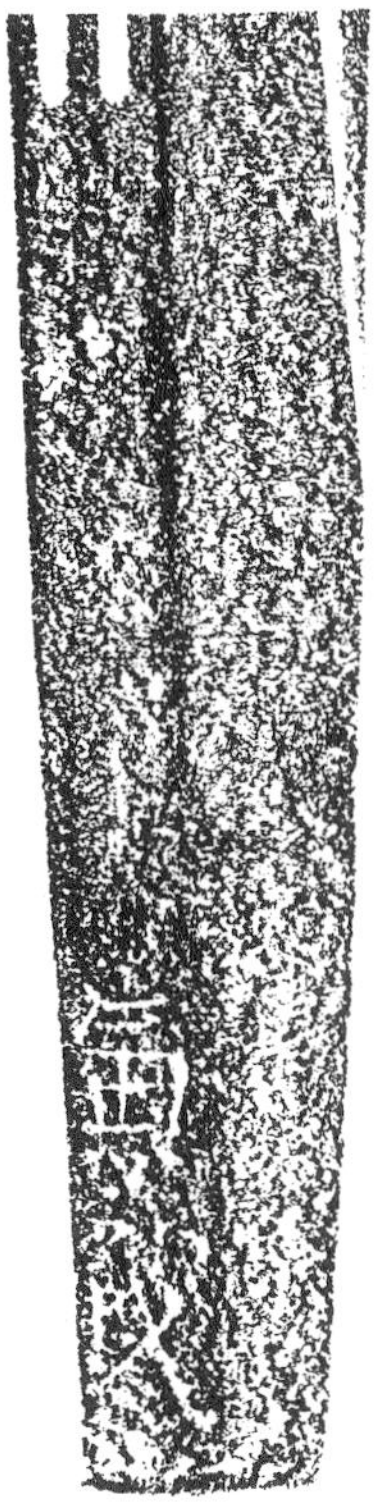

○兼氏（かねうじ）美濃國―南北朝期

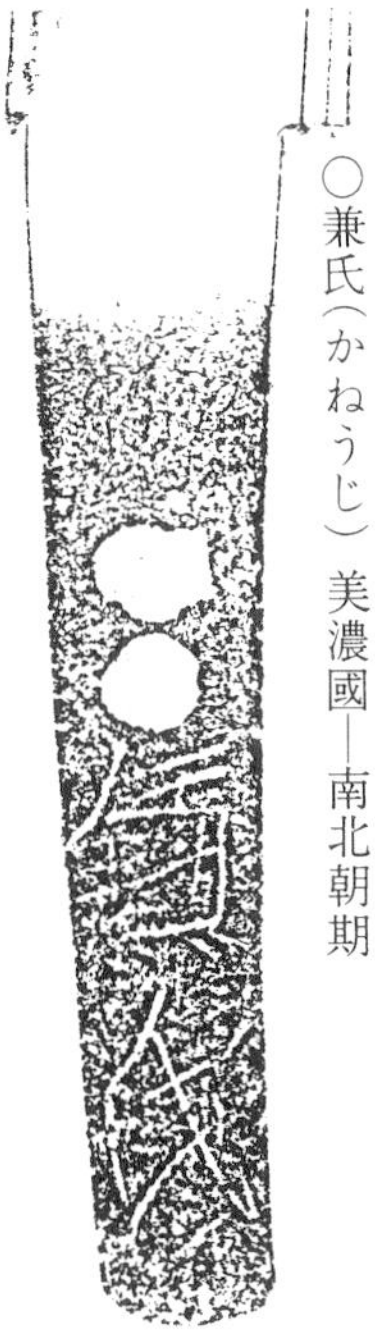

○兼氏（かねうじ）美濃國―南北朝期

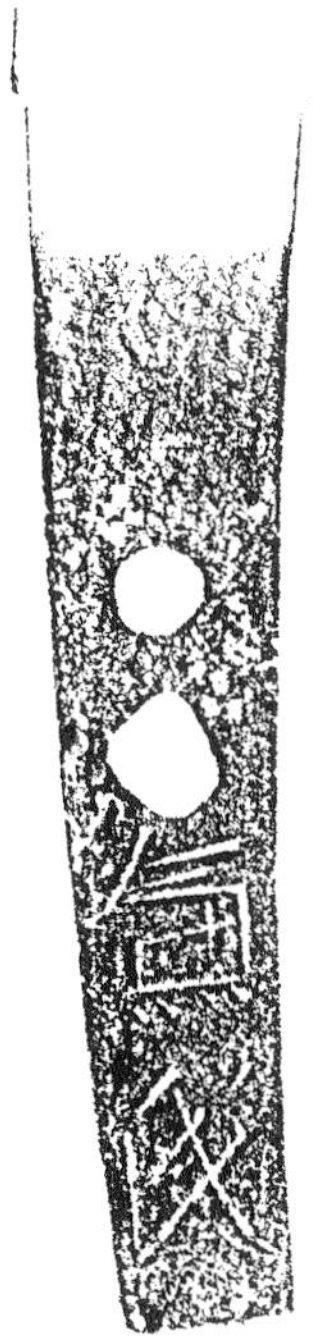

○兼氏（かねうじ）美濃國―南北朝期

○兼氏（かねうじ）美濃國―室町末期

○関之住兼門（かねかど） 美濃國—室町末期

○兼景（かねかげ） 美濃國—室町末期

○兼國（かねくに） 美濃國—室町前期

○兼先（かねさき） 美濃國—室町末期

○関住兼門（かねかど） 美濃國—室町末期

○兼岸（かねきし） 美濃國—室町末期

○兼清（かねきよ） 美濃國—室町末期

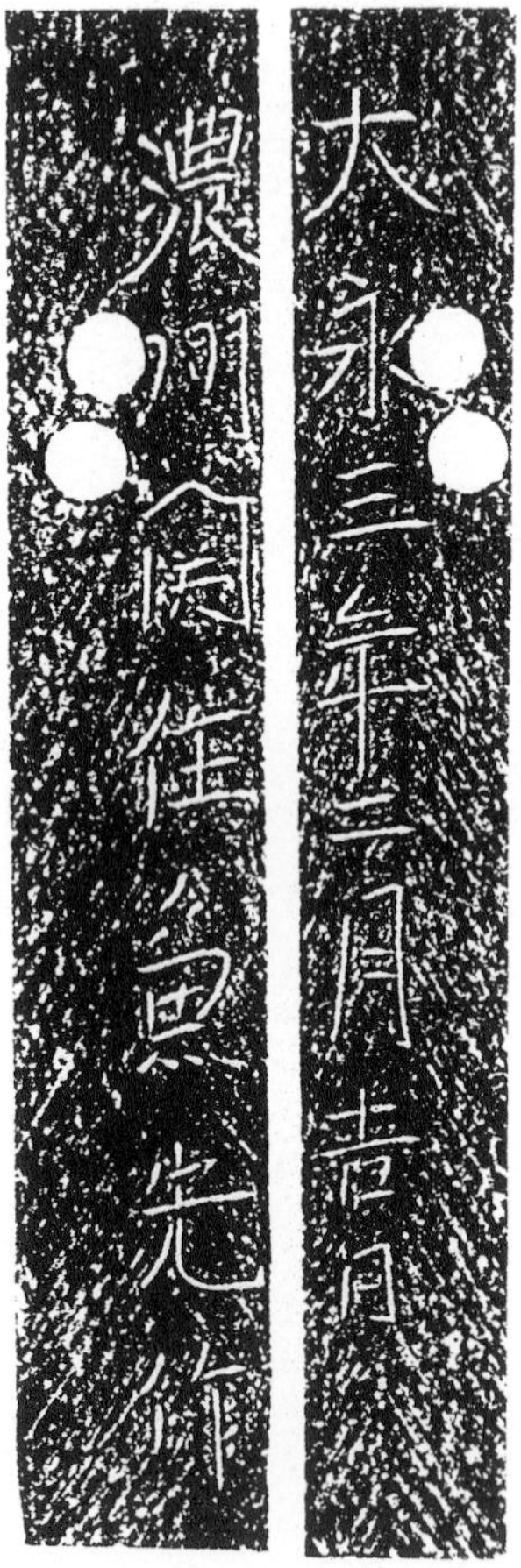

○濃州関住兼先作（かねさき）
大永三年二月吉日
美濃國—大永

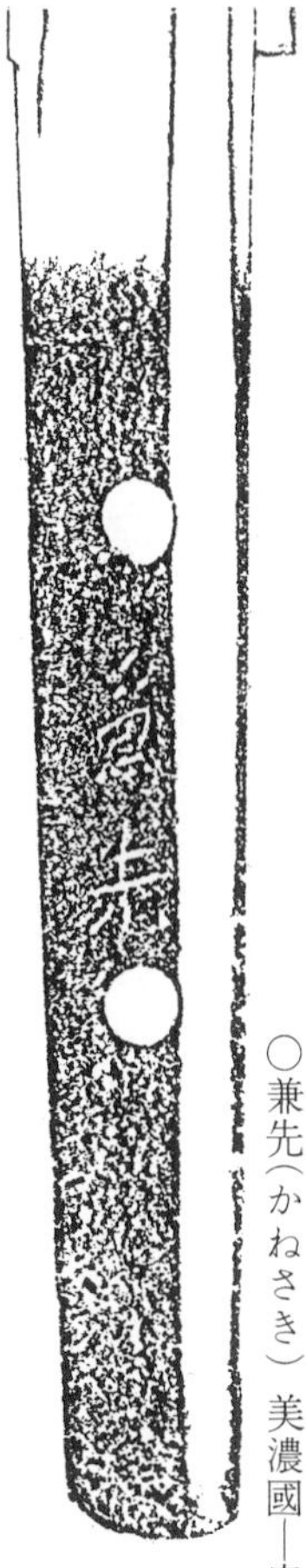

○兼先（かねさき） 美濃國—室町末期

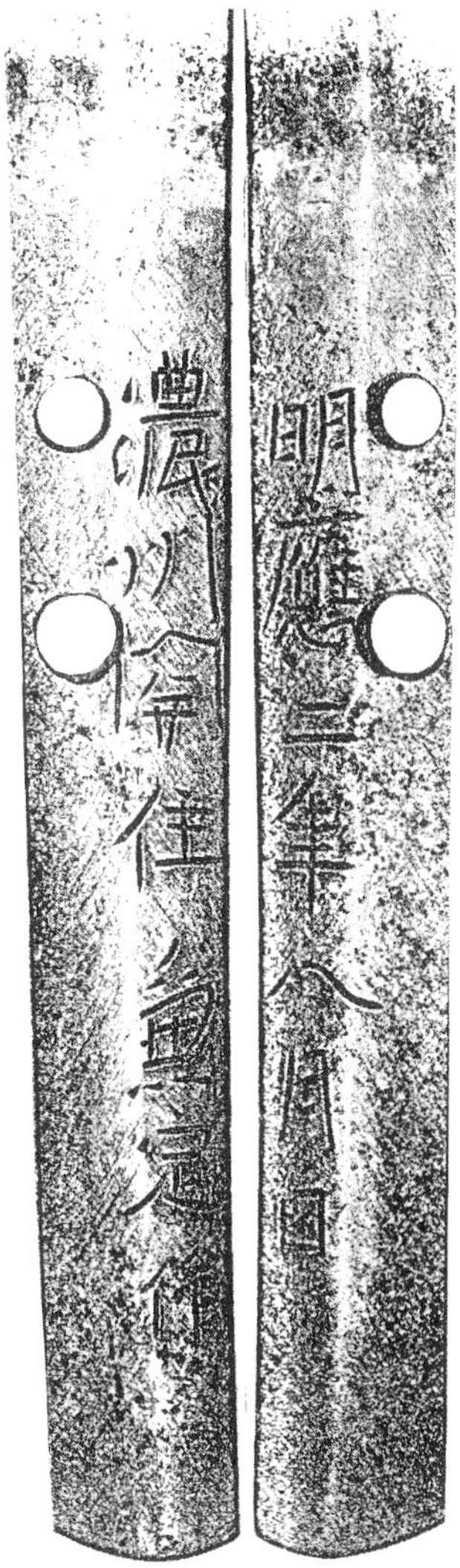

○濃州関住兼定作（かねさだ）
明応二年八月日
〈二代〉美濃國―明応

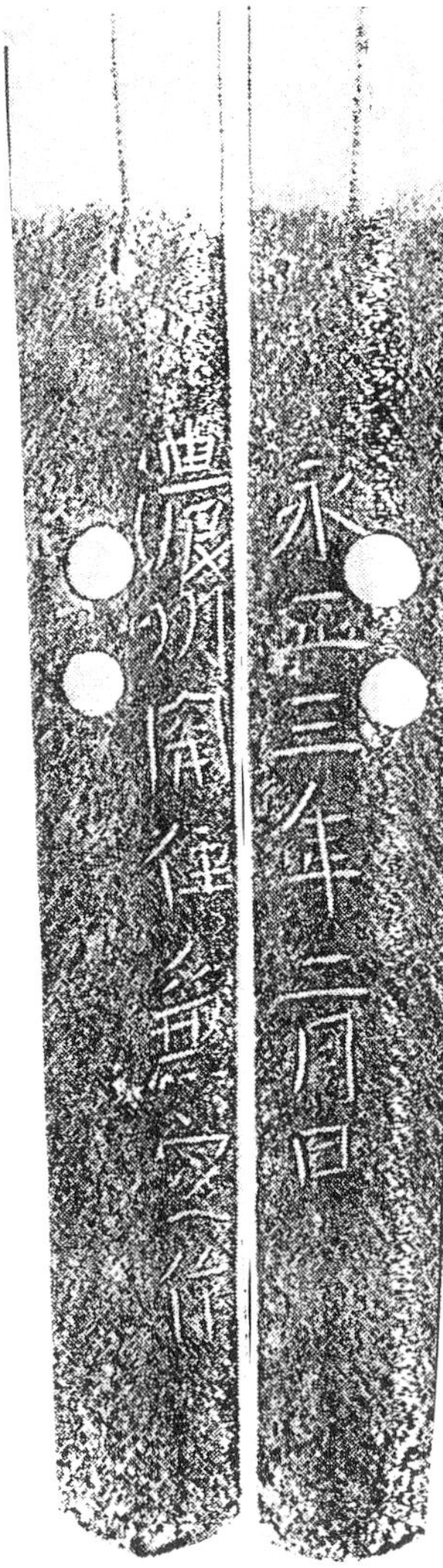

○濃州関住兼定作（かねさだ）　永正三年二月日　〈二代〉美濃國―永正

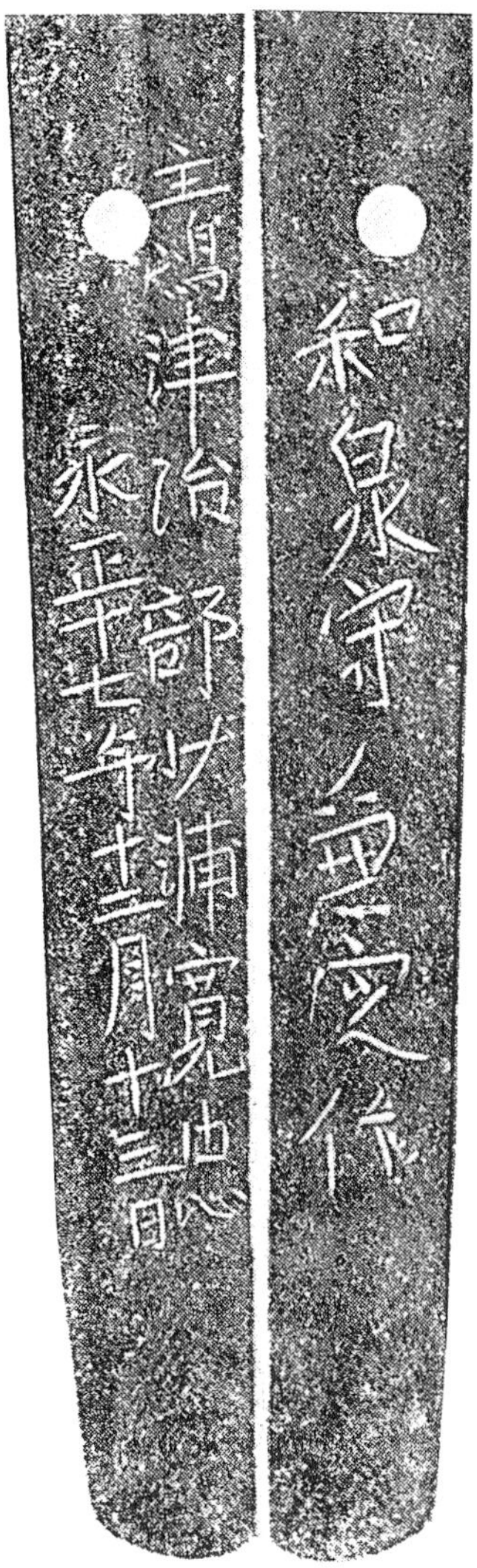

○和泉守兼定作（かねさだ）　主嶋津治部少輔寛忠　永正十七年十二月十三日　〈二代〉美濃國―永正

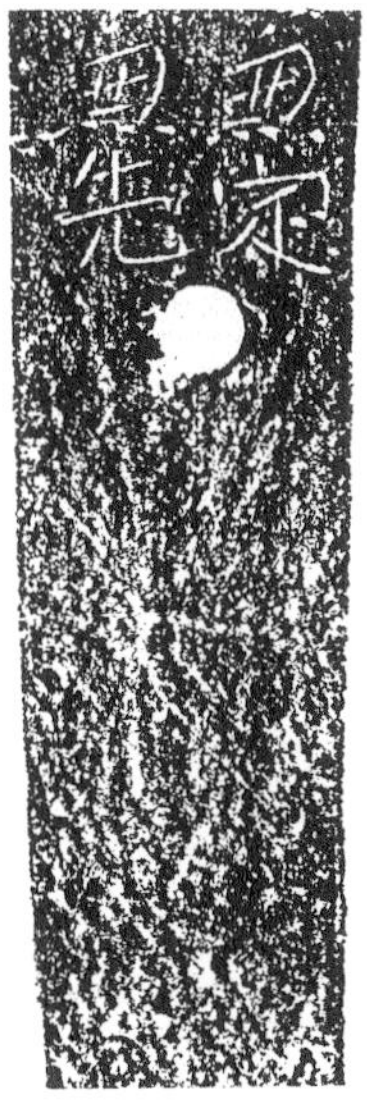

○兼定（かねさだ）
兼先
〈兼先と合作〉美濃國―室町末期

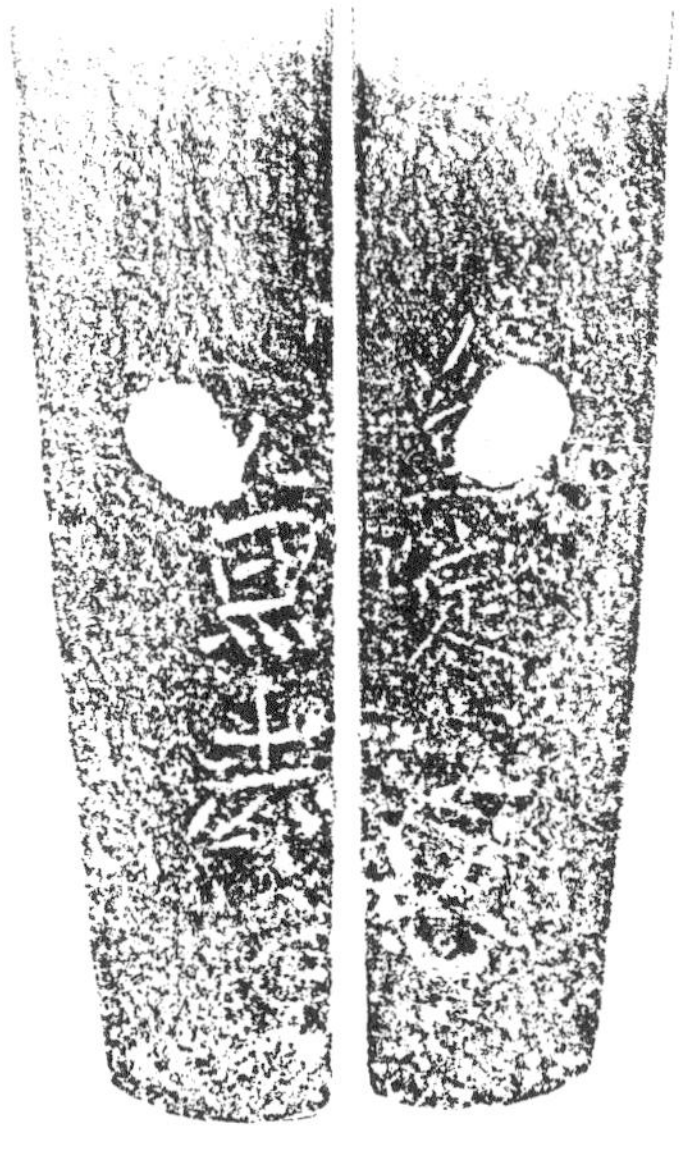

○兼定（かねさだ）
兼法
〈兼法と合作〉美濃國―室町末期

○兼定久四郎（かねさだ）　美濃國―室町末期

○濃州関住藤原兼定作（かねさだ）〈三代〉美濃國—大永
大永七年八月吉日

○濃州住兼貞（かねさだ）美濃國—室町末期

○濃州住兼重（かねしげ）美濃國—嘉吉
嘉吉三年二月日

○兼定（かねさだ）〈二代〉美濃國—室町末期

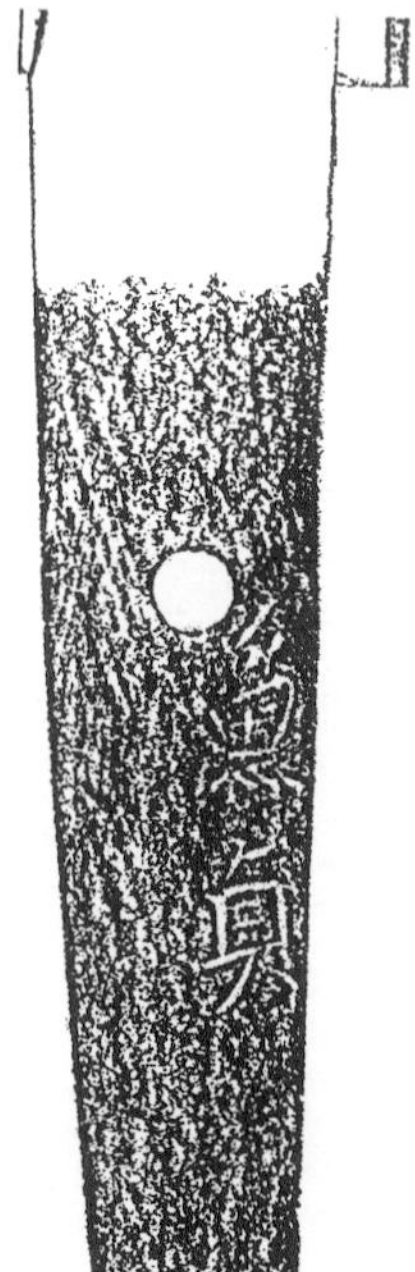

○兼貞（かねさだ）美濃國—室町末期

○濃州関住兼位（かねたか）美濃國—室町末期

○兼次（かねつぐ）
観応元年八月日
〈直江志津〉美濃國―観応

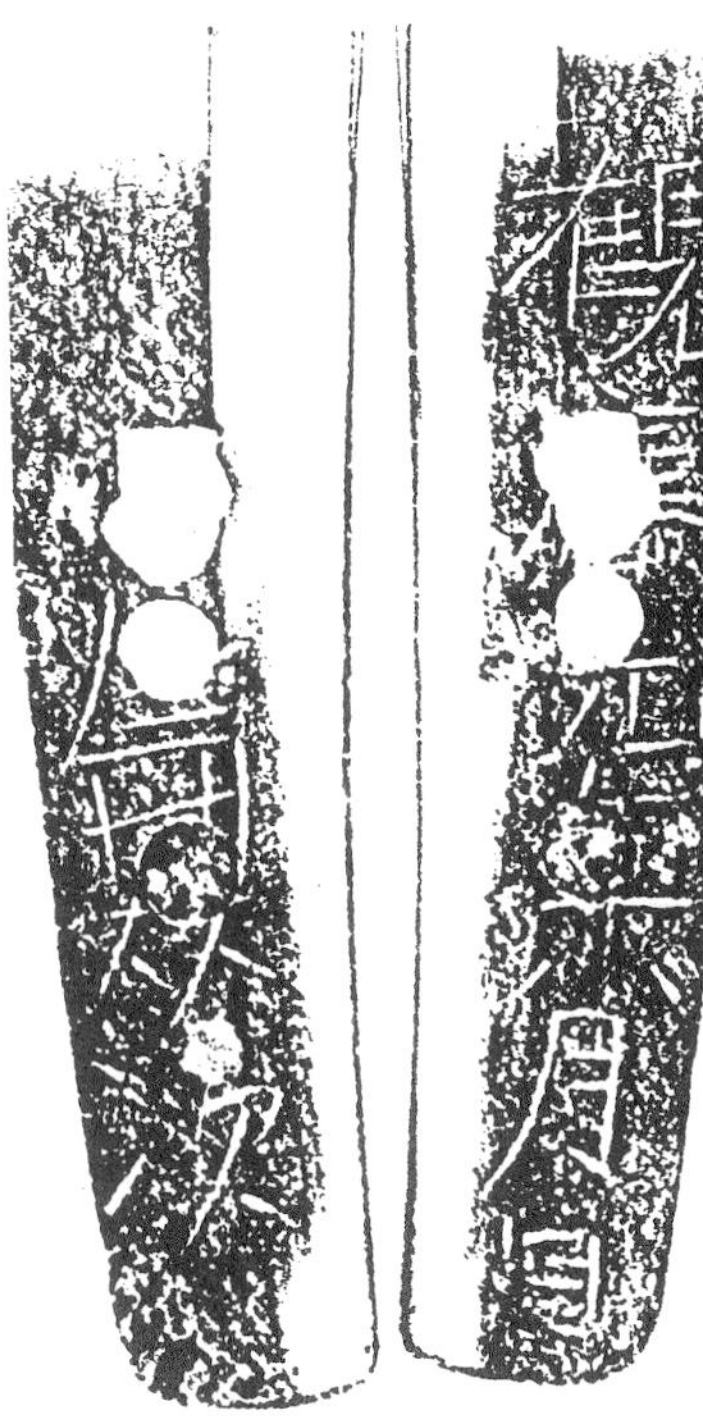

○兼常（かねつね）美濃國―室町末期

○濃州関住兼常作（かねつね）
天文六年八月吉日
美濃國―室町末期

○兼次（かねつぐ）美濃國―室町初期

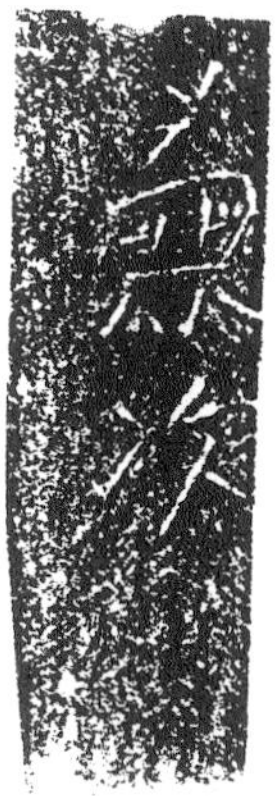

○兼辻（かねつじ）美濃國―室町末期

○兼常（かねつね）美濃國―室町末期

○兼綱（かねつな）美濃國―室町末期

○兼綱（かねつな）美濃國―室町末期

○兼常（かねつね）（白雲）
兼満
〈兼満と合作〉美濃國―室町末期

○雲州住兼常（かねつね）出雲國―室町末期

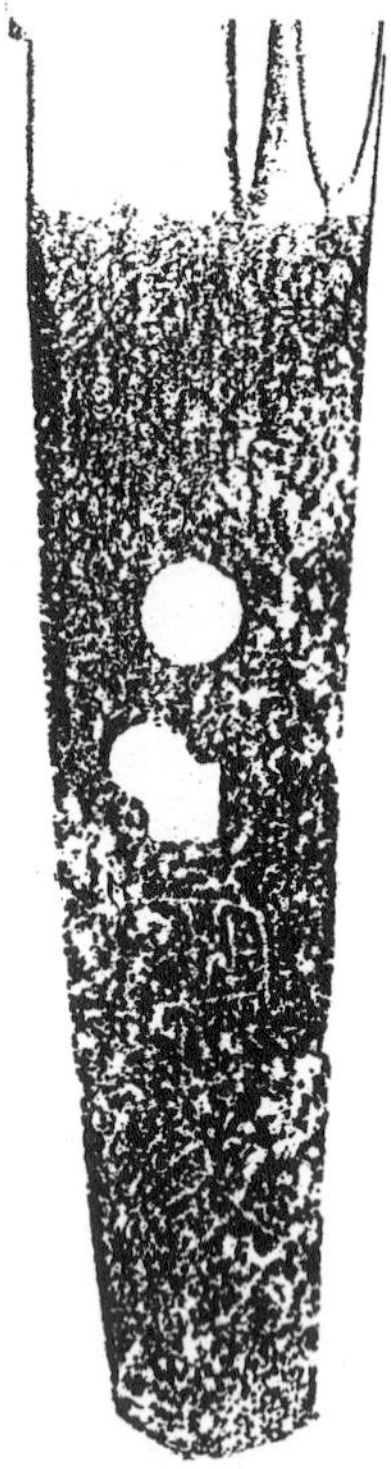

○兼友（かねとも）〈直江志津〉美濃國―南北朝期

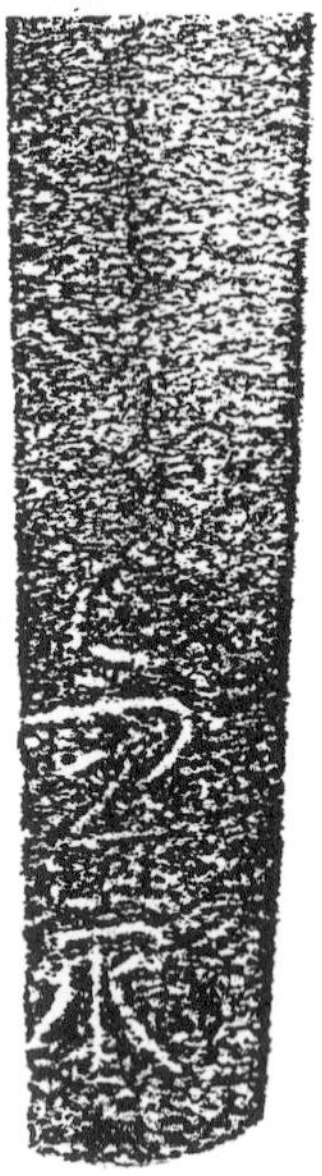

○兼永（かねなが）山城國―平安末期

○関住兼長作（かねなが）美濃國―室町末期

○濃州関住兼成作（かねなり）美濃國―室町末期

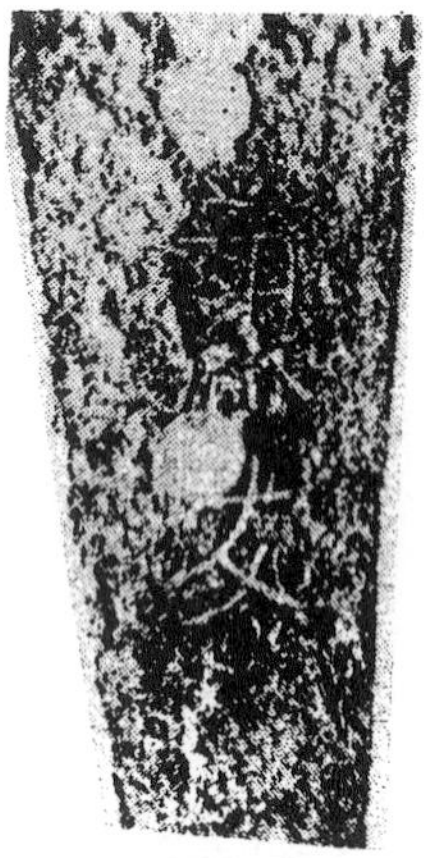

○兼友（かねとも）〈直江志津〉美濃國―南北朝期

○日州住兼栄（かねなか・かねひで）日向國―室町初期

○兼栄（かねなか・かねひで）美濃國―室町末期

○兼成（かねなり）美濃國―室町末期

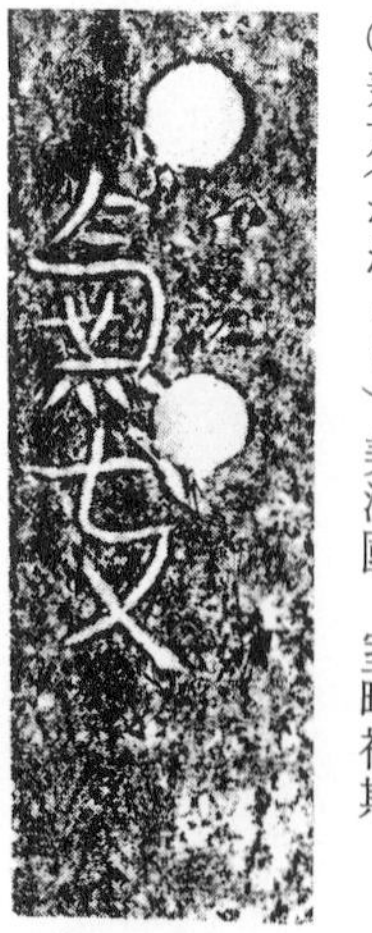

○兼友（かねとも）美濃國―室町初期

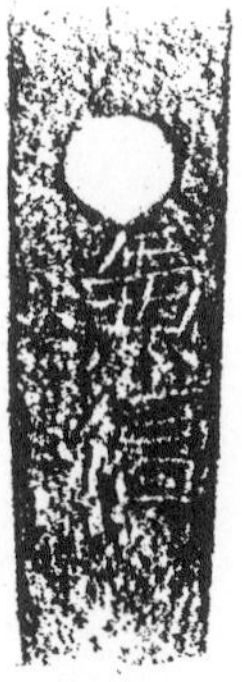

○兼信（かねのぶ）美濃國―室町末期

○濃州住兼信（かねのぶ）美濃國―室町末期

○備州長船住兼長（かねなが）　備前國―嘉慶
嘉慶二年十一月日

○備州長船住兼長（かねなが）　備前國―至徳
至徳二年十月日

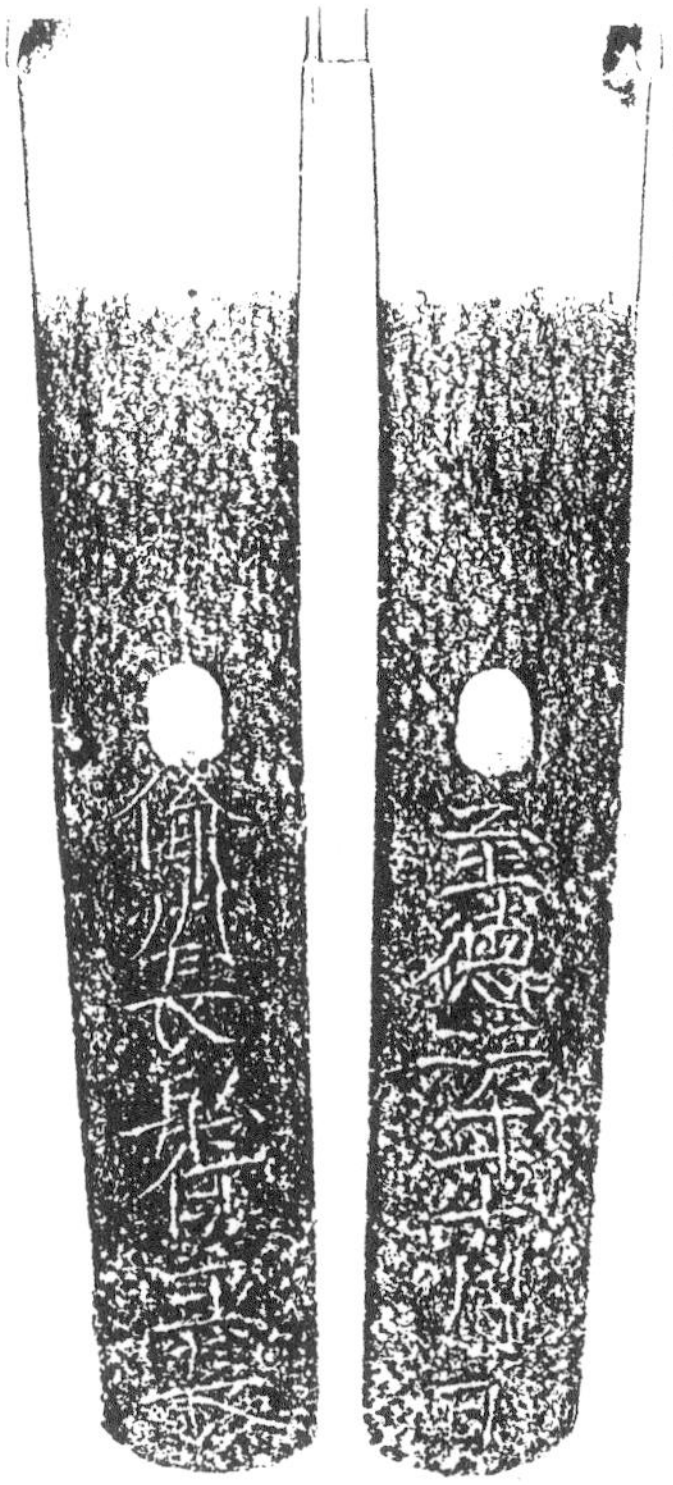

○兼則作（かねのり）　美濃國―室町末期

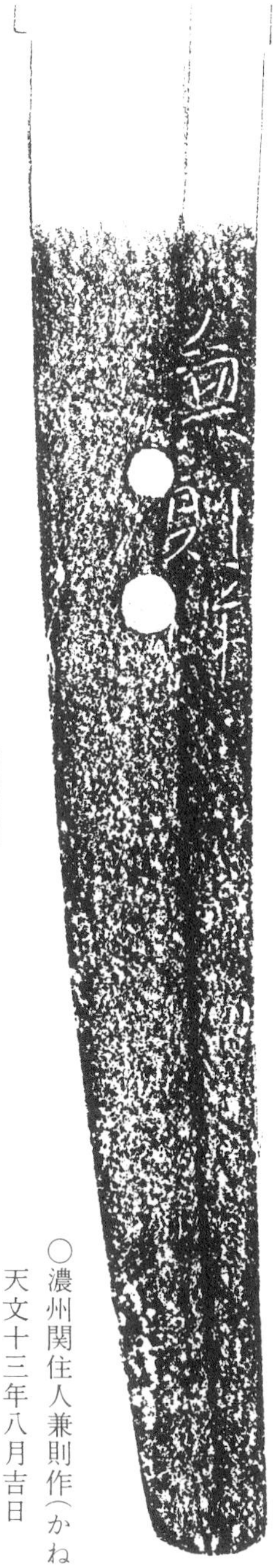


○濃州関住人兼則作（かねのり）　美濃國―天文
天文十三年八月吉日

○兼則作（かねのり）　美濃國―室町末期

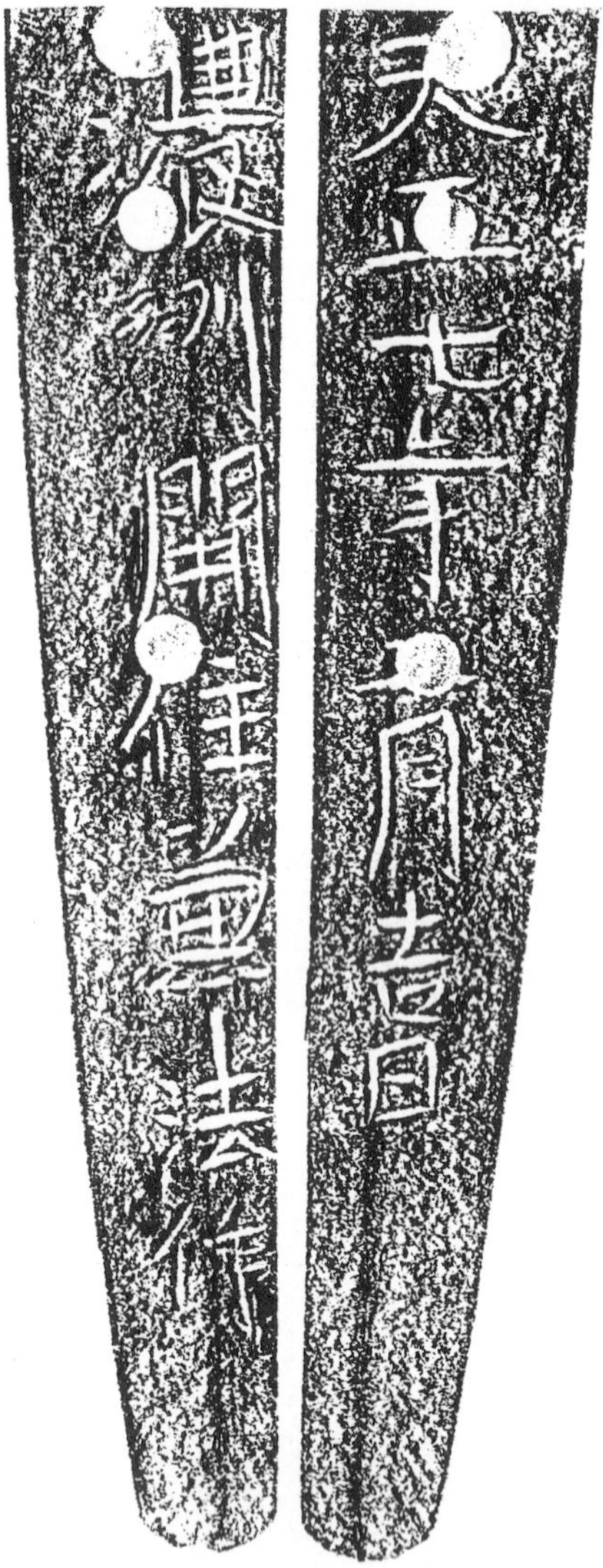

○濃州関住兼法作（かねのり）
天正七年二月吉日
美濃國―天正

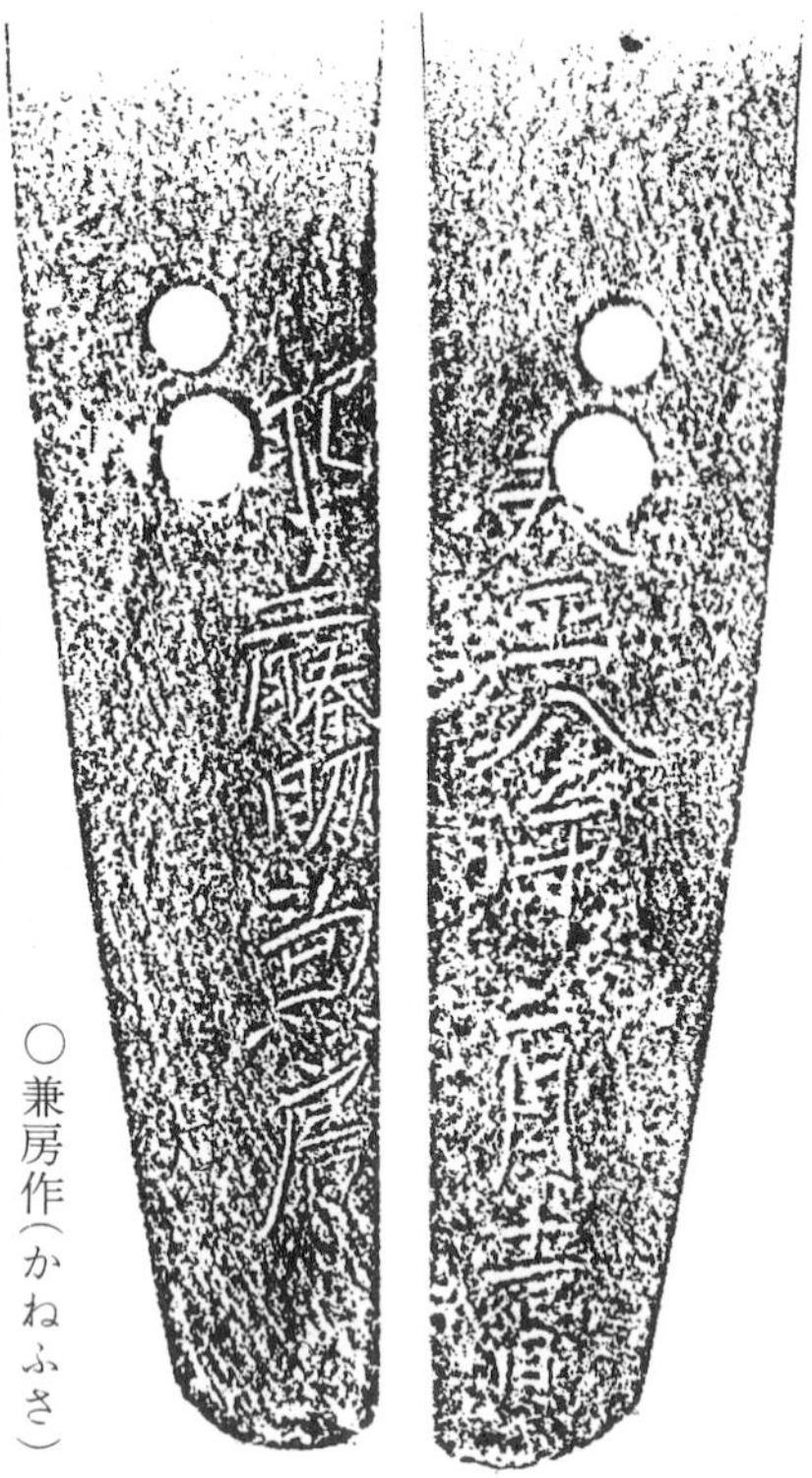

○肥藤助兼房（かねふさ）天正八年二月吉日　美濃國―天正

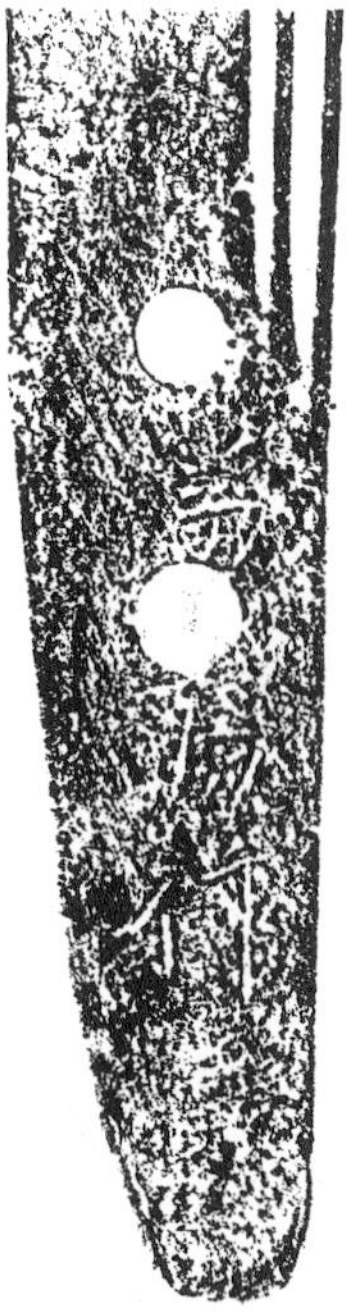

○兼房作（かねふさ）　美濃國―室町末期

○兼春（かねはる）　美濃國―室町後期

○兼春作（かねはる）　美濃國―室町末期

○兼衡（かねひら）　美濃國―室町末期

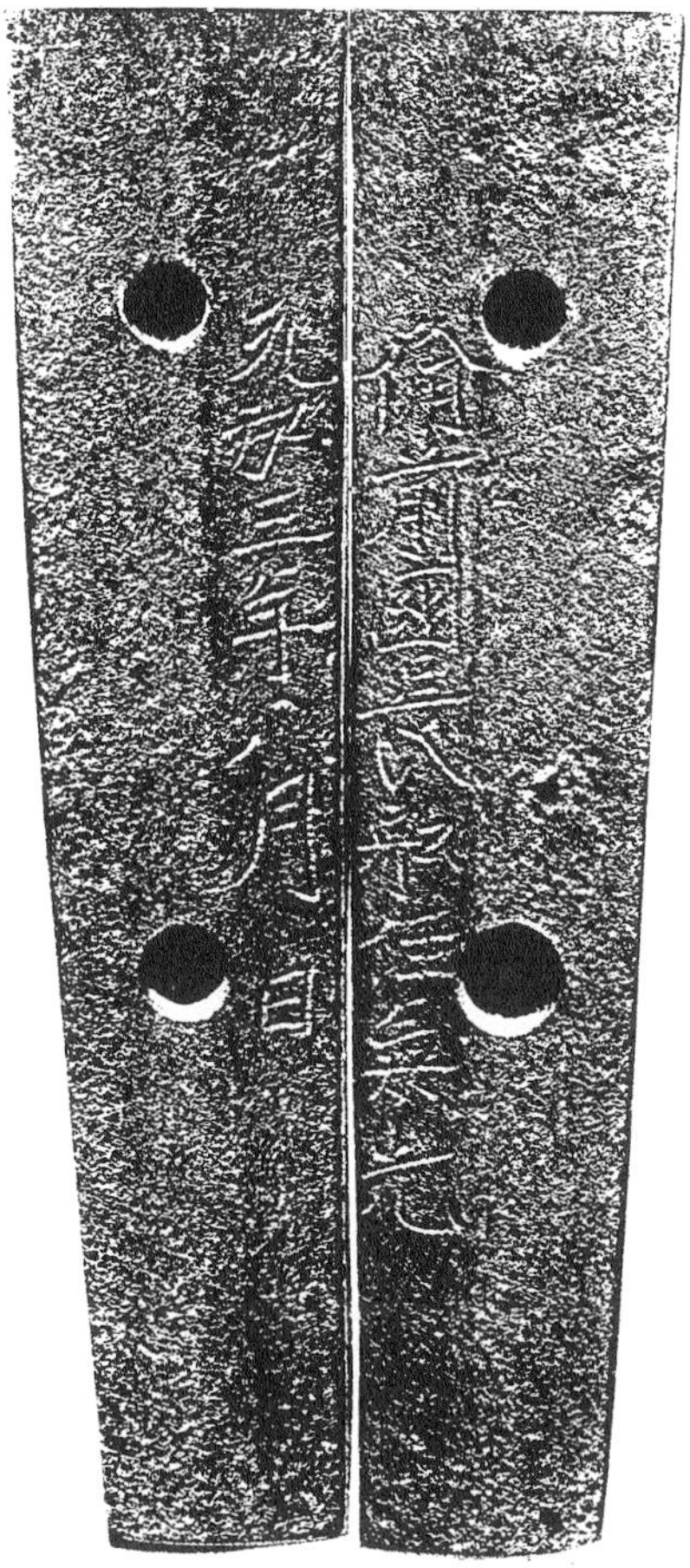

○備前國長船住兼光（かねみつ）
元弘三年八月日
備前國—元弘

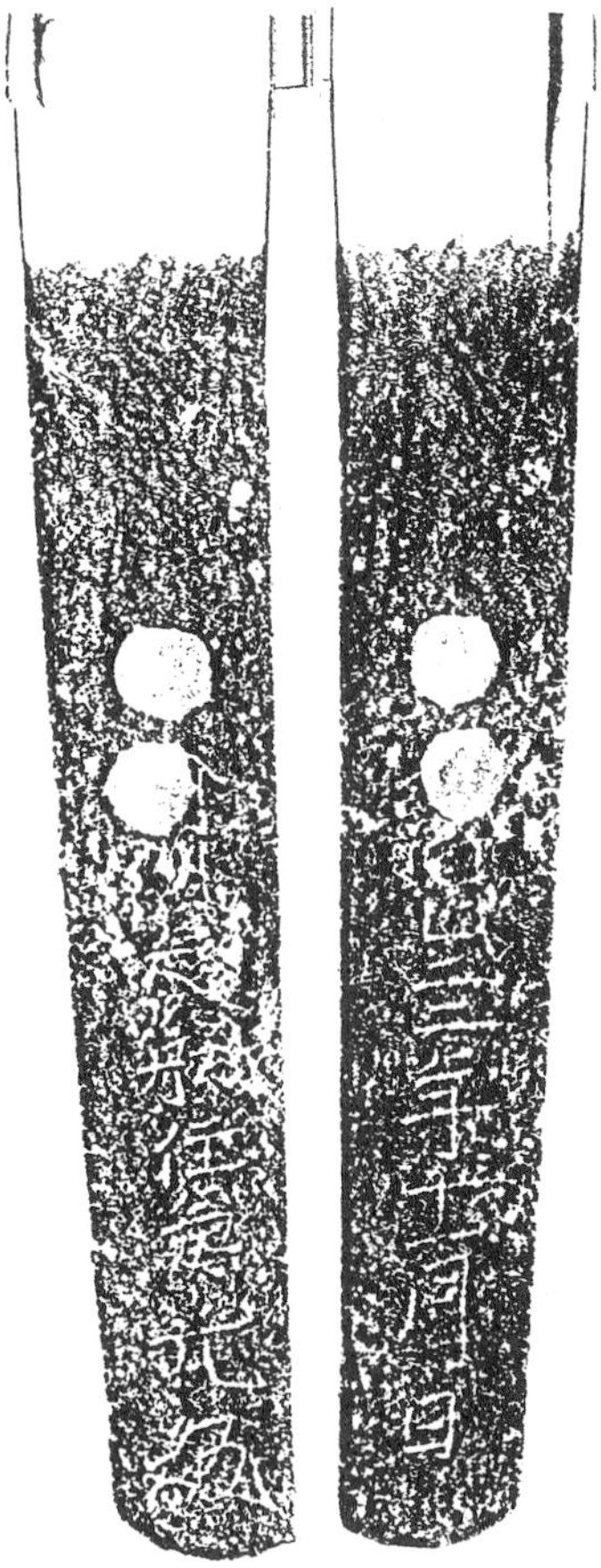

○備州長船住兼光〈花押〉（かねみつ）
建武三年十一月日
備前國—建武

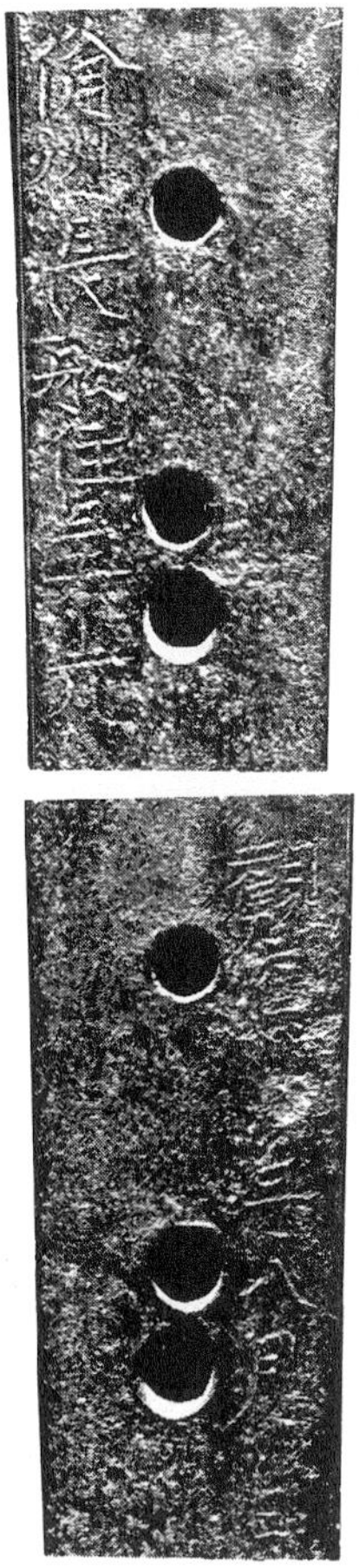

○備州長船住兼光（かねみつ）　観応□年八月日　備前國—観応

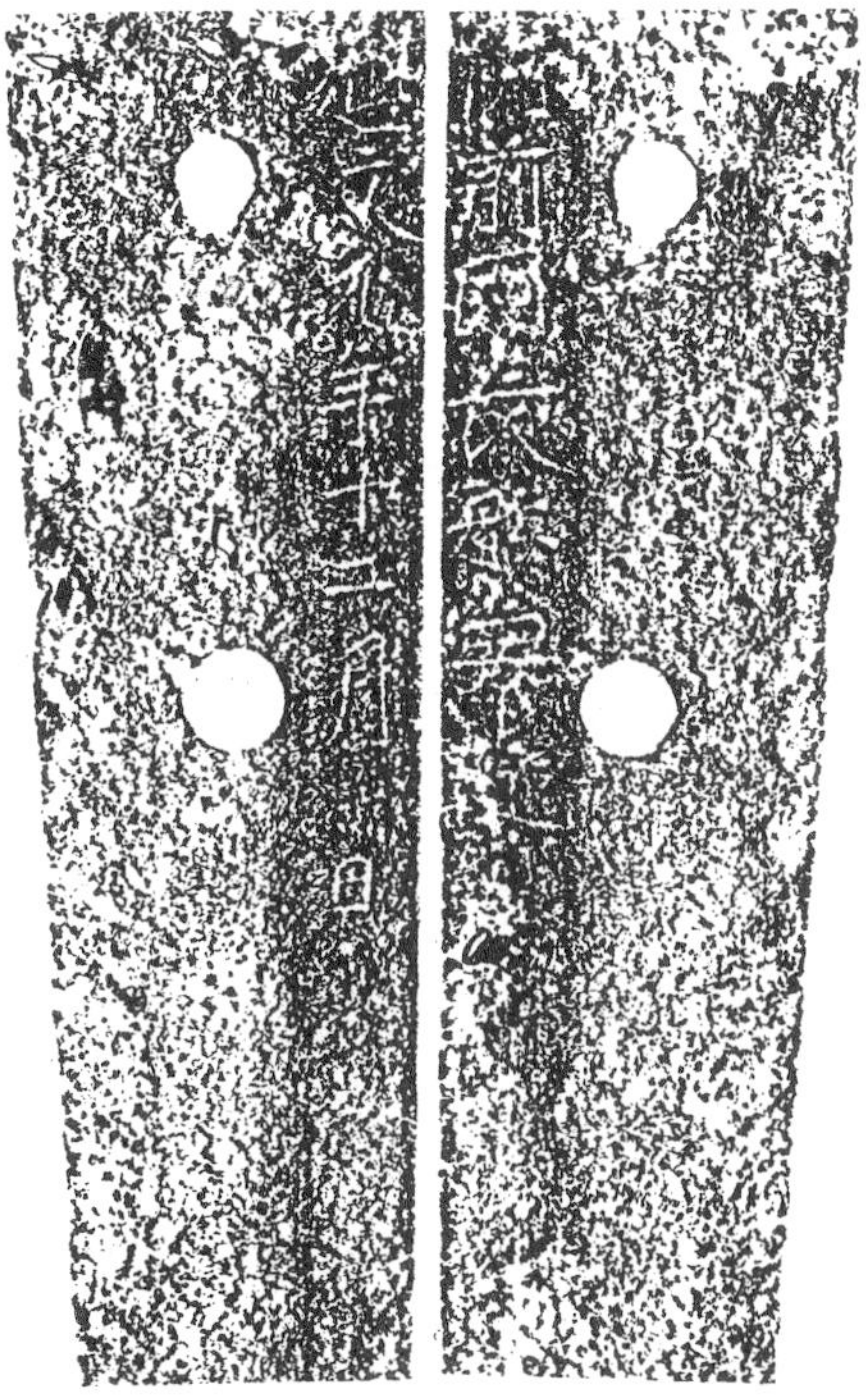

○備前國長船兼光（かねみつ）
延文元年十二月日
備前國—延文

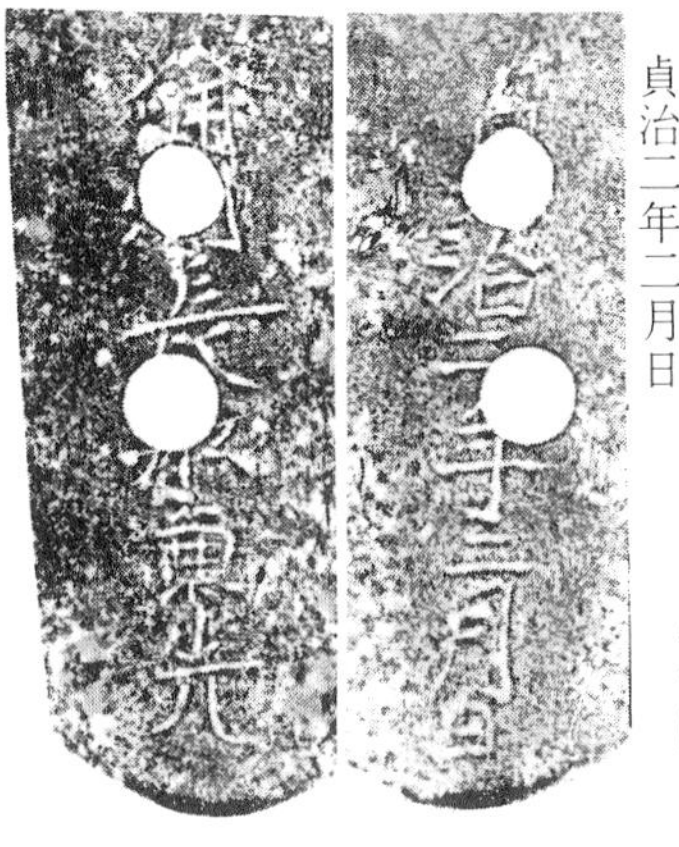

○備州長船兼光（かねみつ）
貞治二年二月日
備前國—貞治

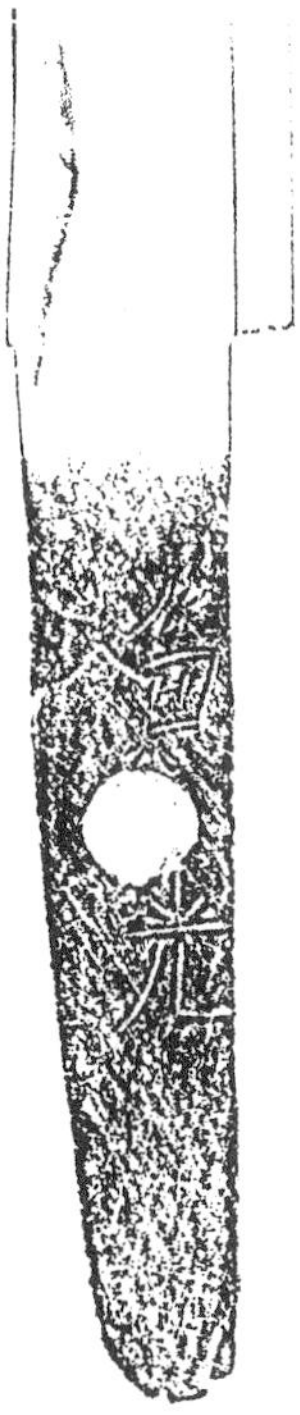

○兼光（かねみつ）　美濃國—室町末期

○兼道作（かねみち） 永禄五年壬戌二月吉日 美濃國―永禄

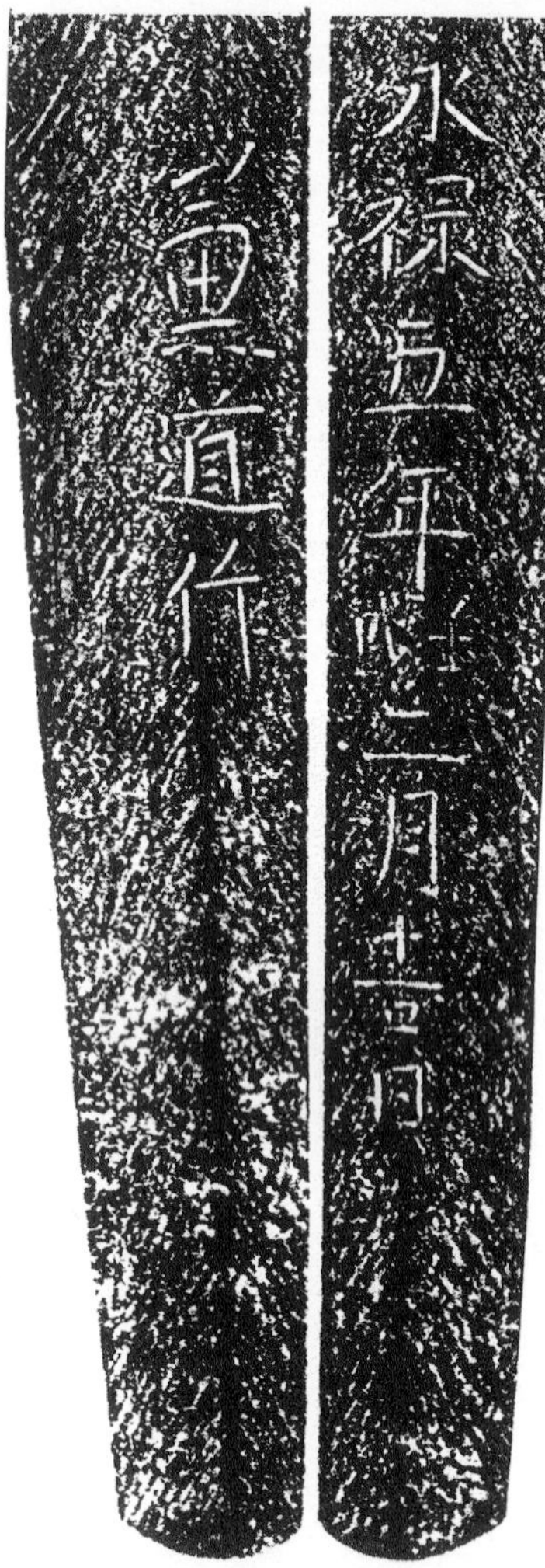

○濃州赤坂住兼元作（かねもと） 明応八年二月日 〈初代〉 美濃國―明応

○まご六兼元（かねもと） 美濃國―室町末期

○兼元（かねもと）〈初代〉 美濃國―室町末期

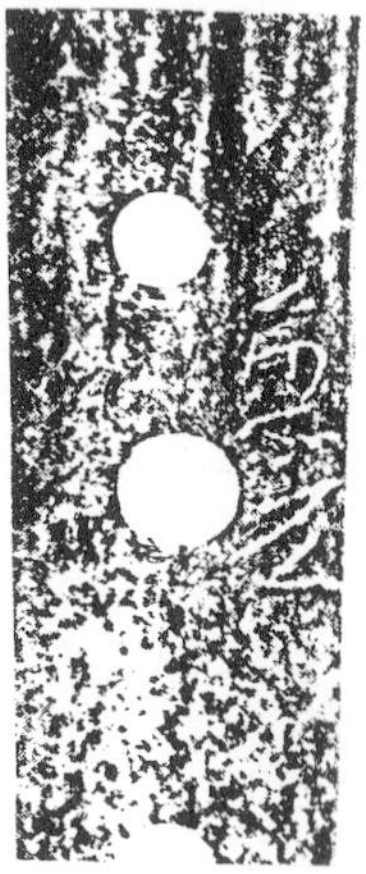

○兼基（かねもと） 美濃國―室町末期

○兼元（かねもと）〈二代・孫六初代〉 美濃國―室町末期

○兼元（かねもと）〈二代・孫六初代〉 美濃國―室町末期

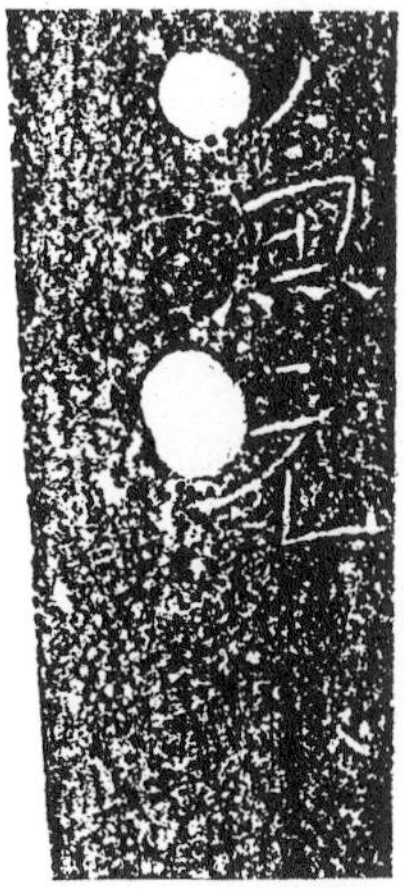

か

○兼元（かねもと）〈二代・孫六初代〉美濃國―室町末期

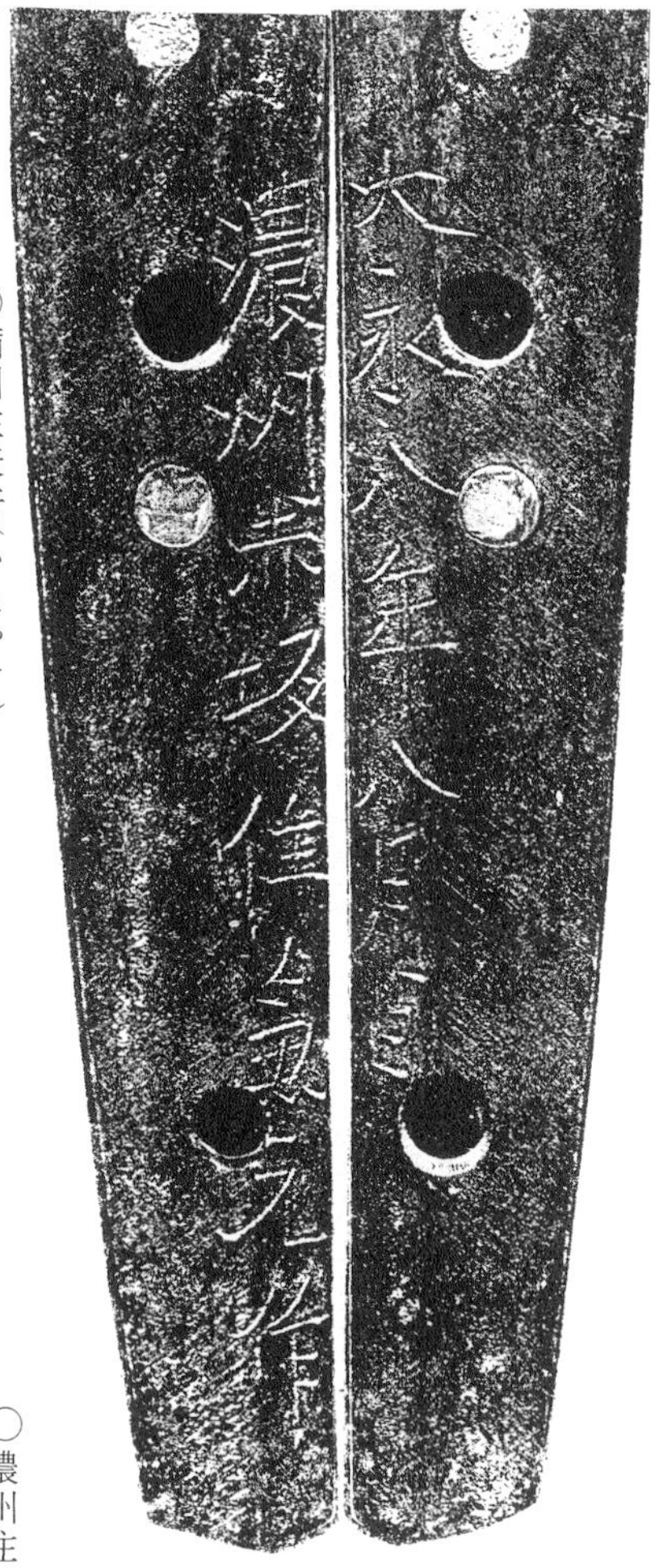

○濃州赤坂住兼元作（かねもと）大永八年八月日〈二代・孫六初代〉美濃國―大永

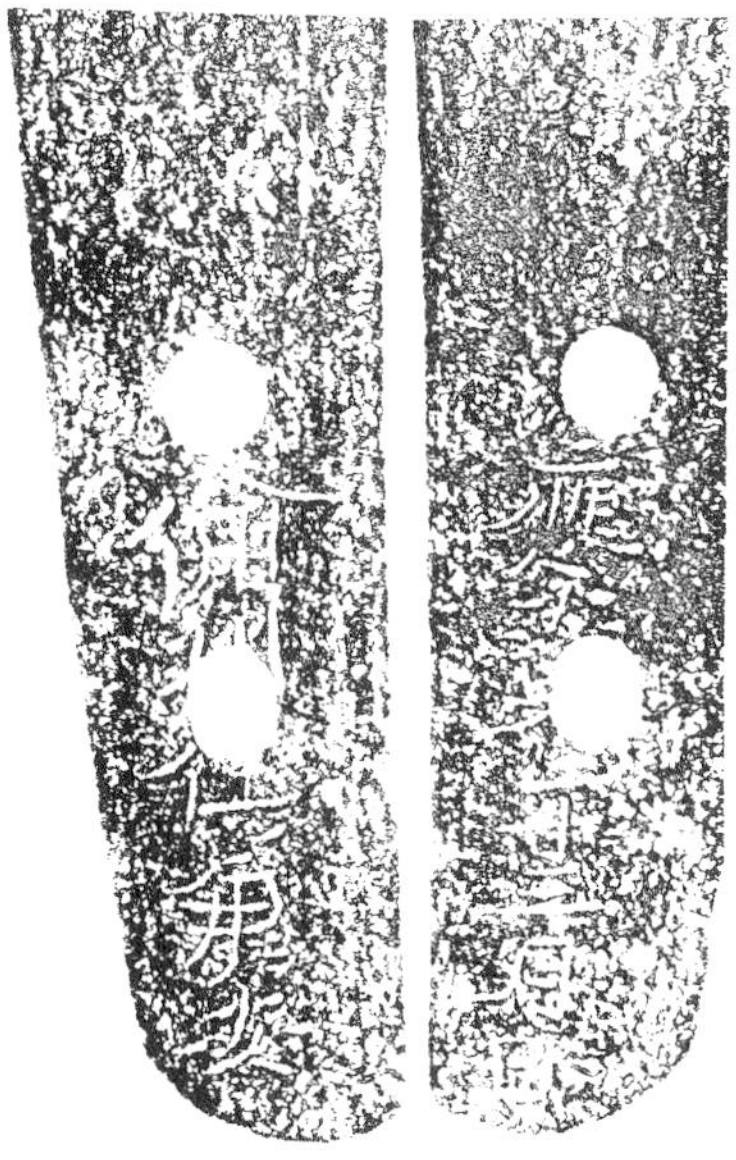

○備州住兼安（かねやす）
応安二年三月日〈三原〉備後國―応安

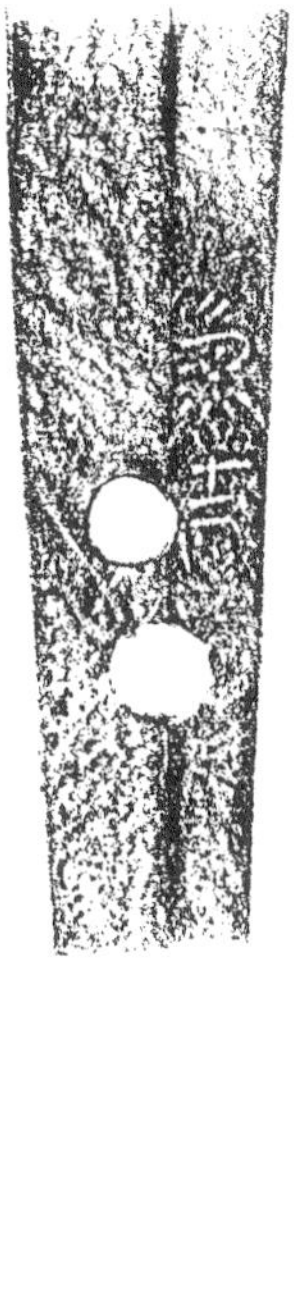

○兼吉（かねよし）美濃國―室町期

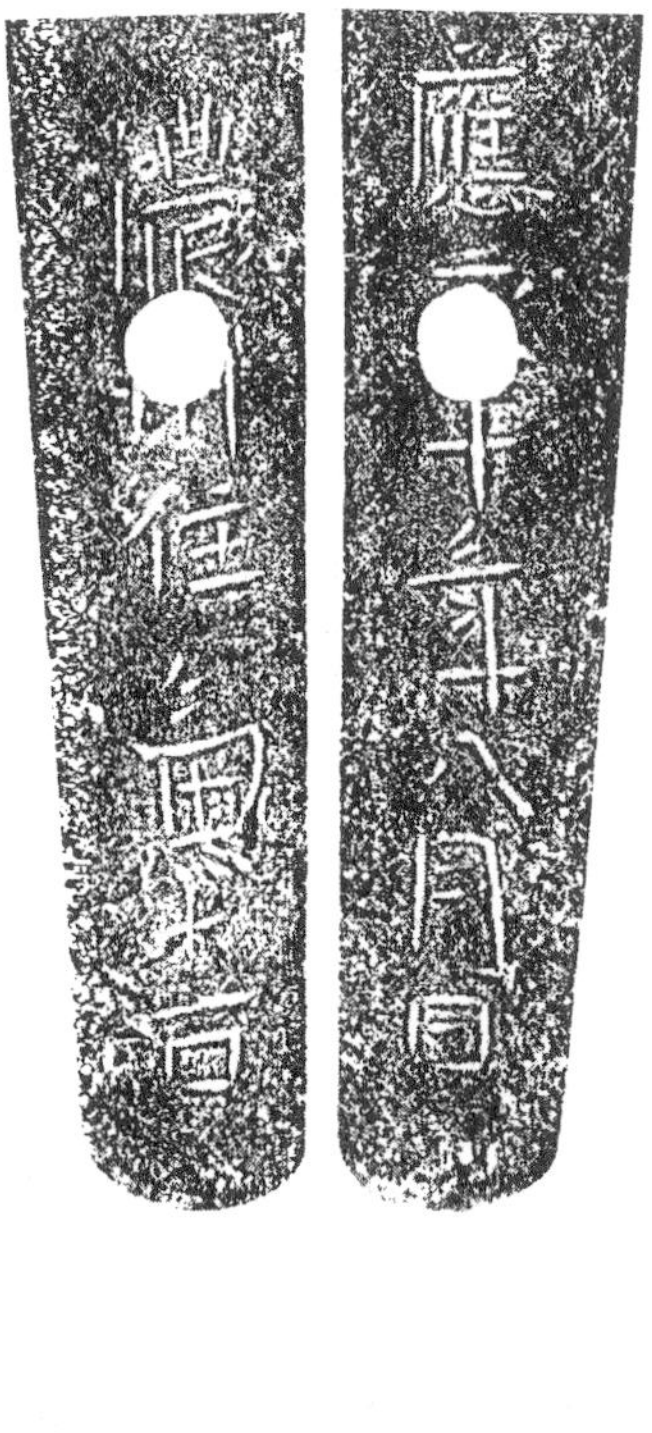

○濃州住兼吉（かねよし）
応永十年八月日〈善定〉美濃國―応永

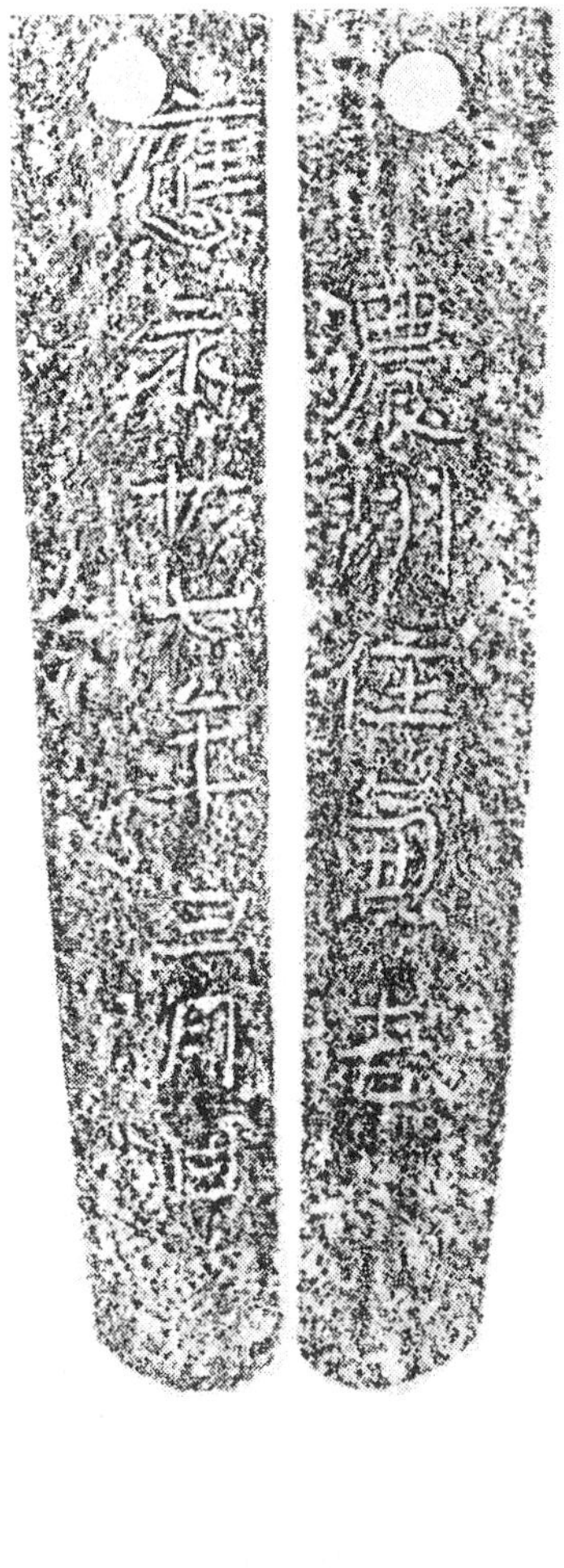

○濃州住兼吉（かねよし）
応永廿七年三月日〈善定〉美濃國―応永

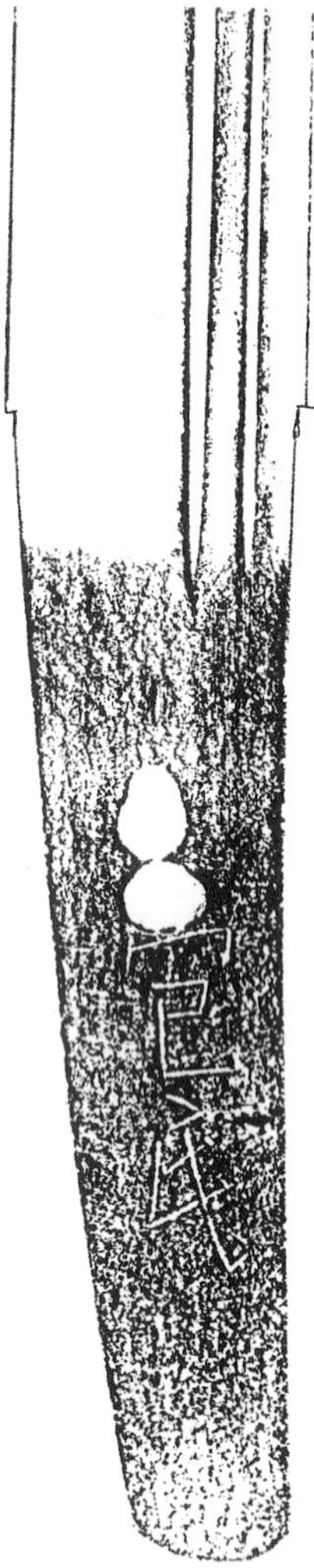

○包氏（かねうじ）大和國―南北朝期

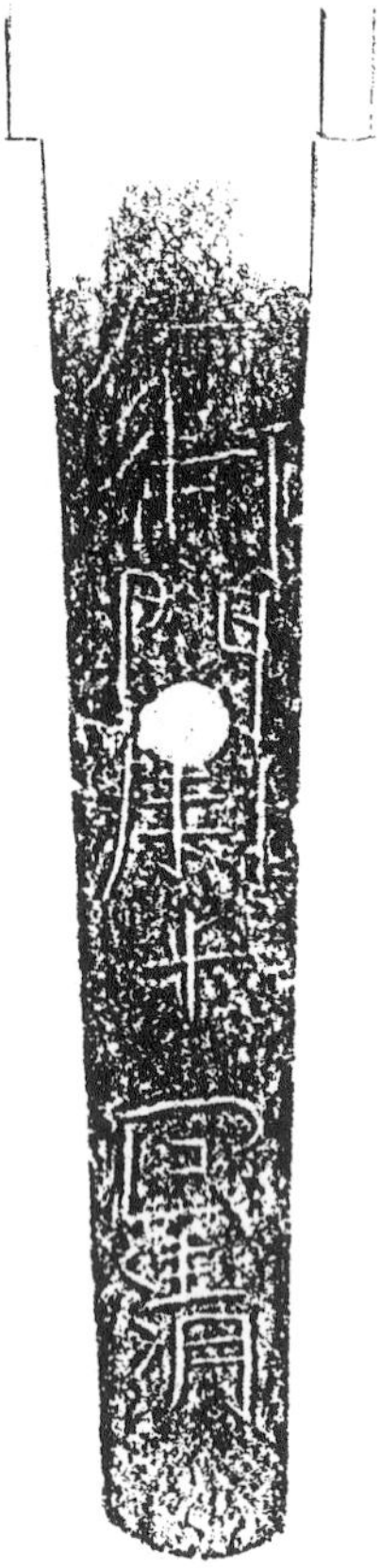

○左衛門尉平包清（かねきよ）〈手掻〉大和國―室町前期

○手掻住包清（かねきよ）〈手掻〉大和國―室町末期

○大和國手掻住包清作（かねきよ）
享禄二年八月日
〈手掻〉大和國―享禄

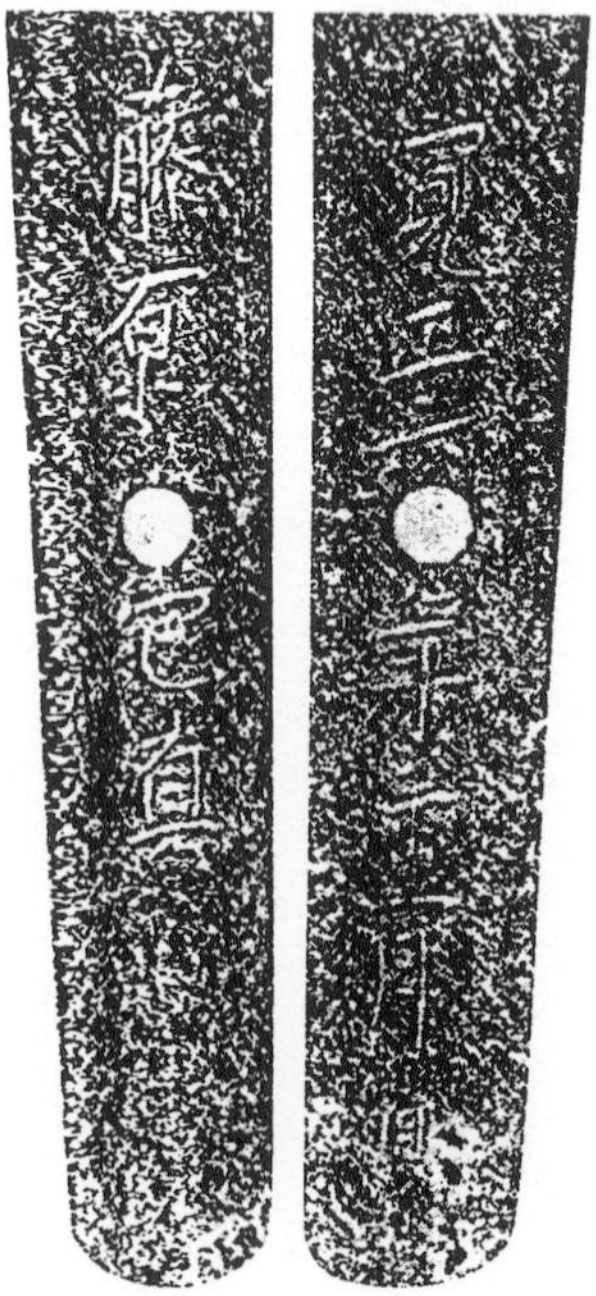

○藤原包真（かねざね）
寛正六年十一月日
〈手掻〉大和國―寛正

○包真（かねざね）〈手掻〉大和國―室町末期

○包次（かねつぐ）〈古青江〉備中國―鎌倉初期

○包俊（かねとし）〈手掻〉大和國―室町中期

○包永（かねなが）〈手掻〉大和國―鎌倉中期

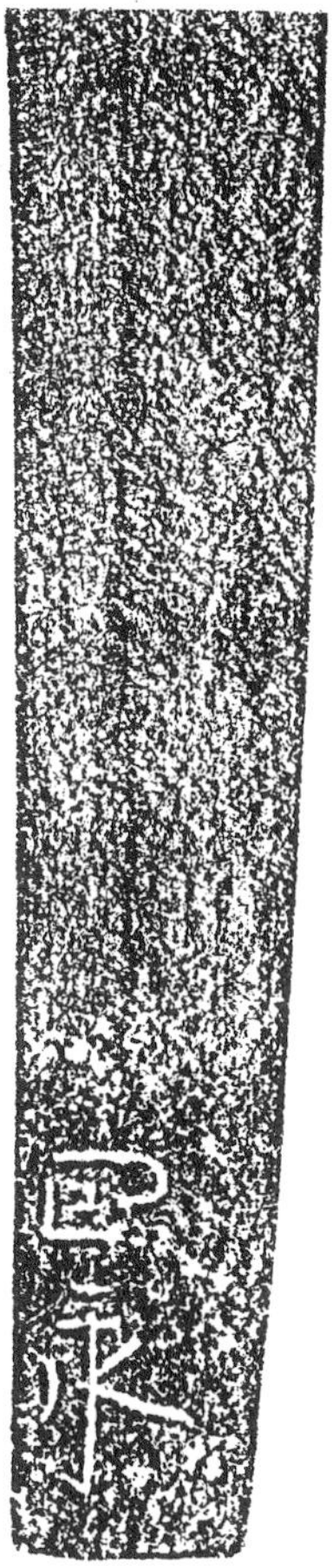

○包永（かねなが）〈手掻〉大和國―鎌倉中期

○備前國包平作（かねひら）〈古備前〉備前國―平安末期

○包俊（かねとし）〈手掻〉大和國―室町中期

○包永（かねなが）〈手掻〉大和國―鎌倉中期

○包友（かねとも）〈手掻〉大和國―室町初期

○包永（かねなが）〈手掻〉大和國―鎌倉中期

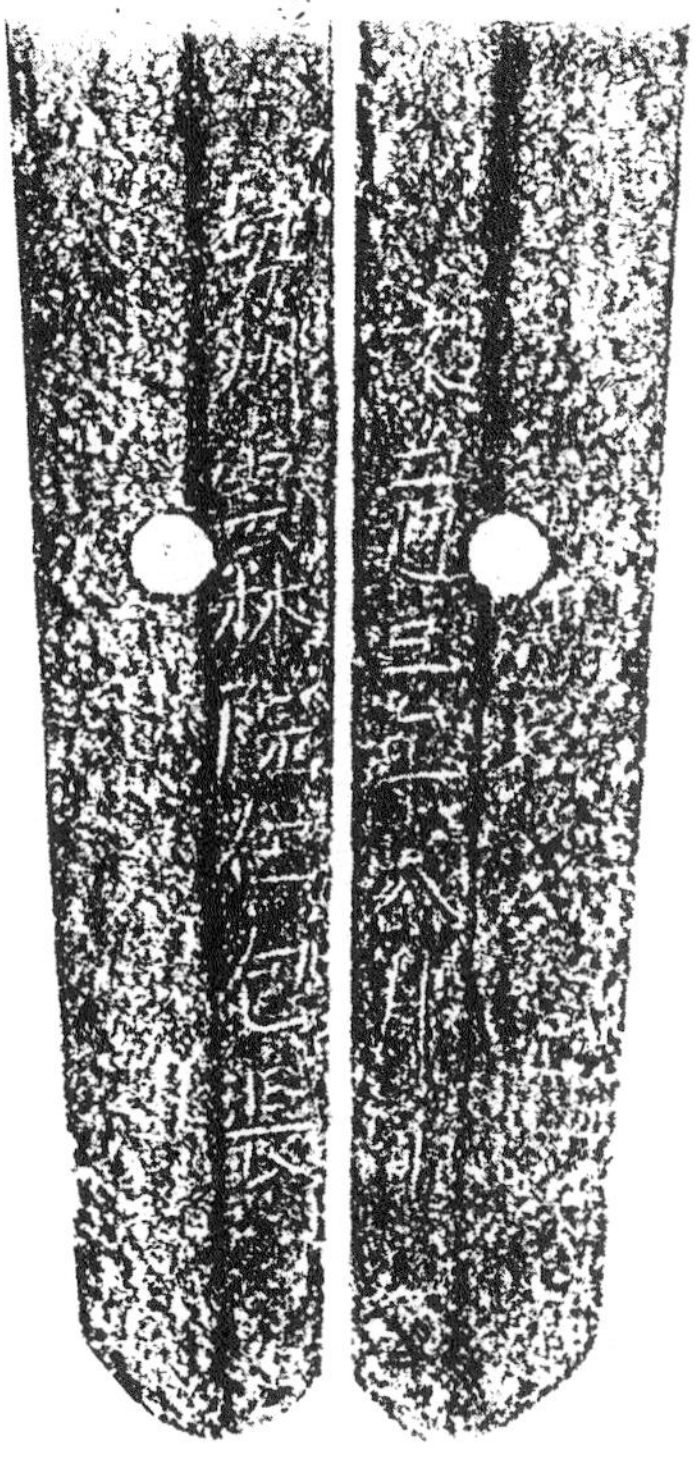

○勢州雲林院住包長（かねなが）　伊勢國―文亀
文亀三年八月日

○包平（かねひら）〈古備前〉備前國—平安末期

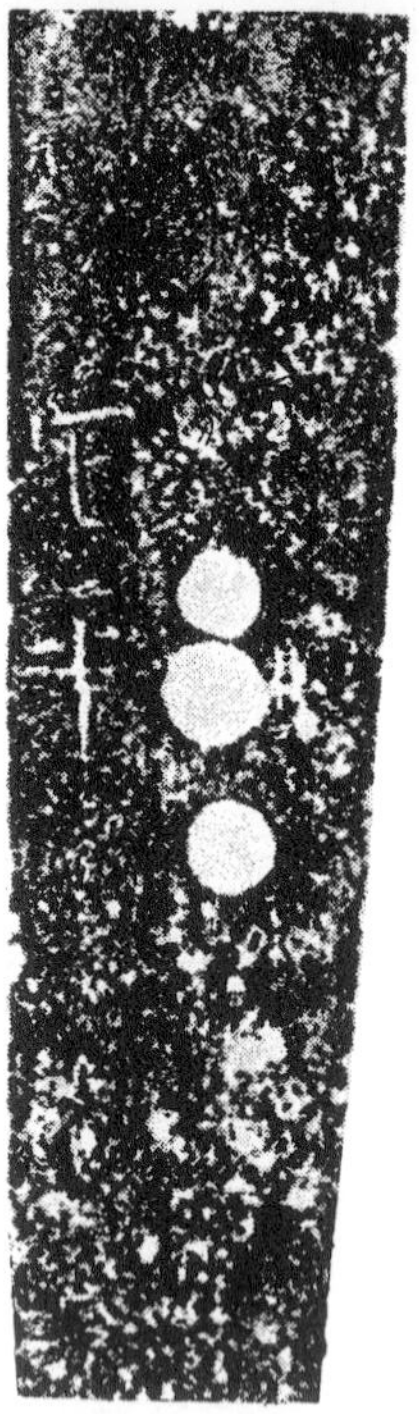

○包平（かねひら）〈古備前〉備前國—平安末期

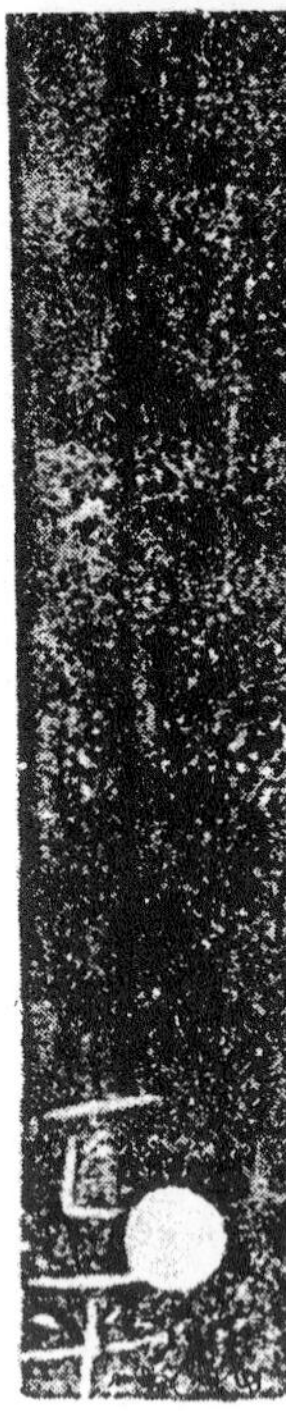

○包行（かねゆき）〈手掻〉大和國—応永
応永□三年六月日

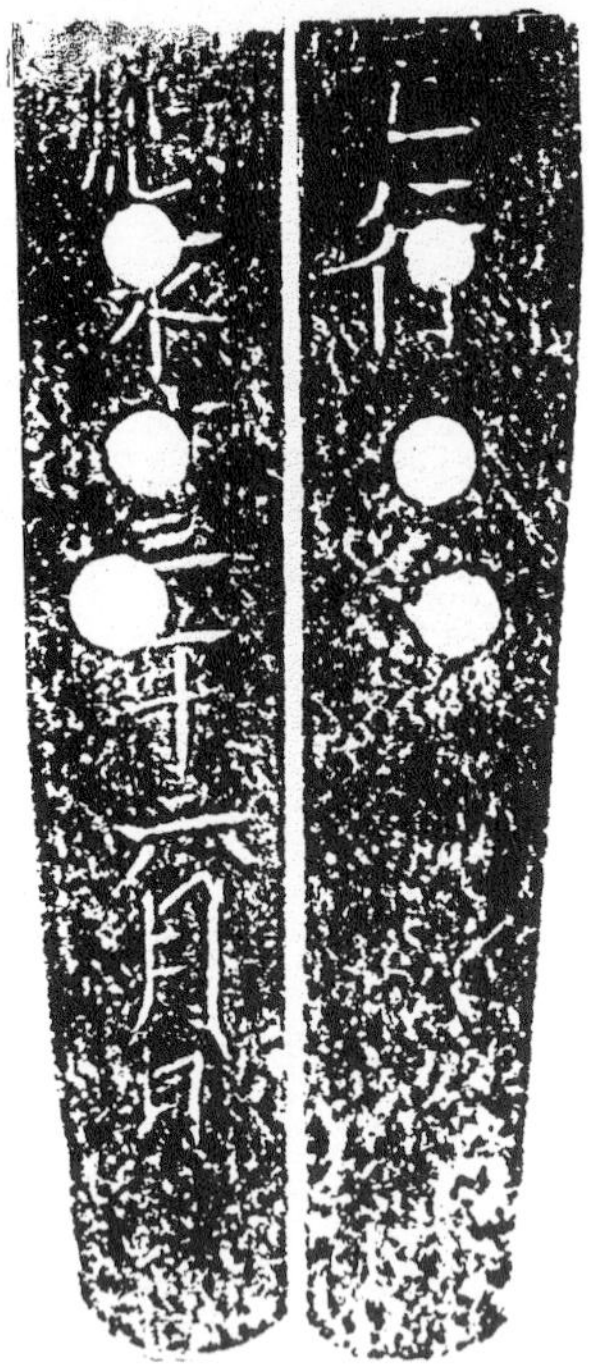

○藤原包吉（かねよし）〈手掻〉大和國—室町初期

○金高（かねたか）美濃國—室町末期

○金光（かねみつ）美濃國—南北朝期

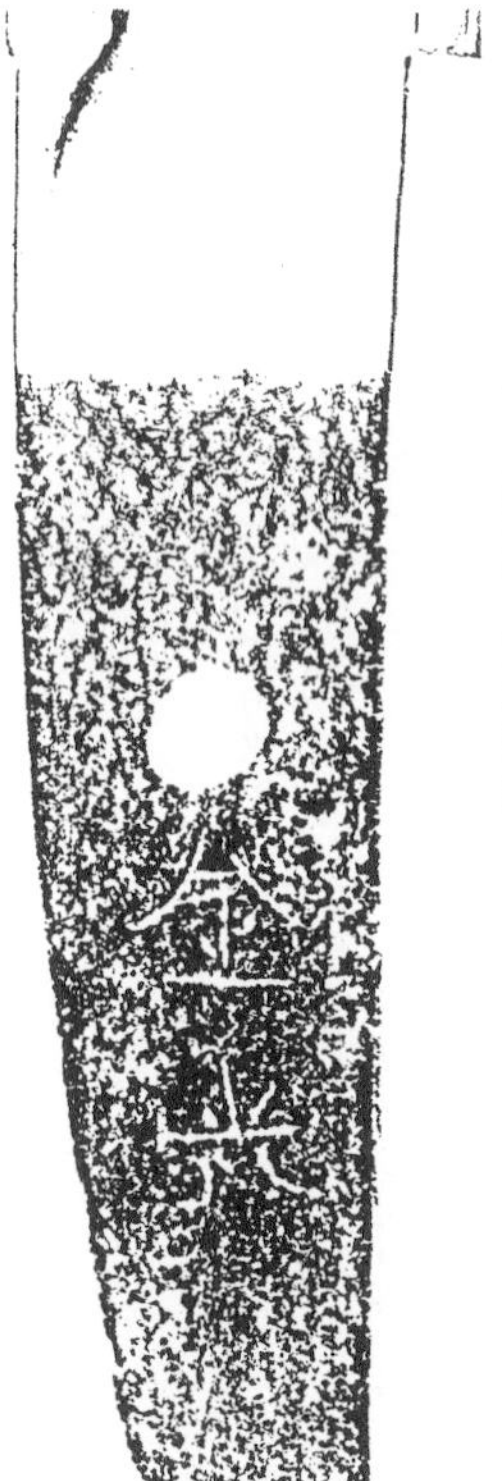

○岩捲（がんまく）美濃國—室町末期

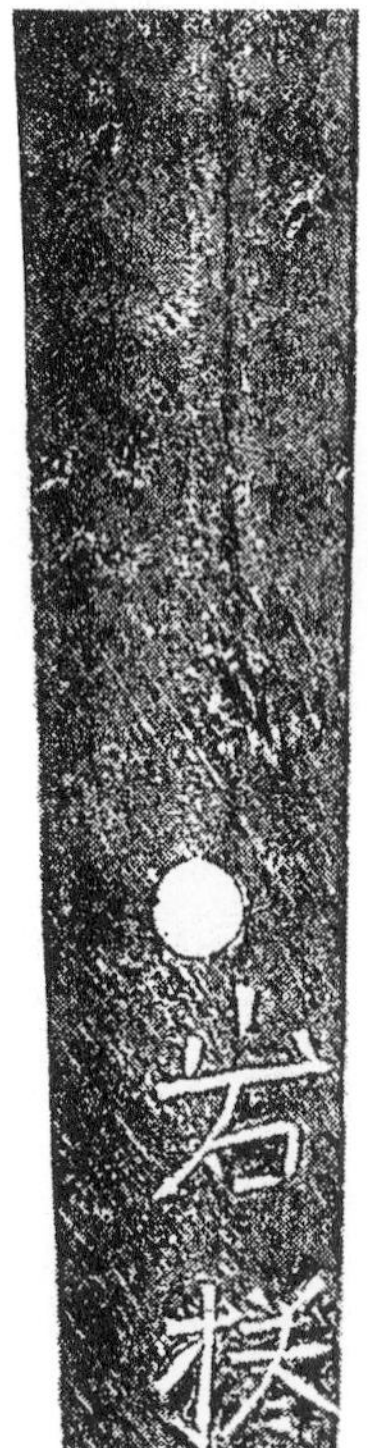

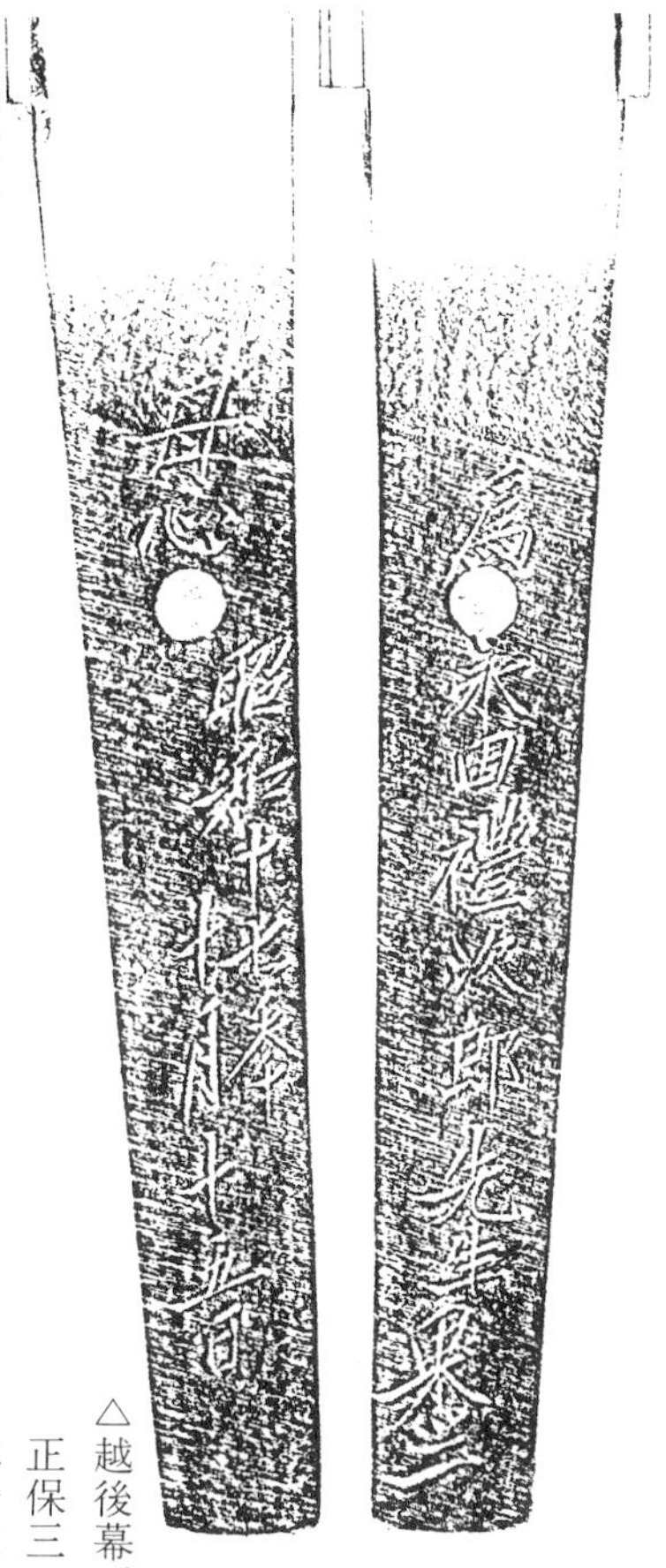

□母心　昭和十七年十月十五日
為永田礼次郎先生　果作（か・あきら）　秋田県—昭和

□果（か・あきら）
昭和丁丑二月吉日作　秋田県—昭和

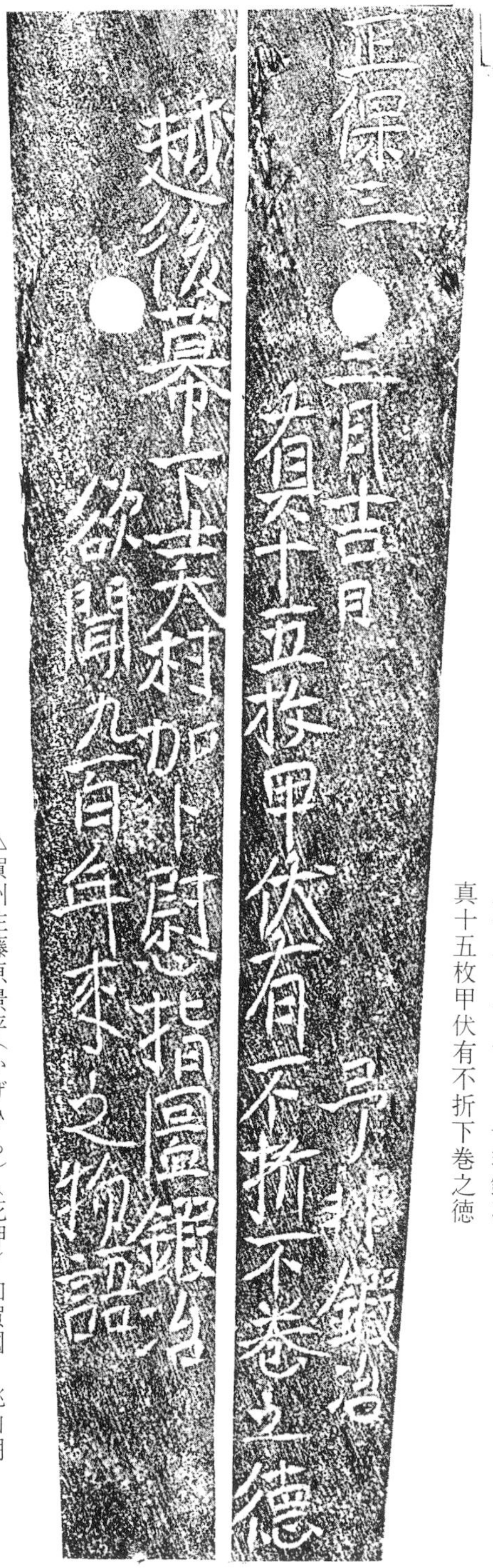

△越後幕下士大村加卜慰指図鍛冶　欲聞九百年来之物語（かぼく）
正保三　二月吉日　予非鍛冶
真十五枚甲伏有不折下巻之徳
越後國—正保

△賀州藤原景平（かげひら）　加賀國—桃山期

△賀州住藤原景平（かげひら）〈花押〉　加賀國—桃山期

△薩州住景吉作（かげよし）薩摩國―江戸中期

△加州住藤原勝家（かついえ）〈初代〉加賀國―桃山期

△加州住藤原勝家作（かついえ）〈二代〉加賀國―桃山期

△伊豫大掾橘勝國〈花押〉（かつくに）〈初代〉加賀國―寛文
寛文三年八月吉日

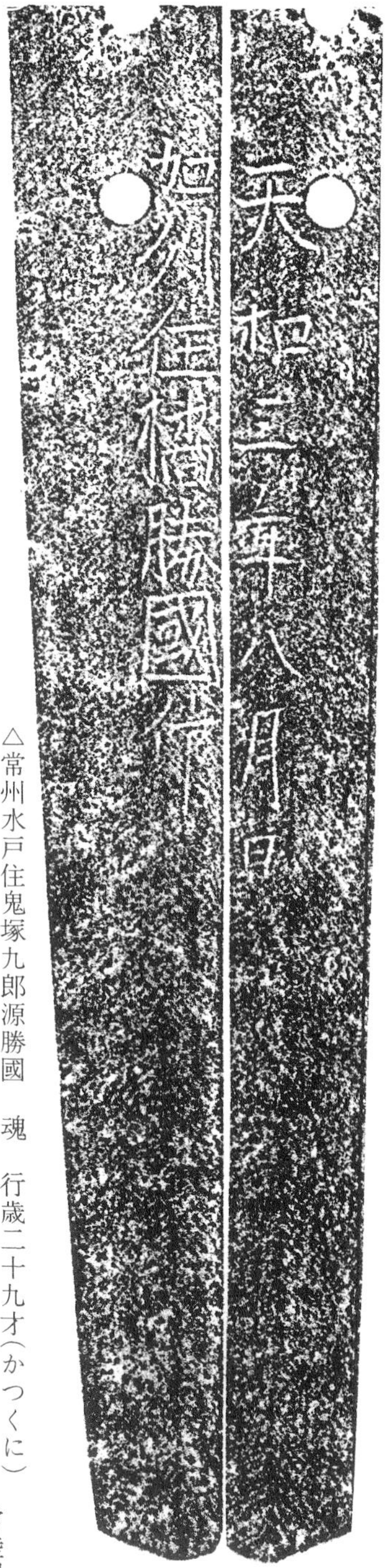

△加州住橘勝國作（かつくに）
天和三年八月日
〈二代〉　加賀國—天和

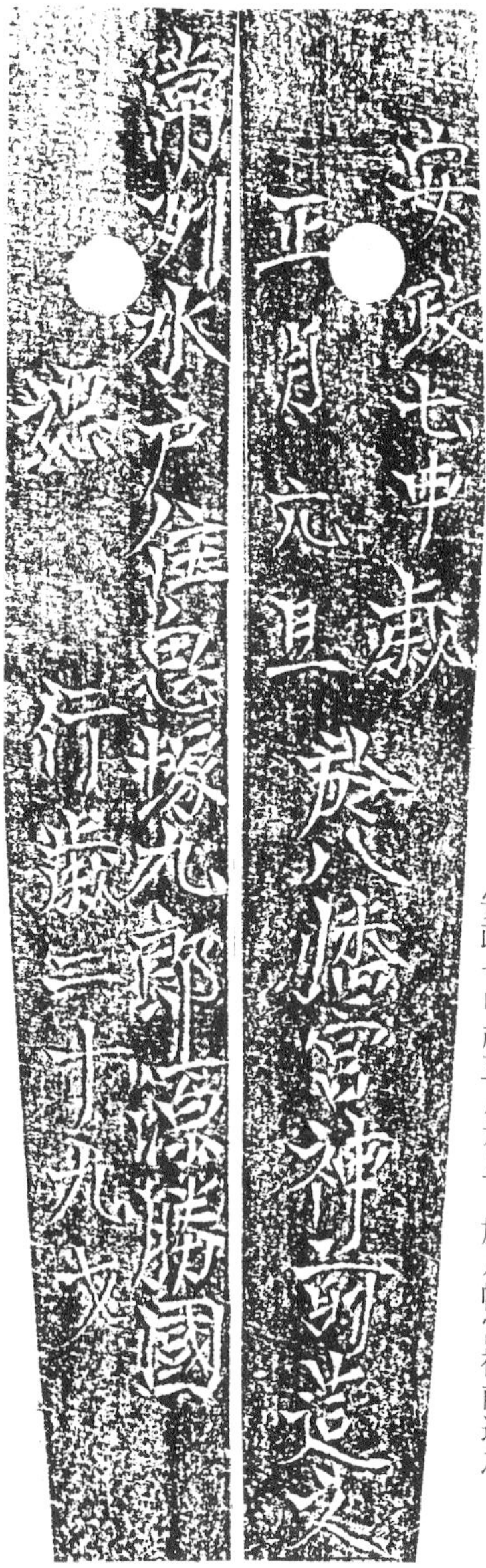

△常州水戸住鬼塚九郎源勝國　魂　行歳二十九才（かつくに）
安政七申歳正月元旦　於八幡宮神前造之
常陸國—安政

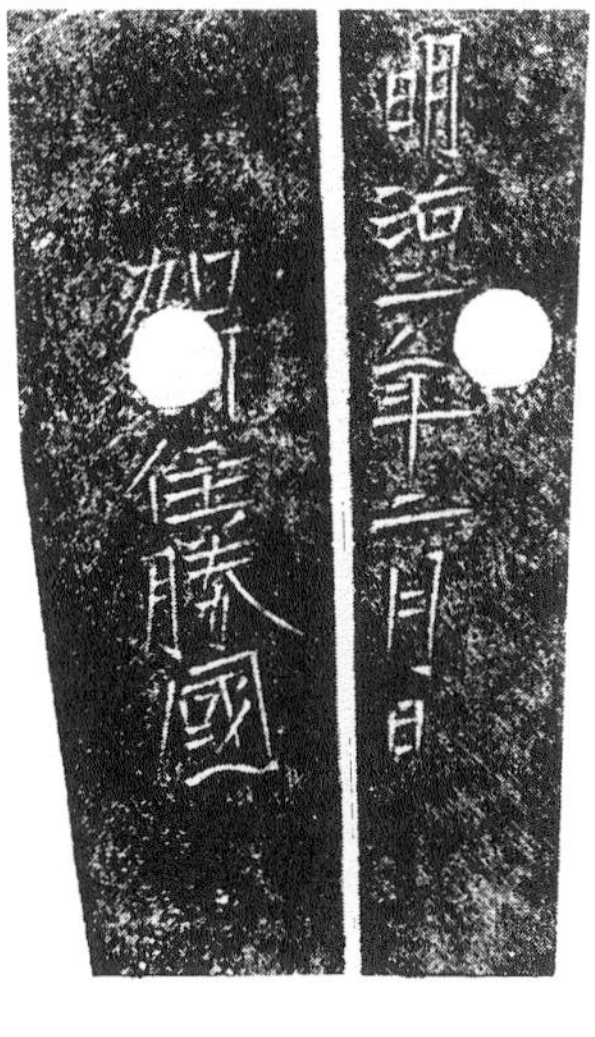

△加州住勝國（かつくに）
明治二年二月日
加賀國—明治

△安政三年常陽介川大平山於□
造大江勝永〈花押〉（かつなが）　常陸國—安政

△尾張國勝重（かつしげ）　尾張國—幕末

△因幡國住弥右衛門尉兼先（かねさき） 因幡國―江戸中期

△筑前住下坂兼先（かねさき） 筑前國―桃山期

△越前國住下坂兼先（かねさき） 越前國―桃山期

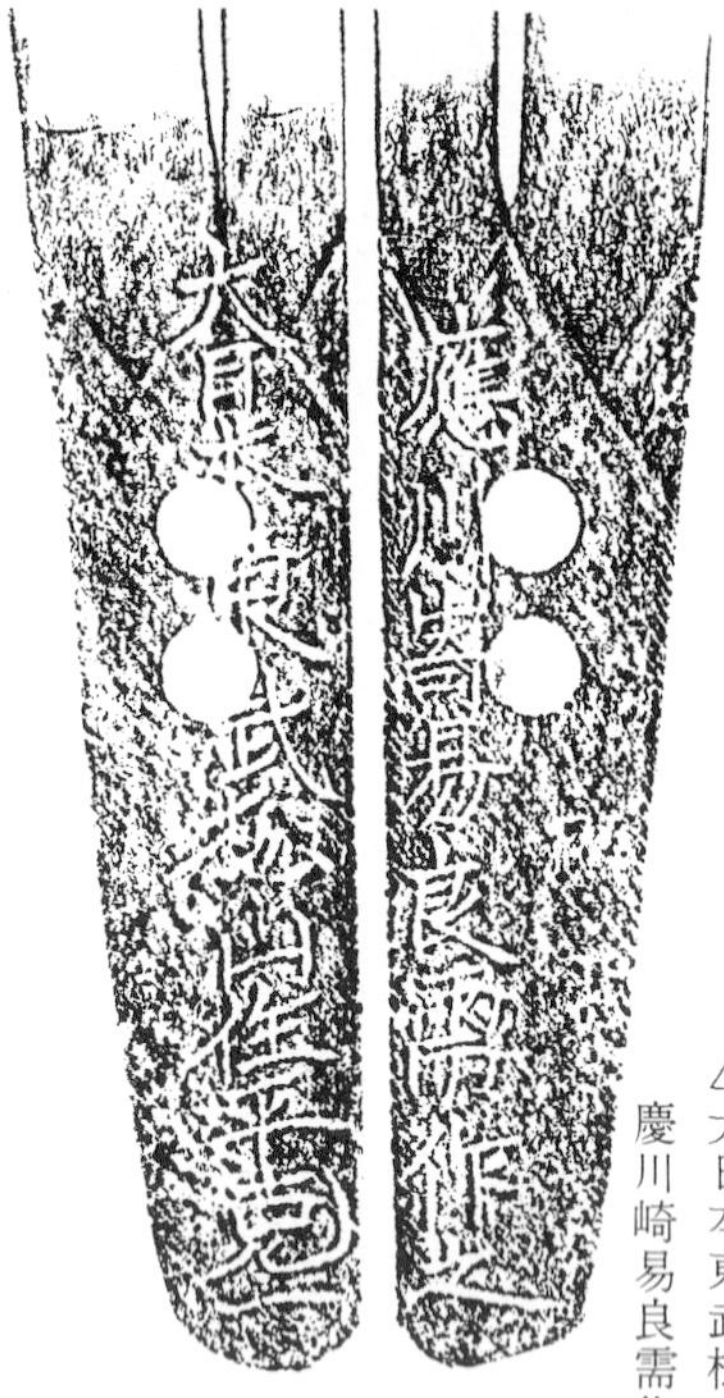

△大日本東武松山住平克一（かついち）
慶川崎易良需作之
上野國―江戸末期

△美作國津山之住兼景作之（かねかげ）
元和二年八月大吉日
美作國―元和

△高崎刀匠震鱗子克一（かついち） 上野國―江戸末期

△妙一峯雪入道兼先（かねさき） 因幡國―江戸末期

△因幡守兼先（かねさき） 因幡國―江戸後期

△奥州住兼定（かねさだ）岩代國―桃山期

△和泉守兼定（かねさだ）〈十一代〉岩代國―慶応
慶応二年二月日

△濃州清水住兼定（かねさだ）美濃國―桃山期

△奥州住兼定（かねさだ）〈十代〉岩代國―天保
天保十四卯年八月日

△岩代國和泉守兼定（かねさだ）於越後國鴨造
〈十一代〉岩代國―幕末

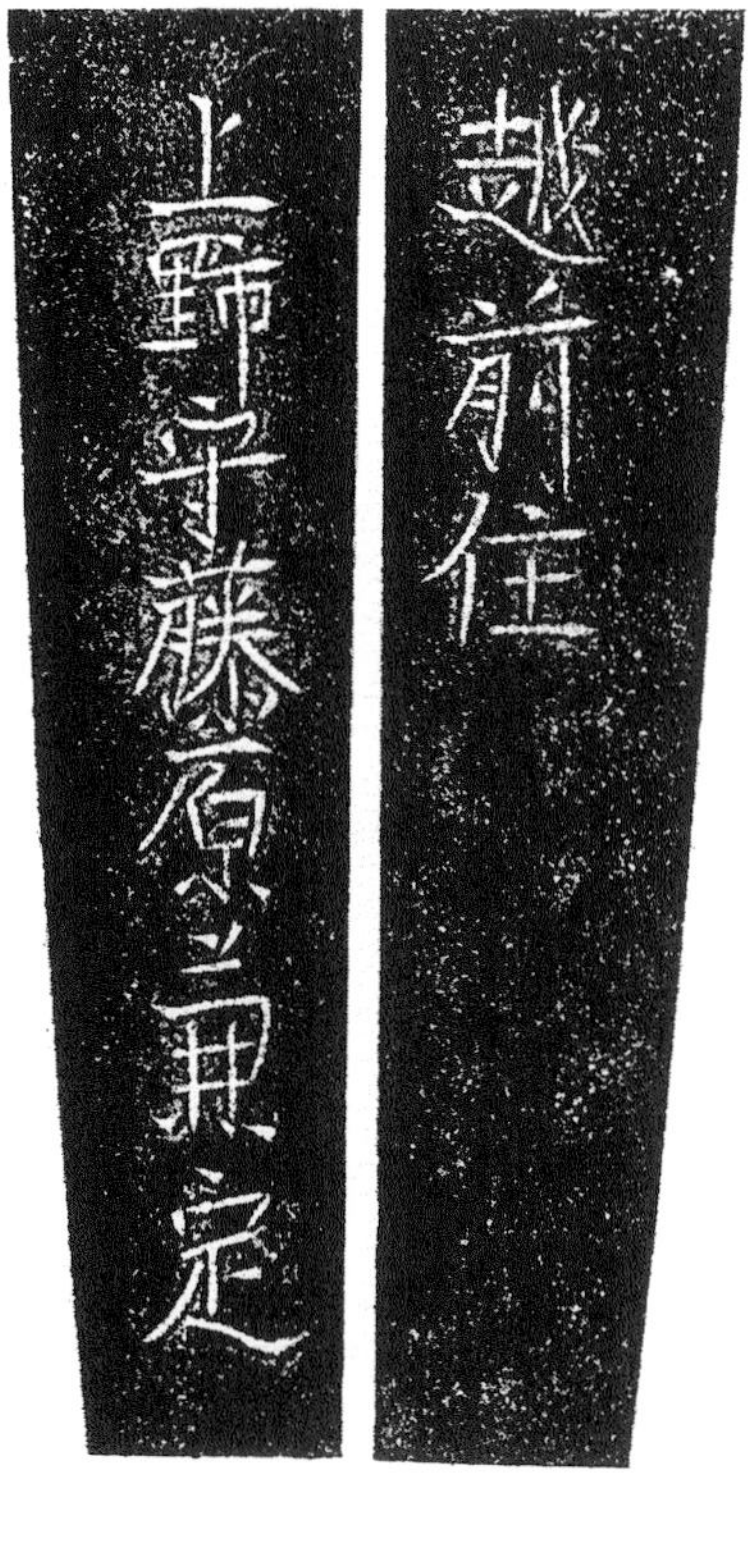

△上野守藤原兼定（かねさだ）越前住
越前國―江戸中期

△和泉守藤原兼重（かねしげ）　武蔵國―桃山期

△和泉守兼重（かねしげ）　寛永十七年二月吉日　武蔵國―桃山期

△上総守兼重（かねしげ）
武蔵國―江戸中期

△上総介藤原兼重（かねしげ）　武蔵國―江戸中期

△上総介兼重（かねしげ）　武蔵國―江戸中期

△加州住伊勢大掾藤原兼重（かねしげ）
万延元年八月吉日　　加賀國―万延

△武州住兼助作（かねすけ）武蔵國―江戸中期

△出羽國酒田住兼高作（かねたか）羽後國―江戸前期

△越前國住兼植（かねたね）越前國―桃山期

△武州住兼植（かねたね）武蔵國―江戸中期

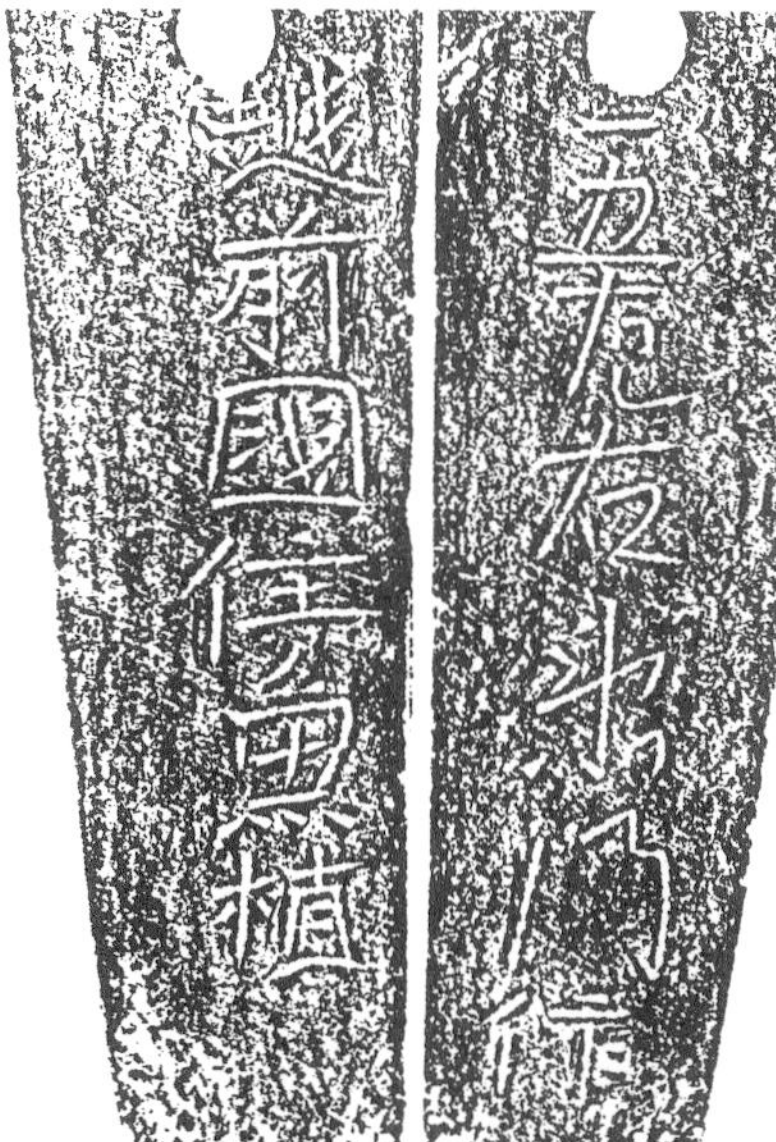
△越前國住兼植（かねたね）
五左右衛門作
越前國―江戸初期

△越之前州住兼植（かねたね）越前國―江戸中期

△長州住兼植（かねたね）長門國―江戸中期

△兼次（かねつぐ） 美濃國—桃山期

△日置藤原兼次作（かねつぐ） 元治二年正月吉日 因幡國—元治

△越前國住兼常（かねつね） 越前國—桃山期

△武州江戸住兼常（かねつね） 元和元年八月 武蔵國—元治

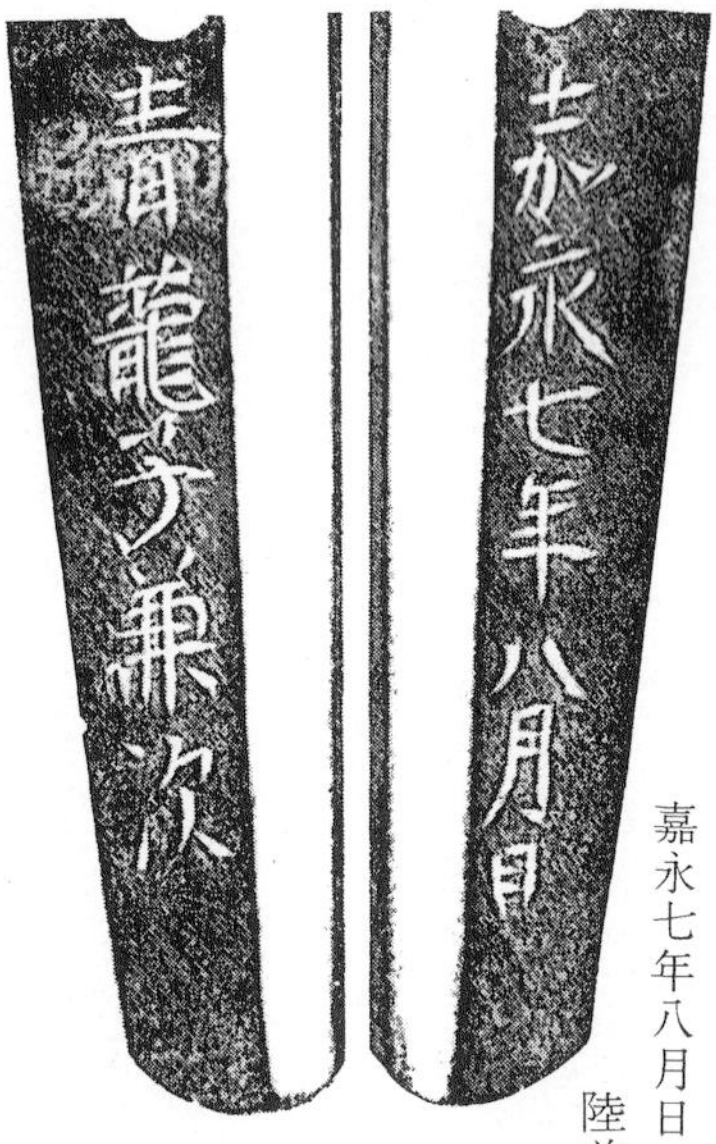

△青龍子兼次（かねつぐ） 嘉永七年八月日 陸前國—嘉永

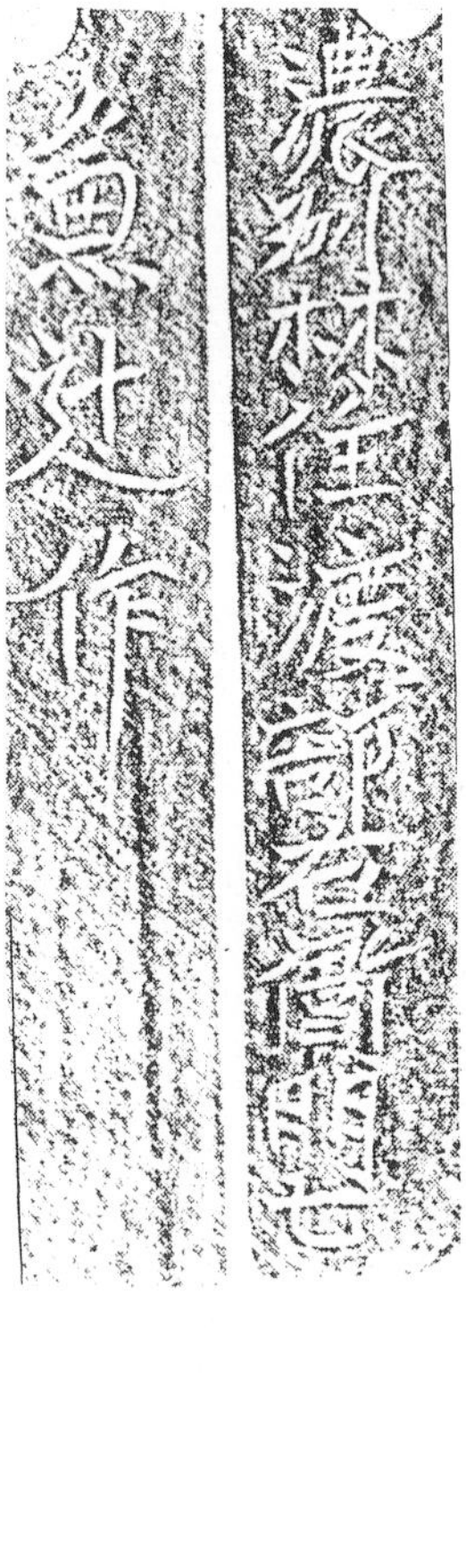

△兼辻作（かねつじ） 濃州林住渡部右衛門七 美濃國—桃山期

△濃州関住兼辰作（かねとき） 慶長十三年八月日 美濃國—慶長

△奥州会津住兼友（かねとも）
元禄四年二月日
嘉永七甲寅年二月十九日車先切落
柏崎清利試之

岩代國―元禄

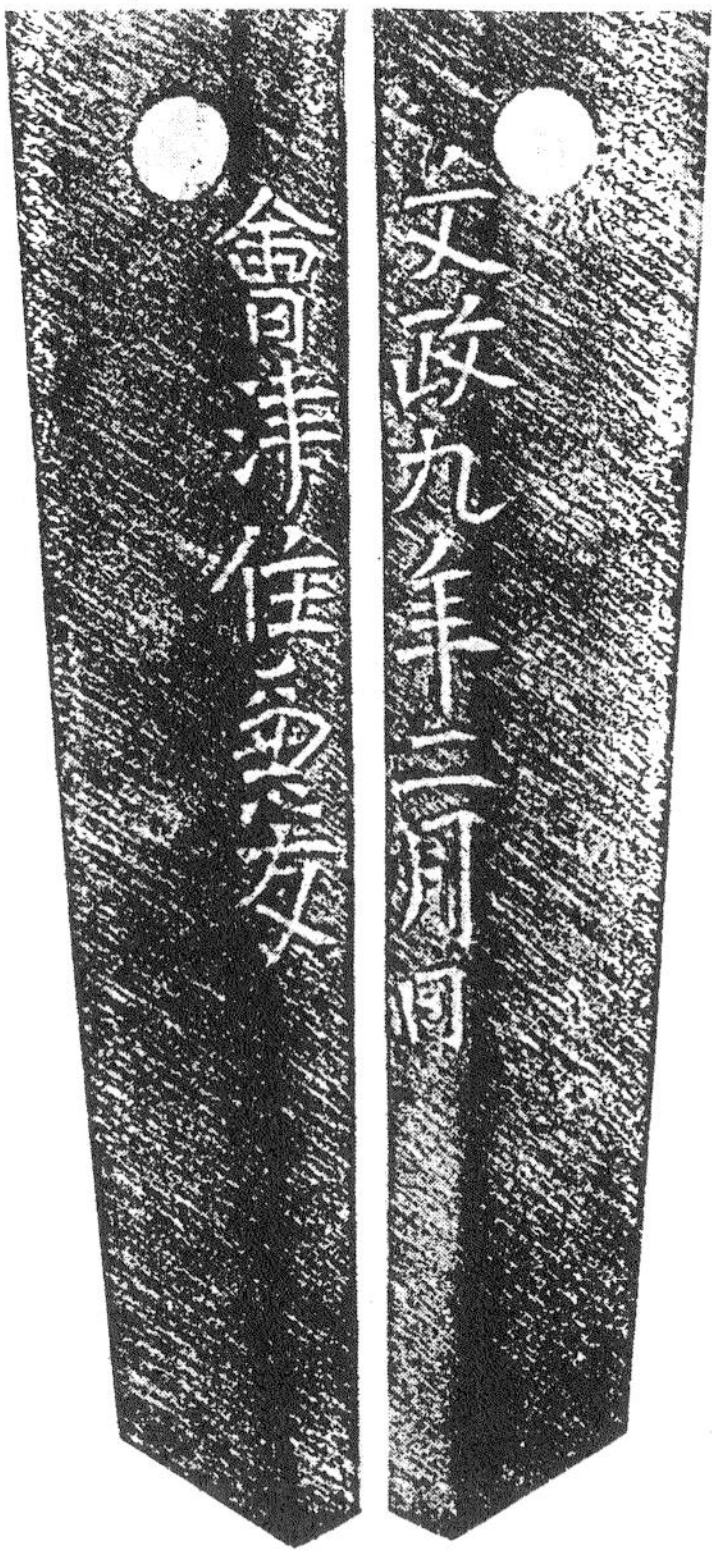

△会津住兼友（かねとも）文政九年二月日　岩代國―文政

△運寿兼友作（かねとも）
文久三年二月日

岩代國―文久

△賀州住兼豊作（かねとよ）
慶応元丑年八月吉日

加賀國―慶応

△安政五年五月兼虎造（かねとら） 信濃國—安政

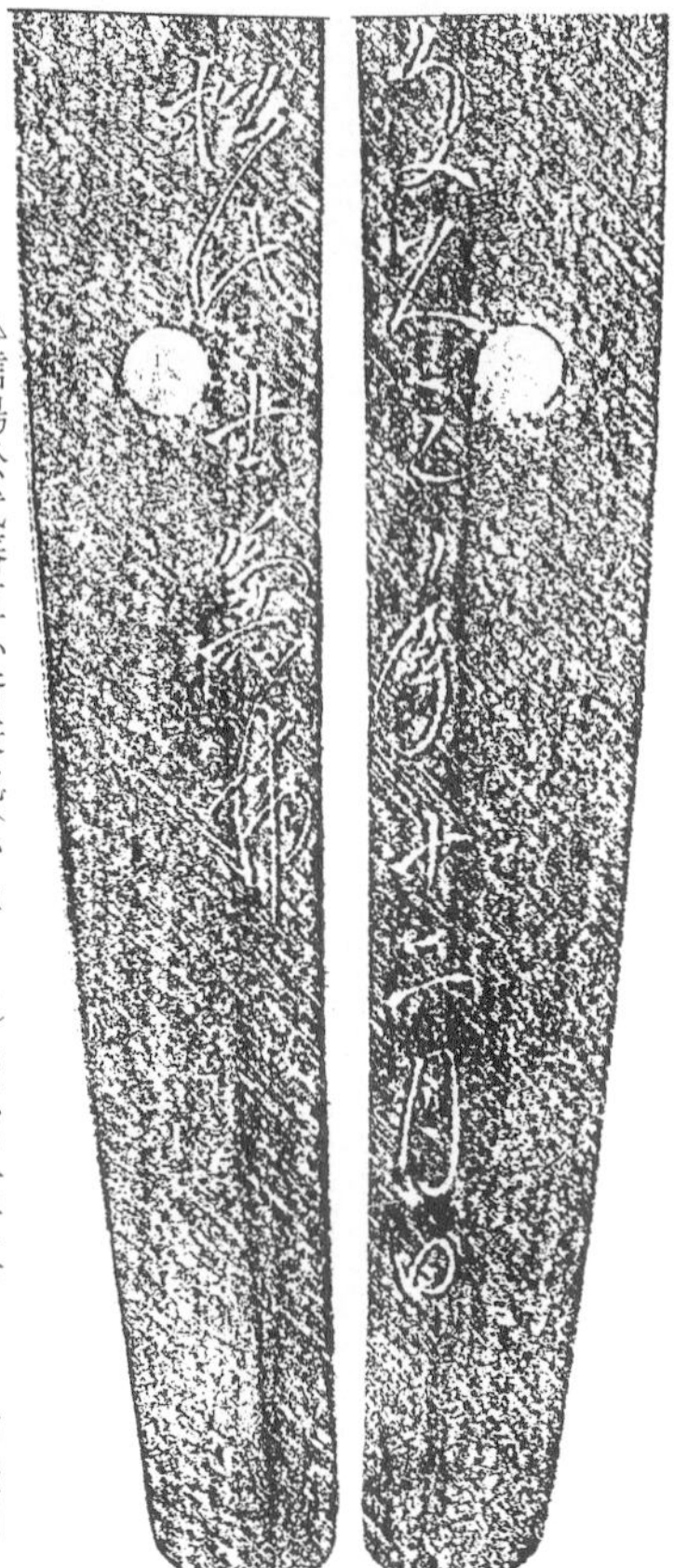

△松代士兼虎（かねとら） 文久三年十二月日 信濃國—文久

△直心斎兼虎（かねとら） 慶応三年十二月日 信濃國—慶応

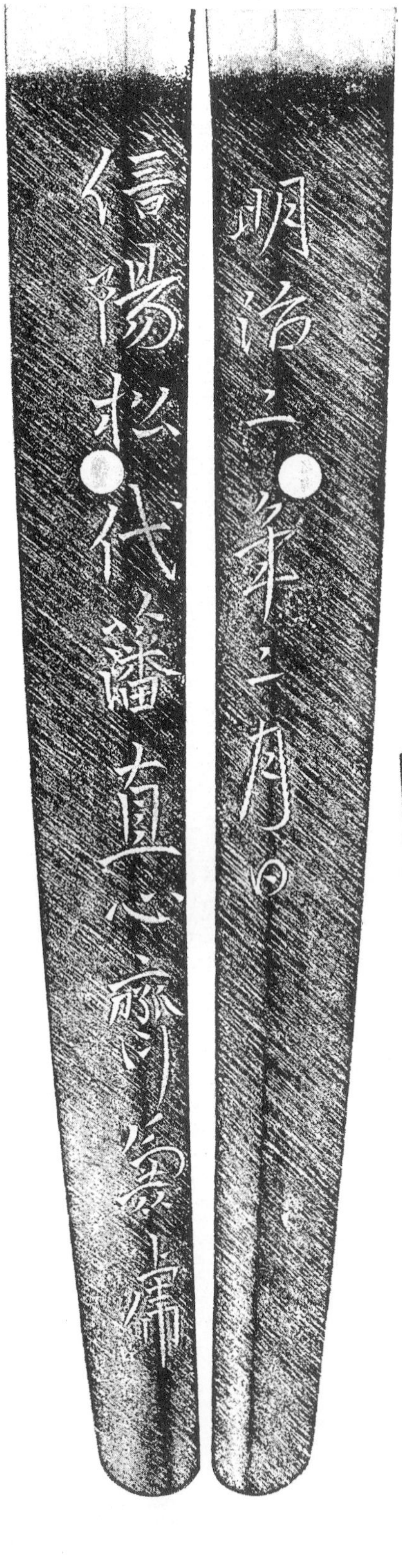

△信陽松代藩直心斎兼虎（かねとら） 明治二年二月日 信濃國—明治

△武蔵守藤原兼仲（かねなか）
越前福居住
越前國—江戸中期

△武蔵守藤原兼中（かねなか）〈兼仲同人〉越前國—江戸中期

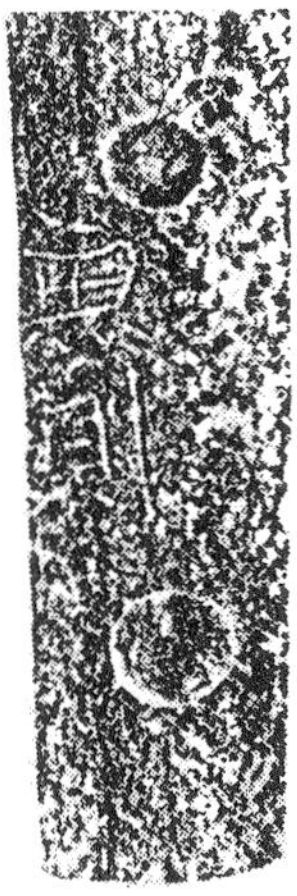

△兼則（かねのり）美濃國—室町前期

△兼則（かねのり）美濃國—室町後期

△濃州住田城角兵衛兼信作（かねのぶ）〈二代〉美濃國—江戸初期

△濃州住田代兼信作（かねのぶ）〈三代〉美濃國—江戸中期

△大和大掾源兼信（かねのぶ）美濃國—江戸中期

△越前國住人兼則（かねのり）越前國—桃山期

△元禄十三庚辰年二月十一日
加州金沢住炭宮兼則（かねのり）

加賀國—元禄

△越前住肥後大掾藤原兼法（かねのり）

越前國—桃山期

△加州住藤原兼春（かねはる）
寛文六丙午天二月吉祥日鍛之

加賀國—寛文

△越前國住兼法（かねのり）
八月吉日

越前國—桃山期

△越前國住兼法（かねのり）
慶長十二丁未八月

越前國—慶長

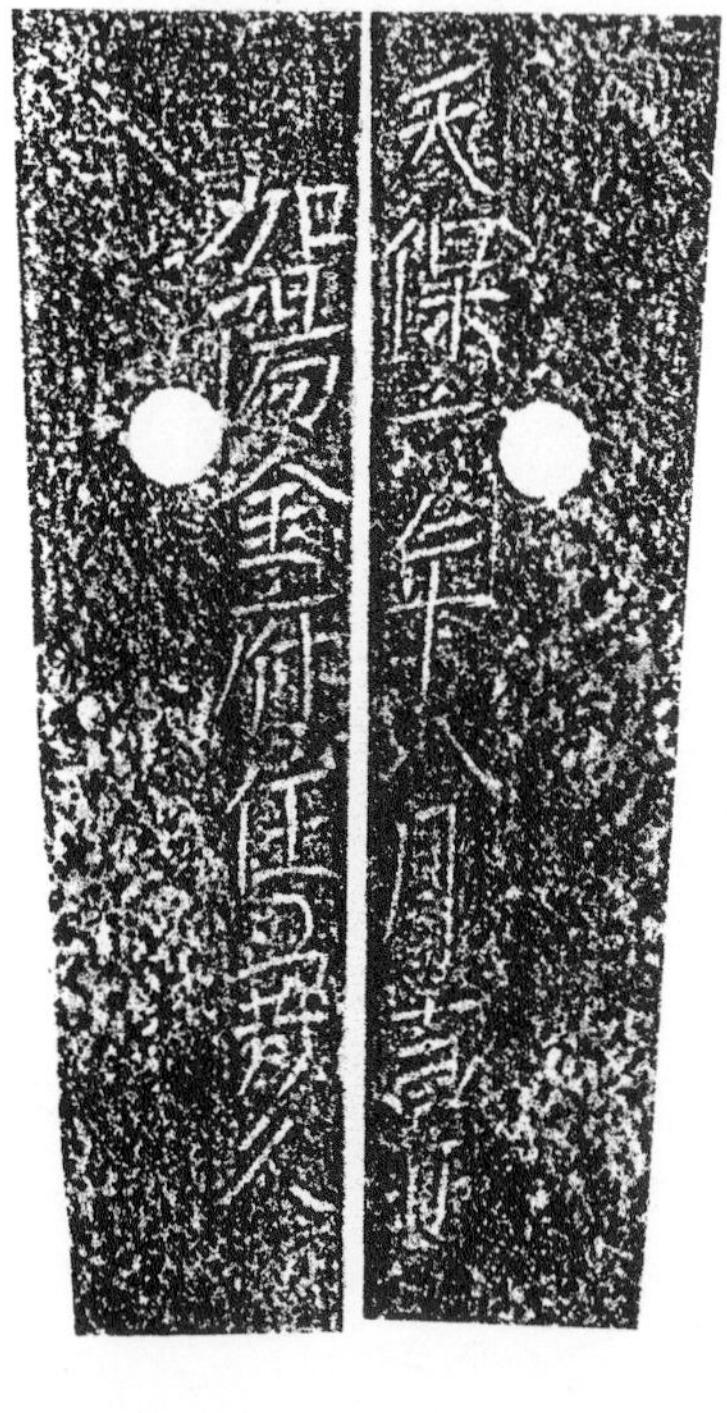

△加陽金府住兼久（かねひさ）
天保六年八月吉日

加賀國—天保

△大和大掾藤原兼廣（かねひろ）〈初代〉肥前國—寛文
寛文十年かのとのゐ　六月吉日

△遠江守藤原兼廣（かねひろ）〈二代〉肥前國—江戸中期

△賀州金沢住人兼巻作（かねまき）加賀國—寛永
寛永十五年九月吉日

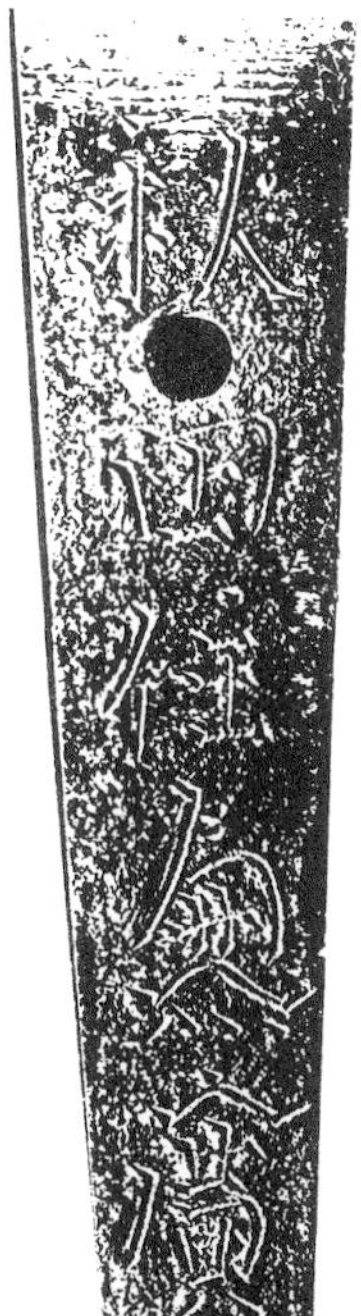

△秋田住兼廣（かねひろ）羽後國—江戸末期

△下総大掾藤原兼正（かねまさ）越前國—江戸中期

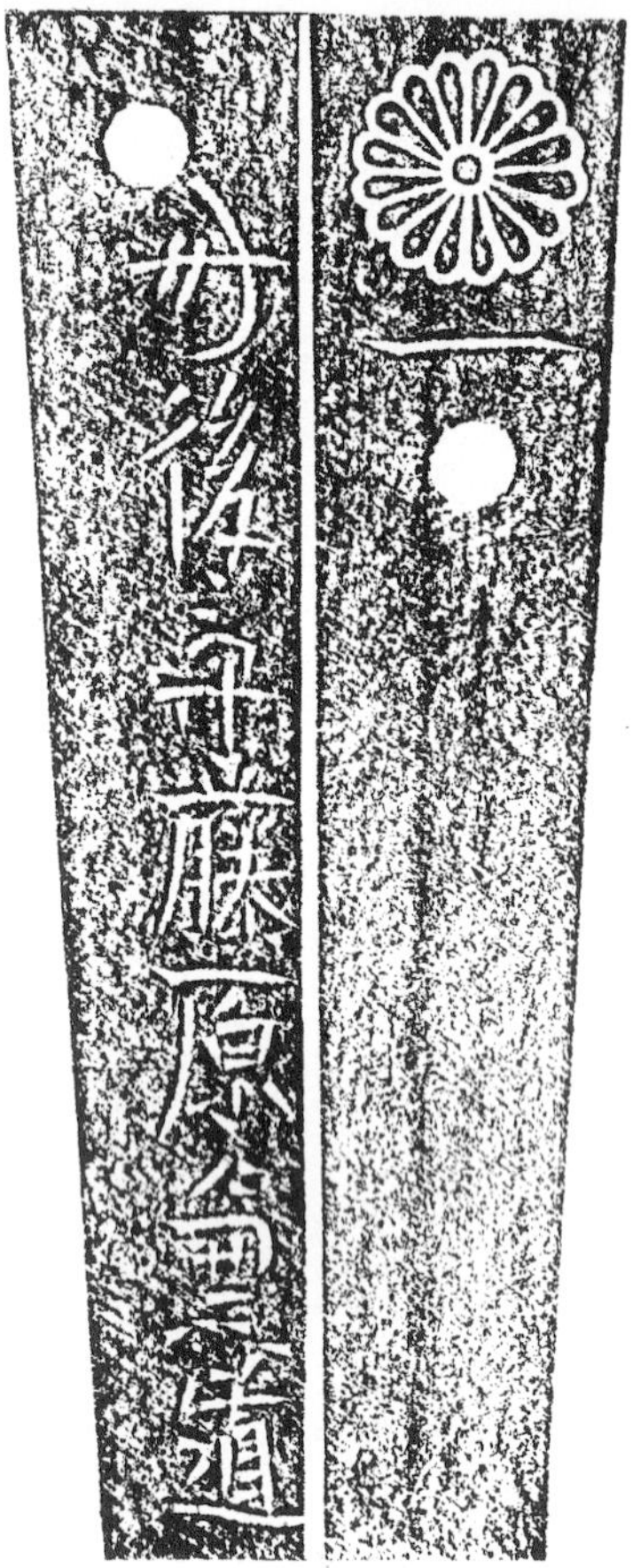


△丹後守藤原兼道（かねみち）〈初代〉摂津國—江戸中期
（菊紋）一

△丹後守兼道（かねみち）〈二代〉摂津國—宝永
宝永二閏八月日

△丹後守兼道（かねみち）〈二代〉摂津國—正徳
正徳二年八月日

△濃州住兼光（かねみつ）美濃國—江戸中期

△会陽臣兼元（かねもと）〈十一代兼定同人〉岩代國—万延
万延元申年四月日

△相模守藤原兼安（かねやす）美濃國—江戸中期

△賀州住兼若造（かねわか）
慶長拾六年三月日　△氏主〈初代〉加賀國—慶長

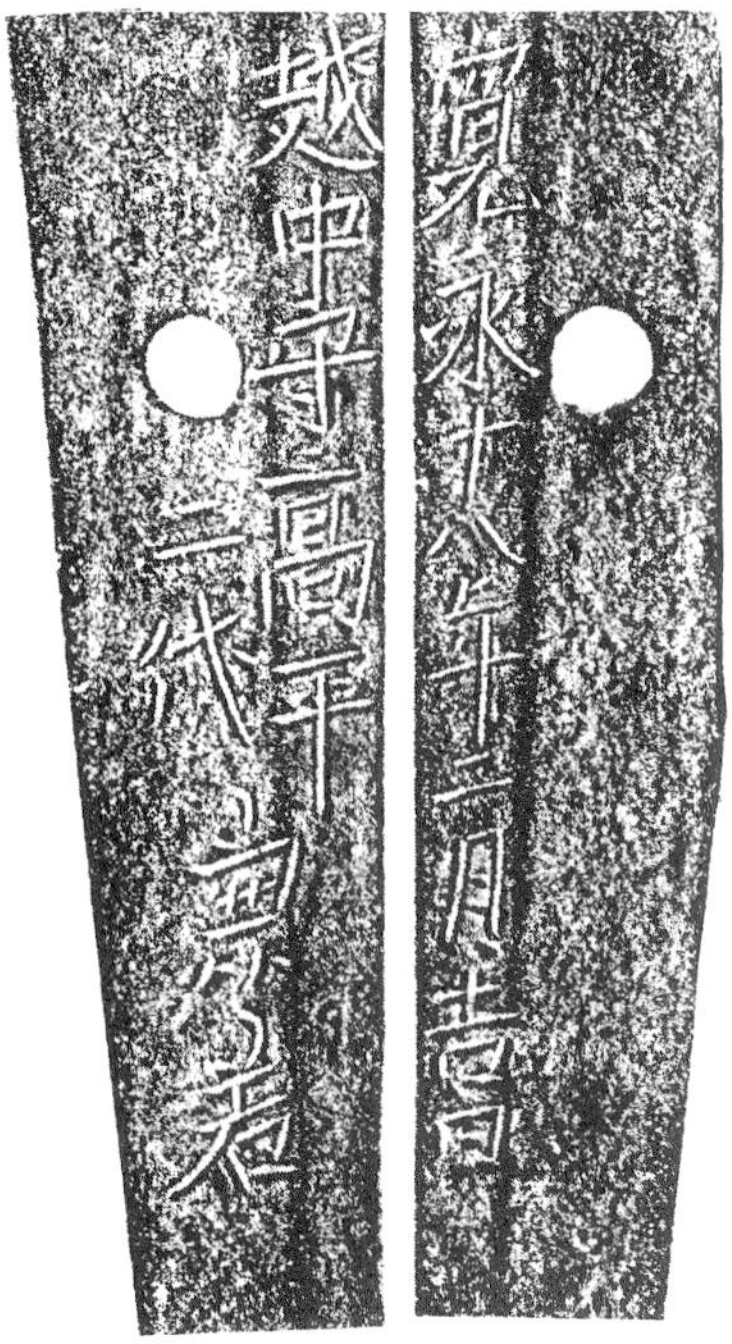

△越中守高平　二代兼若（かねわか）
寛永十八年二月吉日〈二代〉加賀國—寛永

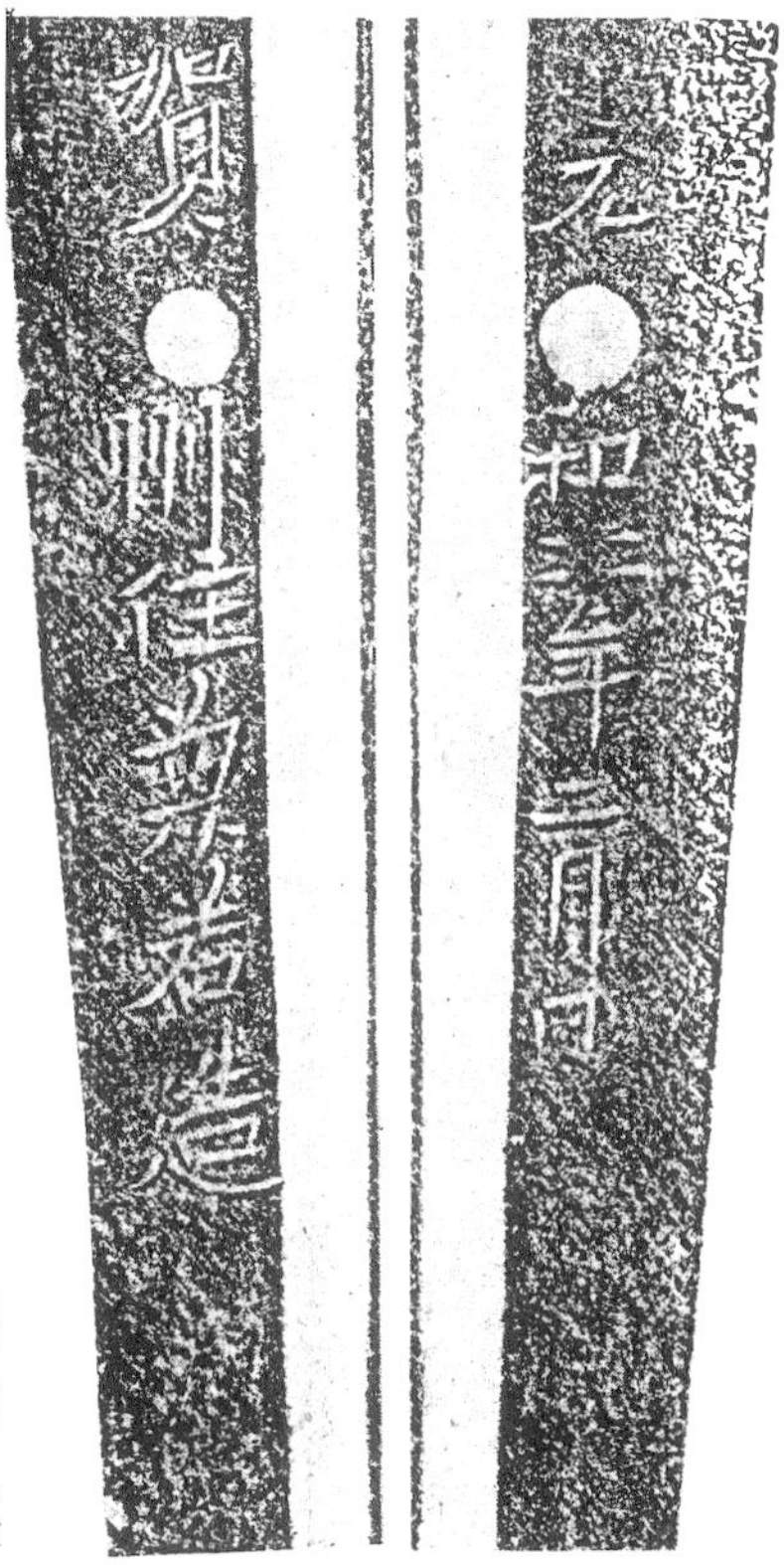

△賀州住兼若造（かねわか）
元和二年二月日〈初代〉加賀國—元和

△賀州住藤原辻村又助兼若〈花押〉（かねわか）寛文六年八月日〈二代〉加賀國—寛文

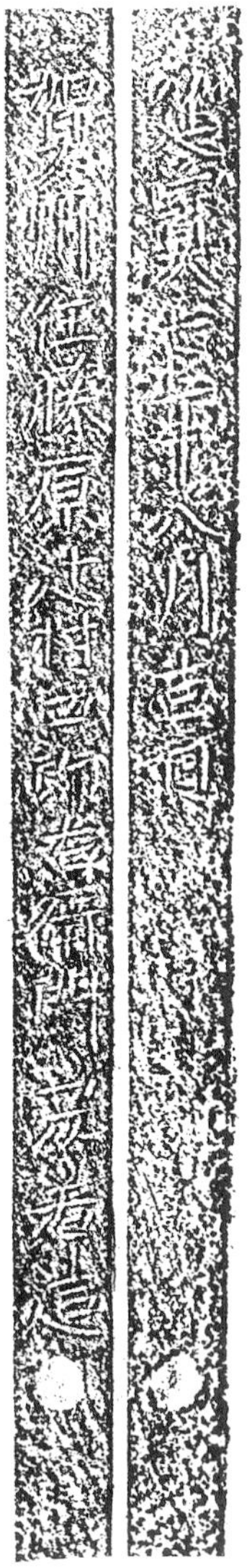

△賀州住藤原辻村四郎右衛門兼若造（かねわか）延宝七年八月吉日〈三代〉加賀國—延宝

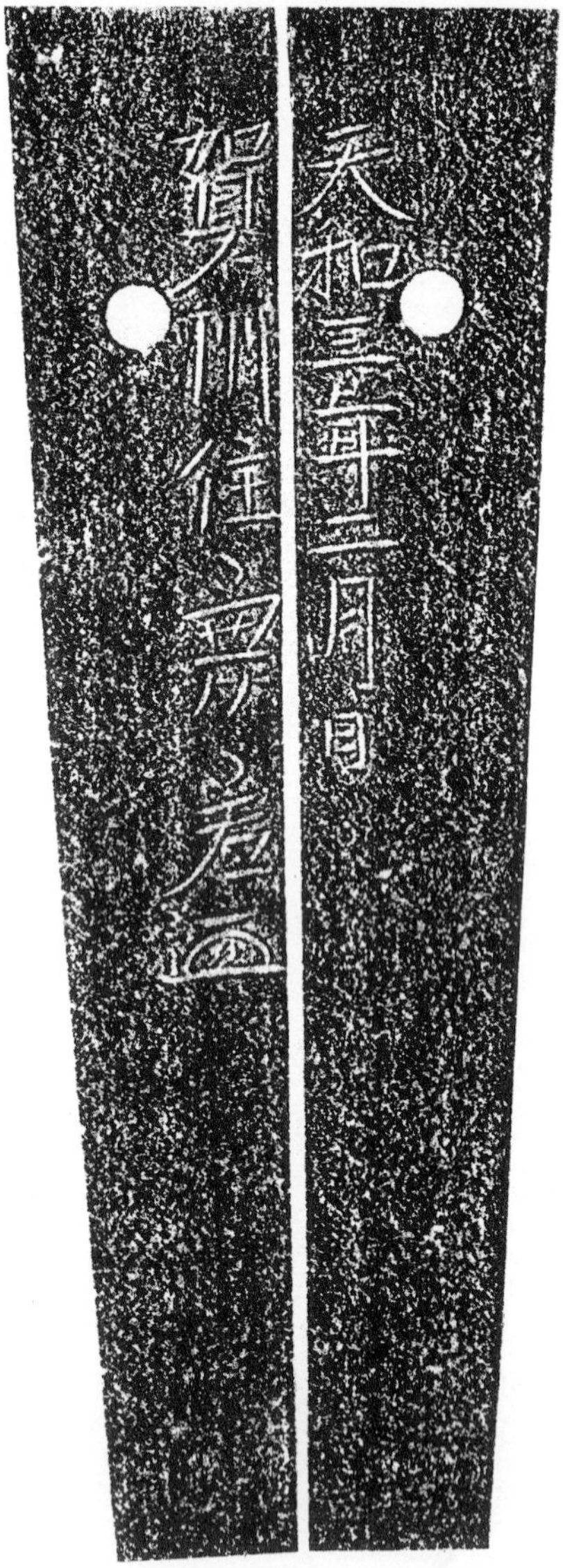

△賀州住兼若（かねわか）（花押）
天和三年二月日
〈三代〉加賀國―天和

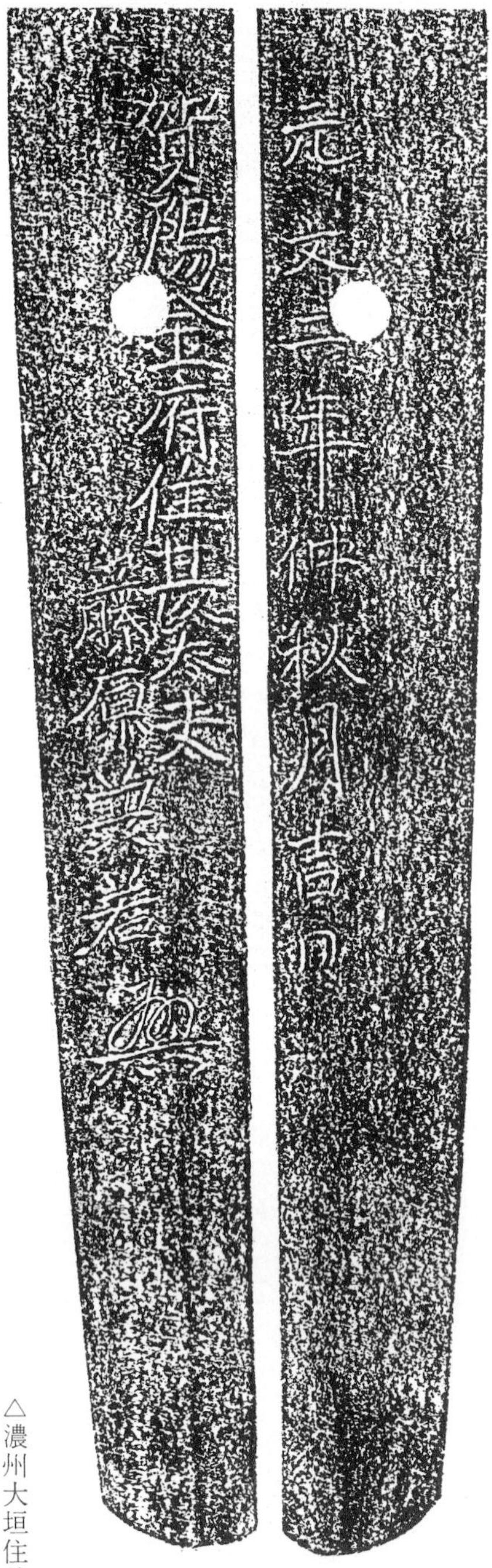

△賀陽金府住甚太夫　藤原兼若〈花押〉（かねわか）
元文二年仲秋月吉日
〈四代〉加賀國―元文

△賀州住兼若（かねわか）
〈三代〉加賀國―江戸中期

△濃州大垣住兼若（かねわか）美濃國―江戸中期

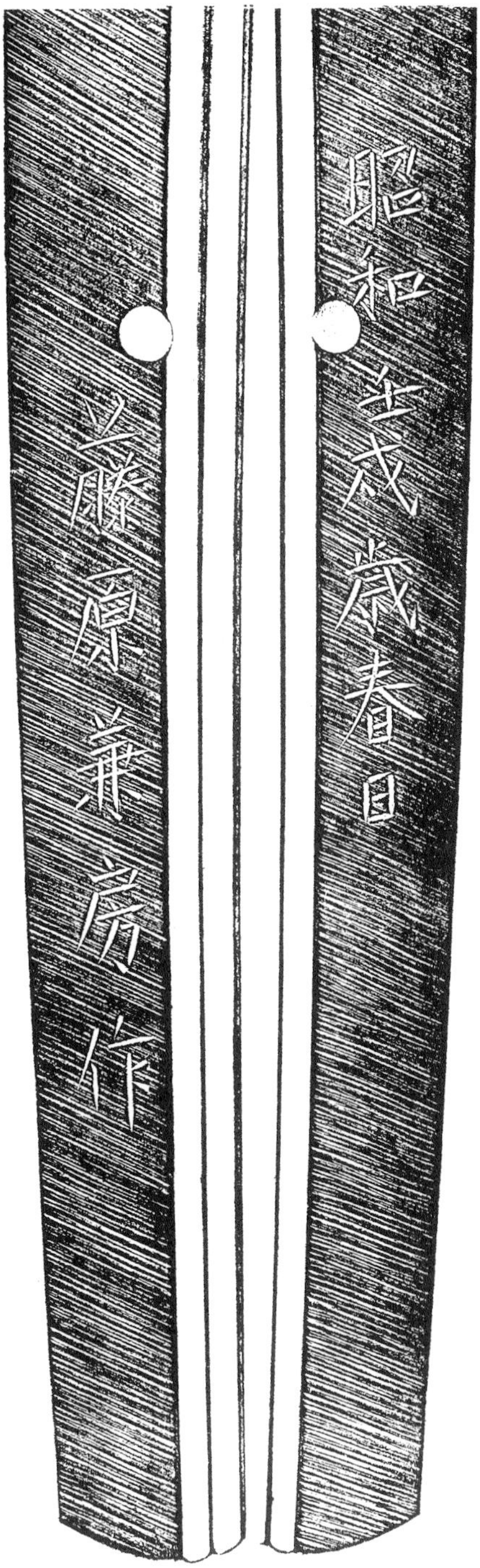

□藤原兼房作（かねふさ）
昭和壬戌歳春日

岐阜県―昭和

△和州手掻住包國於駿府造之（かねくに）　紀伊國―桃山期

△和州手掻住包國於駿府造之（かねくに）　紀伊國―桃山期

△大和住越中守藤原包國造（かねくに）
元禄十一年二月吉日

大和國―元禄

△越中守藤原包國（かねくに）大和國—江戸中期

△越後守包貞（かねさだ）〈初代〉摂津國—江戸前期

△越後守包貞（かねさだ）〈初代〉摂津國—江戸前期

△越後守包貞（かねさだ）寛文九年八月吉日〈照包同入〉摂津國—寛文

△河内守文珠包定（かねさだ）大和國—江戸中期

△越後守包貞（かねさだ）〈初代〉摂津國—江戸中期

△越後守包貞（かねさだ）〈照包同人〉摂津國—寛文
寛文十年八月吉日

△坂倉言之進照包(てるかね)
天和二年二月日
摂津國―天和

△坂倉越後守照包(てるかね) 摂津國―江戸中期

△坂倉言之進源照包(てるかね)
越後守包貞同作之
〈包貞同人照包〉 摂津國―江戸中期

△越後守包貞(かねさだ) 〈岩松包貞〉 摂津國―江戸中期

△越後守照包(てるかね) 〈岩松包貞同人〉 摂津國―江戸中期

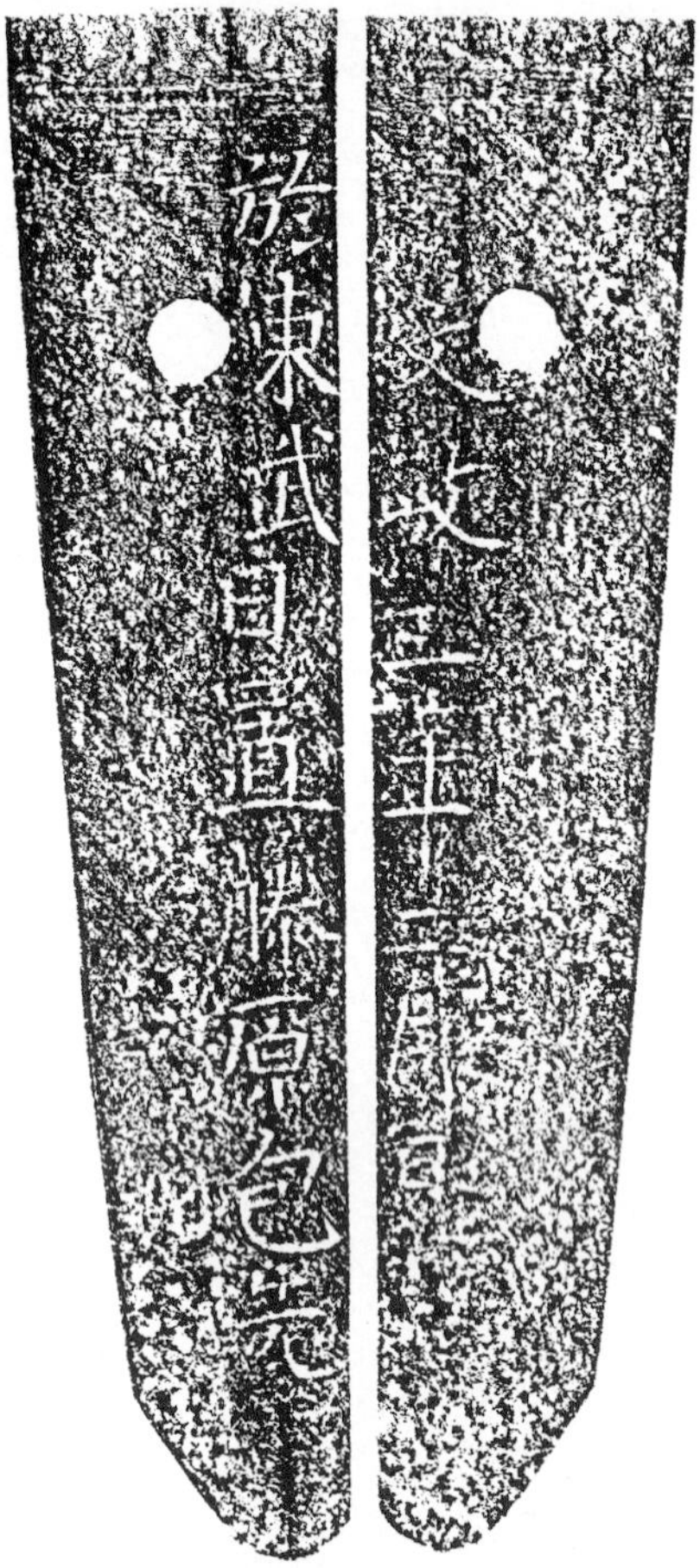

△於東武日置藤原包先（かねさき）
文政三年二月日
因幡國―文政

△山城國文珠包重（かねしげ）
山城國―江戸中期

△陸奥守包重（かねしげ）〈右陸奥包保前銘〉
摂津國―江戸中期

△賀州住包永作（かねなが）
加賀國―桃山期

△貞享二甲子年順境芳柔信女　八月吉日陸奥守包重作之（かねしげ）
寄進不動明王御剣祈主□弥五郎老母紀氏法名
大和國―貞享

△筑後守包則（かねのり）
越前住〈初代〉
越前國―江戸中期

△大和大掾藤原包則（かねのり）〈二代〉
越前國―江戸中期

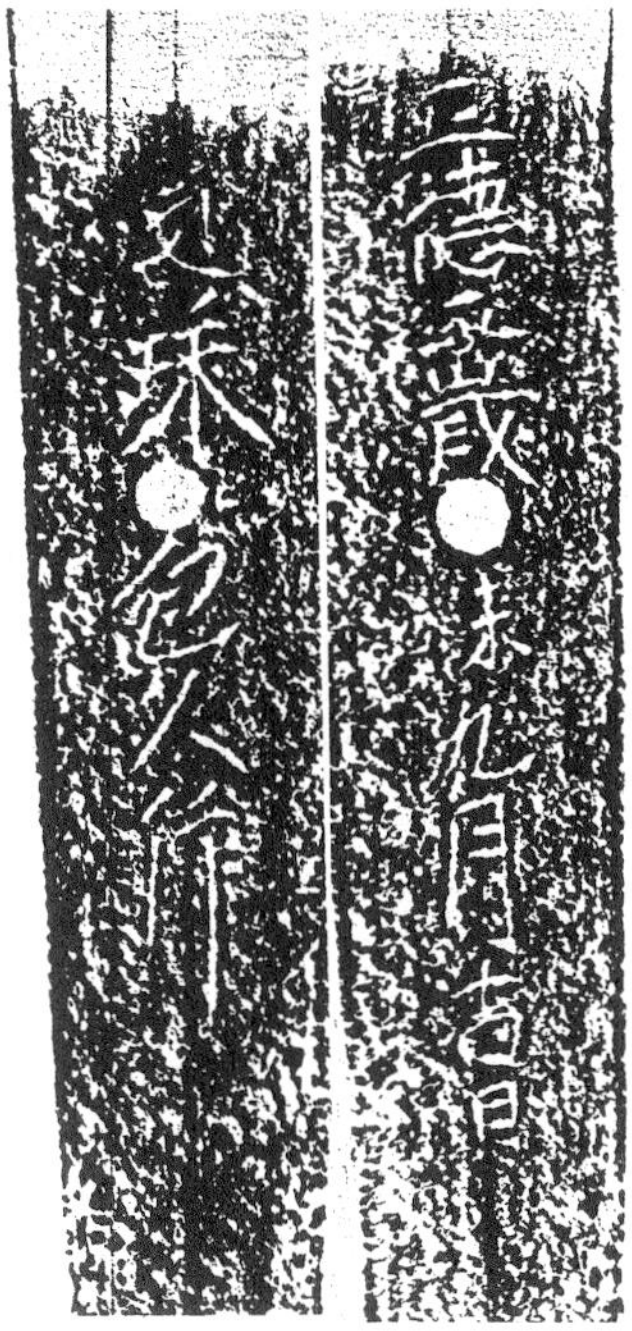

△文珠包久作（かねひさ）
正徳五歳未九月吉日
武蔵國―正徳

△陸奥守包保（かねやす）〈左陸奥〉摂津國―江戸初期

△陸奥守包保（かねやす）〈左陸奥〉摂津國―江戸初期

△包保（かねやす）〈左陸奥〉摂津國―江戸初期

△（菊紋）伊賀守源包道（かねみち）摂津國―江戸中期

△伊賀守源包道（かねみち）摂津國―江戸中期

△陸奥守包保（かねやす）〈右陸奥〉摂津國―江戸中期

△文珠四郎藤原包守（かねもり）大和國―江戸末期

△野田五郎藤原金定（かねさだ）
元禄十年三月六日
ひのとのうし
美濃國―元禄

△薩摩守藤原金高（かねたか）　美濃國―桃山期

△下総守藤原金英（かねひで）　美濃國―江戸中期

△豊後守藤原三代金高（かねたか）　美濃國―桃山期

△豊後守金高（かねたか）　美濃國―桃山期

△播磨守金高（かねたか）　美濃國―桃山期

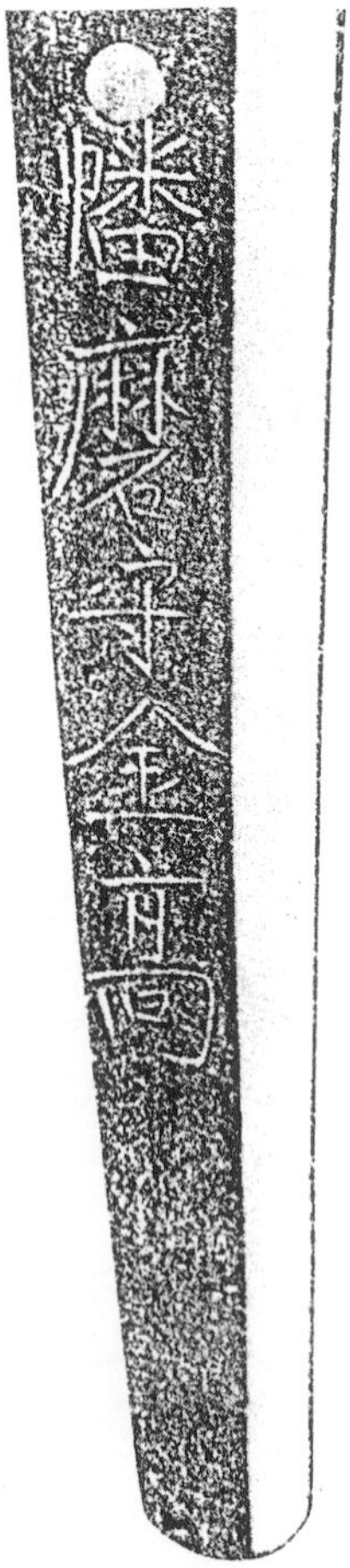

△南紀大國斎源金光（かねみつ）
元治元年六月日
紀伊國―元治

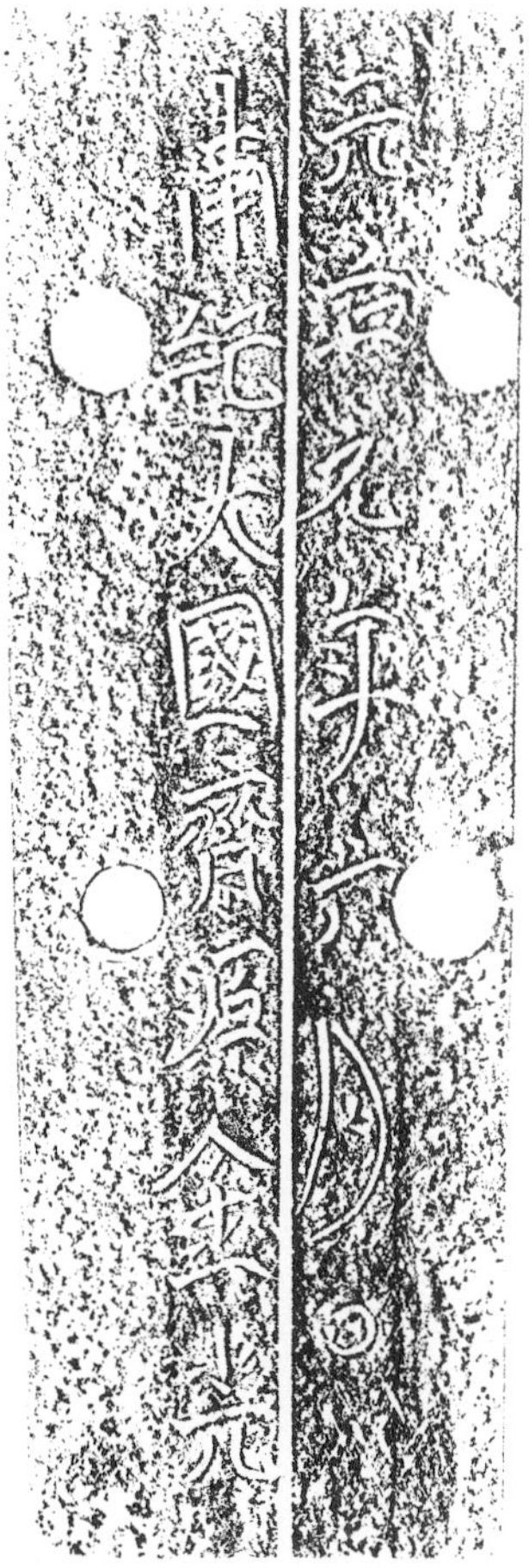

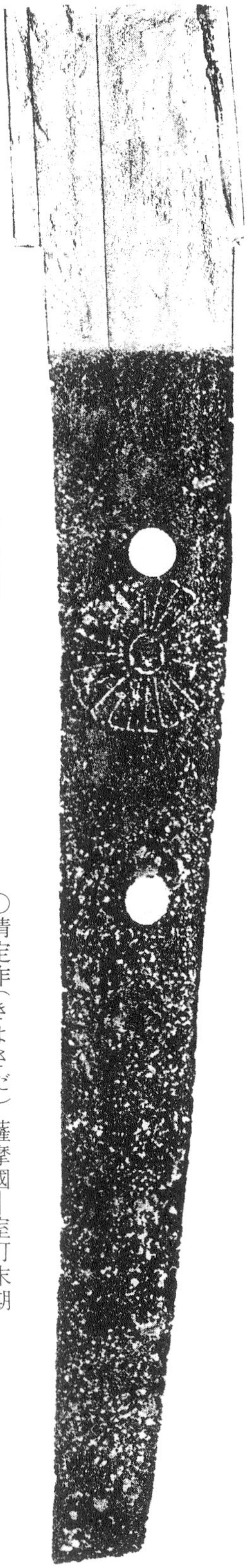

○菊御作（きくぎょさく）〈後鳥羽帝の御作〉山城國―鎌倉初期

○清景（きよかげ）周防國―室町初期

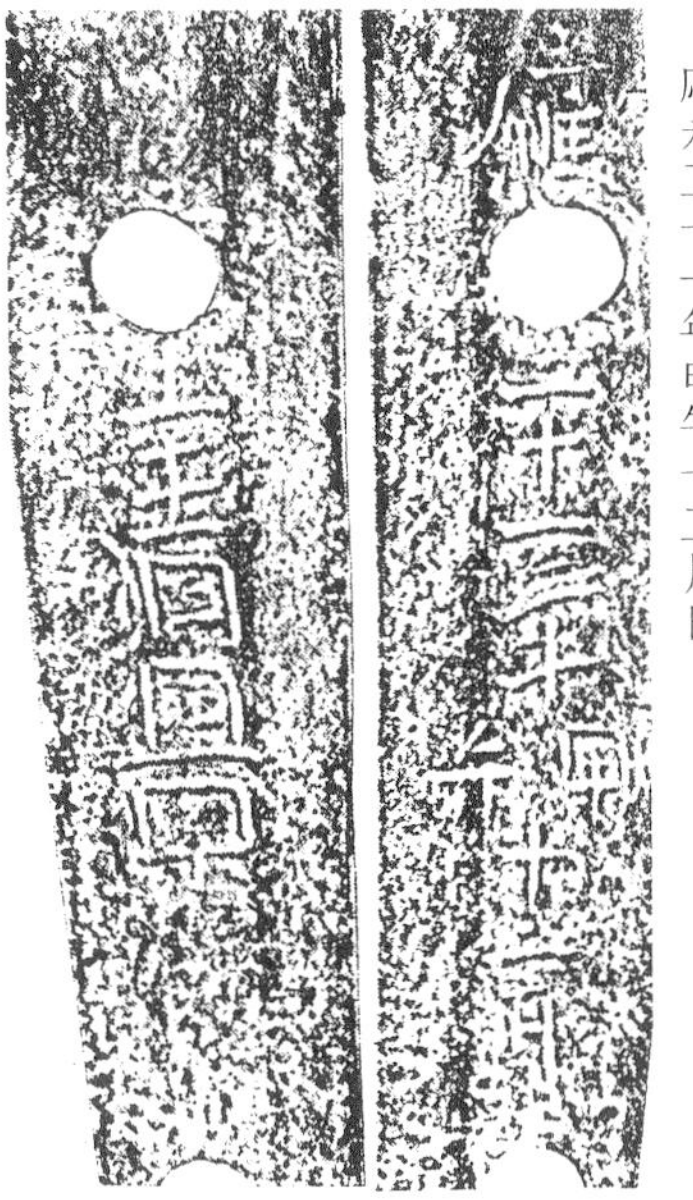

○二王清景（きよかげ）
応永二十一年甲午十二月日
周防國―応永

○肥州住藤原清國作（きよくに）肥後國―室町末期

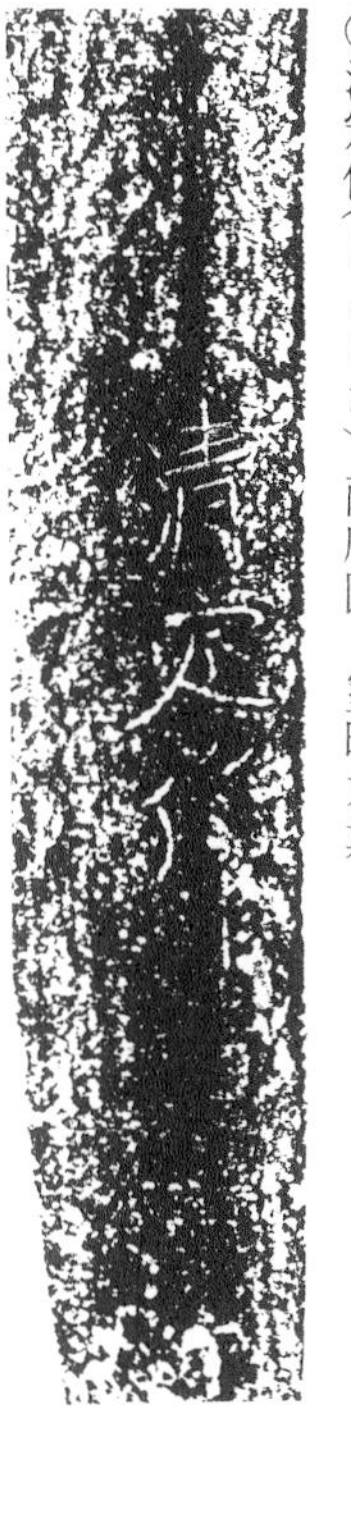

○清定作（きよさだ）薩摩國―室町末期

△二王清貞作（きよさだ）周防國―室町末期

○薩州住清左（きよすけ）
永正二年八月日
薩摩國―永正

○清綱（きよつな） 周防國―鎌倉末期

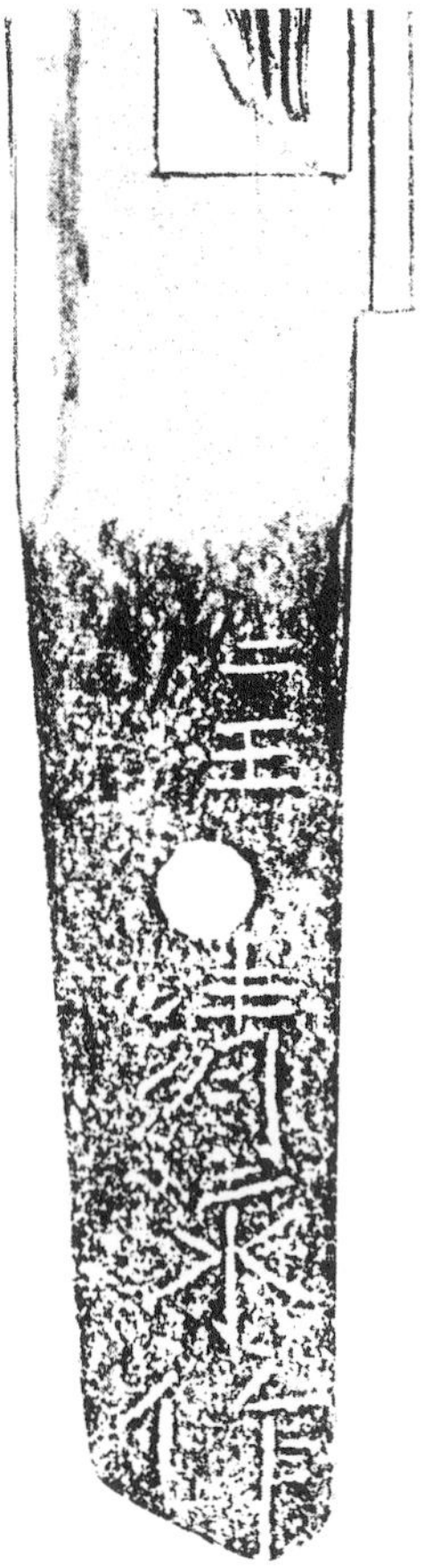

○二王清永作（きよなが） 周防國―室町初期

○清則（きよのり） 備前國―嘉吉
嘉吉二年六月

○清綱（きよつな） 周防國―鎌倉末期

○二王清永作（きよなが） 周防國―室町初期

○清綱作（きよつな） 周防國―室町中期

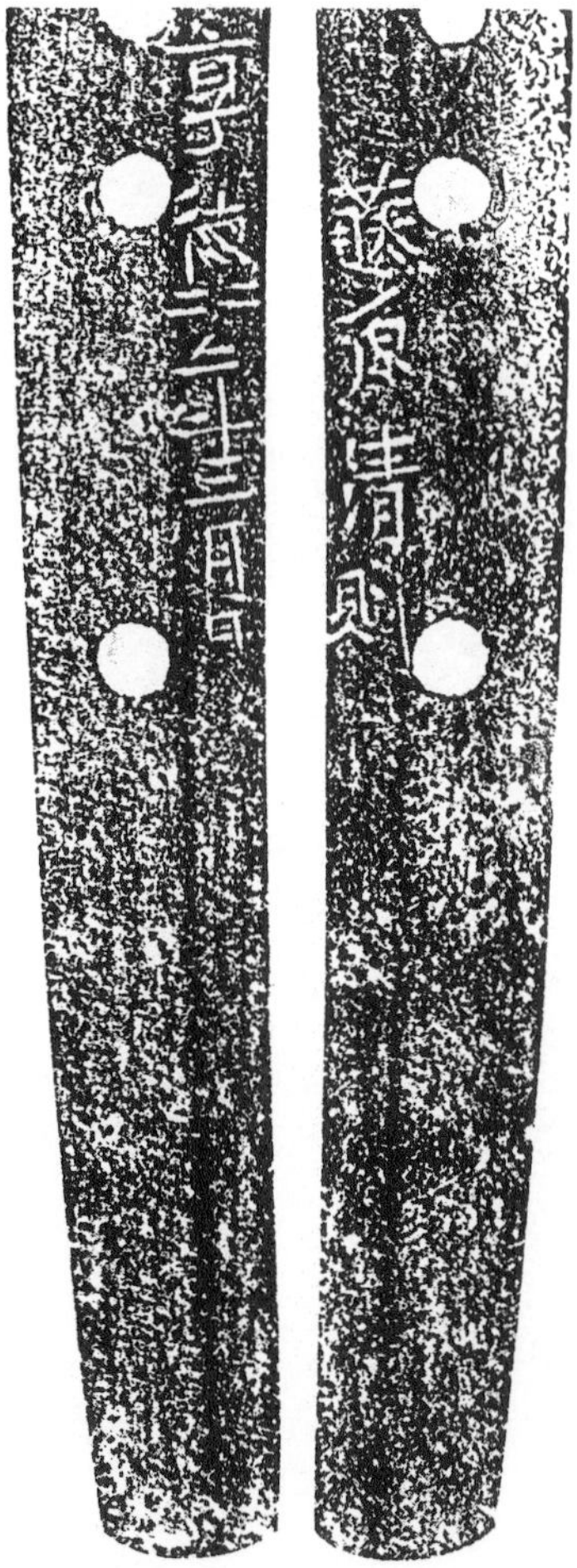

○享徳二年二月日
藤原清則（きよのり） 備前國―享徳

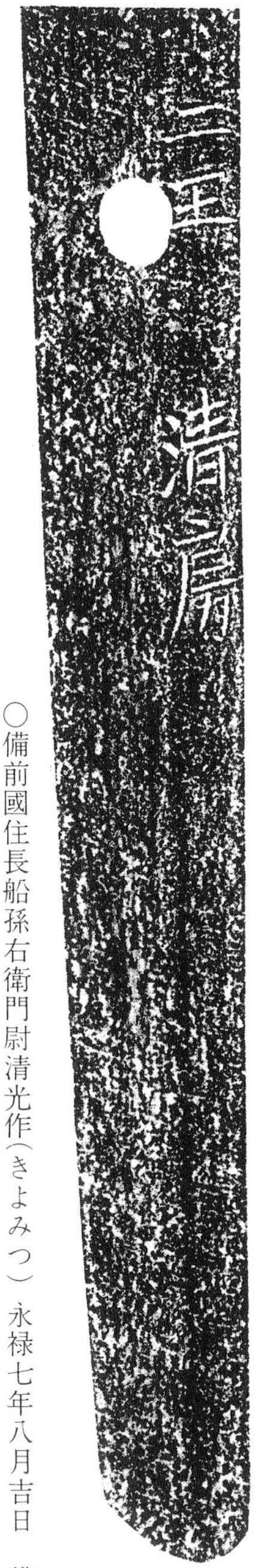

○二王清房（きよふさ）
周防國―室町末期

○清光（きよみつ） 加賀國―室町末期

○備前國住長船孫右衛門尉清光作（きよみつ） 永禄七年八月吉日 備前國―永禄

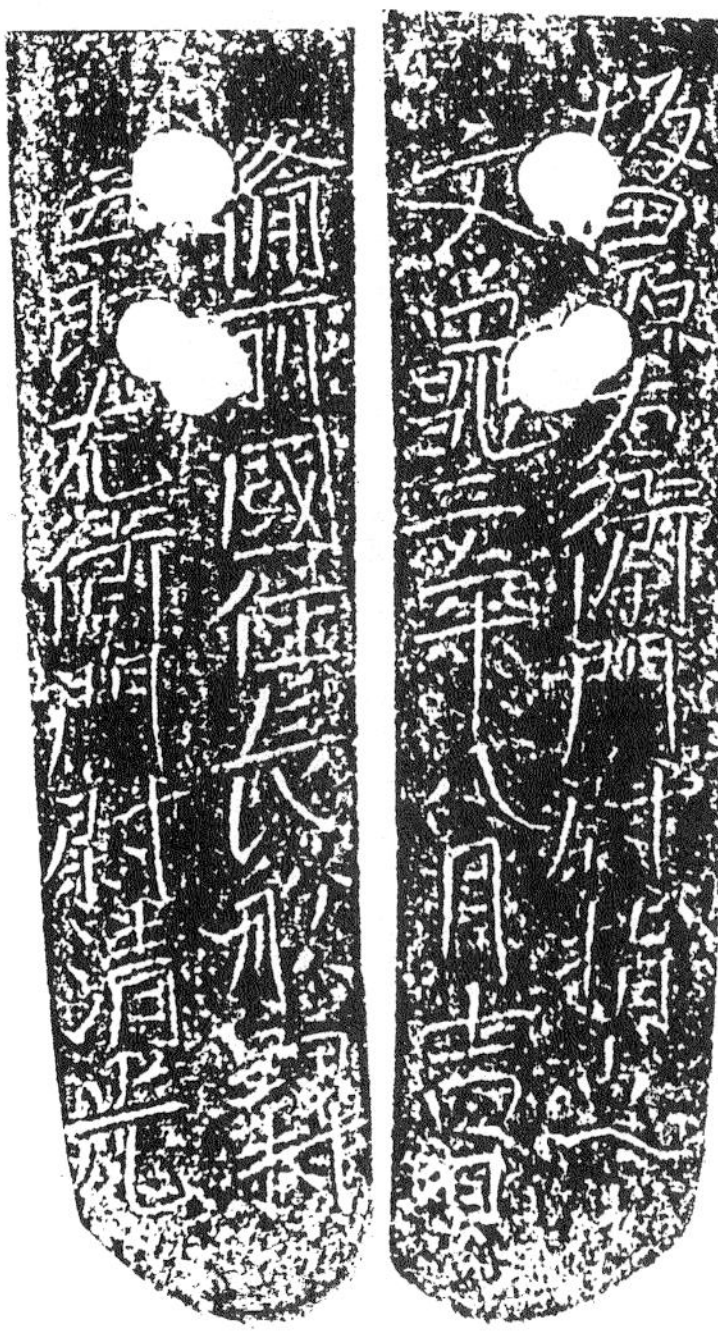

○備前國住長船野村 五郎左衛門尉清光（きよみつ）
文亀二年八月吉日
坂田源右衛門尉指之
備前國―文亀

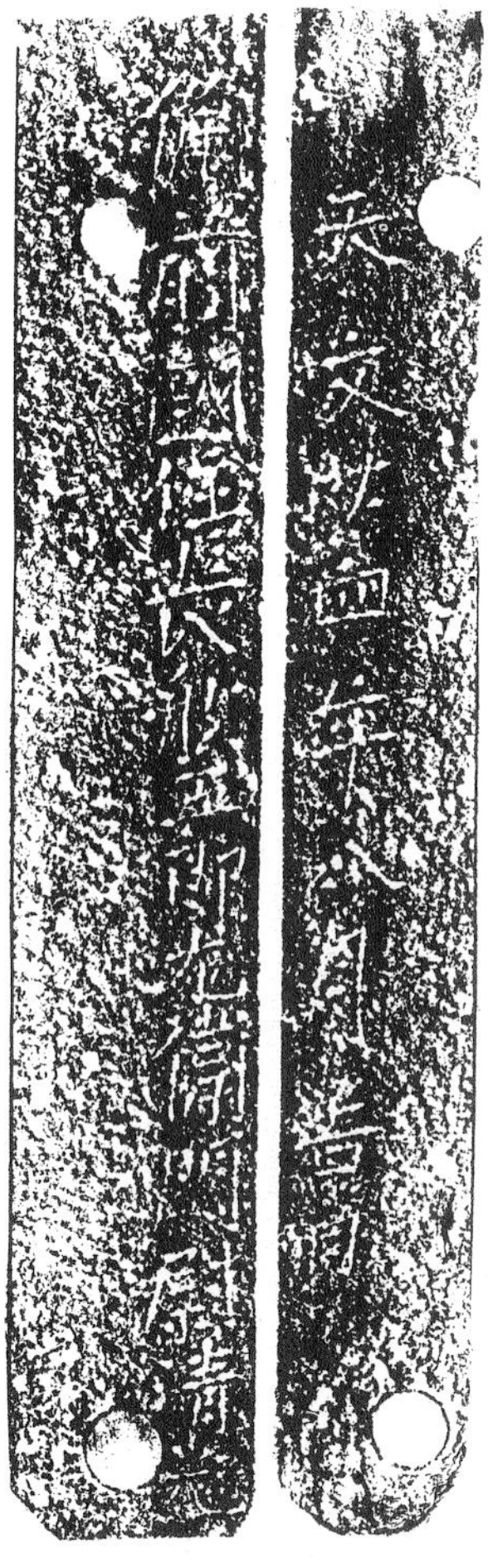

○備前國住長船五郎左衛門尉清光（きよみつ）
天文廿四年八月吉日
備前國―天文

○備州住長船与三左衛門尉清光作（きよみつ）
但畑兵庫助依所望作之
弘治二年八月吉日
備前國—弘治

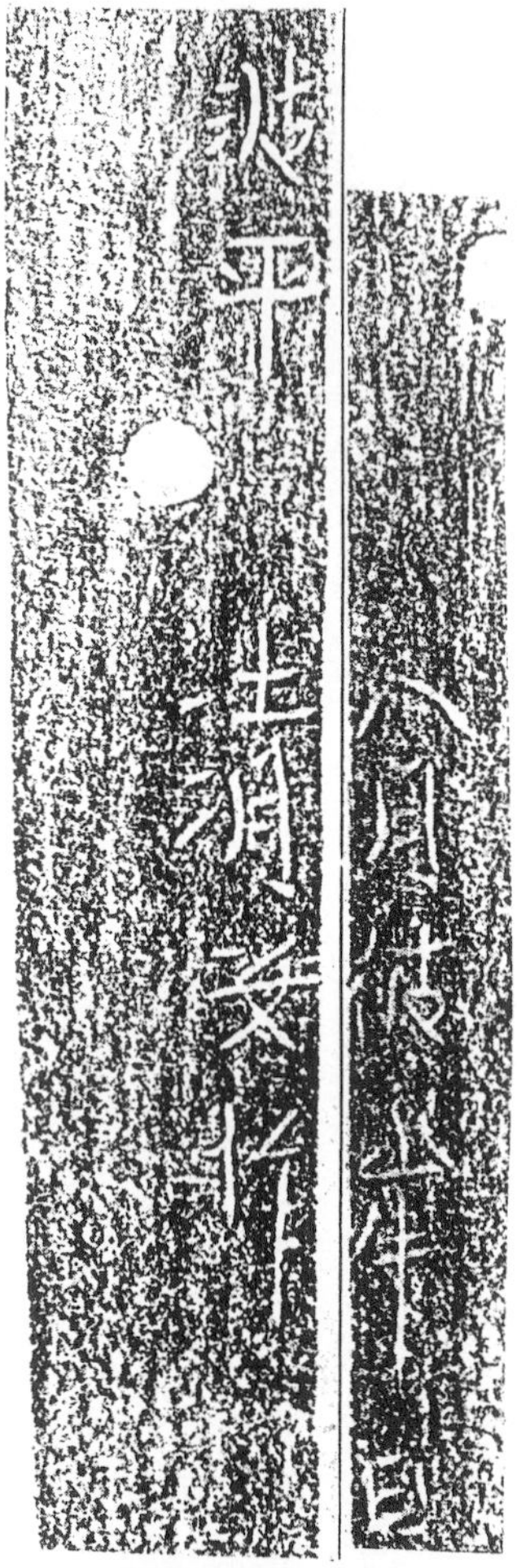

○波平清安作（きよやす）
八月彼岸日
薩摩國—室町末期

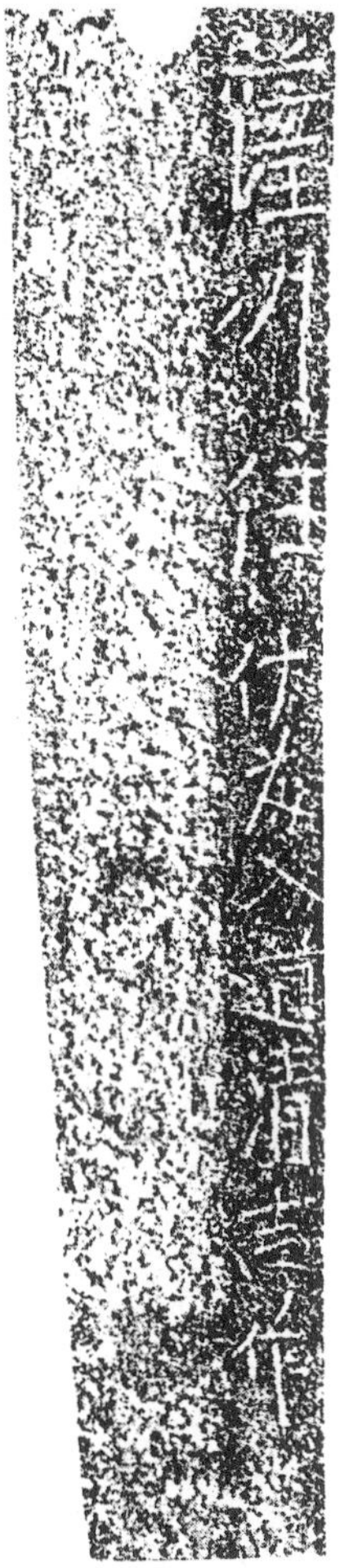

○薩州住佐藤入道清吉作（きよよし） 薩摩國—室町末期

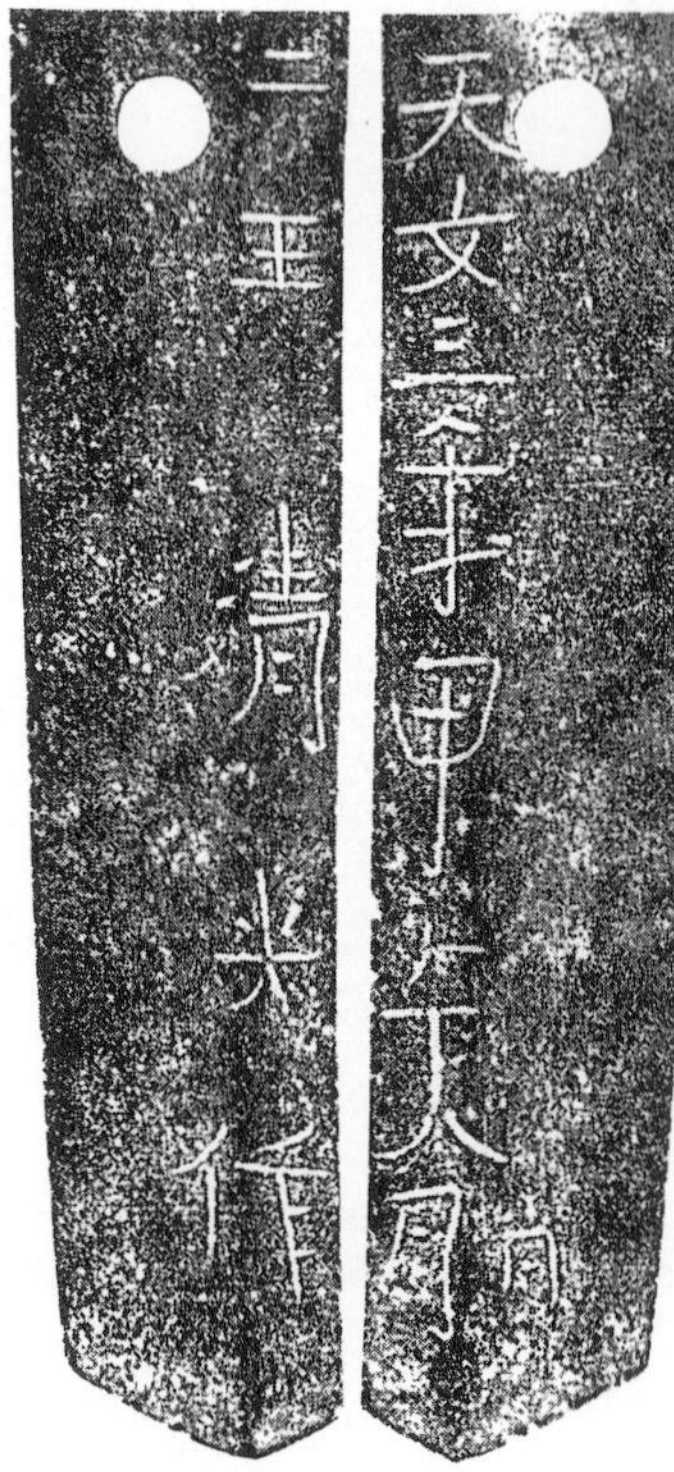

○二王清光作（きよみつ）
天文三年甲午八月日
周防國—天文

○金重（きんじゅう・かねしげ） 美濃國—南北朝期

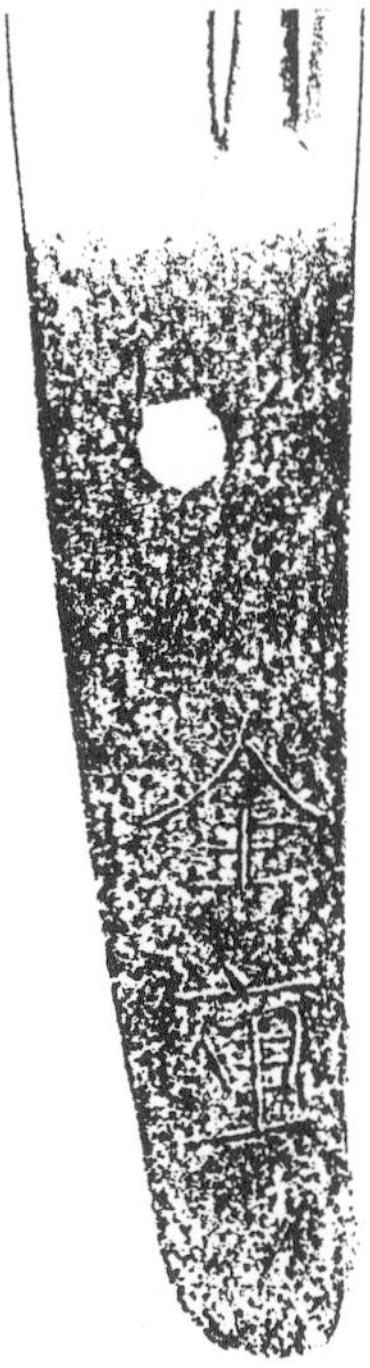

○金重（きんじゅう・かねしげ） 美濃國—南北朝期

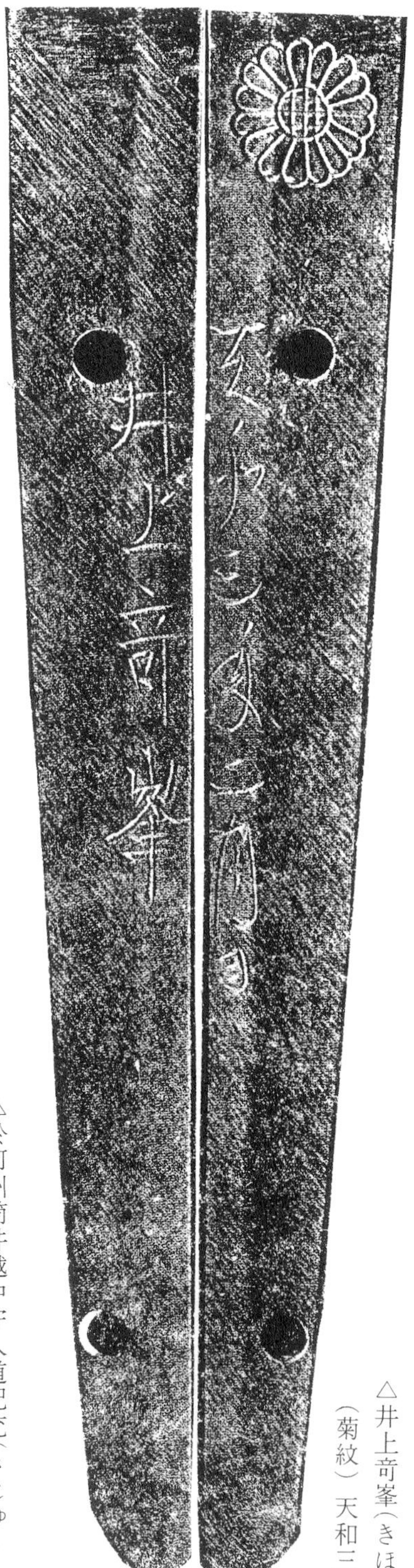

△井上奇峯（きほう）
（菊紋）天和三年二月日
摂津國―天和

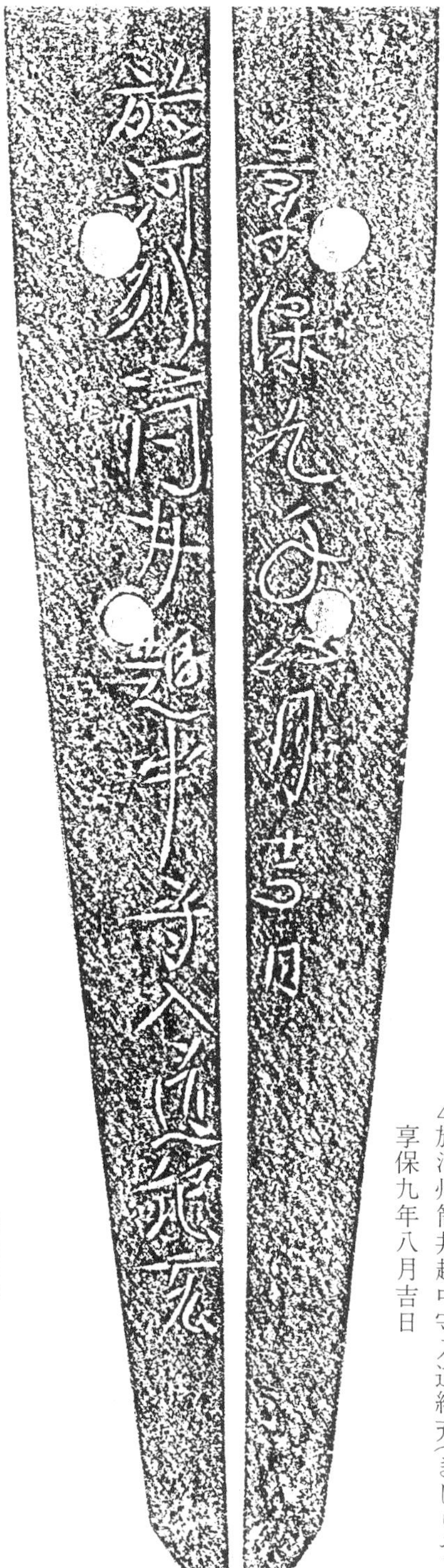

△於河州筒井越中守入道紀充（きじゅう・のりみつ）
享保九年八月吉日
大和國―享保

△河州住
越中入道紀充（きじゅう・のりみつ）
大和國―江戸中期

△日州住藤原鬼道（きどう・きみち）日向國―江戸後期

△伊賀守源菊平（きくひら）肥前國―江戸中期

△肥前國　播磨入道藤原休鉄（きゅうてつ）
嫡子播磨守藤原忠國
〈初代忠國後銘〉肥前國―江戸中期

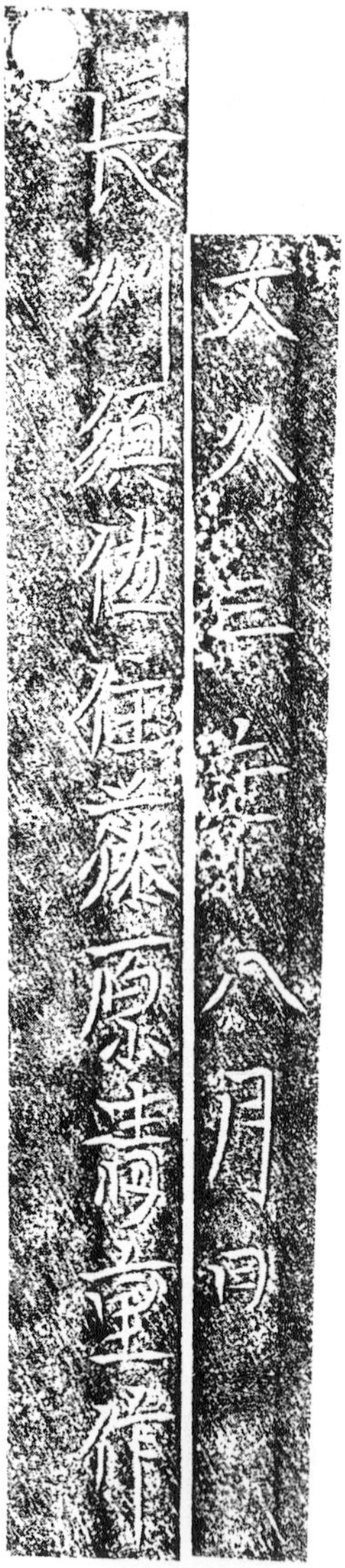

△長州須佐住藤原清重作（きよしげ）長門國―文久
文久三年八月日

△武蔵守藤原清貞（きよさだ）美濃國―江戸中期

△清貞（きよさだ）大隅國―江戸初期

△長州住藤原清重（きよしげ）長門國―江戸末期

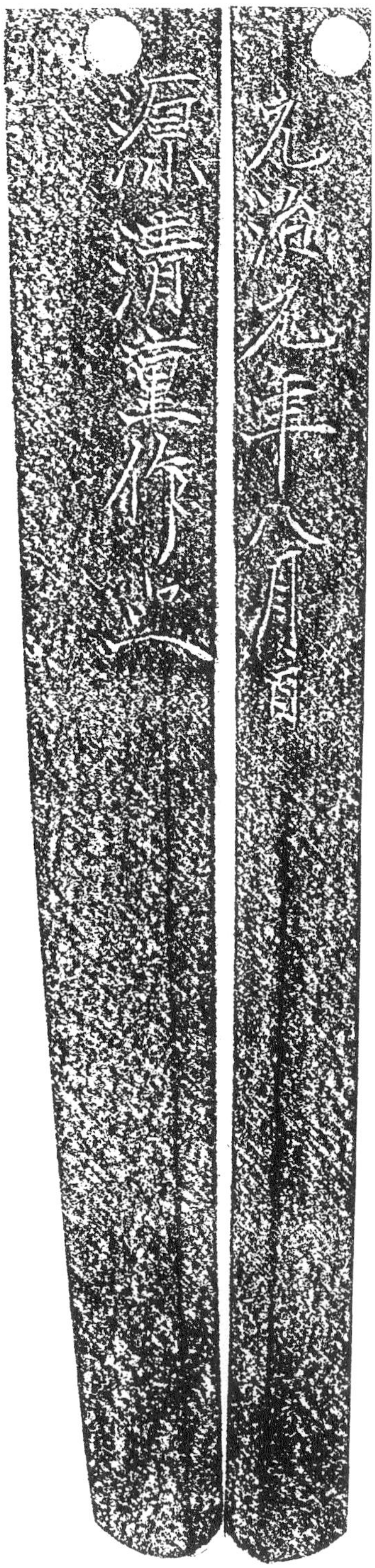

△源清重作之（きよしげ）　上野國―元治
元治元年八月日

△応廣川氏需清重造之（きよしげ）　上野國―慶応
慶応二年八月日

△石州浜田龍蔵山清繁（きよしげ）　石見國―寛政
寛政八年二月日

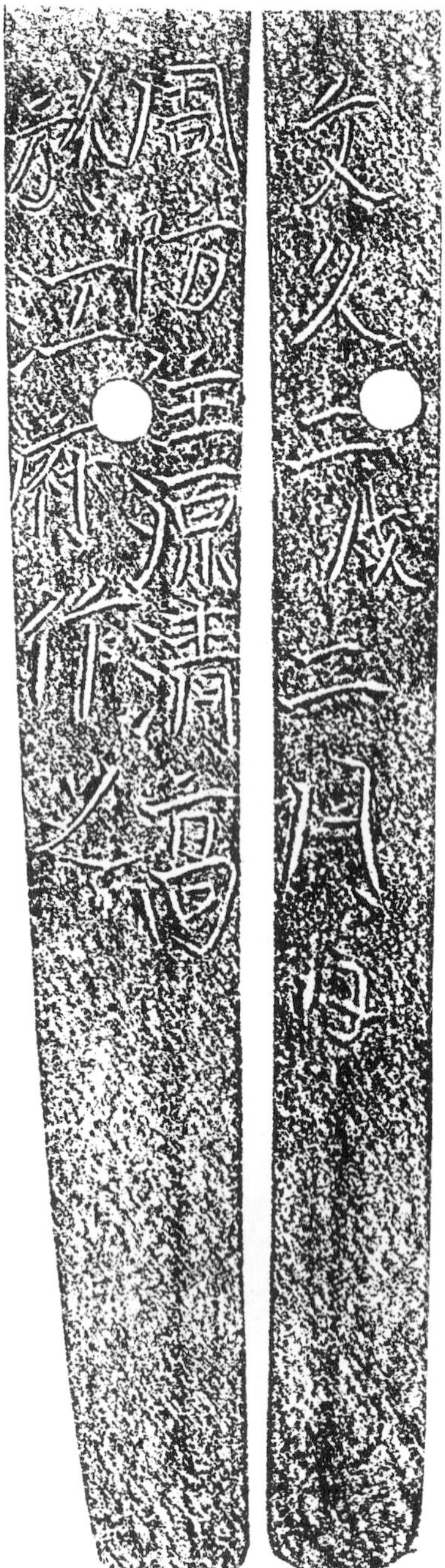

△周防住源清高（きよたか）
於江府作之
文久二戌二月日
周防國―文久

△筑後國久留米住青木源清恒作（きよつね）
嘉永三年二月吉日
筑後國―嘉永

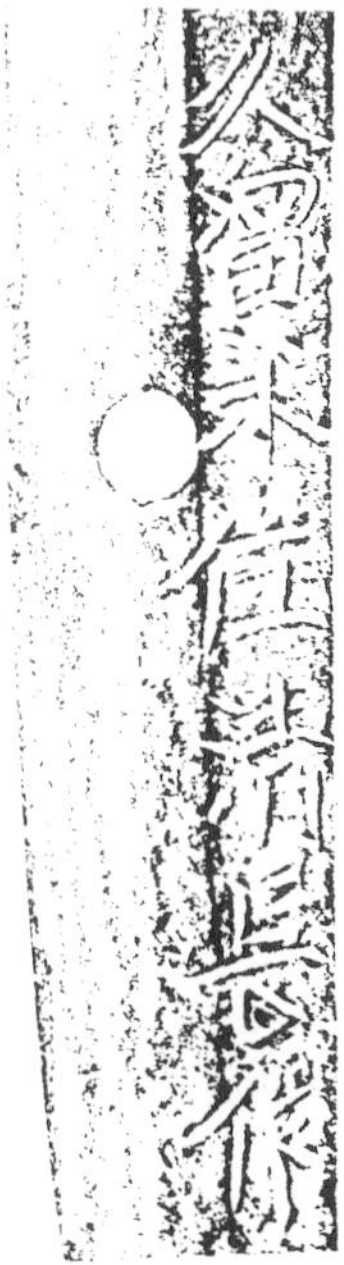

△久留米住清長作（きよなが）筑後國―江戸末期

△近江守藤原清宣（きよのぶ）
元和八年八月日
美濃國―元和

△筑後久留米住青木清兵衛清秀（きよひで）
天保二年二月日
筑後國―天保

△筑後國青木近江介源清秀（きよひで）
嘉永元年八月　松田正隆喩倣備州移方以焼之
筑後國―嘉永

△武州於四ッ谷清人造之（きよんど・きよひと）
安政二年二月日
武蔵國―安政

△羽州庄内住藤原清仁（きよひと）
安政四年二月於江府造之
〈清人同人〉　武蔵國―安政

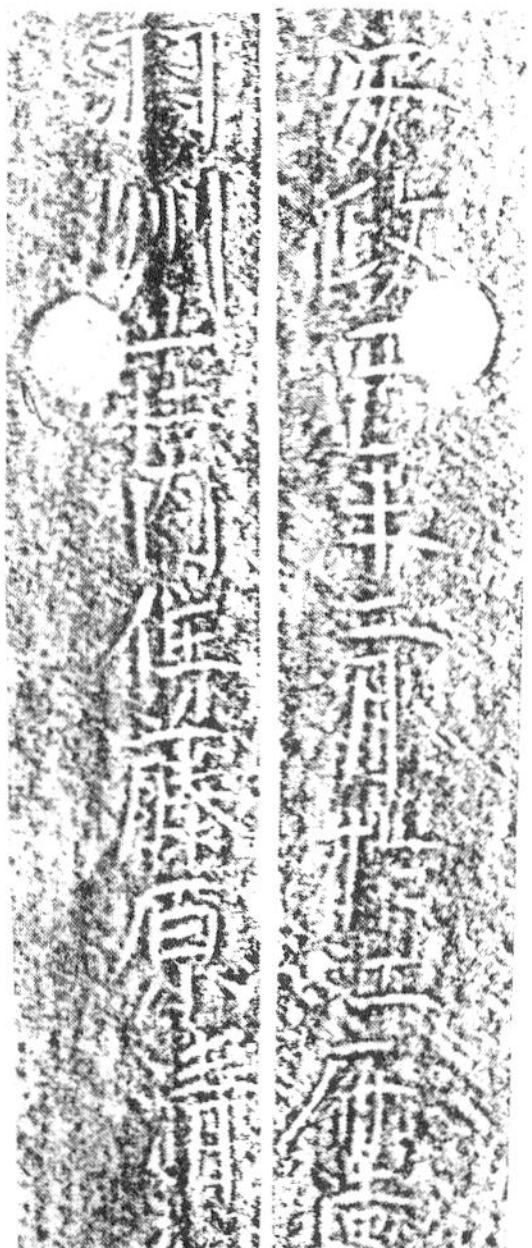

△羽州荘内住藤原清人於江都造之（きよんど・きよひと）　元治二年二月日
武蔵國―元治

△於江都藤原清人造之
（きよんど・きよひと）
慶応二年二月十一日
於千住太々土壇拂後藤平作
武蔵國—慶応

△羽州大泉住豊前守藤原清人
（きよんど・きよひと）
明治三年二月日於東京造之
武蔵國—明治

△相州八幡山住藤原清平　於江戸作之（きよひら）　貞享二年二月吉日
加賀國—貞享

△於武州江戸藤原清平　行年七十歳作之（きよひら）
元禄二巳年十二月日
加賀國—元禄

△河内守藤原清房（きよふさ） 美濃國―江戸中期

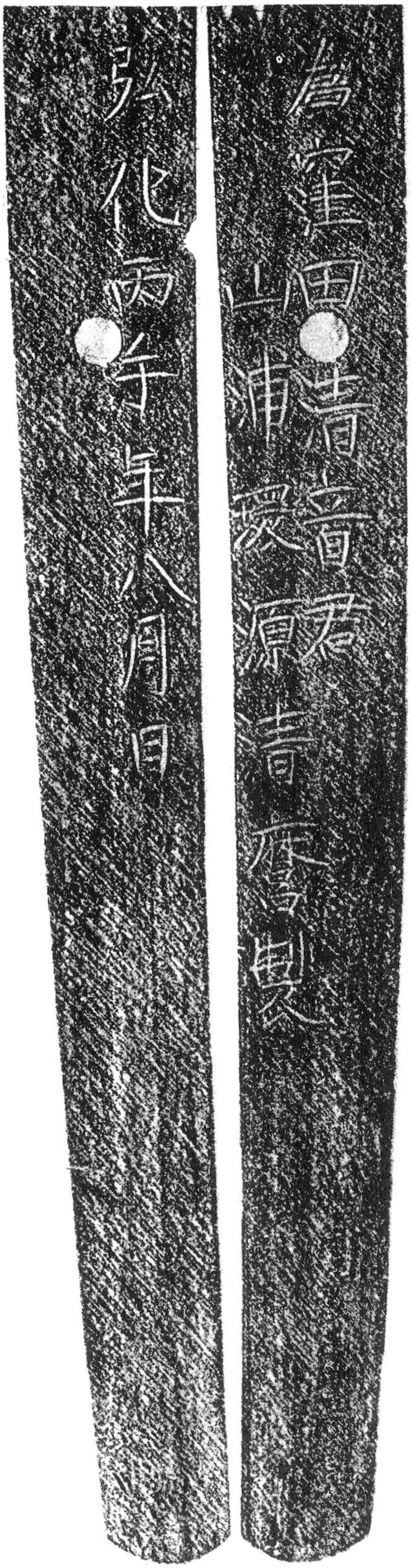


△為窪田清音君 山浦環源清麿製（きよまろ）
弘化丙午年八月日
武蔵國―弘化

△藤原清丸（きよまる）
明治二年八月日
〈清人子〉羽前國―明治

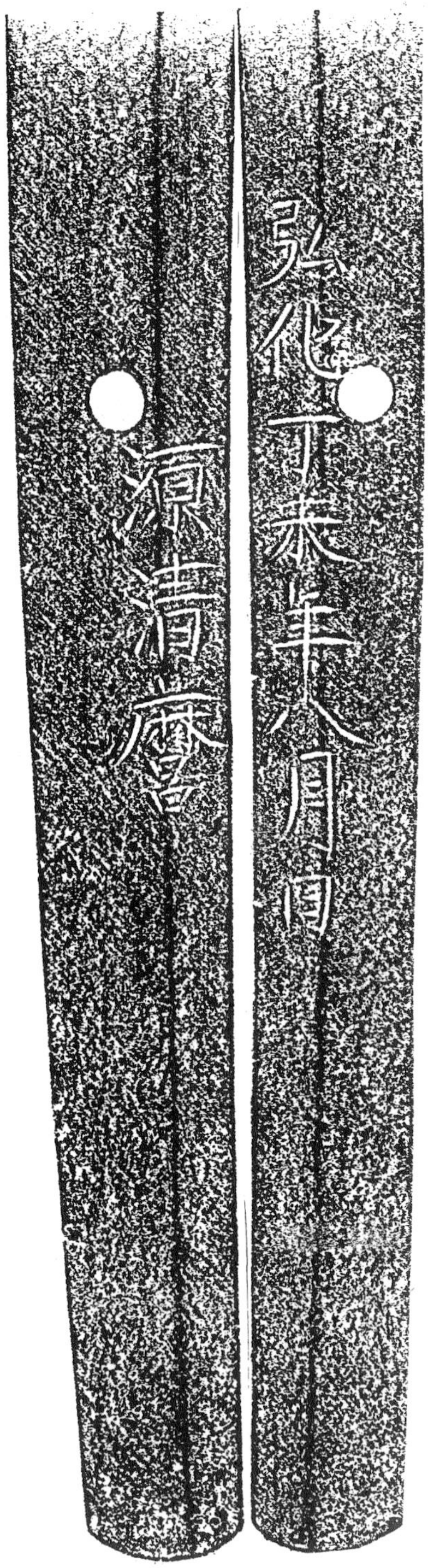


△源清麿（きよまろ）
弘化丁未年八月日
武蔵國―弘化

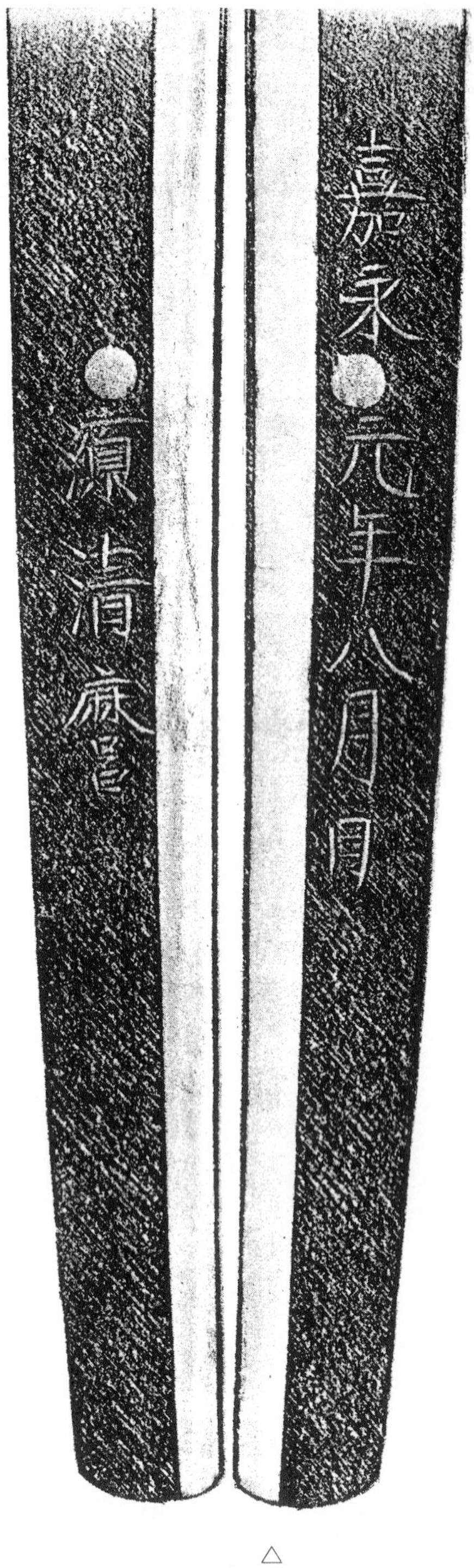


△源清麿（きよまろ）
嘉永元年八月日
武蔵國―嘉永

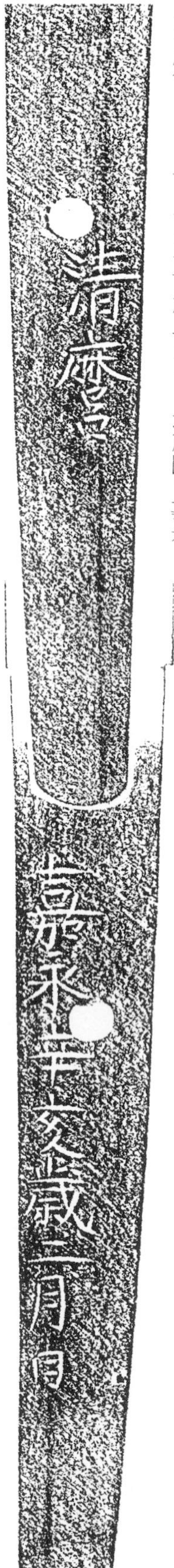


△清麿（きよまろ） 嘉永辛亥歳二月日 武蔵國―嘉永

△源清麿（きよまろ） 嘉永七年正月日 切手山田源蔵 安政三年十月廿三日於千住太々土壇拂 武蔵國―嘉永

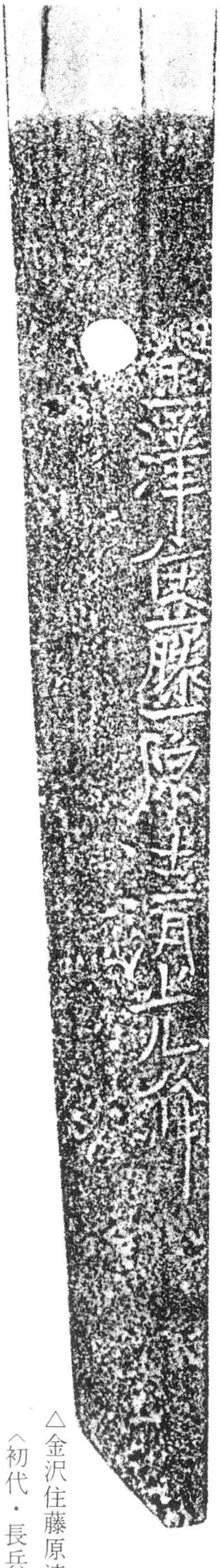

△金沢住藤原清光作（きよみつ）〈初代・長兵衛〉加賀國—江戸中期

△清光（きよみつ）
於笠舞丸鍛作之
〈初代・長兵衛〉
加賀國—江戸中期

△加州金沢住二代目清光（きよみつ）〈二代・長右衛門〉加賀國—江戸中期

△泉小次郎十一代孫藤江清次郎清光（きよみつ）　加賀國—慶応
慶応三年八月吉日謹作之

△幡磨大掾藤原清光（きよみつ）
延宝六年八月吉日
越中國—延宝

△（葵紋）改主水正藤原正清再銘
清盈（きよみつ）〈正清初銘〉薩摩國—江戸中期

□推魯斎橘清兼（きよかね）
昭和二十九年八月吉日
愛知県―昭和

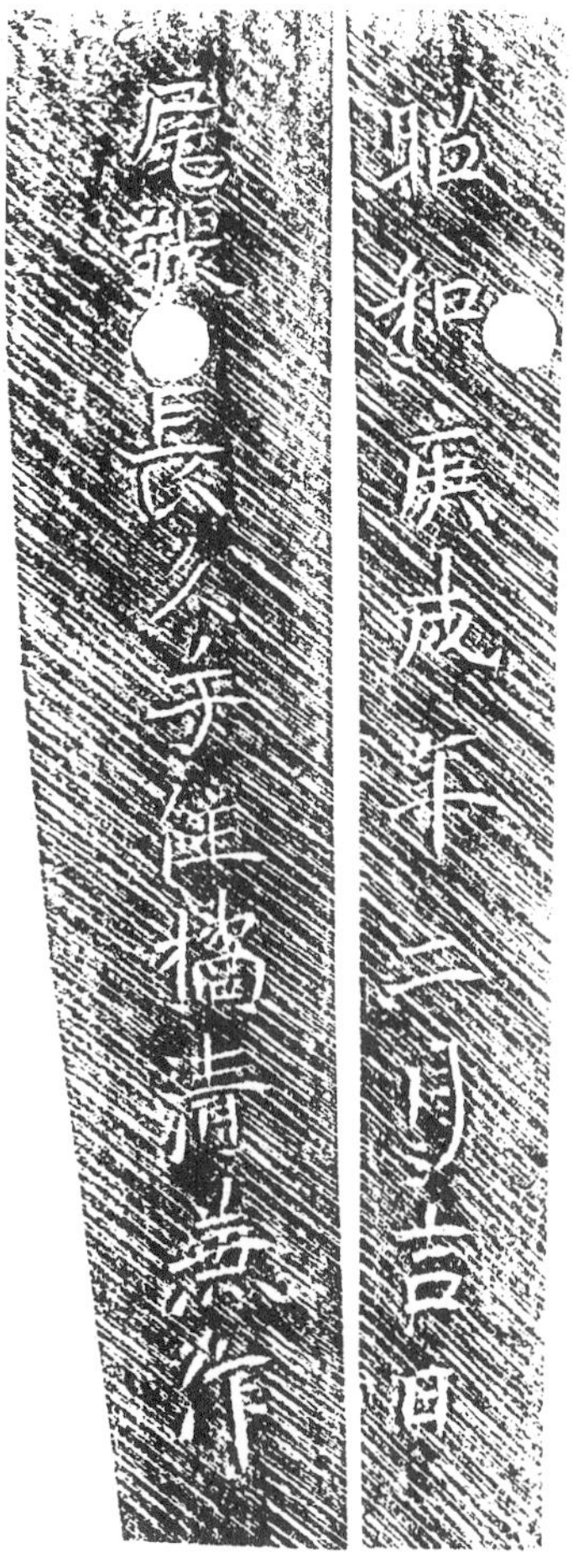


□尾張長久手住橘清兼作（きよかね）
昭和庚戌年二月吉日
愛知県―昭和

□盛岡住山口清房作之（きよふさ）
昭和壬戌年十月吉日
岩手県―昭和

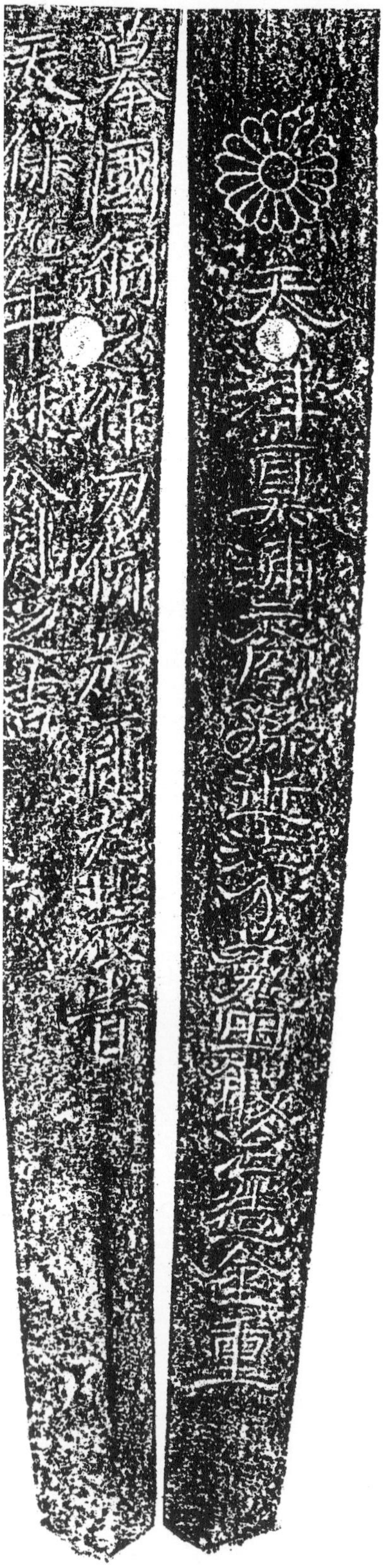

△（菊紋）天津真浦裔孫近江介菟田鍛冶造金重（きんじゅう・かねしげ）
葦國綱之作刀□於爾丸装告
天保九年烼八月之吉
大和國—天保

△播陽國衙壯金重（きんじゅう・かねしげ）播磨國—江戸中期

△伊賀守金道（きんみち・かねみち）〈初代〉山城國—桃山期

△金道作（きんみち・かねみち）
天正九年二月吉日
〈初代〉山城國—天正

△伊賀守藤原金道（きんみち・かねみち）
寛永十一年三月日
〈二代〉 山城國―寛永

△（菊紋）伊賀守藤原金道（きんみち・かねみち） 明暦三年八月十五日杉本重代則成〈二代〉 山城國―明暦

△（菊紋）伊賀守藤原金道（きんみち・かねみち） 日本鍛冶惣匠 〈三代〉 山城國―江戸中期

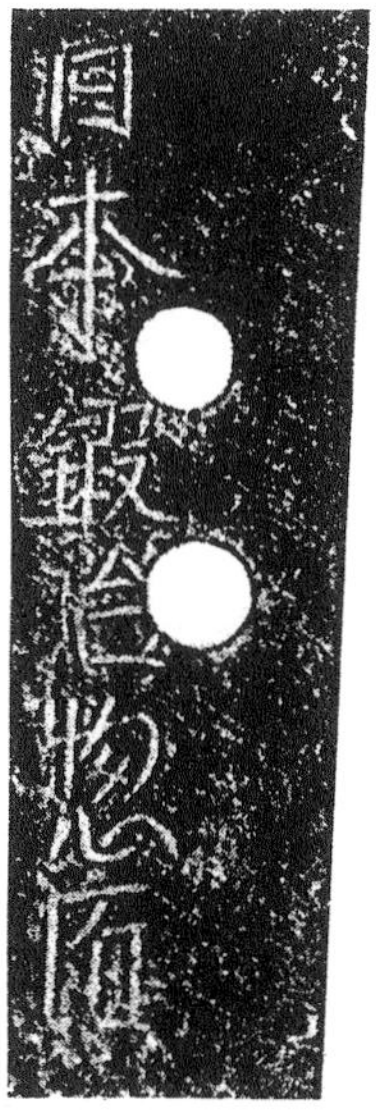

△日本鍛冶惣匠〈二代金道銘〉

△日本鍛冶惣匠〈三代金道銘〉

△（菊紋）三品伊賀守
日本鍛冶宗匠藤原金道
（きんみち・かねみち）
〈四代〉山城國―江戸中期

△（菊紋）伊賀守藤原金道
（きんみち・かねみち）
日本鍛冶宗匠　〈五代〉
山城國―江戸中期

△日本鍛冶宗匠伊賀守藤原金道（きんみち・かねみち）
（菊紋）雷除　安永五丙申歳二月応原輝重需
〈五代〉山城國―安永

△日本鍛治宗匠伊賀守藤原金道（きんみち・かねみち）
（菊紋）雷除享和元年二月吉日
〈六代〉山城國―享和

△越後守藤原来金道（きんみち・かねみち）〈二代〉山城國―江戸初期

△越後守藤原来金道（きんみち・かねみち）〈二代〉山城國―江戸初期

△（菊紋）雷除伊賀守藤原金道（きんみち・かねみち）
嘉永五季年正月廿五日誕生〈切付銘有〉
〈十代か〉山城國―嘉永

△藤原来金道（きんみち・かねみち）〈初代〉山城國―桃山期

△法橋藤原来金道（きんみち・かねみち）〈三代〉山城國―江戸初期

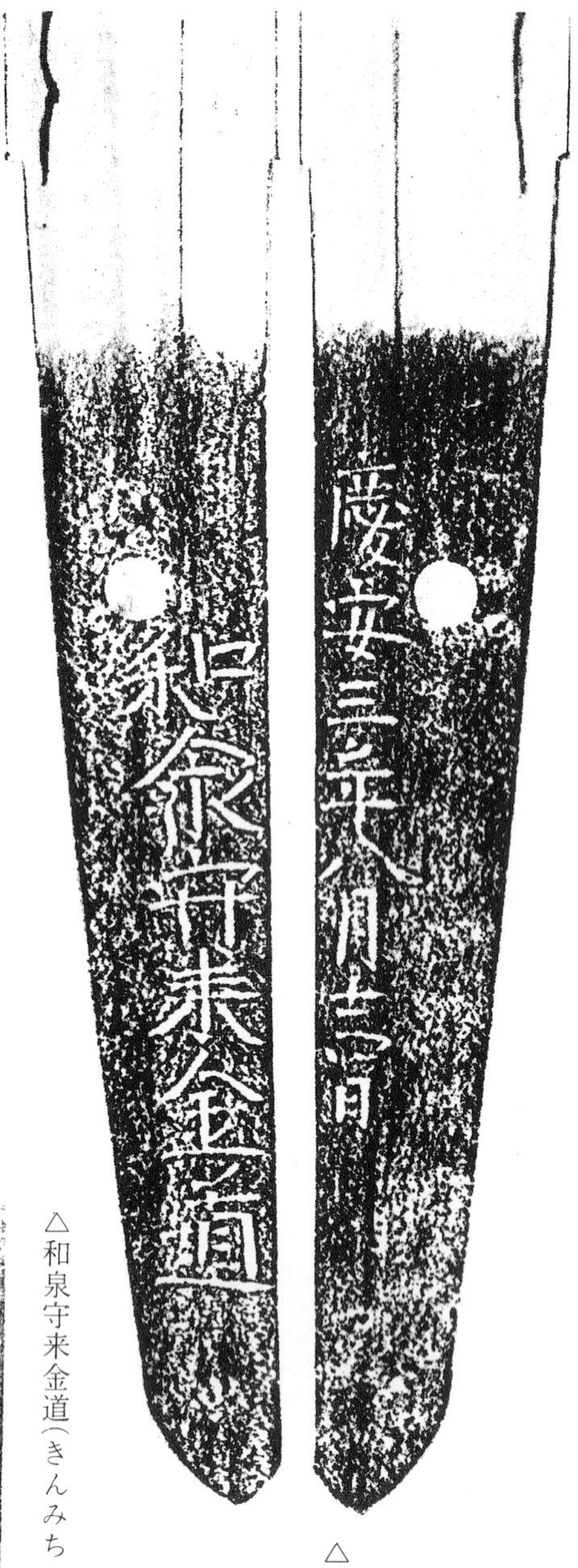

△和泉守来金道（きんみち・かねみち）
慶安三年八月吉日
〈三代〉山城國—慶安

△（菊紋）和泉守来金道（きんみち・かねみち）
延宝六年二月吉日
〈三代〉山城國—延宝

△和泉守来金道（きんみち・かねみち）〈三代〉山城國—江戸中期

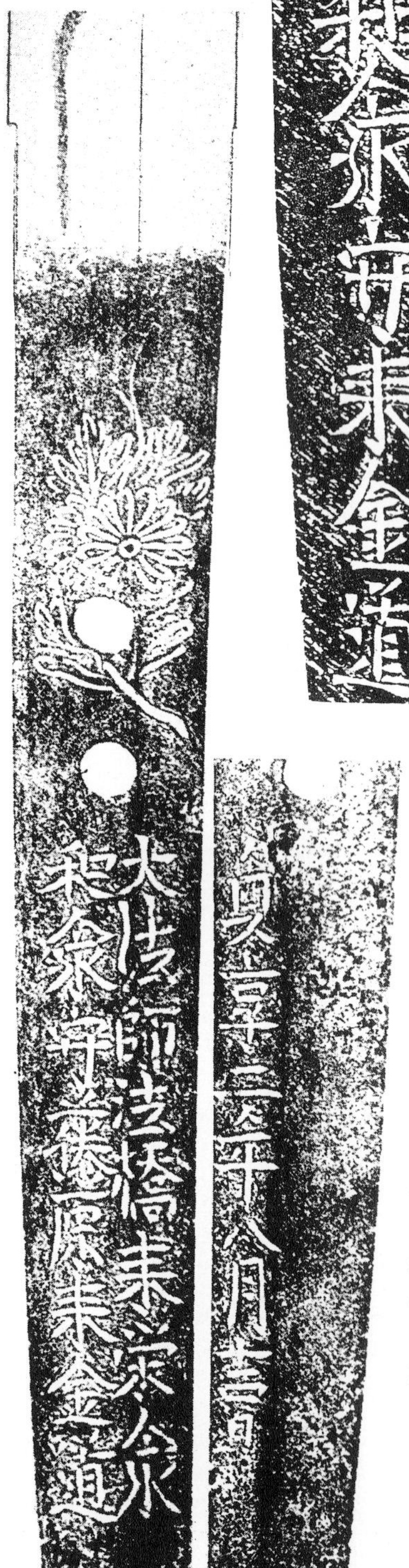

△（技菊紋）大法師法橋来栄泉〈二代〉
和泉守藤原来金道（きんみち・かねみち）
貞享二年八月吉日 〈四代〉山城國—貞享

△（技菊紋）大法師法橋来栄泉（三代）
和泉守藤原来金道（きんみち・かねみち）〈四代〉山城國―貞享
貞享元年八月吉日

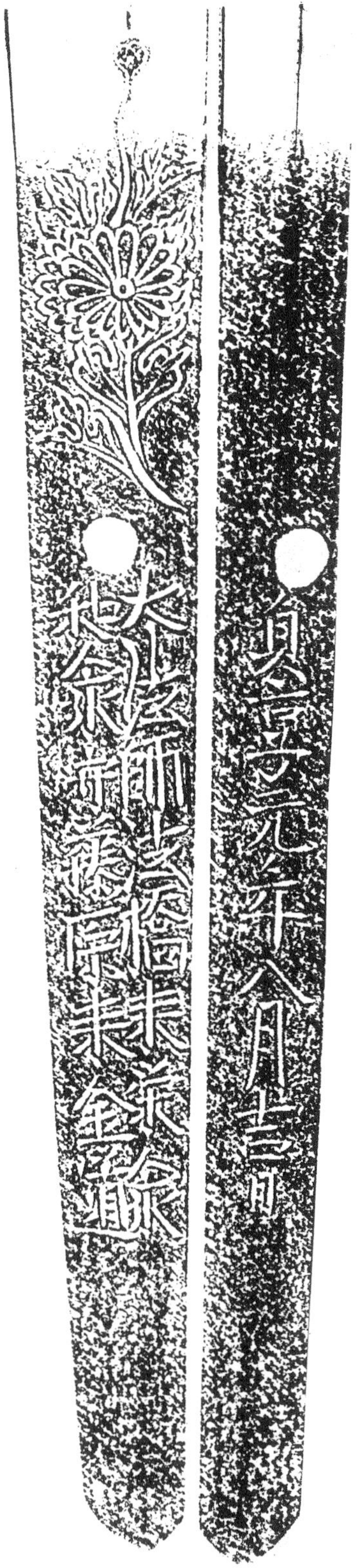

△（菊紋）和泉守来金道（きんみち・かねみち）
遙奉　鉤命享保庚戌年於京師二柄打一柄献一柄則是也
〈五代〉山城國―江戸中期

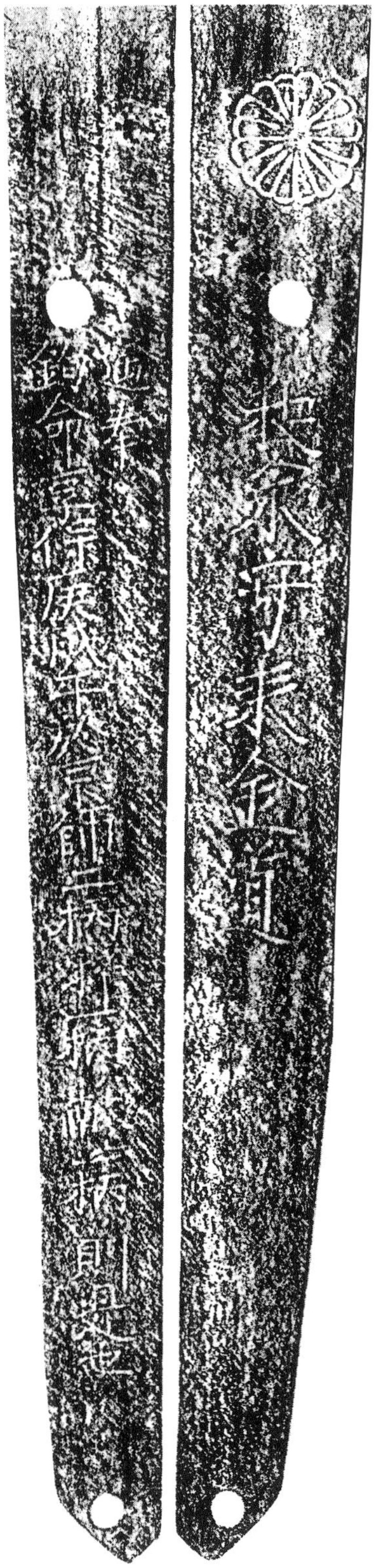

△（技菊紋）近江守源久道（三代）
和泉守来金道（きんみち・かねみち）〈六代〉山城國―寛延
寛延三庚午八月日出羽秋田〈切付銘有〉

△（菊紋）伊豆守藤原金道（きんみち・かねみち）山城國―江戸中期

○肥州住藤原國勝作（くにかつ）肥後國—室町末期

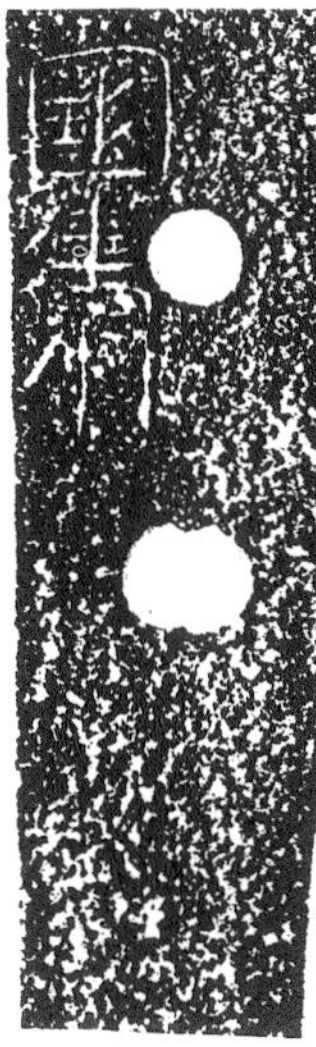

○國清（くにきよ）〈粟田口〉山城國—鎌倉初期

○宇多國清（くにきよ）越中國—室町中期

○國定（くにさだ）〈粟田口〉丹波國—鎌倉中期

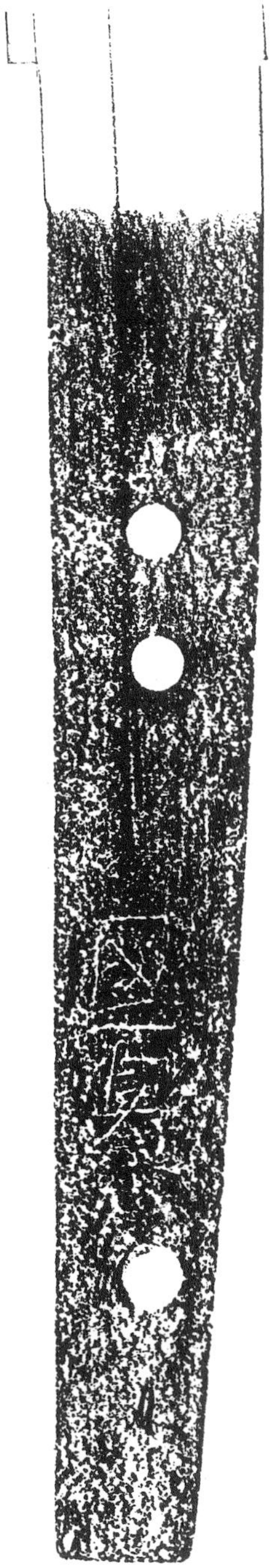

○國貞（くにさだ）〈備前次郎〉備前國—鎌倉中期

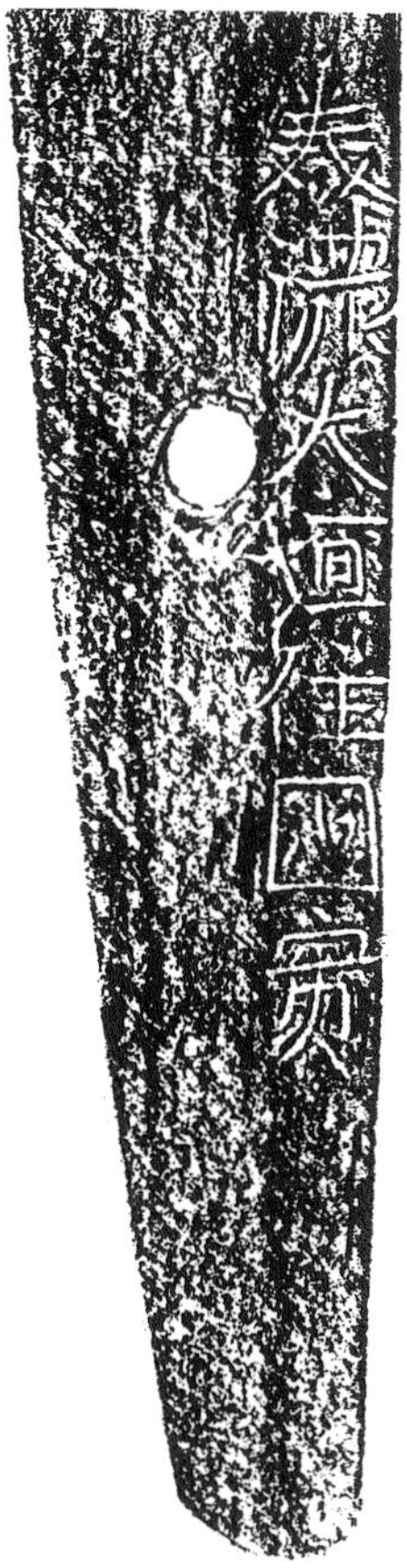

○美濃大垣住國實（くにざね）美濃國—室町末期

○長谷部國重（くにしげ）山城國—南北朝期

○長谷部國重（くにしげ）　山城國—南北朝期

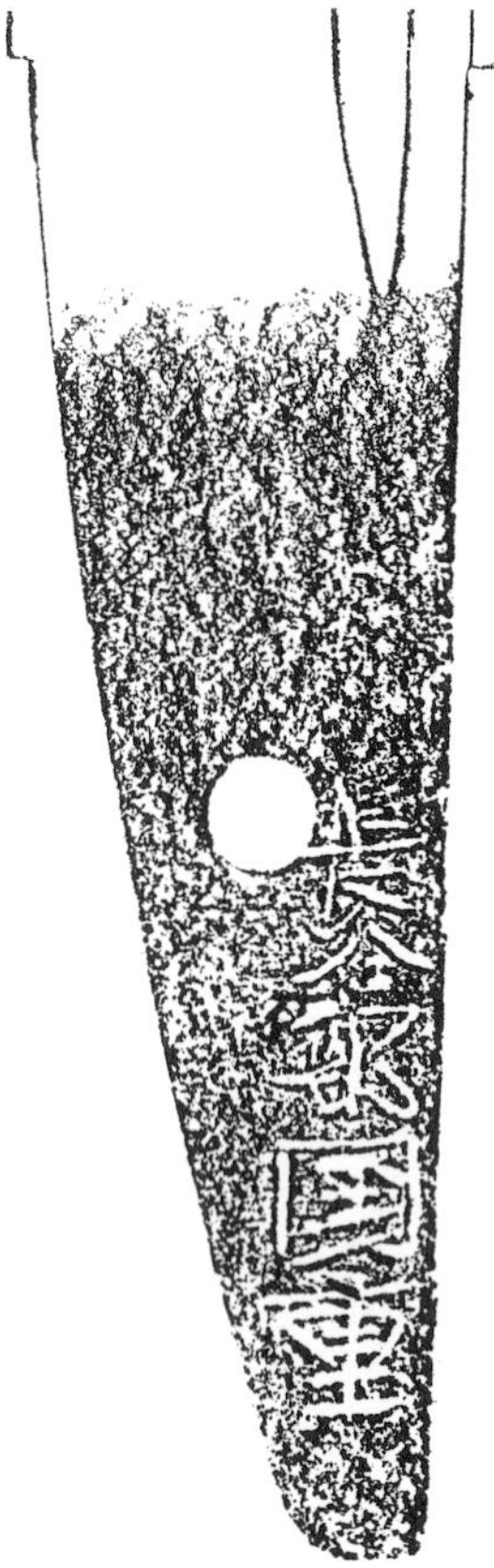

○長谷部國重（くにしげ）　山城國—南北朝期

○備中國英賀郡呰部住大月左兵衛尉國重作
天正廿年八月吉日
（くにしげ）　備中國—天正

○宇多國重（くにしげ）　越中國—室町初期

○国重（くにしげ）〈赤坂千手院〉　美濃國—南北朝期

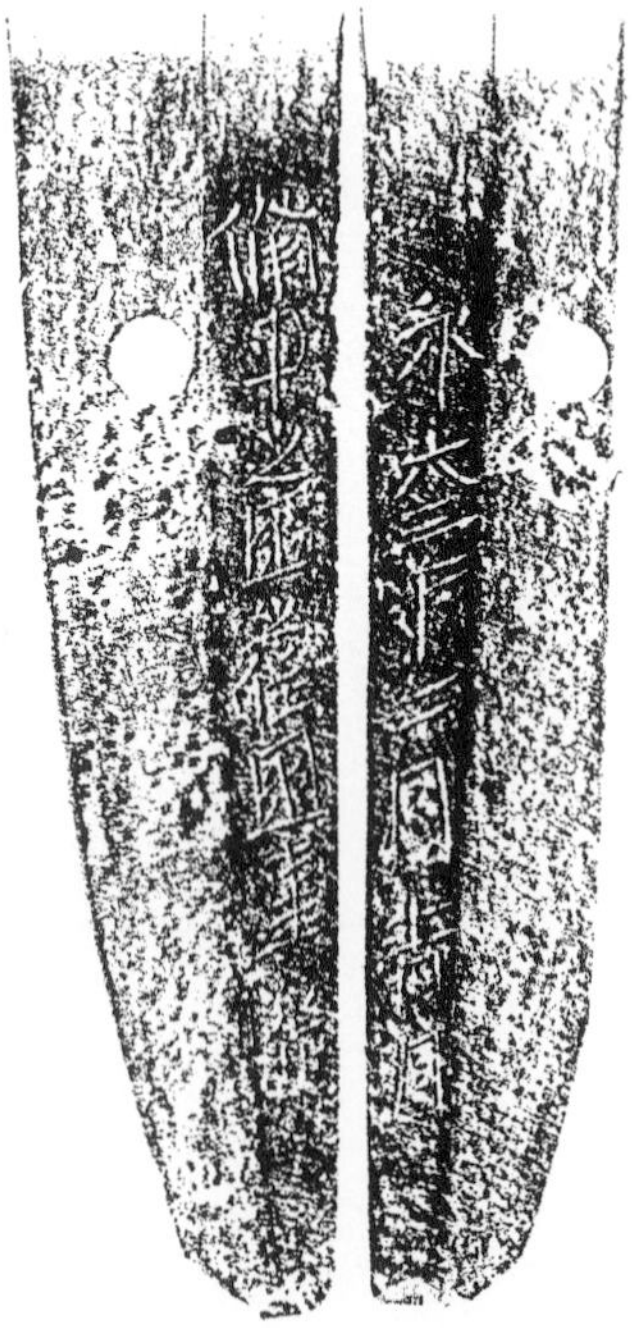

○備中之國之住國重（くにしげ）
永六三年二月吉日
備中國—永禄

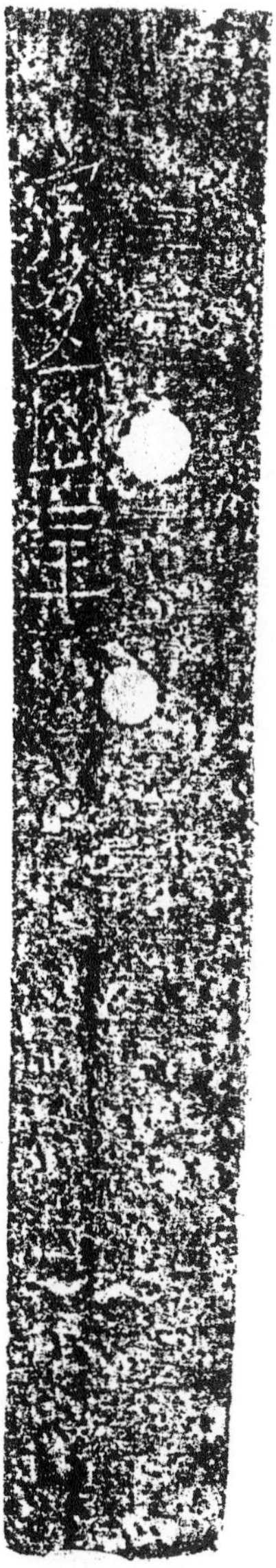

○宇多國重（くにしげ）　越中國—南北朝期～室町初期

か

○國助（くにすけ）〈島田〉駿河國―室町末期

○國資（くにすけ）〈延寿〉肥後國―南北朝期

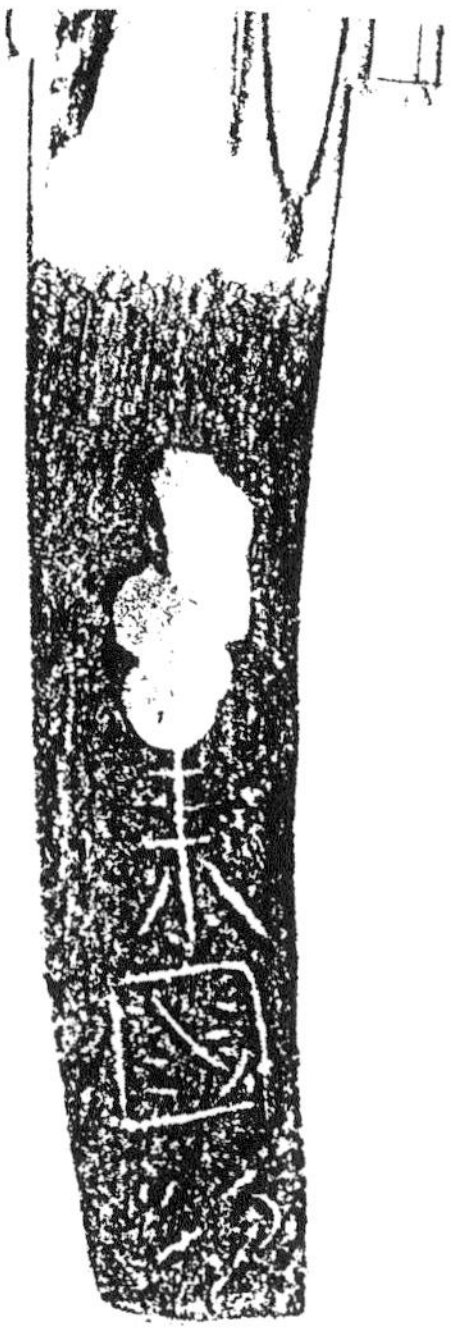
○来國次（くにつぐ）山城國―鎌倉末期

○来國次（くにつぐ）山城國―鎌倉末期

○國資（くにすけ）嘉暦二十二月日〈延寿〉肥後國―嘉暦

○國資（くにすけ）〈延寿〉肥後國―南北朝期

○國祐（くにすけ）〈延寿〉肥後國―室町期

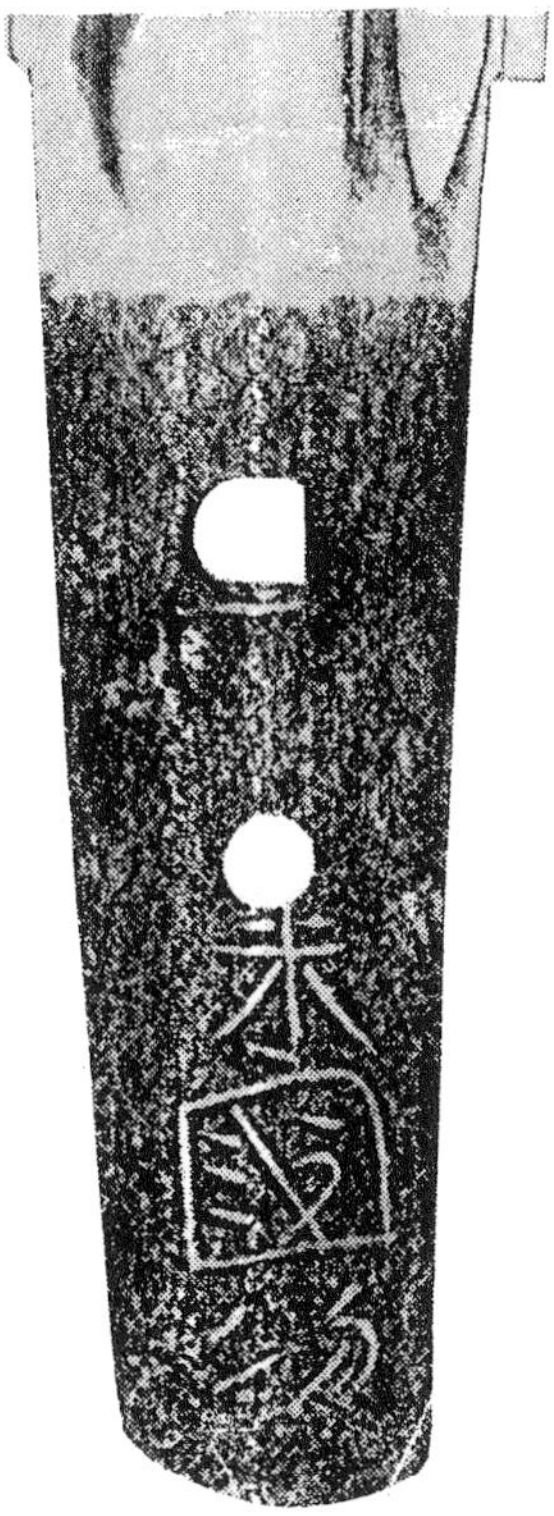
○来國次（くにつぐ）山城國―鎌倉末期

○相州住國次作（くにつぐ）相模國―永正
永正三年二月日

○宇多國次（くにつぐ）越中國―室町初期

○二王國次作（くにつぐ）周防國―室町後期

○相州住國次作（くにつぐ）相模國―永正
永正七年八月日

○宇多國次作（くにつぐ）越中國―文明
文明十七年十二月日

○國次（くにつぐ）〈簀戸〉紀伊國―室町末期

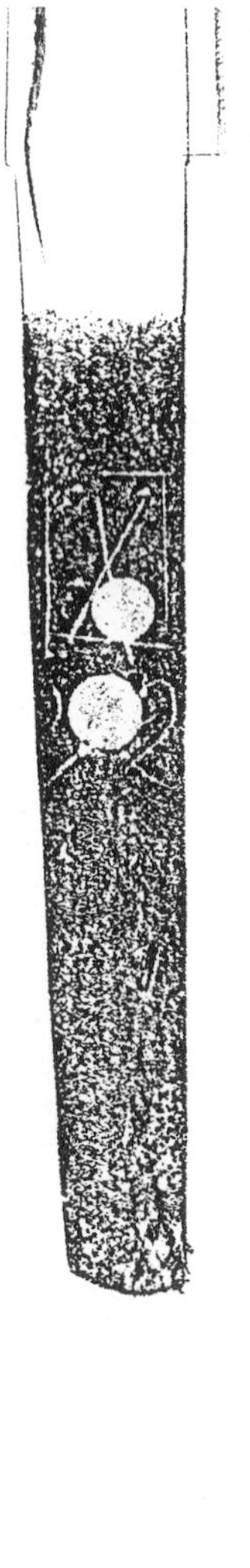

○國次（くにつぐ）〈簀戸〉紀伊國―室町初期

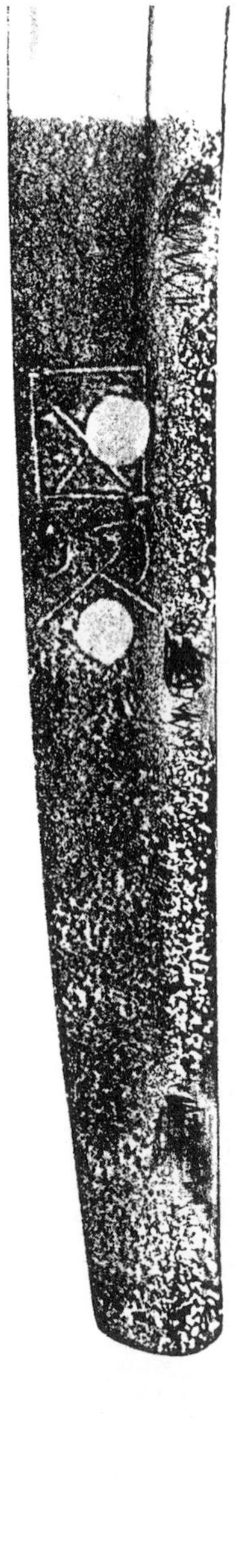

○國次（くにつぐ）〈簀戸・初代〉紀伊國―室町初期

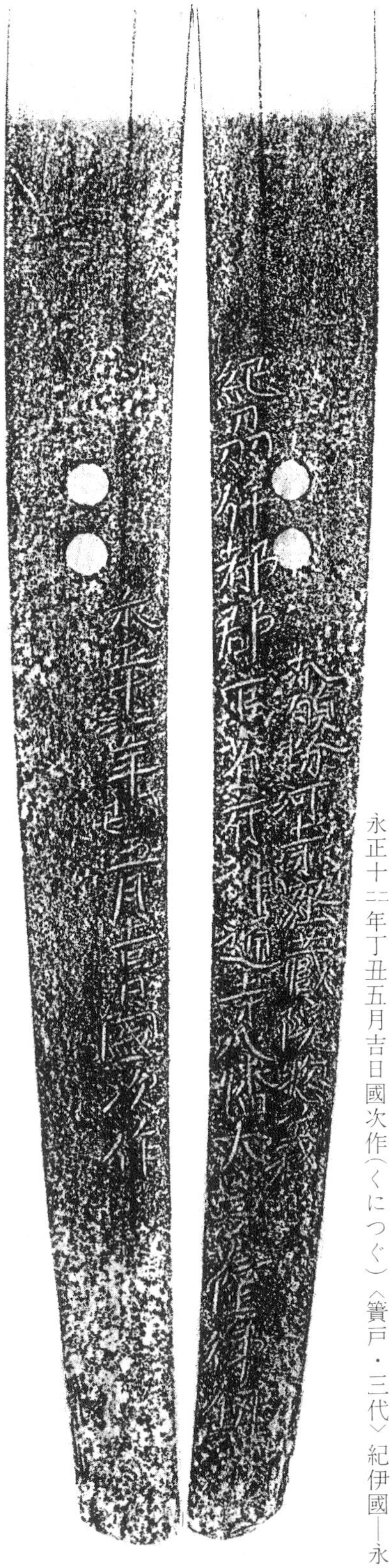

○紀州伊都郡官省府神通寺八幡大菩薩御剣　本願粉河寺密蔵院惣義
永正十亖年丁丑五月吉日國次作（くにつぐ）〈簀戸・三代〉紀伊國―永正

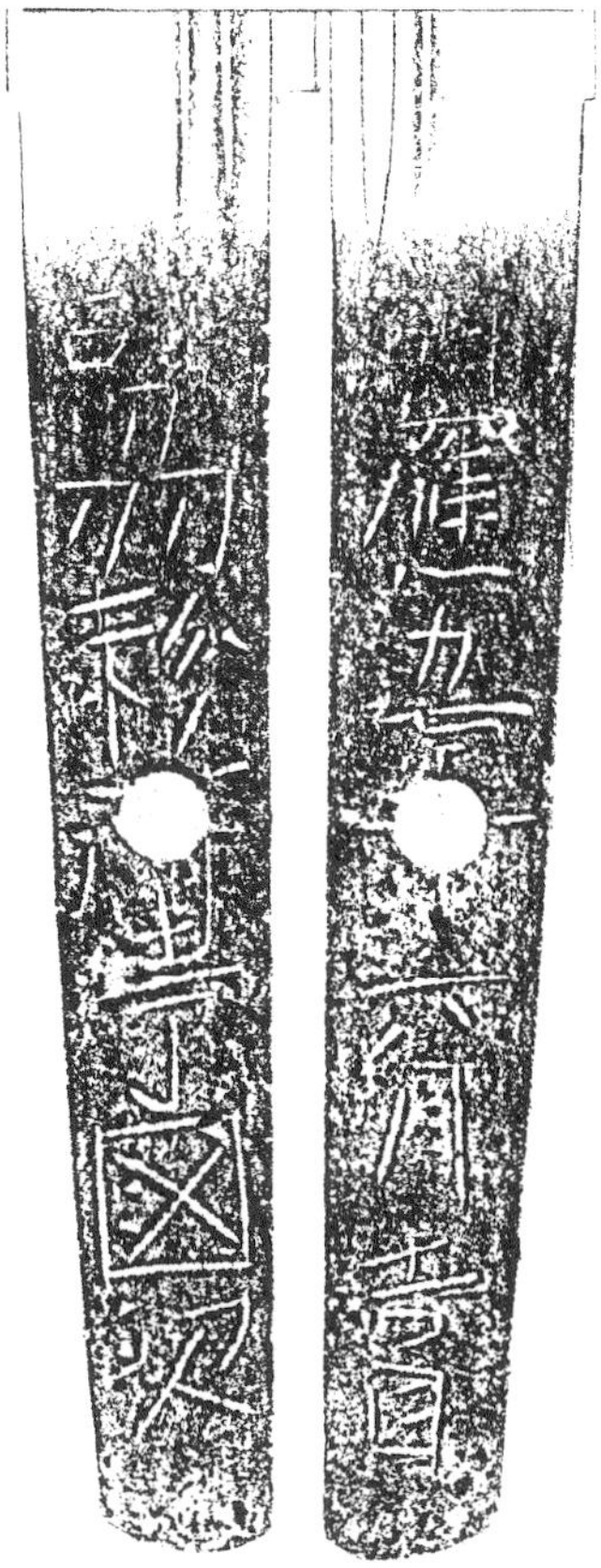

○記州紛河寺國次（くにつぐ）〈簀戸・二代〉紀伊國―明応
明応五年六月吉日

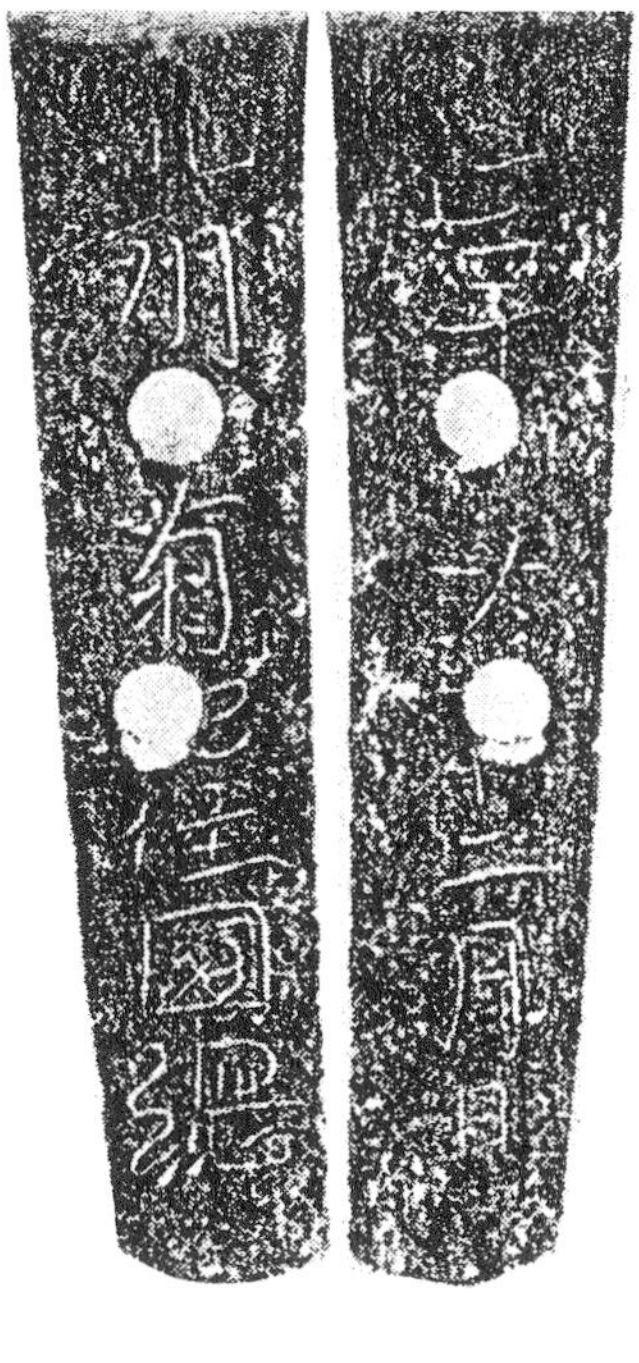

○肥州菊地住國綱（くにつな）〈延寿〉肥後國―正平
正平廿年二月日

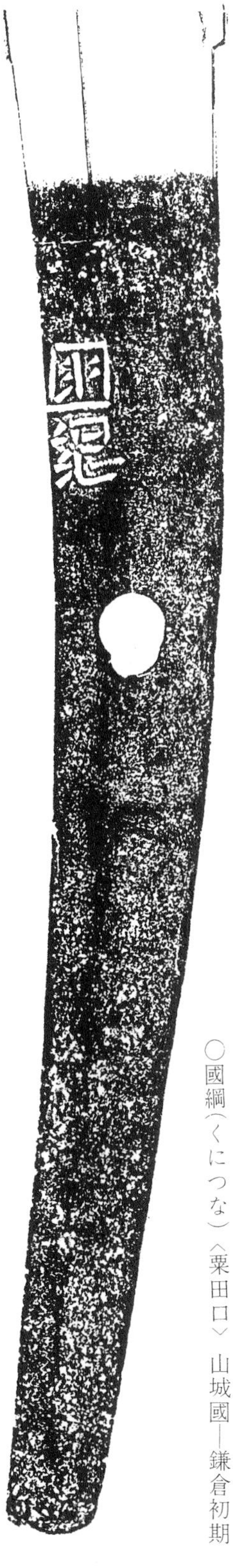

○國綱（くにつな）〈粟田口〉山城國―鎌倉初期

○國綱（くにつな）〈粟田口〉山城國―鎌倉初期

○國綱（くにつな）〈古備前〉備前國―平安後期

○國時（くにとき）〈延寿〉肥後國―鎌倉末期

○國時（くにとき）〈延寿〉肥後國―鎌倉末期

○國綱（くにつな）〈粟田口〉山城國―鎌倉初期

○國綱（くにつな）〈古備前〉備前國―鎌倉初期

○國時（くにとき）〈延寿〉肥後國―鎌倉末期

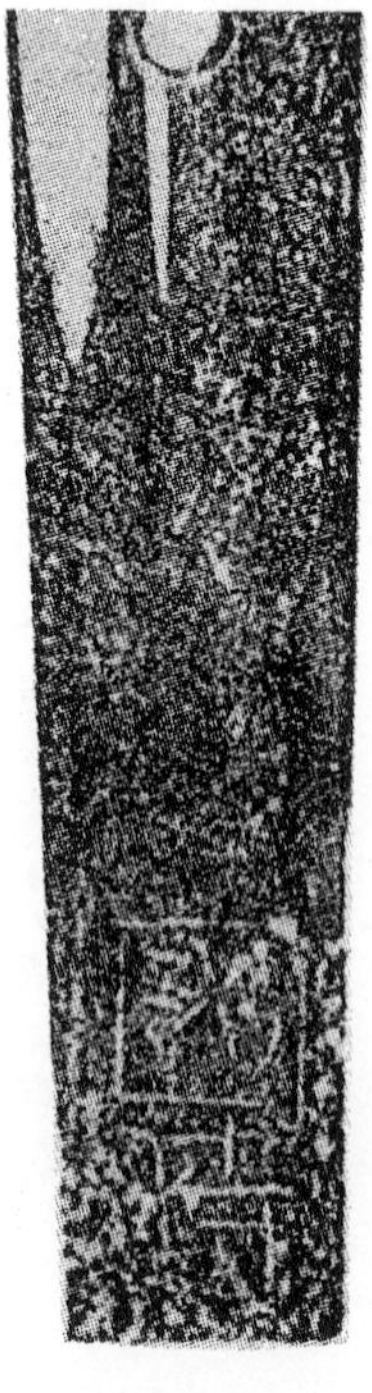

○國時（くにとき）〈延寿〉肥後國―鎌倉末期

○肥州菊地住國時作（くにとき）肥後國―室町末期

○國友（くにとも）〈粟田口〉山城國―鎌倉初期

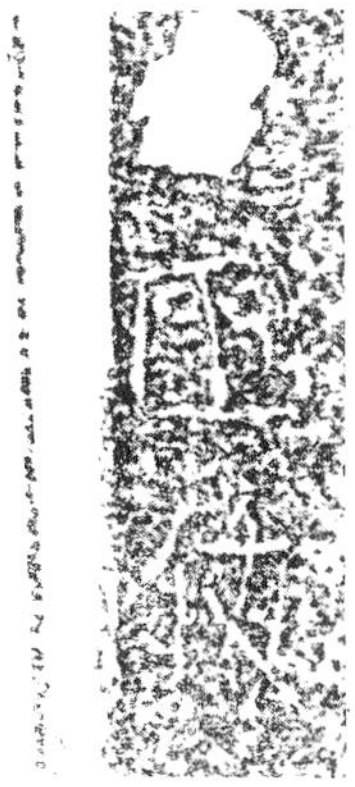

○國俊（くにとし）山城國―鎌倉中期

○國俊（くにとし）山城國―鎌倉中期

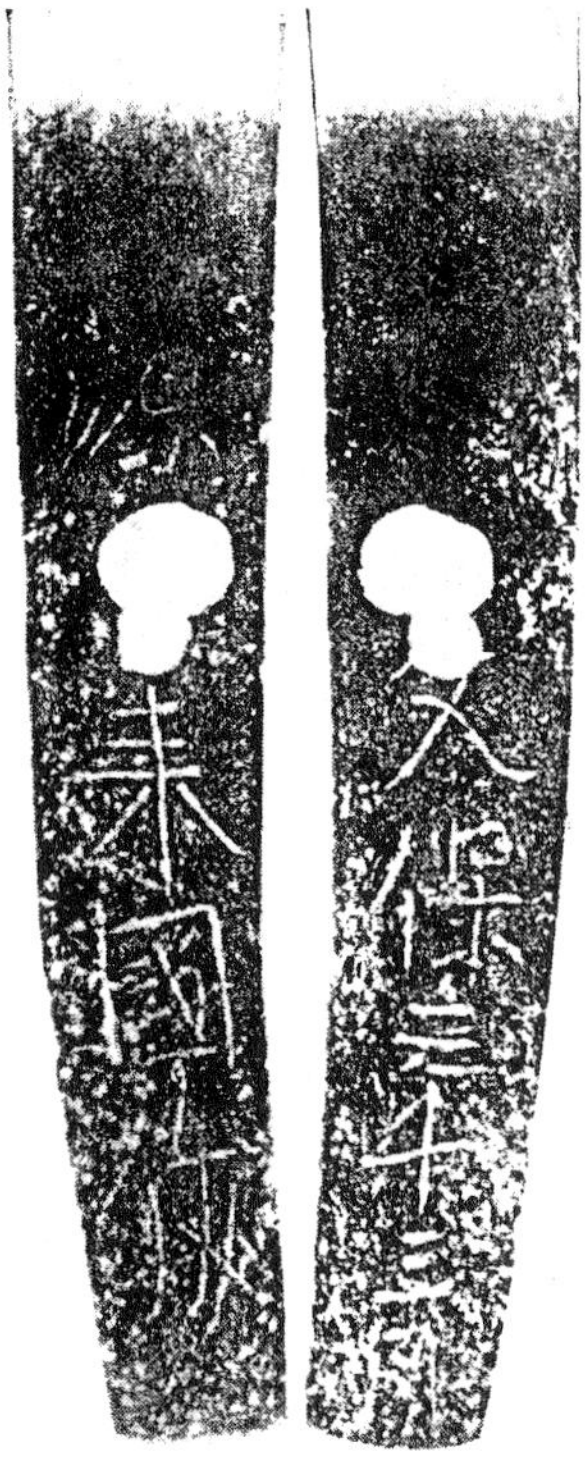

○源来國俊（くにとし）山城國―文保
文保二年三月

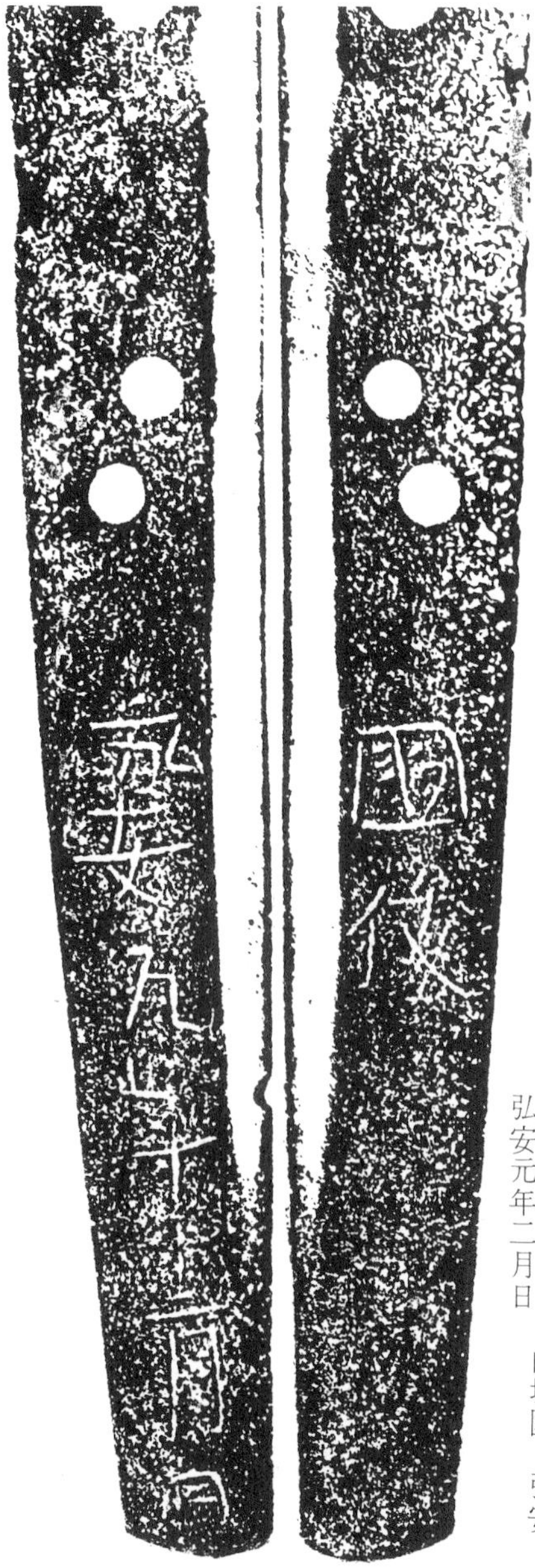

○國俊（くにとし）山城國―弘安
弘安元年二月日

○来國俊（くにとし）山城國―鎌倉中期

○来國俊（くにとし）山城國―鎌倉中期

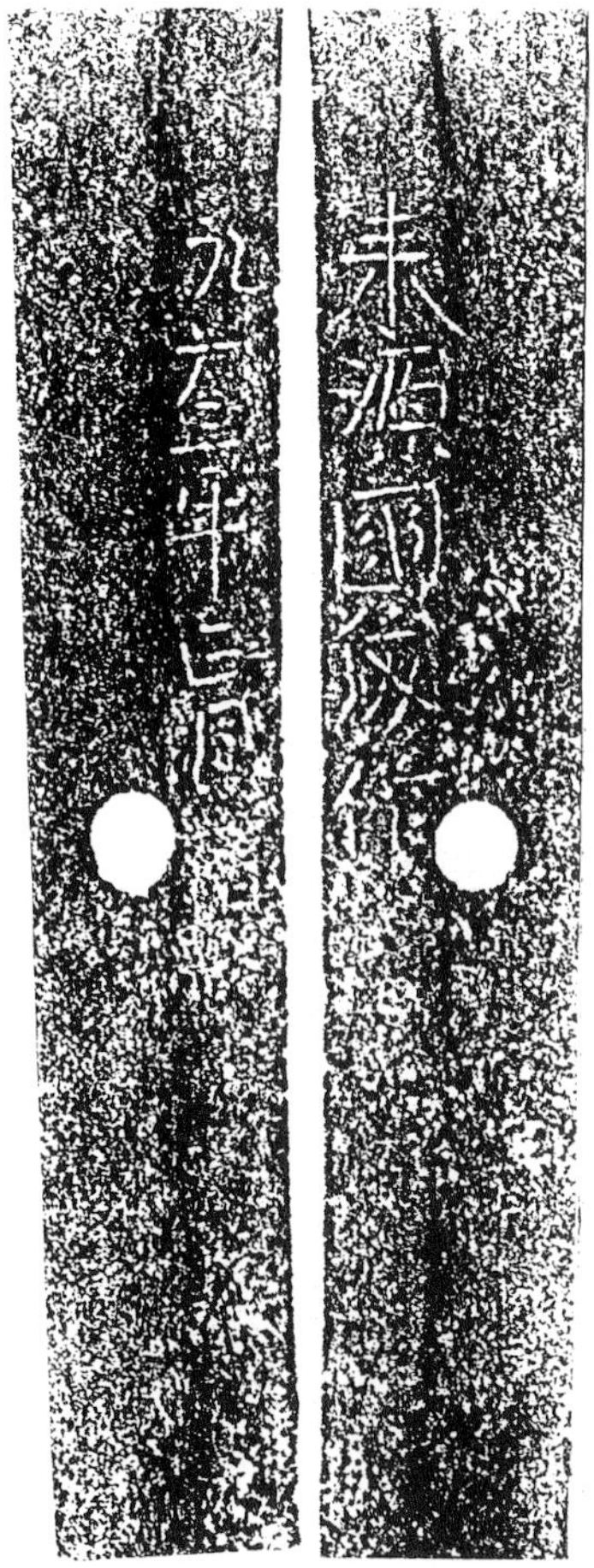

○来源國俊作（くにとし）山城國―元応
元応三年正月日

○来國長（くになが）〈中島来〉山城國―南北朝期

○宇多國長（くになが）越中國―室町中期

○國永（くになが）〈五条〉山城國―平安末期

○國永（くになが）〈五条〉山城國―平安末期

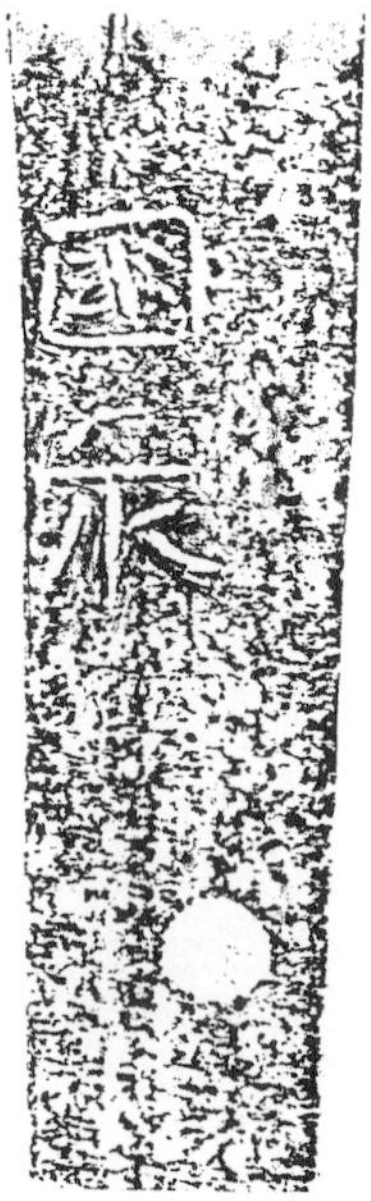

○國永（くになが）〈五条〉山城國―平安末期

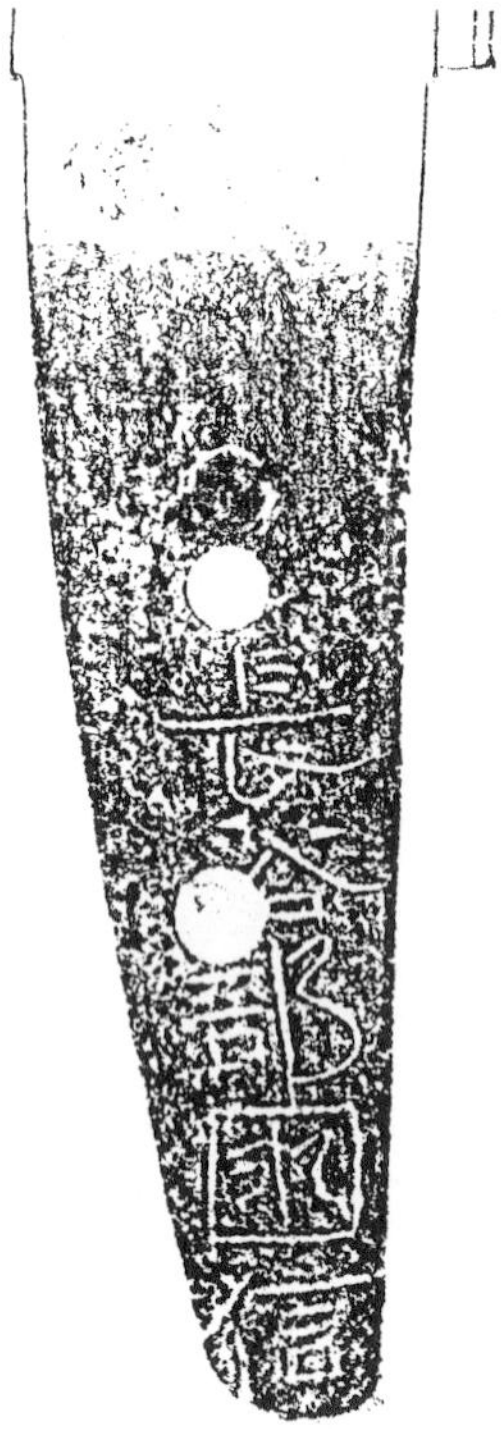

○長谷部國信（くにのぶ）山城國―南北朝期

○長谷部國信（くにのぶ）山城國―南北朝期

○宇多國久（くにひさ）越中國―室町初期

○宇多國久（くにひさ）越中國―室町初～中期

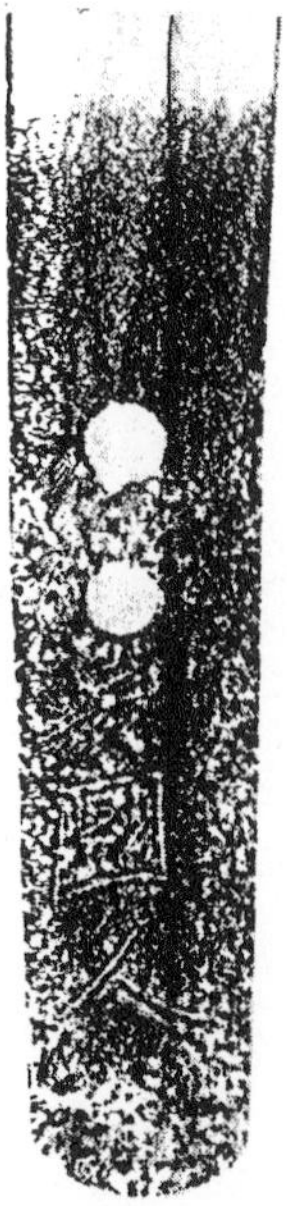

○宇多國久（くにひさ）越中國―室町初期

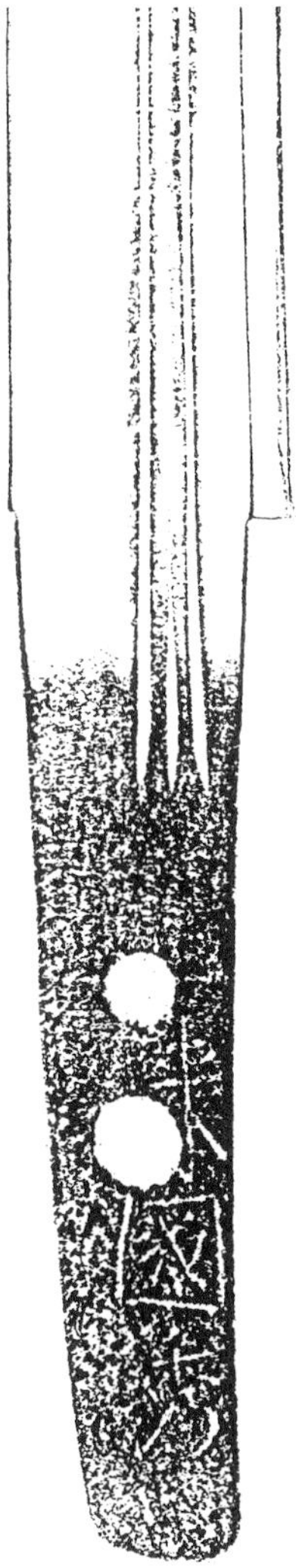

○来國秀（くにひで）山城國―鎌倉末～南北朝期

○國弘（くにひろ）〈大和千手院〉大和國―室町初期

○國弘作（くにひろ）筑前國―南北朝期

○國弘作（くにひろ）筑前國―南北朝期

○相州住藤源次太夫國廣（くにひろ）相模國―鎌倉末期

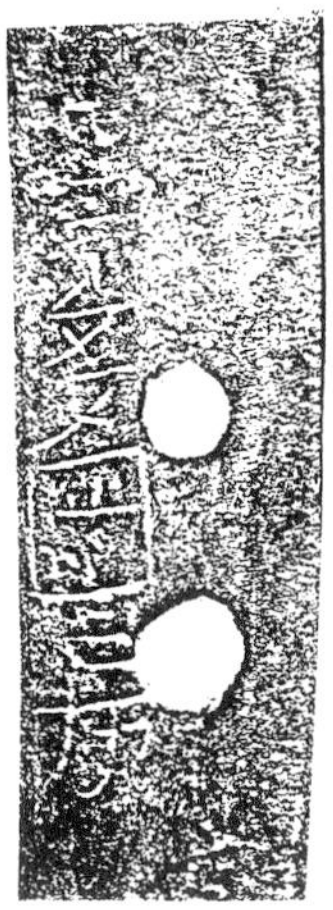

○宇多國房（くにふさ）越中國―南北朝期

○宇多國房（くにふさ）

康応元二月日

越中國―康応

○宇多國房（くにふさ）越中國―室町初期

○宇多國房友次（くにふさ）越中國―室町後期

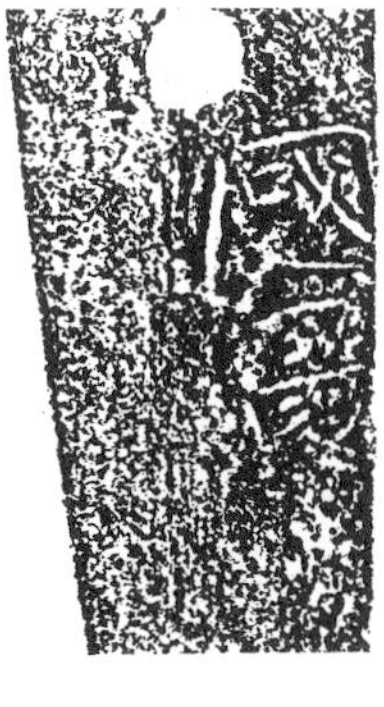

○國昌（くにまさ）日向國―室町末期

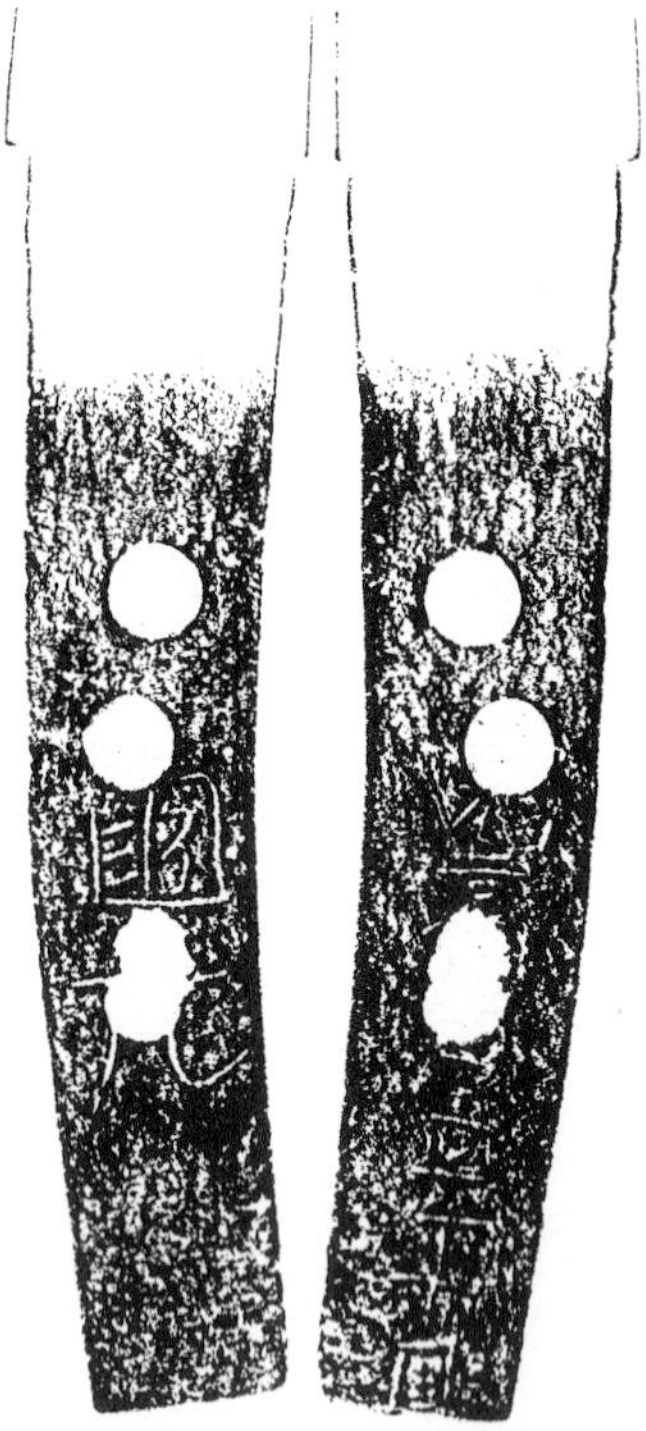

○國光（くにみつ）元亨三年十月日
〈粟田口〉山城國—元亨

○来國光（くにみつ）山城國—鎌倉末期

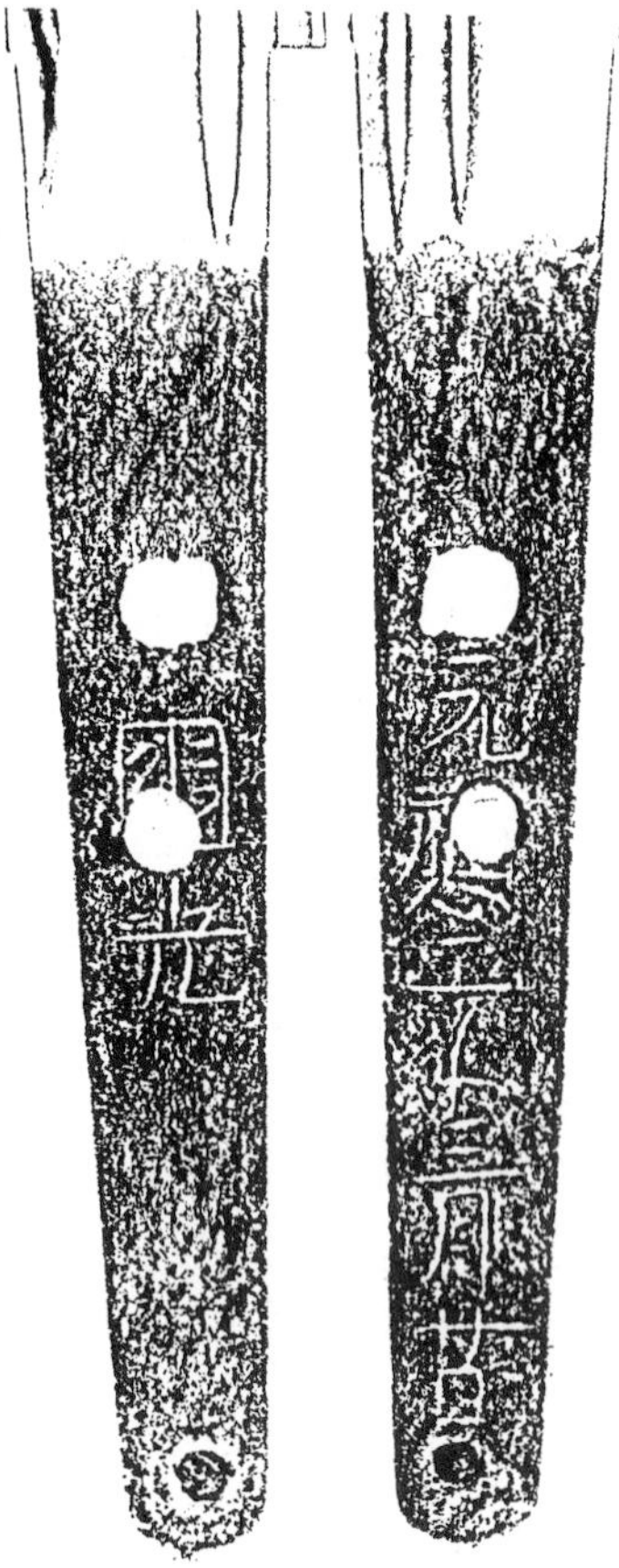

○國光（くにみつ）元応二年三月廿日
〈新藤五〉相模國—元応

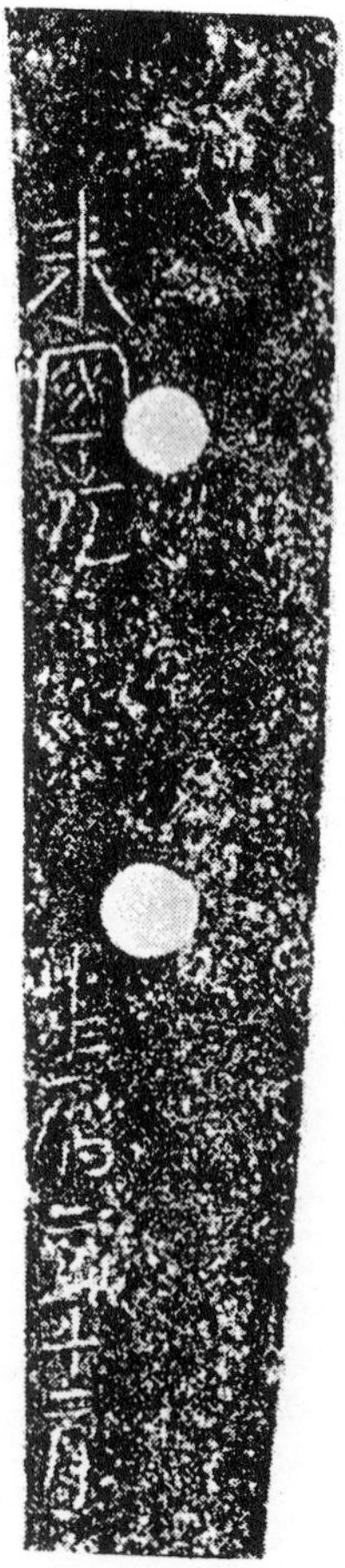

○来國光（くにみつ）嘉暦二年十二月
山城國—嘉暦

○来國光（くにみつ）山城國—鎌倉末期

○宇多國光（くにみつ）越中國—鎌倉末期～南北朝期

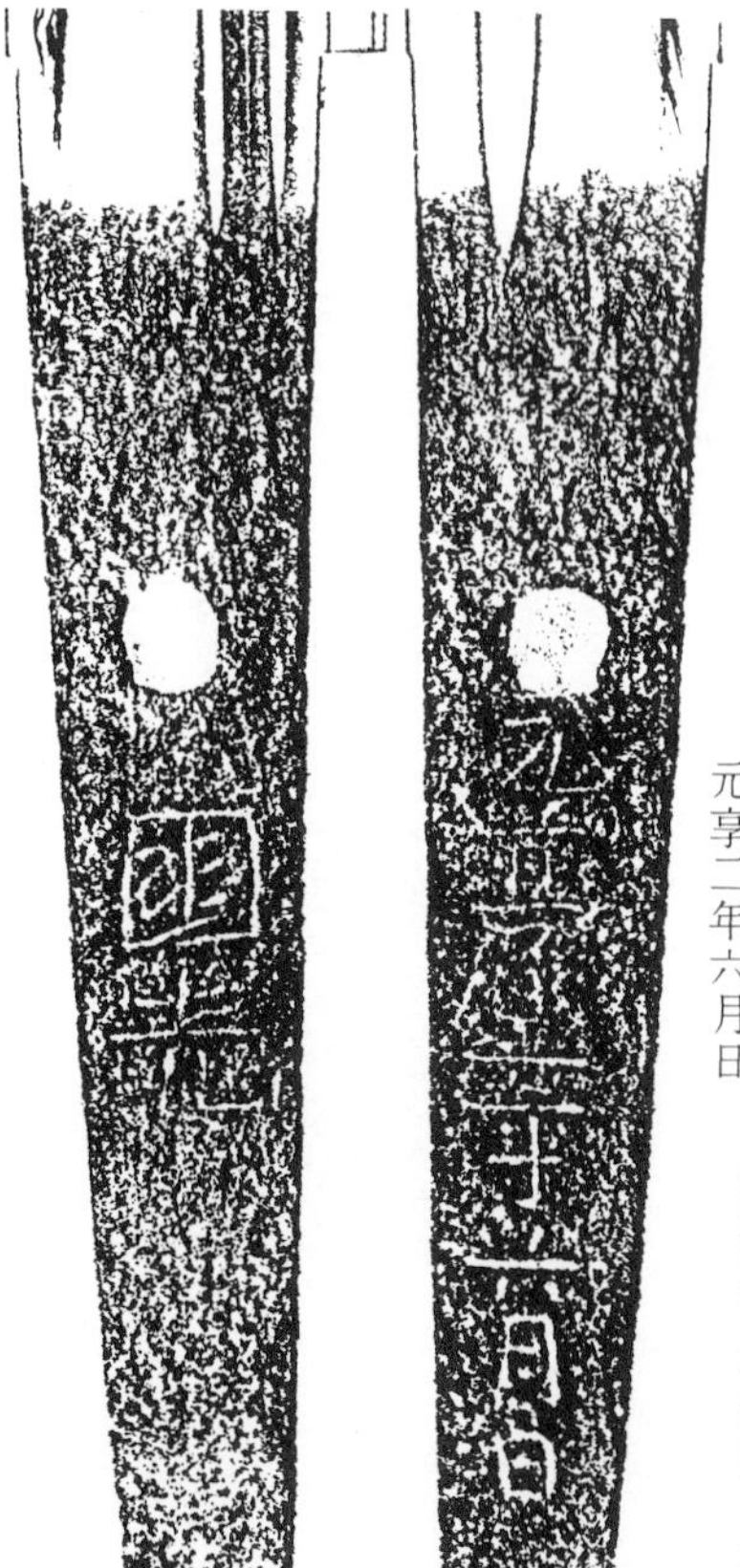

○國光（くにみつ）元亨二年六月日
〈新藤五〉相模國—元亨

○但州住國光（くにみつ）但馬國―南北朝期

○宇多國宗（くにむね）越中國―室町初期

○宇多國宗（くにむね）越中國―室町中期

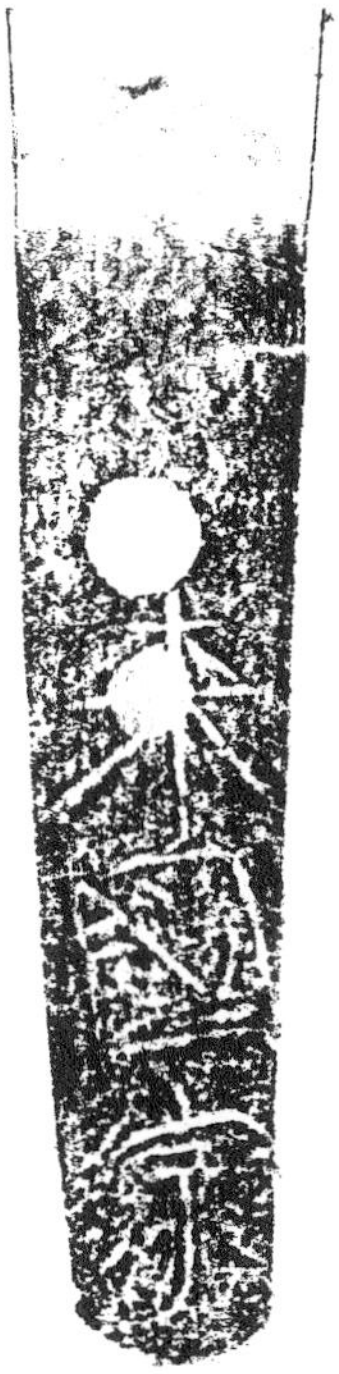

○来國宗（くにむね）山城國―鎌倉末～南北朝期

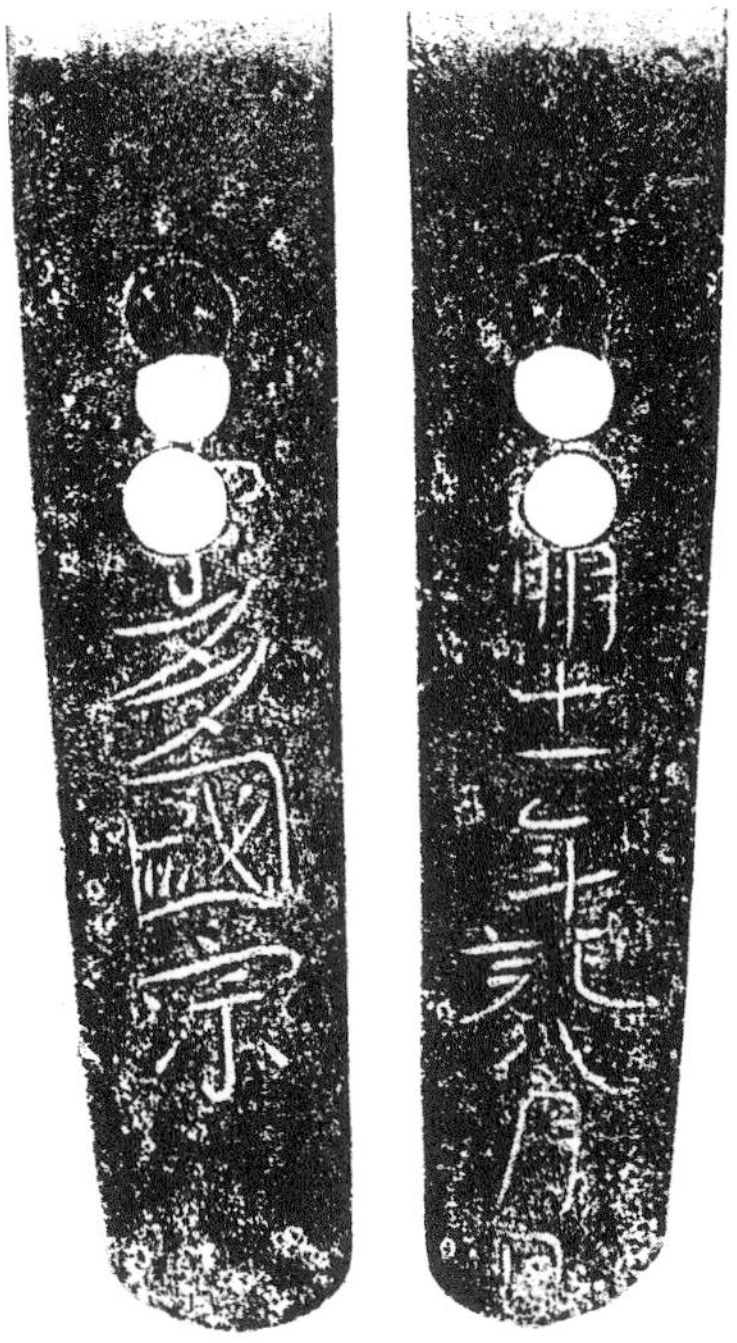

○宇多國宗（くにむね）
文明十一年己亥八月日
越中國―文明

○國宗（くにむね）〈備前三郎〉
備前國―鎌倉末期

○國宗（くにむね）〈備前三郎〉
備前國―鎌倉末期

○國宗（くにむね）〈備前三郎〉
備前國―鎌倉末期

○國宗（くにむね）〈備前三郎〉
備前國―鎌倉末期

○國宗備前國住長船正和（くにむね）〈備前三郎〉備前國―正和

○豊州國宗作（くにむね）文安元三月　豊後國―文安

○國村（くにむら）〈延寿〉肥後國―鎌倉末期

○國安（くにやす）〈粟田口〉山城國―鎌倉初期

○國宗（くにむね）〈伯耆〉伯耆國―鎌倉後期

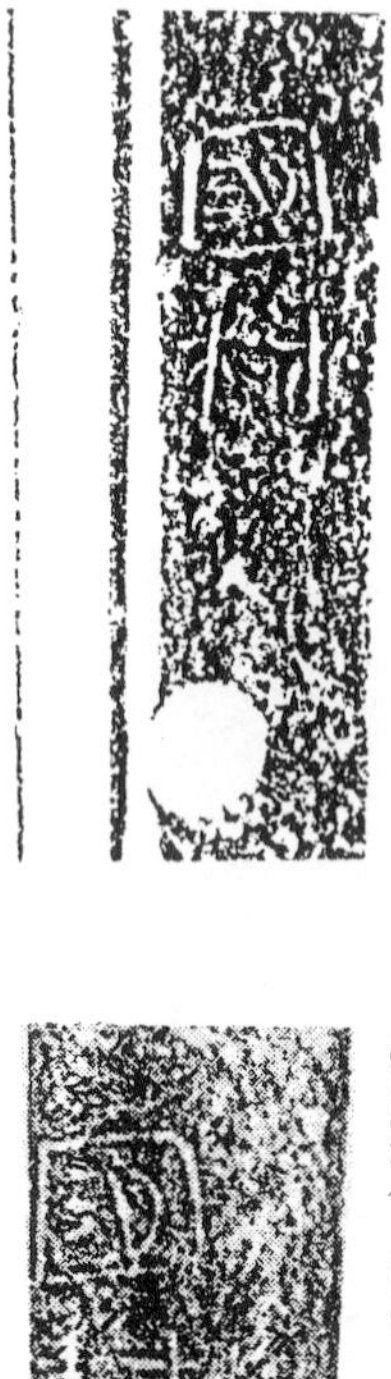

○國村（くにむら）〈延寿〉肥後國―鎌倉末期

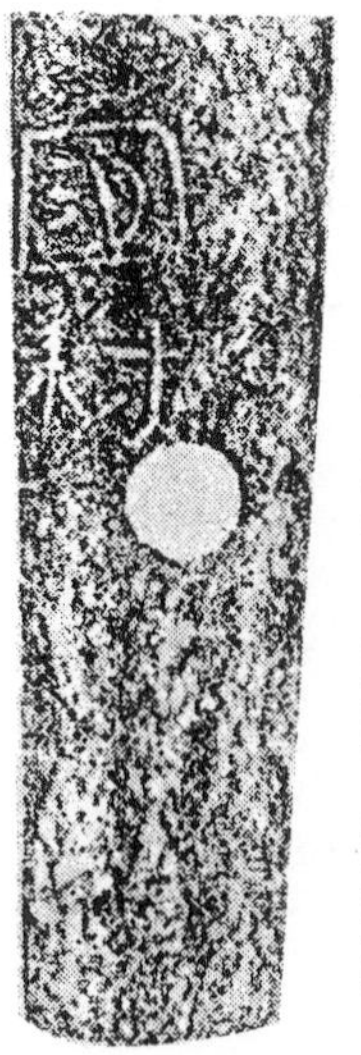

○國村（くにむら）〈延寿〉肥後國―鎌倉末期

○國安（くにやす）〈粟田口〉山城國―鎌倉初期

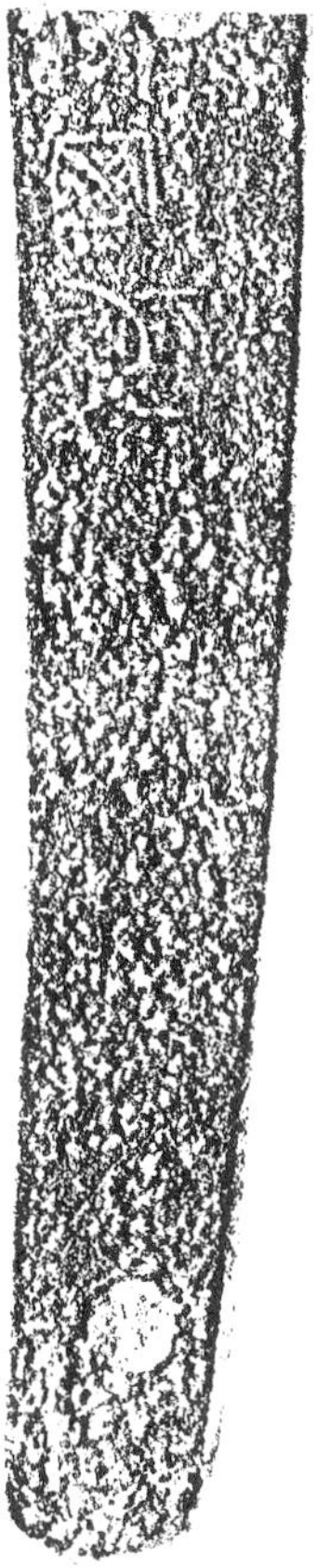

○國安（くにやす）〈粟田口〉山城國—鎌倉初期

○國泰（くにやす）〈延寿〉肥後國—鎌倉末期

○國泰（くにやす）〈延寿〉肥後国—鎌倉末期

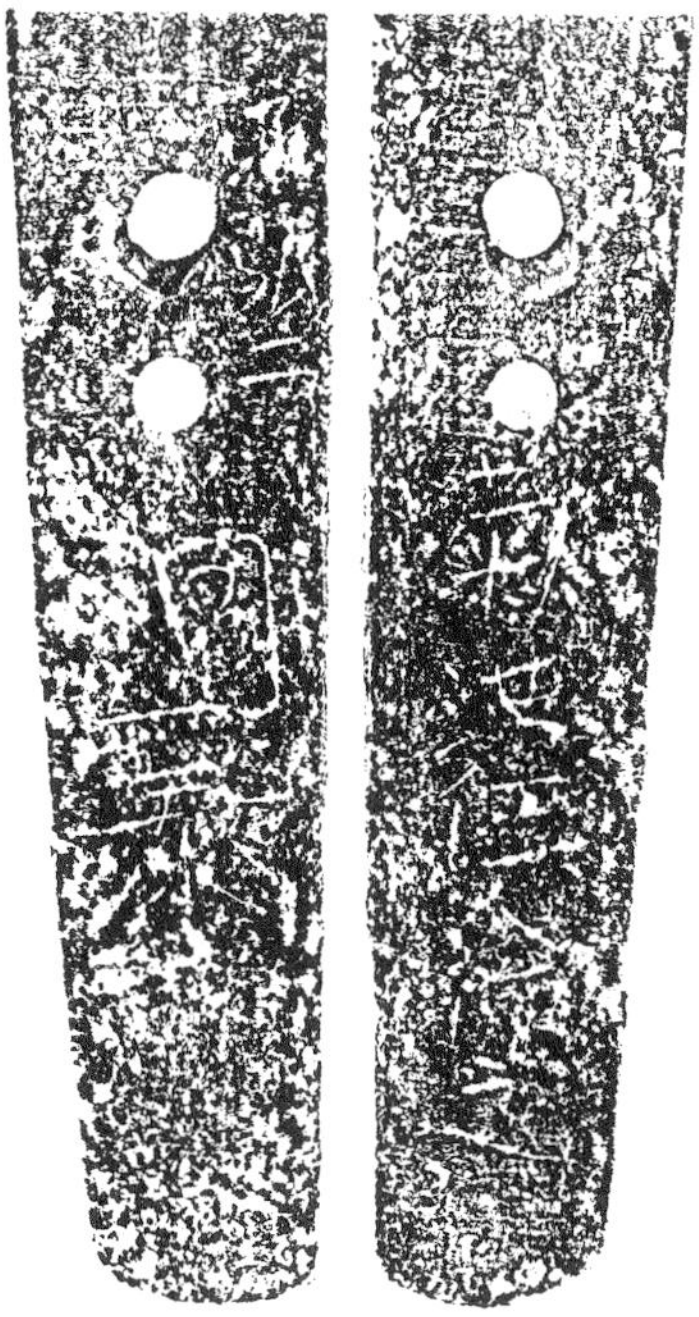

○元弘二國泰（くにやす）
菊池住人作之
〈延寿〉肥後國—鎌倉末期

○國安作（くにやす）〈千代鶴〉越前國—室町後期

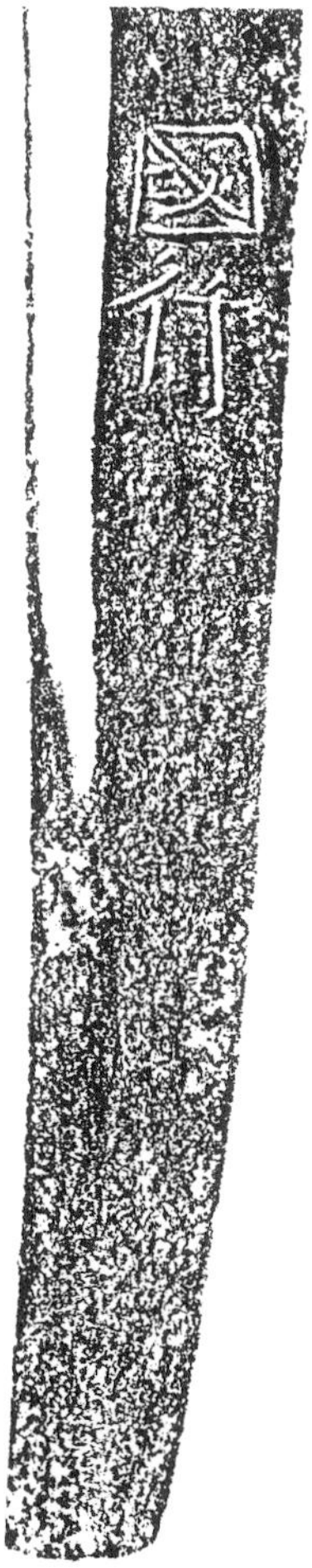

○國行（くにゆき）〈来〉山城國—鎌倉中期

○國行（くにゆき）〈来〉山城國—鎌倉中期

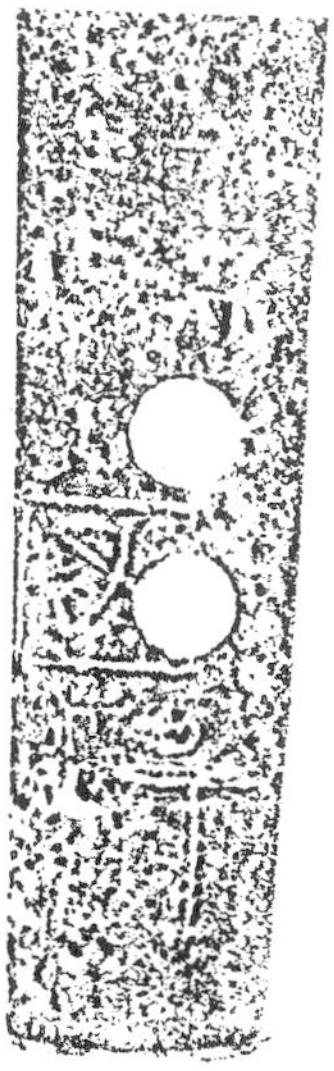

○國行（くにゆき）〈来〉山城國—鎌倉中期

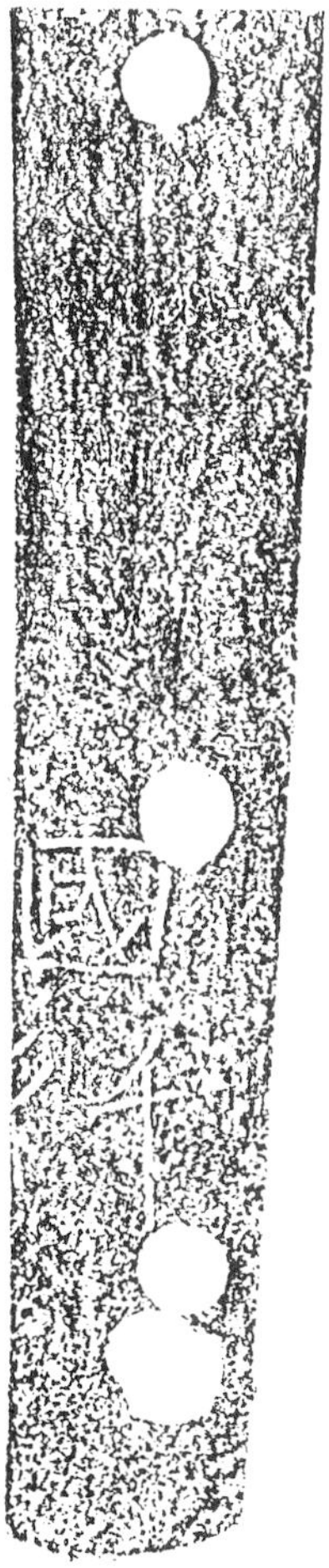

○國行（くにゆき）〈当麻〉大和國—鎌倉中期

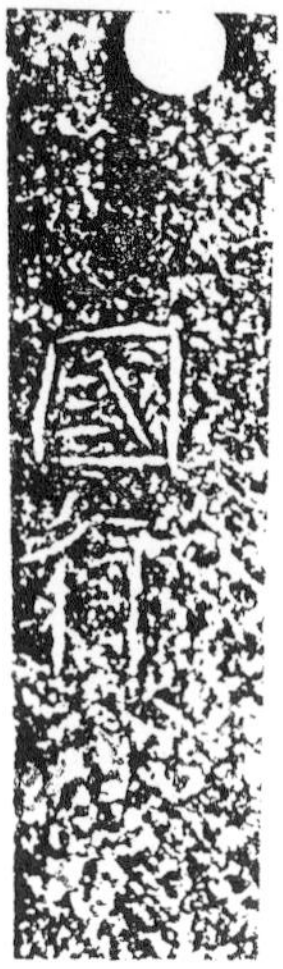

○國行（くにゆき）〈美濃千手院〉美濃國―南北朝期

○國吉（くによし）〈延寿〉肥後國―鎌倉末期

○左兵衛尉藤原國吉（くによし）〈粟田口〉山城國―鎌倉中期

○國吉（くによし）〈粟田口〉山城國―鎌倉中期

○肥州菊地住國行作（くにゆき）肥後國―室町末期

○國吉（くによし）〈粟田口〉山城國―鎌倉中期

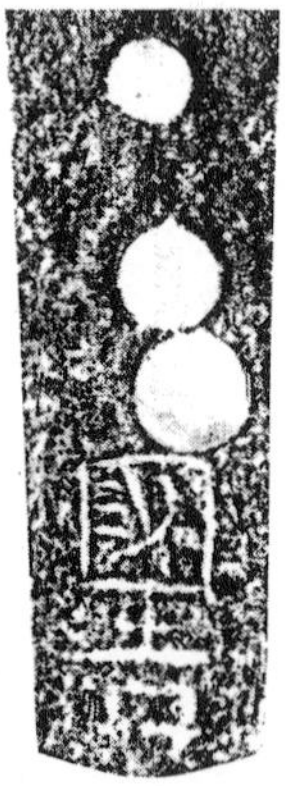

○國吉（くによし）〈粟田口〉山城國―鎌倉中期

○越州藤原國行作（くにゆき）
応安六年癸丑十月日
越前國―応安

○國吉（くによし）〈延寿〉肥後國―鎌倉末期

○國吉（くによし）〈延寿〉肥後國―鎌倉末期

○國吉（くによし）〈延寿〉肥後國―室町前期

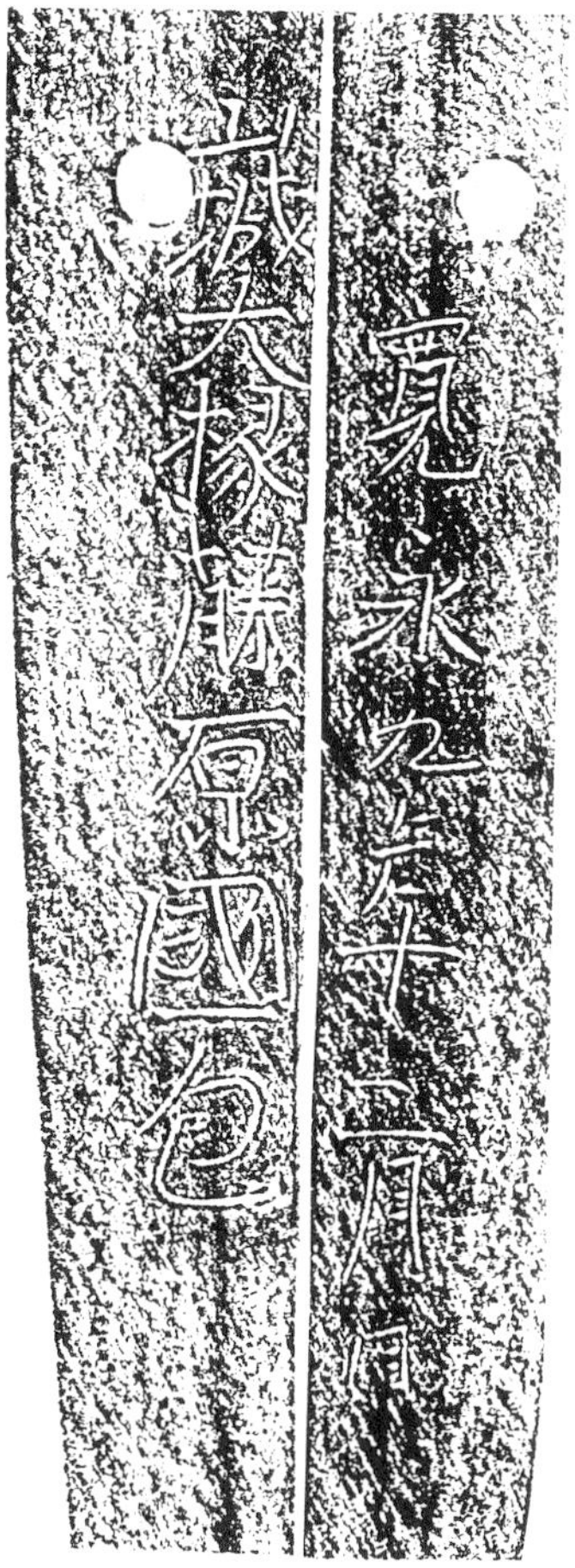

△山城大掾藤原國包（くにかね）
寛永九年二月日
〈初代〉陸前國―寛永

△山城大掾藤原國包（くにかね）
寛永廿年八月吉日
〈初代〉陸前國―寛永

△山城大掾藤原用恵國包（くにかね）〈初代〉陸前國―桃山期

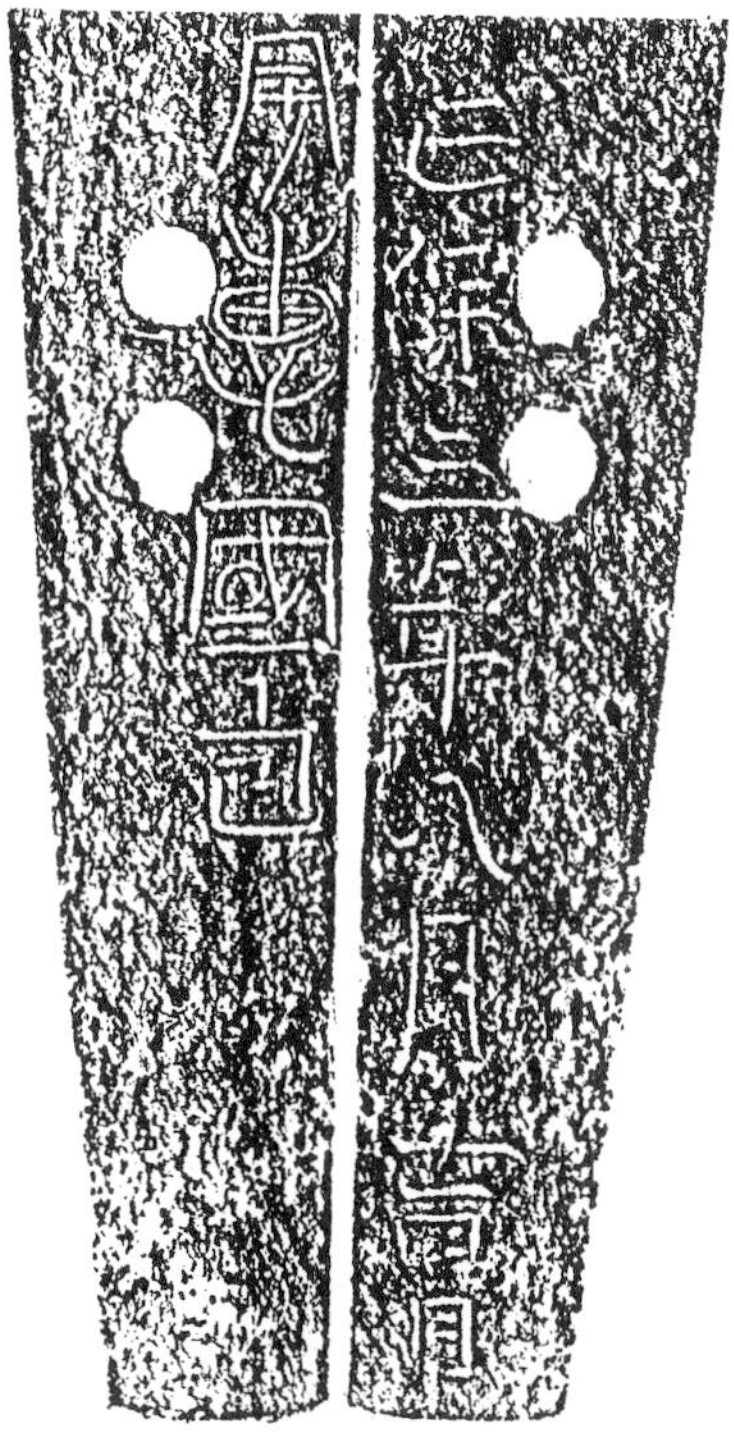

△用恵國包（くにかね）
正保三年八月吉日
〈初代〉陸前國―正保

△山城守藤原國包（くにかね）〈二代〉陸前國―江戸中期

△奥州仙台住國包（くにかね）〈二代〉陸前國―江戸中期

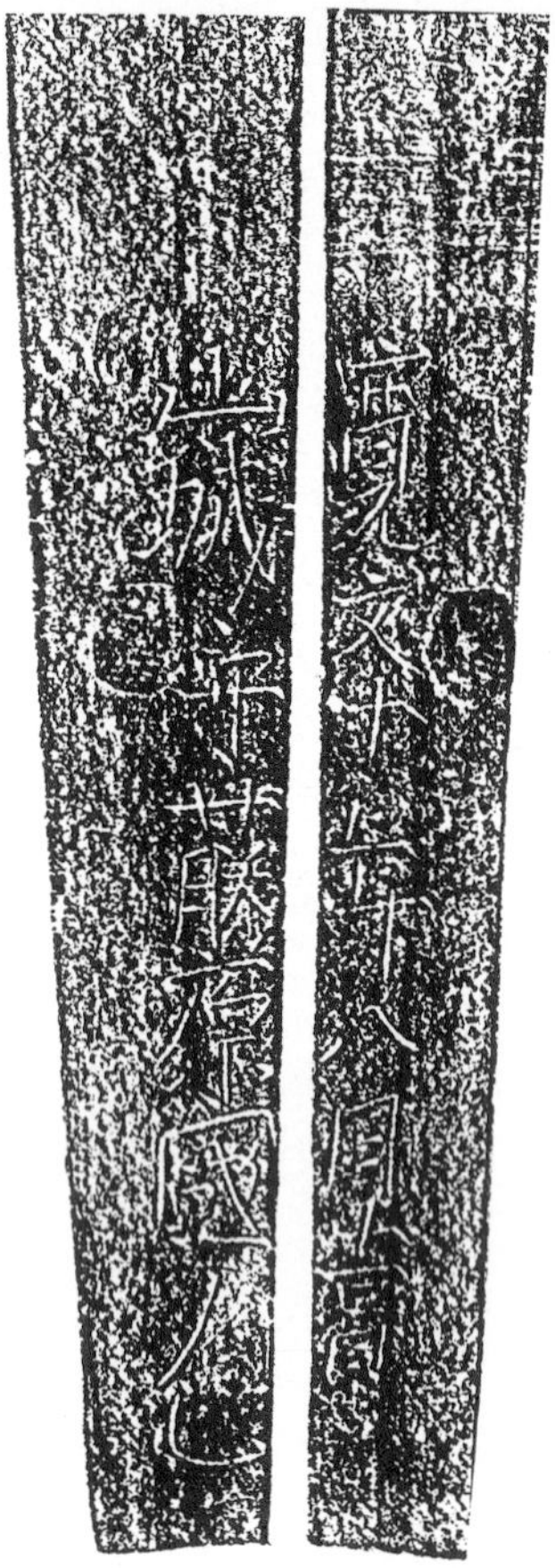

△山城守藤原國包（くにかね）
寛文十年八月吉日
〈二代〉陸前國―寛文

△奥州仙台住國包（くにかね）
慶安二年八月日
〈二代〉陸前國―慶安

△奥州仙台住藤原國包（くにかね）〈十二代〉陸前國―江戸末期

△源次郎國包（くにかね）〈三代〉陸前國―江戸中期

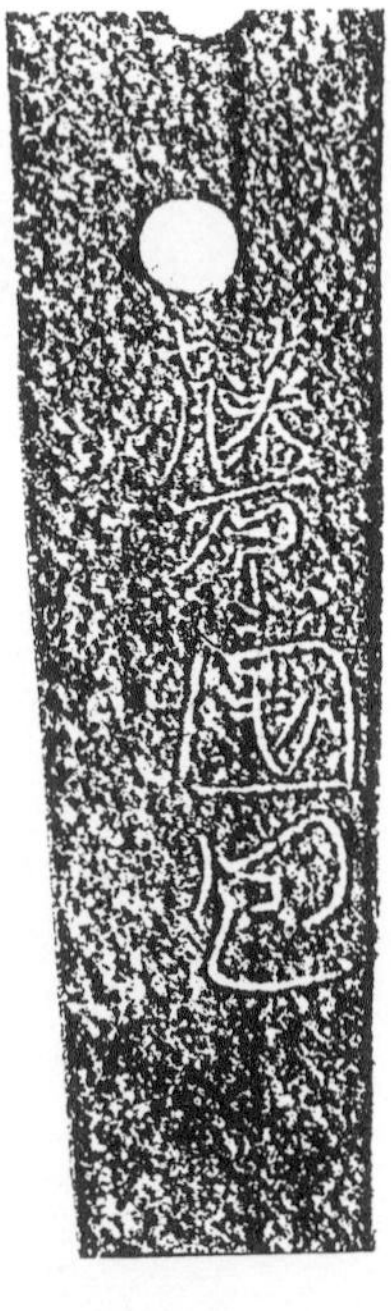

△藤原國包（くにかね）〈三代〉陸前國―江戸中期

△仙台住藤原國包作（くにかね）
天保十三年二月日
〈十二代〉陸前國―江戸末期

△國包（くにかね）〈十二代〉陸前國―江戸末期

△於青葉山麓藤原國包作之（くにかね）〈十三代〉陸前國―文久
文久元年仲秋吉旦

△於駿府重國作
六代目於南紀文珠國勝上之（くにかつ）〈重國作〉紀伊國―明和
明和七年二月日

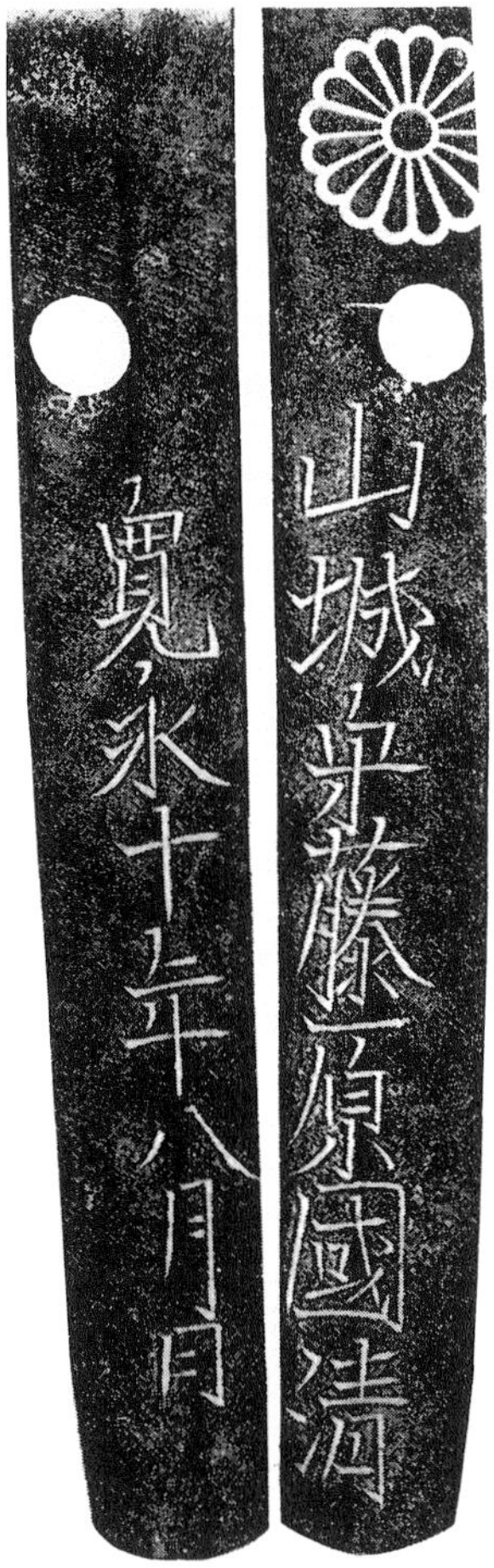

△（菊紋）山城守藤原國清（くにきよ）〈初代〉越前國―桃山期
寛永十年八月日

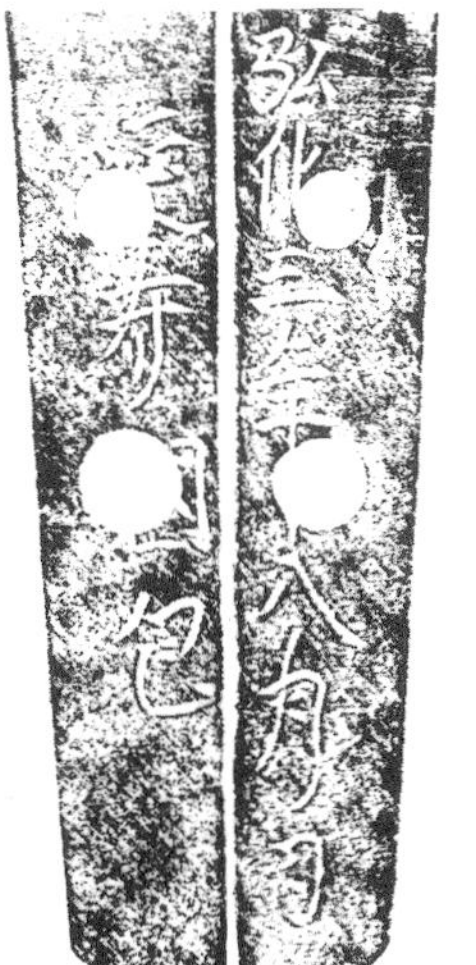

△延寿國包（くにかね）〈延寿〉肥後國―弘化
弘化三年八月日

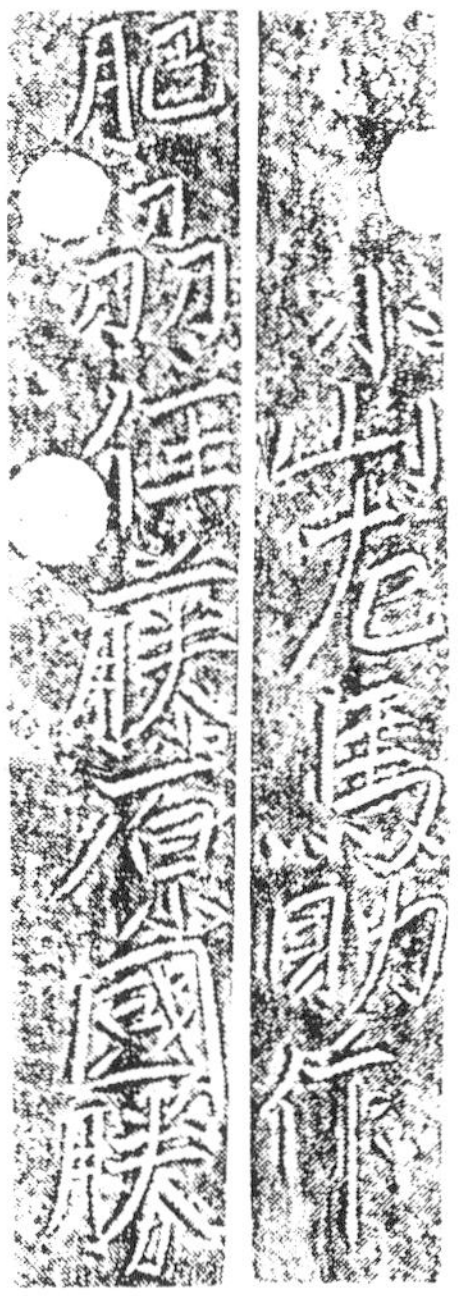

△肥州住藤原國勝（くにかつ）〈同田貫〉肥後國―江戸中期
小山左馬助作

△山城守藤原國清（くにきよ）〈初代〉越前國―桃山期

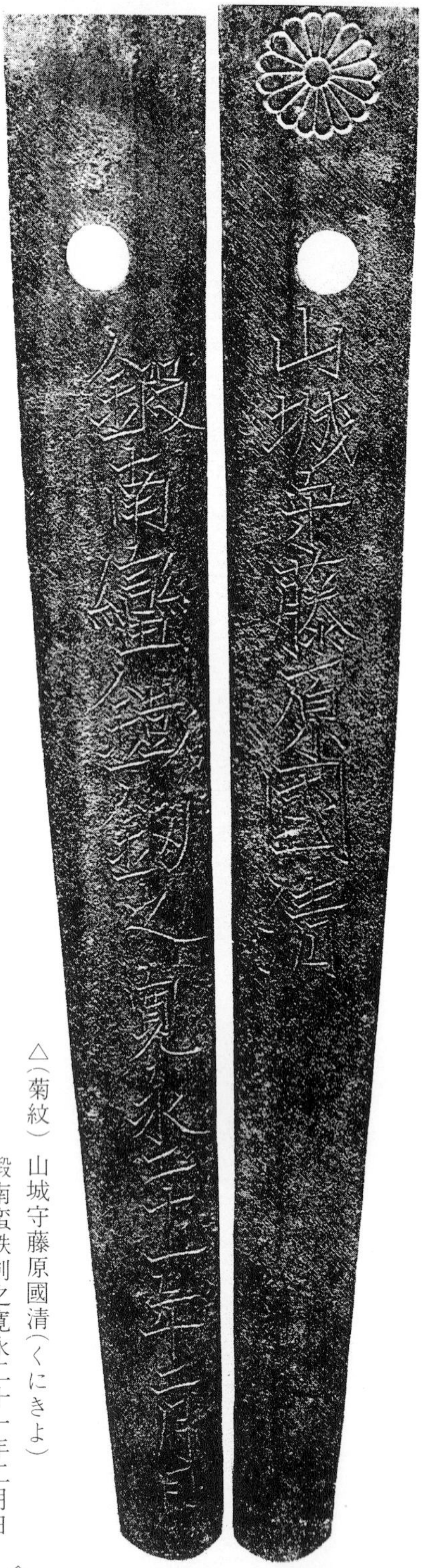

△（菊紋）山城守藤原國清（くにきよ）
鍛南蛮鉄剣之寛永二十一年二月日
〈初代〉越前國—寛永

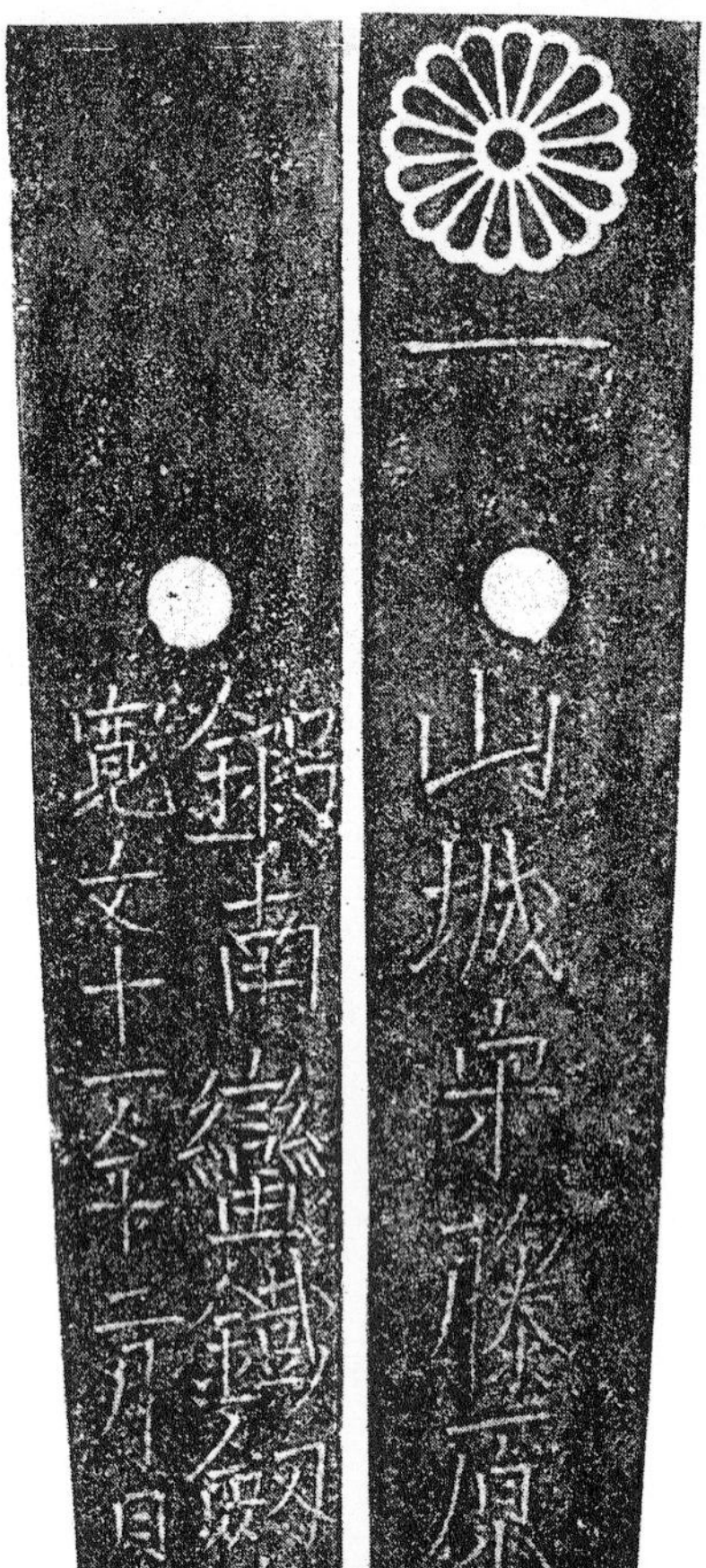

△（菊紋）一山城守藤原國宗（くにむね）
鍛南蛮鉄剣之　寛文十一年二月日
〈二代・國清初銘〉越前國—寛文

△山城守藤原國清
（くにきよ）〈二代〉
越前國—江戸中期

△（菊紋）一山城守藤原國清（くにきよ）
天和二年八月日
〈三代〉越前國—天和

△播磨守藤原國清（くにきよ）越中國―江戸中期

△河内大掾藤原國定（くにさだ）延宝六年八月日　岩代國―延宝

△大坂於城下和泉守國貞作之（くにさだ）〈初代〉摂津國―寛永
寛永三年丙刀二月日

△越前住下坂國清（くにきよ）越前國―江戸中期

△摂州大坂住藤原國貞（くにさだ）〈初代〉摂津國―元和
元和七年八月吉日

△摂州大坂住井上和泉守藤原國貞作之（くにさだ）〈初代〉 摂津國―桃山期

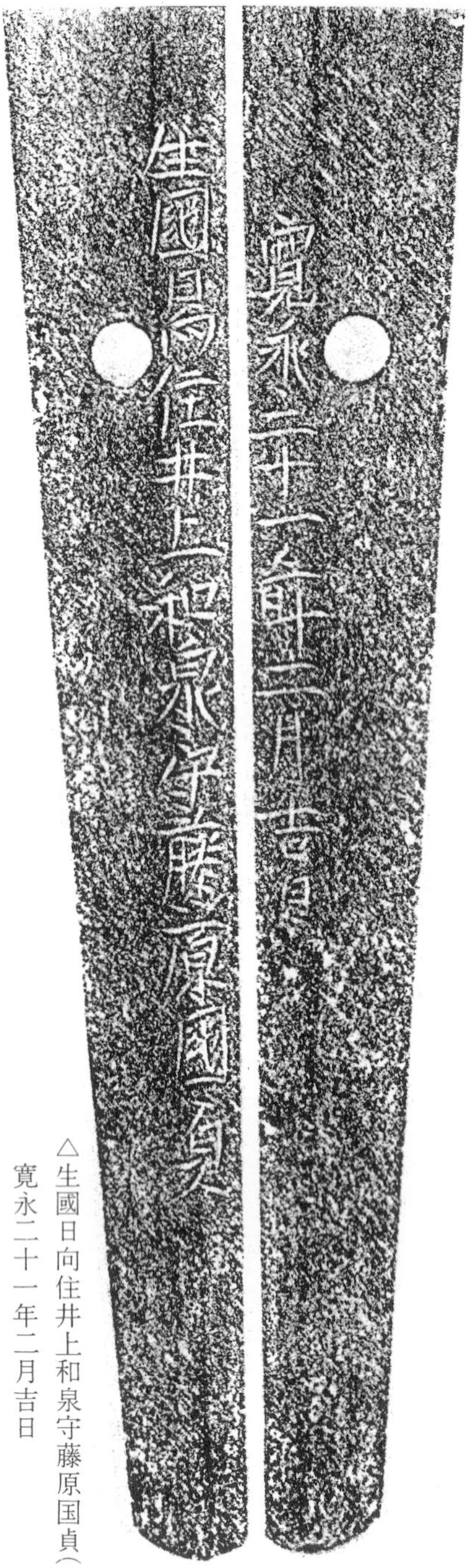

△生國日向住井上和泉守藤原国貞（くにさだ）
寛永二十一年二月吉日 〈初代〉 摂津國―寛永

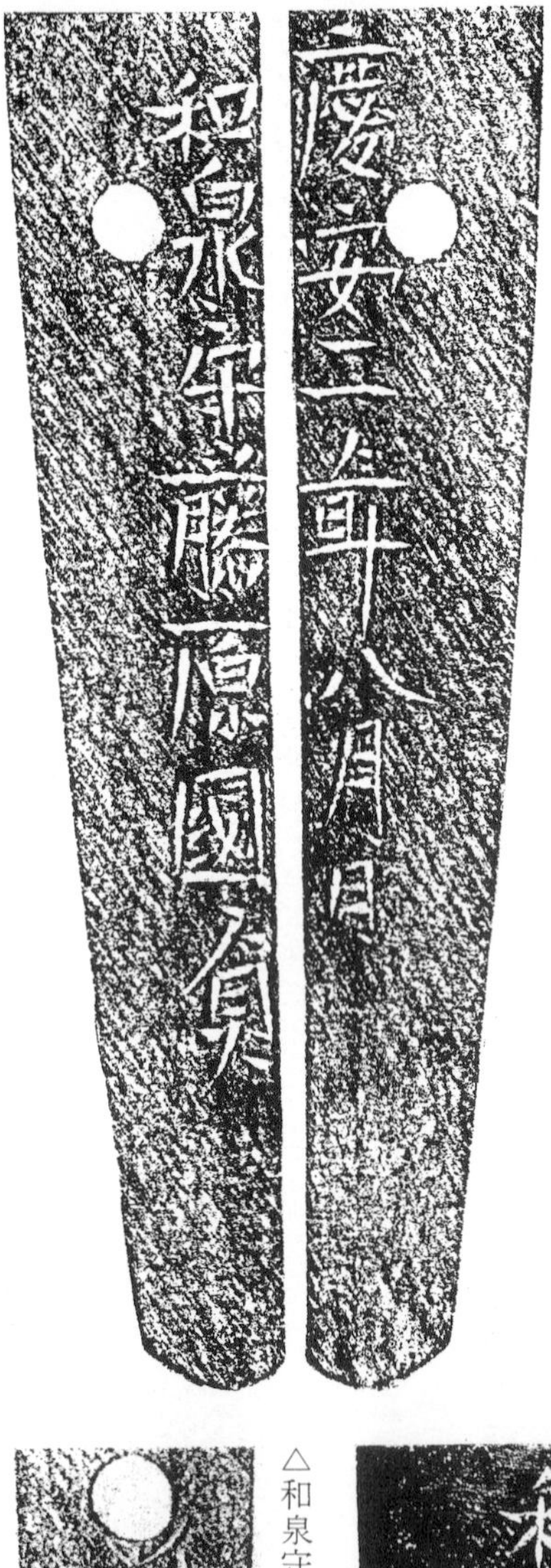

△和泉守藤原國貞（くにさだ）
慶安二年八月日 〈初代・楷書銘〉 摂津國―慶安

△和泉守藤原國貞（くにさだ）〈初代・楷書銘〉 摂津國―江戸初期

△和泉守國貞（くにさだ）〈初代・草書銘〉 摂津國―江戸初期

△和泉守國貞（くにさだ）
正保三年二月吉日
〈初代・草書銘〉摂津國―正保

△井上和泉守藤原國貞（くにさだ）
慶安三年八月日落合治左
〈初代・二代銘〉摂津國―慶安

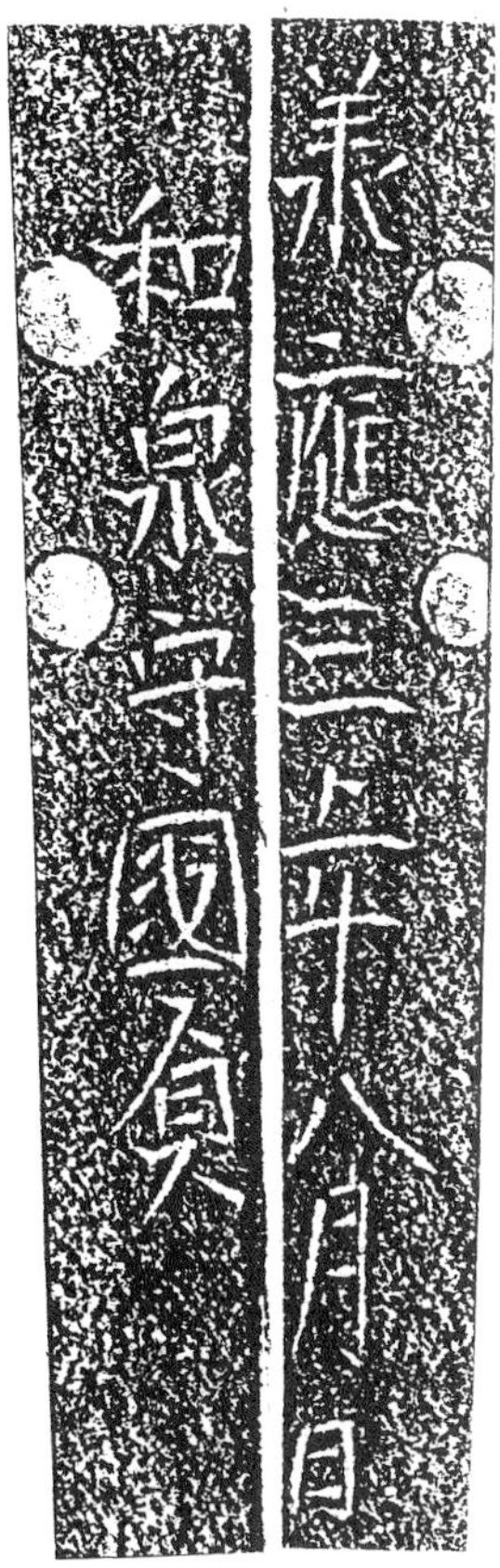

△和泉守國貞（くにさだ）
承応三年八月日
〈二代〉摂津國―承応

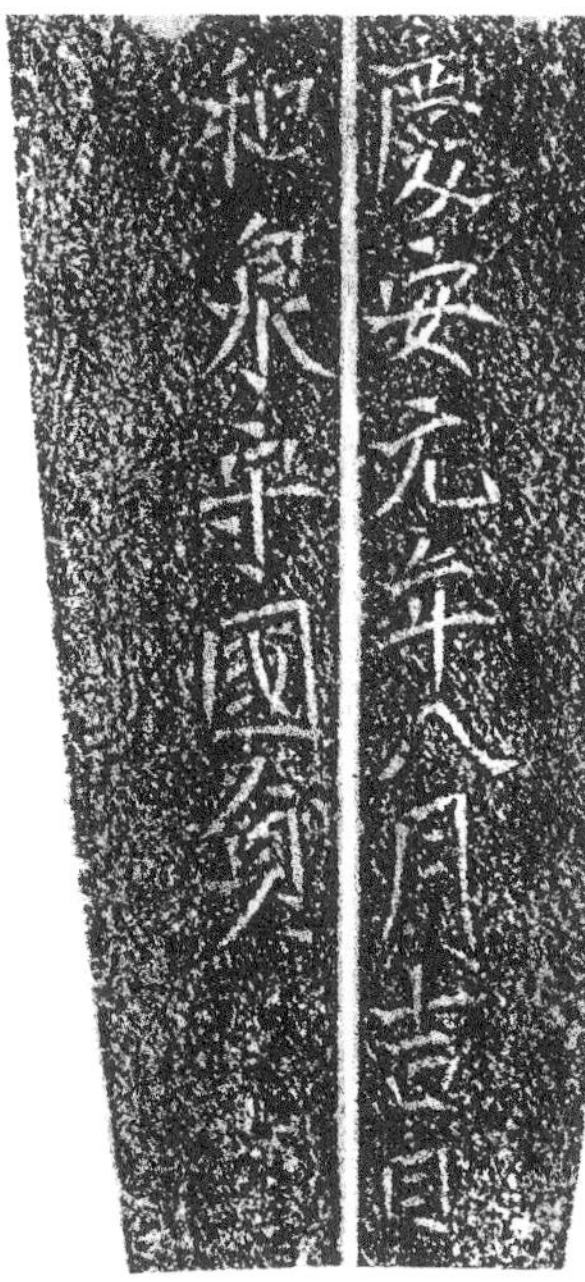

△和泉守國貞（くにさだ）
慶安元年八月吉日
〈初代・楷書銘〉摂津國―慶安

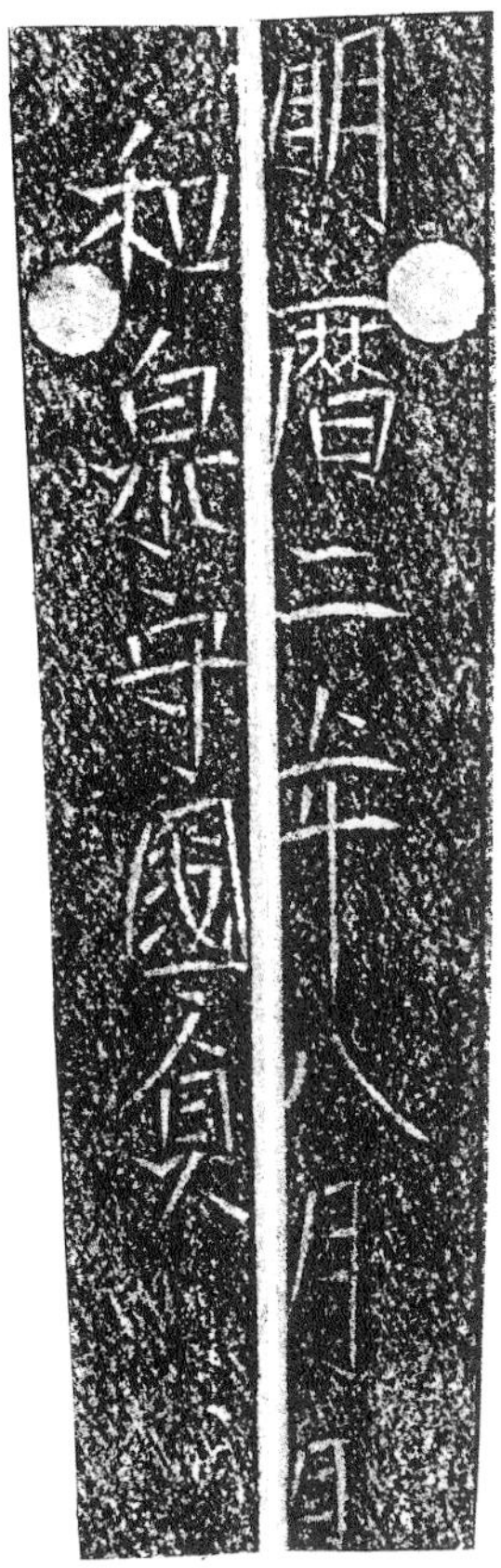

△和泉守國貞（くにさだ）
明暦二年八月日
〈二代〉摂津國―明暦

△和泉守国貞(くにさだ)
万治二年二月日　二代目作之
〈二代〉摂津國―万治

△井上和泉守国貞(くにさだ)
(菊紋)万治四年二月日
〈二代〉摂津國―万治

△和泉守國貞(くにさだ)
(菊紋)寛文八年二月日
〈二代〉摂津國―寛文

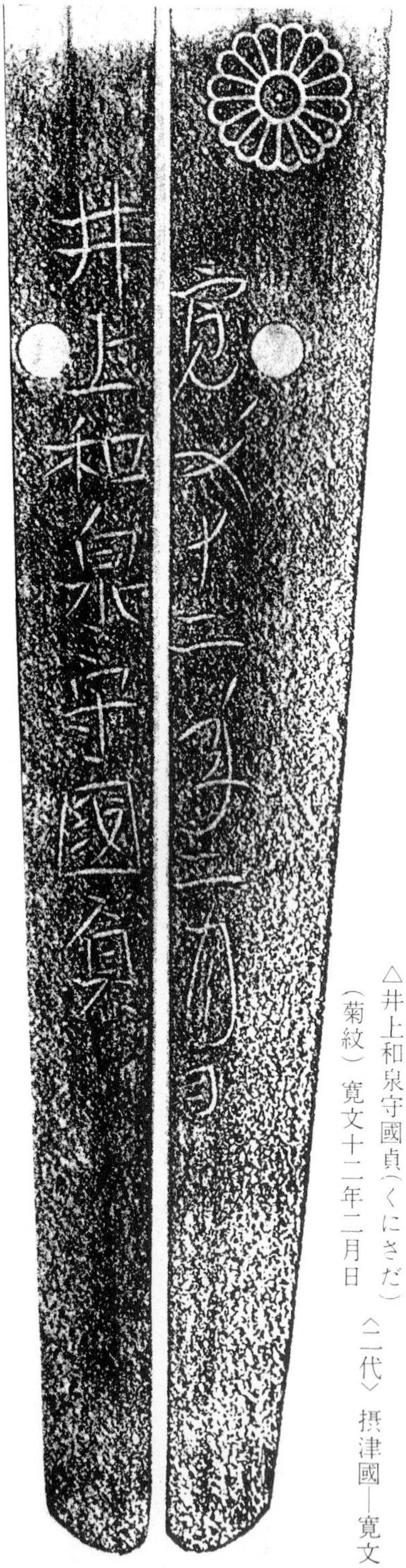

△井上和泉守國貞(くにさだ)
(菊紋)寛文十二年二月日
〈二代〉摂津國―寛文

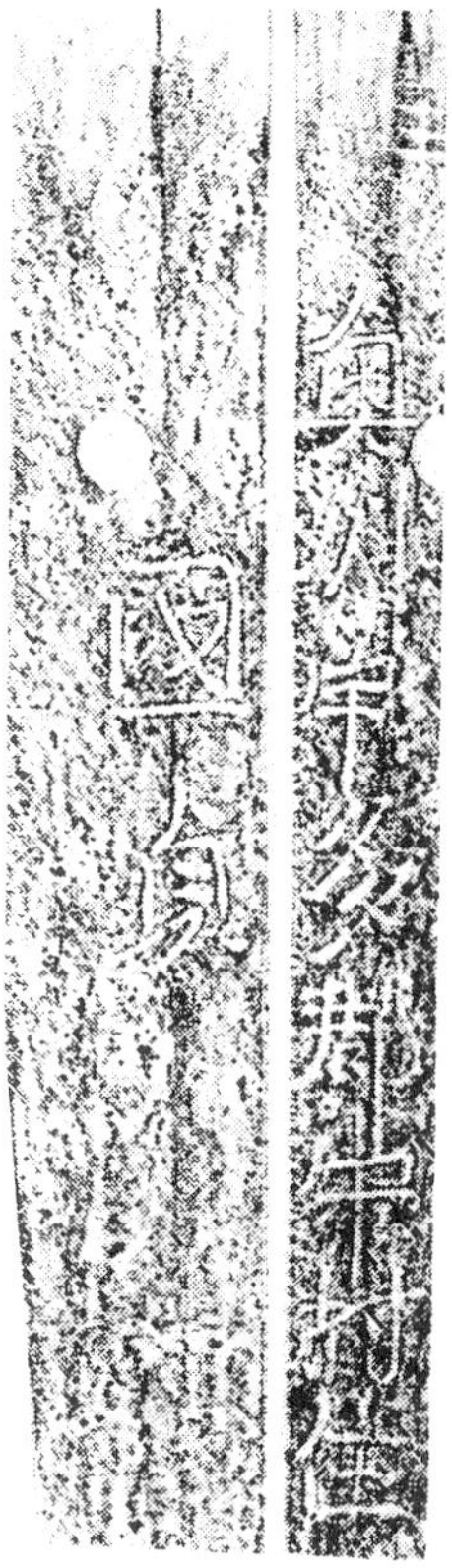

△國貞（くにさだ）
奥州宇多郡中村住
岩代國―江戸中期

△摂州大坂住藤原國実（くにざね）
寛永拾六年八月日
摂津國―寛永

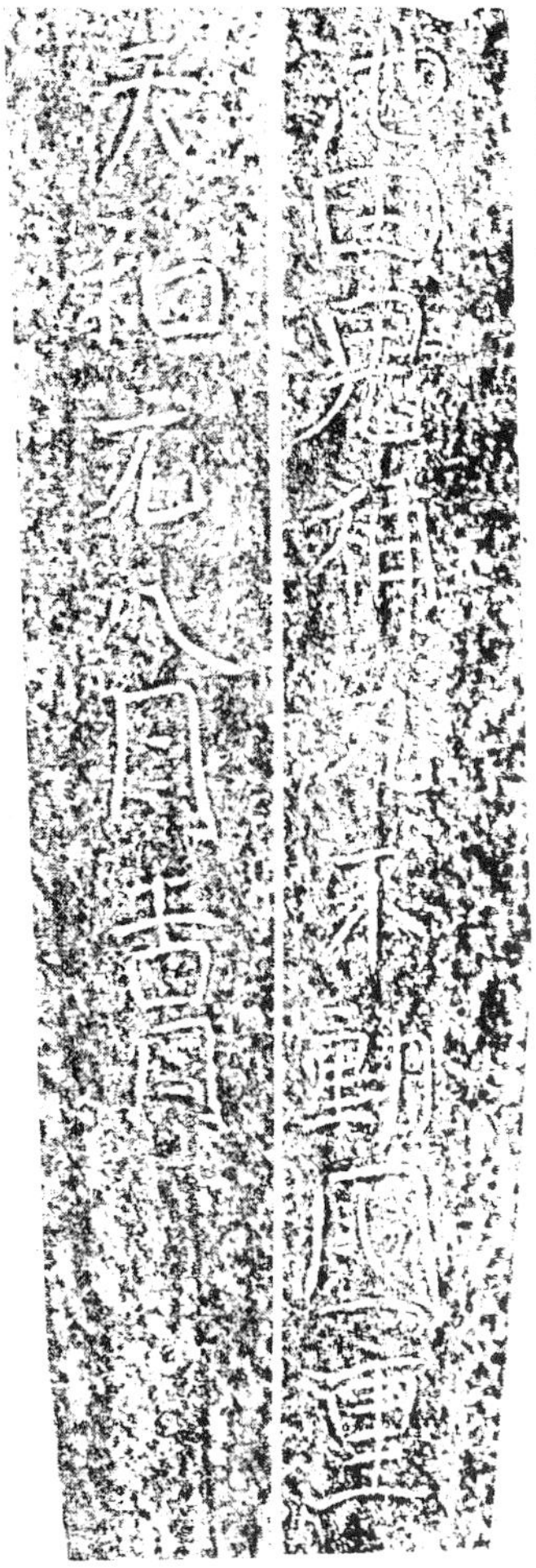

△池田鬼神丸不動國重（くにしげ）
天和元八月吉日
摂津國―天和

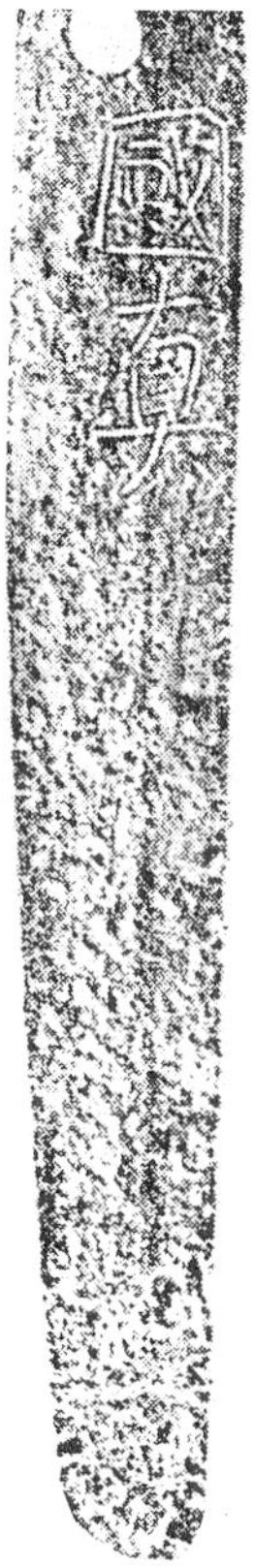

△國真（くにざね）〈堀川〉山城國―桃山期～江戸初期

△美濃大垣住國実（くにざね）美濃國―江戸中期

△武州下原住山本外記國重（くにしげ）武蔵國―江戸中期

△山城大掾源國重（くにしげ）武蔵國―江戸中期

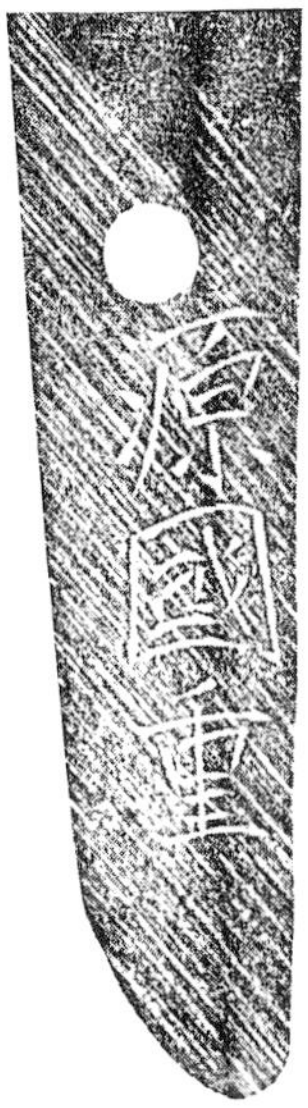

△源國重（くにしげ）武蔵國―江戸中期

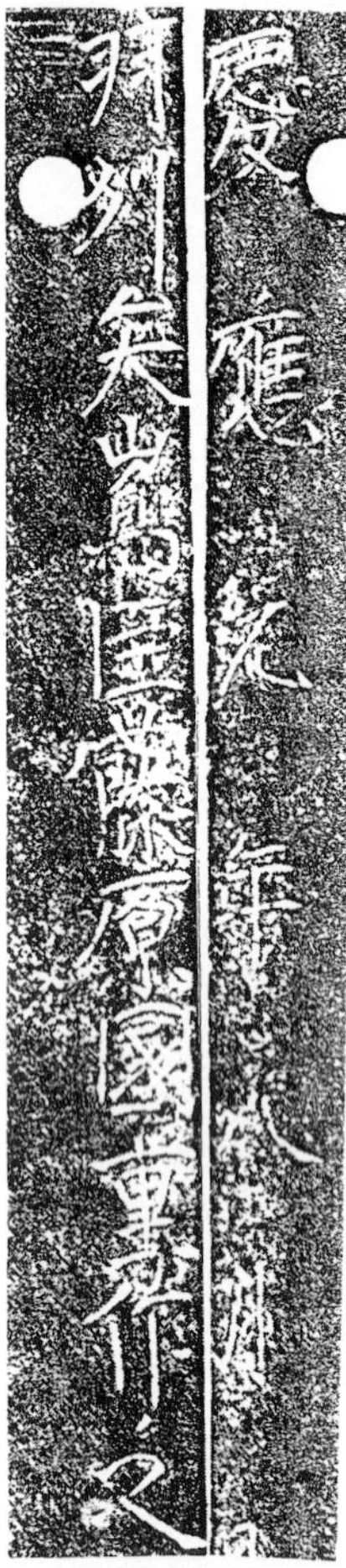

△羽州矢嶋臣藤原國重作之（くにしげ）
慶応元年八月日
羽後國―慶応

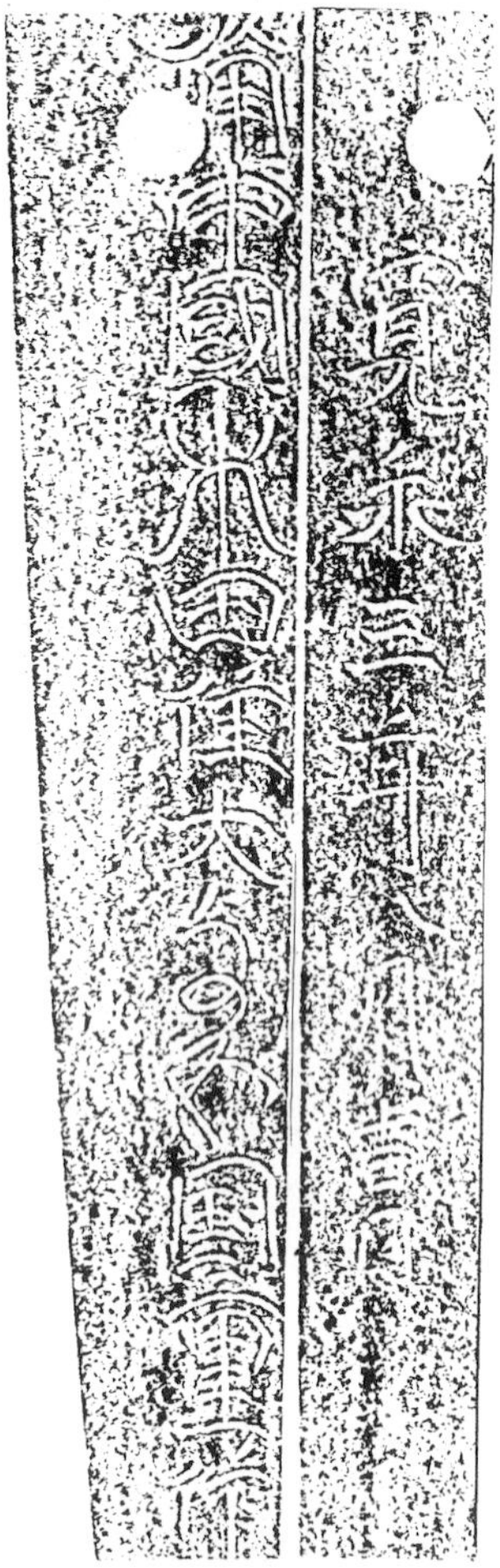

△備中國水田住大与五國重作（くにしげ）
寛永三年八月吉日
備中國―寛永

△備中國於松山城大月八郎左衛門作　寛永七年二月日
同水田住次郎左衛門尉國重（くにしげ）
備中國―寛永

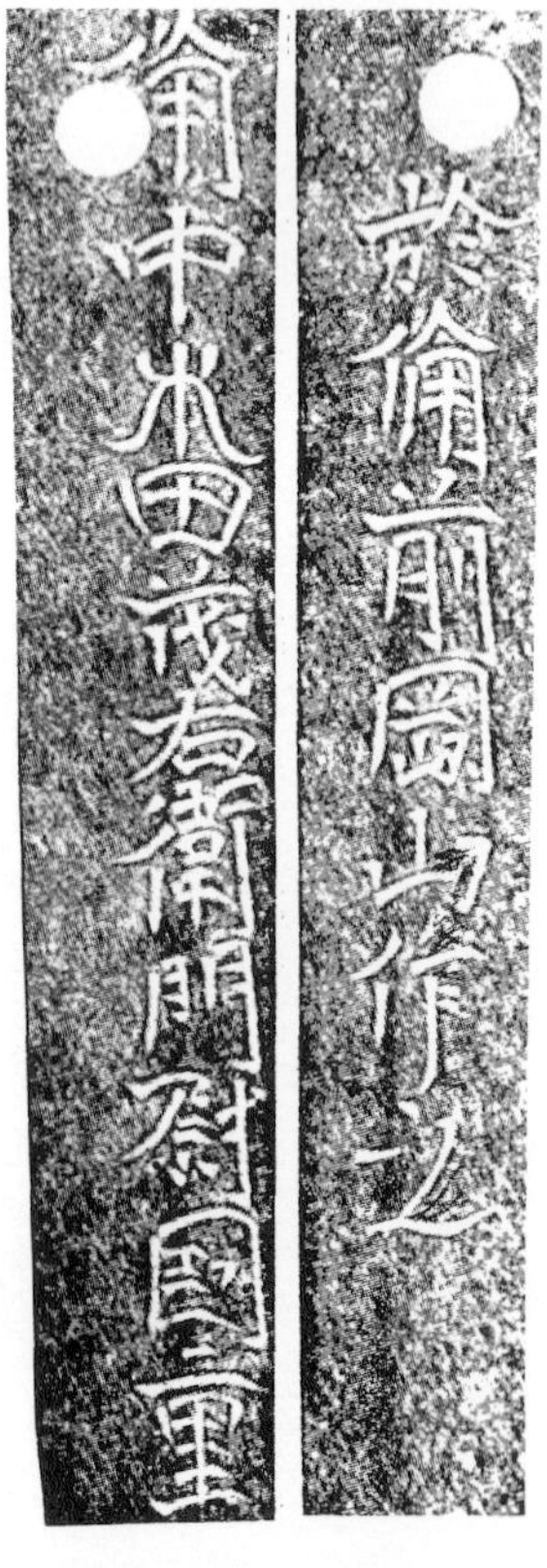

△備中水田茂右衛門尉國重（くにしげ）
於備前岡山作之
備中國―江戸中期

△備中國水田住國重作（くにしげ）〈市蔵〉備中国―桃山期

△大明京國重（くにしげ）　出雲國―江戸中期

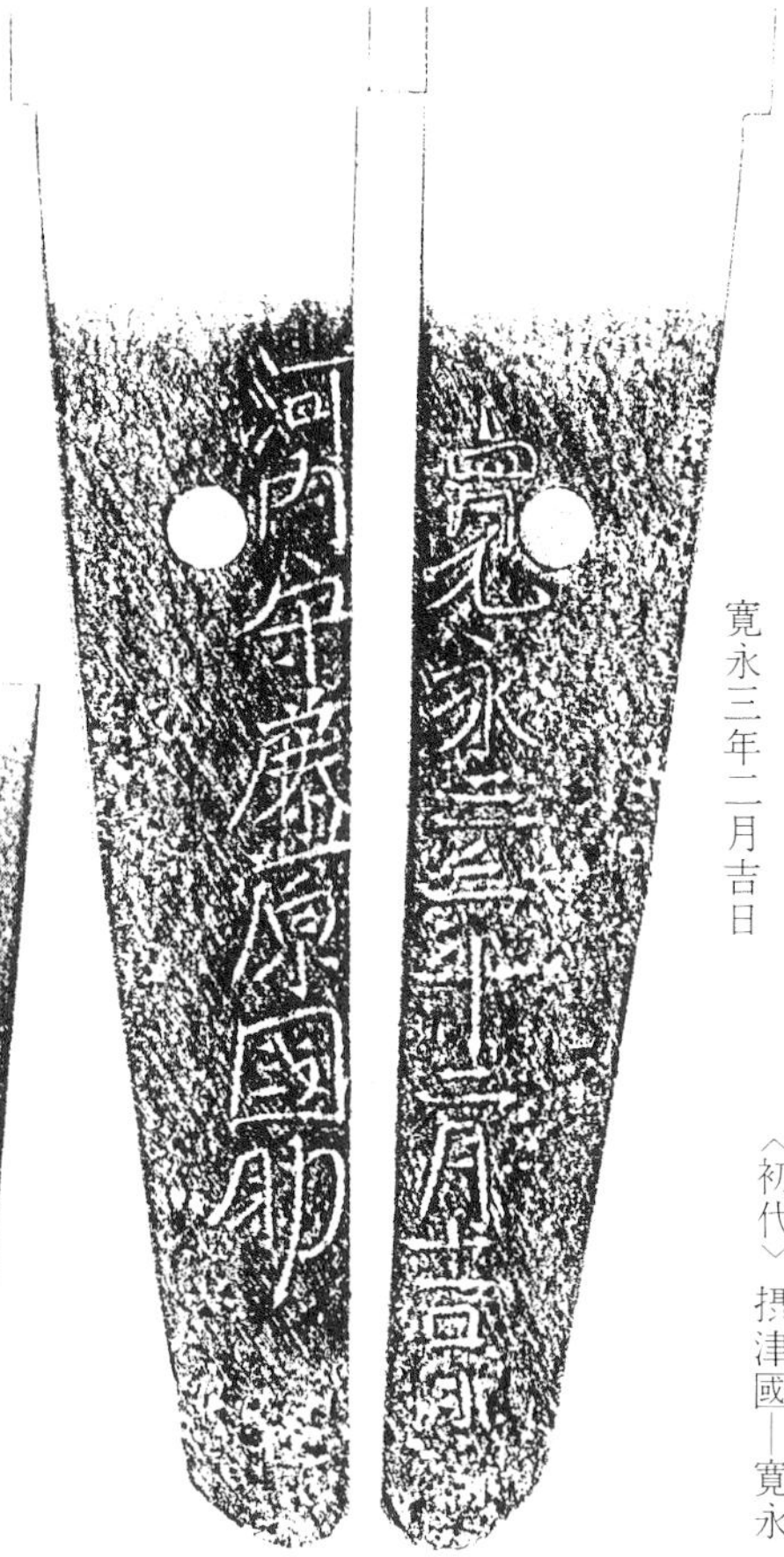


△河内守藤原國助（くにすけ）
寛永三年二月吉日
〈初代〉摂津國―寛永

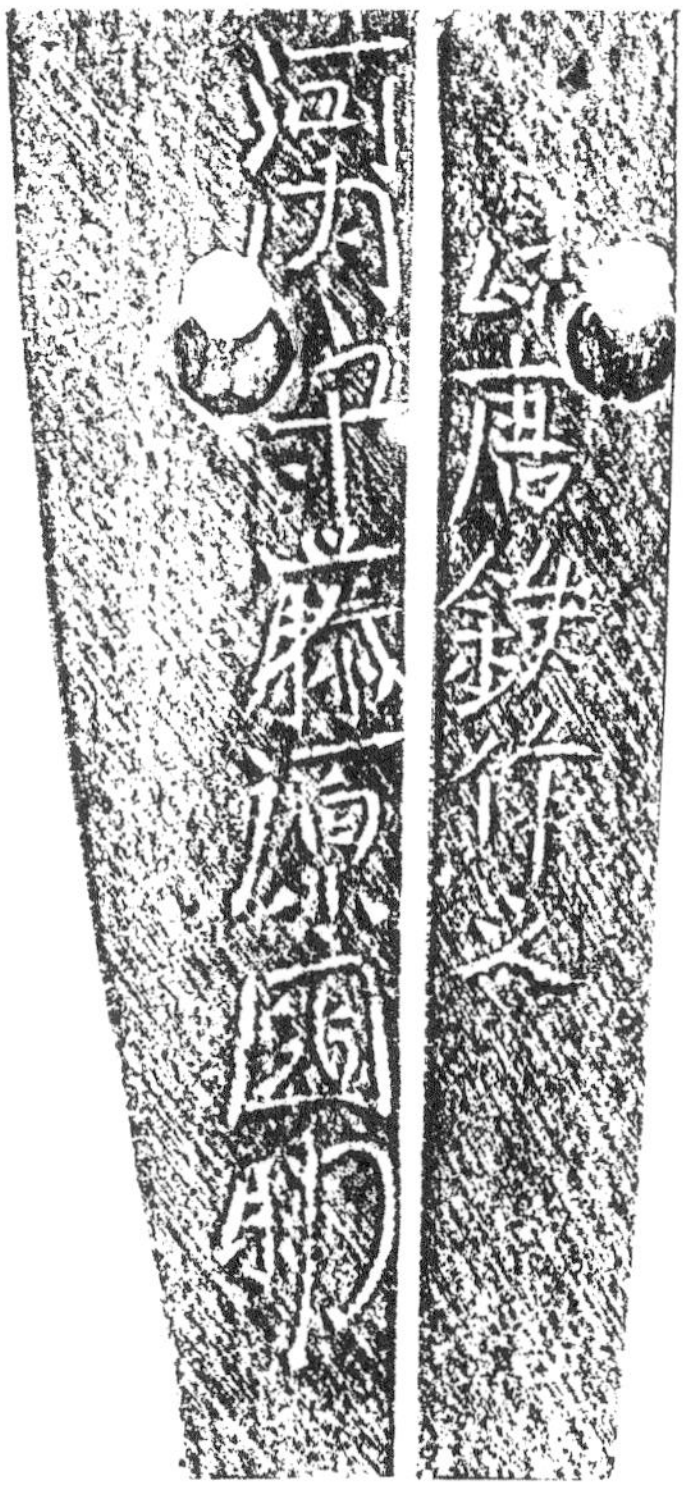


△河内守藤原國助（くにすけ）
以唐鉄作之
〈初代〉摂津國―桃山期

△河内守藤原國助（くにすけ）
寛永十九年二月吉日
〈初代〉摂津國―寛永

△河内守藤原國助（くにすけ）
慶安元年卯月吉日
〈二代〉摂津國―慶安

△河内守國助(くにすけ)〈二代〉摂津國―江戸中期

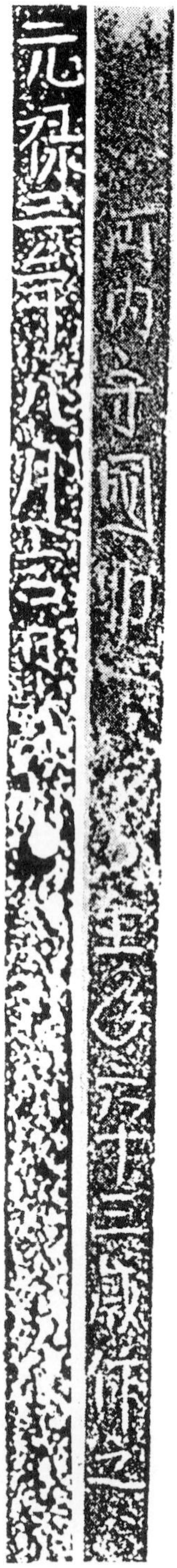

△河内守國助(くにすけ) 生年六十三歳作之 元禄三年八月吉日 〈二代〉摂津國―元禄

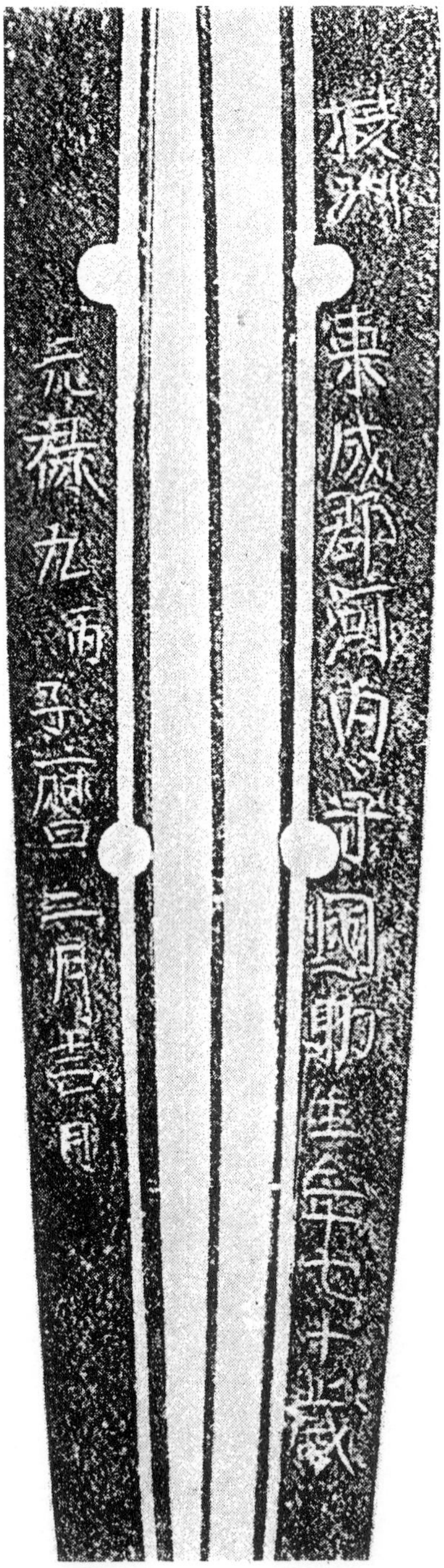

△摂津東成郡 河内守國助(くにすけ) 生年七十歳 元禄九丙子暦二月吉日 〈二代〉摂津國―元禄

△摂津國東成郡住人 小林河内守國助(くにすけ) 生年三十四歳作之 元禄九丙子年二月吉日 〈三代〉摂津國―元禄

△石見大掾藤原國助（くにすけ）　摂津國―江戸中期

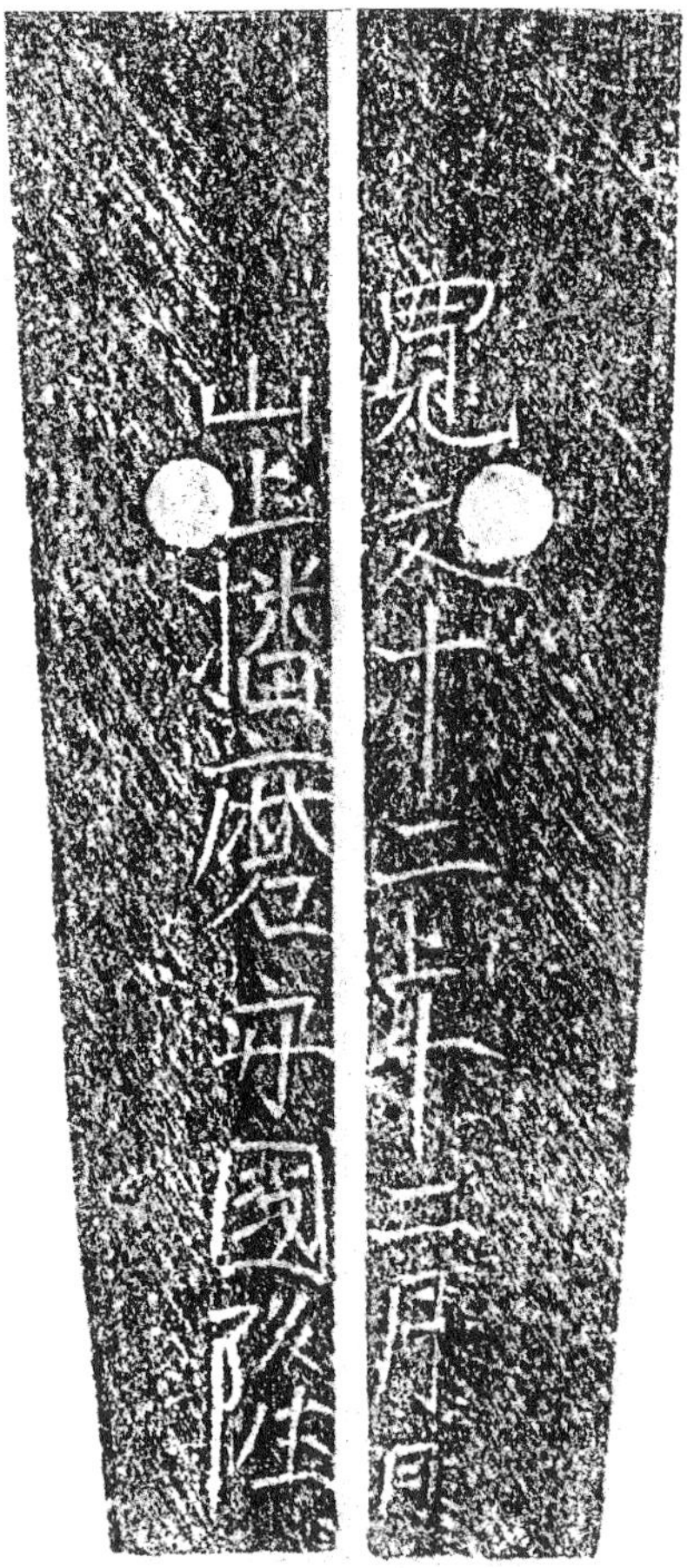

△山上播磨守國隆（くにたか）　摂津國―寛文
寛文十二年二月日

△平安城住藤原國武（くにたけ）〈堀川〉　山城國―桃山～江戸初期

△勢州神戸住國助（くにすけ）　摂津國―江戸中期

△摂州住藤原國隆（くにたか）〈二代國貞と合作〉　摂津國―江戸中期
和泉守藤原國貞（くにさだ）

△大和大掾國武（くにたけ）　武蔵國―慶応
慶応二年八月日

△國次（くにつぐ）〈堀川〉　山城國―桃山期

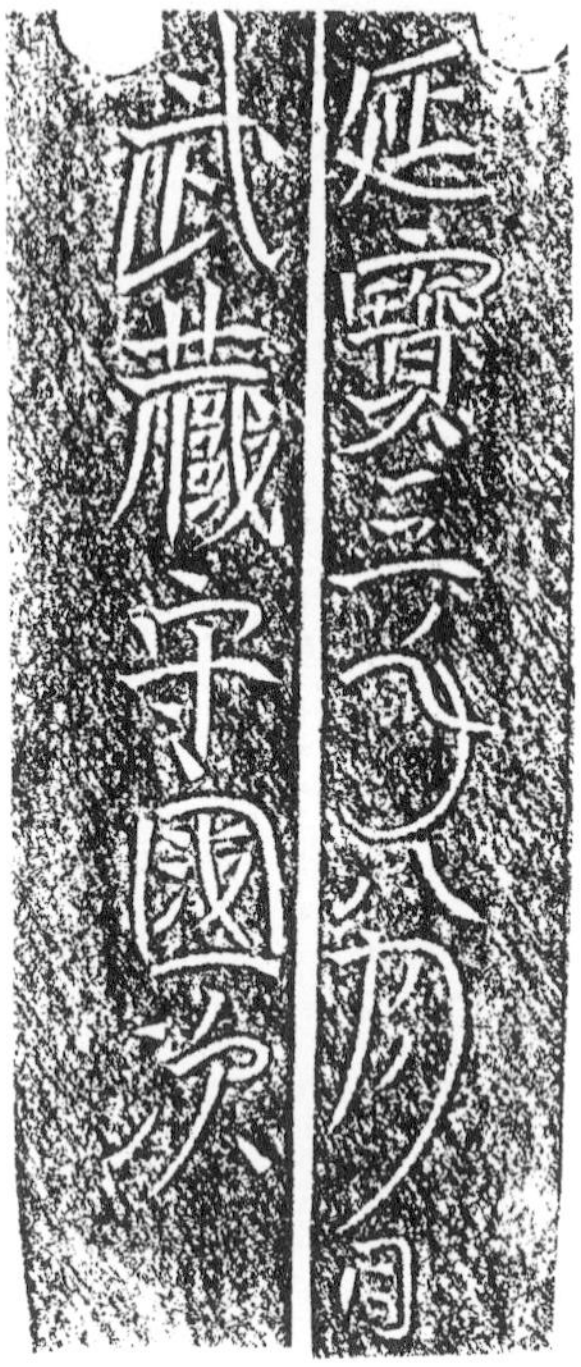

△武蔵守國次（くにつぐ）　摂津國―延宝
延宝三年八月日

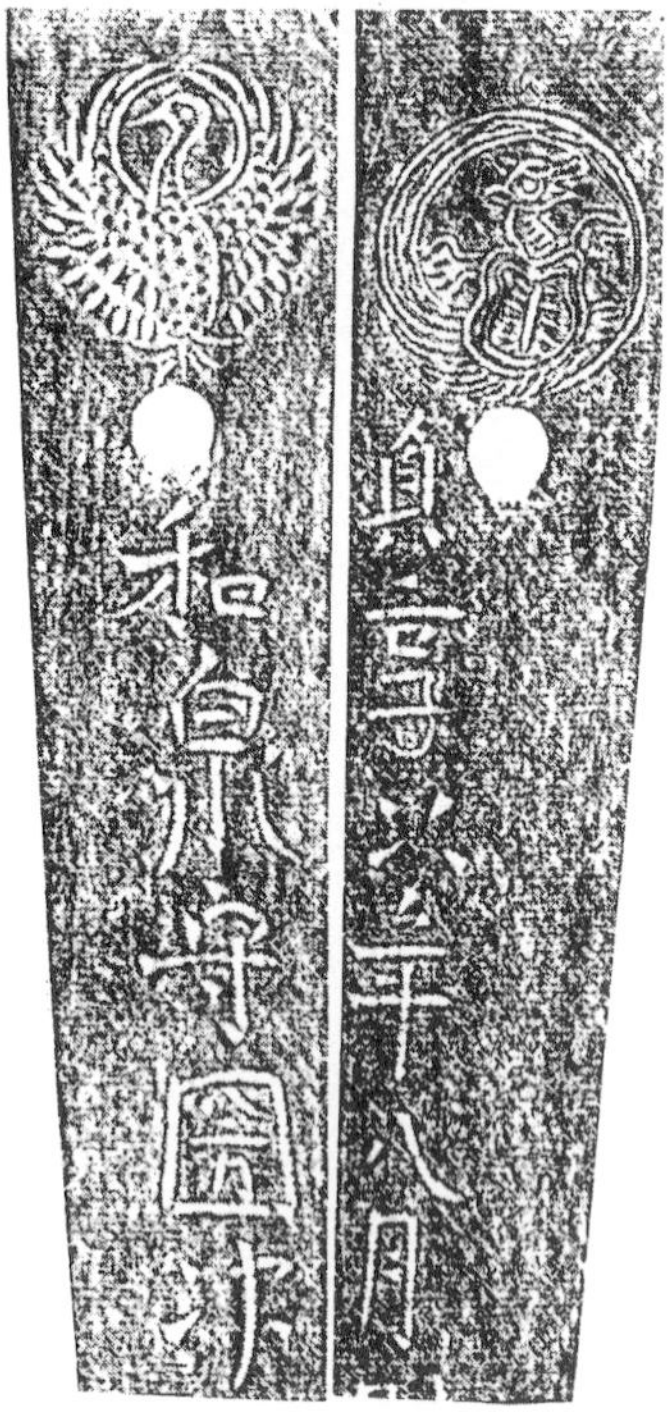

△（鶴丸紋）和泉守囶次（くにつぐ）　越前國―貞享
（蓑亀紋）貞享二年八月日

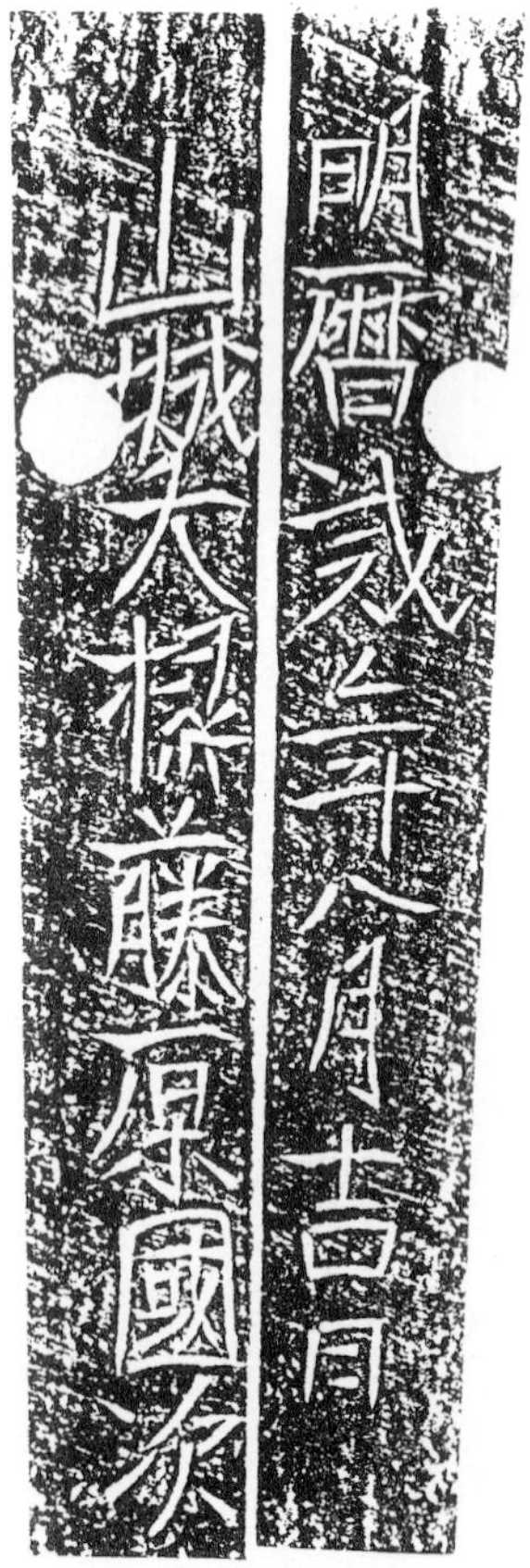

△山城大掾藤原國次（くにつぐ）　武蔵國―明暦
明暦貳年八月吉日

△越前大掾藤原國次（くにつぐ）　山城國―桃山～江戸初期

△越前守藤原國次（くにつぐ）　山城國―桃山～江戸初期
於熊本以南蛮鉄

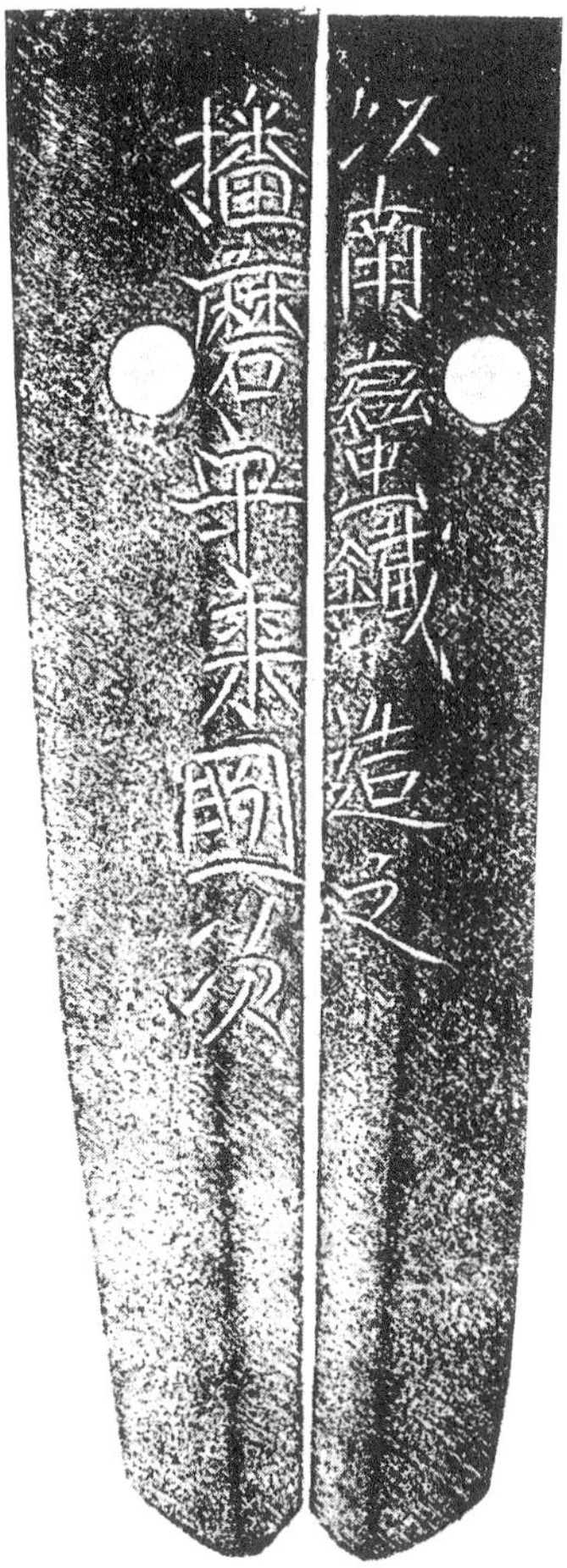

△播磨守来國次（くにつぐ）
以南蛮鉄造之
備中國―江戸中期

△相模守藤原國綱（くにつな）
越前住以南蛮鉄作之
越前國―江戸中期

△河内守藤原國次作（くにつぐ）陸前國―江戸中期

△河内守源國英（くにてる・くにひで）出雲國―江戸中期

△来國綱（くにつな）常陸國―桃山期

△上野守藤原國常（くにつね）美濃國―江戸中期

△小林隼之進國輝（くにてる）〈三代〉摂津國―寛文
寛文十一年八月日

△伊勢守國輝（くにてる）〈四代〉摂津國―江戸中期

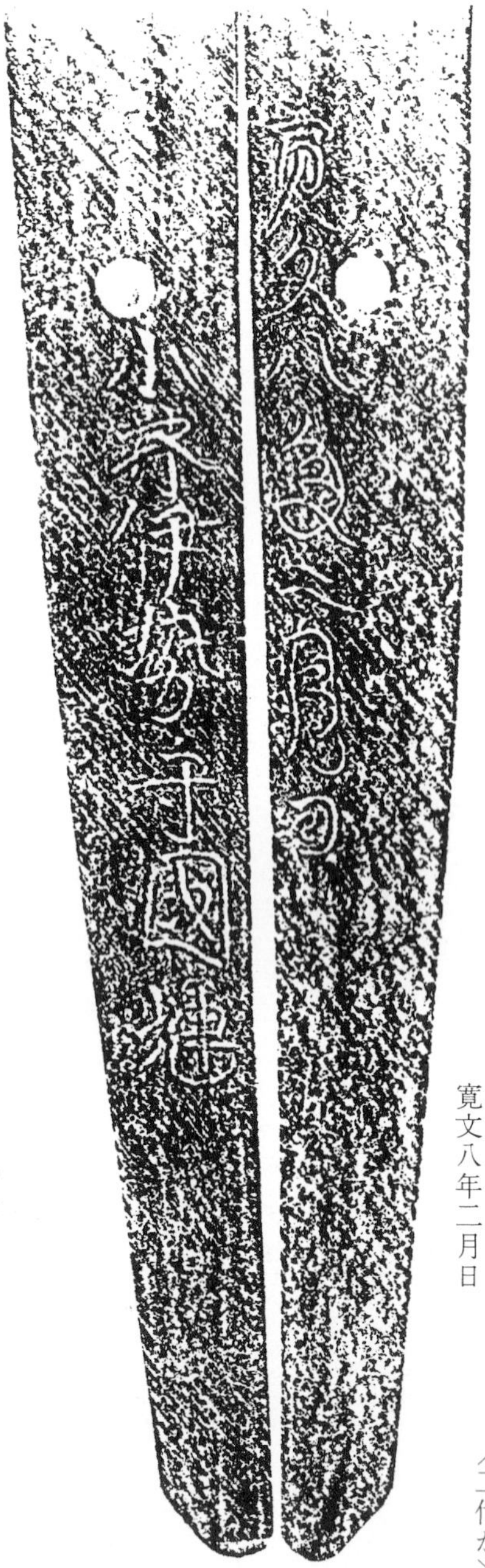

△小林伊勢守國輝（くにてる）〈二代か〉摂津國―寛文
寛文八年二月日

△伊勢大掾藤原國輝（くにてる）〈三代〉摂津國―江戸中期

△小林伊勢守國輝（くにてる）〈三代〉摂津國―延宝
延宝三年八月日

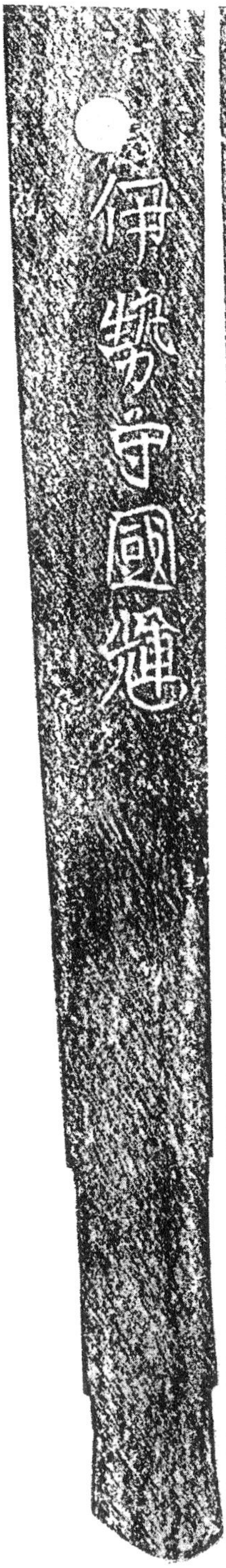

△伊勢守國輝（くにてる）
宝永元甲庚年秋冬吉旦
〈四代〉摂津國―宝永

△和泉大掾藤原國輝作（くにてる）伊豫國―江戸中期

△越後守藤原國儔（くにとも）〈堀川〉山城國―桃山期

△越後守藤原國儔（くにとも）〈堀川〉山城國―桃山期

△國富（くにとみ）
井上真改於宅造之
日向國―江戸中期

△（菊紋）八幡宮根本和泉守藤原國虎（くにとら）〈初代〉磐城國―貞享
（技菊紋）于時貞享二年八月吉日
奥州岩城住人

△和泉守藤原國虎（くにとら）〈二代〉磐城國―江戸中期

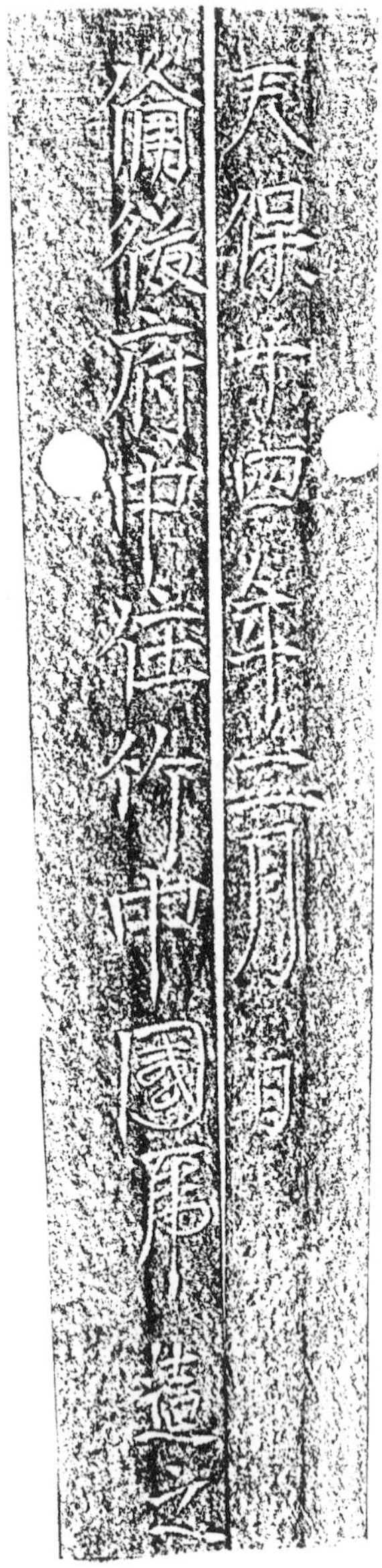

△備後府中住竹中國虎造之（くにとら）〈邦彦初銘〉備後國―天保
天保十四年二月日

△國永（くになが）陸奥國―江戸中期

△藤原國徳（くにのり）〈堀川〉山城國―桃山期

△國徳（くにのり）〈堀川〉山城國―桃山期

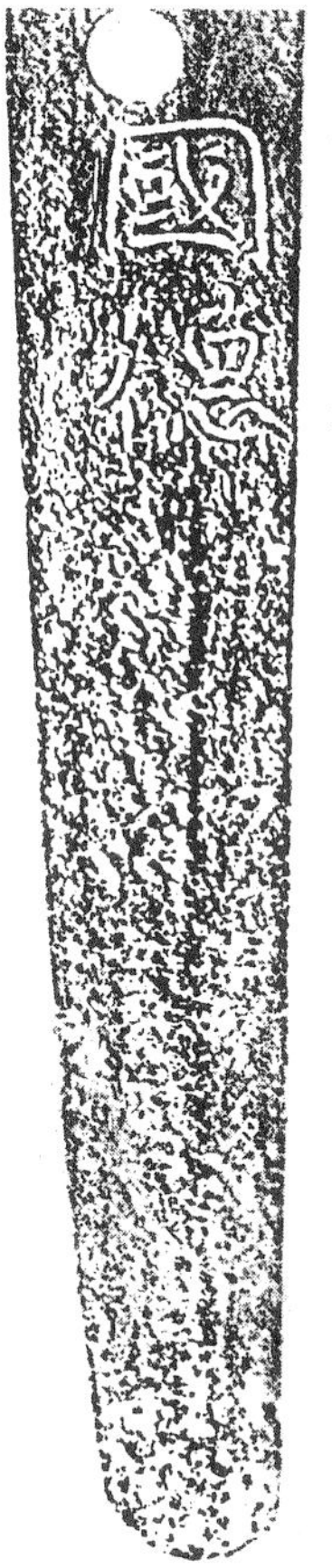

△洛陽堀川住國久作（くにひさ）山城國―江戸前期

△延寿國秀（くにひで）肥後國―江戸末期

△天保十三壬寅歳六月日　円龍子國秀作（くにひで）
応小島織之助敬光需
武蔵國―天保

△来國治（くにはる）
寛文七年八月吉日
尾張國―寛文

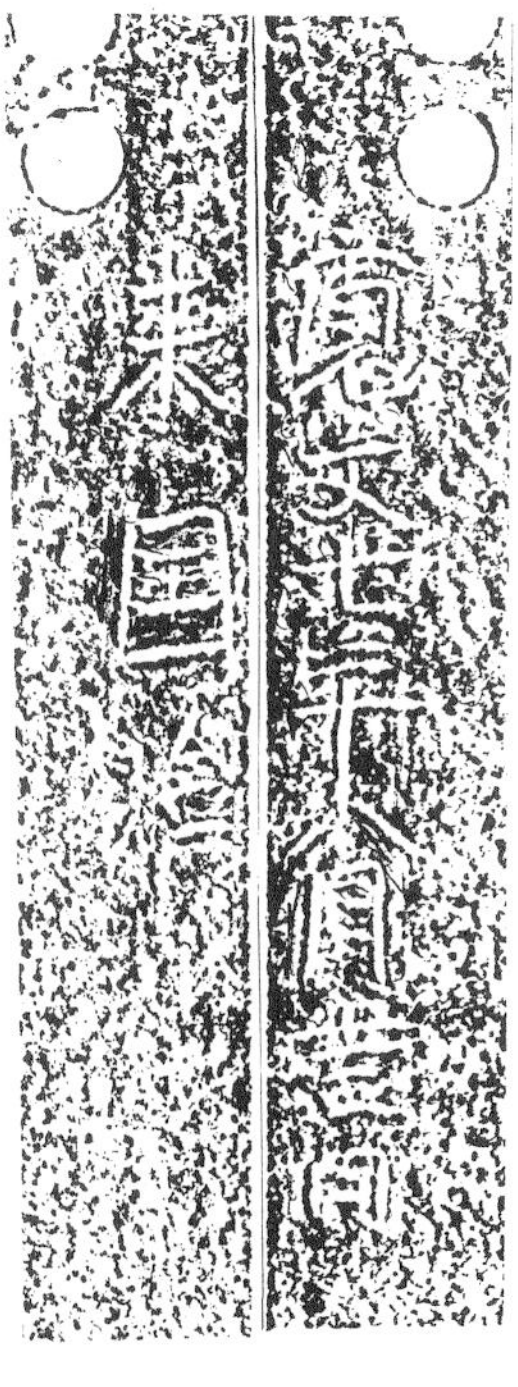

△延寿國秀（くにひで）
文化十三子十一月日
肥後國―文化

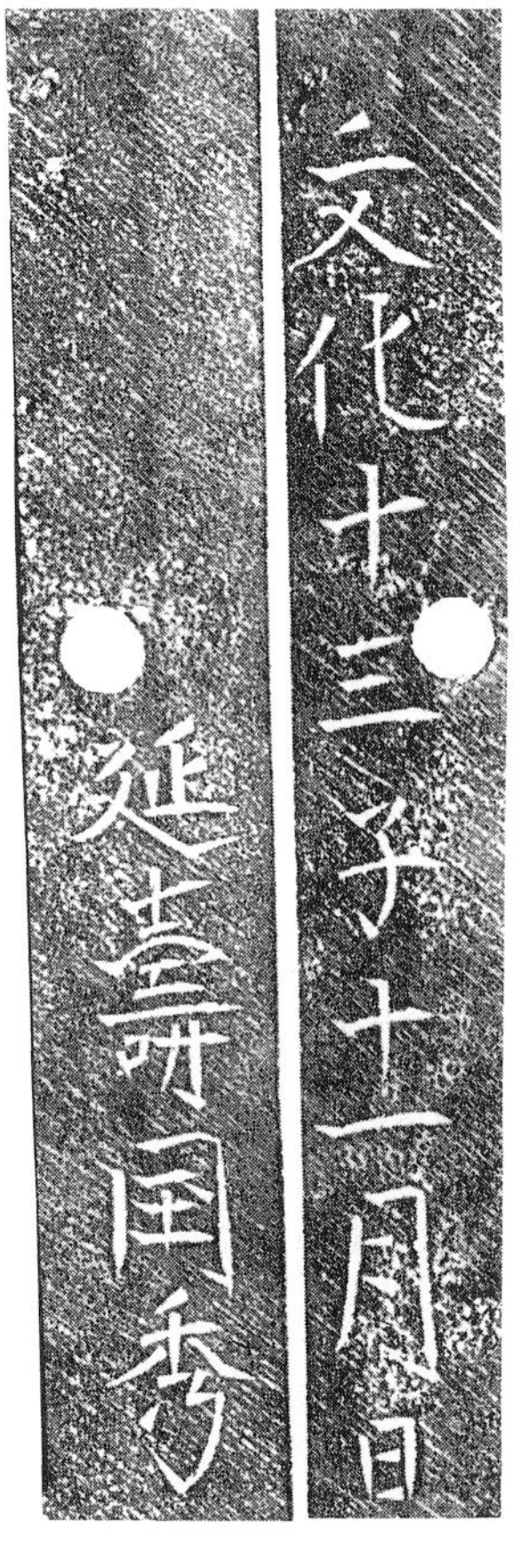

△相州住圀秀作（くにひで）相模國―江戸末期

△米沢臣藤原國秀彫同作（くにひで） 羽前國—文化
文化五年二月日〈切付銘有〉

△摂州住國平（くにひら） 延宝七年二月日〈初代〉 摂津國—延宝

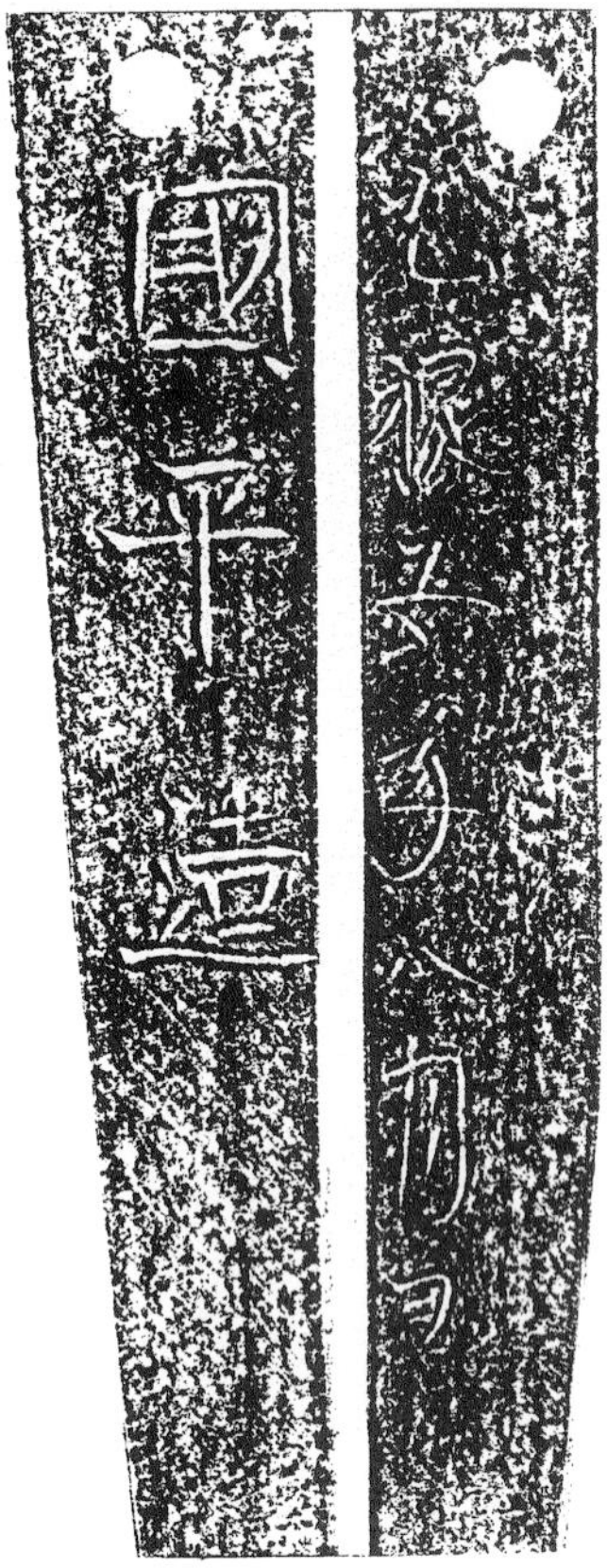

△國平造（くにひら） 〈二代〉 摂津國—元禄
元禄五年八月日

△山城大掾藤原國平（くにひら） 豊後國—江戸中期

△薩摩國住國平造（くにひら） 薩摩國—江戸中期

△國廣（くにひろ）〈堀川〉山城國―桃山期

△日州古屋住國廣〈花押〉（くにひろ）〈堀川〉山城國―桃山期

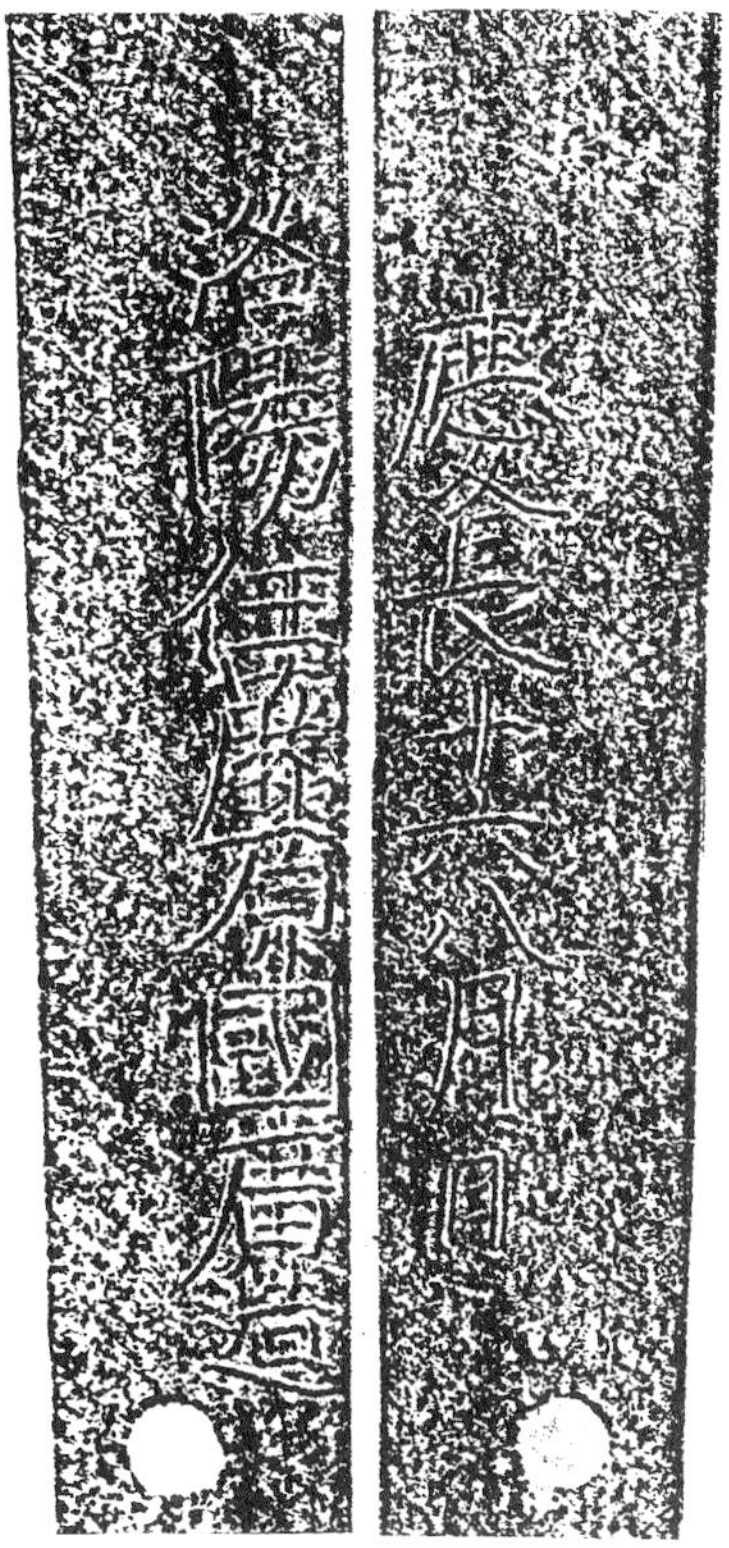

△洛陽住藤原國廣造（くにひろ）〈堀川〉山城國―慶長
慶長十六八月日

△日州古屋之住國廣作（くにひろ）〈堀川〉山城國―桃山期

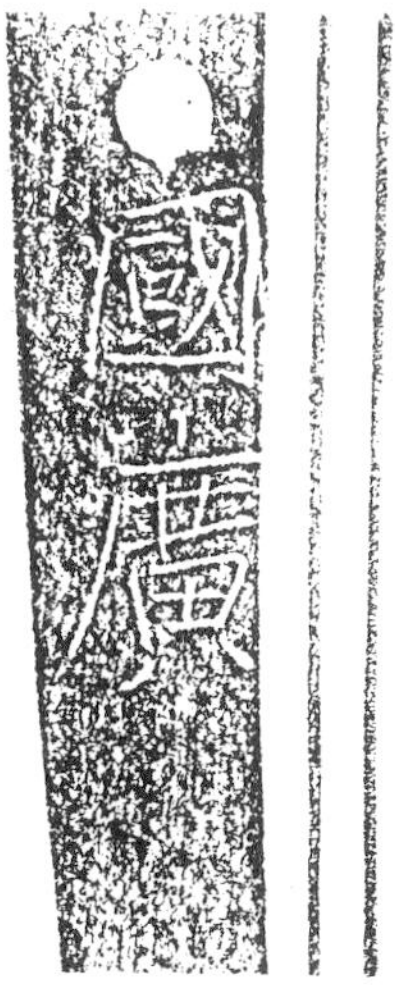

△國廣（くにひろ）〈堀川〉山域國―桃山期

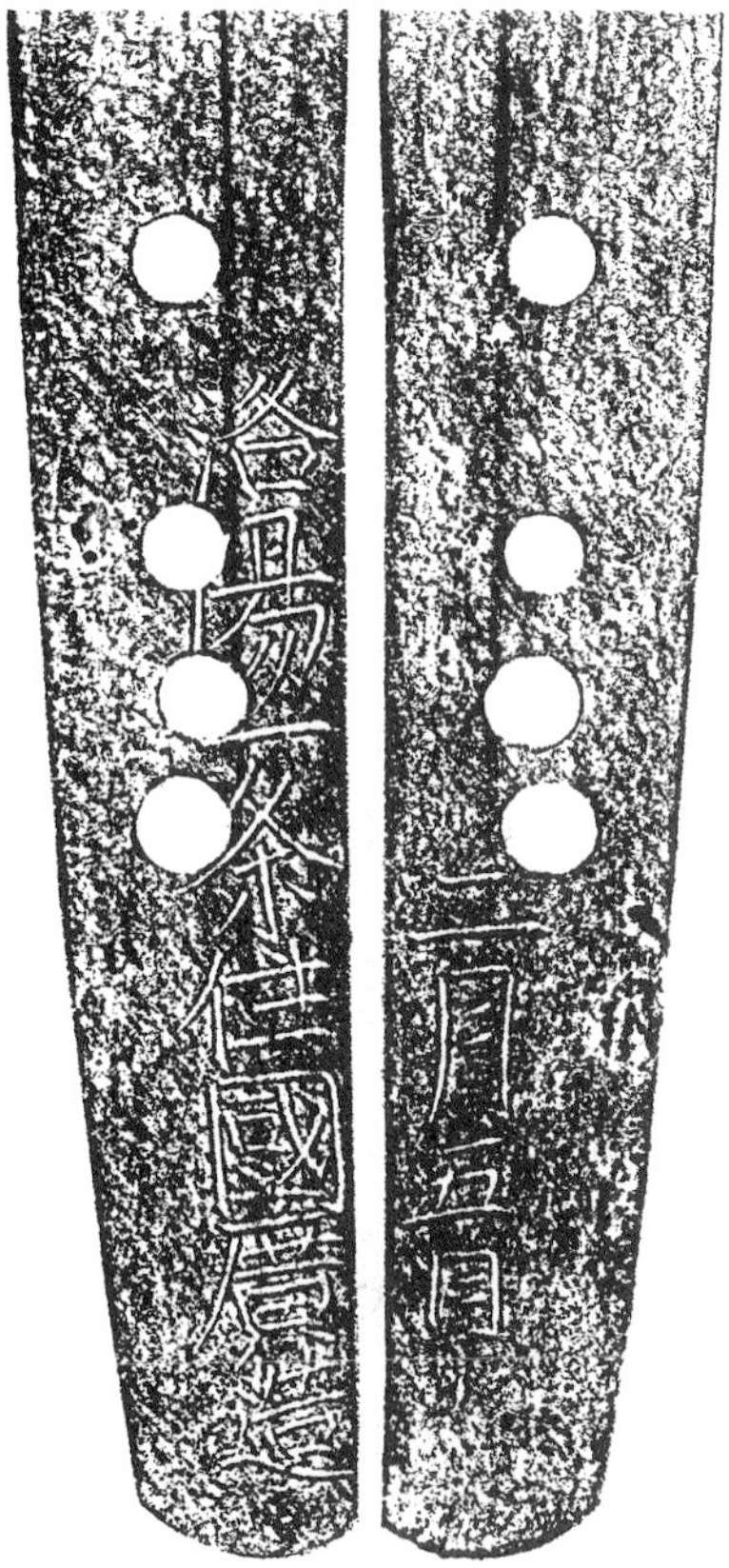

△洛陽一条住國廣造（くにひろ）〈堀川〉山城國―桃山期
二月五日

△洛陽住信濃守藤原國廣造（くにひろ） 山城國―桃山期

△筑後大掾國房（くにふさ） 伊豫國―江戸中期

△藤原國房（くにふさ）
元和二年二月吉日 伊豫國―元和

△駿河守國正（くにまさ） 伊豫國―江戸中期

△肥前住藤原國廣（くにひろ） 肥前國―江戸初期

△筑後守藤原國房（くにふさ） 伊豫國―江戸中期

△宇和嶋住藤原國正（くにまさ）
元治元甲子年八月日 伊豫國―元治

△法城寺但馬守橘國正（くにまさ）武蔵國—江戸中期

△國政（くにまさ）〈堀川〉山城國—桃山期

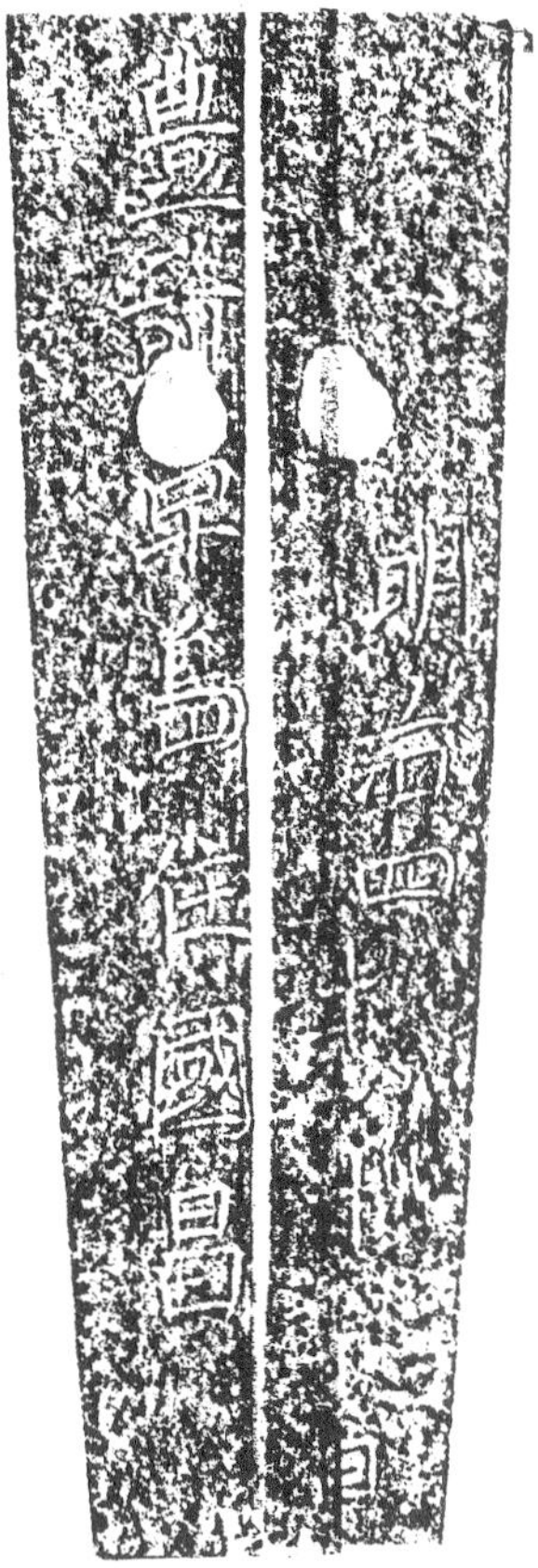

△豊前宇島住國昌（くにまさ）
明治四未十月日
豊前國—明治

△（菊紋）山城守源國道（くにみち）伊豫國—江戸中期

△國正（くにまさ）〈堀川〉山城國—桃山期

△土州住國益（くにます）
天和貳壬戌八月吉旦
土佐國—天和

△土左高智住國益作（くにます）
元禄十三庚辰八月日
土佐國—元禄

△出羽大掾藤原國道（くにみち）〈國路初銘〉山城國—桃山期

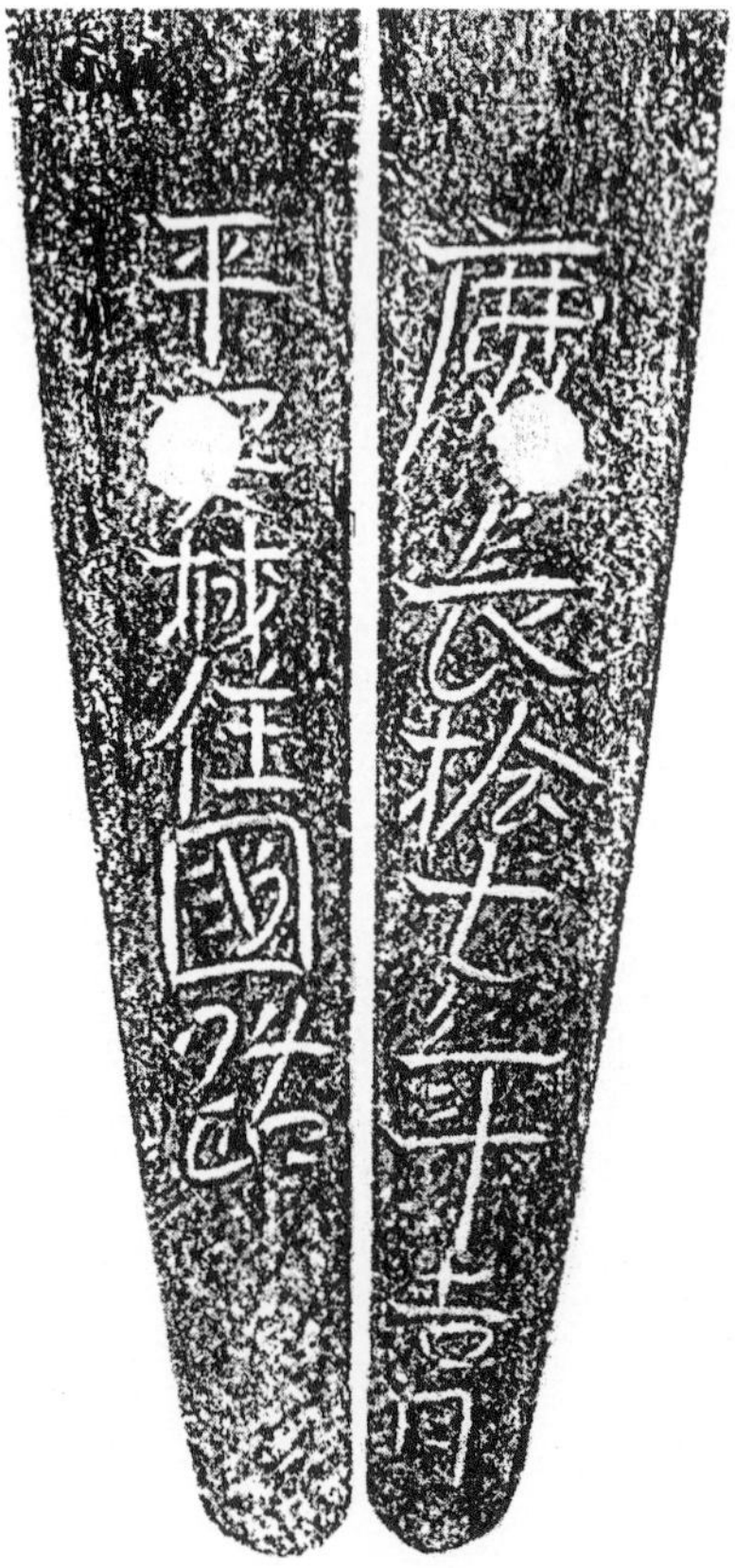


△平安城住國路（くにみち）
慶長拾七年吉日
山城國—慶長

△出羽大掾藤原國路（くにみち）山城國—桃山期

△来國路（くにみち）山城國—桃山期

△出羽大掾藤原来國路（くにみち）山城國—桃山期

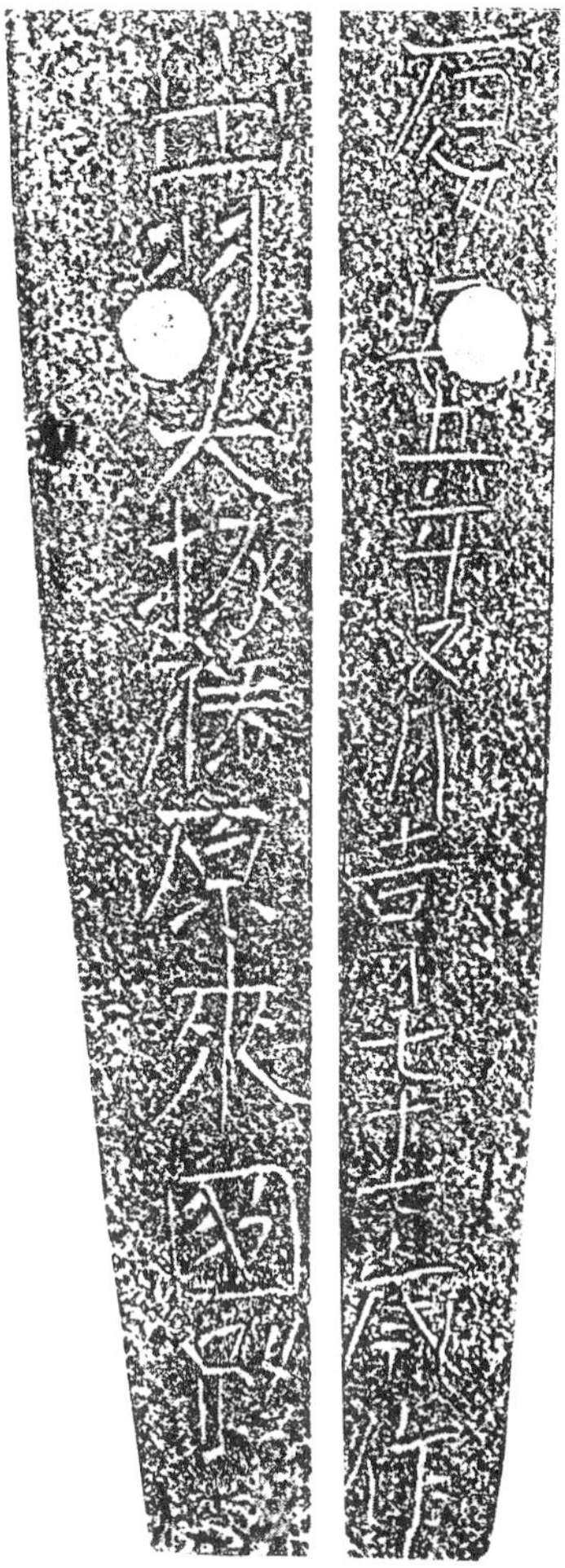

△出羽大掾藤原来國路（くにみち）　山城國―慶安
慶安五年五月吉日七十七歳作

△出羽大掾藤原國路（くにみち）　山城國―万治
万治三年九月日

△備前岡山住國宗（くにむね）　備前國―江戸中期

△出羽大掾藤原國路（くにみち）　山城國―明暦
明暦三年五月日

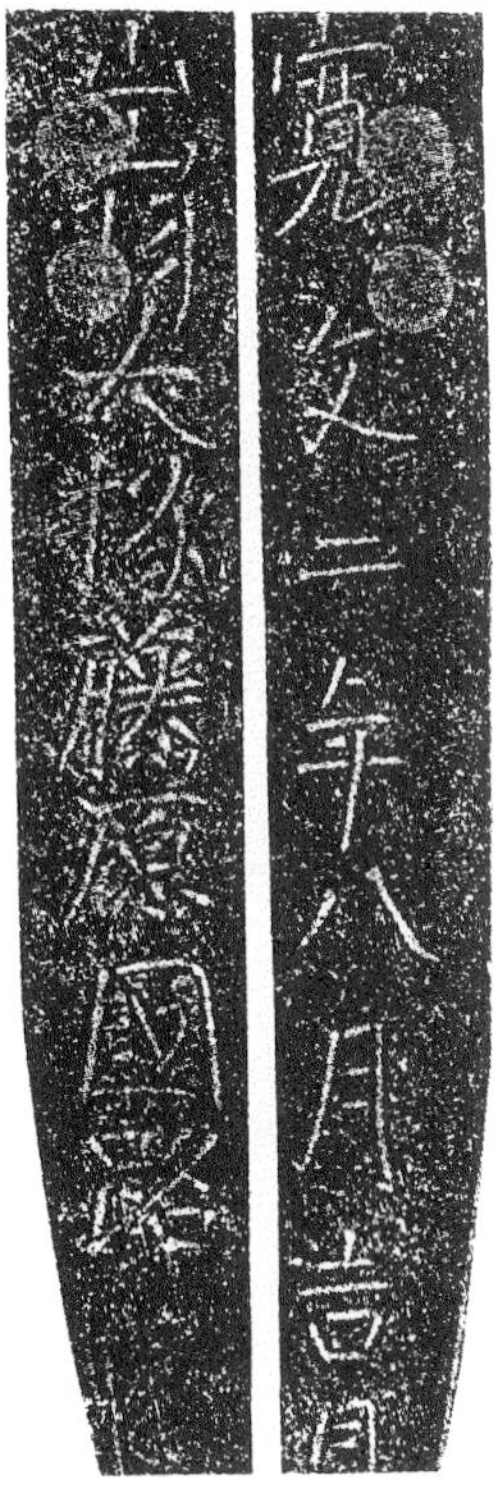

△出羽大掾藤原國路（くにみち）　山城國―寛文
寛文二年八月吉日

△洛陽堀川住藤原國盛（くにもり）　山城國―桃山期

△國安（くにやす）〈堀川〉山城國—桃山期

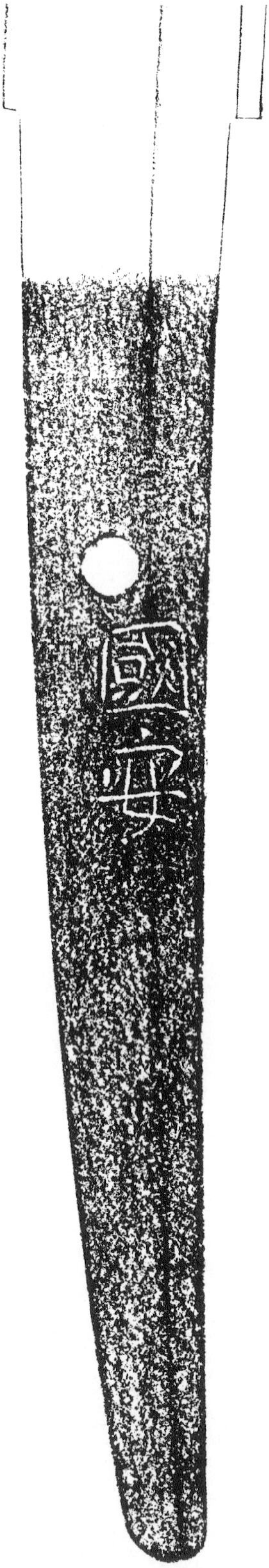

△國安（くにやす）〈堀川〉山城國—桃山期

△國安（くにやす）〈堀川〉山城國—桃山期

△國安（くにやす）〈堀川〉山城國—桃山期

△肥後守國康（くにやす）山城國—江戸中期

△肥後守國康（くにやす）山城國—江戸中期

△摂州住藤原國幸（くにゆき）寛永二年三月吉日　摂津國—寛永

△摂州尼崎住藤原國幸（くにゆき）摂津國—桃山期

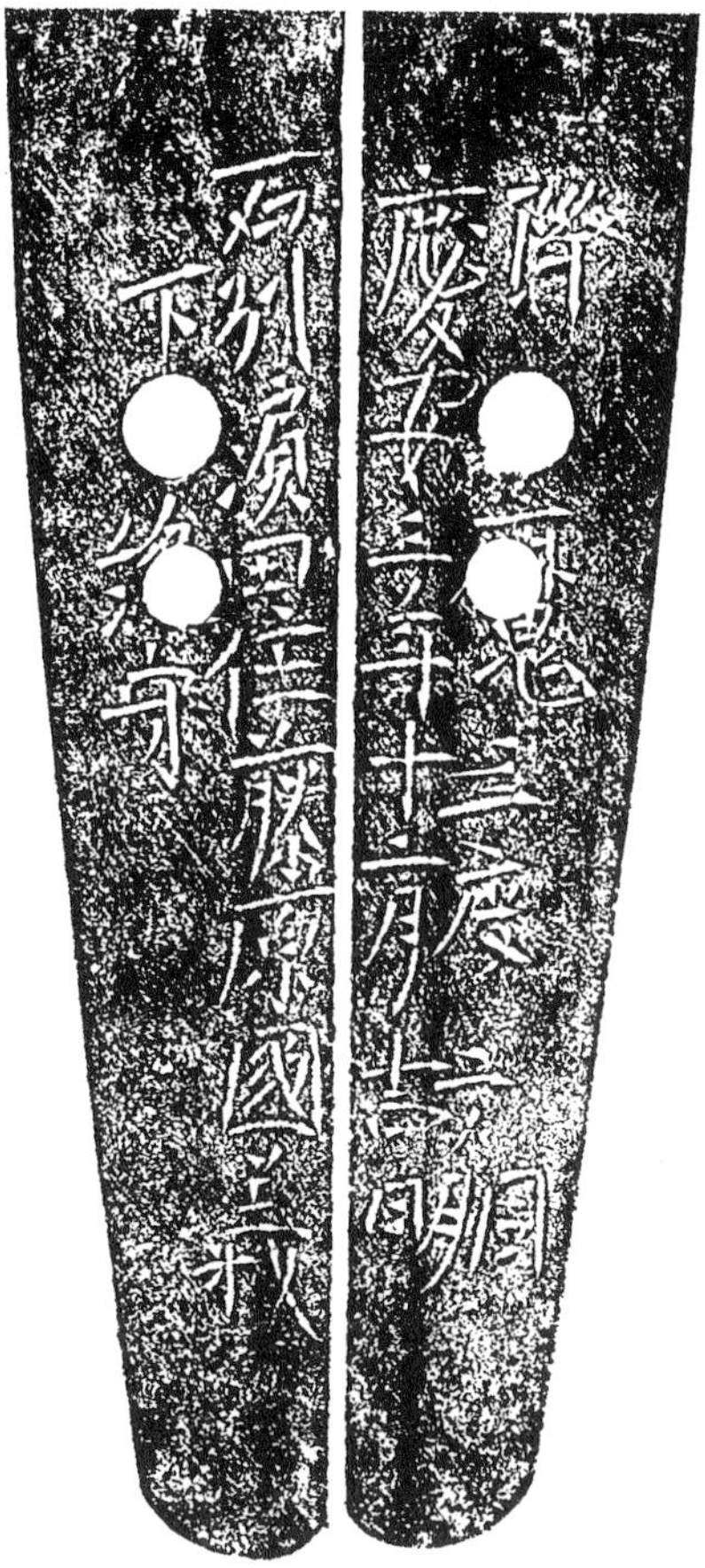
△石州浜田住藤原國義（くによし）下総守
慶安三年十二月吉日
降魔三度二ッ胴
〈初代〉摂津國―慶安

△新藤原國義（くによし）陸中國―江戸中期

△竹中邦彦作（くにひこ）武蔵國―江戸末期

△下総守國義（くによし）〈初代〉摂津國―江戸初期

△下総守國義（くによし）〈二代〉摂津國―江戸中期

△豊後守源國義（くによし）豊後國―江戸中期

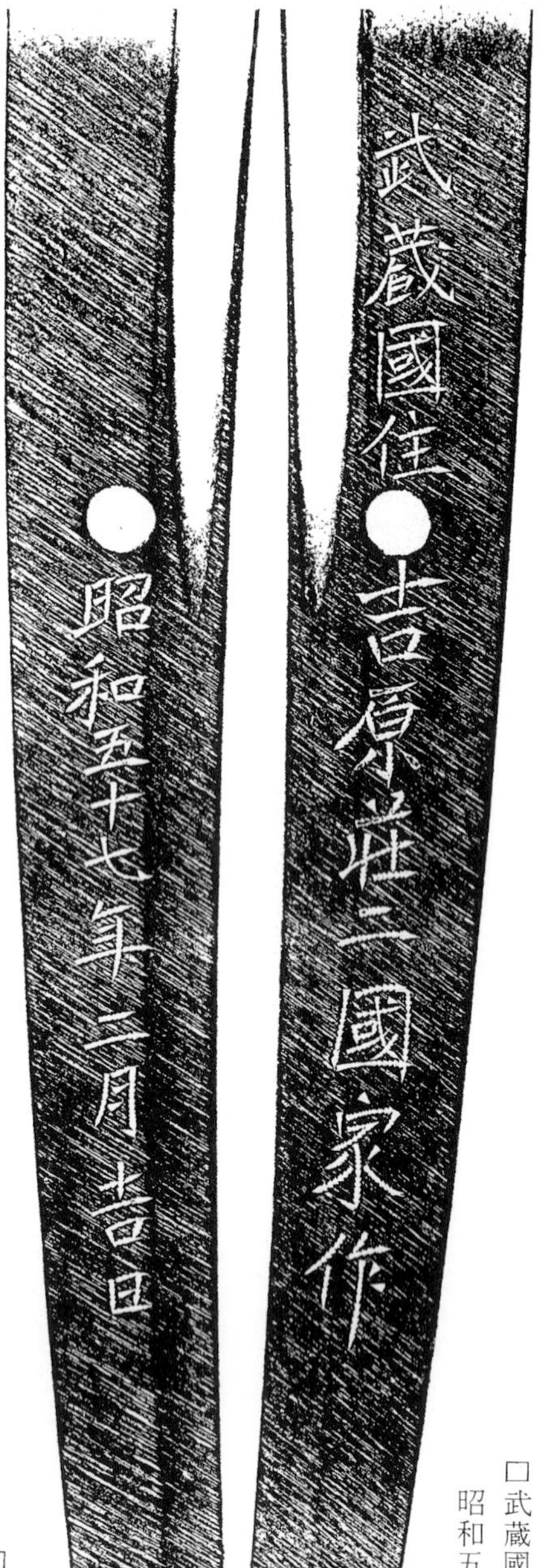


□武蔵國住吉原荘二國家作（くにいえ）東京都―昭和
昭和五十七年二月吉日

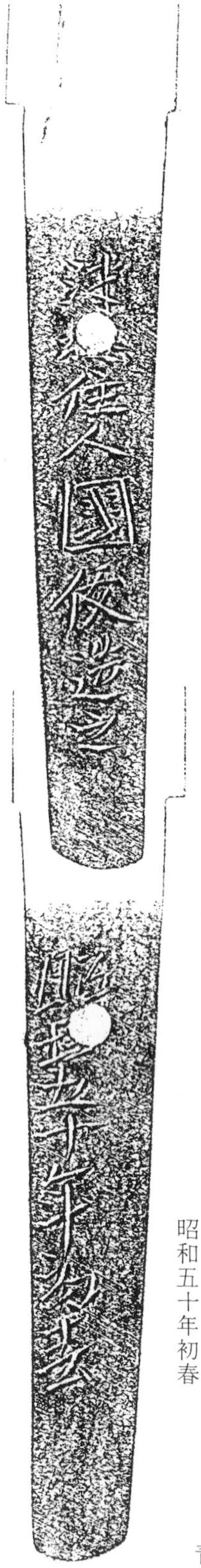


□津軽住人國俊造之（くにとし）青森県―昭和
昭和五十年初春

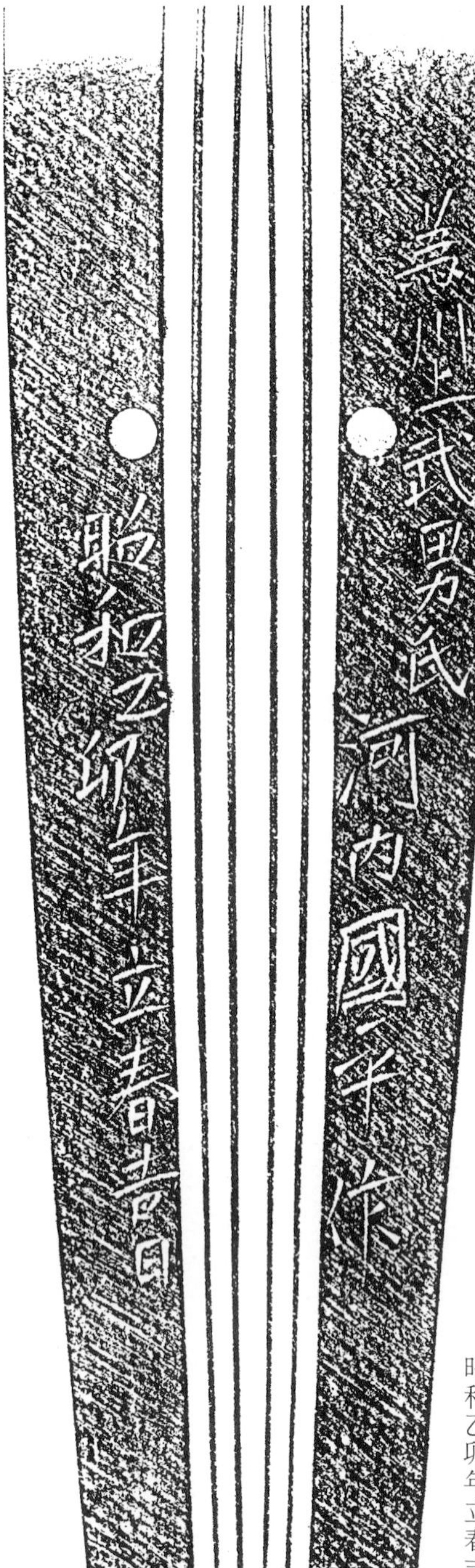


□為川上武男氏河内國平作（くにひら）奈良県―昭和
昭和乙卯年立春吉日

○是介（これすけ）〈青江〉備中國―鎌倉後期

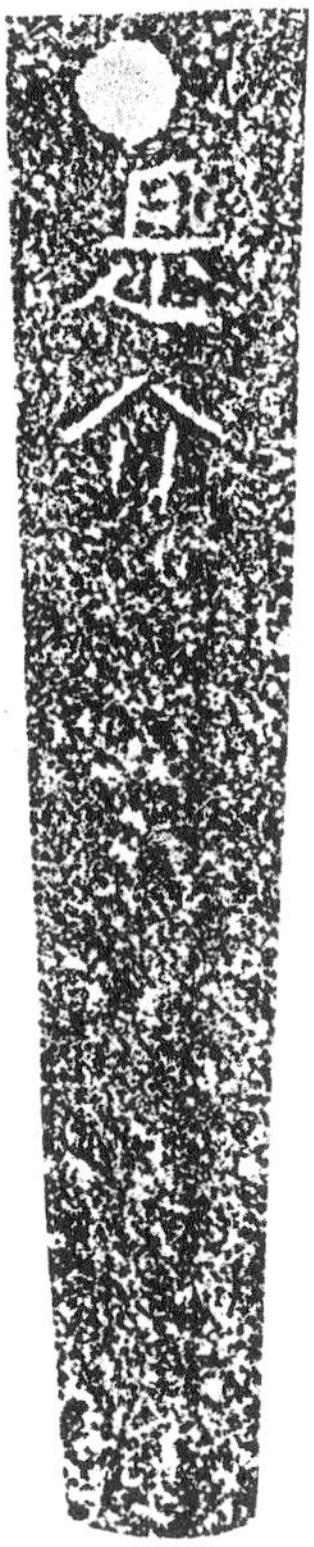

○備州長船是助（これすけ）備前國―応永
応永廿年八月日

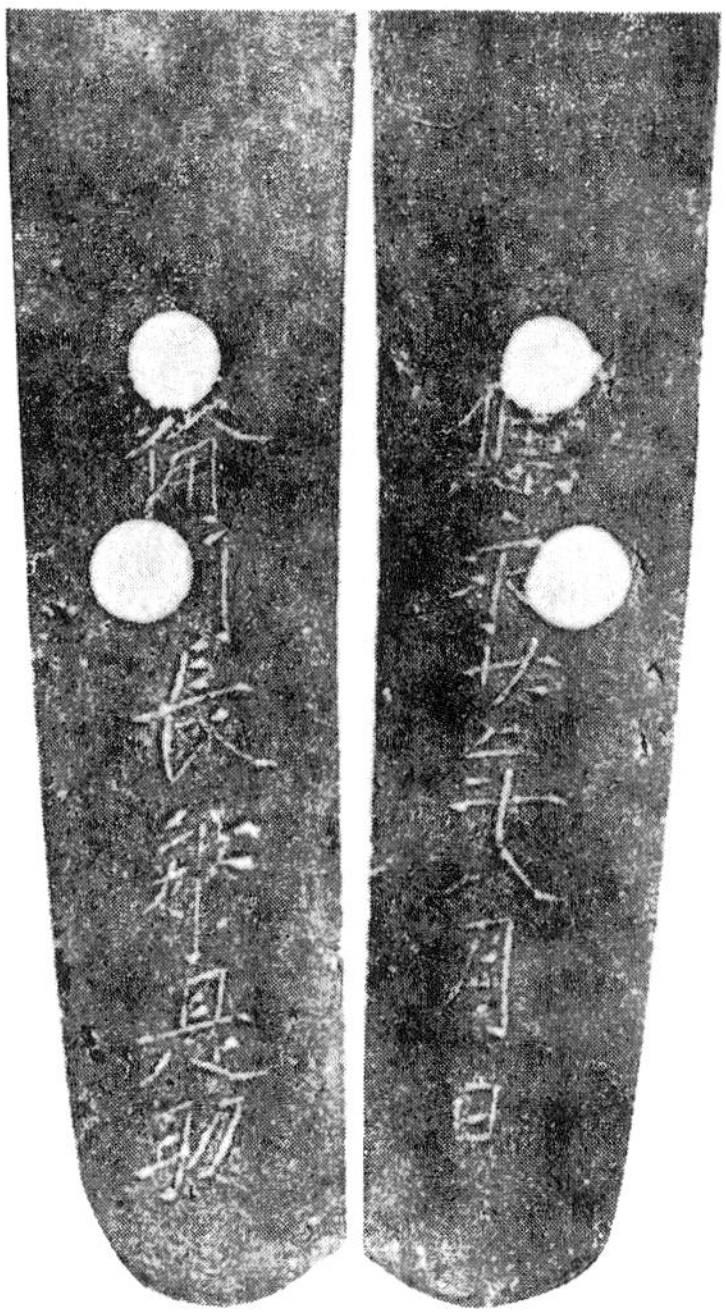

○九州肥後同田貫上野介（こうずけのすけ）肥後國―慶長
慶長十六年八月吉日

△長曽祢興里入道乕徹（こてつ） 武蔵國―江戸中期**（興里の項参照）**

△武蔵大掾是一（これかず）〈初代〉武蔵國―江戸中期

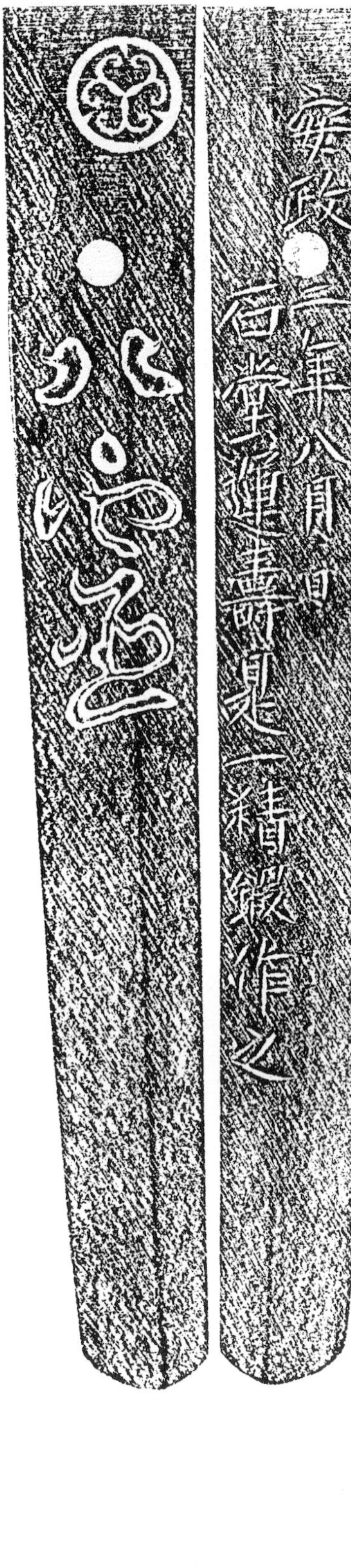

△（葵紋）八雲
安改二年八月日 石堂運寿是一精鍛作之（これかず） 〈七代〉武蔵國―安政

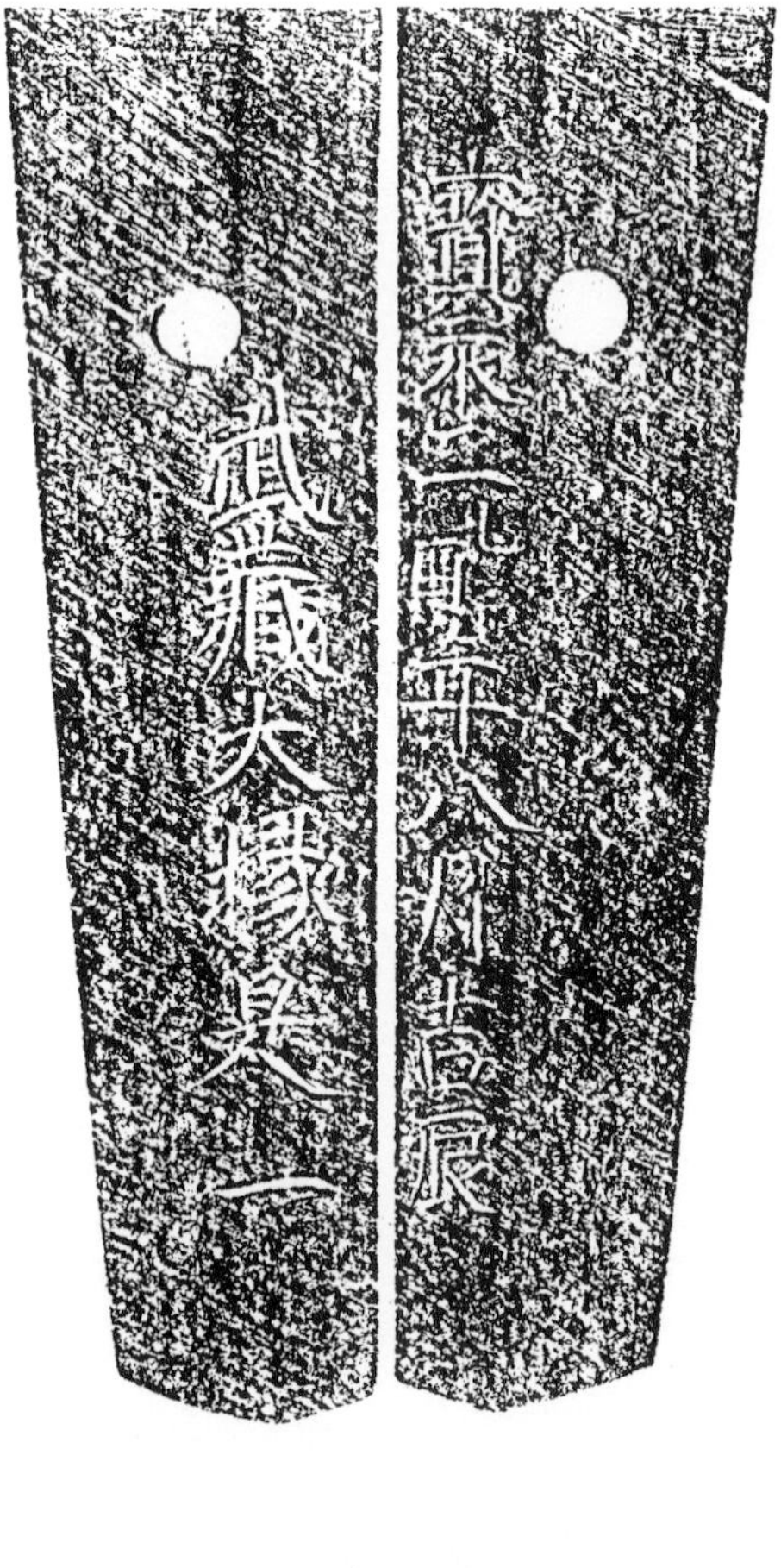

△武蔵大掾是一（これかず） 〈二代〉武蔵國―宝永
宝永二乙酉年八月吉辰

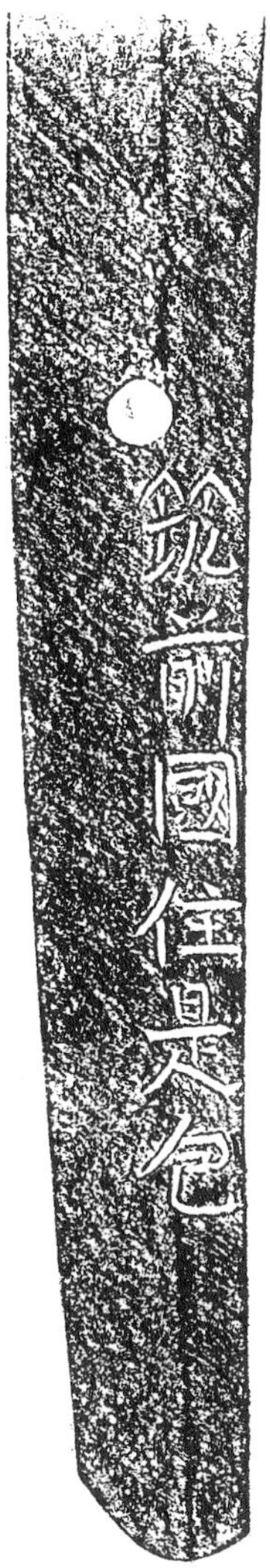

△筑前國住是包（これかね）筑前國―江戸中期

△筑前國福岡住是次（これつぐ）筑前國―江戸中期

△安政五年八月日長運斎是俊（これとし）〈二代綱俊初銘〉武蔵國―安政

○同田貫左馬介（さまのすけ） 肥後國―室町末期

○左（さ） 筑州住 筑前國―鎌倉末期〜南北朝期

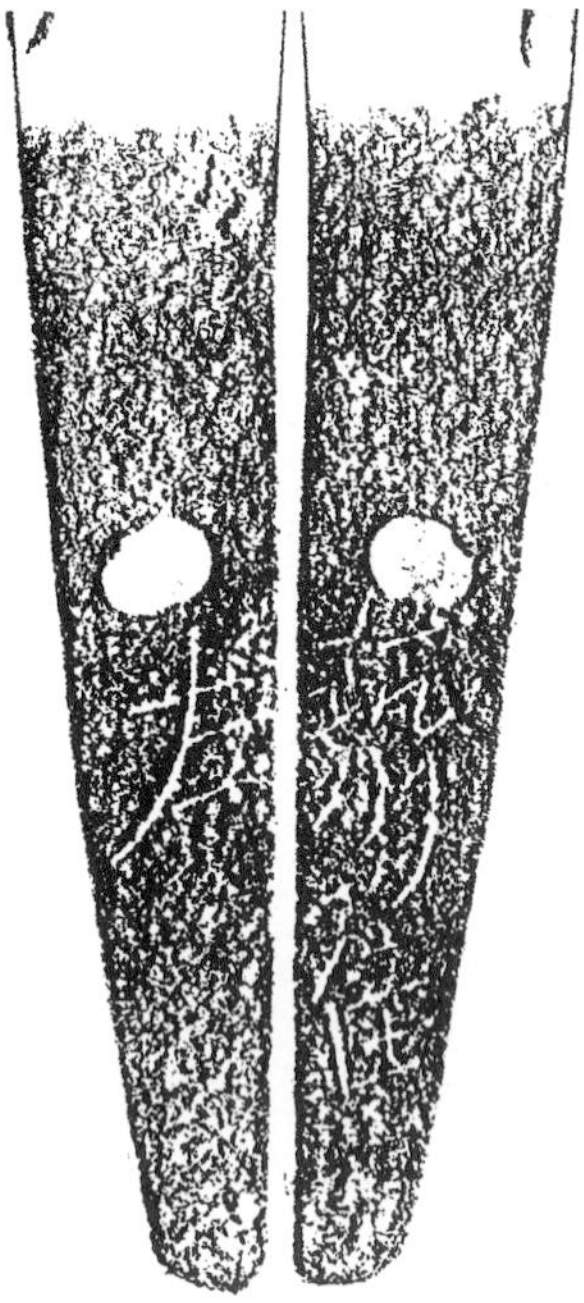

○筑州住貞秋（さだあき） 筑前國―室町初期

○貞清（さだきよ） 大和國―鎌倉末期

○左（さ） 暦応二年十月 筑前國―暦応

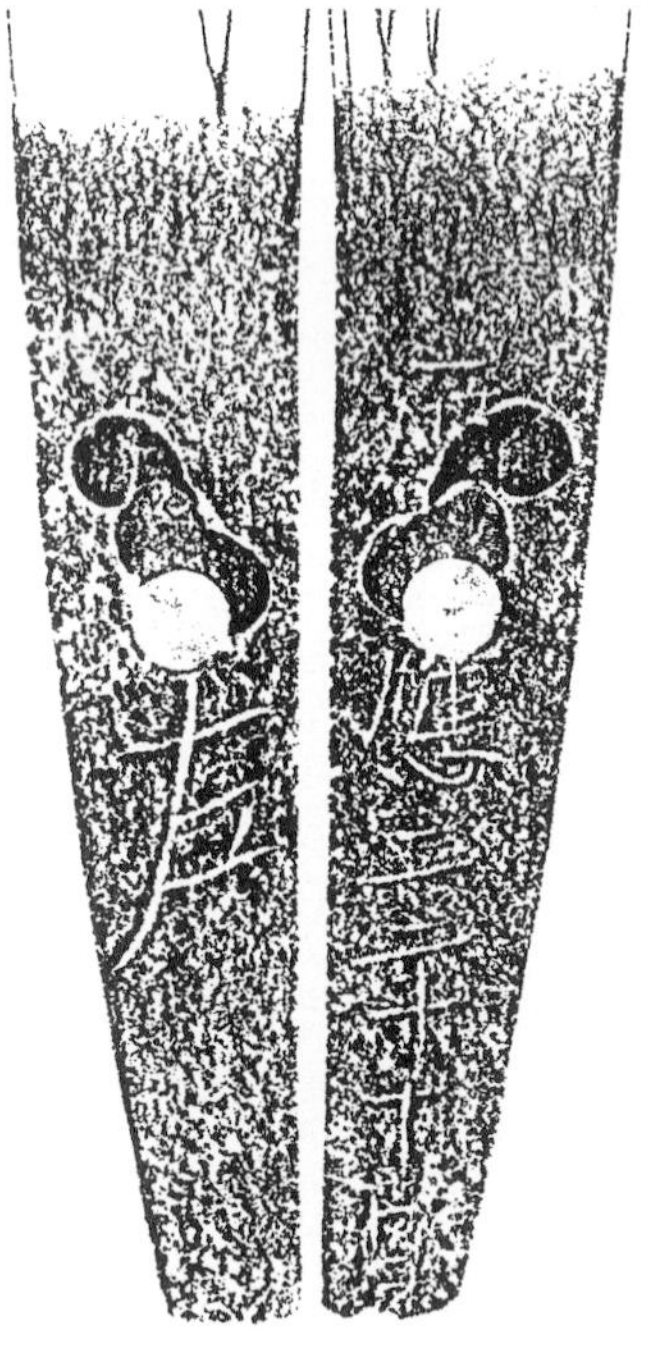

○西蓮（さいれん） 筑前國―鎌倉後期

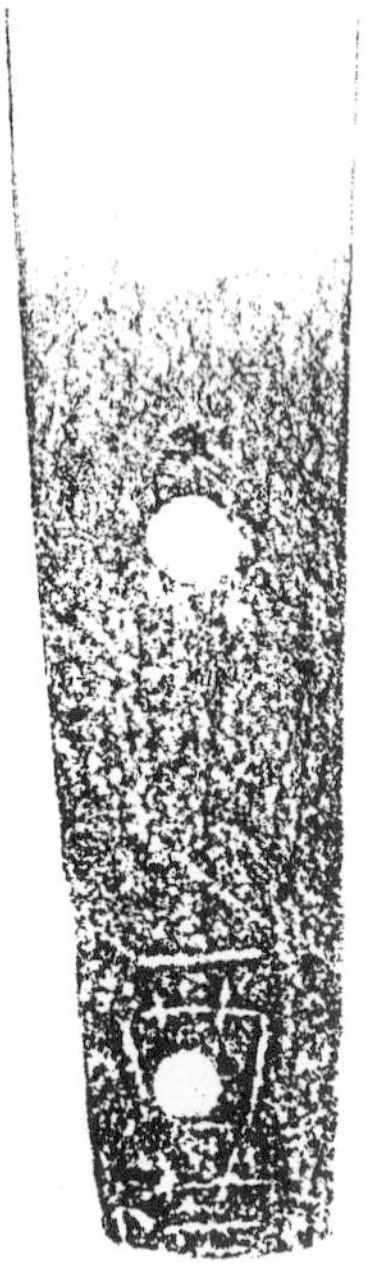

○貞興（さだおき） 大和國―鎌倉末期〜南北朝期

○貞清（さだきよ） 大和國―鎌倉末期

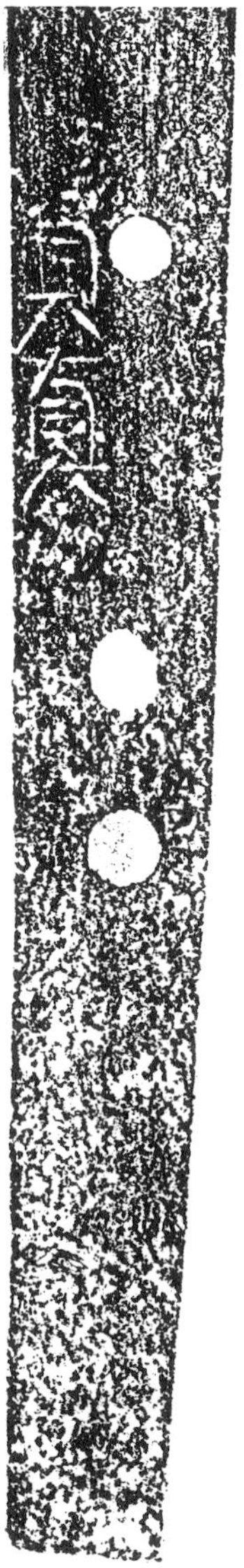

○貞真（さだざね）〈古備前〉備前國―平安末期

○貞真（さだざね）〈古備前〉備前國―平安末期

○貞次（さだつぐ）〈古青江〉備中國―鎌倉初期

○貞次（さだつぐ）〈古青江〉備中國―鎌倉初期

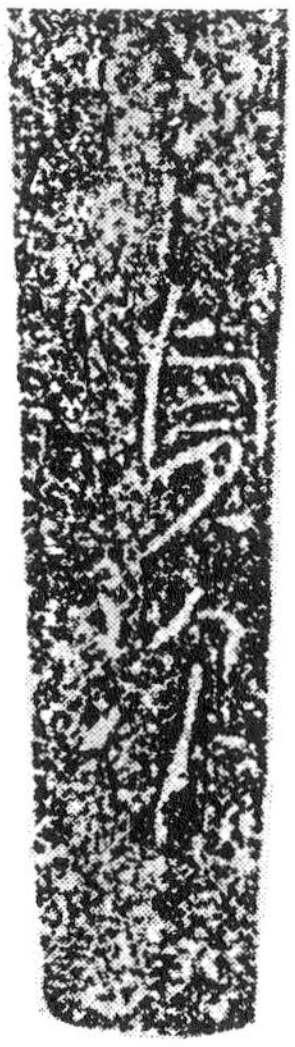

○貞次（さだつぐ）〈古青江〉備中國―鎌倉初期

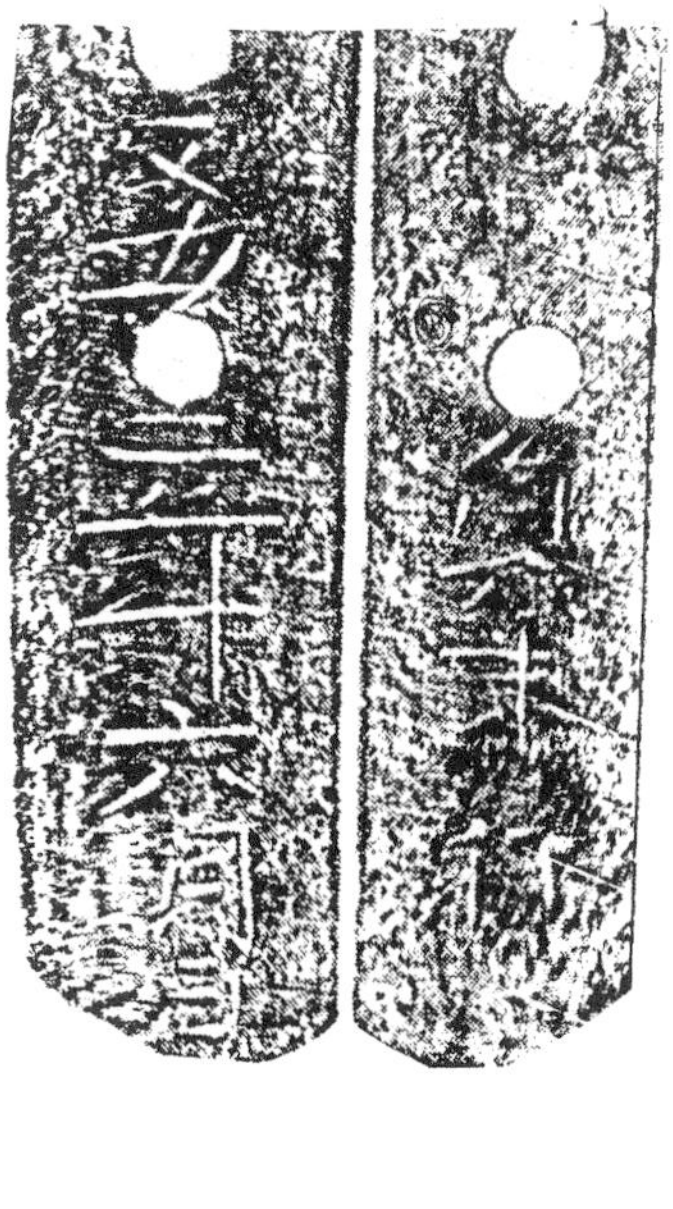

○貞末作（さだすえ）
文安二年六月日　石見國―文安

○石州住貞末（さだすえ）石見國―室町中期

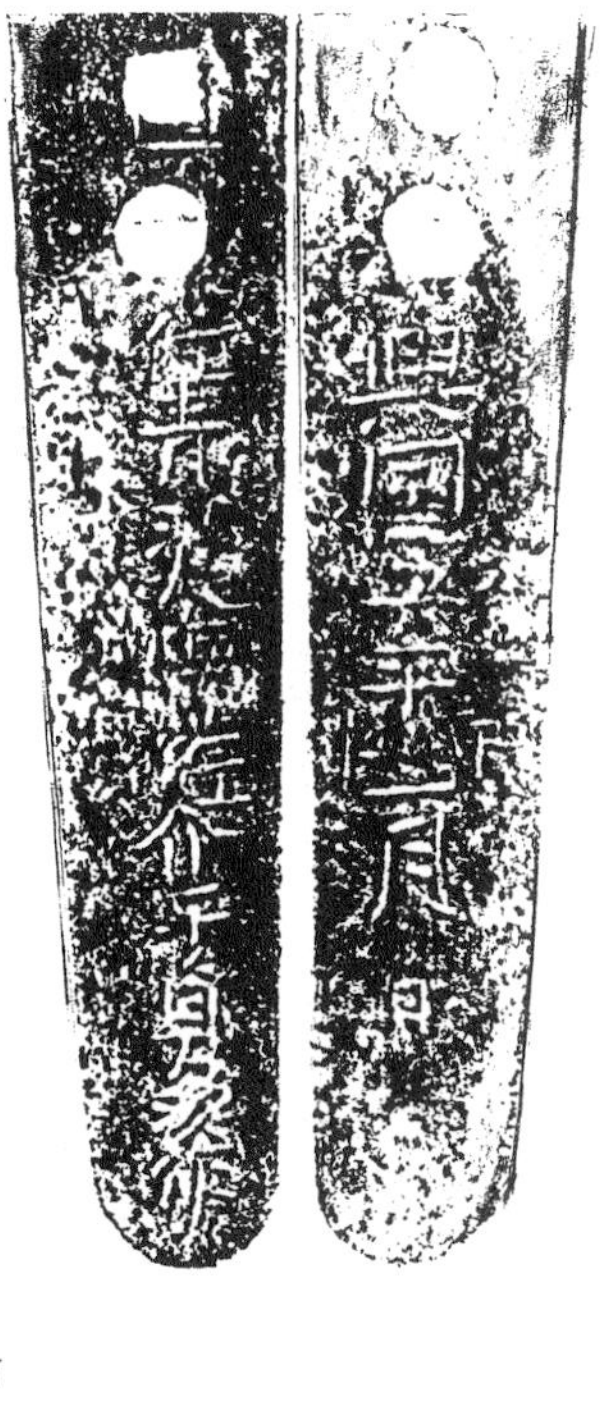

○備中國住青江大隈権介平貞次作（さだつぐ）
興國二年甲申二月日　備中國―興國

さ

○薩州住貞次作（さだつぐ）　薩摩國—天文
天文八年六月日

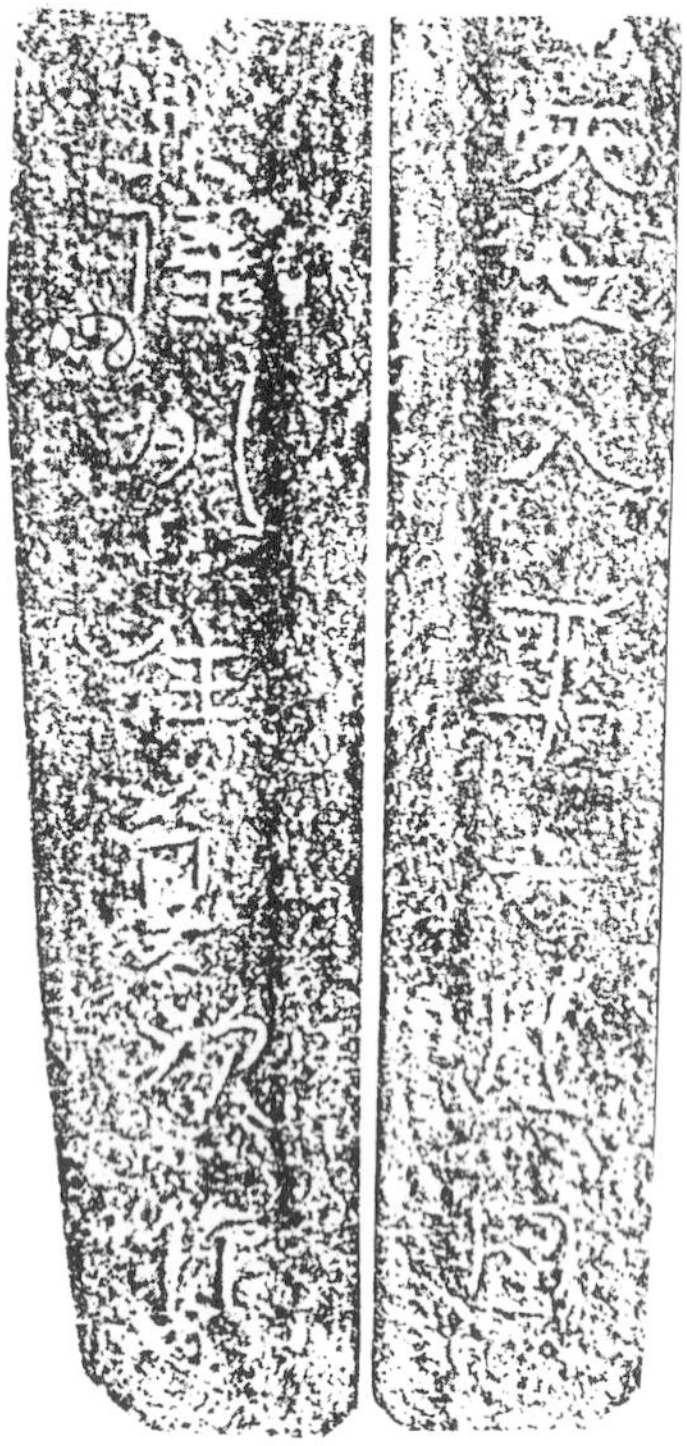

○貞綱（さだつな）　伯耆國—平安末期～鎌倉初期

○大和國貞光作（さだみつ）　大和國—明応
明応□年二月吉日

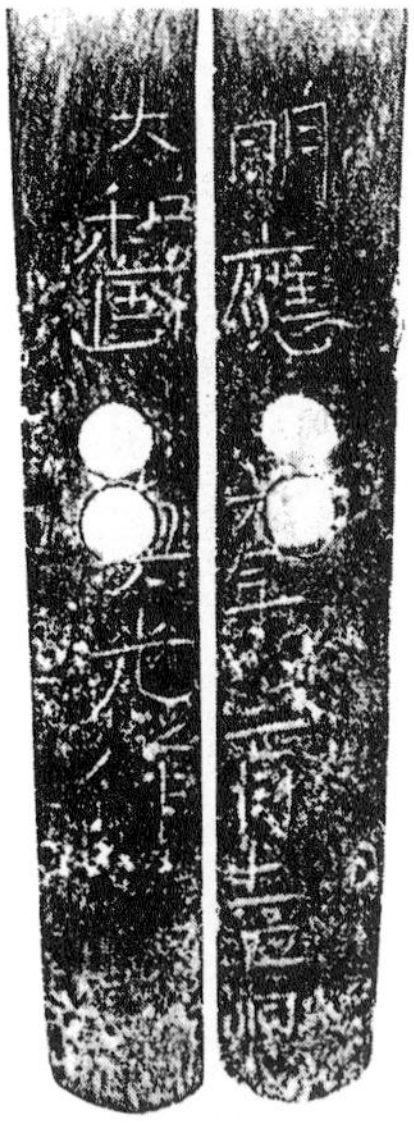

○薩州住貞次作（さだつぐ）　薩摩國—室町末期

○石州出羽貞継作（さだつぐ）　石見國—室町初期

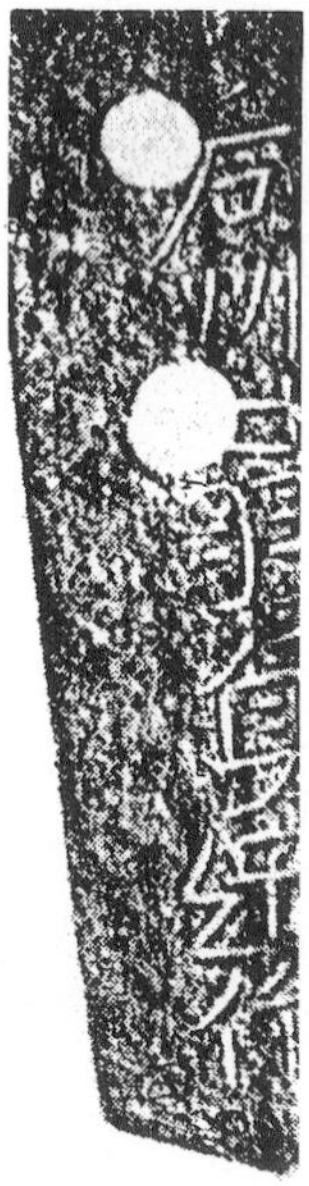

○貞綱（さだつな）　伯耆國—平安末期～鎌倉初期

○鞆貞次（さだつぐ）　備後國—室町中期

○保昌貞宗作（さだむね）　大和國—鎌倉末期

○波平貞安作（さだやす）薩摩國―室町末期

○定利（さだとし）〈綾小路〉山城國―鎌倉前期

○定利（さだとし）〈綾小路〉山城國―鎌倉前期

○平定盛（さだもり）豊後國―室町末期

○石州貞行（さだゆき）石見國―室町初期

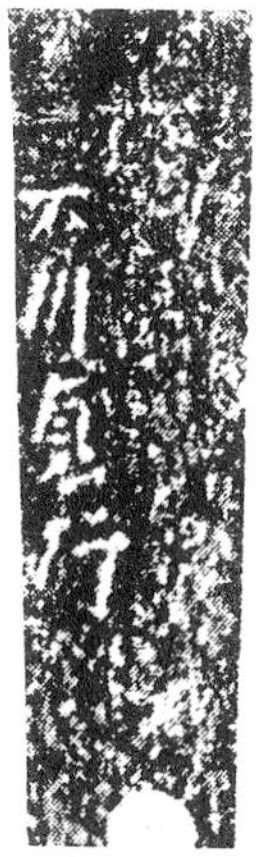

○高市住金吾藤貞吉作（さだよし）大和國―鎌倉末期

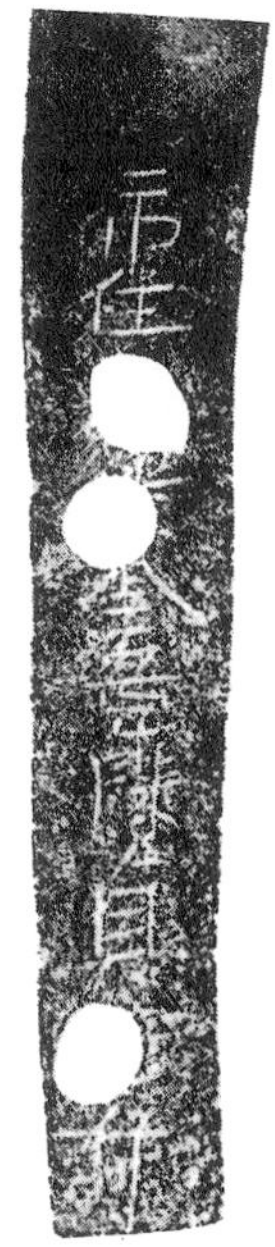

○定利（さだとし）〈綾小路〉山城國―鎌倉前期

○定利（さだとし）〈綾小路〉山城國―鎌倉前期

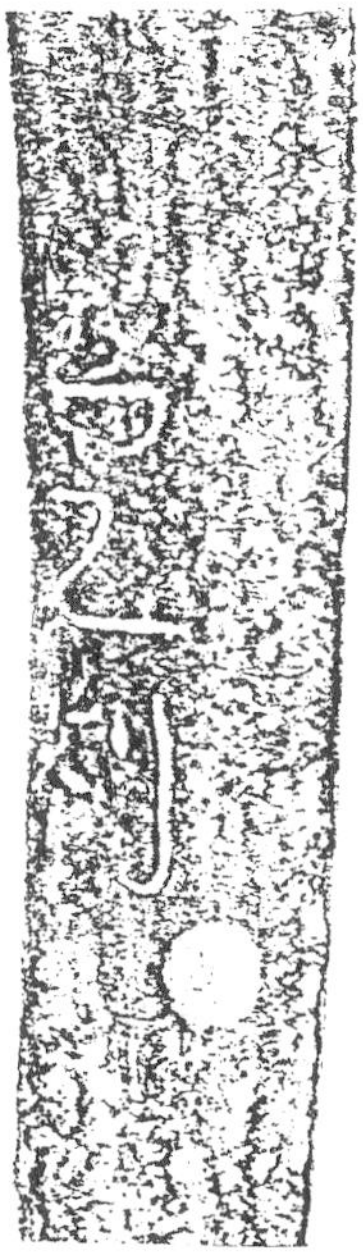

○豊後國僧定秀作（さだひで）豊後國―平安末期

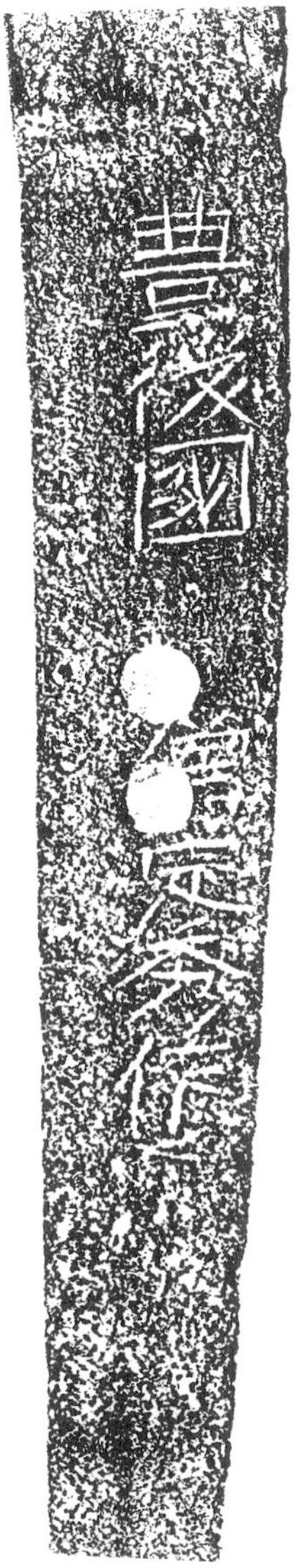

○筑州住定行（さだゆき）豊前國―南北朝期

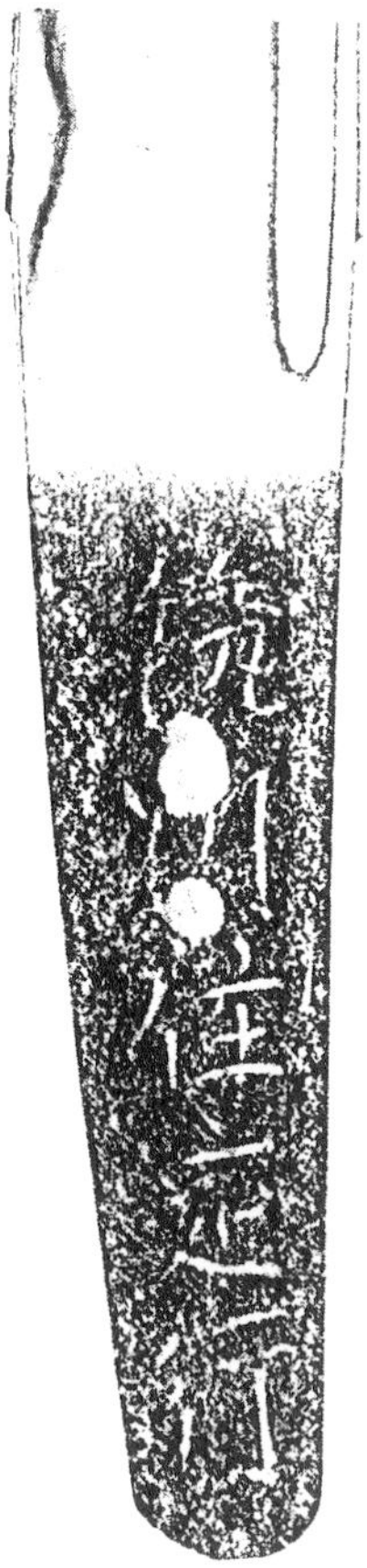

○定吉（さだよし）〈綾小路〉山城國―鎌倉中期

○日州古屋之住實忠作（さねただ）
永禄十年八月吉日
日向國―永禄

○日州住實昌作（さねまさ）日向國―室町末期

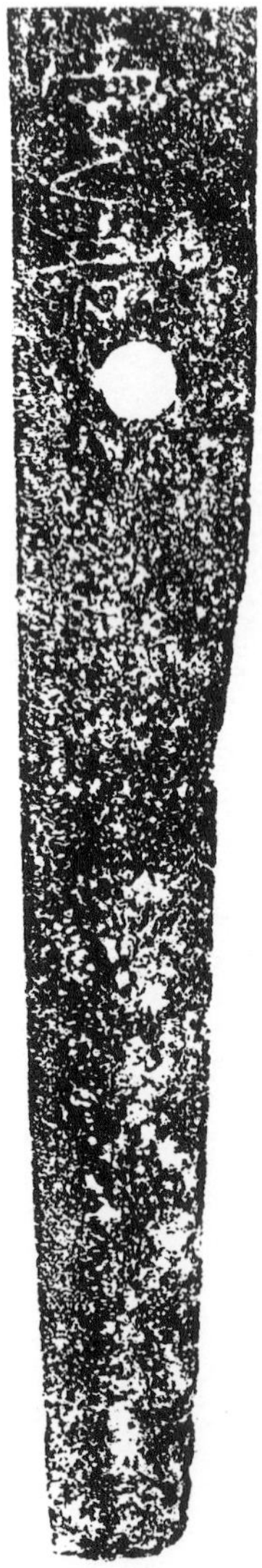

○定吉（さだよし）〈綾小路〉山城國―鎌倉中期

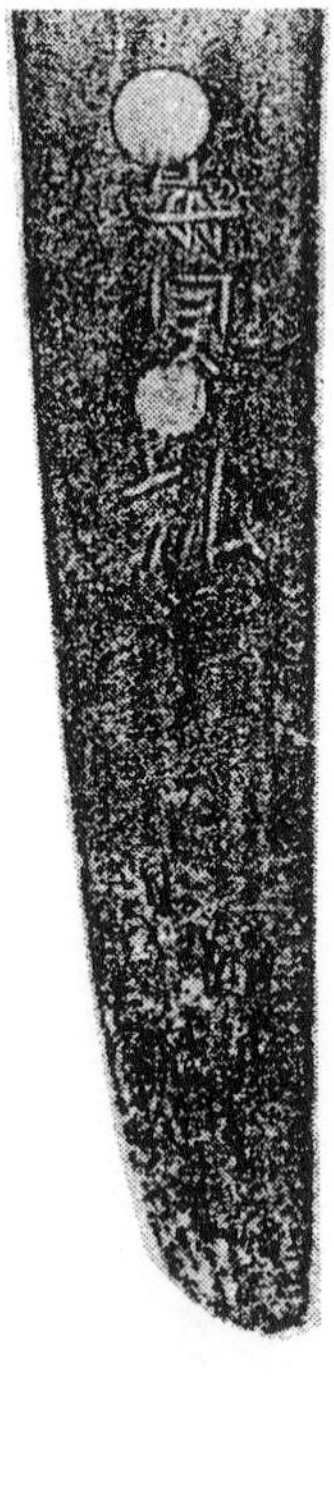

○實弘（さねひろ）紀伊國―室町末期

○豊州實行（さねゆき）豊後國―室町初期

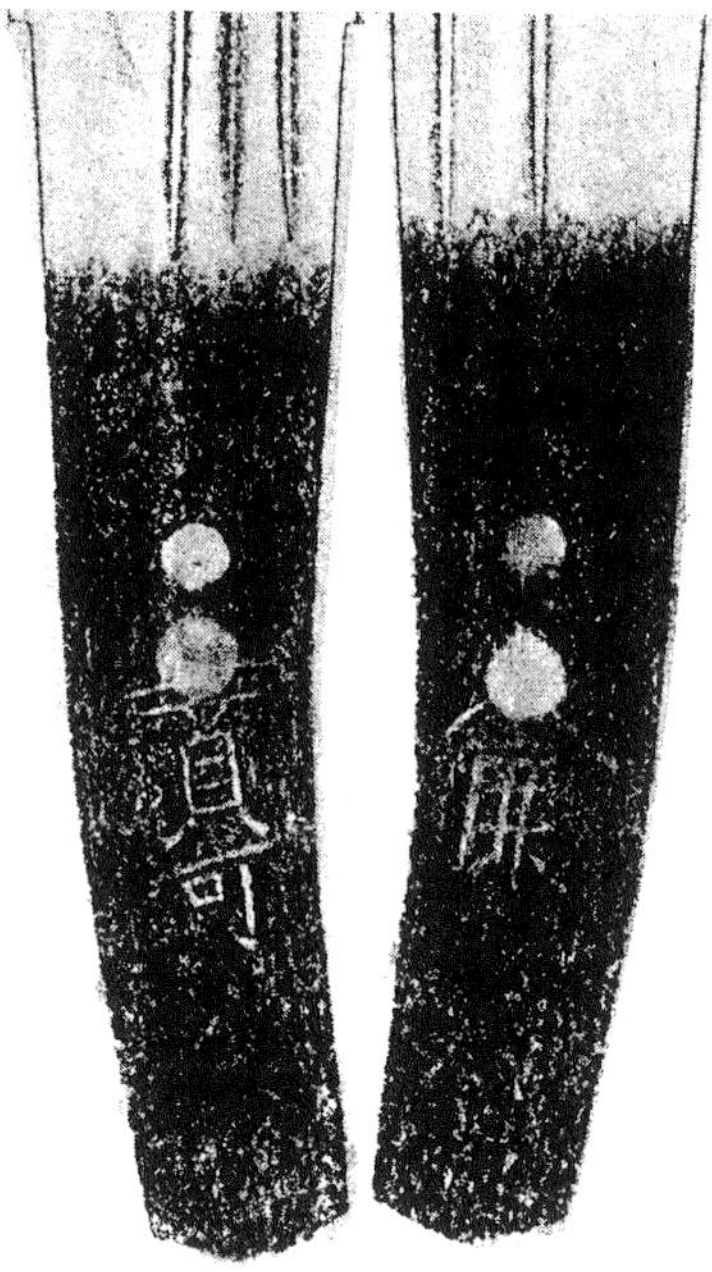

○實可（さねよし） 紀伊國―室町末期
入鹿

○真國（さねくに） 備前國―鎌倉末期

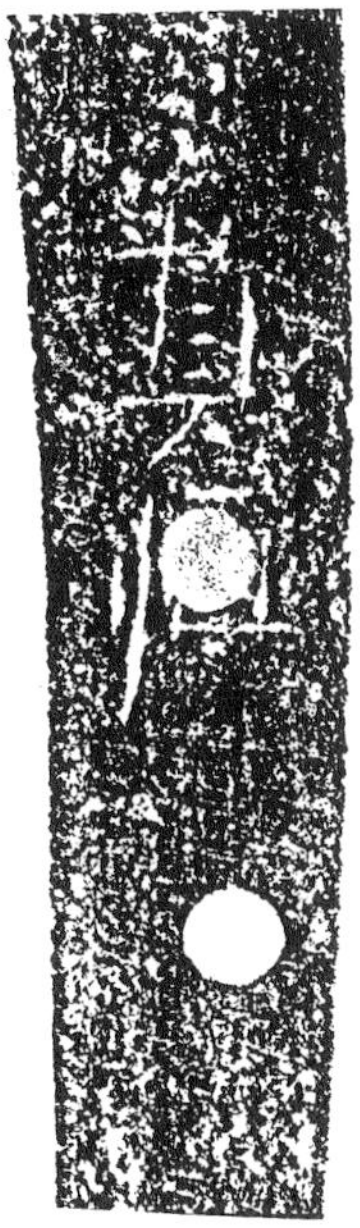

○真恒（さねつね）〈古備前〉備前國―平安末期

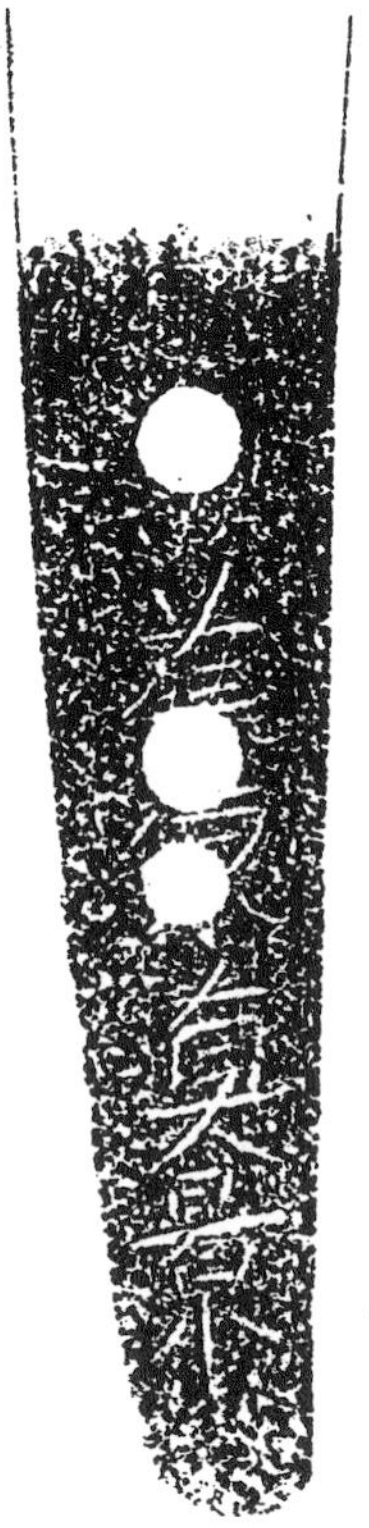

○藤原真景（さねかげ） 加賀國―南北朝期

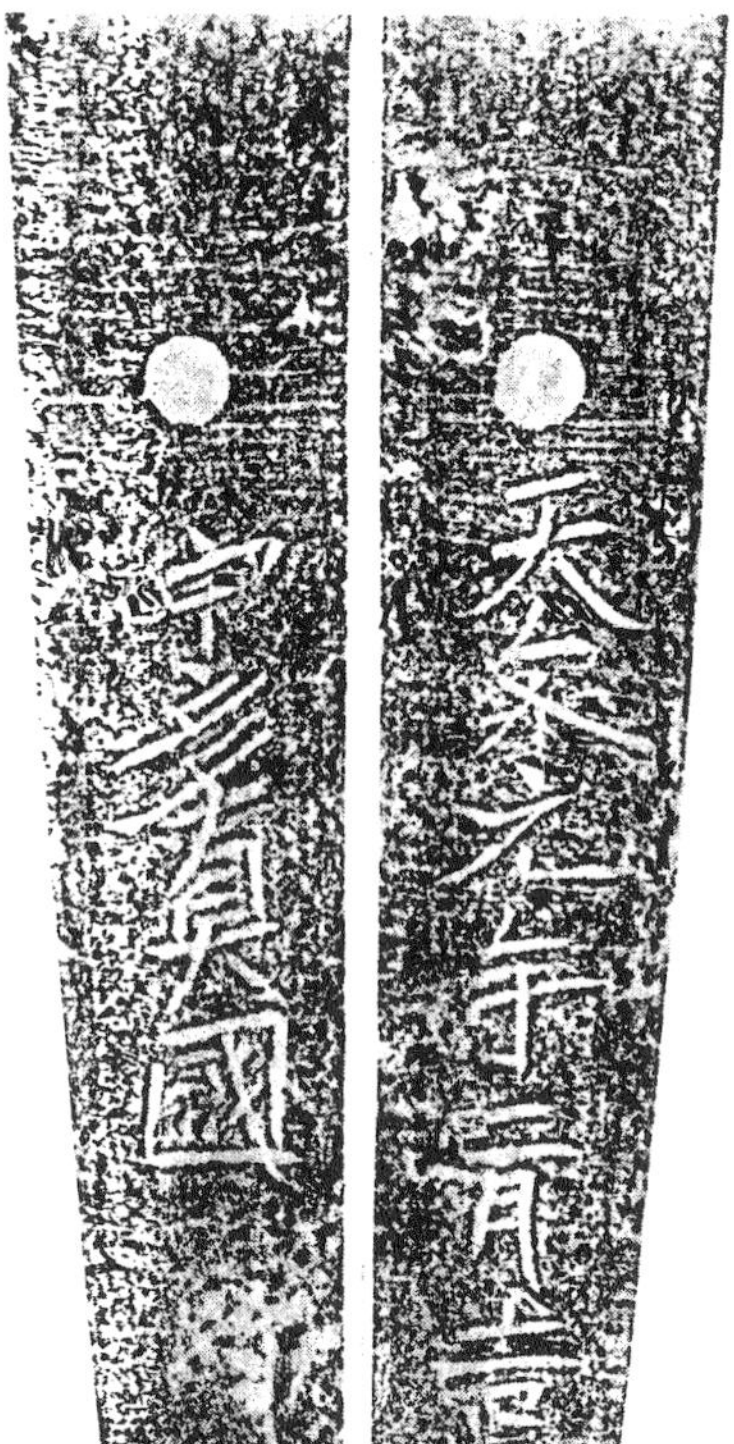

○宇多真國（さねくに） 越中國―天文
天文元年二月吉日

○真恒（さねつね）〈古備前〉備前國―平安末期

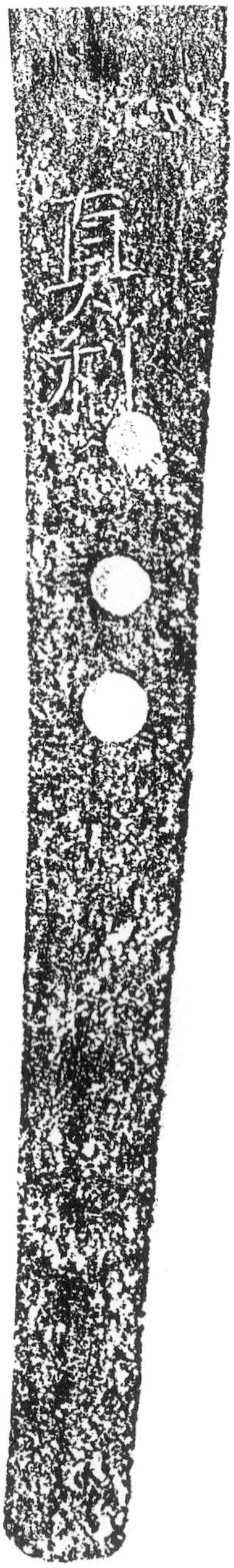

○真利（さねとし）〈古備前〉備前國―鎌倉初期

○真利造（さねとし）備前國―鎌倉中期

○真利（さねとし）備前國―鎌倉中期

○真長（さねなが）備前國―鎌倉末期

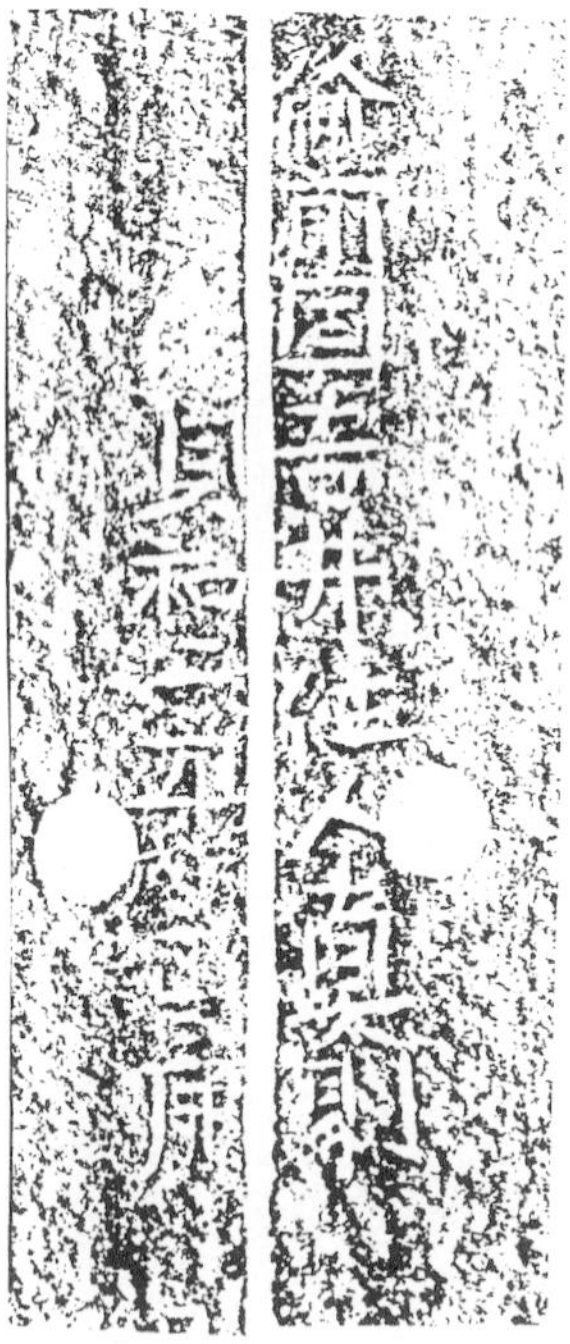

○備前國吉井住人真則（さねのり）
貞和二年丙戌正月
備前國―貞和

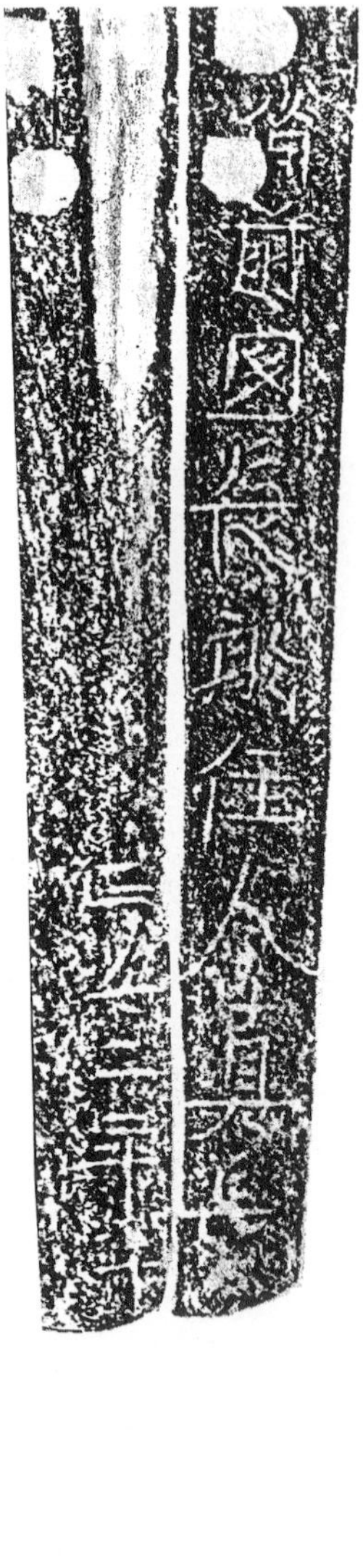

○備前國長船住人真長（さねなが）
正安二年十月
備前國―正安

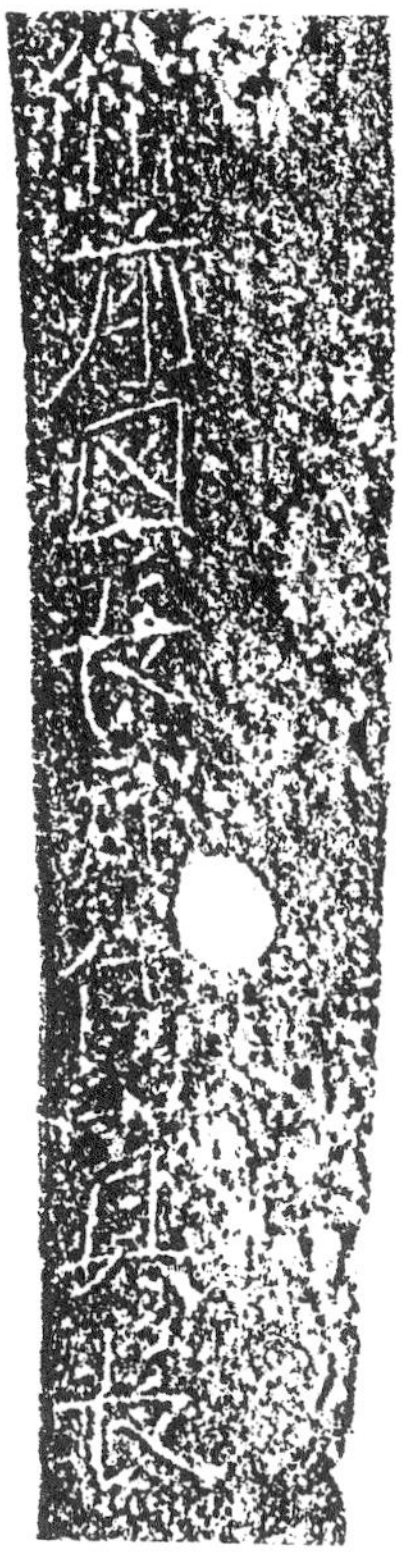
○備前國長船住真長（さねなが）備前国─鎌倉末期

○真守（さねもり）〈畠田〉備前國─鎌倉中期

○真守（さねもり）〈畠田〉備前國─鎌倉中期

○三条（さんじょう）〈宗近作〉山城國─平安後期

○真光（さねみつ）備前國─鎌倉後期

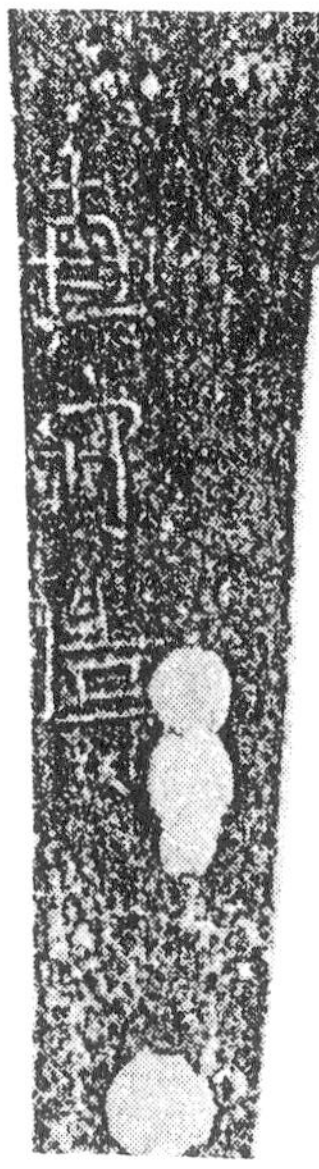
○真守造（さねもり）〈大原〉伯耆國─平安末期

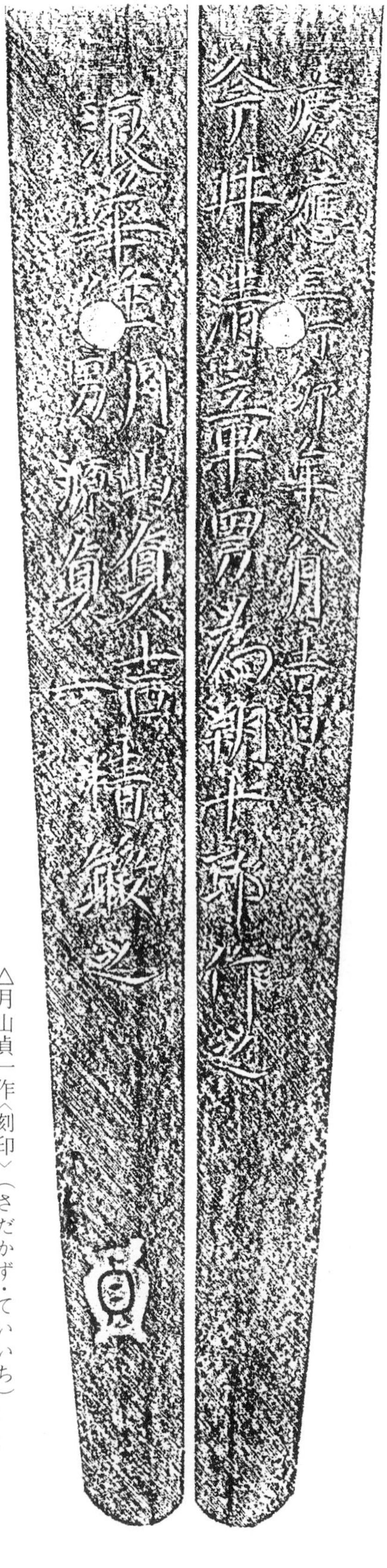

△浪華住月山貞吉男源貞一精鍛之〈刻印〉（さだかず・ていいち）
今井清章男為朝十郎作之　慶応三丁卯年八月吉日

摂津國―慶応

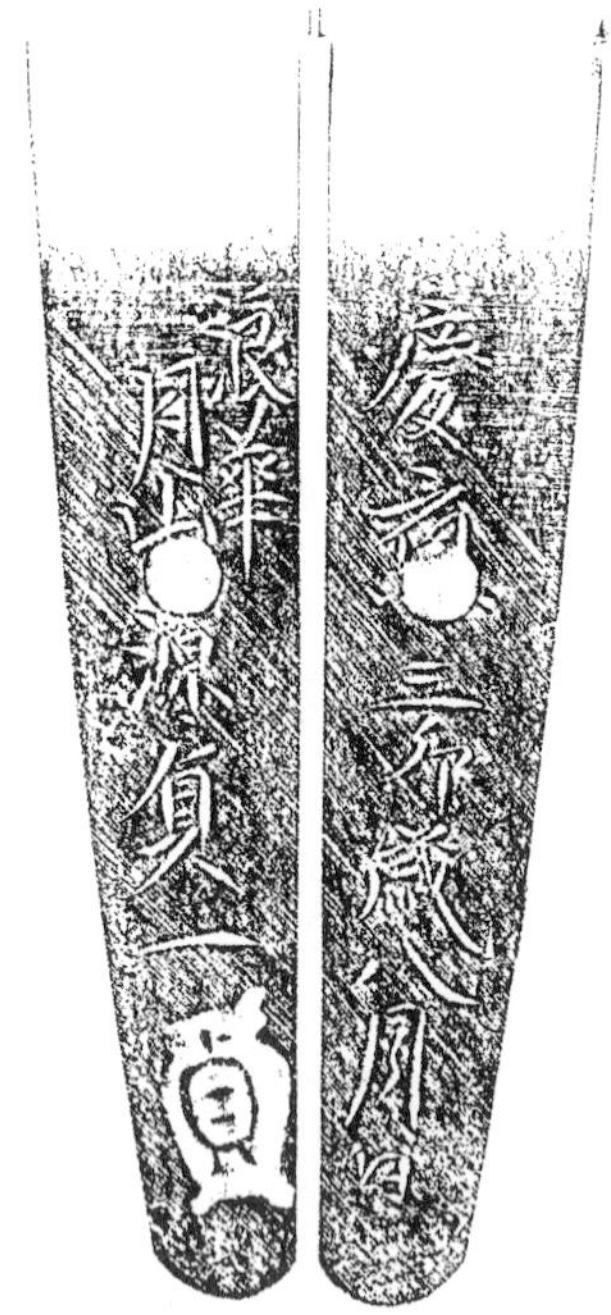

△浪華月山源貞一〈刻印〉（さだかず・ていいち）
慶応三卯歳八月日

摂津國―慶応

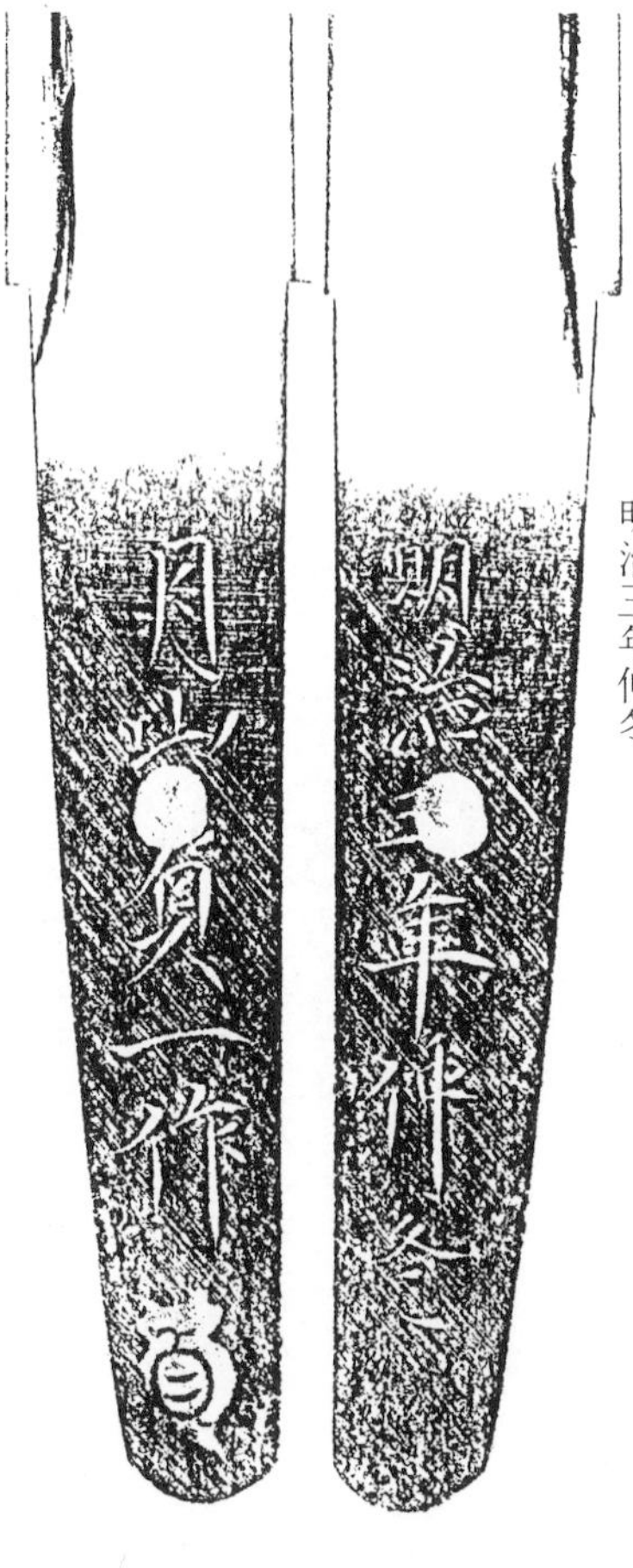

△月山貞一作〈刻印〉（さだかず・ていいち）
明治三年仲冬

摂津國―明治

△大阪住月山貞一造之（さだかず・ていいち）
明治三十二年五月

摂津國―明治

さ

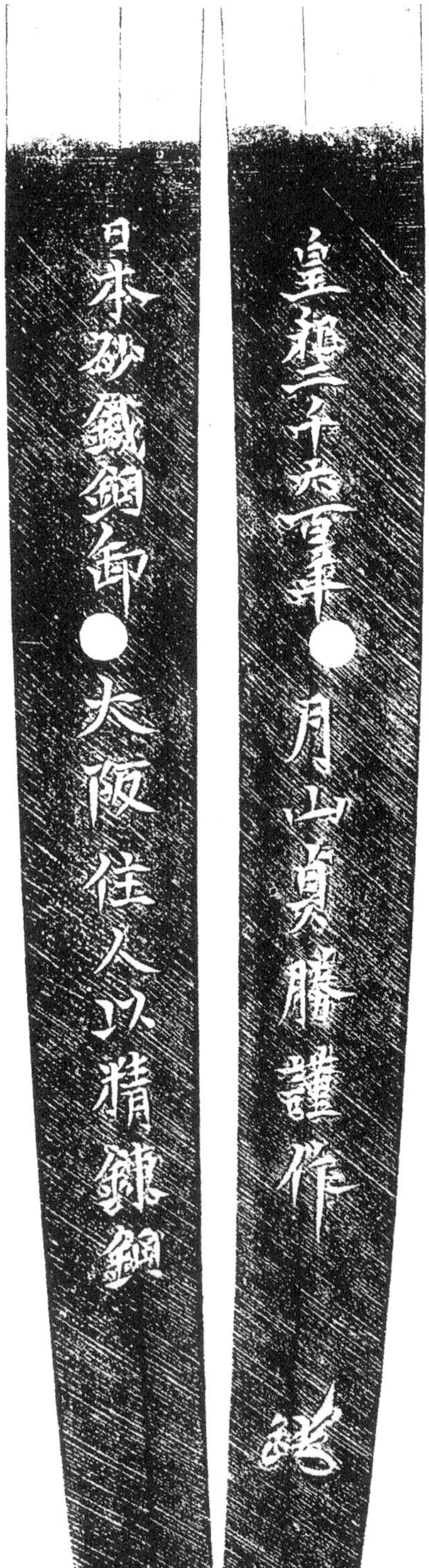


□日本砂鉄鋼卸大阪住人以精錬鋼
皇紀二千六百年月山貞勝謹作〈花押〉（さだかつ）　大阪―現代

△肥後大掾藤原貞國（さだくに）　越前國―桃山朝

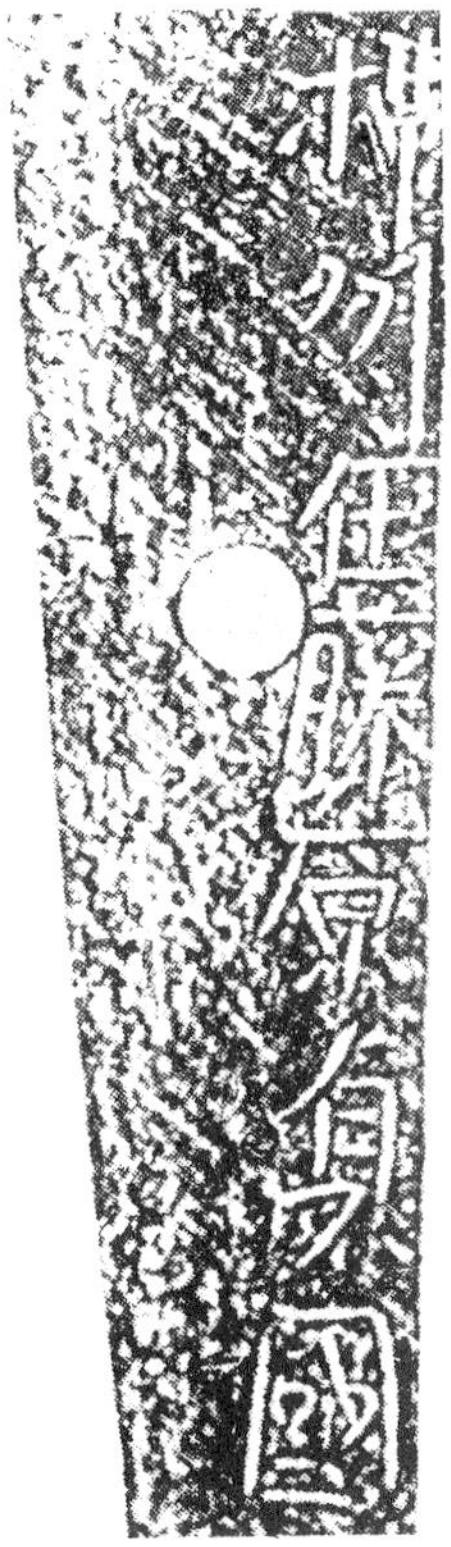

△摂州住藤原貞國（さだくに）　摂津國―江戸初～中期

△肥後大掾藤原貞國（さだくに）　越前國―桃山期

△但馬守法成寺橘貞國（さだくに）　武蔵國―江戸中期

△出雲守藤原貞重（さだしげ）越前國―桃山期

△伊賀守貞次（さだつぐ）摂津國―江戸中期

△尾州住貞次（さだつぐ）尾張國―江戸中期

△藤原貞俊作（さだとし）常陸國―江戸末期

△対馬守藤原貞重（さだしげ）尾張國―江戸中期

△越前國下坂貞次（さだつぐ）越前國―桃山期

△越前住日向守藤原貞次（さだつぐ）越前國―江戸中期

△肥前國住源貞次（さだつぐ）肥前國―江戸中期

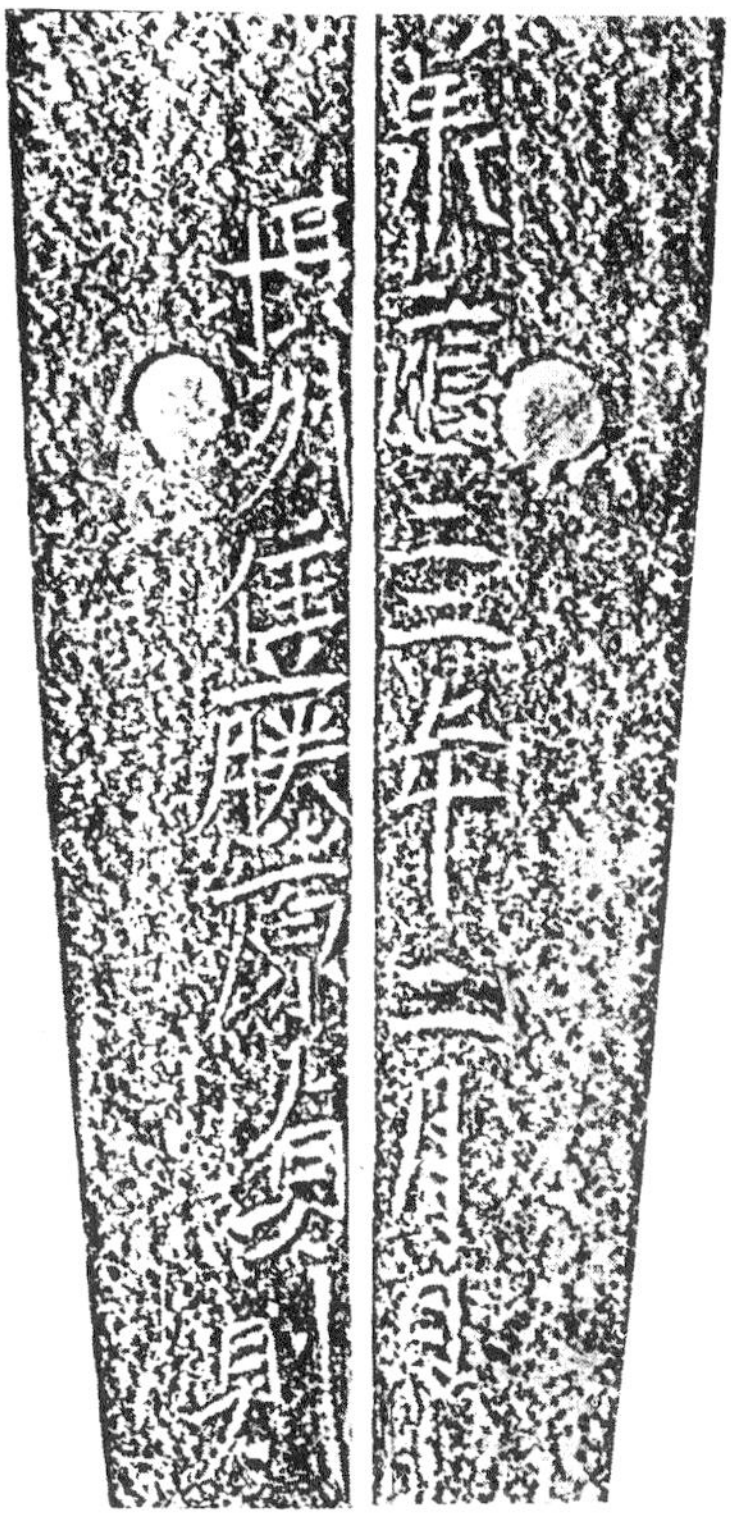

△摂州住藤原貞則（さだのり）
承応四年二月日
〈初代〉摂津國―承応

△鈴木加賀守貞則（さだのり）
延宝七李二月日
〈初代〉摂津國―延宝

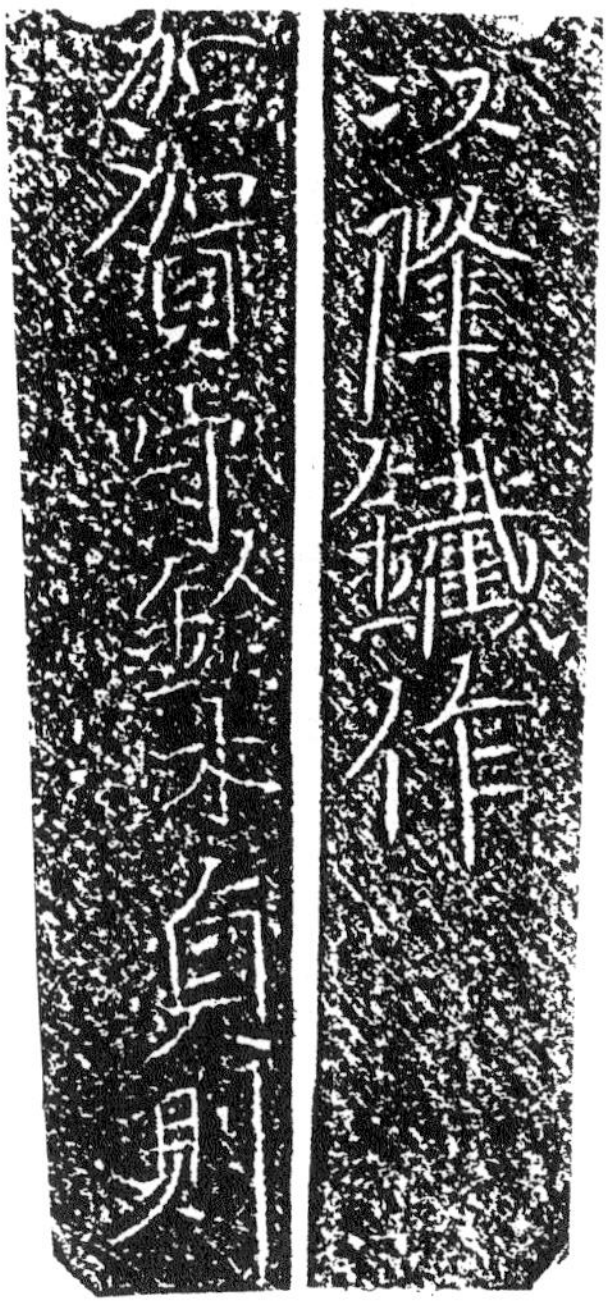

△加賀守鈴木貞則（さだのり）
以降鉄作
〈二代〉摂津国―江戸中期

△浪華住永口剣竜子藤原貞晴作（さだはる）
慶応三卯年二月祥日
摂津國―慶応

△文化十三年八月日
水寒子貞秀鍛之（さだひで）
〈二代水心子正秀同人〉武蔵國―文化

△佐々木一流斎貞英(さだひで・さだてる)
文久二戌八月日
陸前國―文久

△賀加守貞秀(さだひで) 越前國―江戸中期

△貞宗作(さだむね) 薩摩国―江戸後期

△薩州住藤原貞盛(さだもり)
寛保四甲子二月日
薩摩國―寛保

△越前住下坂貞廣(さだひろ)
延宝二年二月吉日
越前國―延宝

△大和大掾藤原貞行(さだゆき) 豊後國―江戸初~中期

△河内守源来貞幸(さだゆき) 尾張國―江戸中期

△越中守藤原貞幸(さだゆき) 尾張國―江戸中期

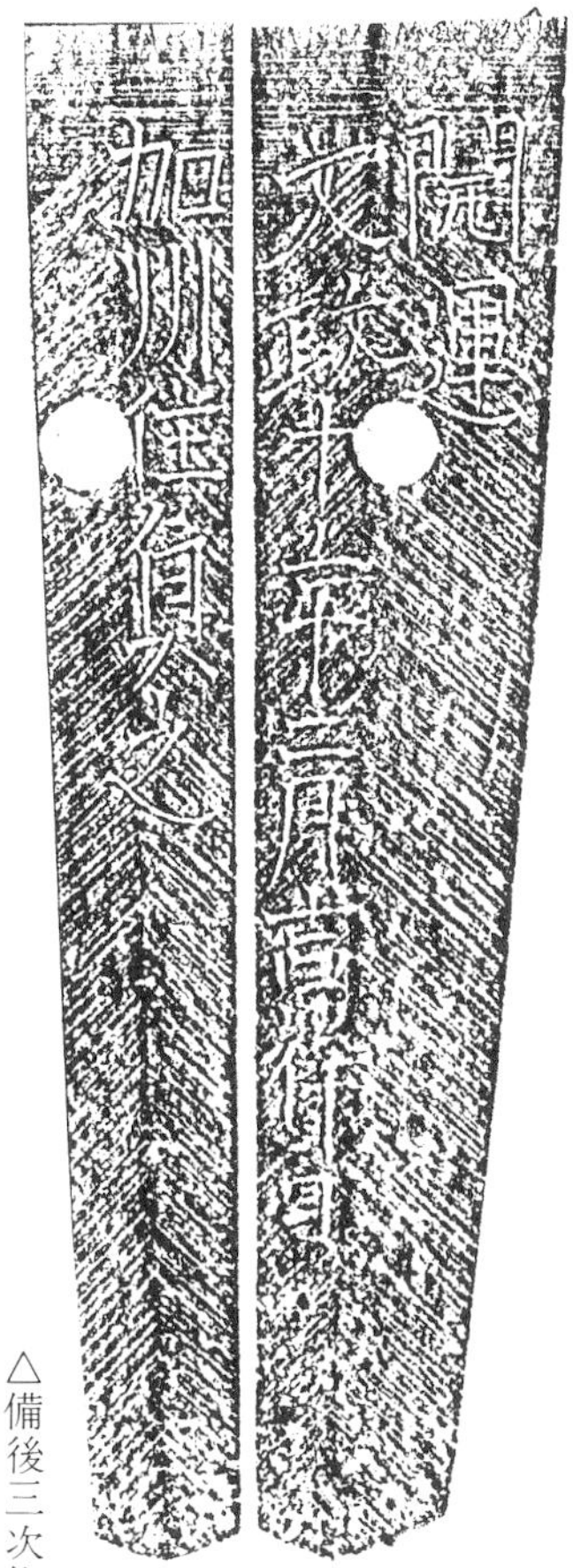

△加州住貞之（さだゆき）
開運　文政十年二月吉祥日
加賀國―江戸末期

△東奥磐城住定興（さだおき）　磐城國―江戸末期

△近江守藤原定広（さだひろ）
尾張住人
尾張國―江戸中期

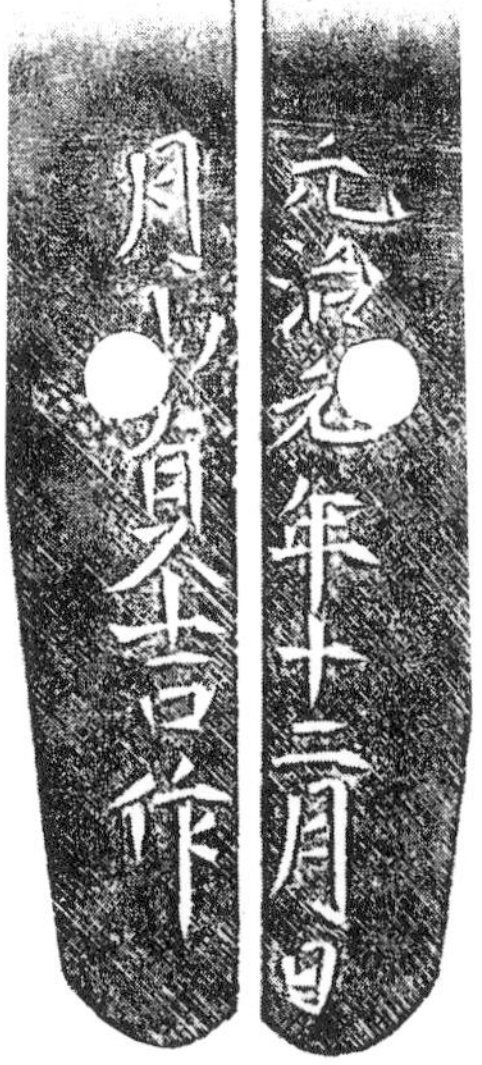

△月山貞吉（さだよし）
元治元年十二月日
摂津国―江戸末期

△備後三次住宍戸定広（さだひろ）
慶応二年二月日
備後國―慶応

△出羽守藤原定盛（さだもり）　豊後国―江戸中期

△近江守源来定盛（さだもり）　山城國―江戸中期

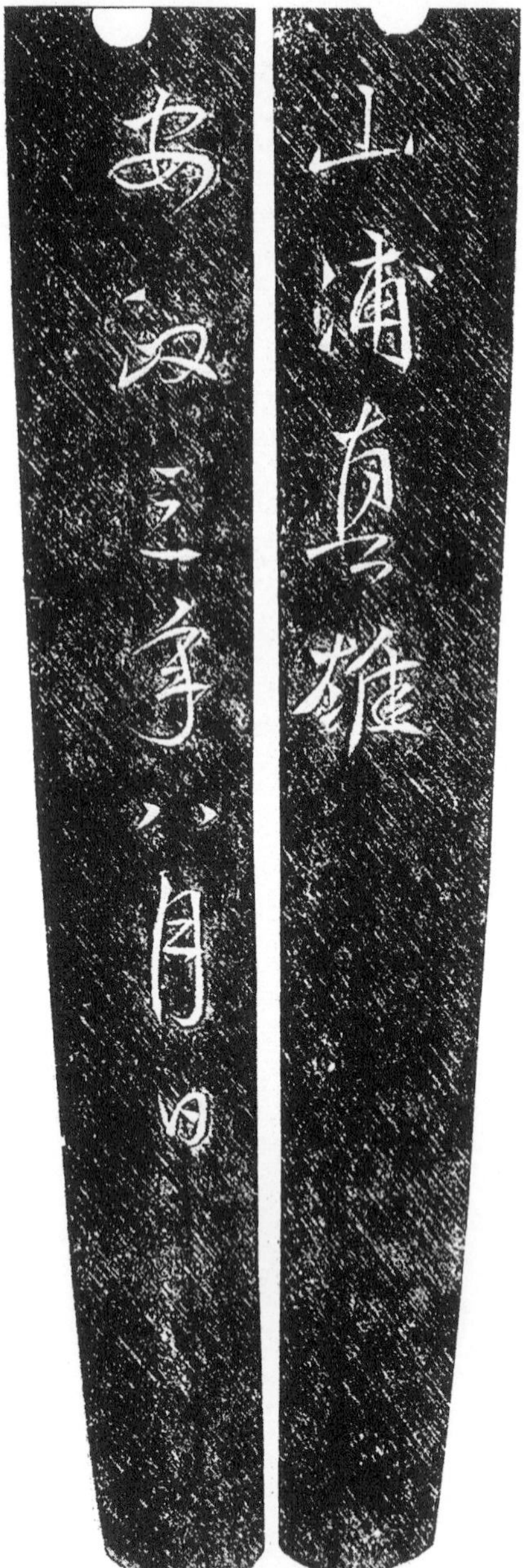

△山浦真雄（さねお・まさお）
安政三年八月日　信濃國—安政

△真雄（さねお・まさお）
信濃国—江戸末期

△遊射軒真雄（さねお・まさお）　信濃国—江戸末期

△遊雲斎真雄（さねお・まさお）　信濃國—江戸末期

△豊後住藤原實行（さねゆき）　豊後國—江戸中期

△石州住真行（さねゆき）　石見國—江戸後期

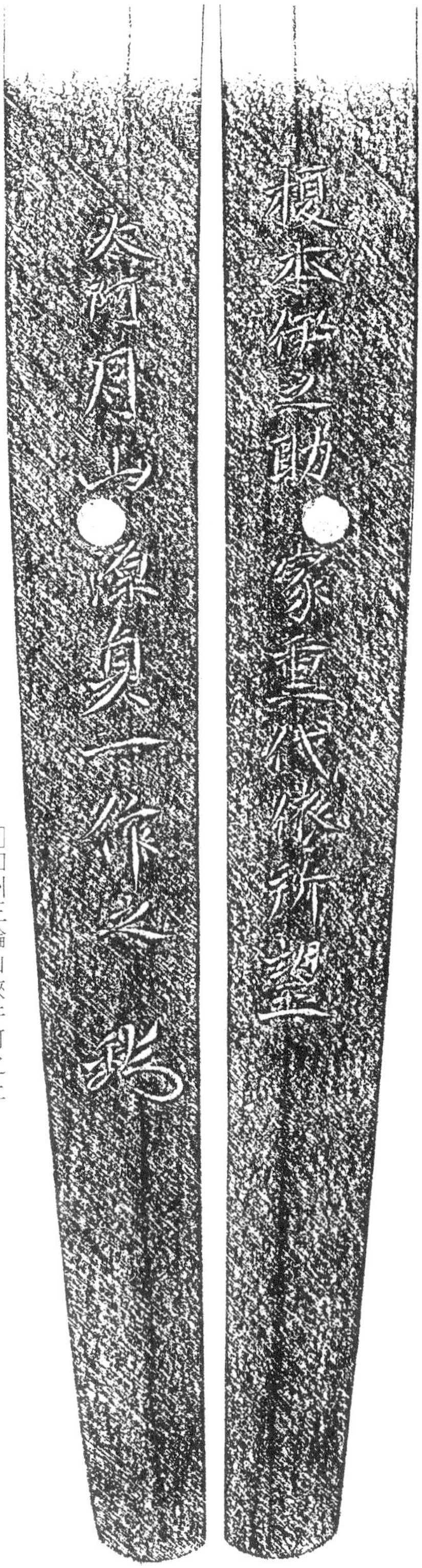


□太阿月山源貞一作之〈花押〉（さだかず・ていいち）
榎本伊之助家重代依所望
大阪―昭和

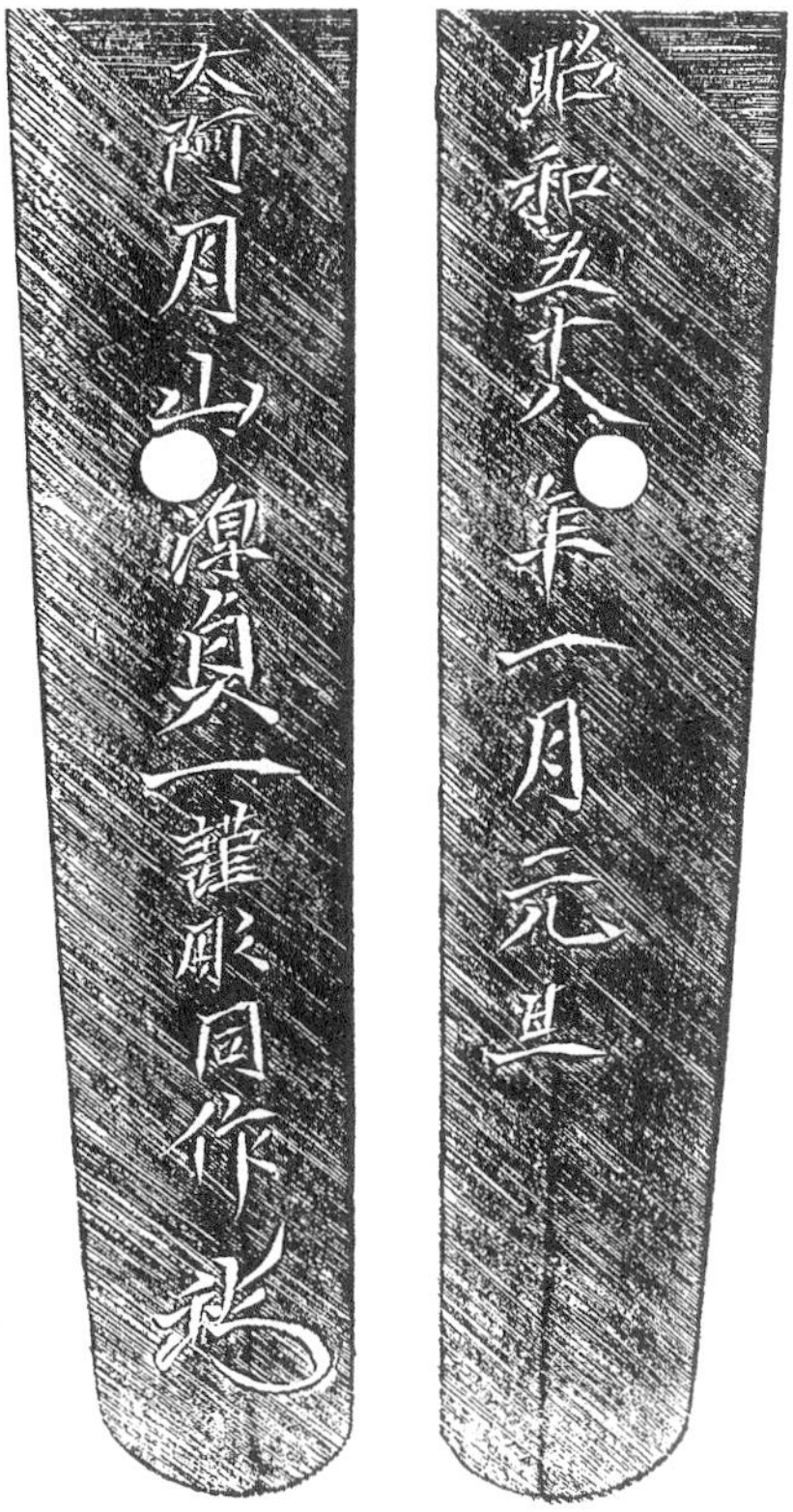


□太阿月山源貞一謹彫同作〈花押〉（さだかず・ていいち）
昭和五十八年一月元旦
大阪―昭和

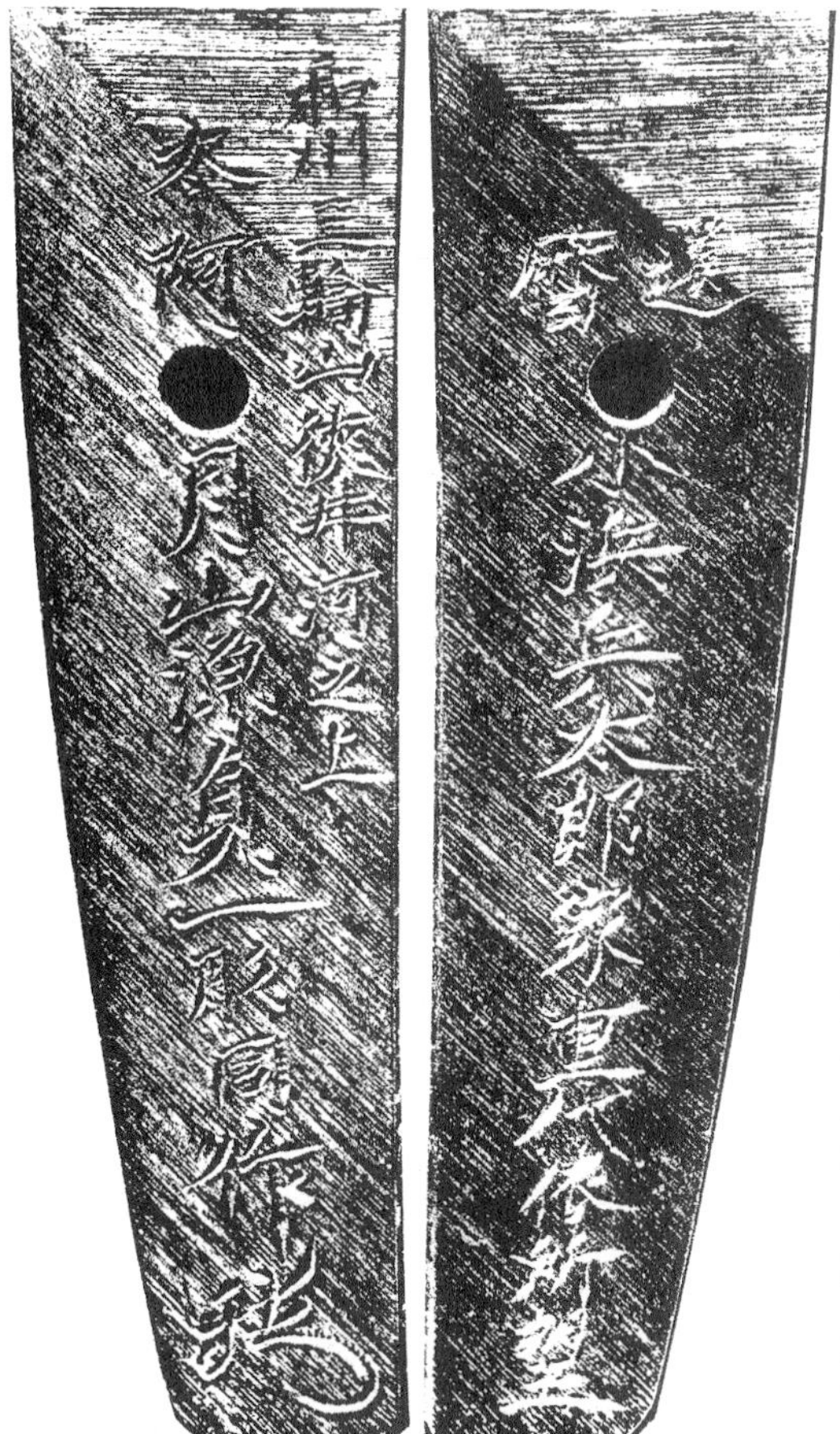


□和州三輪山狹井河之上
太阿月山源貞一彫同作〈花押〉（さだかず・ていいち）
還暦小浜兵太郎家重代依所望
（棟）昭和四十六辛亥歳三月吉祥日三作之一刀也
大阪―昭和

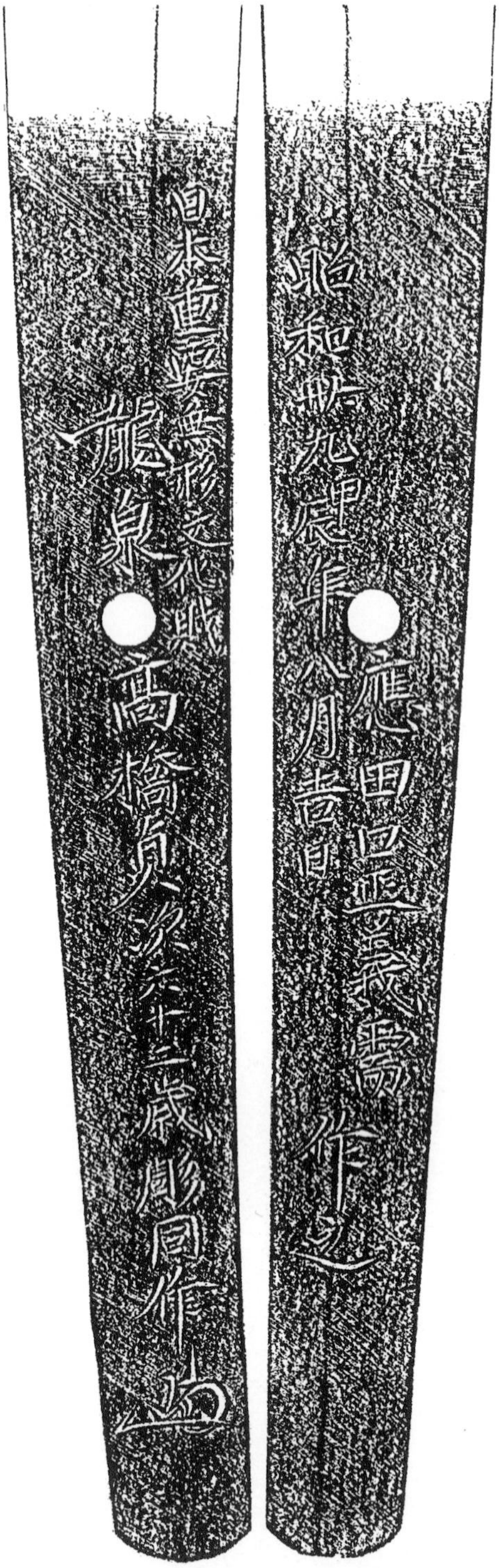

□日本重要無形文化財
龍泉高橋貞次六十二歳彫同作〈花押〉（さだつぐ）
昭和三十九甲辰年八月吉日
応田口正義需作之
愛媛県―現代

□切物同作干時五十二歳龍貞次〈花押〉（さだつぐ）
昭和甲午歳正月吉日 一代精魂三作也
愛媛県―現代

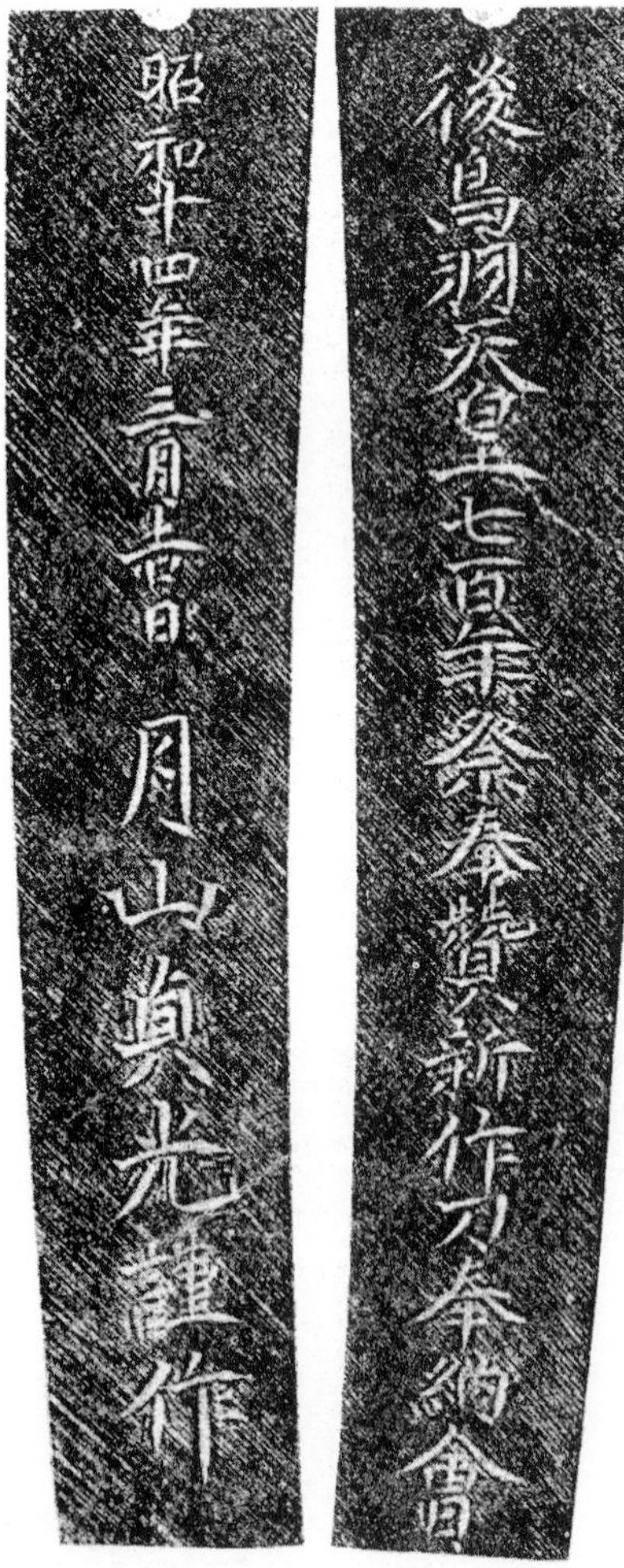

□昭和十四年三月吉日 月山貞光謹作（さだみつ）
後鳥羽天皇七百年祭奉賛新作刀奉納会
〈月山貞一前銘〉大阪―昭和

□大和國住月山貞利彫同作〈花押〉（さだとし）　大阪―昭和
昭和五寿七年二月吉祥日

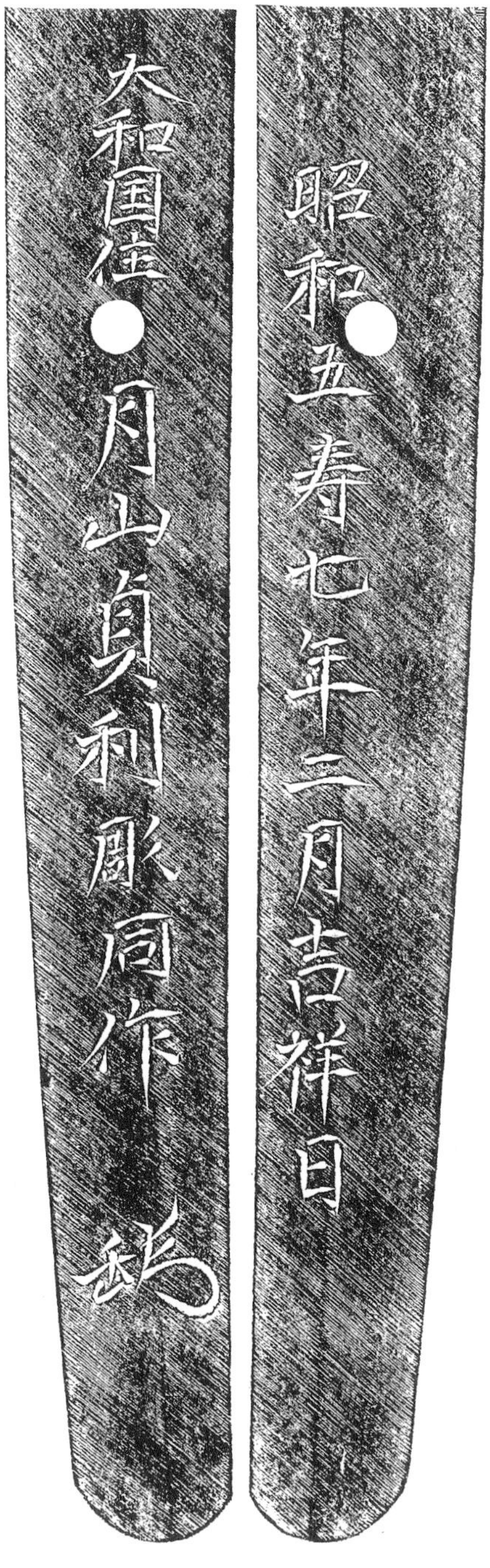


□湧水心貞吉謹作（さだよし）　静岡県―昭和
昭和壬戌年秋日

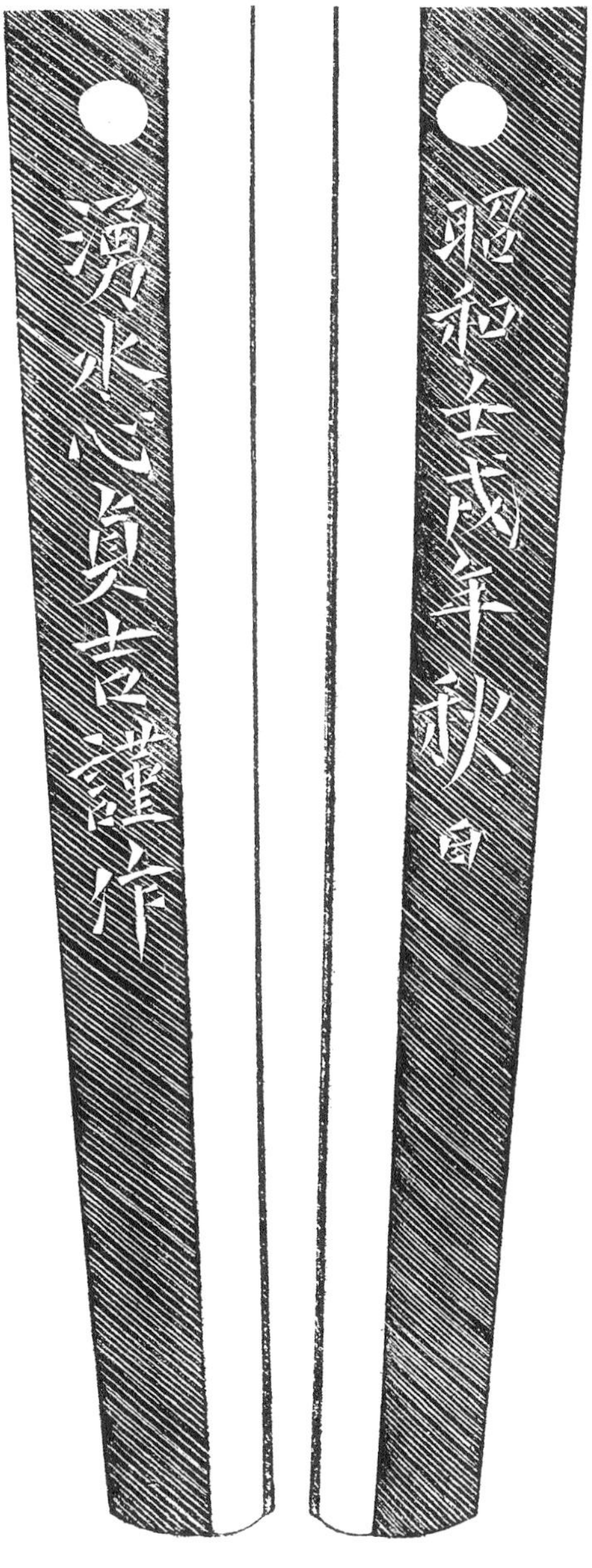


さ

○重（しげ）　備後國―室町後期

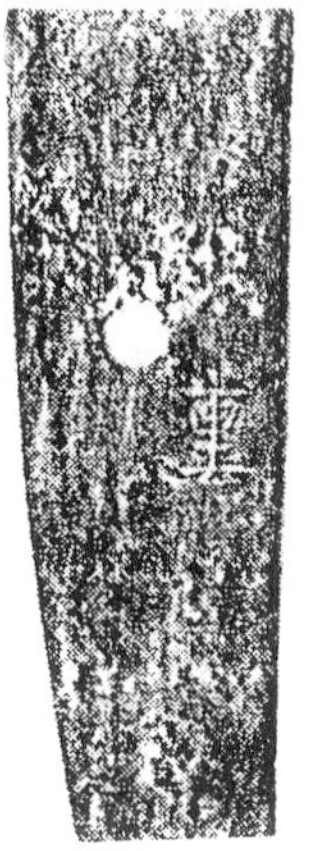

○備州長船重真（しげざね）　備前國―南北朝期

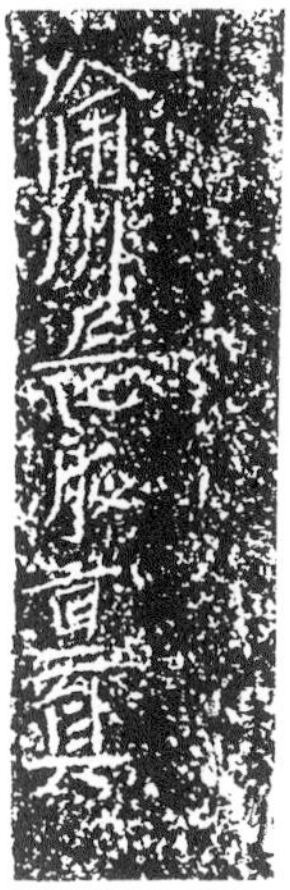

○備州長船住重真（しげざね）
延文三年十二月日
備前國―延文

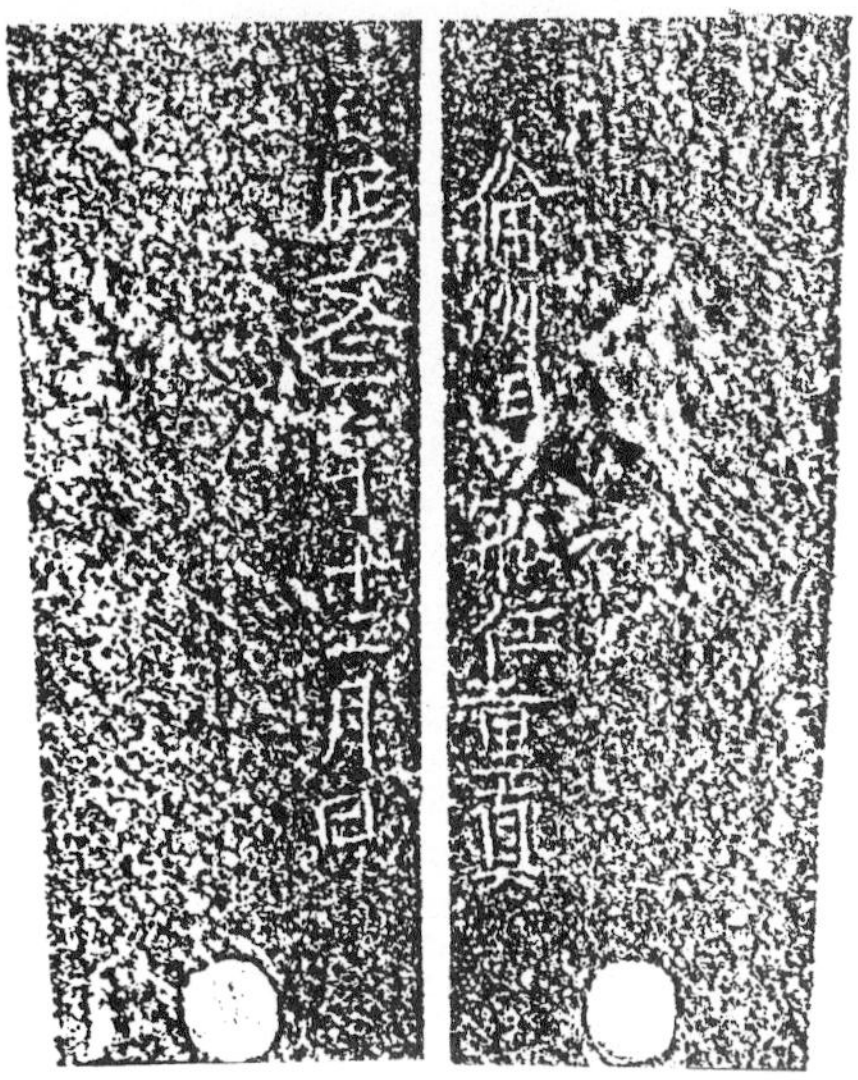

○重國（しげくに）〈信國〉山城國―室町中期

○薩州住重武（しげたけ）
永禄十二年二月吉日
薩摩國―永禄

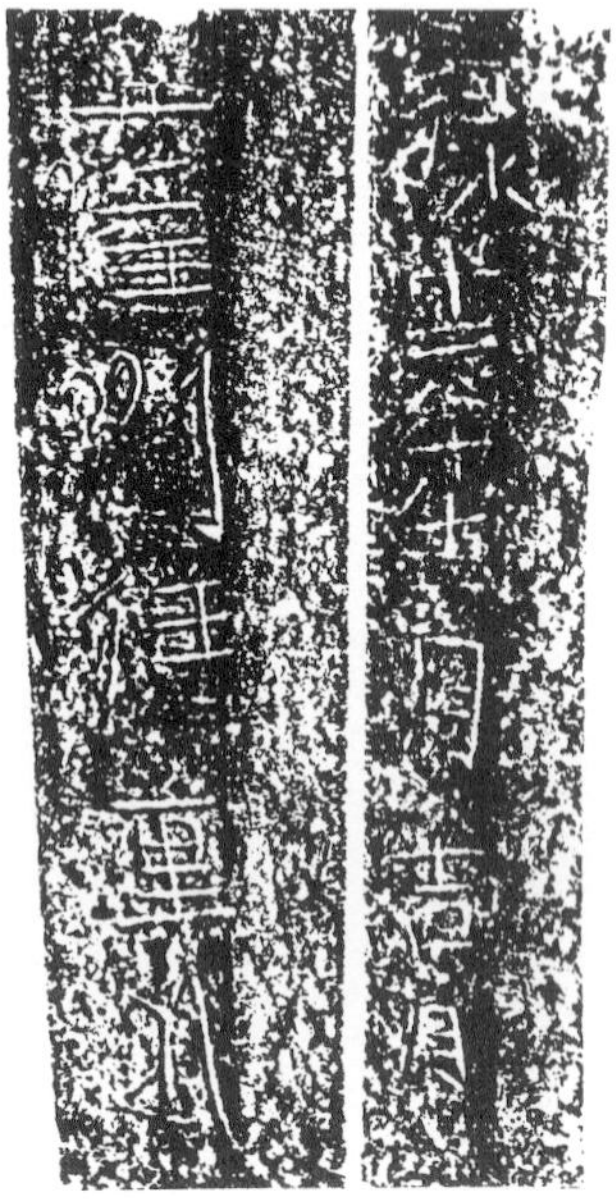

○長谷部重信（しげのぶ）　山城國―南北朝期

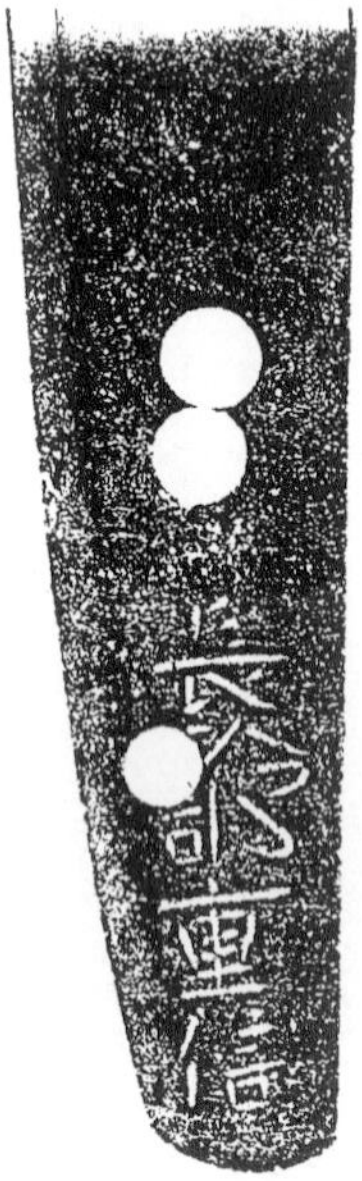

○重久（しげひさ）〈一文字〉備前國―鎌倉中期

○重次（しげつぐ）　備中國―鎌倉中期

○重次（しげつぐ）　備中國―鎌倉中期

○備州長船重光（しげみつ）
応永二十二年二月日
備前國―応永

○備州長船重光（しげみつ）
明応五年二月日
備前國―明応

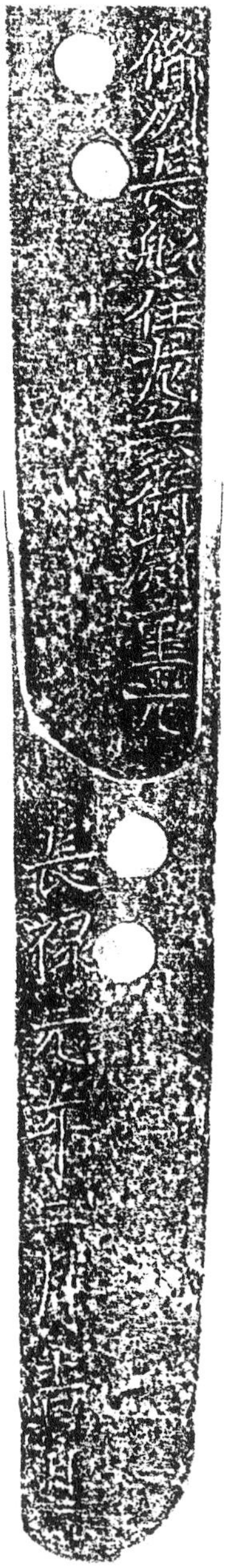
○備州長船住左兵衛尉重光　長禄元年二月吉日（しげみつ）　備前國─長禄

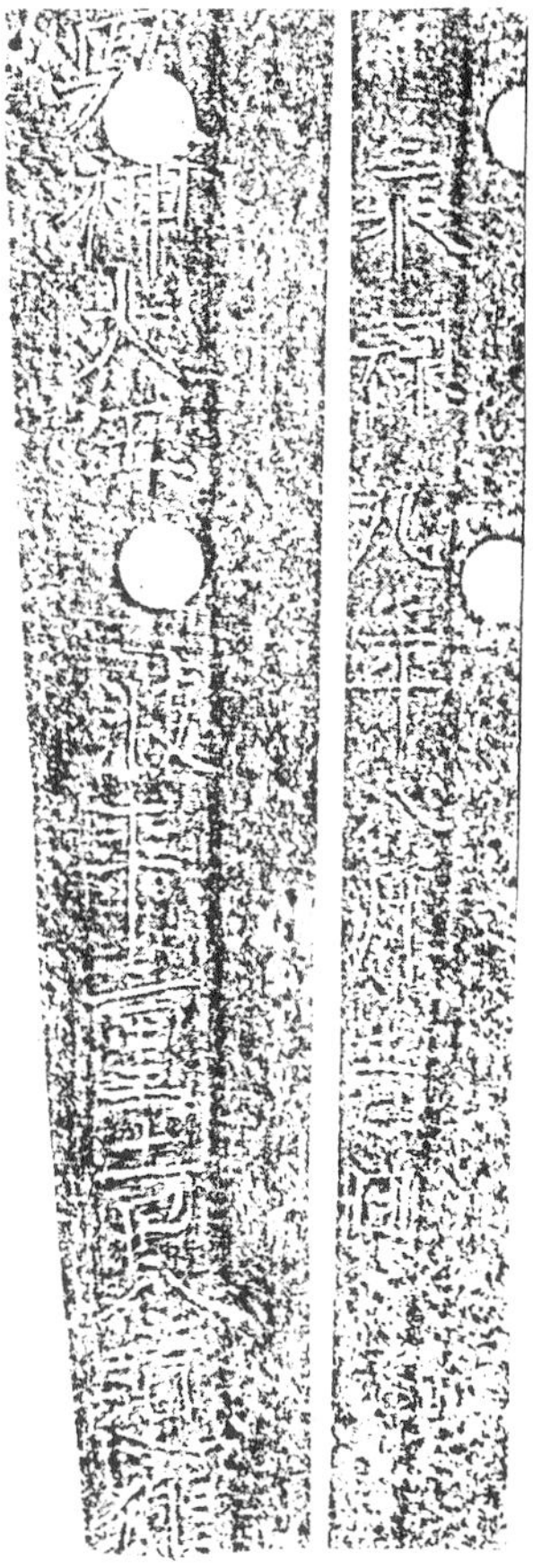
○鬼神大王波平重吉入道作（しげよし）　永禄九年八月吉日　薩摩國─永禄

○平鎮種（しげたね）　豊後國─室町末期

○順慶（じゅんけい）　備前國─鎌倉前期

○備州住重安（しげやす）
備後国─南北朝期

○薩州住重吉作（しげよし）　薩摩國─室町末期

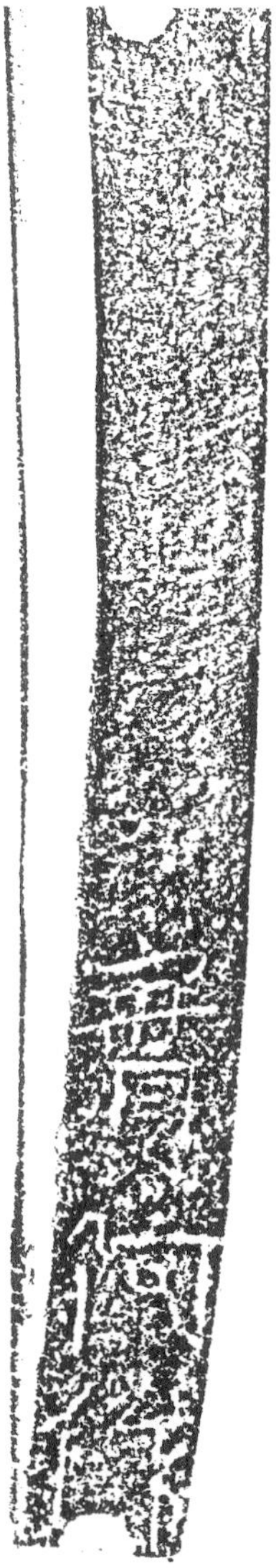
○實阿作（じつあ）　筑前國─鎌倉末期

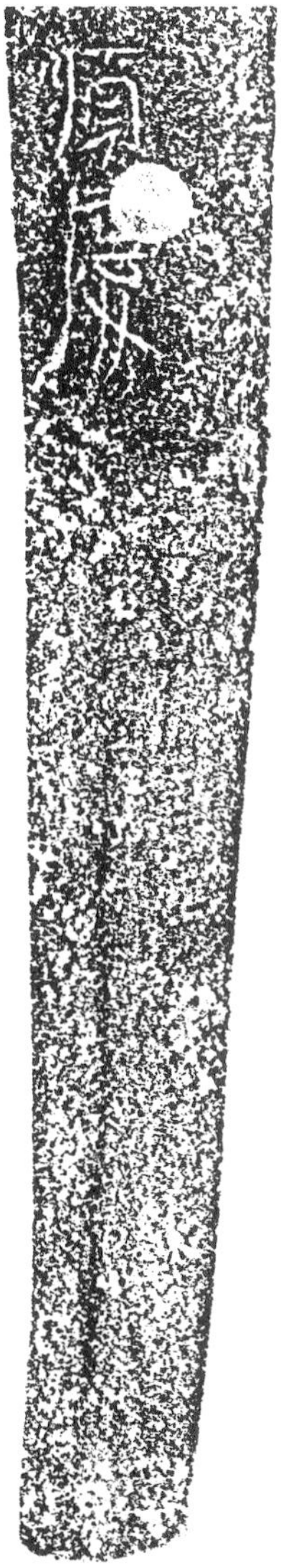
○順慶（じゅんけい）　備前國─鎌倉前期

○重勝（しげかつ）下野國―室町中期

△和州手掻住重國於駿府造之（しげくに）〈初代〉紀伊國―桃山期

△於南紀重國造之（しげくに）〈初代〉紀伊國―桃山期

△筑州住源信国重包（しげかね）
元禄七年二月日
筑前國―元禄

△於南紀重國造之（しげくに）〈初代〉紀伊國―桃山期

△於紀州文珠重國造之（しげくに）〈二代〉紀伊國―桃山期

△越前國幡磨大掾藤原重高（しげたか）
慶長拾六年二月吉日
〈初代〉越前國―慶長

△越前住幡磨大掾藤原重高（しげたか）
石見守藤原信仍
〈信仍と合作・初代〉越前國―桃山期

△播磨大掾藤原重高（しげたか）
越前住
〈二代〉越前國―江戸中期

△白川士沢原源重胤（しげたね）
辟邪護身為稲田正孝君　文政十一子年八月吉日
武蔵國―文政

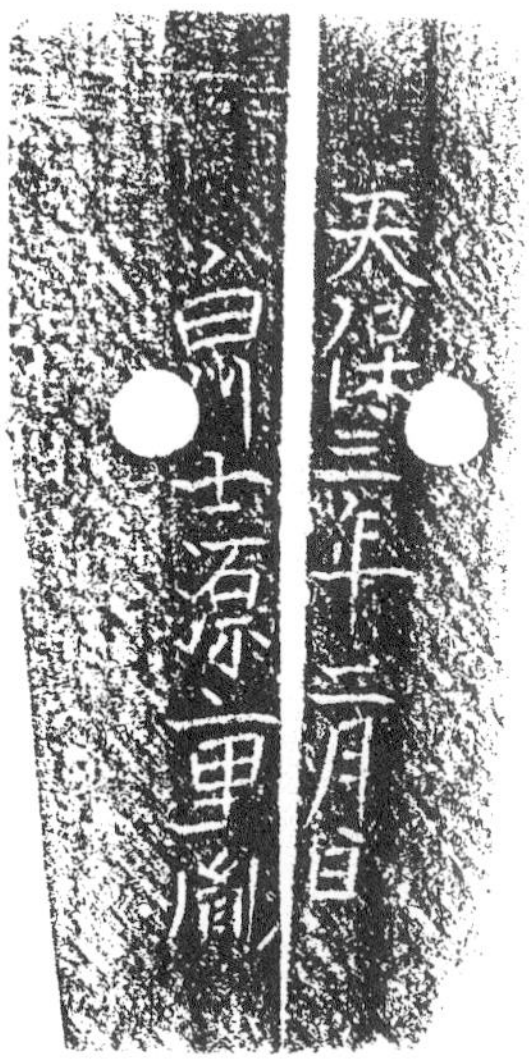

△天保三年二月日
白川士源重胤（しげたね）
武蔵國―天保

さ

△肥前守藤原重則（しげのり） 武蔵國—江戸中期

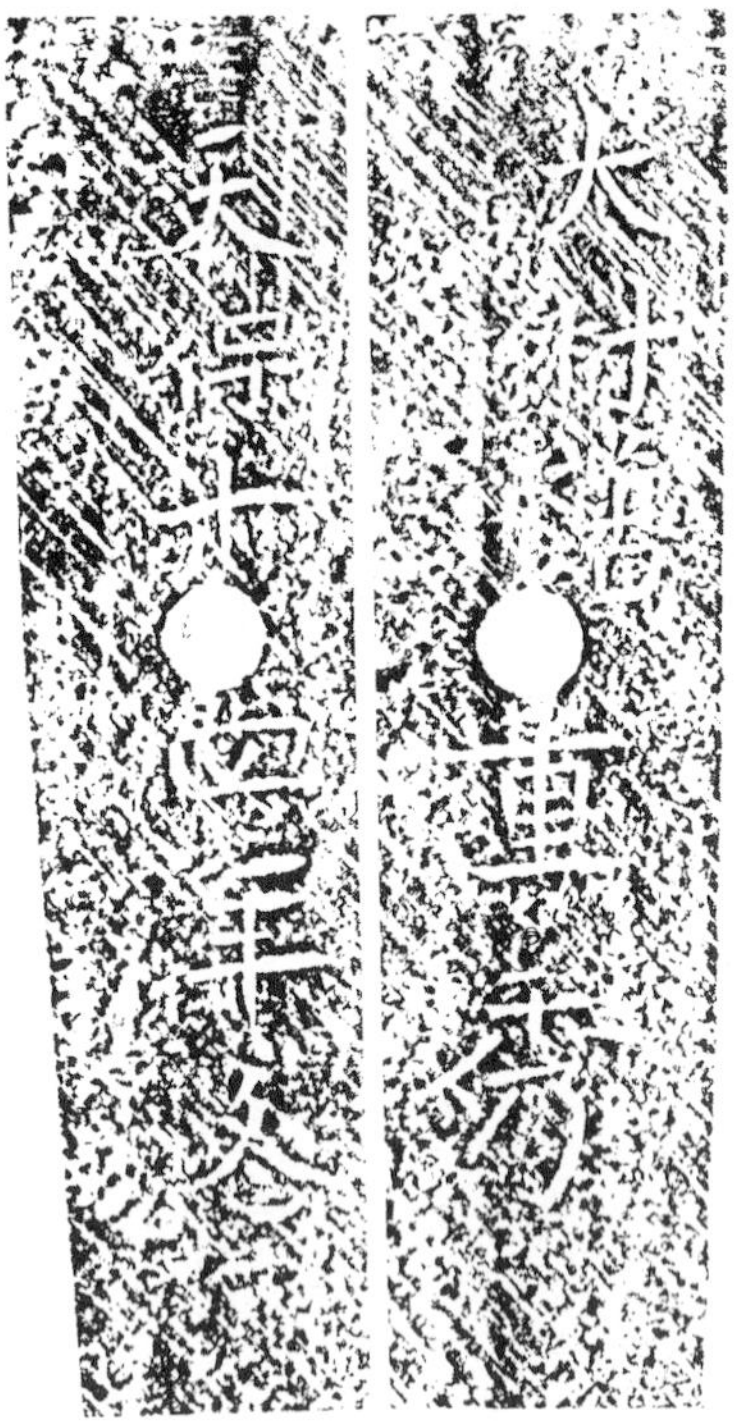

△大村藩重秀（しげひで）
天保十四年冬
肥前國—天保

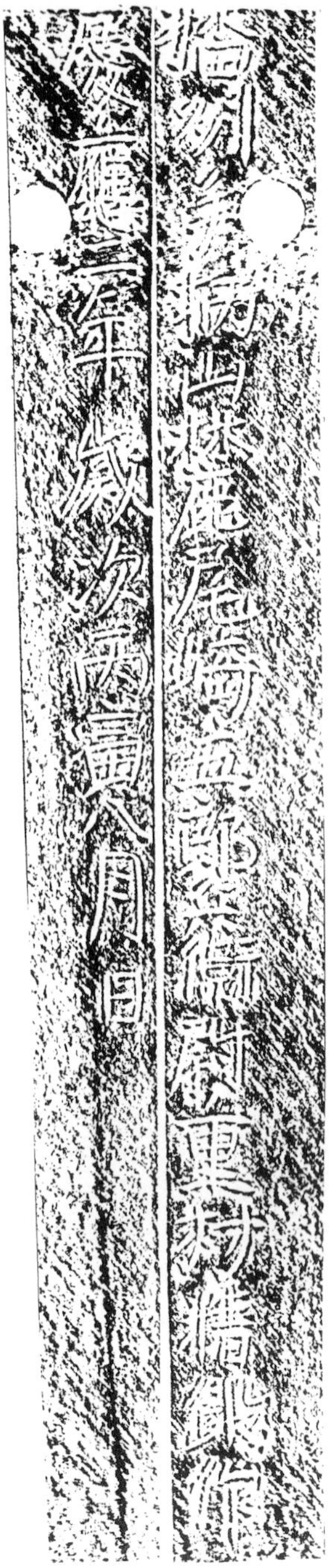

△播州手播山麓尾崎五郎兵衛尉重村精鍛作（しげむら）
慶応二年歳次丙寅八月日
播磨國—慶応

△土佐國之剣工寿秀打刃
北越村松之治工重秀穿樋（しげひで）
〈寿秀と合作〉 武蔵國—江戸末期

△会津住重房（しげふさ）
文久元年八月吉日
岩代國—文久

△上総大掾重康（しげやす）摂津國—江戸中期

△埋忠重義作（しげよし）山城國—桃山期

△繁栄造（しげよし・はんえい）丹波國—江戸後期

△繁昌（しげまさ・はんじょう）武蔵國—桃山期

△豊後國藤原重行（しげゆき）豊後国—江戸中期

△若州住三木繁武（しげたけ）
寛政九年九月日
山城國—寛政

△繁昌（しげまさ・はんじょう）武蔵國—桃山期

△繁慶（しげよし・はんけい） 武蔵國—桃山期

△繁慶（しげよし・はんけい） 武蔵國—桃山期

△謹刻七左作〈花押〉（しちざ） 山城國—桃山期

△陸奥会津住下坂（しもさか） 岩代國—江戸中期

△繁慶（しげよし・はんけい） 武蔵國—桃山期

△肥前守藤原鎮政（しげまさ） 伊賀国—桃山期

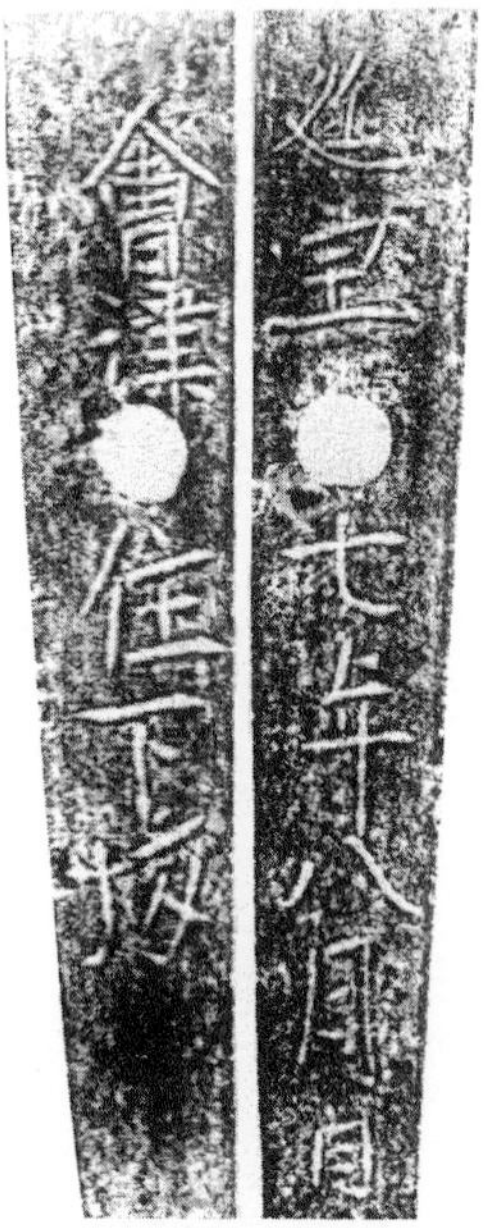

△会津住下坂（しもさか） 延宝七年八月日 岩代國—延宝

△越前国下坂（しもさか） 越前國—江戸前期

△下坂八郎左衛門作（しもさか） 越前國—江戸前期

△下坂孫次郎（しもさか） 越前國—江戸前期

△肥後大掾藤原下坂（しもさか）
越前住
〈初代康継前銘〉 越前國—桃山期

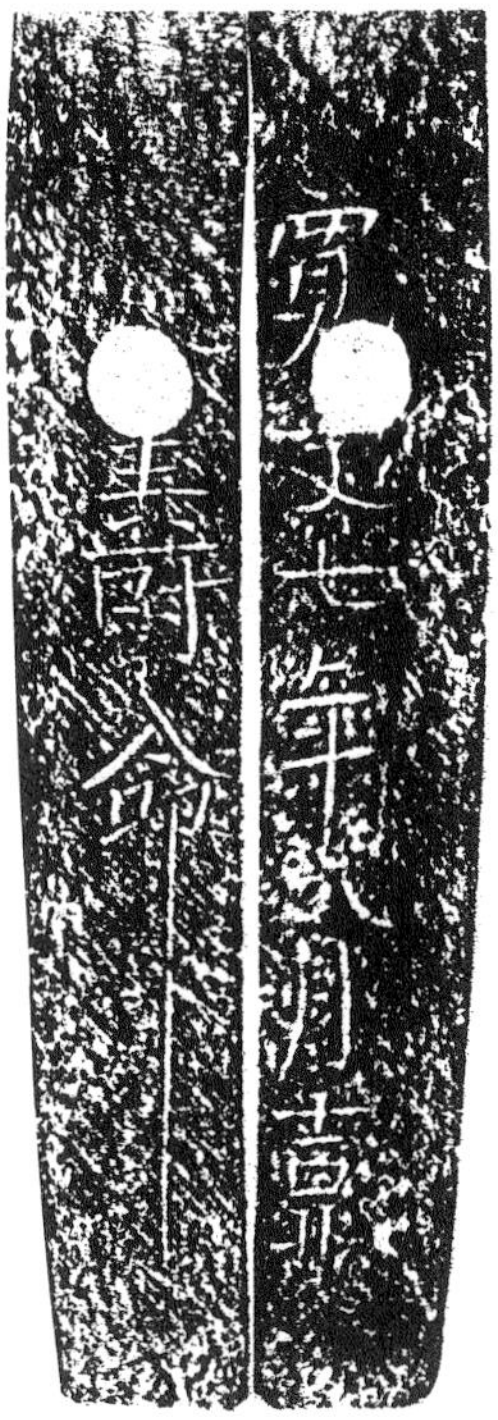

△寿命（じゅみょう・としなが）
寛文七年八月吉日
美濃國—寛文

△上野守藤原寿命（じゅみょう・としなが） 美濃國—江戸中期

△河内守藤原寿命（じゅみょう・としなが） 美濃國—江戸中期

△法橋弘安斎寿命（じゅみょう・としなが） 二ツ胴入□土中
天和三年亥十月廿五日截落之
浅井孫四郎正由〈花押〉
美濃國—天和

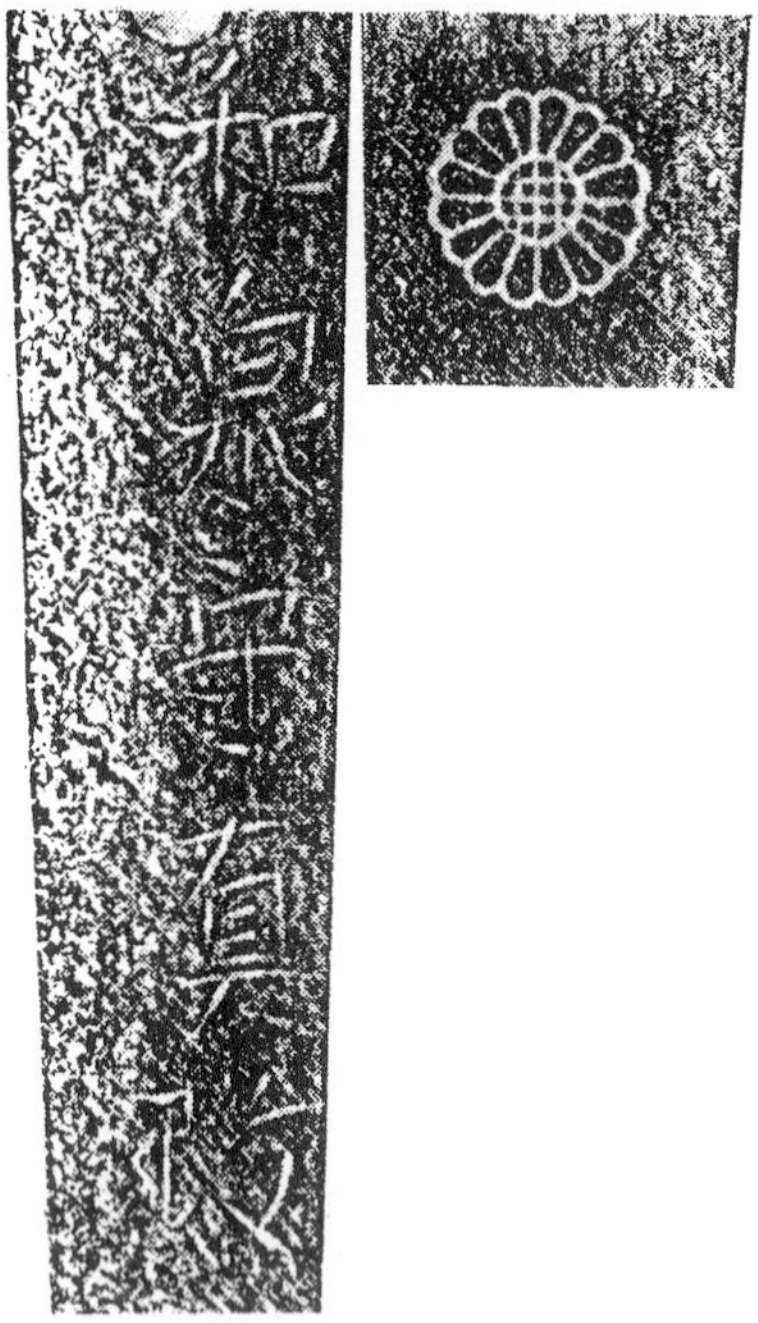

△（菊紋）和泉守真改（しんかい）摂津國—江戸中期

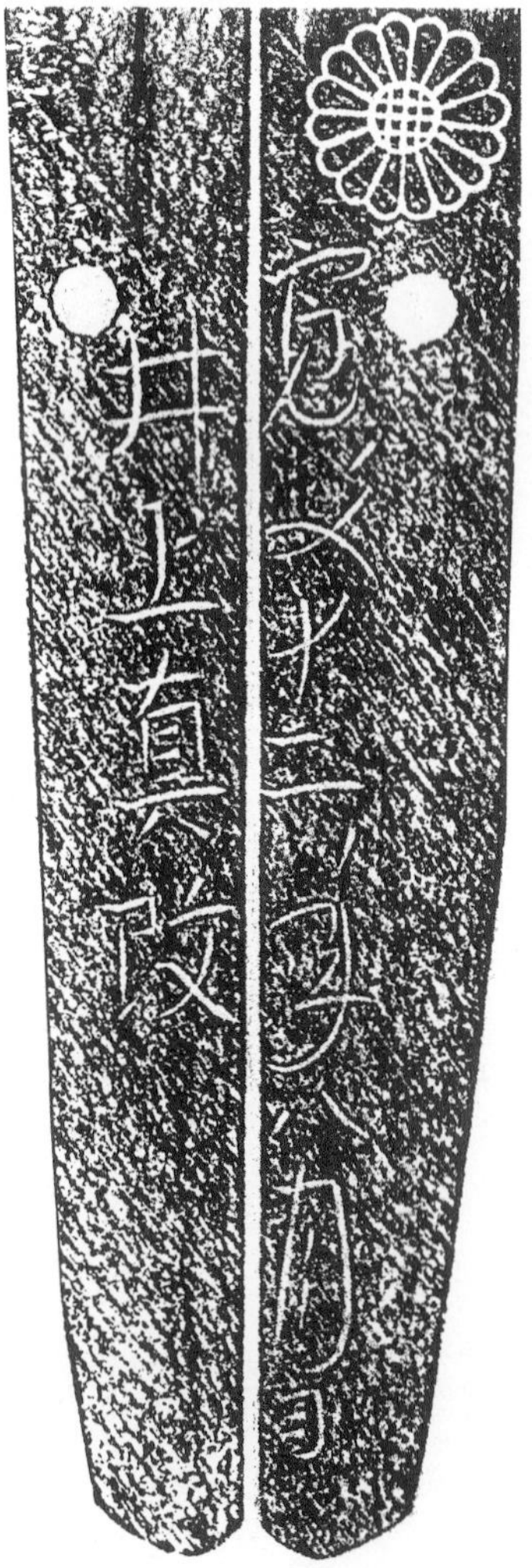

△井上真改（しんかい）
（菊紋）寛文十二年八月日

摂津國—寛文

△井上真改（しんかい）
（菊紋）延宝三年八月日

摂津國—延宝

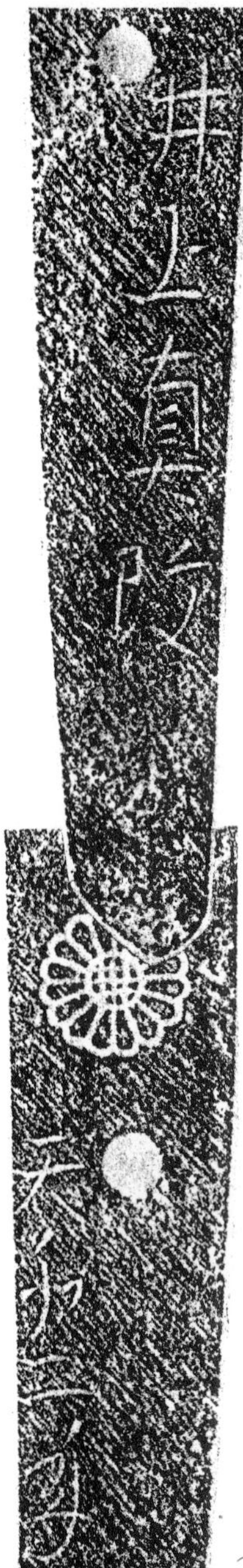

△井上真改（しんかい）
（菊紋）天和二年八月日

摂津國—天和

□一貫斎繁寿彫同作（しげとし）
明治三十八年八月日六十八翁
静岡県―明治

△土肥真了（しんりょう）〈初代〉摂津國―江戸中期

△土肥真了（しんりょう）
（譚の銘）摂津國―江戸中期

□皇太子殿下御軍刀以余鉄
笠間一貫斎繁継謹彫同作（しげつぐ）東京都―大正
大正拾三年八月吉日

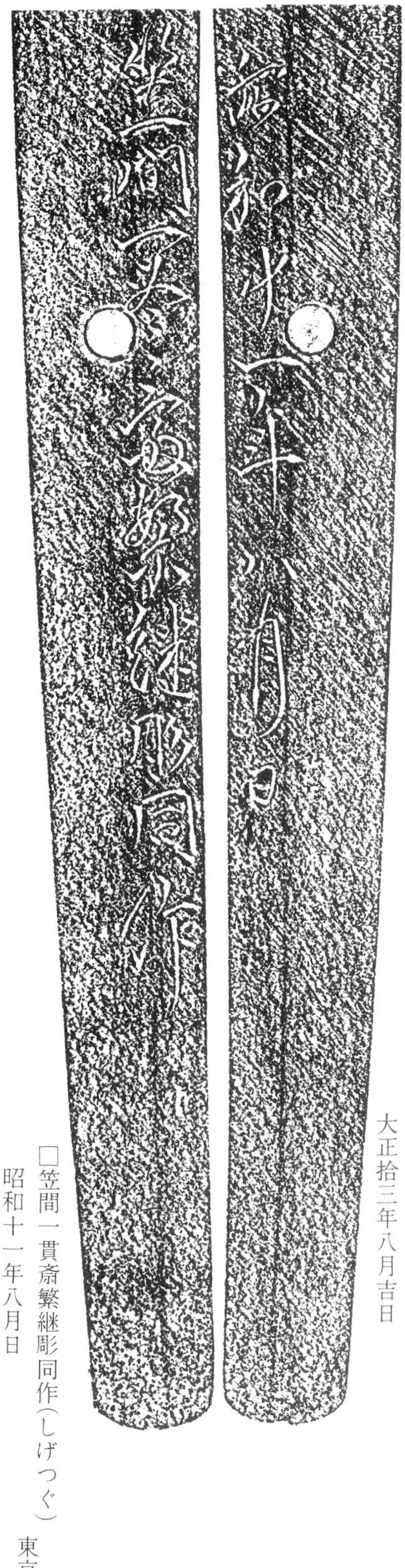

□笠間一貫斎繁継彫同作（しげつぐ）東京都―昭和
昭和十一年八月日

□繁平作（しげひら）　新潟県―昭和
昭和五十一年夏

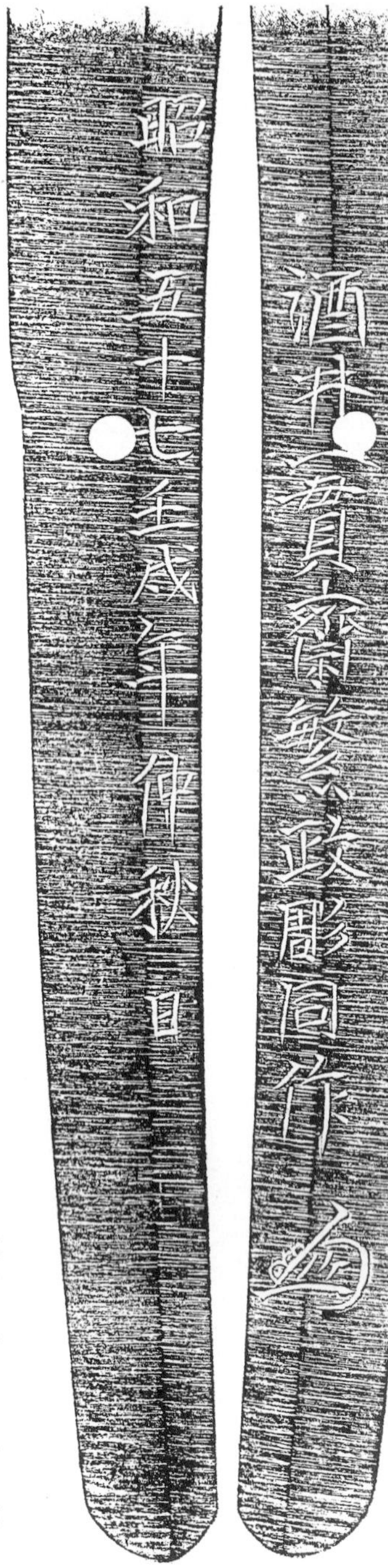


□酒井一貫斎繁政彫同作（花押）（しげまさ）　埼玉県―昭和
昭和五十七壬戌年仲秋日

□武蔵國住吉原荘二作之（しょうじ）〈國家同人〉東京都―昭和

○末次（すえつぐ）
〈青江〉備中國—南北朝期

○末則（すえのり）
〈吉井〉備前國—南北朝期

○末行（すえゆき）〈古備前〉
備前國—鎌倉初期

○備前國助包作（すけかね）〈古備前〉
備前國—平安末期～鎌倉初期

○助包（すけかね）〈古備前〉
備前國—平安末期～鎌倉初期

○助包（すけかね）〈古備前〉
備前國—平安末期～鎌倉初期

○肥前住末秀作（すえひで）
宝徳二年三月廿八日
肥前國—宝徳

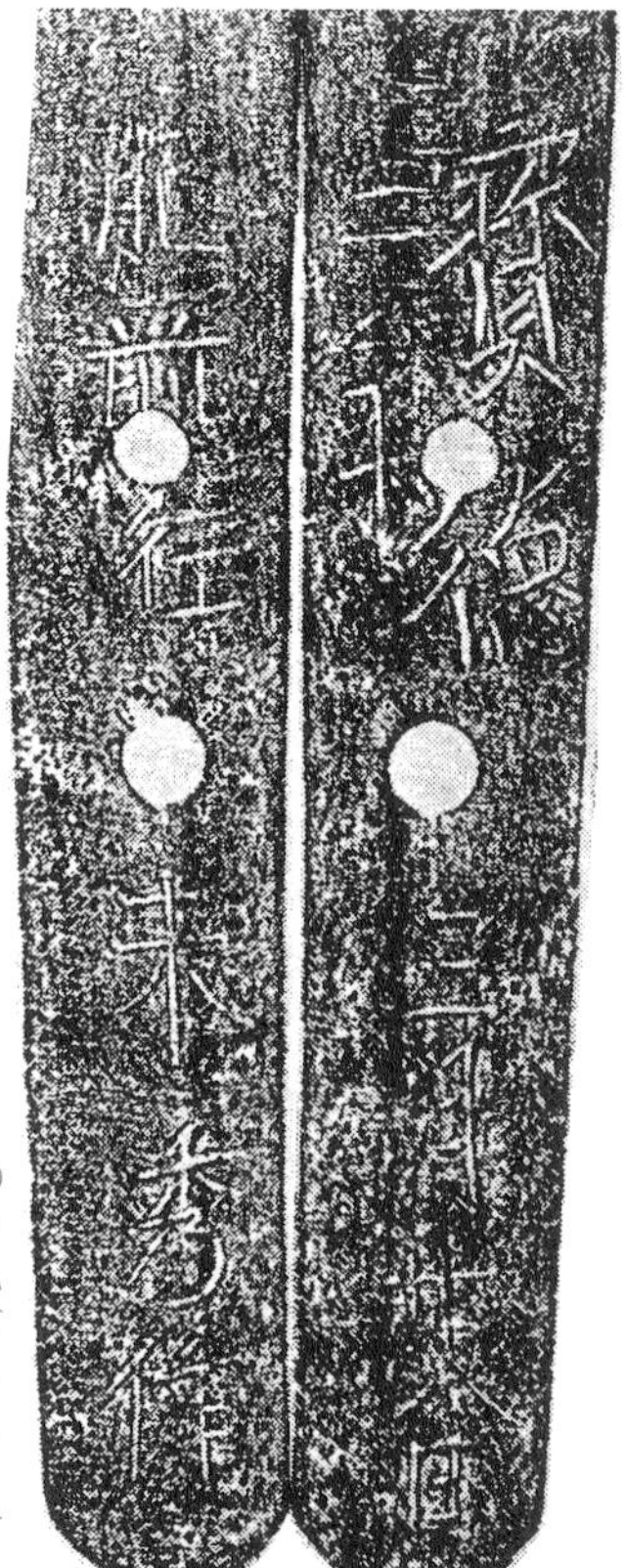

○助包（すけかね）〈一文字〉
備前國—鎌倉中期

○助包（すけかね）（花押）
〈一文字〉備前國—鎌倉中期

○助國作（すけくに）〈國分寺〉
備後國—南北朝期

○助包（すけかね）〈一文字〉
備前國—鎌倉中期

○助包（すけかね）
〈一文字〉鎌倉中期

○助國作（すけくに）〈國分寺〉
備後國—鎌倉末～南北朝期

○助真（すけざね）〈鎌倉一文字〉備前國─鎌倉中期

○助重（すけしげ）〈一文字〉備前國─鎌倉中期

○助次（すけつぐ）〈古青江〉備中國─鎌倉初期

○助次（すけつぐ）〈古青江〉備中國─鎌倉初期

○助真（すけざね）〈鎌倉一文字〉備前國─鎌倉中期

○助真造（すけざね）〈鎌倉一文字〉備前國─鎌倉中期

○一助茂（すけしげ）〈吉岡一文字〉備前國─鎌倉末期

○助次（すけつぐ）〈古青江〉備中國─鎌倉初期

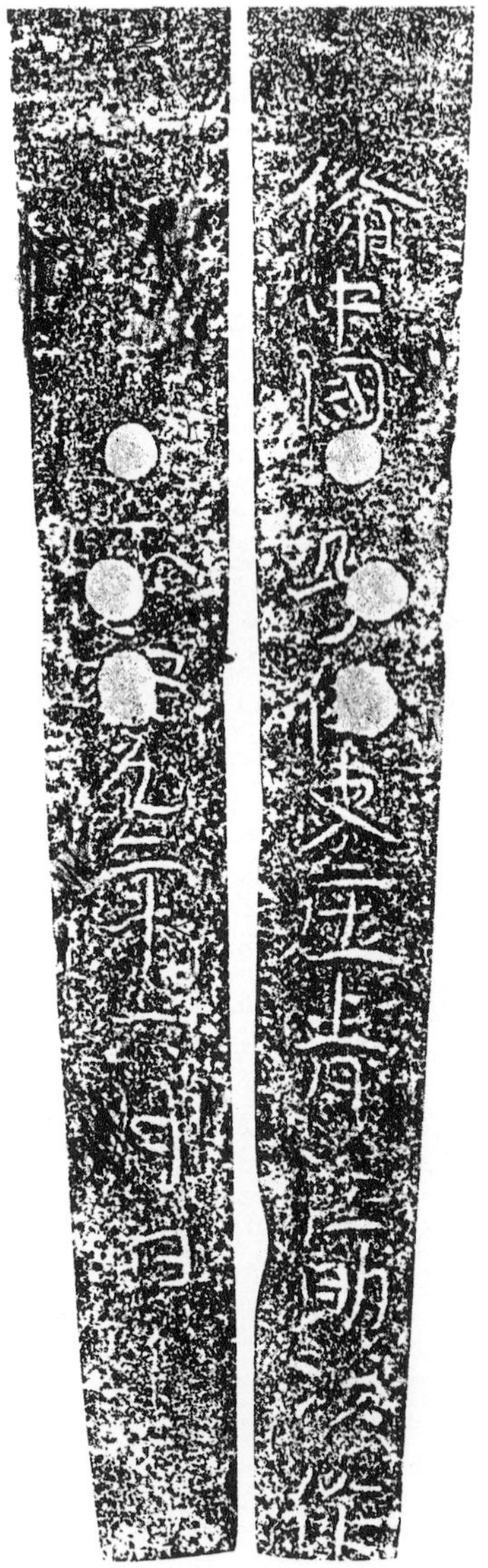

○備中國子位東庄青江助次作（すけつぐ）
正和元年六月日
〈青江〉備中國─正和

○三州薬王寺助次作(すけつぐ) 三河國—室町後期

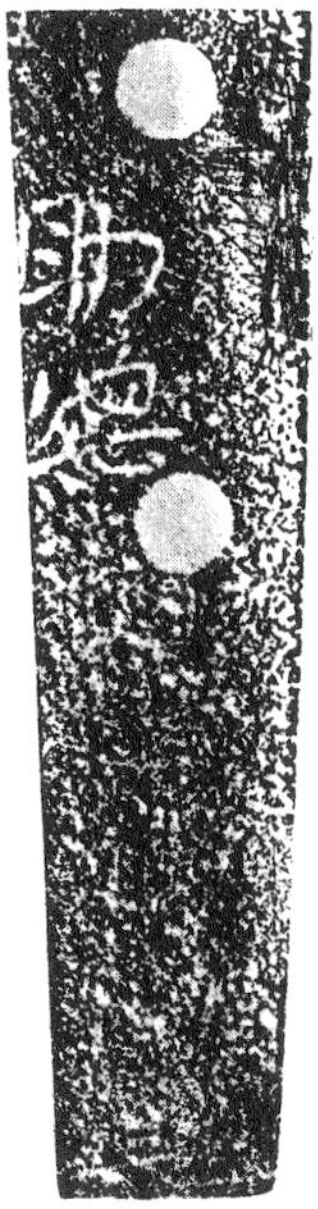

○助綱(すけつな) 相模國—鎌倉末期

○助長(すけなが) 備前國—鎌倉末期

○江州蒲生住助長作(すけなが) 近江國—室町後期

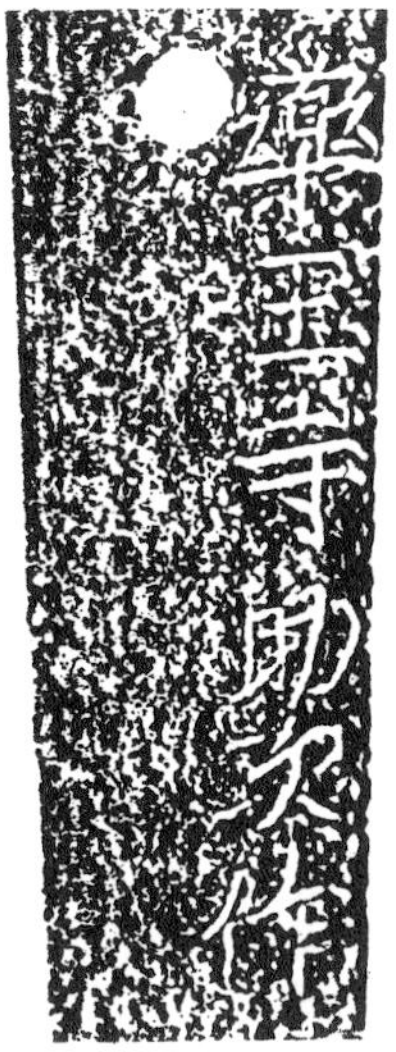

○薬王寺助次作(すけつぐ) 三河國—室町後期

○助綱(すけつな) 相模國—鎌倉末期

○助綱(すけつな) 相模國—鎌倉末期

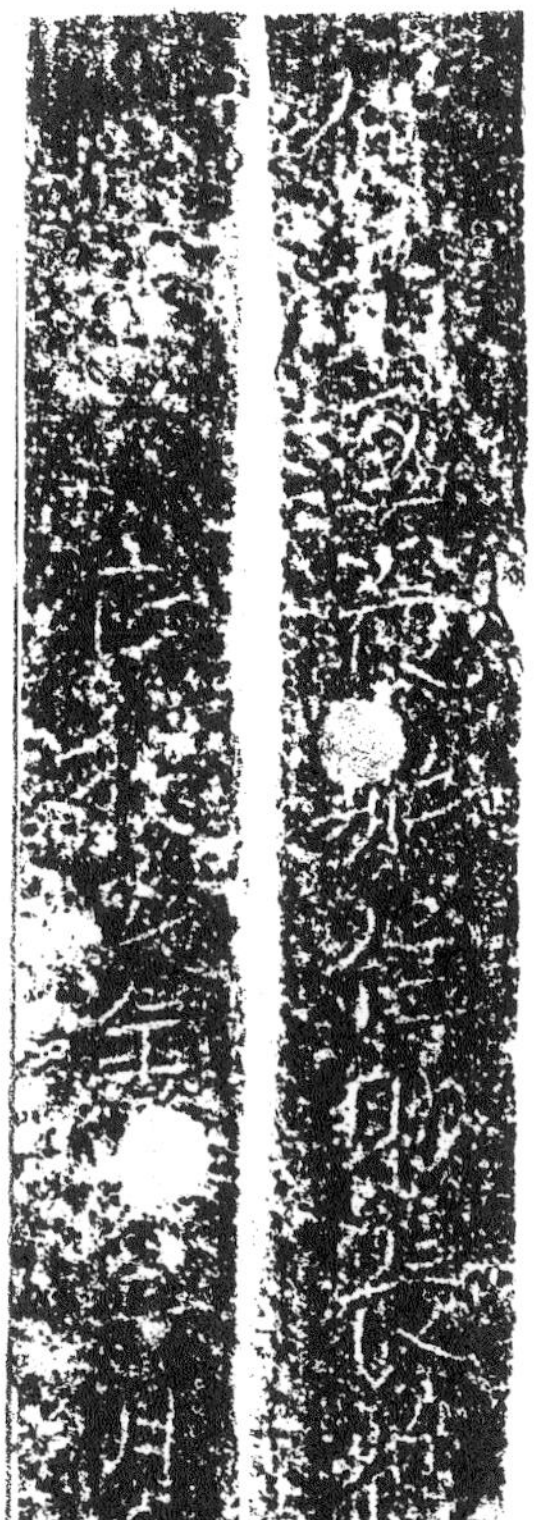

○備前国長船住助長作(すけなが)

正和元年二月

備前國—正和

○助長(すけなが) 伯耆國—鎌倉末期～南北朝期

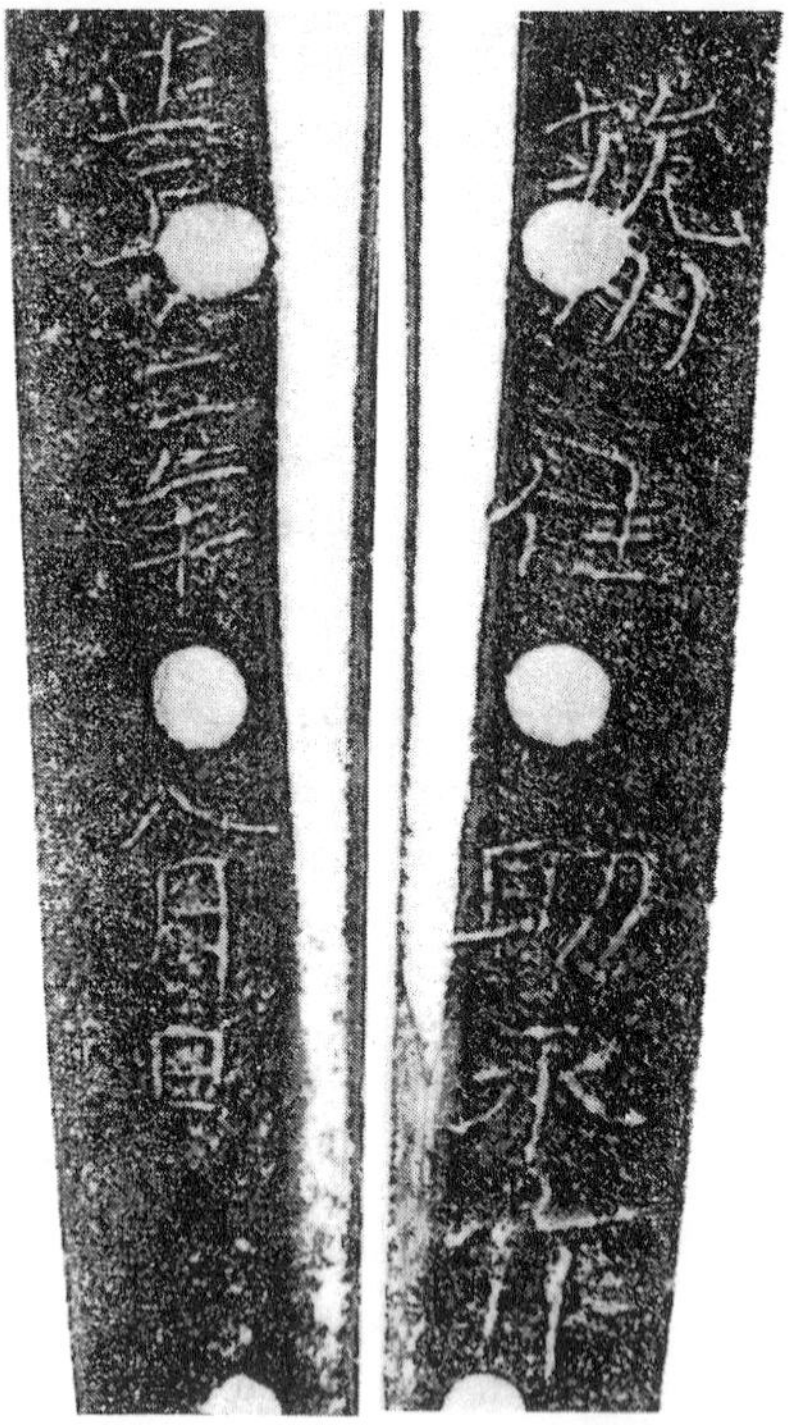

○筑州住助永作（すけなが）
正長二年八月日
〈三池〉筑後國―正長

○長船助久造（すけひさ）　備前國―鎌倉中期

○備前國助平（すけひら）
〈古備前〉備前國―平安末期

○助光（すけみつ）　大和國―鎌倉中期

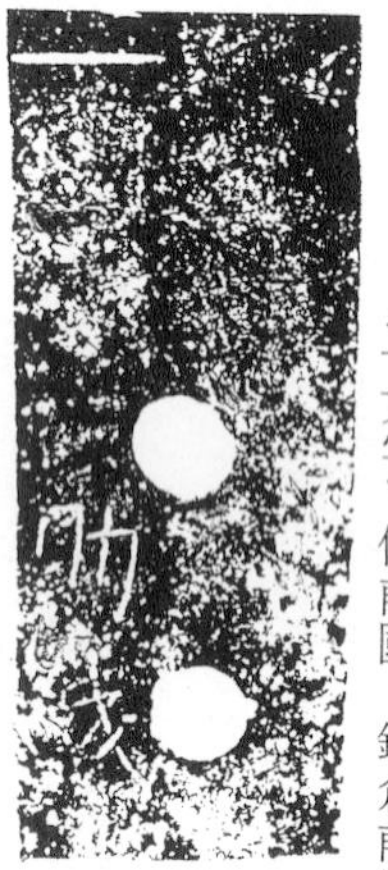

○一　助成（すけなり・すけしげ）
〈一文字〉備前國―鎌倉前期

○備州助延作（すけのぶ）
備前國―鎌倉初期

○助廣作（すけひろ）　駿河國―室町後期

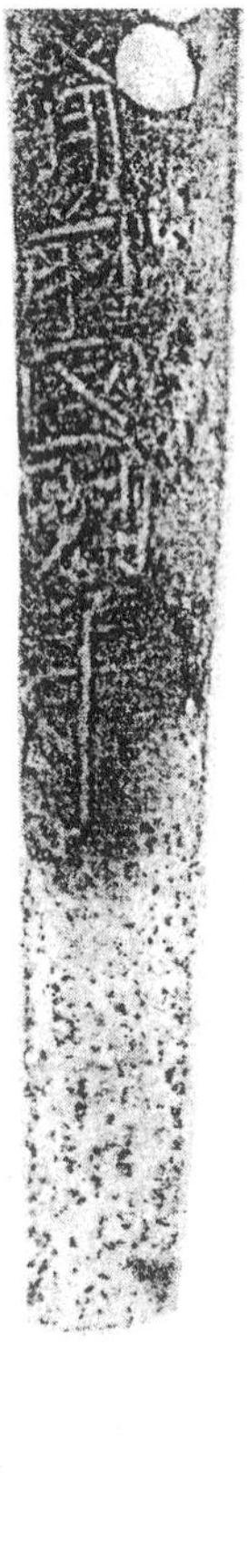

○備前國助平（すけひら）〈古備前〉備前國―平安末期

○一　備州吉岡住助光（すけみつ）〈一文字〉備前國―鎌倉末期

○一備前國吉岡住左近将監紀助光（すけみつ）
元亨二年八月日
〈一文字〉備前國—元亨

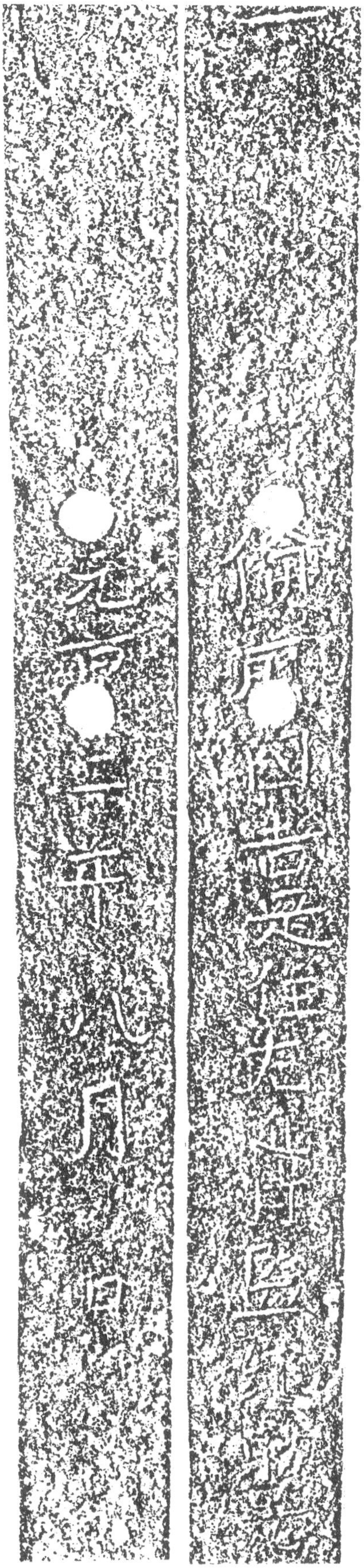

○備前國吉岡住左近将監紀助光（すけみつ）
一南無八幡大菩薩
一南無妙見大菩薩　元亨二年三月日
〈一文字〉備前國—元亨

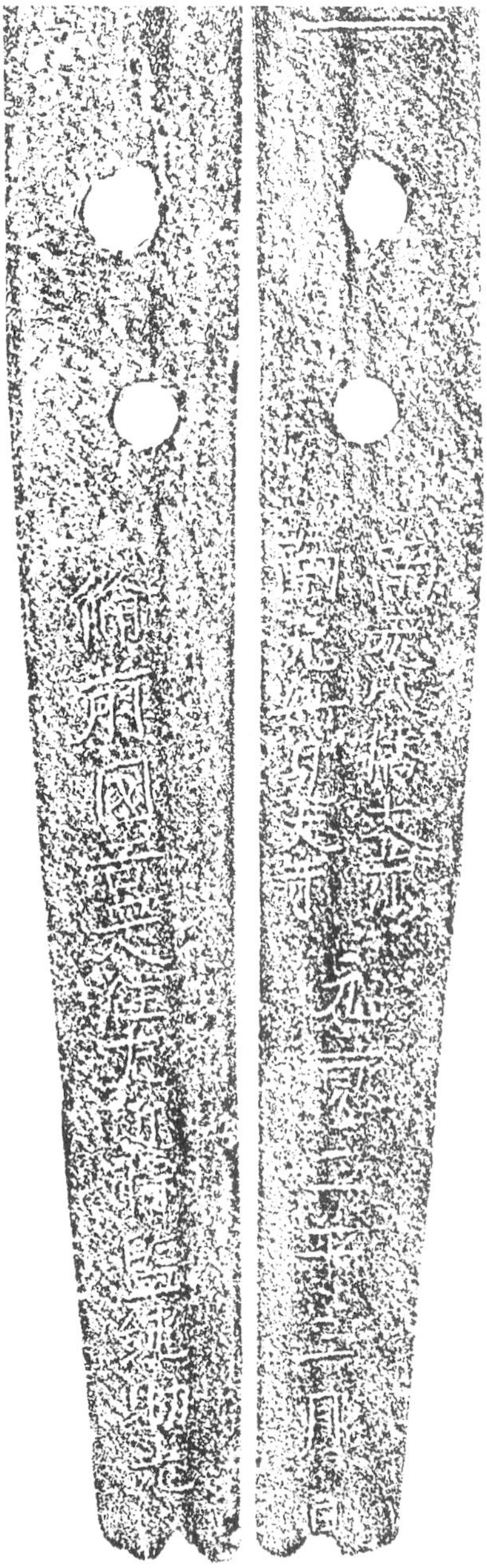

○助宗（すけむね）〈一文字〉備前國—鎌倉初期

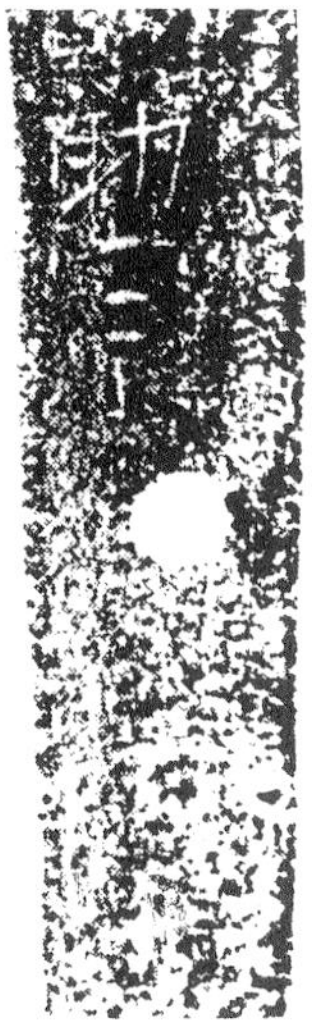

○助宗（すけむね）〈一文字〉備前國—鎌倉初期

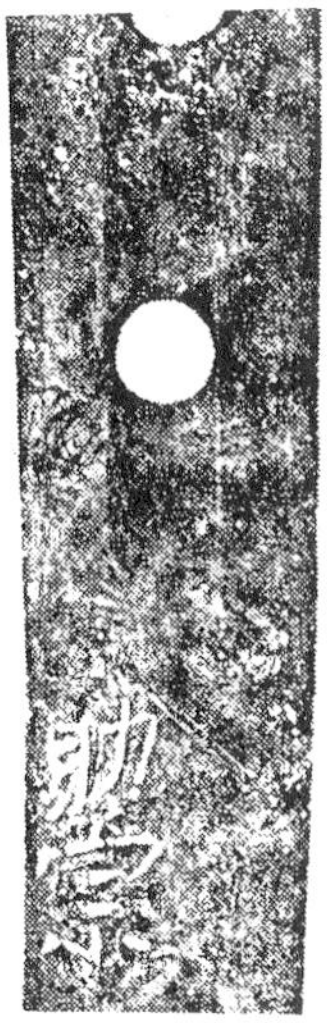

○助宗（すけむね）〈三条〉山城國—平安末期

○助宗（すけむね）〈島田〉駿河國—室町中期

○助宗（すけむね）永禄八年二月日 〈島田〉駿河國—永禄

○備前助村（すけむら）〈古備前また一文字とも〉備前國—鎌倉初期

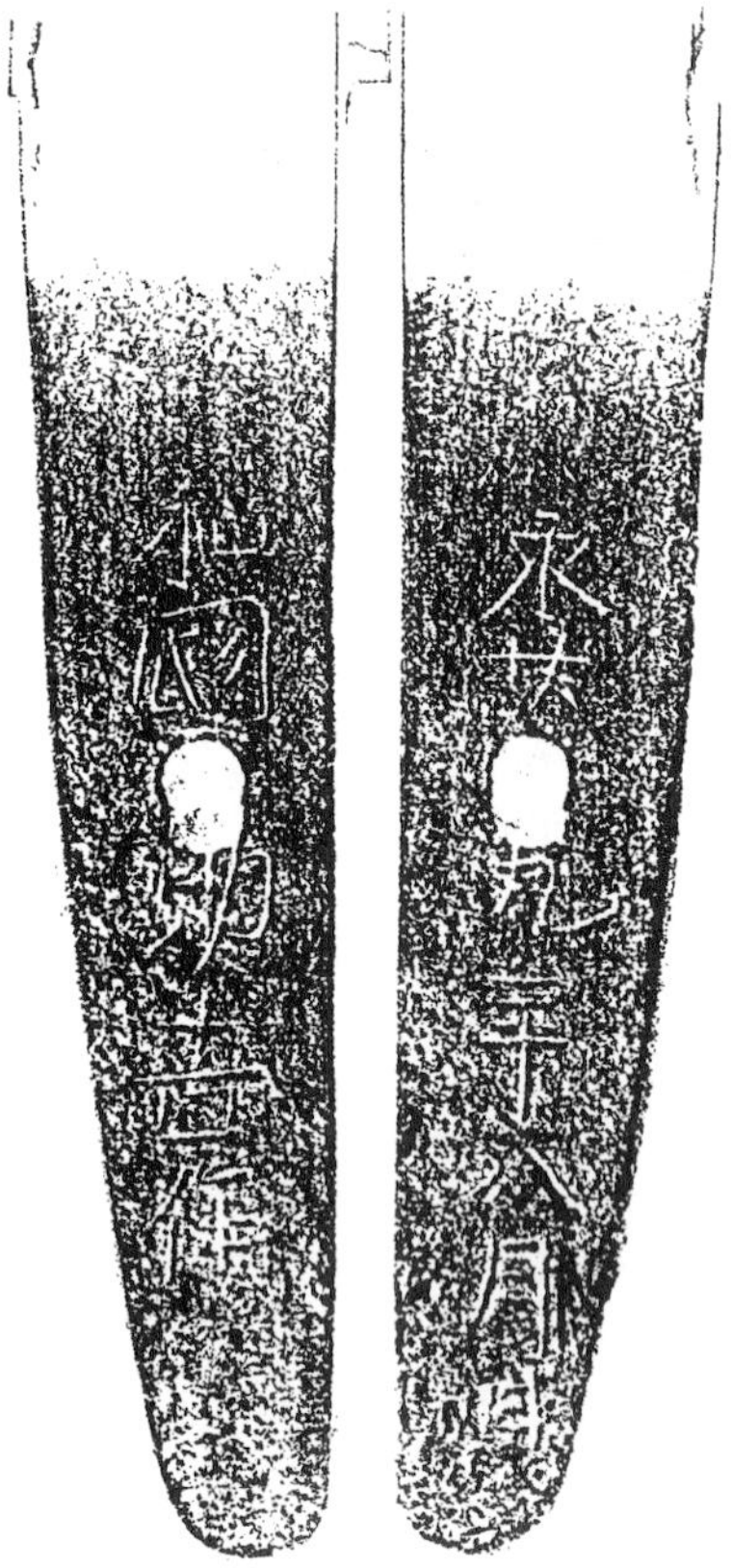

○大和國助吉作（すけよし）応永廿九年八月日 大和國—応永

○助宗（すけむね）〈島田〉駿河國—室町末期

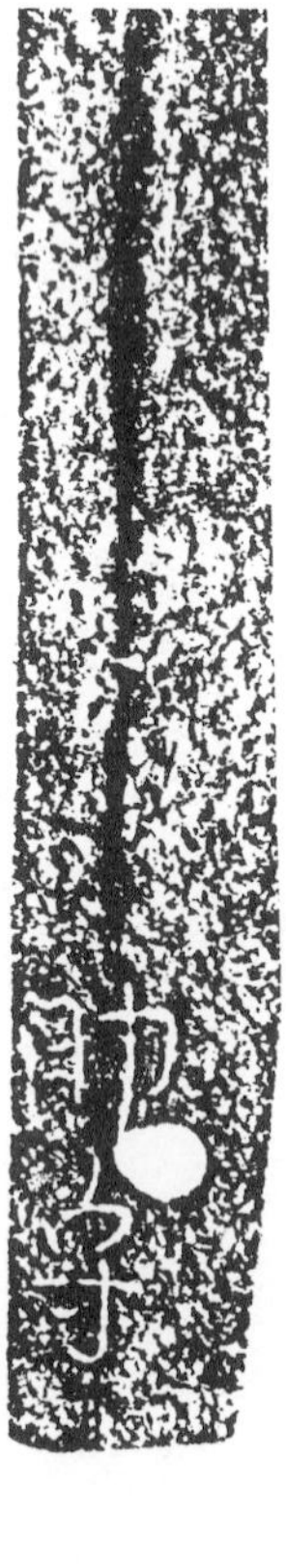

○助守（すけもり）〈一文字〉備前國—鎌倉初期

○助守（すけもり）〈一文字〉備前國—鎌倉中期

○助吉（すけよし）〈一文字〉備前國—鎌倉中期

○備州長船住助吉（すけよし）備前國—南北朝期

さ

○備前國住長船祐定彦兵衛作（すけさだ）
明応六年八月吉日

備前國―明応

○備前國住長船与三左衛門尉祐定作（すけさだ）
為菅野与三郎令作之
天文二年二月吉日

備前國―天文

○備前國住長船与三左衛門尉祐定（すけさだ）
大永三年二月吉日

備前國―大永

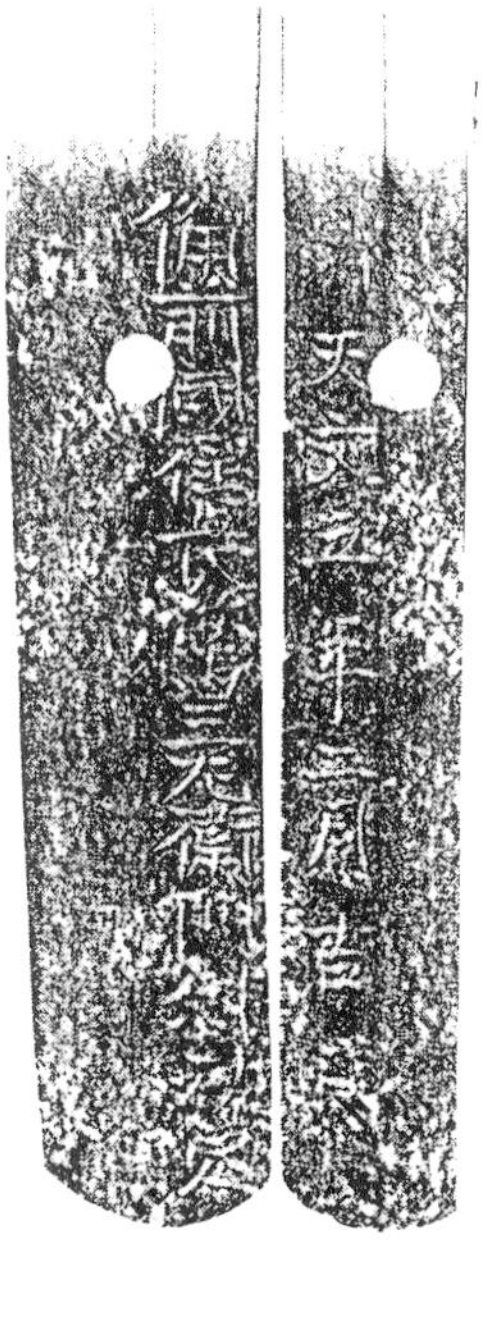

○備前國住長船与三左衛門尉祐定（すけさだ）
天文五年二月吉日

備前國―天文

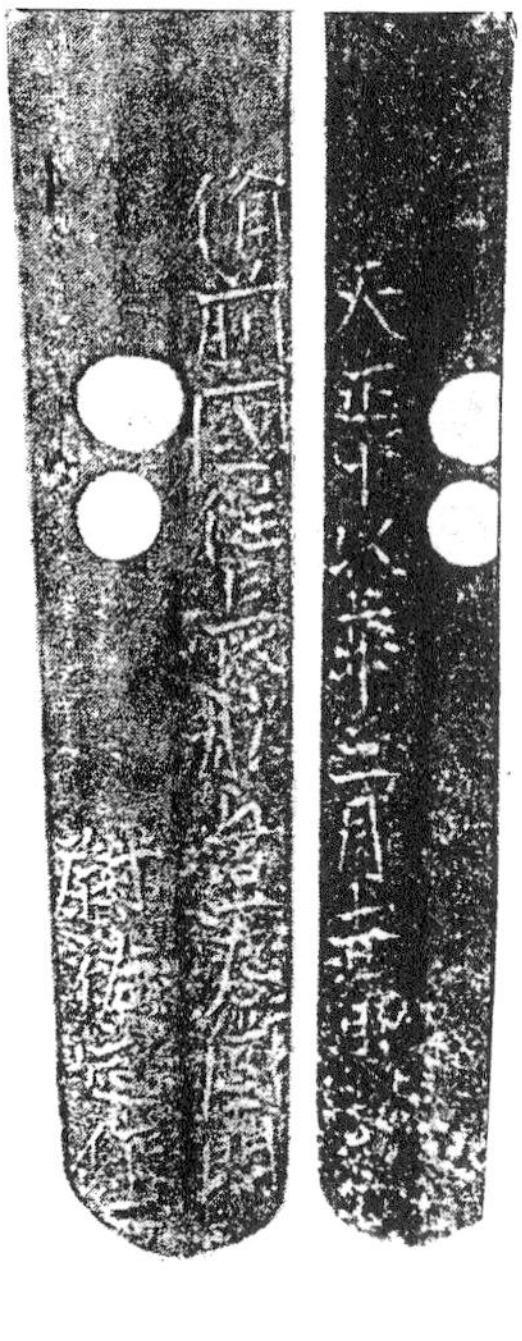

○備前國住長船与三左衛門尉祐定作（すけさだ）
天正十四年二月吉日

〈二代〉備前國―天正

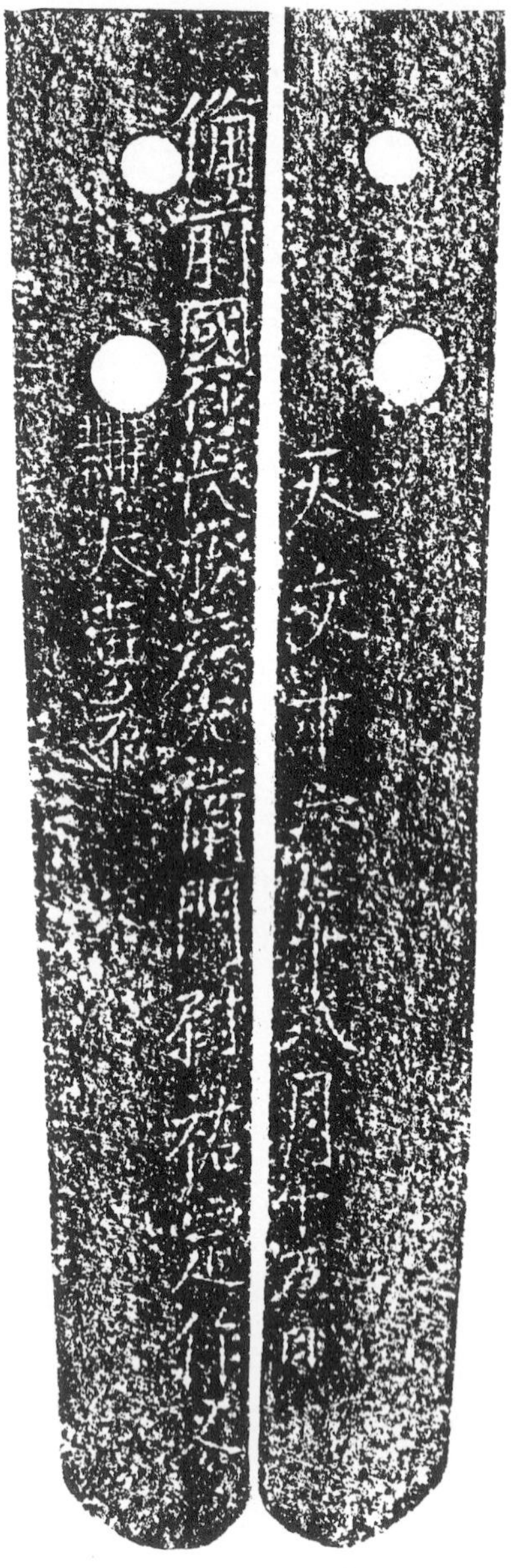

○備前國住長船彦左衛門尉祐定作之（すけさだ）
（九字）大吉（梵字）
天文十六年八月十五日

備前國—天文

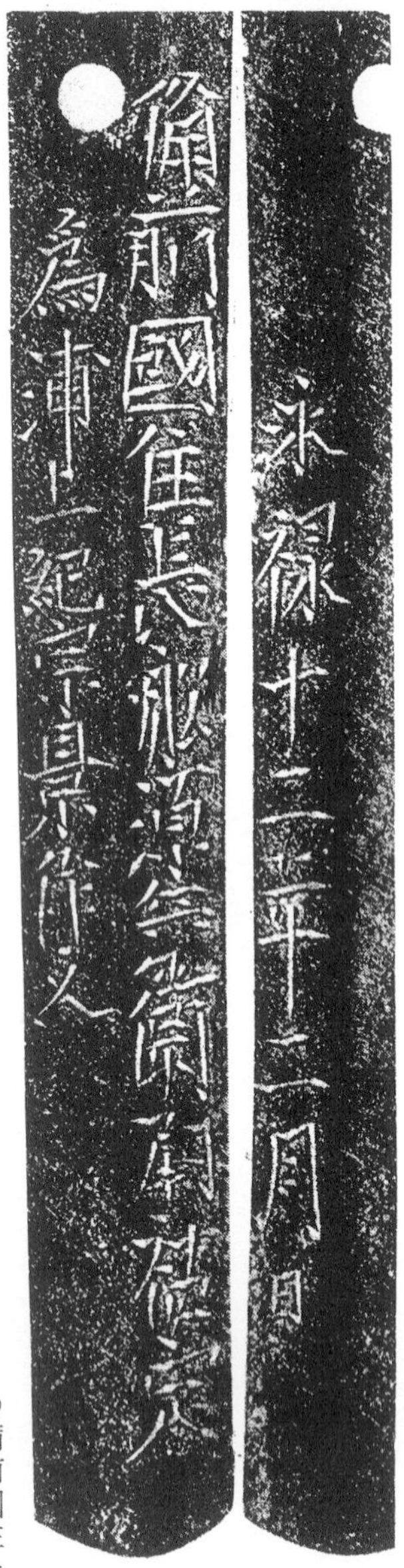

○備前國住長船源兵衛尉祐定（すけさだ）　為浦上紀宗景作之
永禄十二年二月日

備前國—永禄

○備前國住長船藤兵衛尉祐定（すけさだ）
元亀二年八月吉日

備前國—元亀

○備前國住長船甚兵衛祐定作（すけさだ）
永禄九年八月吉日

備前國—永禄

○備前國住長船新拾郎祐定作之（すけさだ）
元亀三年八月上吉日

備前國―元亀

○備前國住長船七郎衛門尉祐定作（すけさだ）
元亀三年八月吉日

備前國―元亀

○備前國住長船彦兵衛尉祐定作（すけさだ）
元亀四年八月吉日

備前國―元亀

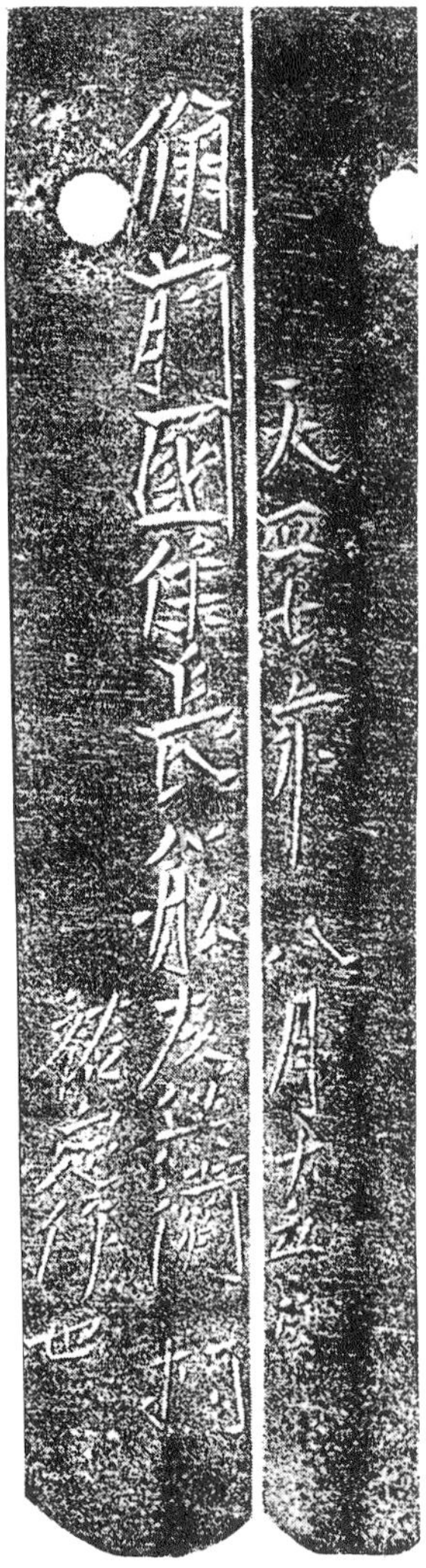

○備前國住長船左兵衛尉祐定作也（すけさだ）
天正七年八月十五日

備前國―天正

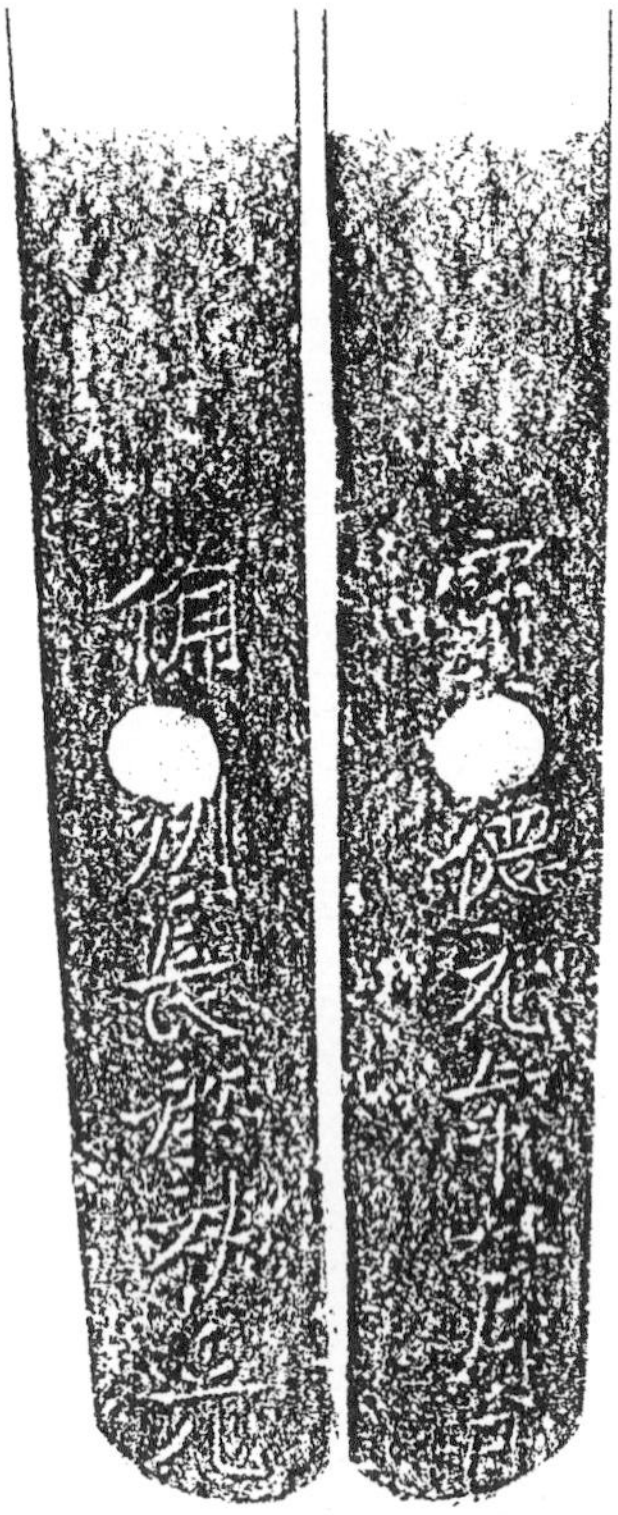

○備州長船祐光（すけみつ）
宝徳元年八月日
備前國—宝徳

○備州長船祐光（すけみつ）
長禄二年八月日
備前國—長禄

○資永作（すけなが）筑後國—室町中期

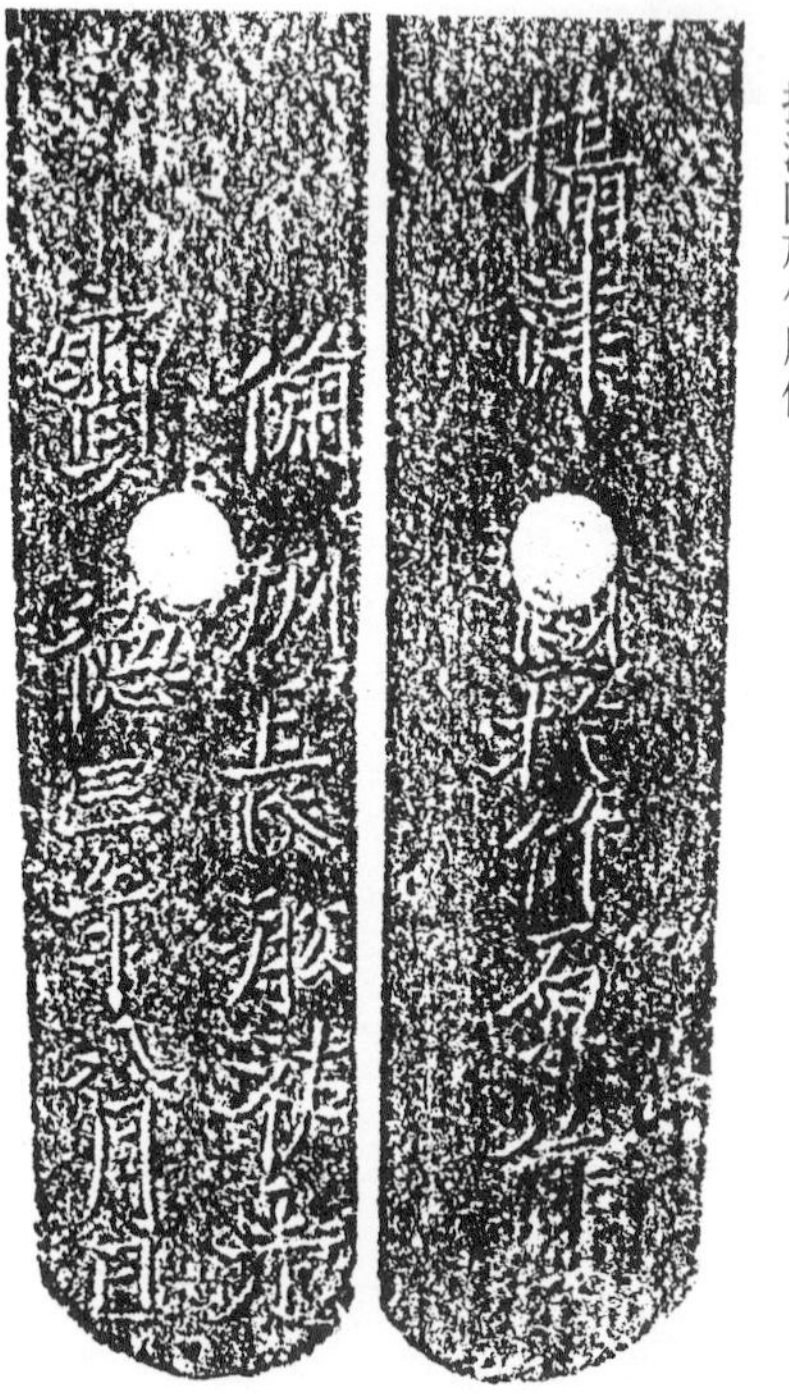

○備州長船祐光（すけみつ）
宝徳三年八月日
摂津國於竹原作
備前國—宝徳

○備州長船六郎左衛門尉祐光作（すけみつ）
寛正三年八月吉日
備前國—寛正

○資正作（すけまさ）筑後國—室町末期

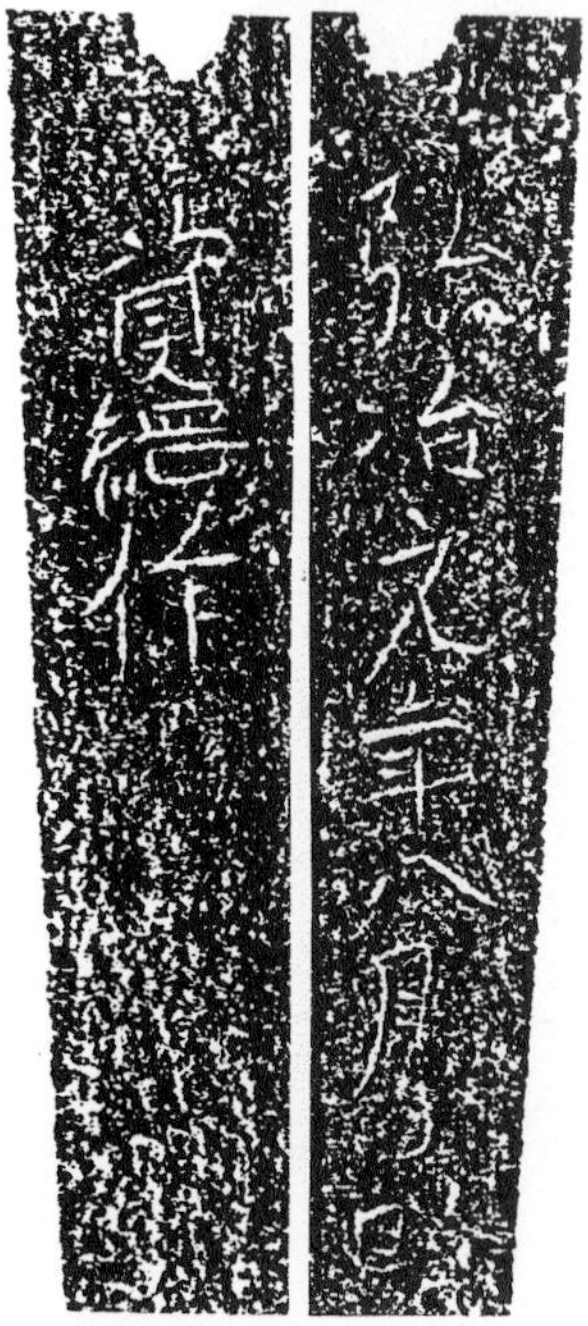

○資綱作（すけつな）弘治元年八月日
筑後國—弘治

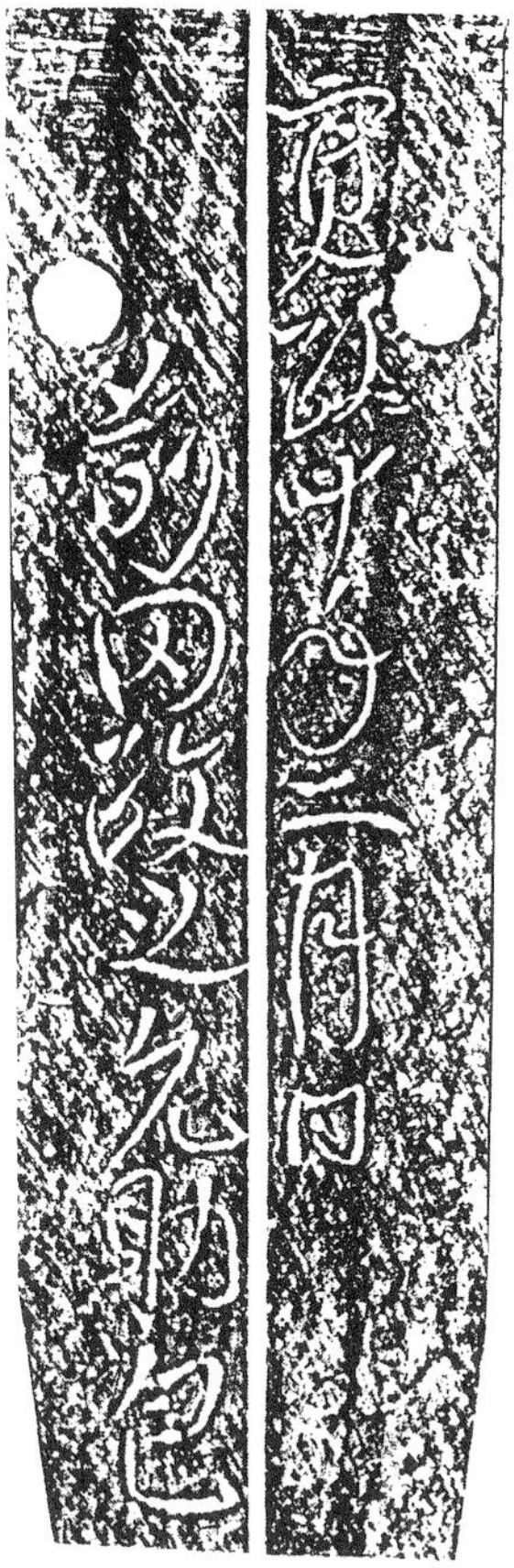

△前田政之允助包（すけかね）
寛政十年二月日
摂津國―寛政

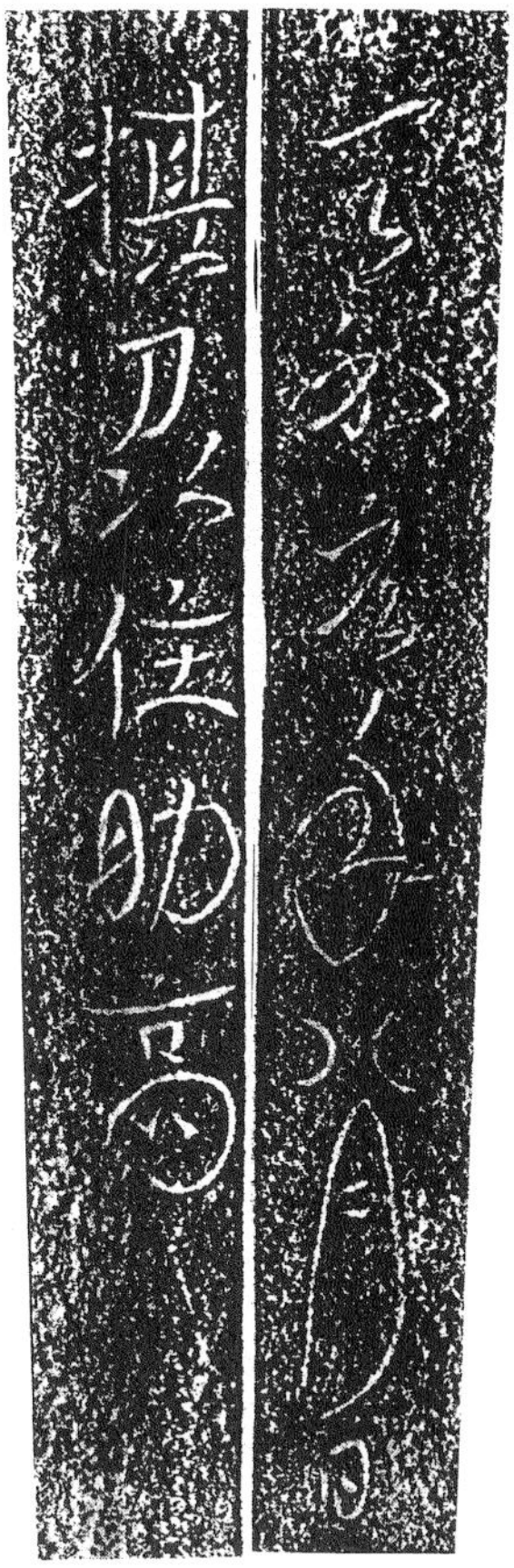

△摂州住助高（すけたか）天和元年八月日
摂津國―天和

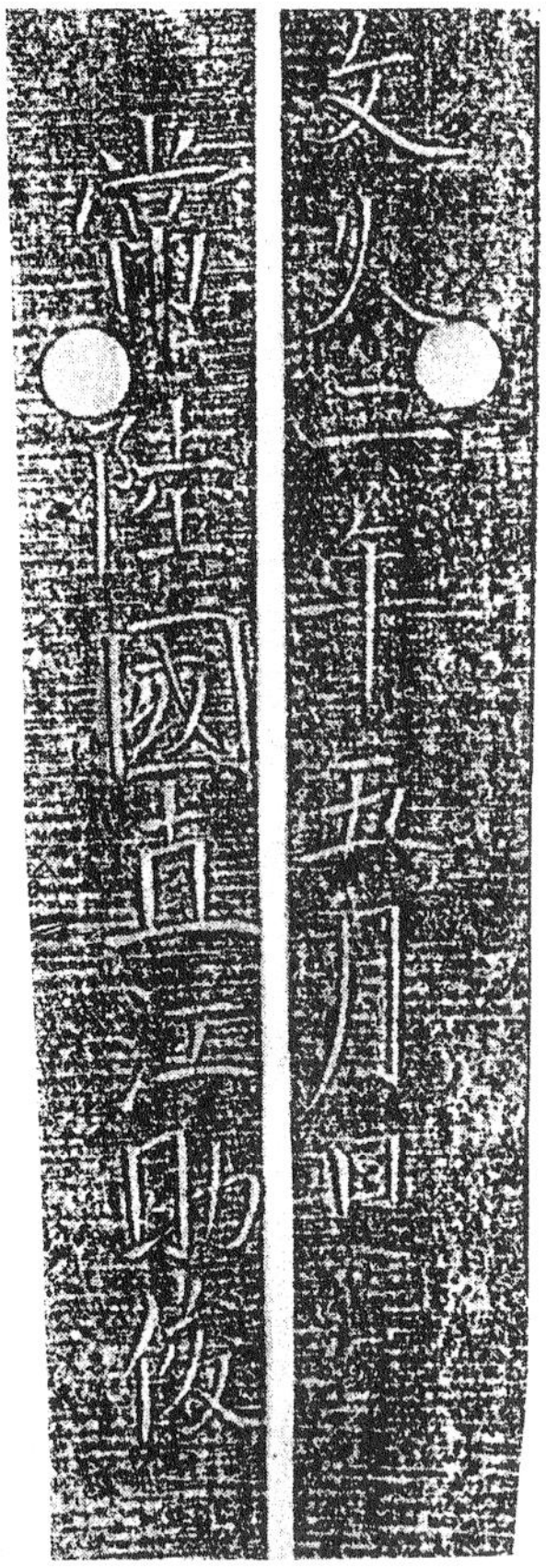

△常陸國直江助俊（すけとし）
文久二年五月日
常陸國―文久

△摂州住助重（すけしげ）摂津國―江戸中期

△尾崎源五右衛門助隆（すけたか）
寛政元年二月日
摂津國―寛政

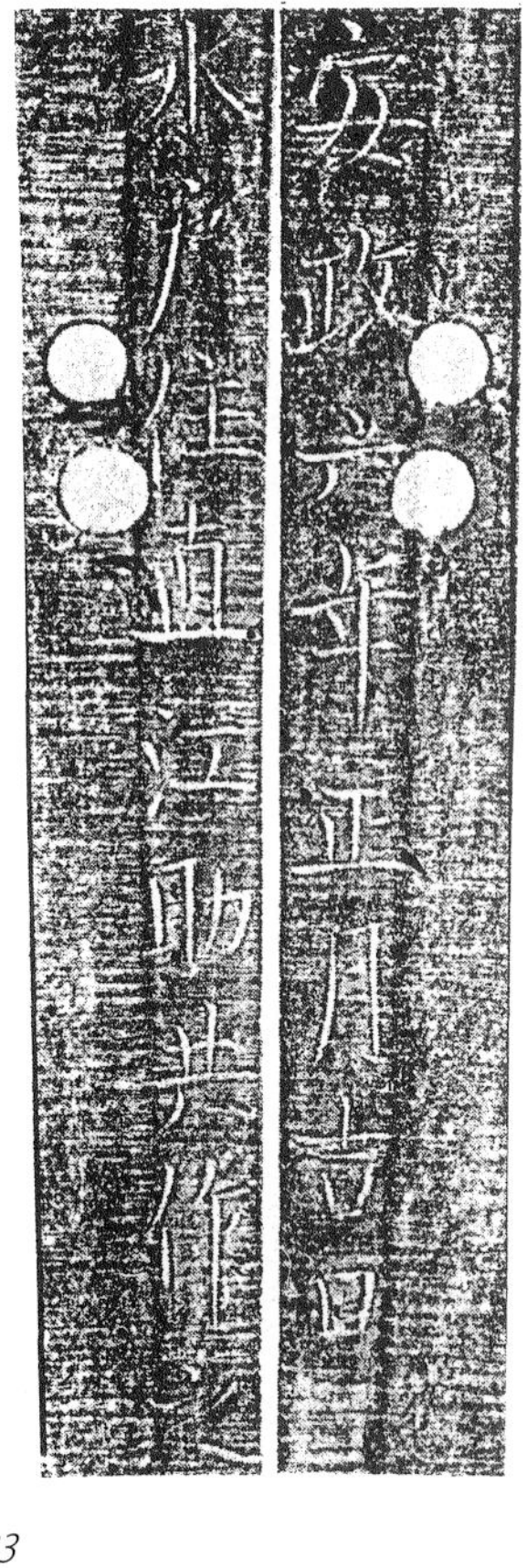

△水戸住直江助共作之（すけとも）
安政六年正月吉日
常陸國―安政

△近江大掾藤原助直（すけなお） 摂津国—江戸中期

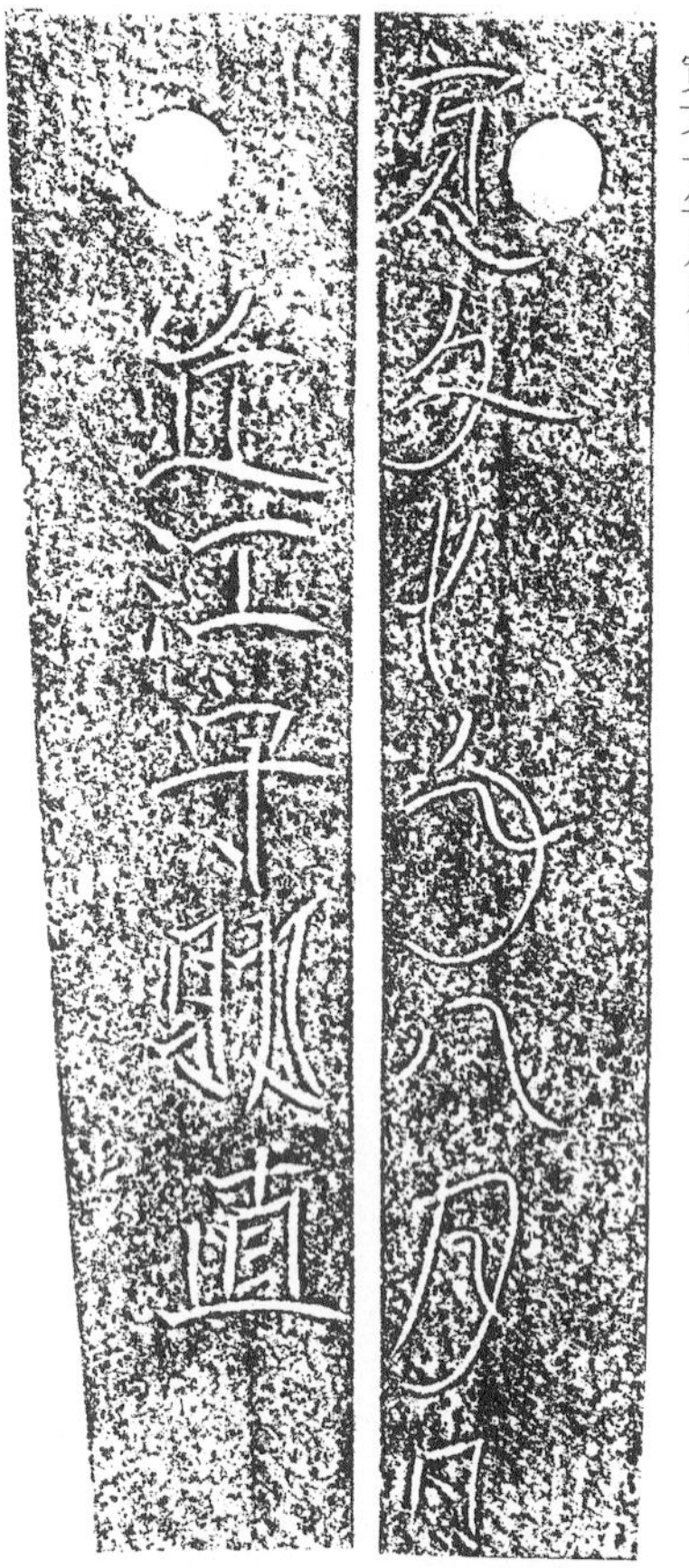

△近江守助直（すけなお）
寛文十年八月日
摂津國—寛文

△近江守高木住助直（すけなお）
天和二年二月日
摂津國—天和

△近江守藤原助直（すけなお） 摂津國—江戸中期

△近江守高木住助直（すけなお）
延宝五年二月日
以地鉄落作之
摂津國—延宝

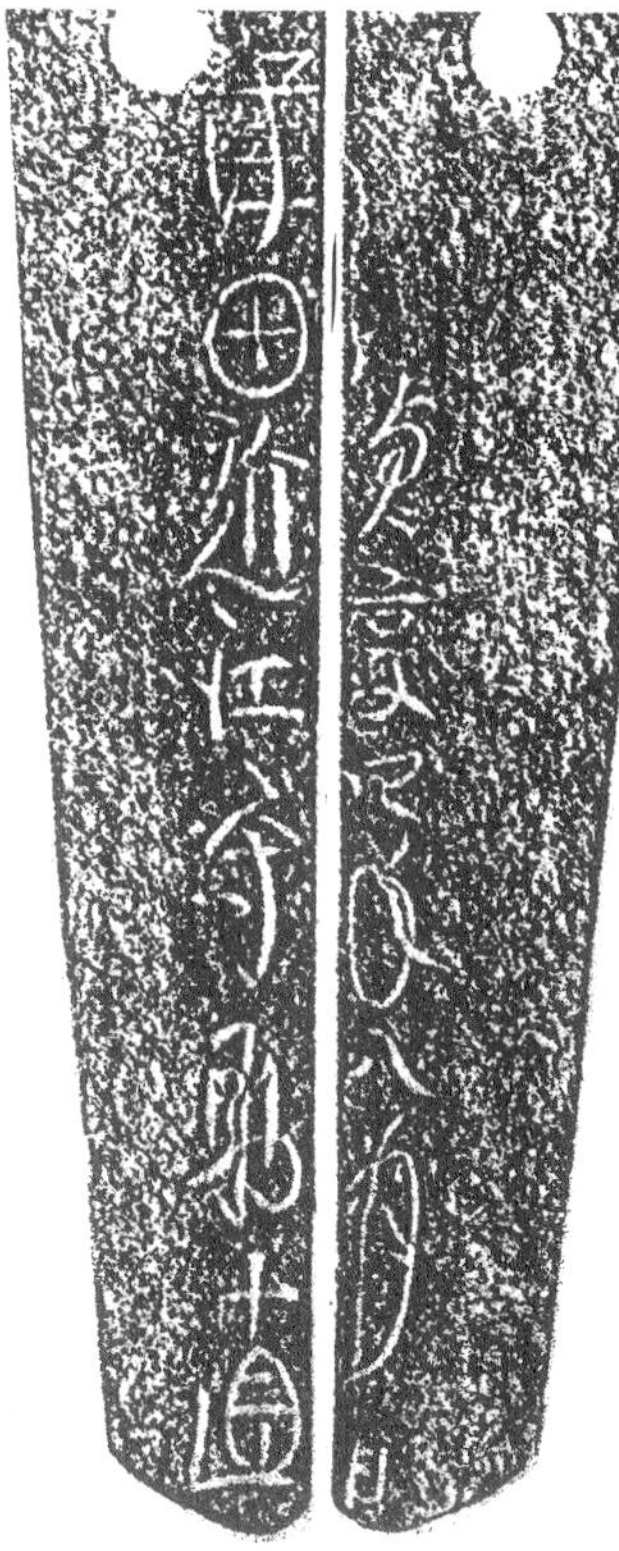

△津田近江守助直（すけなお）　摂津國―貞享
貞享四年八月日

△津田近江守助直（すけなお）　摂津國―元禄
元禄六歳二月日

△助信（すけのぶ）　摂津國―江戸中期

△出羽守源助信（すけのぶ）　摂津國―江戸中期

△常陸水戸住直江助信鍛（すけのぶ）　常陸國―明治
明治二年巳八月日　明月丸

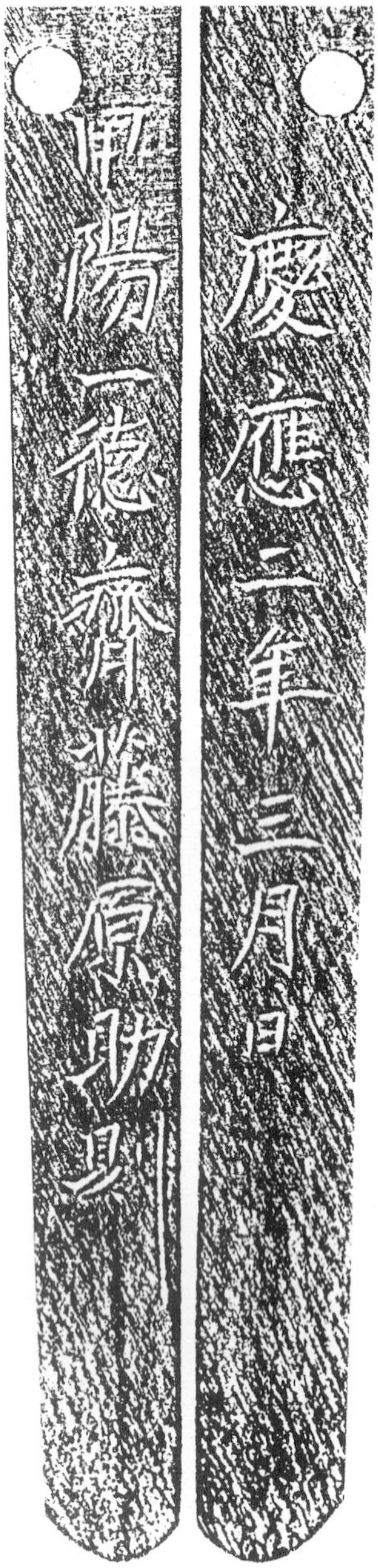

△甲陽一徳斎藤原助則（すけのり）
慶応二年三月日
上野國—慶応

△摂州大坂住藤原弥兵衛尉助廣（すけひろ）
凄哉此一剣甲度々割
〈初代〉摂津國—江戸初期

△摂州大坂住藤原助廣作之（すけひろ）
慶安元年八月吉日
〈初代〉摂津國—慶安

△摂州住藤原助廣（すけひろ）〈初代〉摂津國—江戸初期

△摂州住藤原助廣（すけひろ）〈初代〉摂津國—江戸初期

△摂州住藤原助廣（すけひろ）
承応二年十一月吉日
〈初代・二代銘〉摂津國—承応

△越前守助廣（すけひろ）〈初代・二代銘〉摂津國—江戸初～中期

△越前守助廣（すけひろ）
雙
〈二代〉摂津國—江戸中期

△越前大掾助廣（すけひろ）〈初代・二代銘〉摂津國—江戸初～中期

△越前守藤原助廣（すけひろ）〈二代〉摂津國—江戸中期

△津田越前守助廣（すけひろ）
寛文八年二月日
以地鉄研造之
〈二代〉摂津國—寛文

△津田越前守助廣（すけひろ）〈二代〉摂津國―延宝
延宝五年二月日

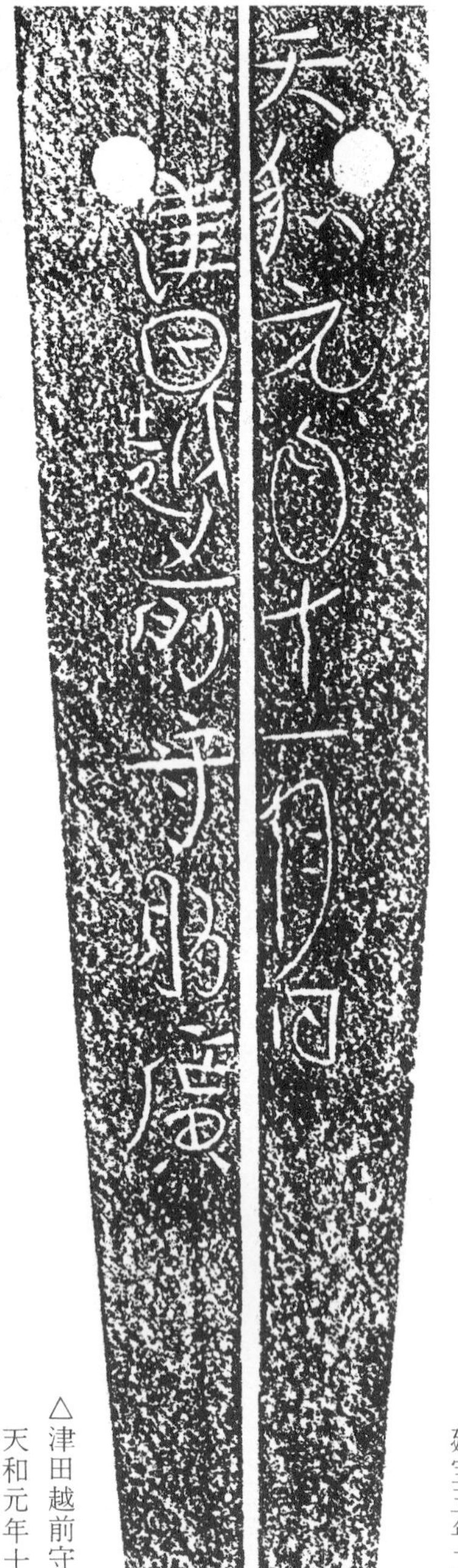

△津田越前守助廣（すけひろ）〈二代〉摂津國―天和
天和元年十一月日

△奉儲君命謹於 後楽園鍛之 常陸國―文化
文化十一年二月日 直江助政（すけまさ）

△山本平馬尉助政（すけまさ）　摂津國―貞享
貞享四年二月日淡州

△摂州住助宗（すけむね）　摂津國―江戸中期

△於越前助宗作（すけむね）〈初代國清初銘〉　越前國―桃山期

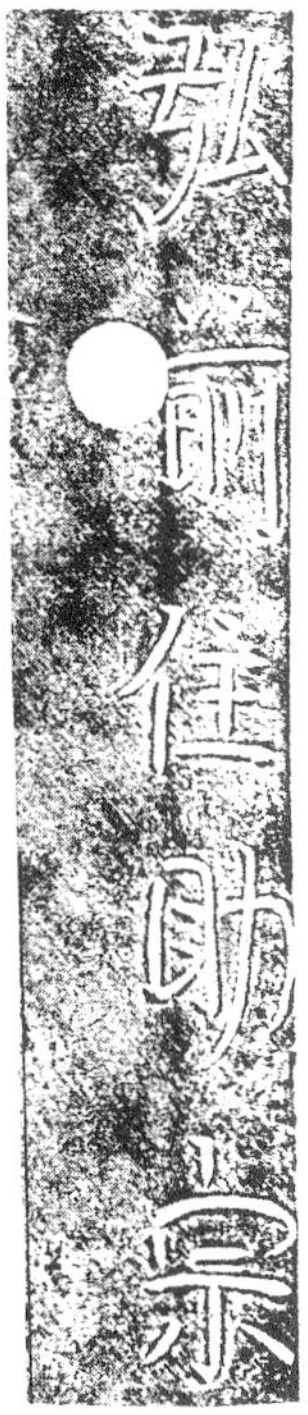

△弘前住助宗（すけむね）　陸奥國―江戸末期

△鈴木大和守助政（すけまさ）　摂津國―元禄
元禄九年八月日

△摂州住助宗（すけむね）　摂津國―江戸中期

△駿州住助宗（すけむね）　駿河國―江戸中期

△（菊紋）一島田小十郎助宗（すけむね）　駿河國―江戸中期

△酒井弥右衛門尉藤原助隣（すけちか）
延宝九年二月吉日
七十五歳作之

武蔵國―延宝

△古作　備州長船住人友成作之
安政七年二月日　備前長船住祐包写之（すけかね）
友成五十八代孫

備前國―安政

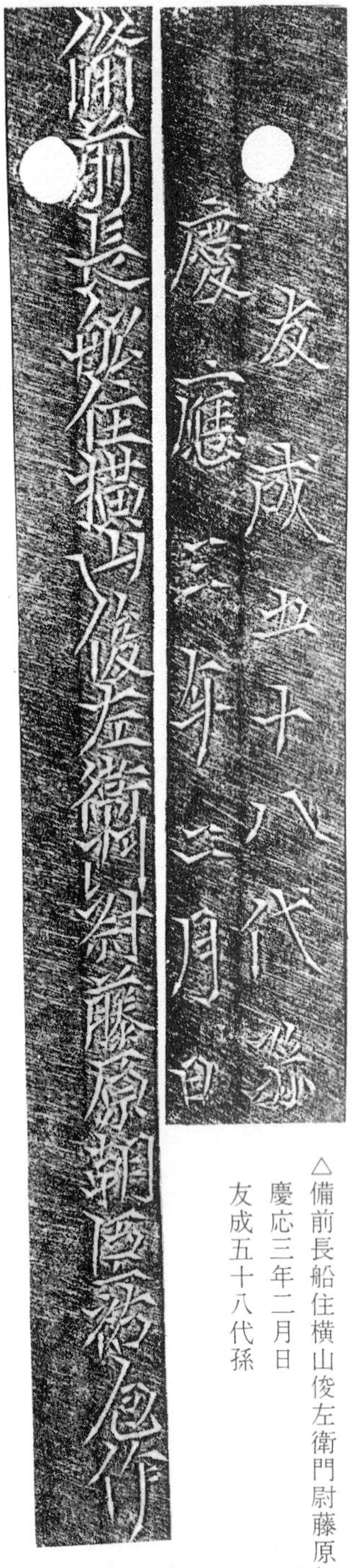

△備前長船住横山俊左衛門尉藤原朝臣祐包作（すけかね）
慶応三年二月日
友成五十八代孫

備前國―慶応

さ

△備前守源祐國（すけくに） 摂津國―江戸中期

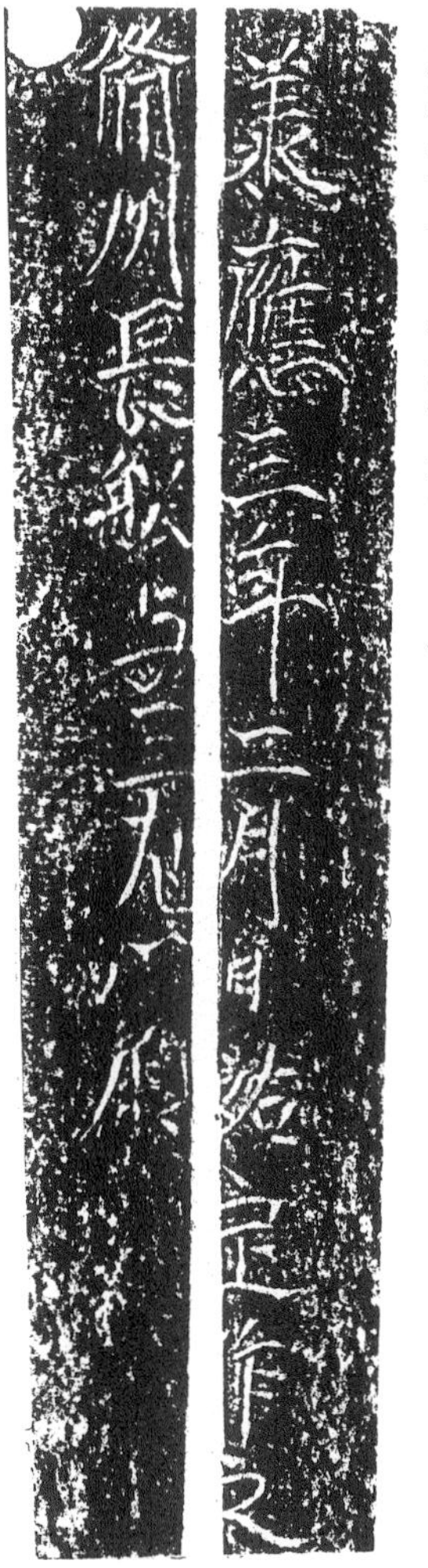

△備州長船与三左衛門尉
承応三年二月日祐定作之（すけさだ）
備前國―承応

△備前國住人長船源次郎三郎尉祐定作（すけさだ）
慶長三年八月日
六十七歳三ッ胴山里十太夫信重切落ス
備前國―慶長

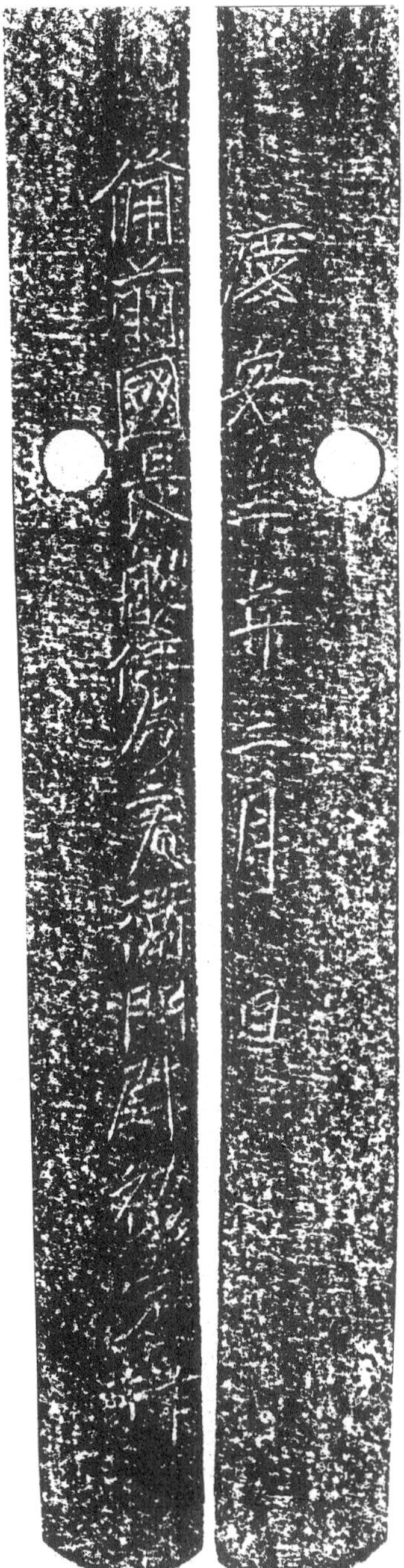

△備前國長船住与三左衛門尉祐定作
（すけさだ）
慶安三年二月日
備前國―慶安

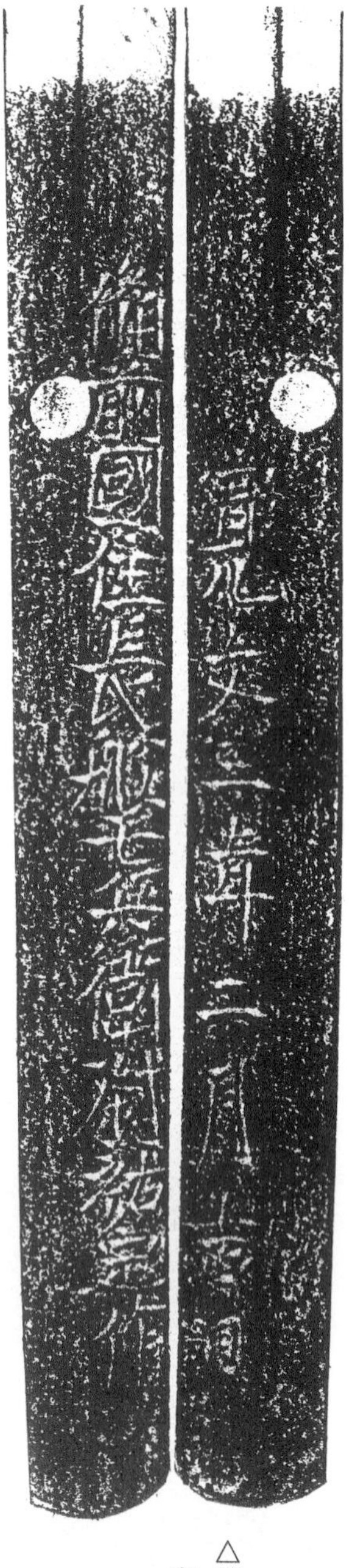


△備前國住長船七兵衛尉祐定作（すけさだ）
寛文三年二月吉日

備前國―寛文

△横山上野大掾藤原祐定（すけさだ）
備州長船住人　貞享五年八月吉日

備前國―貞享

△備前國長船住上野大掾藤原祐定作（すけさだ）　元禄七年八月日

備前國―元禄

△（菊紋）一河内守祐定（すけさだ）
備前國長船住

備前國―江戸中期

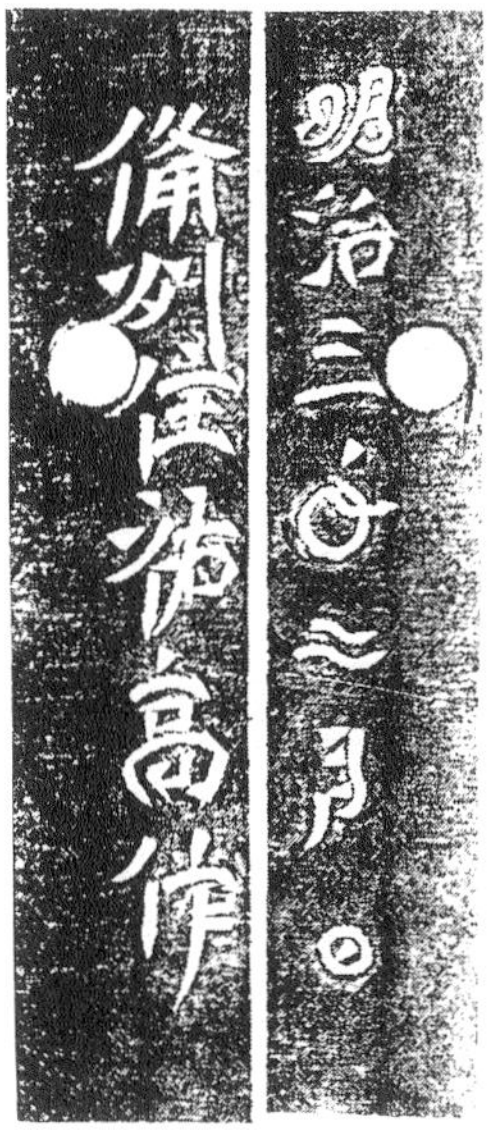

△備州住祐高作（すけたか）
明治三年二月日
備前國―明治

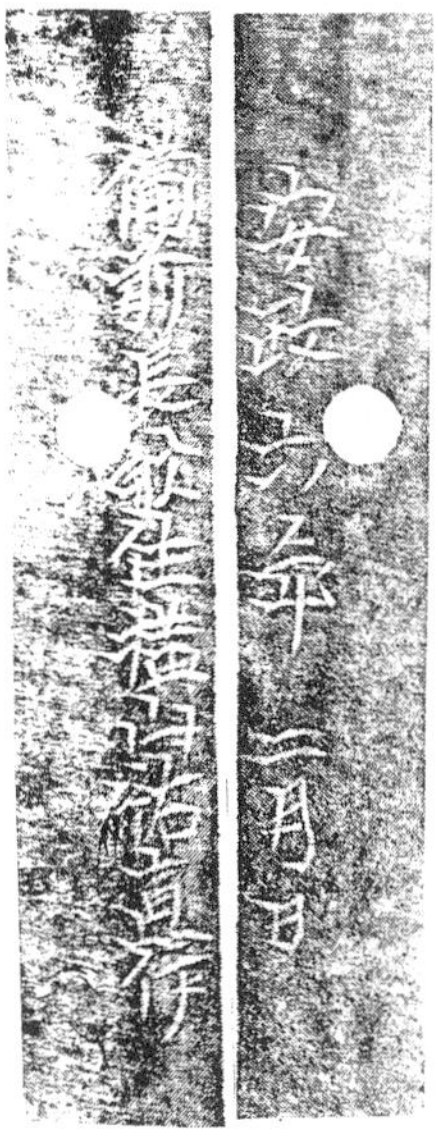

△備前長船住横山祐直作（すけなお）
安政六年二月日
備前國―安政

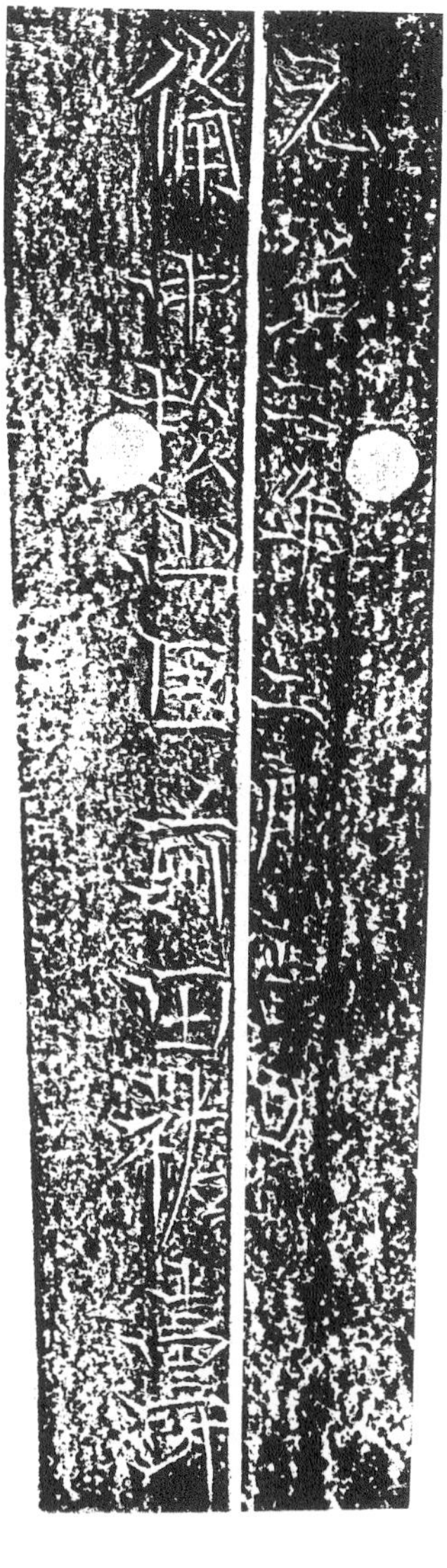

△備中松山臣前田祐寿（すけとし）
元治二年二月吉日
備中國―元治

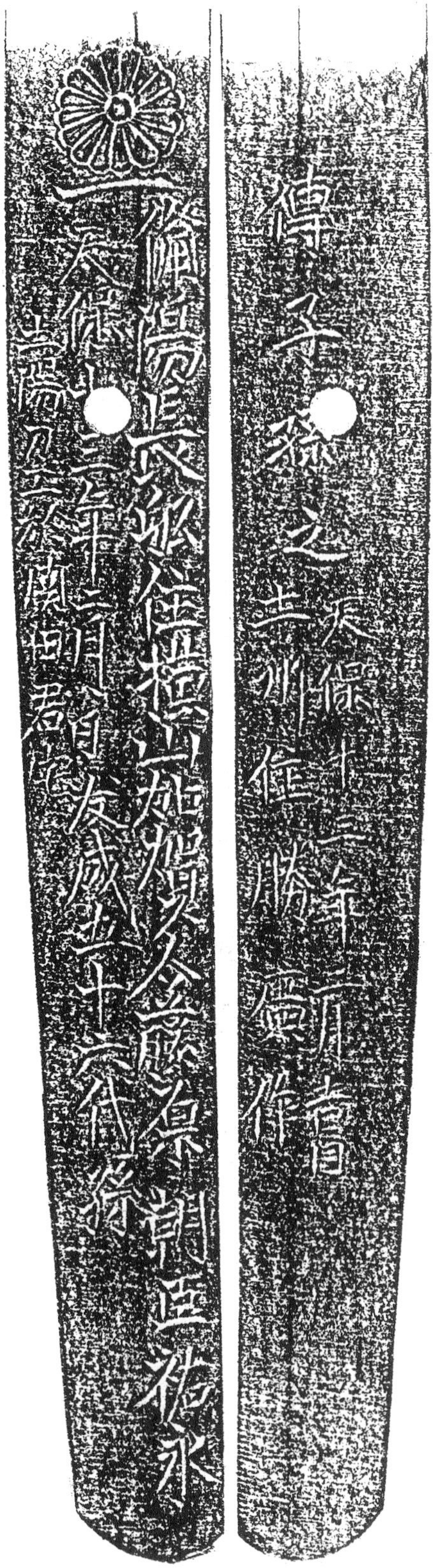

△（菊紋）一備陽長船住横山加賀介藤原朝臣祐永（すけなが）
天保十三年二月日友成五十六代孫
土陽刀工於関田君宅
伝子孫之
土州住勝廣作
天保十三年二月吉日
備前國―天保

△備前國住横山将監源祐信作(すけのぶ)
友成五十六代孫
備前國—江戸末期

△水戸住情心子孔祐春造(すけはる) 常陸國—明治

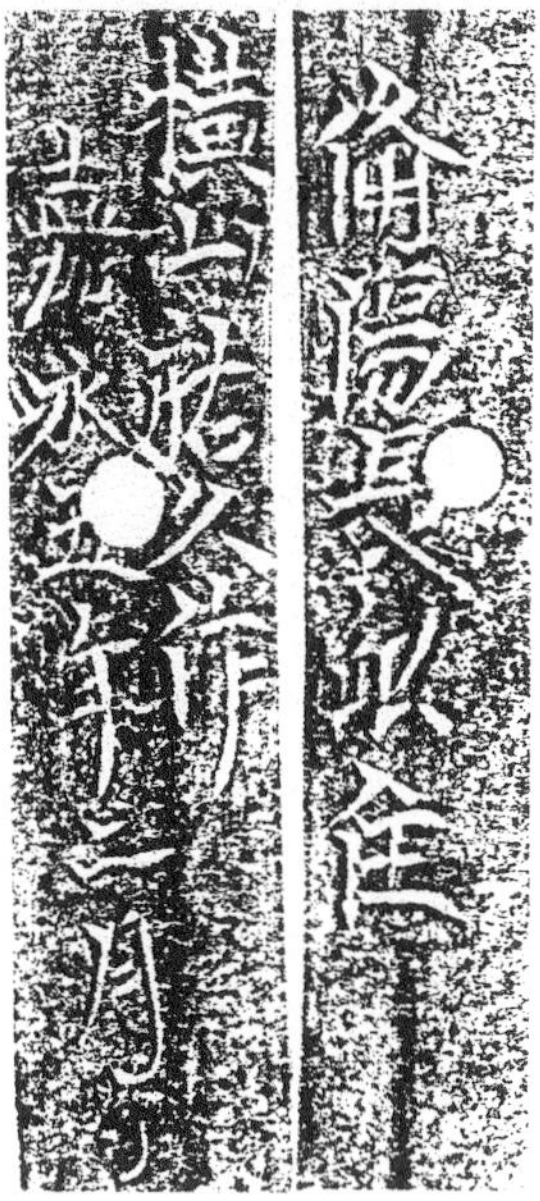

△横山祐久作(すけひさ)
嘉永五年二月日 備前國—嘉永
備陽長船住

△備前長船住祐則(すけのり)
友成五十六代孫
備前國—江戸末期

△横山伊勢守祐平(すけひら)
備陽長船住人
備前國—江戸後期

△備陽長船住祐平造之(すけひら)
天明七年八月日
備前國—天明

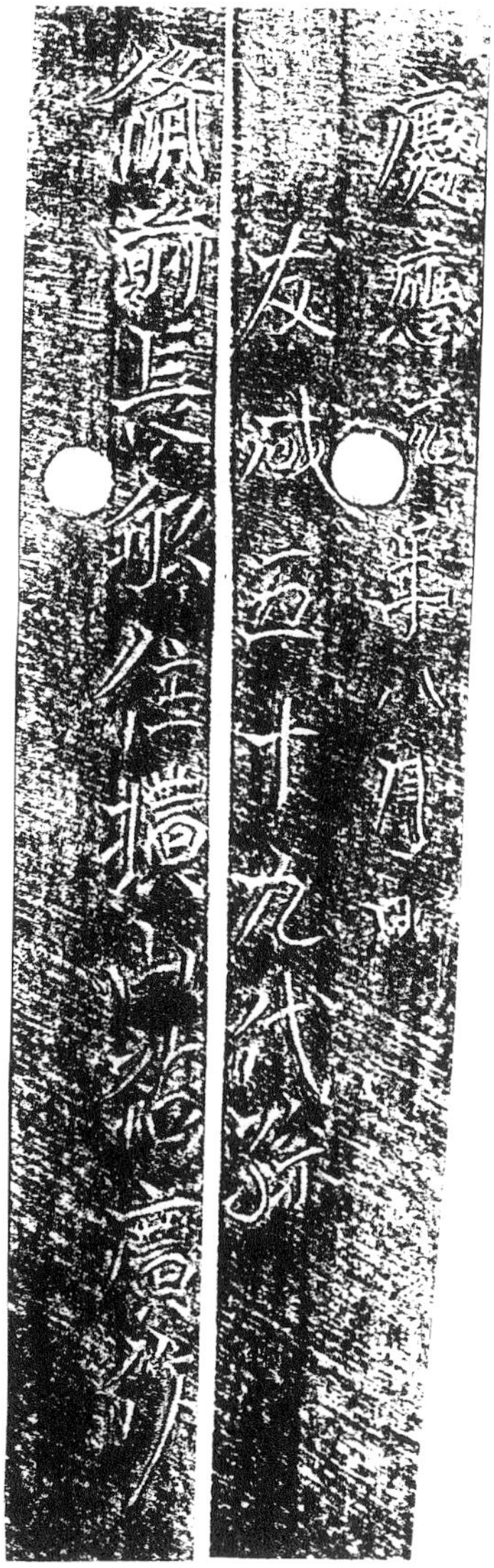

△備前長船住横山祐広作（すけひろ）
友成五十九代孫
慶応元年八月日

備前國―慶応

△水府住藤原祐光作（すけみつ）
万延元年八月日

常陸國―万延

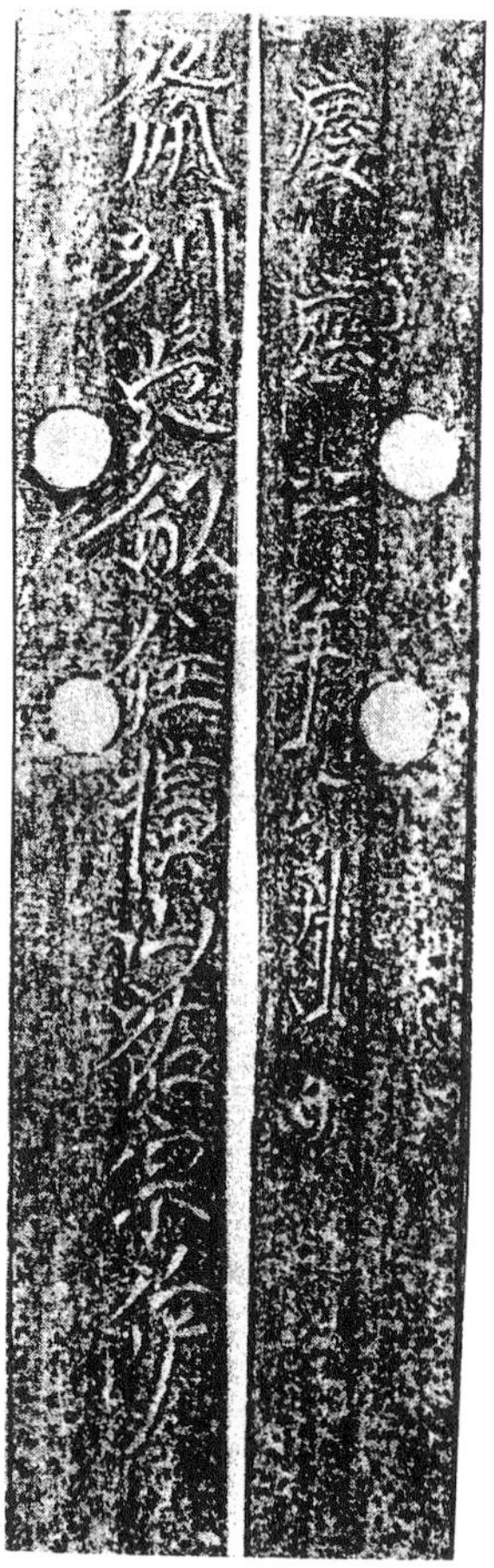

△備州長船住横山祐宗作（すけむね）
慶応四年八月日

備前國―慶応

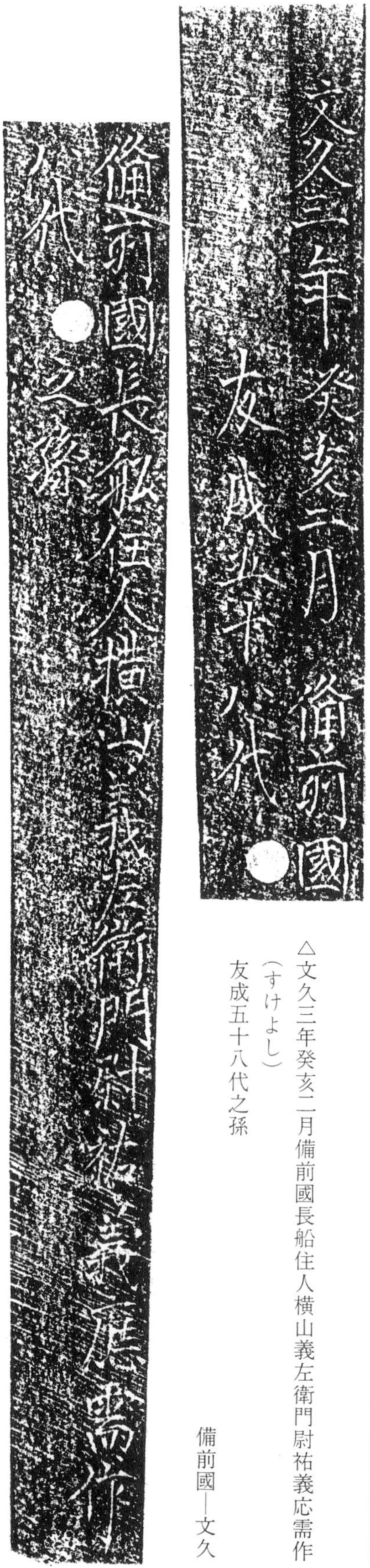

△文久三年癸亥二月備前國長船住人横山義左衛門尉祐義応需作
（すけよし）
友成五十八代之孫

備前國―文久

△阿波六郎源祐芳（すけよし）
慶応元年八月日

阿波國―慶応

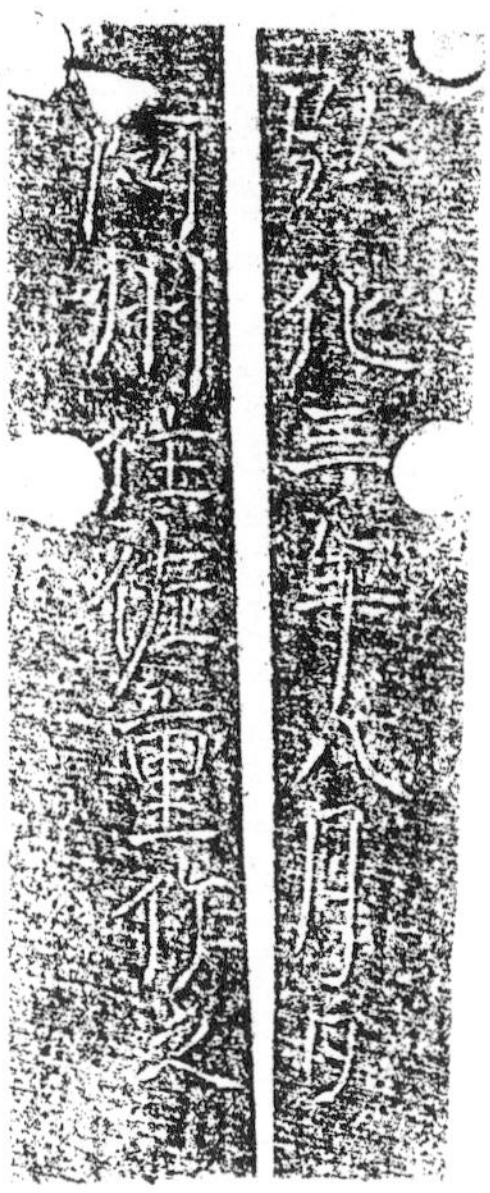


△阿州住佐重作之（すけしげ）
弘化三年八月日

阿波國―弘化

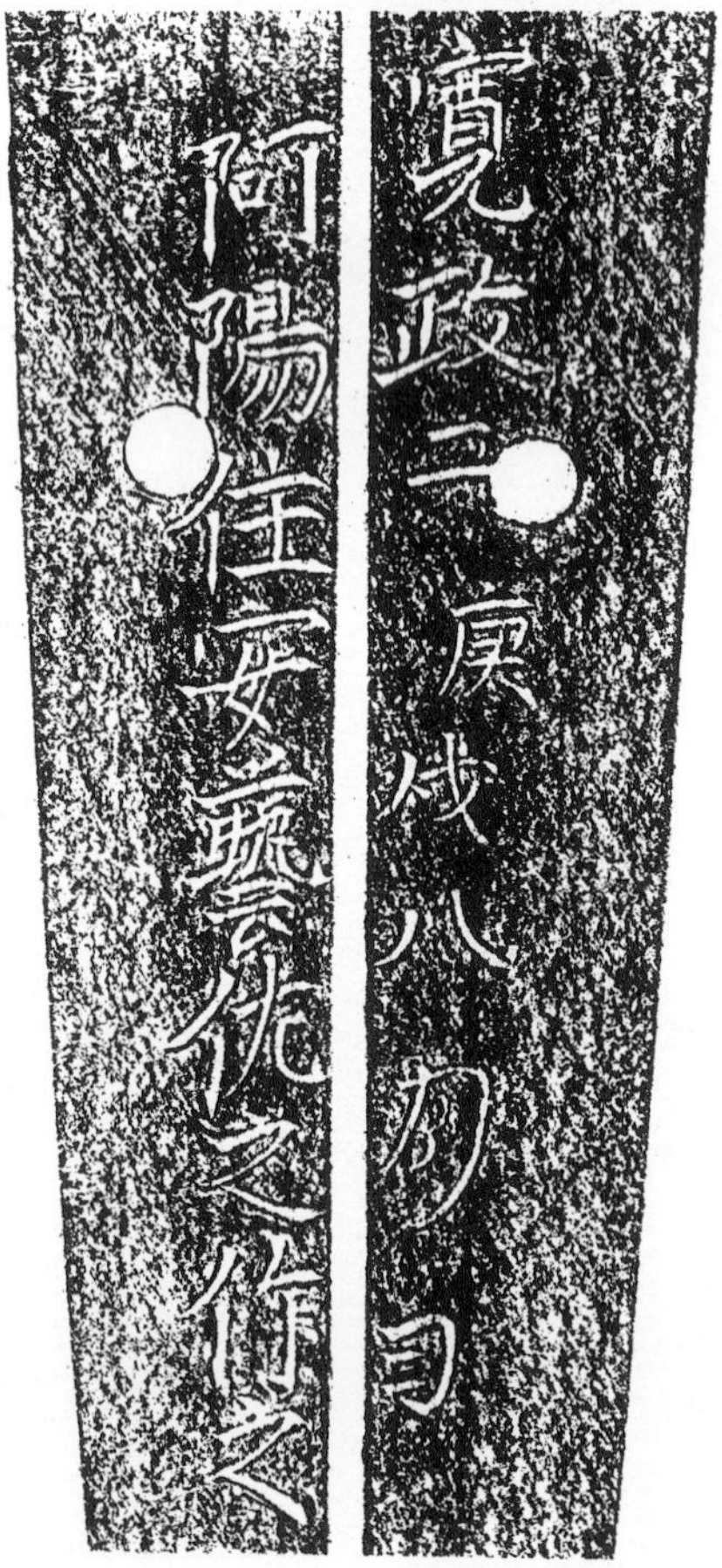


△阿陽住安芸佐之作之（すけゆき）
寛政二庚戌八月日

阿波國―寛政

○千手院（せんじゅいん）大和國—南北朝期

○千手院作（せんじゅいん）美濃國—室町初期

さ

○陸奥守大道作（だいどう・おおみち）　美濃國―元亀
元亀二年十一月日

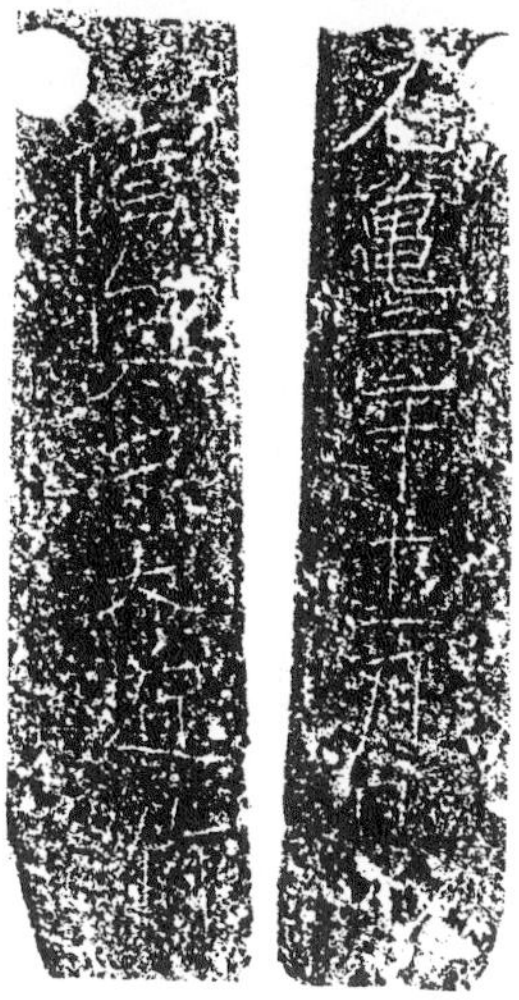

○高包（たかかね）〈古備前〉備前國―鎌倉初期

○高包（たかかね）〈古備前〉備前國―鎌倉初期

○源陸奥守大道作（だいどう・おおみち）　美濃國―天正
天正四年二月吉日

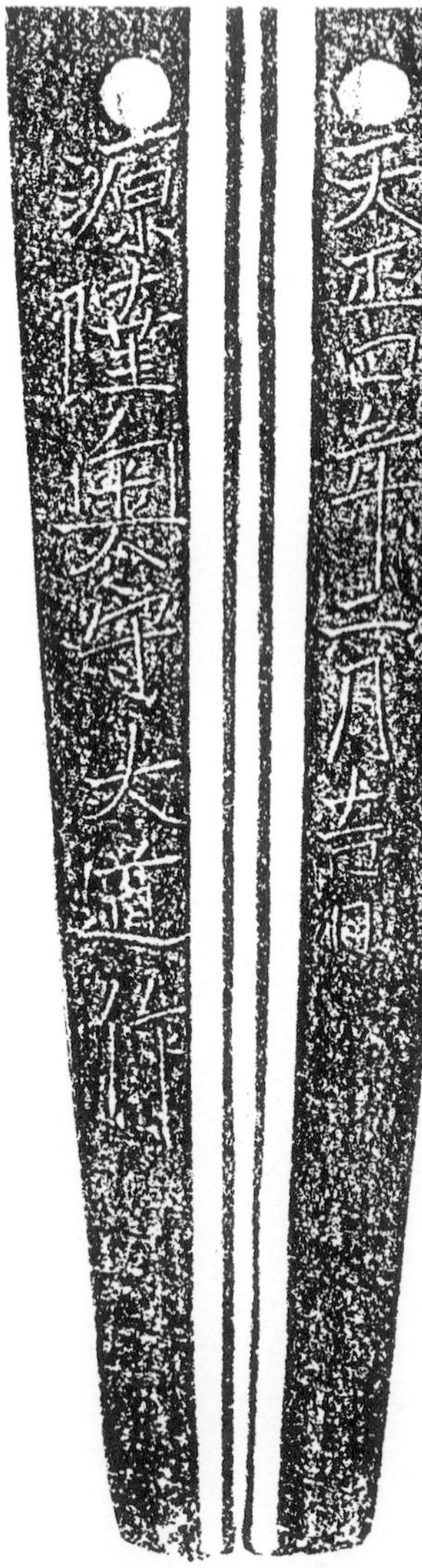

○丹州田辺住大道作（だいどう・おおみち）　丹後國―天正
天正拾三年十月吉日

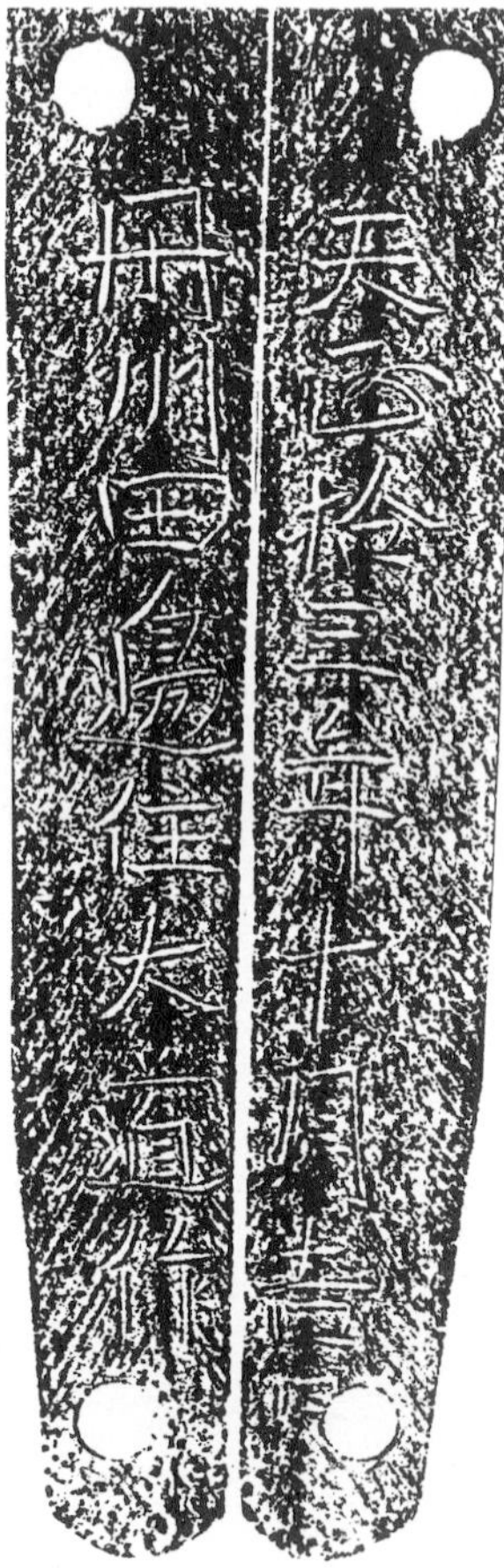

○高綱（たかつな）〈古備前〉備前國―平安末期〜鎌倉初期

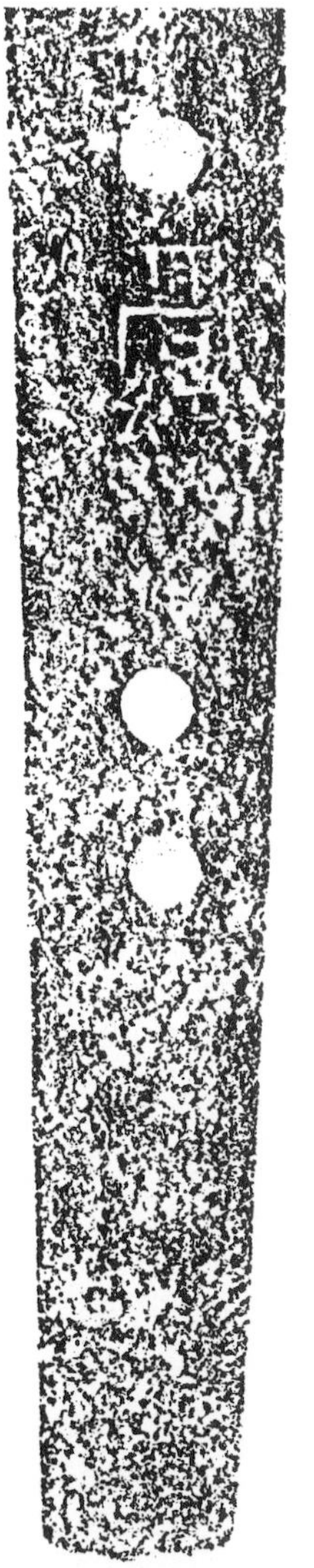

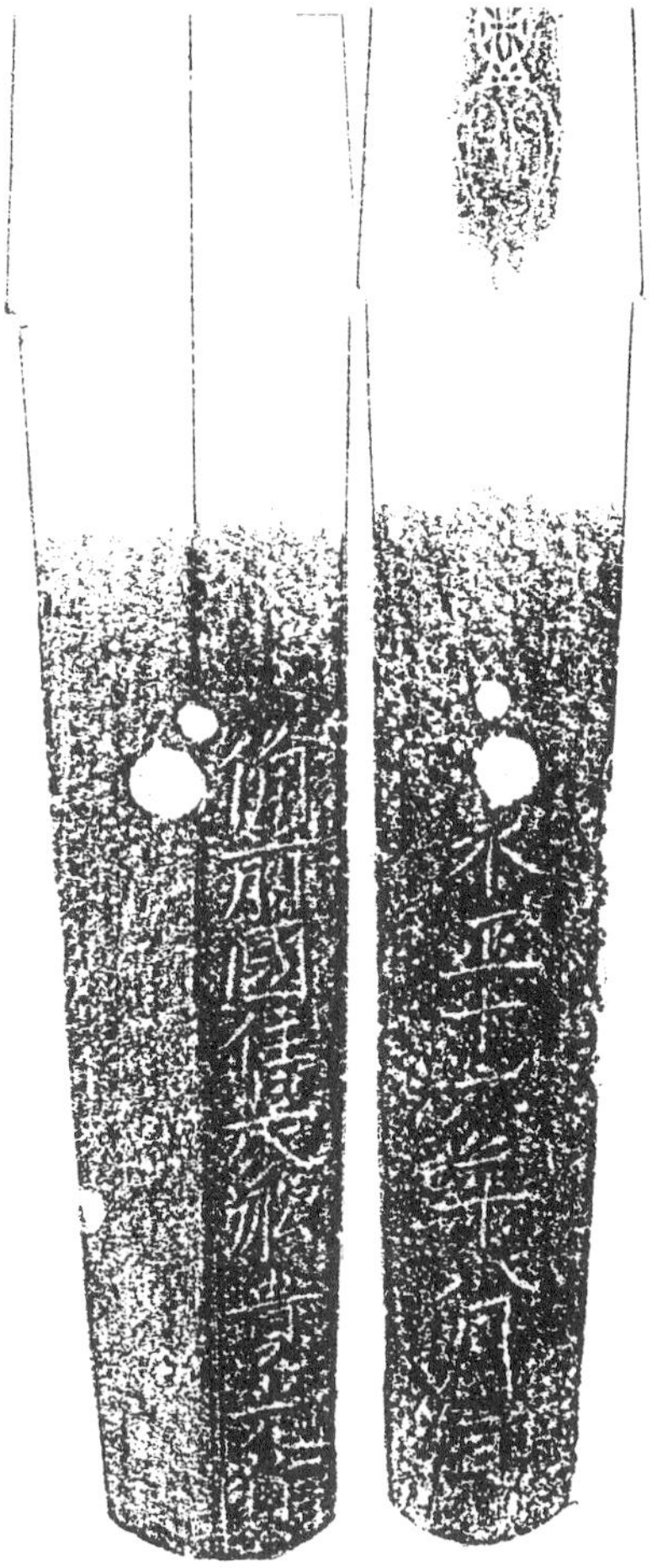

○備前國住長船貴光作（たかみつ）
永正十六年八月日
備前國—永正

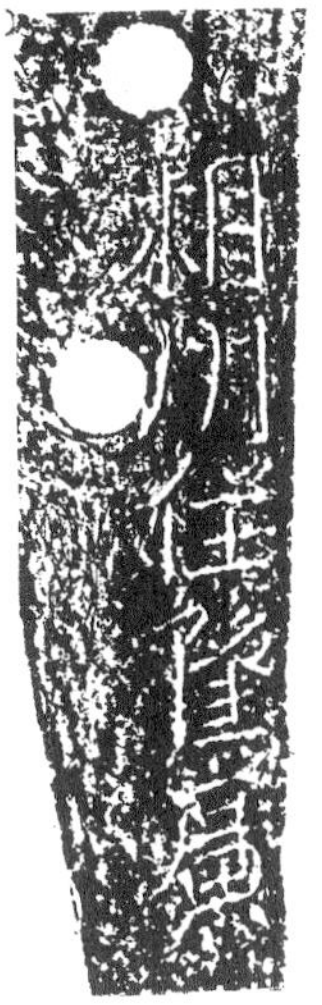

○相州住隆廣（たかひろ）
相模國—室町中期

○忠貞（たださだ）
出雲國—室町後期

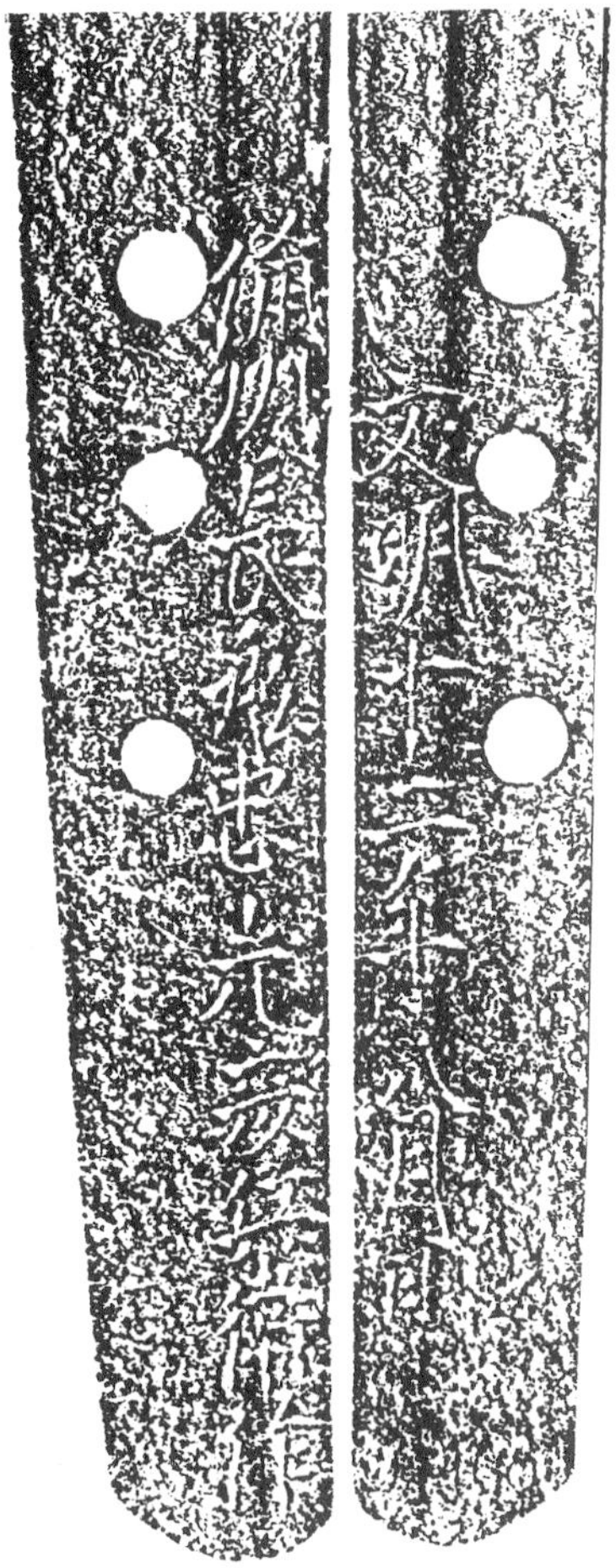

○備州長船忠光彦兵衛作（ただみつ）
文明十二年八月日
〈初代彦兵衛〉備前國—文明

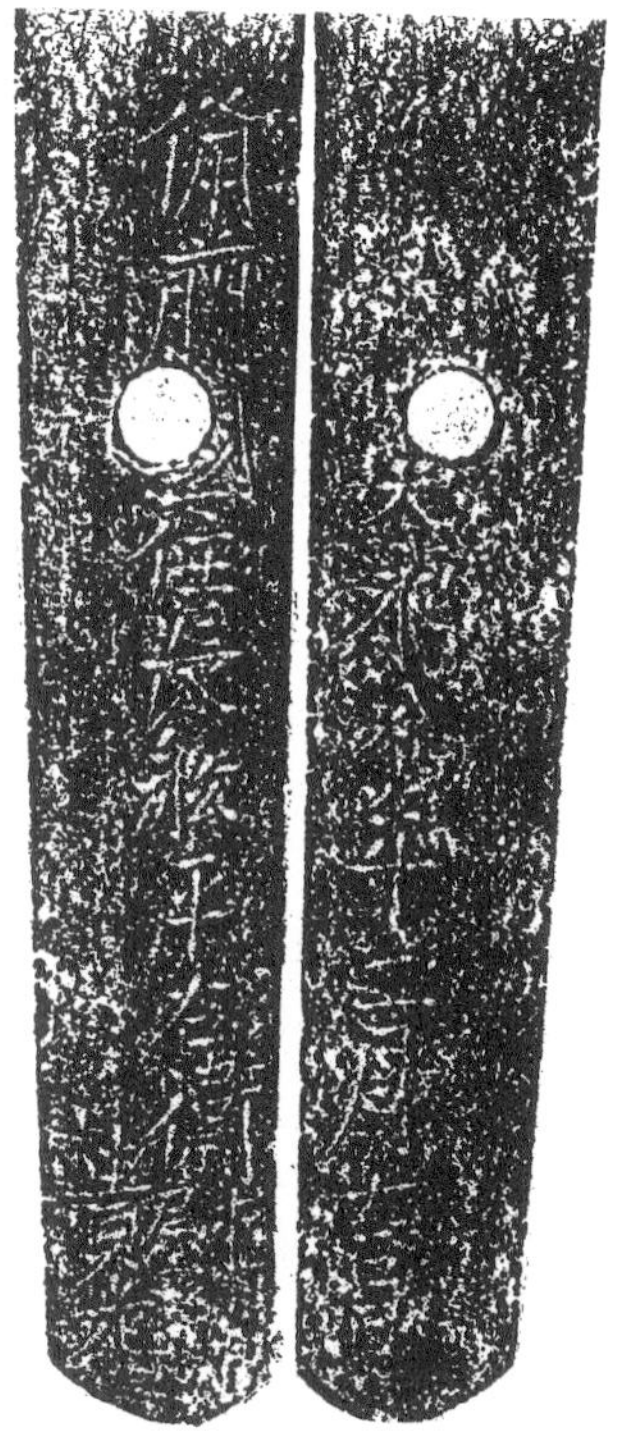

○備前國住長船平右衛尉貴光（たかみつ）
大永八年二月吉日
備前國—大永

○忠貞（たださだ）
出雲國—室町後期

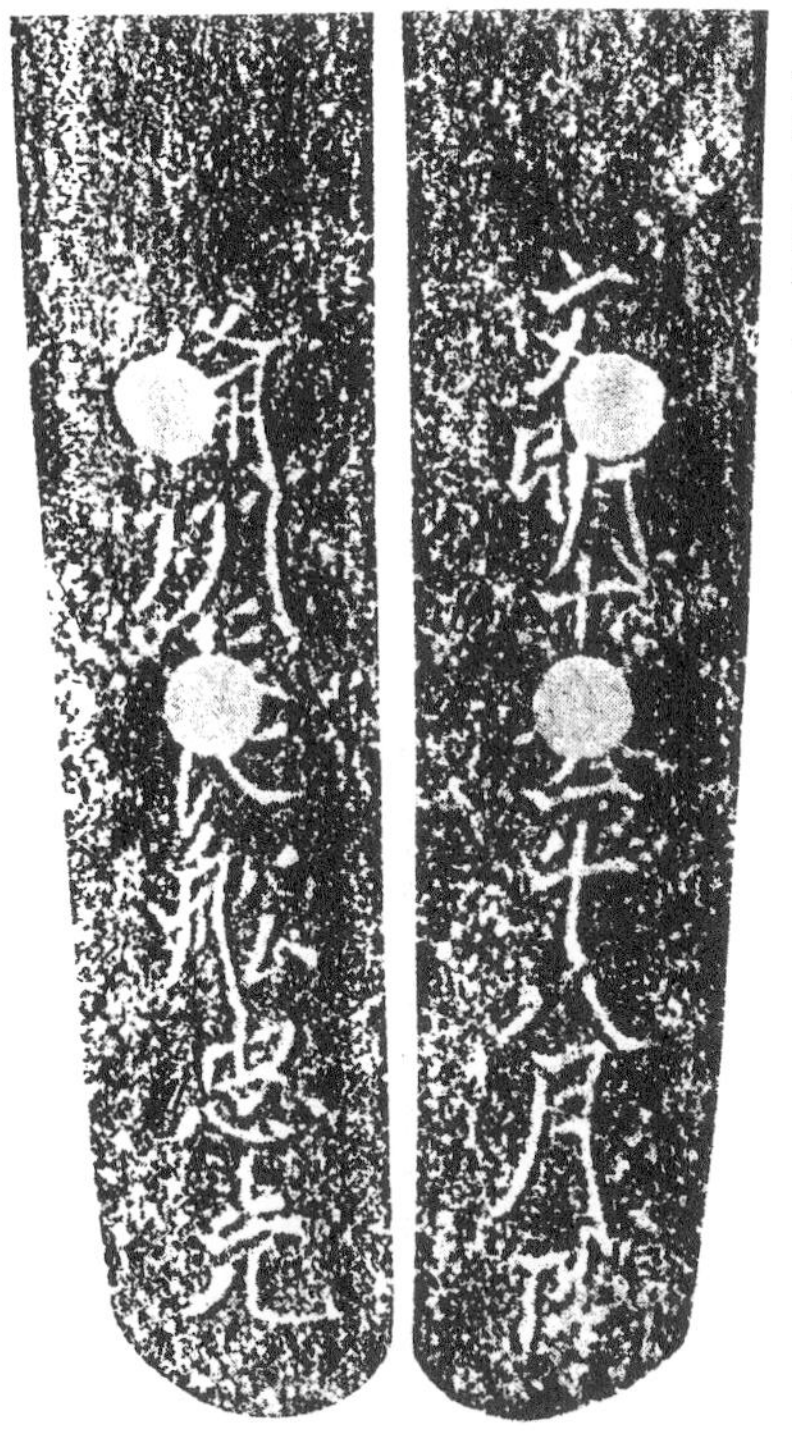

○備州長船忠光（ただみつ）
文明十□年八月日
備前國—文明

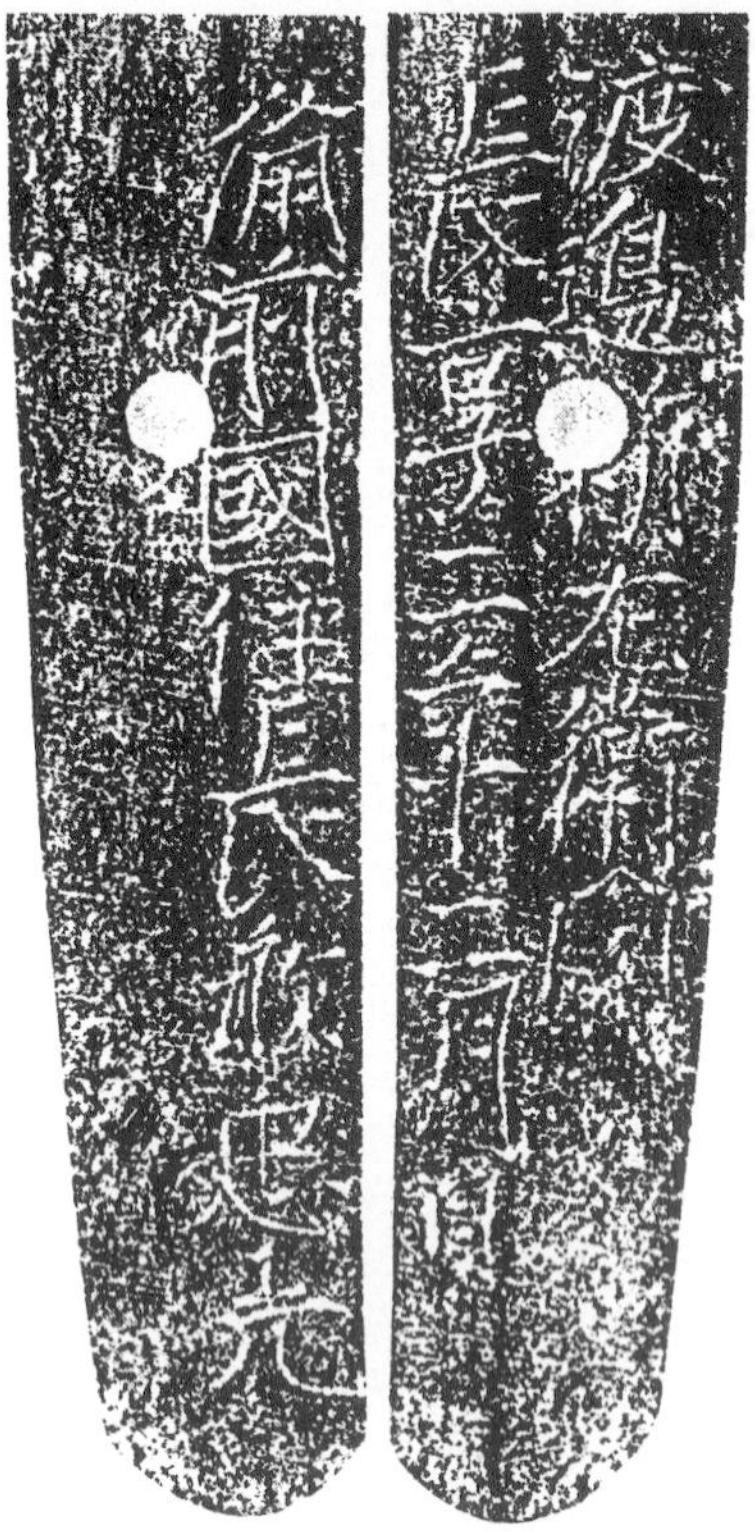

○備前國住長船忠光（ただみつ）
長享二年二月日　渡辺新左衛門
〈二代彦兵衛〉備前國―長享

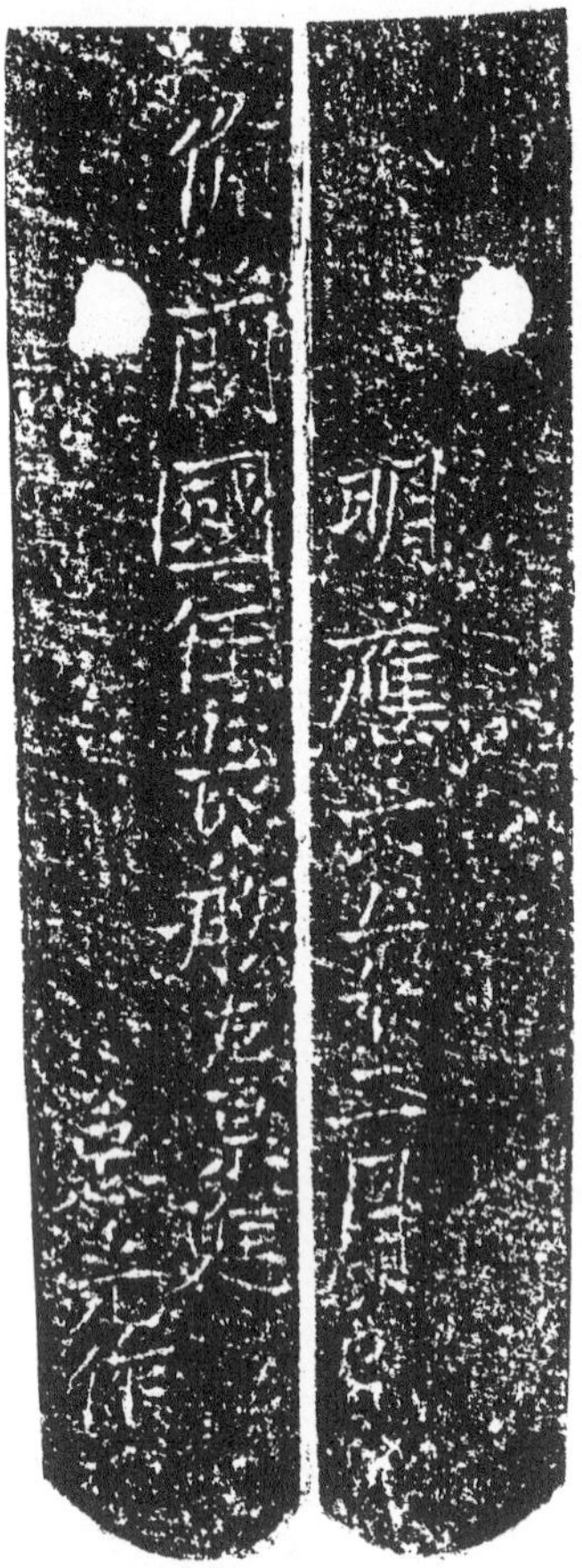

○備前國住長船左京進　忠光作（ただみつ）
明応六年二月日
備前國―明応

○二王種重（たねしげ）周防國―室町前期

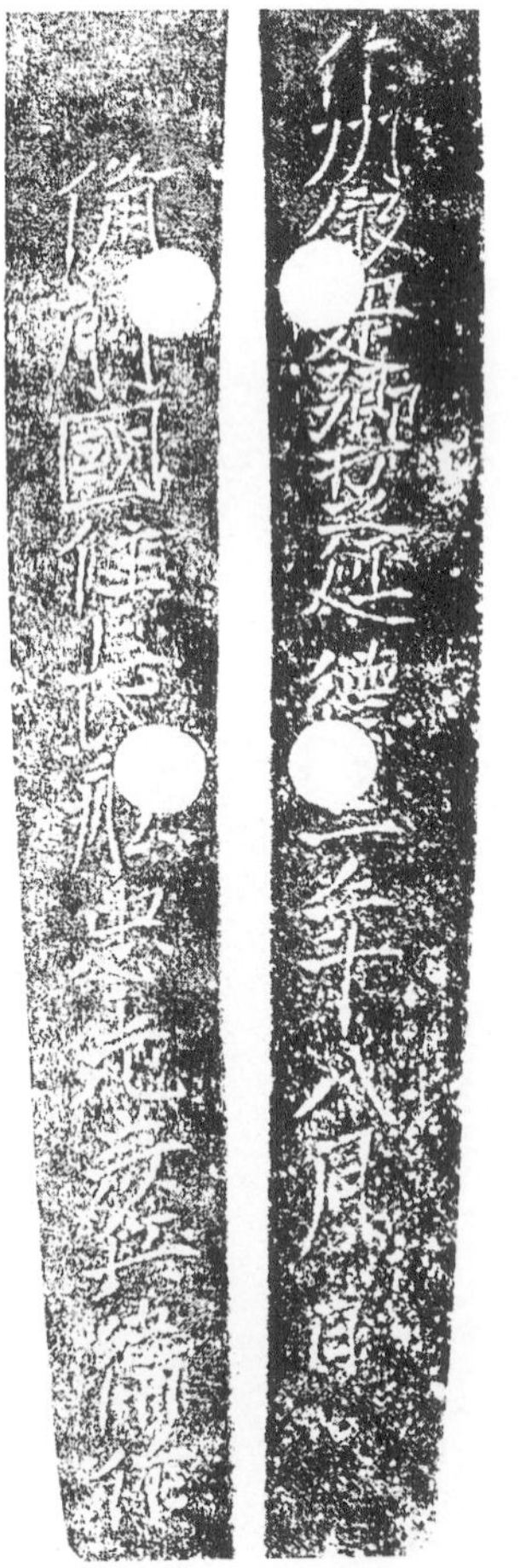

○備前國住長船忠光彦兵衛作（ただみつ）
作州飯岡郷打之延徳二年八月日
〈二代彦兵衛〉備前國―延徳

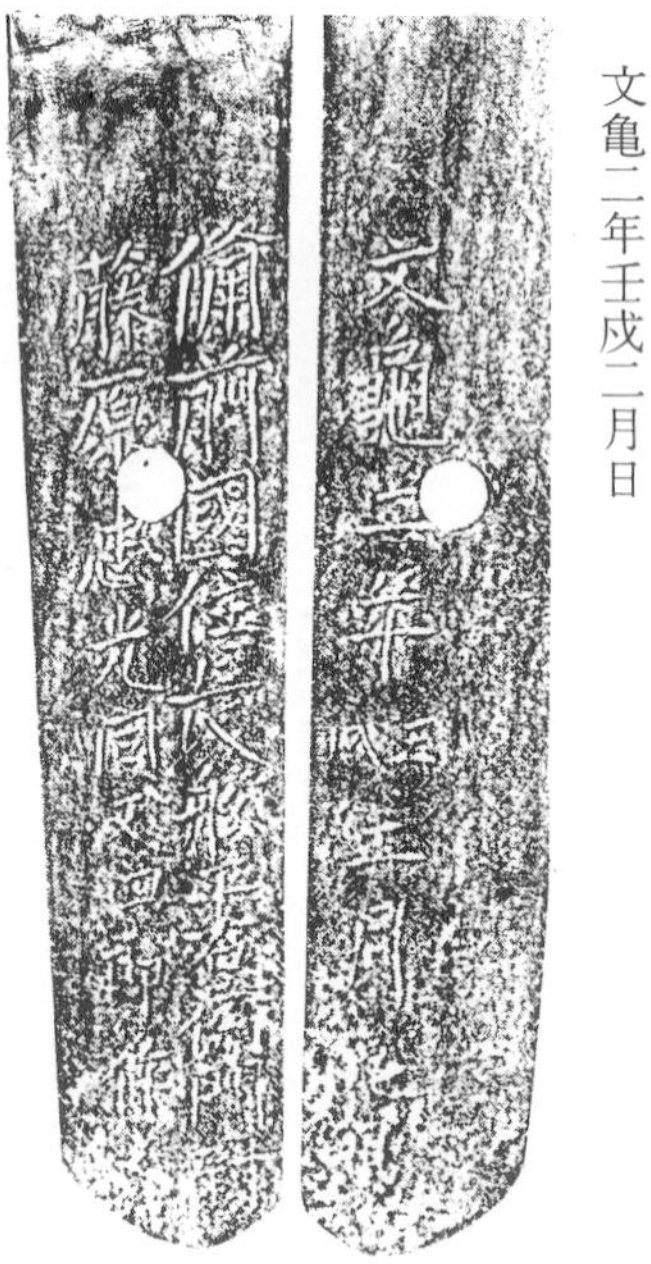

○備前國住長船平右衛門尉　藤原忠光同文四郎作（ただみつ）
文亀二年壬戌二月日
備前國―文亀

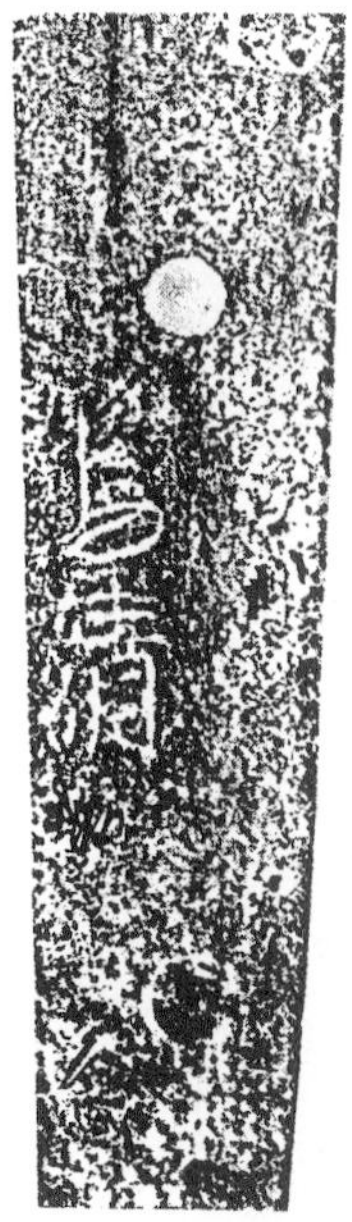

○為清（ためきよ）〈一文字〉備前國―鎌倉初期

○鎌倉山ノ内住　為貞（ためさだ）相模國―南北朝期

○為継作（ためつぐ）越中國―南北朝期

○為利（ためとし）河内國―鎌倉前期

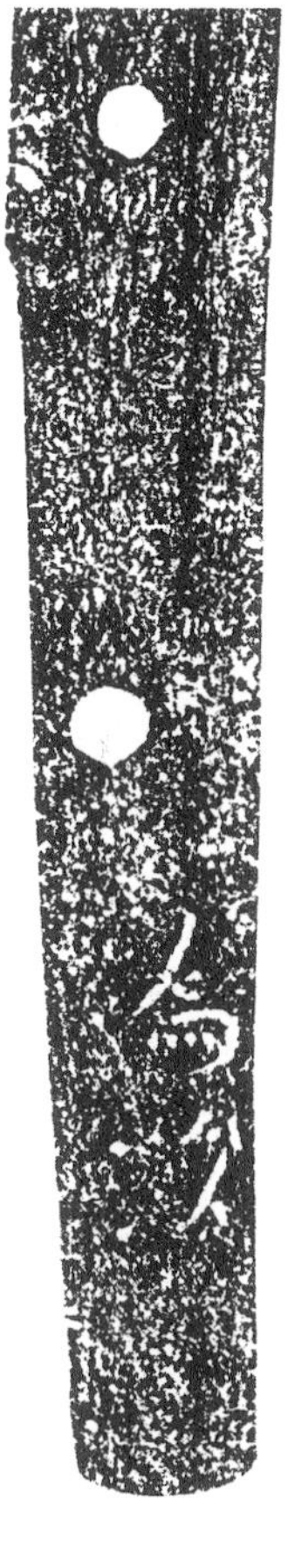

○為次（ためつぐ）〈古青江〉備中國―鎌倉初期

○為遠（ためとお）備前國―鎌倉末期

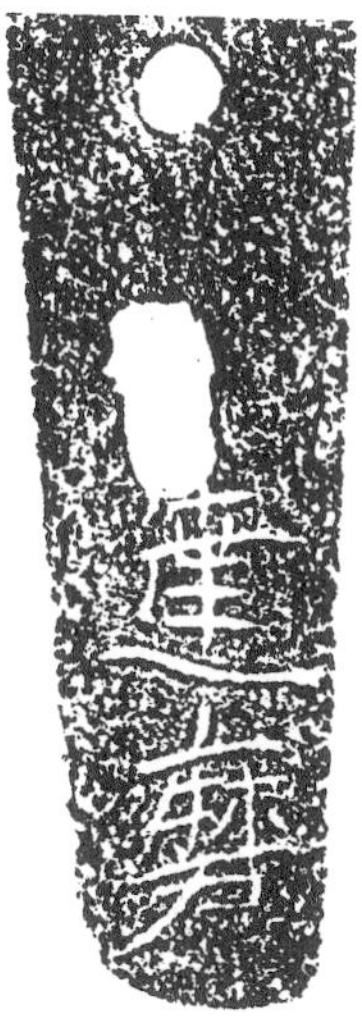

○達磨（だるま）山城國―南北朝期

△法橋大道作（だいどう・おおみち）　美濃國—寛永
寛永二年二月吉日

△伊豆守法橋大道（だいどう・おおみち）　美濃國—江戸中期

△天野河内助藤原高真〈花押〉（たかざね）　羽後國—慶応
慶応元乙丑吉日

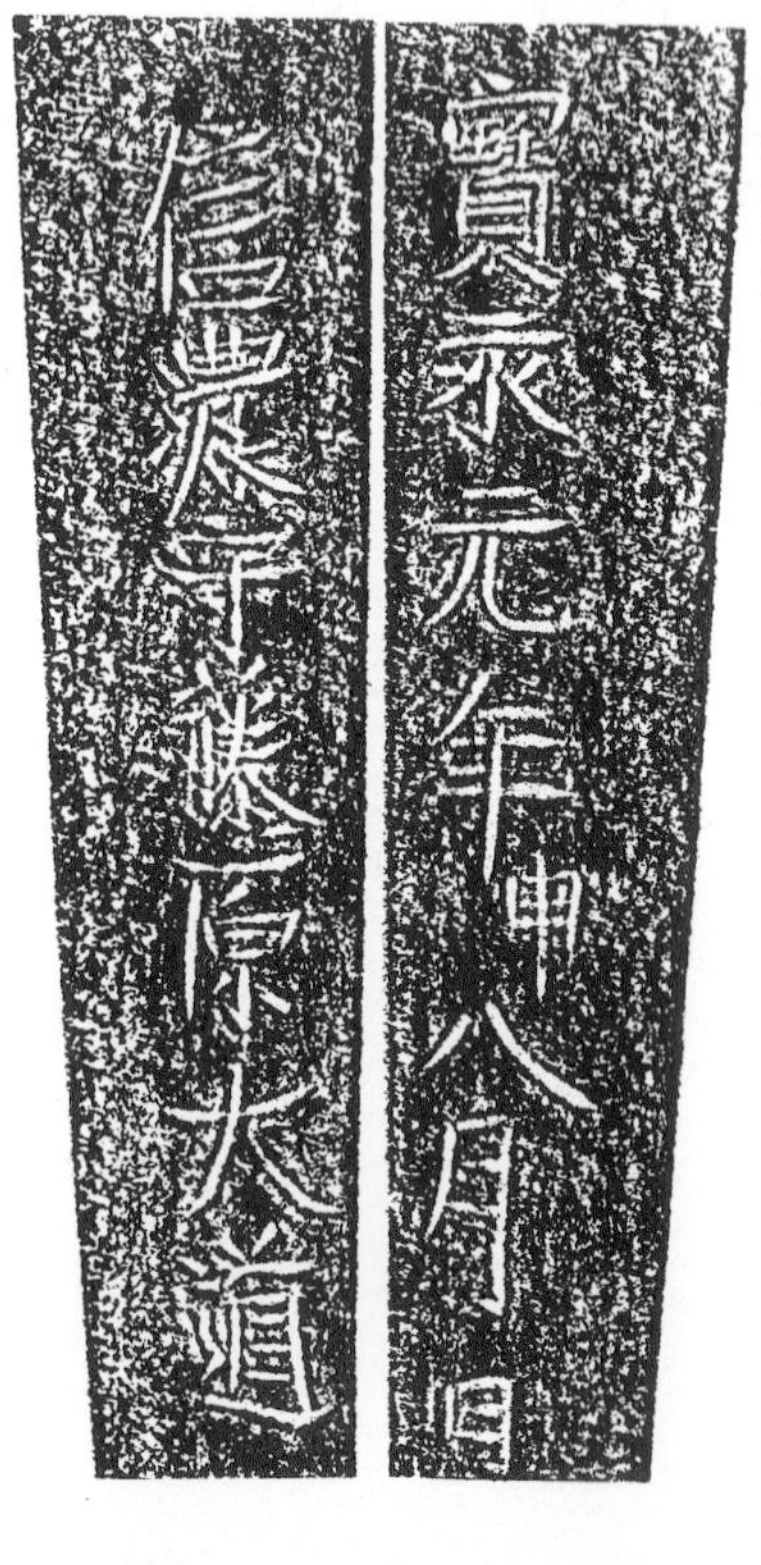

△信濃守藤原大道（だいどう・おおみち）　美濃國—宝永
宝永元年申八月日

△大明京（だいみんきん・だいみんきょう）　出雲國—江戸中期

△辻村越中守藤原高平〈花押〉（たかひら）
〈初代兼若晩年銘〉　加賀國—元和
元和九年三月三日

△越中守高平三男兼若次男加州金沢住辻村
伝右衛門尉高平作以南蛮鉄造之（たかひら）
延宝元年十一月吉日
〈金象嵌銘〉延宝二年正月廿日
三ツ胴并桶居中車土壇拂熊田戸平様之
〈二代兼若の次男〉加賀國―延宝

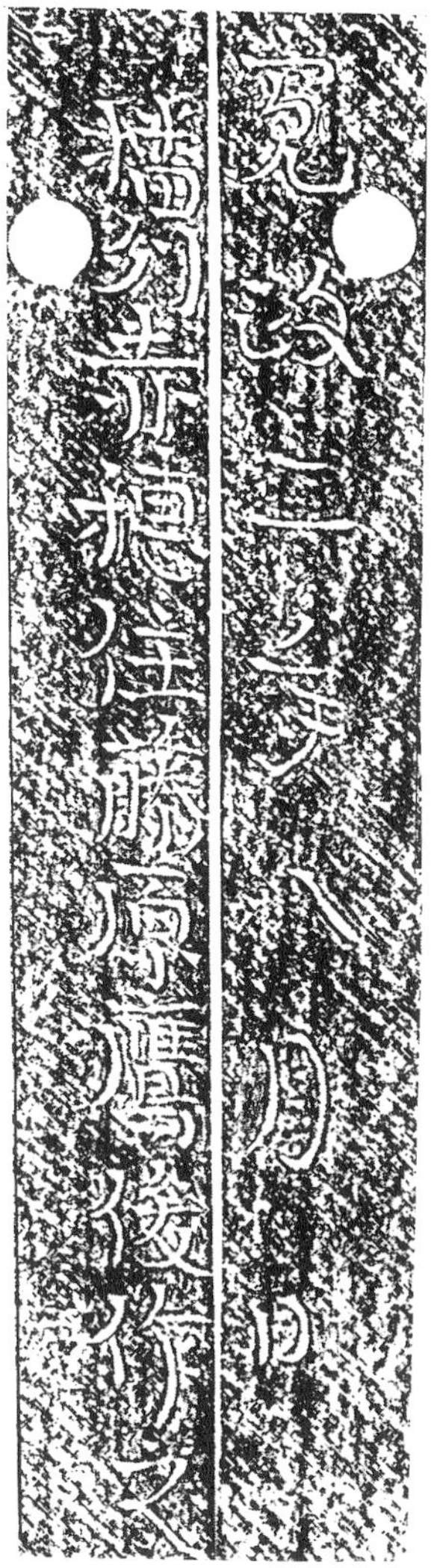

△播州赤穂住藤原鷹俊作之（たかとし）寛政二年八月日　播磨國―寛政

△摂州住黒田鷹諶（たかのぶ）天明五年九月日　摂津國―天明

△藤原貴道（たかみち）尾張國―江戸前期

△忠清作（ただきよ）薩摩國―江戸初期

△肥州佐賀住藤原忠清作（ただきよ）〈初代〉肥前國―桃山期

た

△下総大掾藤原忠清（ただきよ）

〈二代〉肥前國―江戸中期

△播磨大掾藤原忠國（ただくに）
正保二年八月吉日

〈初代〉肥前國―正保

△（菊紋）肥前住播磨守藤原忠國（ただくに）
（牡丹紋）延宝八年八月吉日 以南蛮鉄作

〈二代〉肥前國―延宝

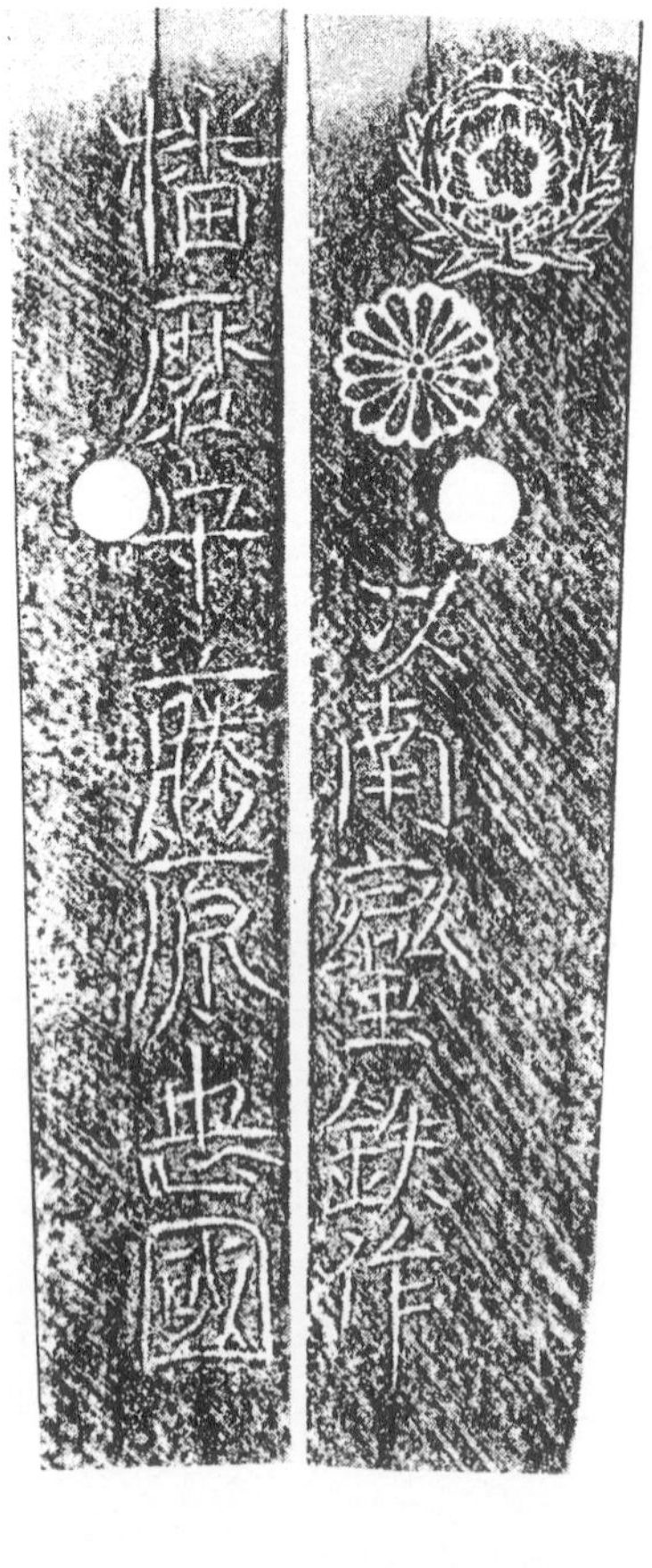


△播磨守藤原忠國（ただくに）
（牡丹・菊紋）以南蛮鉄作

〈二代〉肥前國―江戸中期

△平安城住人忠國（ただくに）〈初代〉因幡國―桃山期

△信濃大掾藤原忠國（ただくに）〈初代〉因幡國―桃山期

△信濃守藤原忠國（ただくに）〈二代〉因幡國―江戸中期

△奥和泉守忠重作（ただしげ）薩摩國―江戸中期

△信濃大掾藤原忠國（ただくに）
因州於鳥取作之
〈二代〉因幡國―江戸中期

△山本一乗子忠國（ただくに）因幡國―江戸末期

△筑後國柳川住下坂忠親（ただちか）筑後國―江戸中期

△山城國粟田口藤原忠縄作（ただつな）〈初代〉摂津國—桃山期

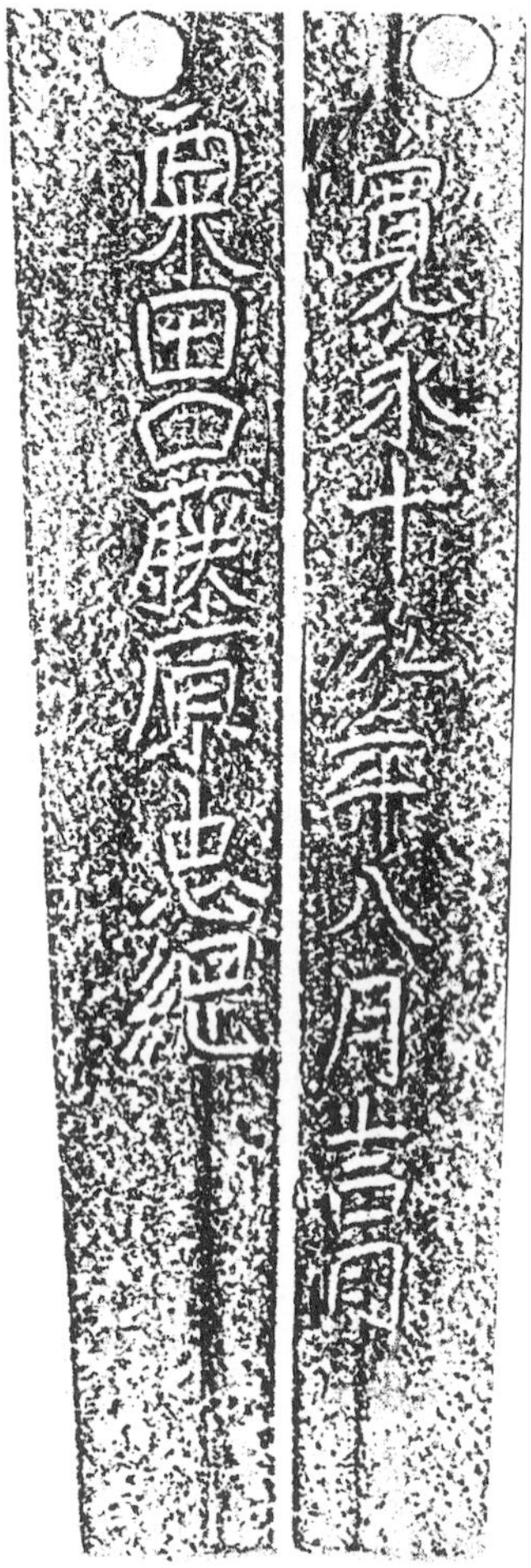

△粟田口藤原忠綱（ただつな）
寛永十九年八月吉日
〈初代〉摂津國—寛永

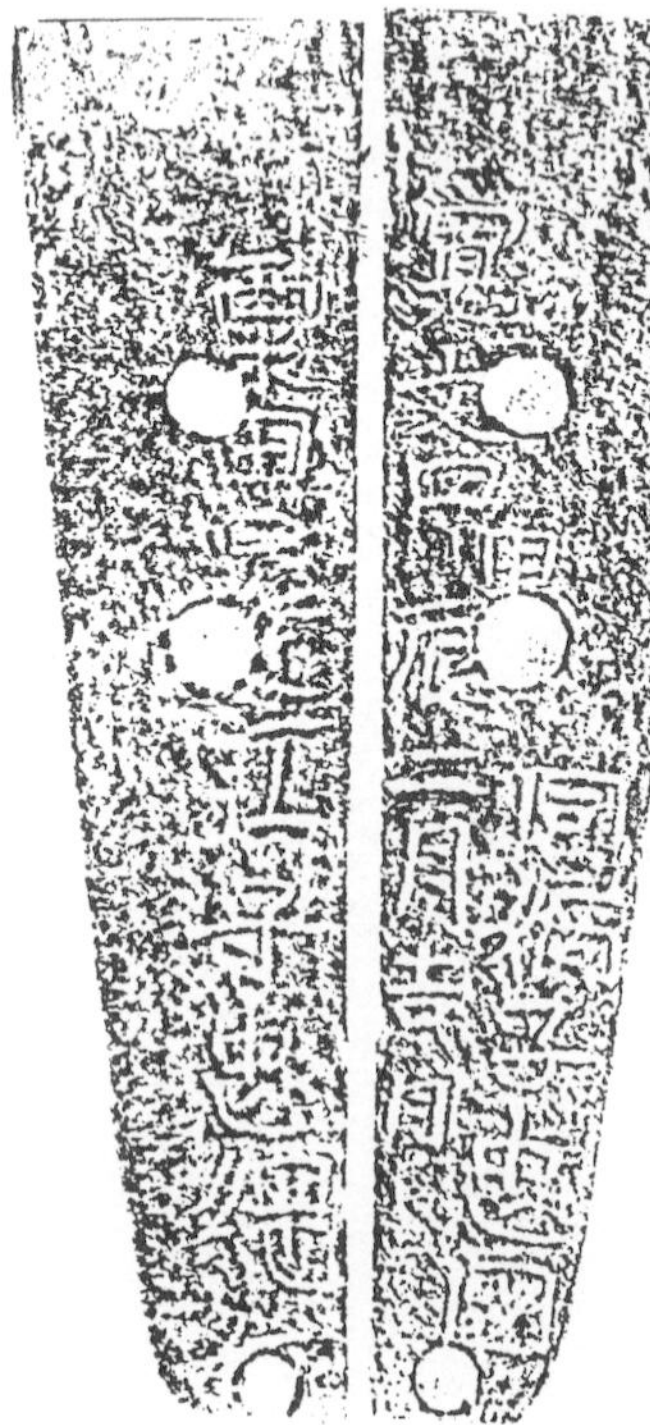

△粟田口近江守忠綱（ただつな）
寛文四甲辰二月吉日　同嫡子忠國
〈初代・二代忠國と合作〉摂津國—慶安

△前近江大掾藤原忠綱満歳三十九（ただつな）
慶安戊子八月吉祥日
鷲氏爲重代於摂府城下作焉
〈初代〉摂津國—慶安

△粟田口近江守忠綱（ただつな）
天和三年二月吉日　彫物同作
〈二代〉摂津國―天和

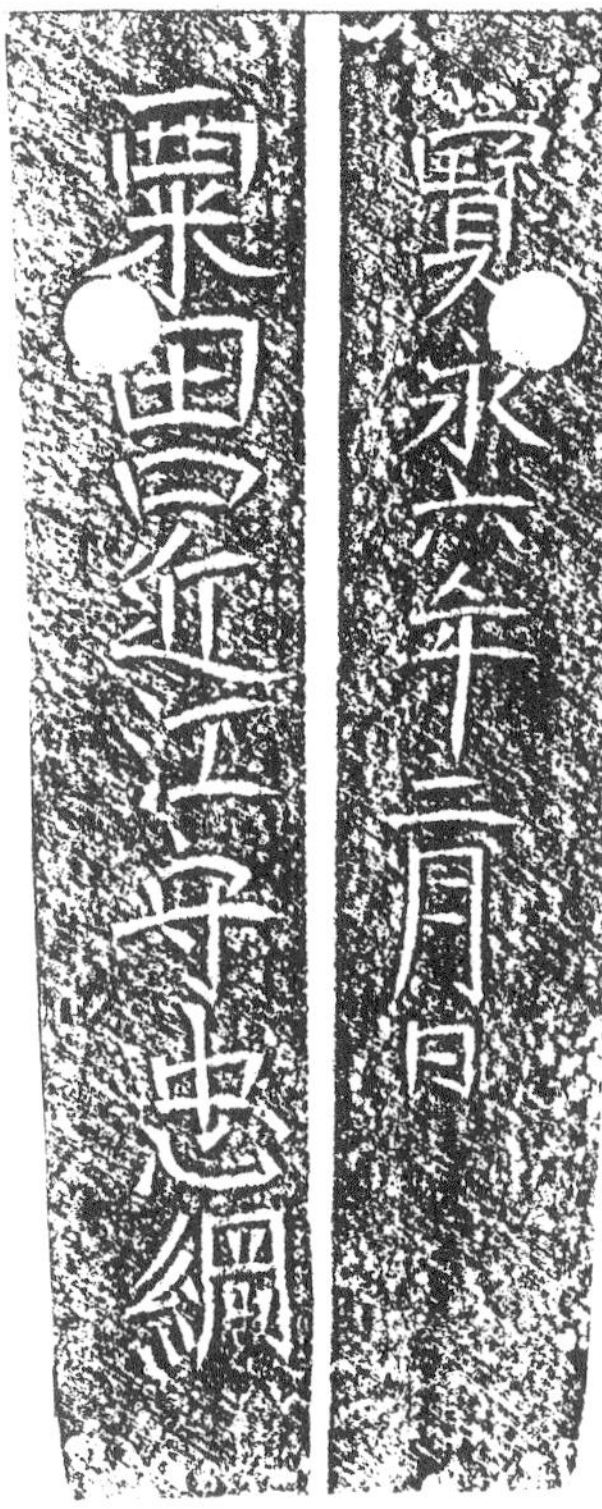

△粟田口近江守忠綱（ただつな）
宝永六年二月日
〈二代〉摂津國―宝永

△粟田口近江守忠綱一竿子（ただつな）
享保元年八月日
〈二代〉摂津國―享保

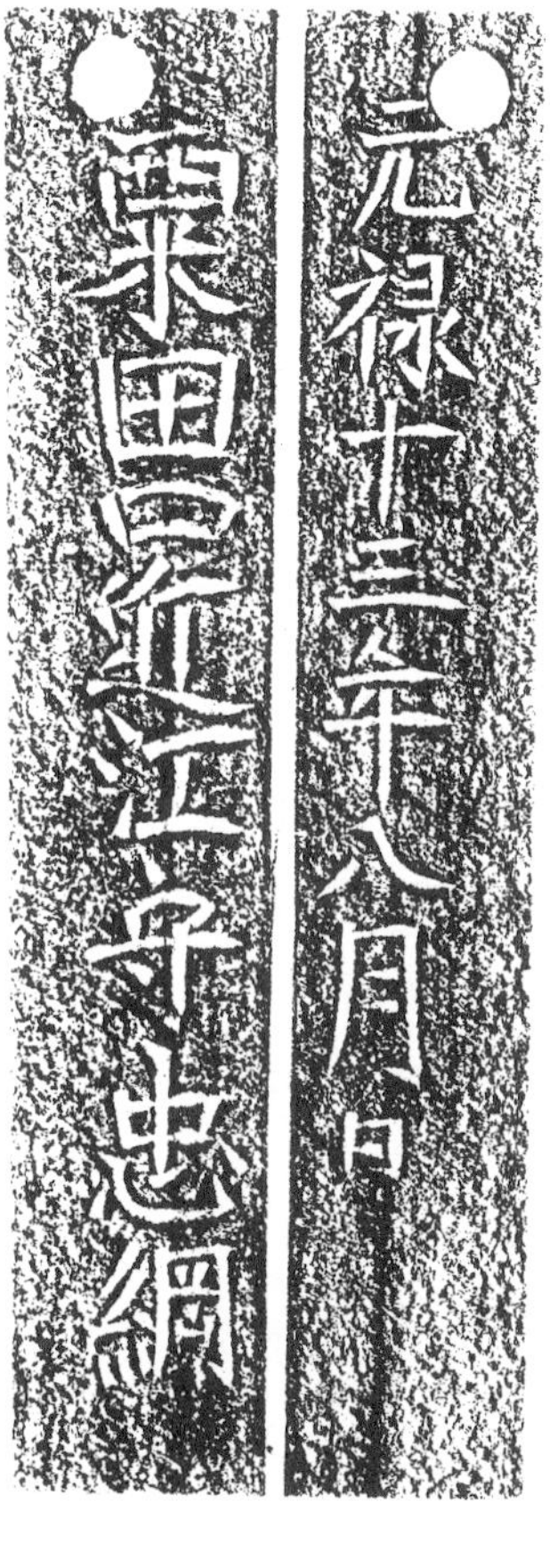

△粟田口近江守忠綱（ただつな）
元禄十三年八月日
〈二代〉摂津國―元禄

△粟田口近江守忠綱（ただつな）同政之進宗綱
元禄十五年八月吉日
〈二代・三代宗綱合作〉摂津國―元禄

た

△肥前國住武蔵大掾藤原忠廣（ただひろ）〈初代〉肥前國―寛永
寛永二年二月吉日

△肥前國住藤原忠廣（ただひろ）〈初代〉肥前國―桃山期

△肥前國住藤原忠廣（ただひろ）〈二代〉肥前國―寛永
寛永十八年二月吉日

△近江大掾藤原忠廣（ただひろ）〈二代〉肥前國―江戸初期

△肥前國住近江大掾藤原忠廣（ただひろ）〈二代〉肥前國―正保
正保五年二月吉日

△近江大掾藤原忠廣（ただひろ）
肥前國陸奥守忠吉
〈二代・三代忠吉と合作〉 肥前國―江戸初期

△忠光（ただみつ）
肥前國―江戸後期

△肥前國住　忠光（ただみつ）
〈鐔の銘〉 肥前國―江戸後期

△摂津國之住忠行作（ただゆき）
万治三年八月吉日　十七歳作之
摂津國―万治

△肥前國忠廣（ただひろ）〈五代〉 肥前國―江戸後期

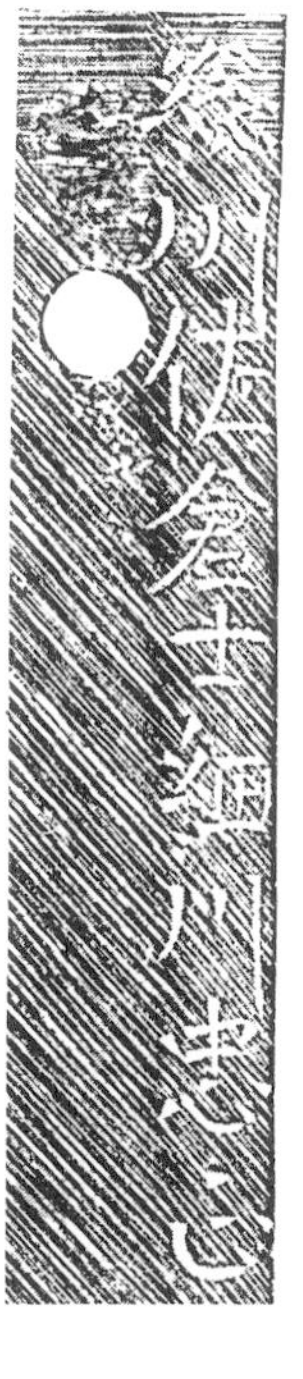

△総州佐倉士細川忠正（ただまさ） 下総國―江戸末期

△相模大掾藤原忠宗甲割（ただむね）
元禄九丙子年八月吉日
肥前國―元禄

△肥前國忠吉（ただよし）〈初代〉
肥前國―桃山期

△肥前國忠吉（ただよし）〈初代〉
肥前國―桃山期

△肥前國住人忠吉作（ただよし）〈初代〉
肥前國―桃山期

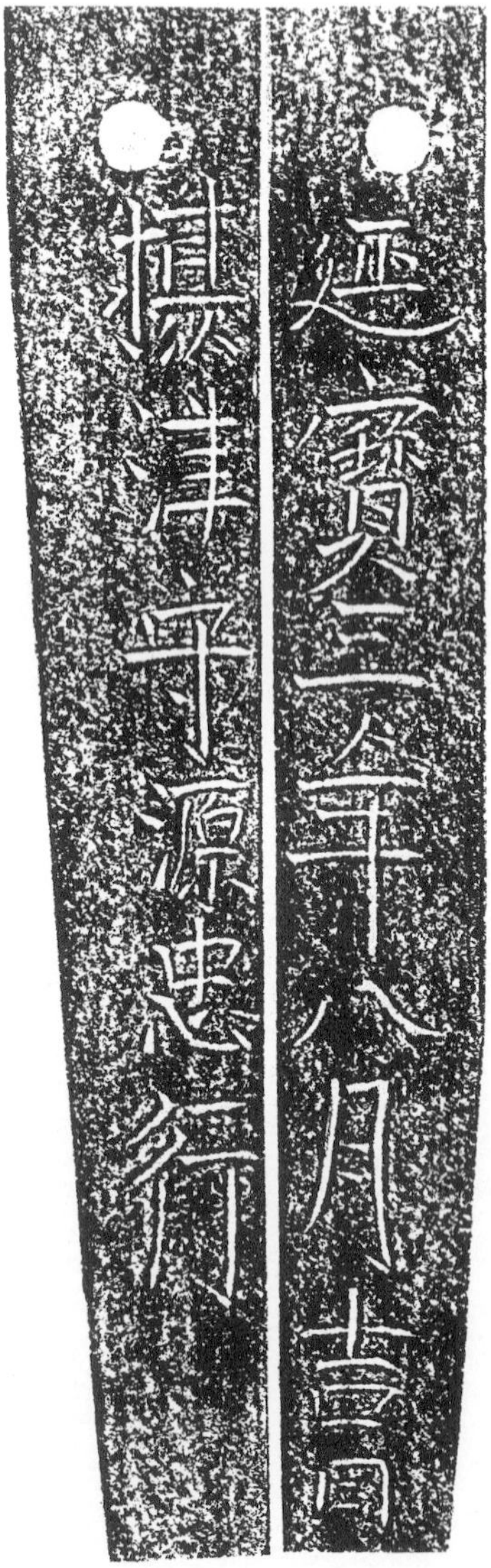

△摂津守源忠行（ただゆき）
延宝三年八月吉日
摂津國―延宝

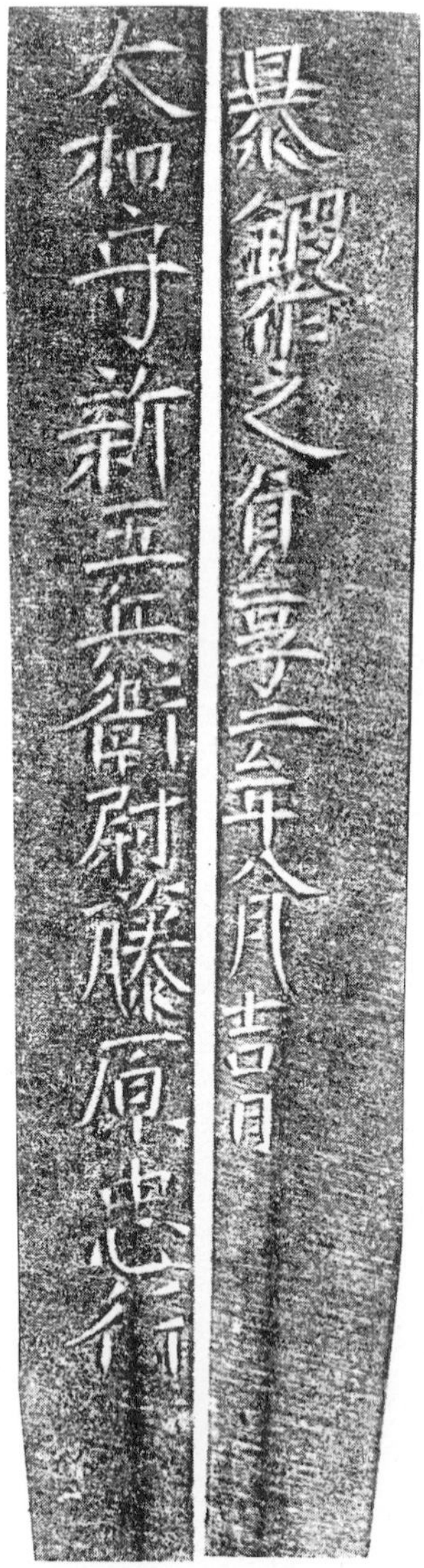

△大和守新五兵衛尉藤原忠行（ただゆき）
暴鍛作之 貞享二年八月吉日
豊後國―貞享

△肥前國住人源忠吉（ただよし）〈初代〉
肥前國―桃山期

△肥前國住人藤原忠吉（ただよし）〈土佐守〉肥前國—桃山期

△肥前國住近江大掾藤原忠吉（ただよし）〈四代〉肥前國—江戸中期

△肥前國近江守忠吉（ただよし）徳善大権現　宝暦六丙子正月吉日〈五代〉肥前國—江戸中期

△肥前國近江守忠吉（ただよし）〈六代〉肥前國—江戸中期

△肥前國住陸奥守忠吉（ただよし）〈三代〉肥前國—江戸中期

△肥前國忠吉（ただよし）〈四代〉肥前國—江戸中期

△肥前國忠吉（ただよし）〈六代〉肥前國—江戸中期〜末期

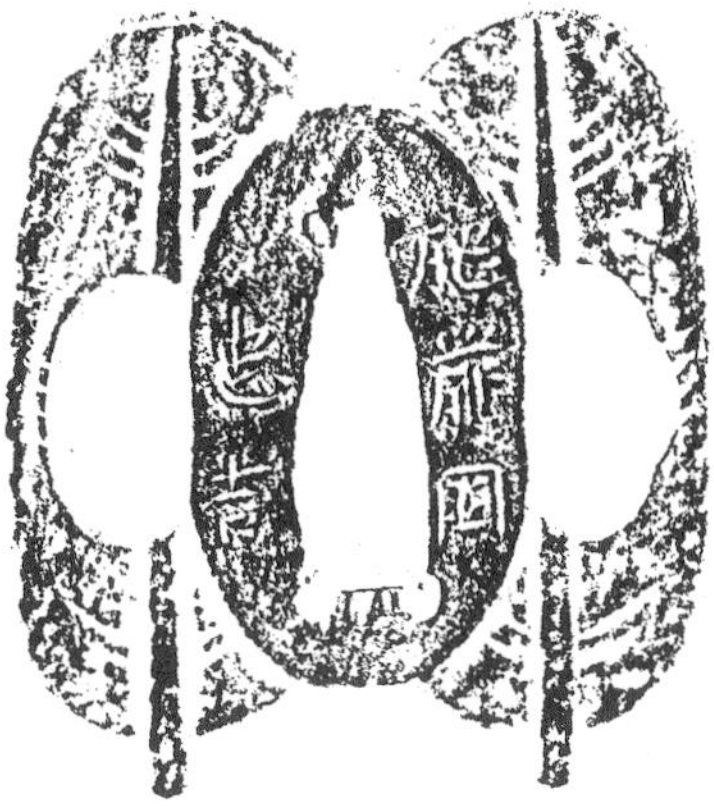

△肥前國　忠吉（ただよし）〈八代・鐔の銘〉肥前國―江戸末期

△肥前國忠吉（ただよし）〈九代〉肥前國―江戸末期

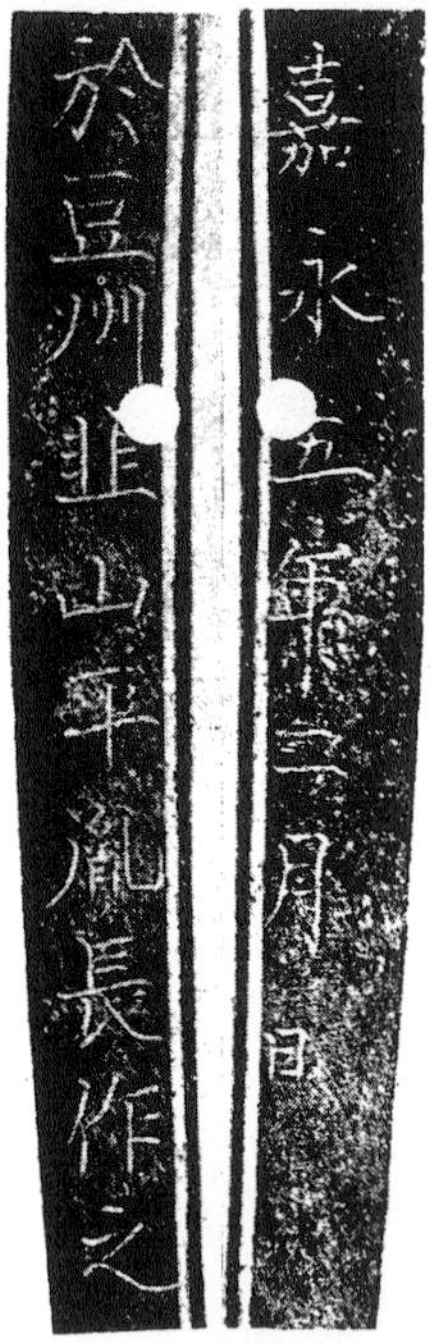

△於豆州韮山平胤長作之（たねなが）
嘉永五年二月日
伊豆國―嘉永

△総州佐倉臣細川忠義同義則造之（ただよし）〈義則と合作〉
慶応二年五月吉日
下総國―慶応

△肥前國住肥後大掾源種廣（たねひろ）肥前國―江戸中期

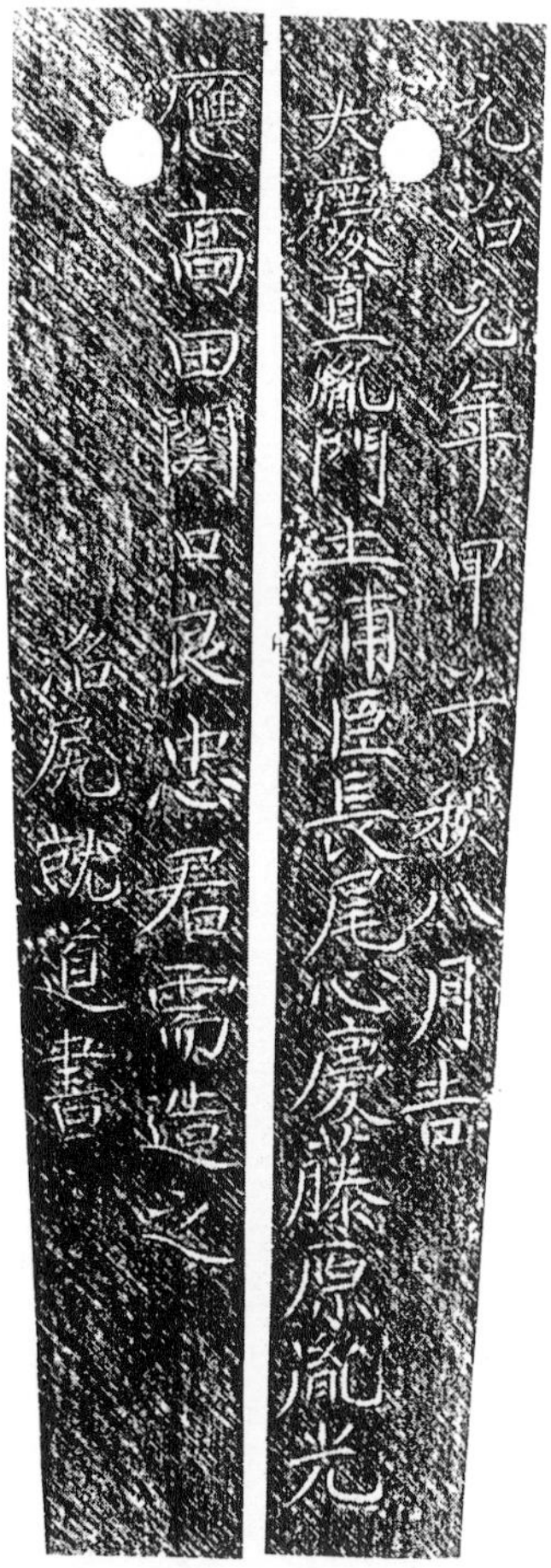

△大慶直胤門土浦臣長尾心慶藤原胤光（たねみつ）
元治元年甲子秋八月吉
応高田関口良忠君需造之　沼尻就道書
武蔵國―元治

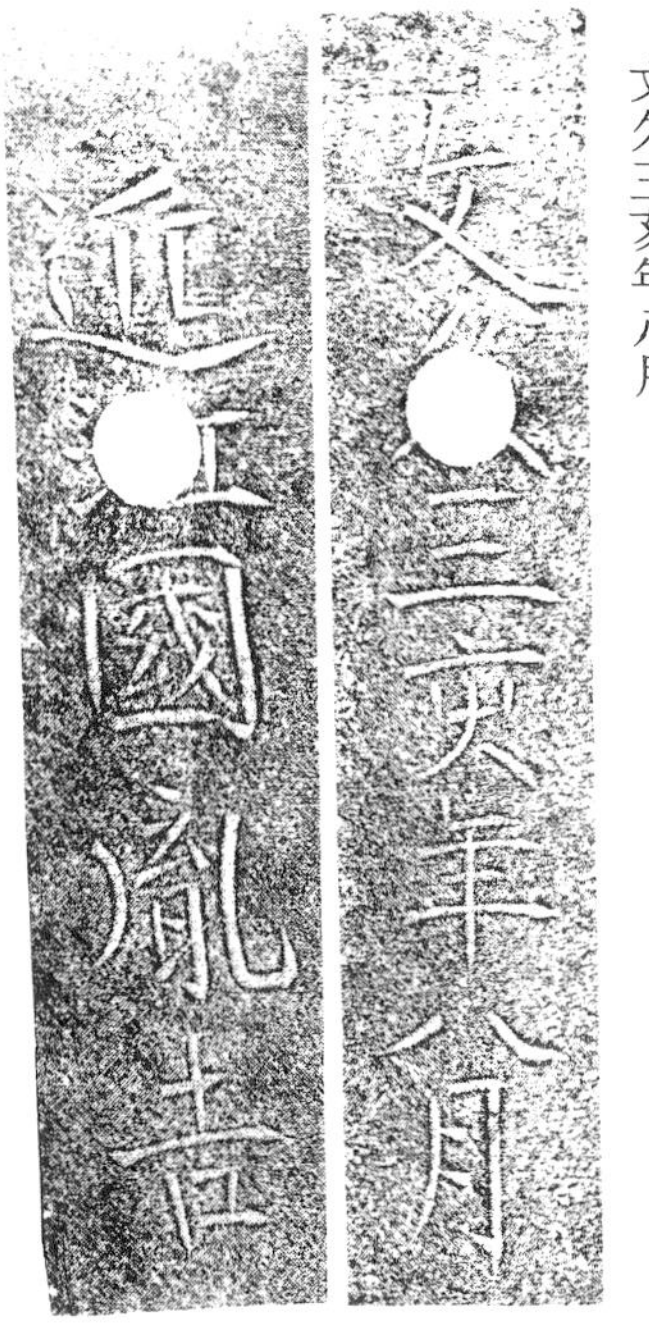

△近江國胤吉（たねよし）　武蔵國—文久
文久三亥年八月

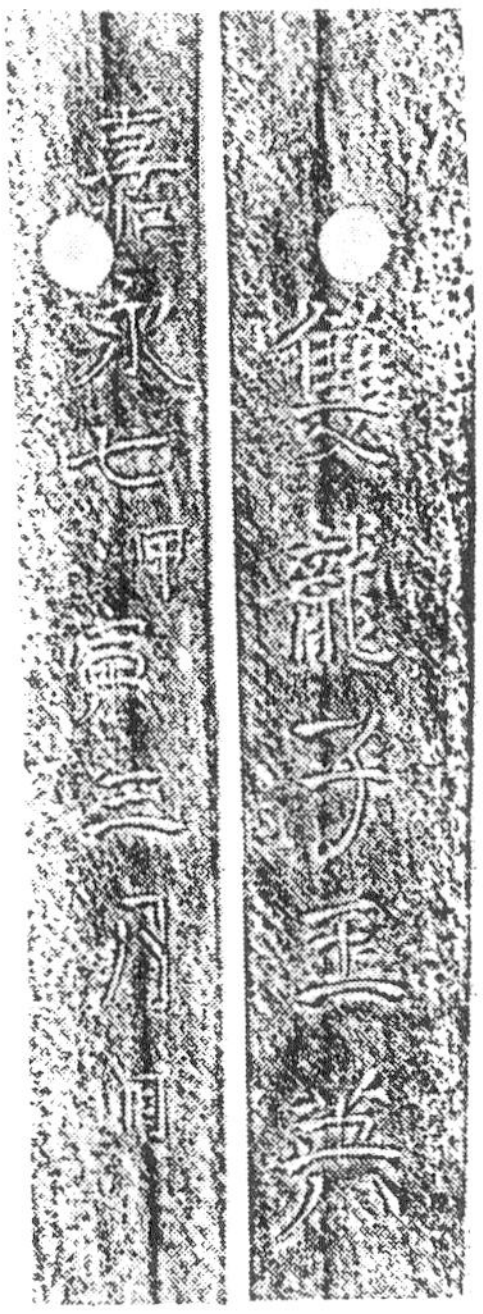

△雙龍子玉英（たまひで・ぎょくえい）　陸中國—嘉永
嘉永七甲寅三月日

△土佐将監為康（ためやす）　紀伊國—桃山期

△備中國呰部住—河野理兵衛尉—為家（ためいえ）　備中國—桃山期

△備中國於松山呰部住為家水田住國重（ためいえ）〈國重と合作〉　備中國—寛永
寛永十七年庚辰八月日

△陸奥守橘為康（ためやす）　摂津國—延宝
延宝五年八月日

△奥州会津住為義　同年四月二日一ノ胴速土壇拂（ためよし）
天保四癸巳年二月日　切手岡田勝太良試之
陸前國―天保

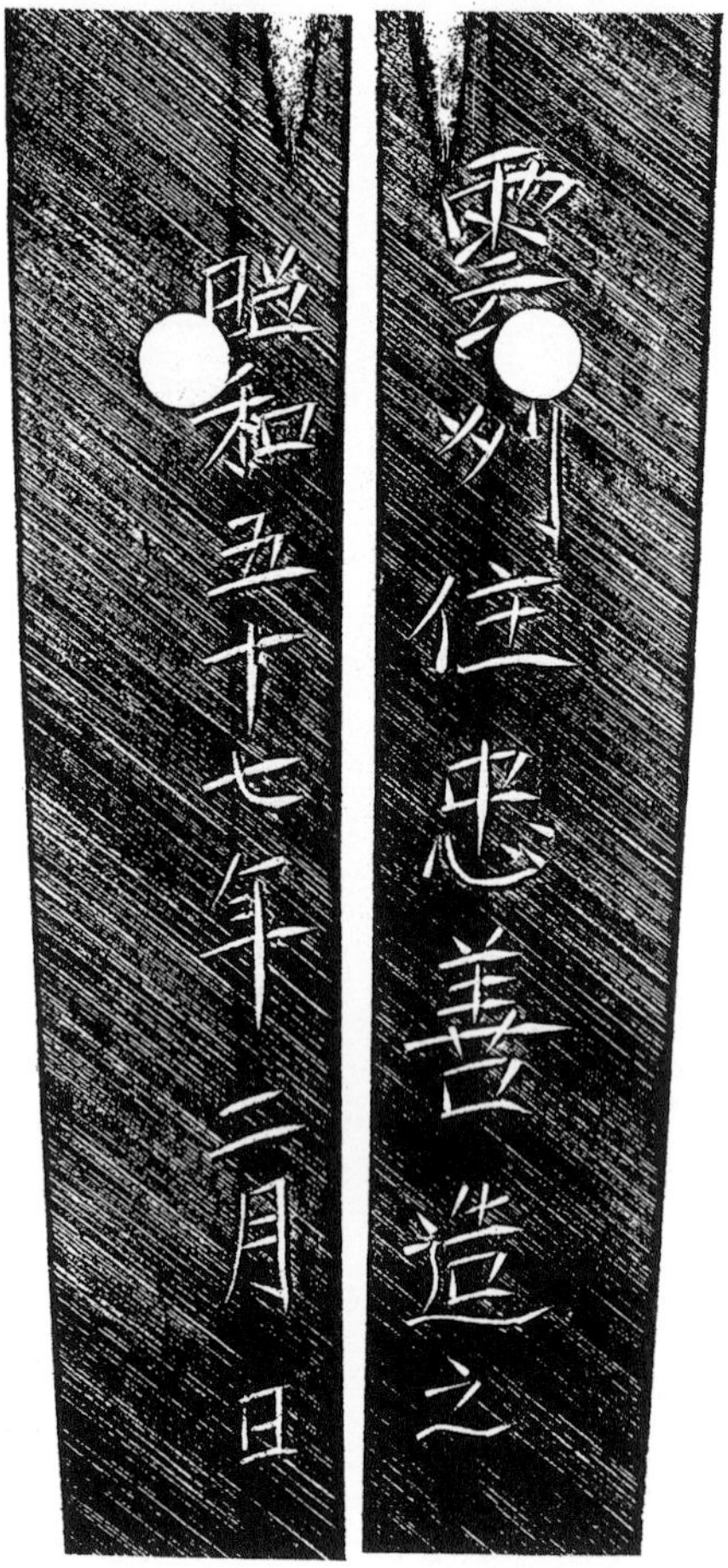

□雲州住忠善造之（ただよし）　島根県―昭和
昭和五十七年二月日

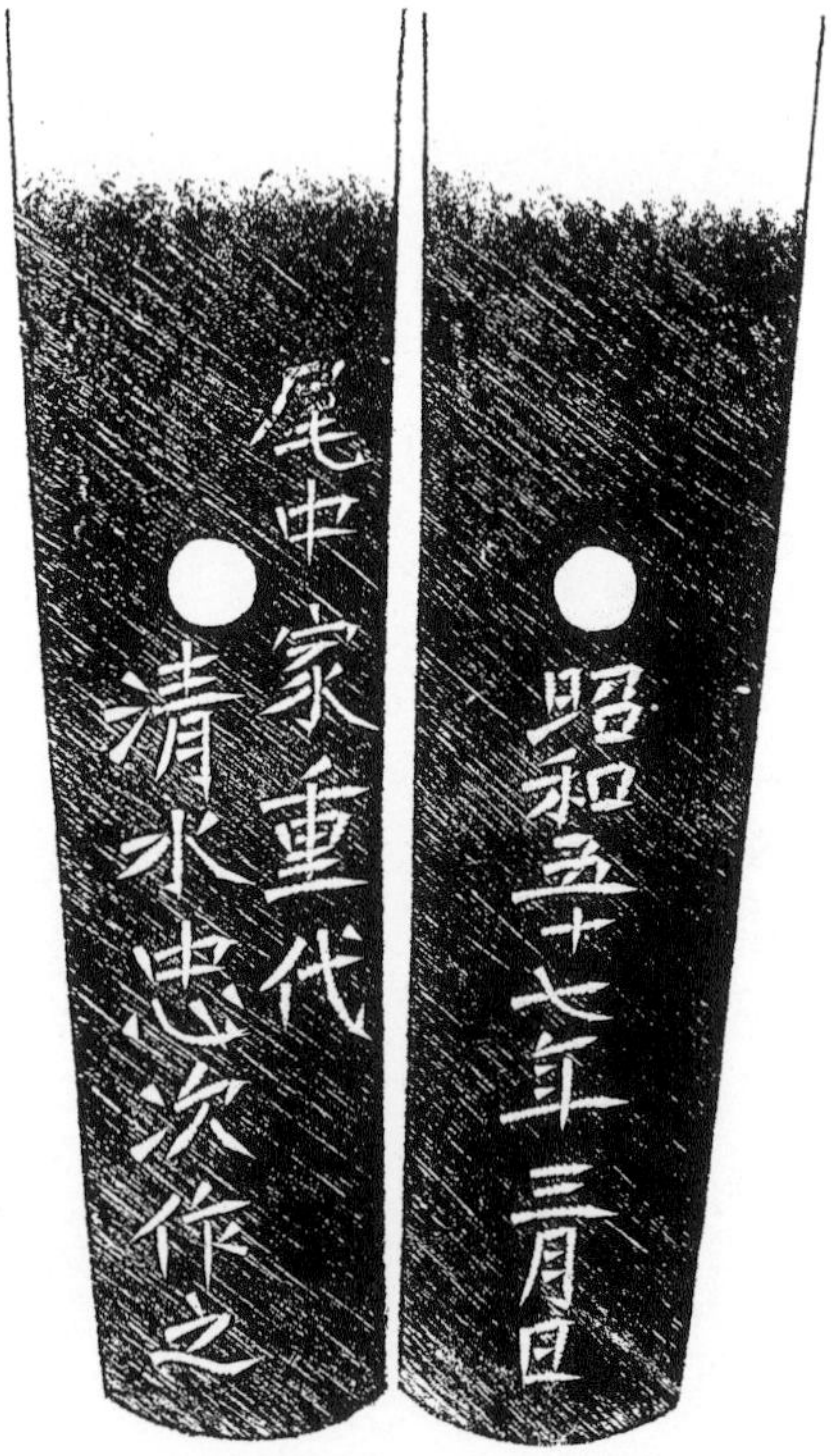

□尾中家重代
清水忠次作之（ただつぐ）　東京都―昭和
昭和五十七年三月日

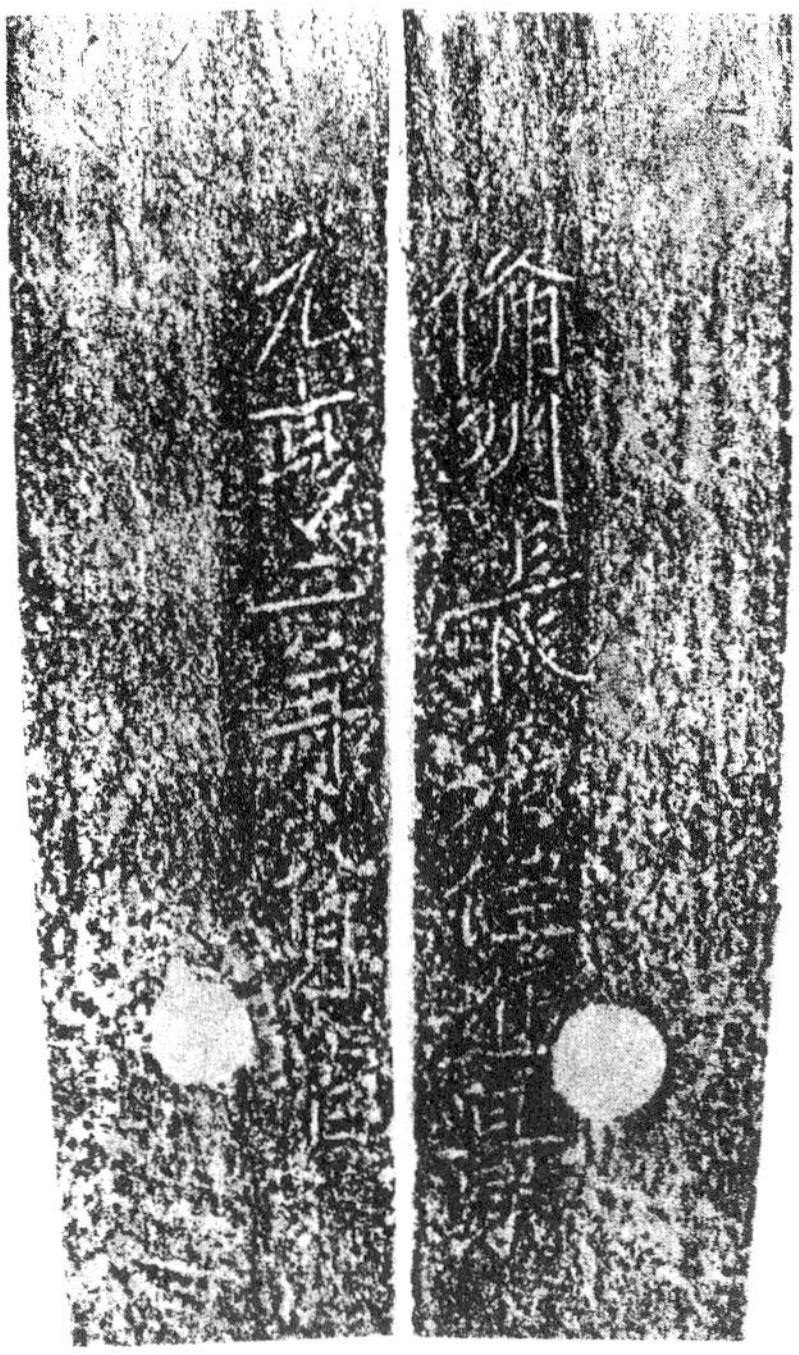

○備州長船住近景（ちかかげ）
元亨二年八月日
備前國—元亨

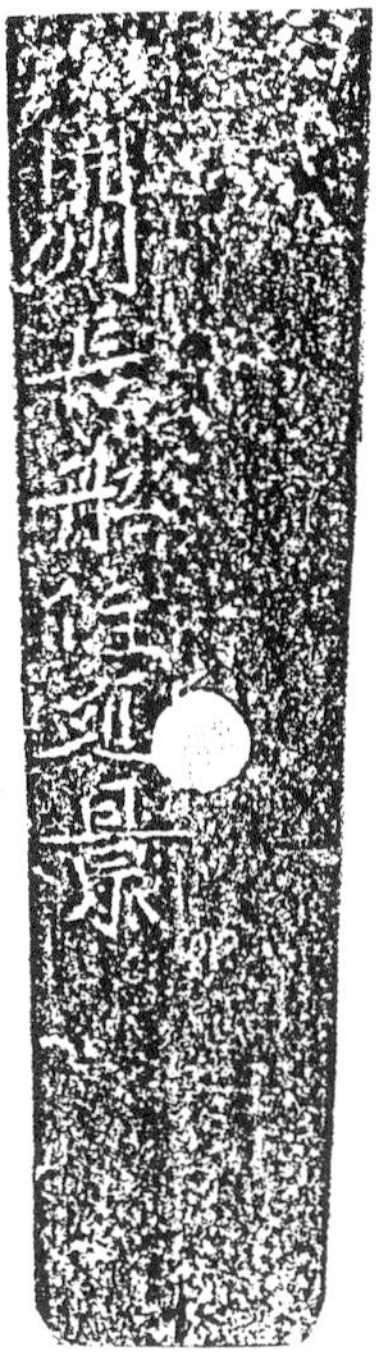

○備州長船住近景（ちかかげ）備前國—鎌倉末期

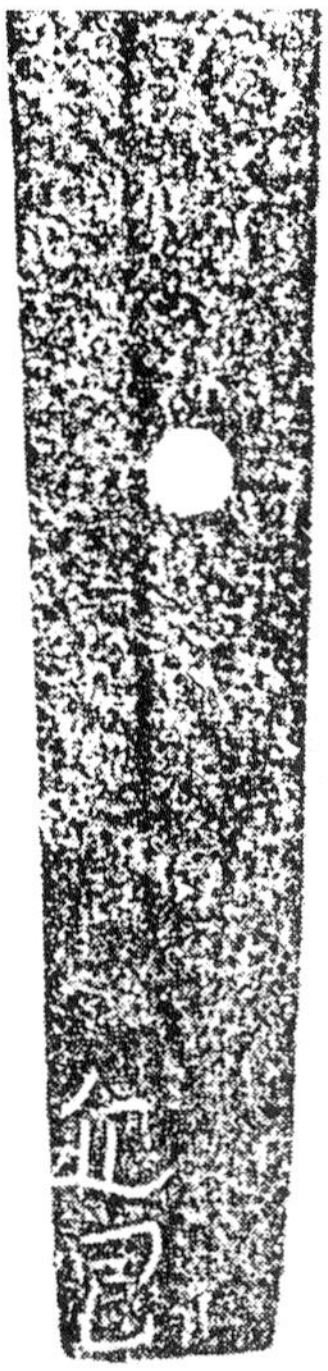

○近包（ちかかね）〈古備前〉備前國—鎌倉初期

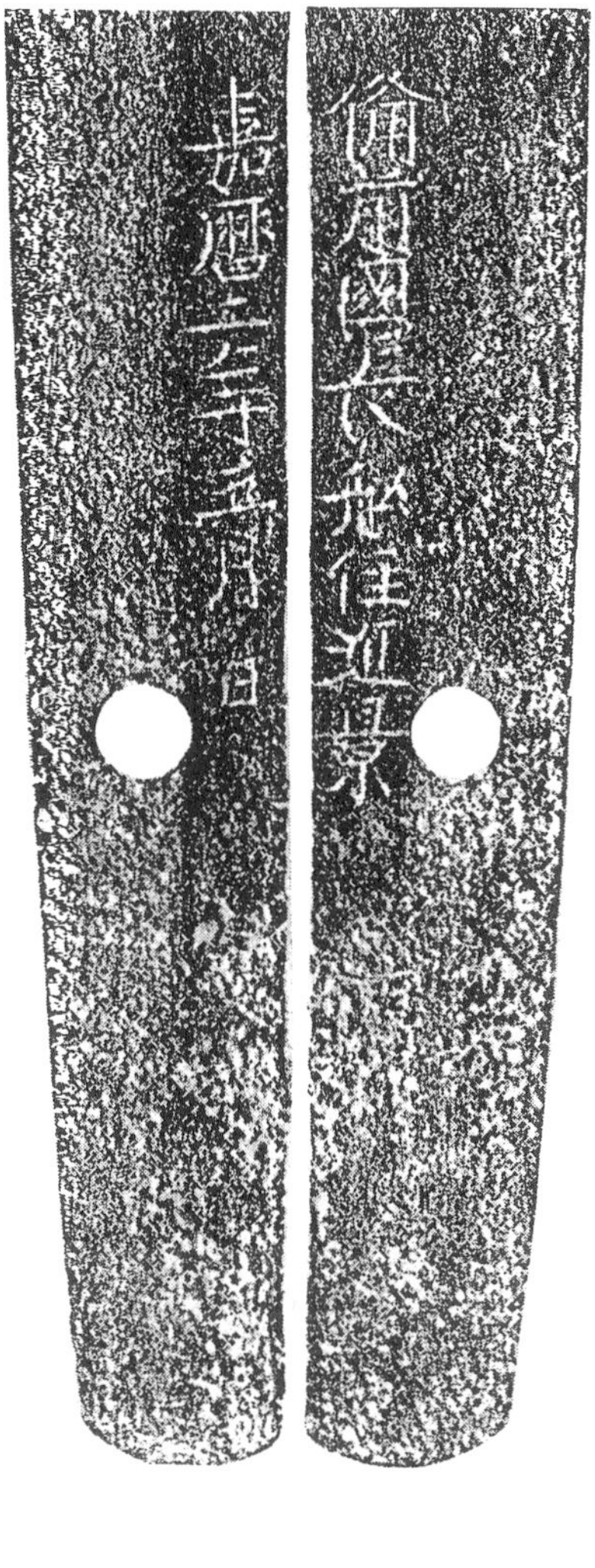

○備前國長船住近景（ちかかげ）
嘉暦二年五月日
備前國—嘉暦

○羽州住人月山近則（ちかのり）
永正九年二月吉日
出羽國—永正

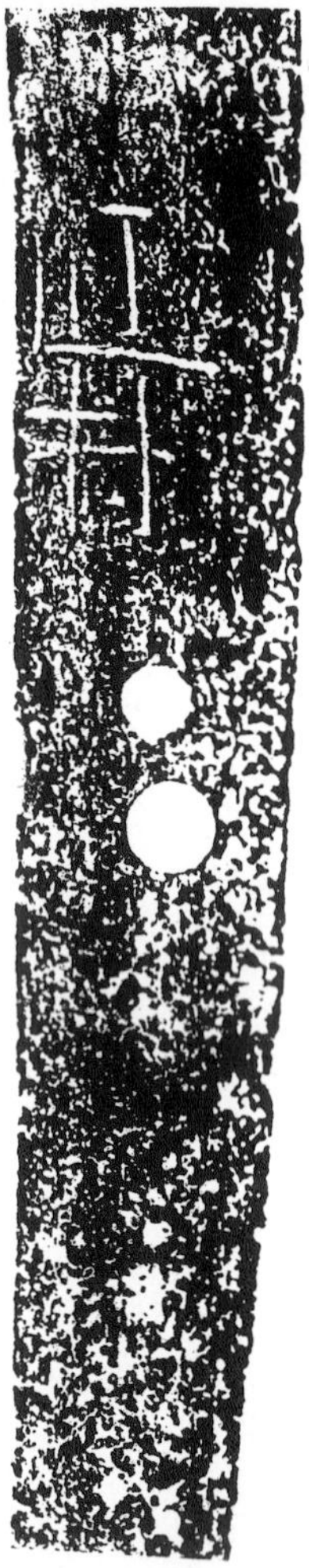

〇近村（ちかむら）〈三条〉山城國―平安後期

〇近房（ちかふさ）〈古備前〉備前國―鎌倉初期

〇親次（ちかつぐ）備中國―鎌倉末～南北朝期

△卜伝孫藤原近則（ちかのり）常陸國―江戸末期

△関善定家武蔵守藤原吉門孫近則（ちかのり）
嘉永七年三月以常陸國鹿島郡砂鉄造之
常陸國―嘉永

○武州住周重作（ちかしげ）武蔵國―室町末期

○出羽國住月山作（がっさん）　出羽國―室町前期

○月山宗次作（がっさん）　出羽國―室町前期

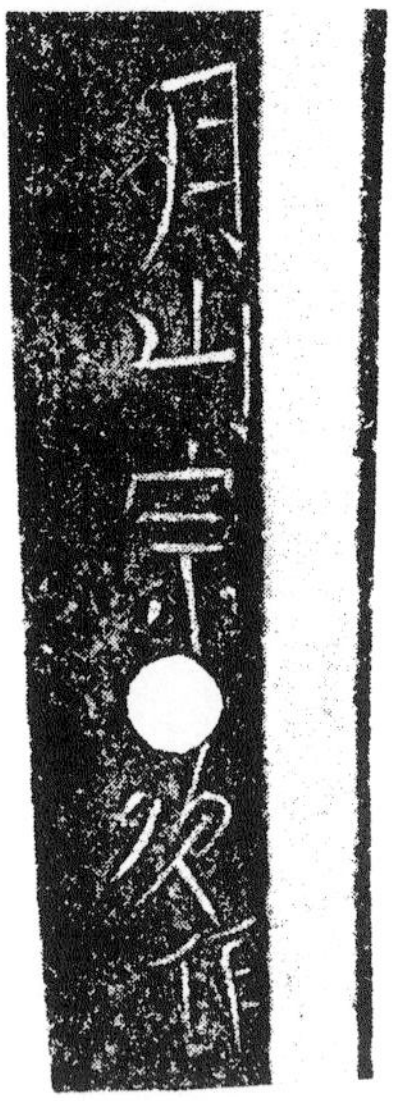

○備中國住次直作（つぐなお）
延文三年十二月日
備中國―延文

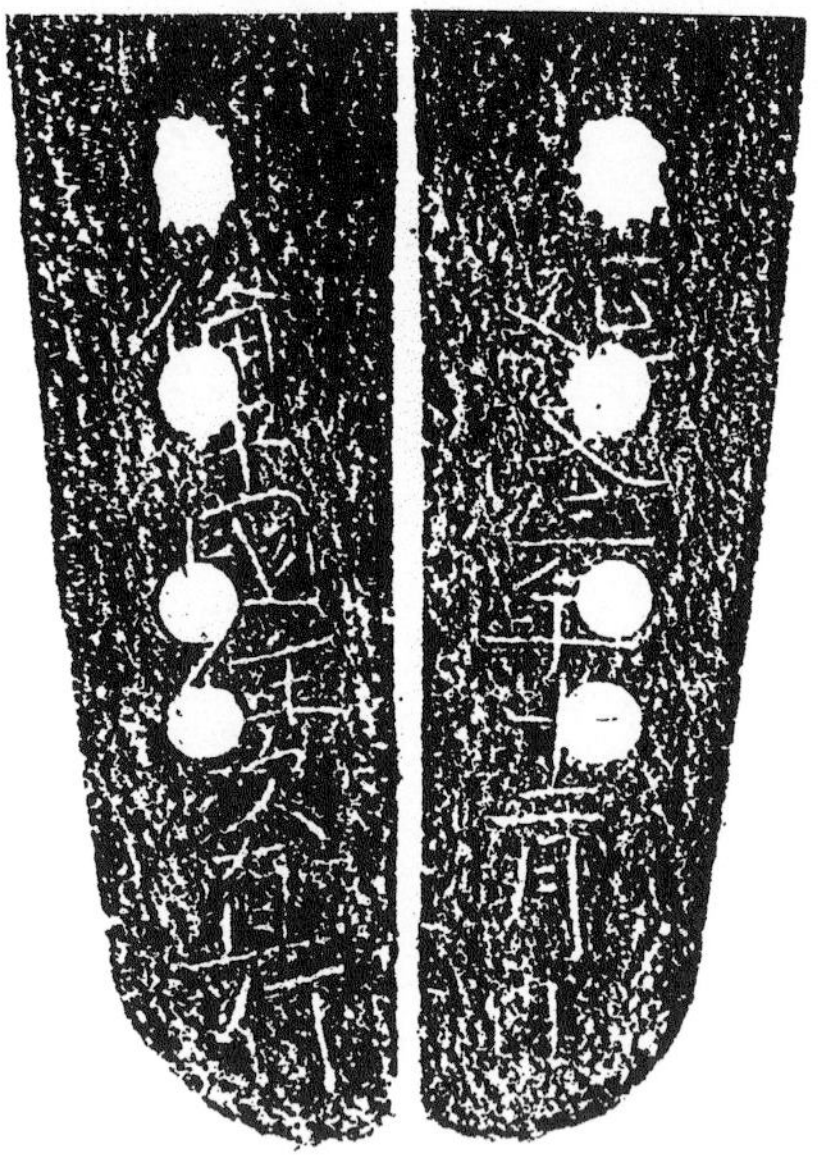

○月山正信作（がっさん）
永正二年八月吉
出羽國―永正

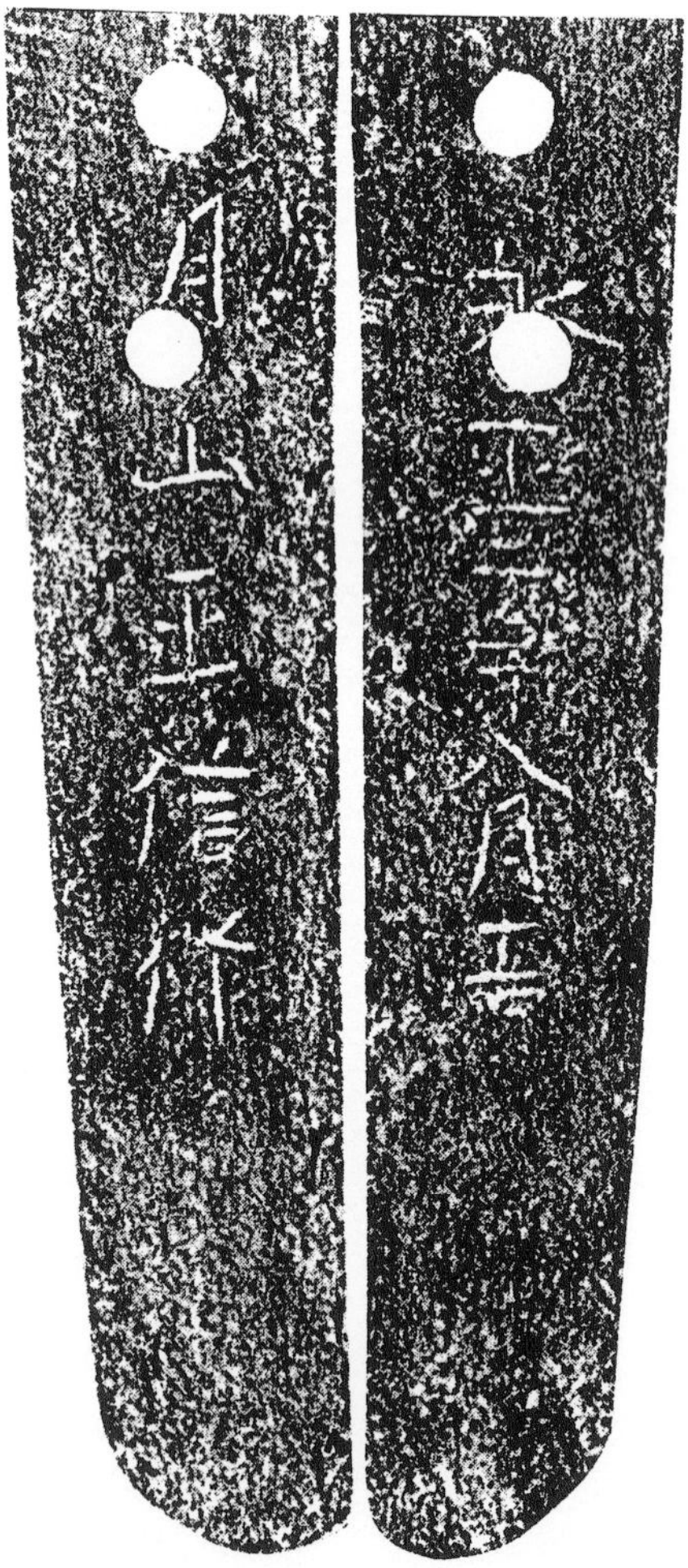

○次家（つぐいえ）
〈古青江〉備中國―鎌倉初期

○次忠（つぐただ）
〈古青江〉備中國―鎌倉初期

○備中國住次直作（つぐなお）　正平七年　備中國―正平

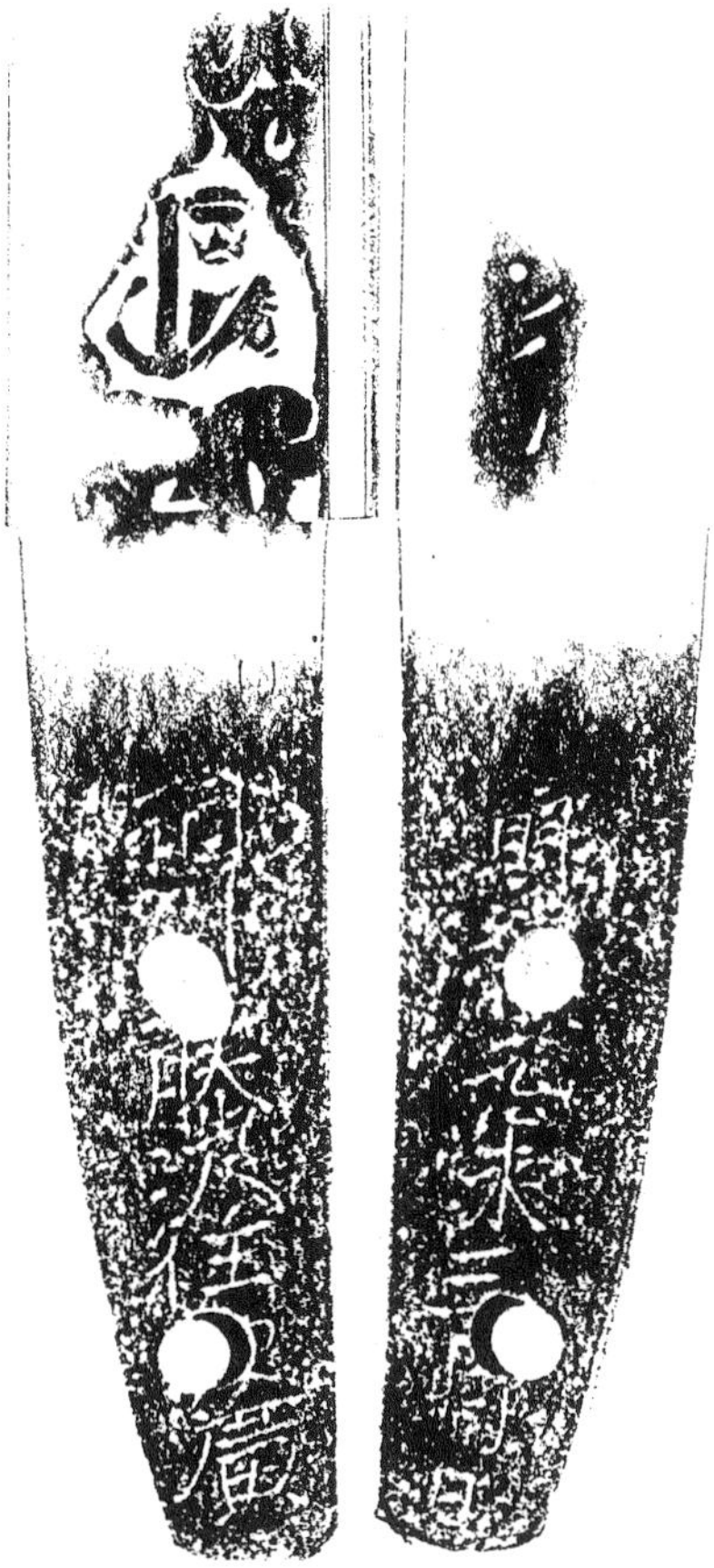

○相州藤沢住次廣（つぐひろ）
明応元年三月日
相模國―明応

○次吉（つぐよし）
〈青江〉備中國―鎌倉末期

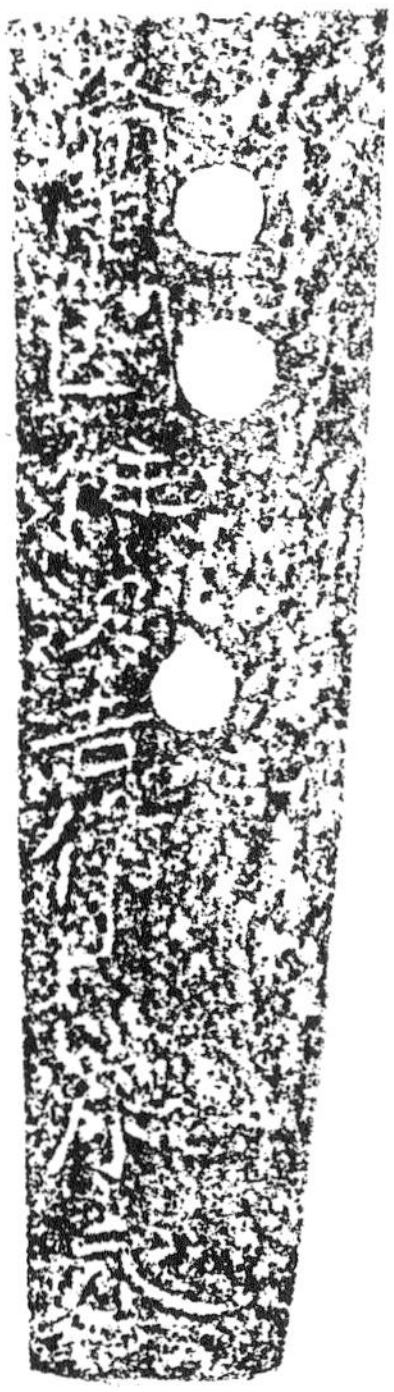

○備中國住次吉作（つぐよし）康永
備中國―康永

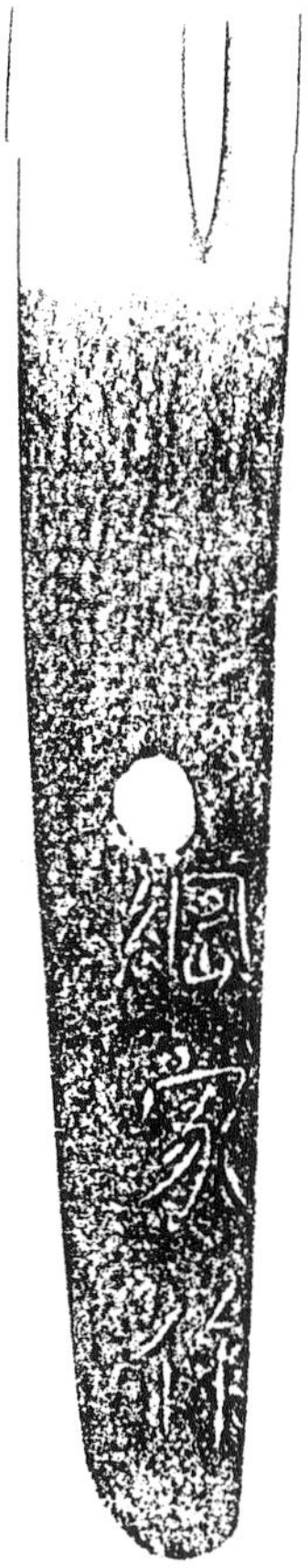

○綱家作（つないえ）相模國―室町末期

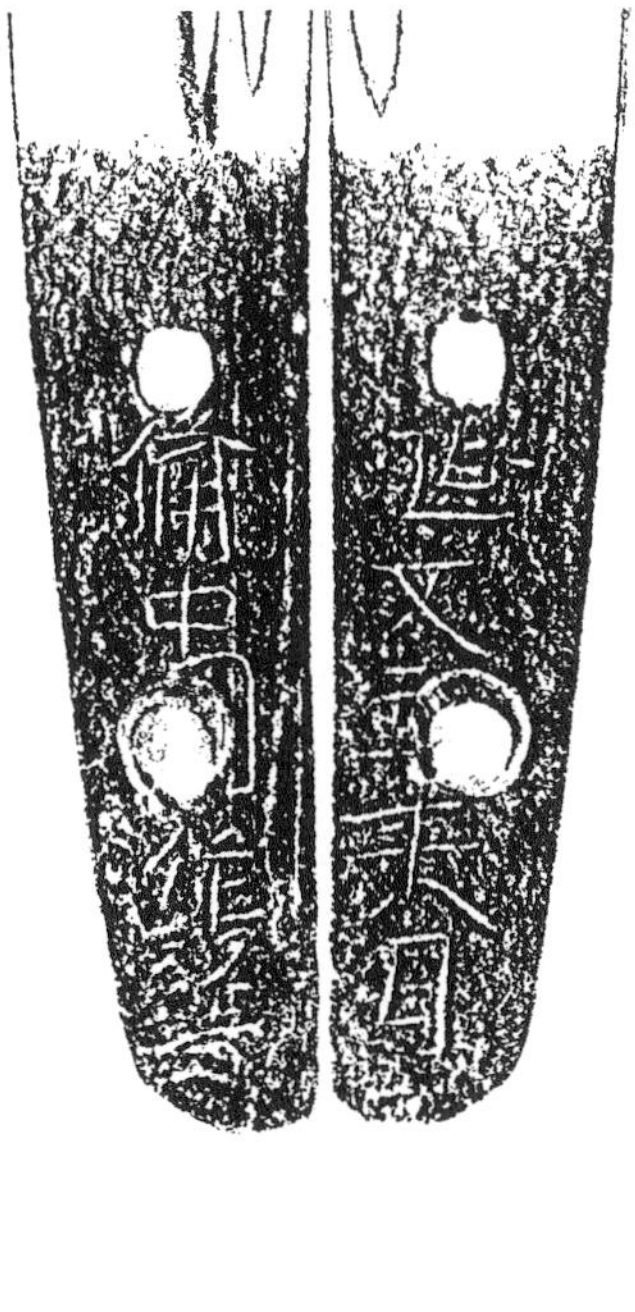

○備中國住次吉（つぐよし）
延文五年八月
備中國―延文

○相州住綱廣（つなひろ）〈初代〉相模國―室町末期

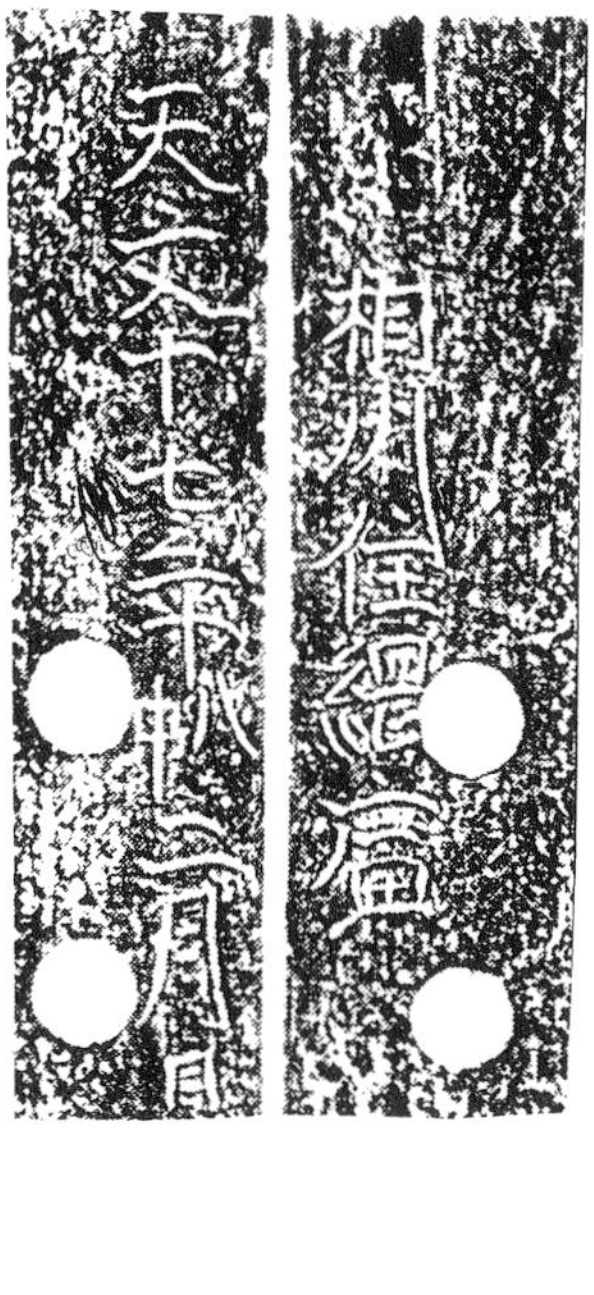

○相州住綱廣（つなひろ）
天文十七年戊申二月日
〈二代〉相模國―天文

○相州住綱廣（つなひろ）〈三代〉相模國―室町末期

○元亀四年二月日相州住綱廣（つなひろ）
上総國秋元左衛門五郎
藤原義秀為作之
〈三代〉相模國―元亀

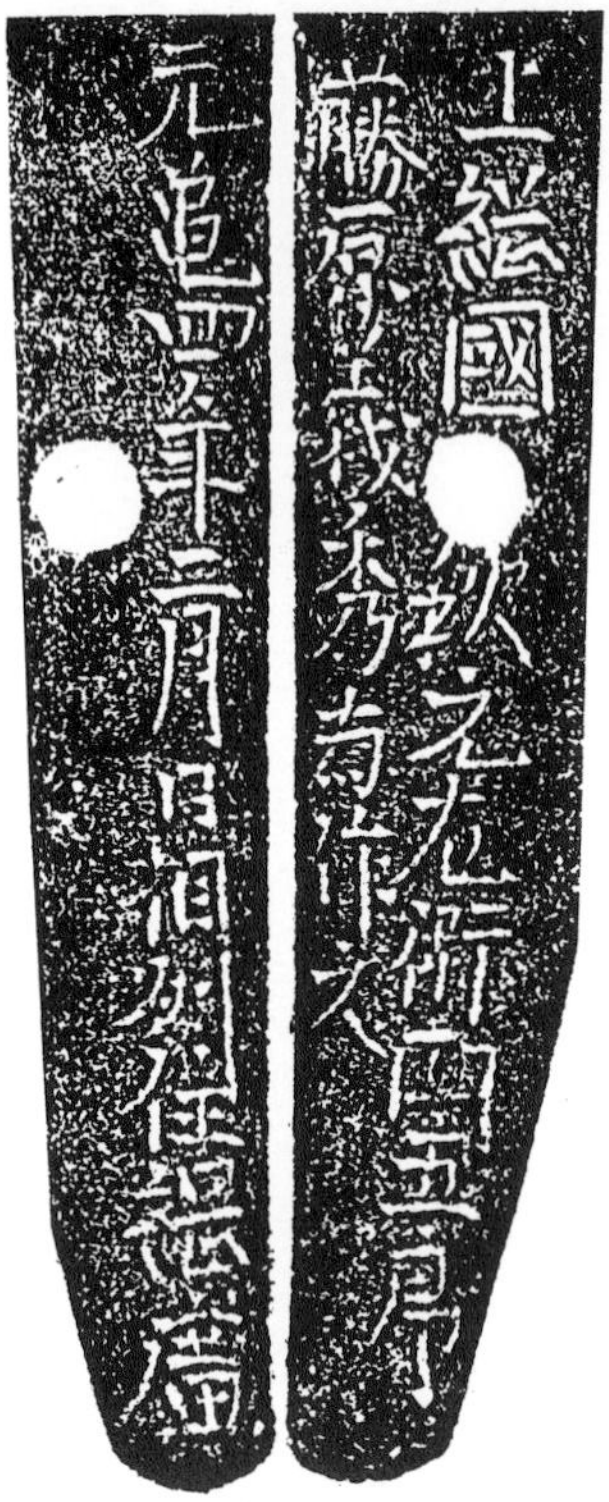

○備州長船恒弘（つねひろ）
至徳二年三月日
備前國―至徳

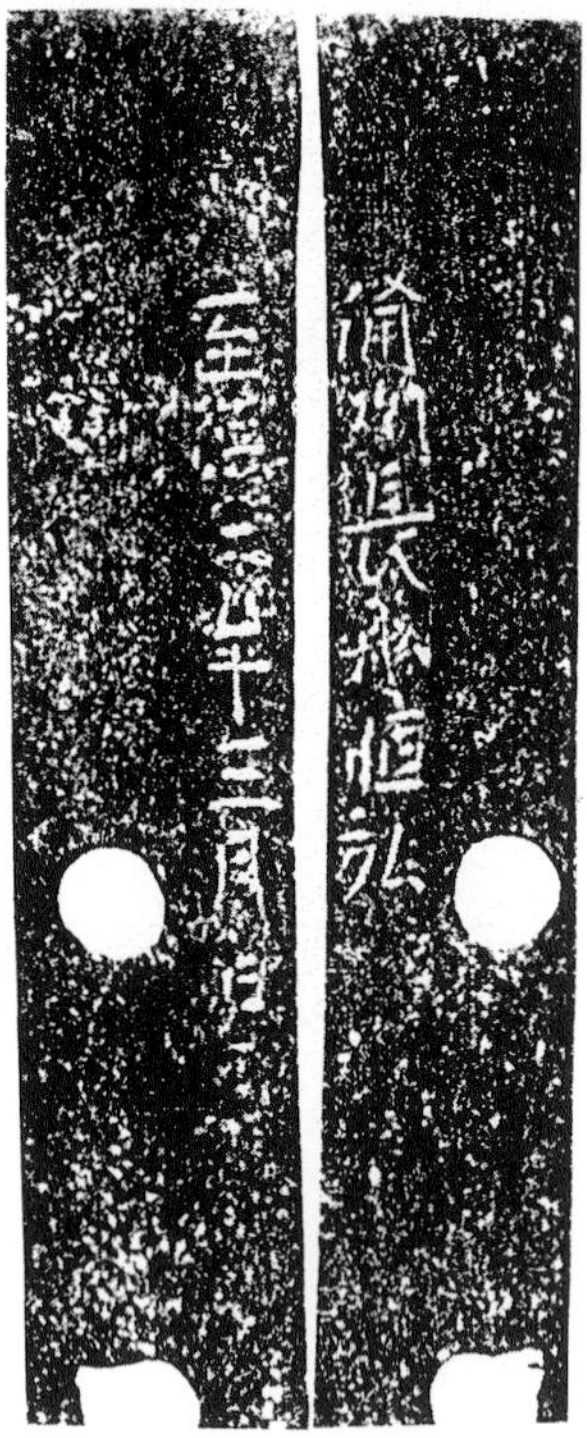

○恒清（つねきよ）
〈古備前〉備前國―鎌倉初期

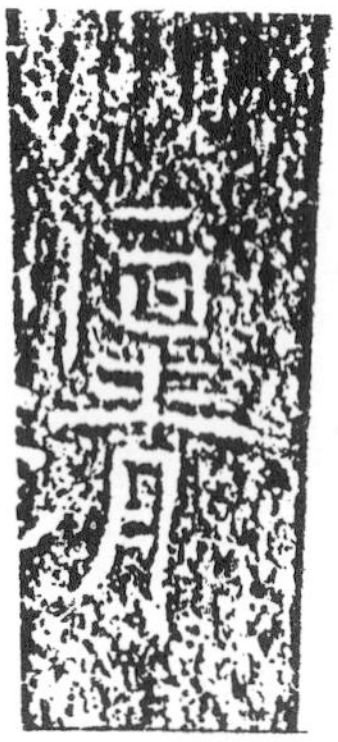

○恒次（つねつぐ）
〈古青江〉備中國―鎌倉初期

○恒光（つねみつ）
〈古備前〉備前國―平安末期

○恒次（つねつぐ）〈青江〉備中國―鎌倉末期

○備州長船経家（つねいえ）
永享八年二月日
備前國―永享

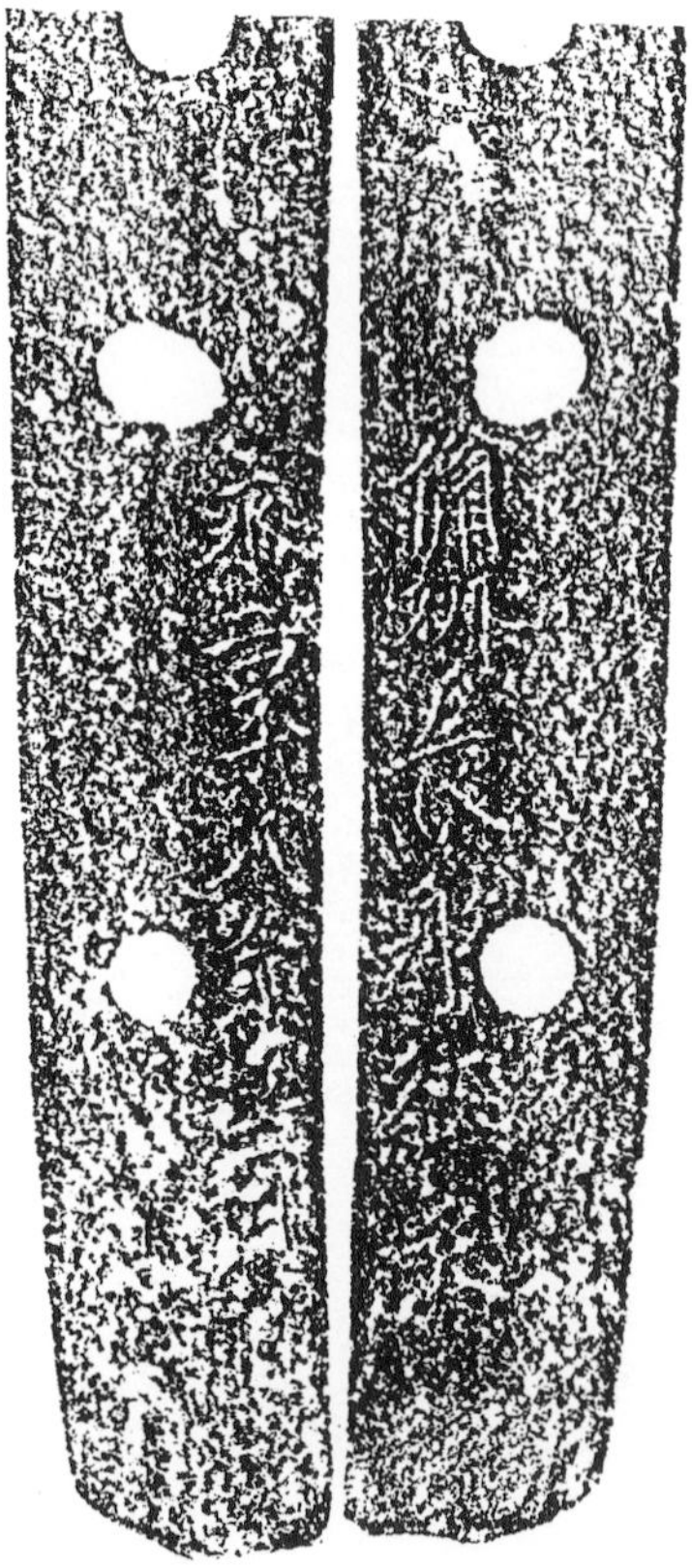

郵 便 は が き

料金受取人払郵便

西陣支店
承 認
168

差出有効期限
平成 24年 10月
14日まで

切手不要

602-8790

京都市上京区真倉町739－1

株式会社 宮帯出版社
愛読者係 行

| フリガナ<br>お名前 | 男・女<br>年齢　　才 |
|---|---|
| ご住所 □□□-□□□□<br>お電話　（　　　）　― | |
| 書名 | |
| 本書をお求めになった決め手は？<br>1．タイトル　2．著者　3．内容　4．カバーデザイン<br>5．帯　6．その他（　　） | |
| ・ご職業 | ・ご趣味 |
| ・ご購読の新聞 | ・ご講読の雑誌 |

宮帯出版社の本をご購入頂き、誠に有難うございます。
この愛読者カードは、今後の弊社出版企画等に役立たせて頂きます。

本書についてのご意見、ご感想をお聞かせ下さい。

・内容について

・カバー、タイトル、帯について

・価格について

・安い　・普通　・高い

弊社刊行物に対するご意見、ご感想をお聞かせ下さい。

最近ご購入された本、または、これから読んでみたい本をお教え下さい。

今後、とりあげてほしいテーマや、興味を持っていることをお教え下さい。

ご自分の経験や研究成果、お考え等を出版してみたいというお気持ちはありますか？

・ない　・ある　内容・テーマ（　　　　　　　　　　）

自費出版についてのご相談（ご質問等）を希望されますか？

・しない　・する　内容（　　　　　　　　　　）

ご協力ありがとうございました。

※お寄せいただいたご意見、ご感想は新聞広告等で匿名にて使わせていただくことがあります。
※お客様の個人情報は、弊社からの連絡のみに使用します。社外に提供することは一切ありません。

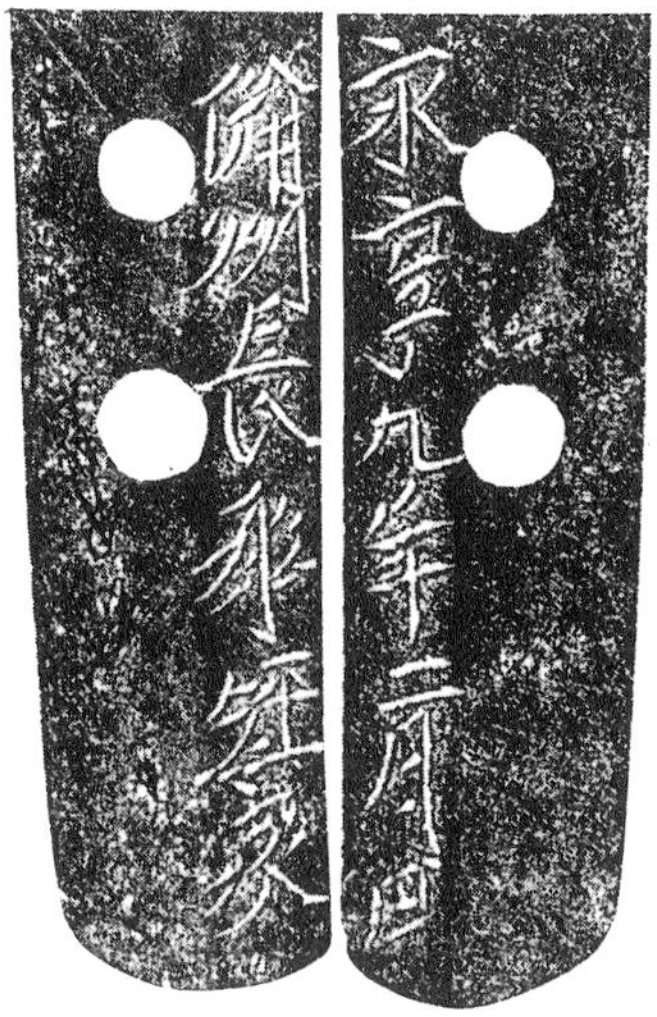

○備州長船経家（つねいえ）
永享九年二月日
備前國―永享

○常遠（つねとう）
〈古青江〉武蔵國―江戸末期

△彦坂紹芳使侍士三品（つくが）
直道鍛錬間唧自炸之
武蔵國―江戸末期

△摂州住次包（つぐかね）
摂津國―江戸中期

△上州住次重作（つぐしげ）上総國―江戸後期

△越前國下坂継貞（つぐさだ）越前國―江戸中期

△越前國下坂継利（つぐとし）越前國―江戸中期

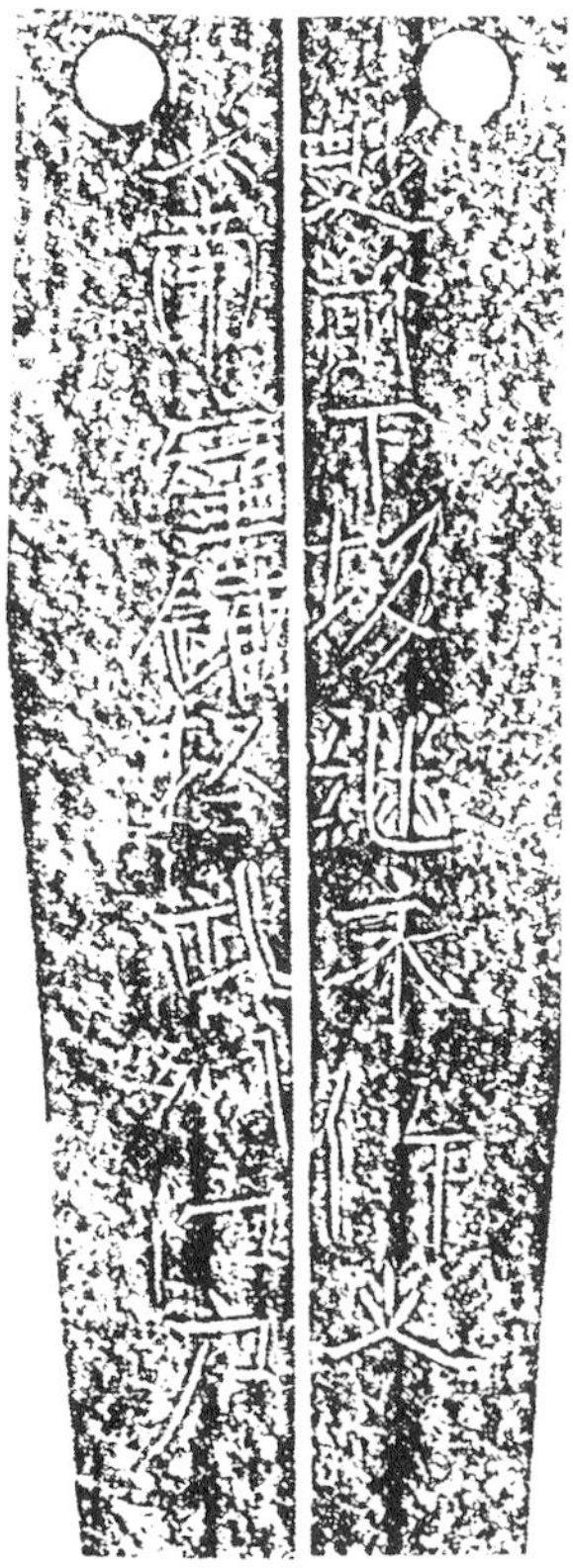

△越前下坂継永作之（つぐなが）
以南蛮鉄於武州江戸
越前國―江戸中期

た

△近江守継秀（つぐひで）
寛政六甲寅年五月日
武蔵國―寛政

△近江守藤原継平（つぐひら）〈初代〉武蔵國―江戸中期

△藤田近江守藤原継平（つぐひら）
天明五年二月日
加黄金鉄之
〈二代〉武蔵國―明和

△近江守藤原継平（つぐひら）〈二代〉武蔵國―江戸中期

△越前國下坂継廣（つぐひろ）越前國―江戸中期

△越前國下坂継吉（つぐよし）越前國―江戸中期

△陸奥守藤原綱重（つなしげ）　陸前國―江戸中期

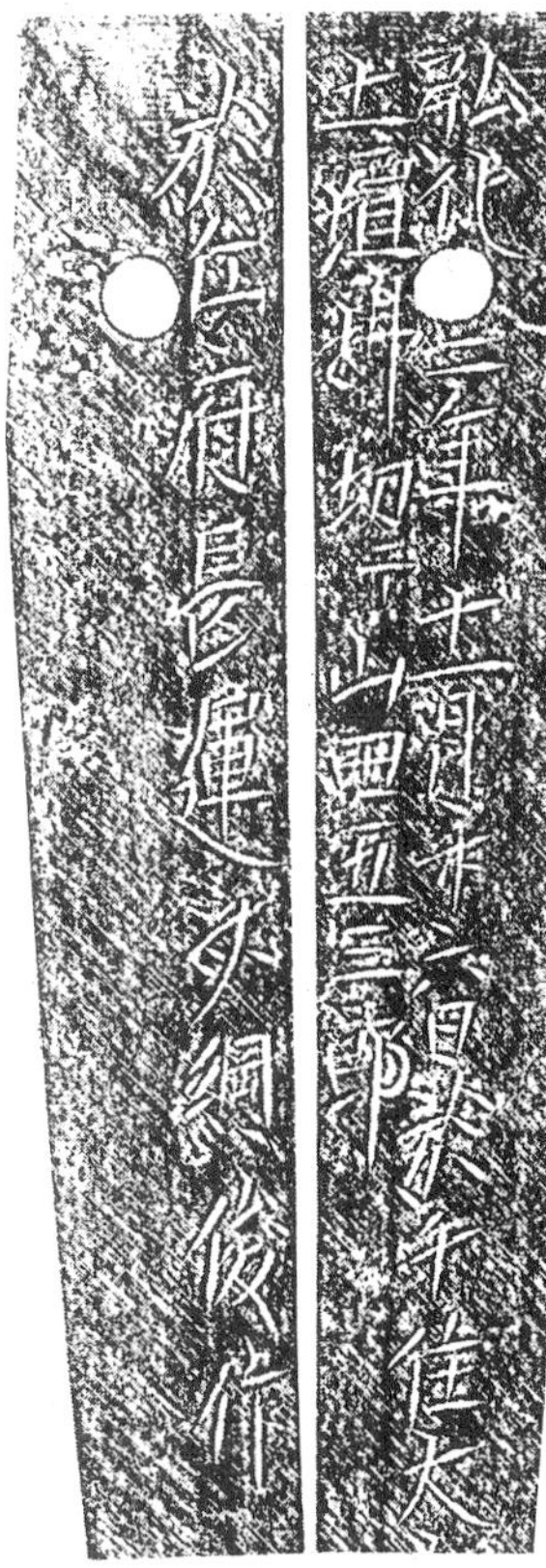

△於江府長運斎綱俊作（つなとし）
弘化二年十一月廿六日於千住太々
土壇拂切手山田五三郎　〈初代〉武蔵國―弘化

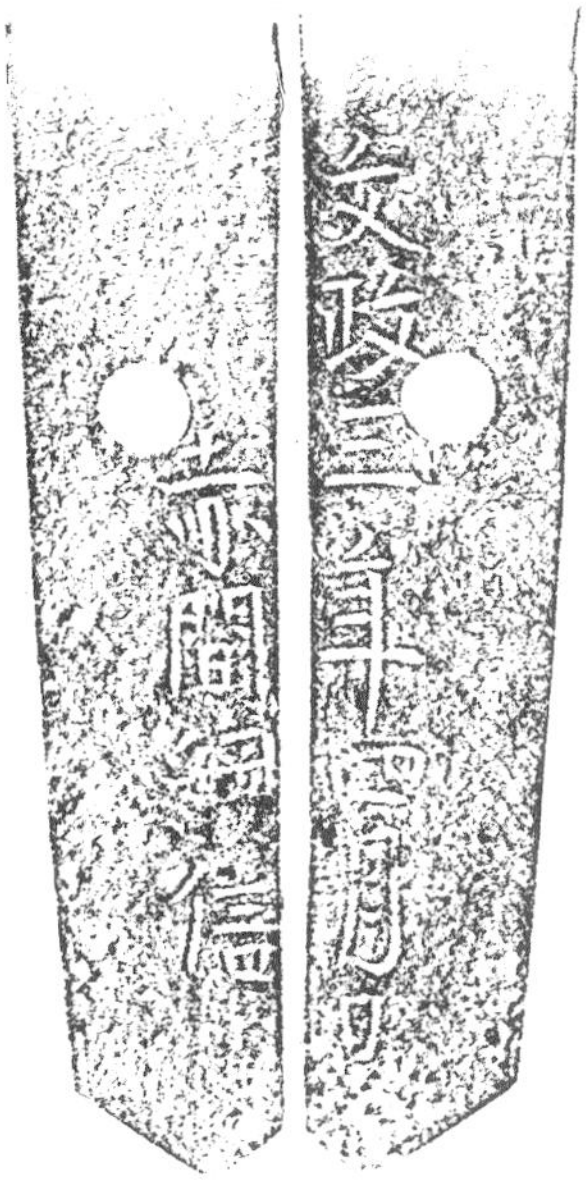

△赤間綱信（つなのぶ）
文政三年四月日　羽前國―文政

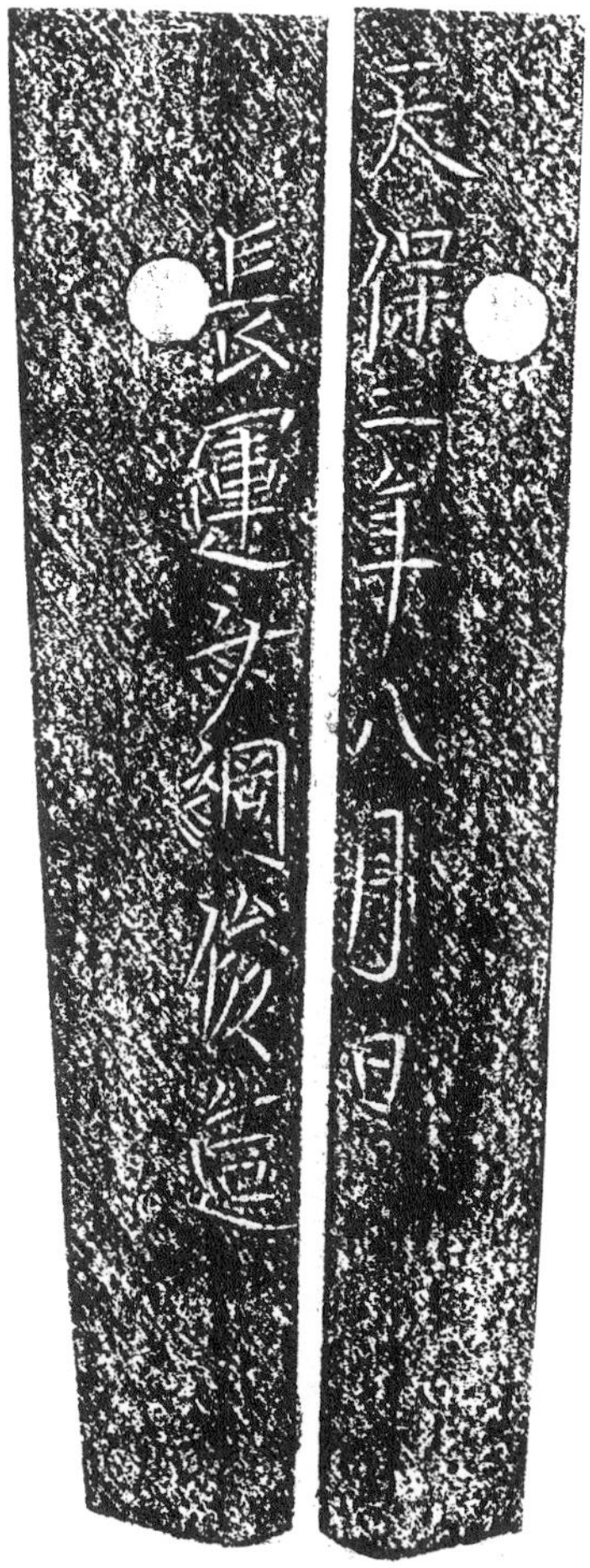

△長運斎綱俊造（つなとし）
天保二年八月日　〈初代〉武蔵國―天保

△応杉浦勝雅君需
於東都長運斎綱俊作之（つなとし）　〈二代〉武蔵國―元治
元治元年甲子八月日

△於東都長運斎綱俊造（つなとし）　〈二代〉武蔵國―江戸末期

△米沢臣綱英（つなひで）　武蔵國―文化
文化六己巳年七月日

△津軽主為信相州綱廣呼下作之（つなひろ）　〈三代〉相模國―慶長
慶長十乙巳年八月日吉日

△近江守綱平（つなひら）　陸前國―江戸末期

△相州住伊勢大掾綱廣（つなひろ）〈五代〉相模國―江戸中期

△相模國綱廣（つなひろ）　〈十二代〉相模國―文化
文化十年八月日

△近江守藤原綱廣（つなひろ）　山城國―江戸中期

△綱廣（つなひろ）　越前國―江戸中期

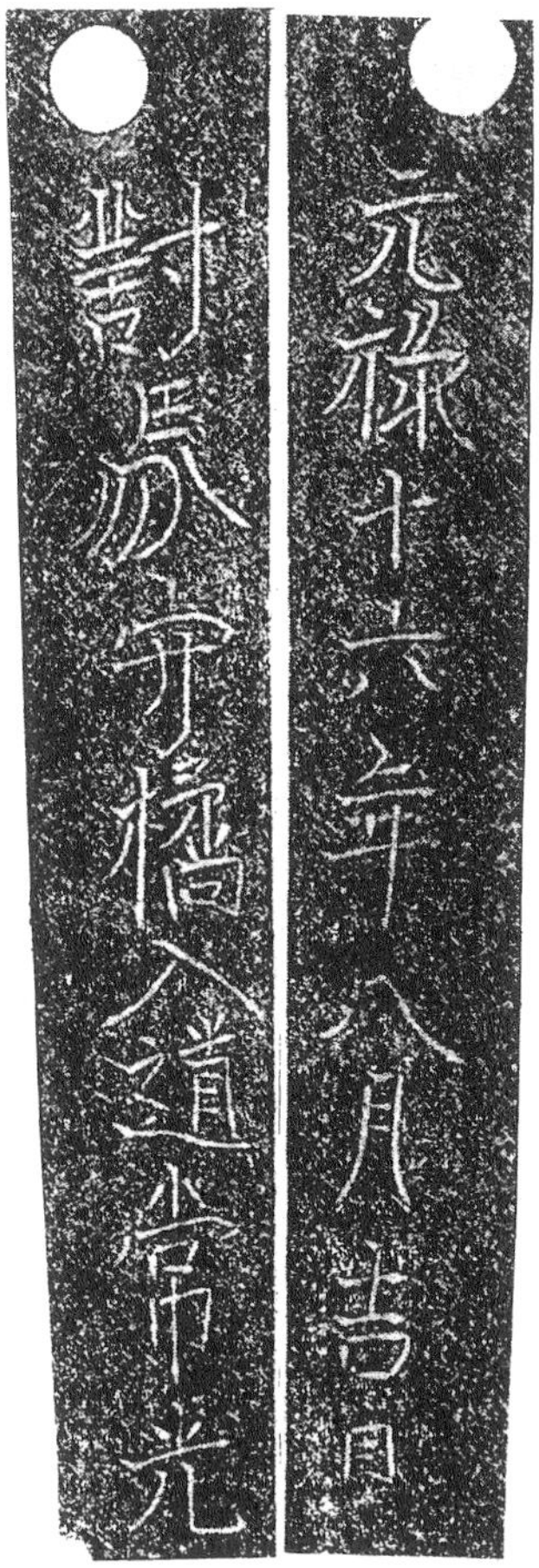

△対馬守橘入道常光（つねみつ）
元禄十六年八月吉日　武蔵國―元禄

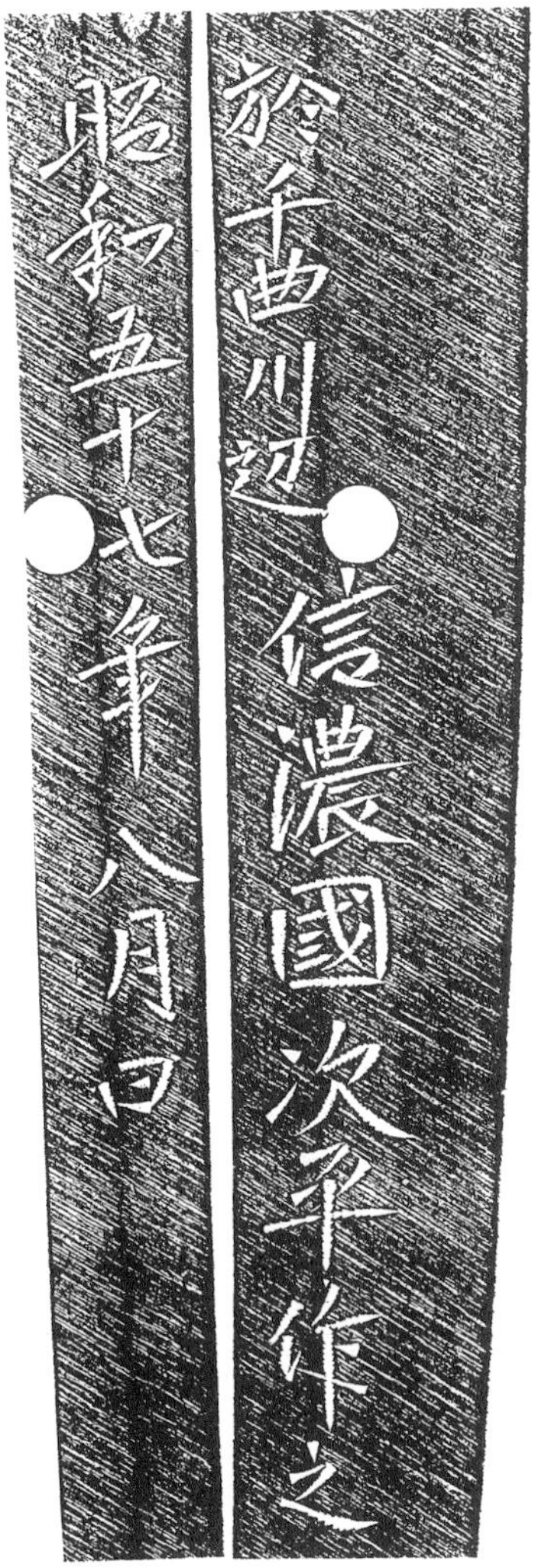

□於千曲川辺信濃國次平作之（つぐひら）
昭和五十七年八月日　長野県―昭和

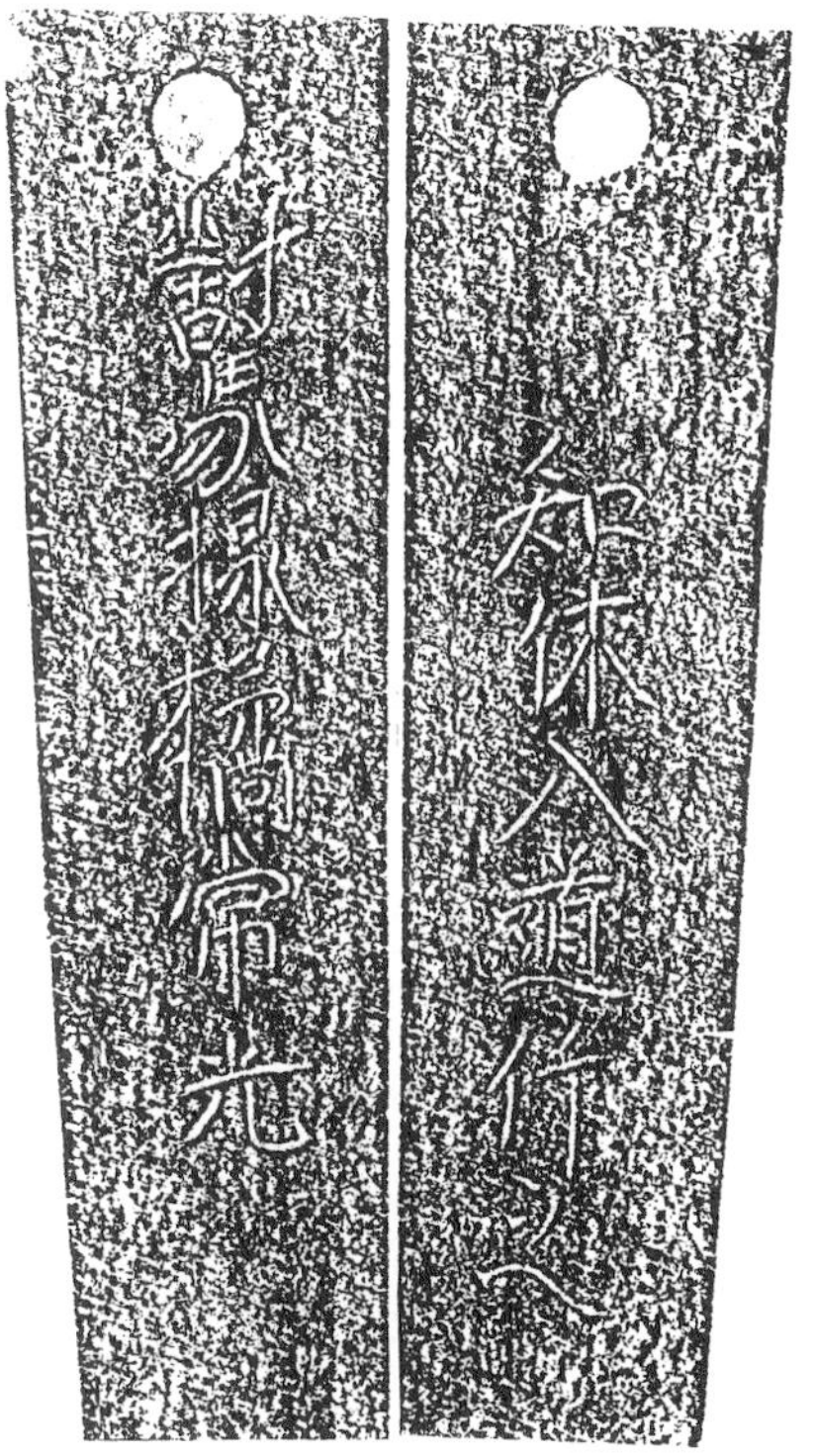

△対馬掾橘常光（つねみつ）
知休入道作之　武蔵國―江戸中期

□筑州住宗勉作（つとむ）　福岡県―昭和

□恒平作（つねひら）
昭和庚申年秋吉祥　山形県―昭和

△上野住鈴木玉鱗子英一（てるかず）
応需大沢将順而作之
天保五年十一月吉日
上野國—天保

△於東武藤技太郎英義〈花押〉（てるよし）
文久元酉年八月吉日
武蔵國—文久

△坂倉言之進照包（てるかね）〈包貞同人〉 摂津國—江戸中期 **（包貞の項参照）**

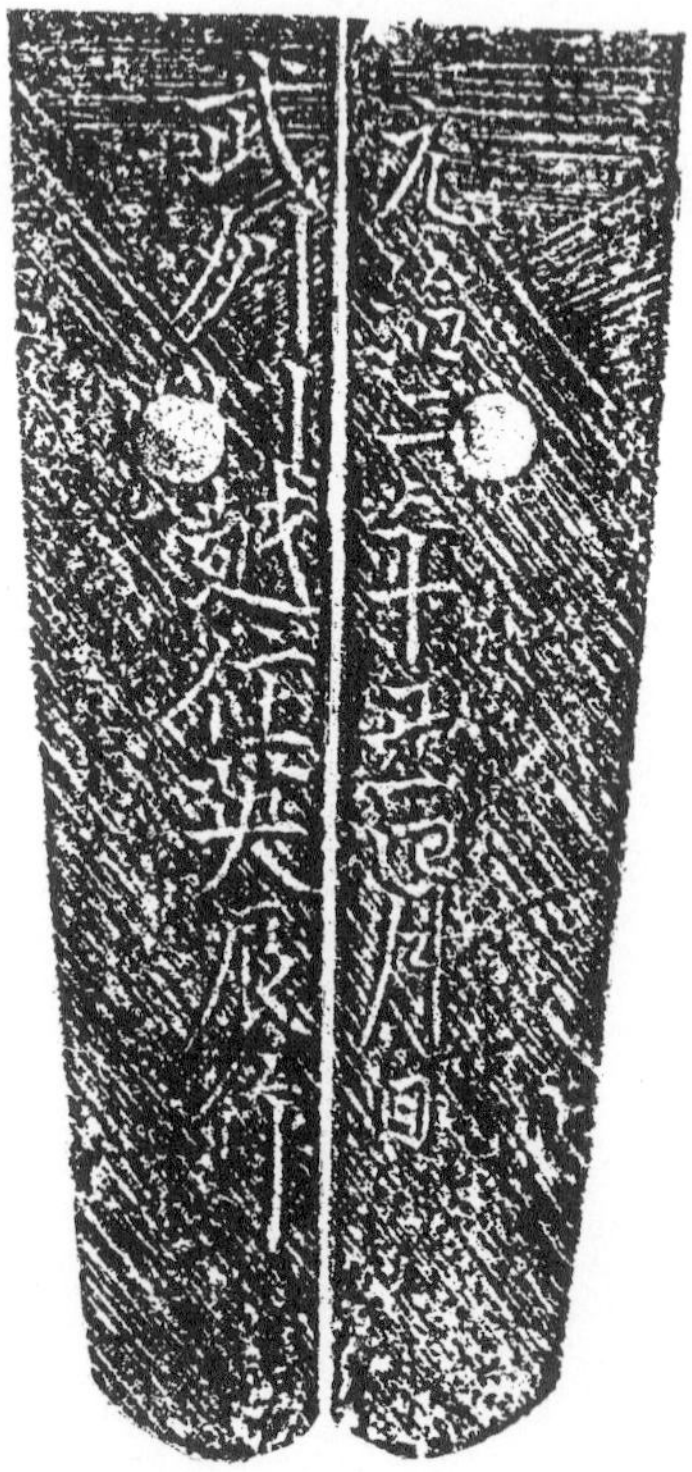

△武州川越住英辰作（てるとき）
元治二年丑四月日
武蔵國—元治

△応需太郎英義造之（てるよし）
万延元年八月日
武蔵國—万延

△武州住照重作（てるしげ） 武蔵國—江戸初期

△武州住照廣作（てるひろ） 武國—江戸前期

△津田越前守一流照廣（てるひろ）　摂津國―元禄
元禄二年二月日

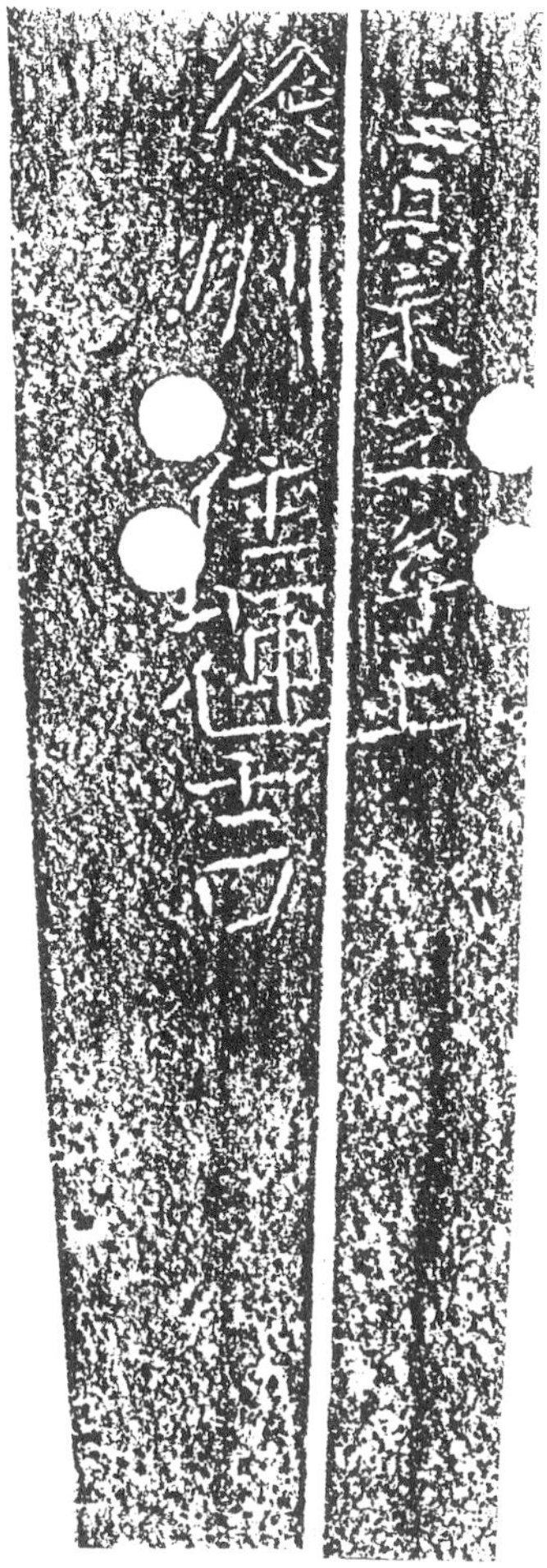

△総州住輝吉（てるよし）　下総國―寛永
寛永三年上

△肥後守藤原輝廣（てるひろ）〈初代〉安芸國―桃山期

△肥後守藤原輝廣（てるひろ）〈初代〉安芸國―桃山期

△播磨守輝廣作（てるひろ）〈二代〉安芸國―寛永
寛永九年二月吉日

△播磨守藤原輝廣作（てるひろ）〈三代〉安芸國―江戸中期

△昇勢子輝秀（てるひで）　土佐國—江戸末期

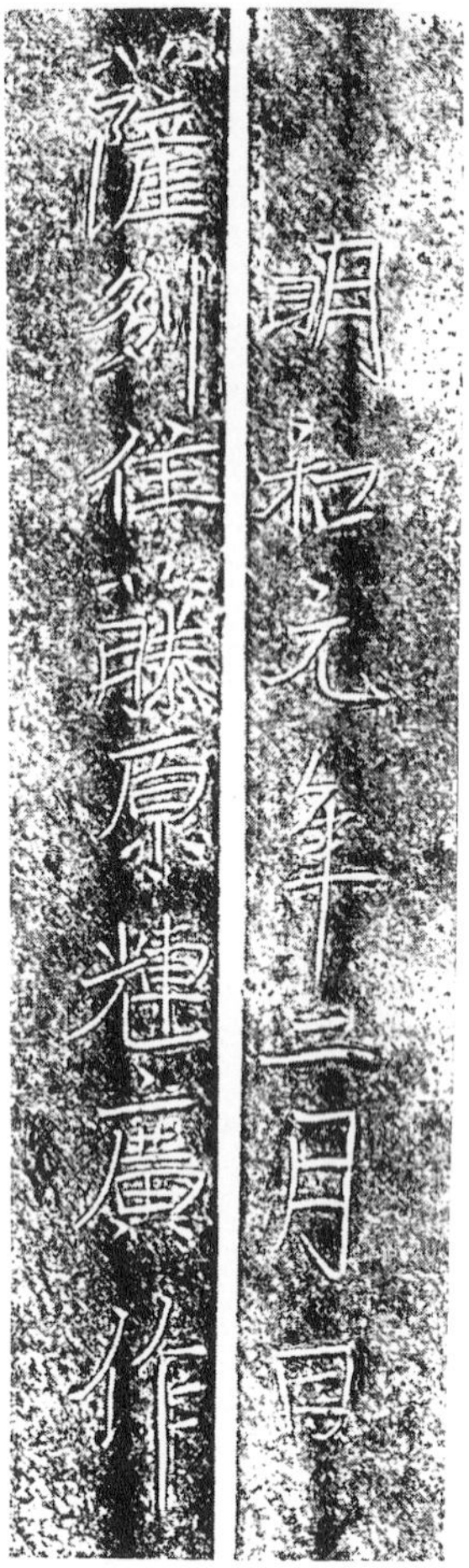

△薩州住藤原輝廣作（てるひろ）
明和元年二月日
薩摩國—明和

△陸奥守橘輝政（てるまさ）　摂津國—江戸中期

△豊州高田住藤原輝行（てるゆき）　豊後國—江戸中期

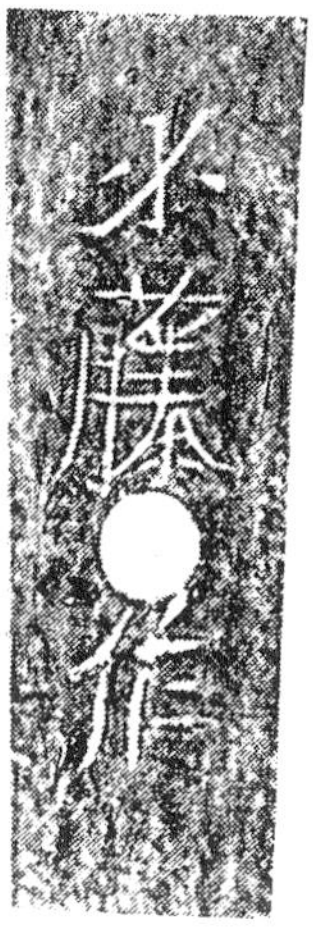

○外藤作（とふじ）美濃國—室町前期

○利恒（としつね）〈古備前〉備前國—鎌倉初期

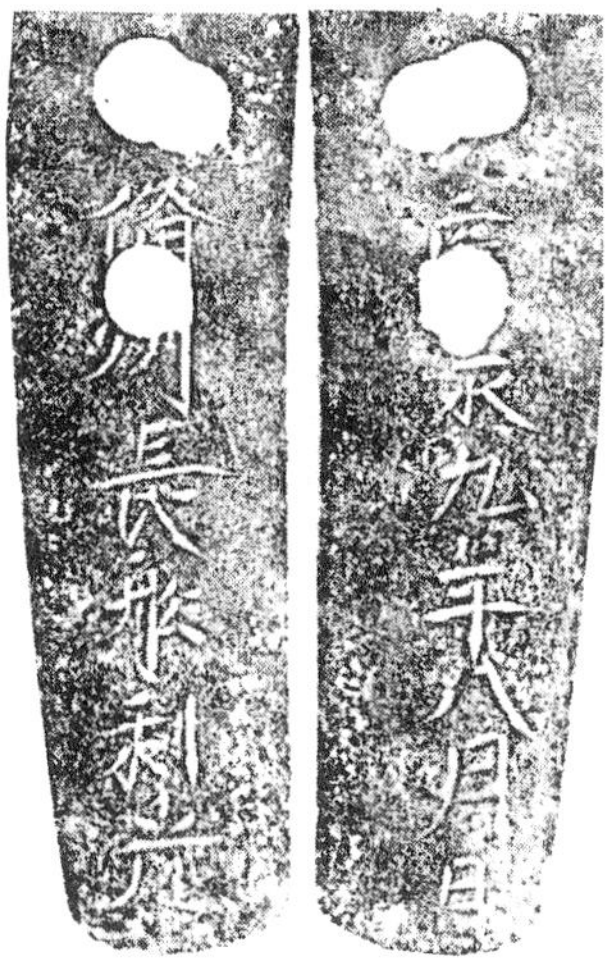

○備州長船利光（としみつ）
応永九年八月日
備前國—応永

○遠近（とうちか）〈古備前〉備前國—鎌倉初期

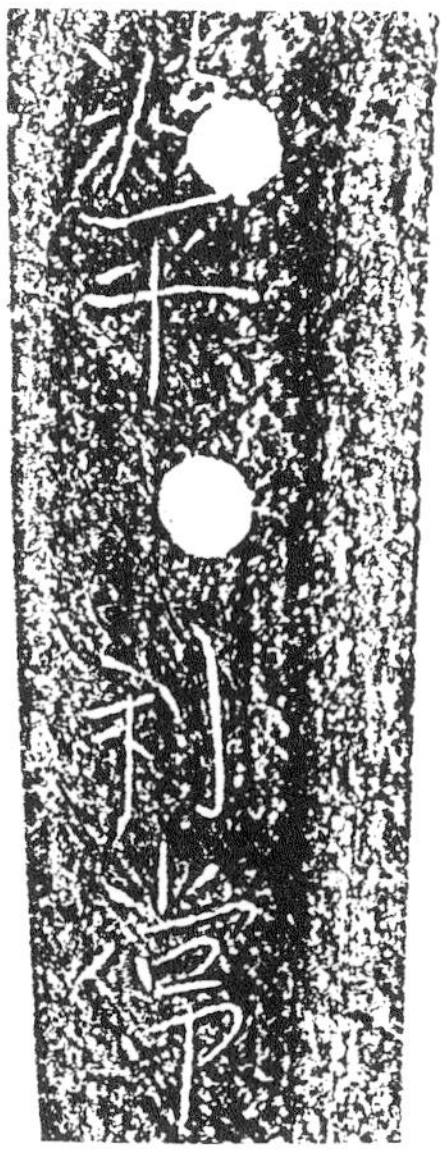

○波平利常（としつね）薩摩國—室町後期

○利光（としみつ）
備前國—室町中期

○遠政（とうまさ）備前國—鎌倉中期

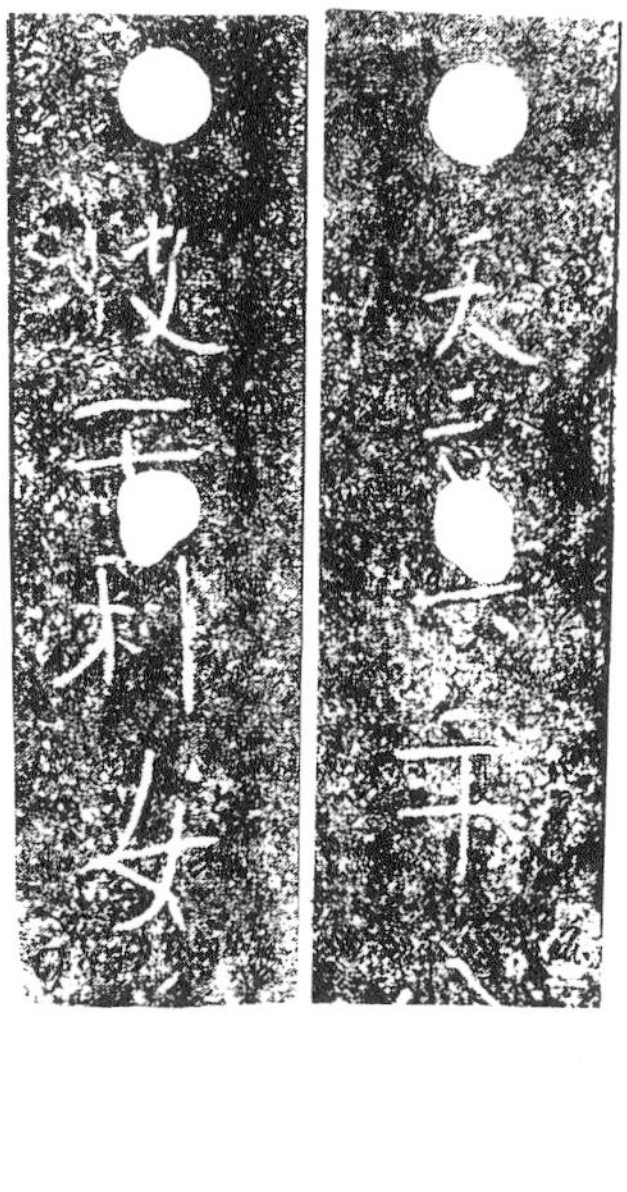

○波平利安（としやす）
天文六年八月日
薩摩國—天文

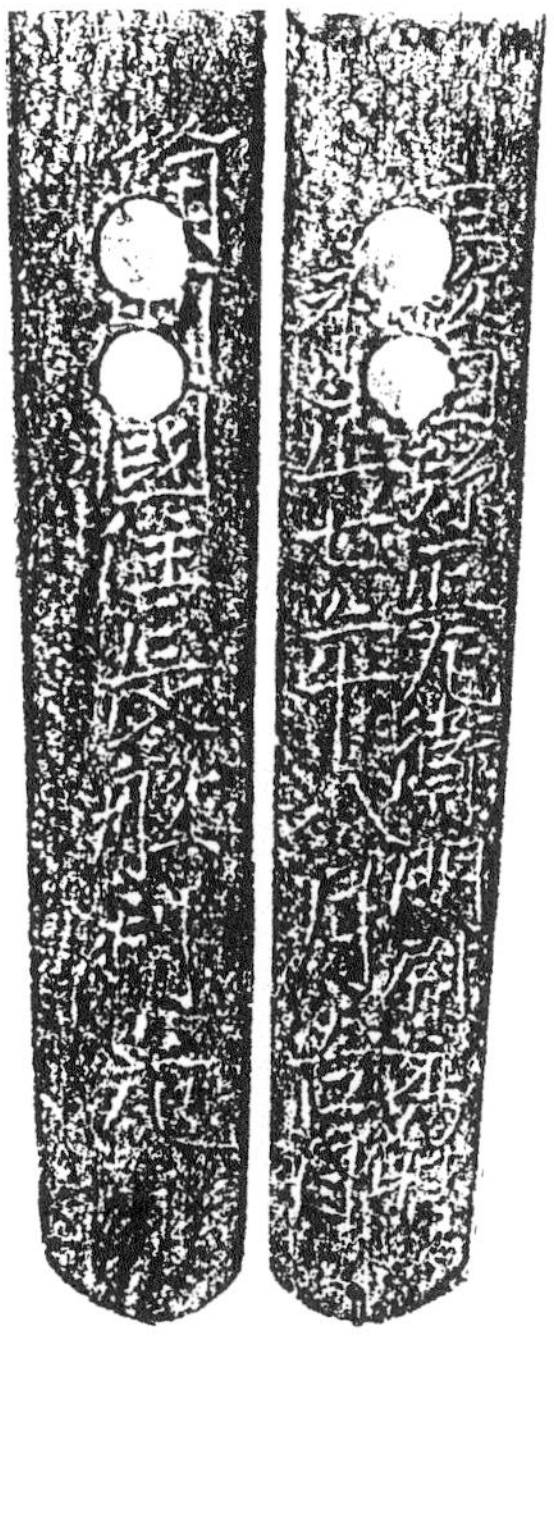

○備前國住長船利光（としみつ）
永正七年八月吉日
主松田弥正左衛門尉秀時
備前國—永正

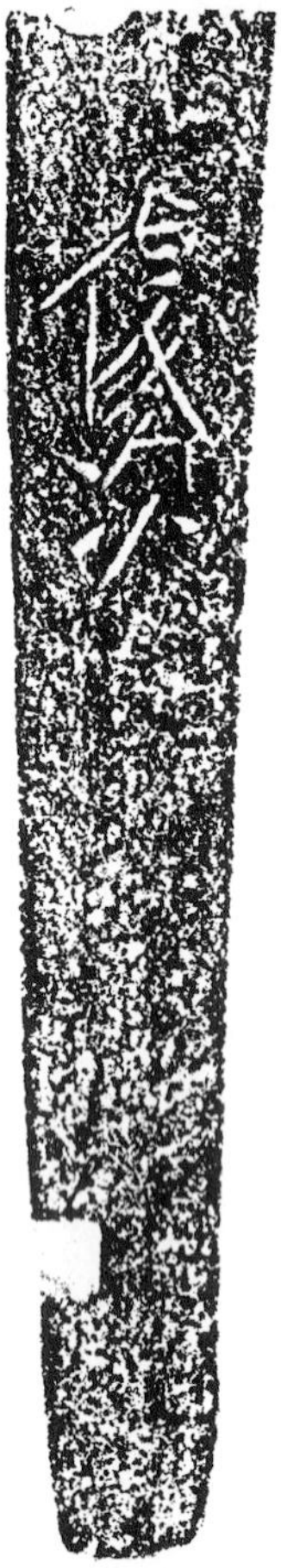

○俊次（としつぐ）〈古青江〉備中國―鎌倉初期

○世安（としやす）陸奥國―鎌倉末期

○友清（ともきよ）〈当麻〉大和國―鎌倉末期

○藤嶋友清作（ともきよ）加賀國―室町前期

○江州甘呂俊長（としなが）近江國―南北朝期

○藤嶋友重（ともしげ）加賀國―室町初期

○藤嶋友重（ともしげ）加賀國―室町後期

○宇多國房友次（ともつぐ）越中國―室町後期

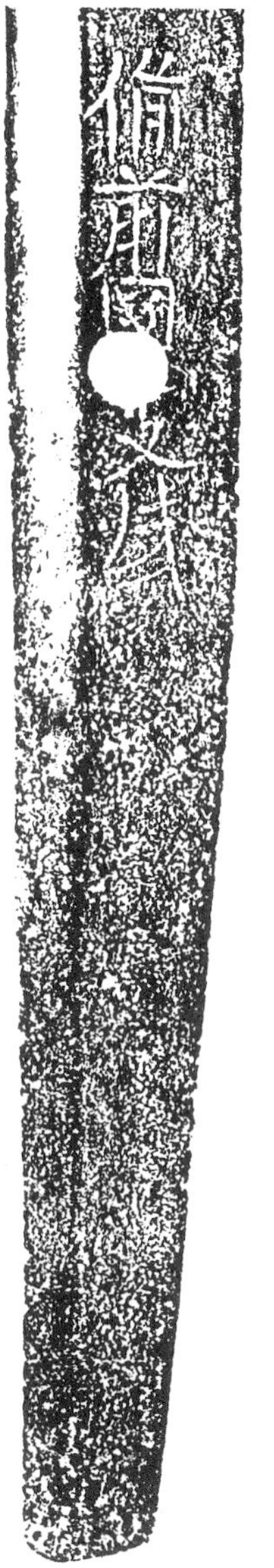

○備前國友成（ともなり）〈古備前〉備前國―平安後期

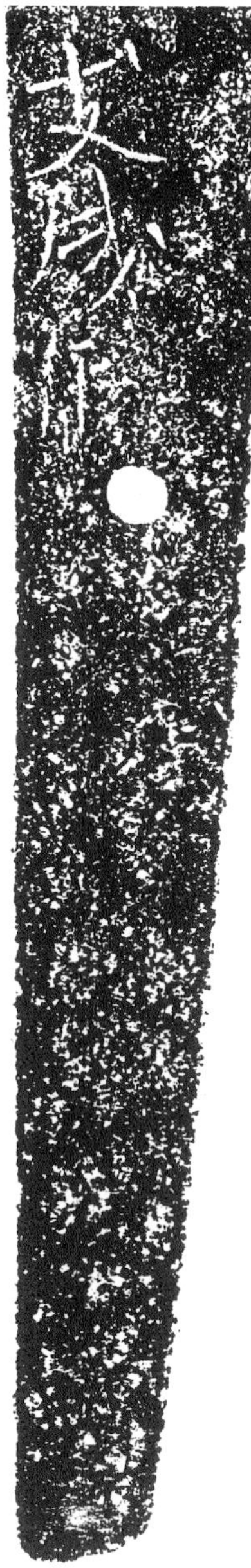

○友成作（ともなり）〈古備前〉備前國―平安後期

○友成（ともなり）〈古備前〉備前國―平安後期

○豊後州高田庄友行（ともゆき）豊後國―南北朝期

○来倫國（ともくに）山城國―鎌倉末期

○友次（ともつぐ）
〈宇多〉越中國―南北朝期～室町初期

○友弘（ともひろ）越中國―室町初期

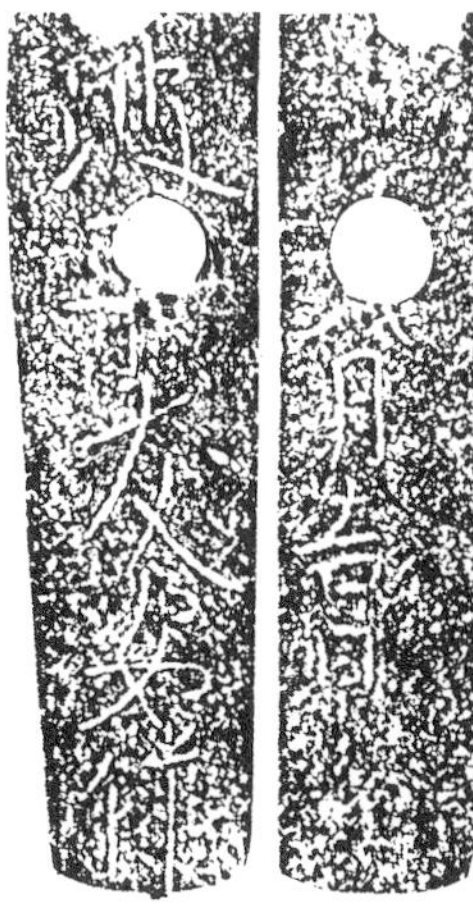

○波平友安作（ともやす）
八月吉日　薩摩國―室町後期

○来倫國（ともくに）山城國―鎌倉末期

○二王倫清（ともきよ） 周防國—室町初期

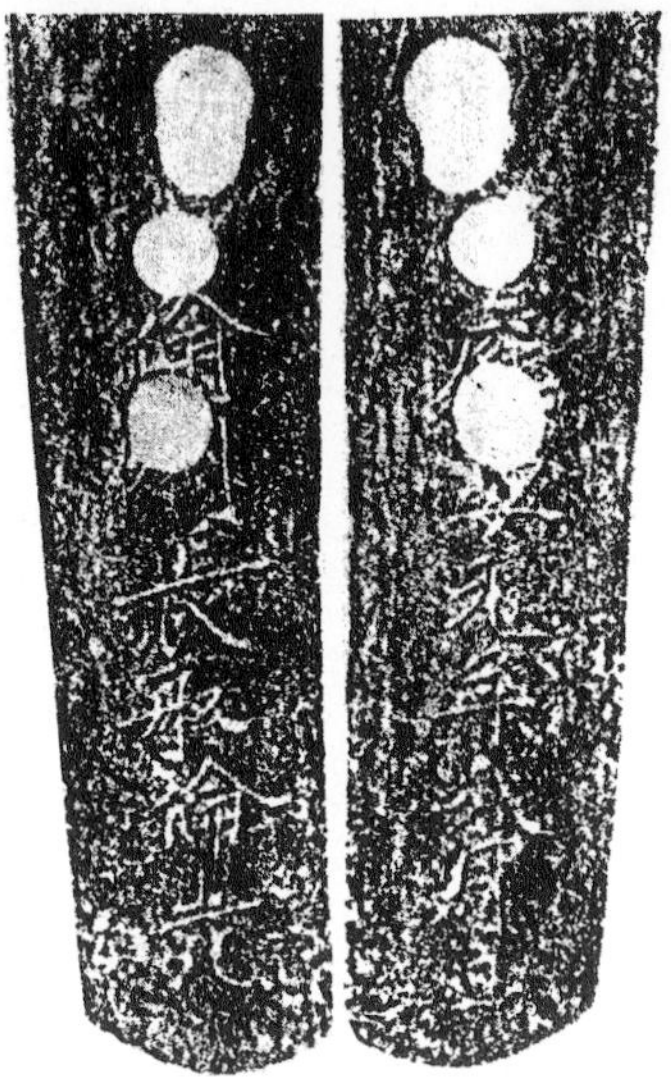

○備州長船倫光（ともみつ） 備前國—応安
応安元年八月日

○備州長船倫光（ともみつ） 備前國—南北朝期

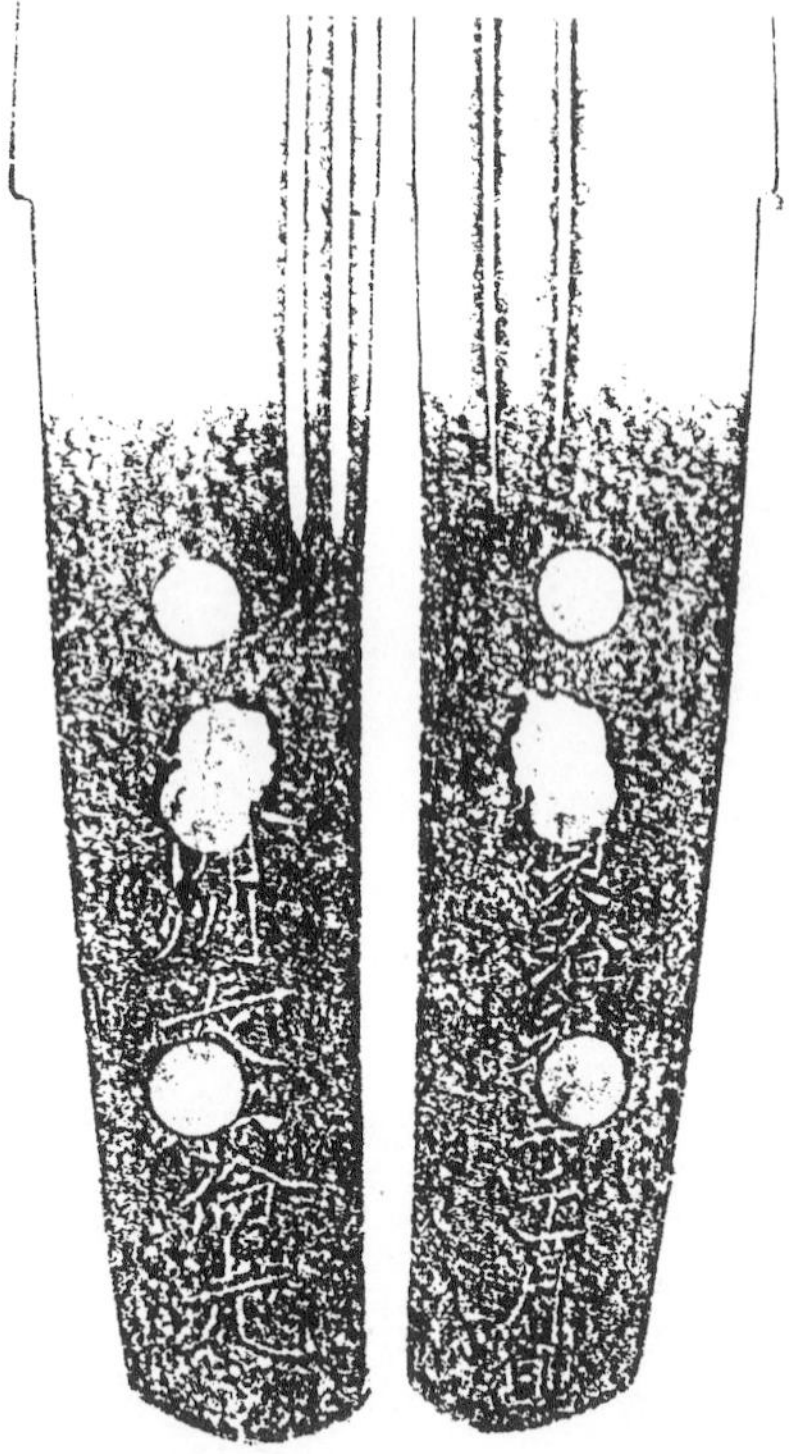

○備州長船倫光（ともみつ） 備前國—貞治
貞治元年十一月日

た

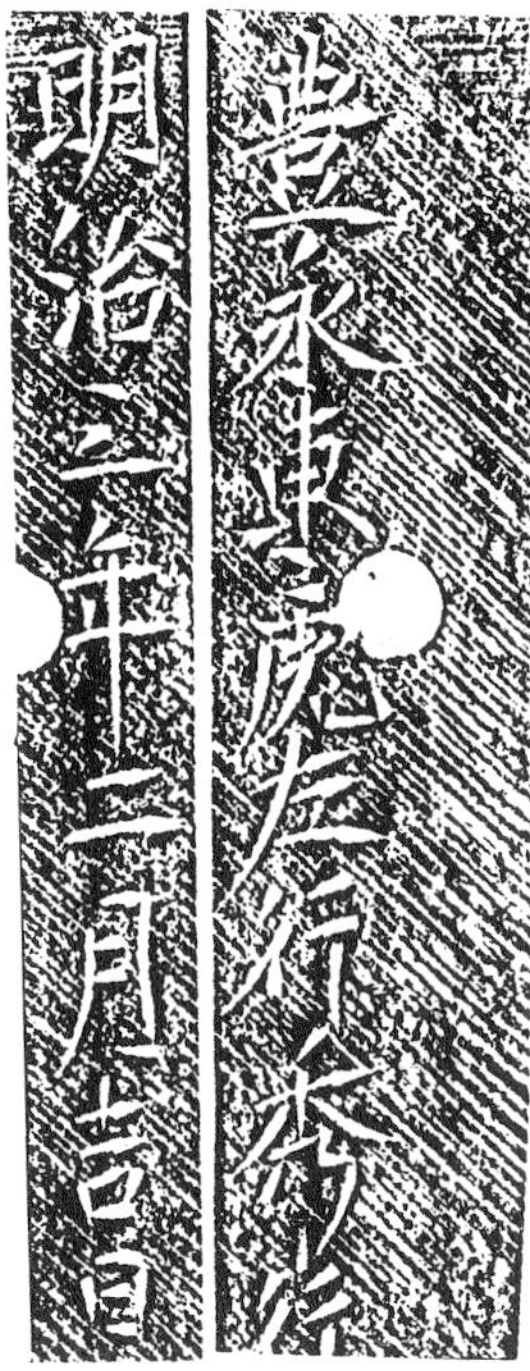

△豊永東虎左行秀作（とうこ）
明治三年二月吉日
筑前國—明治

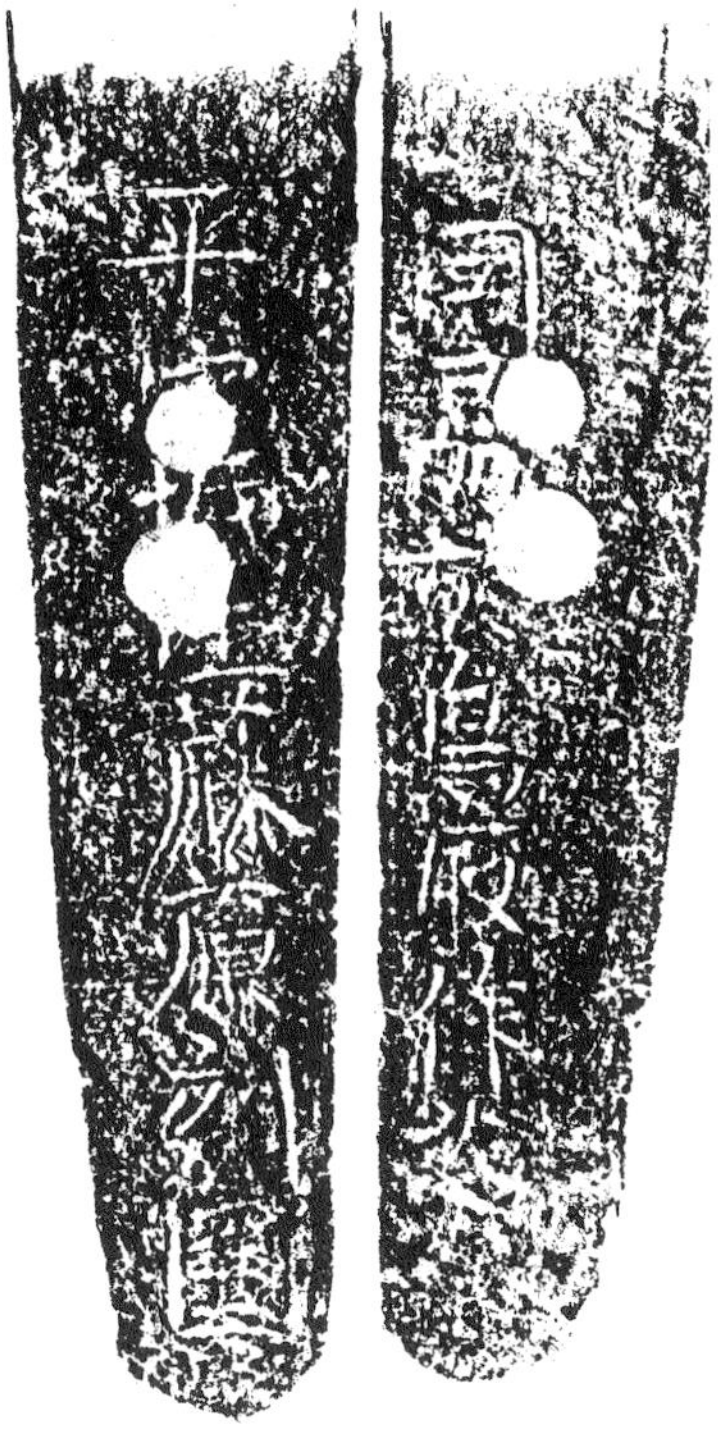

△平安城住藤原刻國（ときくに）
同州於鳥取作之
〈初代忠國初銘〉因幡國—桃山期

△平安城住人刻國（ときくに）
〈初代忠國初銘〉因幡國—桃山期

△筑前住下坂作兵衛尉辰仲（ときなか）
筑前國—江戸中期

△筑前住下坂辰成（ときなり）
筑前國—江戸初期

△筑前國住貞之丞利次（としつぐ）
筑前國—江戸中期

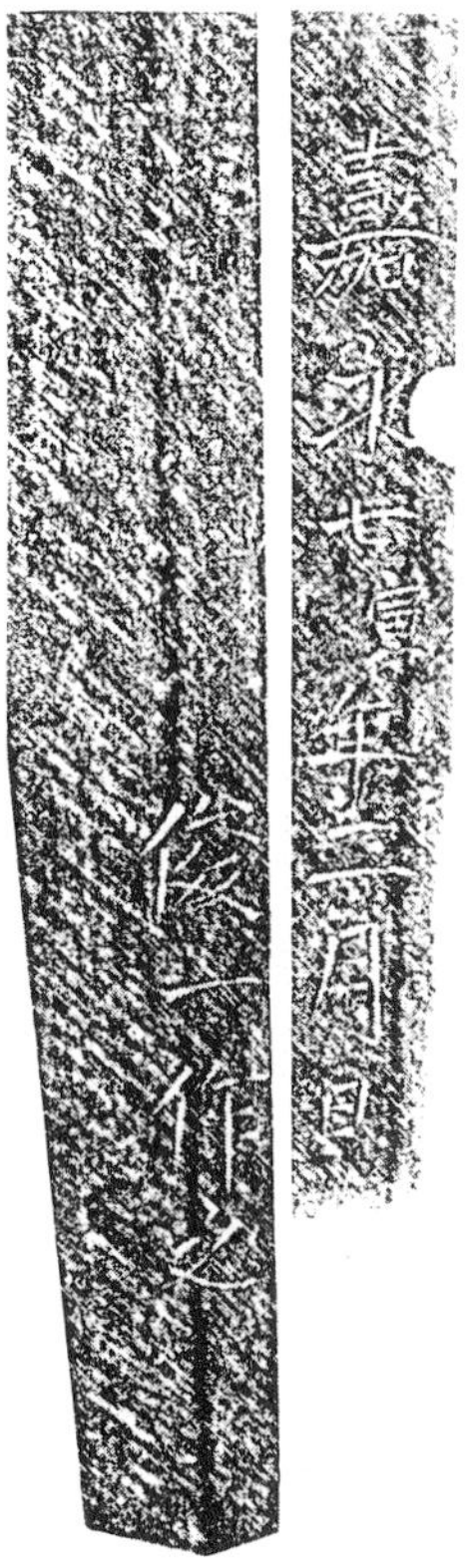

△俊一作之（としかず）
嘉永七寅年二月日
武蔵國—嘉永

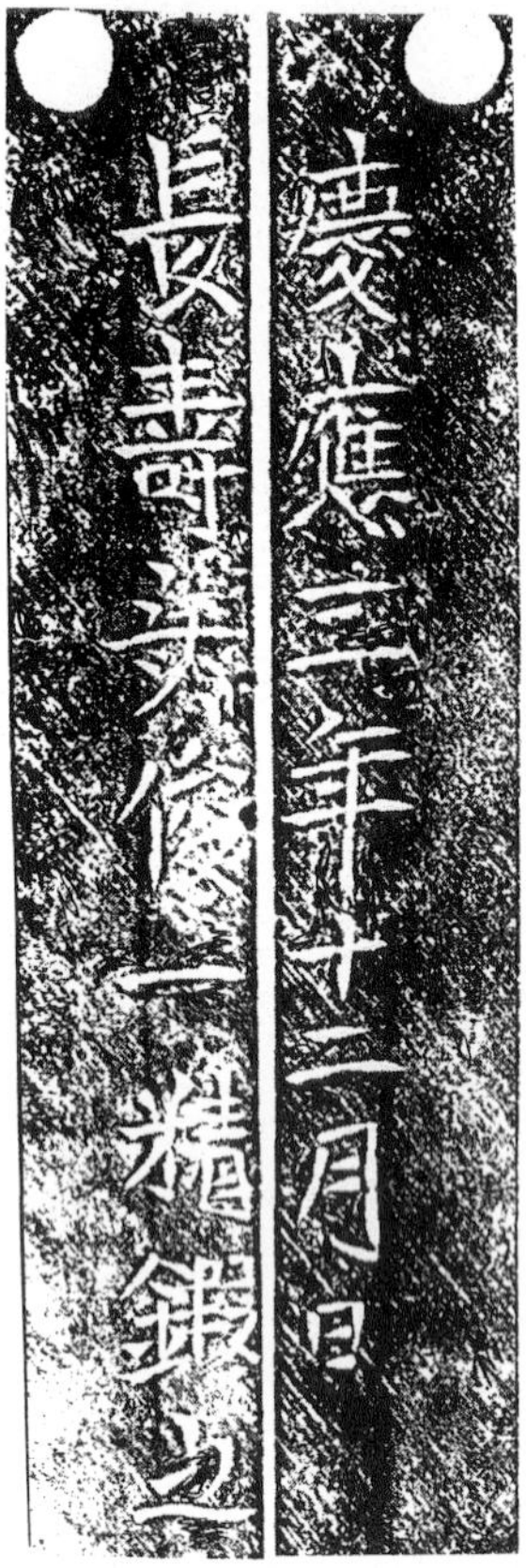

△長寿斎俊一精鍛之（としかず）　武蔵國―慶応
慶応三年十二月日

△山城守藤原歳長（としなが）　山城國―江戸中期

△陸奥守歳長（としなが）　伊勢國―延宝
延宝七年八月吉日

△宮津住運寿俊胤造之（としたね）　丹後國―万延
万延二年酉春日

△陸奥守藤原歳長（としなが）　伊勢國―元禄
元禄三年九月吉日

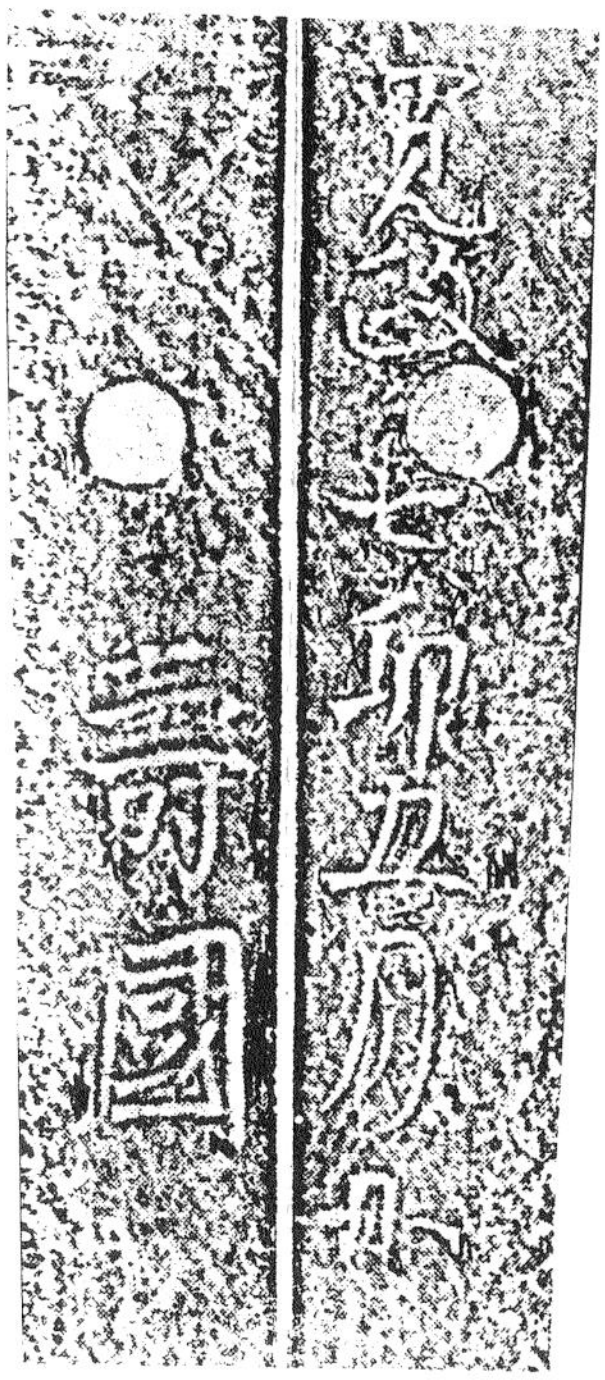

△寿國（としくに）
寛政七卯五月日
〈寿實初銘〉 因幡國―寛政

△於因幡師家上野住須河大助寿長（としなが）
寛政二年八月日
上野國―寛政

△浜部眼龍子寿實（としざね）
文政八年酉仲秋
因幡國―文政

△河村源寿隆（としたか） 信濃國―江戸末期

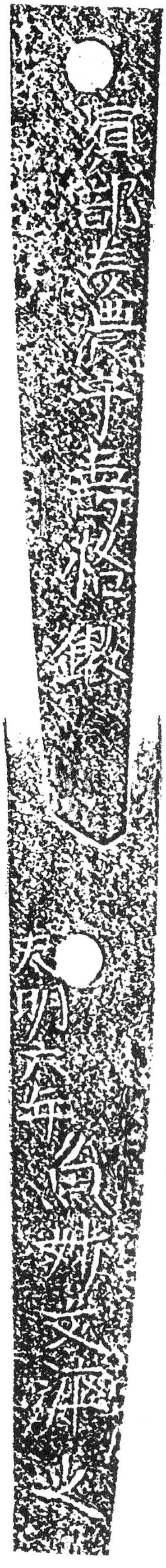

△浜部美濃守寿格鍛（としのり）
天明六年魚妙文淬之
〈鎌田魚妙と合作〉 因幡國―天明

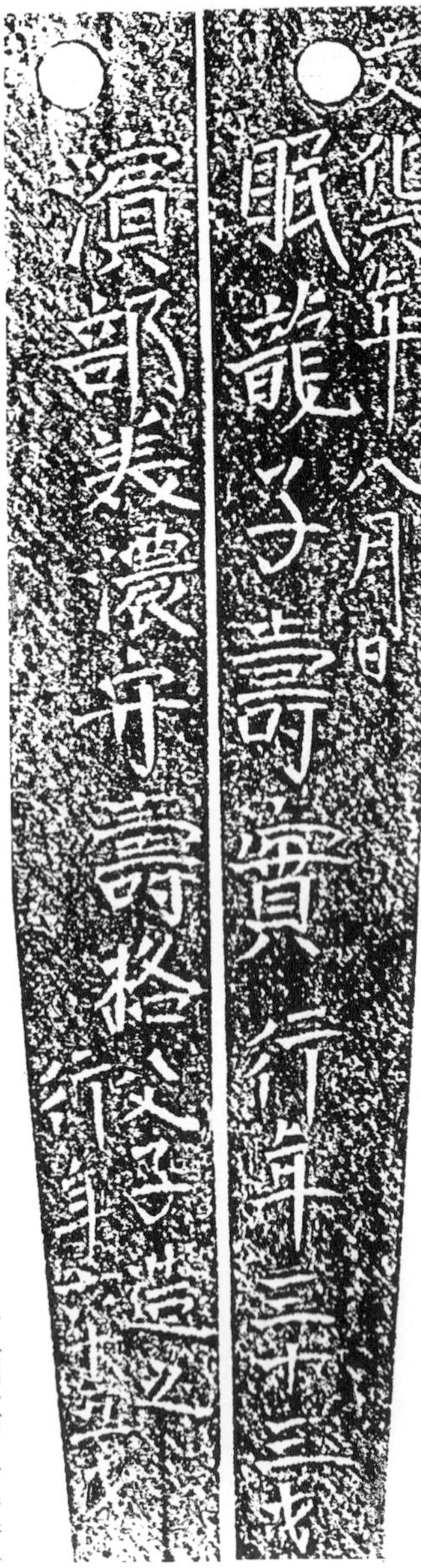

△浜部美濃守寿格父子造之（としのり）
行年六十五才
眼龍子寿實行年三十三才（としざね）
文化六年八月日
〈寿實と合作〉 因幡國—文化

△寿治作（としはる）
安政七年二月日
因幡國—安政

△於江府浜部眠龍子寿秀造之（としひで）
安政四年二月日
因幡國—安政

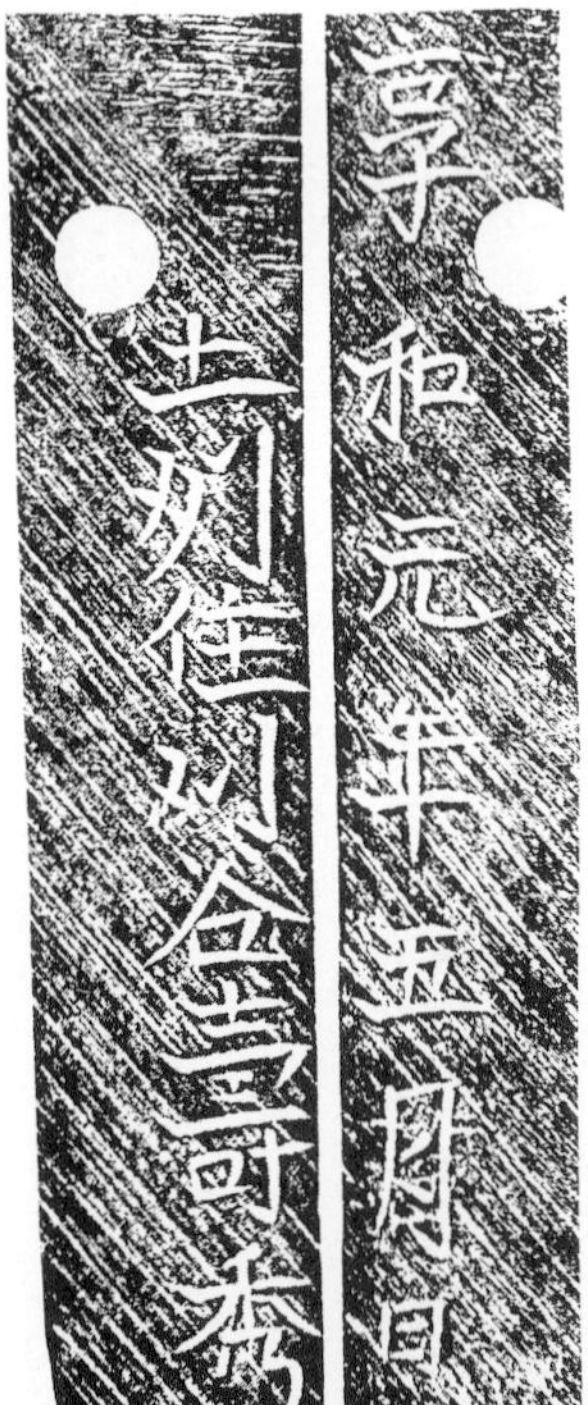

△土州住刈谷寿秀（としひで）
享和元年五月日
土佐國—享和

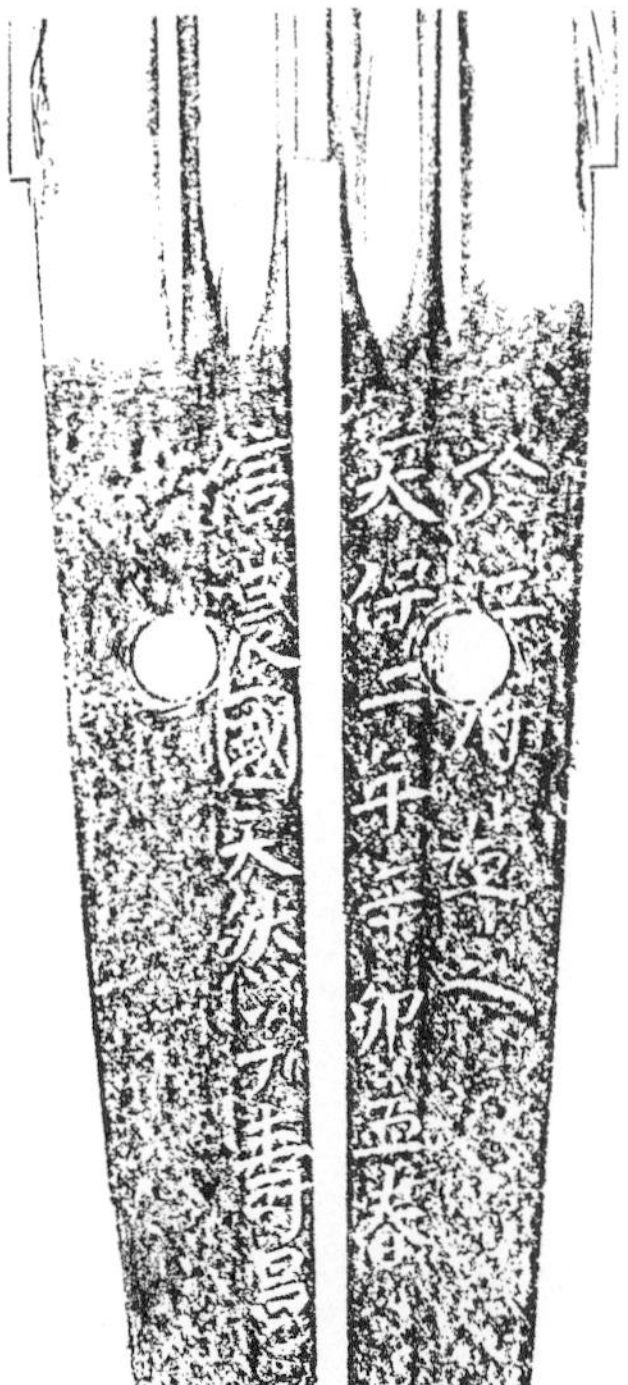

△信濃国天然子寿昌（としまさ）
天保二年辛卯孟春　於江府造之
〈真雄初銘〉 信濃國—天保

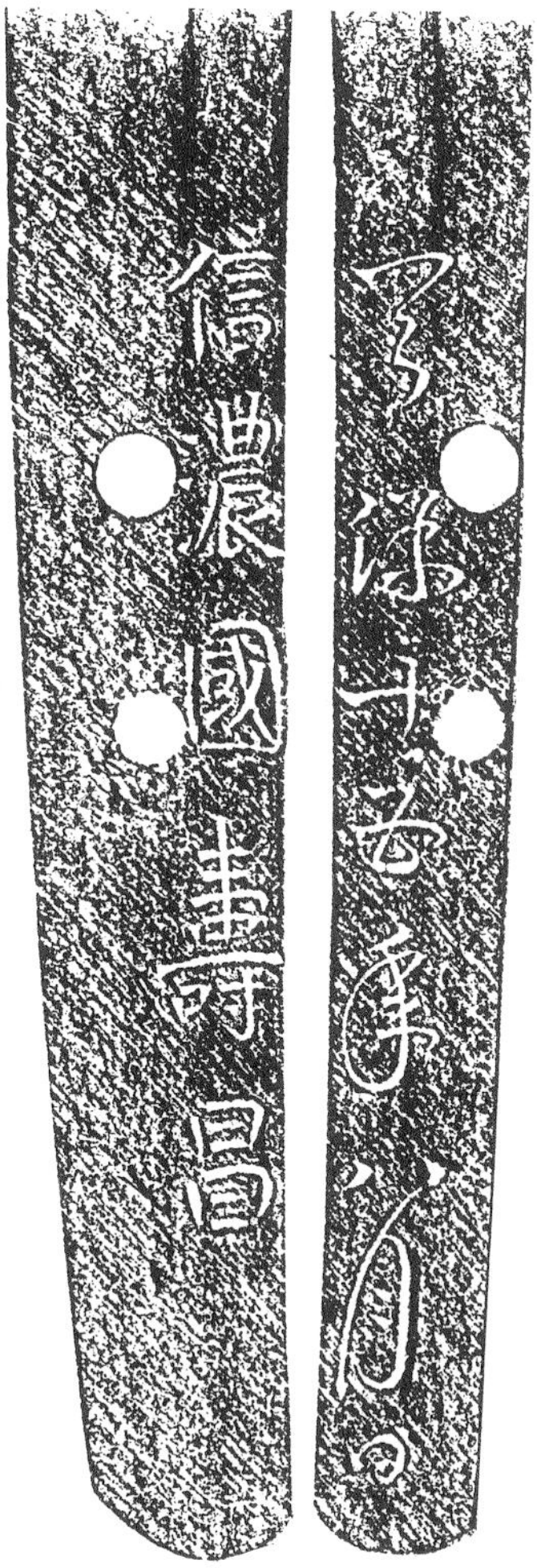

△信濃國寿昌（としまさ）
天保十五年八月日

〈真雄初銘〉信濃國―天保

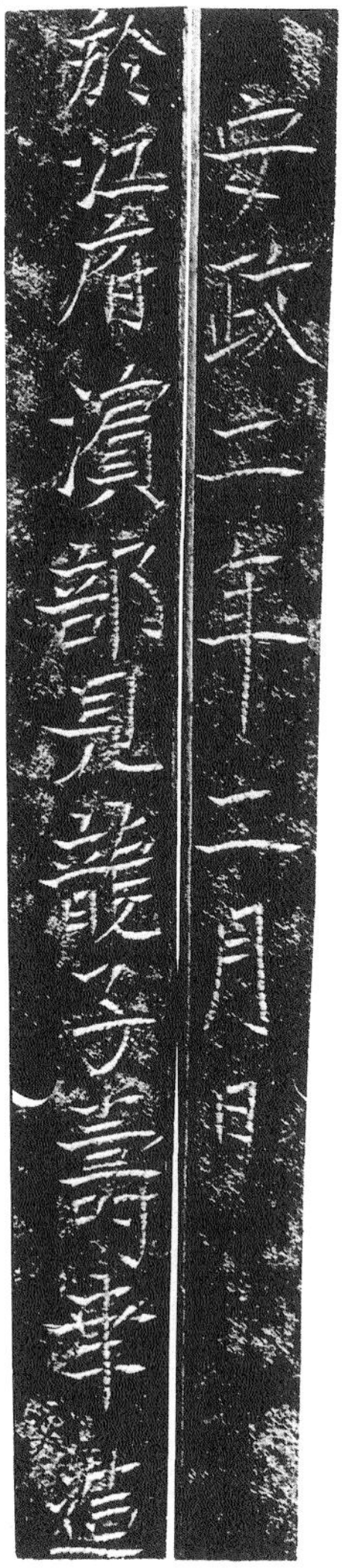

△於江府浜部見龍子寿幸造（としゆき） 安政二年二月日　因幡國―安政

△加州住藤原友重〈花押〉（ともしげ）
寛永十六年五月吉日

加賀國―寛永

△加州住藤嶋友重（ともしげ） 加賀國―江戸中期

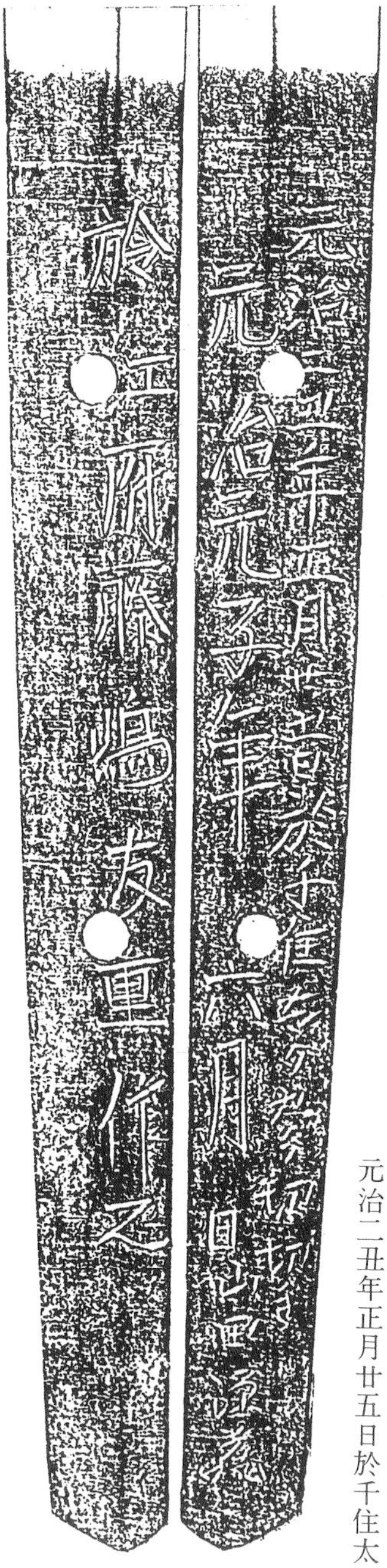

△於江府藤嶋友重作之（ともしげ）
元治元子年六月日
元治二丑年正月廿五日於千住太々□□切切手山田源蔵

加賀國―元治

た

△武蔵守藤原友常（ともつね） 美濃國—江戸中期

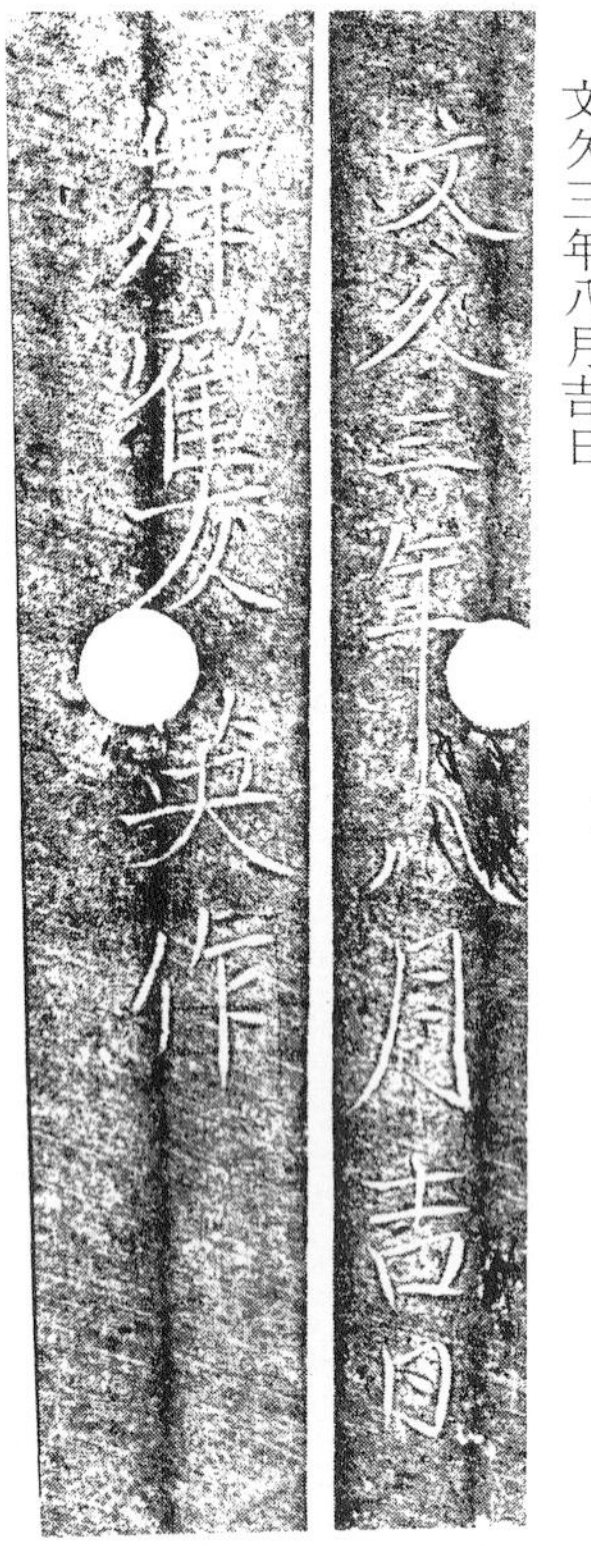

△舞鶴友英作（ともひで） 河内國—文久
文久三年八月吉日

△豊州小倉住藤原友行（ともゆき） 豊後國—江戸中期

△平安城住具衡（ともひら） 美濃國—江戸中期

△奥州仙台住倫助作（ともすけ） 陸前國—寛永
寛永三年二月日

△南海太郎朝尊（ともたか・ちょうそん） 山城國—安政
安政五年立秋日

△南海太郎朝尊（ともたか・ちょうそん） 山城國—江戸末期

た

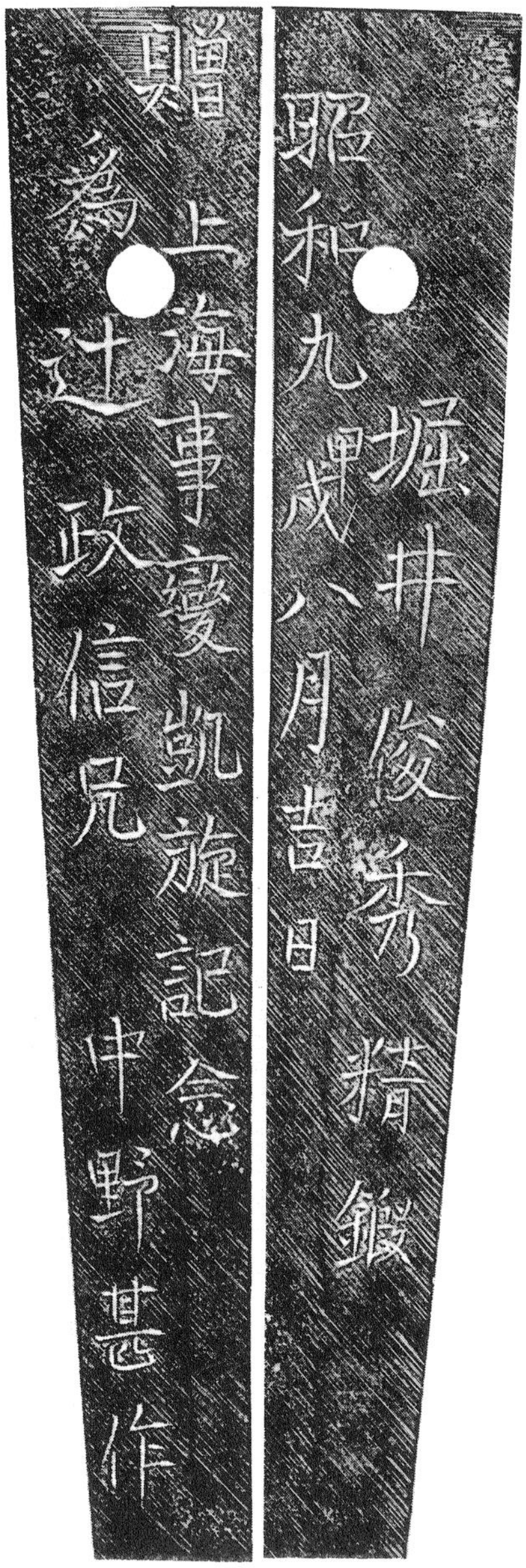

□贈上海事変凱旋記念
為辻政信兄　中野甚作
昭和九甲戌八月吉日
堀井俊秀精鍛（としひで）
北海道―昭和

□宮口寿廣彫同作五十八歳（としひろ）
昭和甲午年鞴祭日
東京都―昭和

□備前國長船住藤原俊光造（としみつ）
昭和二十一年二月吉日
岡山県―昭和

□大隅俊平謹作（としひら）昭和五十七年三月吉日
献上　高松宮殿下献上刀之控

群馬県―昭和

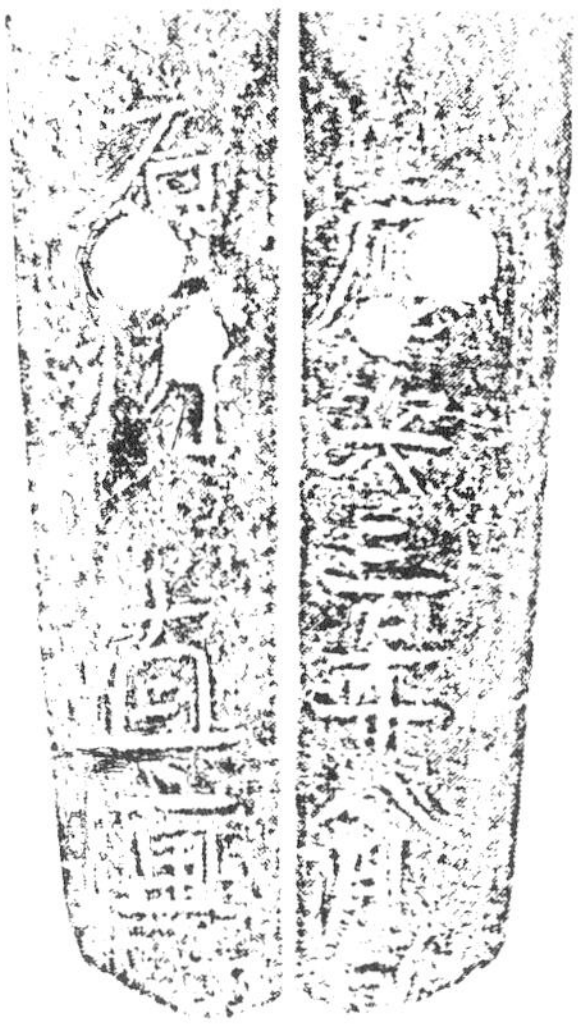

○石州直重(なおしげ)　石見國—応安
応安三年八月日

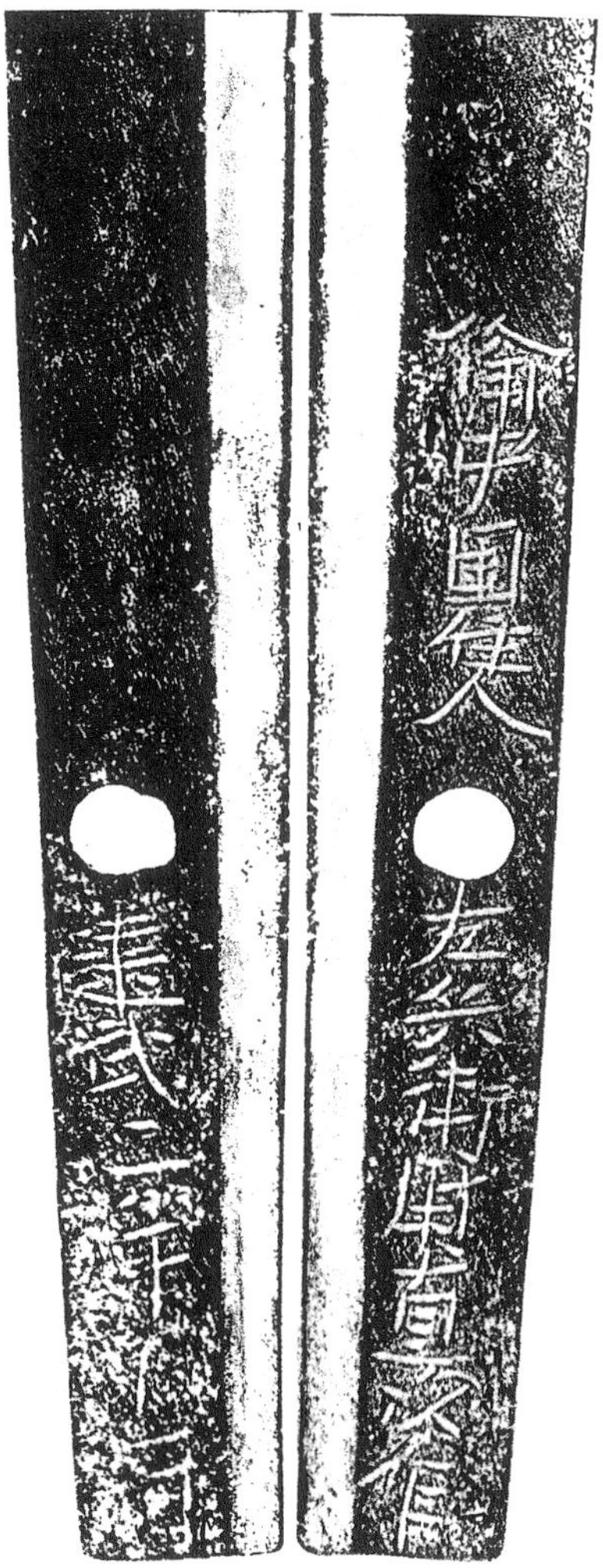

○備中國住人左兵衛尉直次作(なおつぐ)　備中國—建武
建武二年十一月

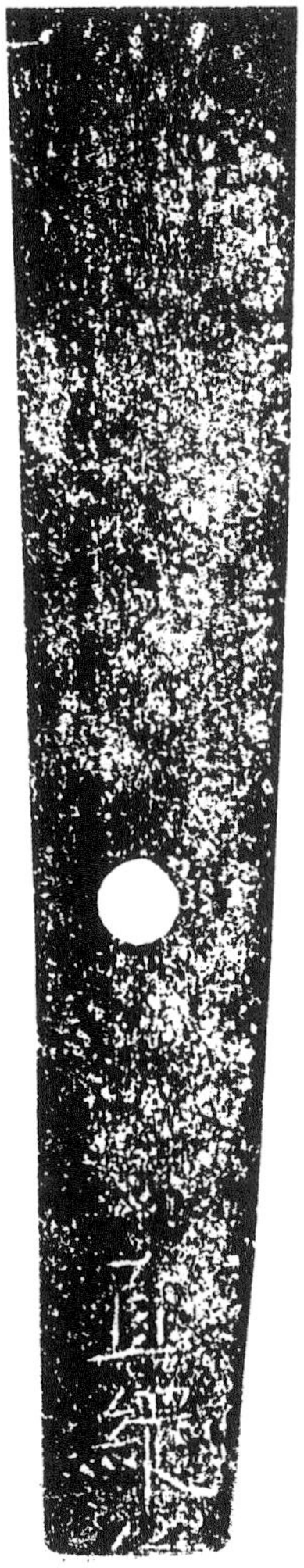

○直綱(なおつな)　石見國—南北朝期

○備中州住左兵衛尉直次(なおつぐ)　備中國—元徳
元徳元年十二月

○備州長船尚光(なおみつ)　備前國—応永
応永十一年十月

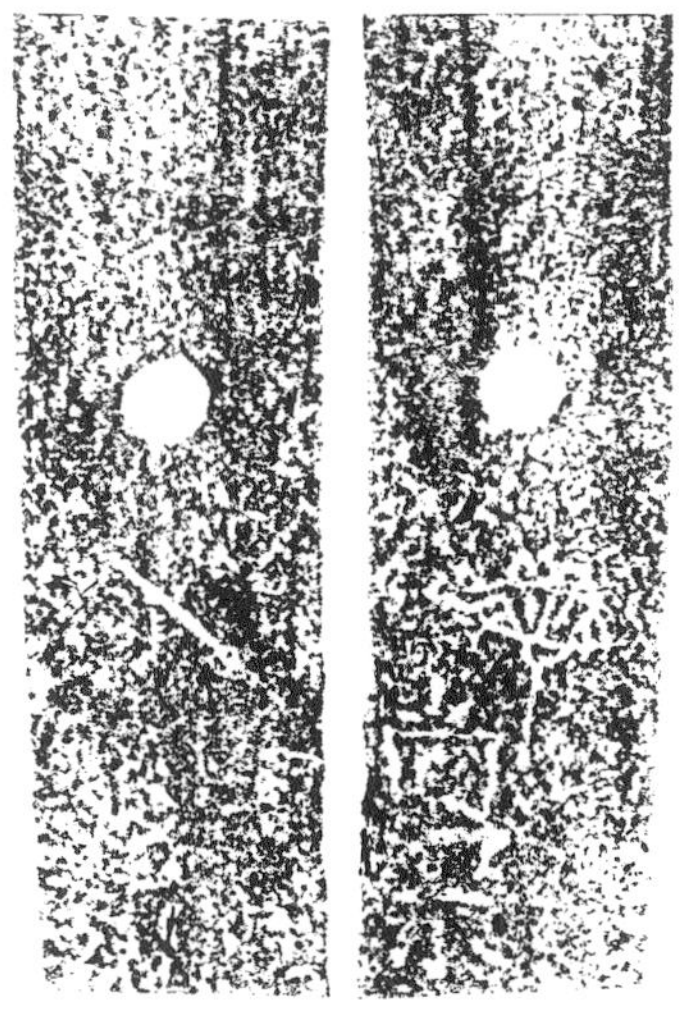

○一
〈傘紋〉尚宗(なおむね)
〈一文字〉備前國—鎌倉前期

○尚宗(なおむね)
〈一文字〉備前國—鎌倉前期

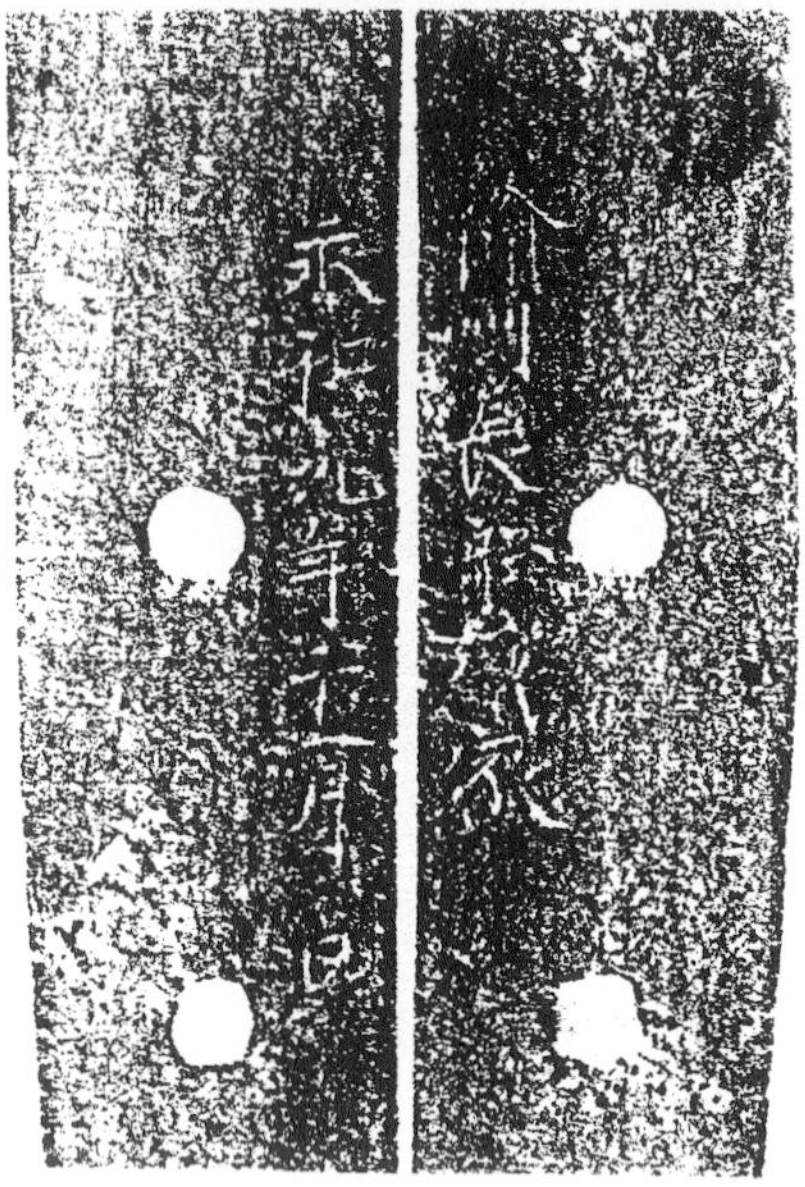

○備前長船成家（なりいえ）
永和元年十一月日
備前國―永和

○成宗（なりむね）〈一文字〉備前國―鎌倉初期

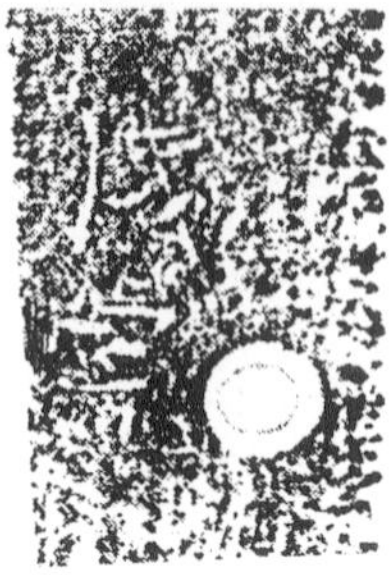

○成宗（なりむね）〈一文字〉備前國―鎌倉初期

○成宗（なりむね）〈一文字〉備前國―鎌倉初期

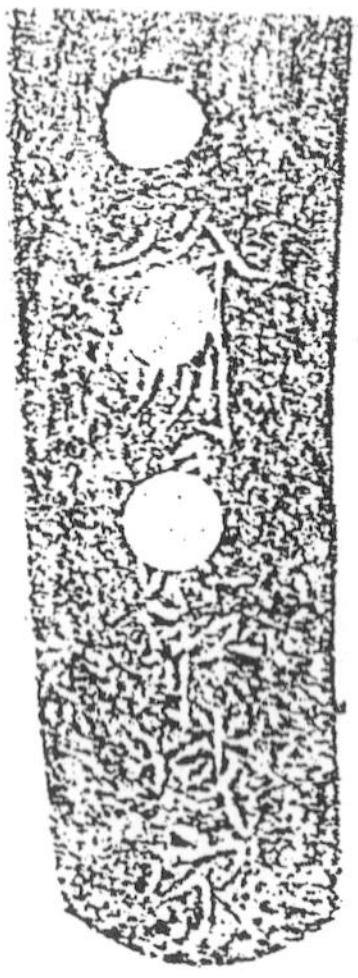

○備州長船成家（なりいえ）
備前國―南北朝期

○成高（なりたか）
〈古備前〉備前國―平安末期

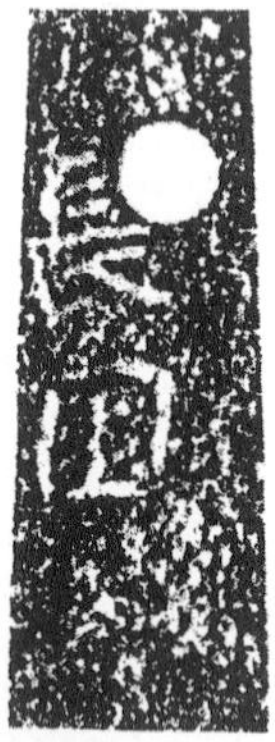

○長円（ながのぶ・ちょうえん）
豊前國―平安後期

○備州長船住長重（ながしげ）
建武□年八月下
備前國―建武

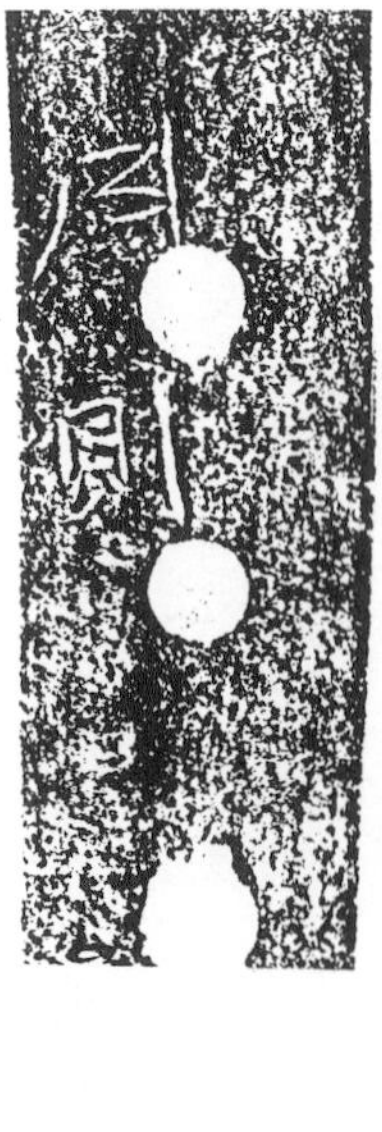

○成則（なりのり）
〈吉井〉備前國―鎌倉末～南北朝期

○成高（なりたか）
〈古備前〉備前國―平安末期

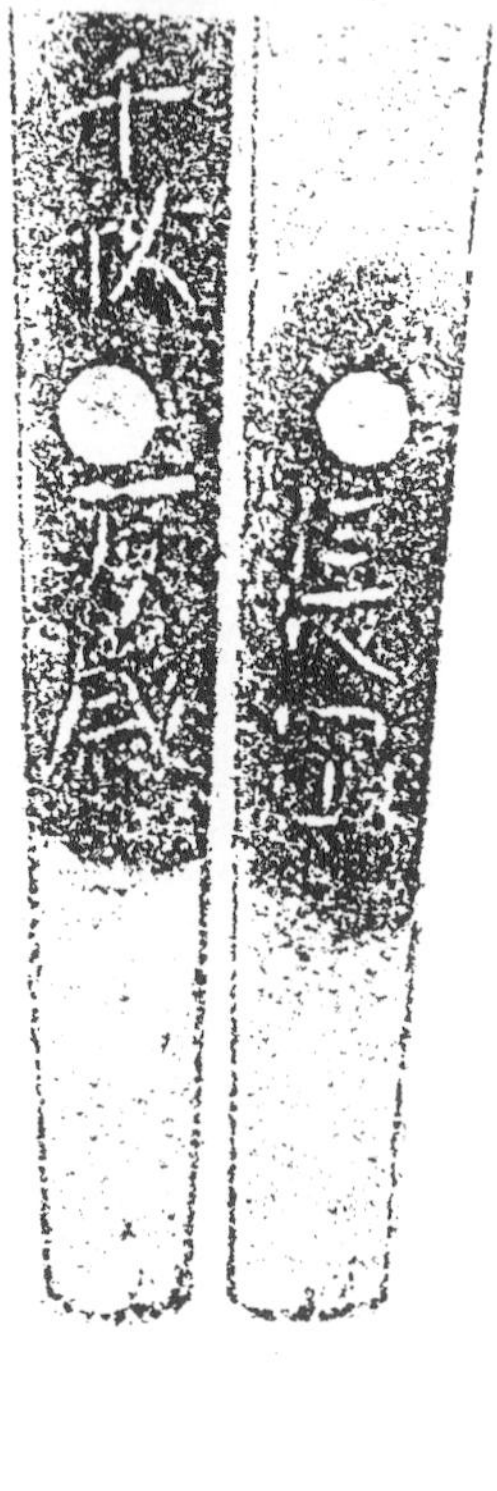

○長円（ながのぶ・ちょうえん）
千秋万歳
豊前國―平安後期

○備中國住長次作（ながつぐ）
応永八年十月日
備中國―応永

○長光（ながみつ）備前國―鎌倉中期

○長光（ながみつ）備前國―鎌倉中期

○長則（ながのり）〈吉井〉備前國―南北朝期

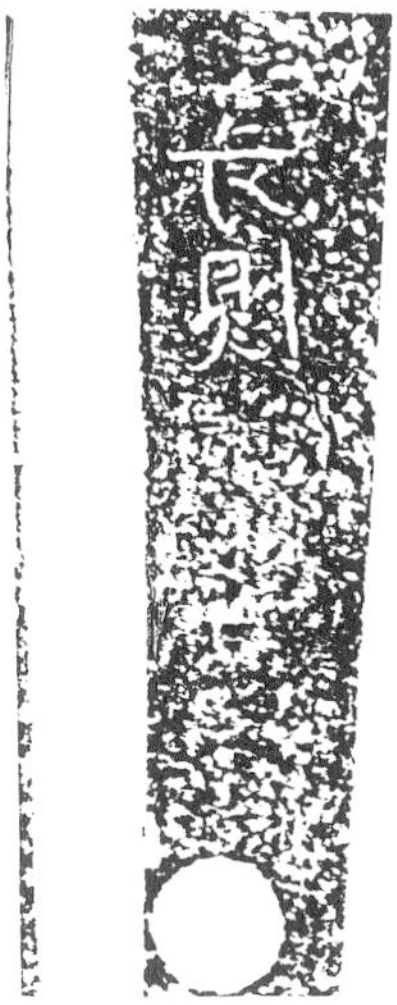

○長光（ながみつ）備前國―鎌倉中期

○長光（ながみつ）出羽國―南北朝期

○長光（ながみつ）山城國―室町初期

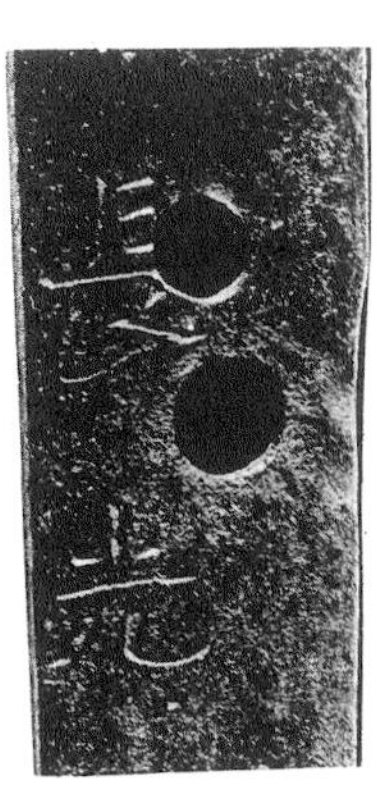

○備前國長船住左近将監長光造（ながみつ）
正応二年十月日
備前國―正応

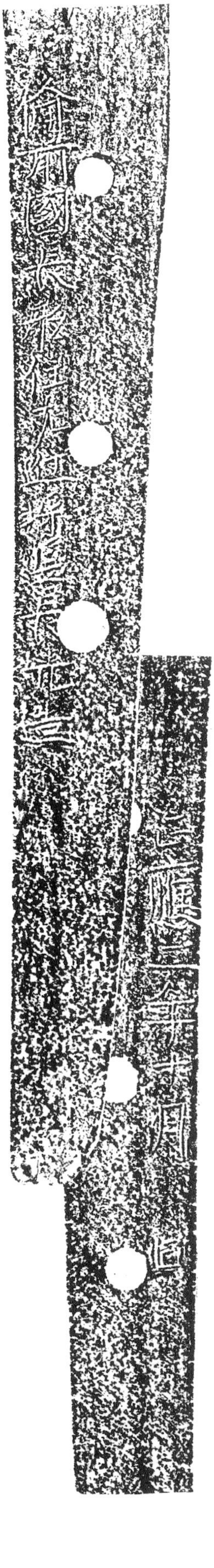

な

○備州長船住長守（ながもり）　備前國—正平
正平十□年六月日

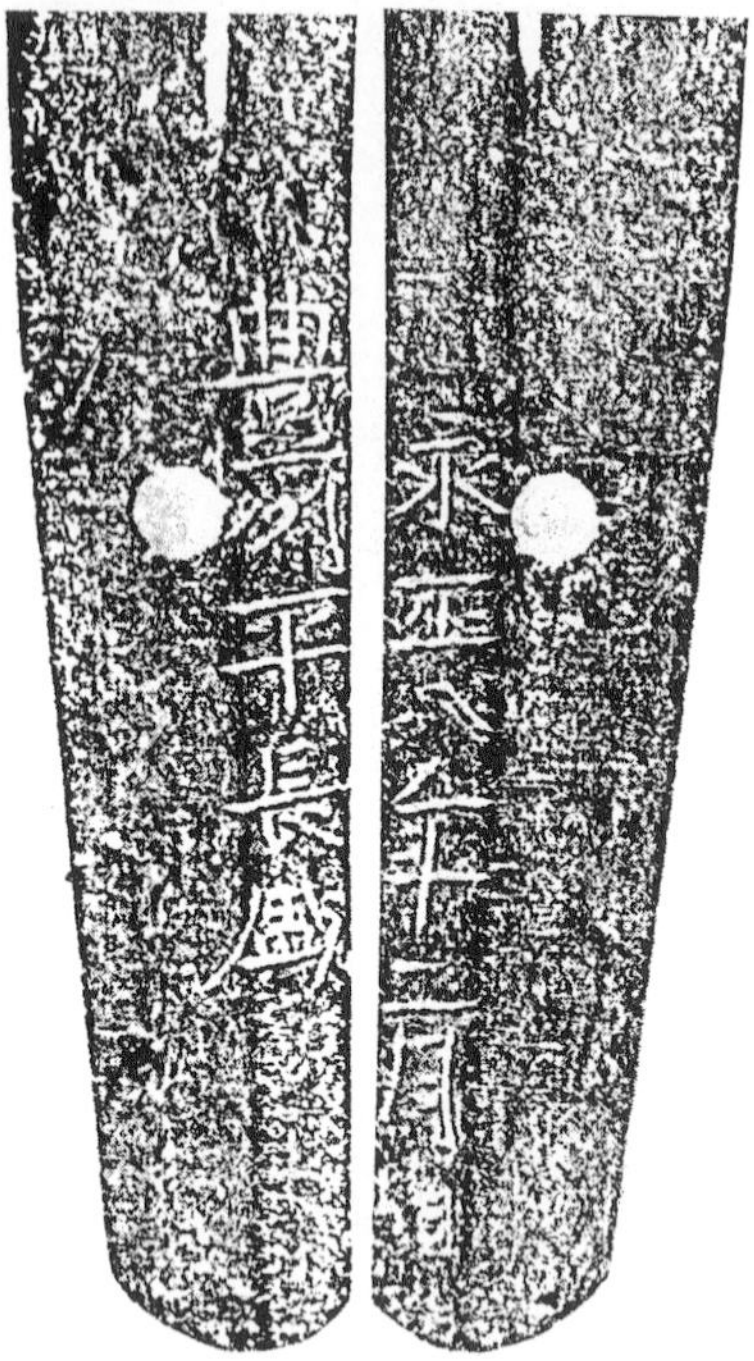

○豊州平長盛（ながもり）　豊後國—永正
永正八年二月日

○桃川長吉作（ながよし）　越後國—南北朝期

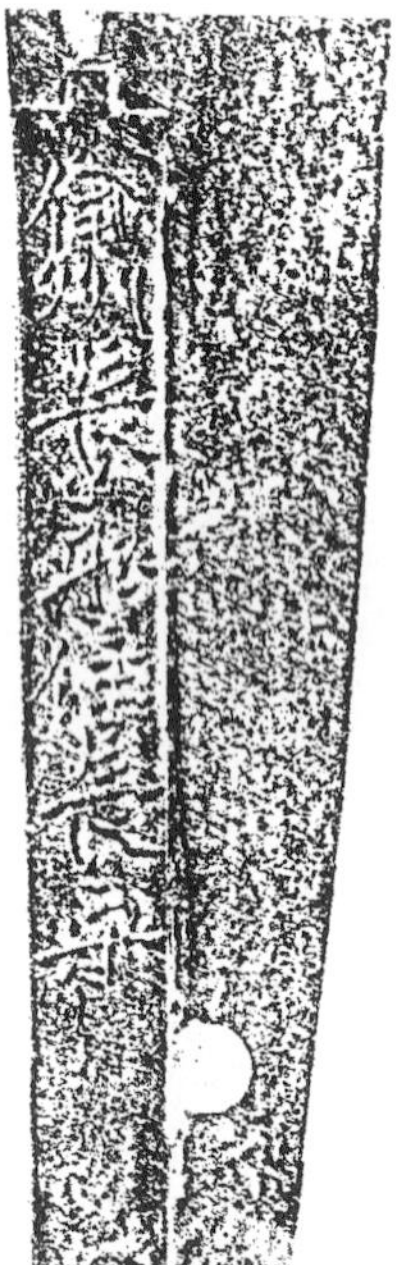

○備州長船住長守（ながもり）　備前國—南北朝期

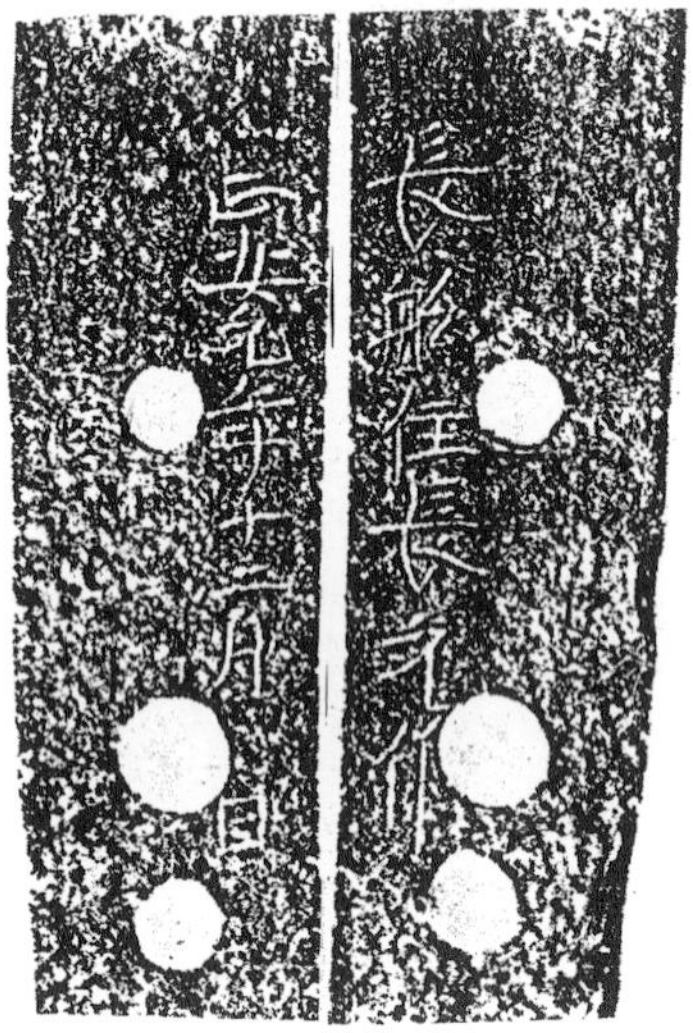

○長船住長元作（ながもと）　備前國—正安
正安元年十二月日

○長吉（ながよし）
〈桃川〉越後國—室町初期

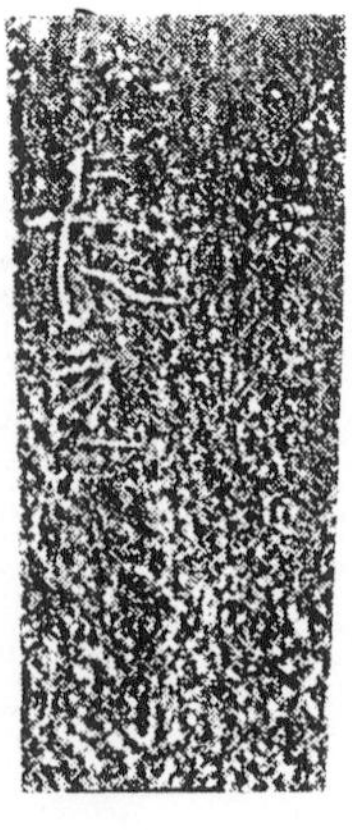

○長元（ながもと）　備前國—鎌倉中期

○長吉（ながよし）
〈五阿弥〉備後國—室町末期

○平安城長吉（ながよし）
山城國—室町末期

○三条長吉作（ながよし）　山城國―室町末期

○備州長船長義（ながよし・ちょうぎ）
応安六年八月日
備前國―応安

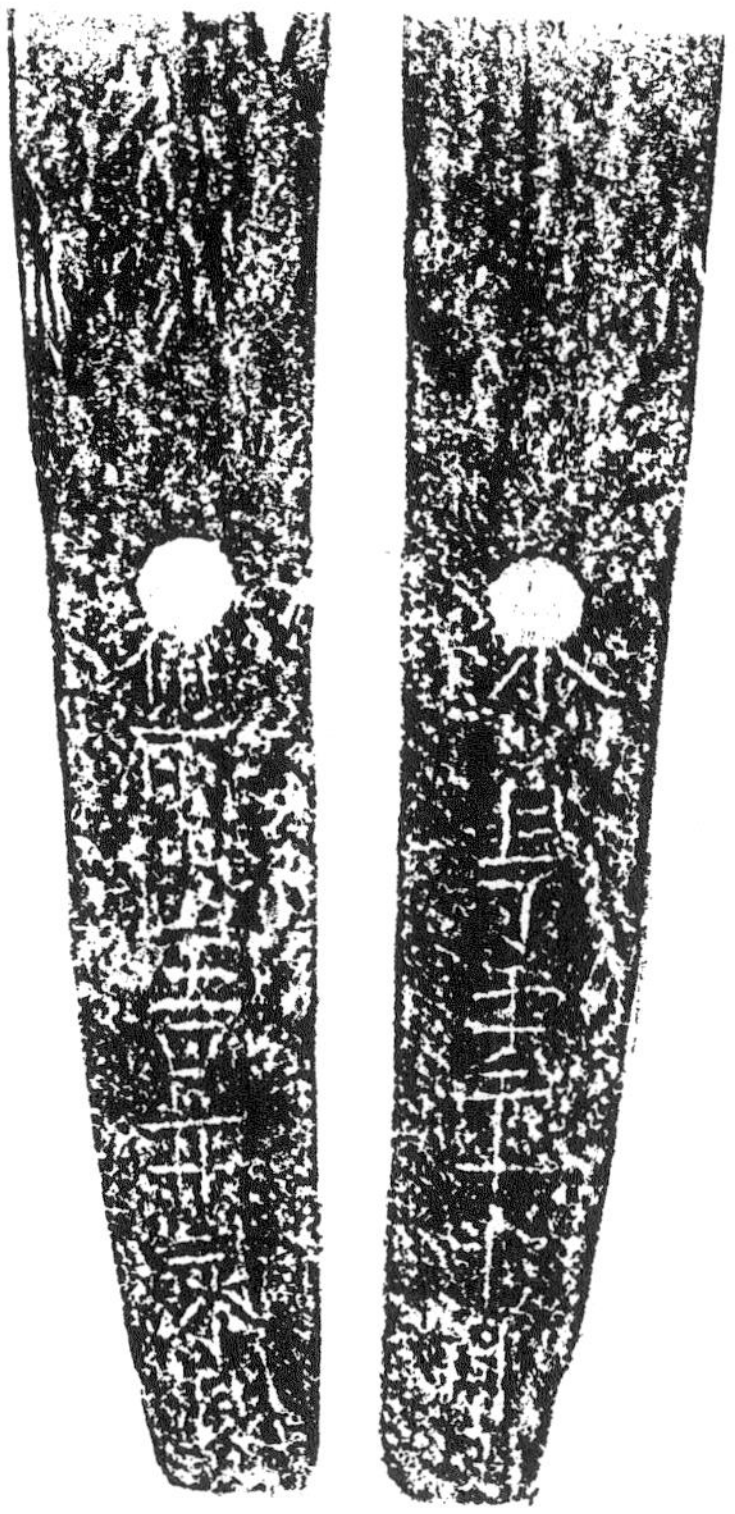

○備前國吉井永則（ながのり）
永享五年十月
備前國―永享

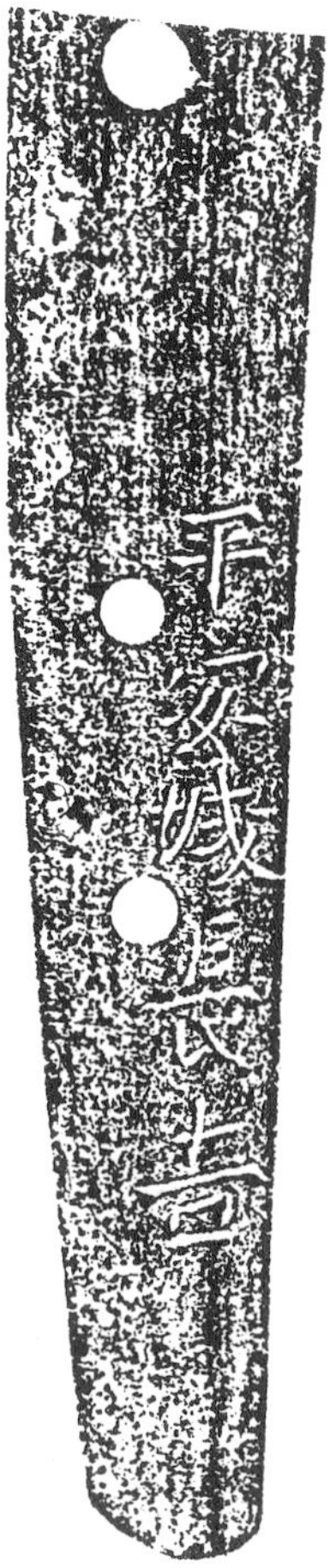

○平安城長吉（ながよし）　山城國―室町末期

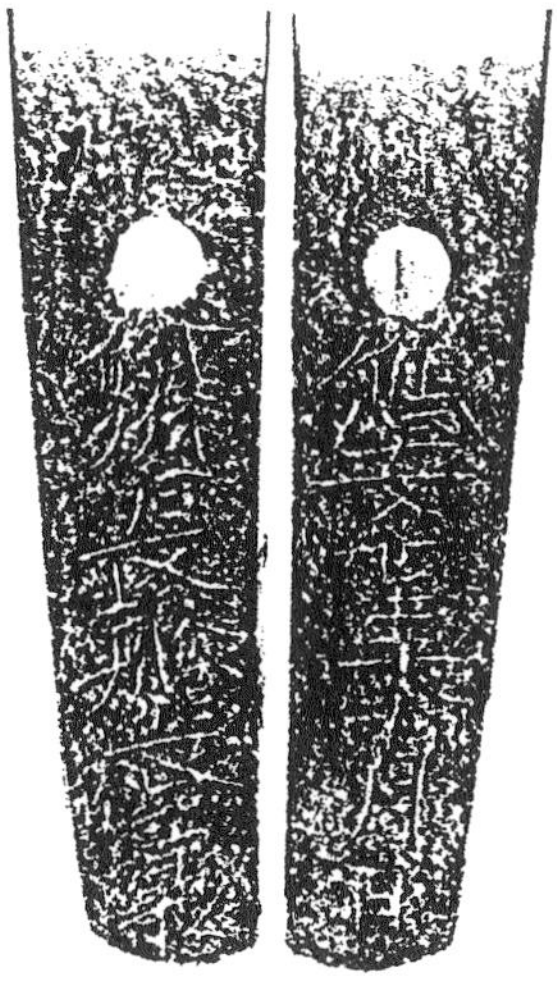

○備州長船長義（ながよし・ちょうぎ）
応安七年十月日
備前國―応安

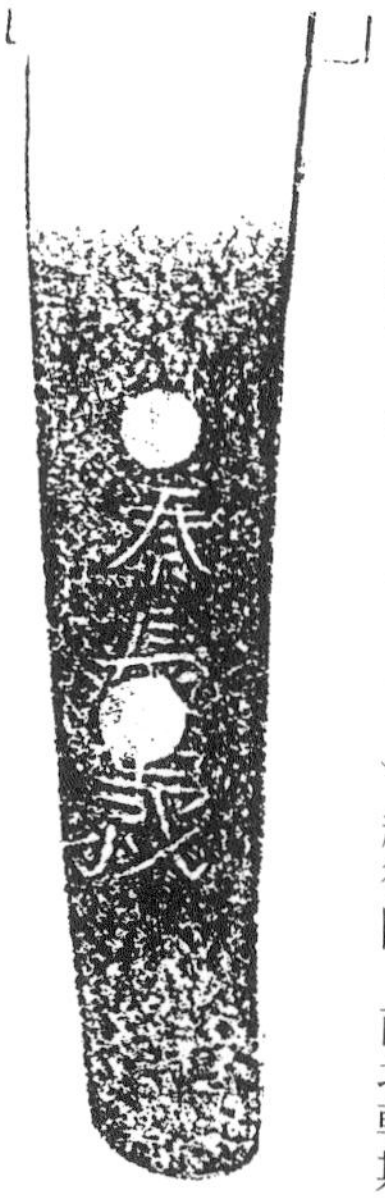

○秦長義（ながよし・ちょうぎ）　越後國―南北朝期

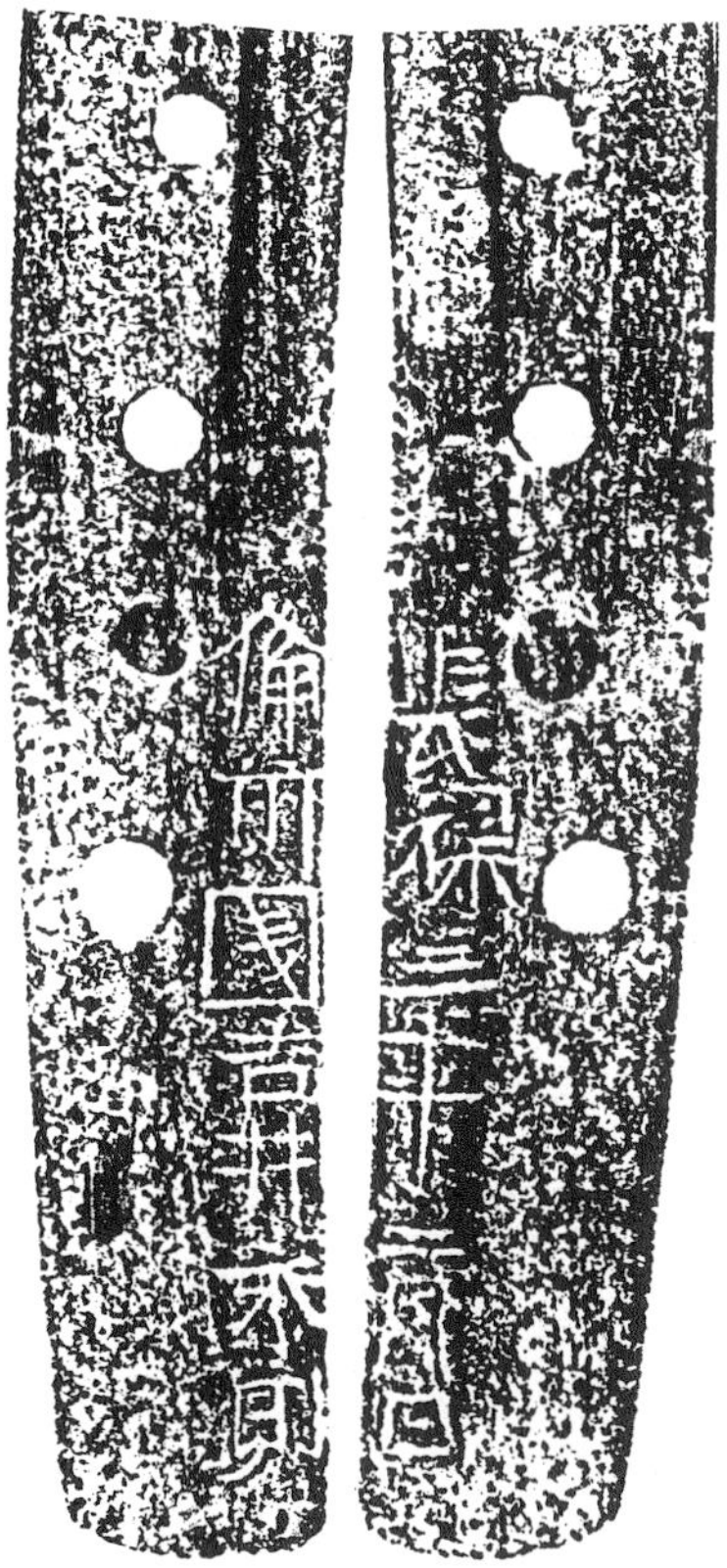

○備前國吉井永則（ながのり）
長禄三年二月日
備前國―長禄

○備前國住長船三郎兵衛永光（ながみつ）
享禄二年八月吉日
備前國―享禄

○浪貞作（なみさだ） 出雲國―室町末期

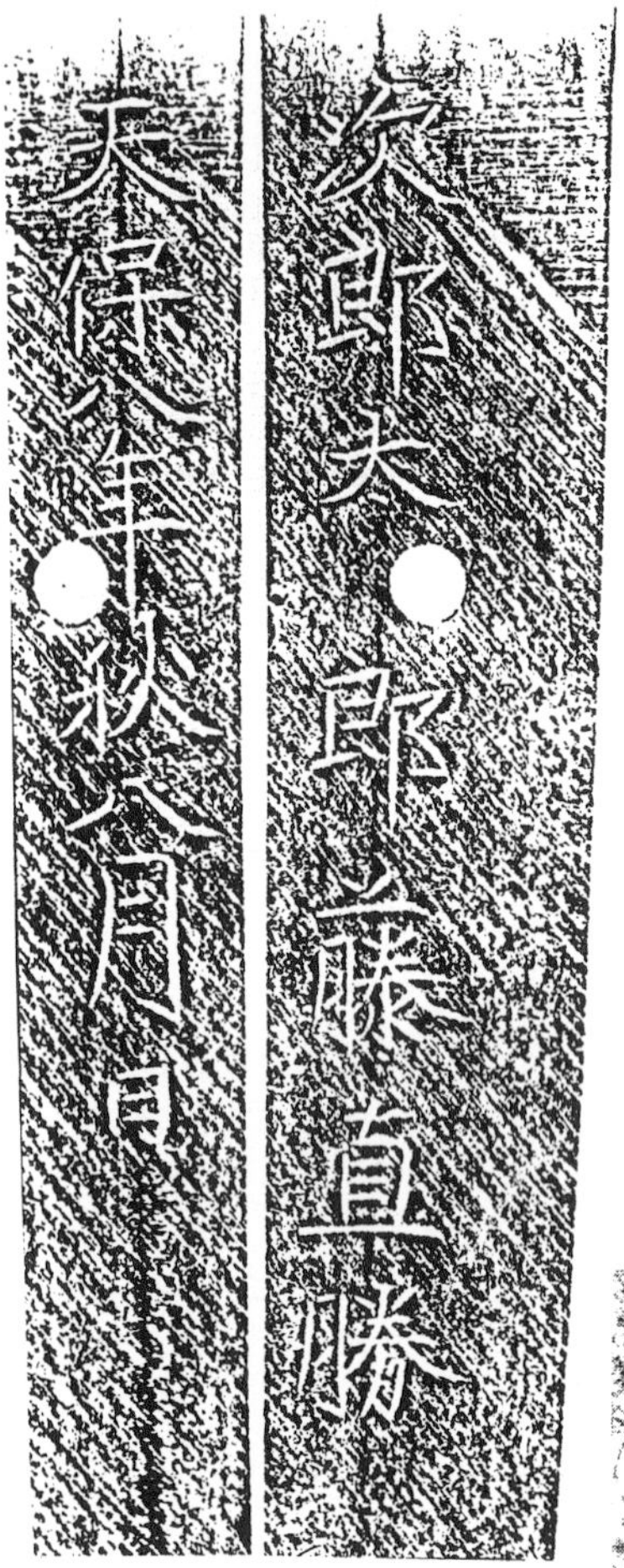

△次郎太郎藤直勝（なおかつ）
天保八年秋八月日
武蔵國―天保

○豊州高田住藤原永行（ながゆき）
永禄十年八月日
豊後國―永禄

△肥後國同田貫小山直景作（なおかげ）
文政十年十一月日
肥後國―文政

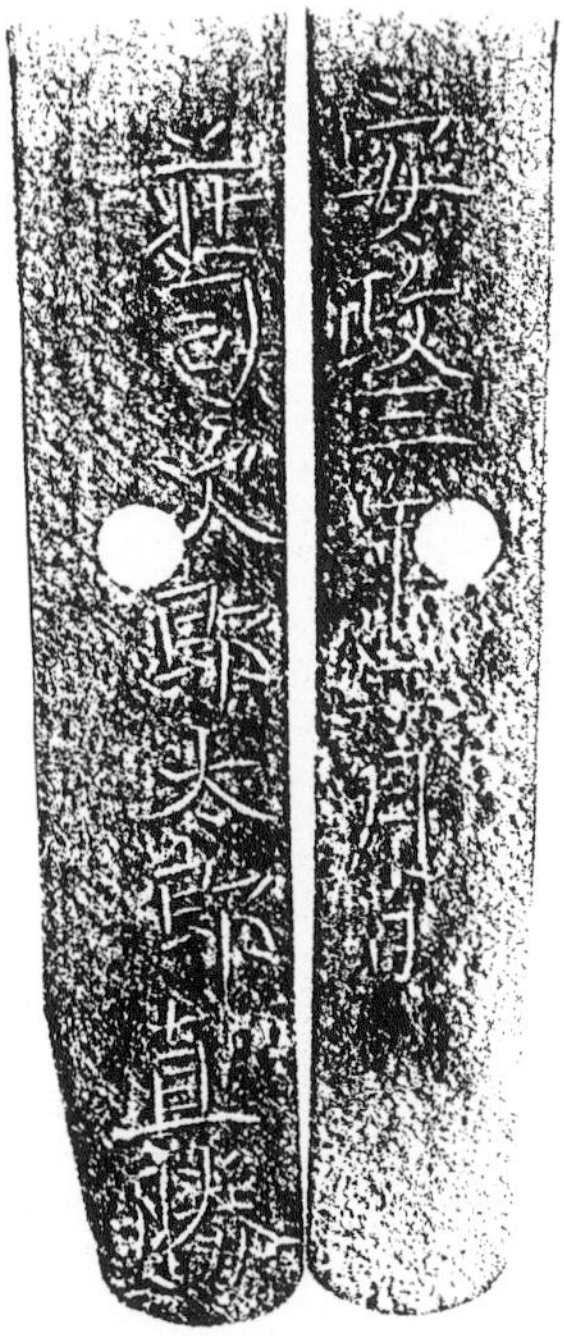

△荘司次郎太郎直勝（なおかつ）
安政三年六月日
武蔵國―安政

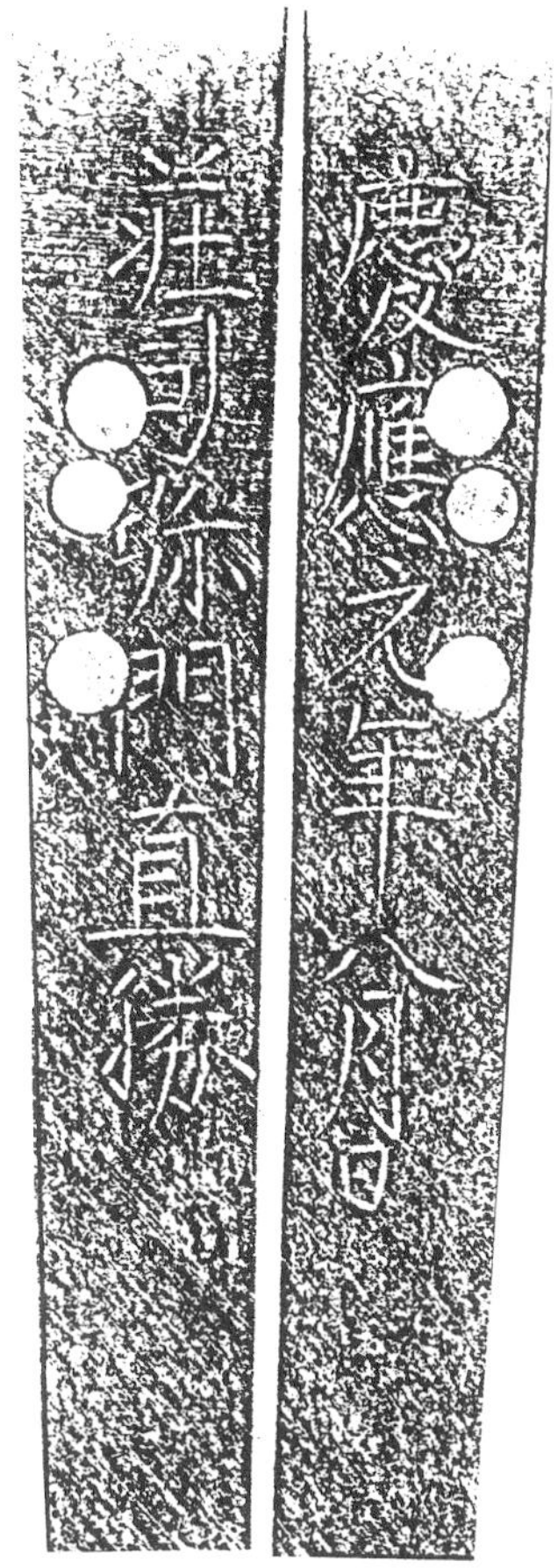

△荘司弥門直勝（なおかつ）
慶応元年八月日

武蔵國―慶応

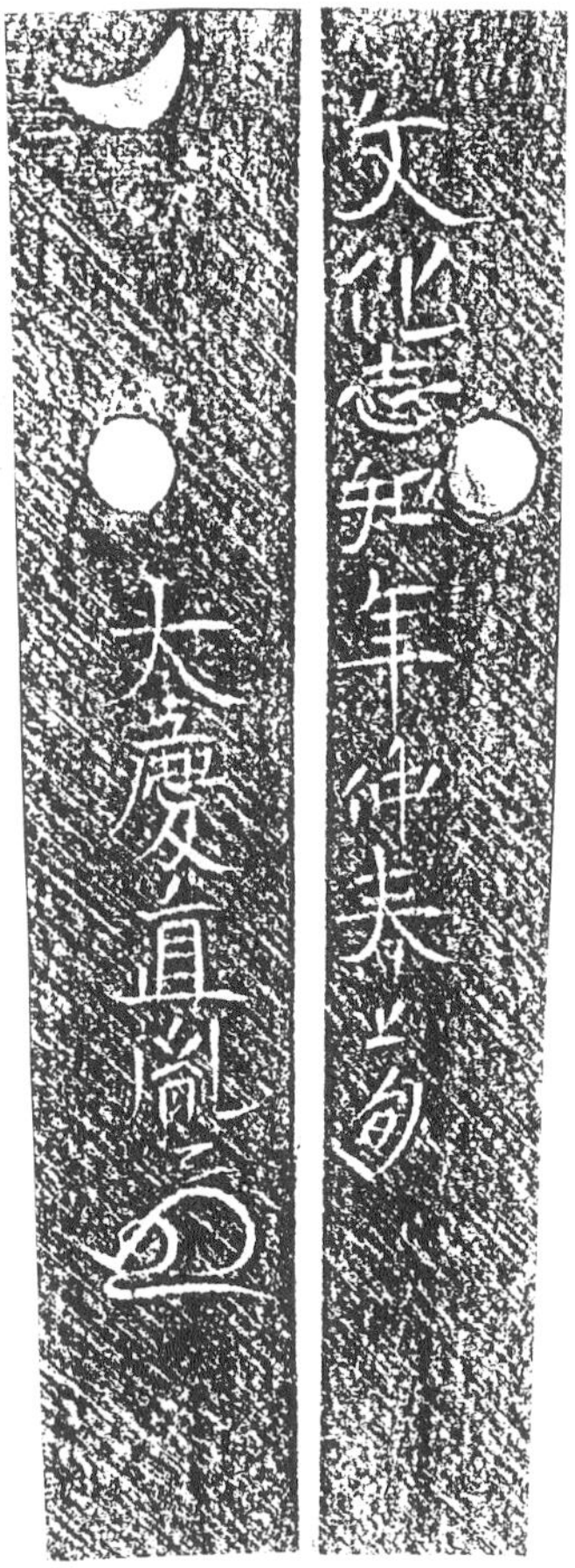

△（三ヵ月）大慶直胤〈花押〉（なおたね）
文化志知年仲春上旬

武蔵國―文化

△出羽國住人大慶庄司直胤〈花押〉（なおたね）
文化十四年初冬

武蔵國―文化

△上州伊勢崎　万々歳直勝（なおかつ）
寛政十一未年十月日
以凩鉄於藩中作之

上総國―寛政

△大慶直胤〈花押〉（なおたね）
文政五年仲春

武蔵國―文政

△荘司筑前大掾直胤〈花押〉（なおたね）
鬼妙鬼勝文政十三年仲秋
武蔵國—文政

△造大慶直胤〈花押〉（なおたね）
天保四年仲春
武蔵國—天保

△七十五翁美濃介直胤（なおたね） 武蔵國—江戸末期

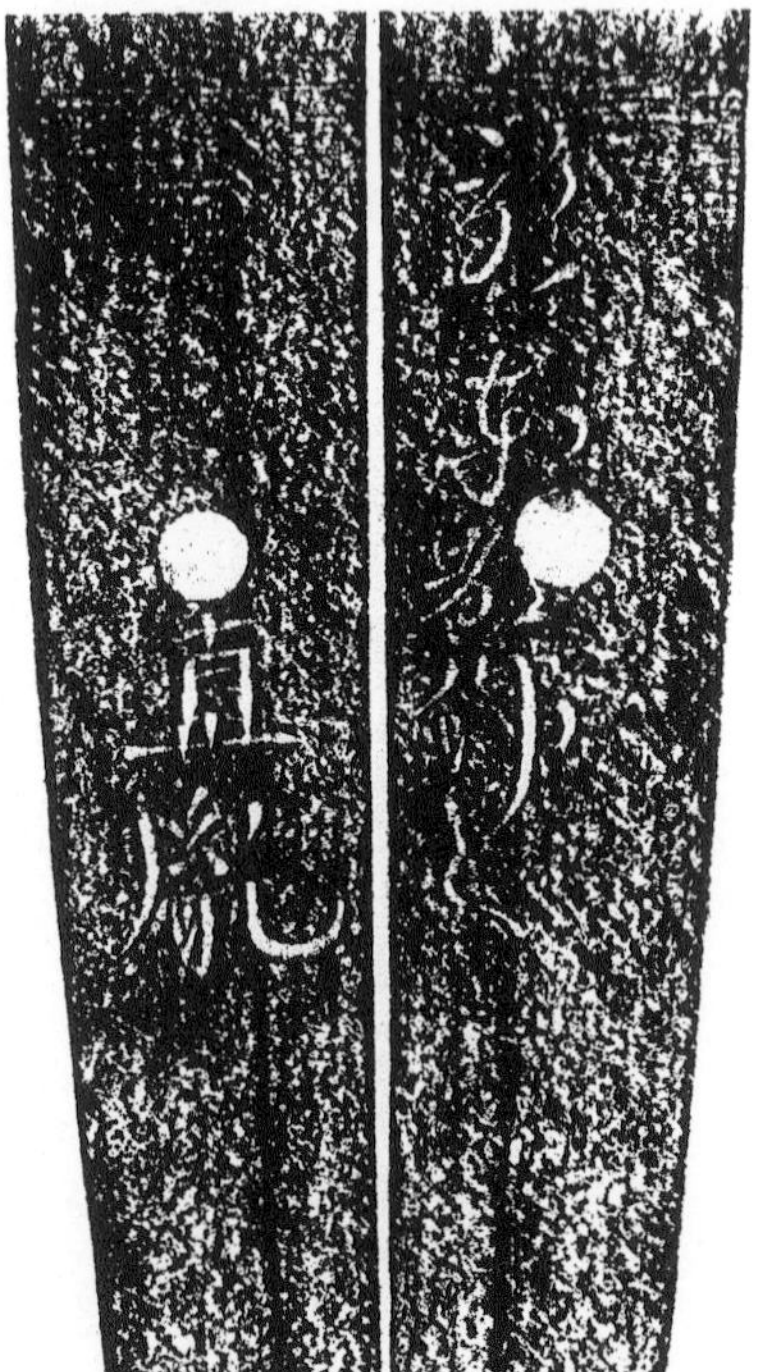

△直胤（なおたね）
於東都作之
武蔵國—江戸末期

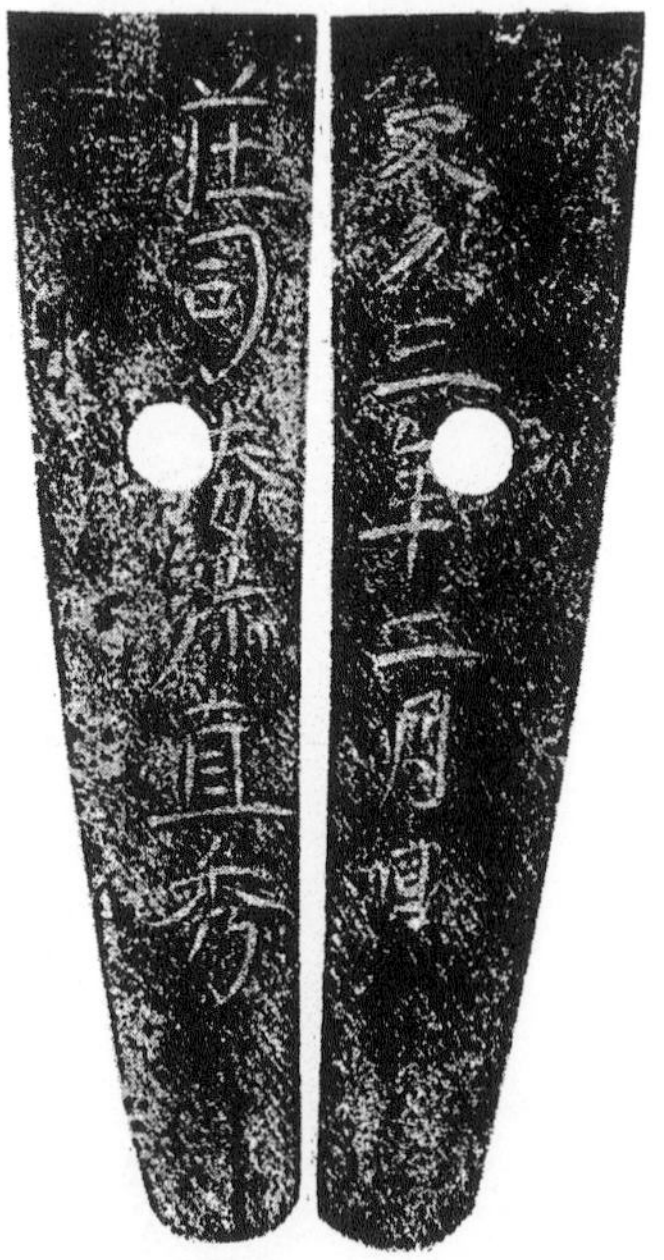

△荘司勝弥直秀（なおひで）
文久三年二月日
武蔵國—文久

△大慶直胤（なおたね） 武蔵國—江戸末期

△三品丹後守嫡子直格(なおのり)
依小沢頼福之好而鍛焉
寛政二年庚戌八月吉辰
〈直道前銘〉 摂津國—寛政

△但馬大掾大道直房(なおふさ) 美濃國—桃山期

△三品丹後守嫡 難波介直道(なおみち)
寛政三年八月日
〈直格同人〉 摂津國—寛政

△肥州住直道(なおみち) 肥後國—江戸後期

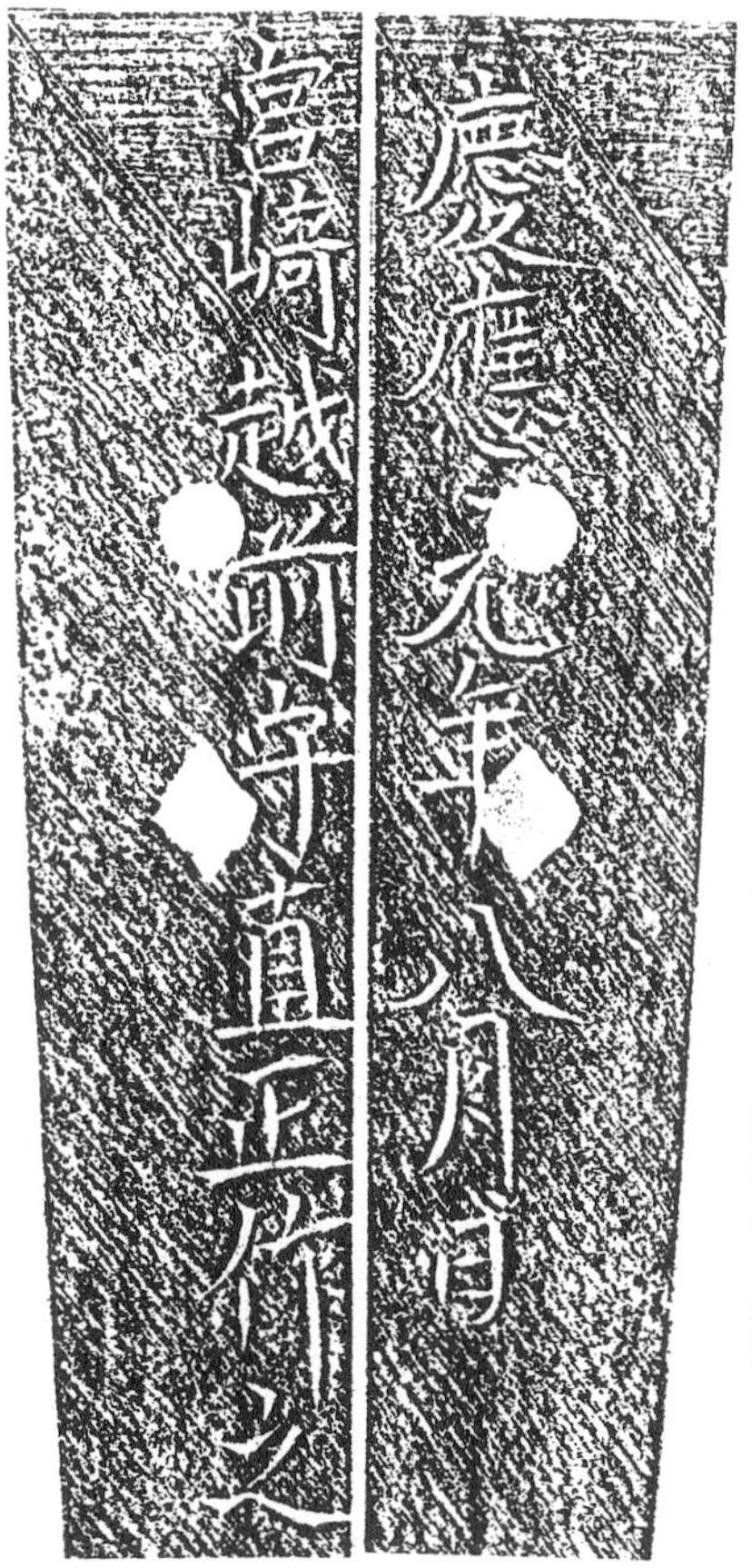

△宮崎越前守直正作之(なおまさ)
慶応元年八月日 磐城國—慶応

△直光(なおみつ) 〈鐔の銘〉 武蔵國—江戸末期

△直光造（なおみつ）
慶応三年二月日
武蔵國―慶応

△源直義造之（なおよし）
慶応三年菊月吉日
三河國―慶応

△越中國住成就作之（なりとも） 越中國―江戸末期

△雙龍子直光（なおみつ） 岩代國―江戸末期

△豊後國鬼鏡直行（なおゆき） 豊後國―江戸中期

△紀州住藤原尚定（なおさだ） 寛文三年九月吉日 紀伊國―寛文

△一文字成宗（なりむね）
慶安三年十月吉日
摂津國―慶安

△豫州松山住藤原長勝（ながかつ）
天明七丁未年八月吉辰
伊豫國―天明

△奥州会津住長國（ながくに） 岩代國―桃山期

△加州住藤原長次（なかつぐ） 加賀國―江戸初期

△摂州住藤原長綱（ながつな） 摂津國―江戸中期

△豫州松山住長清（ながきよ）〈國輝前銘〉 伊豫國―江戸中期

△豫州松山住長國（ながくに）〈のち会津住〉 伊豫國―桃山期

△紀州住長次（ながつぐ） 紀伊國―江戸中期

△奥州会津住長信（ながのぶ） 岩代國―江戸中期

△相州冬廣十七代孫
雲州藩高橋長信作（ながのぶ）
文久二年八月吉日
武蔵國—文久

△陸奥大掾三善長道（ながみち）
寛文十一辛亥年二月日
〈初代〉岩代國—寛文

△長旨〈花押〉（ながむね）　武蔵國—江戸中期

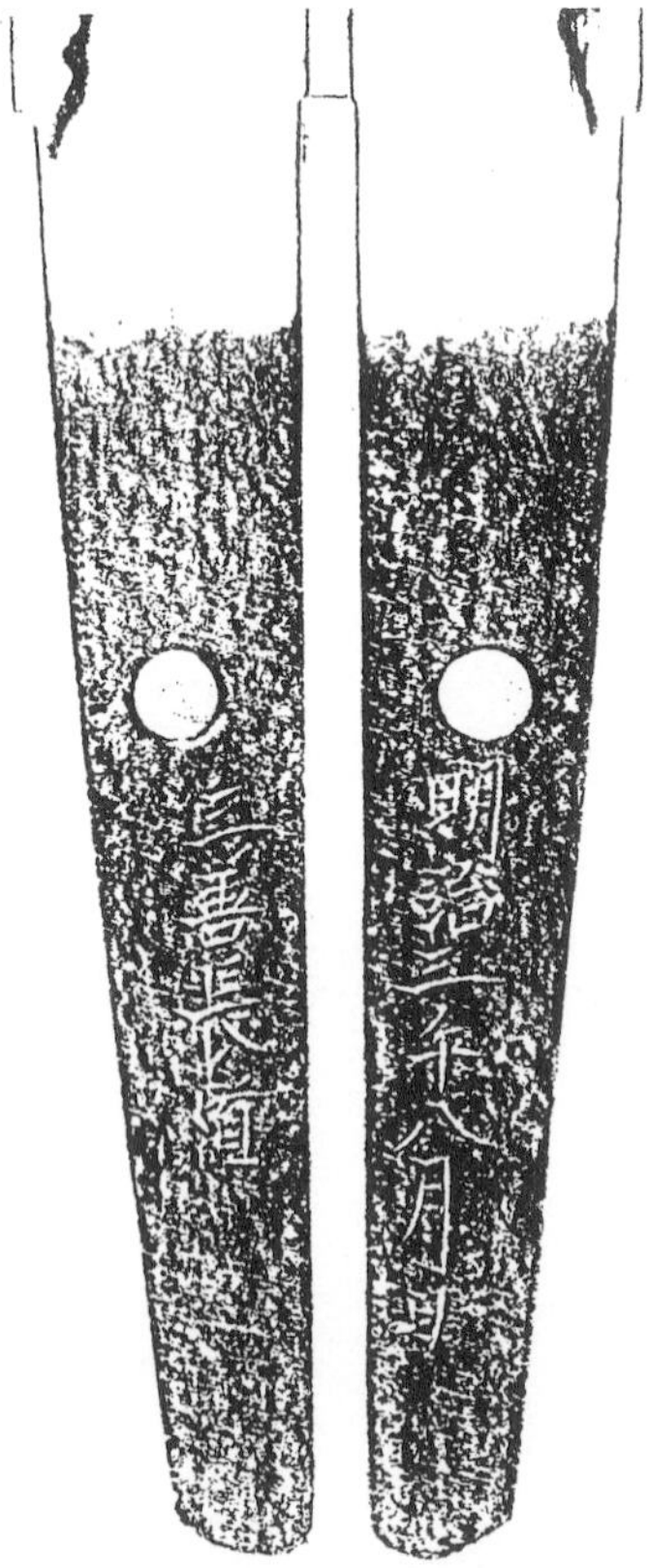

△三善長道（ながみち）
明治三年八月日
〈棟梁〉岩代國—明治

△長旨〈花押〉（ながむね）　元禄十二年　九月日〈馬鞍の銘〉
武蔵國—元禄

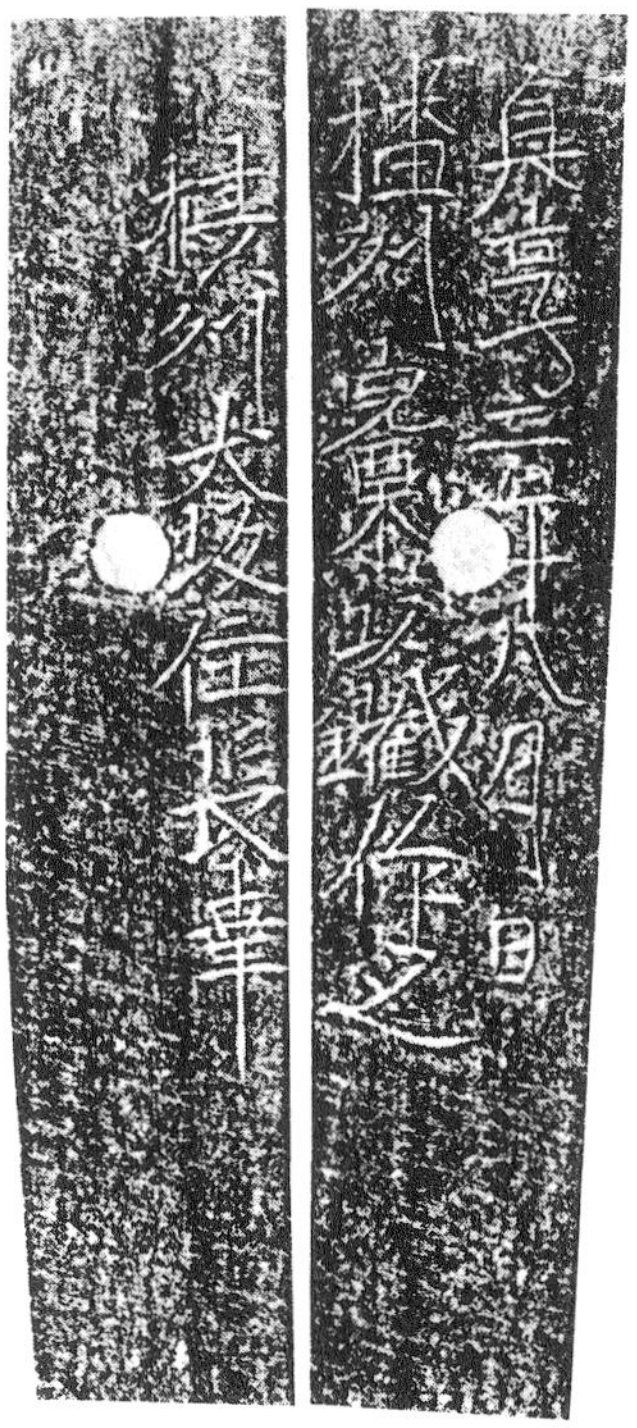

△摂州大坂住長幸（ながゆき）
播州完栗以鉄作之
貞享二年八月日
摂津國―貞享

△長幸於摂津国作之（ながゆき） 摂津國―江戸中期

△寛文八戊申二月日 河内守源姓永國三十六歳作（ながくに） 肥後國―寛文

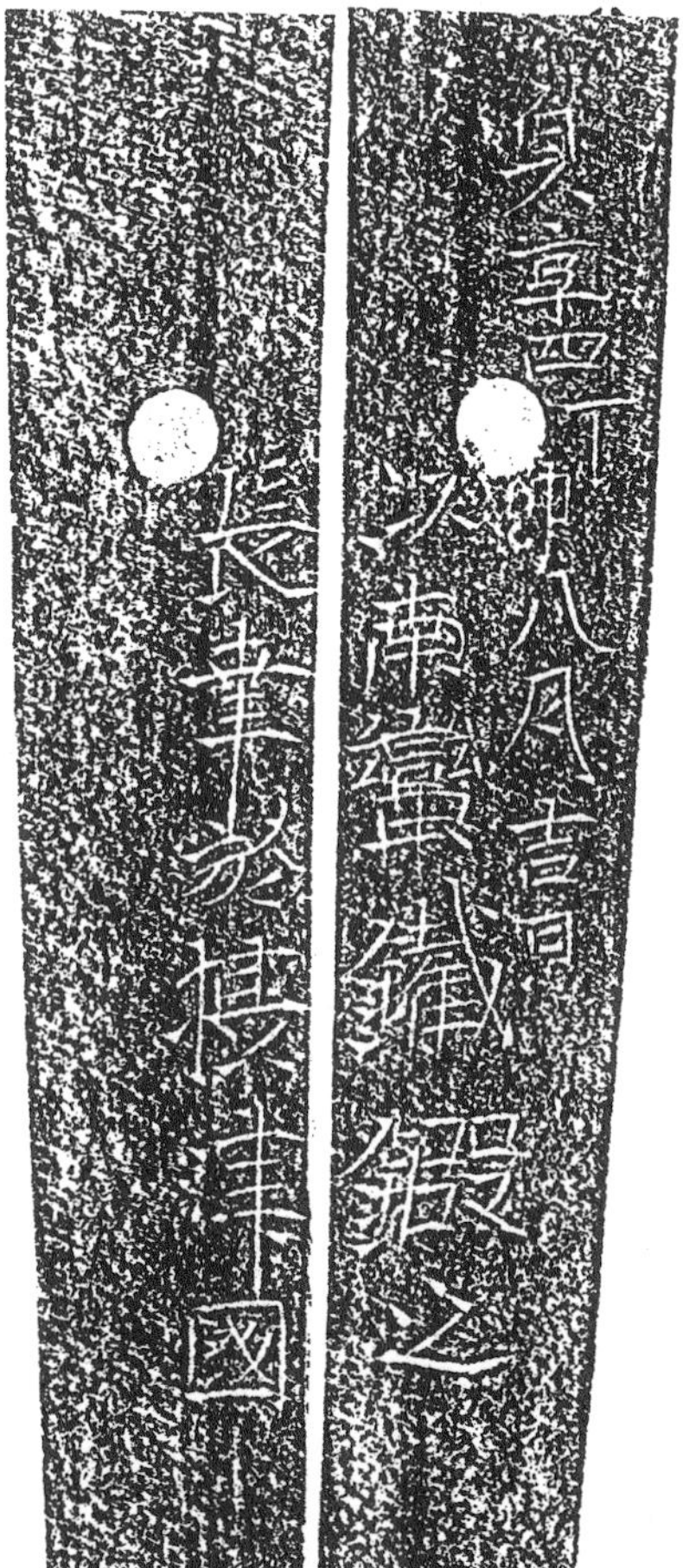

△長幸於摂津國（ながゆき）
以南蛮鉄鍛之 貞享四丁卯八月吉日
摂津國―貞享

△陸奥会津住長善（ながよし） 岩代國―江戸中期

△河内守源永國（ながくに） 肥後國―江戸中期

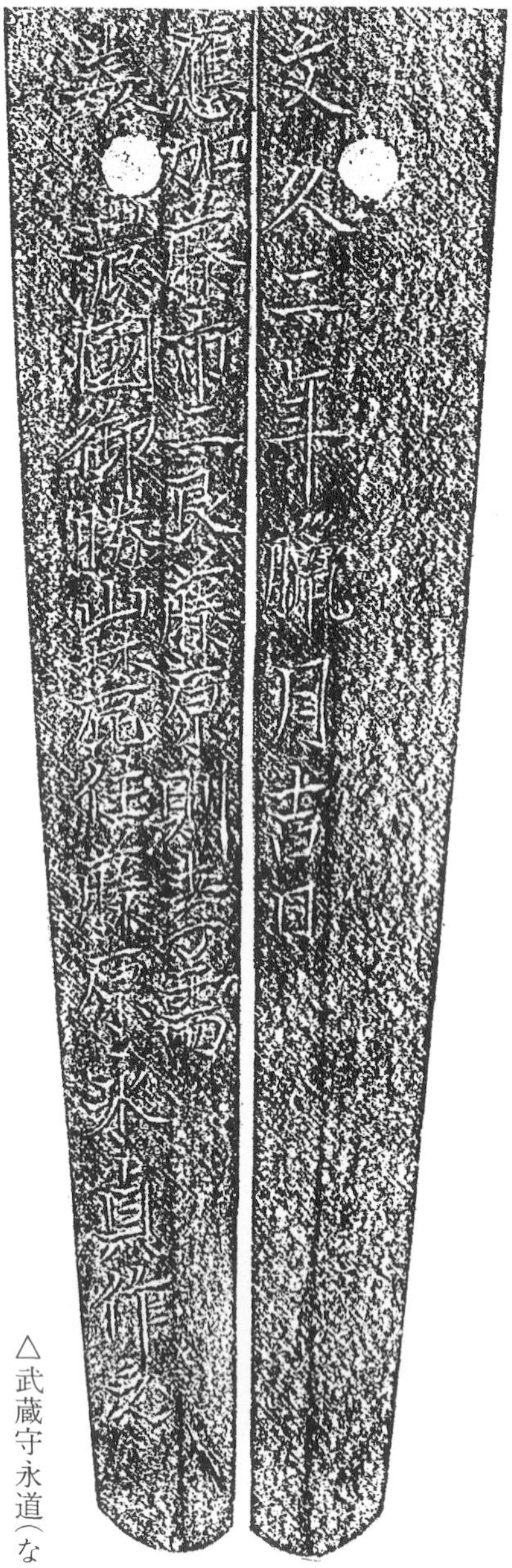

△応加藤市二良藤原則孝需
美濃國御勝山麓住藤原永貞作（ながさだ） 美濃國―文久
文久二年臘月吉日

△（菊紋） 摂津大掾藤原永重（ながしげ） 陸前國―江戸初期

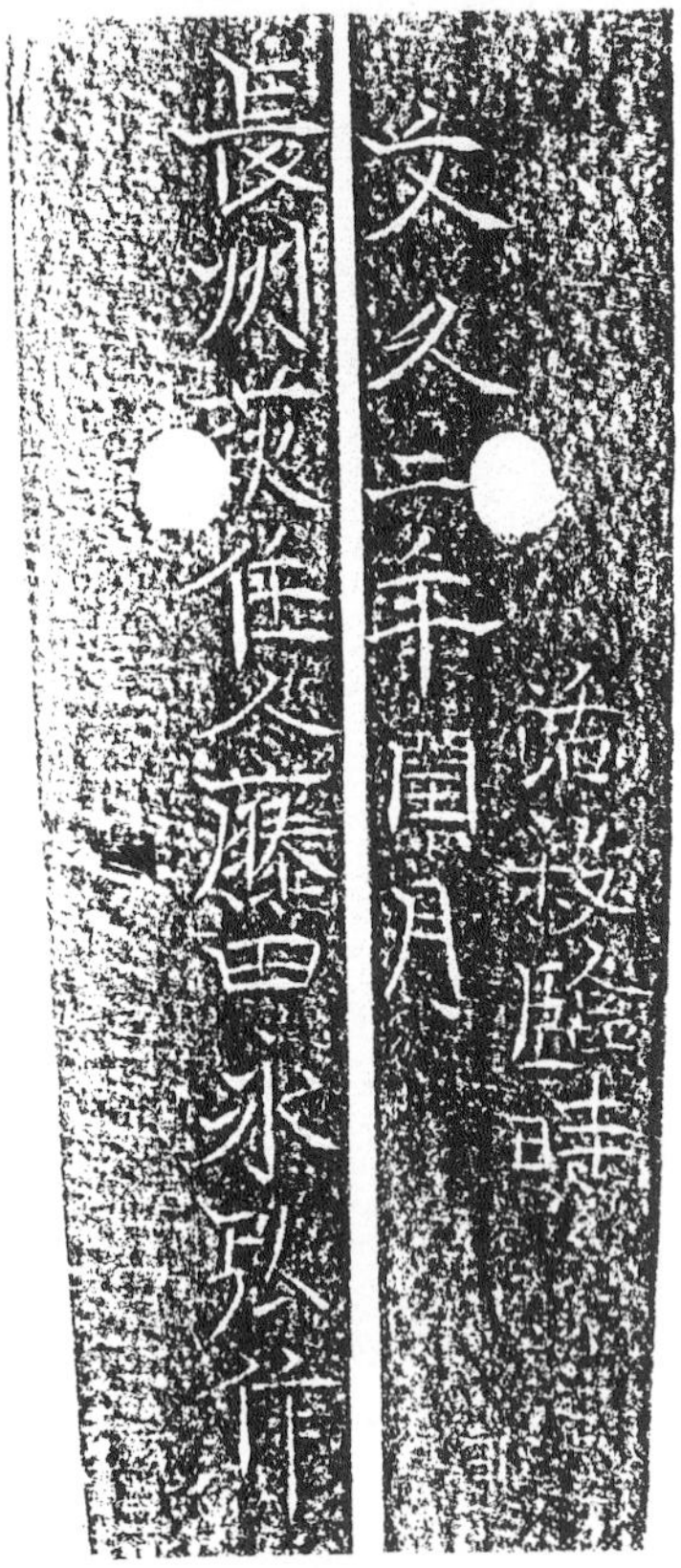

△長州萩住人藤田永弘作（ながひろ） 長門國―文久
文久二年閏月 活殺臨時

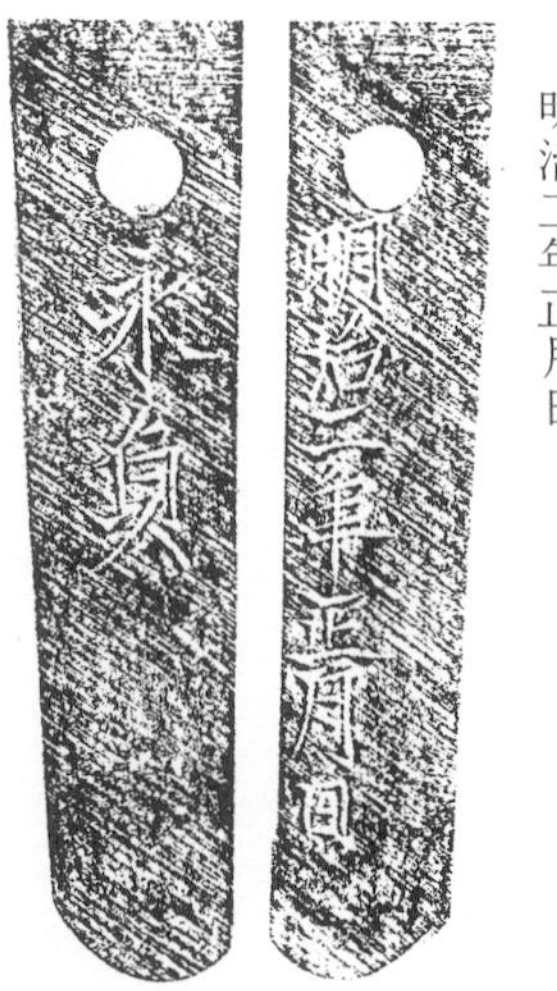

△永貞（ながさだ） 美濃國―明治
明治二年正月日

△武蔵守永道（ながみち） 摂津國―江戸中期

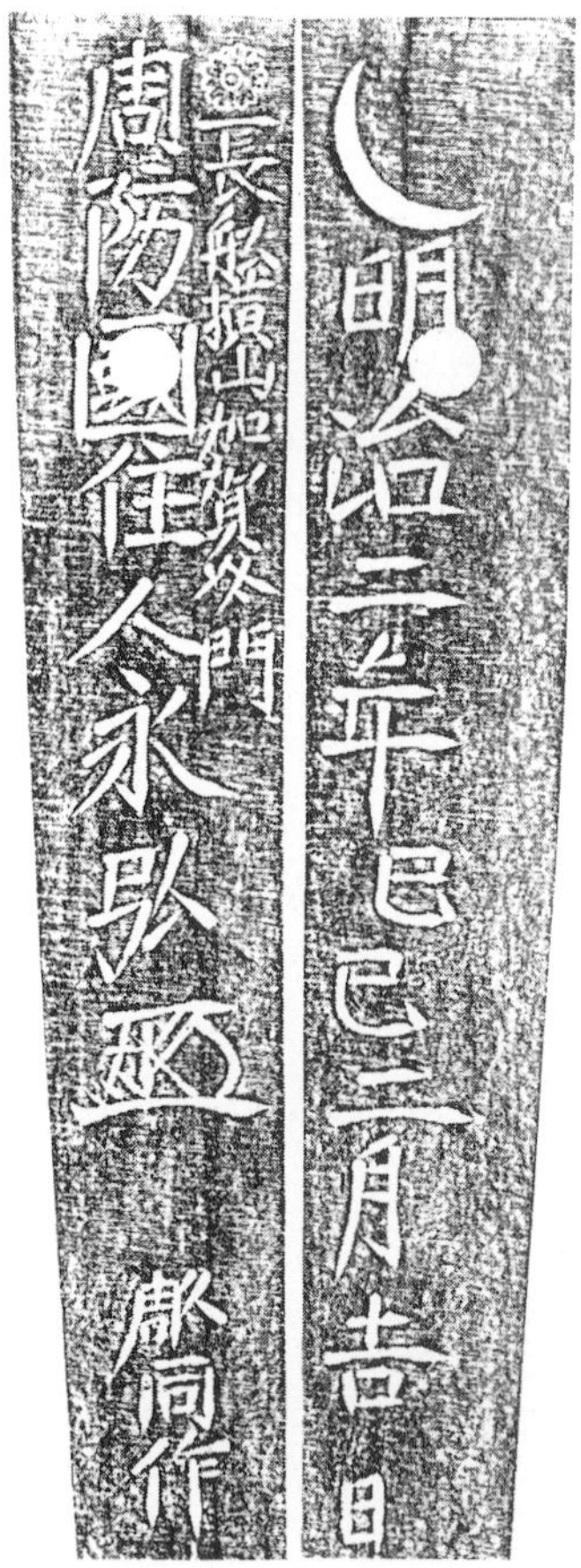

△（菊紋） 一長船横山加賀介門
周防國住人永弘〈花押〉彫同作（ながひろ） 長門國―明治
（三日月紋） 明治二年己巳二月吉日

○仁王三郎（におうさぶろう）〈二王同人〉周防國―鎌倉末期～南北朝期

○安芸國入西（にゅうさい）
永仁伍年閏十月日

安芸國―永仁

○藤原信舎作（のぶいえ） 信濃國—室町末期

○信國（のぶくに） 永徳三年八月一日 山城國—永徳

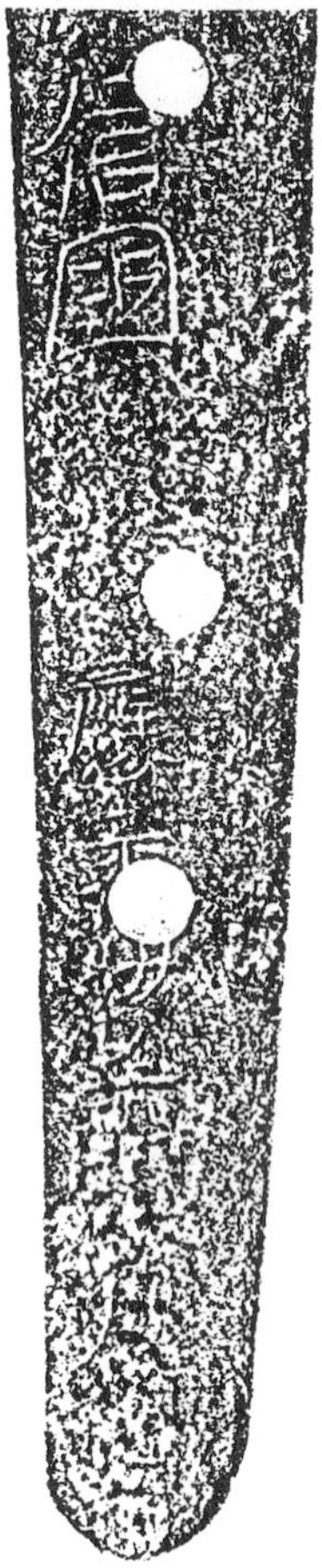

○信國（のぶくに） 応永卅年八月日 山城國—応永

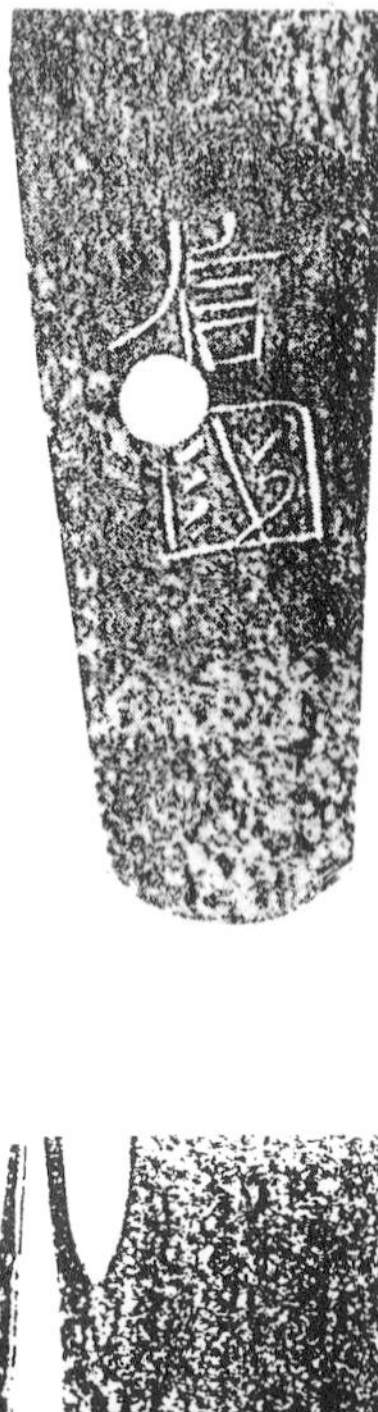


○信國（のぶくに） 山城國—南北朝期

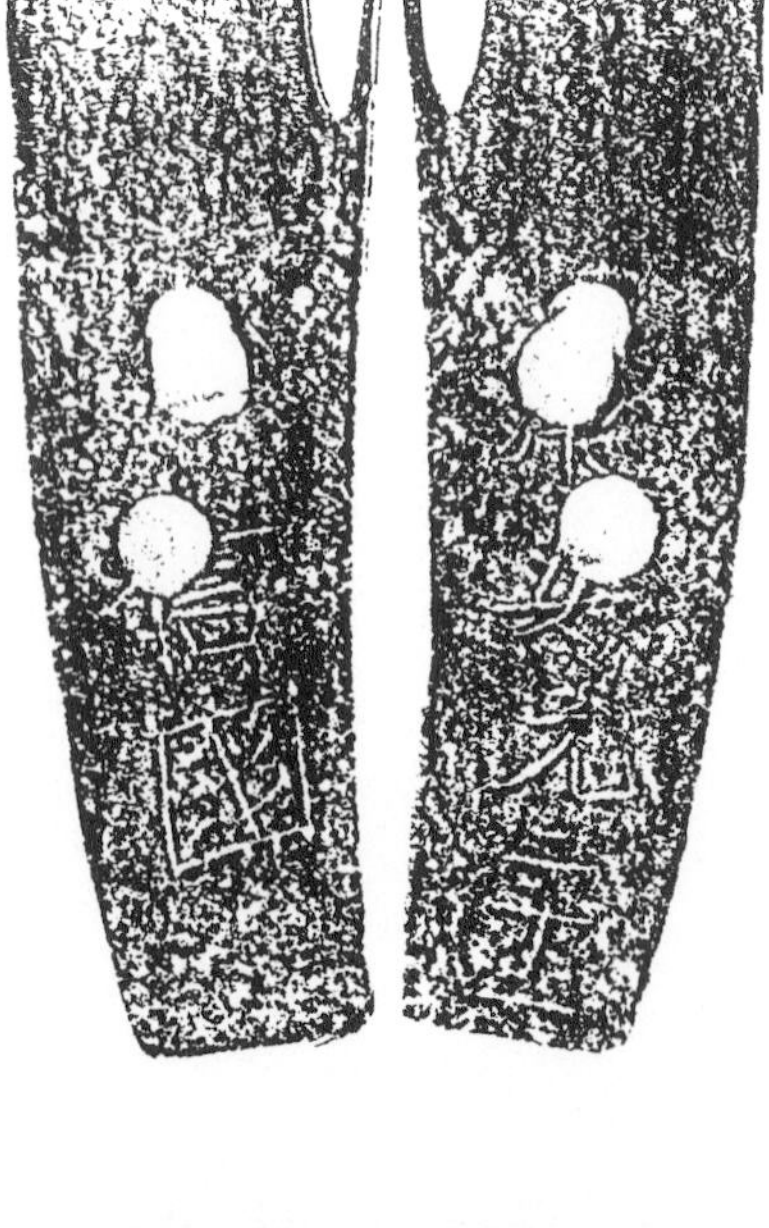

○信國（のぶくに） 康安元年二 山城國—康安

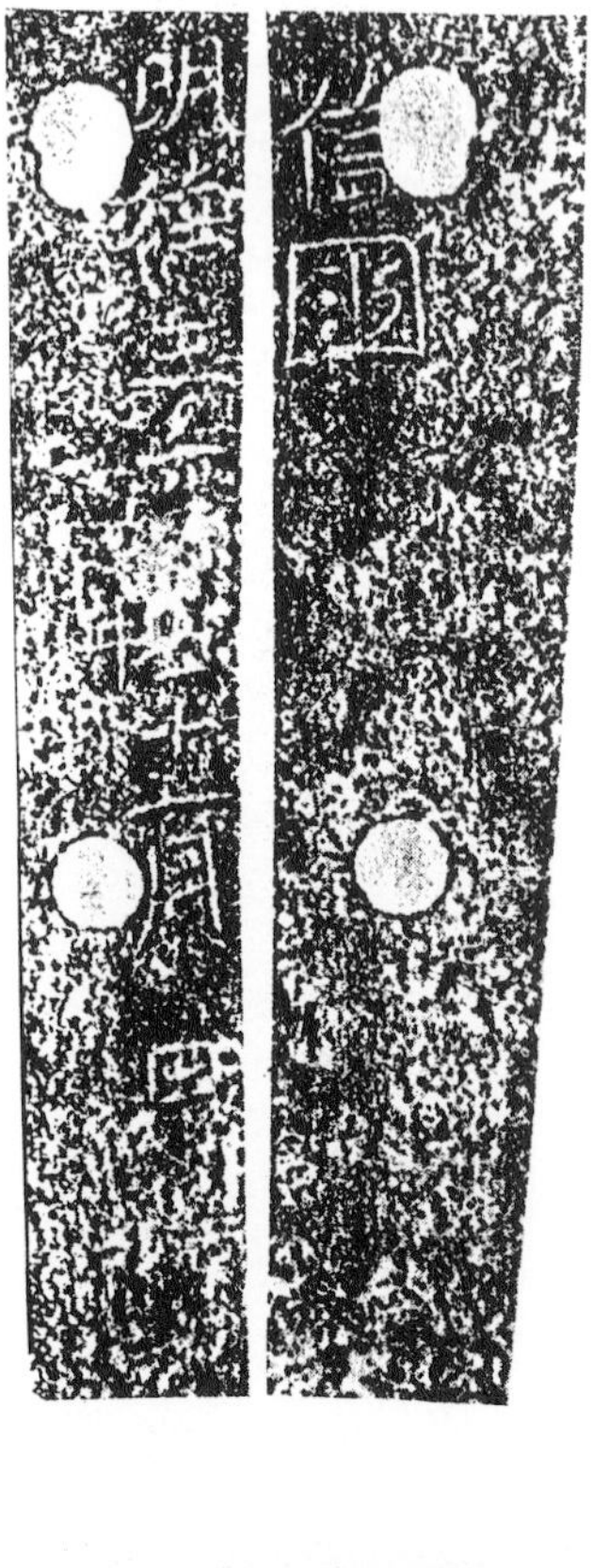

○信國（のぶくに） 明徳三年壬申十一月日 山城國—明徳

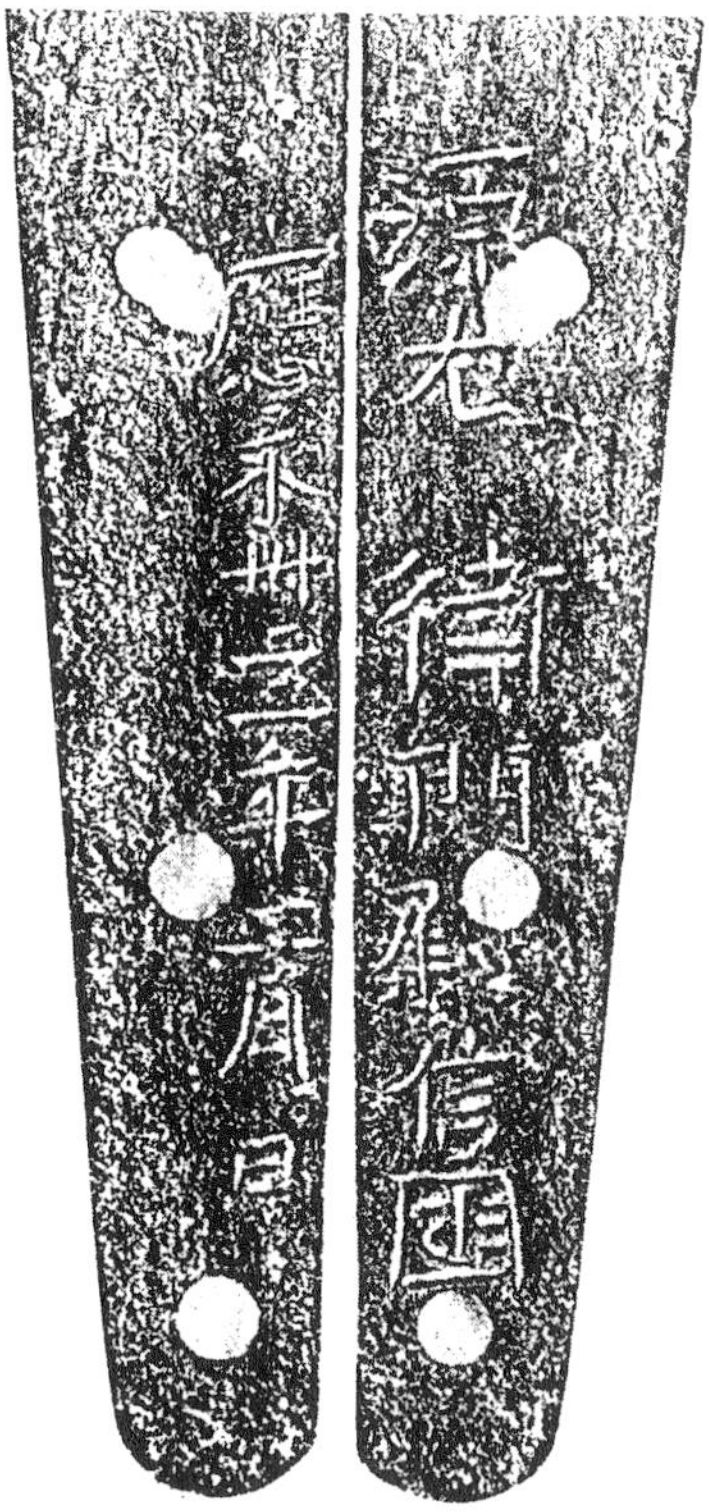

○源左衛門尉信國（のぶくに）　山城國—応永
応永卅二二年二二月日

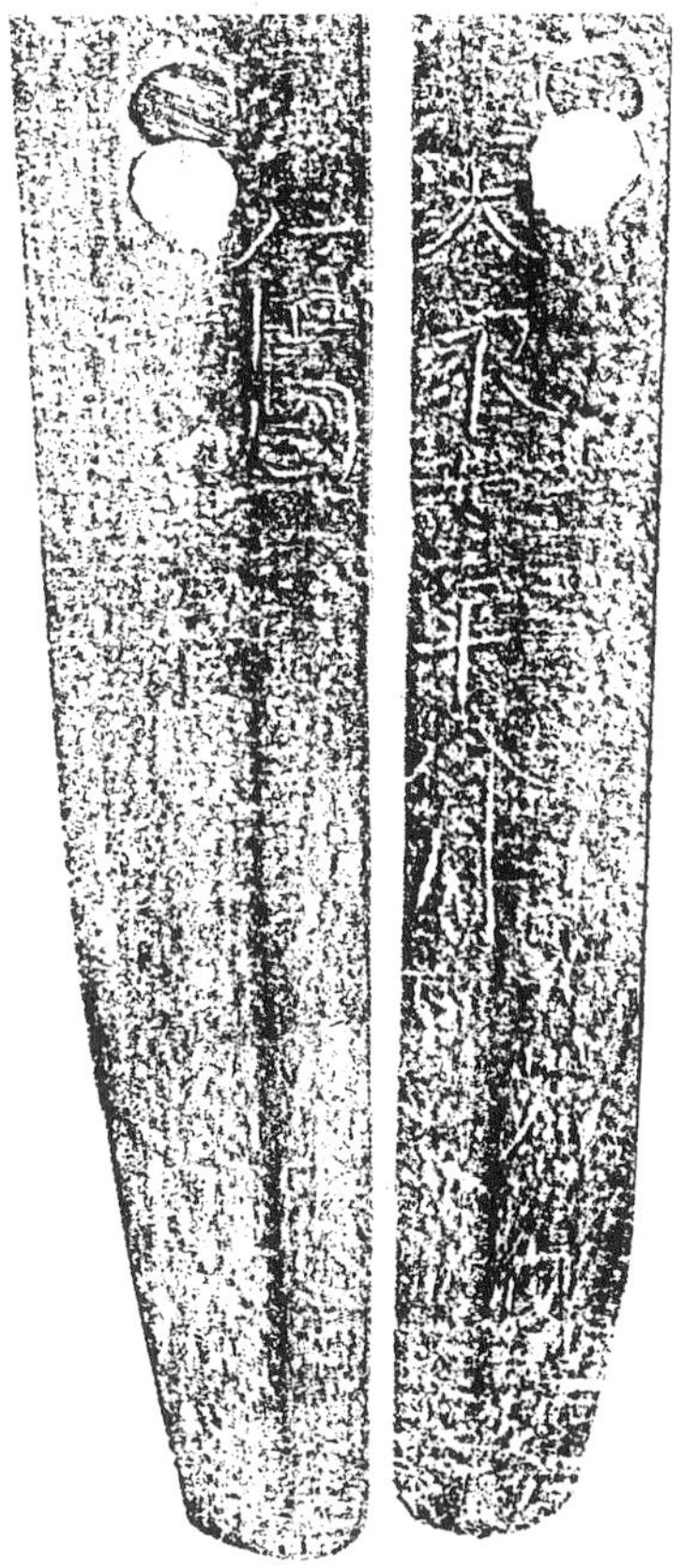

○信國（のぶくに）　〈豊前〉豊前國—大永
大永七年八月日吉包作

○信長（のぶなが）〈浅古当麻〉加賀國—室町後期

○式部丞信國（のぶくに）　山城國—永享
永享二二年八月日

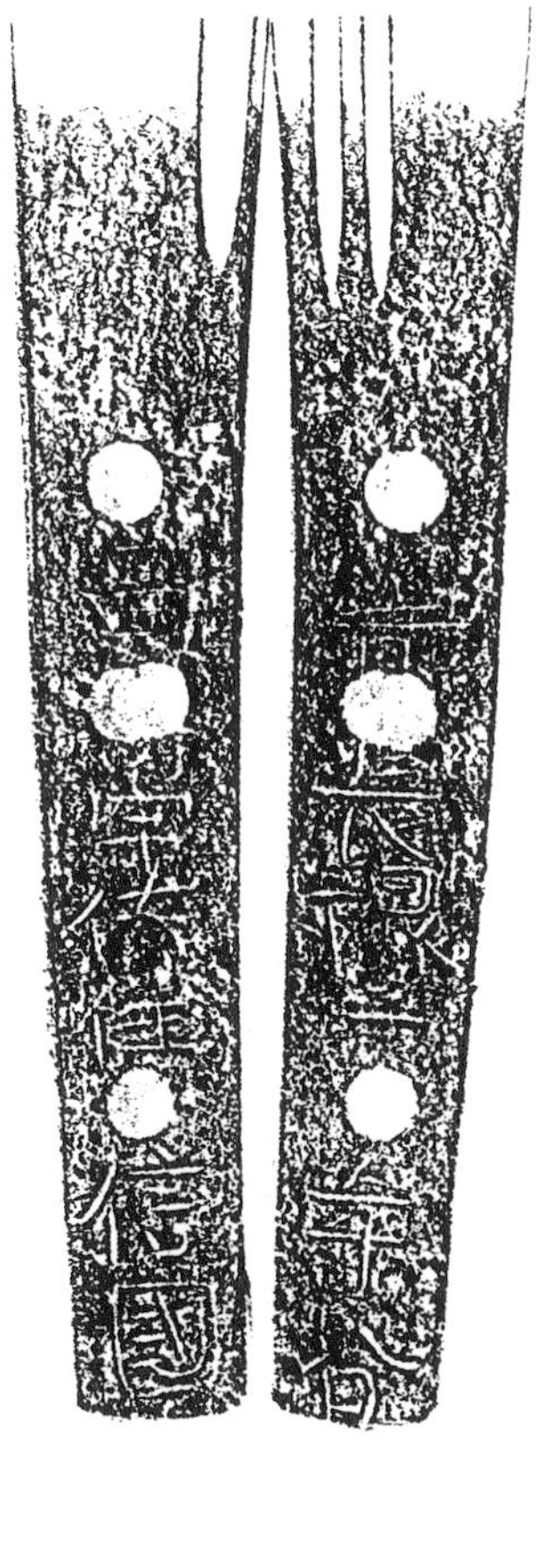

○□□宇佐住信國（のぶくに）　〈豊前〉豊前國—長禄
□長禄二年八月

○信長（のぶなが）
〈浅古当麻〉加賀國—室町後期

○信房作（のぶふさ）〈古備前〉備前國―平安末期

○信正（のぶまさ）〈一文字〉備前國―鎌倉初期

○信光（のぶみつ）大和國系―南北朝期前

○信房作（のぶふさ）〈古備前〉備前國―平安末期

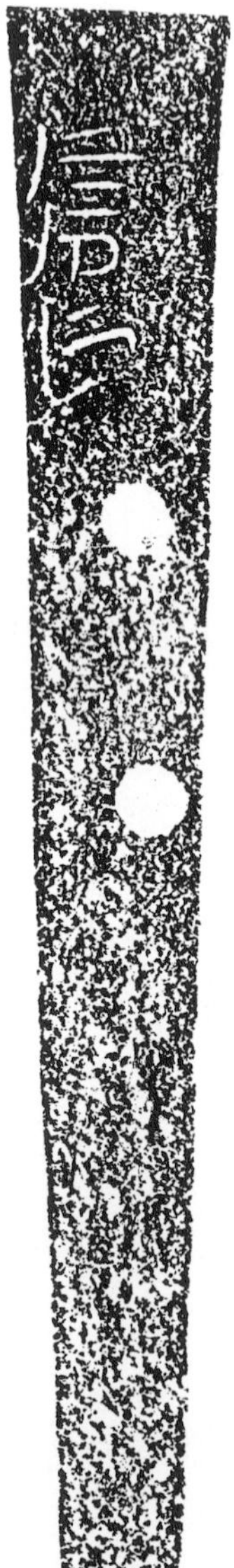
○信正（のぶまさ）〈一文字〉備前國―鎌倉初期

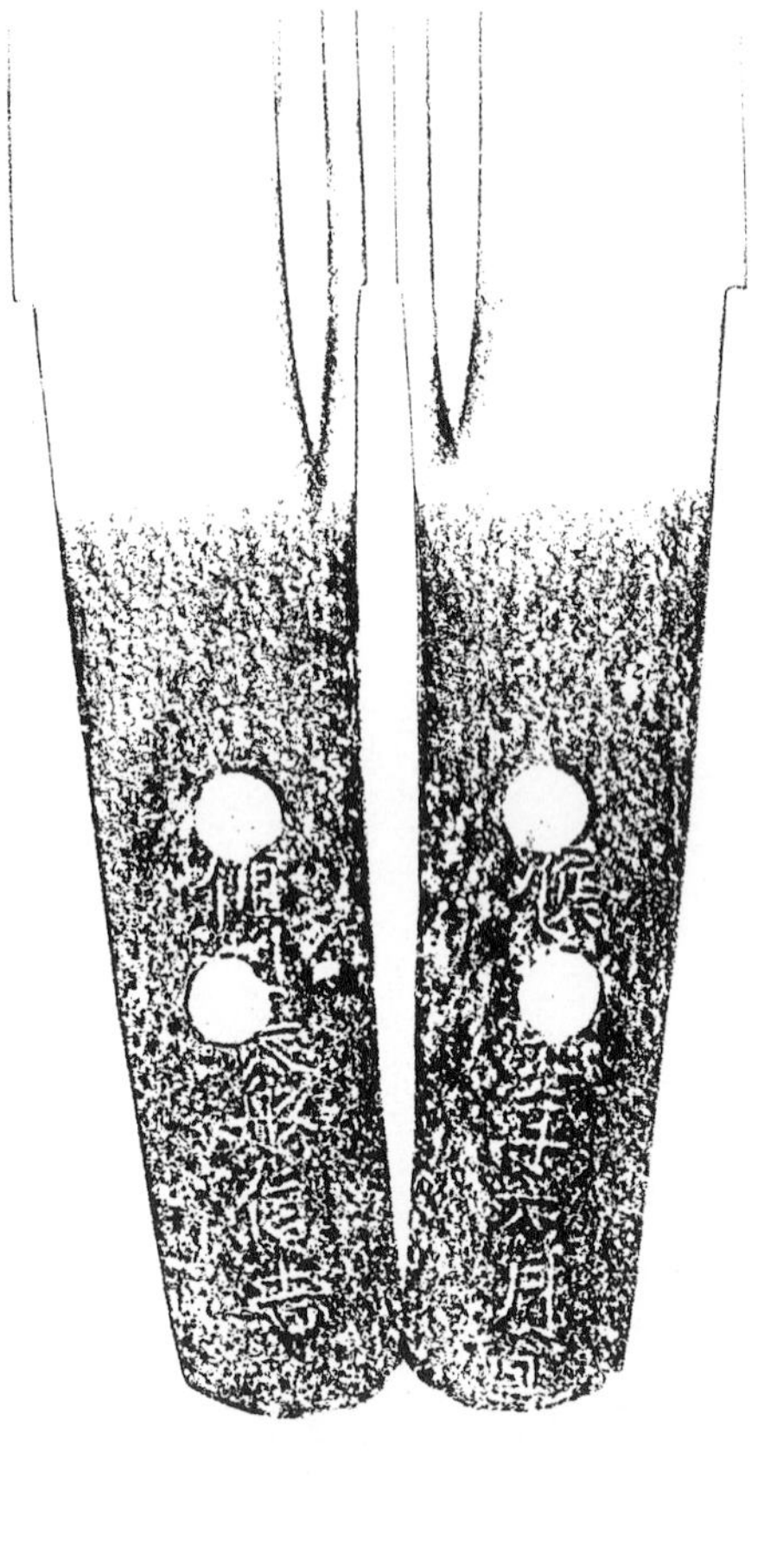
○備州長船信吉（のぶよし）
応安元年六月日
備前國―応安

○延次（のぶつぐ）〈古青江〉備中國―鎌倉初期

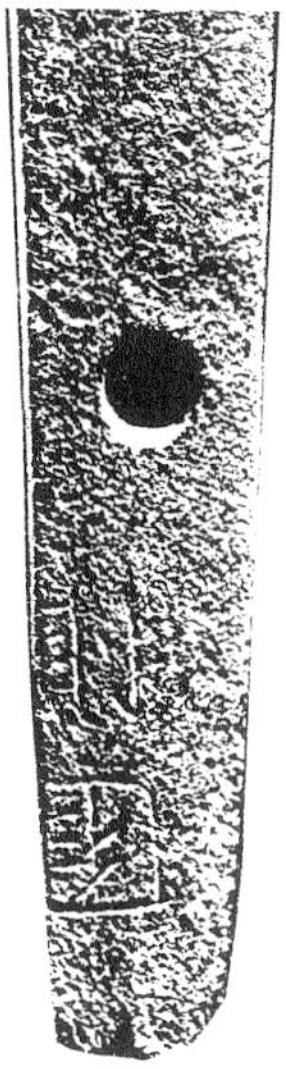

○則國（のりくに）〈粟田口〉山城國―鎌倉初期

○則重（のりしげ）〈古備前〉備前國―鎌倉初期

○則高（のりたか）〈古青江〉備中國―鎌倉初期

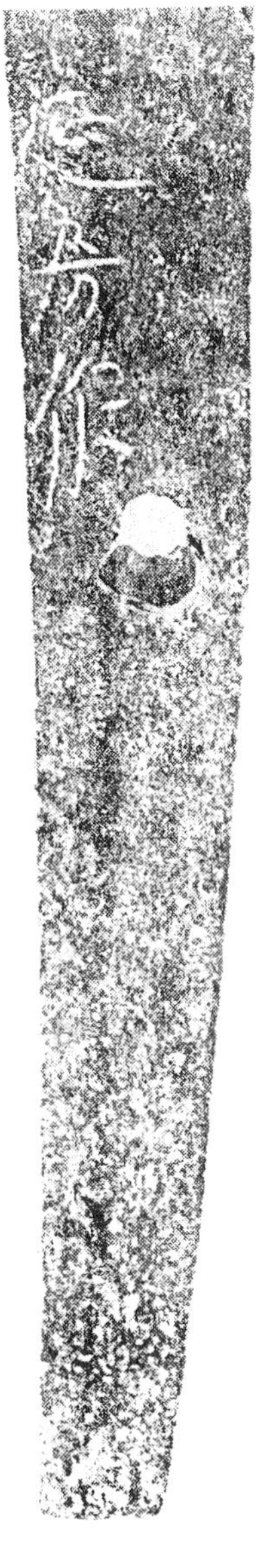

○延房作（のぶふさ）備前國―鎌倉初期

○延吉（のぶよし）〈龍門〉大和國―鎌倉後期

○則重（のりしげ）〈越中〉越中國―鎌倉末期

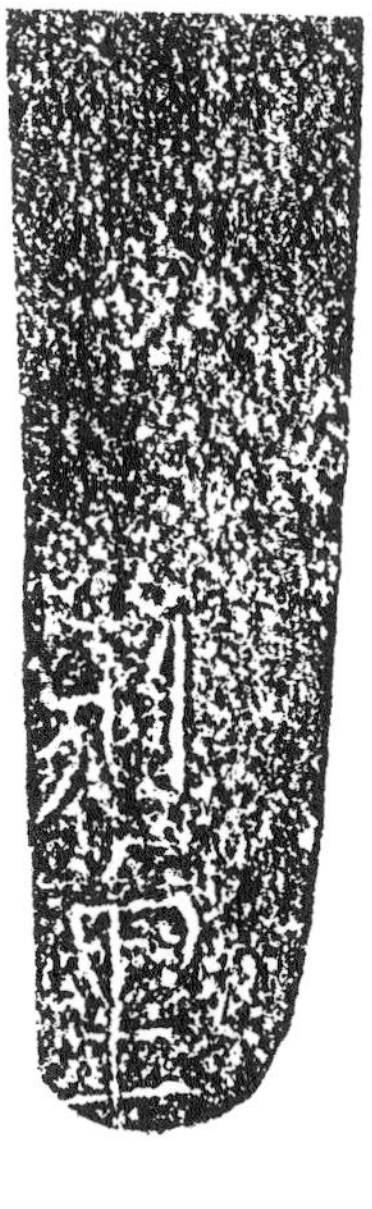

○則重（のりしげ）〈越中〉越中國―鎌倉末期

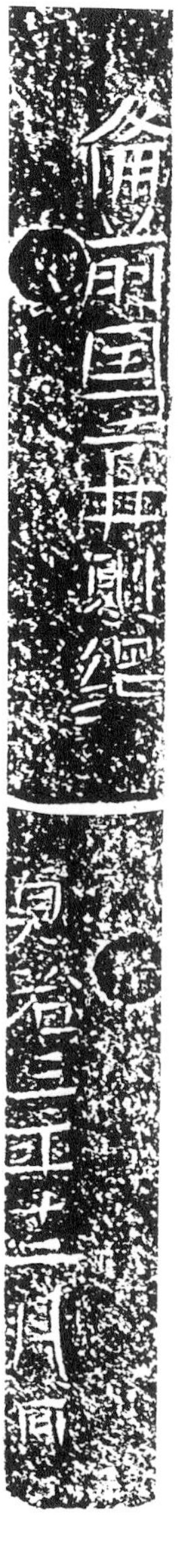

○備前國吉井則綱（のりつな）
貞治三年十二月日
〈吉井〉備前國―貞治

○則恒(のりつね)
〈一文字〉備前國―鎌倉初期

○大和則長作(のりなが)
大和國―鎌倉末期

○則成(のりなり)
〈吉岡一文字〉備前國―鎌倉末期

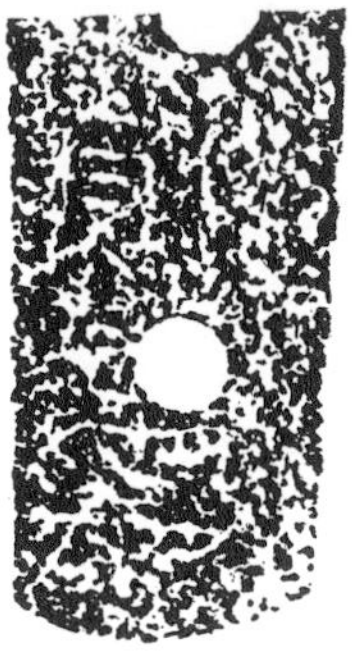

○則房(のりふさ)
〈一文字〉備前國―鎌倉中期

○大和國尻懸住則長作(のりなが) 大和國―鎌倉末期

○大和則長作(のりなが) 大和國―鎌倉末期

○大和國則長(のりなが) 大和國―室町前期

○則房(のりふさ)〈一文字〉備前國―鎌倉中期

○則房(のりふさ)
〈一文字〉備前國―鎌倉中期

○則房(のりふさ)〈一文字〉備前國―鎌倉中期

○備州長船則光（のりみつ）　備前國―永享
永享十一年二月日

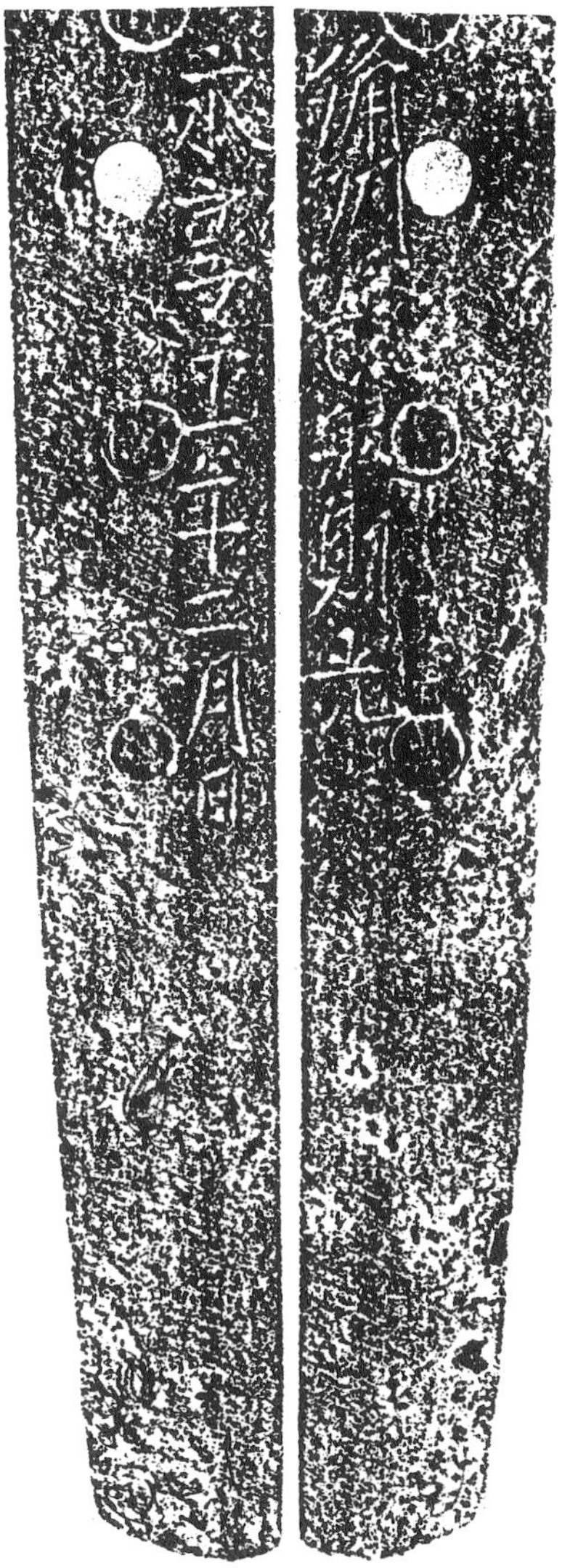

○備州長船則光（のりみつ）　備前國―文安
文安五年二月日

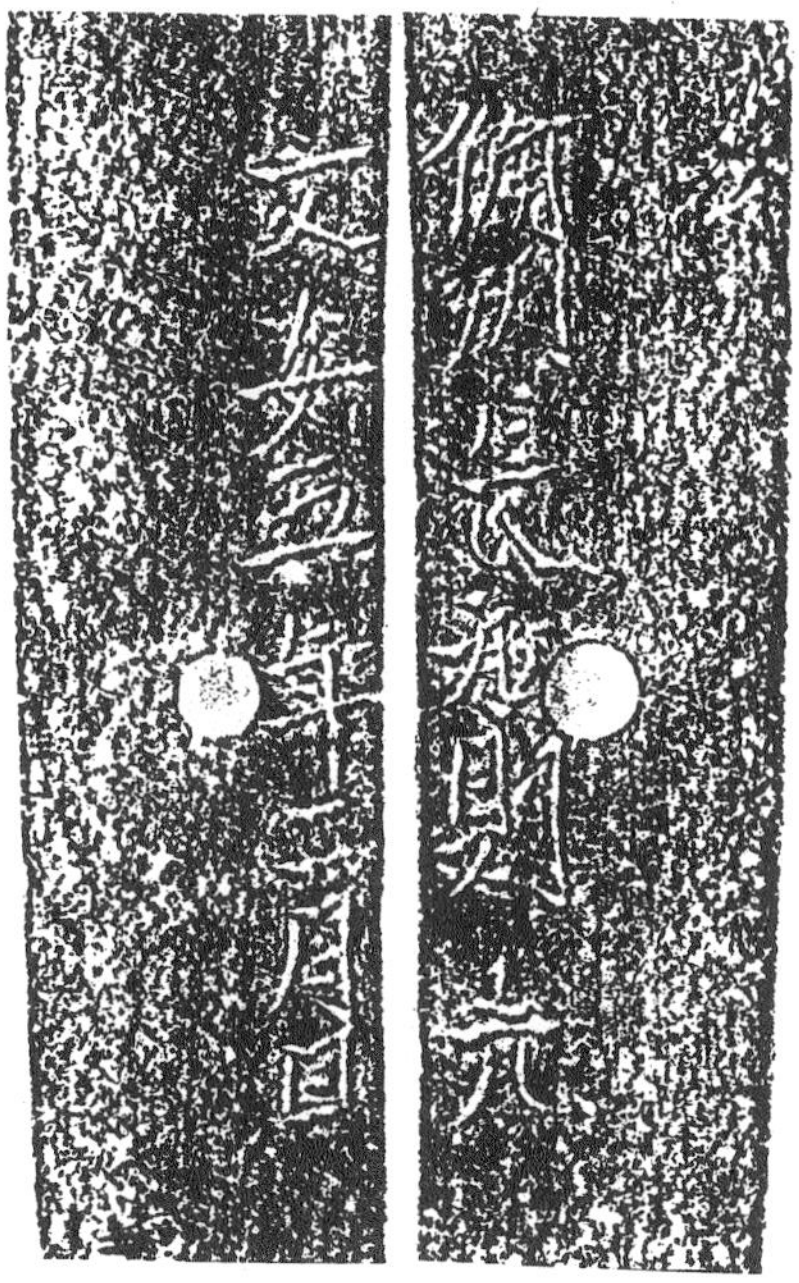

○則宗（のりむね）
〈一文字〉　備前國―鎌倉初期

○則宗（のりむね）
〈一文字〉　備前國―鎌倉初期

○備州長船則光（のりみつ）　備前國―寛正
寛正五年八月日

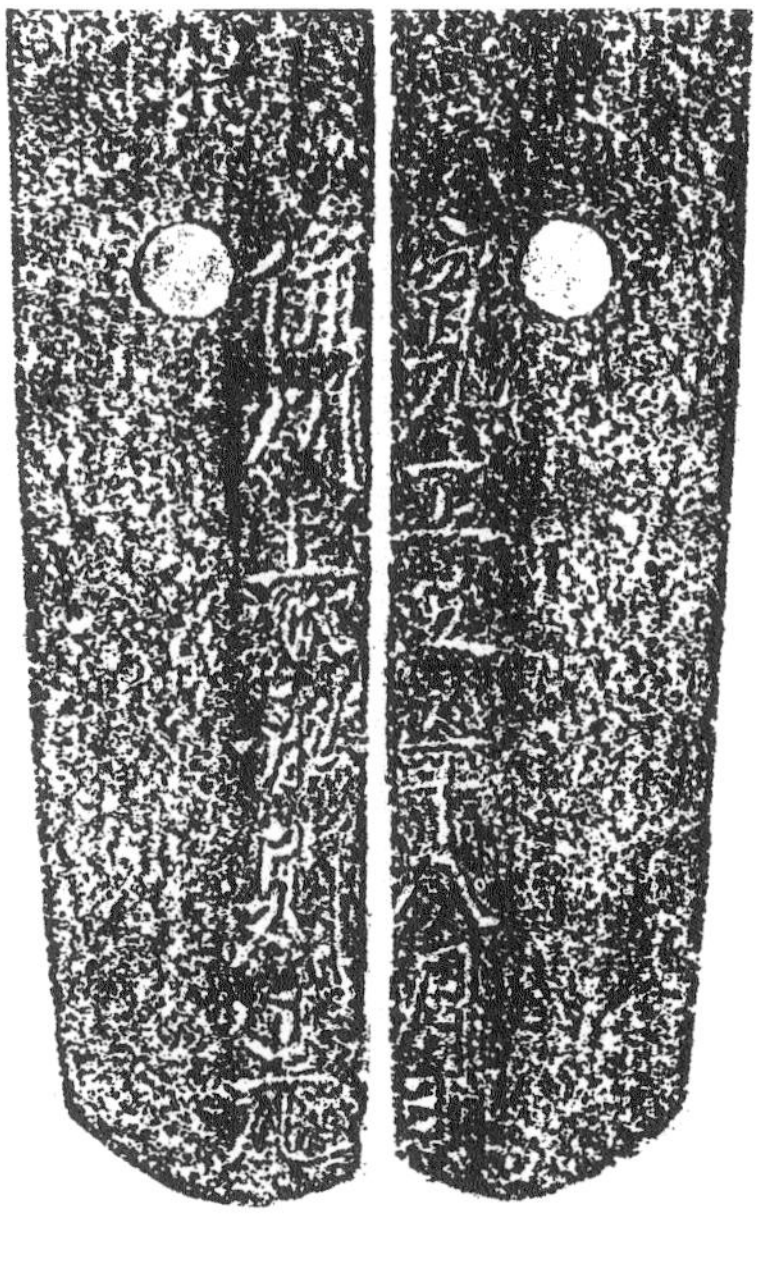

○備州長船法光（のりみつ）　備前國―文安
文安五年二月日

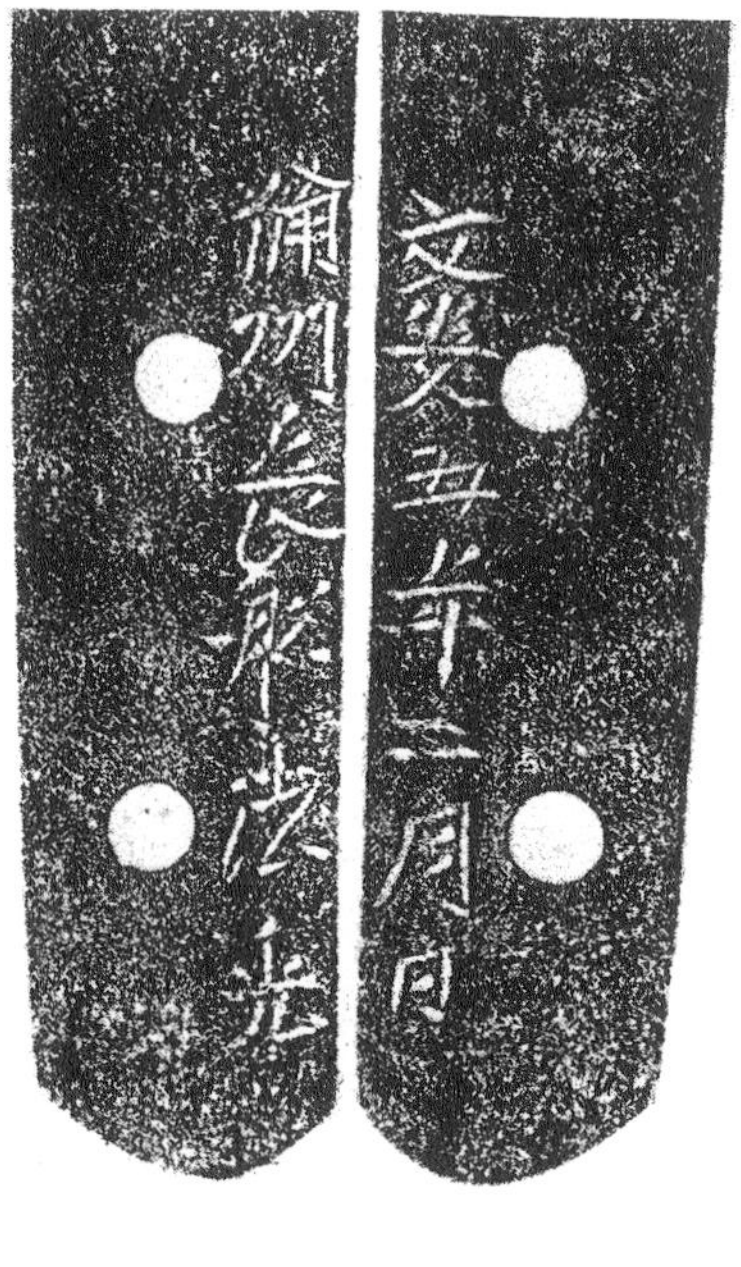

な

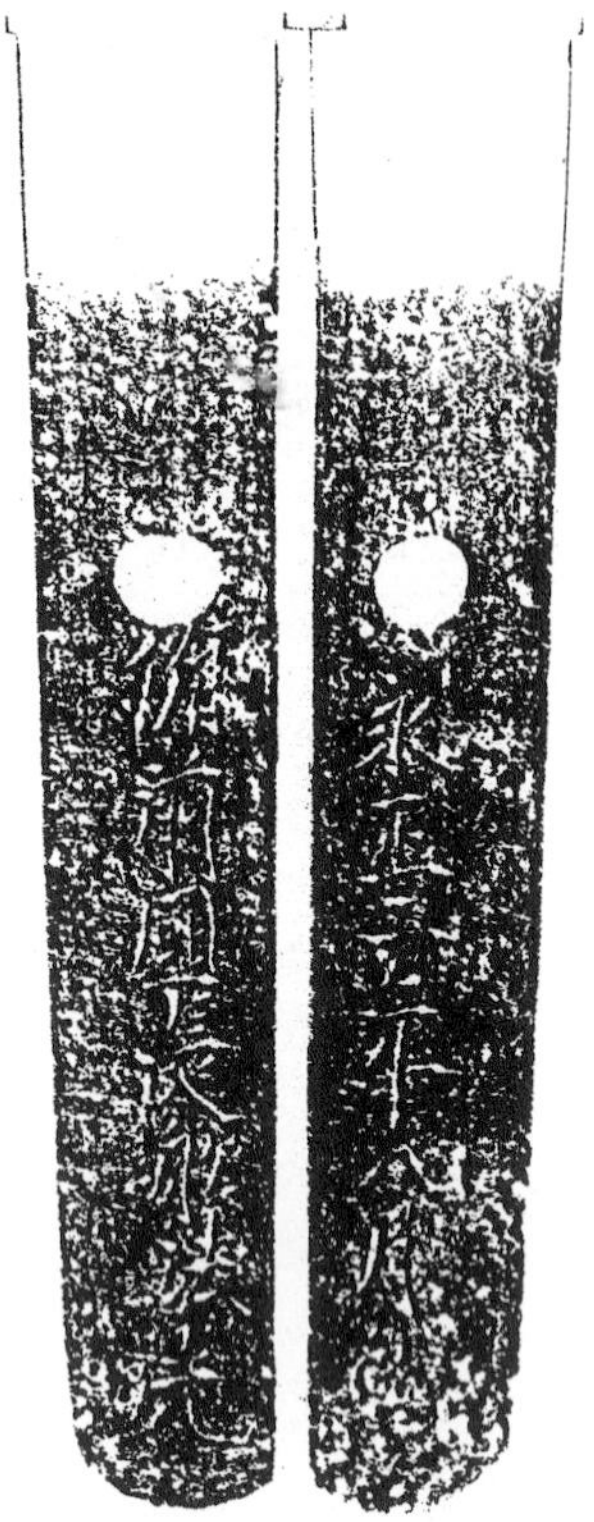

○備前國長船法光（のりみつ）
永正二年八月日
備前國—永正

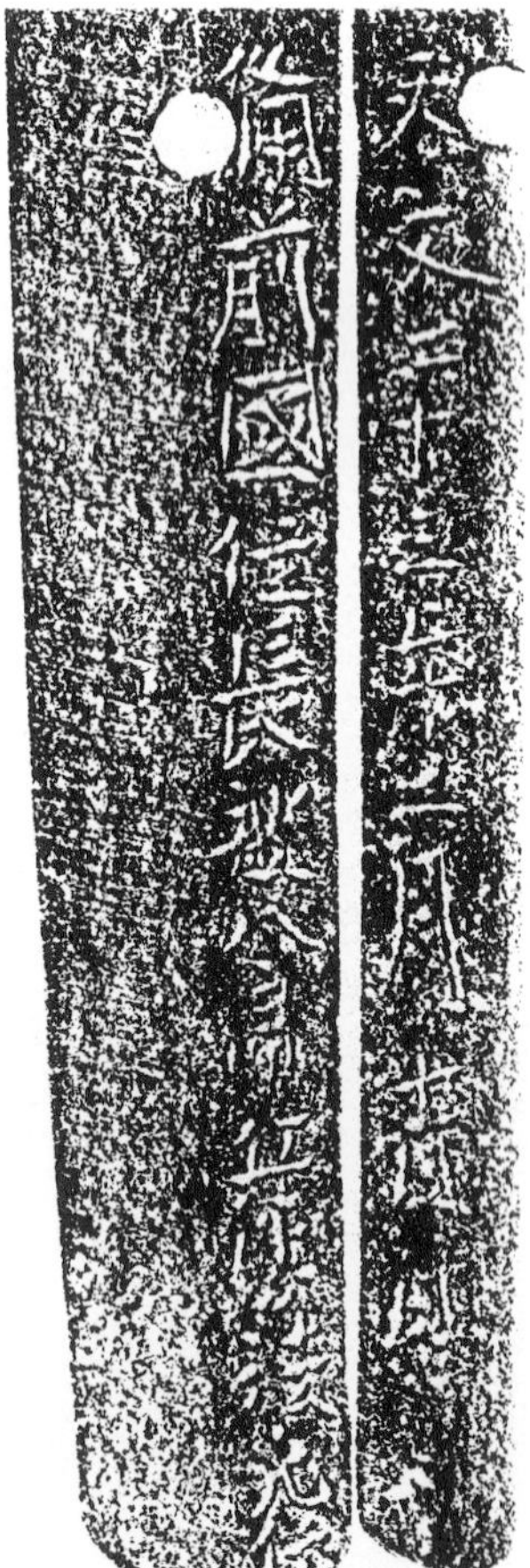

○備前國住長船八郎兵衛法光作（のりみつ）
天文二十三年二月吉日
備前國—天文

△武州葛飾住藤原順重（のぶしげ）
以千草鉄鍛丸
文久紀元辛酉八月日
武蔵國—文久

△信屋（のぶいえ）〈信家後銘〉尾張國—江戸中期

△運寿信一作（のぶかず）文久三年二月日　武蔵國—文久

△信國作（のぶくに）筑前國―江戸中期

△伯耆守藤原信高作（のぶたか）〈初代〉尾張國―天正
天正九年八月吉日

△前伯州藤原信高入道閑遊（のぶたか）〈二代〉尾張國―延宝
延宝九辛酉十月吉祥日七十九歳作之

△陸奥守藤原信貞（のぶさだ）越前國―江戸中期
越前住下坂

△伯耆守藤原信高（のぶたか）〈三代〉尾張國―寛文
寛文十年八月吉日

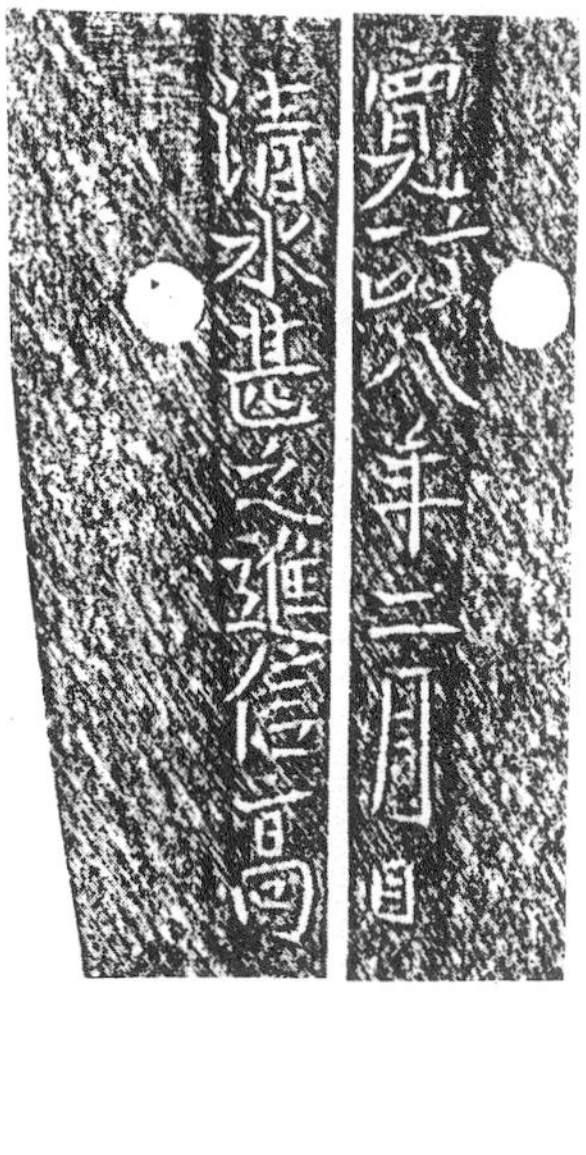

△清水甚之進信高（のぶたか）〈十代〉尾張國―寛政
寛政八年二月日

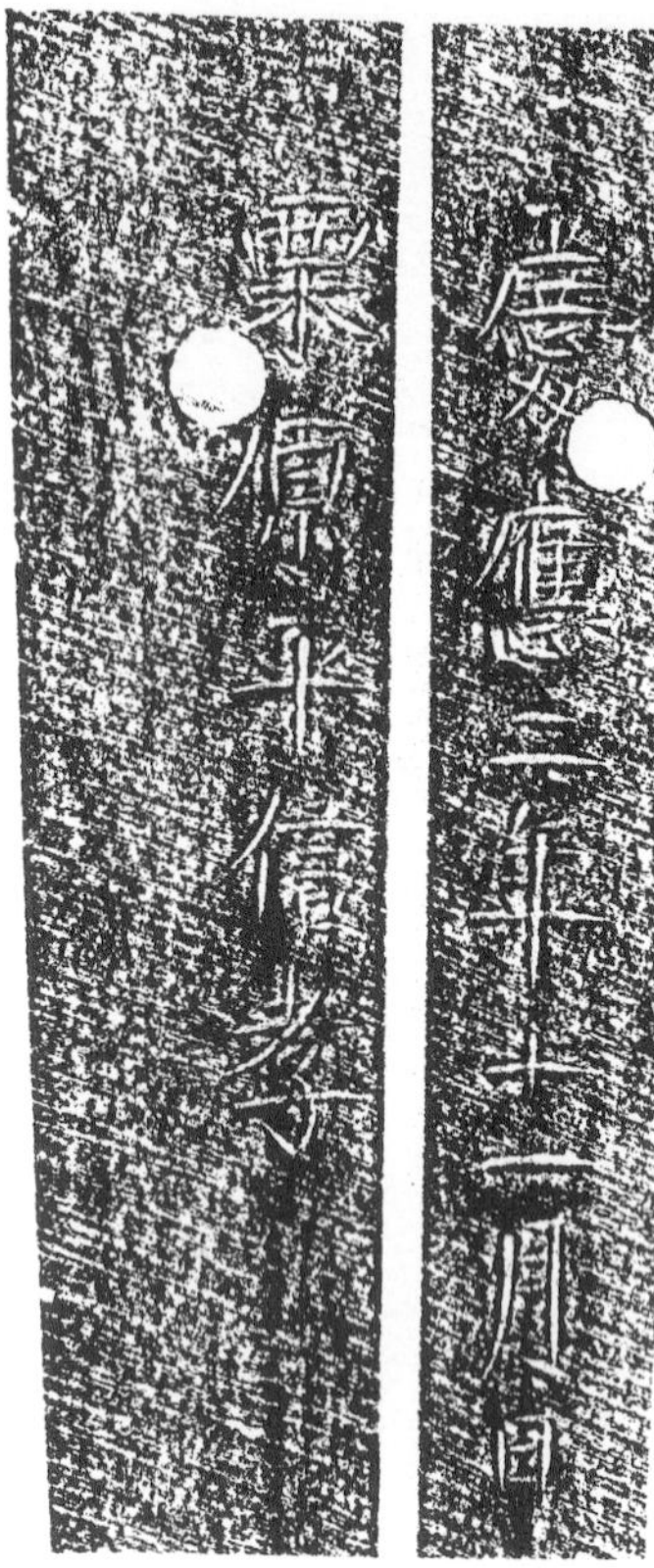

△栗原平信孝（のぶたか）
慶応二年十一月日
〈信秀同人〉　武蔵國—慶応

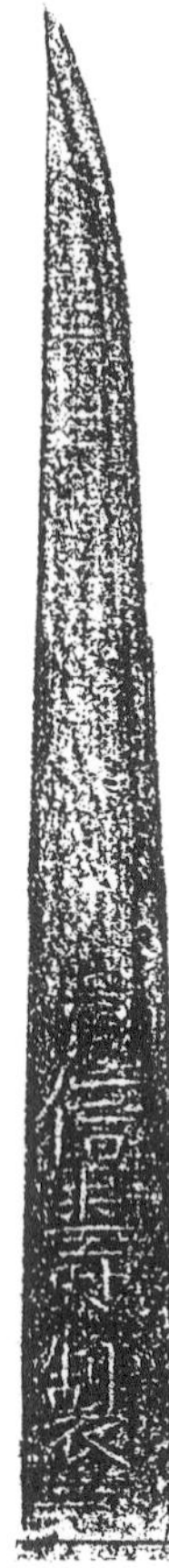

△信寿製（のぶとし）　武蔵國—幕末～明治

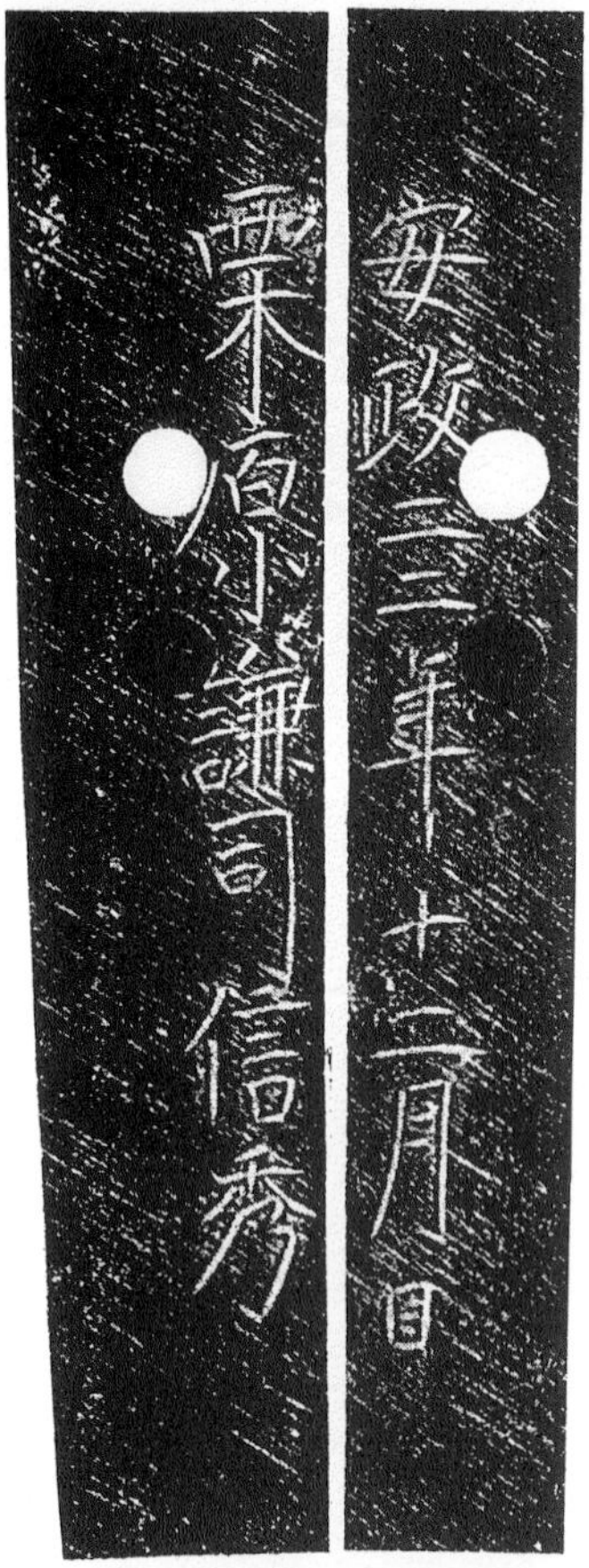

△栗原謙司信秀（のぶひで）
安政三年十二月日
武蔵國—安政

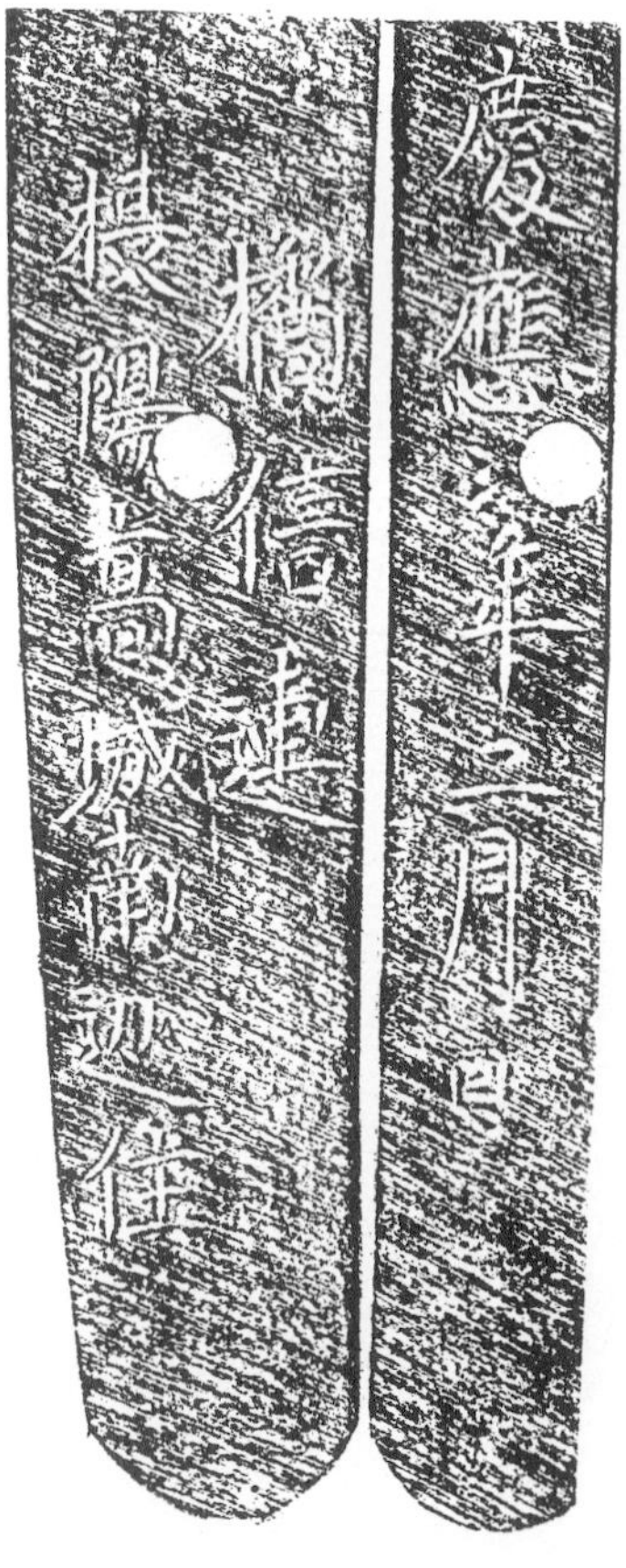

△橘信連（のぶつら）
摂陽高城南辺住
慶応□年二月日
摂津國—慶応

△加州金沢住人藤原信友（のぶとも）　加賀國—江戸中期

△平信秀彫同作（のぶひで）
元治元年三月日
武蔵國—元治

△土佐住一竜子源信秀（のぶひで） 土佐國―江戸末期

△大和大掾藤原貞行
藤原信行（のぶゆき）
〈貞行と合作〉 豊後國―江戸中期

△（菊紋）一高井越前守源来信吉（のぶよし）
元禄八乙亥年二月日
摂津國―元禄

△出羽大掾信正（のぶまさ） 摂津國―江戸中期

△阿波守信吉（のぶよし） 摂津國―江戸中期

△（菊紋）信濃守藤原信吉（のぶよし）
延宝二年十二月吉日
摂津國―延宝

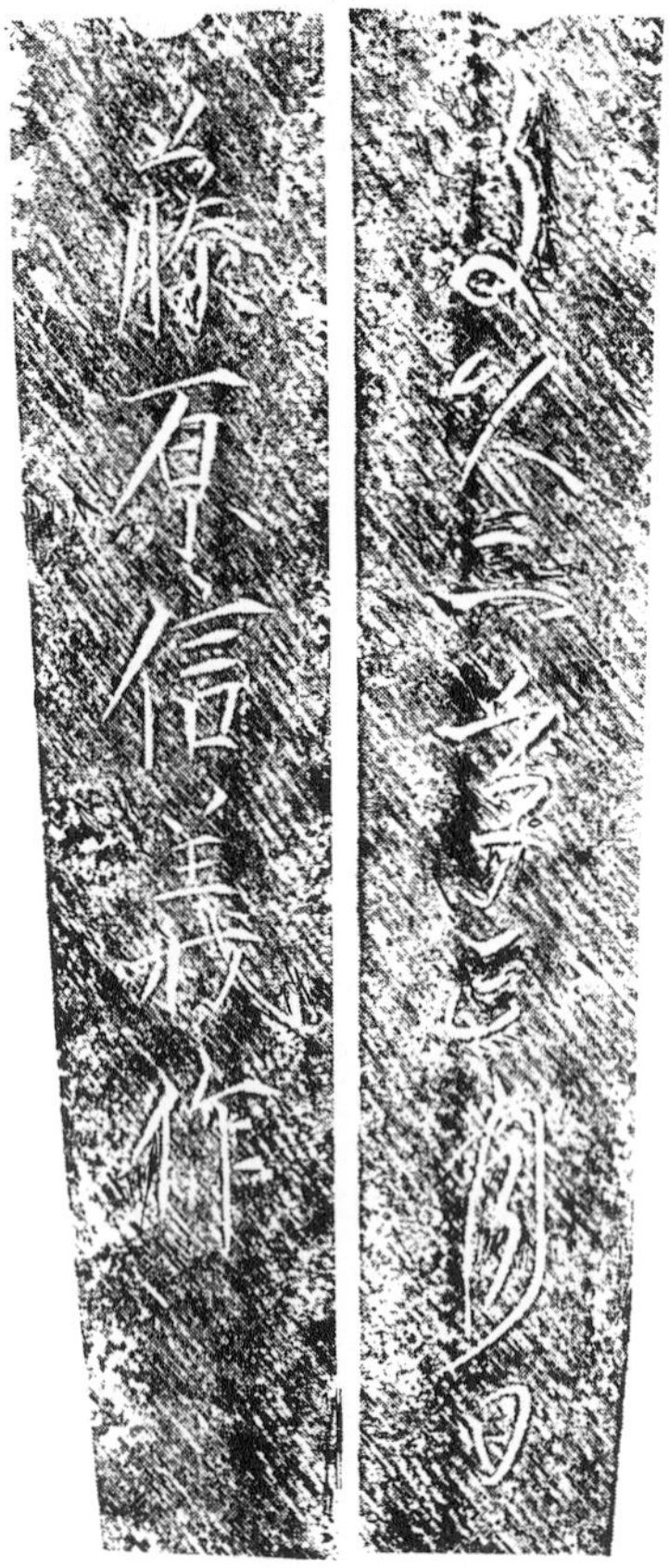

△藤原信義作（のぶよし）
文久二年正月日
武蔵國―文久

△延寿宣勝作（のぶかつ）
慶応三年二月日
肥後國―慶応

△加州住信義（のぶよし）加賀國―江戸末期

△参河守大道陳直作（のぶなお）美濃國―桃山期

△豊後住藤原宣行（のぶゆき）豊後國―江戸中期

△山城國住藤原則定（のりさだ）山城國―江戸中期

△豊後高田住藤原則行（のりゆき）豊後國―江戸中期

△於江戸水府住勝村徳勝（のりかつ・とくかつ）〈初代〉常陸國―元治
元治二年乙丑二月日

△水府住関内徳兼（のりかね）常陸國―江戸末期

△武州河越住則重作（のりしげ）武蔵國―江戸初期

△水府住勝村徳勝作之（のりかつ・とくかつ）〈二代〉常陸國―明治
明治元年十二月日

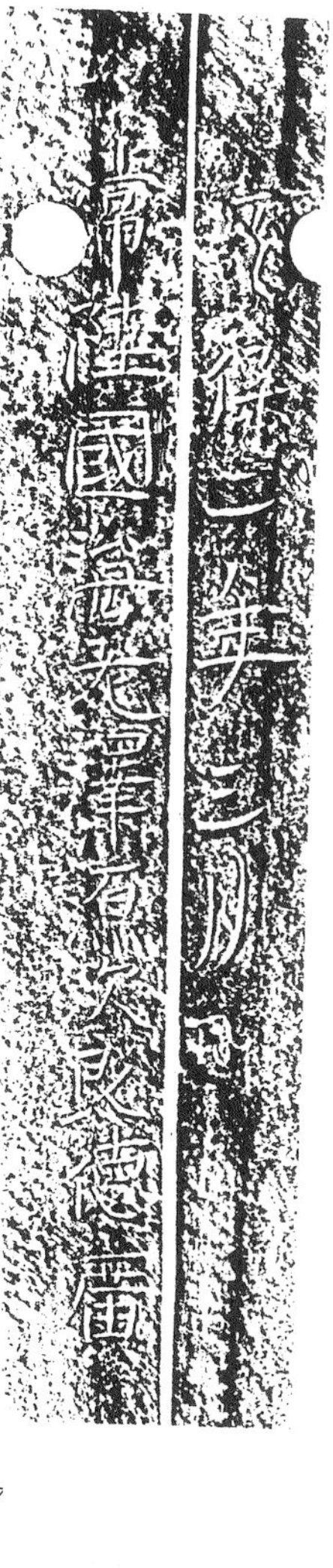

△常陸國海老沢源次良徳廣（のりひろ）常陸國―天保
天保二年三月日

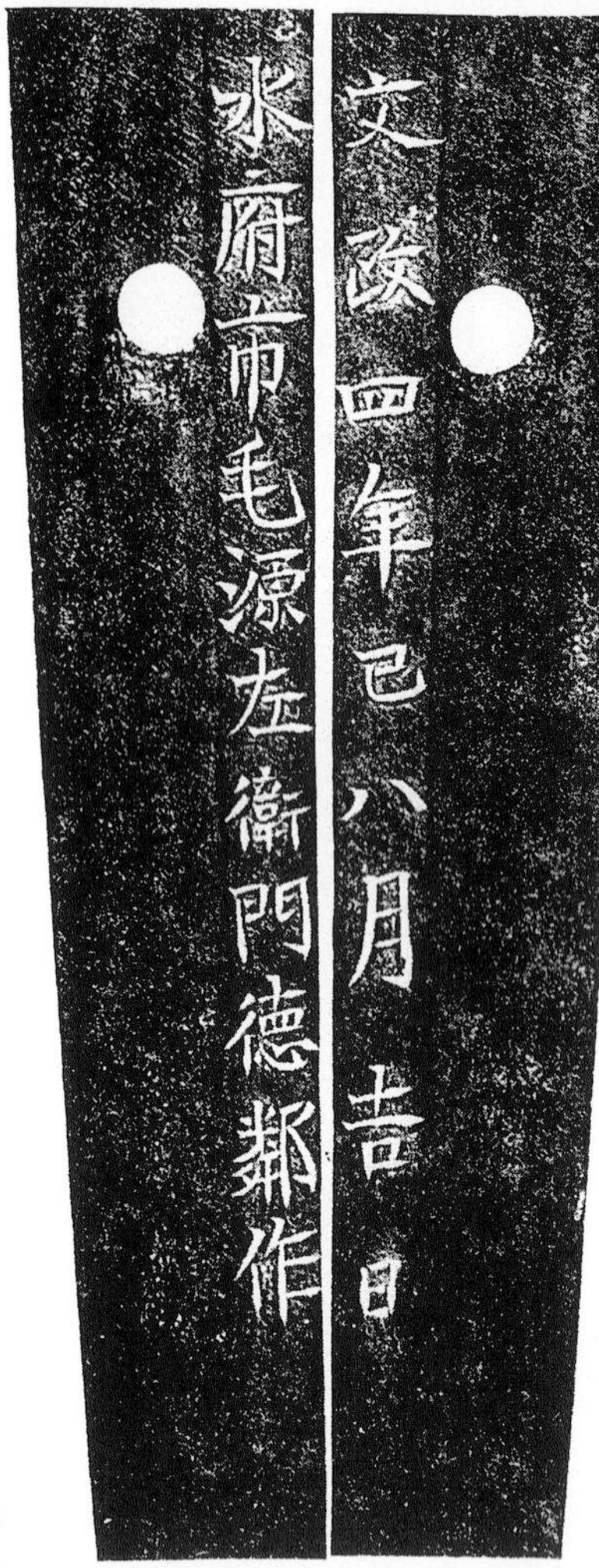

△水府市毛源左衛門徳隣作（のりちか・とくりん）
文政四年巳八月吉日
常陸國—文政

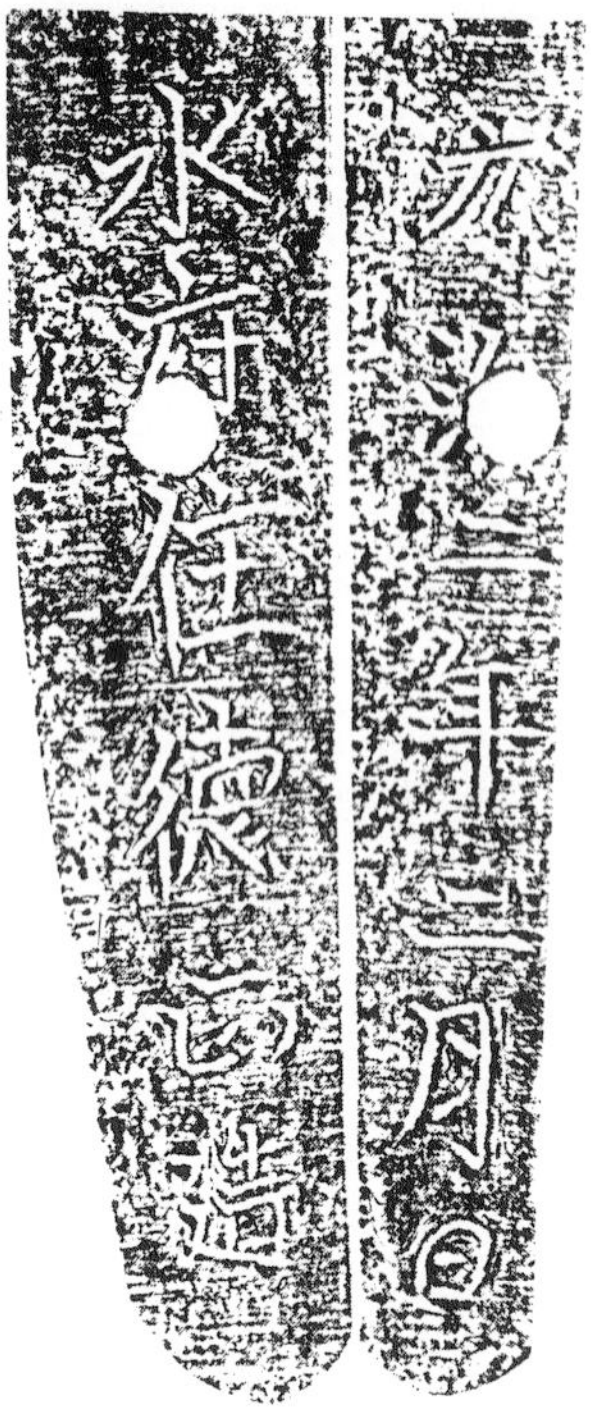

△水府住徳正造（のりまさ）
元治二年二月日
常陸國—元治

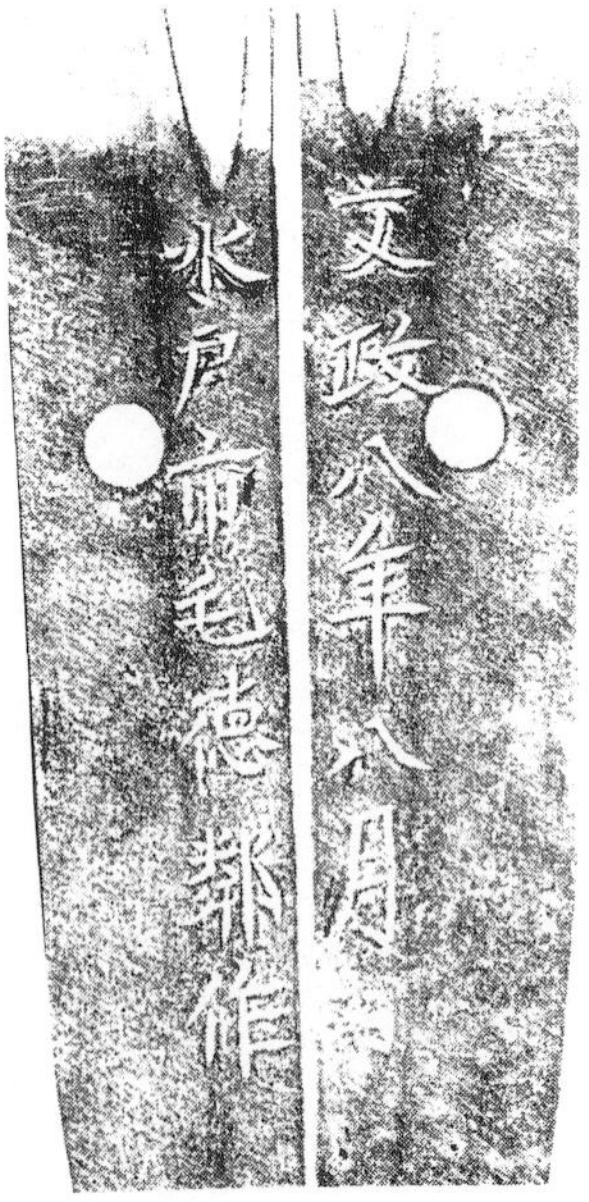

△水戸市毛徳隣作（のりちか・とくりん）
文政八年八月日
常陸國—文政

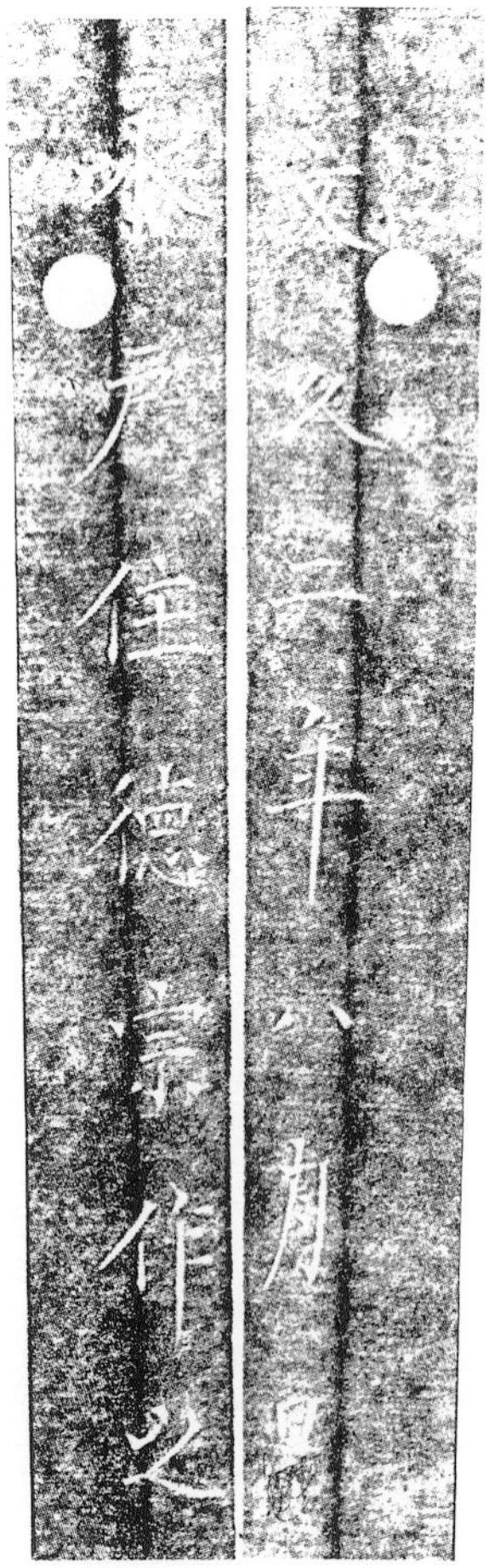

△水戸住徳宗作之（のりむね）
文久二年八月日
常陸國—文久

□堀井信秀作（のぶひで）
昭和五十六辛酉歳初春日
北海道―昭和

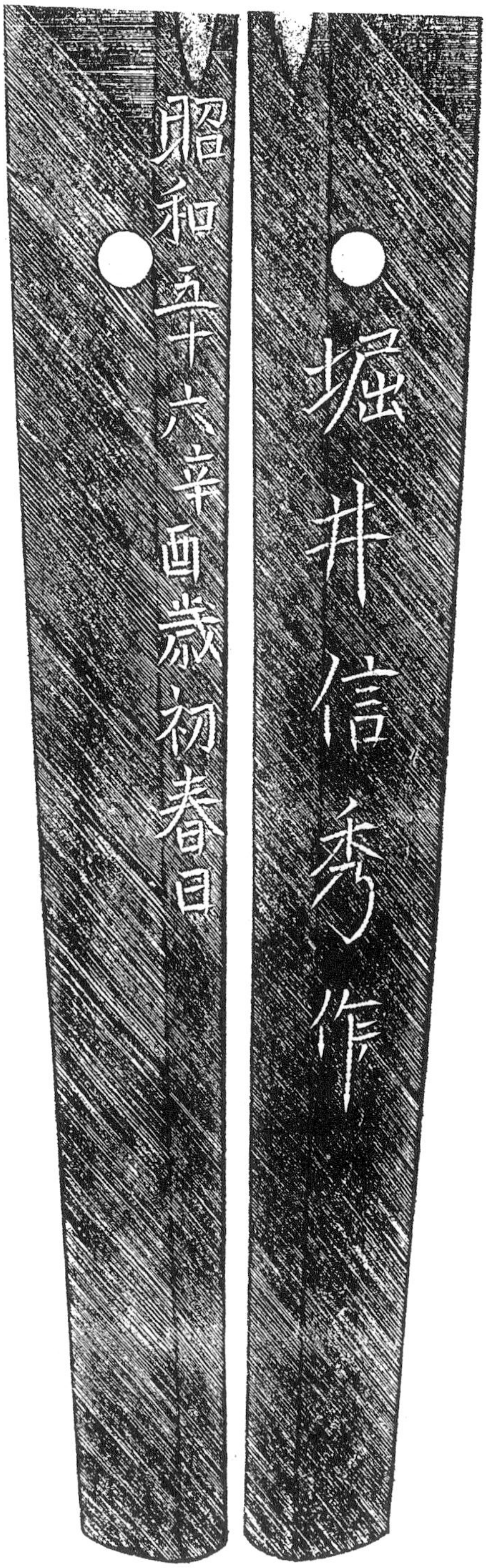


□奉納九拝　法華三郎信房〈花押〉（のぶふさ）
昭和卌九年二月日
宮城県知事山本壮一郎打之
宮城県―昭和

○備前國住長船十郎左衛門尉春光作（はるみつ）
元亀三年八月吉日
主井原又次郎

備前國—元亀

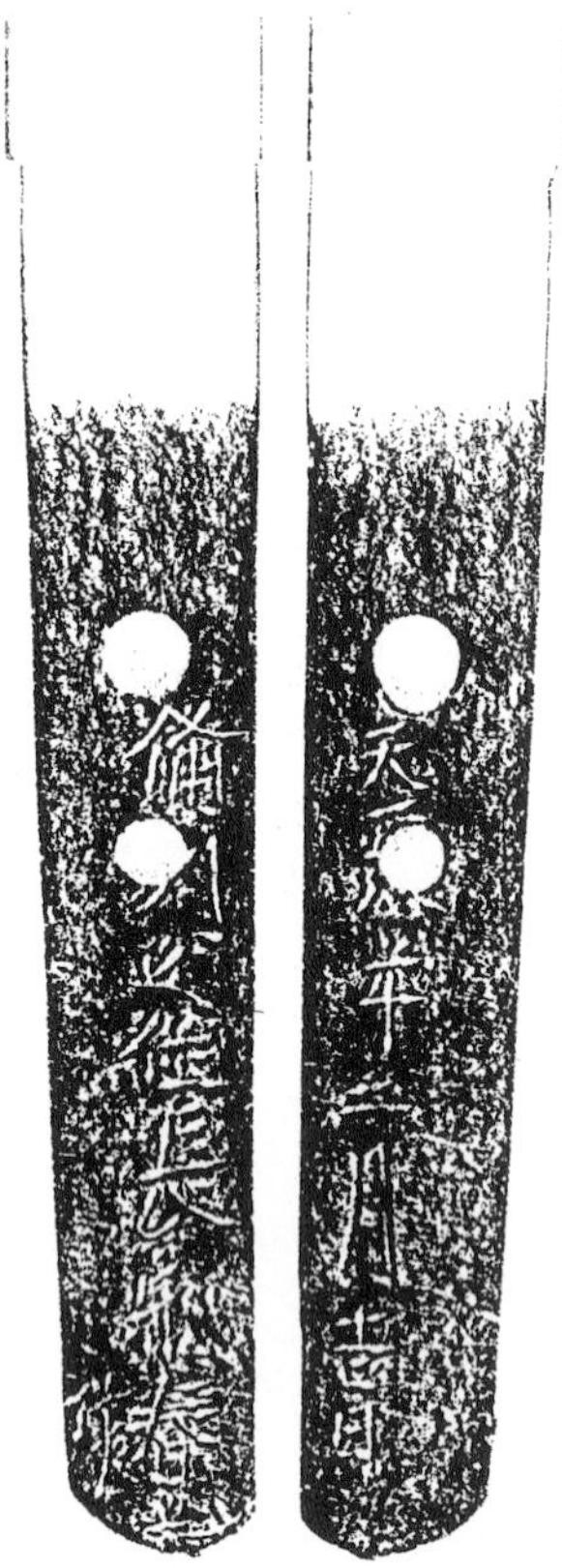

○備州之住長船春光作（はるみつ）
天正□年二月吉日

備前國—平正

○備前國住長船治光（はるみつ）　備前國—室町末期

○備州之住長船治継作（はるつぐ）
八郎　下原善三郎
天文十五年十二月日

備前國—天文

○波平治行（はるゆき）　薩摩國—室町末期

△北窓治國造（はるくに） 摂津國―天和

△北窓治國造（はるくに） 摂津國―江戸中期

△長陽萩住一方子治久（はるひさ）
応竹田利祥需作焉
文久四亥二月日
長戸國―文久

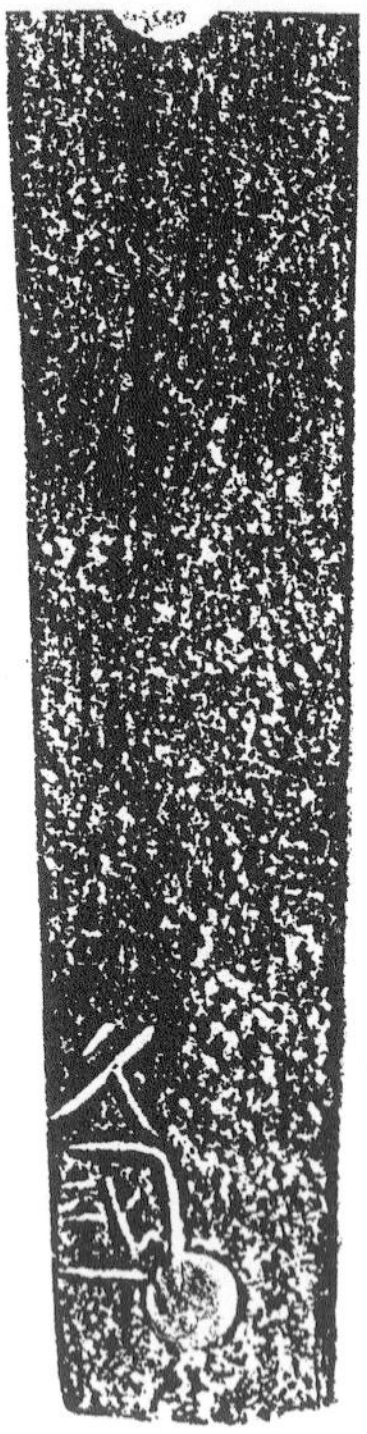

○久國（ひさくに）〈粟田口〉山城國―鎌倉初期

○久國（ひさくに）〈粟田口〉山城國―鎌倉初期

○久國（ひさくに）〈粟田口〉山城國―鎌倉初期

○久國（ひさくに）〈粟田口〉山城國―鎌倉初期

○久國（ひさくに）〈粟田口〉山城國―鎌倉初期

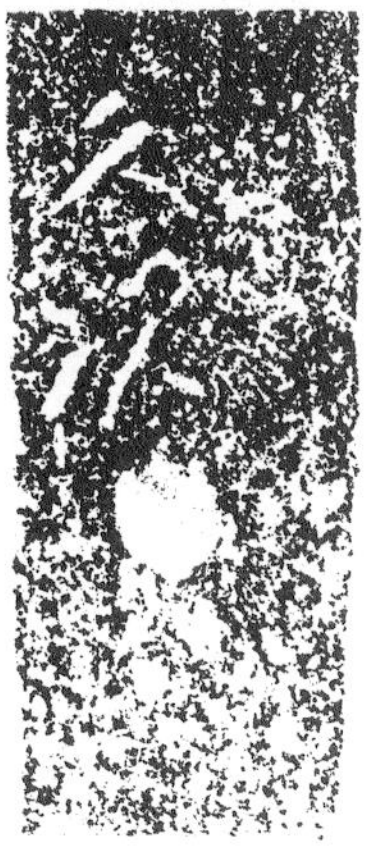

○久次（ひさつぐ・きゅうじ）〈古青江〉備中國―鎌倉初期

○和州住久長（ひさなが）大和國―室町後期

○了久信（ひさのぶ）延慶三年十二月三日 山城國―延慶

○備後國住久次作（ひさつぐ・きゅうじ）永徳二年八月日 備後国―永徳

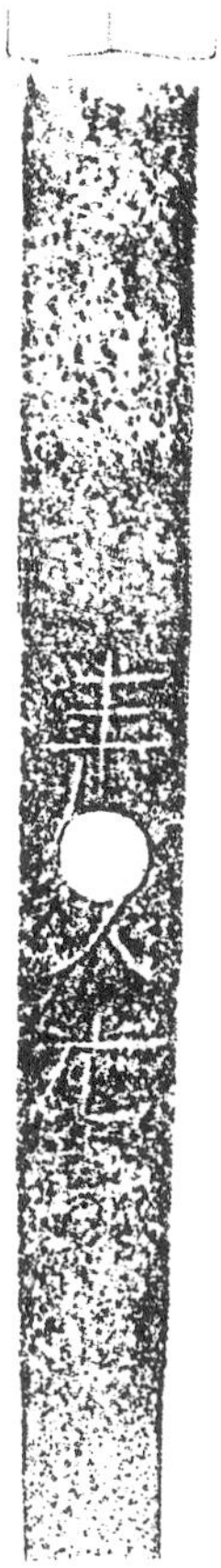

○来久光（ひさみつ）山城國—南北朝期

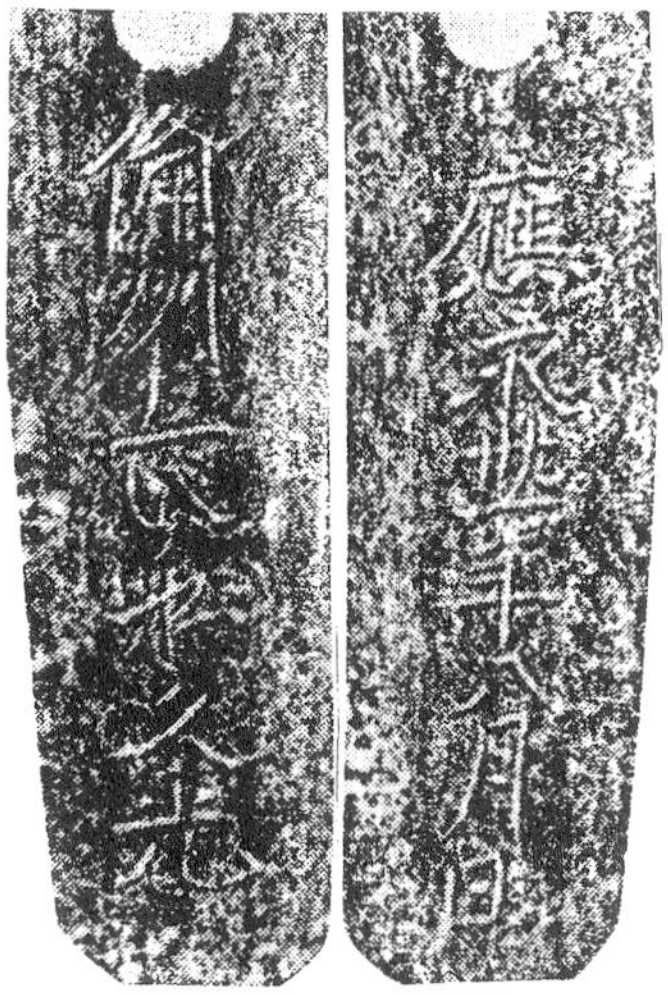

○備州長船久光（ひさみつ）
応永卅 年八月日
備前國—慶永

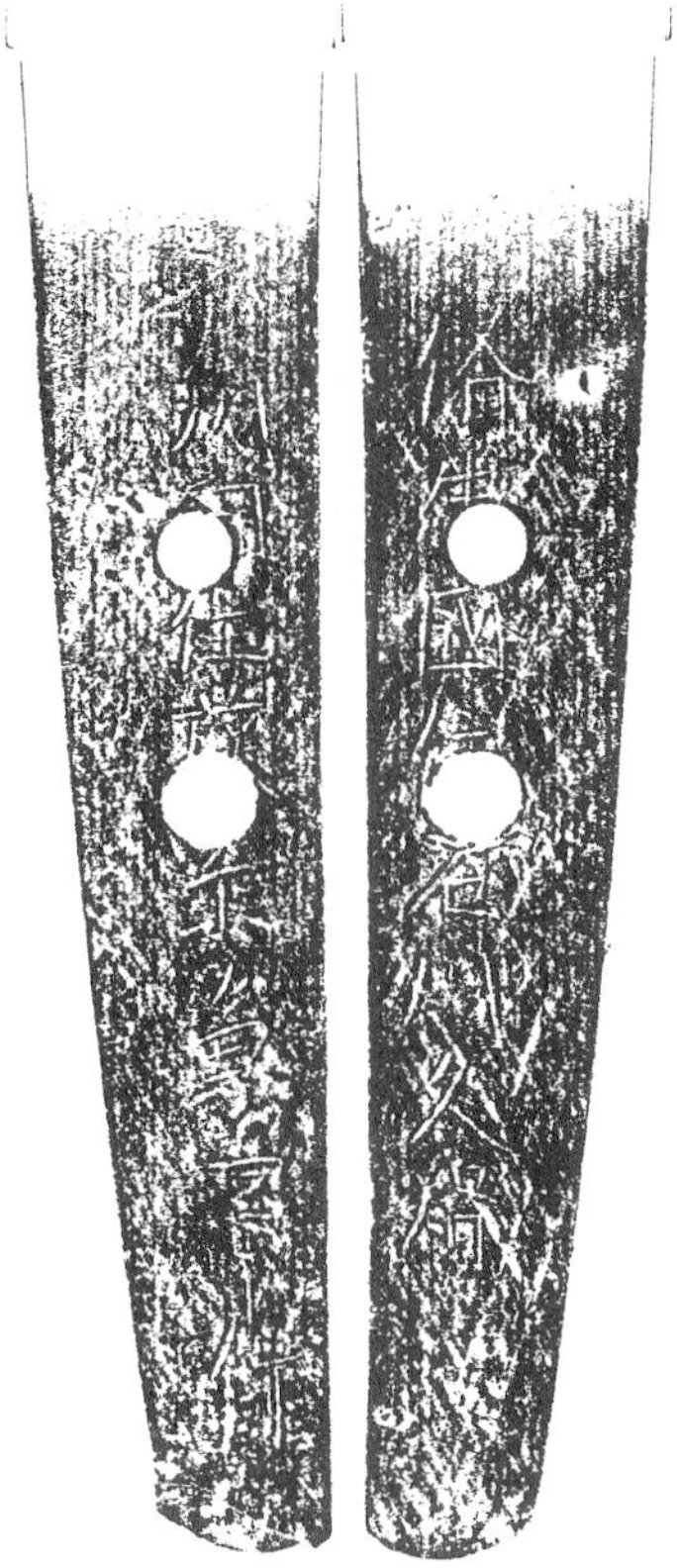

○濃州関住藤原兼常作
備中國住石川久娟（ひさよし）
〈兼常と合作〉備中國—室町後期

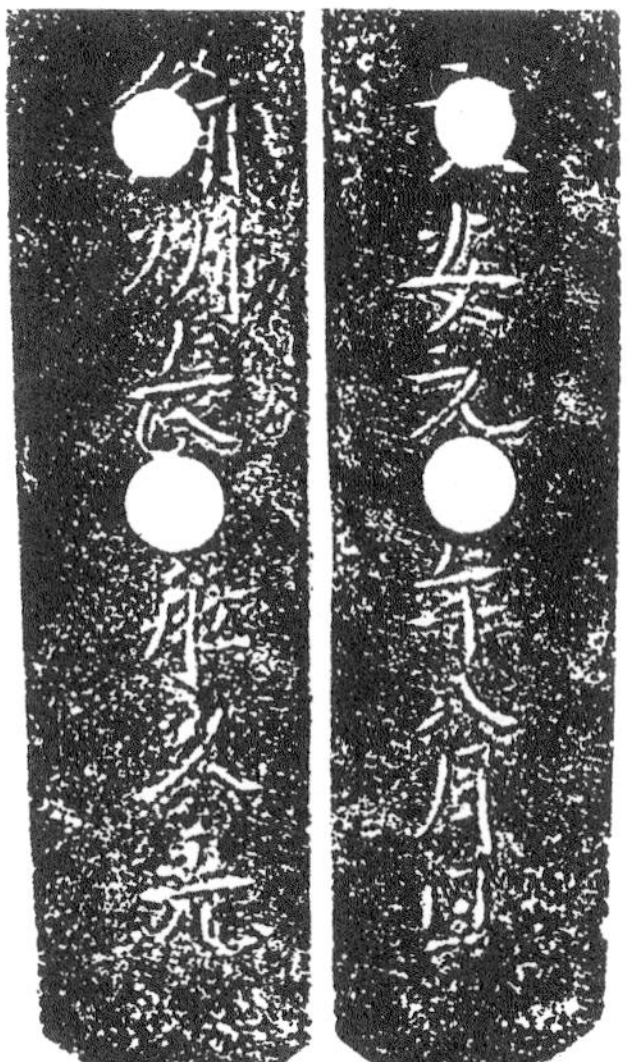

○備州長船久光（ひさみつ）
文安元年八月日
備前國—文安

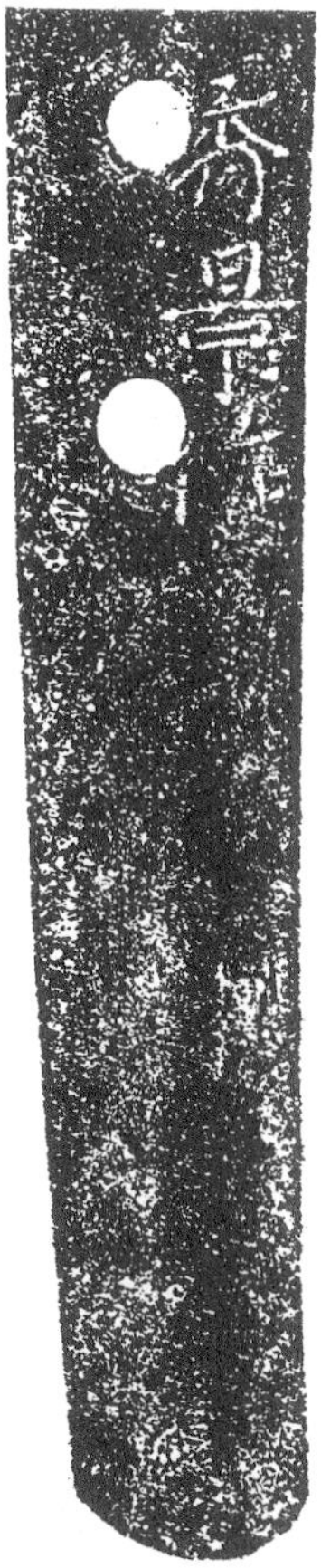

○秀景作（ひでかげ）備前國—室町初期

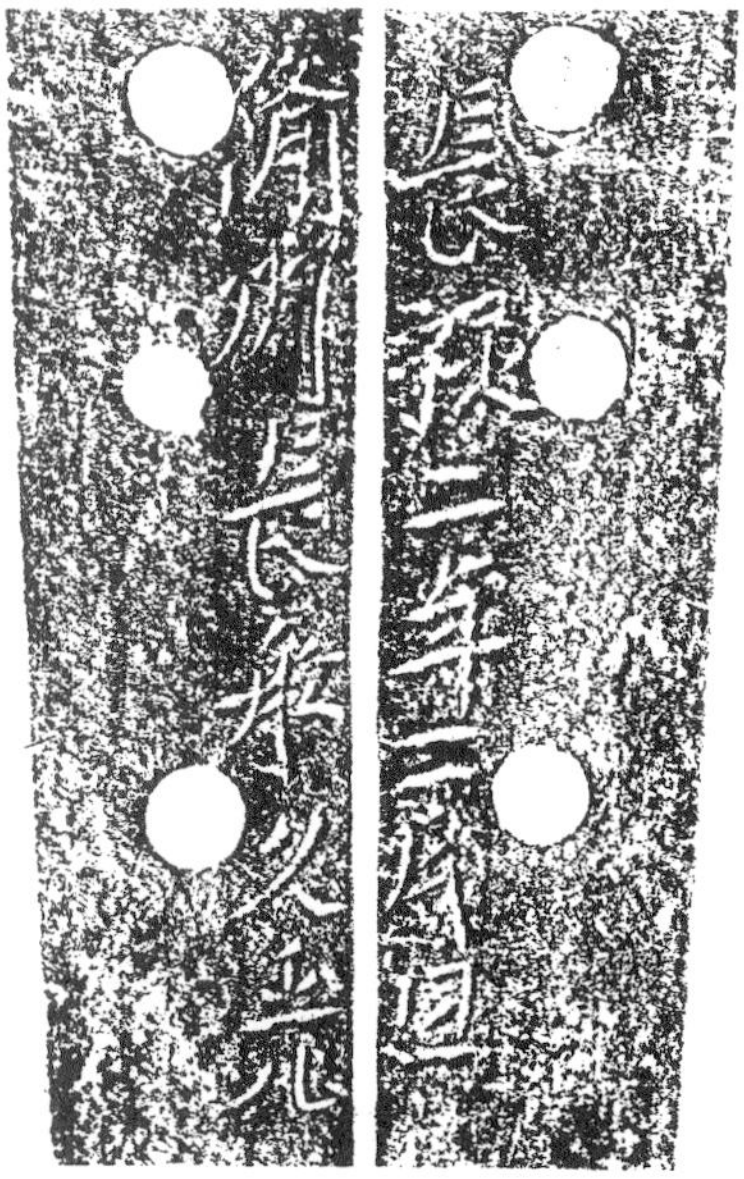

○備州長船久光（ひさみつ）
長禄二年二月日
備前國—長禄

○久宗（ひさむね）〈一文字〉備前國—鎌倉前期

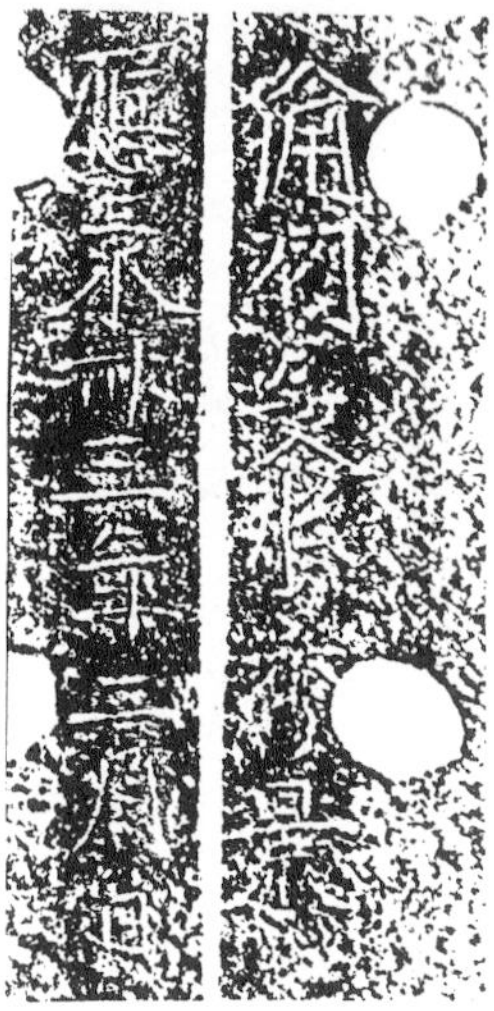

○備州長船秀景（ひでかげ）　備前國—応永
応永卅三年二月日

○来秀次（ひでつぐ）　山城國—南北朝期

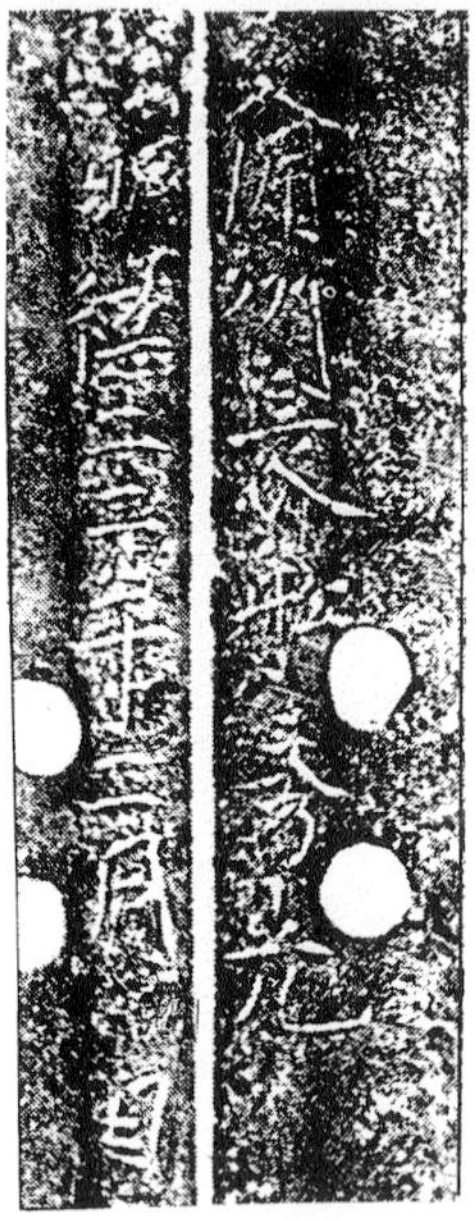

○備州長船秀光（ひでみつ）　備前國—明徳
明徳二二年二月日

○一備州長船平秀景（ひでかげ）　備前國—応仁
応仁三年貳月日

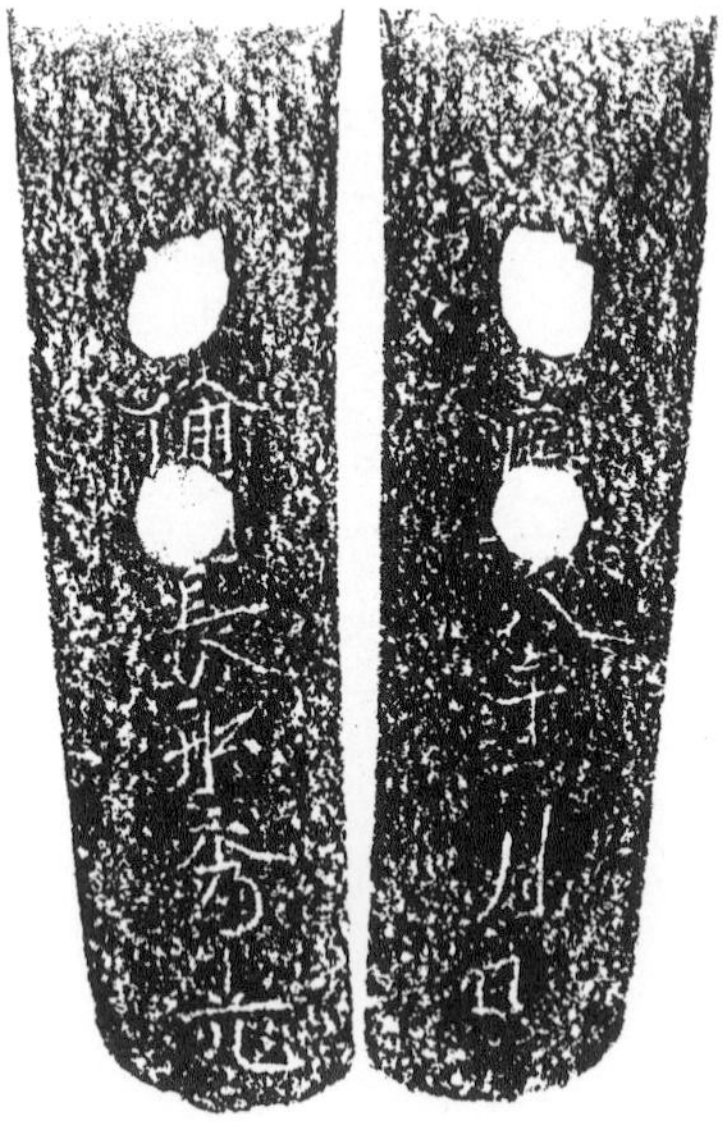

○備州長船秀光（ひでみつ）　備前國—応安
○応安八年二月日

○廣家作（ひろいえ）　相模国—室町末期

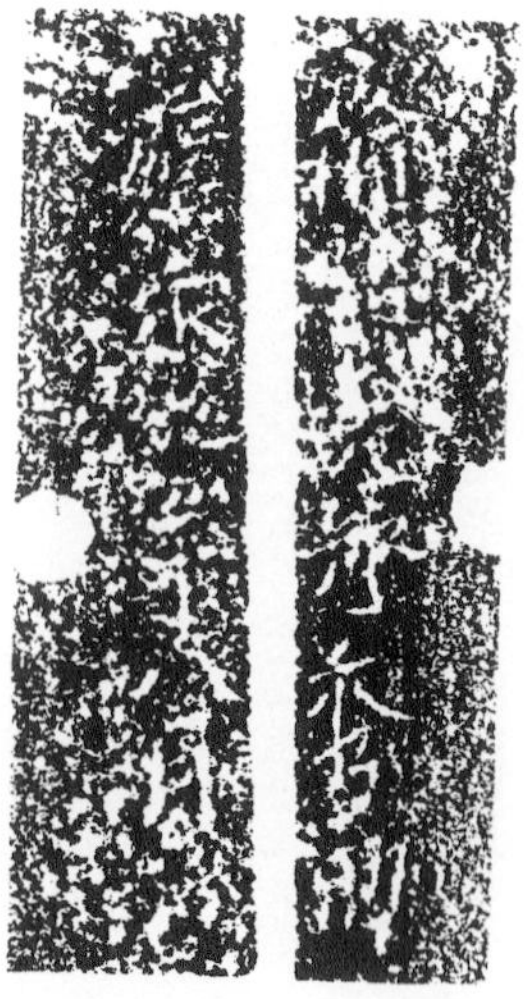

○備州長船秀助（ひですけ）　備前國—応永
応永□年八月日

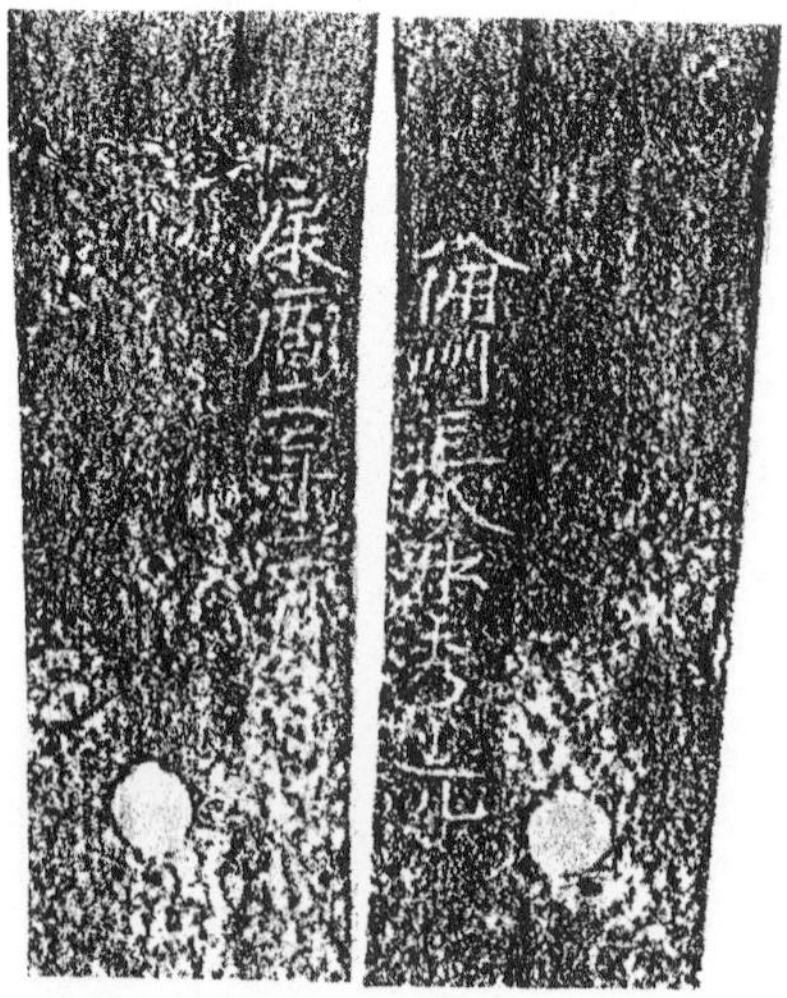

○備州長船秀光（ひでみつ）　備前國—康暦
康暦二年二月日

○廣國（ひろくに）　駿河國—室町前期

○藤原廣實（ひろざね）日向國―室町末期

○廣助（ひろすけ）〈島田〉駿河國―室町末期

○相州住廣正同文（ひろまさ）相模國―文安
文安二年十一月日

○藤原廣實（ひろざね）日向國―室町末期

○廣助（ひろすけ）〈島田〉駿河國―室町末期

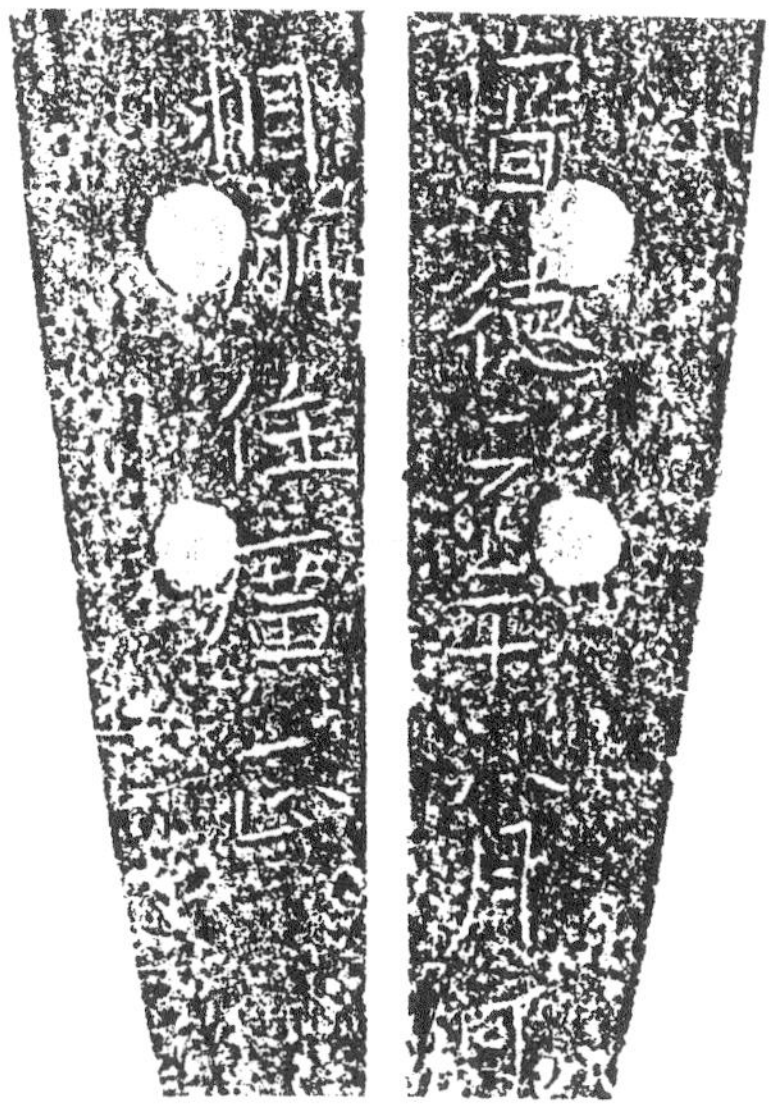

○相州住廣正（ひろまさ）相模國―宝徳
宝徳元年八月日

○廣助（ひろすけ）〈島田〉駿河國―室町末期

○相州住廣次（ひろつぐ）相模國―室町末期

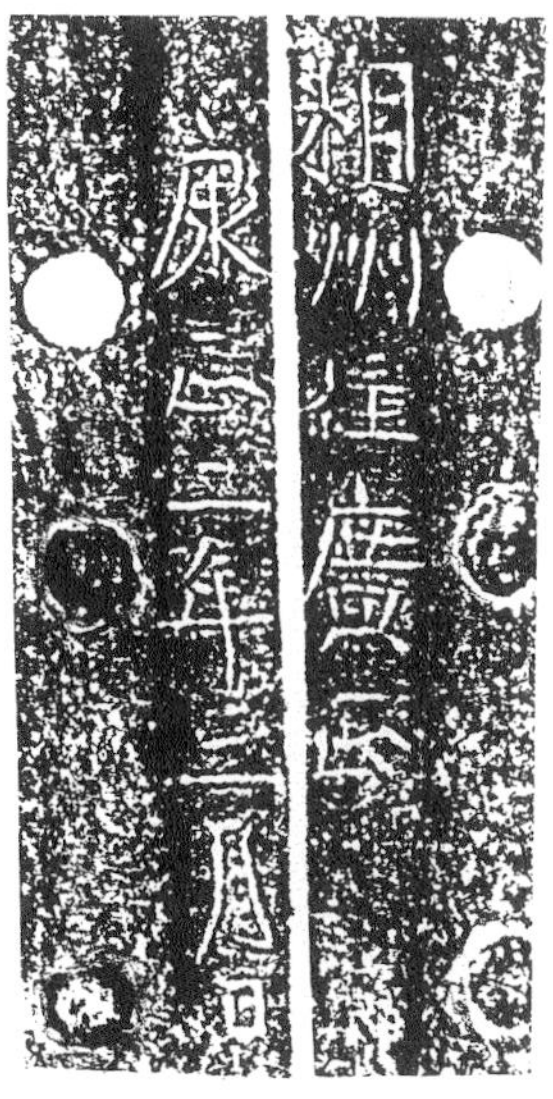

○相州住廣正（ひろまさ）相模國―康正
康正二年三月日

は

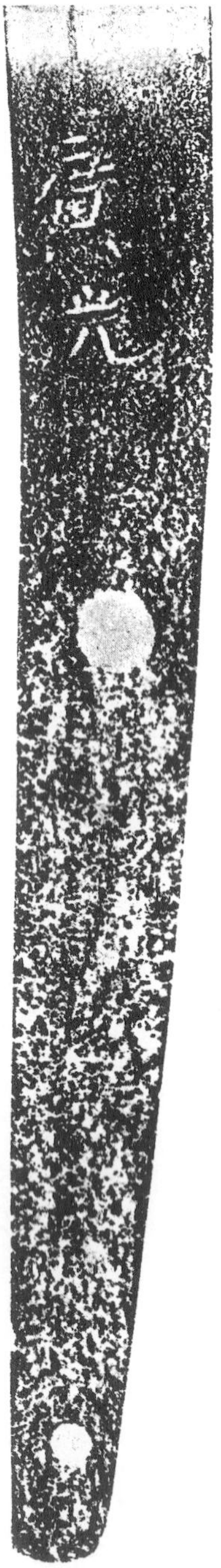

○廣光（ひろみつ）〈古備前〉備前國―鎌倉初期

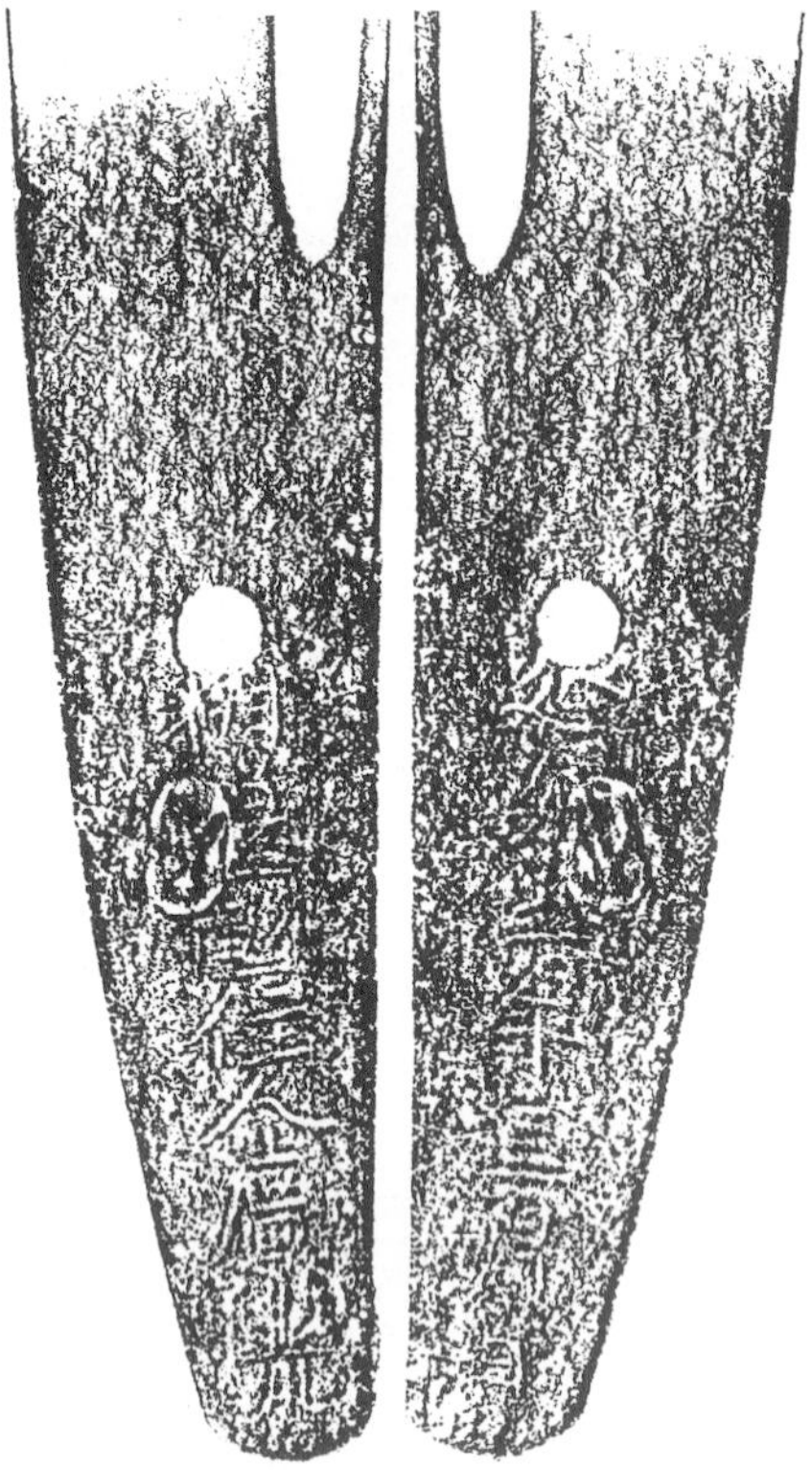

○相模國住人廣光（ひろみつ）
延文五年三月日
相模國―延文

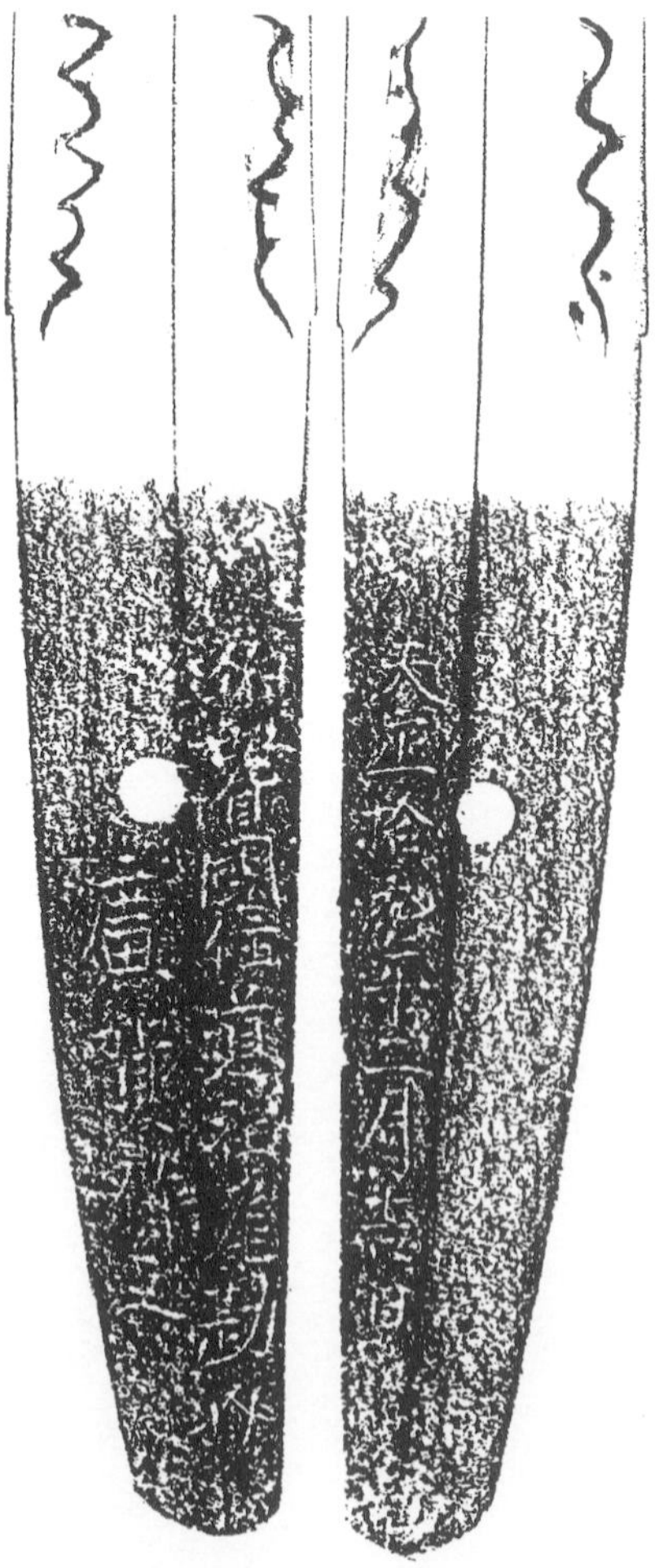

○伯耆國住道祖尾勘介
廣賀作之（ひろよし・こうが）伯耆國―天正
天正拾九年二月吉日

○伯耆國住人見田五郎左衛門尉廣賀（ひろよし・こうが）
永禄元年八月吉日
伯耆國―永禄

○廣義（ひろよし）〈島田〉駿河國―室町末期

○弘次（ひろつぐ）〈古青江〉備中國―鎌倉前期

○弘利（ひろとし）〈一文字〉備前國―鎌倉中期

○弘行（ひろゆき）備前國―鎌倉末期

○月山寛安（ひろやす）出羽國―室町末期

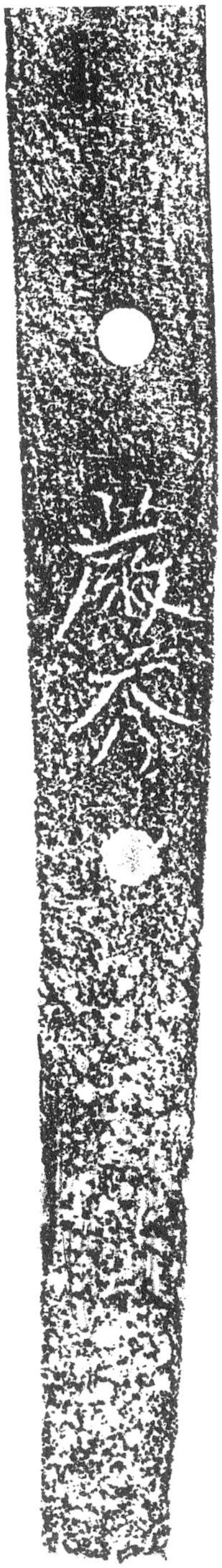

○巌秀（ひろひで・げんしゅう）豊後國―平安末期

△天龍子橘久一　於木曽（ひさかず）
為小幡正博鍛之
文久四甲子年二月日
越後国—文久

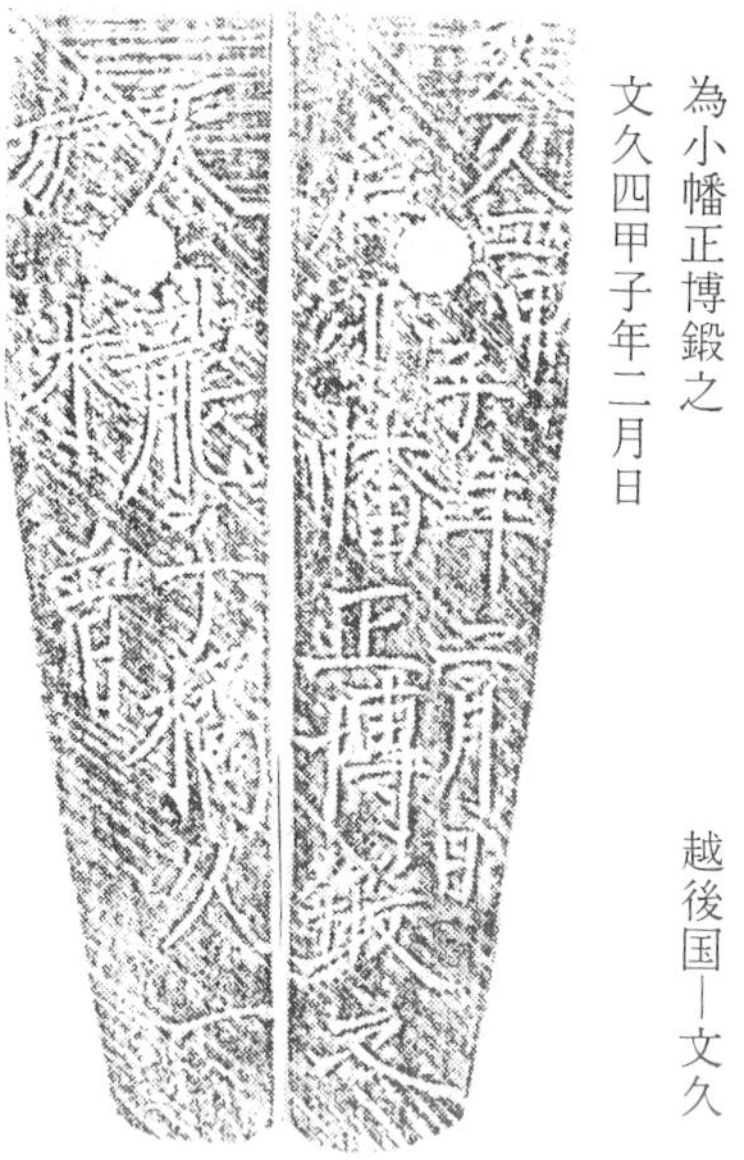

△土佐住上野大掾藤原久國（ひさくに）
享保十三戊申年二月吉日
土佐國—享保

△（枝菊紋）久道嫡子源来久次（ひさつぐ・きゅうじ）〈二代久道初銘〉山城國—江戸中期

△信國源久國（ひさくに）
天保八年八月日
筑前國—天保

△賀州久則造之（ひさのり）
天保十四仲秋彫同作
加賀國—天保

△芸州住源久則作（ひさのり）安芸國―江戸後期

△近江大掾源久道（ひさみち・きゅうどう）
〈初代〉山城國―江戸中期

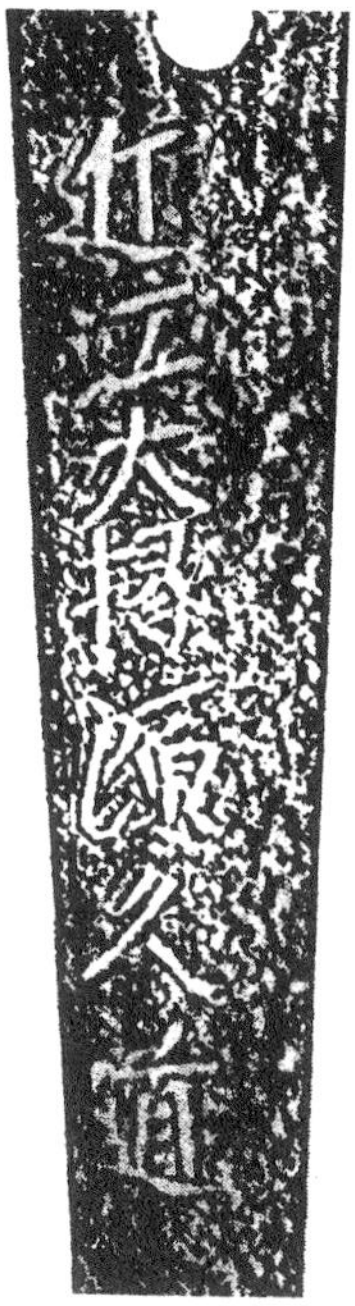

△（技菊紋）近江守源久道（ひさみち・きゅうどう）
宝永二年八月吉日
〈二代〉山城國―宝永

△（菊紋）近江守源久道（ひさみち・きゅうどう）
延宝五巳年八月吉日
以完粟上鉄無垢造之
〈初代久道・二代金四郎〉山城國―延宝
近江守嫡子金四郎

は

△（菊紋）近江守源久道（ひさみち・きゅうどう）
（技菊紋）和泉守来金道
〈二代久道・五代金道合作〉
山城國—江戸中期

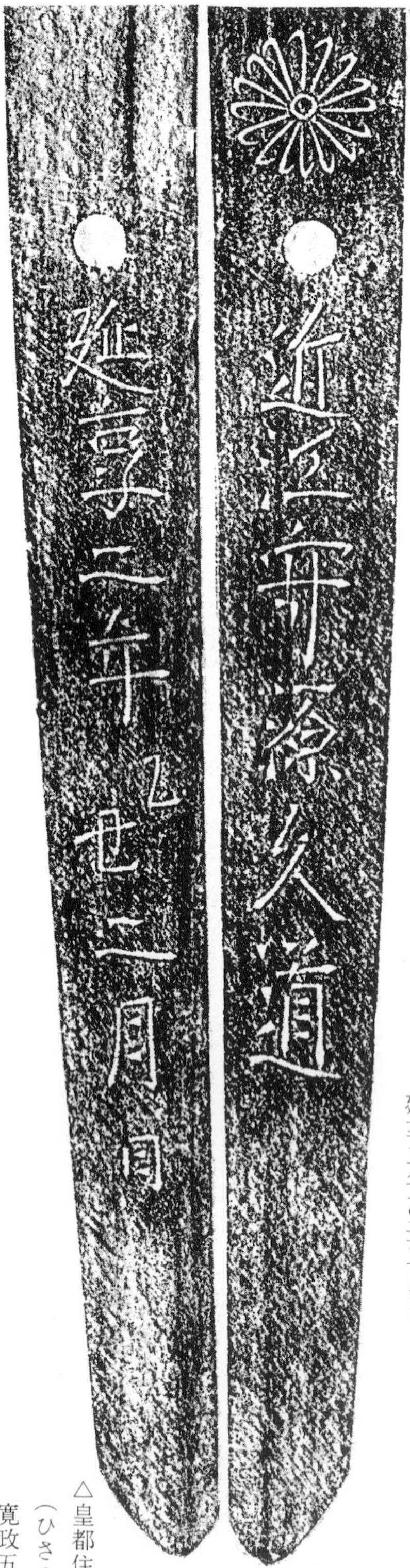


△（菊紋）近江守源久道（ひさみち・きゅうどう）
延享二年乙丑二月日
〈三代〉山城國—延享

△（技菊紋）近江守源久道（ひさみち・きゅうどう）
和泉守来金道〈三代久道・六代金道合作〉
山城國—江戸中期

△皇都住　近江守源久道
（ひさみち・きゅうどう）
寛政五年八月日
〈四代〉山城國—寛政

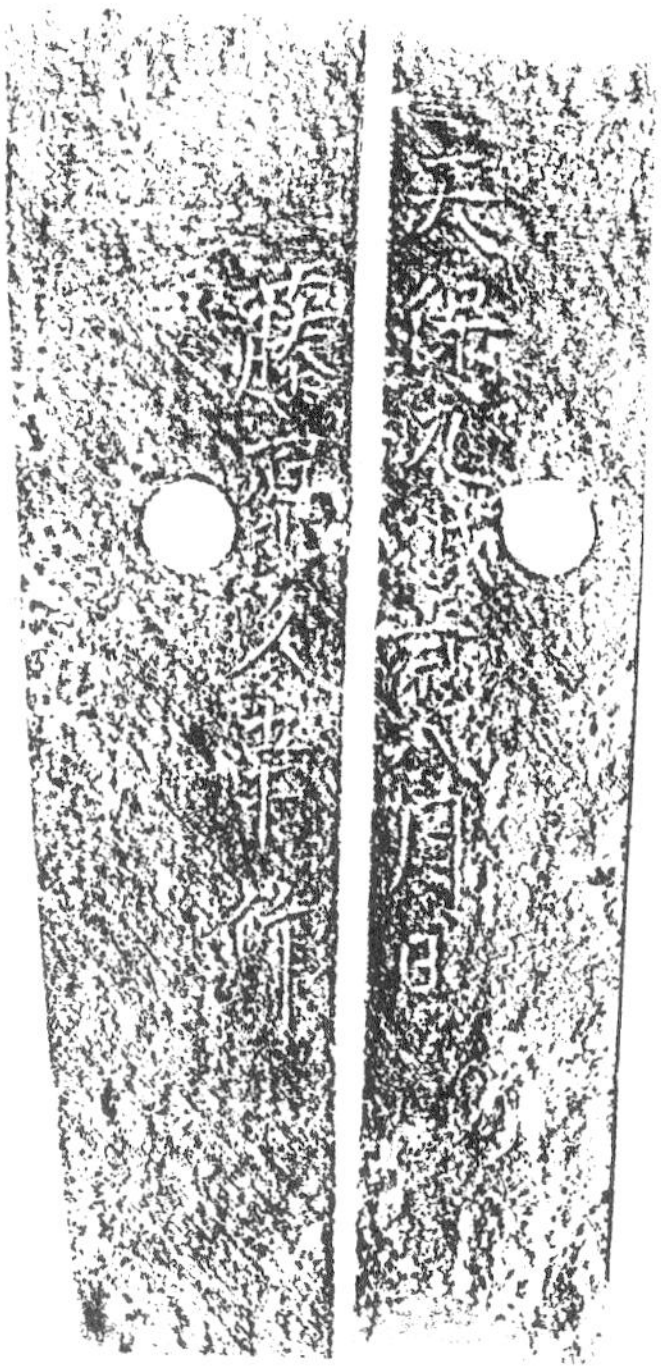

△藤原久幸作（ひさゆき）
天保元戊歳八月日
武蔵國―天保

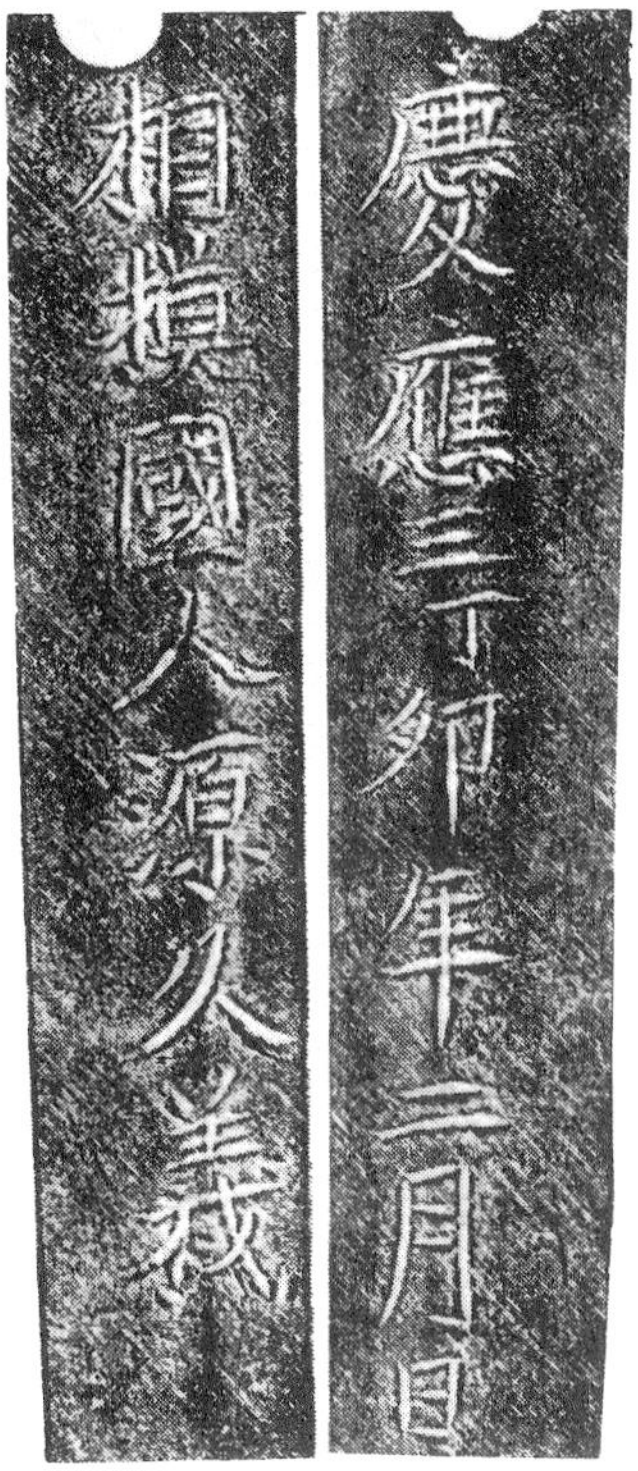

△相模國人源久義（ひさよし）
慶応三丁卯年二月日
武蔵國―慶応

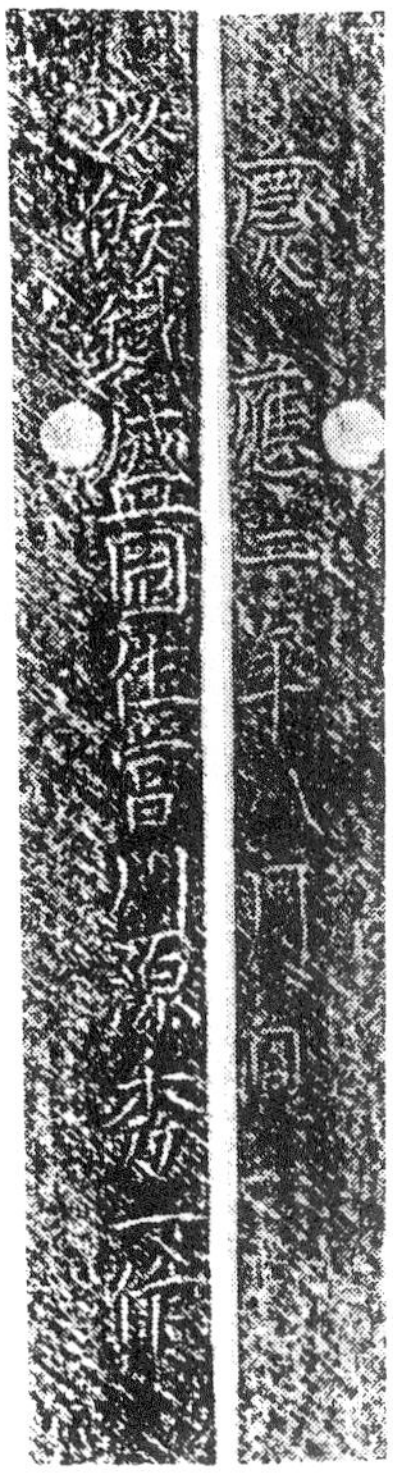

△以鉄盛岡住宮川源秀一作（ひでかず）
慶応二年八月日
陸中國―慶応

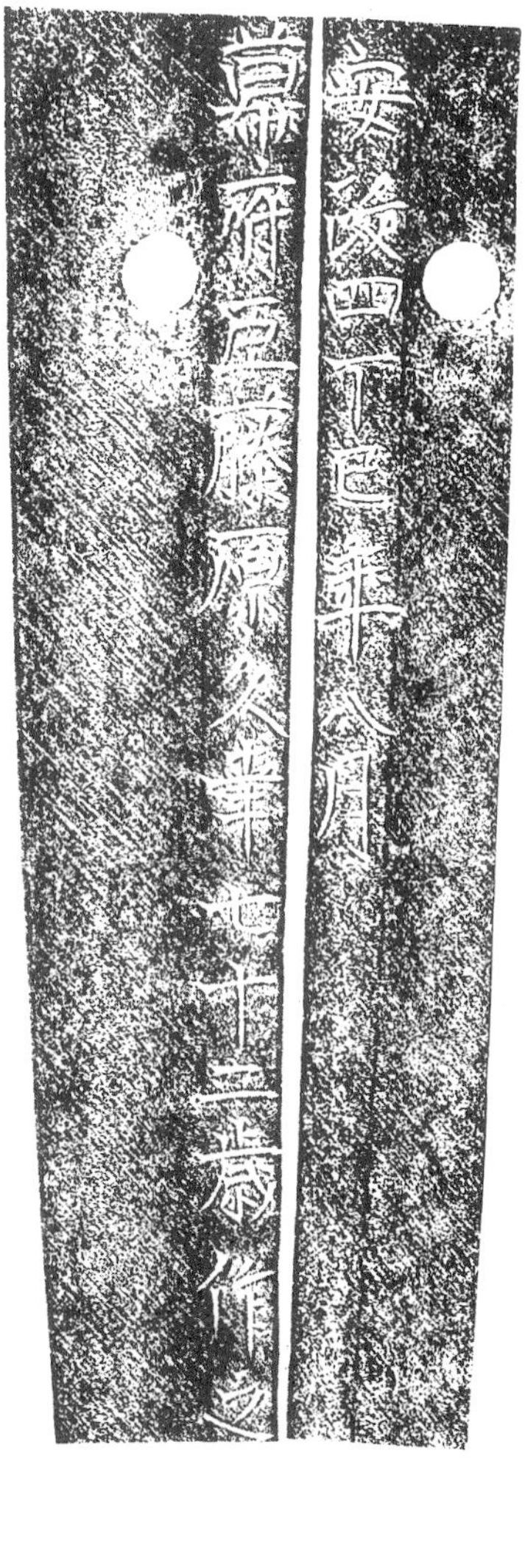

△幕府臣藤原久幸七十二歳作之（ひさゆき）
安政四丁巳年八月
武蔵國―安政

△薩州住秀興（ひでおき）〈和泉守忠重初銘〉
薩摩國―江戸中期

△和泉守秀興（ひでおき）〈和泉守忠重初銘〉
薩摩國―江戸中期

△豫州大州臣秀國（ひでくに） 伊豫國―江戸末期

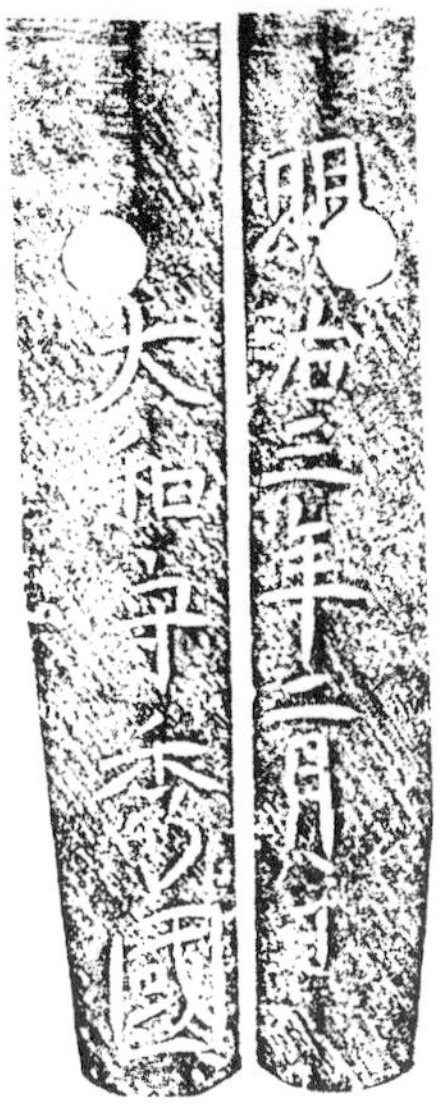

△大和守秀國（ひでくに） 〈入道松軒元興後銘〉 岩代國―明治
明治三年二月日

△相州曽我中村住秀次（ひでつぐ） 相模國―天保
天保五年八月日

△一貫斎秀寿（ひでとし） 〈清麿初銘〉 武蔵國―江戸末期

△小川光長以伝角秀國作之（ひでくに） 〈角大八元興前銘〉 岩代國―寛政
寛政三年二月日

△土州住秀近（ひでちか） 土佐國―江戸末期

△源秀寿（ひでとし） 〈清麿初銘〉 武蔵國―天保
為壽斎主人作之
天保五年仲冬

△山城守藤原秀辰（ひでとき） 武蔵國—江戸中期

△天保十五年二月日 氷心子秀世（ひでよ） 武蔵國—天保

△秀弘作（ひでひろ） 土佐國—江戸中期

△相模守藤原廣重（ひろしげ） 武蔵國—江戸中期

△猪廣重（ひろしげ） 武蔵國—江戸中期

△伯州住秀春（ひではる） 慶応二寅八月日 伯耆國—慶応

△肥前國住藤原廣貞（ひろさだ） 肥前國—江戸中期

△肥前國廣重（ひろしげ） 肥前國—江戸中期

△芸州住藤原廣隆作（ひろたか） 安芸國—江戸後期

△大和守源廣近（ひろちか） 磐城國―江戸中期

△洛陽住藤原廣次（ひろつぐ）〈山城守歳長前銘〉 山城國―桃山期

△伯耆國倉吉住廣次作（ひろつぐ）
寛永四年八月吉日
伯耆國―寛永

△肥前國藤原廣任（ひろただ） 肥前國―江戸中期

△肥前國住藤原廣次（ひろつぐ） 肥前國―江戸中期

△肥前國廣次（ひろつぐ） 肥前國―江戸中期

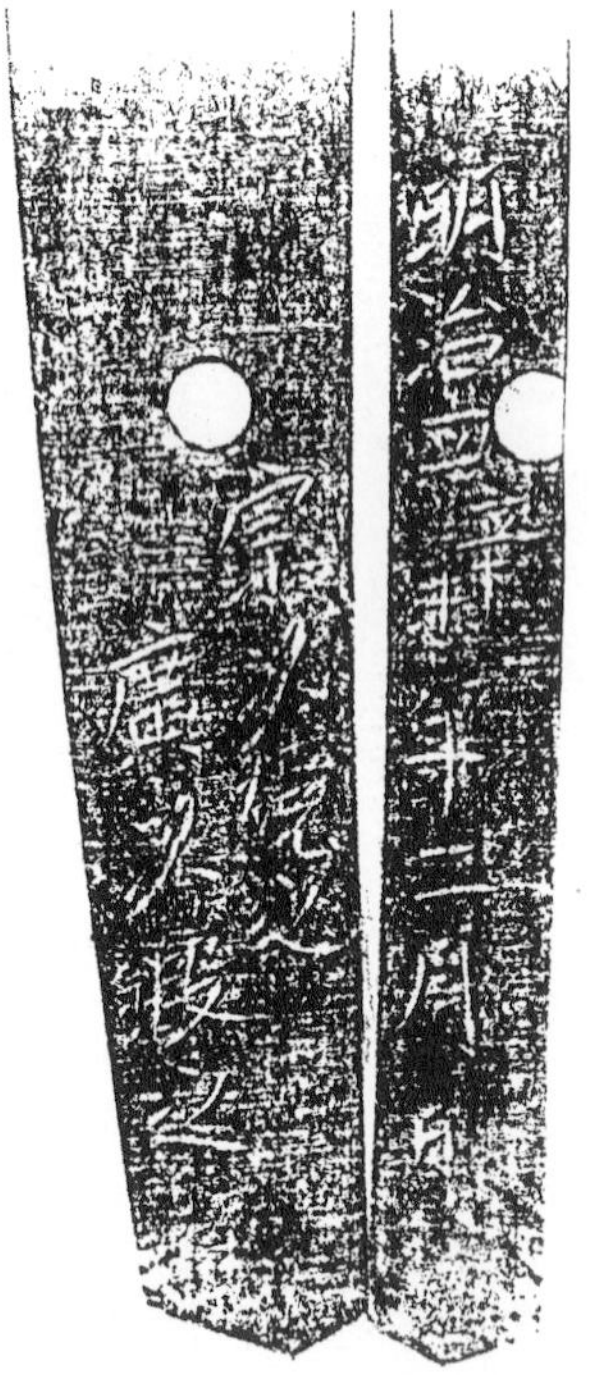

△宗次焼之廣次鍛之（ひろつぐ）
明治四辛未年二月日
〈宗次と合作〉 武蔵國―明治

△粟田口浅井源廣綱（ひろつな） 摂津國―江戸中期

△於洛陽廣信造之（ひろのぶ）　山城國―江戸中期

△河内守源廣信（ひろのぶ）　山城國―江戸中期

△義明斎三品廣房作（ひろふさ）　伊勢國―明治
明治二年三月日

△肥前國住人廣則（ひろのり）　肥前國―桃山期

△若狭守源廣政（ひろまさ）　摂津國―江戸中期

△伊勢國住三品廣道作（ひろみち）　伊勢國―万延
万延元年八月吉日

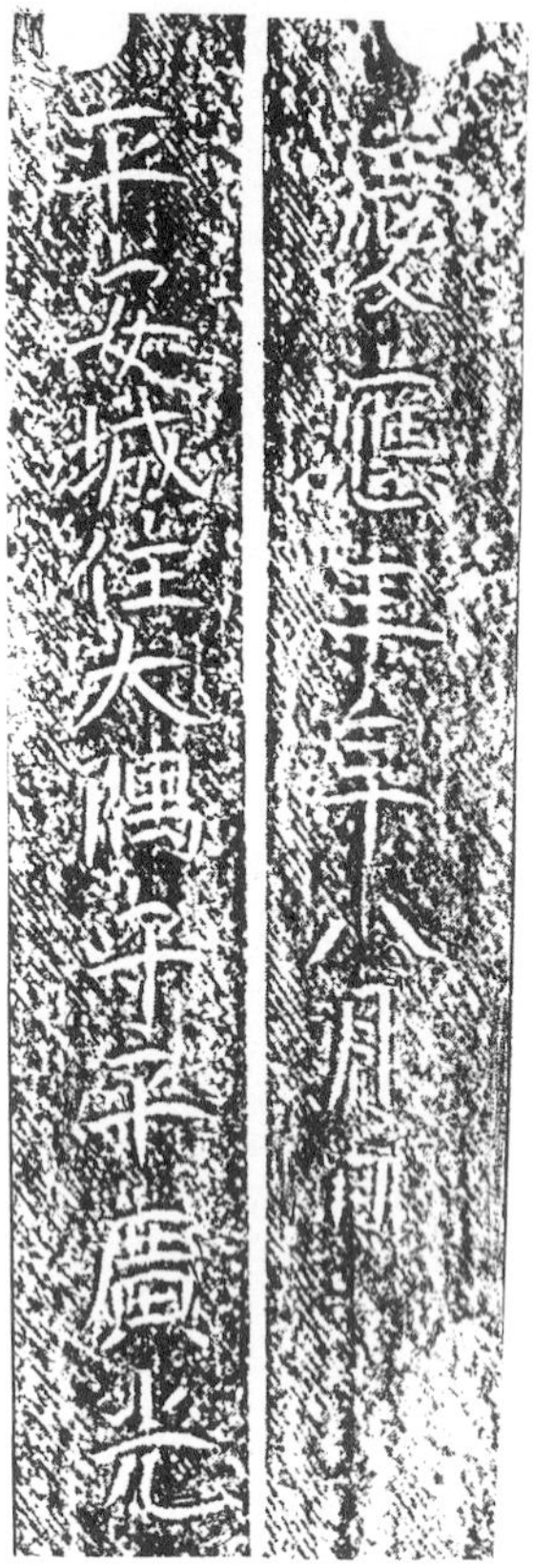

△平安城住大隅守平廣光（ひろみつ）　山城國—慶応
慶応三年八月日

△丹後守藤原廣幸（ひろゆき）　山城國—桃山期

△伯耆國住道祖尾七郎左衛門尉廣賀作（ひろよし・こうが）　伯耆國—正徳
正徳四甲午歳二月吉日

△武州下原廣行（ひろゆき）　武蔵國—江戸中期

△伯耆國倉吉住廣賀作（ひろよし・こうが）　伯耆國—元和
元和六年八月吉日

△摂州住廣義（ひろよし）
摂津國―江戸中期

△遠州浜松臣芝辻弘重（ひろしげ）
文政六年八月日
遠江國―文政

△信濃守藤原弘包（ひろかね）
寛文十二年壬子二月吉日
大和國手掻包永十一代孫作之
武州入間郡宿屋太郎勝平所持之
摂津國―寛文

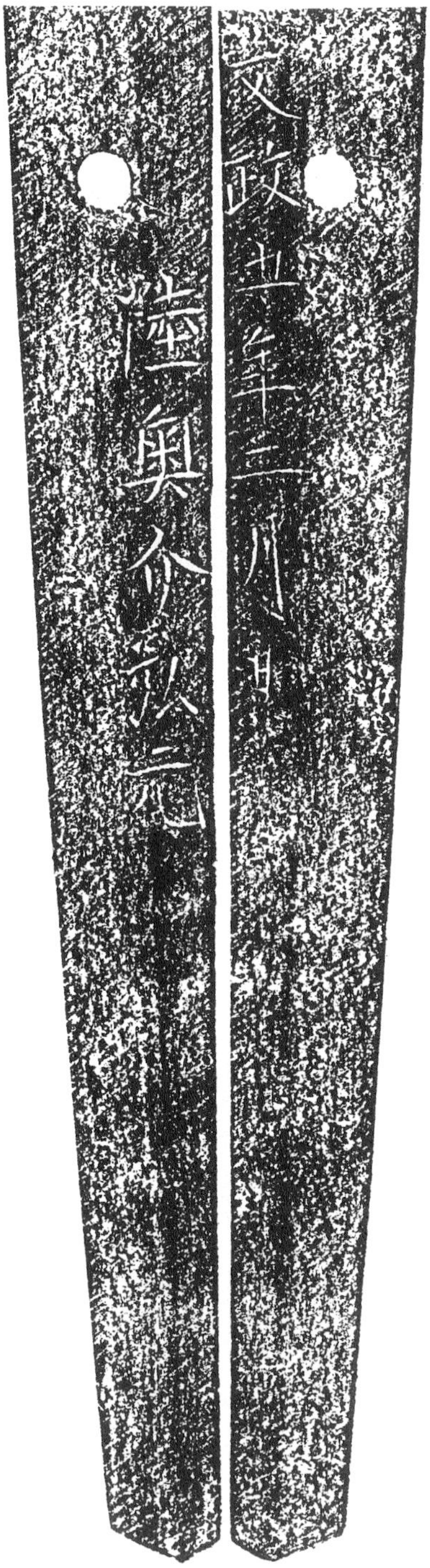

△陸奥介弘元（ひろもと）
文政五年二月日
陸奥國―文政

△藤原弘幸（ひろゆき）　山城國—桃山期

△泰龍斎宗寛造之
泰龍子寛次彫之（ひろつぐ・かんじ）〈宗寛と合作〉武蔵國—明治
明治三年八月日

△伯耆守藤原汎隆（ひろたか）　越前國—江戸中期
越前住

△弘幸（ひろゆき）　山城國—桃山期

△一専斎寛重造之（ひろしげ・かんじゅう）　武蔵國—慶応
慶応三年二月日

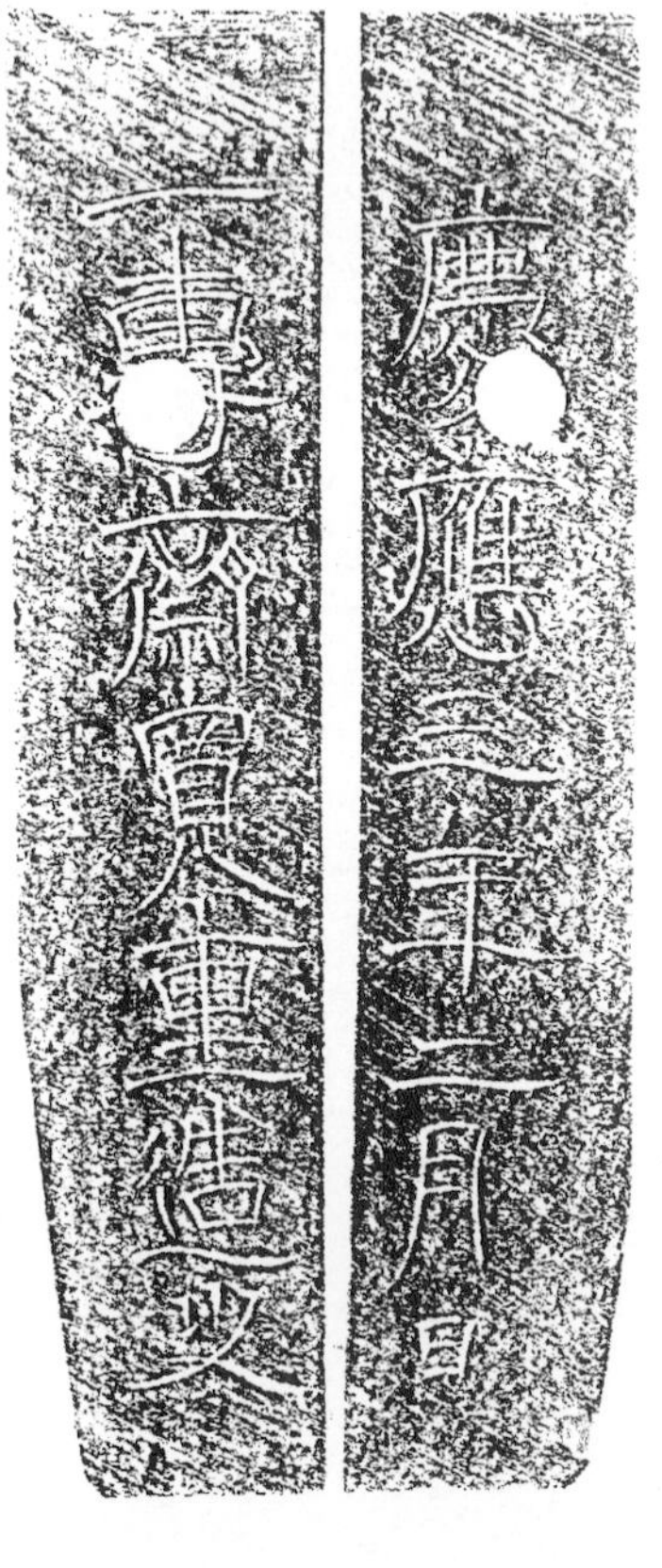

△刈谷藩鍛治寛重（ひろしげ・かんじゅう）　東京—明治
明治四年八月日

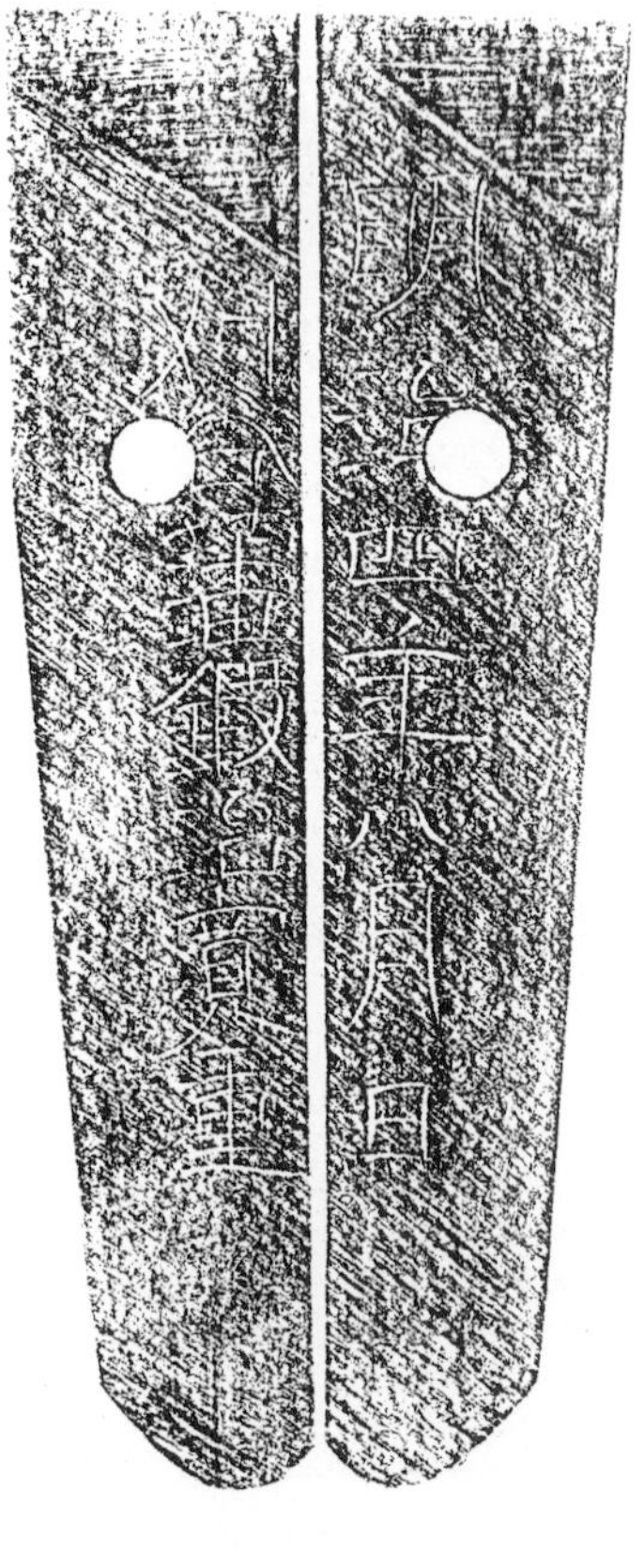

△一専斎寛重造之（ひろしげ・かんじゅう）武蔵國—江戸末期

□秀明作（ひであき）　〈栗原〉北海道—大正
大正九年二月日

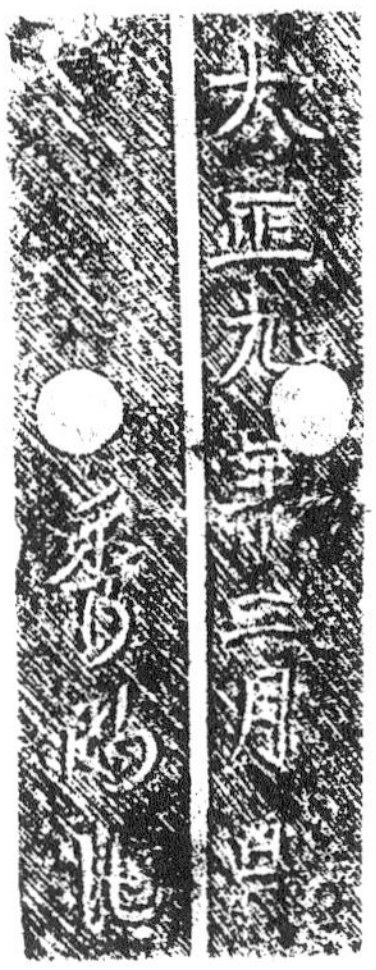

□豫州北条住博正作（ひろまさ）　愛媛県—昭和
昭和廿年仲春日

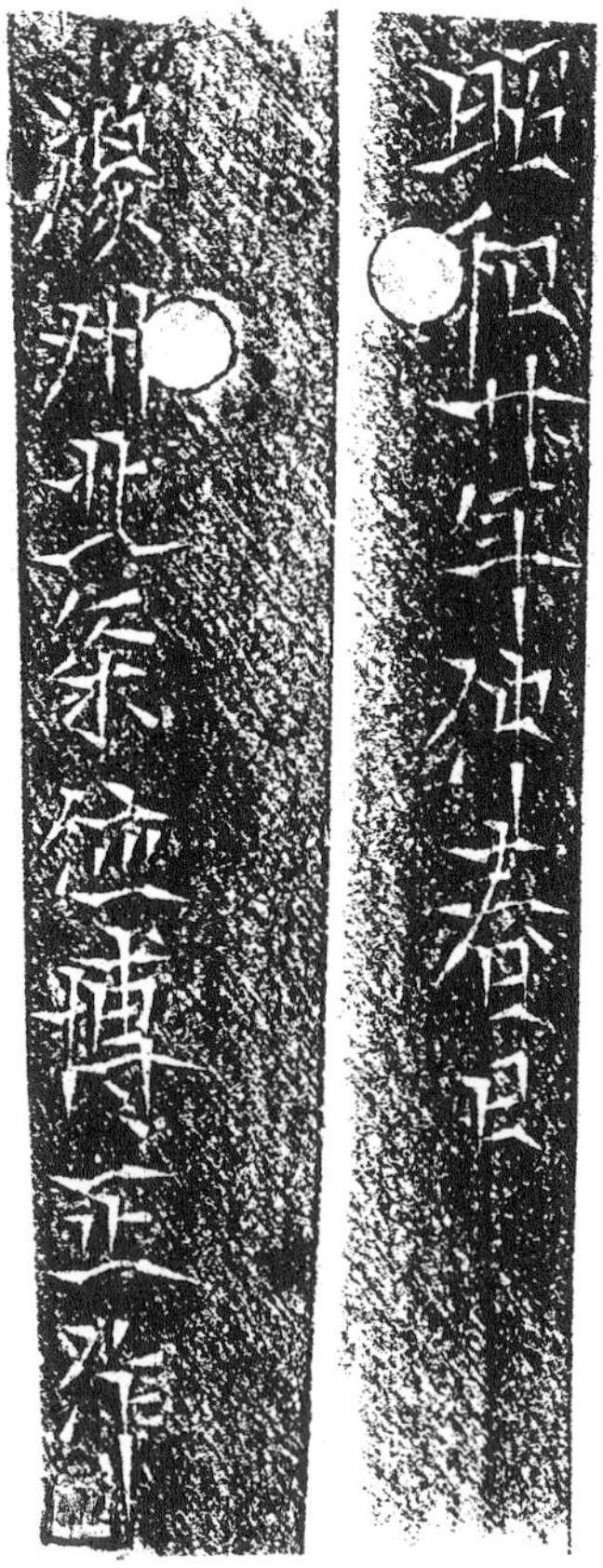

○相州住総宗作（ふさむね）　相模國―室町末期

○若州住冬廣作（ふゆひろ）
天文八年二月吉日
若狭國―天文

○冬廣作（ふゆひろ）
天正六年吉日
八幡大菩薩
若狭國―天正

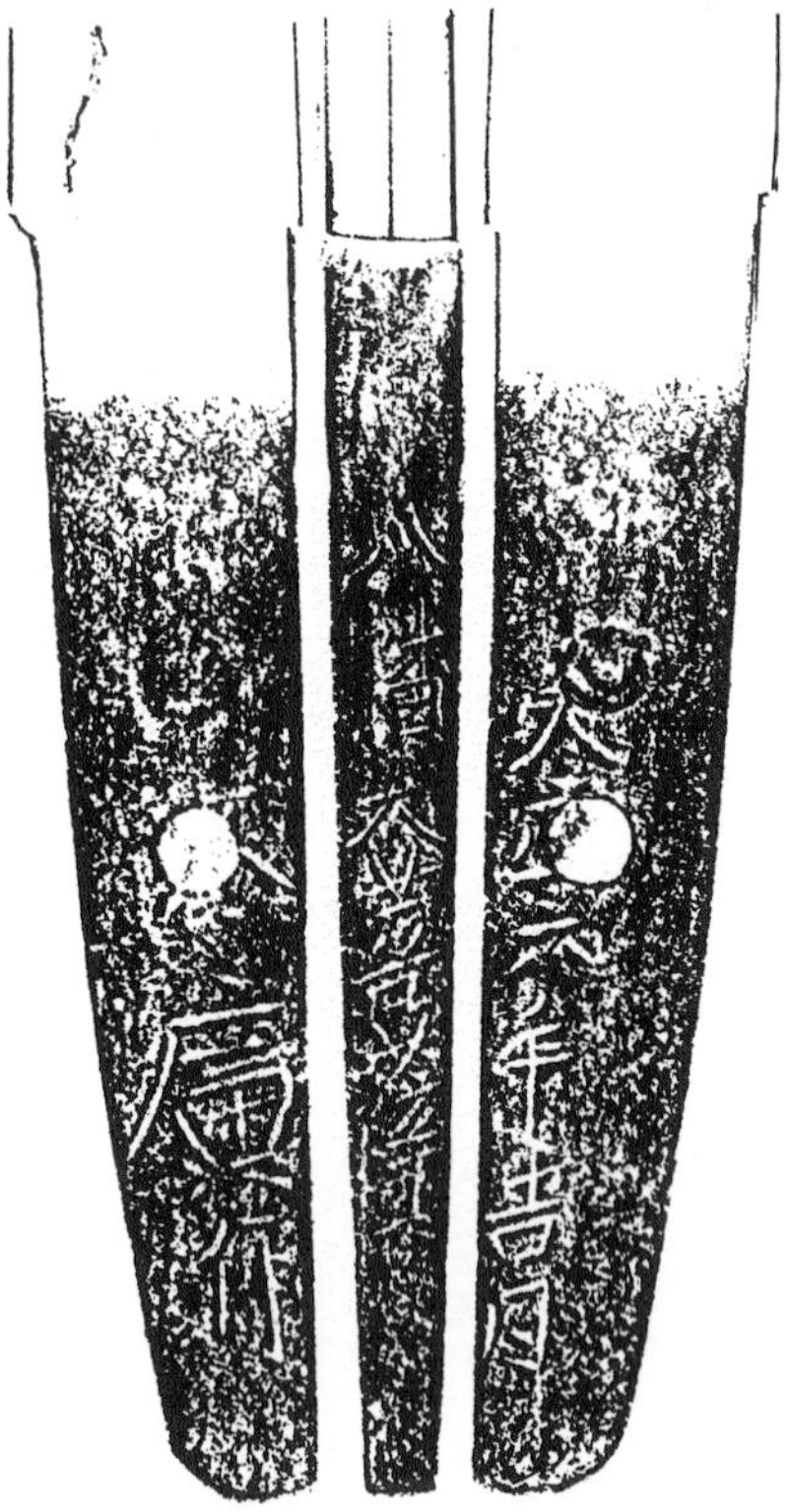

○藤嶋（ふじしま）　加賀國―室町前期

○藤嶋（ふじしま）　加賀國―室町前期

○備中之國冬廣（ふゆひろ）
永禄十二年八月吉日
備中國―永禄

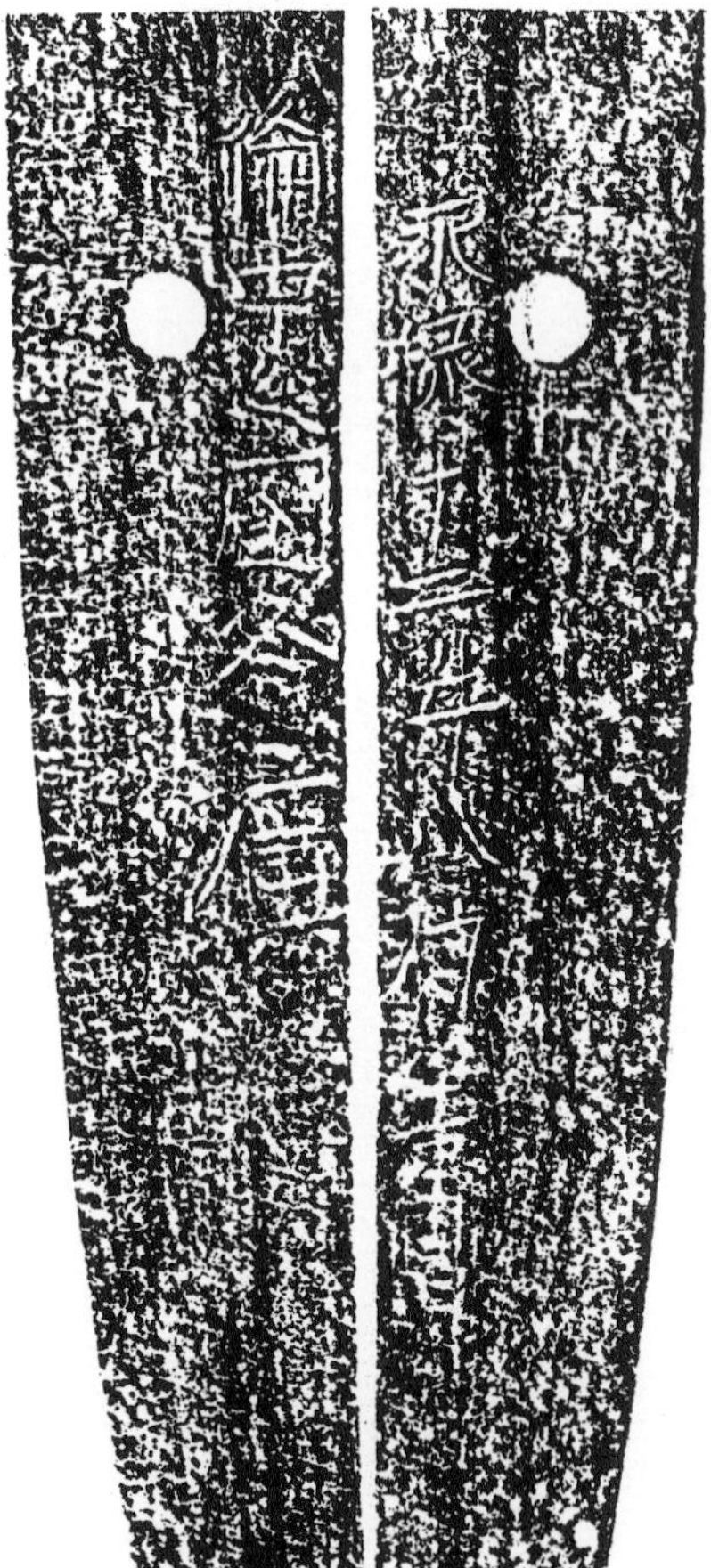

○伯州住冬廣作（ふゆひろ）　伯耆國—永正
永正六年八月日

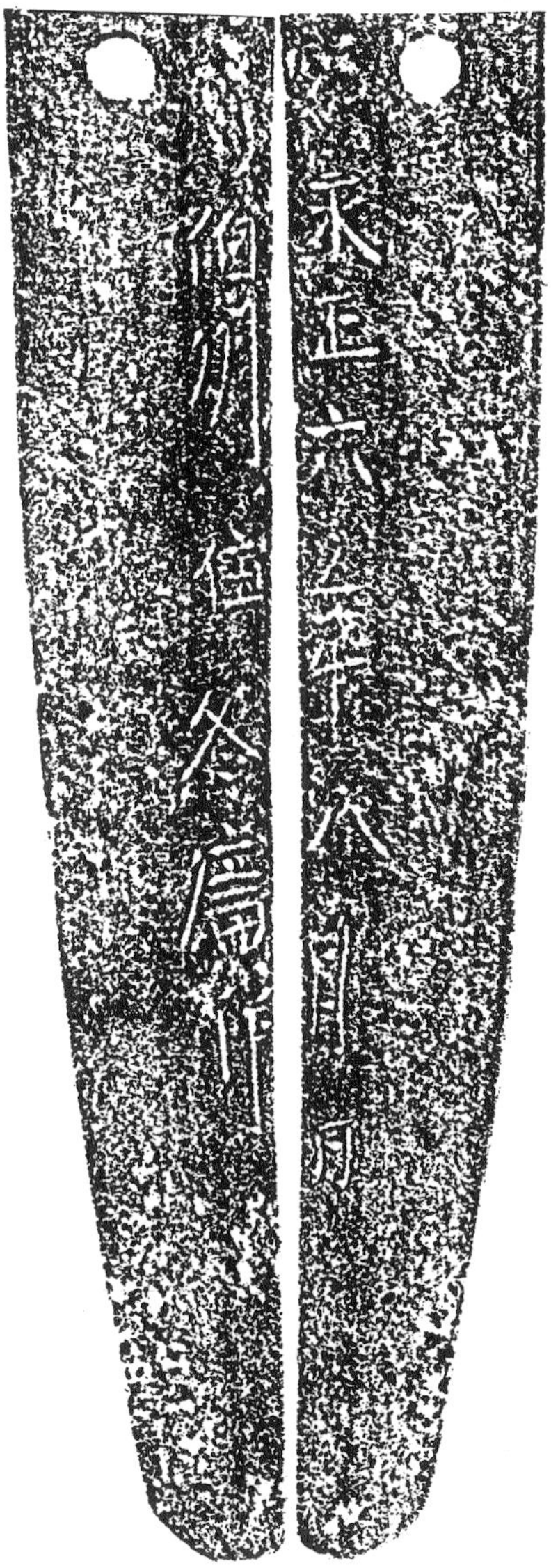

○薩州住波平房安作（ふさやす）　薩摩國—室町末期

○薩州住藤原房安作（ふさやす）　薩摩國—室町末期

○冬廣作（ふゆひろ）　相模國—室町末期

○雲州住冬廣（ふゆひろ）
嘉永三年二月日
〈高橋長信初銘〉　出雲國—嘉永

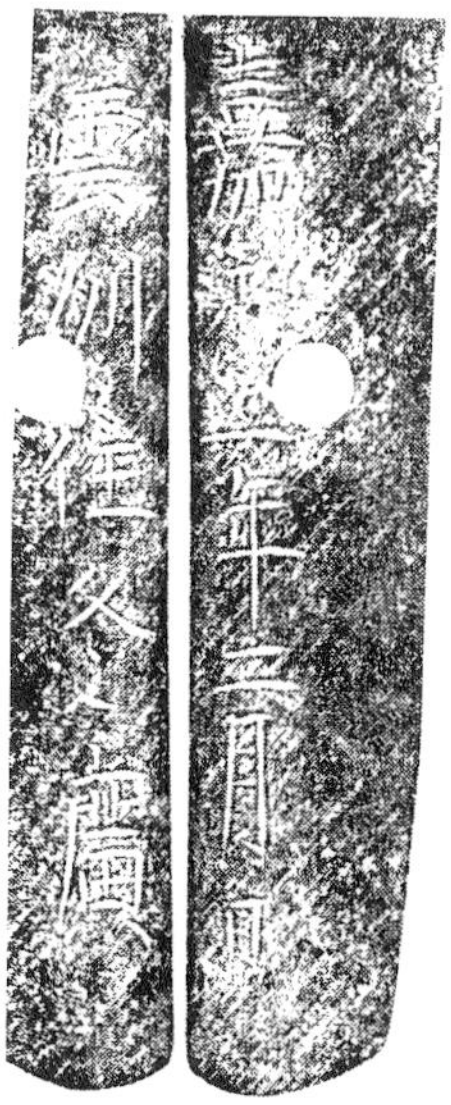

△相州住冬廣作（ふゆひろ）　相模國—寛政
寛政二戊年□川端傳太夫

△義明斎房信（ふさのぶ）　遠江國—慶応
慶応元年八月日

○宝寿（ほうじゅ）
陸奥國—鎌倉後期

○大和國住塔本宝寿（ほうじゅ）
延慶四年辛亥
大和國—延慶

○宝寿（ほうじゅ）
応永廿五年戊戌十一月日
陸奥國—応永

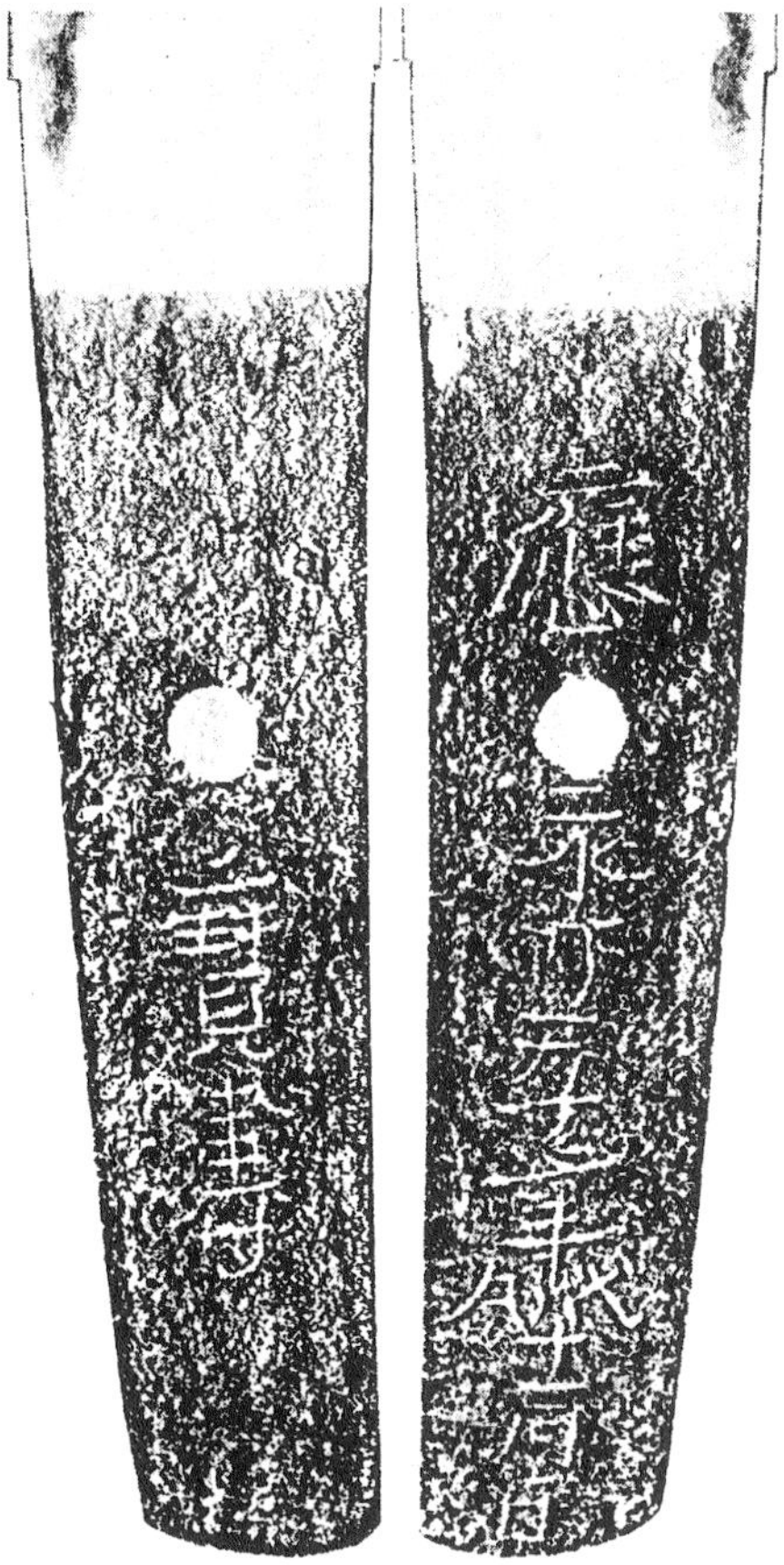

○宝寿（ほうじゅ）
徳治二年
陸奥國—徳治

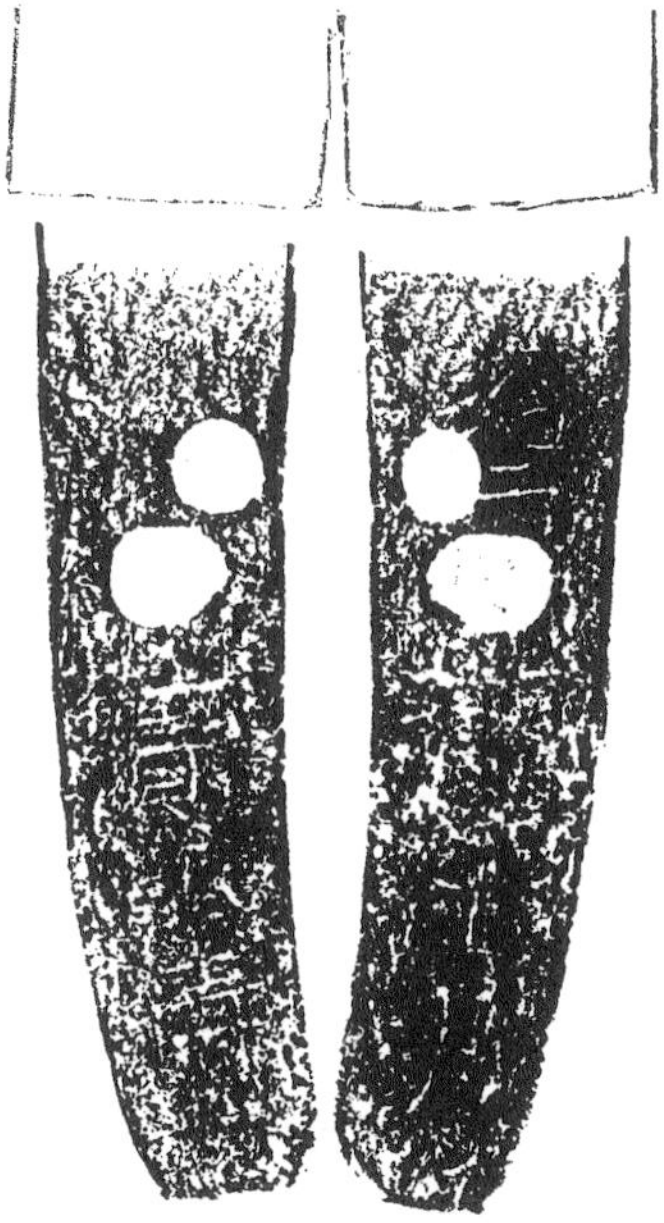

○宝寿（ほうじゅ）
延文□年八月日
陸奥國—延文

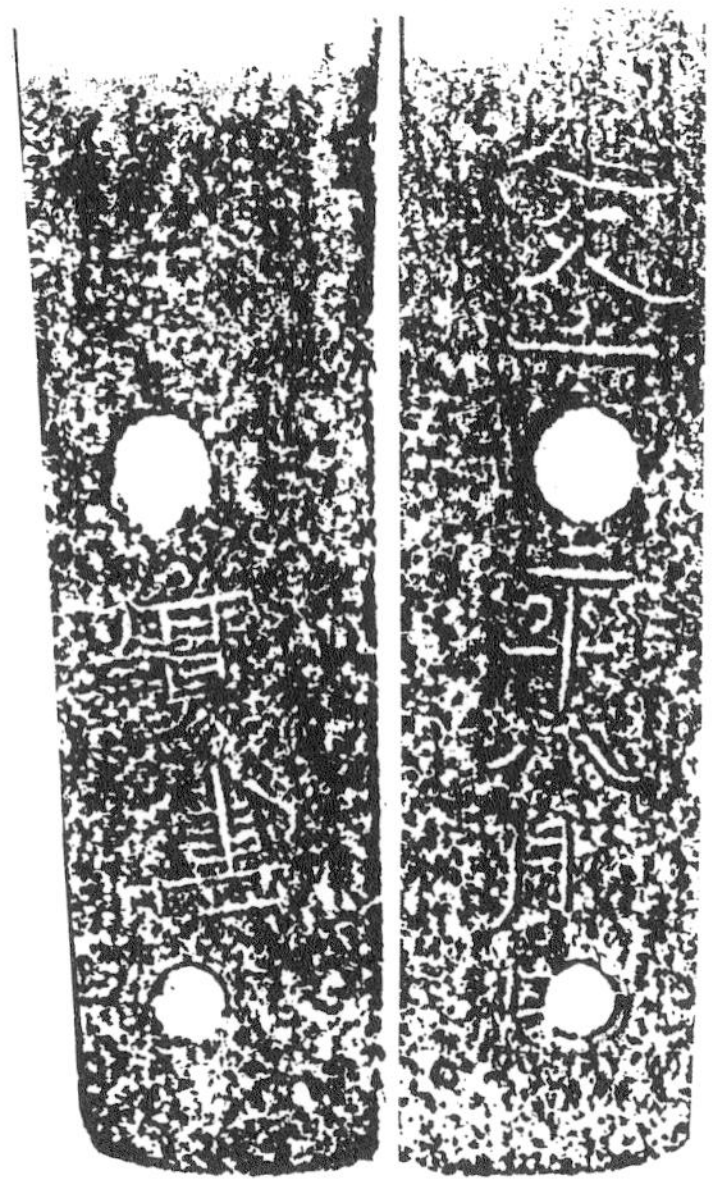

○宝寿（ほうじゅ）
陸奥國—室町期

△加藤宝寿造（ほうじゅ）　出羽國―文政

文政九年十一月日

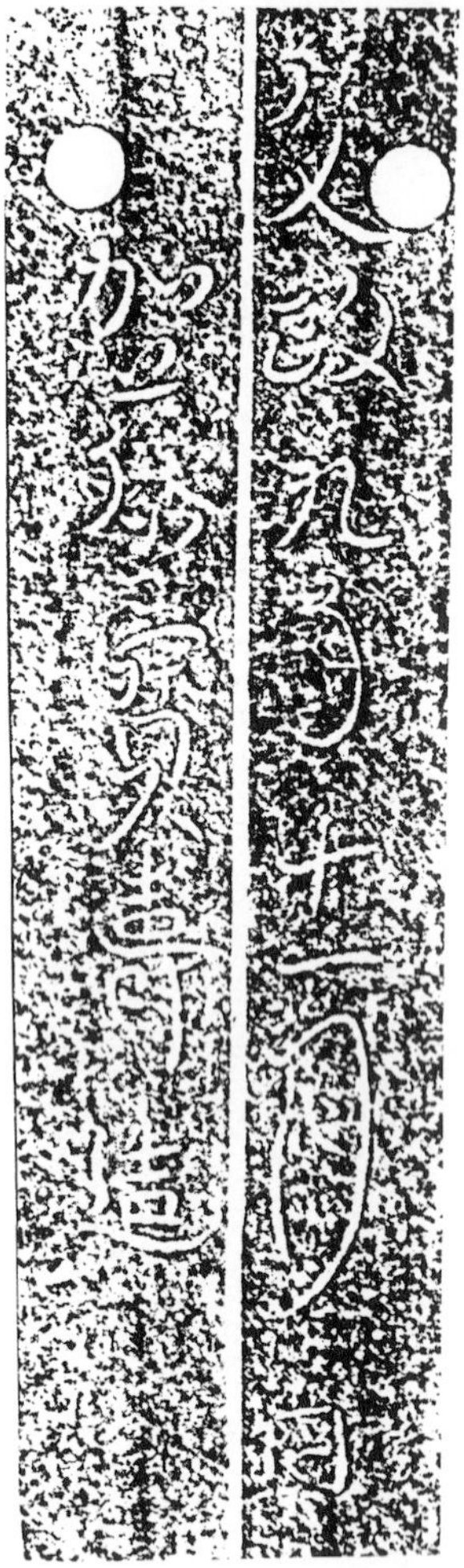

○正家（まさいえ）〈古三原〉備後國—鎌倉末期

○備後國三原住人藤原貝正奥作（まさおき）
永享二年八月吉日
備後國—永享

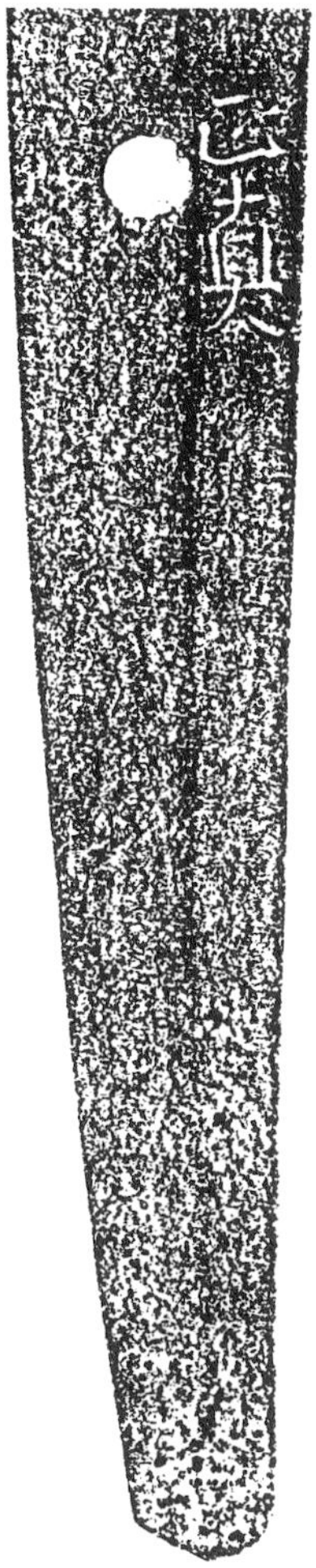

○正真（まさざね）伊勢国—室町末期

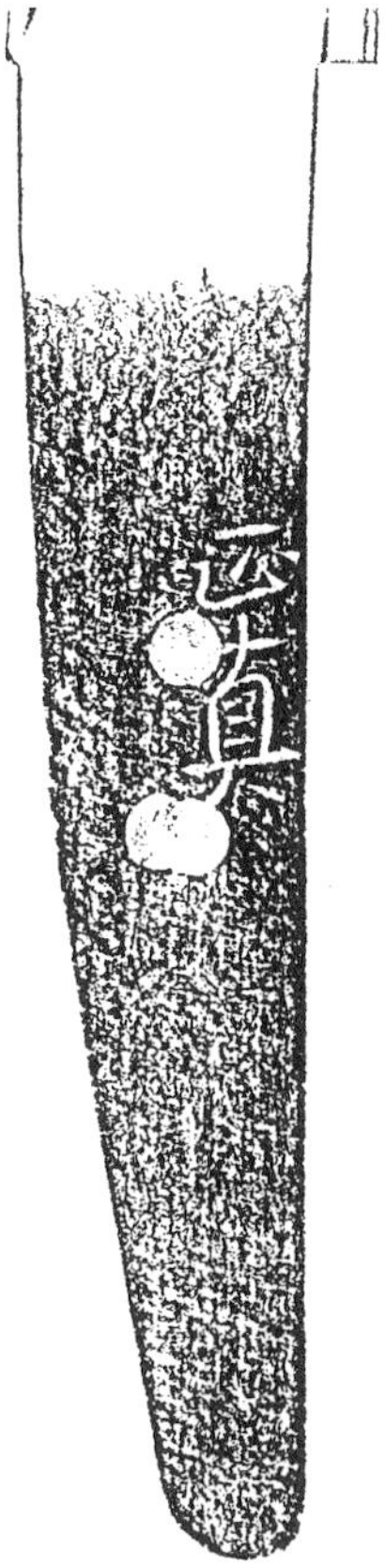

○正真（まさざね）伊勢國—室町末期

○正家（まさいえ）〈三原〉備後國—室町前期

○正清作（まさきよ）和泉國—室町前期

○泉州住正清（まさきよ）和泉國—室町後期

○南都金房隼人丞正真作（まさざね）大和國—室町末期

○正重（まさしげ）伊勢國―室町末期

○日後國波平正祐（まさすけ）肥後國―室町前期

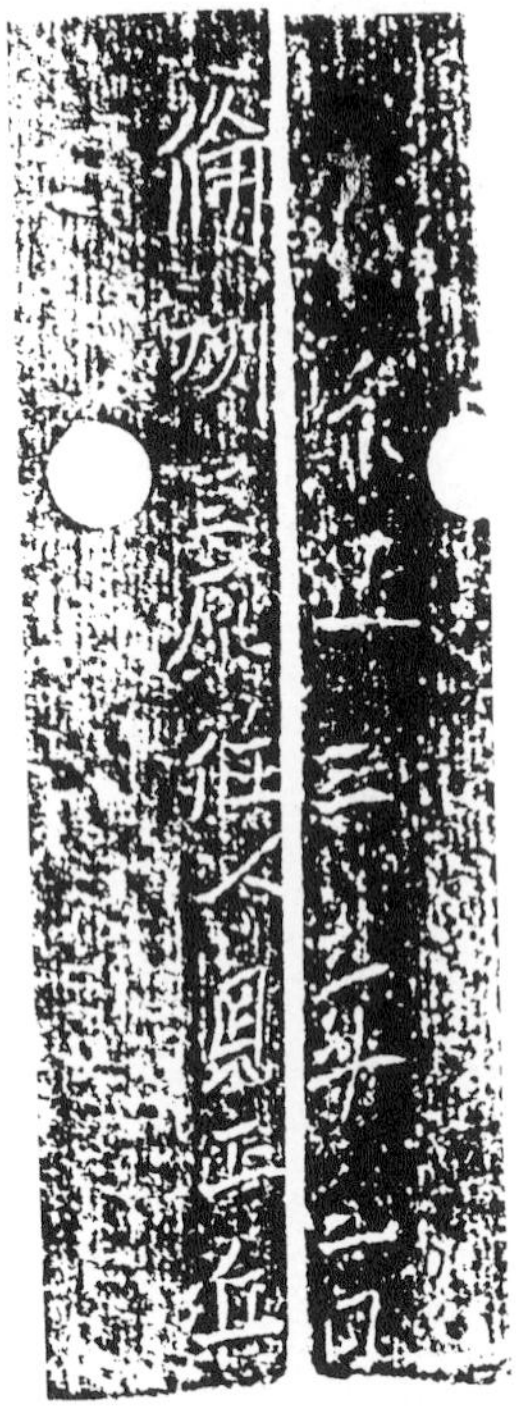

○備州三原住人貝正近（まさちか）備後國―永正
永正三年二月

○正次（まさつぐ）〈古備前〉備前國―鎌倉初期

○正重（まさしげ）伊勢國―室町末期

○金房左近尉正重作（まさしげ）大和國―室町末期

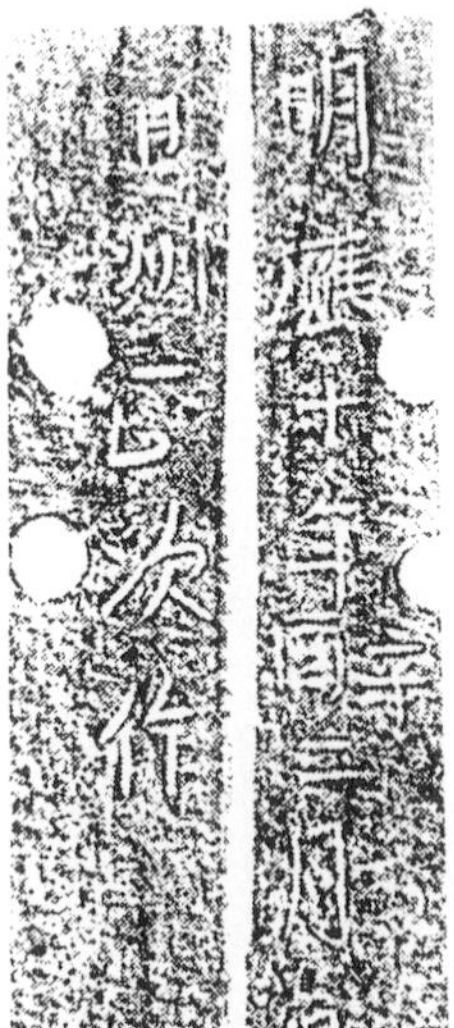

○日州正次作（まさつぐ）日向國―明応
明応十年辛酉二月日

○南都住兵衛尉正次兼房（まさつぐ）大和國―室町末期

○三原住正次（まさつぐ）備後國―室町末期

○正恒（まさつね）〈古備前〉備前國—平安後期

○正恒（まさつね）〈古備前〉備前國—平安後期

○正恒（まさつね）〈古備前〉備前國—平安後期

○正利（まさとし）
〈坂倉関〉美濃國—室町末期

○備後國三原住貝正直作（まさなお）備後國—室町末期

○正恒（まさつね）〈古青江〉備中國—平安末期

○正恒（まさつね）〈古青江〉備中國—平安末期

○正恒（まさつね）〈古青江〉備中國—平安末期

○和州住正長（まさなが）
大和國—室町中期

○正信（まさのぶ）〈山村〉越後國―南北朝期

○正信（まさのぶ）〈山村〉越後國―南北朝期

○月山正信作（まさのぶ）　出羽國―永正
永正二年八月吉

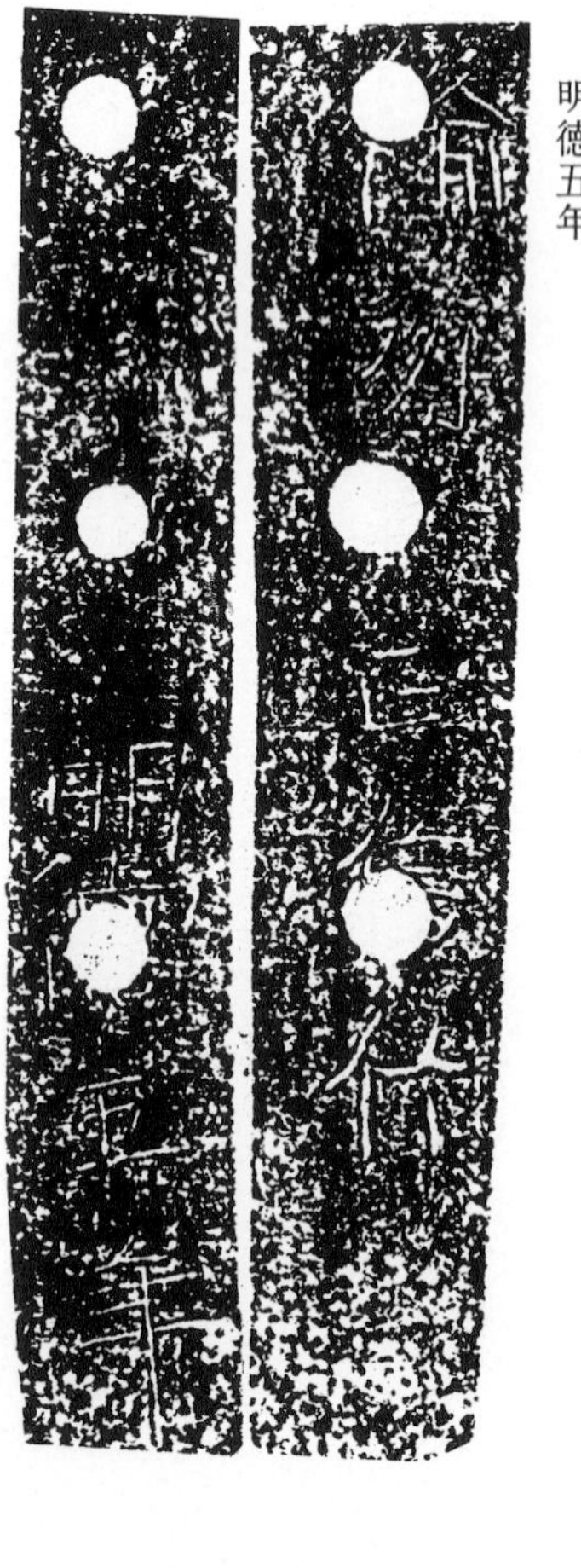

○備州正信作（まさのぶ）　備後國―明徳
明徳五年

○相州住正廣（まさひろ）　相模國―貞治
貞治二十一

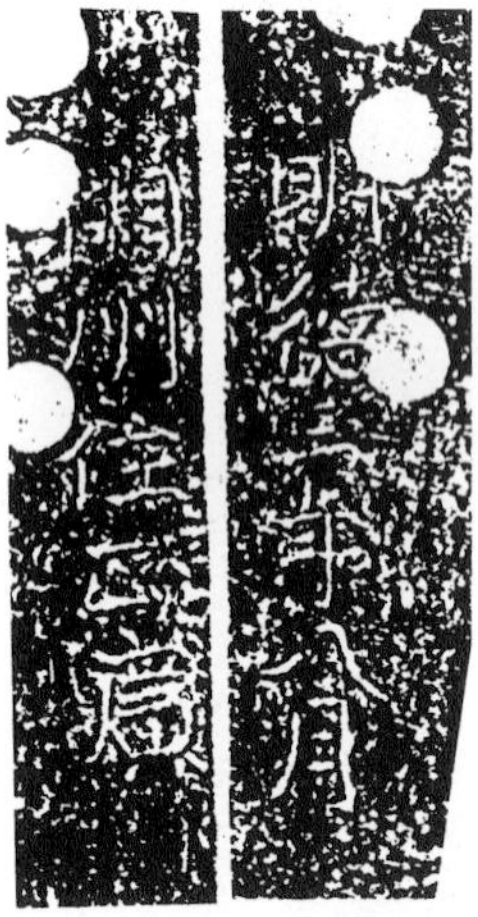

○相州住正廣（まさひろ）　相模國―明徳
明徳二年八月

○正廣（まさひろ）　相模國―室町中期

○正廣作（まさひろ）〈古三原〉備後國—鎌倉末期～南北朝期

○備州住正廣作（まさひろ）〈古三原〉備後國—鎌倉末期～南北朝期

○正光（まさみつ）〈達磨〉山城國—南北朝期

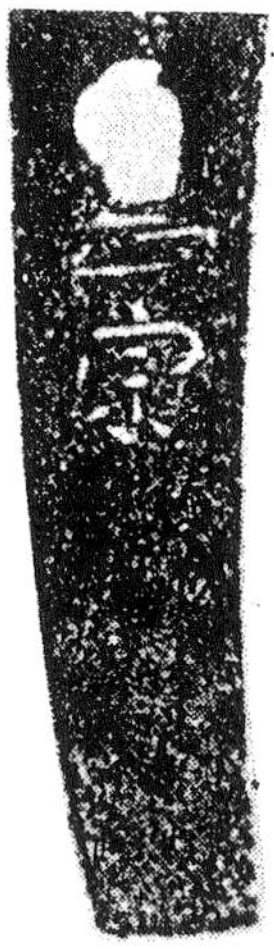

○正宗（まさむね）相模國—鎌倉末期

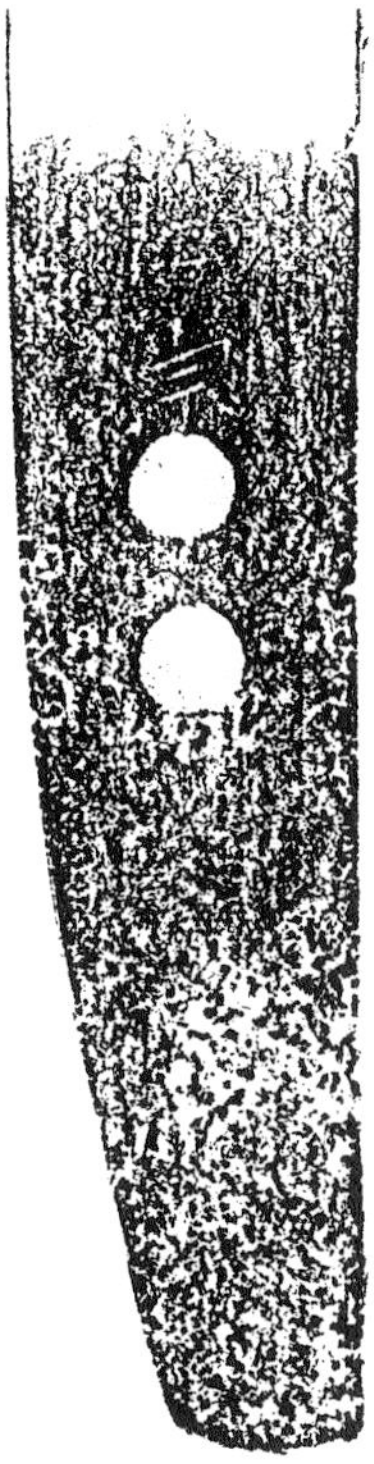

○正宗（まさむね）備後國—室町末期

○備後國住　左兵衛允正光（まさみつ）備後國—文和
文和三年三月日

○正宗（まさむね）相模國—鎌倉末期

○正宗作（まさむね）相模國—鎌倉末期

○正宗（まさむね）相模國—鎌倉末期

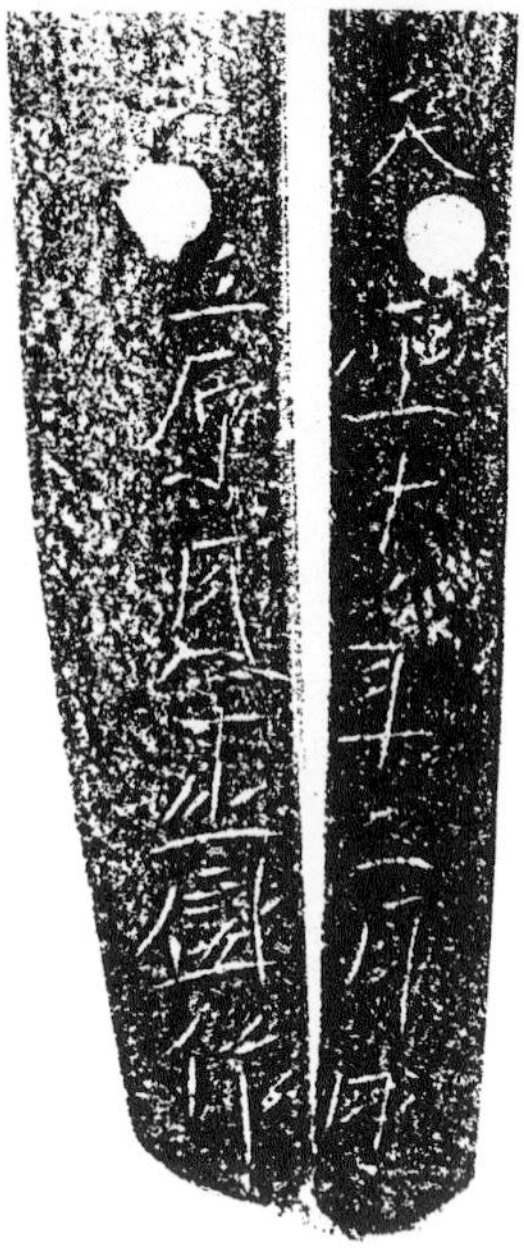

○三原貝正盛作（まさもり）
天正十年二月日
備後國—天正

○南都住金房兵衛尉政次（まさつぐ）
大和國—室町末期

○大和國住藤原政長作（まさなが）
永正三年十一月日
大和國—永正

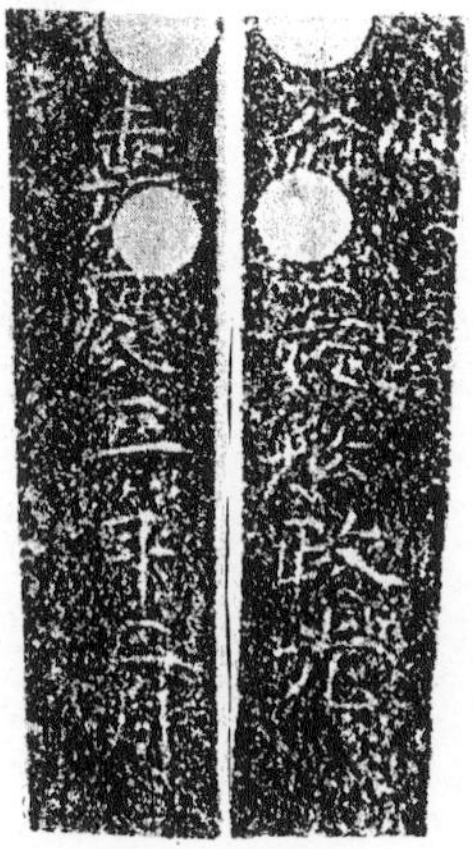

○備州長船政光（まさみつ）
嘉慶三年二月
備前國—嘉慶

○備州長船政光（まさみつ）
備前國—鎌倉末期

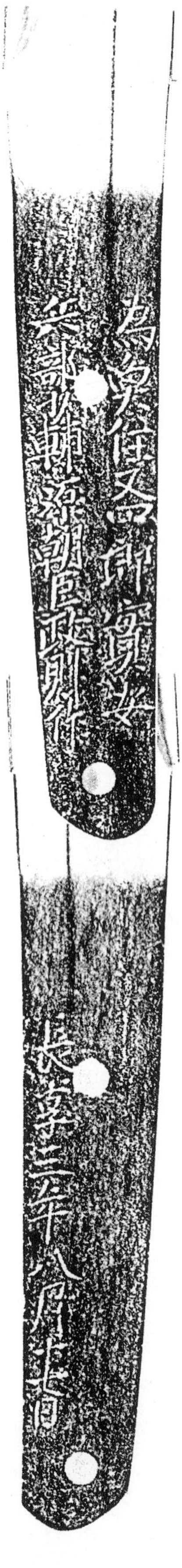

○兵部少輔源朝臣政則作（まさのり）
長享三年八月十七日
為奥住又四郎實安
播磨國—長享

○政宗（まさむね）〈古備前〉備前國―鎌倉初期

○雲林院政盛作（まさもり）伊勢國―室町前期

○當麻（まさま・たいま）大和國―南北朝期

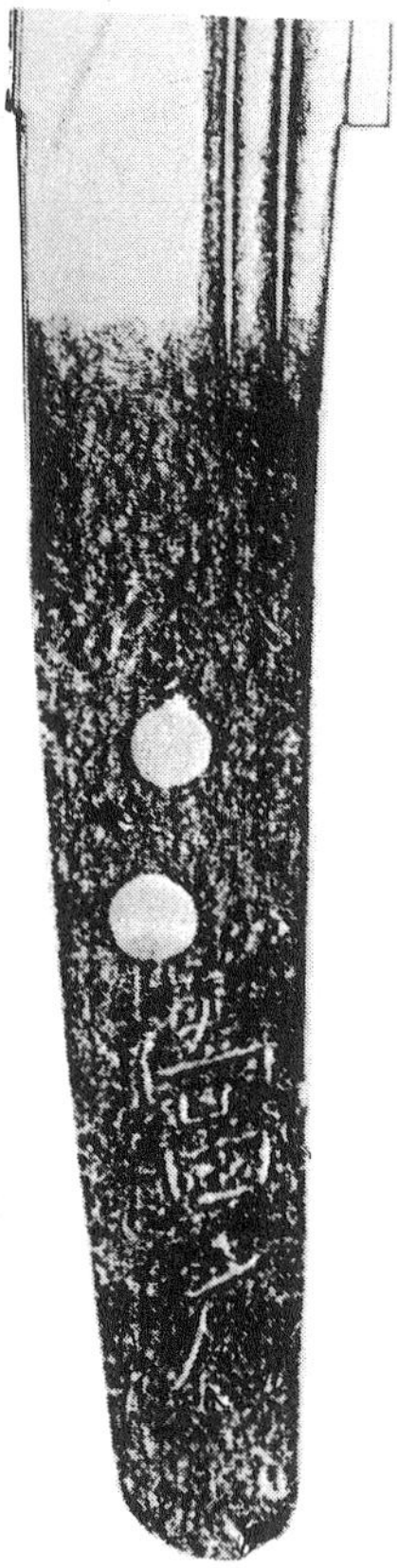

△将應（まさのり）武蔵國―江戸後期

△城慶子正明造之（まさあき）
文久三癸亥年八月白
武蔵國―文久

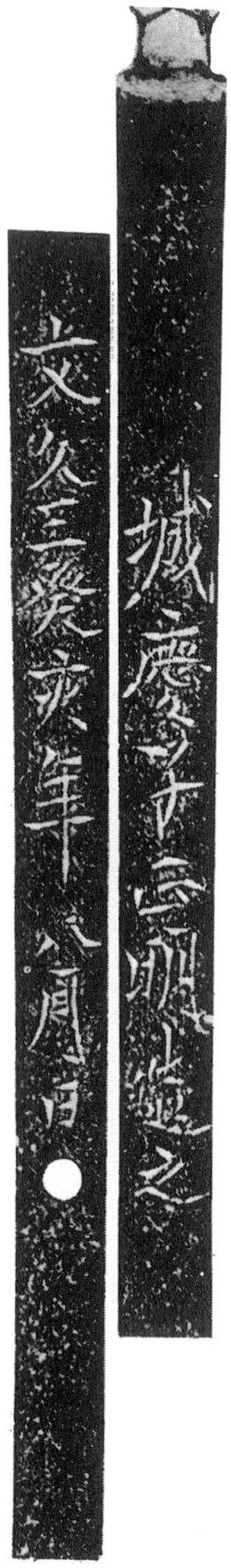

ま

△城慶子正明鍛之試鹿角及甲札與棒（まさあき）
慶応二丙年冬十二月日
武蔵國—慶応

△薩州住藤原正商（まさあき）
薩摩國—江戸中期

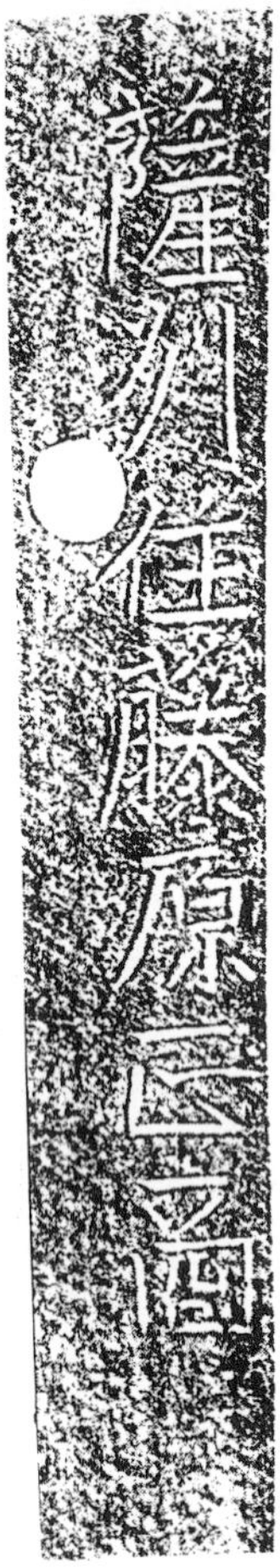

△野州喜連川住正家（まさいえ）
享和二年二月吉日
下野國—享和

△長州住源正氏作（まさうじ）
享保十三年二月吉日
長門國—享保

△源正雄（まさお）
安政五年八月日
以蝦夷地砂鉄造之
武蔵國—安政

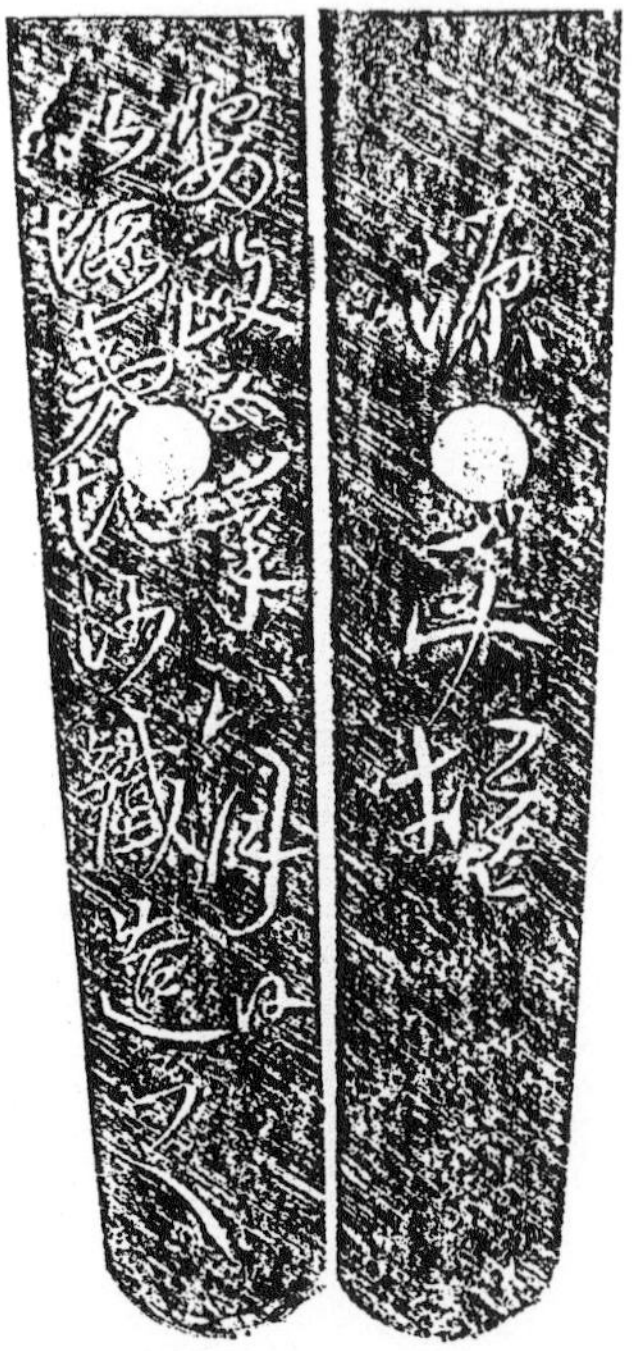

△源正雄（まさお）
元治元年八月日

武蔵國―元治

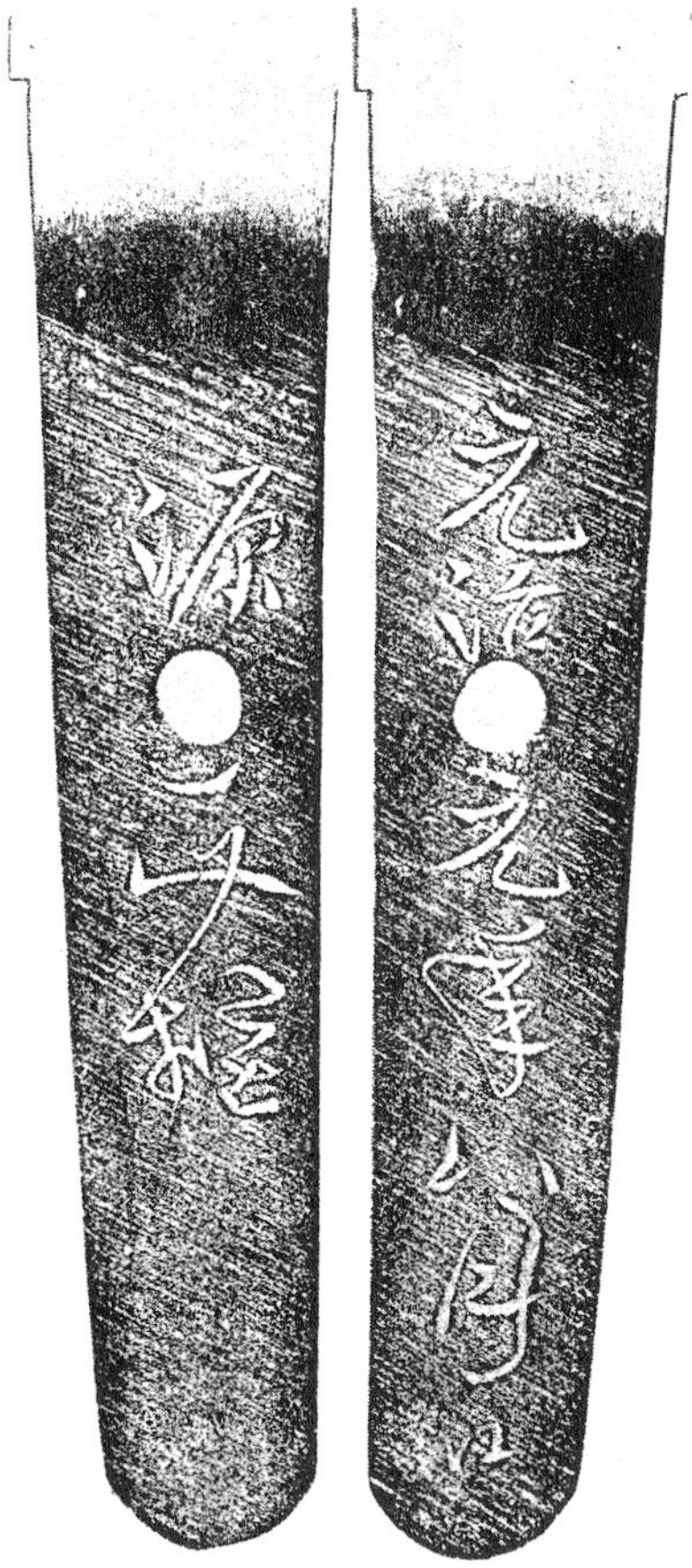


△正雄（まさお）
嘉永三年八月

〈山浦真雄同人〉 信濃國―嘉永

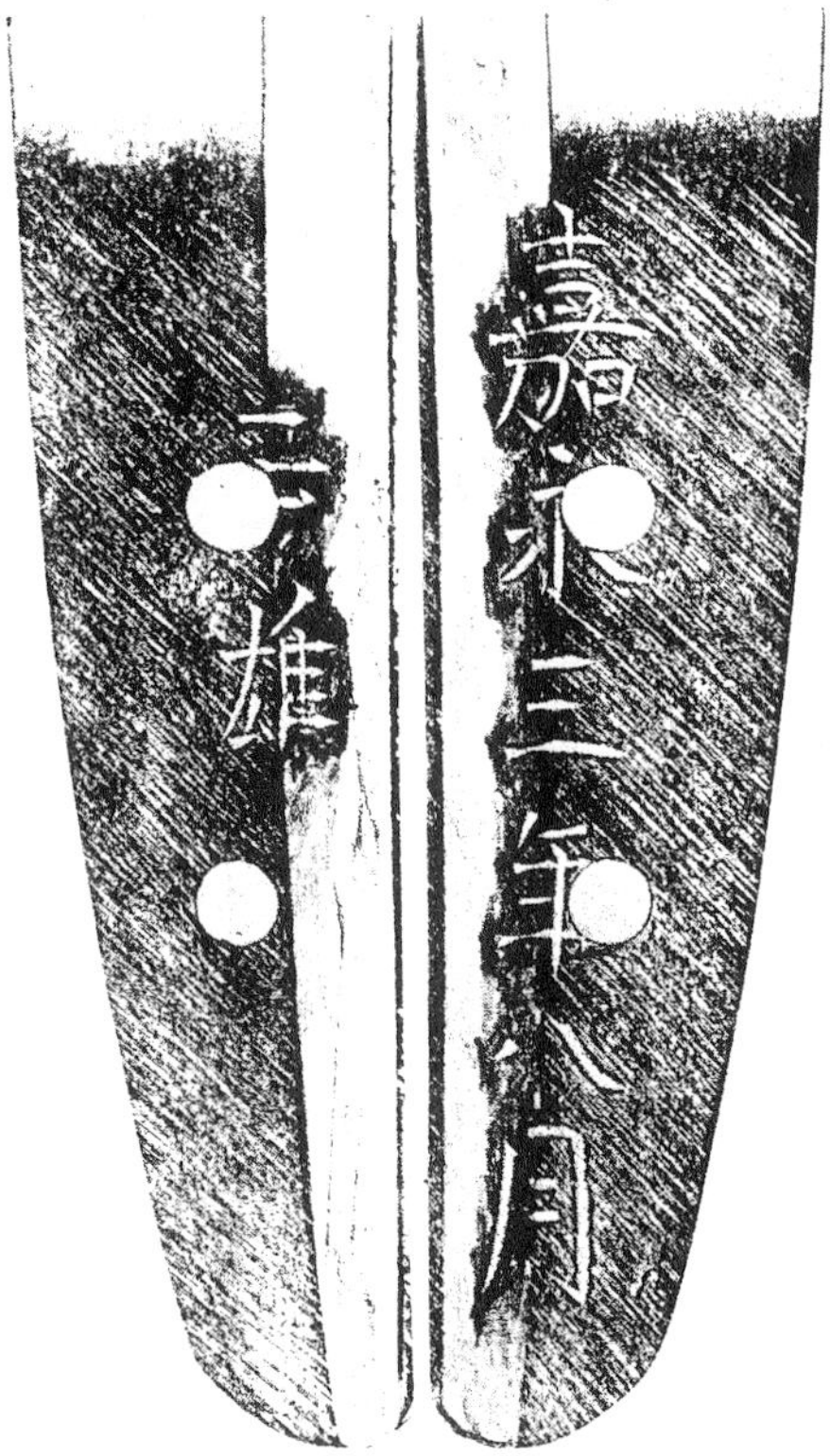


△北越新発田住正興（まさおき）
文化九年八月日

越後國―文化

△隅州住正景造之（まさかげ）
文政二卯二月日

大隅國―文政

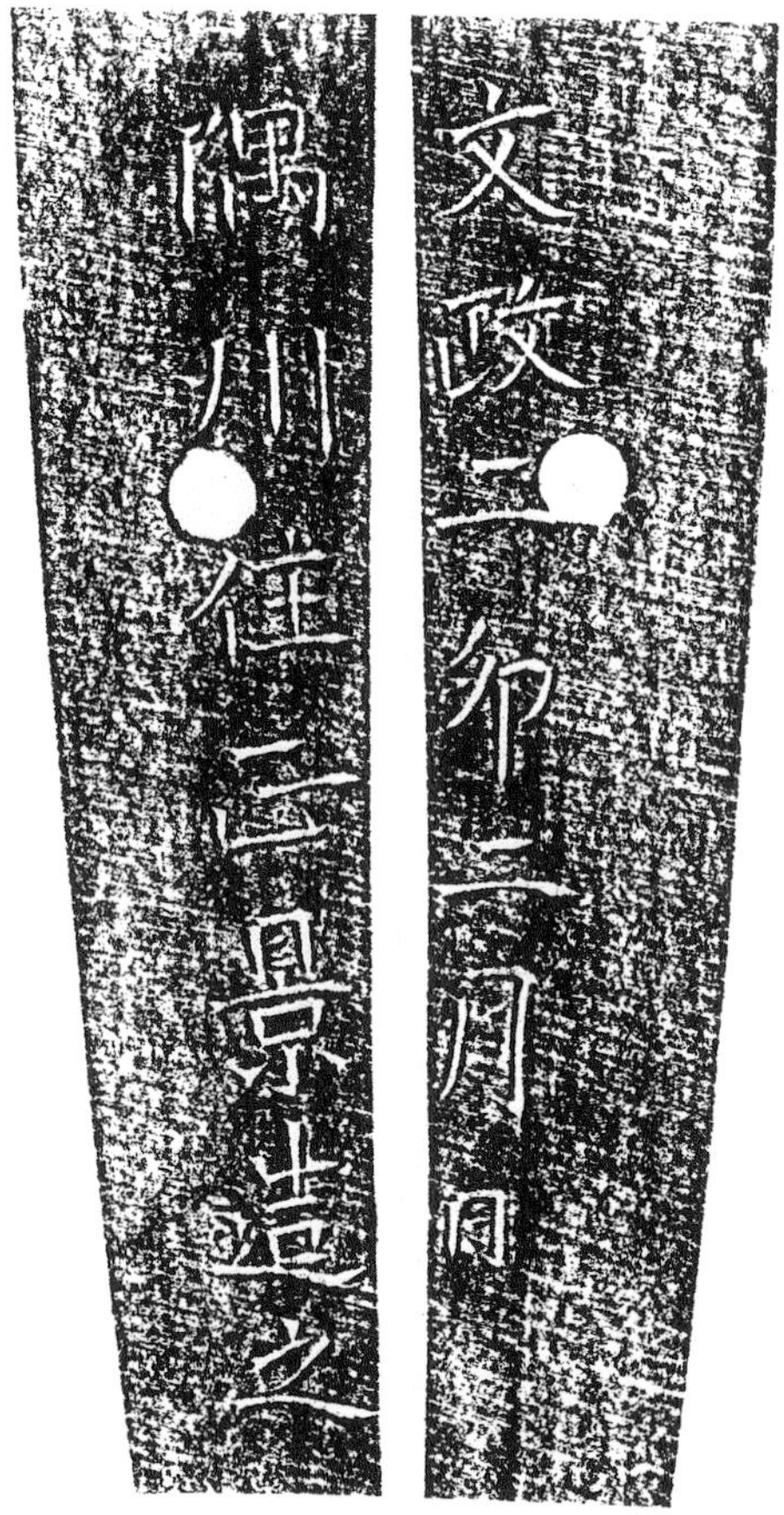

△応楠山政矩需造之
安政六己未仲秋　源正蔭（まさかげ）　越後國―安政

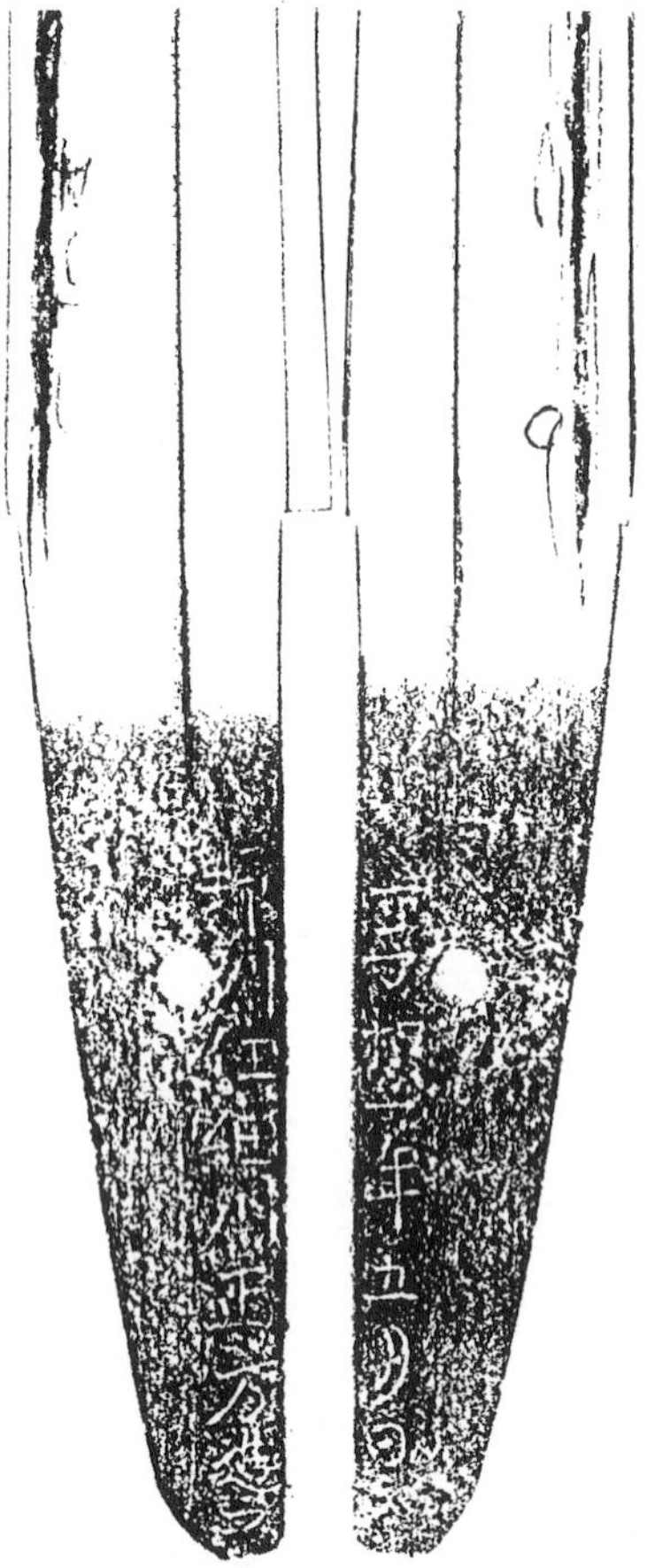

△野州住細川正方造之（まさかた）
享和二年五月日　〈細川正義初銘〉　武蔵國―享和

△肥後大掾藤原正勝（まさかつ）　越前國―桃山期

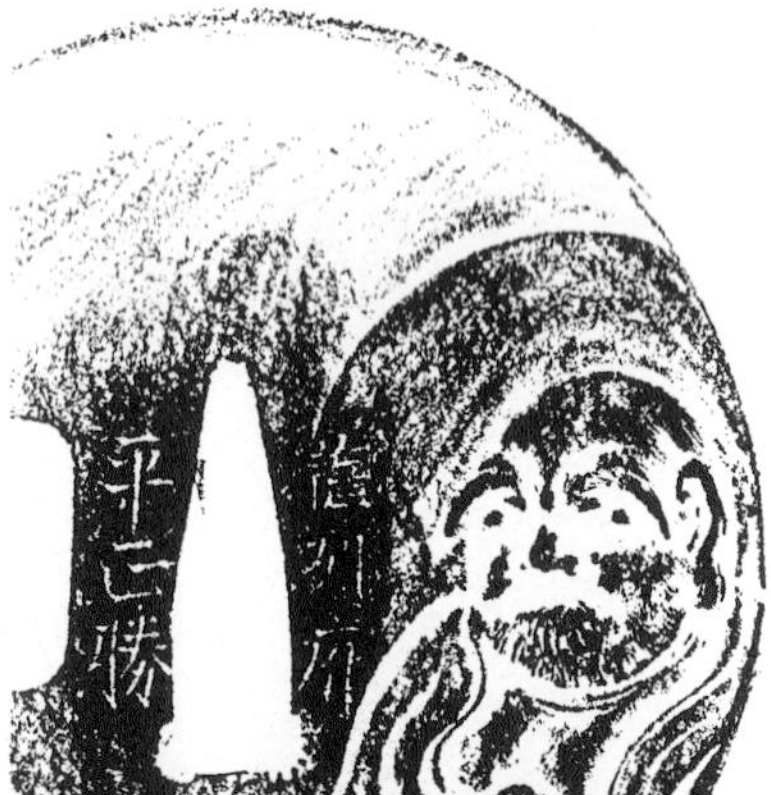

△薩州府　平正勝（まさかつ）
〈鐔の銘〉　薩摩國―江戸後期

△於東都水府住正勝作（まさかつ）
慶応二寅年二月日　常陸國―慶応

△於熊府小林正勝　嘉永二年晩秋（まさかつ）　薩摩國―嘉永

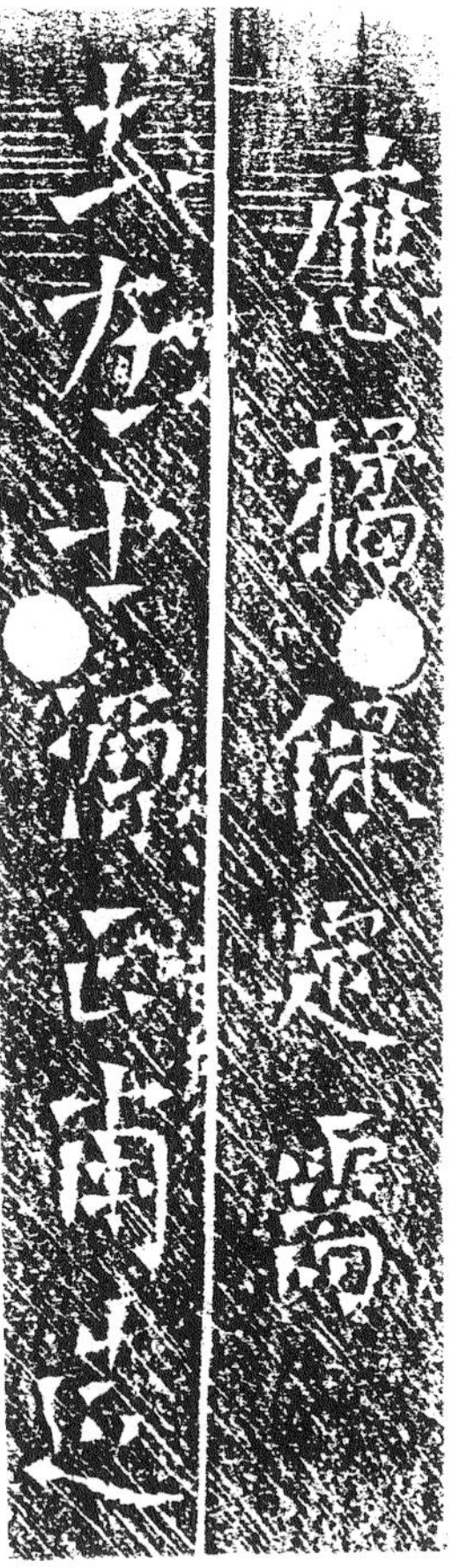

△土左士源正甫造（まさすけ）　土佐國―江戸末期
応橘保定需

△（葵紋）主水正藤原朝臣正清（まさきよ）　薩摩國―享保
享保十五年二月

△千子正重作（まさしげ）　伊勢國―江戸前期

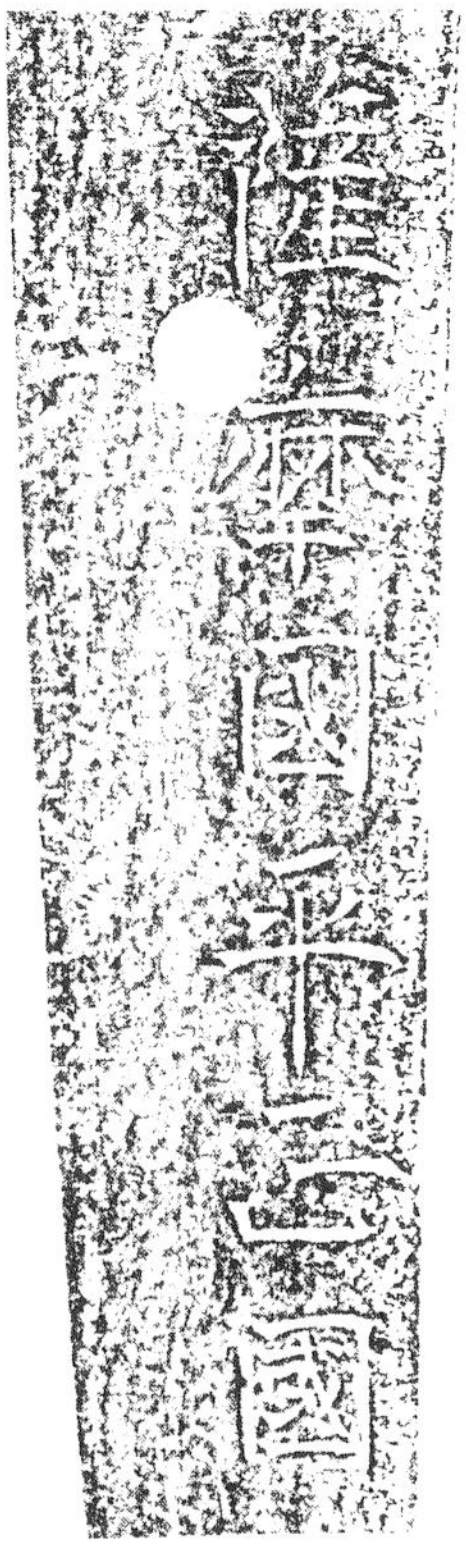

△薩摩國平正國（まさくに）　薩摩國―江戸末期

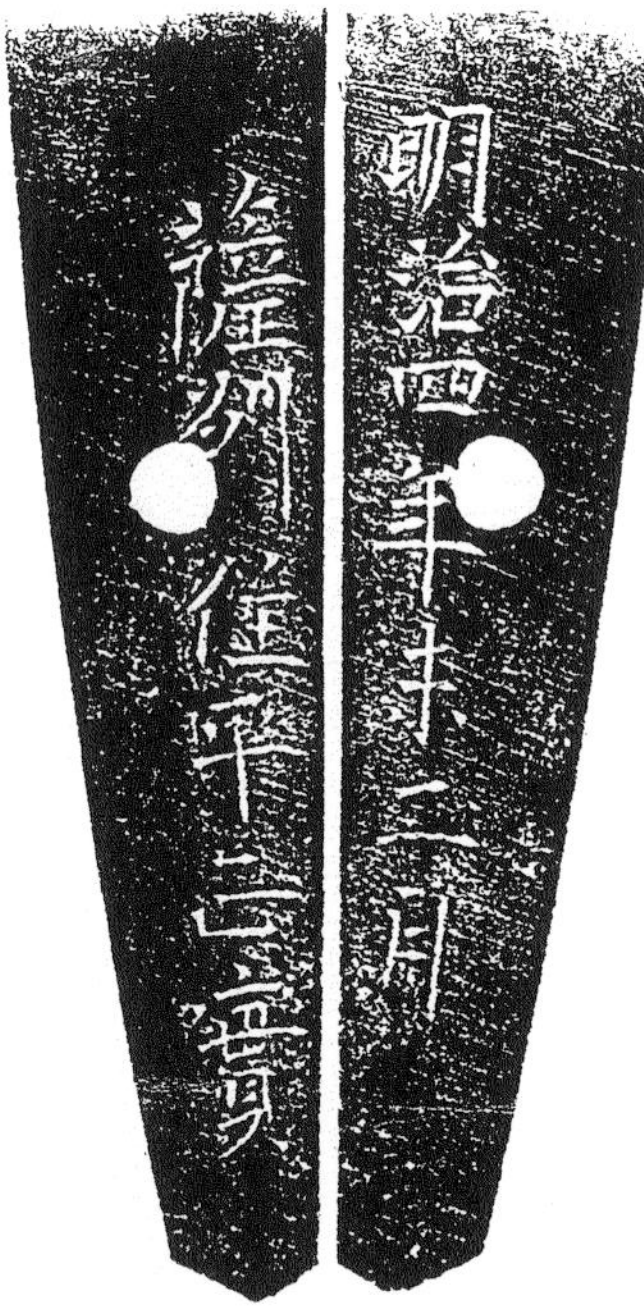

△薩州住平正實（まさざね）　薩摩國―明治
明治四年未二月

△摂津守源正重（まさしげ）　摂津國―江戸中期

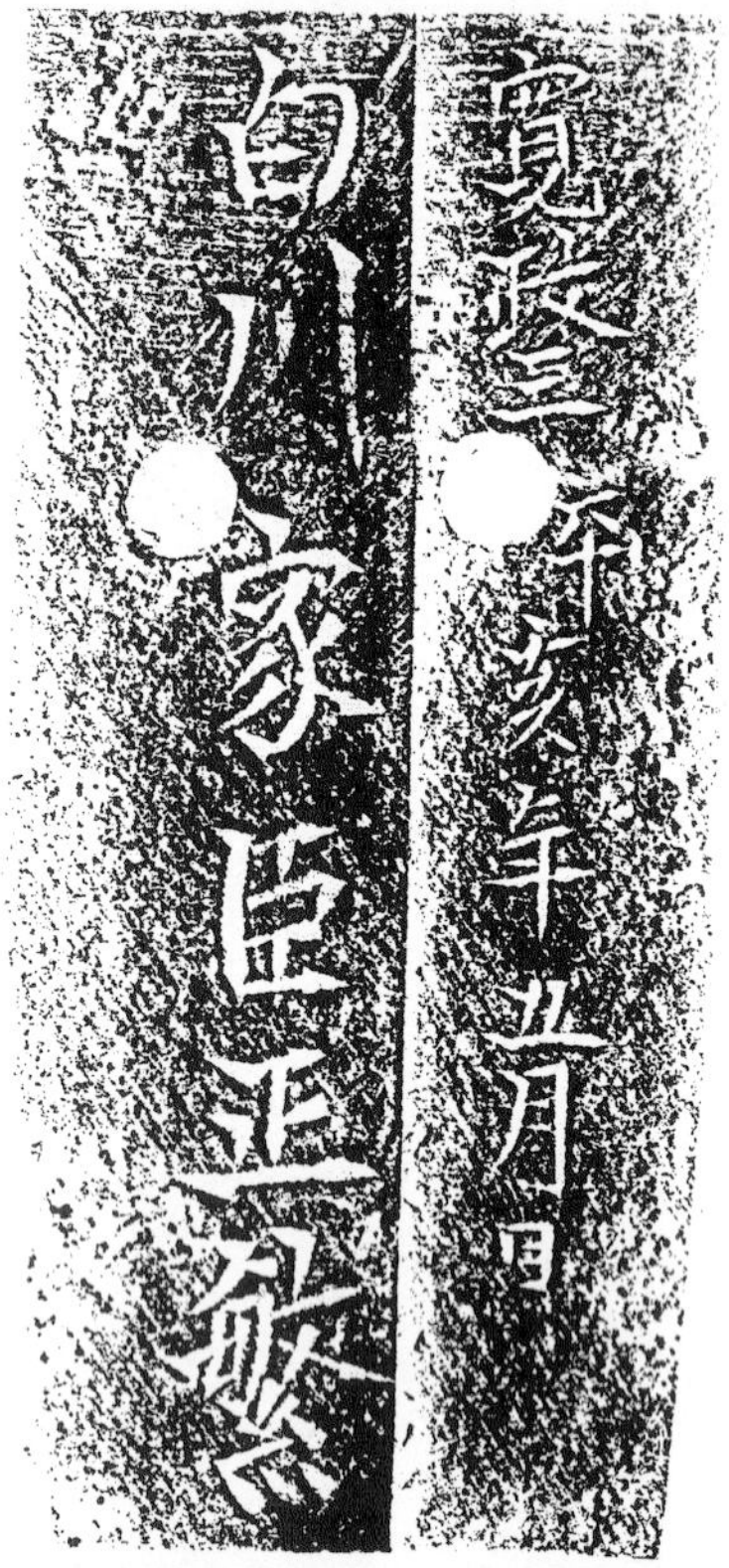

△白川家臣正繁（まさしげ）
寛政三辛亥年五月日
磐城國—寛政

△手柄山甲斐守正繁（まさしげ）
文化三年二月日
磐城國—文化

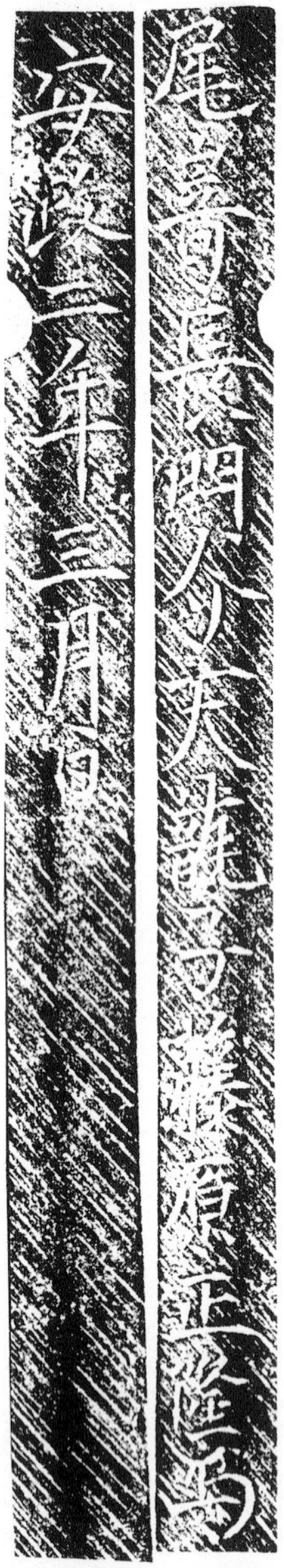

△尾崎長門介天龍子藤原正隆〈花押〉〈まさたか〉
安政二年三月日
摂津國—安政

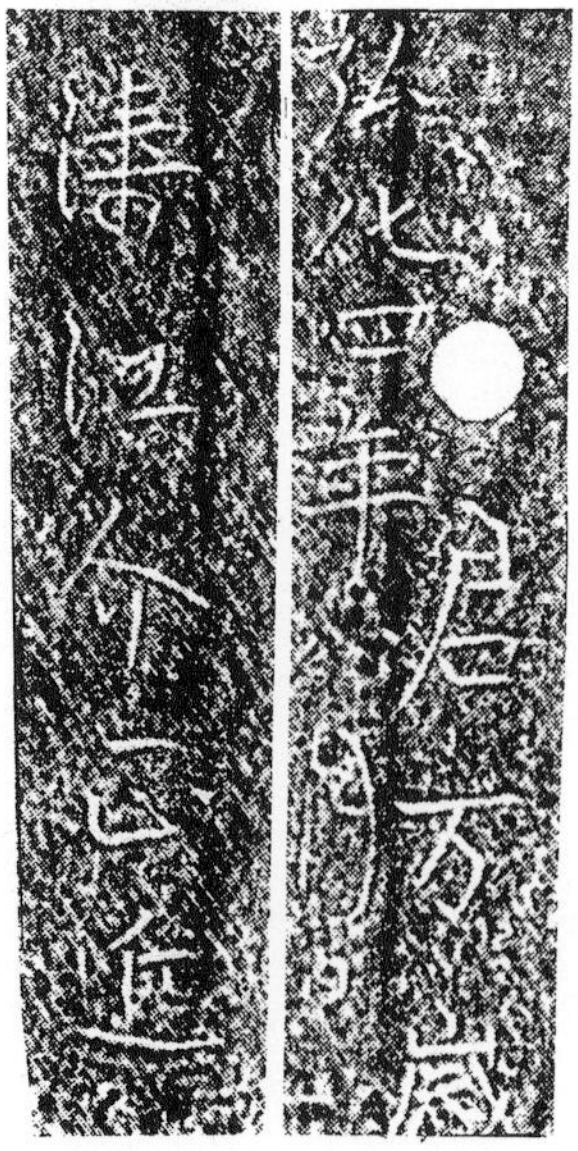

△濤江介正近（まさちか）
弘化四年八月日　君万歳
武蔵國—弘化

△豊後守正全（まさたけ）　尾張國—江戸中期

△以正宗伝　天龍子正隆造（まさたか）　摂津國—江戸末期

△薩州住藤原正近（まさちか）
元文四年八月
薩摩國―元文

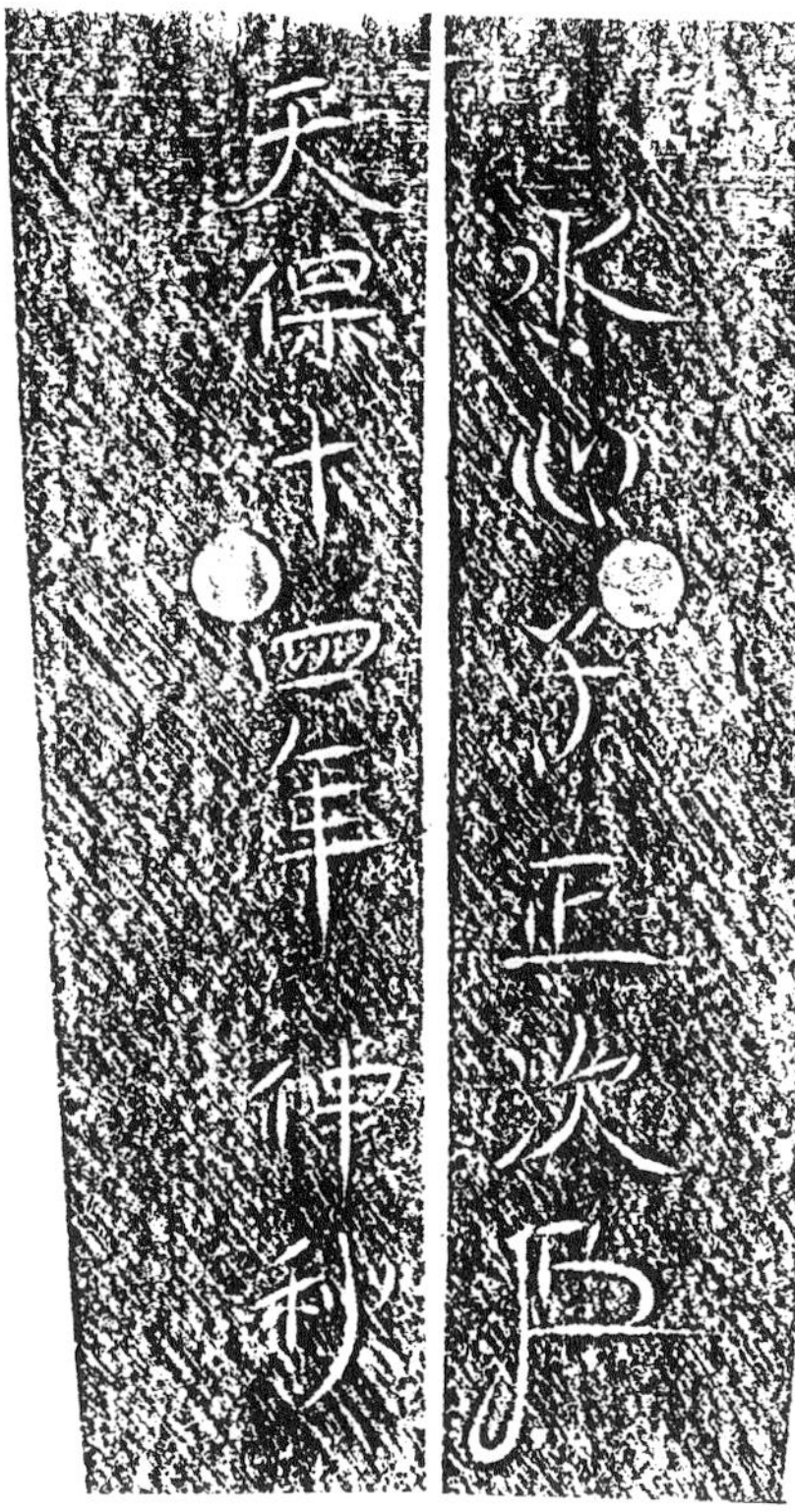

△水心子正次〈花押〉（まさつぐ）
天保十四年仲秋
武蔵國―天保

△肥前國住源正次（まさつぐ） 肥前国―江戸初期

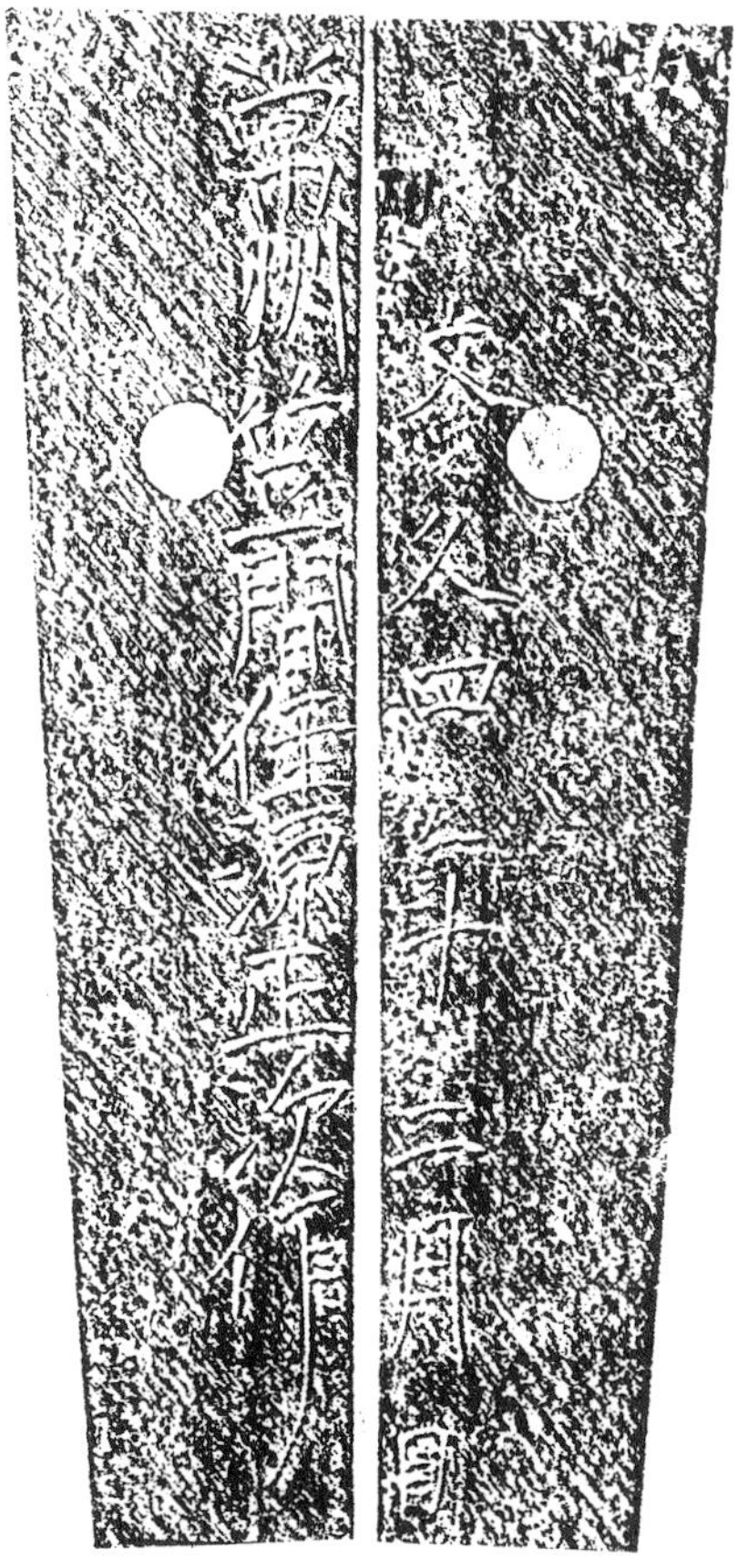

△常州笠間住源正次作之（まさつぐ）
文久四年二月日
常陸國―文久

△伊豫掾二代目源正次於武州（まさつぐ）〈二代〉 肥前國―江戸中期

△伯州倉吉住播磨大掾藤原正綱（まさつな） 伯耆國—江戸中期

△伯耆國倉吉住弓削正綱作（まさつな） 伯耆國—江戸中期

△（菊紋）法城寺越前守橘正照（まさてる）
出雲大掾藤原吉武
武蔵國—江戸中期

△土浦侯臣応立川傳右衛門業臣
慶応四年二月日
甲陽住弥左衛門尉正照彫同作（まさてる）
甲斐國—慶応

△東肥藤原正照（まさてる）
寛政十一己未八月
肥後國—寛政

△越前守法城寺橘正照（まさてる）
辻上総介兼重
同助九郎兼常
（金象嵌銘）磨付ト二ッ胴三ッ胴都合三度切落
雷電
〈兼重・兼常合作〉武蔵國―江戸中期

△山城國住越中守正俊（まさとし）
慶長六年日
〈初代〉山城國―慶長

△越中守正俊（まさとし）慶長九年八月日〈初代〉山城國―慶長

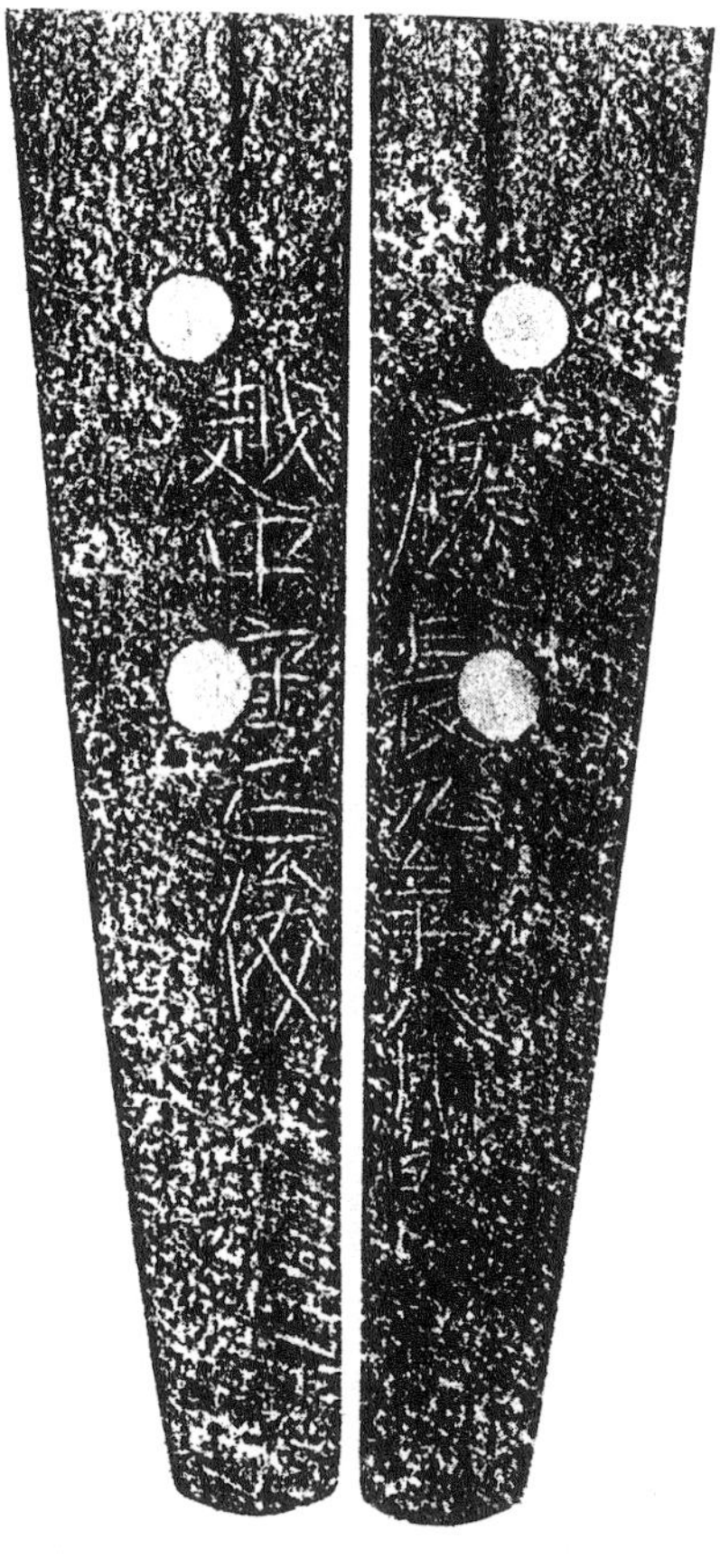

△（菊紋）越中守藤原正俊（まさとし）
祇園社御剣慶安二年正月吉日
〈二代〉山城國―慶安

ま

△（菊紋）越中守正俊（まさとし）
延宝三年九月吉日
〈三代〉山城國―延宝

△平安城石道右近正俊（まさとし）　山城國―江戸中期

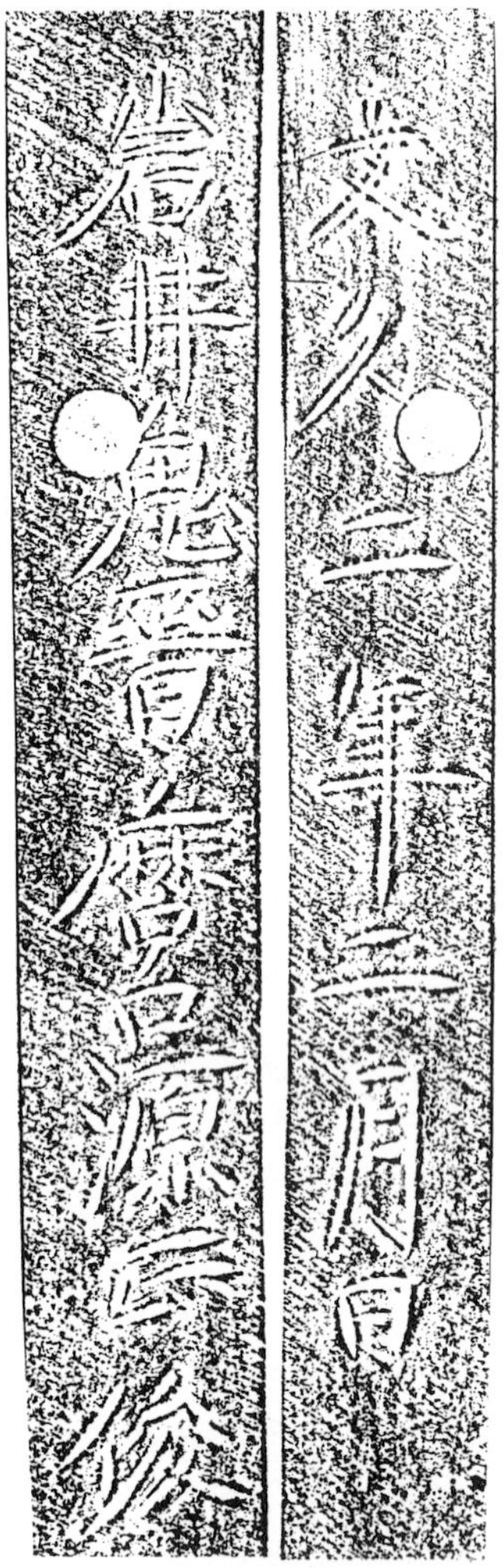

△岩井鬼晋麿源正俊（まさとし）
文久二年二月日
武蔵國―文久

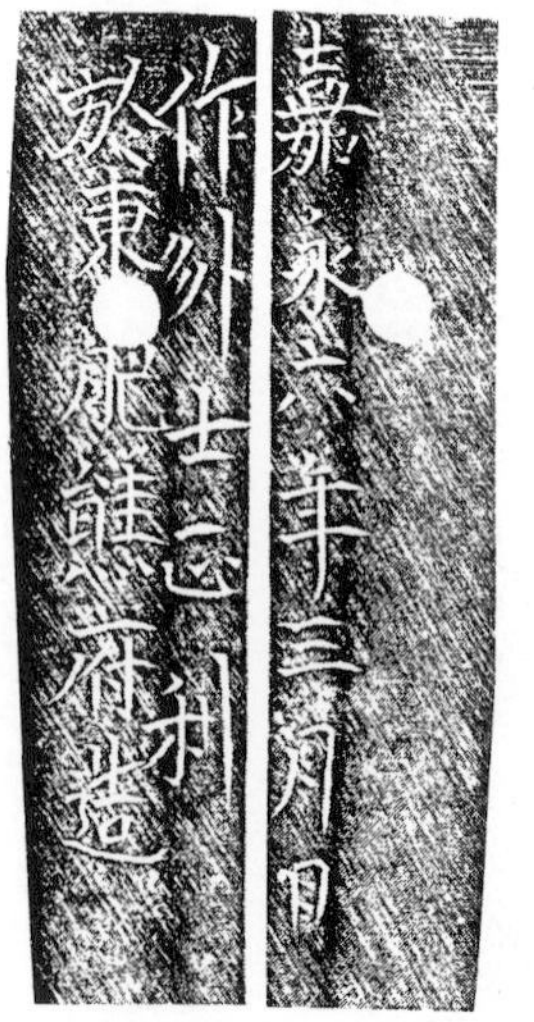

△作州士正利（まさとし）
於東肥熊府造
嘉永六年三月日
美作國―嘉永

△門人
奥州仙台住國包
出羽山形住正寿（まさとし）
〈國包と合作〉羽前國―江戸末期

△源正俦造（まさとも）　武蔵國―江戸末期

△上総國正直（まさなお）上総國―江戸末期

△正直（まさなお）嘉永七甲寅二月日　上総國―江戸末期

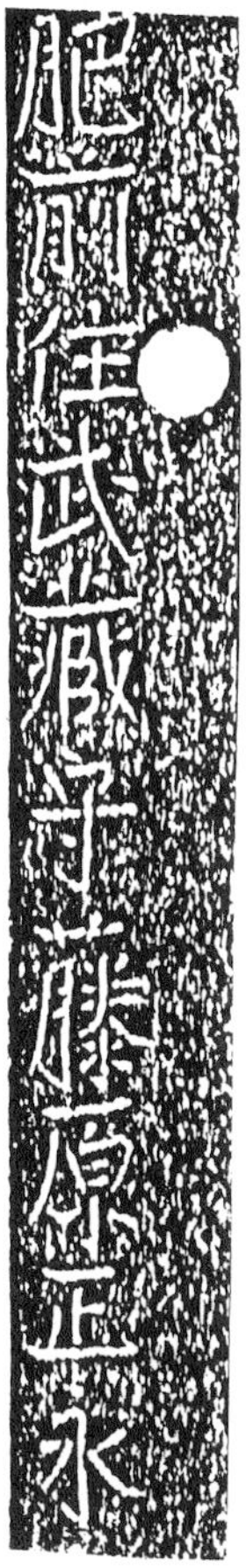

△肥前住武蔵守藤原正永（まさなが）〈二代河内守正広初銘〉肥前國―江戸中期

△肥州備中大掾藤原正永（まさなが）〈二代正広子〉肥前國―江戸中期

△豫州吉田住橋本藤原正信作（まさのぶ）
慶応三年卯二月日
伊豫國―慶応

△大和大掾藤原正則（まさのり）〈初代〉越前國―桃山期

△大和大掾藤原正則（まさのり）〈二代〉越前國―江戸中期

△但馬國法城寺橘正則（まさのり） 武蔵國―江戸中期

△嘉永七年十月日 〈裏側銘〉宇都宮藩―行年十五歳細川正規製之（まさのり） 下野國―嘉永

△越前國住正久（まさひさ）
（切付銘）………延命とあり
五百八十歳七曲季洪十代
越前國―江戸中期

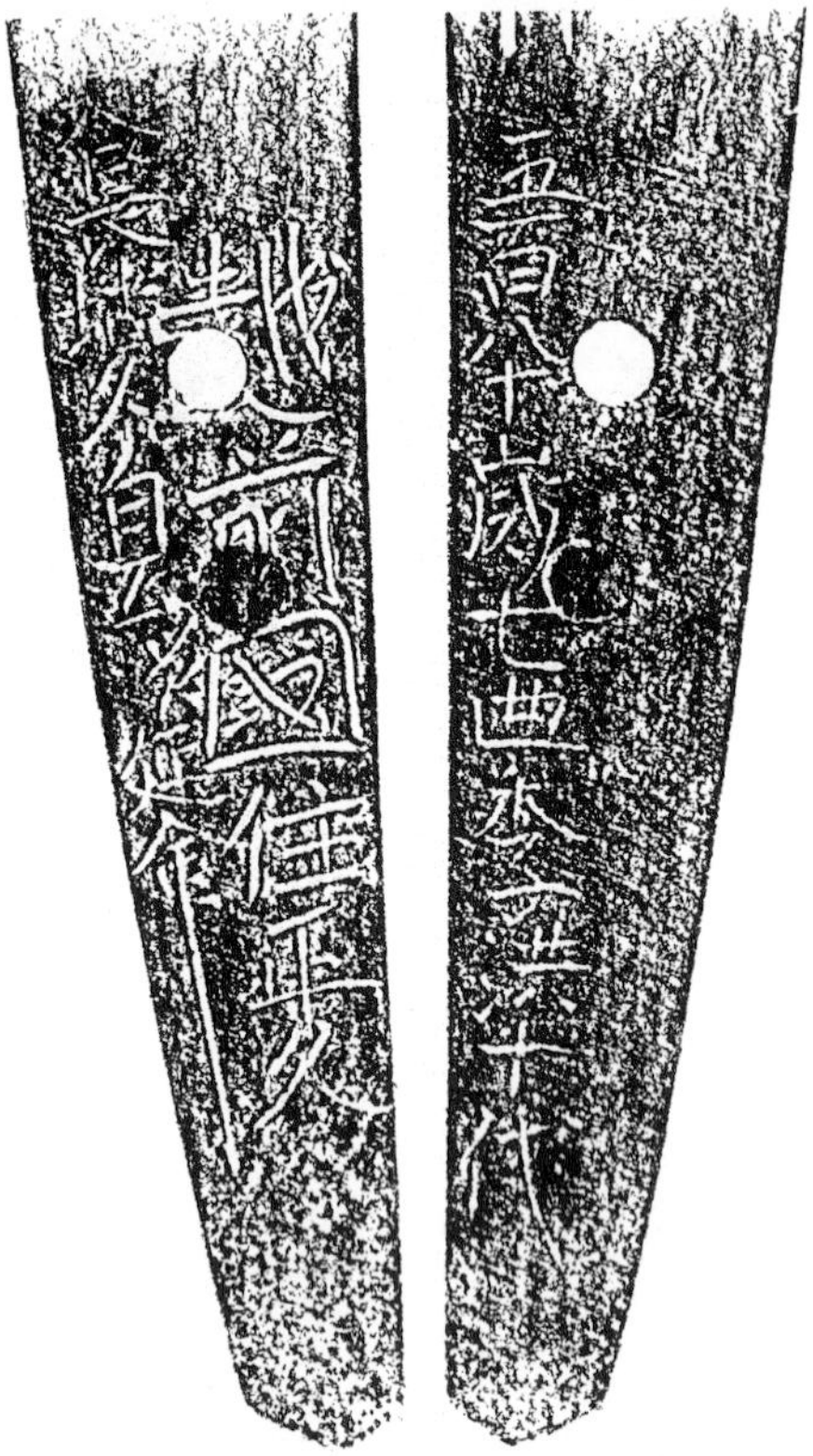

△水心正日出（まさひで）
〈水心子正秀同人〉 武蔵國―江戸末期

△川部儀八郎藤原正日出〈刻印〉（まさひで）
嫡貞秀淬刃
北越村松之治工重秀穿樋
土佐國之剣工寿秀打刃
〈貞秀・重秀・寿秀合作〉 武蔵國―江戸末期

△於武州出羽住人五郎正秀（まさひで）
安永六年八月日
武蔵國—安永

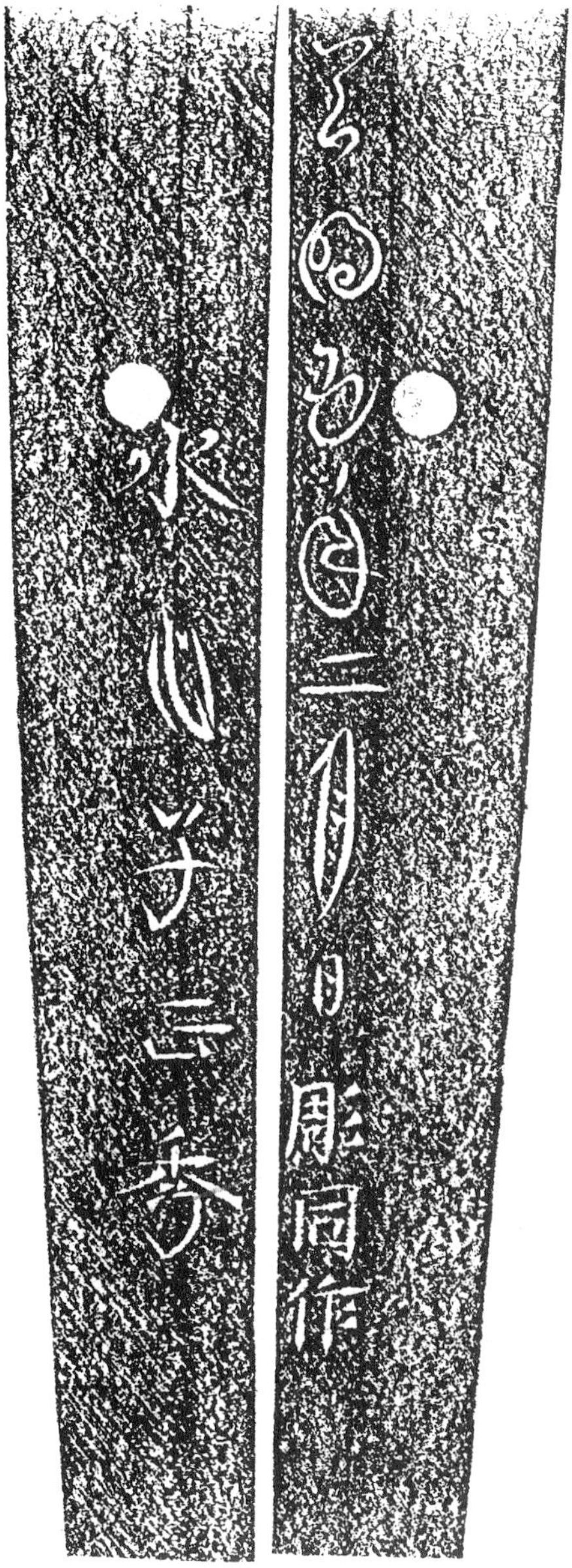

△水心子正秀（まさひで）
天明五年二月日彫同作
武蔵國—天明

△六十八翁水心子正秀淬刃（まさひで）
文化十四年七月日
武蔵國—文化

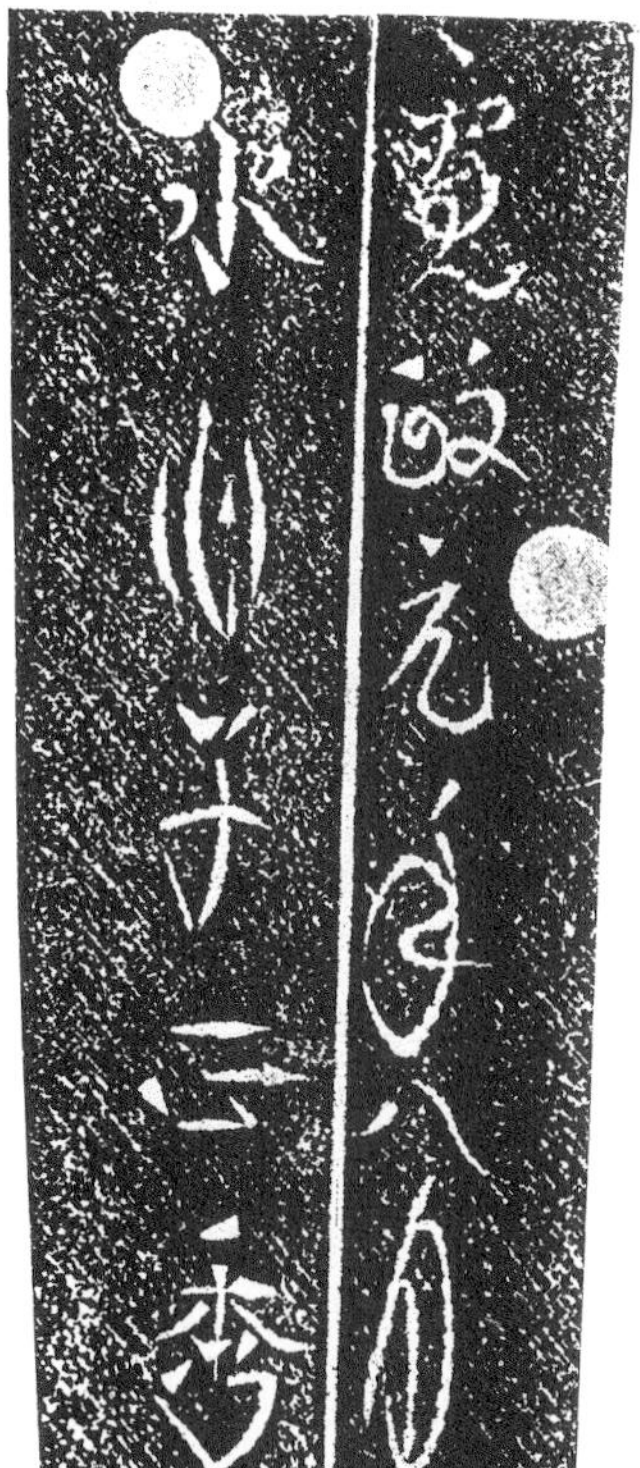

△水心子正秀（まさひで）
寛政元年八月日
武蔵國—寛政

△正秀（まさひで）　武蔵國—江戸末期

ま

△天秀淬刃
文政三年八月水寒子白熊入道正秀（まさひで）〈二代正秀〉武蔵國―文政

△肥前國佐賀住正廣（まさひろ）〈初代〉肥前國―寛永
寛永六年八月吉日

△肥前國河内大掾藤原正廣（まさひろ）〈初代〉肥前國―桃山期

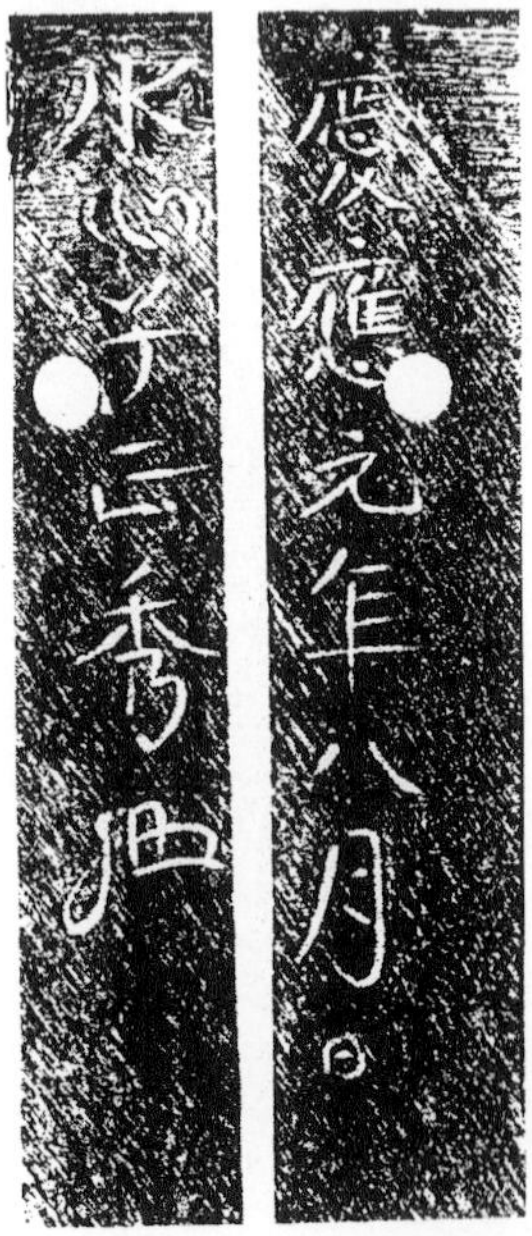


△水心子正秀〈花押〉（まさひで）〈三代正秀〉武蔵國―慶応
慶応元年八月日

△正廣（まさひろ）〈初代〉肥前國―桃山期

△肥前國佐賀住正廣（まさひろ）〈初代〉肥前國―寛永
寛永十四年二月吉日

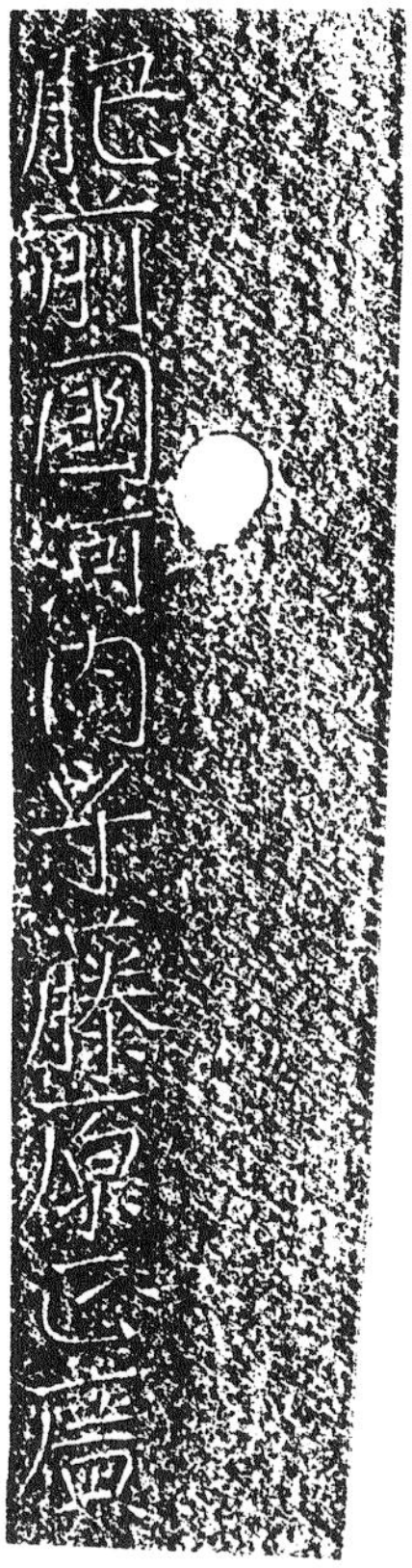


△肥前國河内守藤原正廣（まさひろ）〈二代〉肥前國—江戸中期

△肥州河内守藤氏正廣（まさひろ）〈二代〉肥前國—江戸中期

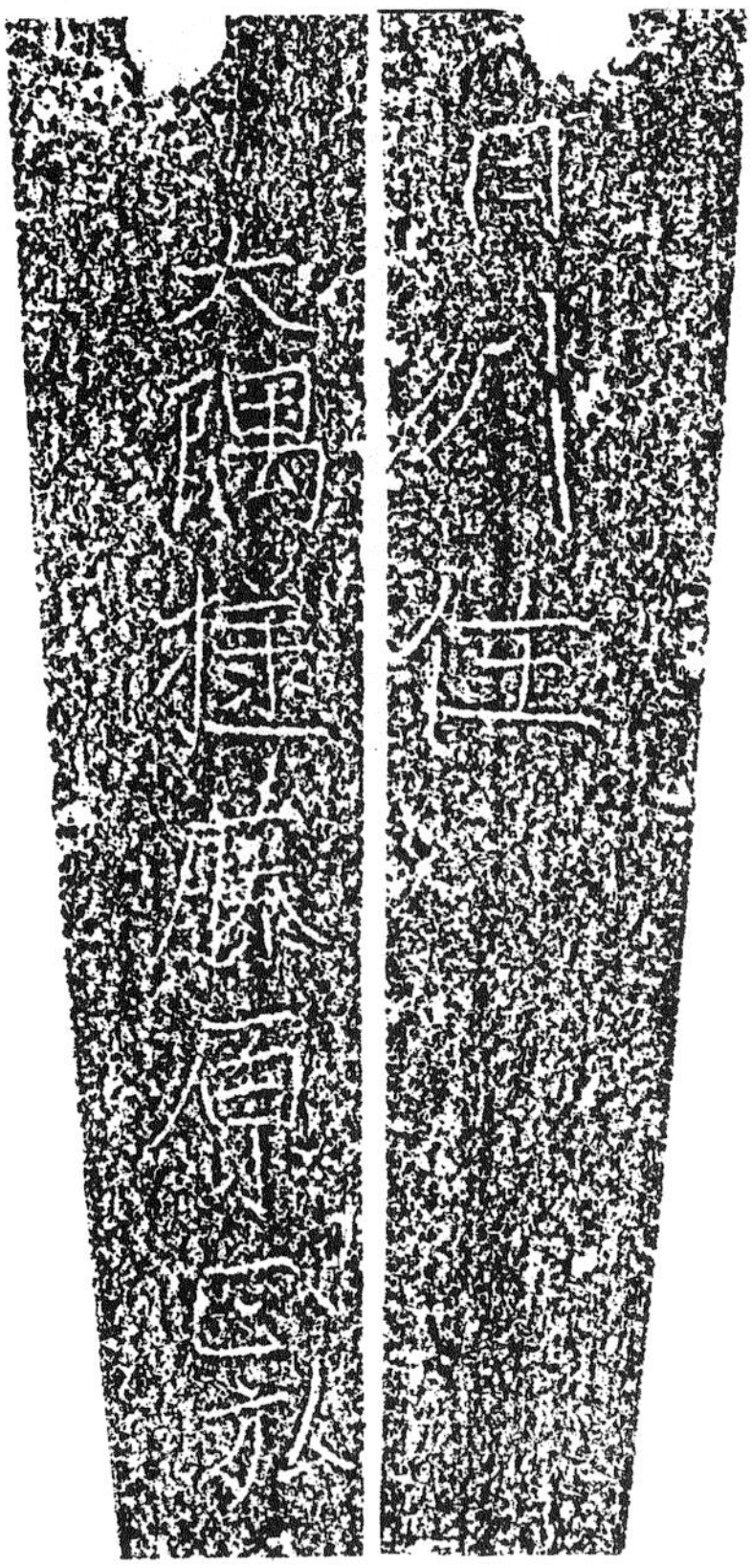


△大隅掾藤原正弘（まさひろ）
日州住
山城國—桃山期

△肥州河内守藤原正廣（まさひろ）〈二代〉肥前國—江戸中期

△肥前國正廣（まさひろ）〈九代〉肥前國—江戸後期

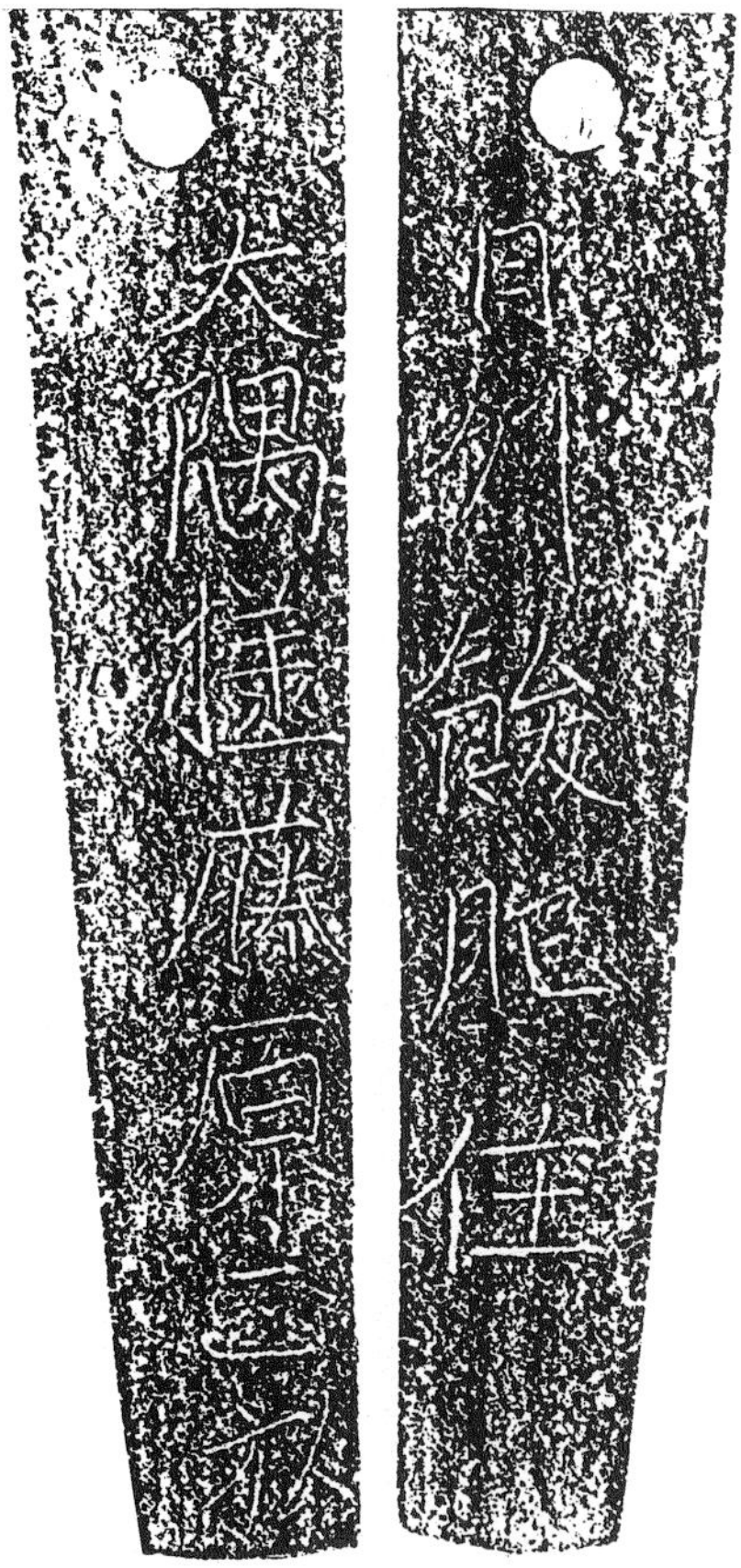


△大隅掾藤原正弘（まさひろ）
日州飫肥住
山城國—桃山期

△近江守法城寺橘正弘（まさひろ）〈初代〉武蔵國―江戸中期

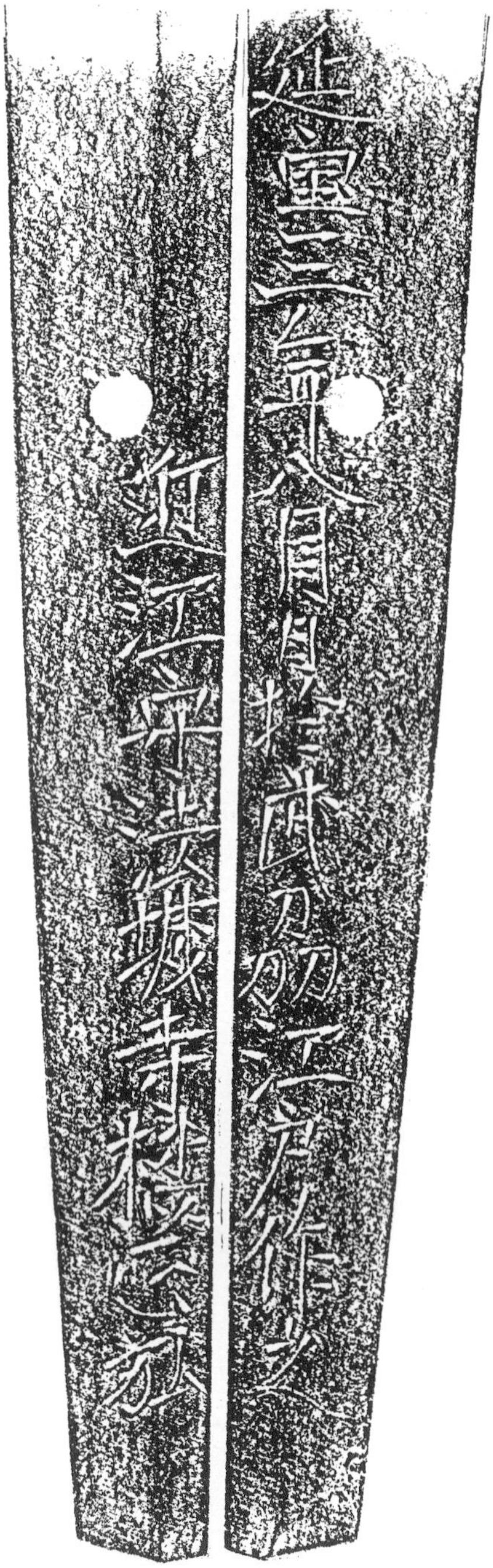

△近江守法城寺橘正弘（まさひろ）〈二代〉武蔵國―延宝
延宝三年八月日於武州江戸作之

△薩州住藤原正房（まさふさ）〈初代〉薩摩國―桃山期

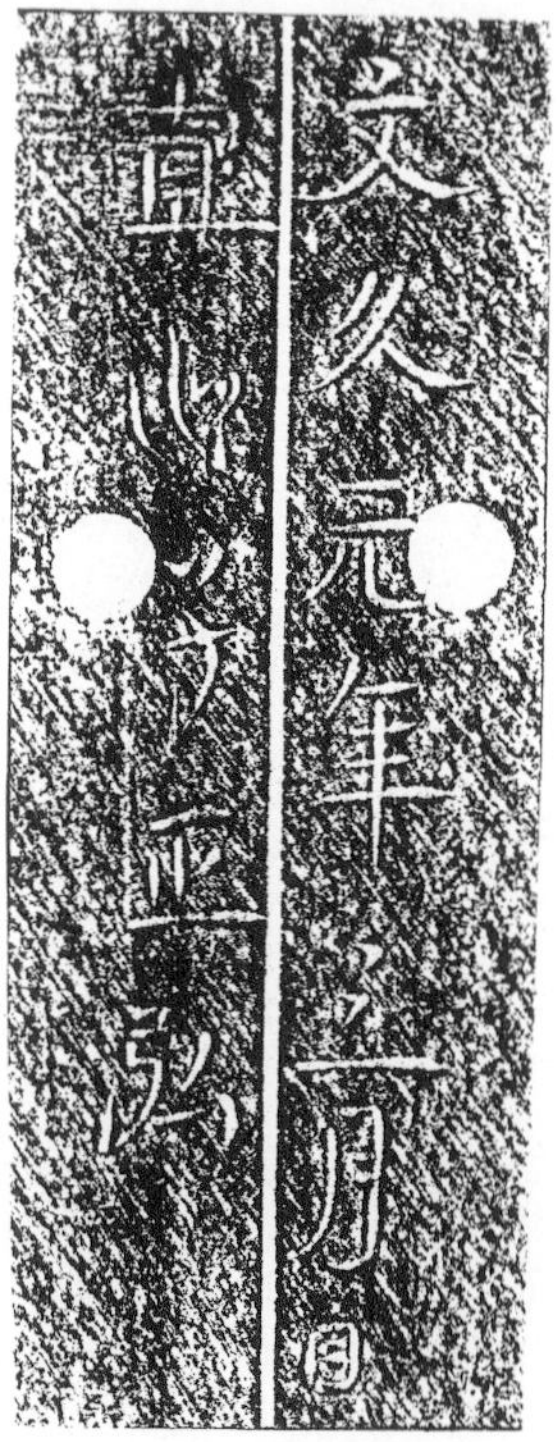

△直心子正弘（まさひろ）
文久元年三月日

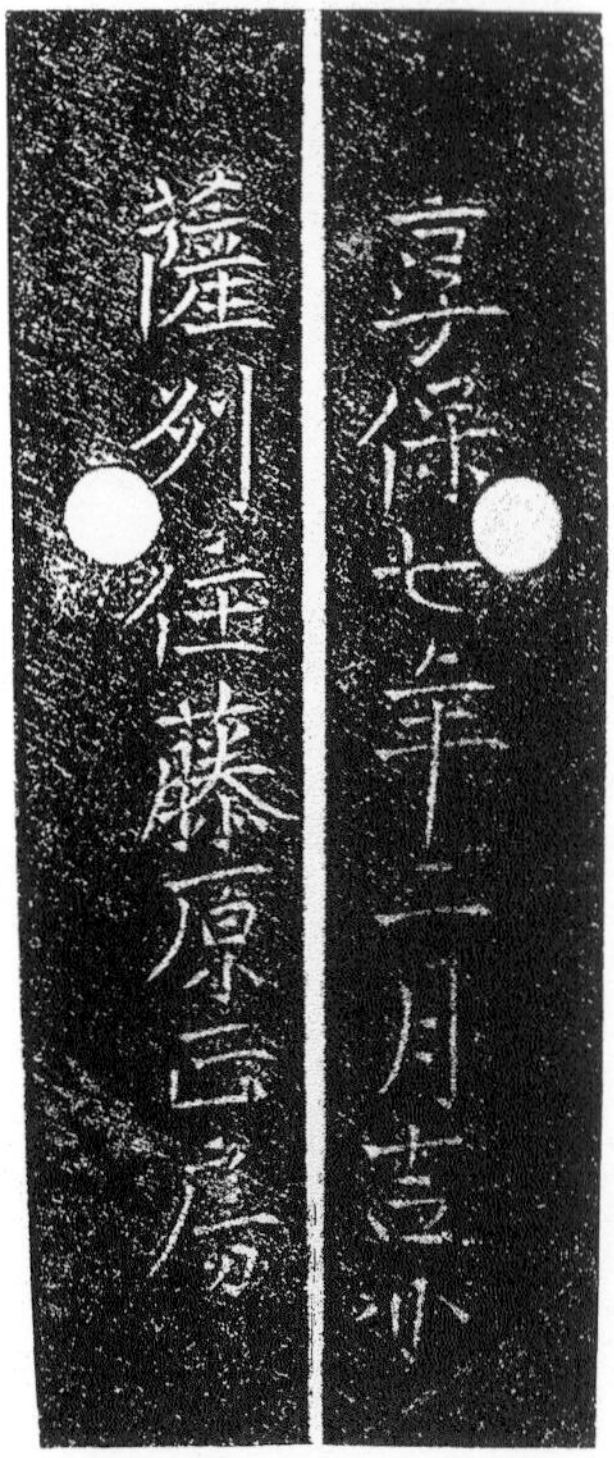

△薩州住藤原正房（まさふさ）
享保七年二月吉日
〈三代〉薩摩國―享保

△薩州住藤原正房（まさふさ）
文化九年壬申三月

薩摩國―文化

△隅州住正路（まさみち）
明治二年巳八月

大隅國―明治

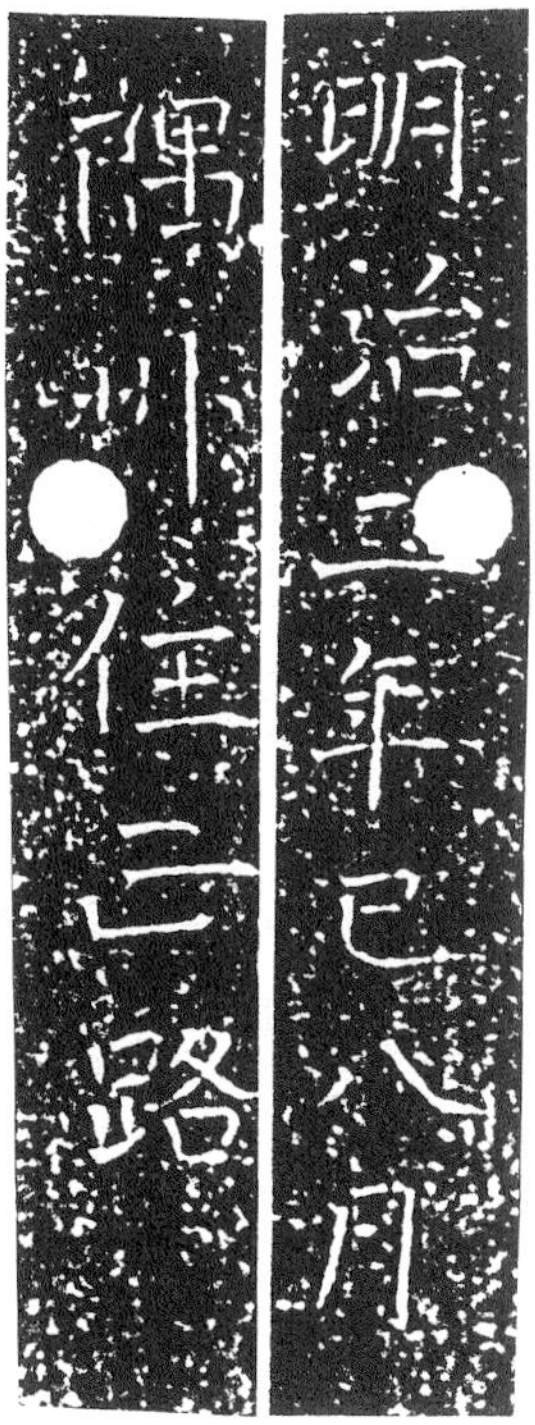

△隅州住正光（まさみつ）
寛政十二年申冬

大隅國―寛政

△伊豆守藤原朝臣正房（まさふさ）
嘉永三年霜月日
三條眞錬作

薩摩國―嘉永

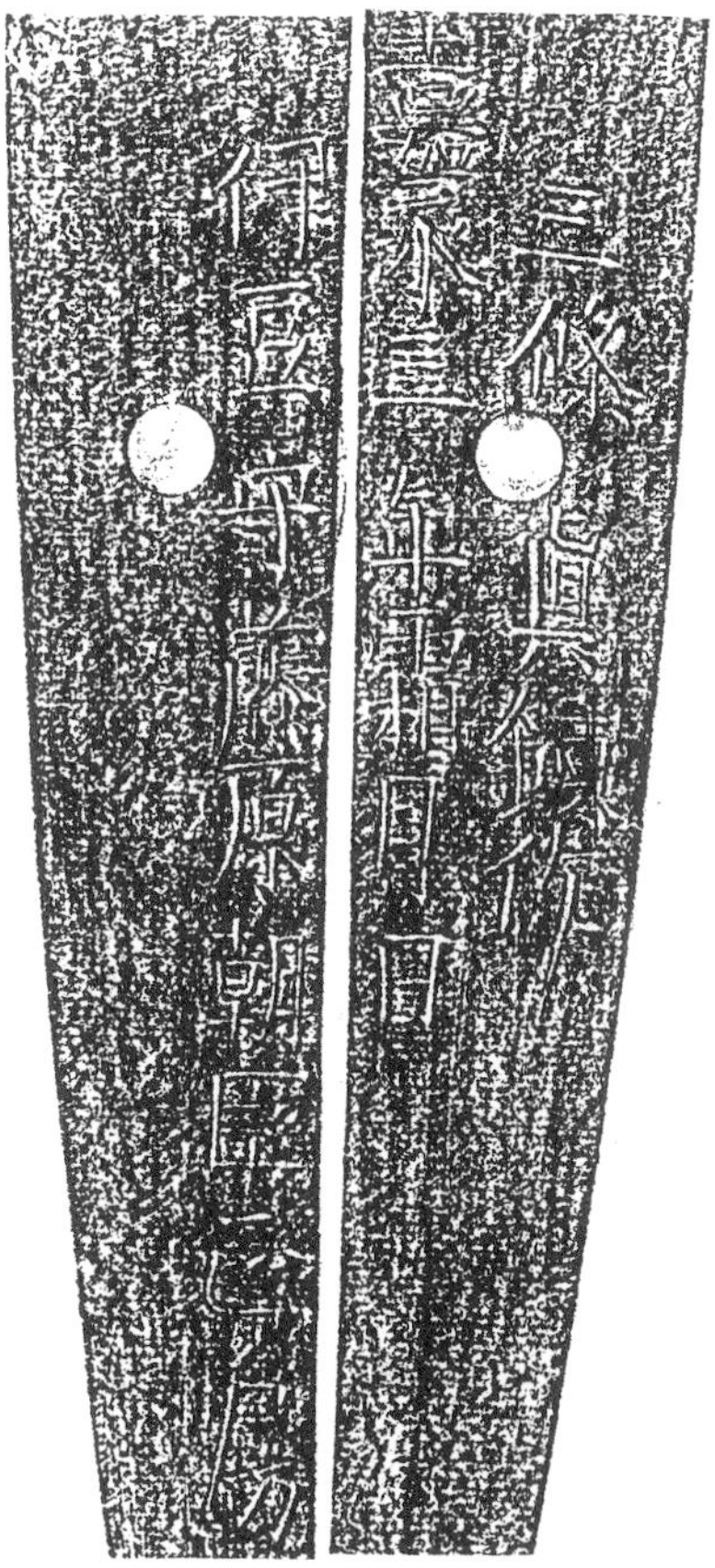

△武州住石川正光（まさみつ）
於美作　山城下造之
慶応二二戊辰年仲春日

武蔵國―慶応

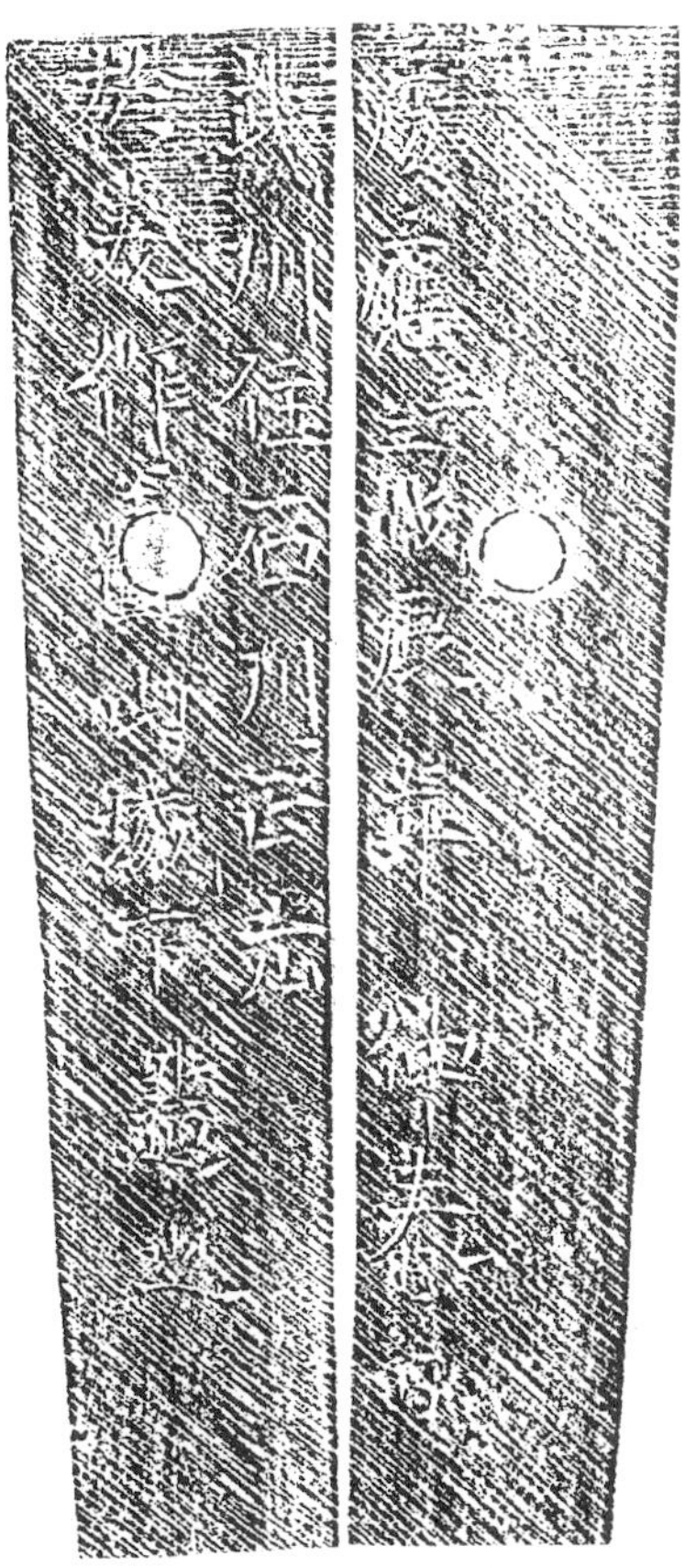

ま

△芸州住出雲大掾正光（まさみつ）
慶応二年八月日
安芸國—慶応

△阿州石川正守造（まさもり）
寛政十年二月日
石川正直彫
阿波國—寛政

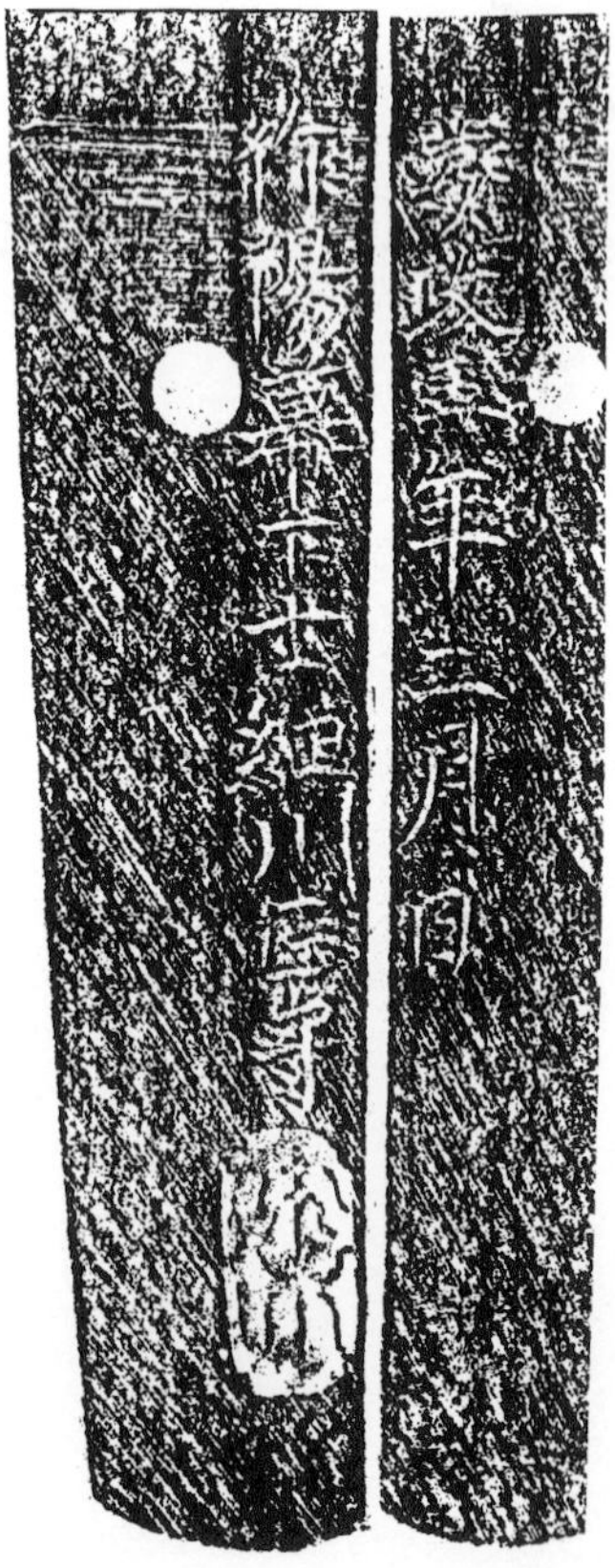

△作陽幕下士細川正守〈刻印〉（まさもり）
安政三年二月日
武蔵國—安政

△薩州住藤原正盛（まさもり）
薩摩國—江戸中期

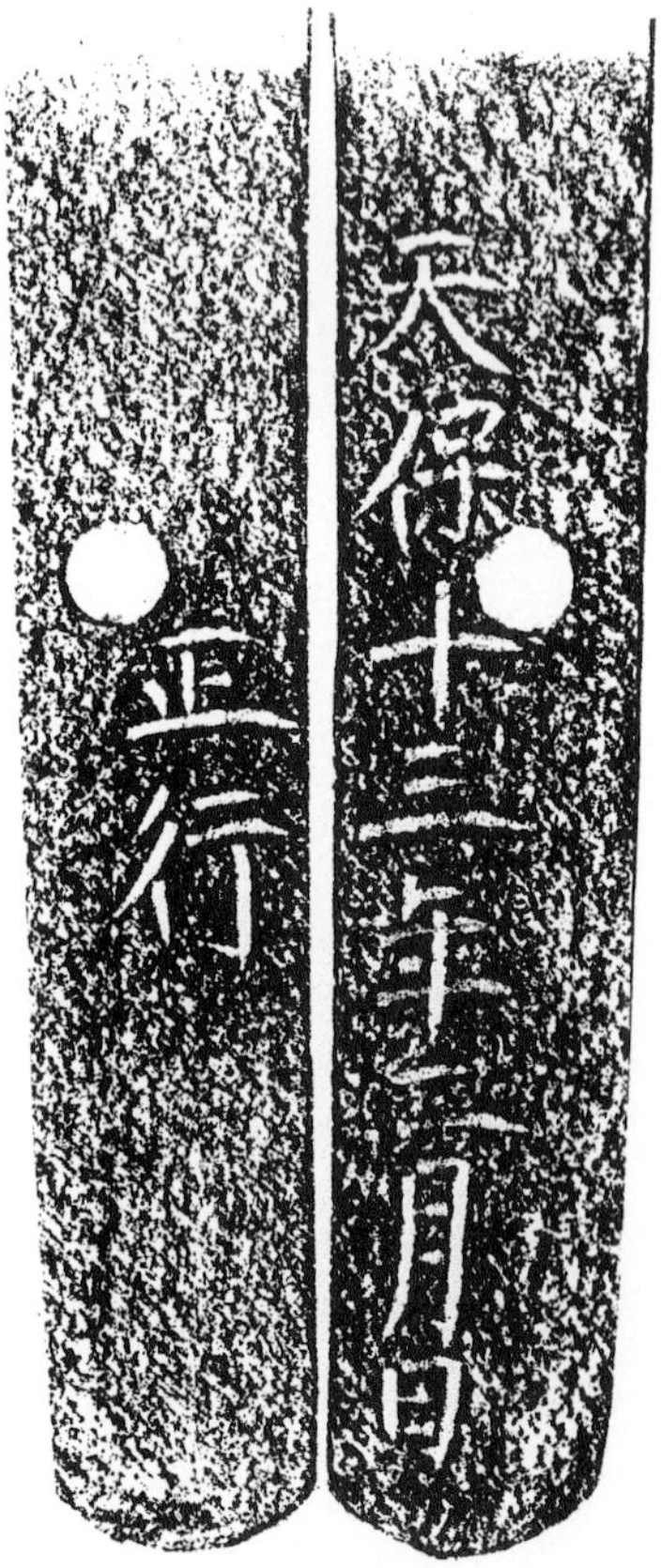


△正行（まさゆき）
天保十三年二月日
〈清麿前銘〉武蔵國—天保

△山浦内蔵助正行（まさゆき）〈清麿前銘〉武蔵國―江戸末期

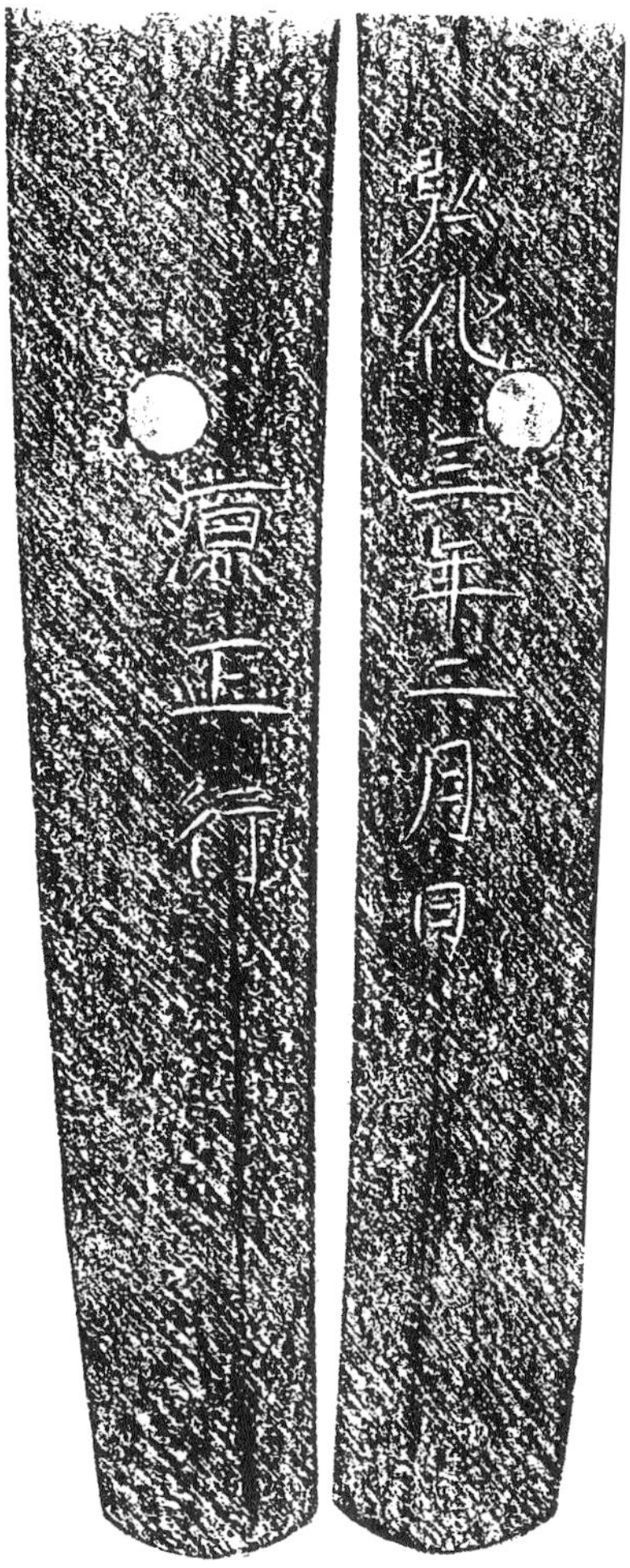


△源正行（まさゆき）
弘化三年二月日
〈清麿前銘〉武蔵國―弘化

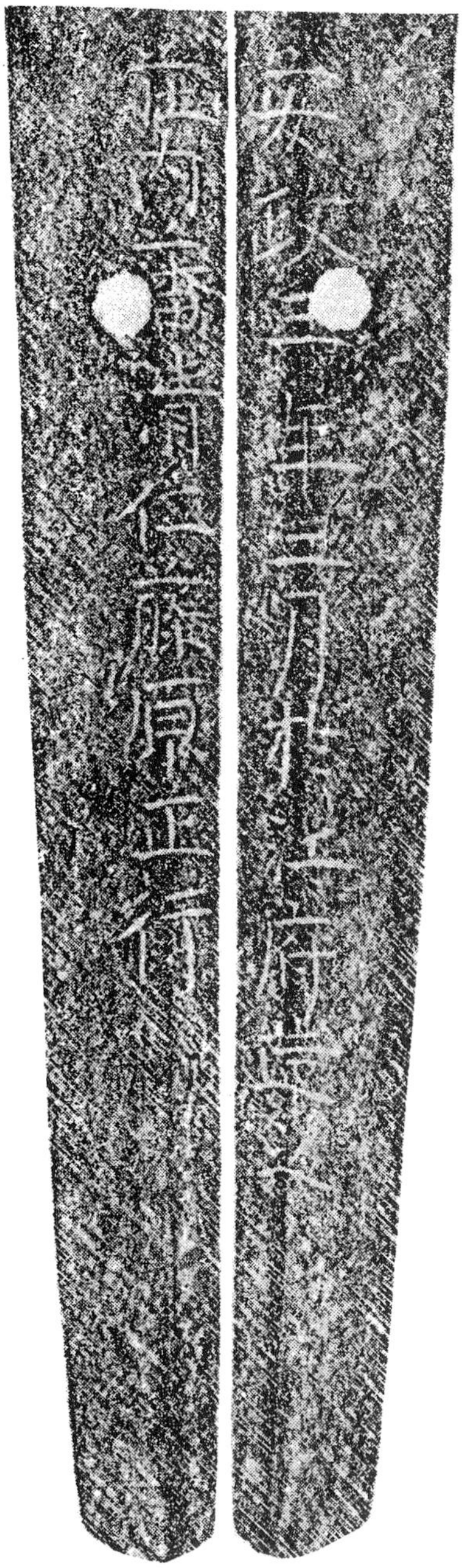


△荘内藩清仁藤原正行（まさゆき）
安政三年二月於江府造之
〈斎藤清人別銘〉武蔵國―安政

△常陽笠間士高木源正行（まさゆき）
戊衣攻奥州平城戦功之賞賜
常陸國―江戸末期

△豊州住藤原正行（まさゆき）
慶安三年八月日
豊後國―慶応

ま

△（下野）源正義（まさよし）〈主税佐正義父〉武蔵國―江戸後期

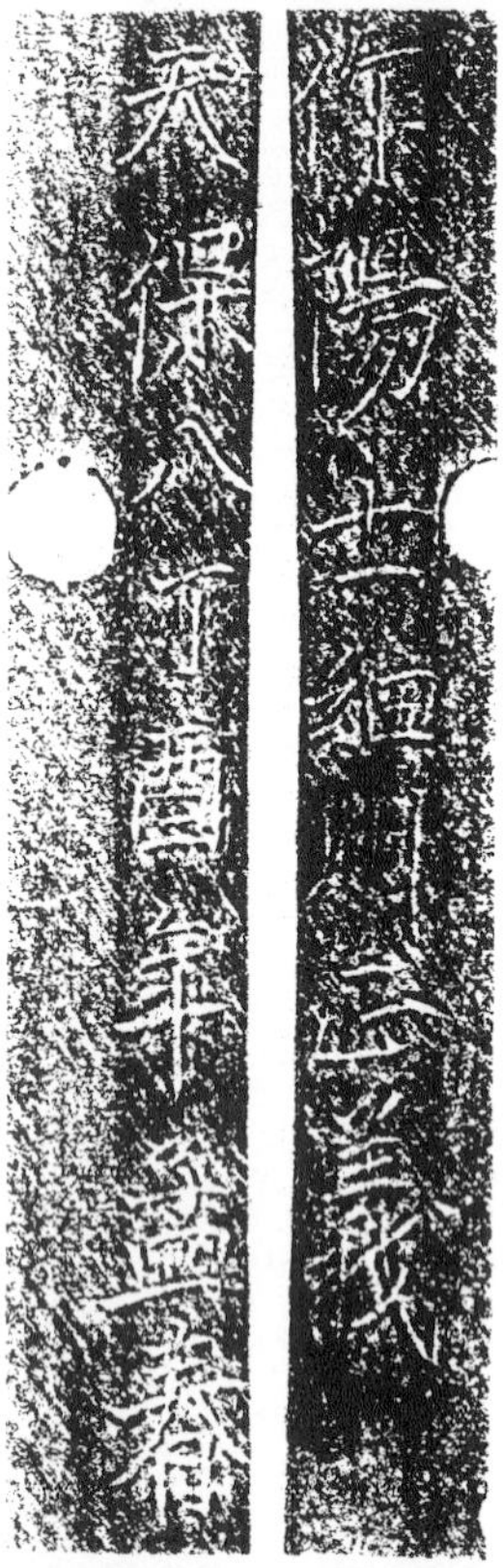

△作陽士細川正義（まさよし）
天保八丁酉年孟春
武蔵國―天保

△作陽幕下士細川正義〈刻印〉（まさよし）
安政四丁己年八月日
行歳七十有二□翁造
武蔵國―安政

△薩州出水住藤原正良（まさよし）〈初代〉薩摩國―江戸中期

△薩州住藤原正良（まさよし）
寛延三庚午八月日
〈初代弟〉薩摩國―寛延

△薩州住平正良（まさよし）
天明六年午二月
知天命造之
〈三代〉薩摩國―天明

△伯耆守平朝臣正幸（まさゆき）
享和三年亥八月七十一歳造　薩摩國―享和

△堤正美（まさよし）上野國―江戸後期

△伯耆守平正幸七十七歳造（まさゆき）薩摩國―江戸後期

△相模守政常入道（まさつね）〈初代〉尾張國―桃山期

△美濃守藤原政常（まさつね）〈二代〉尾張國―桃山期

△美濃守藤原政常（まさつね）尾陽國老成瀬正典令治工鍛錬之贈
正定于時寛政七乙卯歳八月　〈六代〉尾張國―寛政

ま

△奥州会津住政長（まさなが）〈初代〉岩代國―桃山期

△豊前小倉住紀政平（まさひら）豊前國―江戸中期

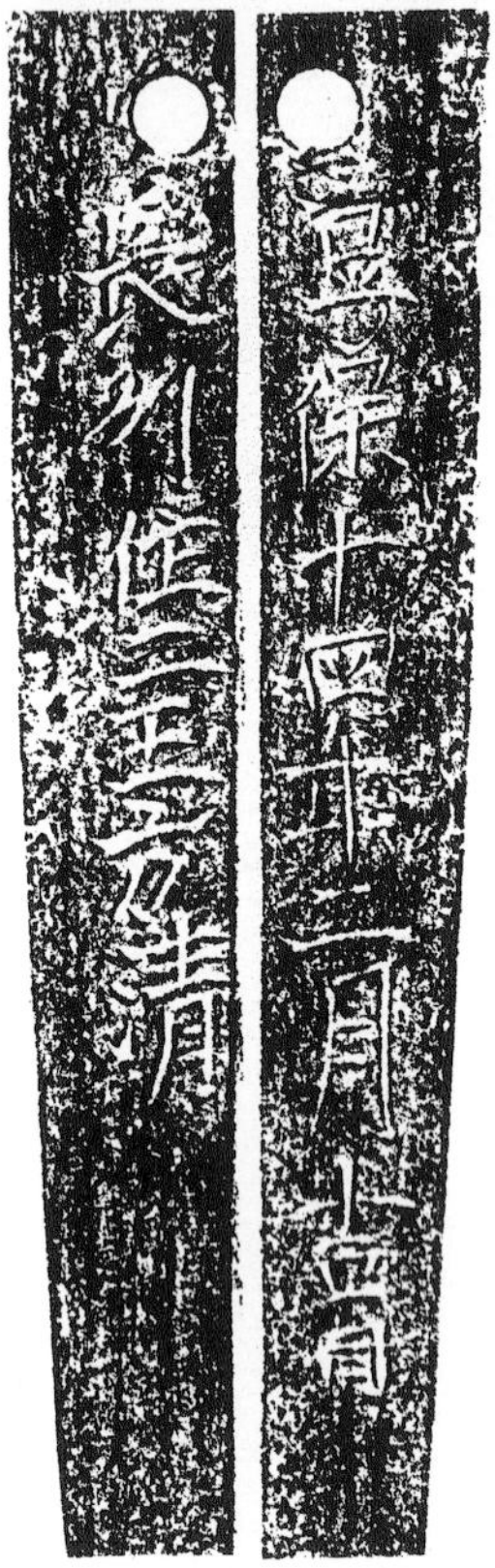


△長州住二王方清（まさきよ）
享保十四年二月吉日
長門國―享保

△奥州会津住政長（まさなが）〈二代〉岩代國―江戸中期

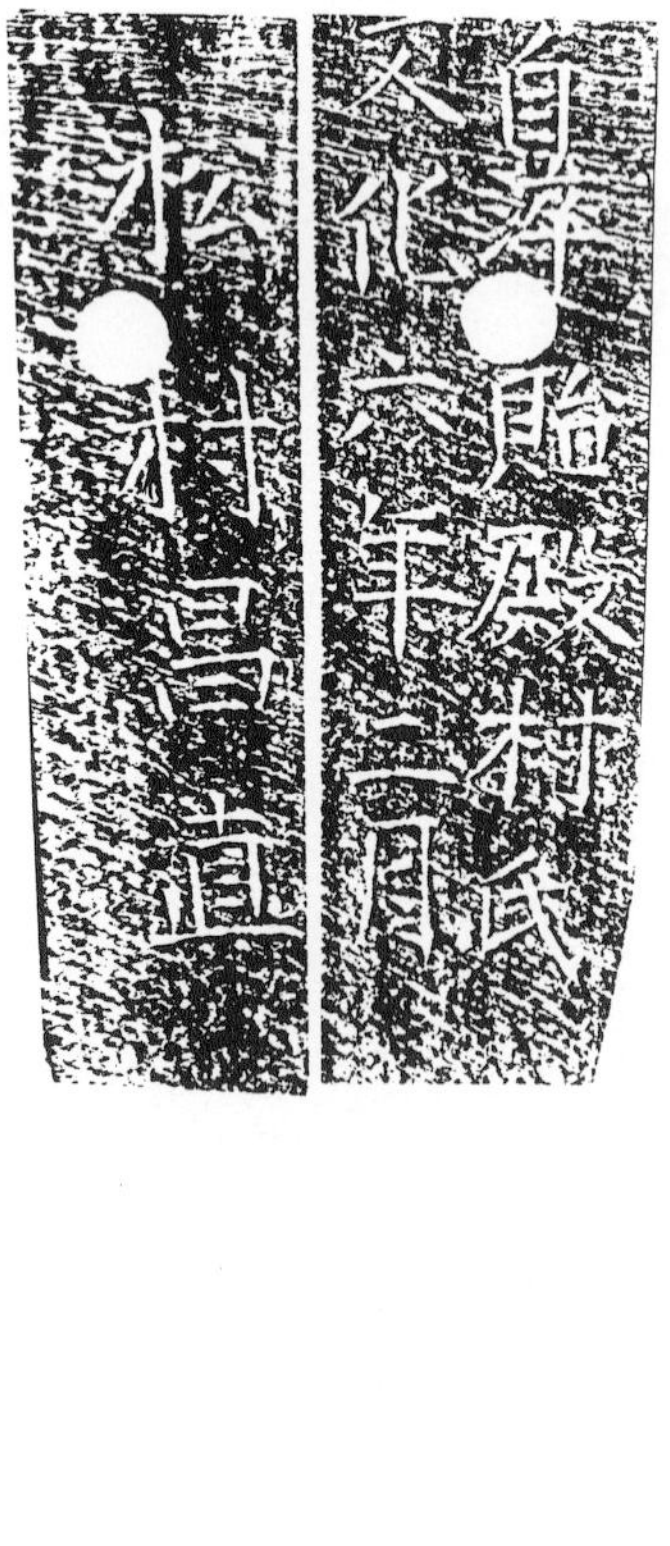


△松村昌直（まさなお）
文化六年二月
自淬貽殿村氏
肥後國―文化

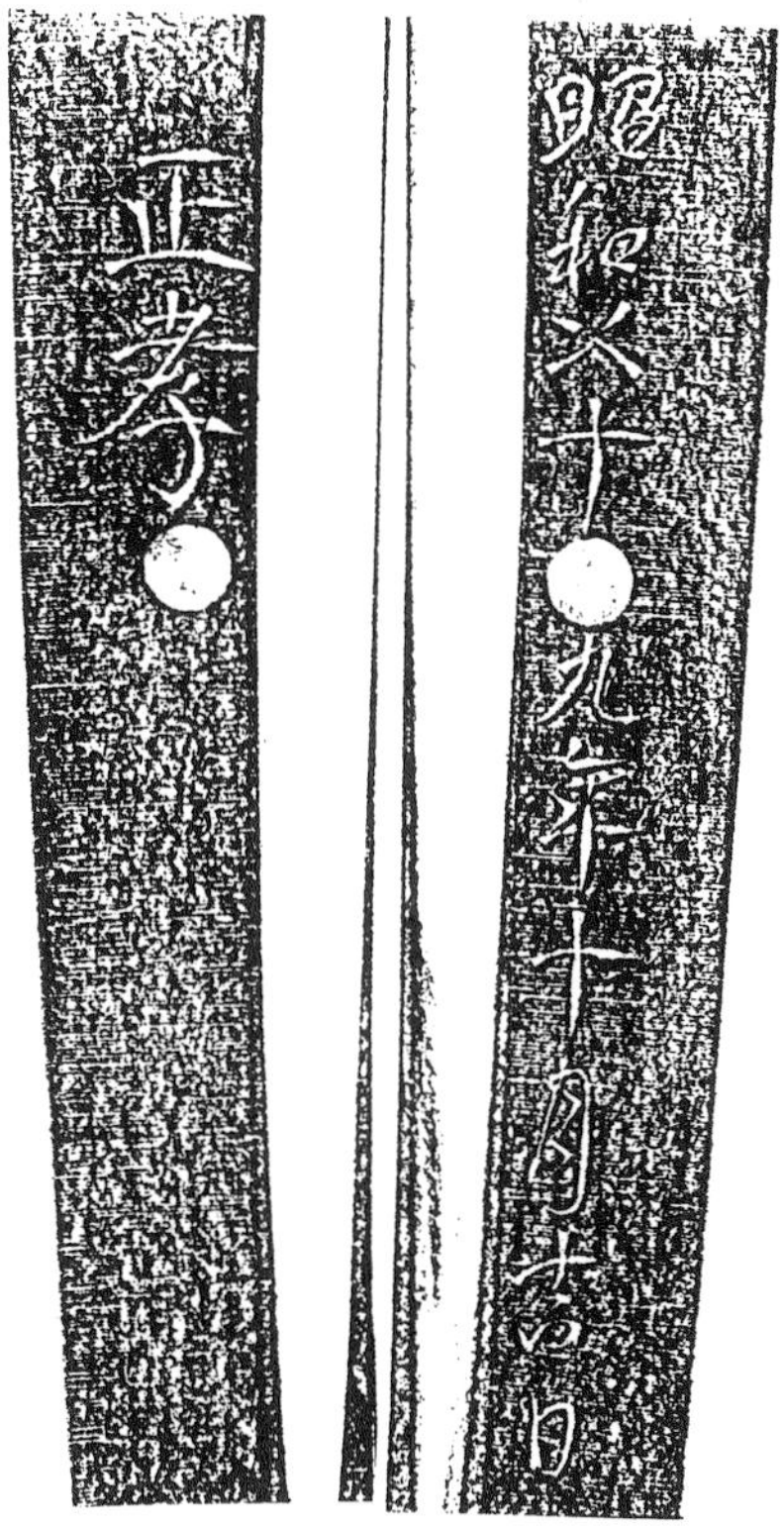


□正孝（まさたか）
昭和二十九年十月吉日
〈森脇〉鳥取県―現代

□武州正丸峠住　小沢正寿作（まさとし）
昭和五十七年八月日
埼玉県―現代

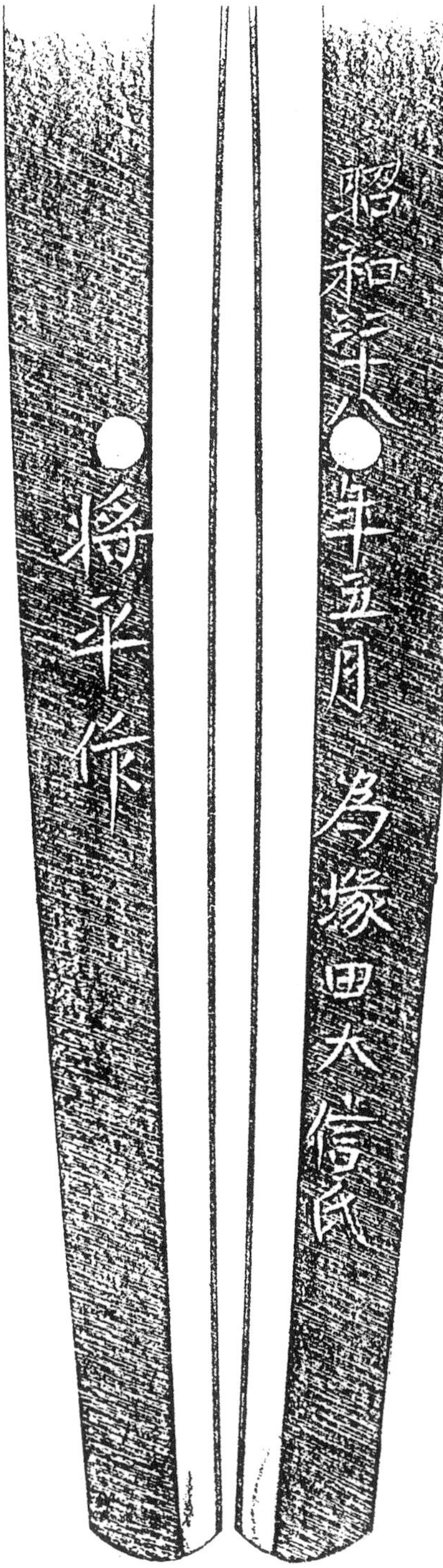


□将平作（まさひら）
昭和二十八年五月　為塚田大信氏
〈藤平〉福島県―現代

ま

□加賀住正峯造之　昭和三十三年吉日（まさみね・せいほう）〈隅谷〉石川県―現代

□道誉一文字作意　傘笠亭正峯作之（まさみね・せいほう）

昭和甲辰年八月日　〈隅谷〉石川県―現代

第三回正宗賞授賞・作

新作名刀展　名誉会長賞

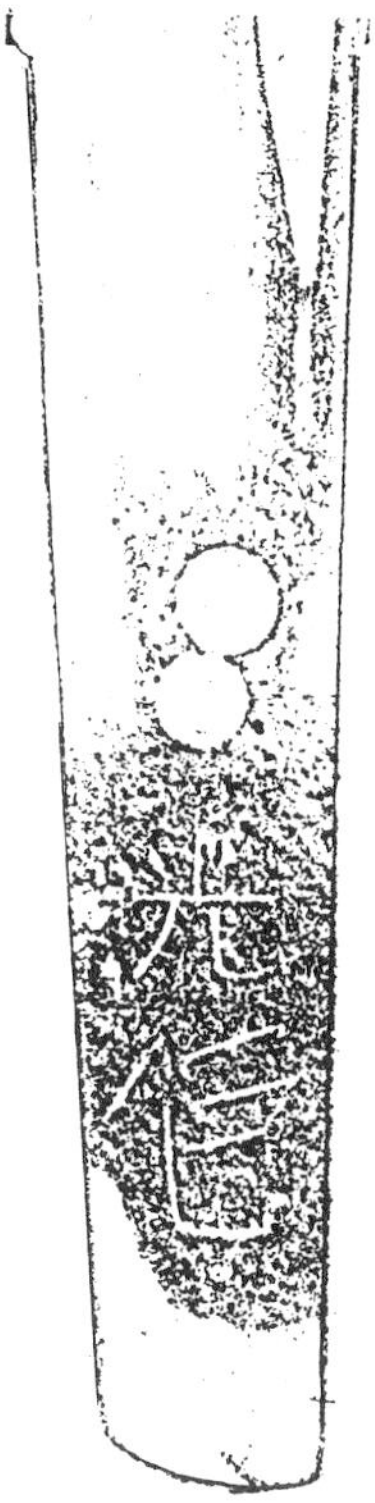

○光包（みつかね）〈中堂来〉近江國―鎌倉末期

○光包（みつかね）〈中堂来〉近江國―鎌倉末期

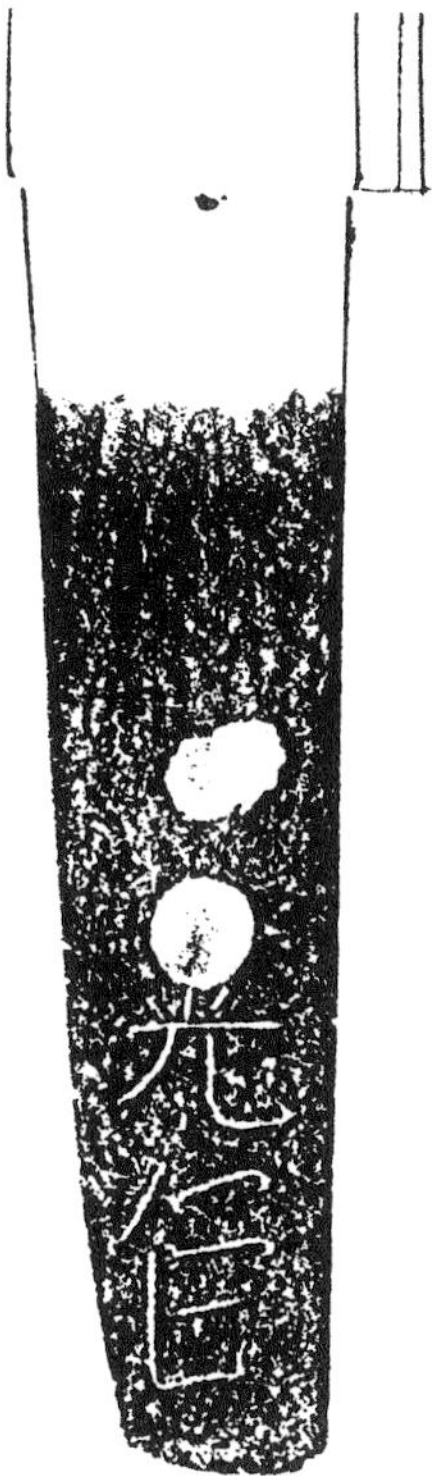

○光包（みつかね）〈中堂来〉近江國―鎌倉末期

○光忠（みつただ）〈長船〉備前國―鎌倉中期

○来光定（みつさだ）山城國―南北朝期

○備後尾道辰房光重（みつしげ）備後國―室町中期

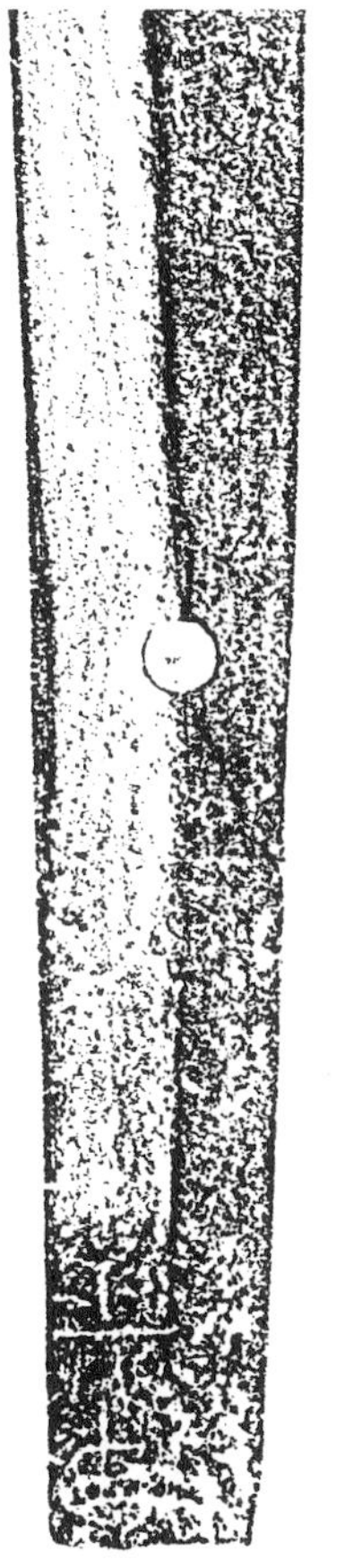

○光忠（みつただ）〈古備前〉備前國―平安末期～鎌倉初期

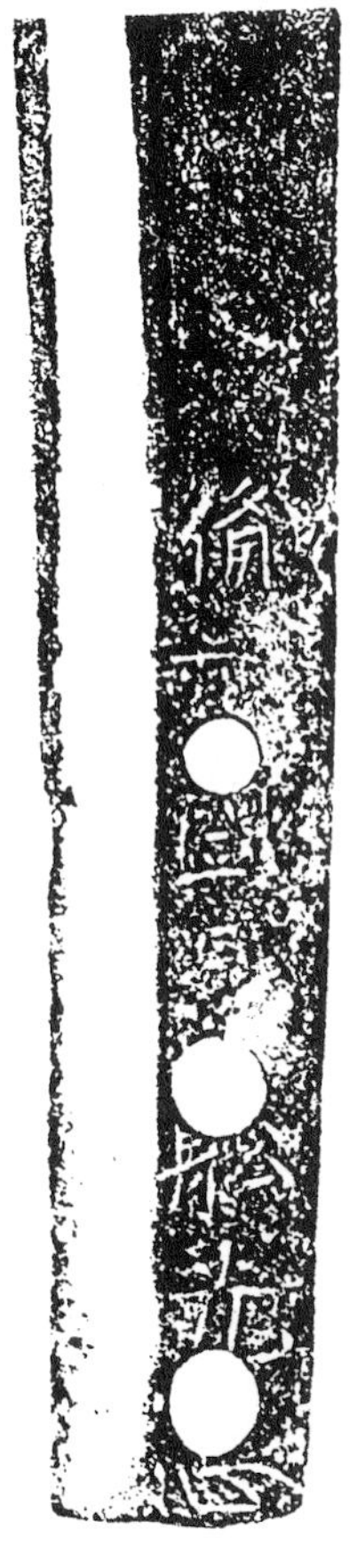

○備前國長船光忠（みつただ）〈長船〉備前國―鎌倉中期

○平安城光長（みつなが）山城國─鎌倉末期

○光則（みつのり）〈吉井〉備前國─鎌倉末期

○光世作（みつよ・みつとし）〈三池〉筑後國─平安末期〜鎌倉初期

○光世（みつよ・みつとし）〈三池〉筑後國─南北朝期

○備州長船光弘（みつひろ）備前國─南北朝期

○光守造（みつもり）〈畠田〉備前國─鎌倉末期

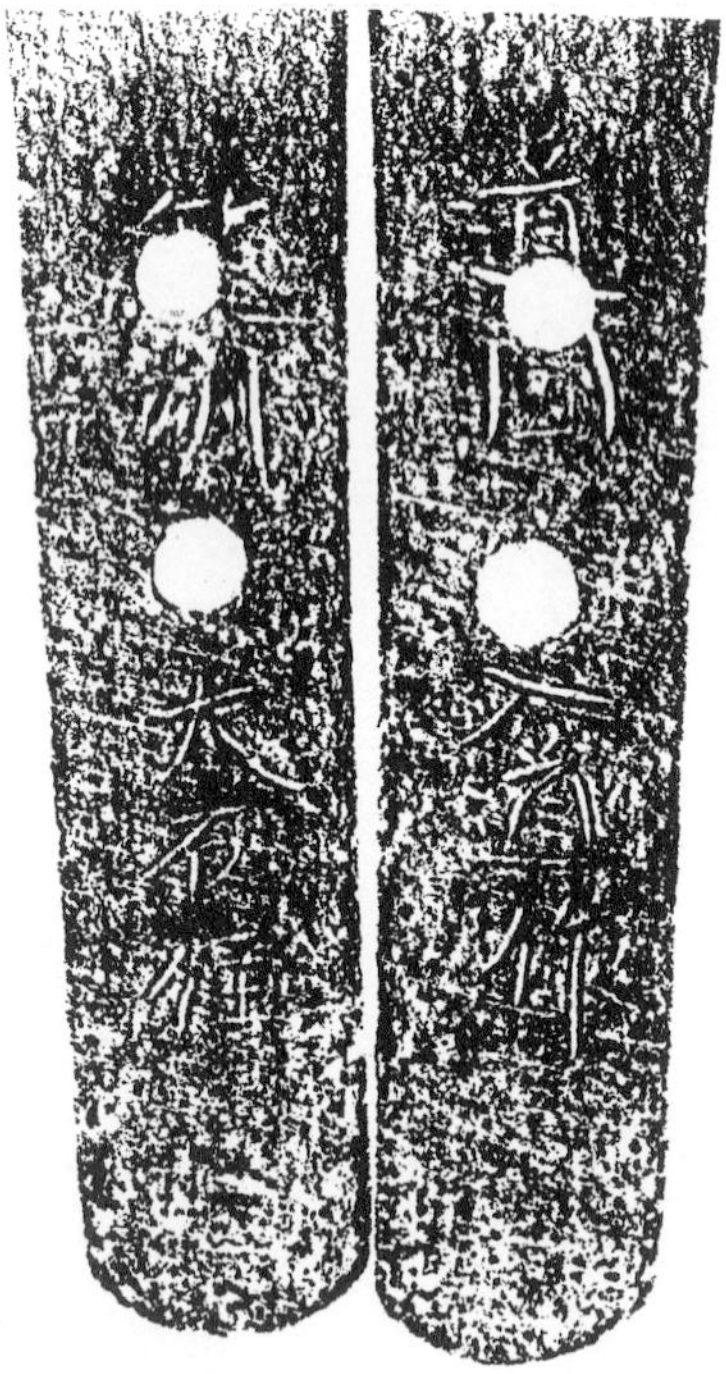

○筑州大石住
道円入道作（みちまろ・どうえん）筑後国─室町初期

○日州薬師堂通吉作（みちよし）
永正十二年六月吉日
日向國─永正

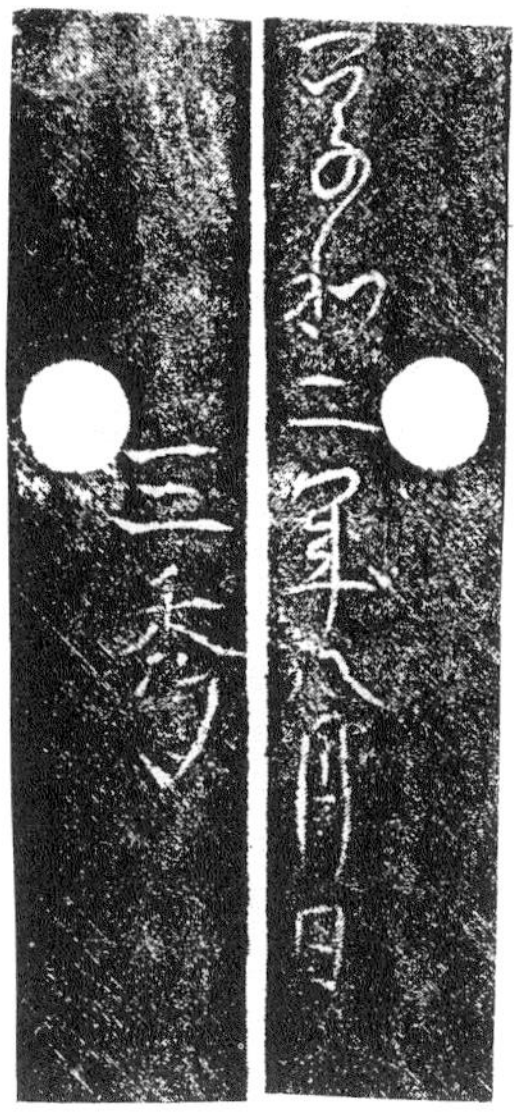

△三秀（みつひで・さんしゅう）　武蔵國―江戸後期
享和二年八月日

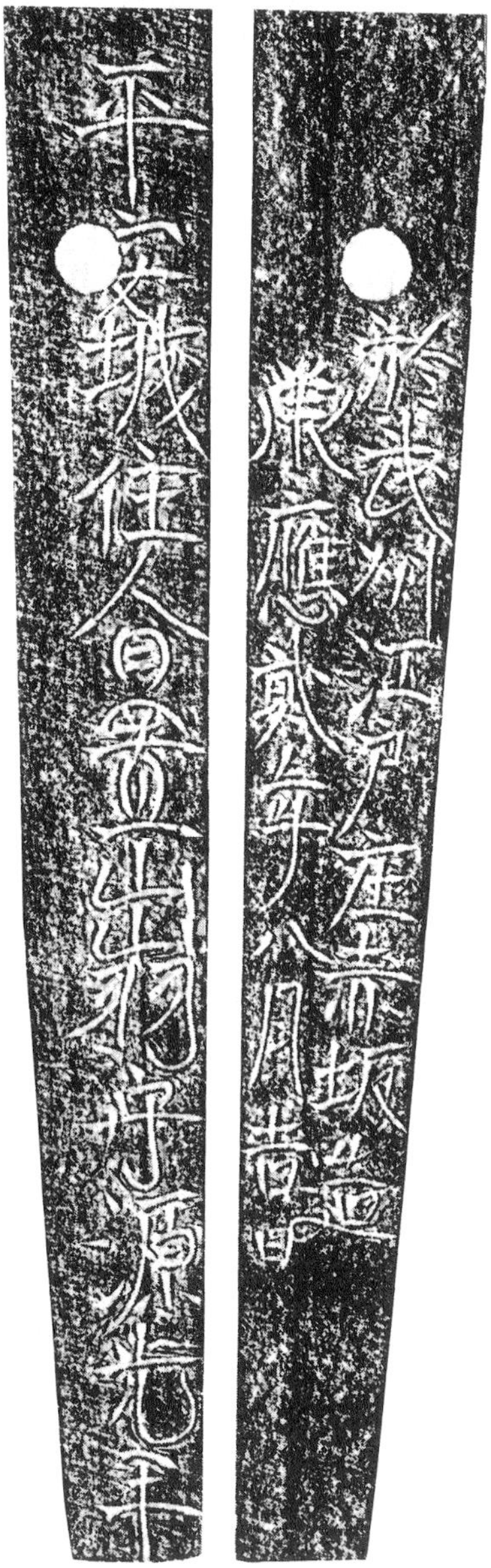

△平安城住人日置出羽守源光平（みつひら）
承応貳年八月吉日
於武州江戸庄赤坂造
武蔵國―承応

△（菊紋）出羽入道泰信法橋源光平（みつひら）　武蔵國―江戸中期

△伊賀守藤原光治（みつはる）　加賀國―江戸初期

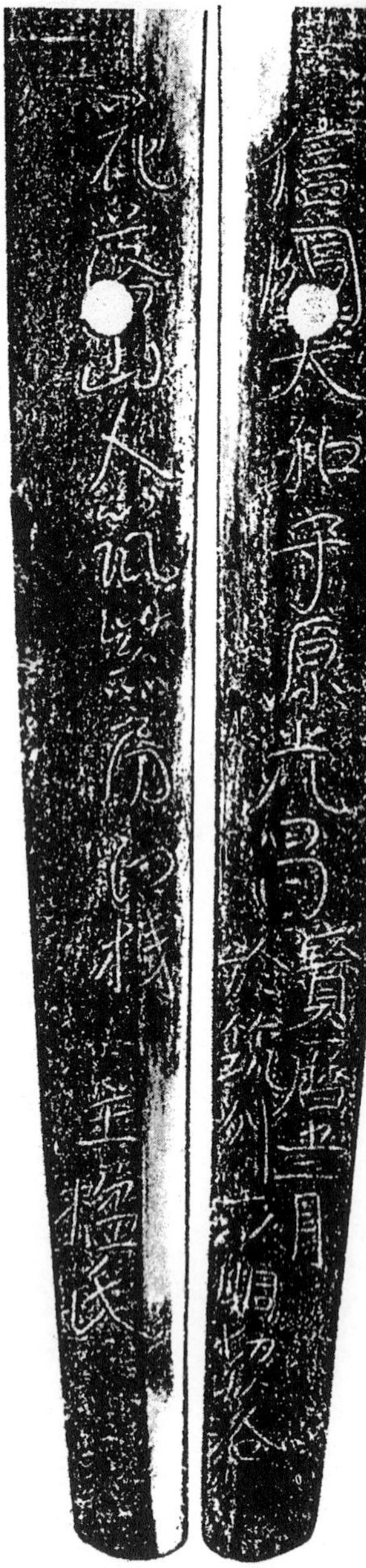

△信國大和守源光昌　宝暦五二月　於筑州一ノ胴切落（みつまさ）
花落山人筑紫房江機　主橘氏
筑前國―宝暦

△伊藤肥後守泰光代（みつよ）
重胴二以其歯タウリ
柳生氏利延所持之
尾張國―江戸中期

△（菊紋）若狭守藤原道辰（みちとき）〈初代〉宝永五年八月吉日　岩代國―宝永

△岩野　道俊作（みちとし）
〈鐔の銘〉武蔵國―江戸末期

△岩野道寿（みちとし）〈道俊晩年銘〉武蔵國―明治

△陸奥会津住道辰（みちとき）　慶応三年八月日柴次久□同年十月廿六日於薬師堂□□　岩代國―慶応

△北越芝田臣北星道尚（みちなお・みちひさ）　嘉永五年二月日　越後國―嘉永

△陸奥会津住道長（みちなが）〈初代三善長道初銘〉　岩代國―河戸初期

△陸奥会津住藤原道安（みちやす）　文化元年八月日　〈四代道辰前銘〉　岩代國―文化

△山城國西陣住人　埋忠明寿〈花押〉（みょうじゅ）

山城國—桃山期

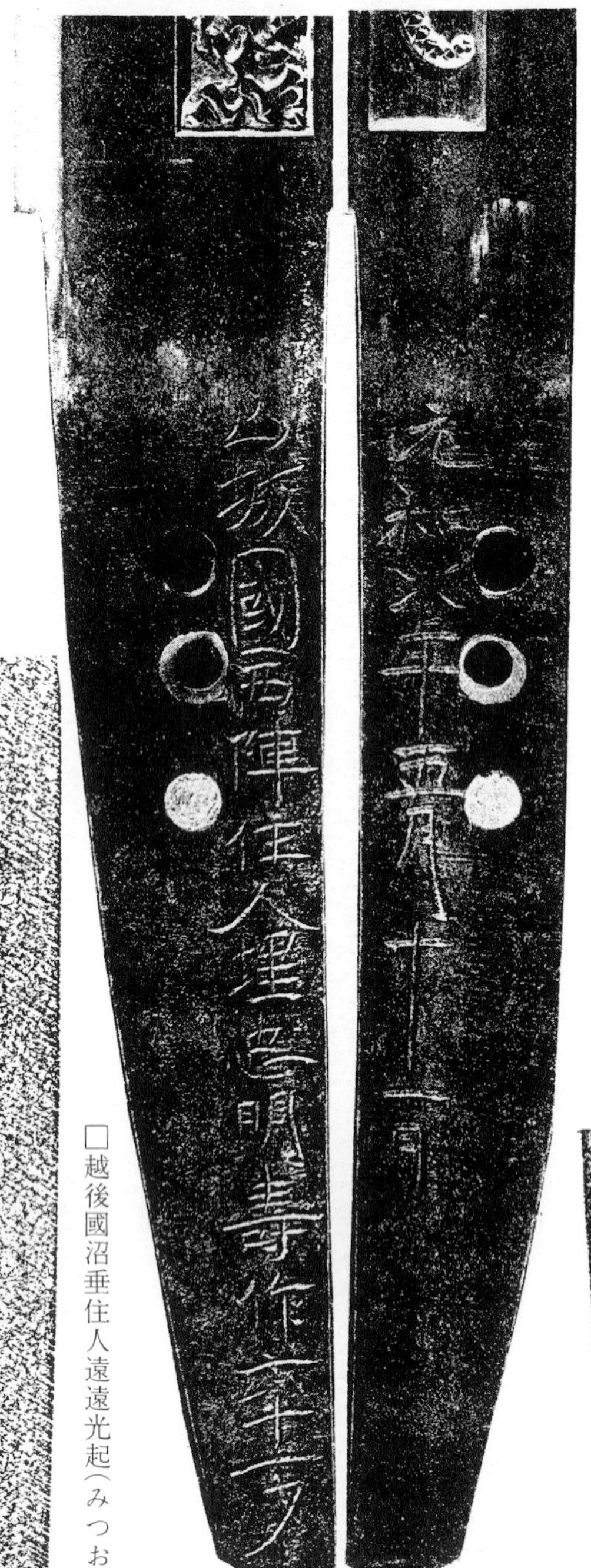

△山城國西陣住人埋忠明寿作六十一才（みょうじゅ）
元和二年五月十一日

山城國—元和

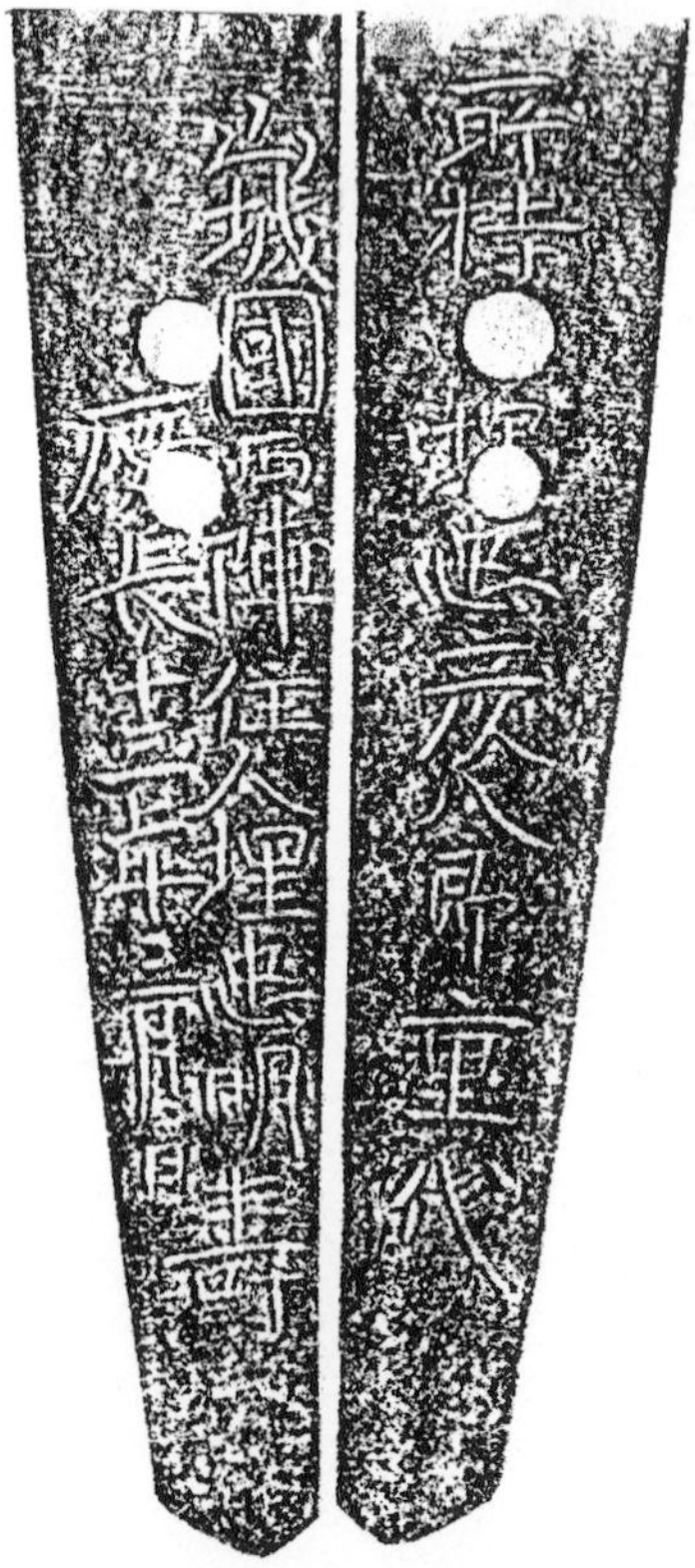

△山城國西陣住人埋忠明寿（みょうじゅ）
慶長十三年三月日
所持埋忠彦八郎重代

山城國—慶長

□越後國沼垂住人遠遠光起（みつおき）〈昭和四十六年作〉新潟県—現代

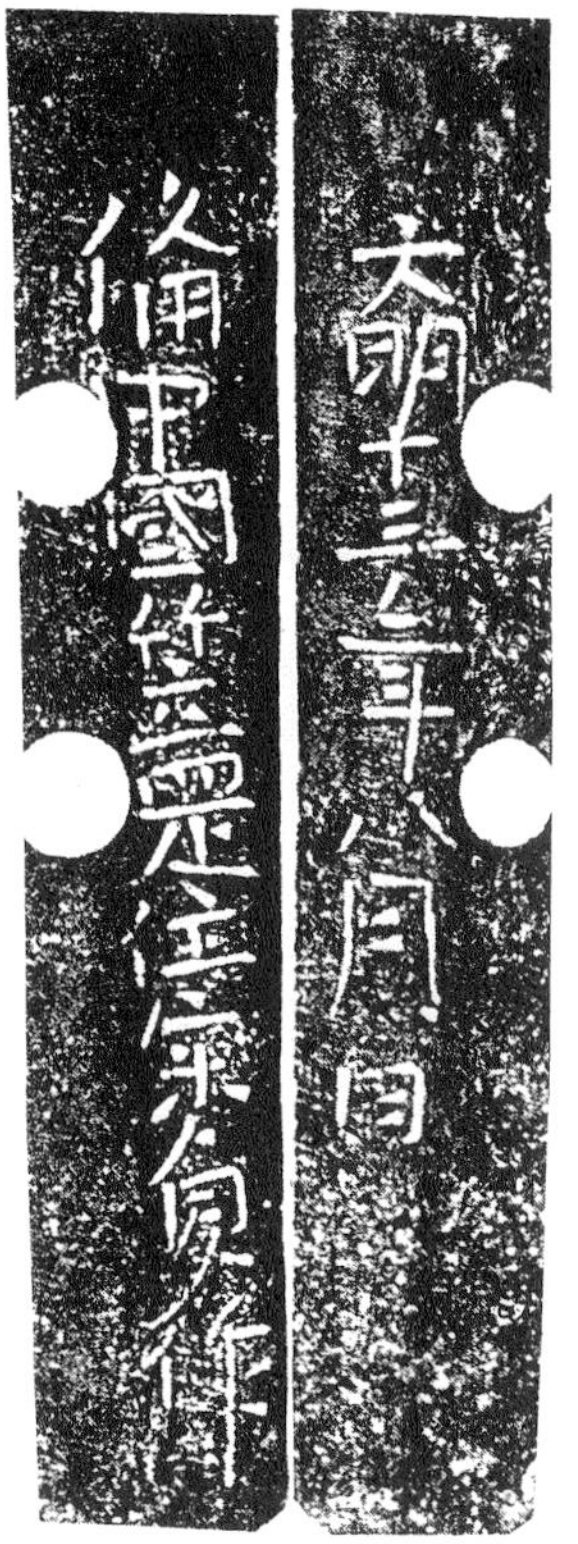

○備中国笠岡住宗貞作（むねさだ）
文明十三年八月日
備中國―文明

○宗忠（むねただ）〈一文字〉備前國―鎌倉初期

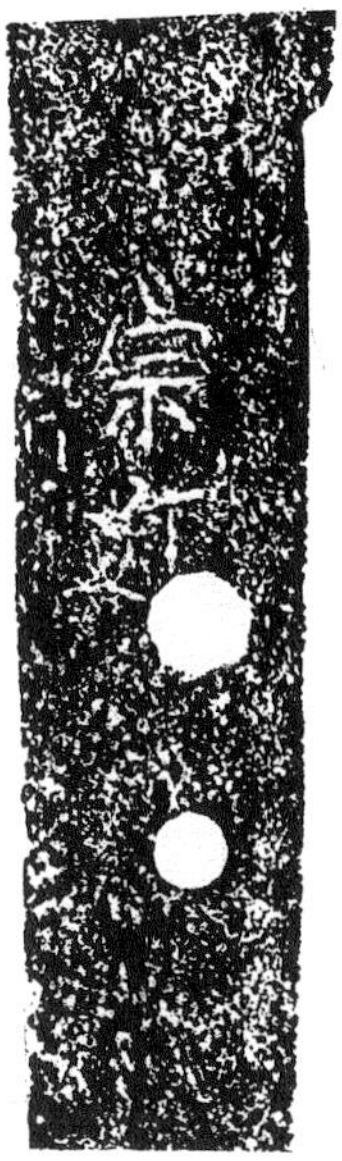

○宗近（むねちか）〈三条〉山城國―平安後期

○高田住藤原宗正（むねまさ）豊後國―室町末期

○三原住宗重（むねしげ）備後國―室町末期

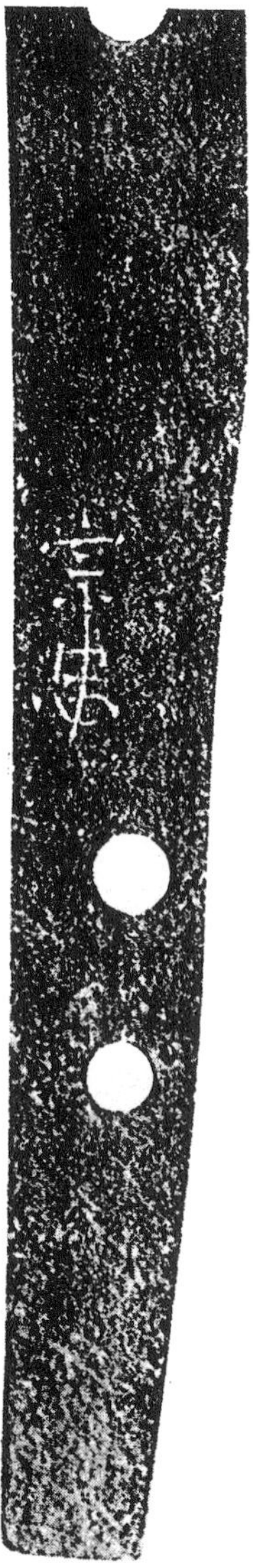

○宗忠（むねただ）〈一文字〉備前國―鎌倉初期

○月山宗次作（むねつぐ）羽前國―室町初期

○備前國住長船宗光（むねみつ）
文明十年十一月日　〈左京進〉備前國―文明

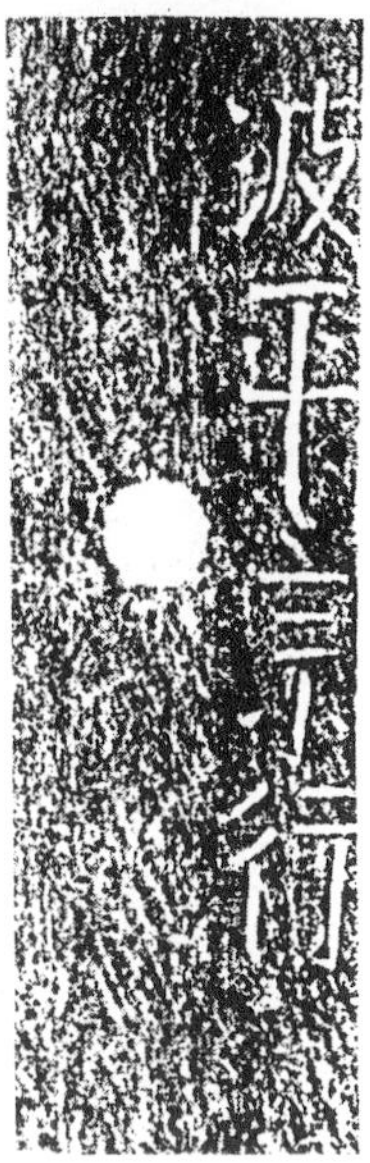

○波平宗行（むねゆき）薩摩國―室町末期

○宗吉作（むねよし）〈一文字〉備前國―鎌倉初期

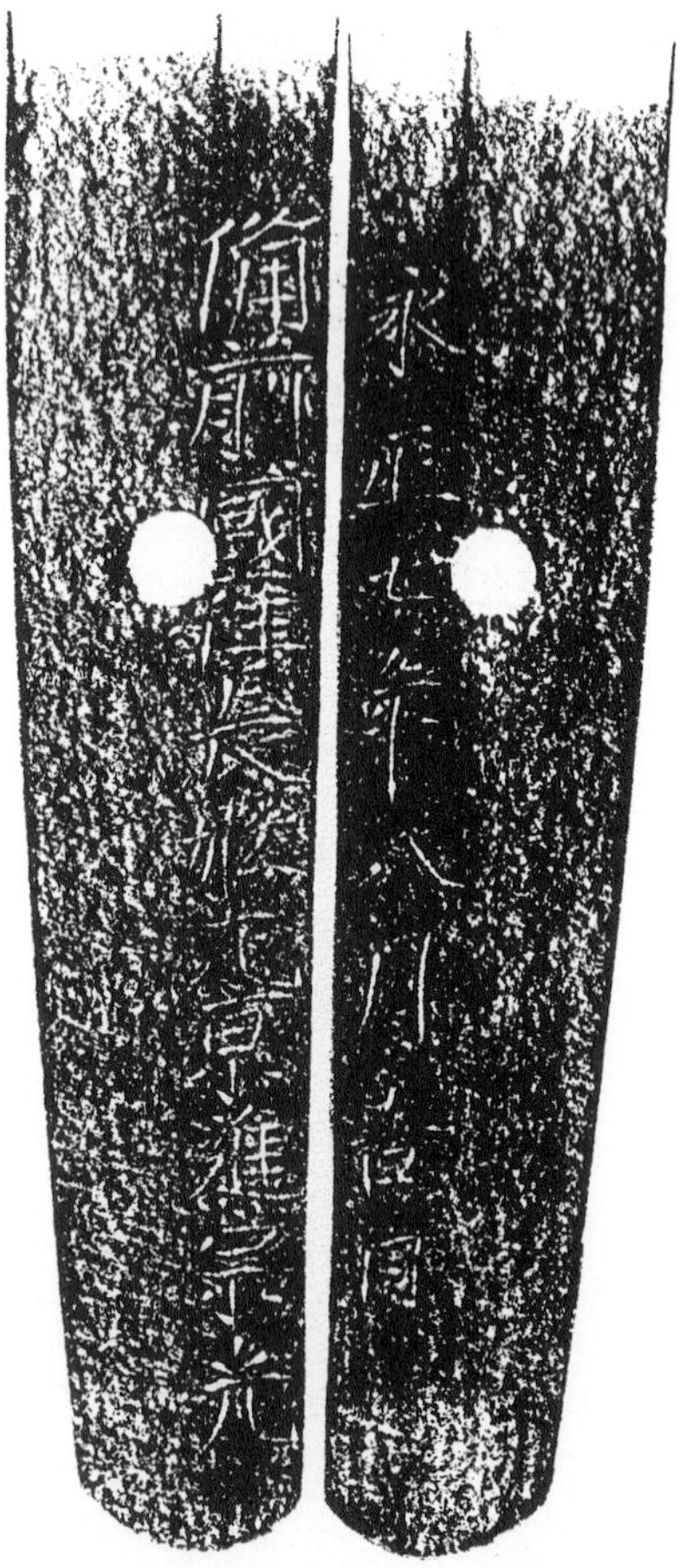

○備前國住長船左京進宗光（むねみつ）
永正七年八月吉日　備前國―永正

○宗吉（むねよし）〈一文字〉備前國―鎌倉初期

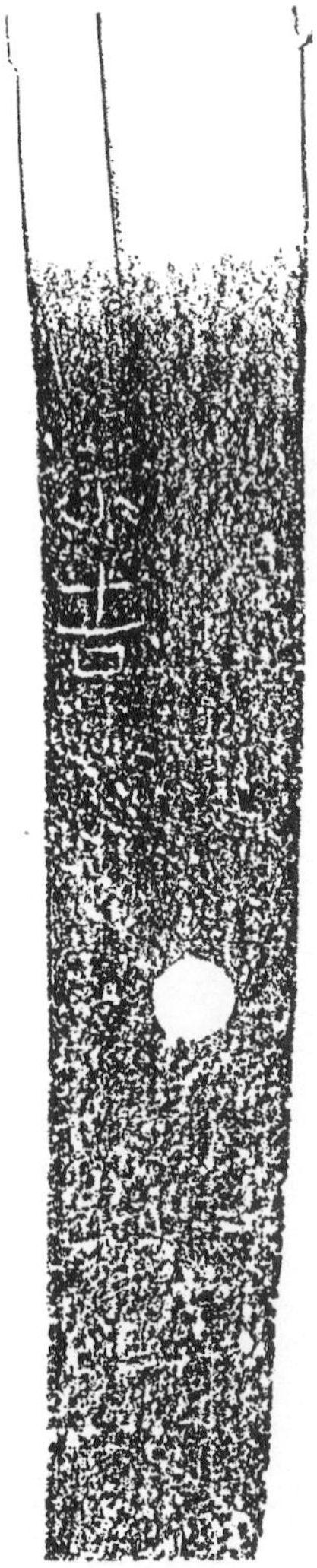

○宗吉（むねよし）〈一文字〉備前國―鎌倉中期

○宗吉（むねよし） 若狭國―室町末期

○雲州之住宗吉（むねよし） 出雲國―室町末期

○宗義造（むねよし）〈一文字〉 備前國―鎌倉初期

○宗依（むねより）

〈古備前〉 備前國―鎌倉初期

○豊州高田住藤原統景（むねかげ）

文禄四年二月日

豊後國―文禄

○勢州桑名住右衛門尉藤原村正（むらまさ）〈二代〉伊勢國―文亀
文亀元年拾月日

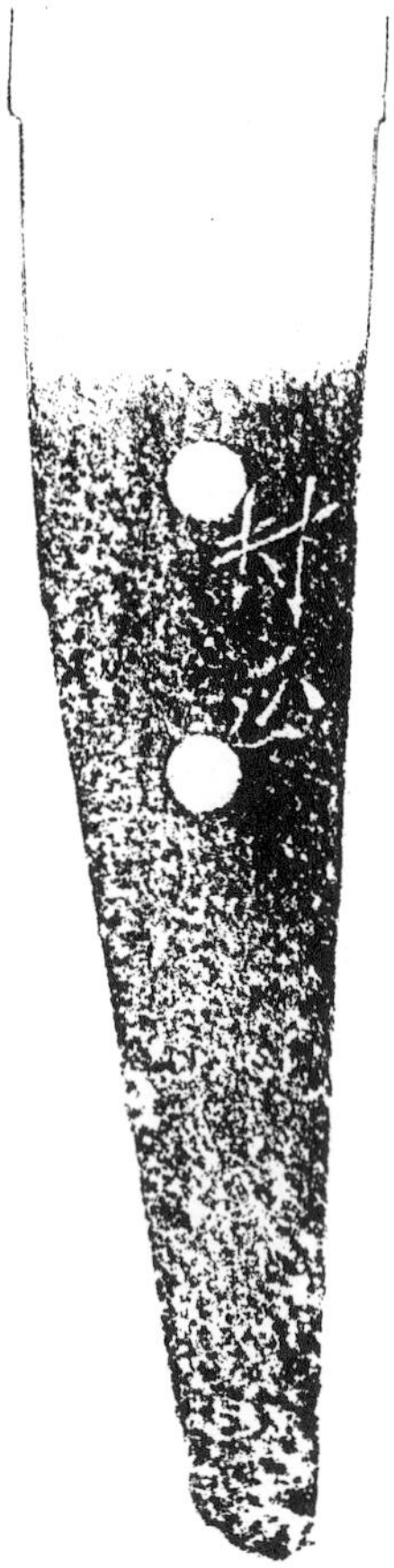

○村正（むらまさ）〈二代〉伊勢國―室町末期

○村正　妙法蓮華経（むらまさ）〈二代〉伊勢國―永正
永正十天癸酉十月十三日

○村正（むらまさ）〈三代〉伊勢國―室町末期

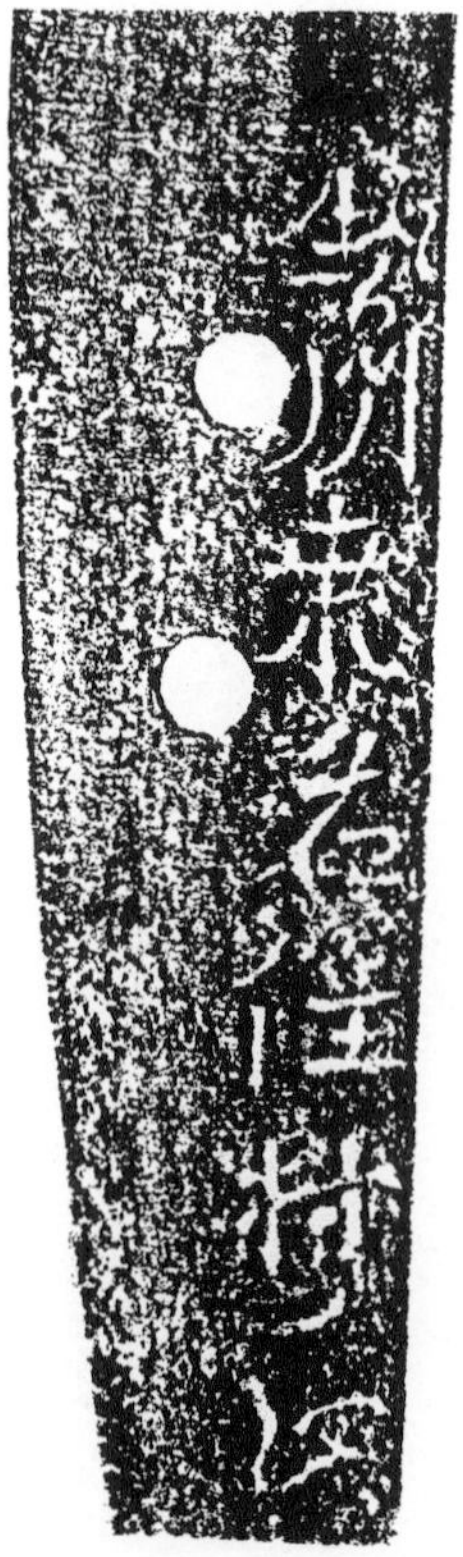

○勢州桑名住村正（むらまさ）〈三代〉伊勢國―室町末期

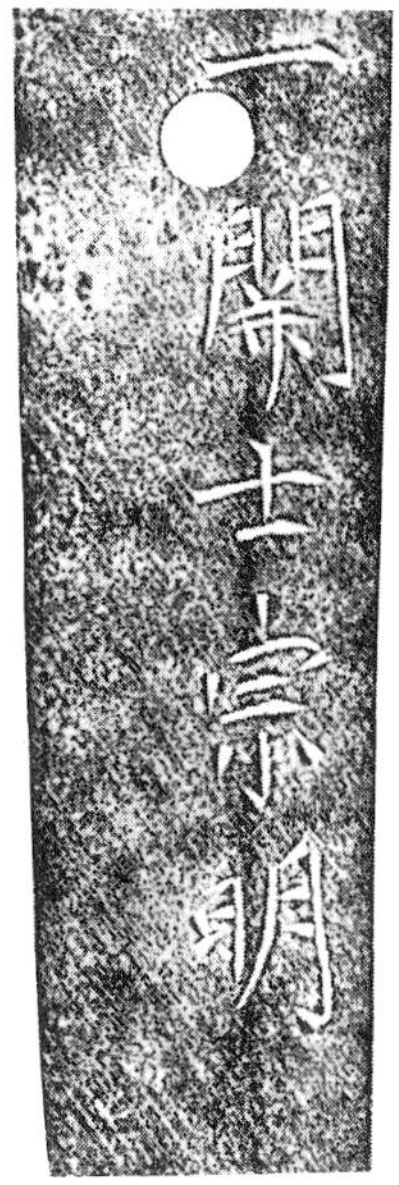

△一関士宗明（むねあき） 陸中國―江戸末期

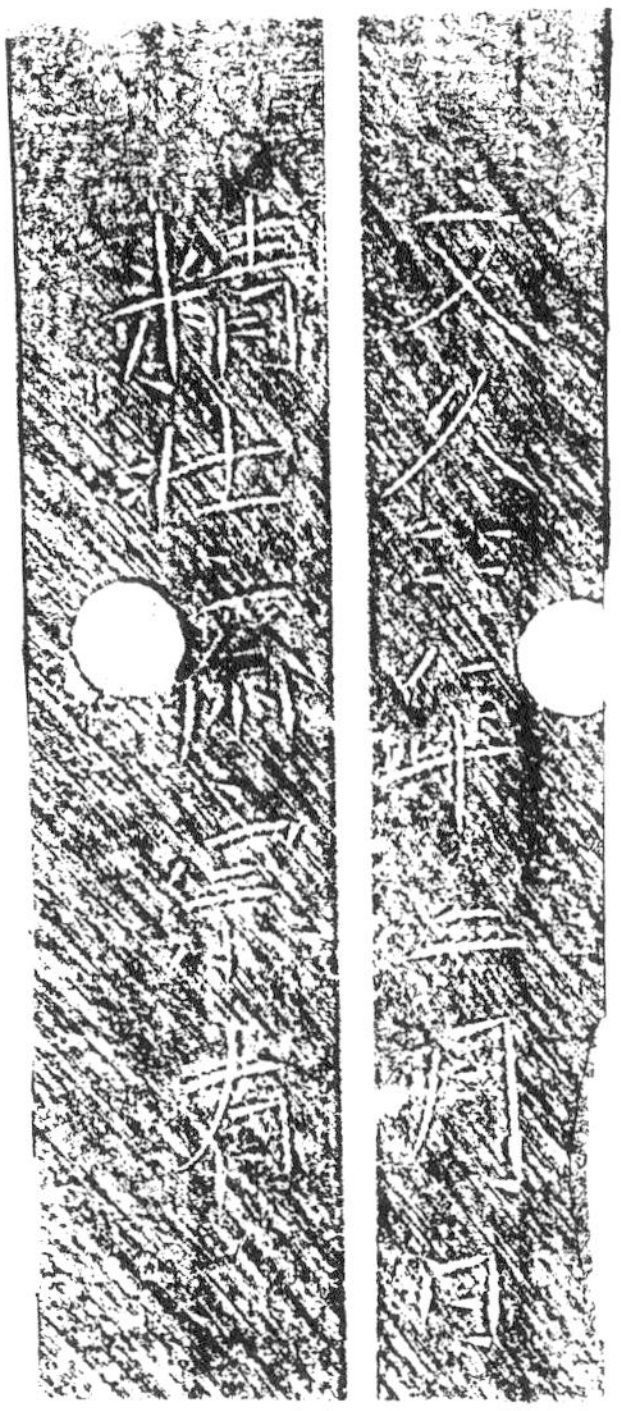

△精壮斎宗有（むねあり） 陸奥國―文久
文久二年二月日

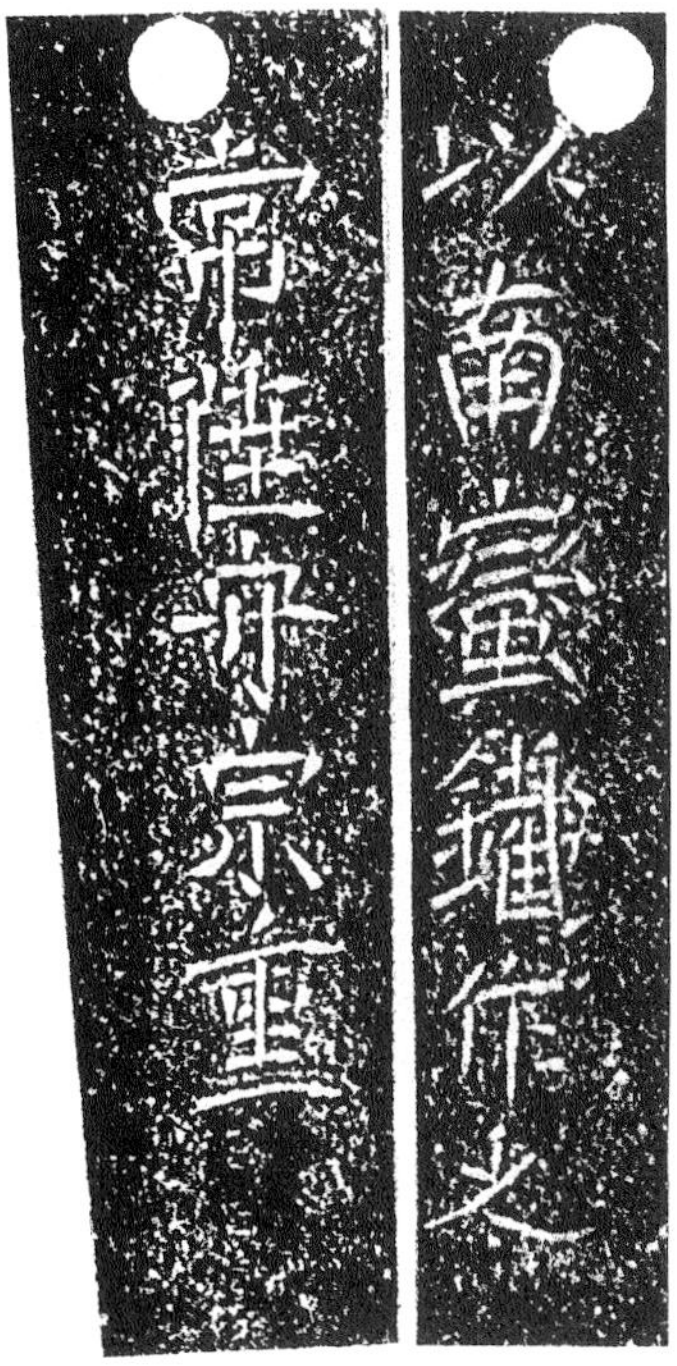

△常陸守宗重（むねしげ） 摂津國―江戸中期
以南蛮鉄作之

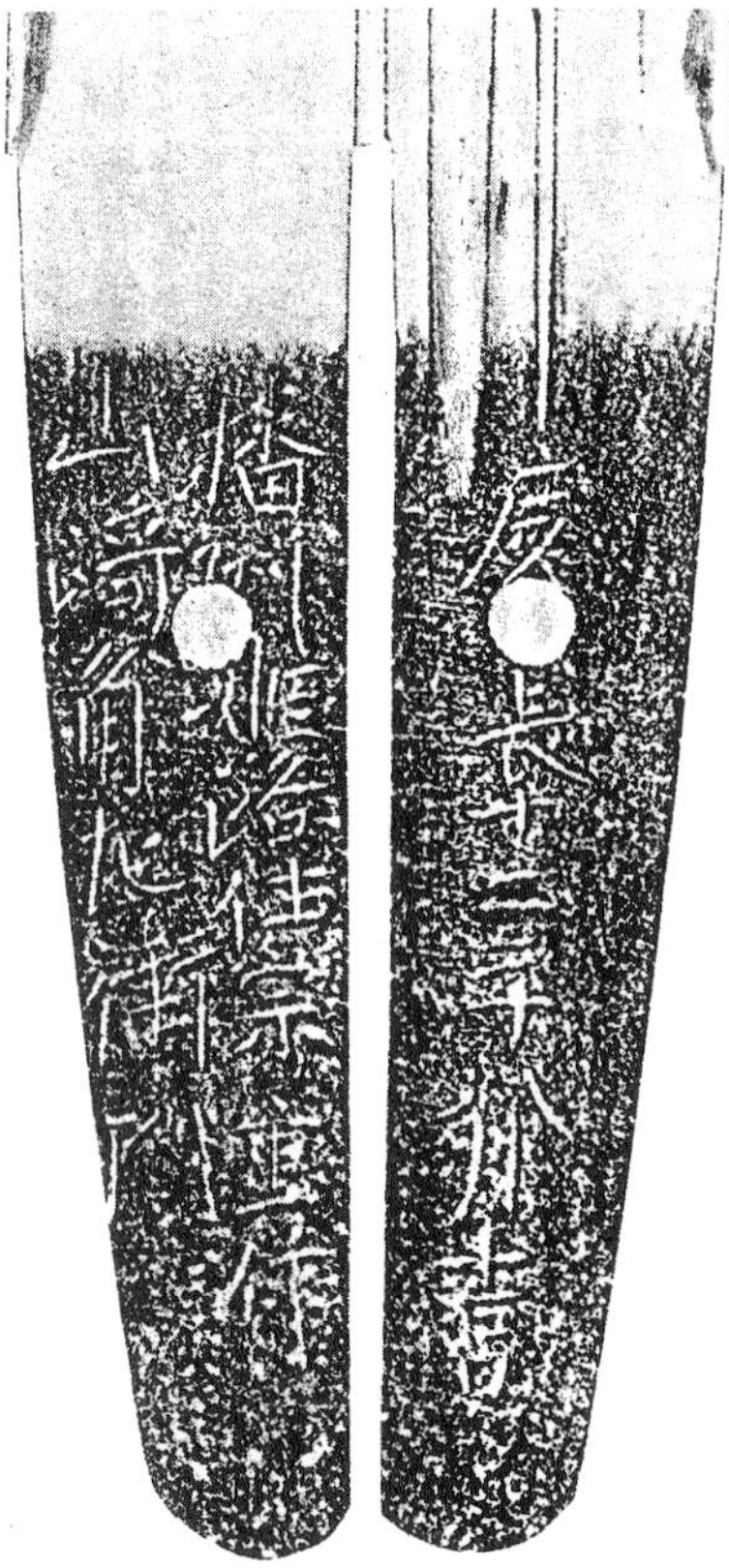

△播州姫路住宗重作（むねしげ） 播磨國―慶長
山崎角左衛門
慶長十二年八月吉日

△常陸大掾宗重（むねしげ） 摂津國―江戸中期

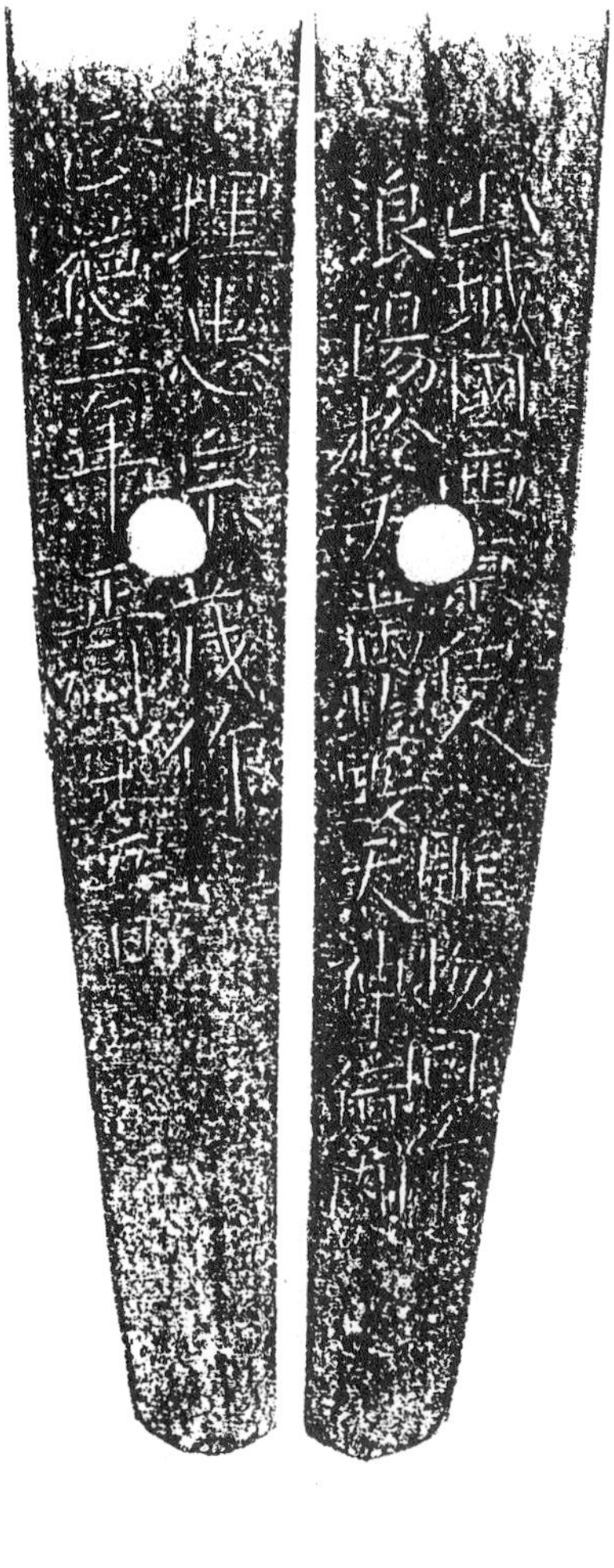

△埋忠宗茂作（むねしげ） 正徳二年正月十五日 山城國―正徳
浪陽於天満北野天神鏡内 山城國西京住人彫物同作

△以夷舶断折之梡環鉄応
宇和島候命
固山備前介宗次作之(むねつぐ)
嘉永二年二月吉日
同寅年於千住二ッ胴土壇拂
切手山田源蔵

武蔵國―嘉永

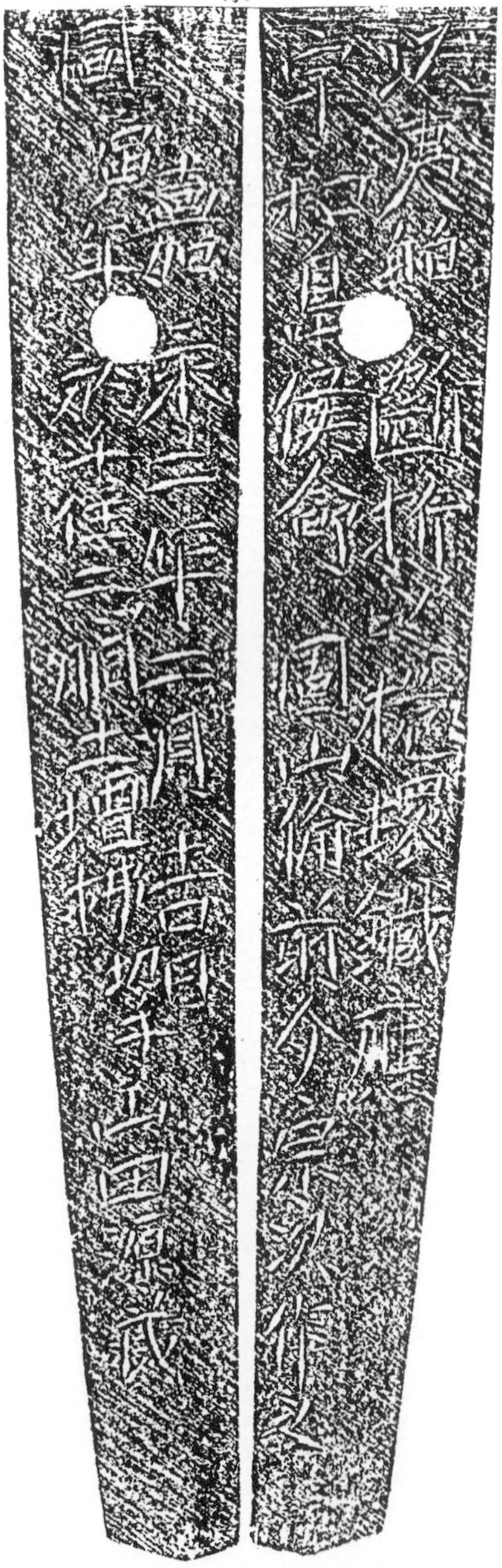

△固山宗次作(むねつぐ)
天保九年四月日

武蔵國―天保

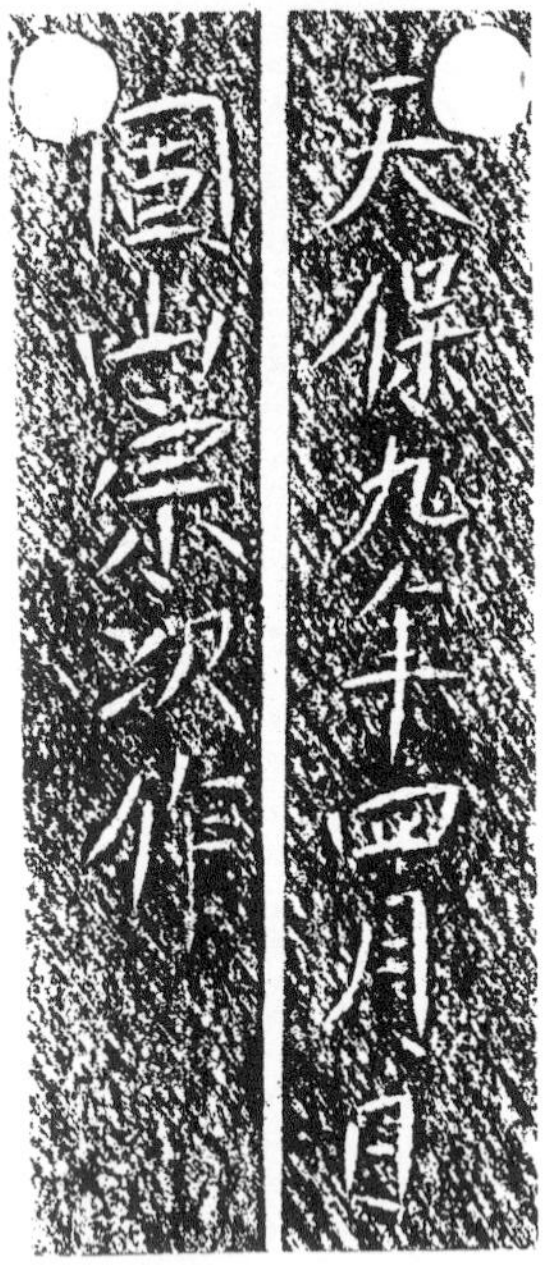


△備前介宗次作之(むねつぐ)
弘化三年八月日　贈一乗法橋

武蔵國―弘化

△固山備前介藤原宗次　六十二才鍛(むねつぐ)
文久四年二月吉日

武蔵國―文久

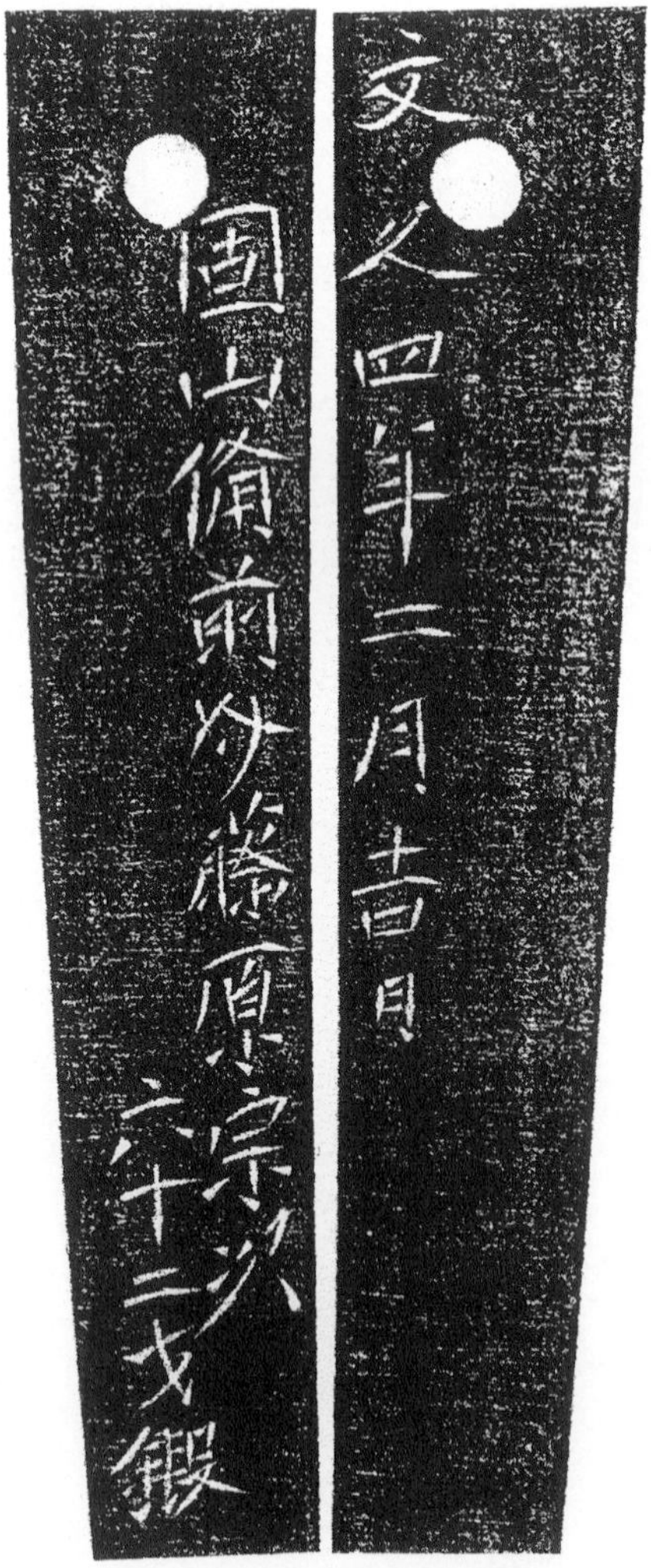

△肥前國住人伊豫掾源宗次（むねつぐ）〈初代〉肥前國—桃山期

△肥前國源宗次真之鍛試割鉄甲（むねつぐ）
天和三年癸亥二月日
〈二代〉肥前國—江戸中期

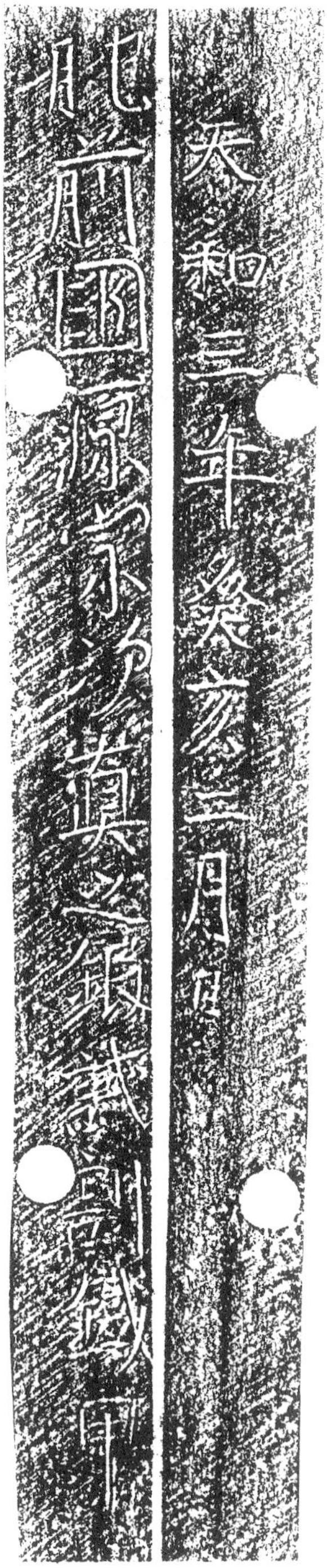

△越前住宗次（むねつぐ）
明暦二年八月日
日比九左衛門
越前國—明暦

△肥州住源宗次（むねつぐ）〈初代〉肥前國—桃山期

△信濃國宗次（むねつぐ）
文久四年二月
信濃國—文久

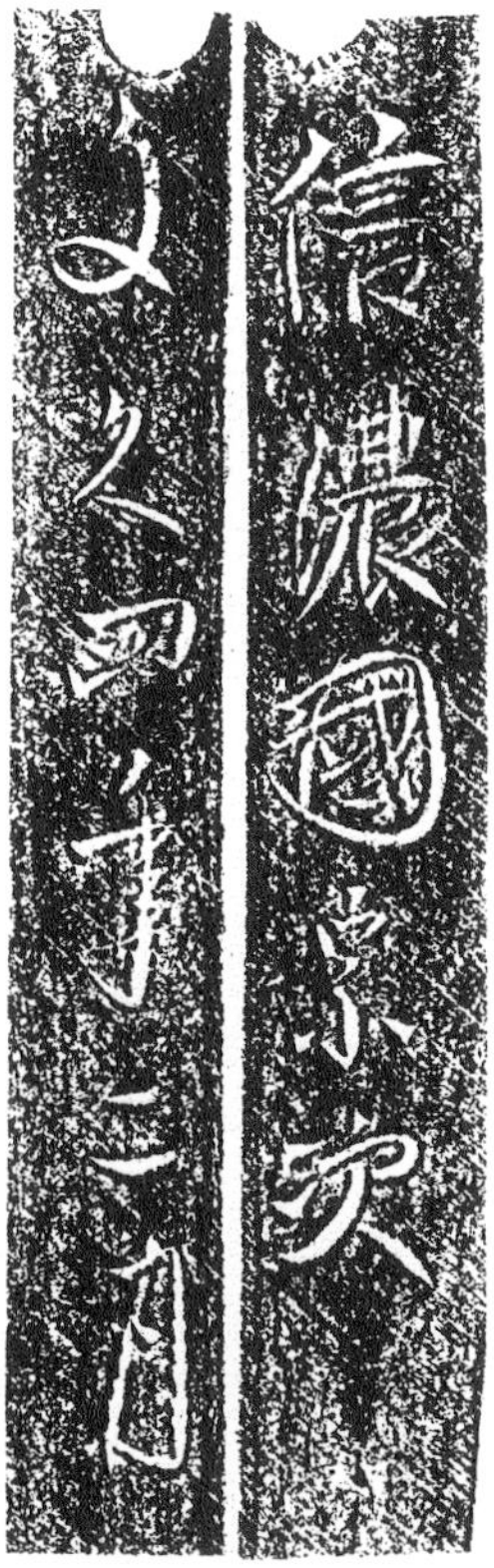

△固山宗平作之（むねひら）
天保七年二月日
於千住後藤五三郎試之雁金土壇拂
武蔵國―天保

△陸奥白川住固山藤原宗俊（むねとし）
万延二年二月日
磐城國―万延

△（菊紋）日置越前守源宗弘（むねひろ）武蔵國―江戸中期

△泰龍斎宗寛（むねひろ・そうかん）　武蔵國―天保
天保十一七月日
同彫之

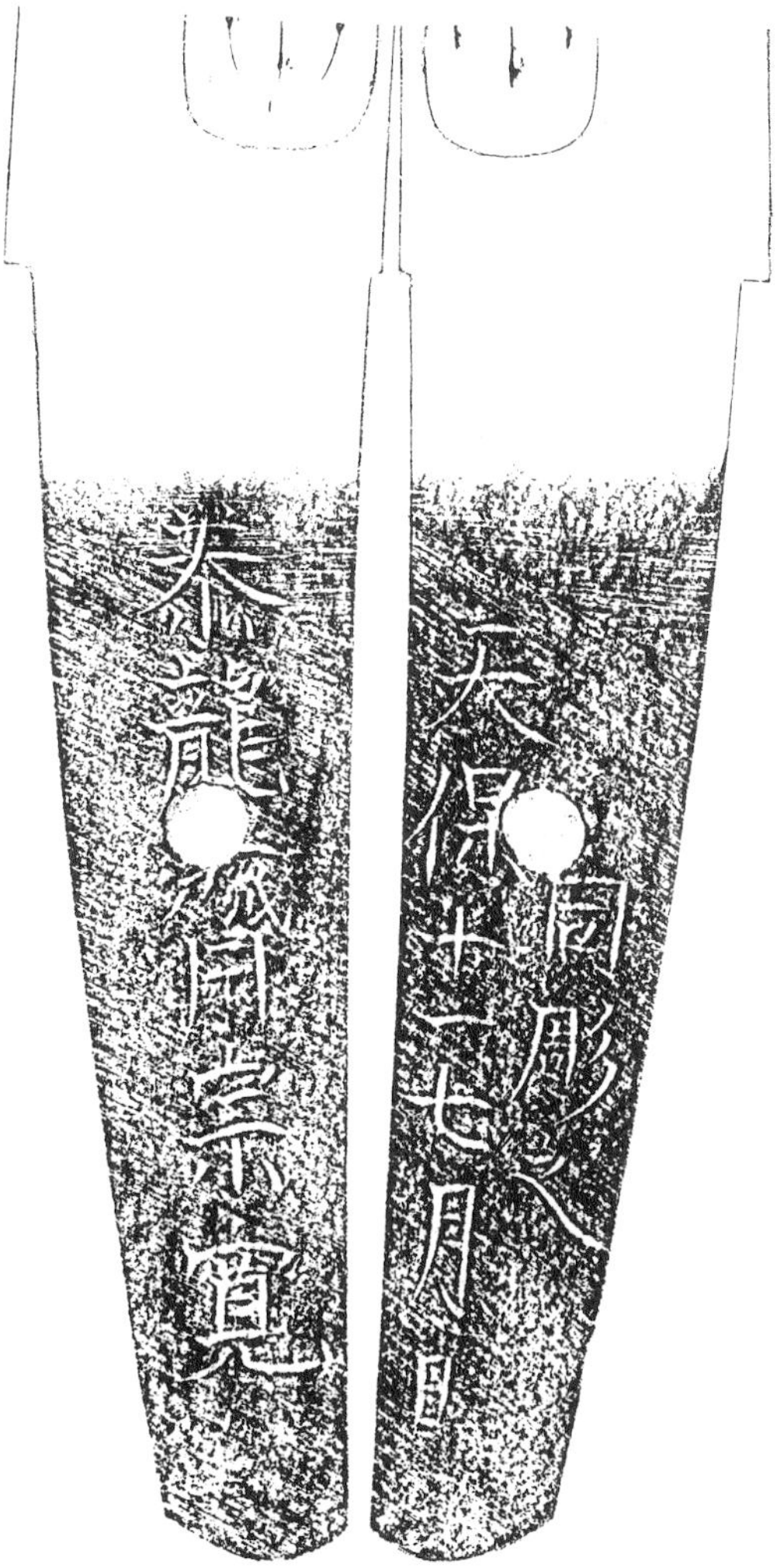


△上総守藤原宗道（むねみち）　越前國―江戸中期

△庄内住人明珍宗吉作之（むねよし）　出羽國―安政
安政二年五月拾八日

△泰龍斎宗寛造之（むねひろ・そうかん）　武蔵國―文久
文久二年二月日

△肥後同田貫宗廣（むねひろ）　肥後國―万延
万延元年閏三月日

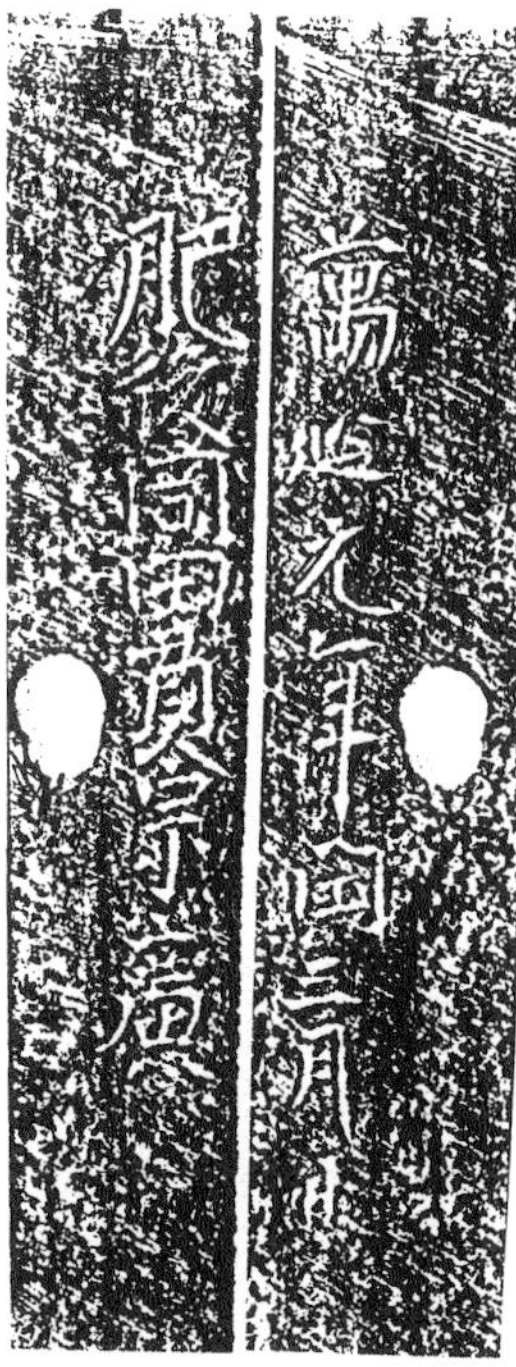

△山城國住人埋忠宗吉（むねよし）　山城國―桃山期

ま

△播州住藤原宗栄（むねよし・そうえい）播磨國―江戸中期

○元真（もとざね）備前國―鎌倉末期

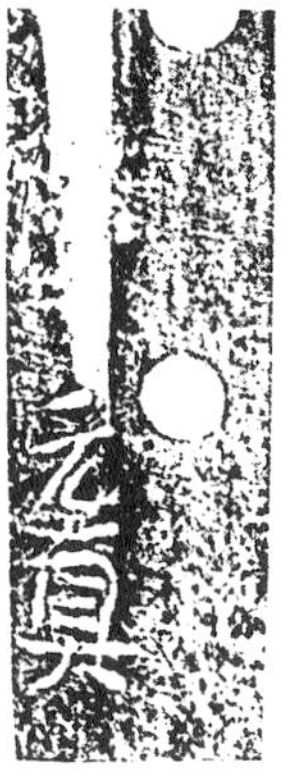

○元重（もとしげ）〈古元重〉備前國―鎌倉末期

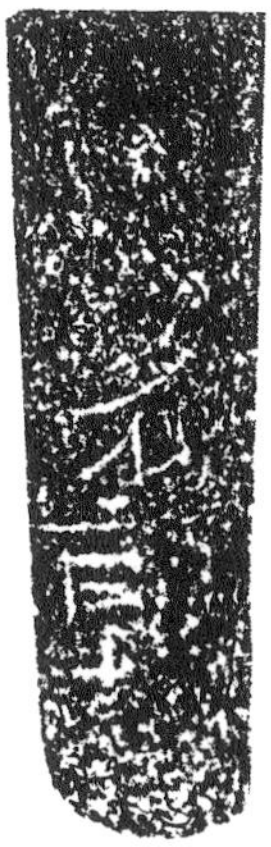

○備州長船住元重（もとしげ）
嘉暦元年十月日
備前國―嘉暦

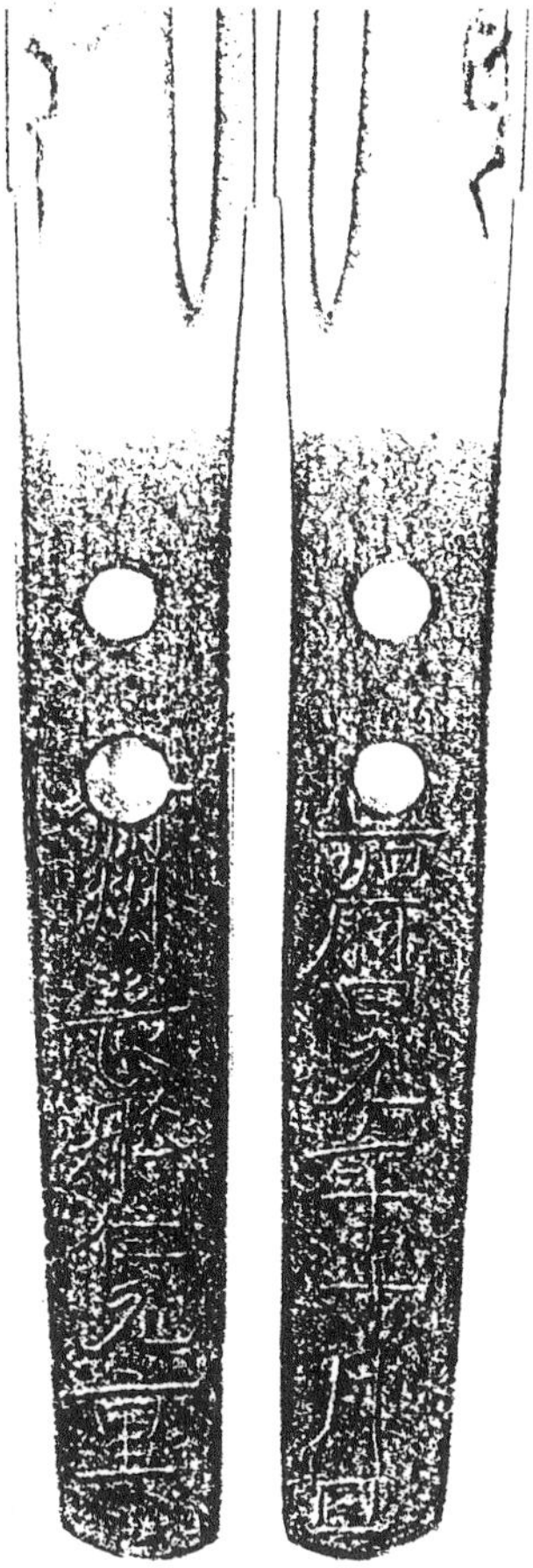

○備州長船元重（もとしげ）備前國―南北朝期

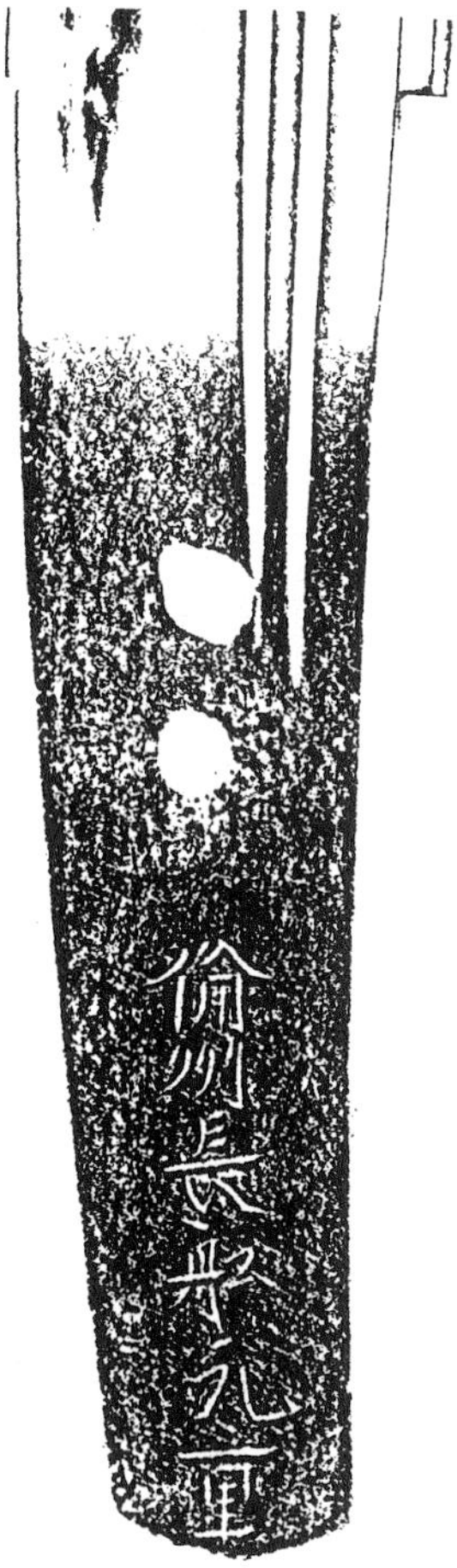

○備州長船住元重（もとしげ）
建武五年三月日
備前國―建武

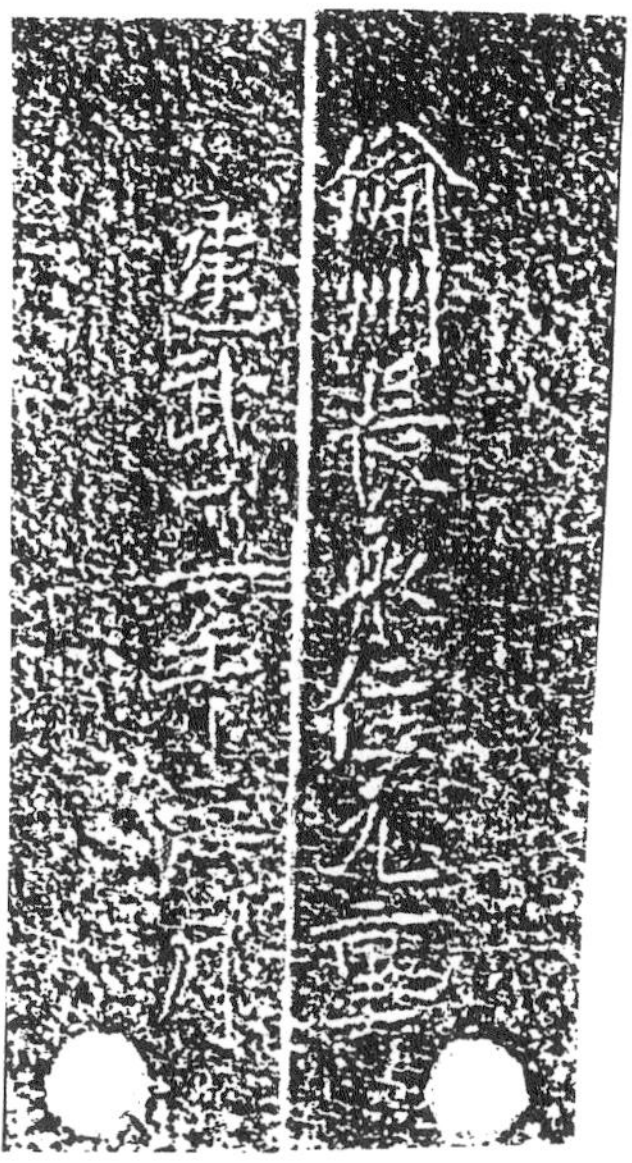

○備州長船住元重（もとしげ）
観応三年八月日
備前國―観応

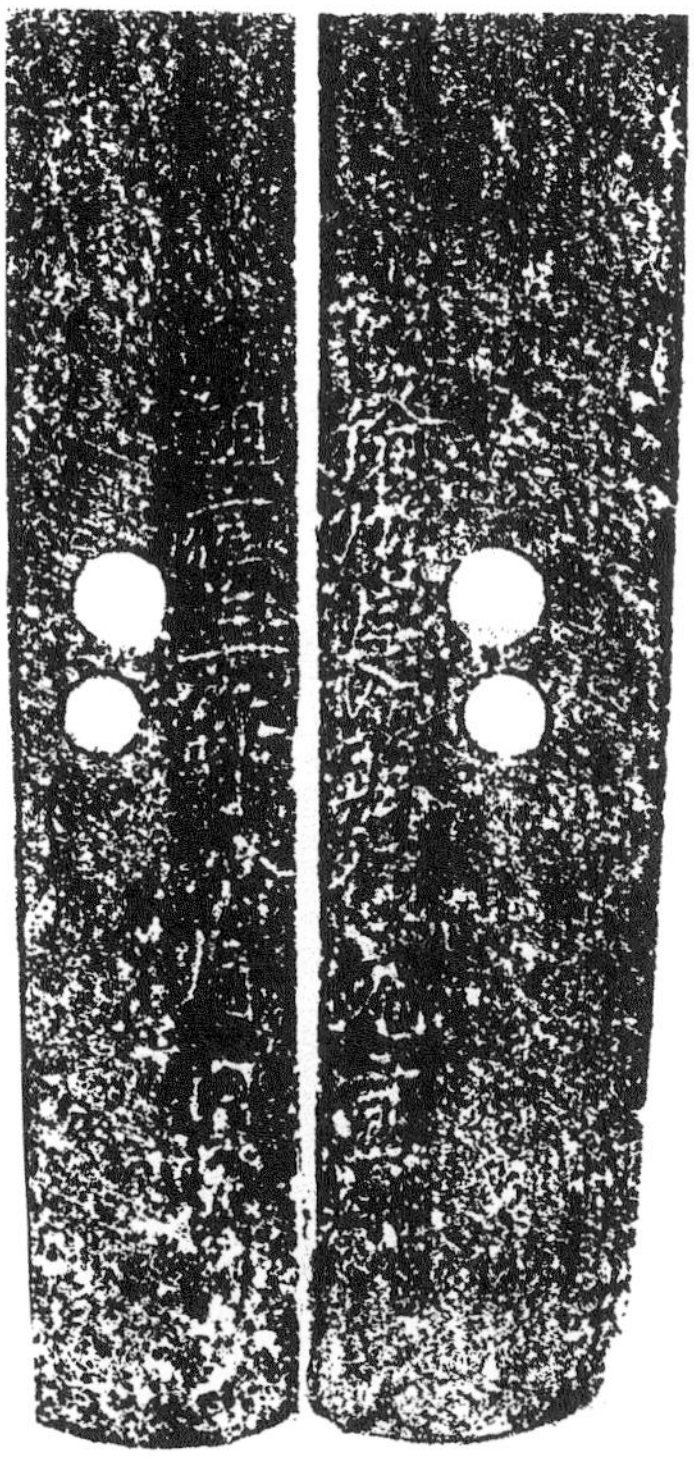

○長船住元重（もとしげ）備前國―南北朝期

○元助（もとすけ）〈島田〉駿河國―室町末期

○備州長船住元廣（もとひろ）備前國―室町末期

○基近造（もとちか）備前國―鎌倉前期

○盛景（もりかげ）〈大宮〉備前國―鎌倉末期～南北朝期

○元廣作（もとひろ）与牛田教時 〈島田〉駿河国―室町末期

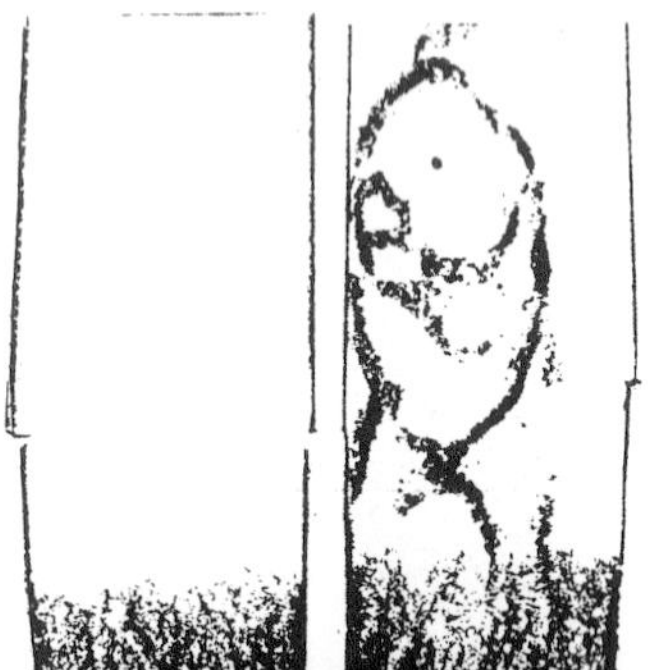

○備前國住長船左兵衛尉基光（もとみつ）備前國―南北朝期

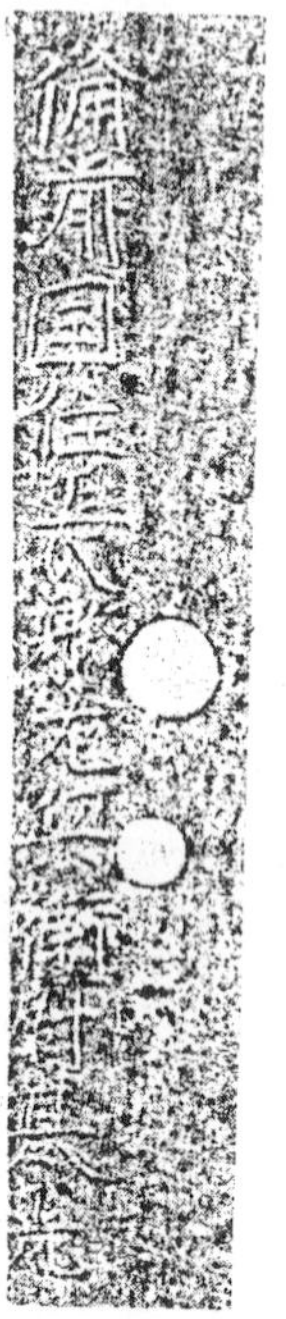

○備州長船盛景（もりかげ）貞治三年十月日 〈大宮〉備前國―貞治

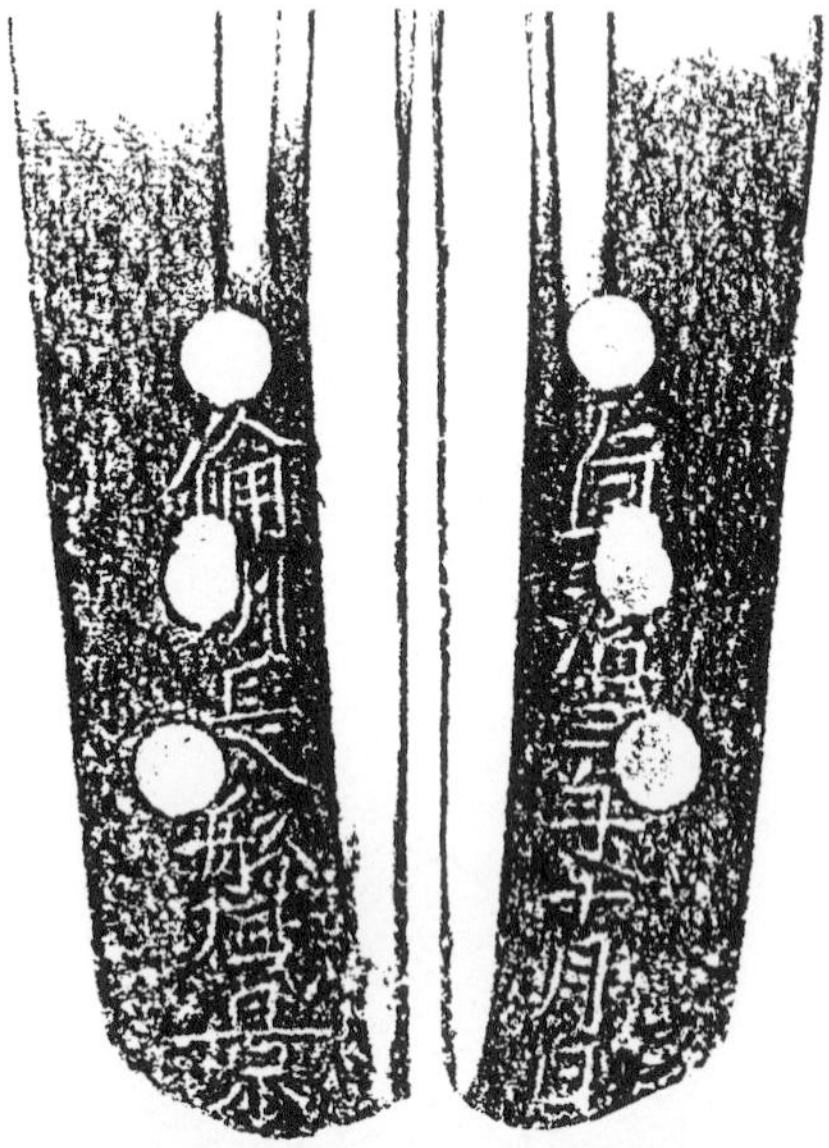

○備州長船基光（もとみつ）延文三年三月日 備前國―延文

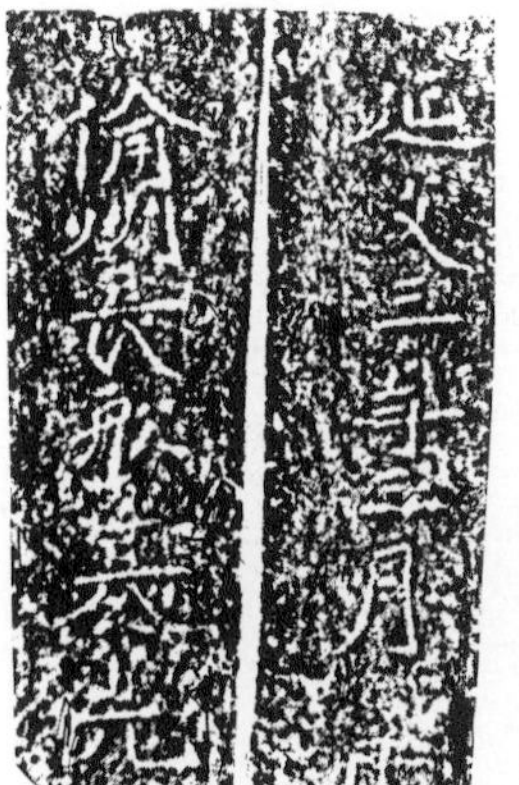

○備州長船住盛景（もりかげ）永和元年十月 〈大宮〉備前國―永和

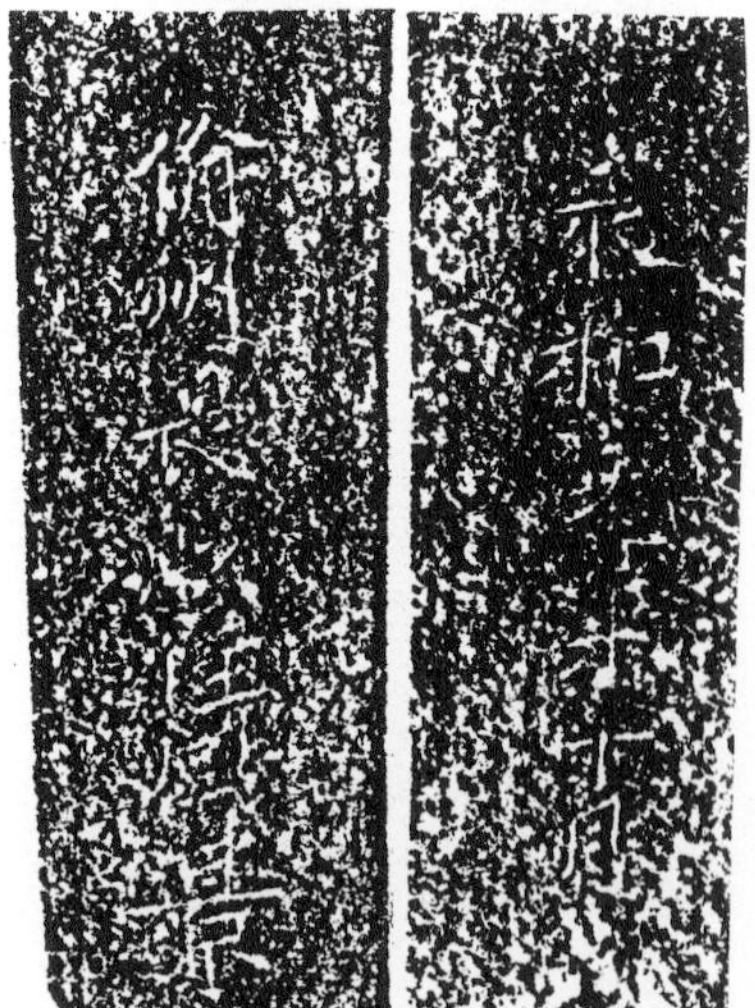

○備州長船盛重（もりしげ）　備前國―応永
応永廿一年二月日

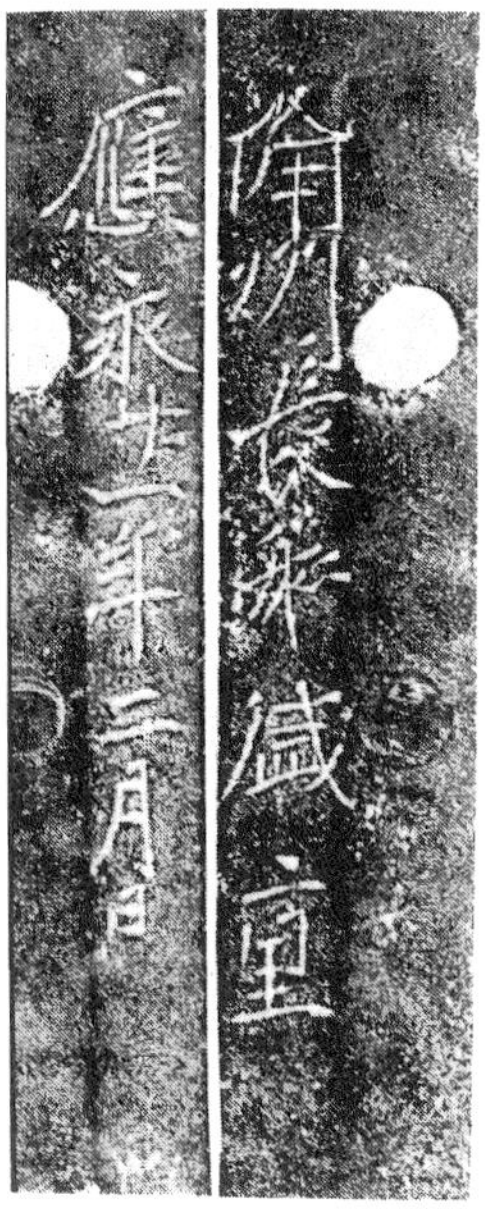

○平盛重（もりしげ）　豊後國―室町末期

○金剛兵衛尉源盛高（もりたか）　筑前国―正平
正平二年二月一日

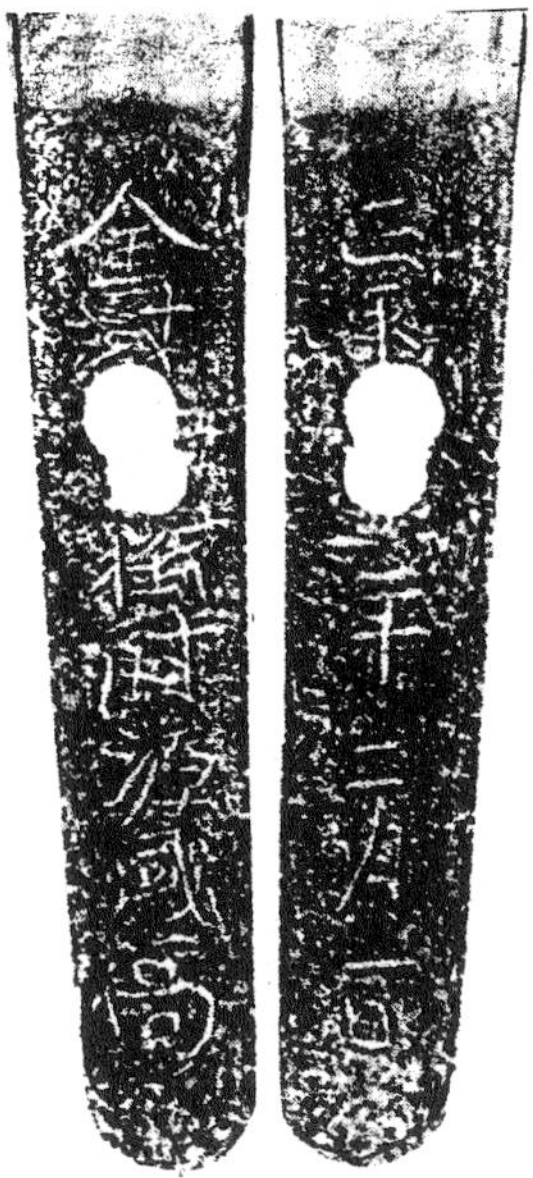

○盛継（もりつぐ）〈大宮〉　備前國―鎌倉末期

○備前國住長船新九郎藤原盛重作（もりしげ）　備前國―享禄
享禄二年八月吉日

○武州下原住盛重（もりしげ）　武蔵國―室町末期

○盛助（もりすけ）　備前國―鎌倉末期～南北朝期

○源盛縄作（もりつな）　筑前國―室町前期

○備前國吉井盛則（もりのり） 備前國―応永
応永廿二年二月日

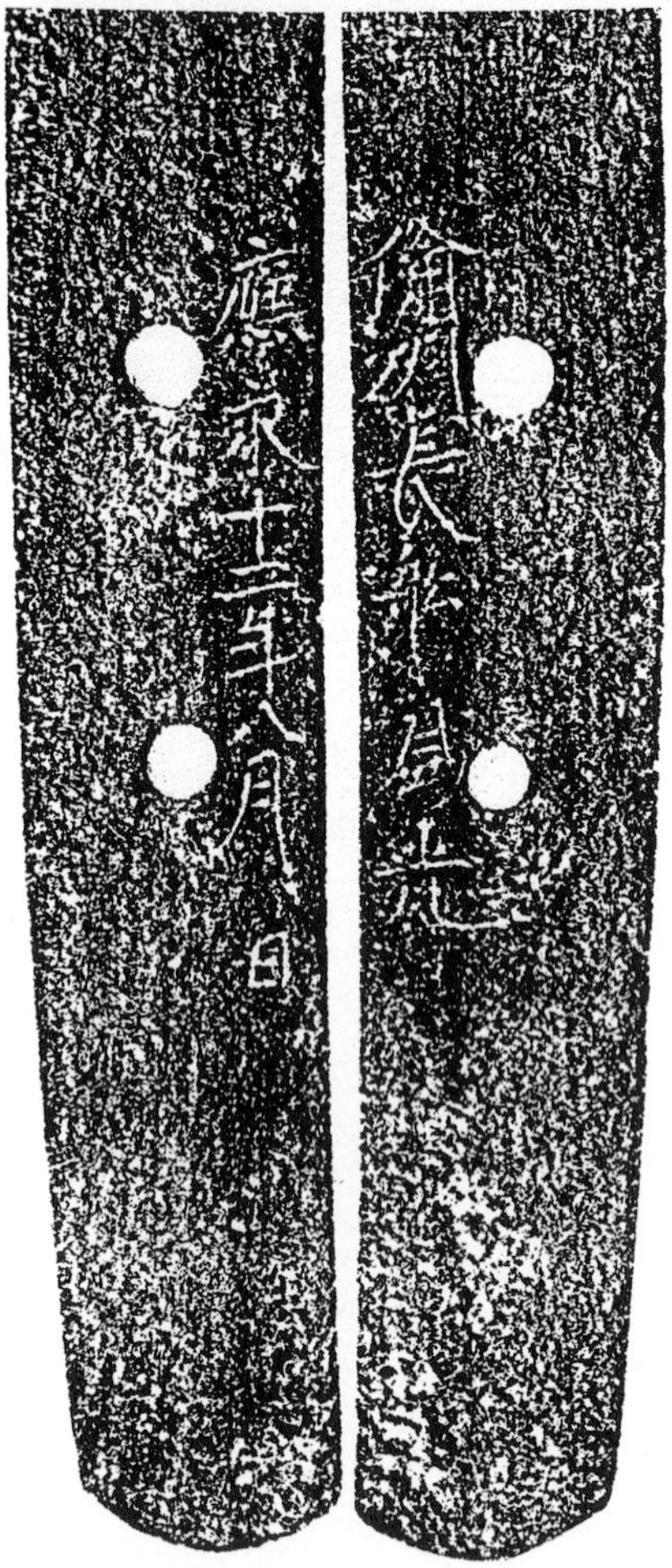

○備州長船盛光（もりみつ） 備前國―応永
応永十二年八月日

○肥前國盛房（もりふさ） 肥前國―室町末期

○源盛匡作（もりまさ） 筑前國―室町末期

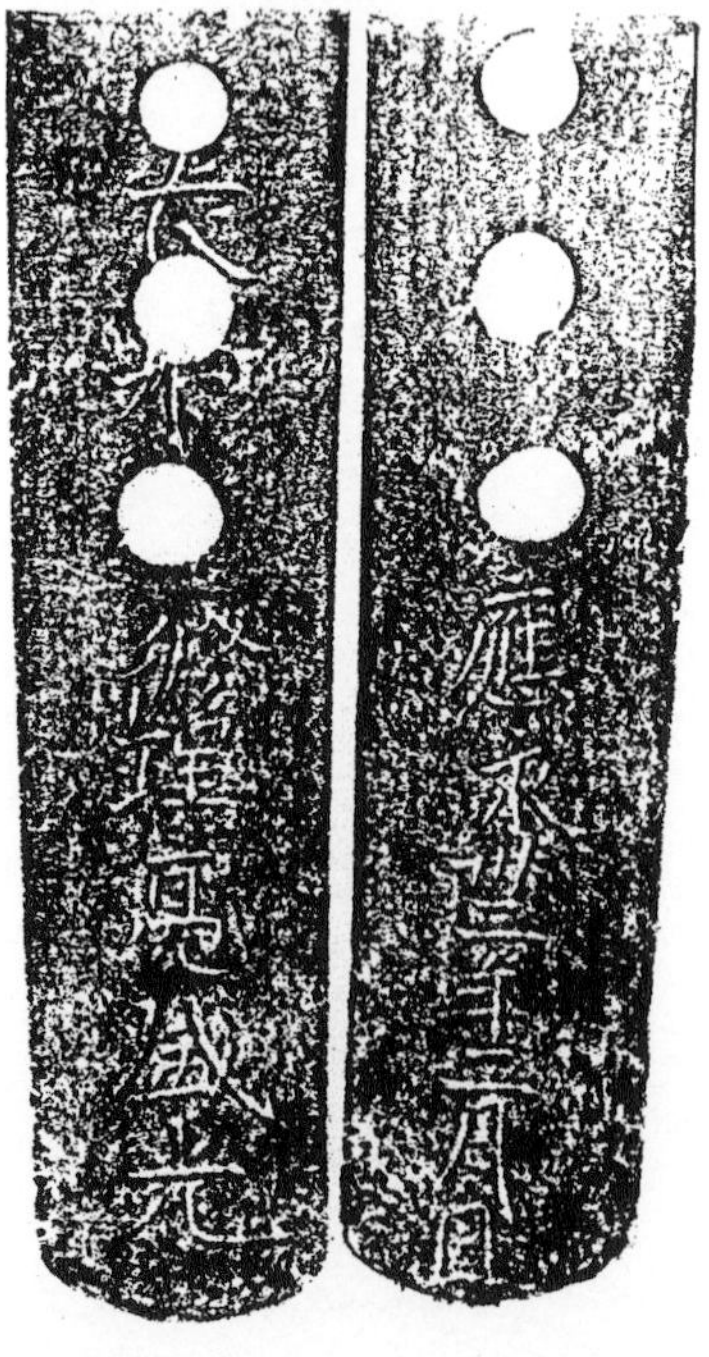

○長船修理亮盛光（もりみつ） 備前國―応永
応永卅二年二月日

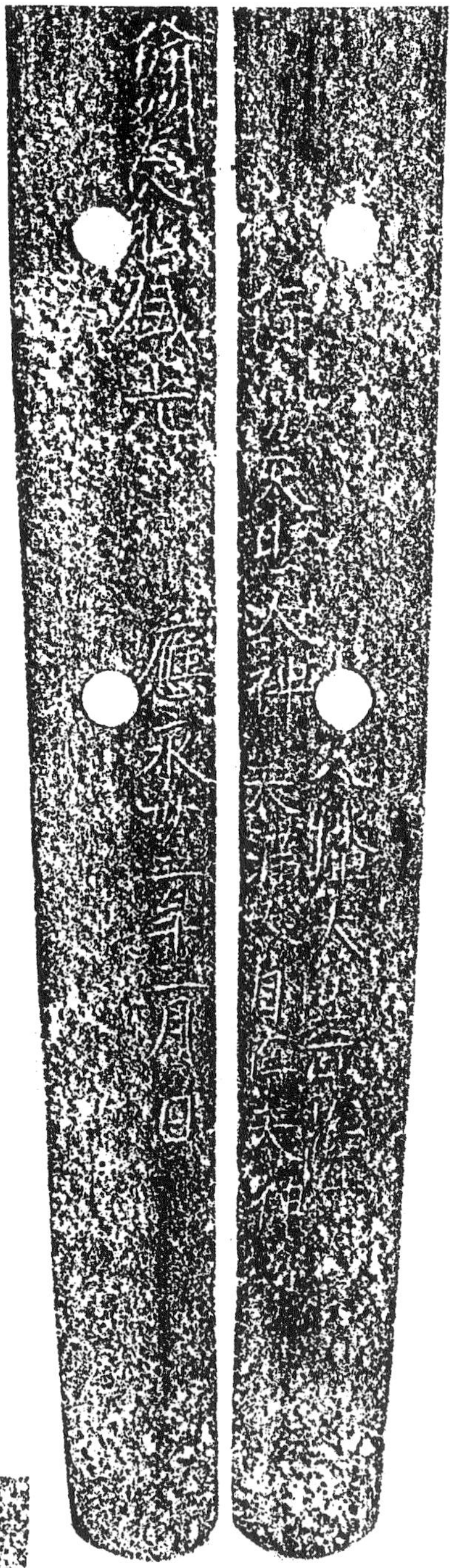

○備州長船盛光　応永卅二年二月日（もりみつ）
伊勢天照大神　八幡大菩薩　天満大自在天神
備前國―応永

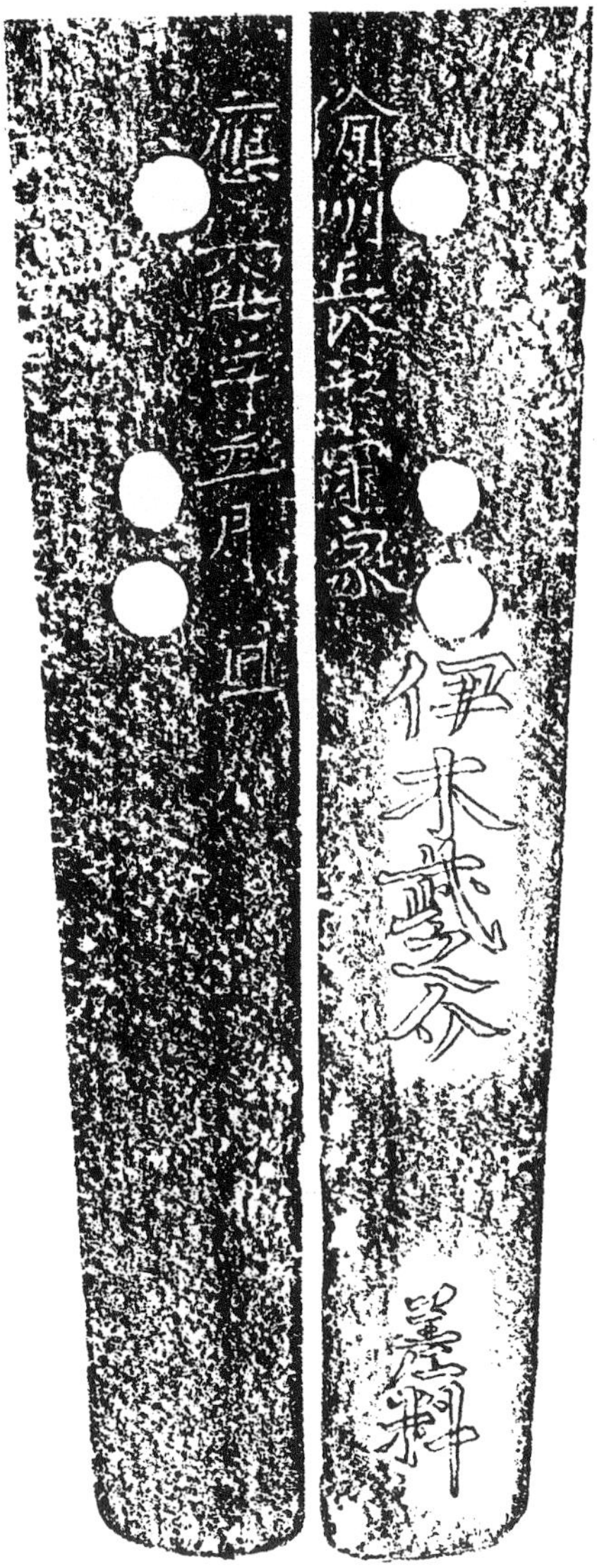


○備州長船守家〈金象嵌銘〉（もりいえ）伊木武之介　差料
応安七年五月日
備前國―応安

○盛吉（もりよし）
〈平戸左〉肥前國―室町後期

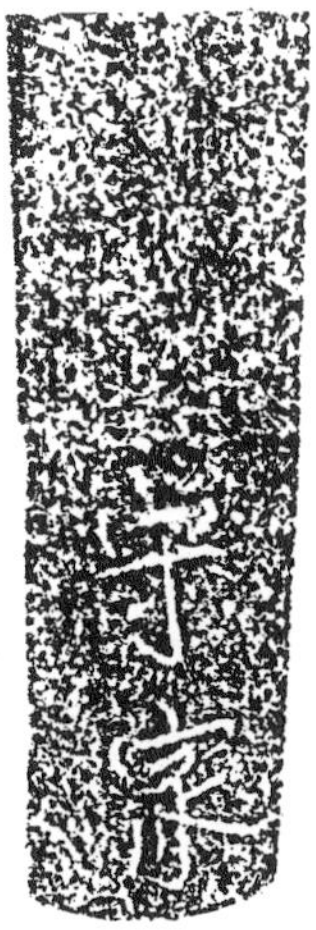

○守家（もりいえ）
備前國―鎌倉中期

○守家〈花押〉（もりいえ）備前國―鎌倉中期

○守家造（もりいえ）備前國―鎌倉中期

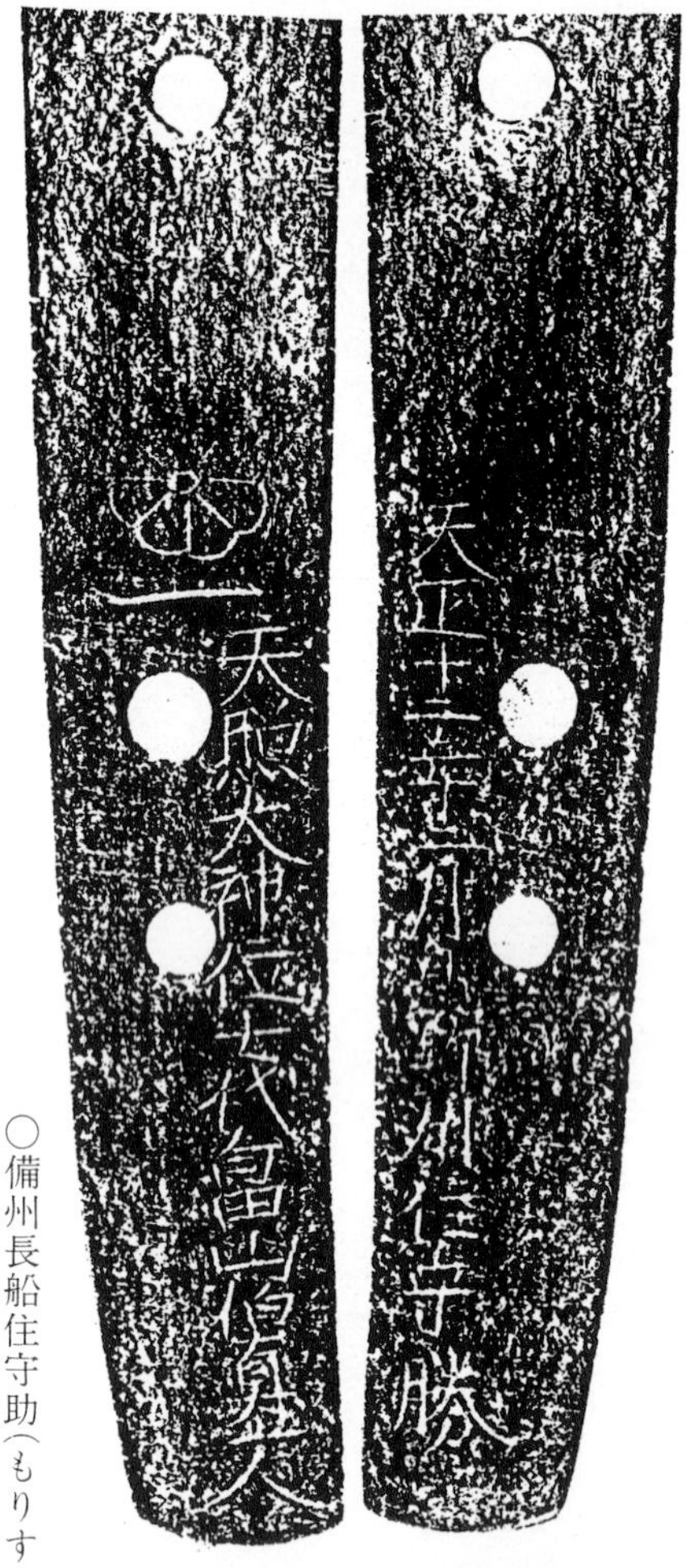

○（菊一）天照大神位七代畠山伯真一人
天正十二年二月野州住守勝（もりかつ）
〈得次郎〉下野國—天正

○守次（もりつぐ）〈古青江〉備中國—平安末期

○備中国住守次作
延文二年十二月日（もりつぐ）
備中國—延文

○備州長船住守助（もりすけ）
貞治二年癸卯八月日
備前國—貞治

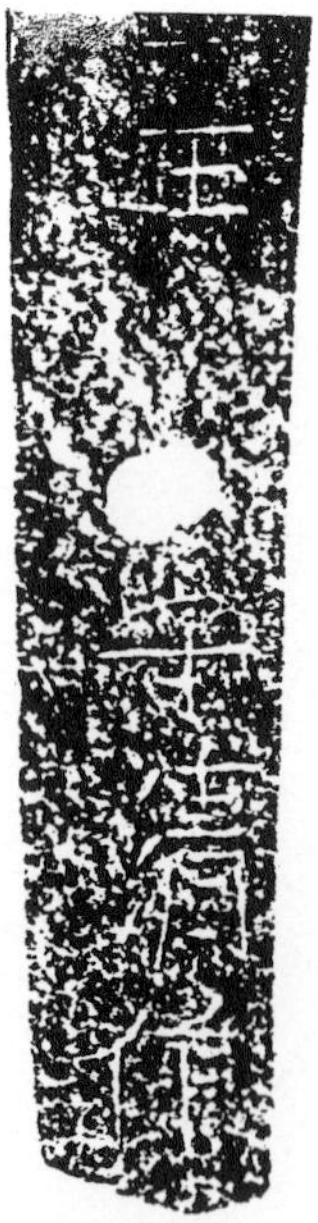

○二王守清作（もりきよ）周防國—室町後期

○備州長船守重（もりしげ）備前國—鎌倉末期

○備中国守次作（もりつぐ）
延文二年八月日
備中國—延文

○守利（もりとし）〈古青江〉備中國―鎌倉初期

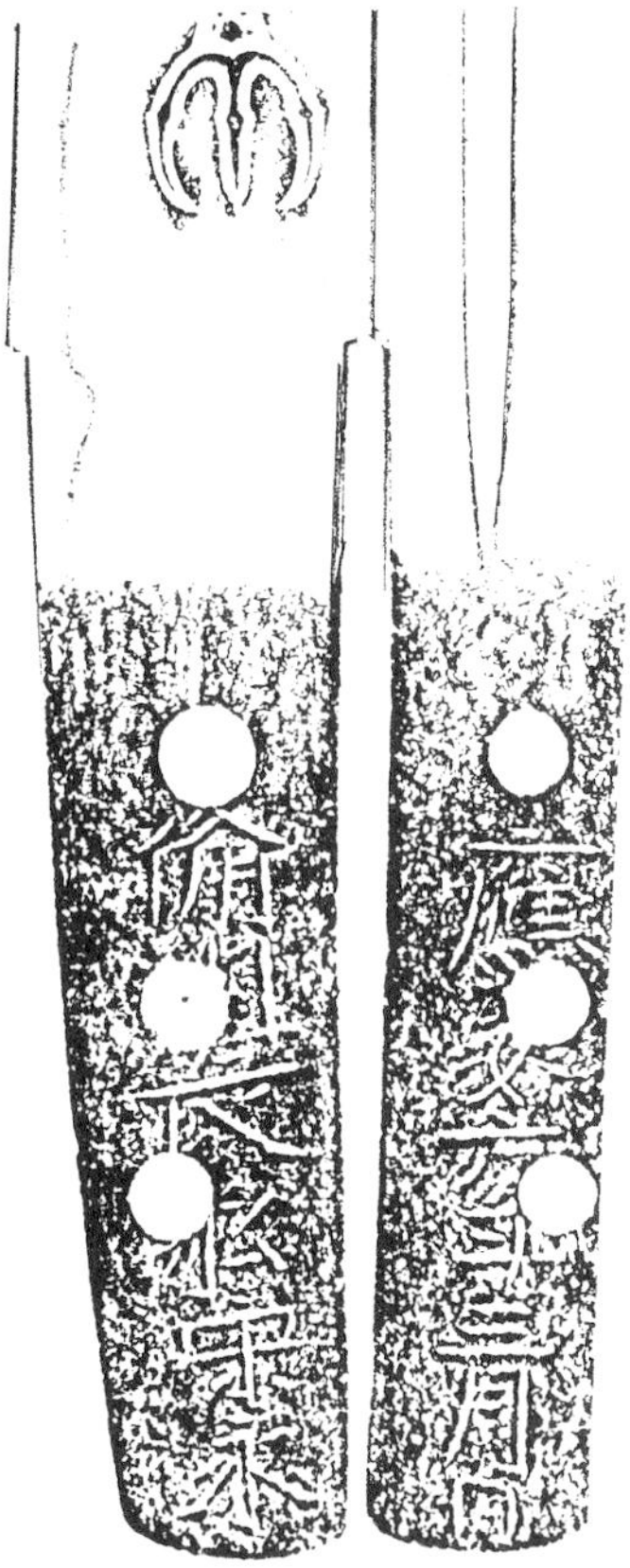

○備州長船守永（もりなが）備前國―応安
応安六年三月日

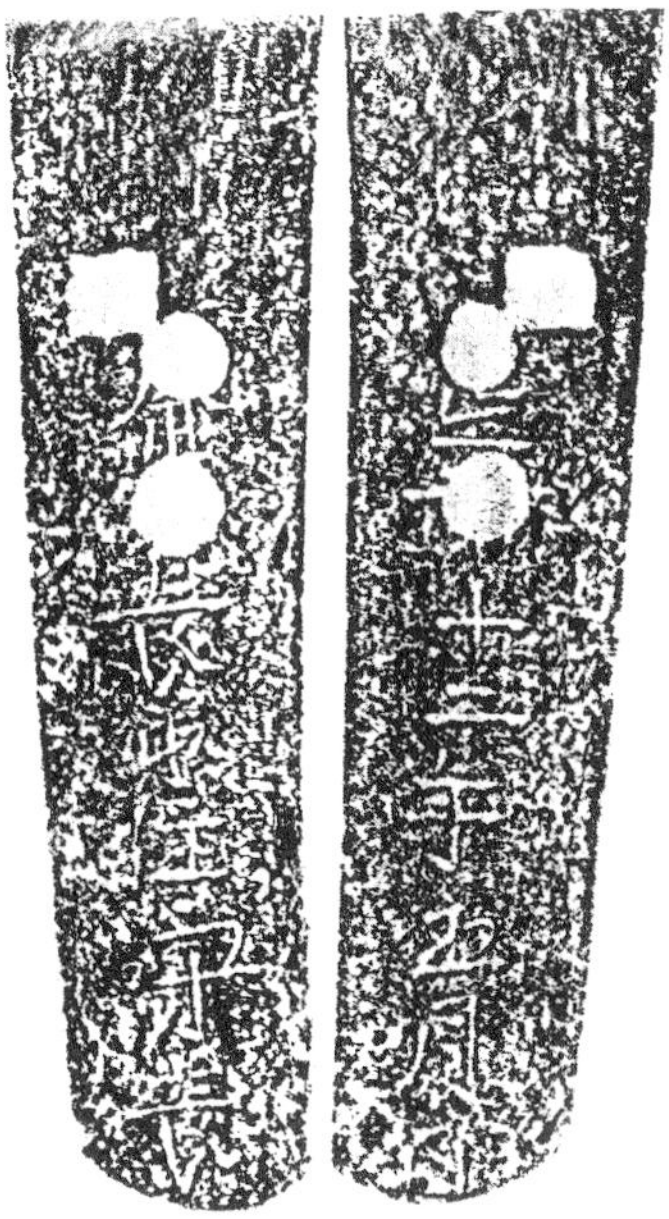

○備州長船住守長（もりなが）備前國―正平
正平十二年五月日

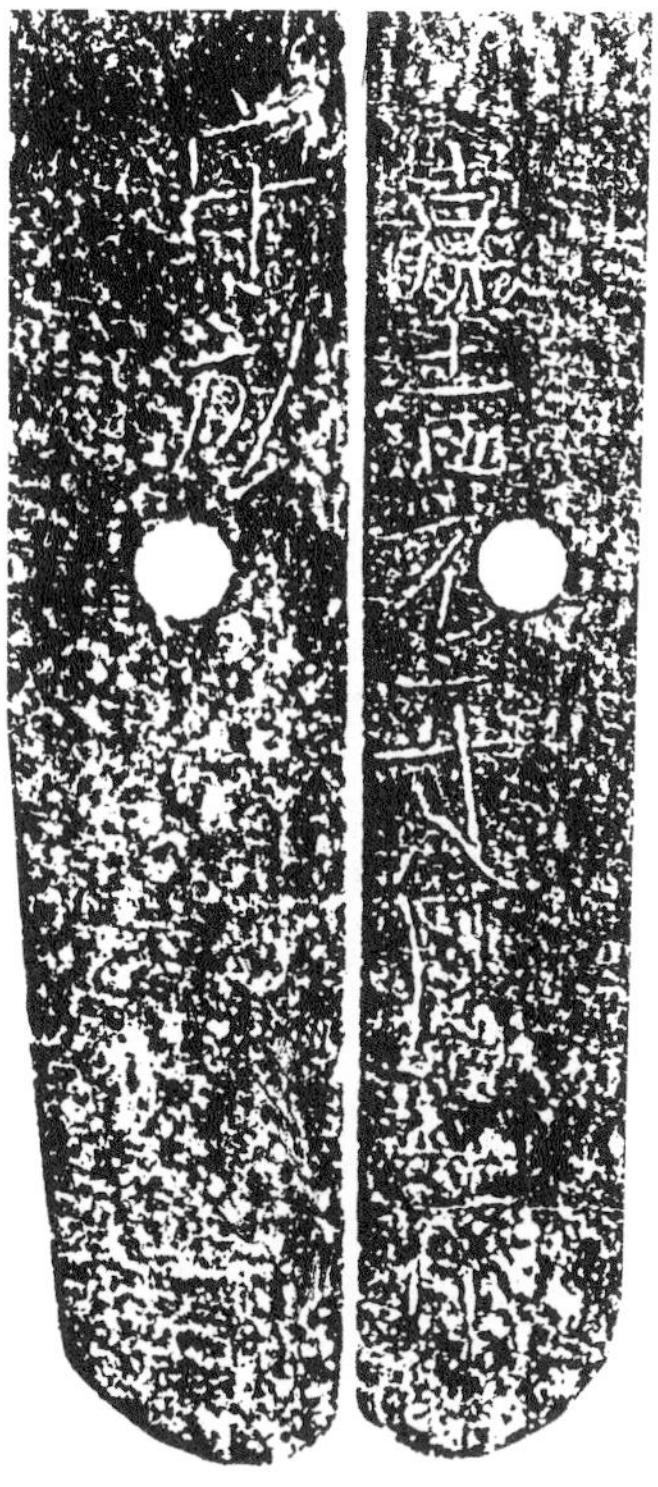

○守弘（もりひろ）〈千代鶴〉越前國―嘉吉
嘉吉元年八月日

○守弘（もりひろ）〈千代鶴〉越前國―室町初期

○伯耆國倉吉住道祖尾七郎左衛門尉守廣作（もりひろ）伯耆國―室町末期

○備州長船守政（もりまさ）
貞治二二年八月日
備前國—貞治

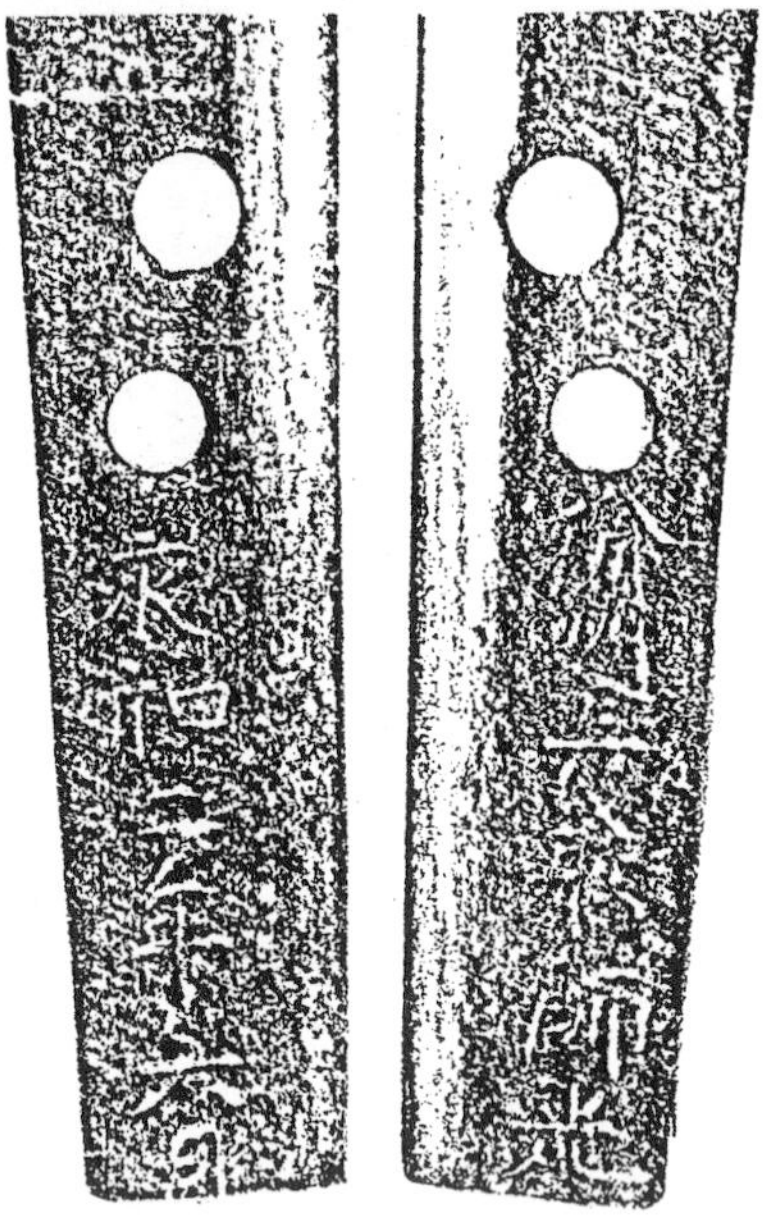

○備州長船師光（もろみつ）
永和二年六月
備前國—永和

○備州長船守光（もりみつ）
備前國—室町末期

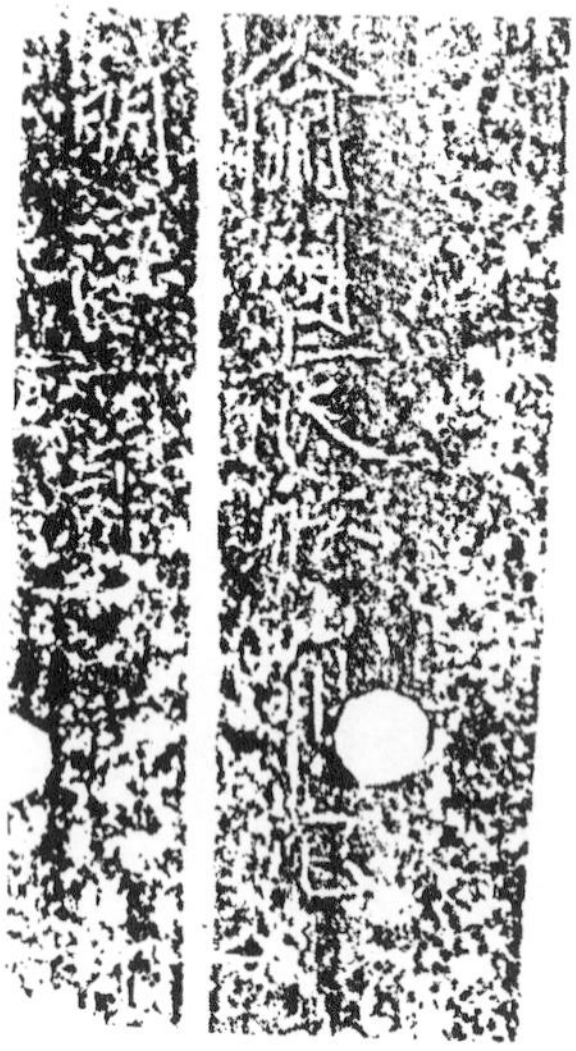

○備州長船師光（もろみつ）
明徳二年□月
備前國—明徳

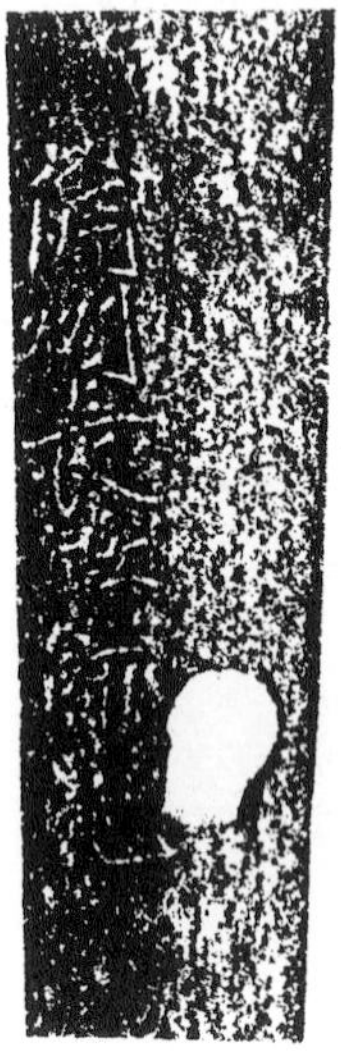

○備州長船師光（もろみつ）
備前國—南北朝期

○千代鶴森弘（もりひろ）
越前國—室町末期

○森宗（もりむね）
陸奥國—室町末期

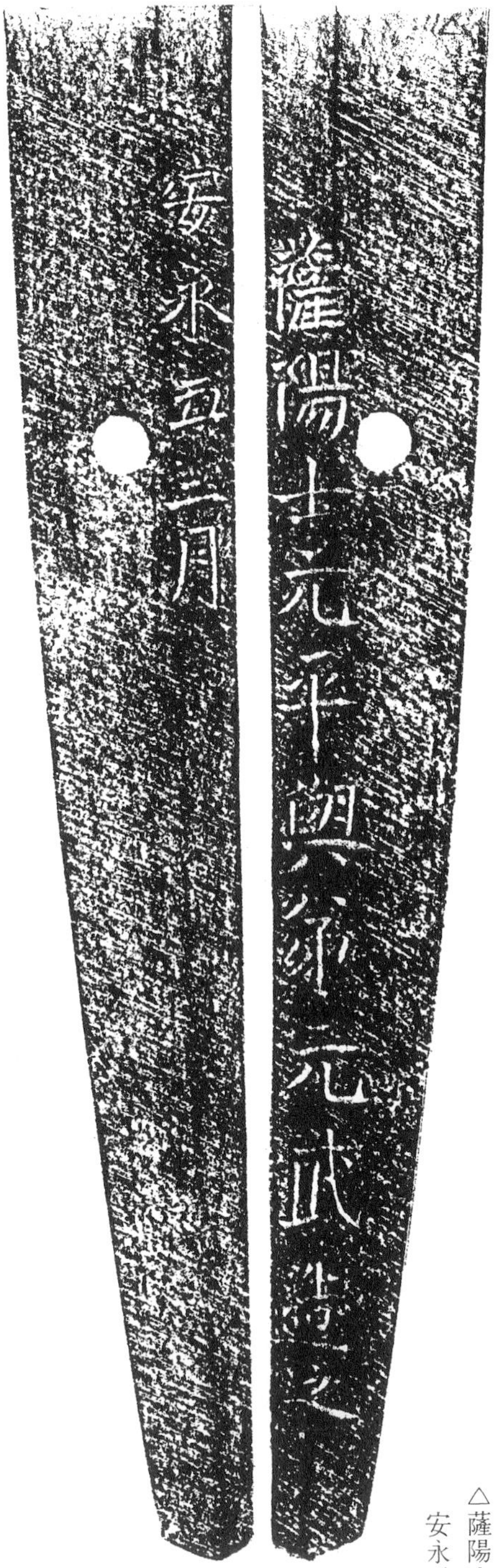


△薩陽士元平與弟元武造之（もとたけ）
安永五二月
薩摩國—安永

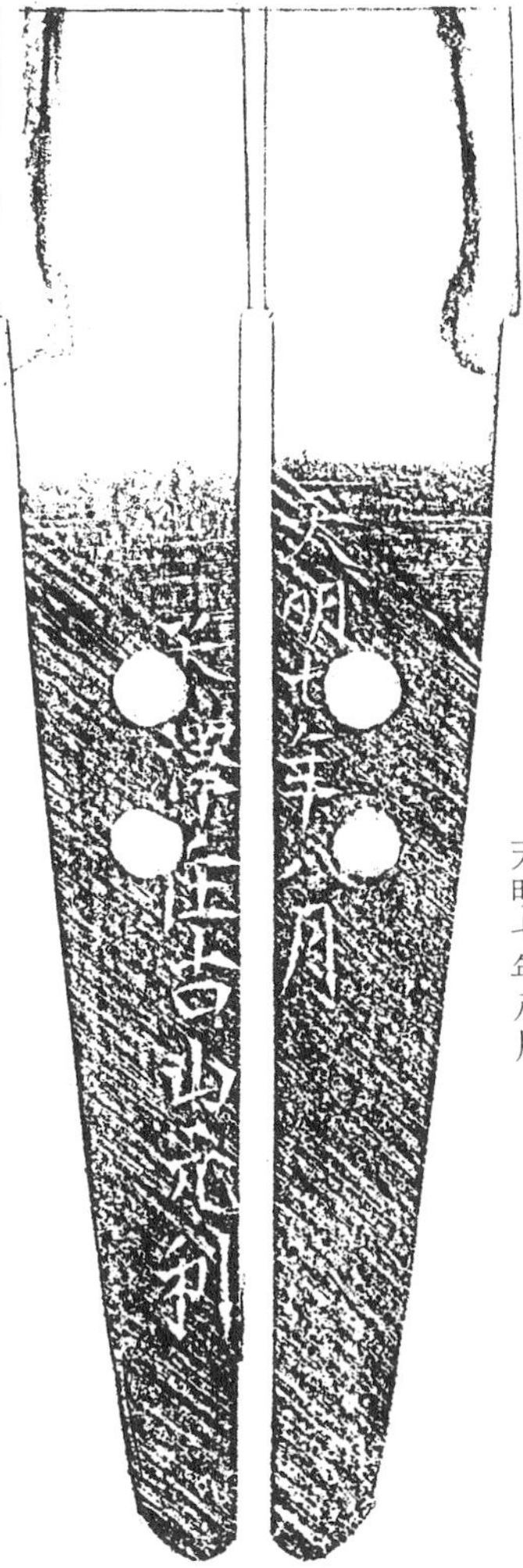


△米沢住古山元利（もととし）
天明七年八月
羽前國—天明

△薩州住平元直（もとなお）
薩摩國—江戸中期

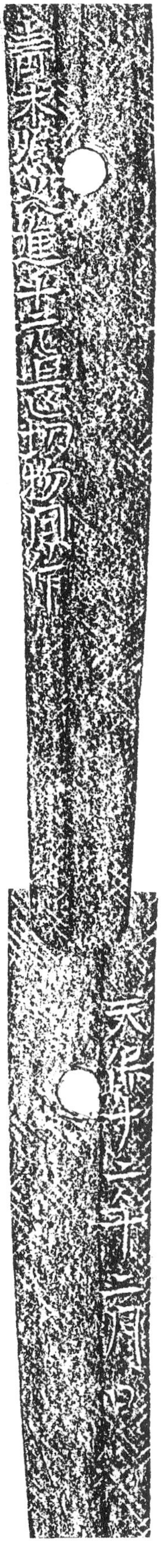


△青木照之進平元長切物同作（もとなが）
天保十二年二月日
尾張國—天保

ま

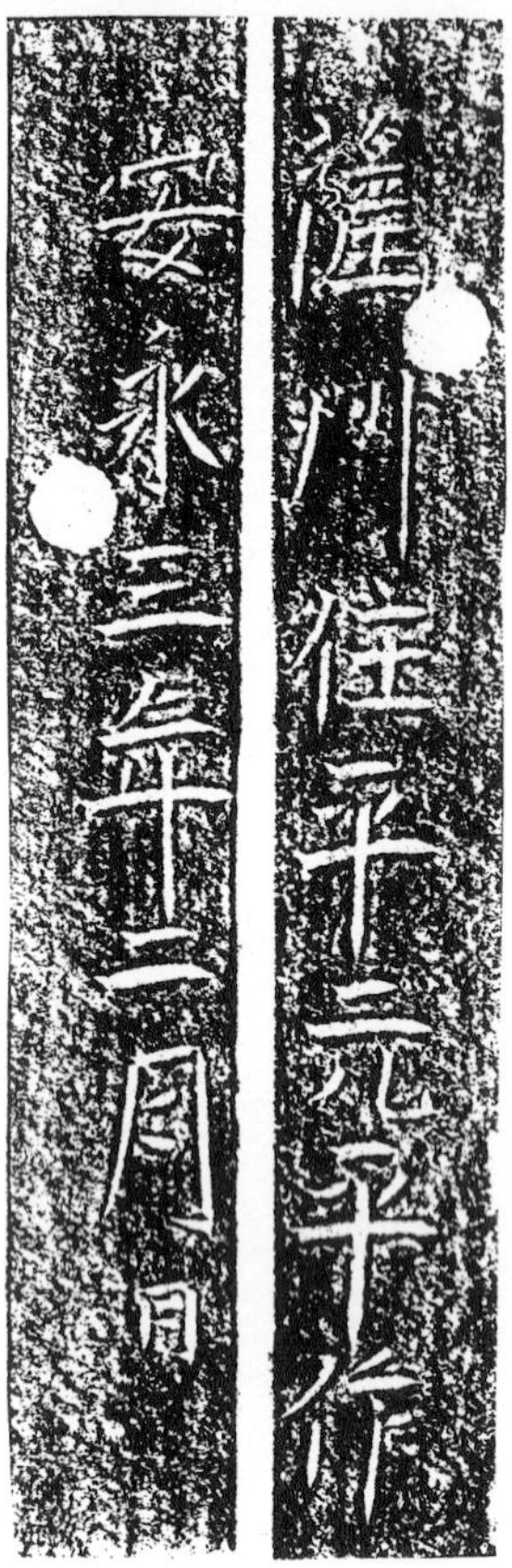


△薩州住平元平作（もとひら）
安永三年二月日

薩摩國—安永

△薩藩臣奥孝左衛門平元平（もとひら）
天明五年乙巳九月二十八日

薩摩國—天明

△薩摩國奥大和守平朝臣元平（もとひら）
寛政二庚戌年春二月日
本田親子〈以下切付銘〉

薩摩國—寛政

△奥大和守平朝臣元平（もとひら）
文化六己秋
薩摩國―文化

△薩州住平元光（もとみつ）
文化十四年丑二月日　初作之
薩摩國―文化

△大和守本信（もとのぶ）摂津國―江戸中期

△薩陽臣奥平元寛（もとひろ）
天保八酉春
薩摩國―天保

△薩陽士奥元安（もとやす）
享和二戌二月
薩摩國―享和

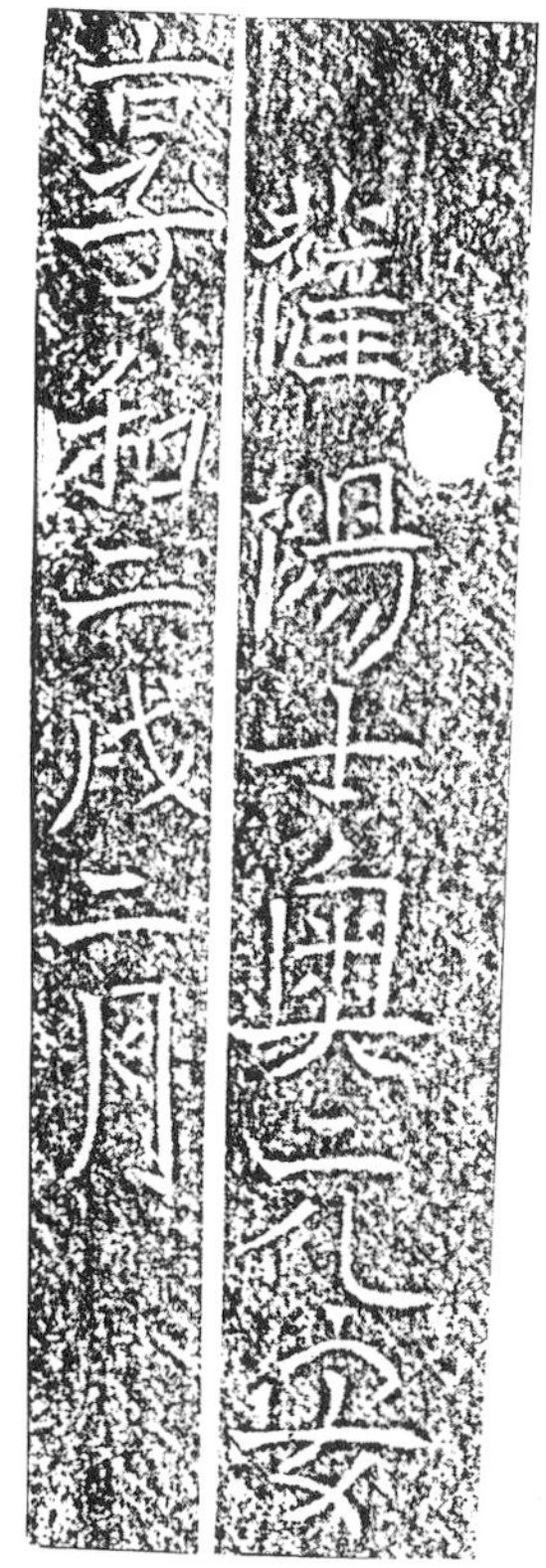

△佐渡守國富元喜（もとよし）長門國―江戸初期

△肥州唐津住高田河内守源本行（もとゆき）
（菊紋）宝永□歳八月日清浄而鍛之
肥前國―宝永

△肥州唐津住河内守源本行（もとゆき）　肥前國―江戸中期

△和泉守源盛國造之（もりくに）
寛文四年八月吉日
武蔵國―寛文

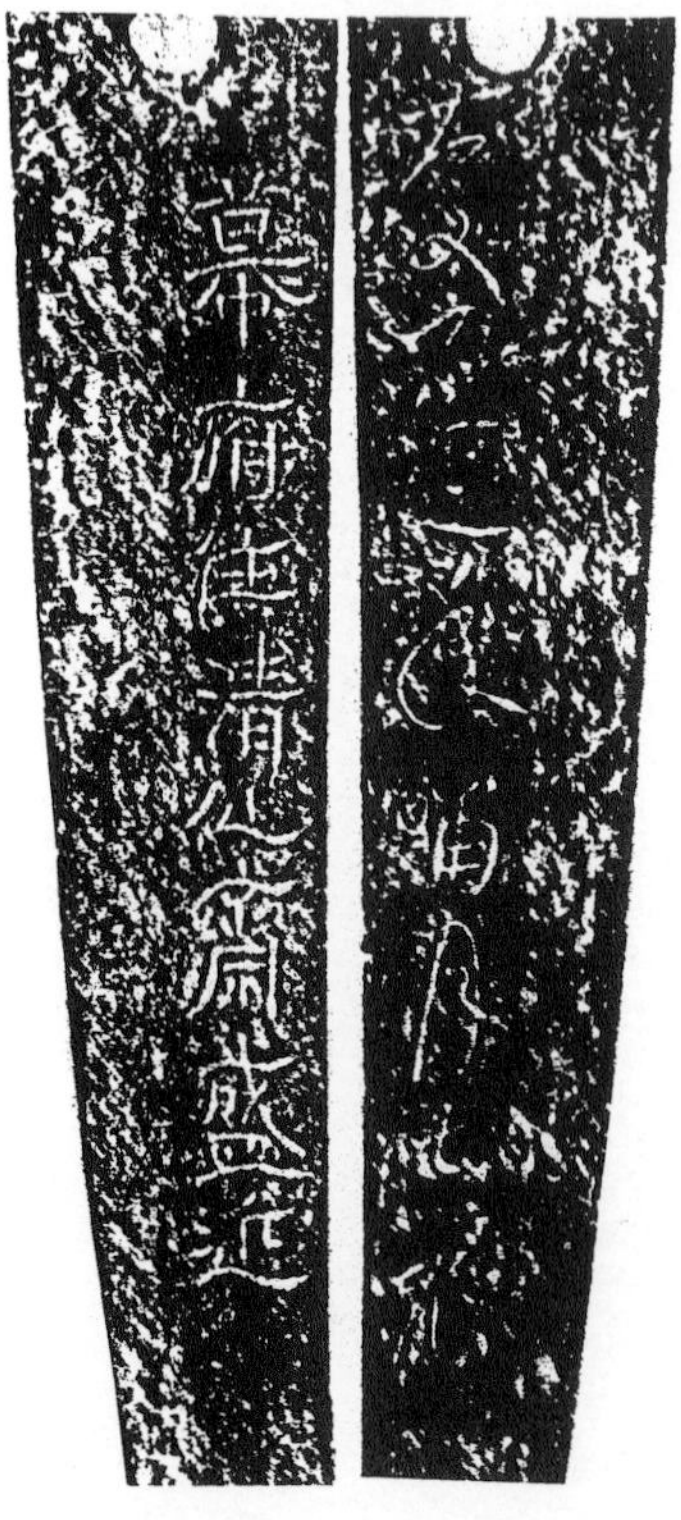

△河内守　本行（もとゆき）〈鐔の銘〉　肥前國―江戸中期
刀作人

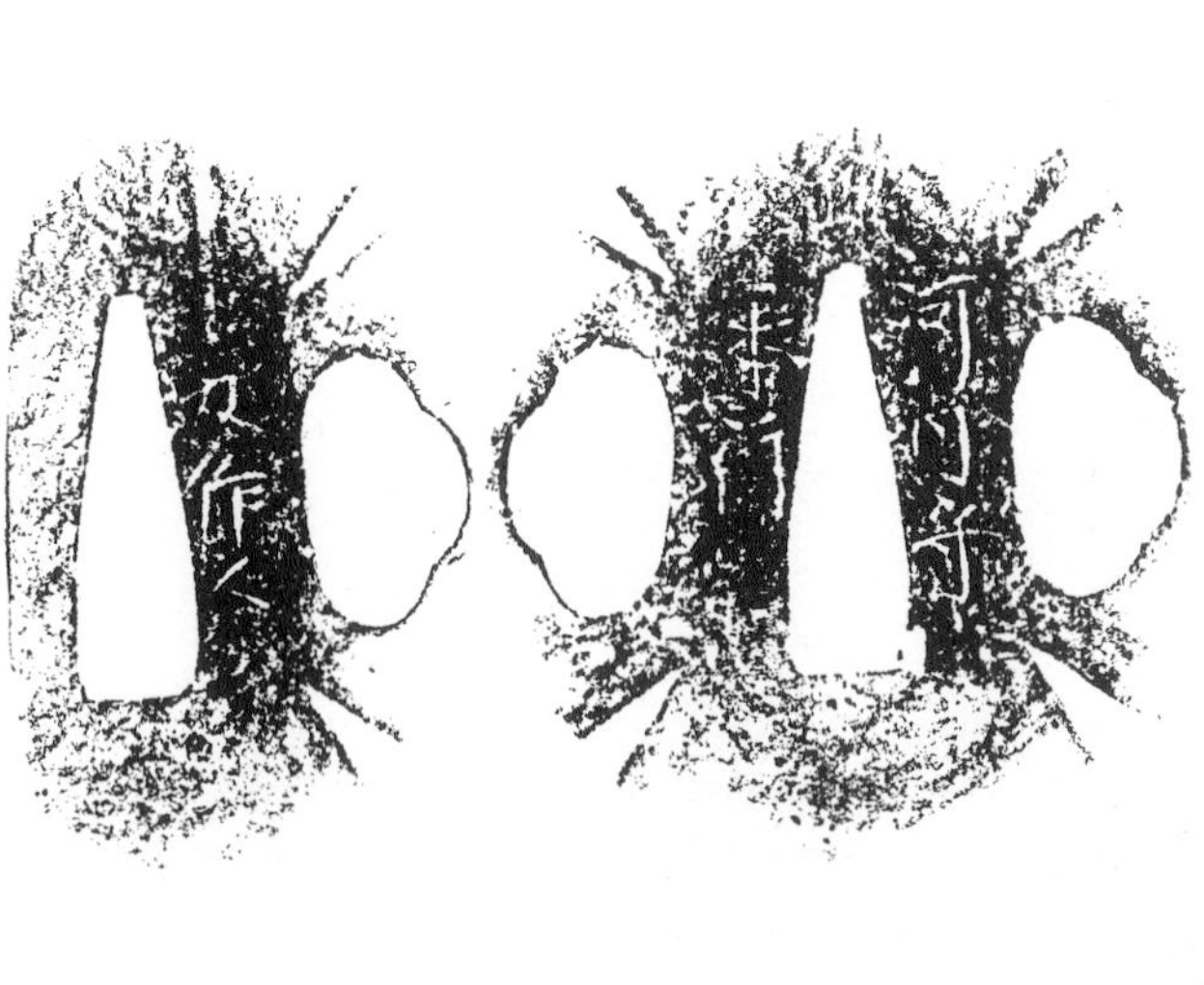

△幕府住清心斎盛近（もりちか）　慶応二年□月七□　武蔵國―慶応

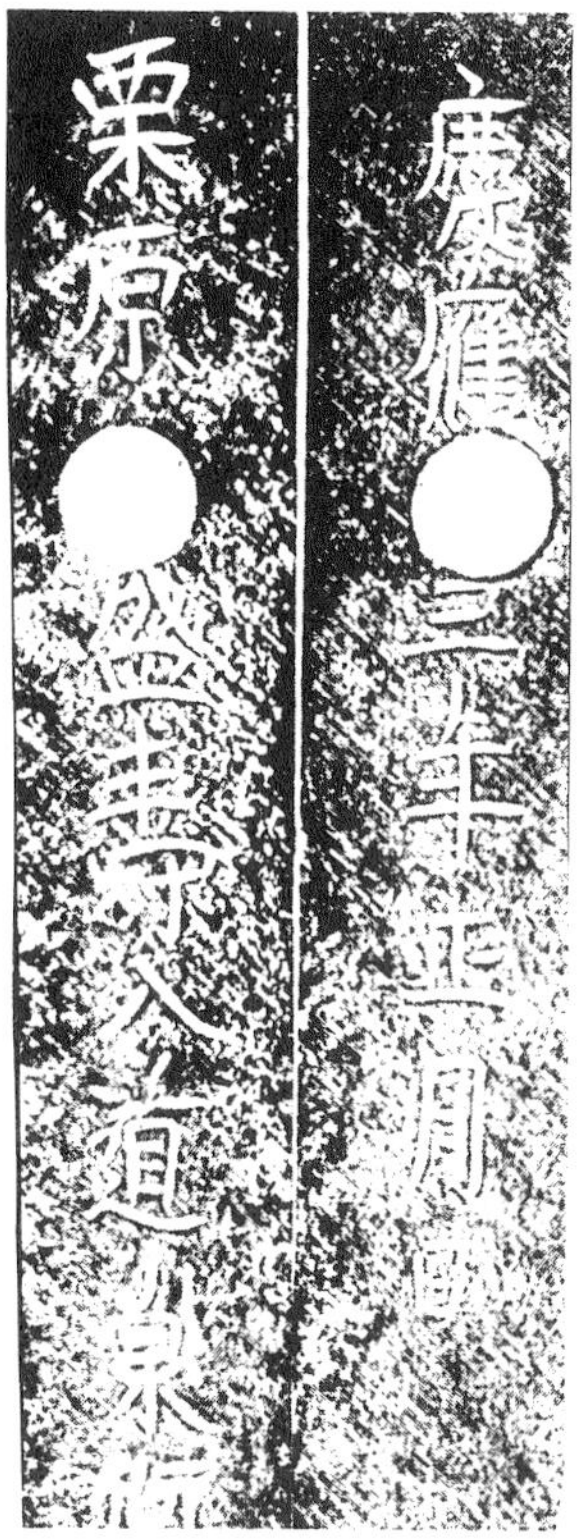

△栗原盛寿入道泉阿（もりとし）
慶応三年正月日
越後國―慶応

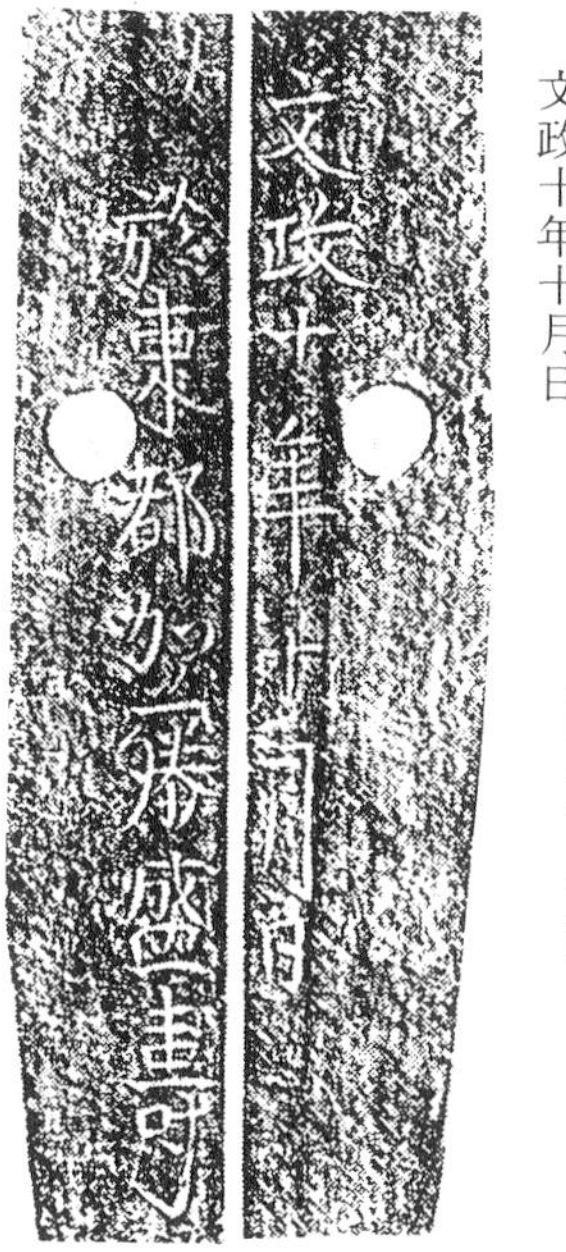

△於東都加藤盛寿（もりとし）
文政十年十月日
武蔵國―文政

△豊府臣神狐丸盛尚（もりひさ・もりなお）　豊後國―江戸末期

△豊府家士神狐丸盛利　行年七十歳作（もりとし）
任望角幸安鍛之
天保九戊戌年二月日
豊後國―天保

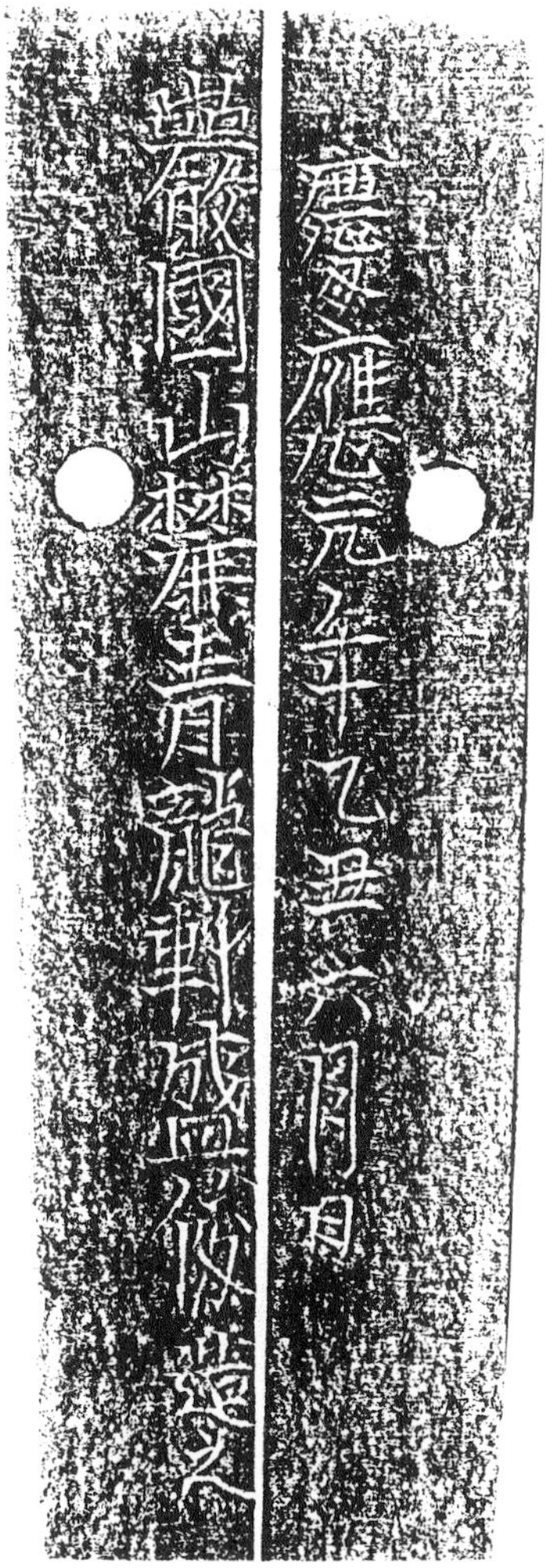

△巌國山麓青龍軒盛俊造之（もりとし）
慶応元年乙丑六月日
周防國―慶応

△長州住潜龍子盛秀作（もりひで）
文久二年戌八月吉日
長門國―文久

△武蔵守藤原盛道（もりみち）尾張國―江戸中期

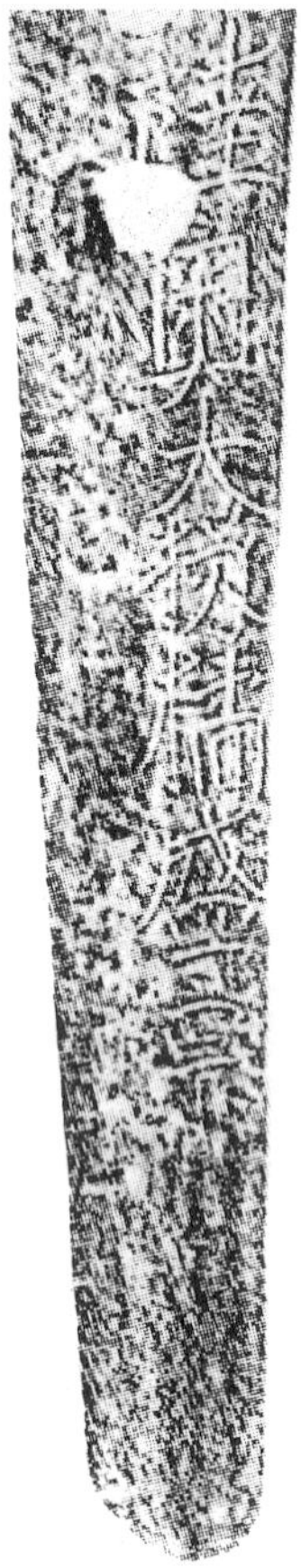

△陸奥大掾橘盛宗（もりむね）陸奥國―江戸中期

△筑前國福岡住守次（もりつぐ）筑前國―江戸中期

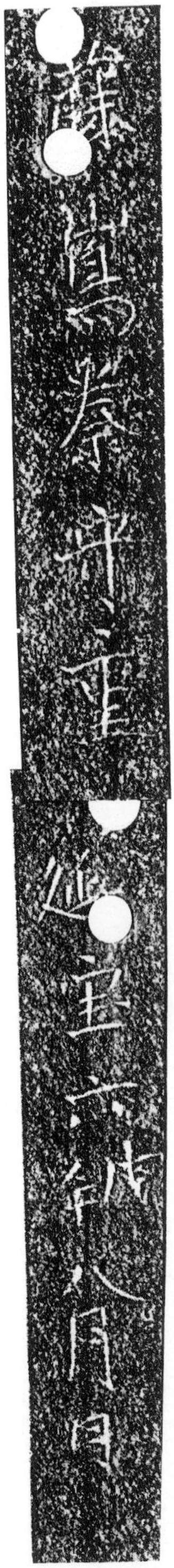

△藤嶋泰守重（もりしげ）加賀國―延宝
延宝六戊午八月日

△長門守藤原盛道（もりみち）長門國―江戸中期

△加賀守盛道（もりみち）尾張國―江戸中期

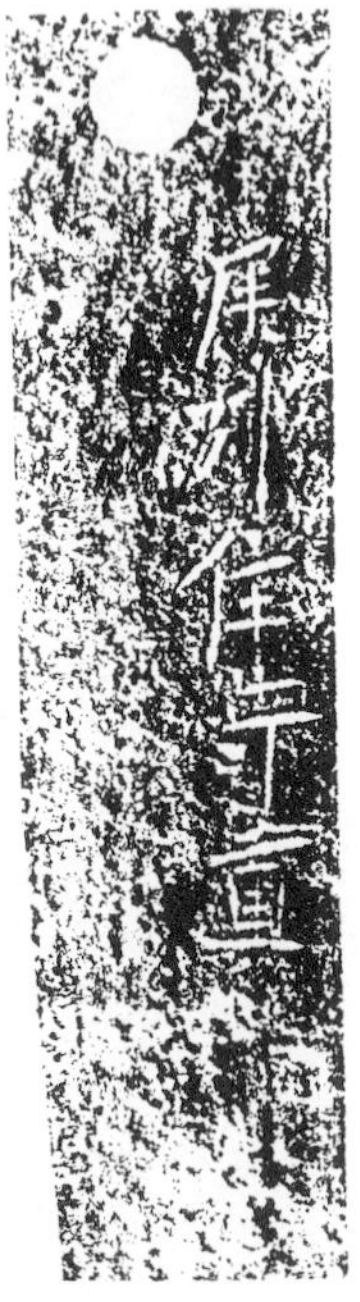

△尾州住守重（もりしげ）尾張國―江戸前期

△肥前國住人源守俊（もりとし） 肥前國―江戸中期

△石堂泰東連守久（もりひさ） 武蔵國―江戸中期

△水心子正秀〈花押〉
野州住人細川守秀（もりひで） 〈細川正義前銘・正秀と合作〉 下野國―江戸末期

△武州住石堂泰守久（もりひさ）
万治元年八月吉日 武蔵國―万治

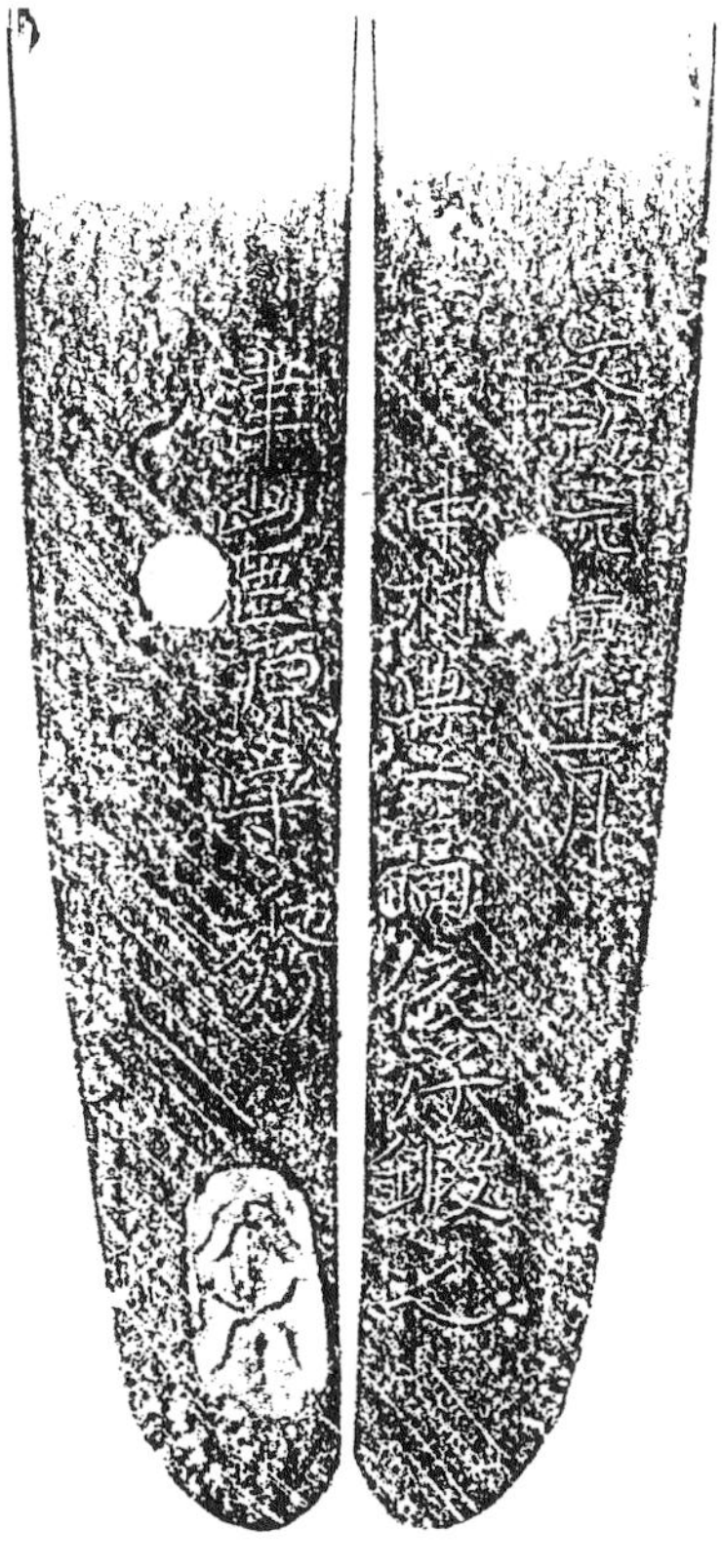

△津山臣源守秀〈刻印〉（もりひで）
中村豊高依好鍛之 文政元年十一月 〈細川正義前銘〉 武蔵國―文政

△千手院和泉守源守正作（もりまさ） 武蔵國―江戸初期

△伯耆國倉吉住道祖尾 七郎左衛門尉守廣作（もりひろ）
寛永八年二月吉日
伯耆國―寛永

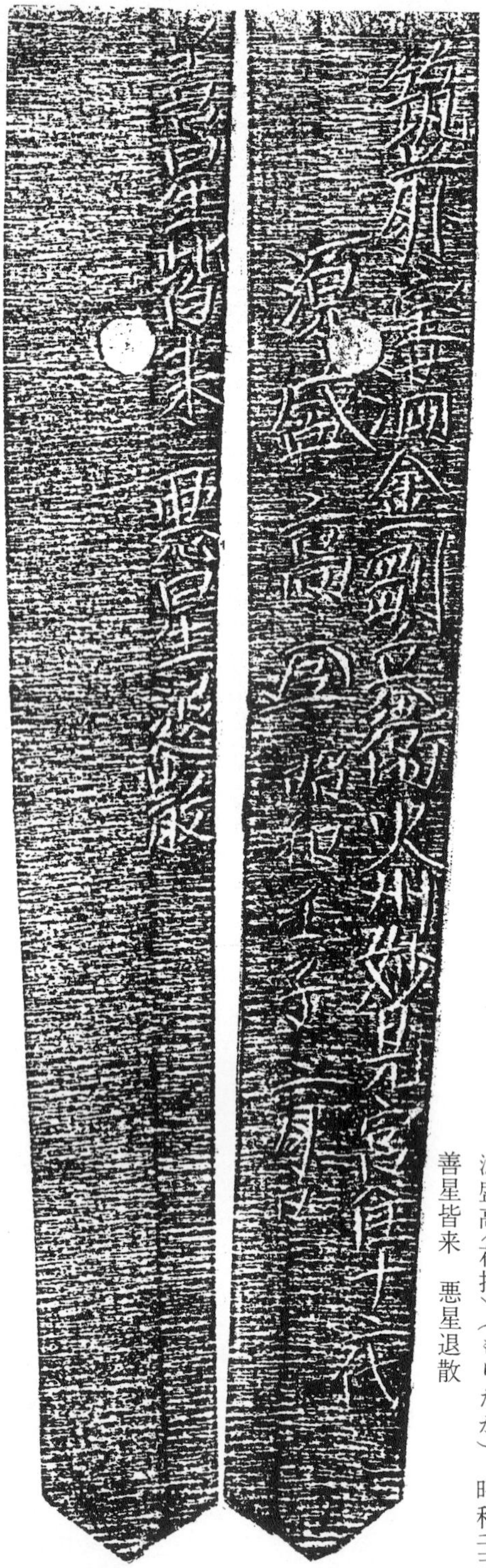

□筑前宝満金剛兵衛火州妙見宮住十二代
源盛高〈花押〉（もりたか） 昭和壬子二月日　熊本県―昭和
善星皆来　悪星退散

□源盛吉（もりよし） 辛酉八月日　熊本県―昭和

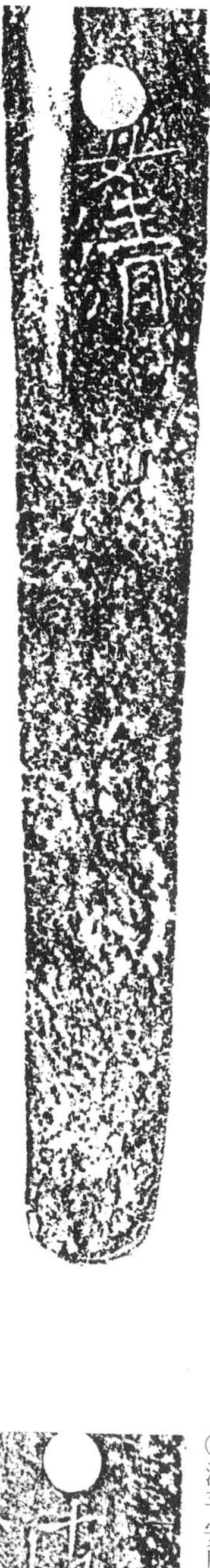

○安清（やすきよ）〈古備前〉備前國—鎌倉初期

○安綱（やすつな）伯耆國—平安後期

○安綱（やすつな）伯耆國—平安後期

○安綱（やすつな）伯耆國—平安後期

○波平安周（やすちか）薩摩國—室町末期

○安貞作（やすさだ）筑前國—南北朝期

○安綱（やすつな）伯耆國―平安後期

○安綱（やすつな）〈古備前〉備前國―鎌倉初期

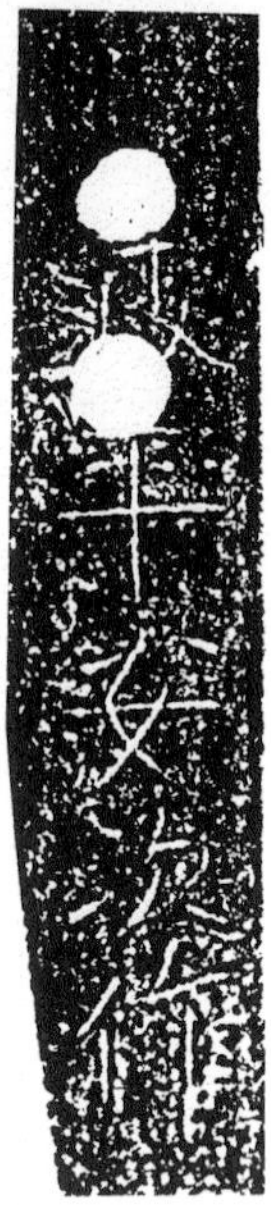

○波平安次作（やすつぐ）薩摩國―室町前期

○安綱（やすつな）〈古備前〉備前國―鎌倉初期

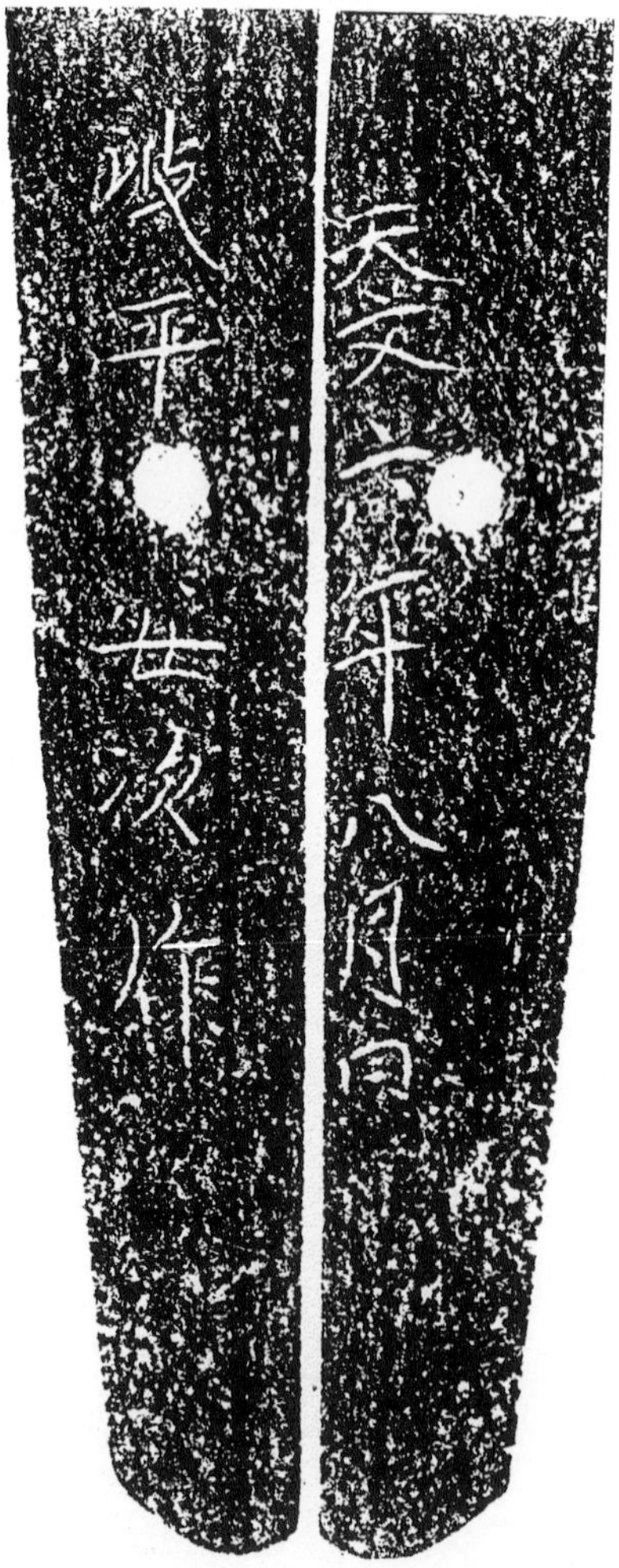

○波平安次作（やすつぐ）
天文六年八月日
薩摩國―天文

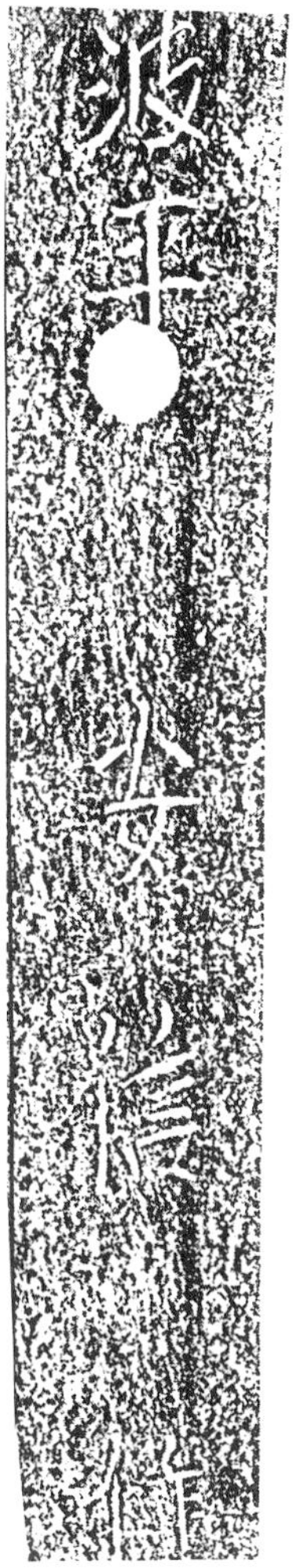

○波平安信作（やすのぶ）薩摩國―室町後期

○波平安延作（やすのぶ）薩摩國―室町初期

○波平安正（やすまさ）薩摩國―室町前期

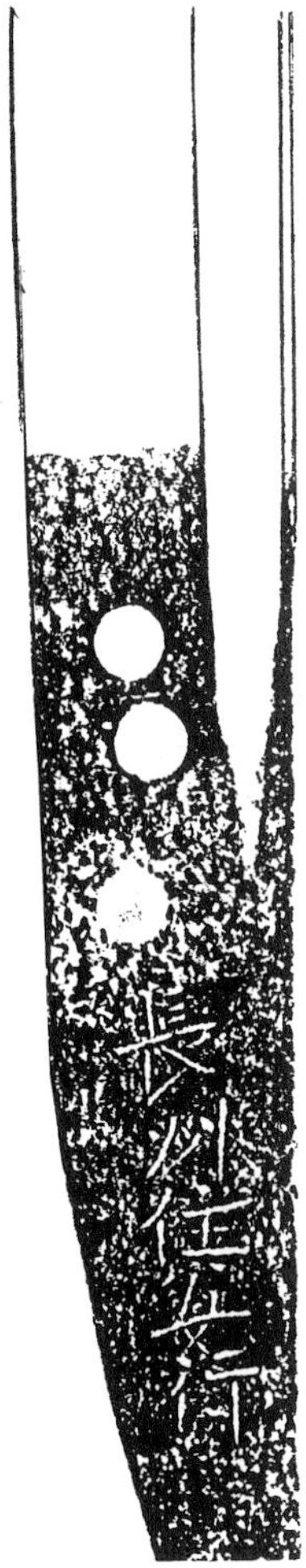

○長州住安行（やすゆき）長門國―南北朝期

○安信（やすのぶ）〈山村〉越後國―室町初期

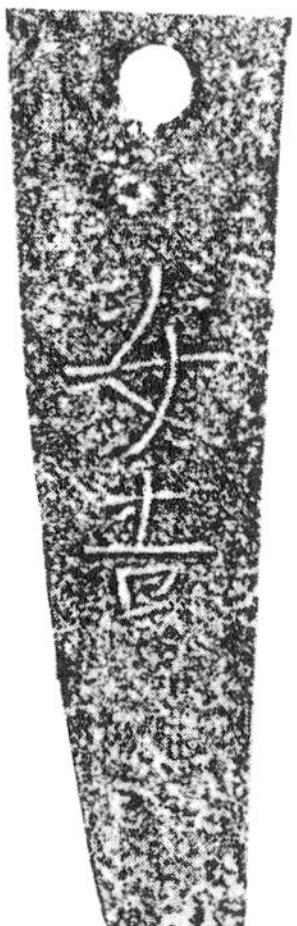

○安吉（やすよし）筑前國―南北朝期

○安吉（やすよし）筑前國―南北朝期

○安吉（やすよし）筑前國―南北朝期

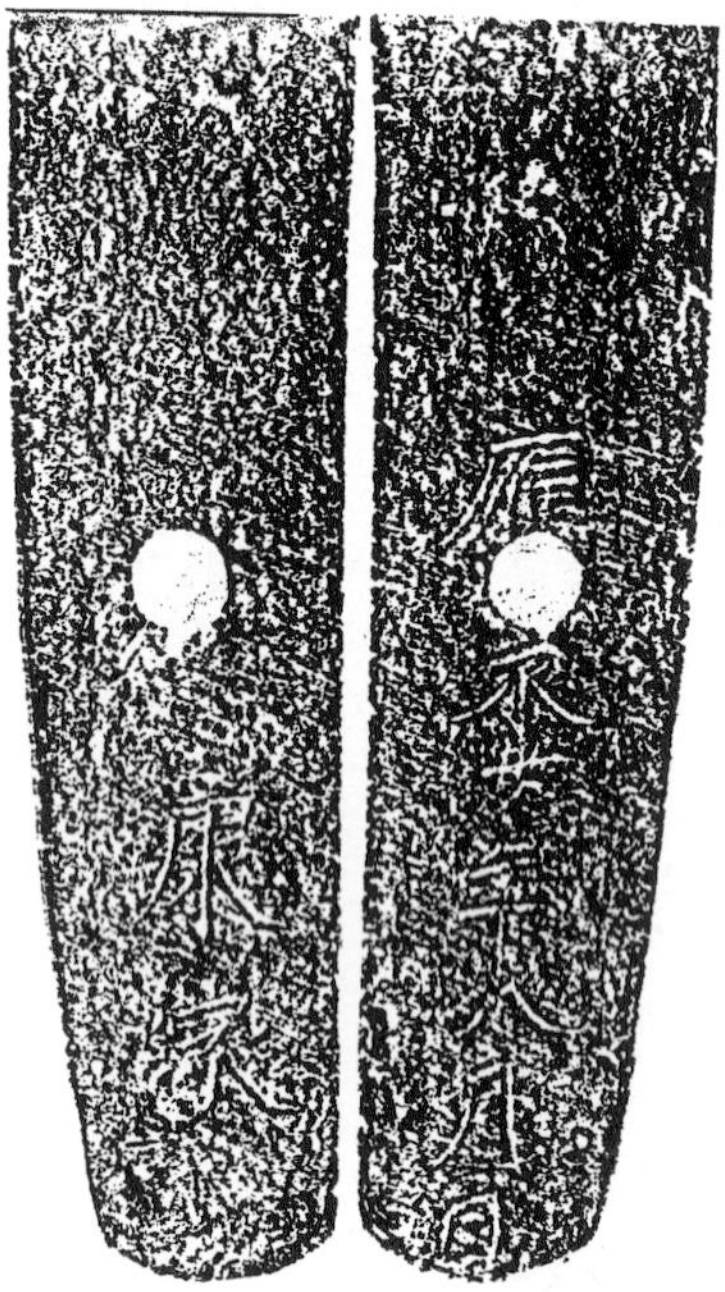

○康家（やすいえ）　備前國—応永
応永卅年八月日

○千手院康重（やすしげ）　大和國—鎌倉中期～末期

○康次（やすつぐ）
〈古青江〉備中國—鎌倉初期

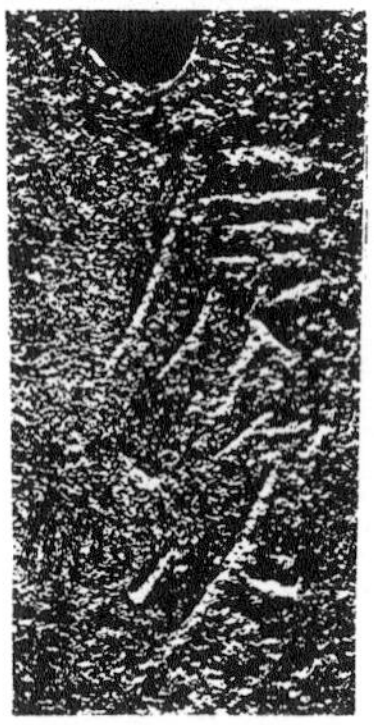

○康次（やすつぐ）
〈古青江〉備中國—鎌倉初期

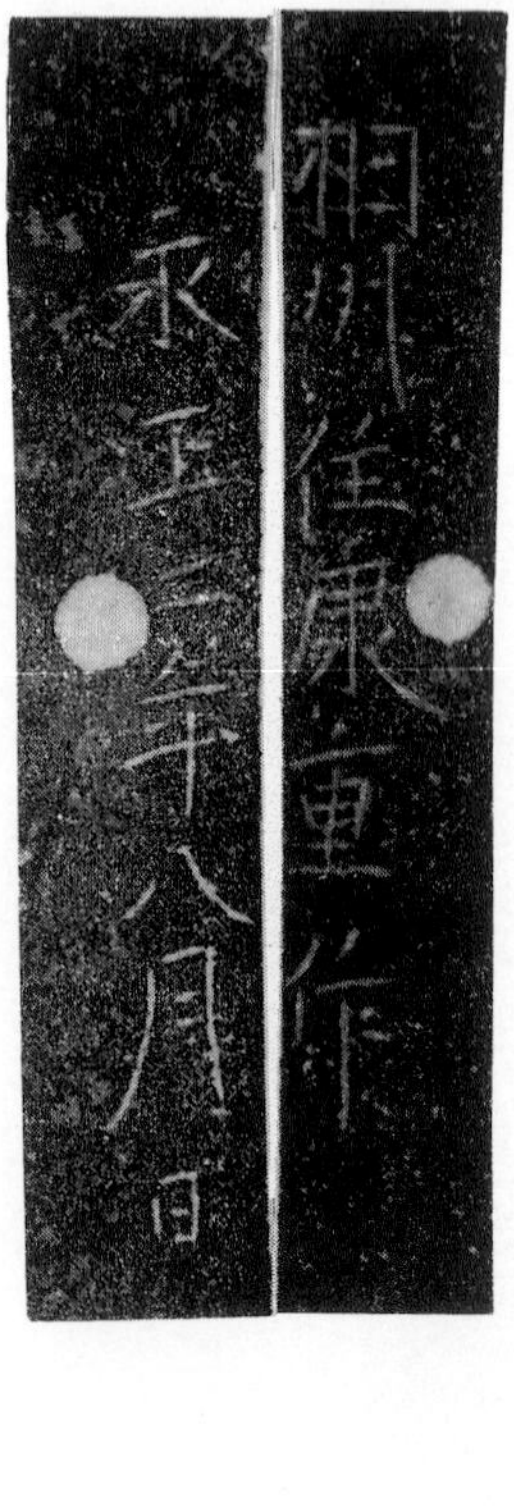

○相州住康重作（やすしげ）　相模國—永正
永正二年八月日

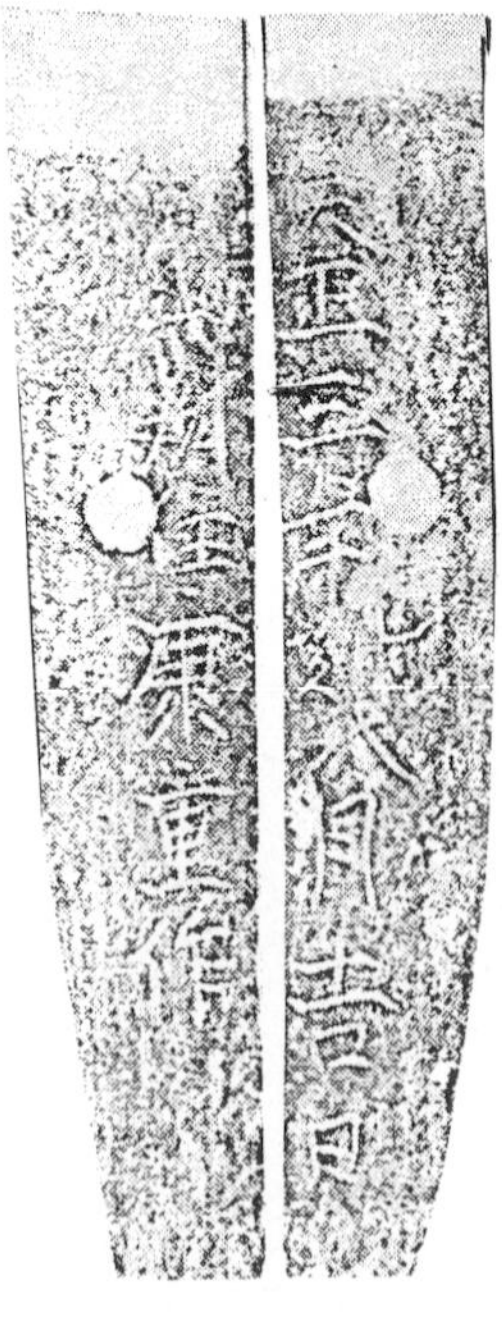

○武州住康重作（やすしげ）　武蔵國—天正
天正三年乙亥八月吉日

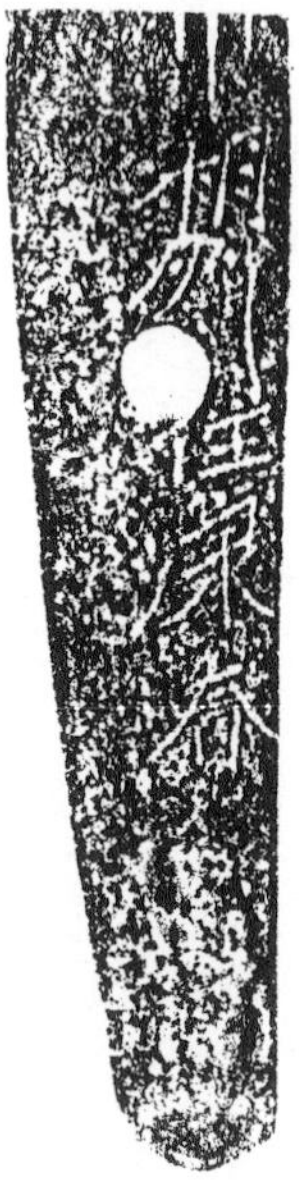

○相州住康春（やすはる）　相模國—室町末期

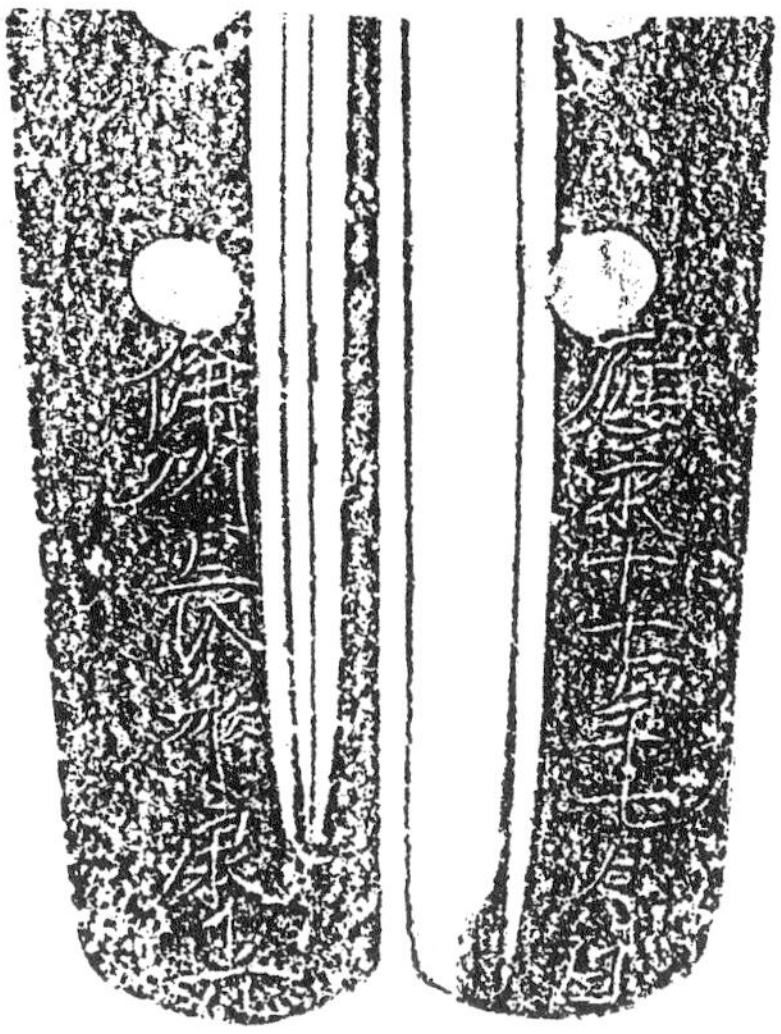

○備州長船康光（やすみつ）
応永十七年七月日
〈初代〉備前國—応永

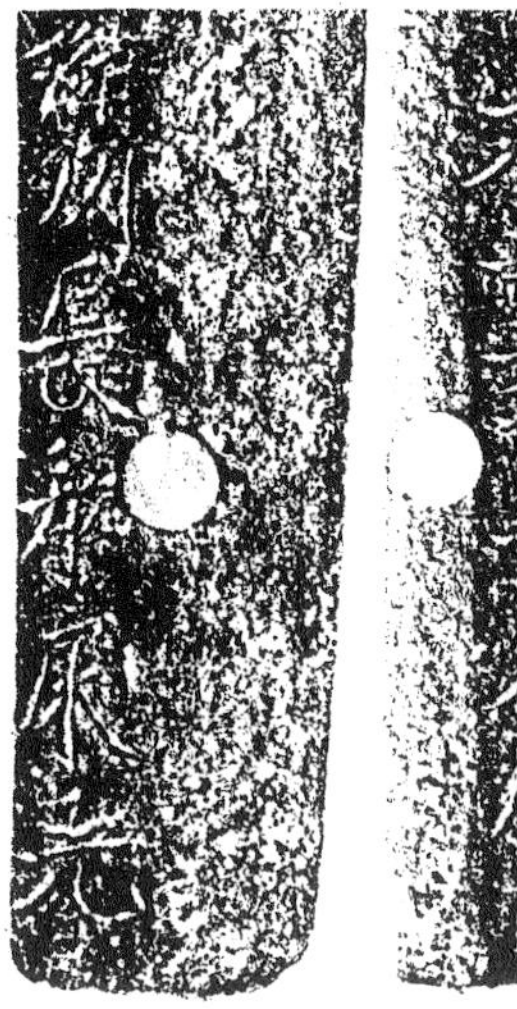

○備州長船康光（やすみつ）
永享十年八月日
〈二代〉備前國—永享

○阿州泰吉作（やすよし）
享禄五年二月日 阿波國—享禄

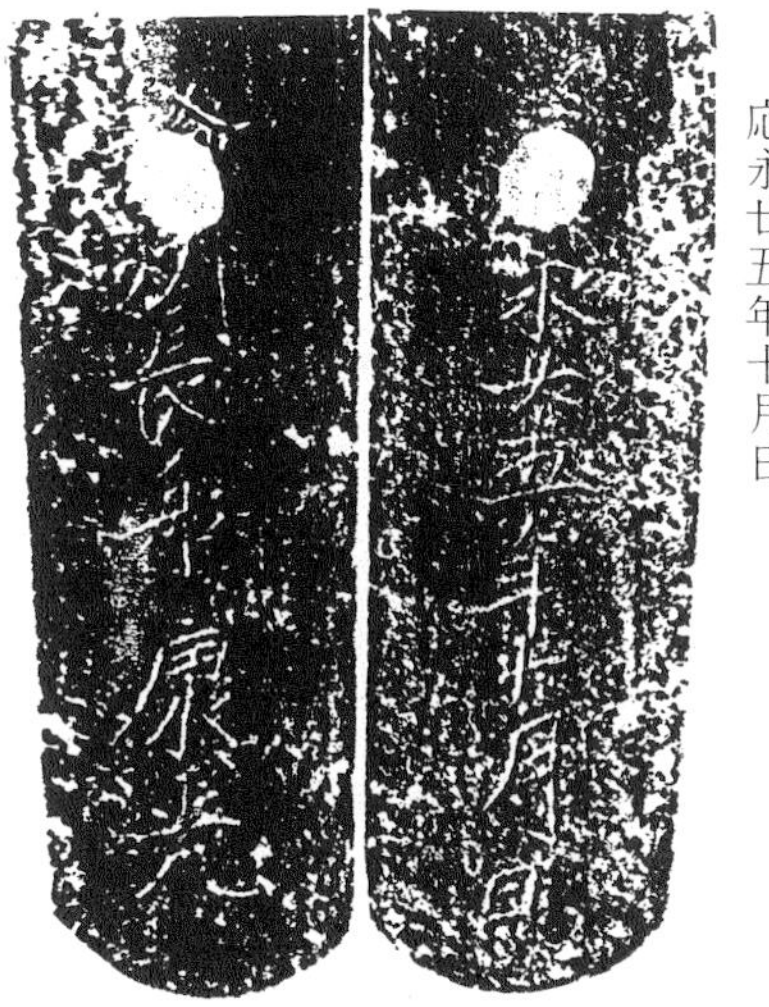

○備州長船康光（やすみつ）
応永廿五年十月日
〈初代〉備前國—応永

○康光（やすみつ）〈二代〉備前國—室町前期

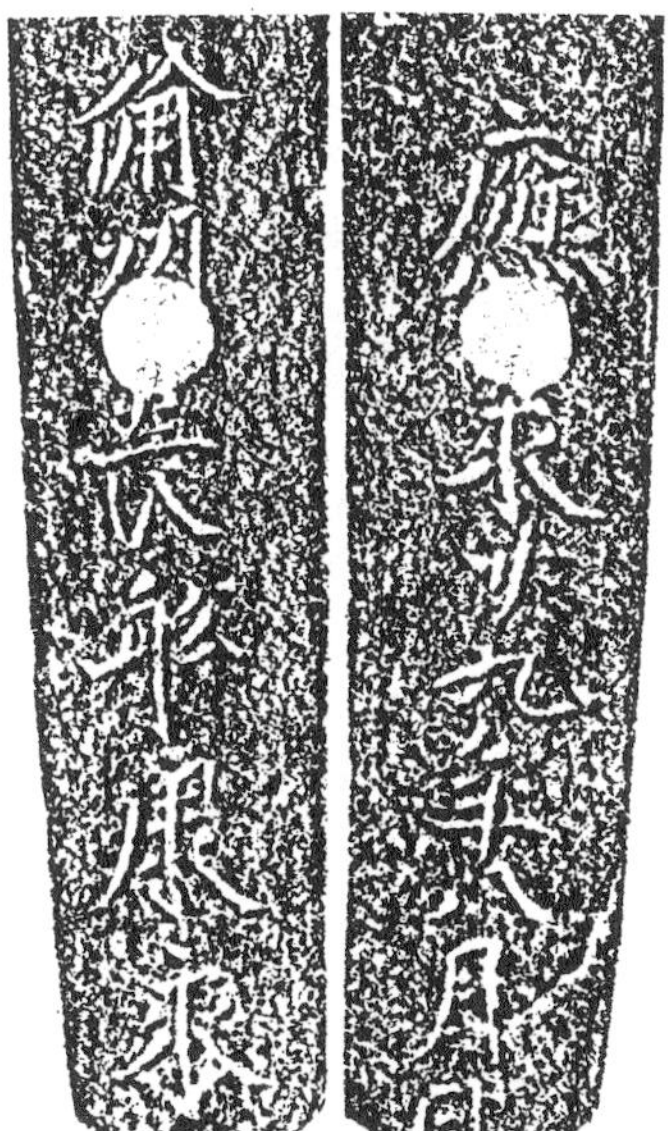

○備州長船康永（やすなが）
応永廿九年八月日
備前國—応永

○泰長作（やすなが）阿波國—室町末期

○泰長（やすなが）阿波國—室町末期

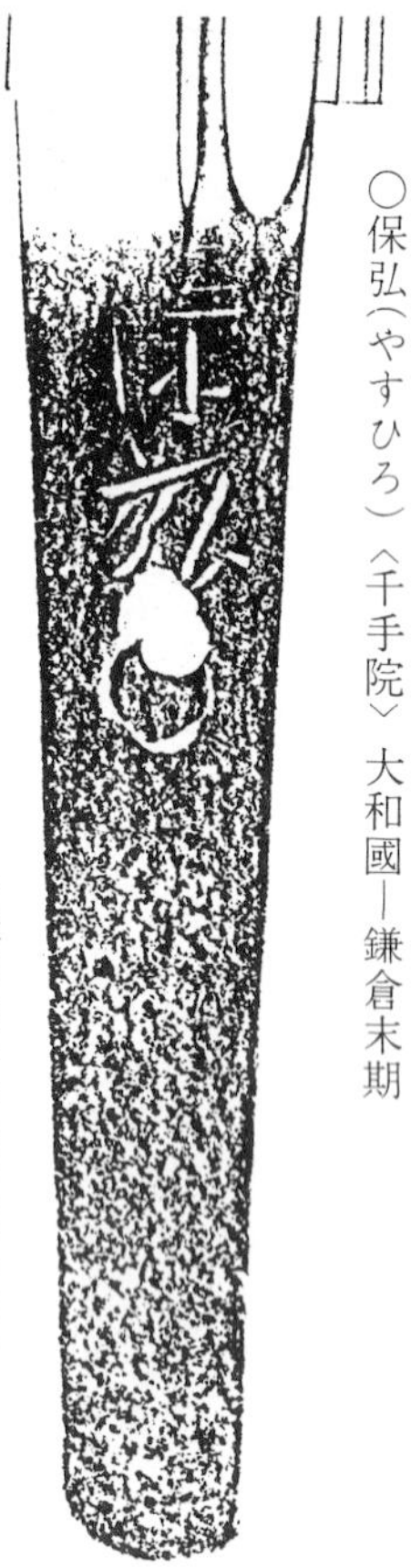

○保弘（やすひろ）〈千手院〉大和國―鎌倉末期

△薩州住一平藤原安在（やすあり）
肯明和三丙戌
薩摩國―明和

△武蔵太郎安國　行年七十六歳作之（やすくに）
真十五枚甲伏作　享保八癸卯年十二月吉日
武蔵國―享保

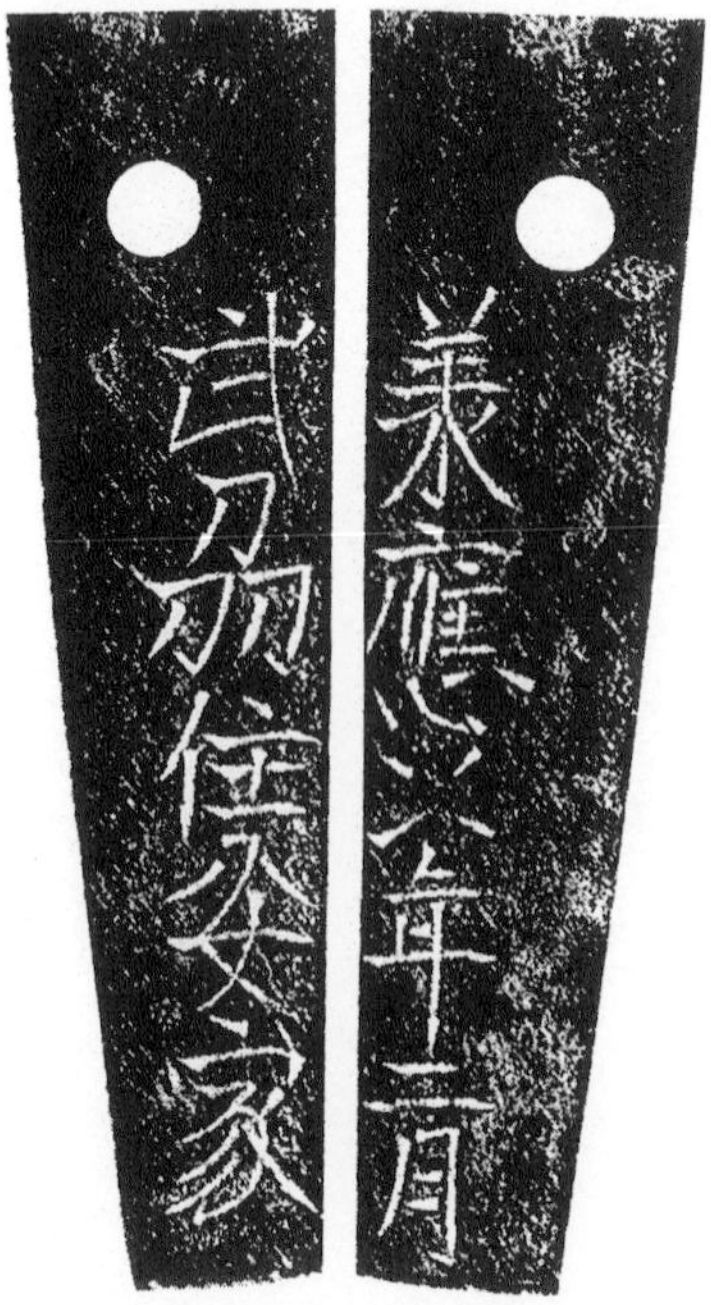

△武州住安家（やすいえ）
承応二年二月
武蔵國―承応

△武蔵太郎安國（やすくに）
真十五枚甲伏作
武蔵國―江戸中期

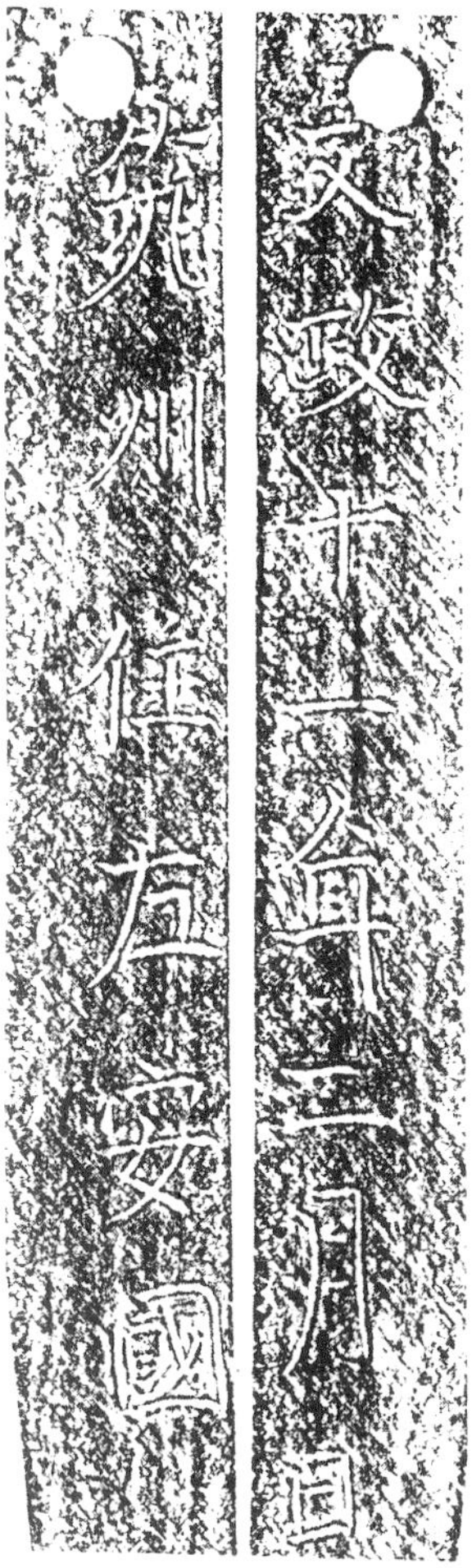

△筑州住左安國（やすくに）
文政十一年二月日
筑前國―文政

△大和守源安定作（やすさだ）
寛文二年十二月日
武蔵國―寛文

△於武蔵國豊嶋郡大和守安定（やすさだ） 武蔵國―江戸中期

△波平安國（やすくに） 薩摩國―江戸中期

△一平山城守安貞（やすさだ） 薩摩國―江戸中期

△大和大掾安定作（やすさだ） 武蔵國―江戸中期

や

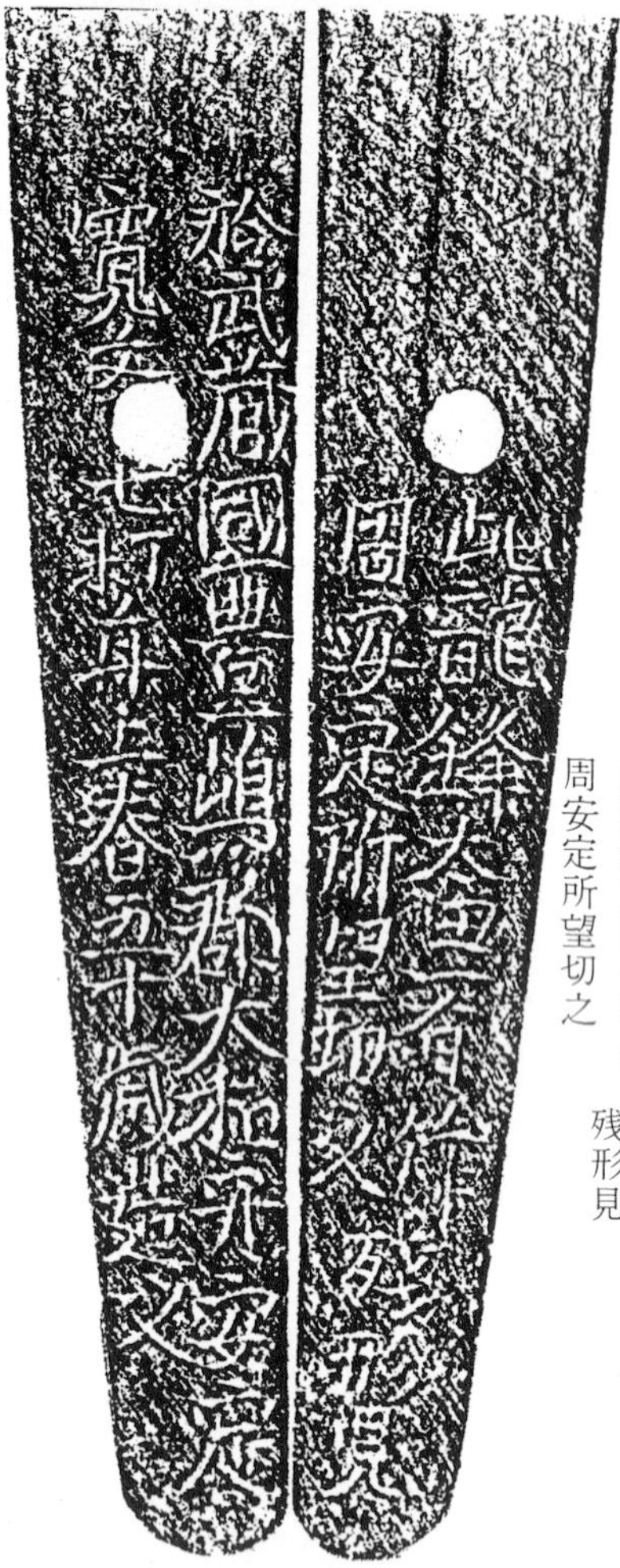

△於武蔵國豊嶋郡大和守安定（やすさだ）
寛文七丁未年上春五十歳造之
此龍鋒太田一有作
周安定所望切之　残形見
武蔵國—寛文

△丹州住藤原安輝（やすてる）丹波國—桃山期

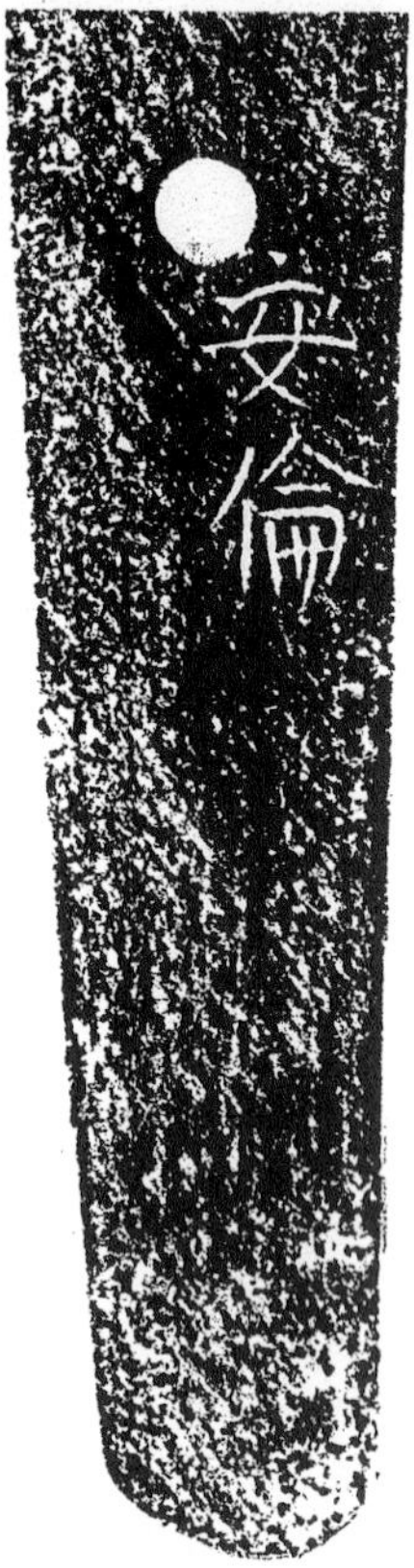

△安倫（やすとも）陸前國—江戸中期

△波平安常（やすつね）薩摩國—江戸中期

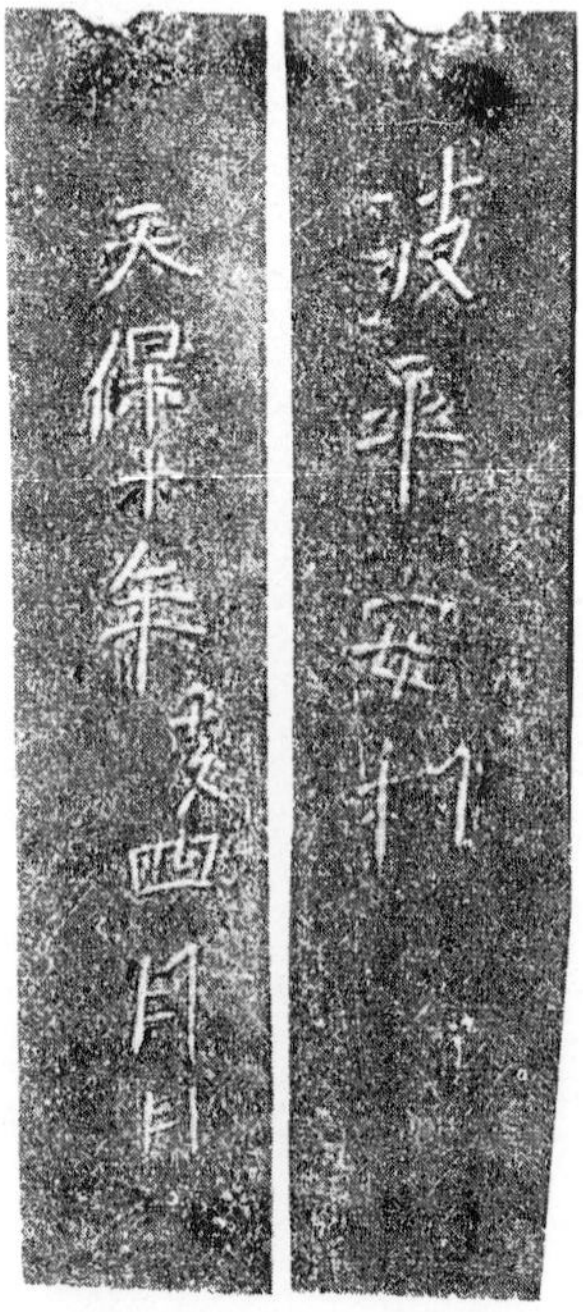

△波平安利（やすとし）
天保十年亥四月日
薩摩國—天保

△安倫武州於品川作之（やすとも）
寛文拾二年十月
陸前國—寛文

△一平近江大掾安則（やすのり）
天保五午年　薩州住
薩摩國—天保

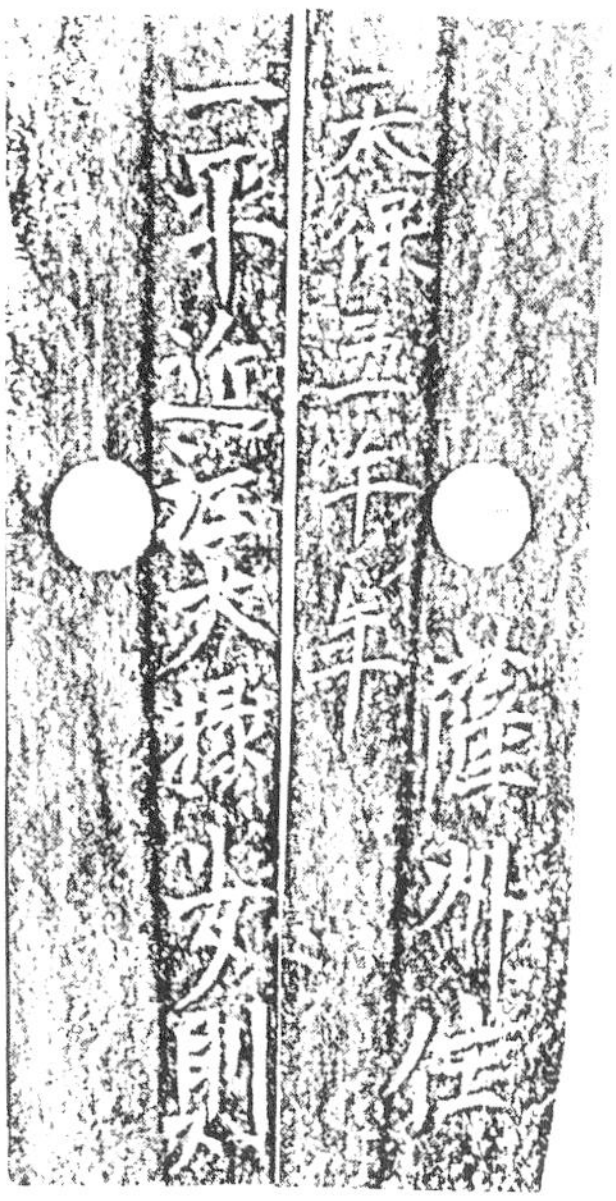

△於紀州安廣（やすひろ）
寛永廿年十二月吉日
紀伊國—寛永

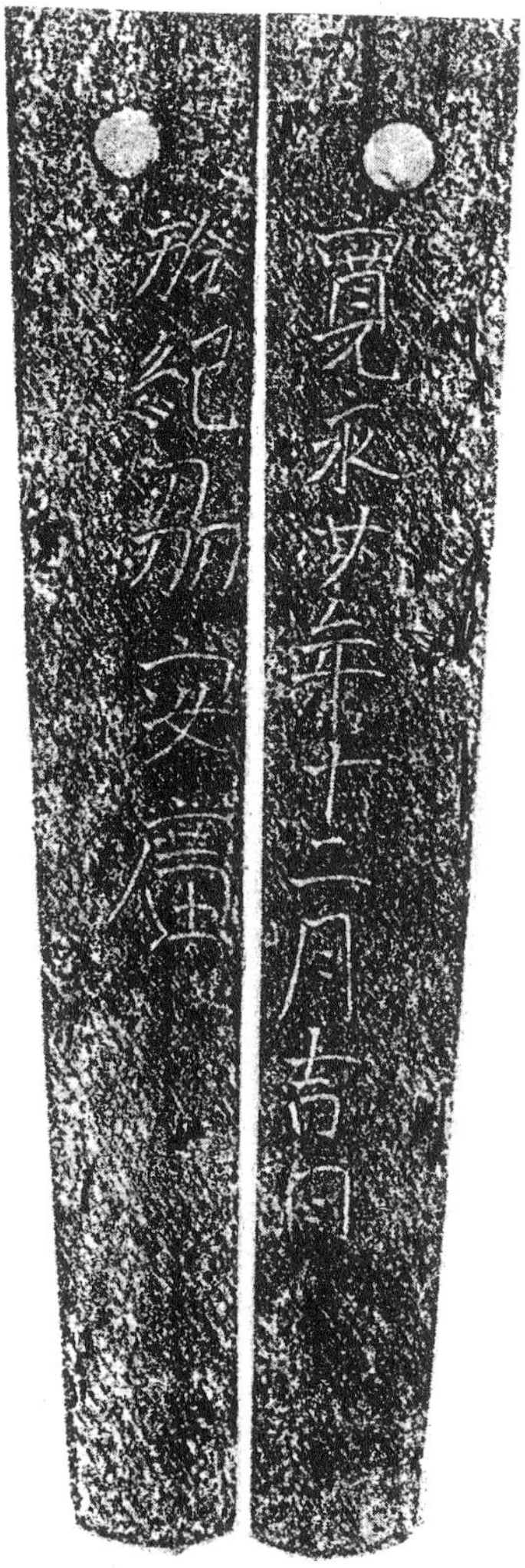

△波平安行（やすゆき）
寛文二壬寅正月於江戸伊勢兵部殿云々
薩摩國—寛文

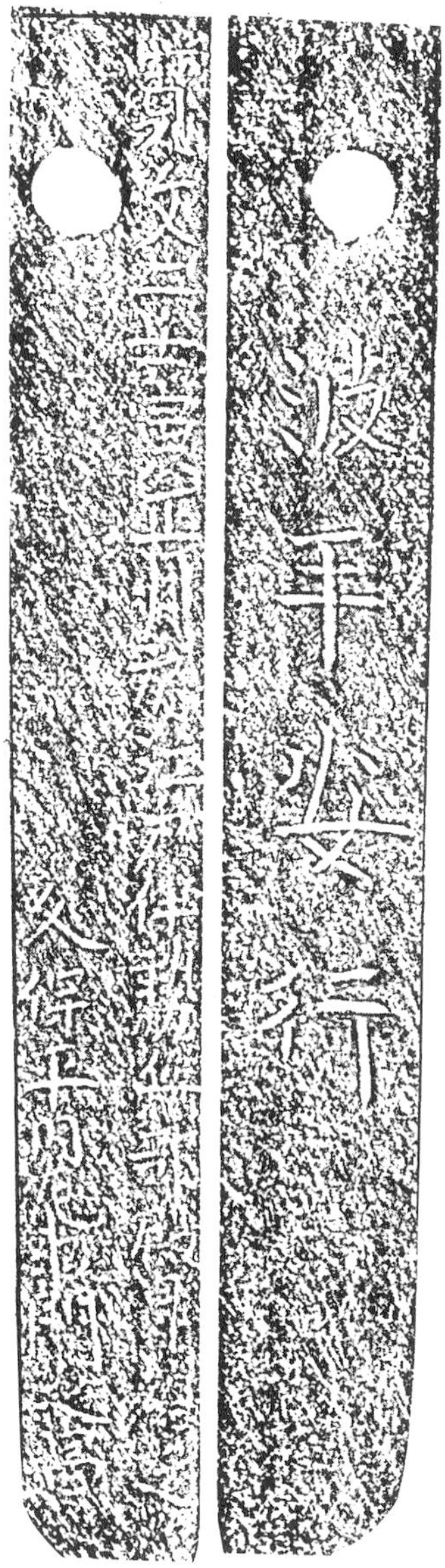

△薩州波平安行（やすゆき）　享和四年子二月日　薩摩國—享和

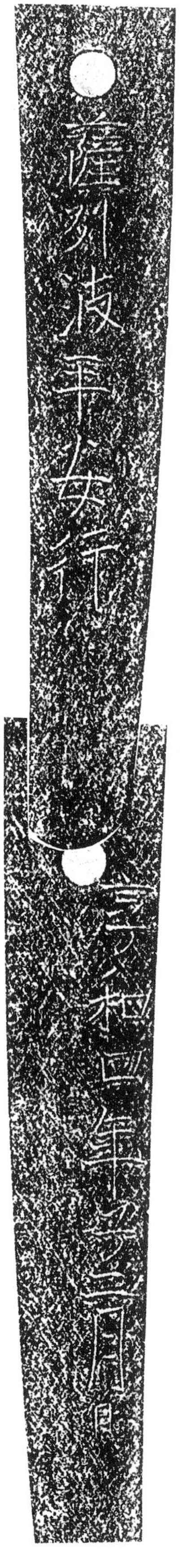

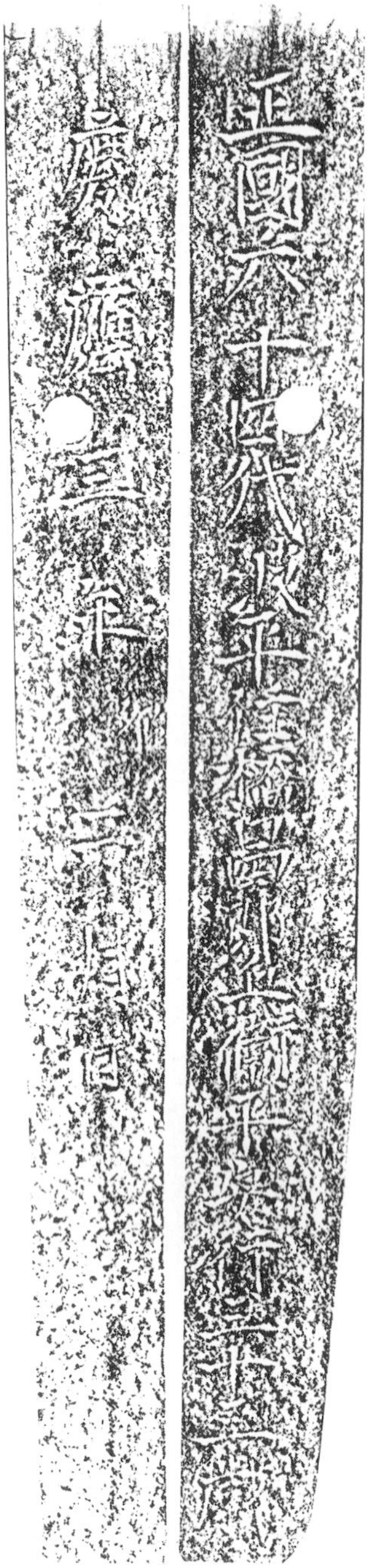

△正國六十四代波平住
橋口四郎兵衛
平安行三十三歳（やすゆき）
慶応三年卯二月日
薩摩國―慶応

△（一葉葵紋）主馬首一平藤原朝臣安代（やすよ）
享保十二年三月吉日　於薩州給黎郡作之
薩摩國―享保

△（一葉葵紋）一平安代（やすよ）薩摩國―江戸中期

△越前國下坂康貞（やすさだ）越前國―江戸中期

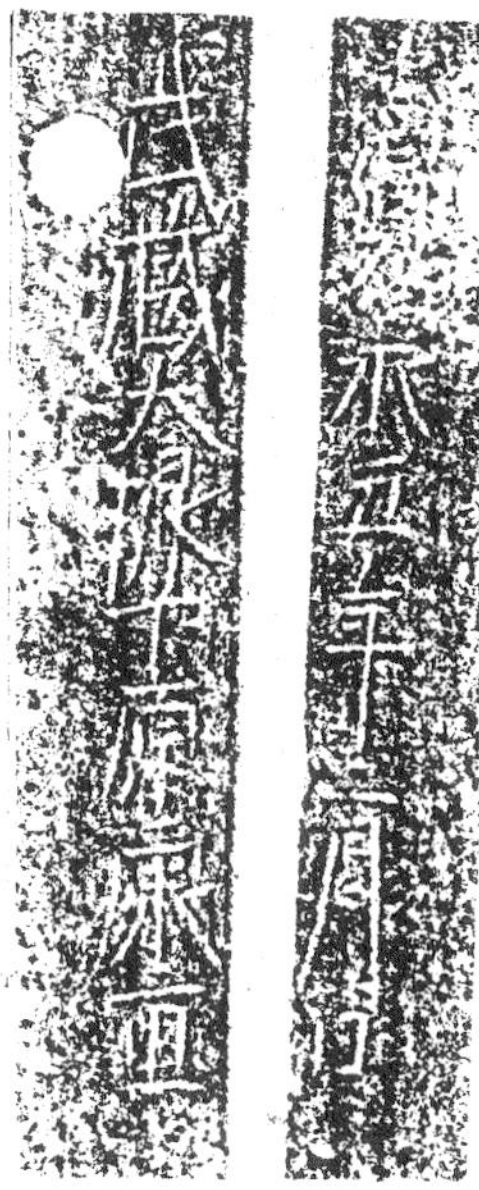

△武蔵大掾下原康重（やすしげ）
寛永五年二月日
武蔵國─寛永

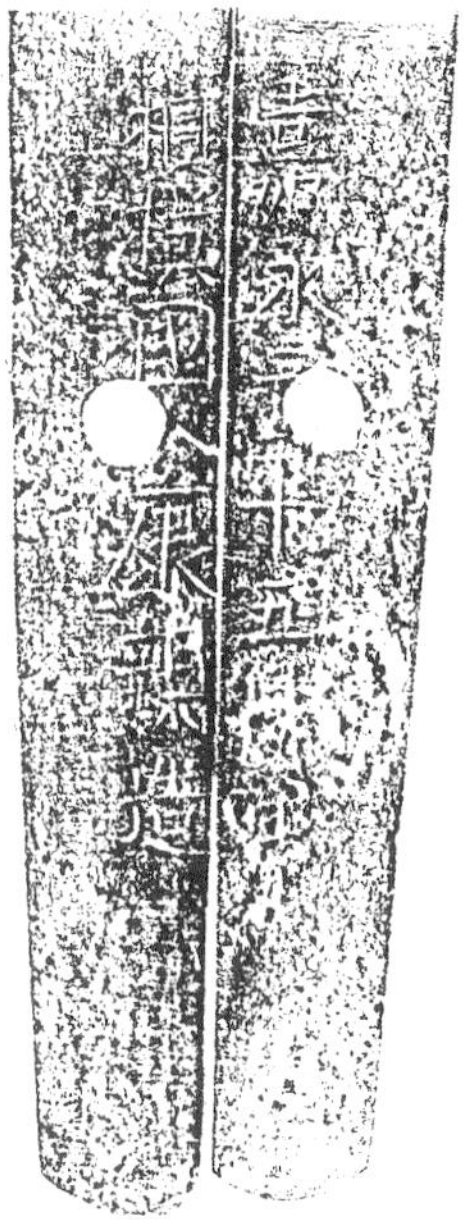

△相模國人康親造（やすちか）
嘉永二年五月日
相模國─嘉永

△武州下原住内記康重（やすしげ）
武蔵國─江戸中期

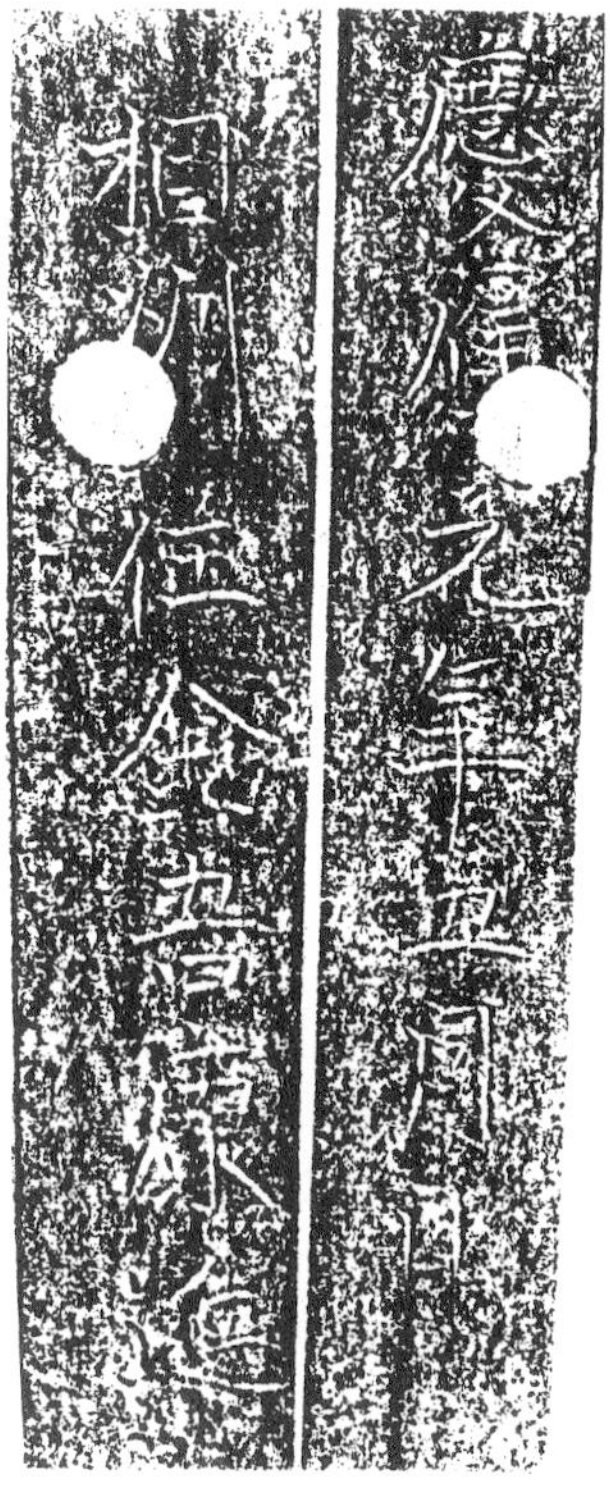

△相州住金吾康近（やすちか）
康応元年五月日
相模國─康応

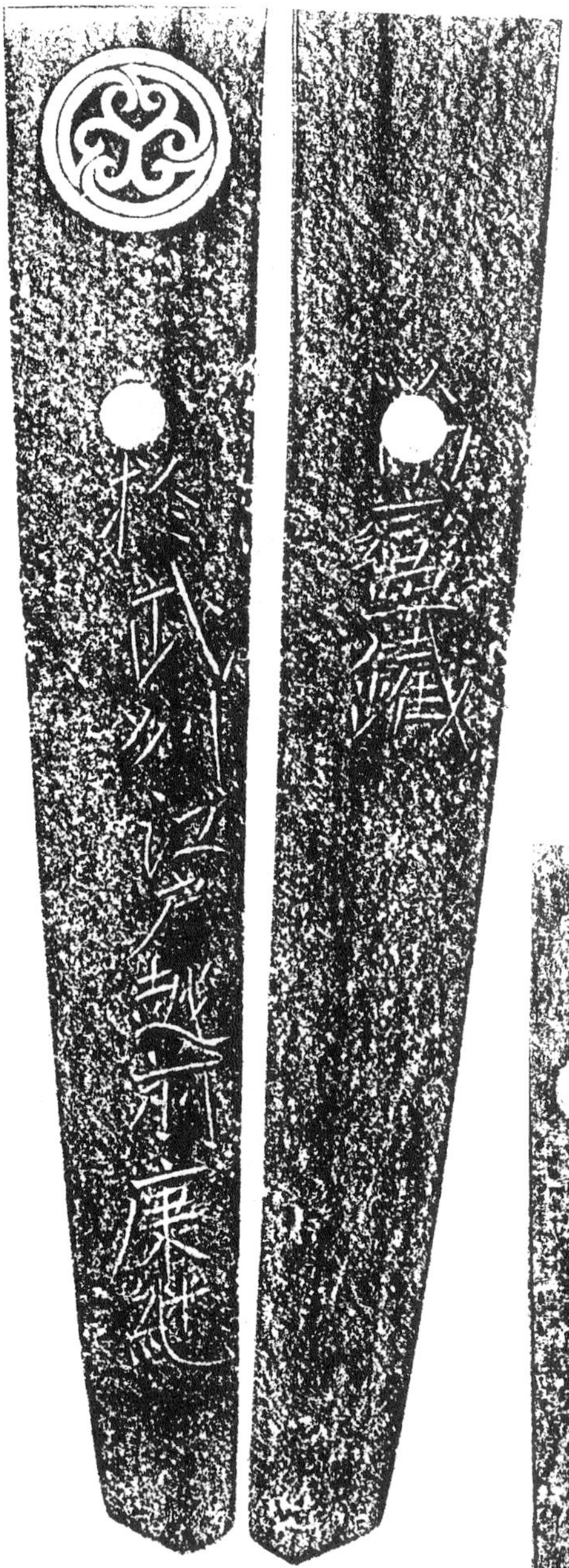

△（葵紋）於武州江戸越前康継（やすつぐ）
以南蛮鉄
〈初代〉越前國─桃山期

△以南蛮鉄於武州江戸越前康継（やすつぐ）〈初代〉越前國―慶長
慶長十九年八月吉日

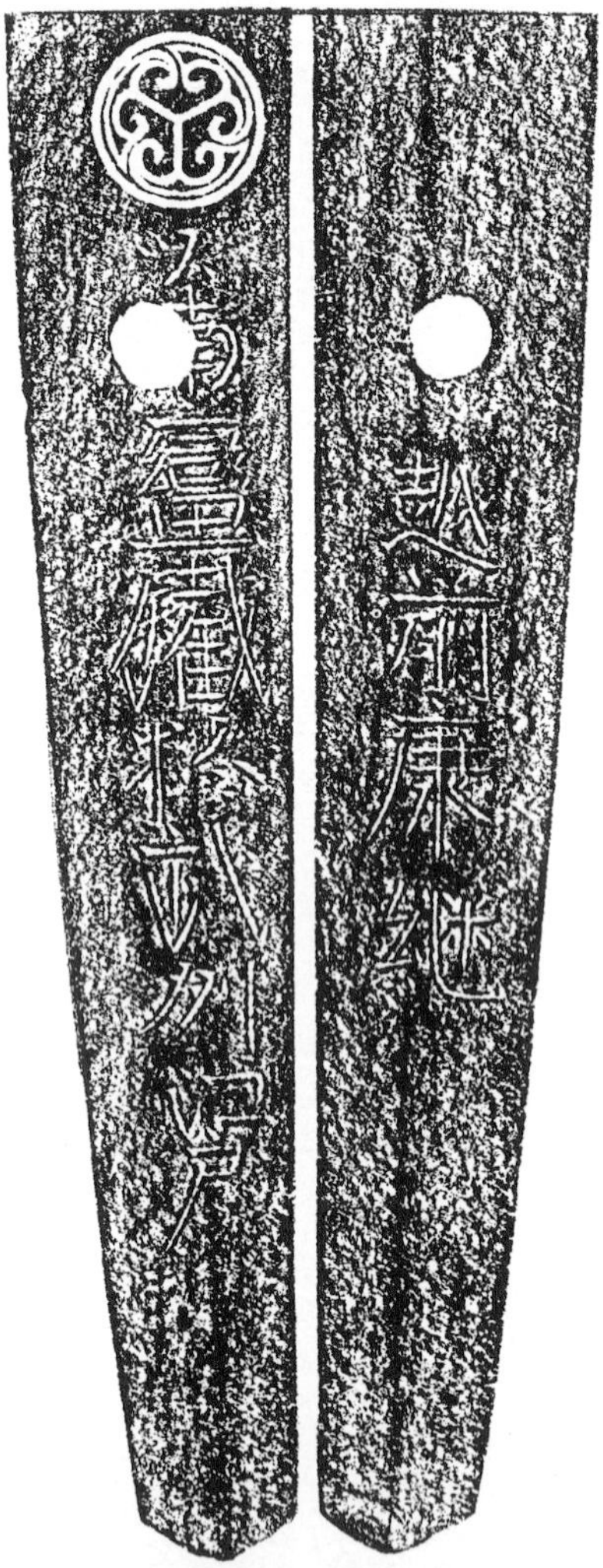

△（葵紋）以南蛮鉄於武州江戸
越前康継（やすつぐ）〈初代〉越前國―桃山期

△越前國住康継（やすつぐ）〈二代〉越前國―桃山期

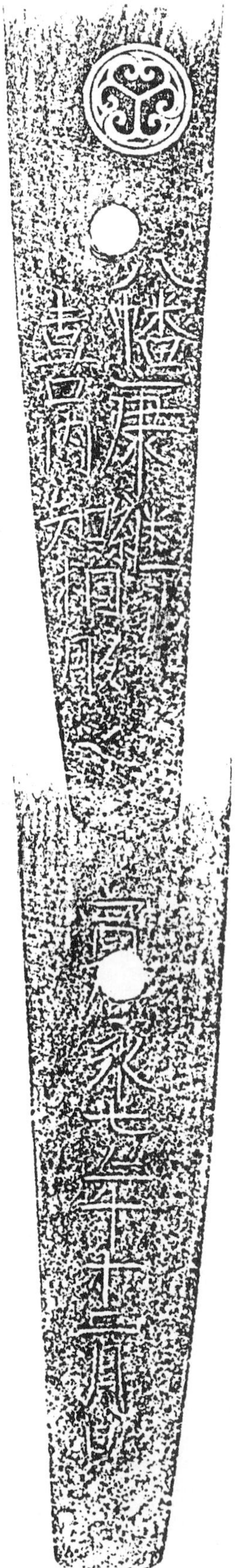

△（葵紋）八幡康継　喜内知相彫之（やすつぐ）〈二代〉越前國―寛永
寛永七年十二月日

△（葵紋）康継以南蛮鉄（やすつぐ）
於武州江戸作之
寛文六丙午年　正月吉日
〈江戸三代〉武蔵國―寛文

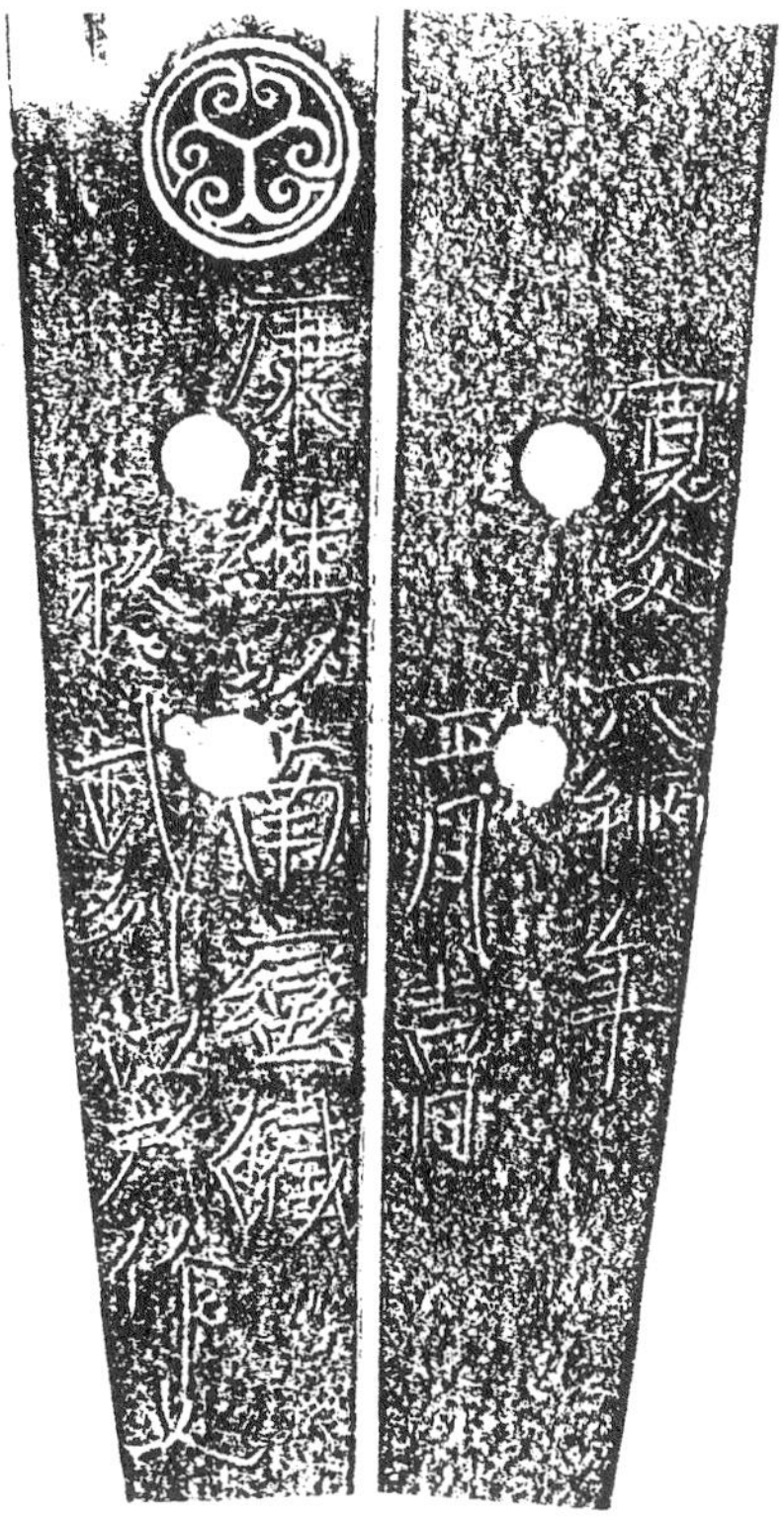

△（葵紋）越前康継作之（やすつぐ）
万治三年二月日
〈越前三代〉越前國―万治

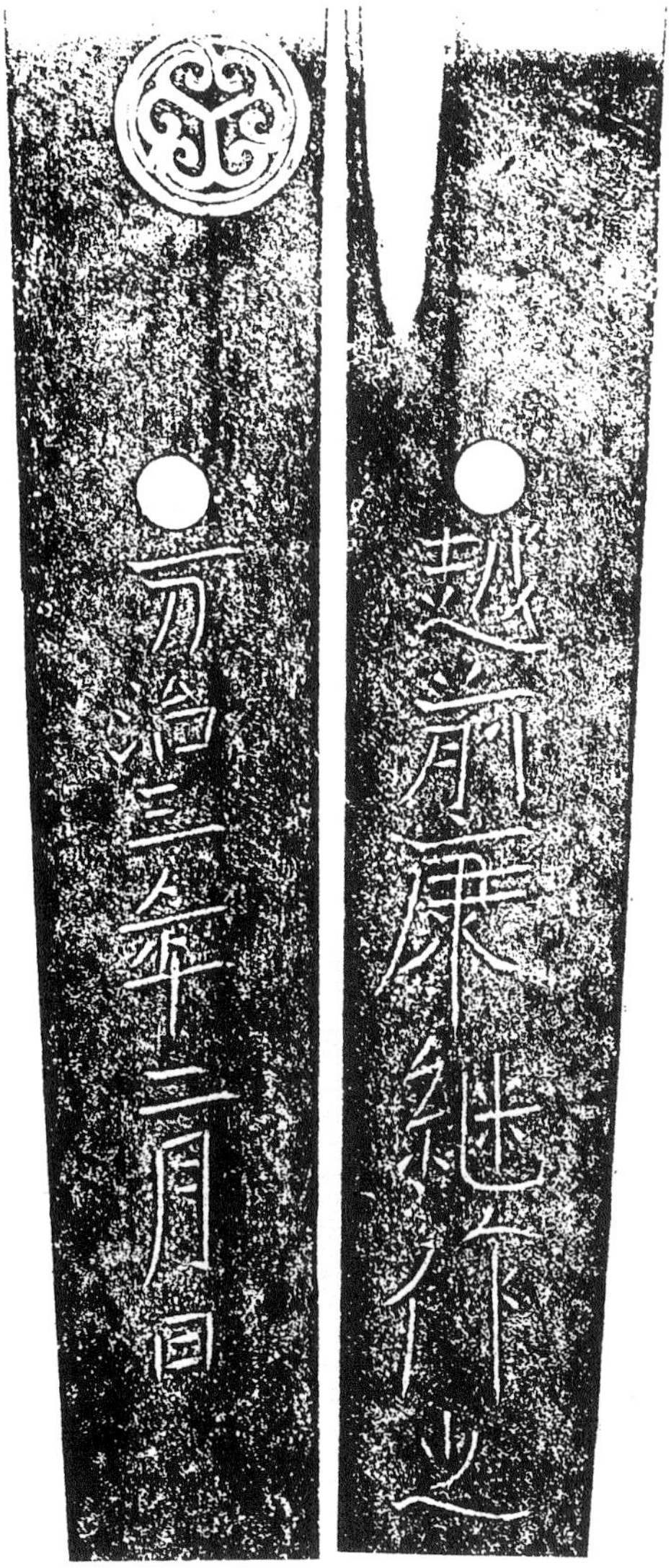

△（葵紋）康継以南蛮鉄（やすつぐ）
於武州江戸作之
〈四代〉武蔵國―江戸中期

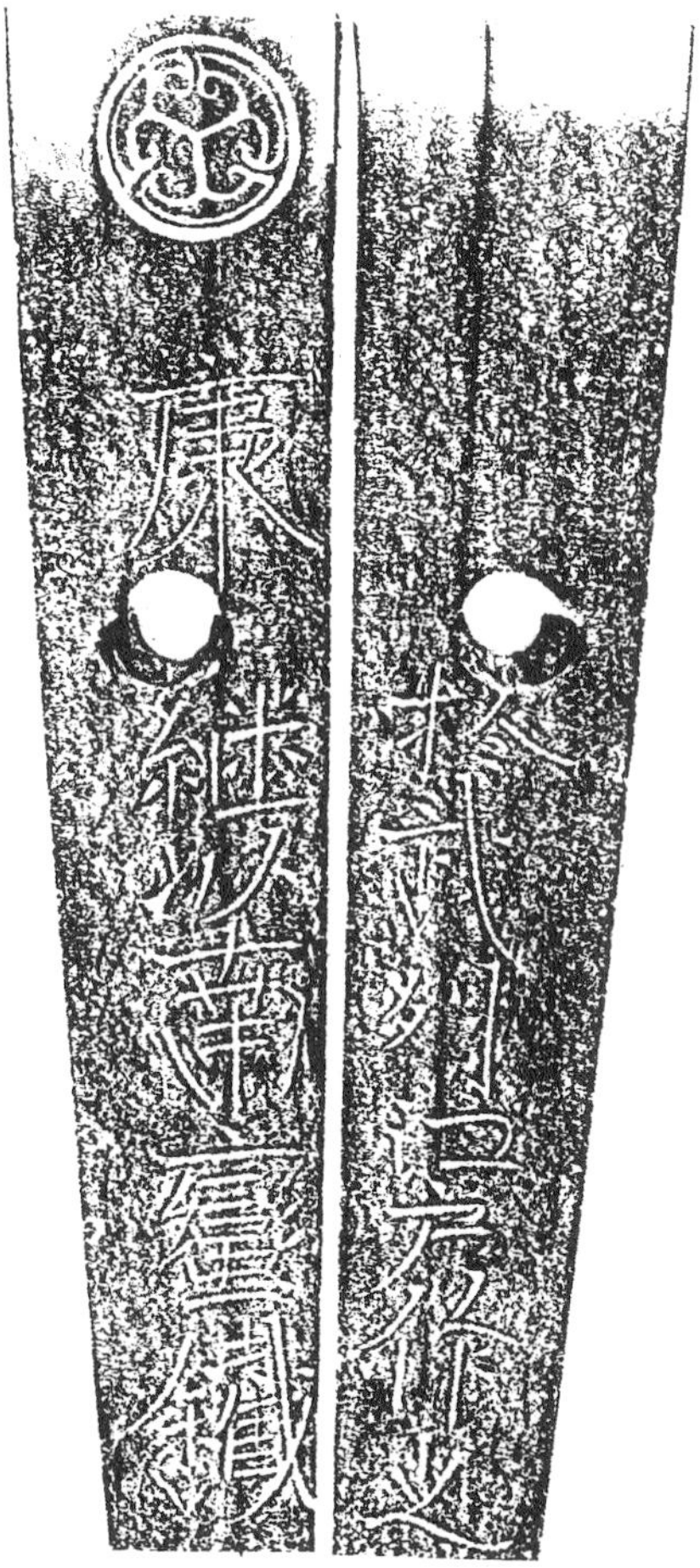

△（葵紋）康継（やすつぐ）〈六代〉武蔵國―江戸中期

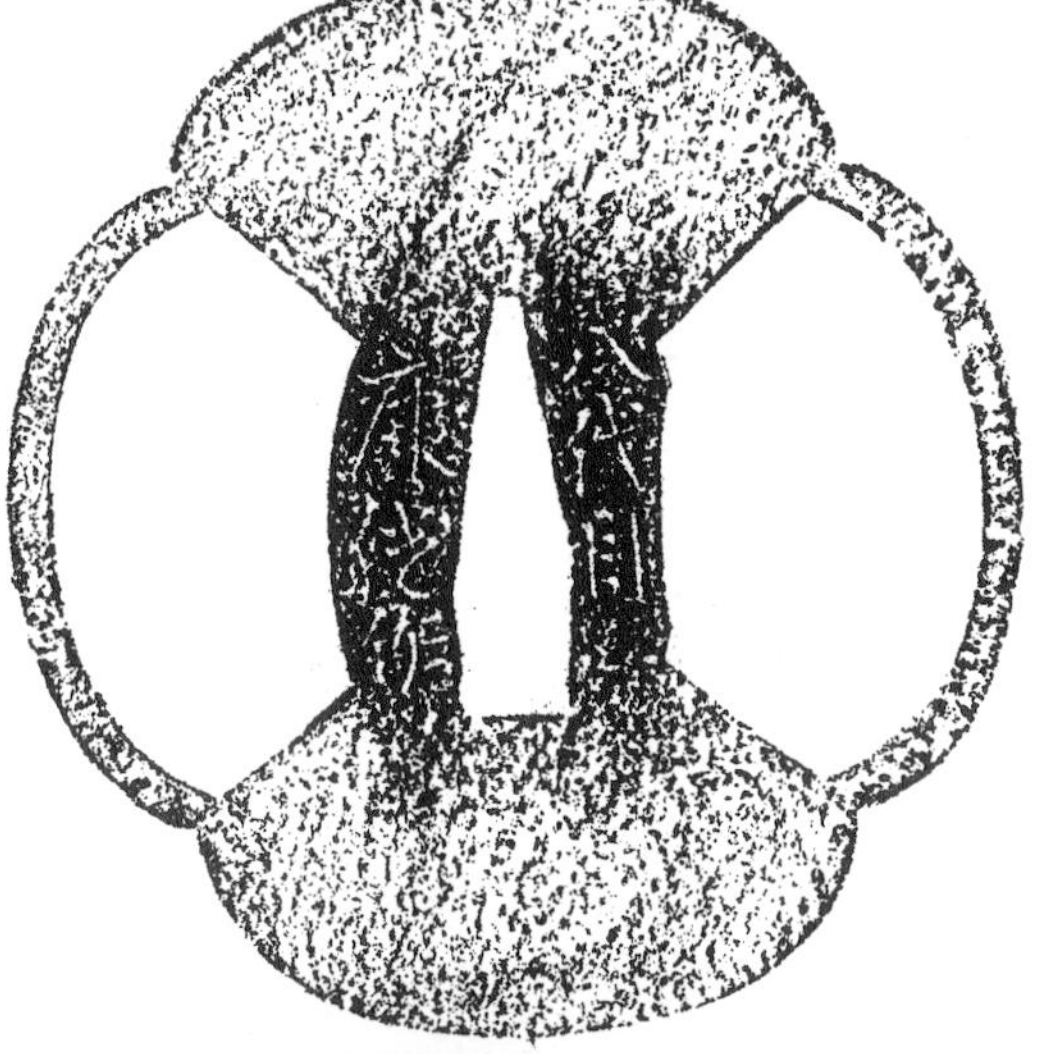

△八代目　康継作（やすつぐ）
〈鐔の銘〉　武蔵國―江戸末期

△（葵紋）康継以南蛮鉄於総州世喜宿作之（やすつぐ）下総國―江戸中期

△紀伊國康綱（やすつな）紀伊國―江戸中期

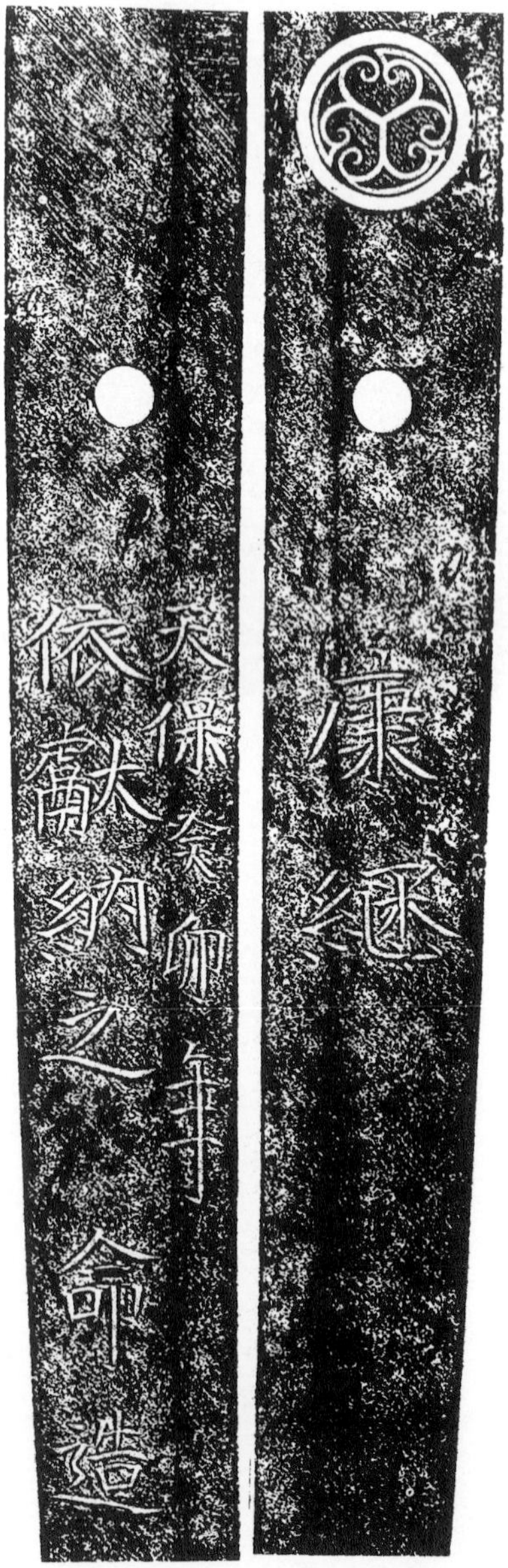

△（葵紋）康継（やすつぐ）
天保発卯年　依献納之命造（やすつぐ）
〈十一代〉武蔵國―江戸末期

△阿波守康綱（やすつな）近江國―江戸中期

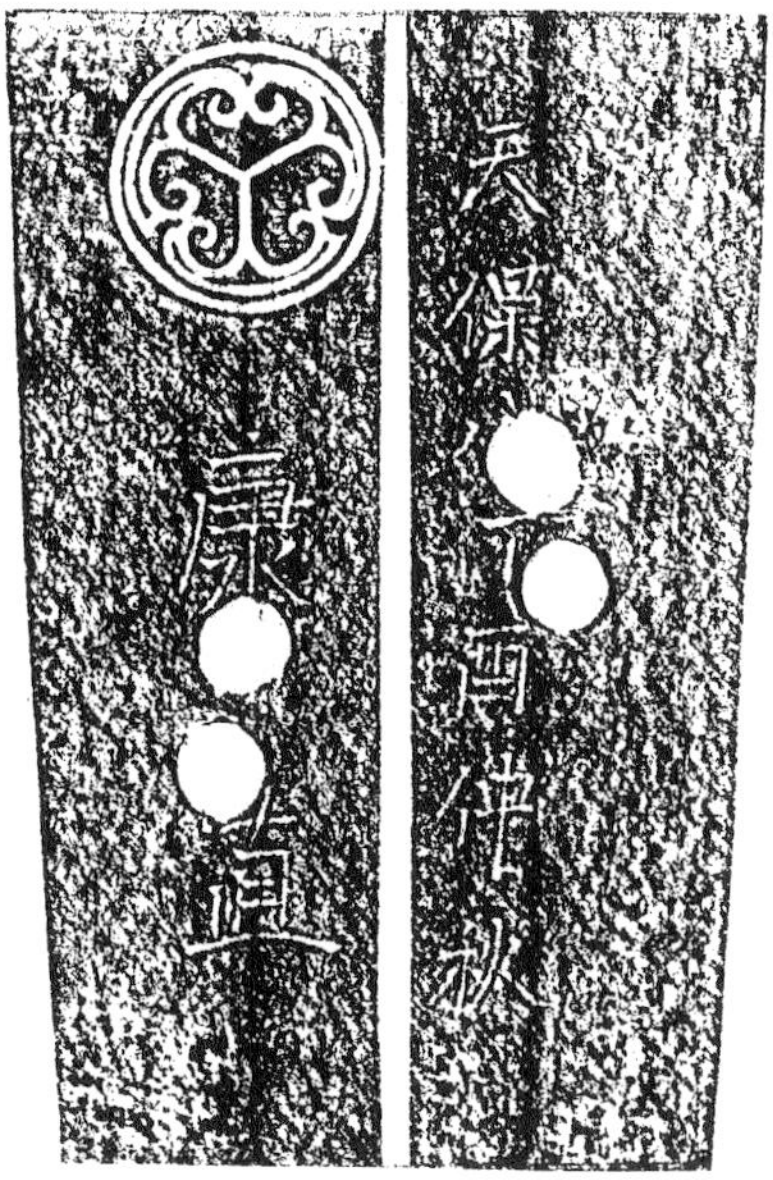

△（葵紋）康直（やすなお）
天保八丁酉仲秋
〈十二代康継前銘〉越前國—天保

△大和守源康道（やすみち）美濃國—江戸中期

△相州住吟龍子藤原泰近造（やすちか）
慶応元年丑八月日
相模國—慶応

△（菊紋）備中守橘康廣（やすひろ）
摂府於城下作之
摂津國—江戸中期

△相模守藤原泰幸（やすゆき）尾張國—江戸中期

△能登守藤原泰幸（やすゆき）尾張國—桃山期

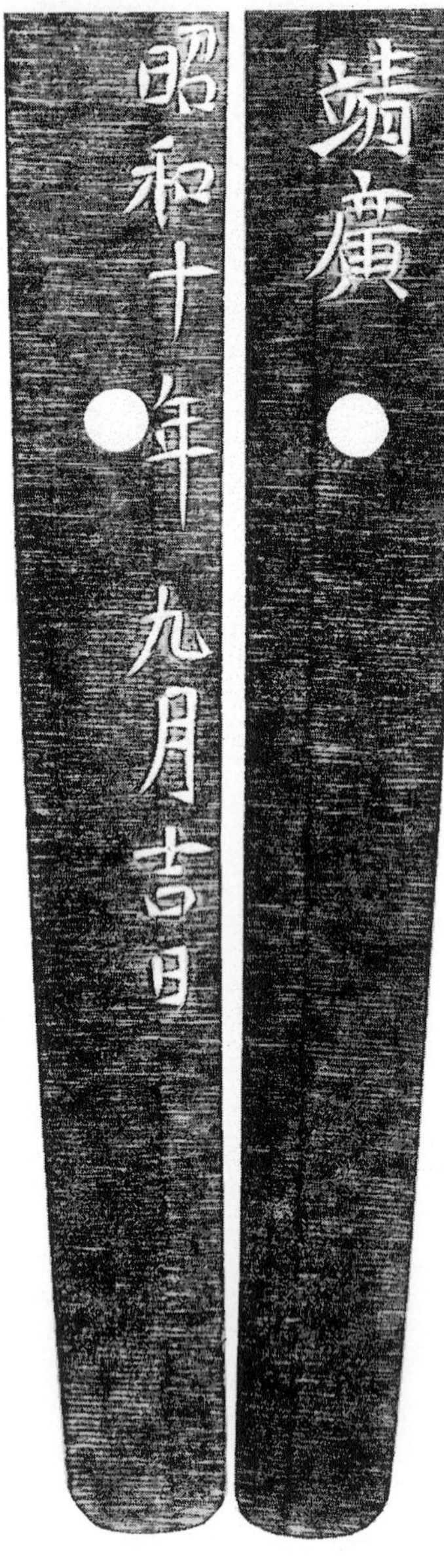


□靖廣（やすひろ）　東京―昭和
昭和十年九月吉日

□八鍬靖武（やすたけ）
昭和二十六年十月吉日
為大竹実藍綬褒章受賞贈嫡男英一之
千葉県―昭和

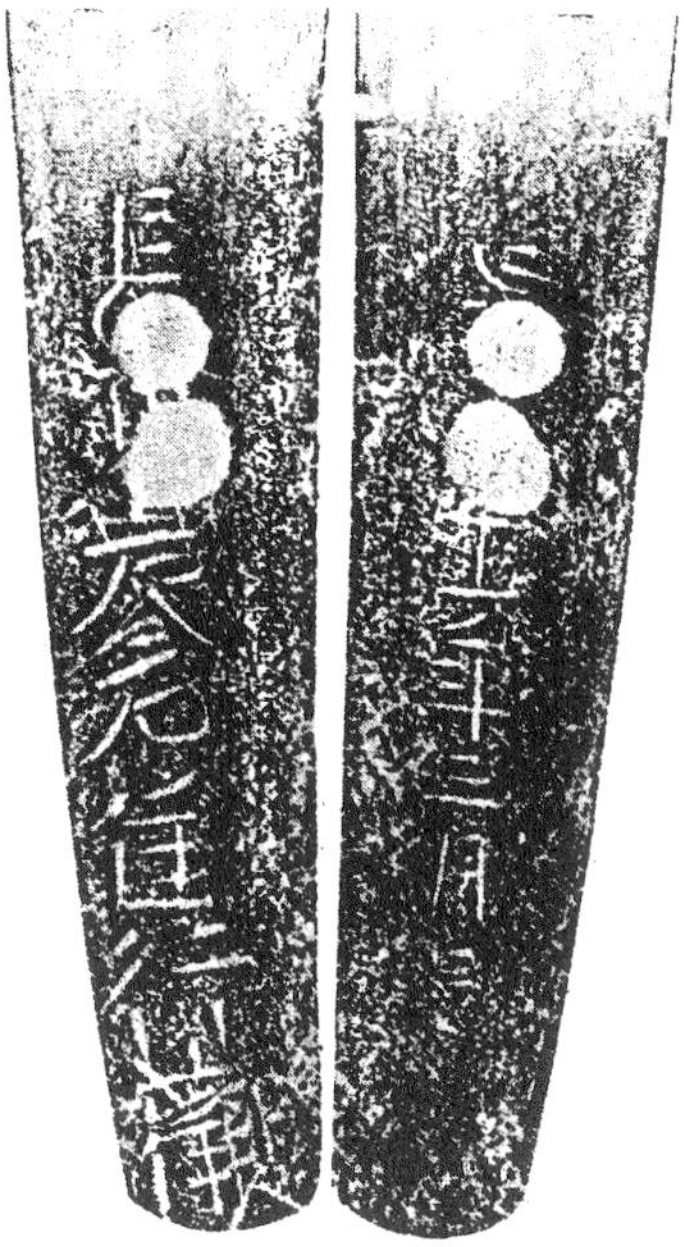

○長州岩倉住行観（ゆきあき）　長門國―正平
正平十一年三月日

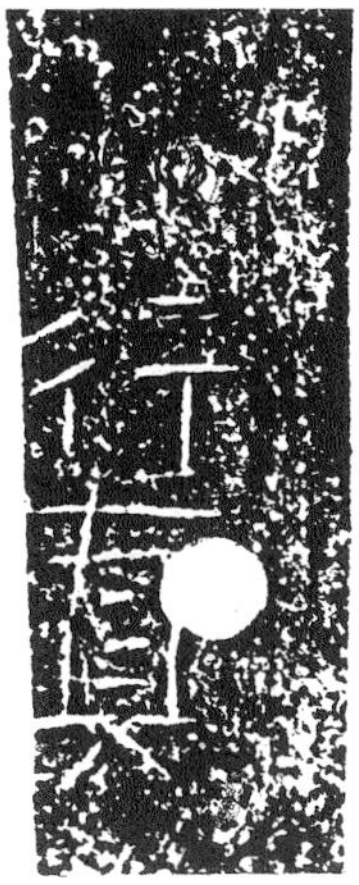

○行真（ゆきざね）　備前國―鎌倉中期

○行秀（ゆきひで）〈古備前〉備前國―鎌倉初期

○備前國住長船七郎衛門尉行包作（ゆきかね）　備前國―文禄
文禄三年八月吉日

○肥州波平行久作（ゆきひさ）　肥後國―室町後期

○行秀（ゆきひで）〈古備前〉備前國―鎌倉初期

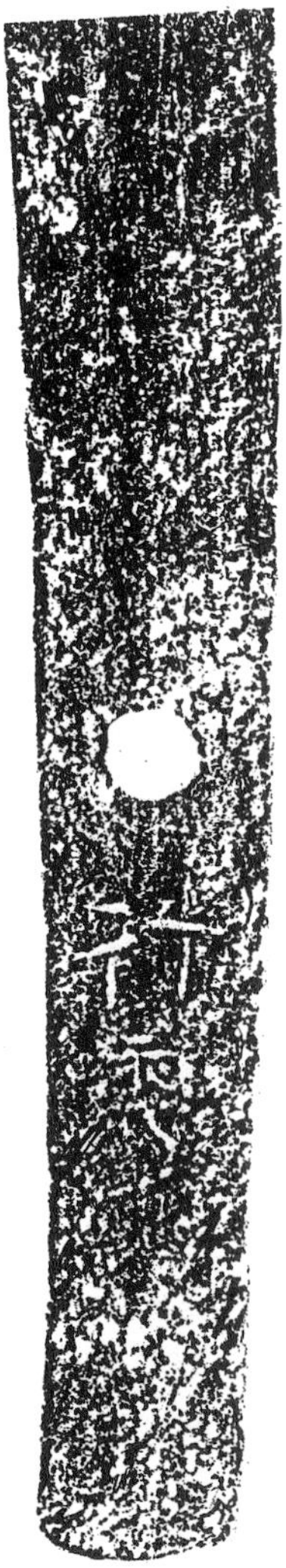

○行秀（ゆきひで）〈古備前〉備前國―鎌倉初期

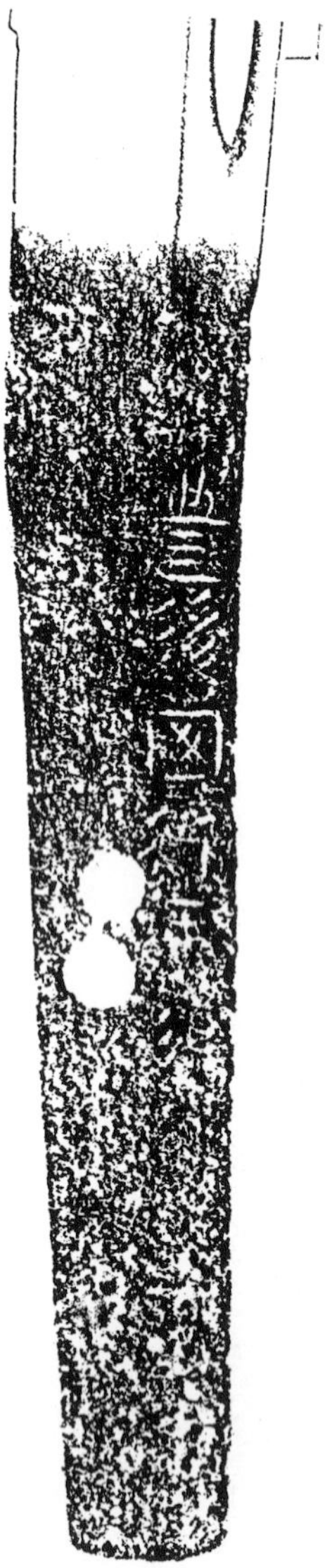

○豊後國行平（ゆきひら）豊後國―鎌倉初期

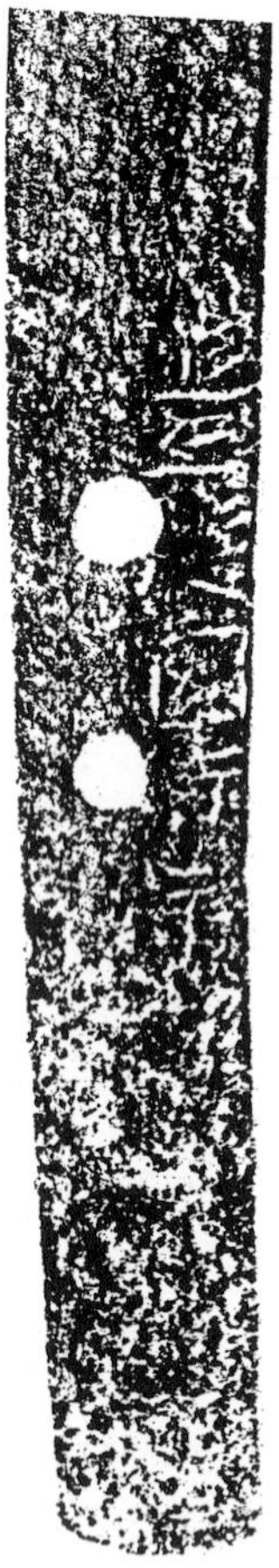

○豊後國行平（ゆきひら）豊後國―鎌倉初期

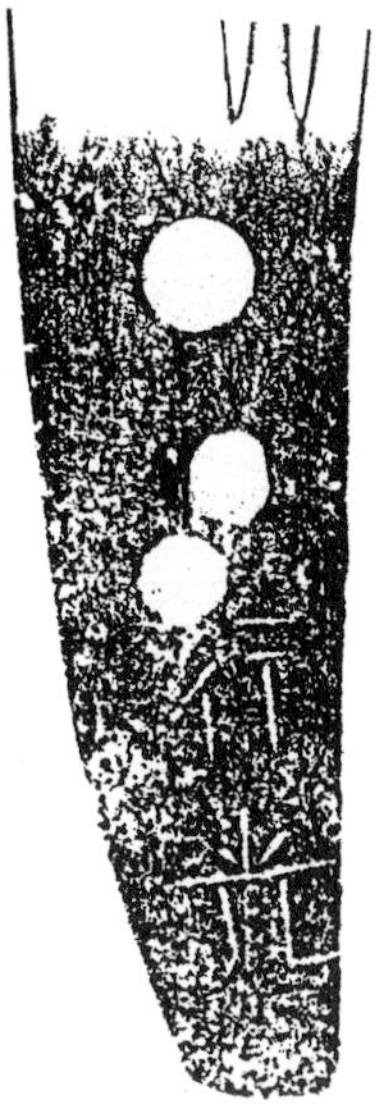

○行光（ゆきみつ）相模國―鎌倉末期

○行光（ゆきみつ）相模國―鎌倉末期

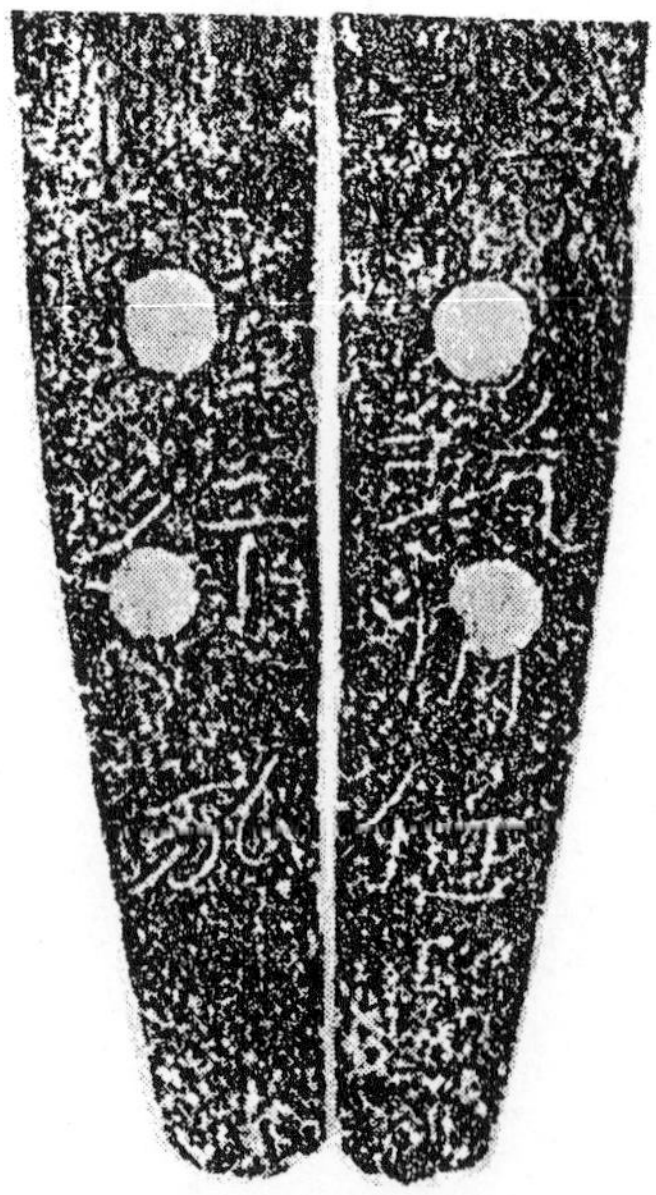

○筑州住　行弘（ゆきひろ）筑前國―南北朝期

○筑州住行弘（ゆきひろ）
観応元年八月日
筑前國―観応

○鎌倉□人行光（ゆきみつ）
元亨二年三月日
相模國―元亨

○行安（ゆきやす）〈波平〉薩摩國―平安後期

○幸景（ゆきかげ）
備前國―室町初期

○備中國住人石河左衛門尉幸久作（ゆきひさ）永正七年八月吉日　備前國―永正

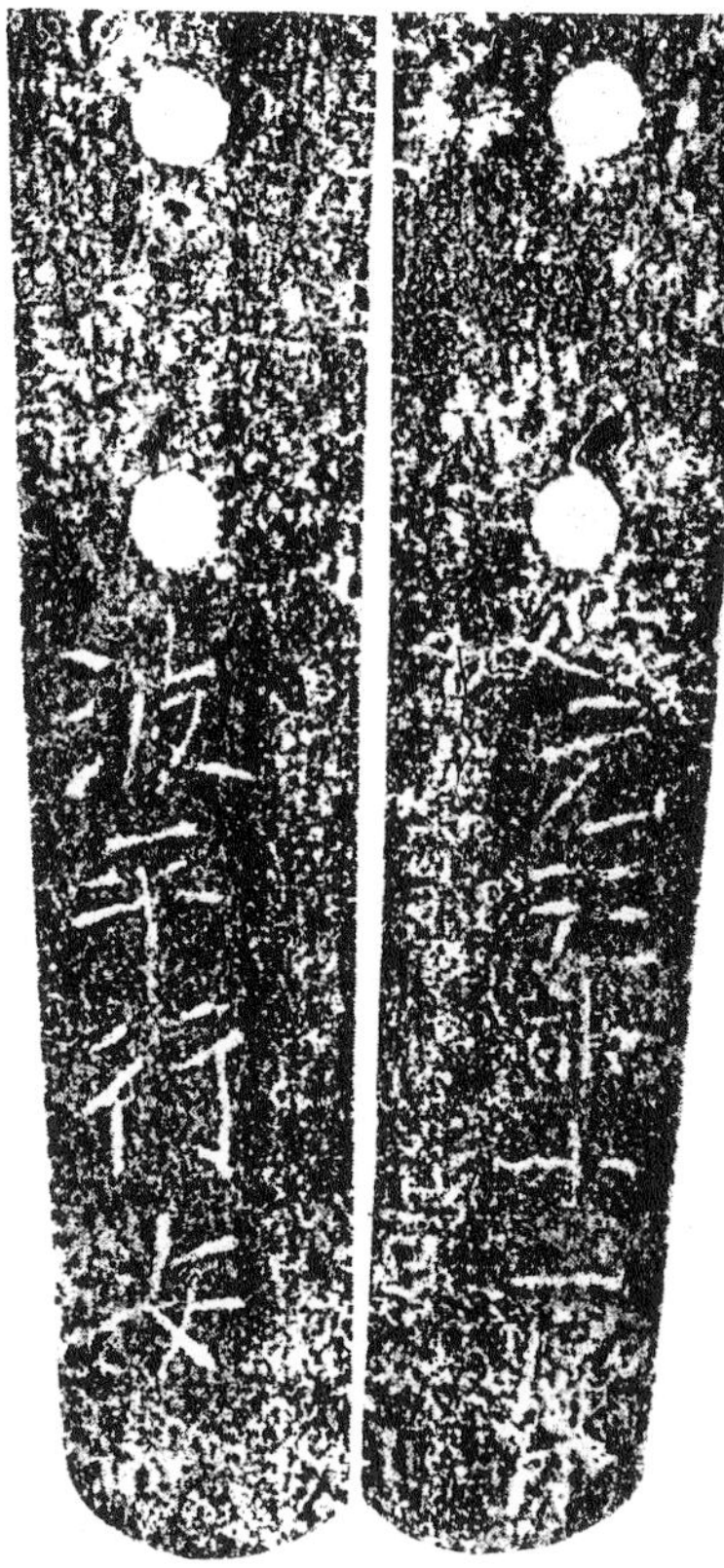

○波平行安（ゆきやす）
延元二年十一月日
〈波平〉薩摩國―延元

○幸継（ゆきつぐ）〈金象嵌銘〉本多平八郎忠為取持之　備前國―鎌倉末期

○備前國住長船幸光弥三衛門尉作(ゆきみつ)　備前國―天正
天正□年八月吉日

△行勝(ゆきかつ)　豊前國―江戸中期

△肥前國一文字行清(ゆききよ)　肥前國―江戸中期

○備州長船幸光作(ゆきみつ)　備前國―永正
永正七年八月日

△肥前國行兼(ゆきかね)　肥前國―江戸中期

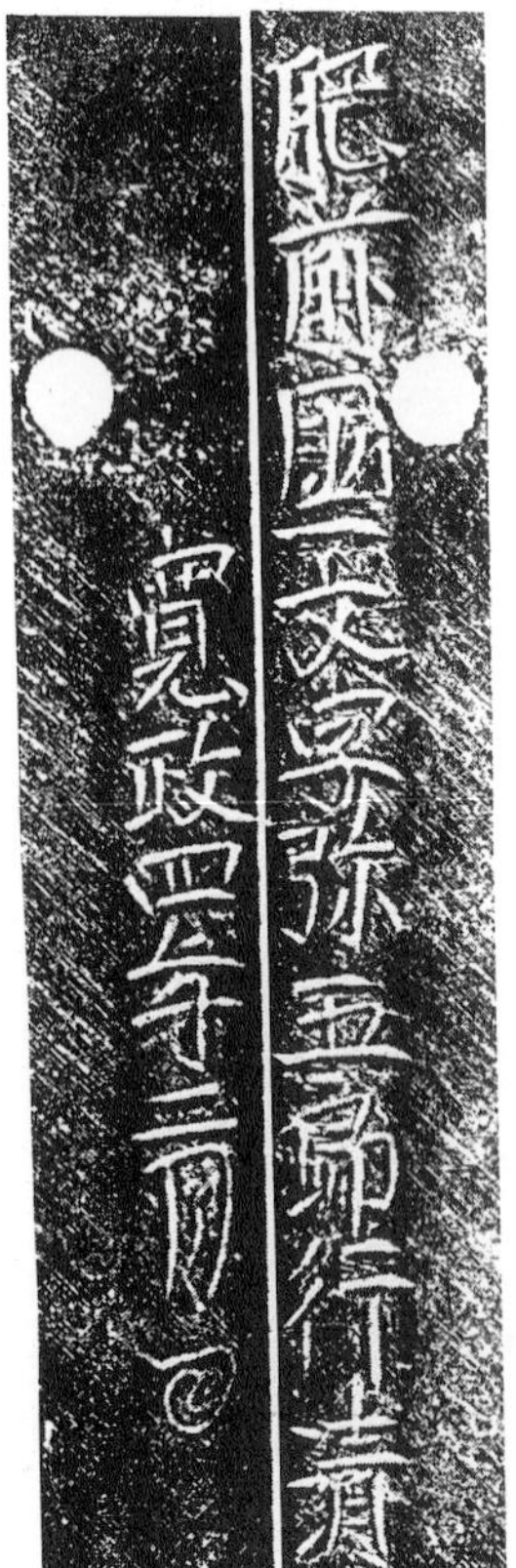

△肥前國一文字弥五郎行清(ゆききよ)　肥前國―寛政
寛政四年二月日

△波平行周（ゆきち か） 文化八年二月日　薩摩國—文化

△豊州高田住藤原行次（ゆきつぐ）　豊後國—江戸中期

△豊州高田住藤原行長（ゆきなが）　豊後國—正保
正保三年八月日

△野州住荒川行秀（ゆきひで）　下野國—万延
万延二年辛酉春

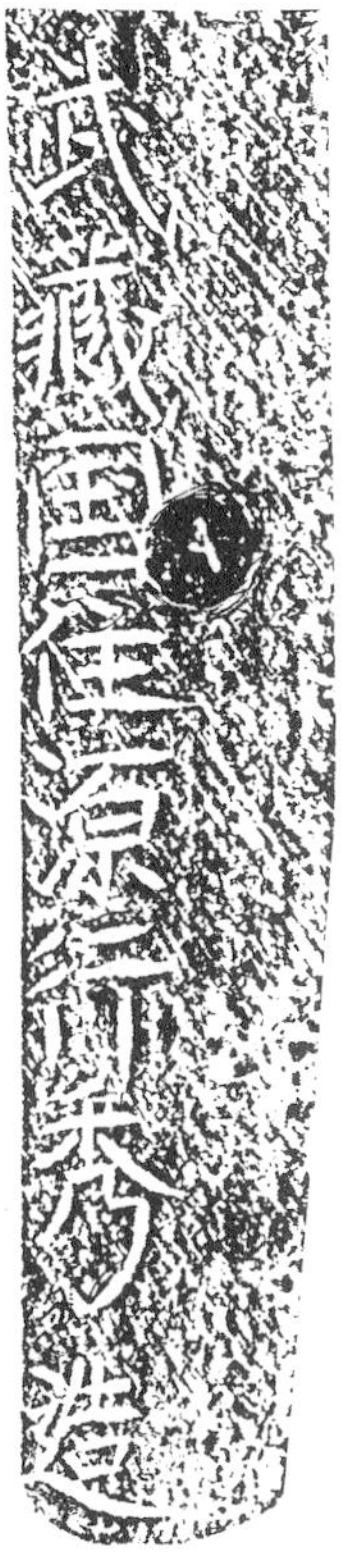

△武蔵國住源行秀造（ゆきひで）　武蔵國—江戸末期

△嘉永二年八月日　左行秀（ゆきひで）　於鞴鑰傷中鍛冶之　筑前國―嘉永

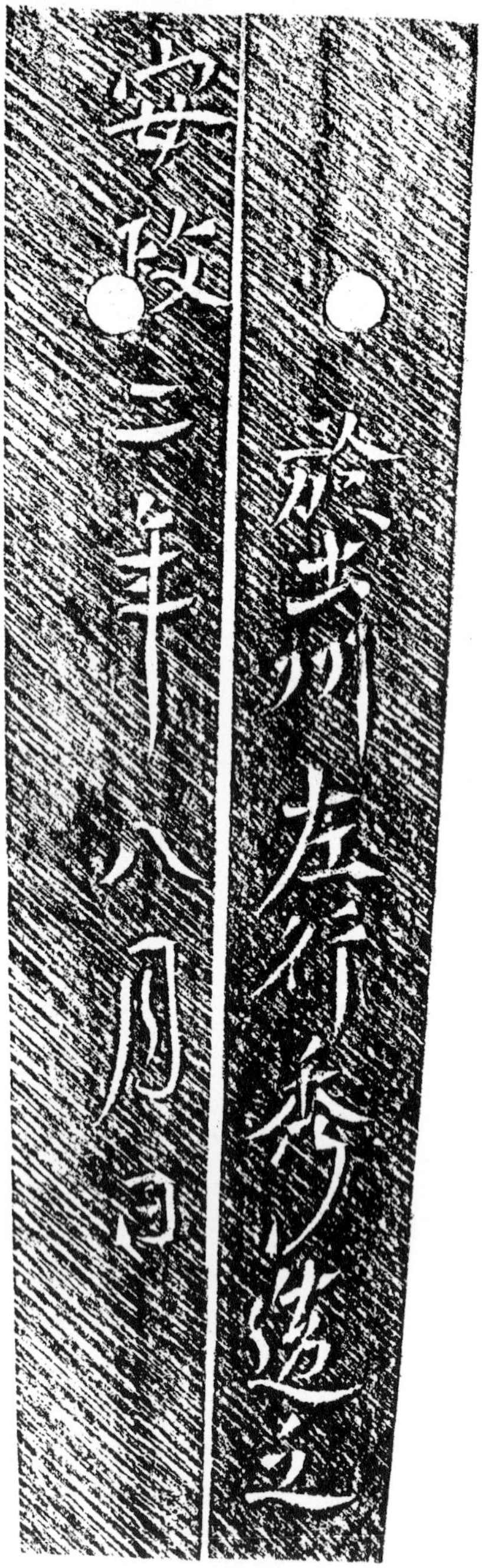

△於土州左行秀造之（ゆきひで）
安政二年八月日
筑前國―安政

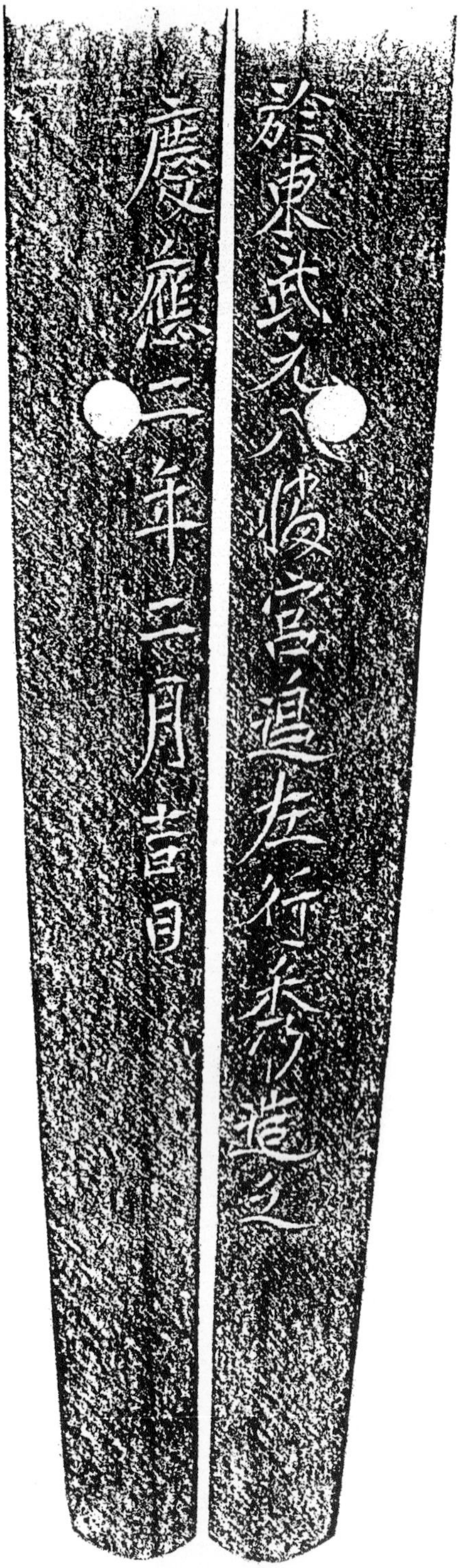

△於東武元八幡宮辺
左行秀造之（ゆきひで）
慶応二年二月吉日
筑前國―慶応

△左行秀作之（ゆきひで）
郷園丞藤原正雄応
筑前國―明治

△高田河内守源行平作之（ゆきひら）〈本行前銘〉豊後國―江戸中期

△肥前國出羽大掾行廣以阿蘭陀鍛作之（ゆきひろ）〈初代〉肥前國―江戸中期

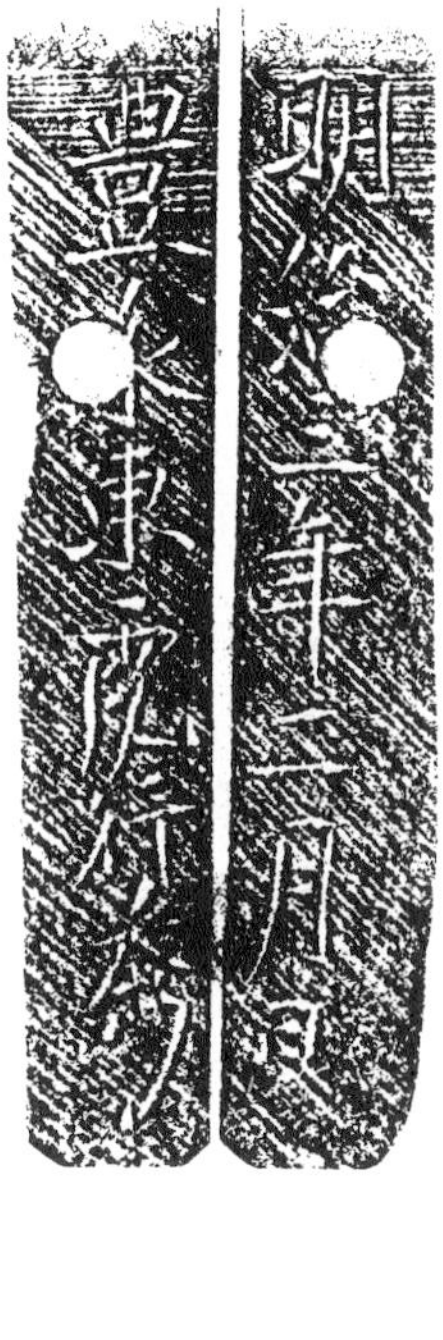

△豊永東虎行秀（ゆきひで）
明治三年二月日
筑前國―明治

△薩州住染川行廣打之（ゆきひろ）
享保七年壬寅二月吉日
薩摩國―享保

△一　肥州出羽守行廣　以阿蘭陀鍛作（ゆきひろ）〈初代〉肥前國—江戸中期

△一肥前國出羽守藤原行廣（ゆきひろ）〈二代〉肥前國—江戸中期

△羽州住行房（ゆきふさ）羽前國—江戸末期

△豊州高田住行光（ゆきみつ）豊後國—江戸中期

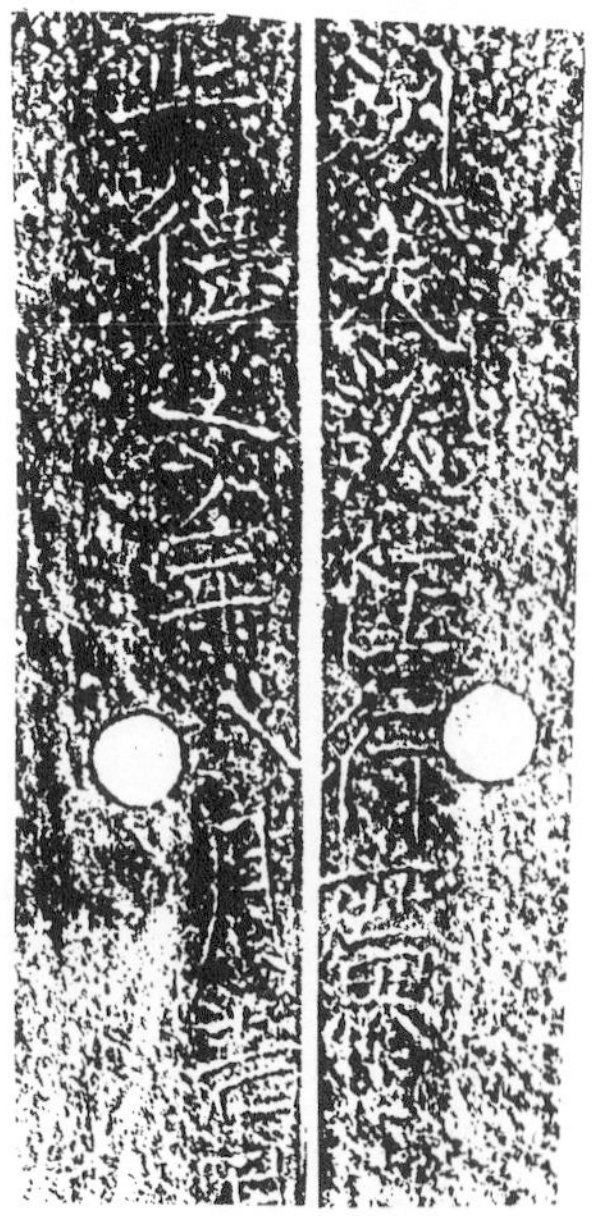

△（羽）州米沢住行廣（ゆきひろ）　羽前國—正徳
正徳五年八月吉日

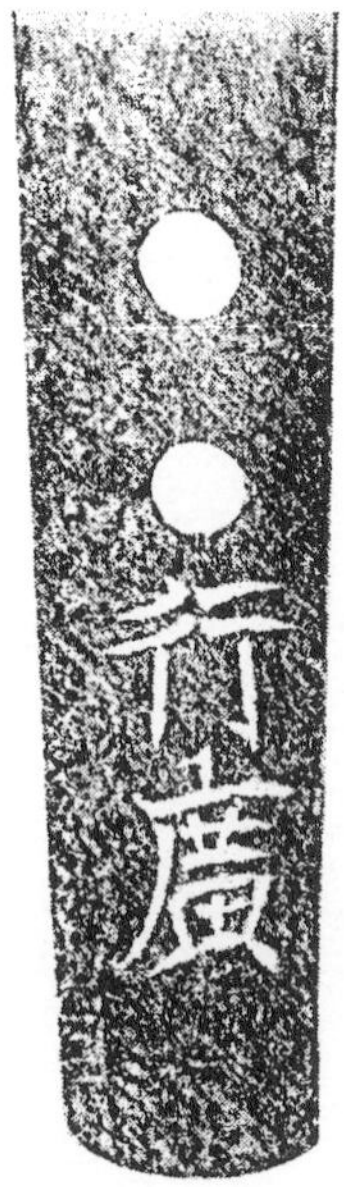


△行廣（ゆきひろ）〈二代〉肥前國—江戸中期

△近江大掾藤原行光（ゆきみつ）
幡磨大掾藤原清光
延宝五年八月吉日
〈清光と合作〉越中國—延宝

△正國六十三代孫波平住大和介平行安（ゆきやす）
文久三年二月日
薩摩國—文久

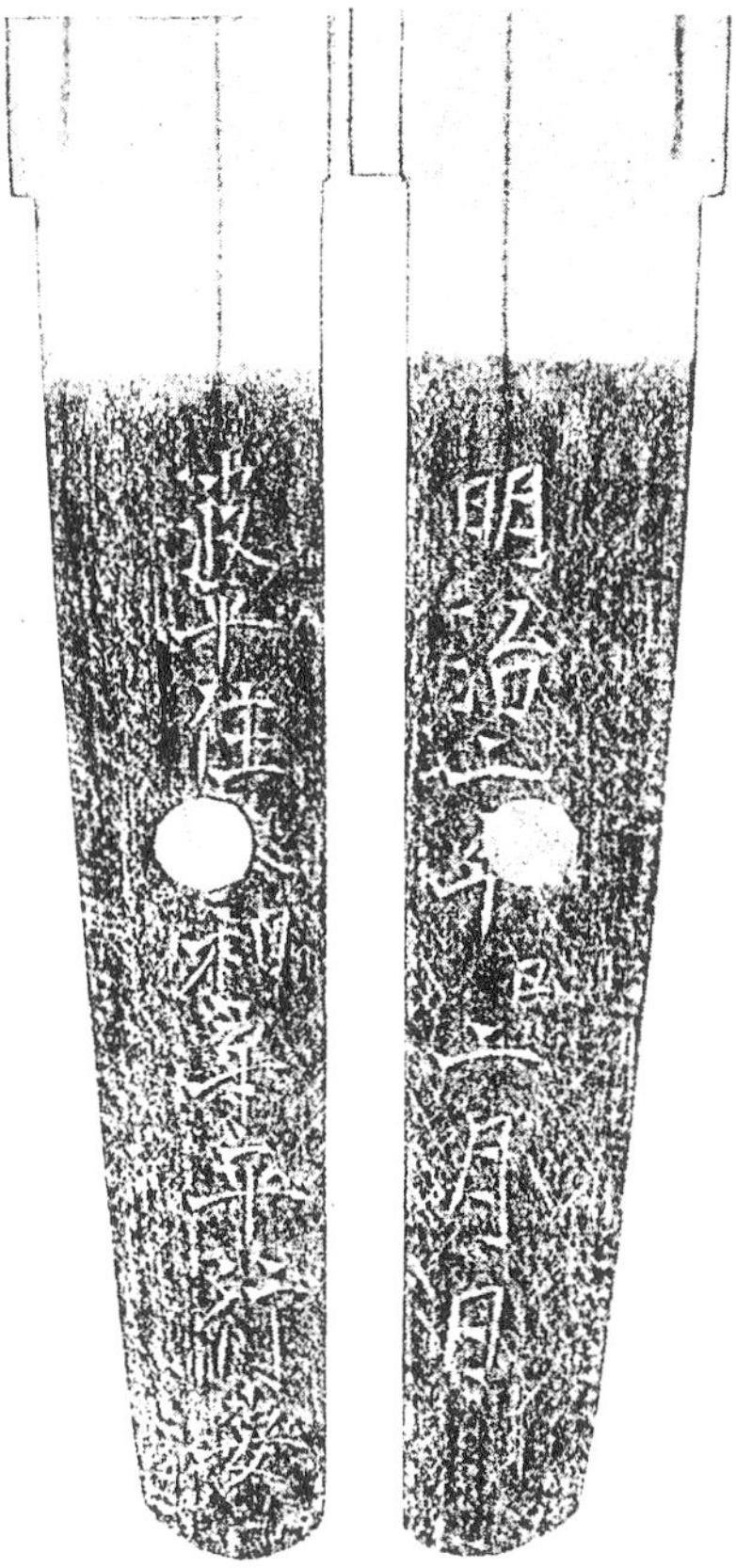


△波平住大和守平行安（ゆきやす）
明治二年巳二月日
薩摩國—明治

○吉家作（よしいえ）〈三条〉山城國—平安後期

○吉家作（よしいえ）〈三条〉山城國—平安後期

○吉家作（よしいえ）〈三条〉山城國—平安後期

○吉包（よしかね）〈古備前〉備前國—鎌倉初期

○吉包（よしかね）〈古備前〉備前國—鎌倉初期

○吉包（よしかね）〈古備前〉備前國—鎌倉初期

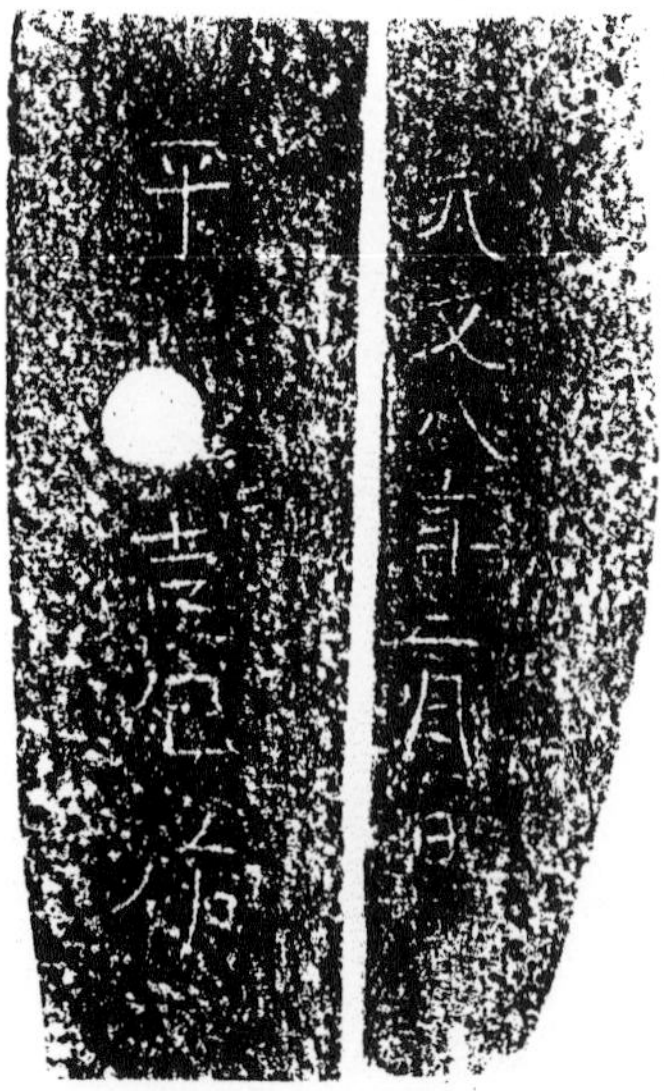

○平吉包作（よしかね）
天文八年二月日
豊前國—天文

○吉貞（よしさだ） 筑前國—南北朝期

○備州万寿住右衛門尉吉次作（よしつぐ） 備中國—鎌倉末期

○江州野州郡玉造庄吉次作（よしつぐ） 近江國—室町中期

○鞍馬住吉次（よしつぐ） 山城國—明応
明応八年二月日

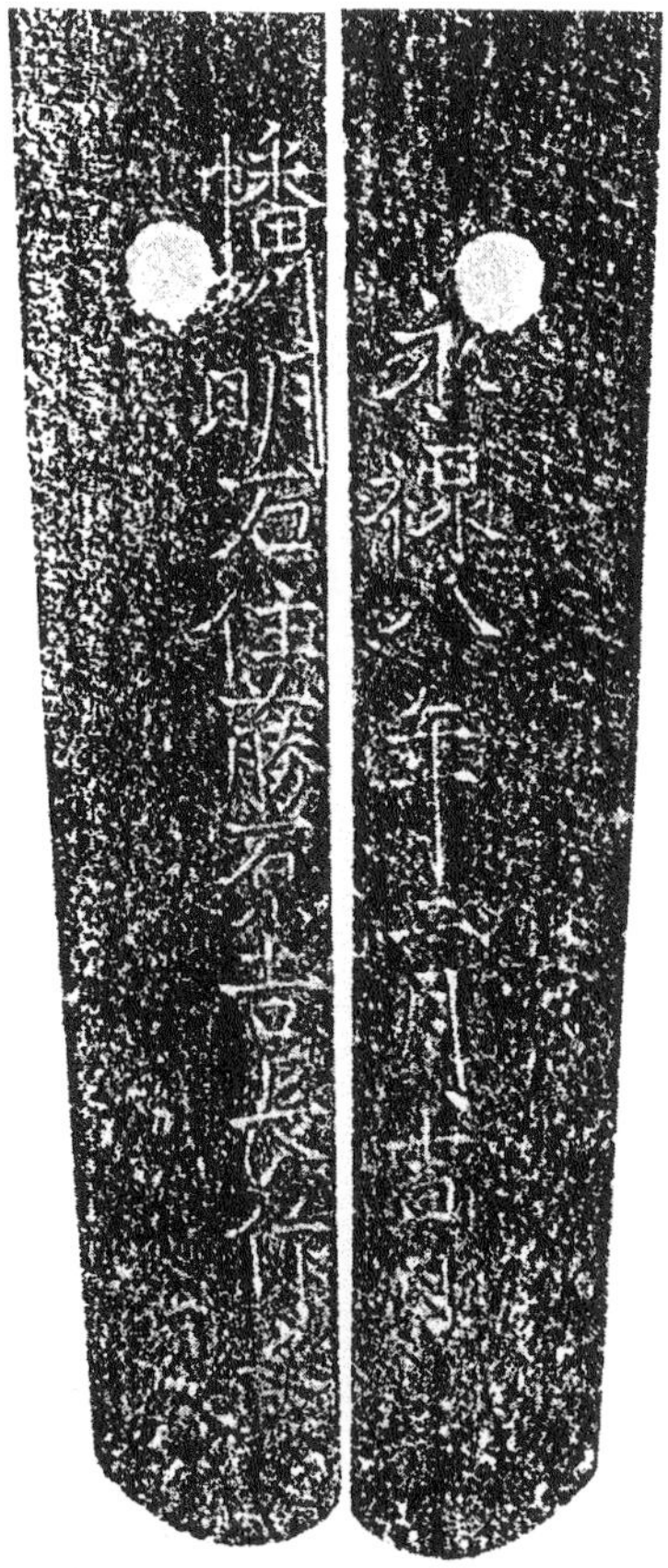

○幡州明石住藤原吉長作之（よしなが） 播磨國—永禄
永禄八年二月吉日

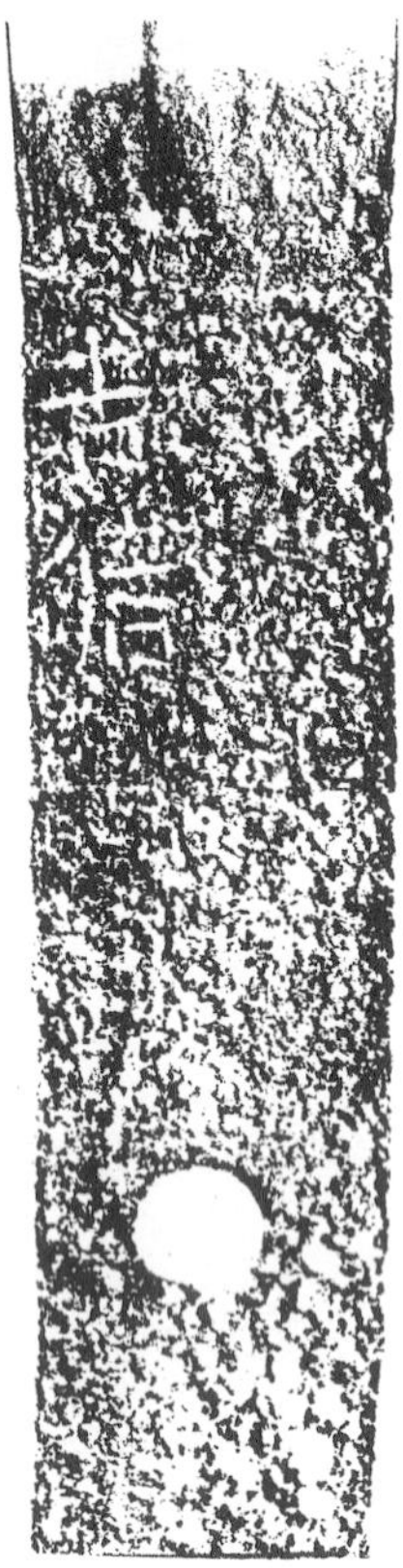

○吉信（よしのぶ）〈一文字〉備前國—鎌倉後期

○三条吉則於泉國作（よしのり）〈三条〉山城國—室町中期

○備前國吉井吉則（よしのり）〈吉井〉備前國—応永
応永二年十月日

○吉則作（よしのり）
永享三年七月日
〈吉井〉備前國—永享

○三条吉則和泉國作（よしのり）〈三条〉山城國—室町中期

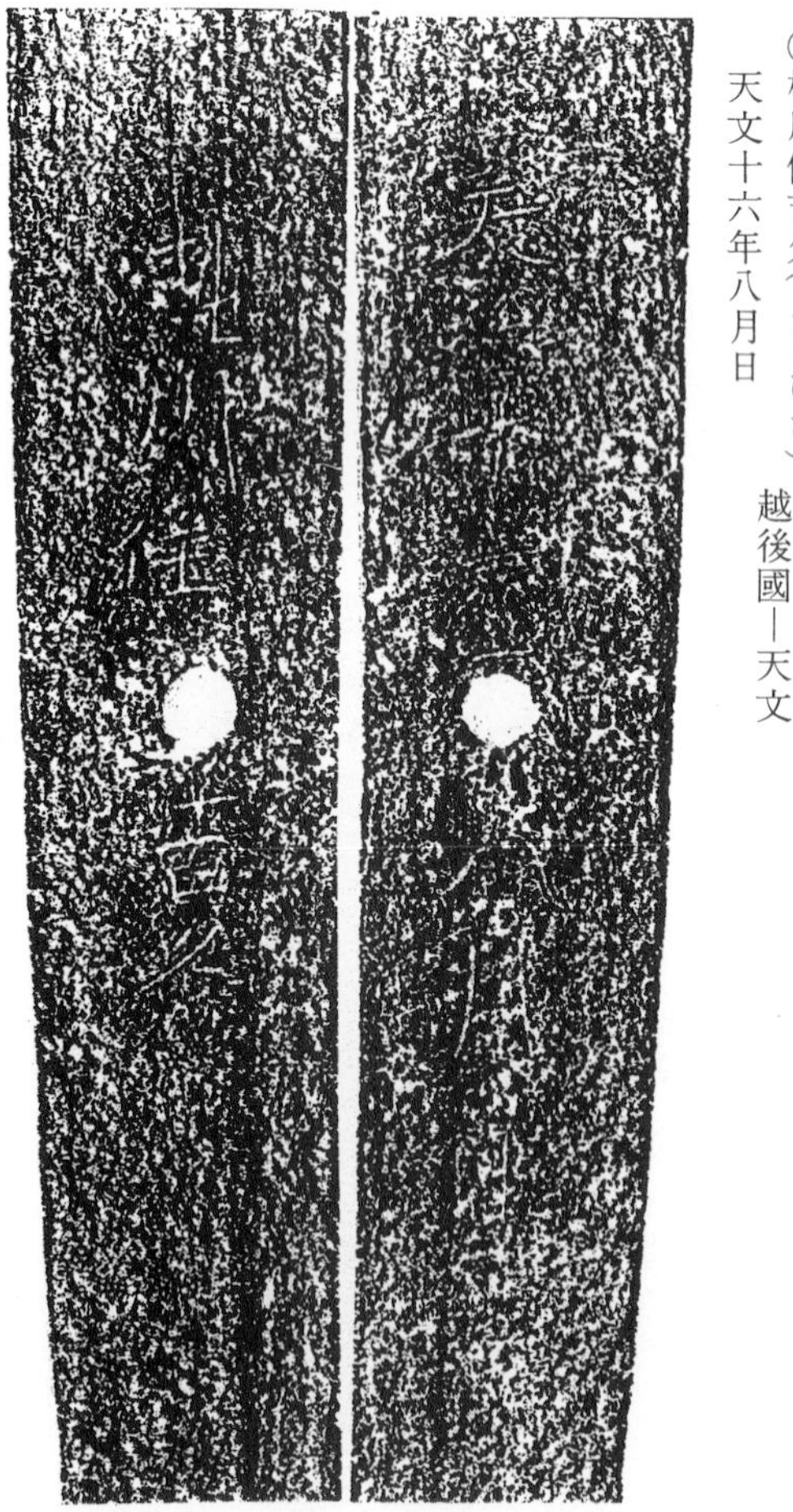

○桃川住吉久（よしひさ）越後國—天文
天文十六年八月日

○吉平（よしひら）〈一文字〉備前國—鎌倉中期

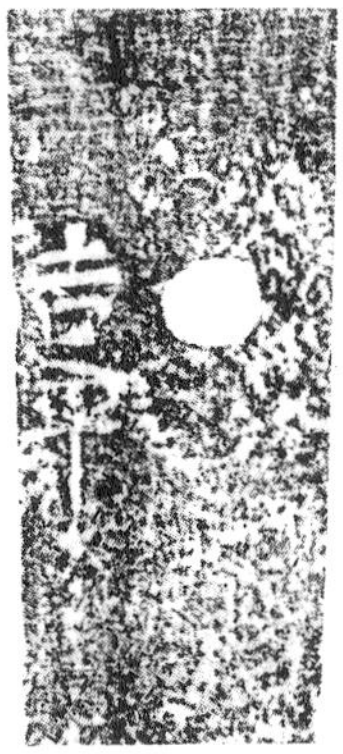

○吉平（よしひら）〈一文字〉備前國—鎌倉中期

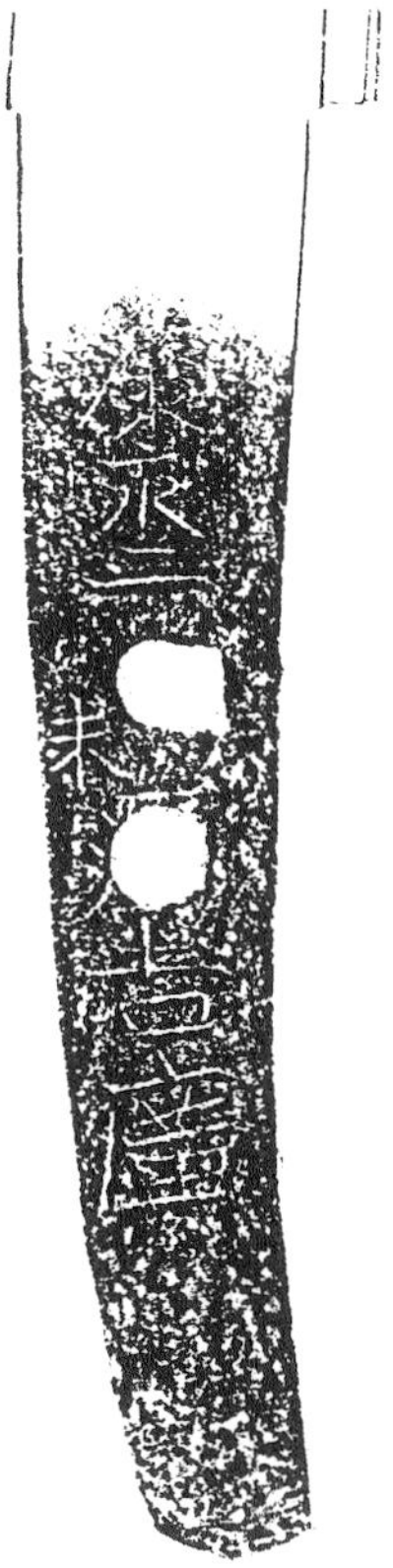

○康永二癸未源吉廣（よしひろ）〈千手院〉大和國—康永

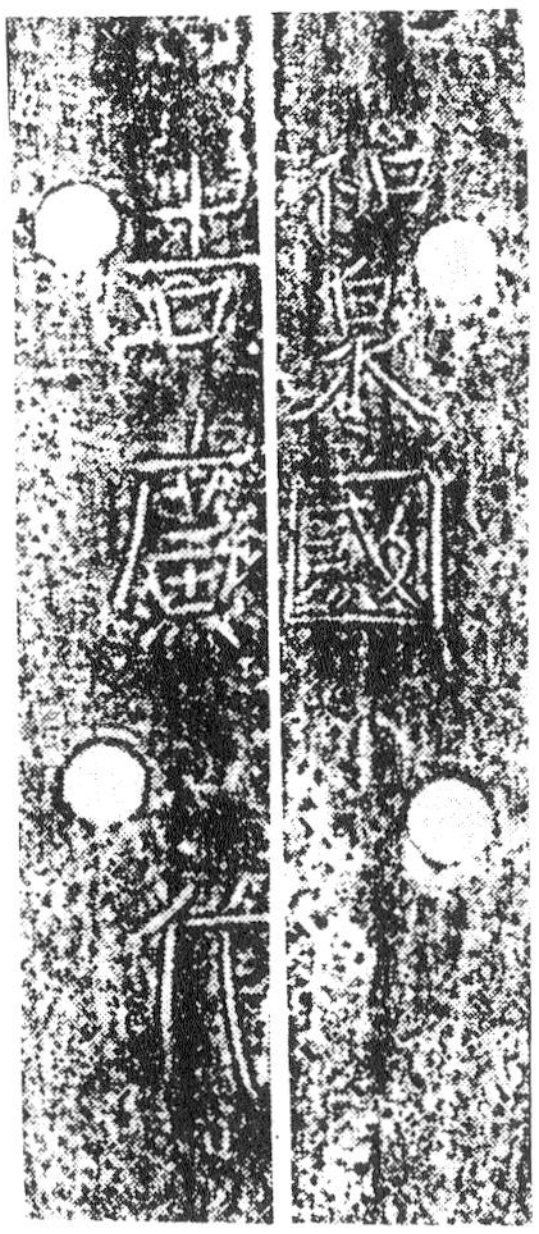

○和泉國　吉廣作（よしひろ）和泉國—室町後期

○備州長船吉弘（よしひろ）備前國—南北朝期

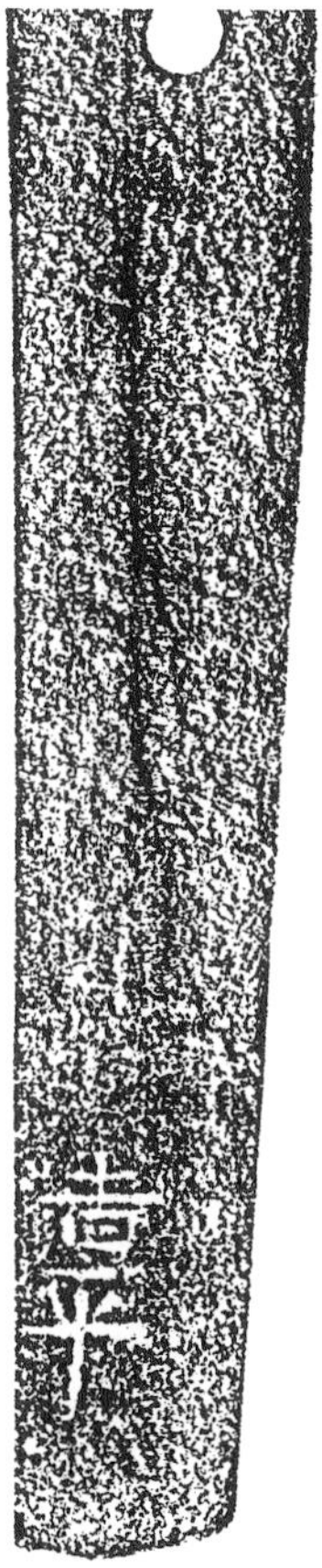

○吉平（よしひら）〈一文字〉備前國—鎌倉中期

○和泉國吉廣（よしひろ）和泉國—室町後期

○吉房（よしふさ）〈一文字〉備前國—鎌倉中期

○吉房（よしふさ）〈一文字〉備前國—鎌倉中期

や

○吉房（よしふさ）〈一文字〉備前國―鎌倉中期

○吉房（よしふさ）〈一文字〉備前國―鎌倉中期

○平安城吉房（よしふさ）山城國―室町末期

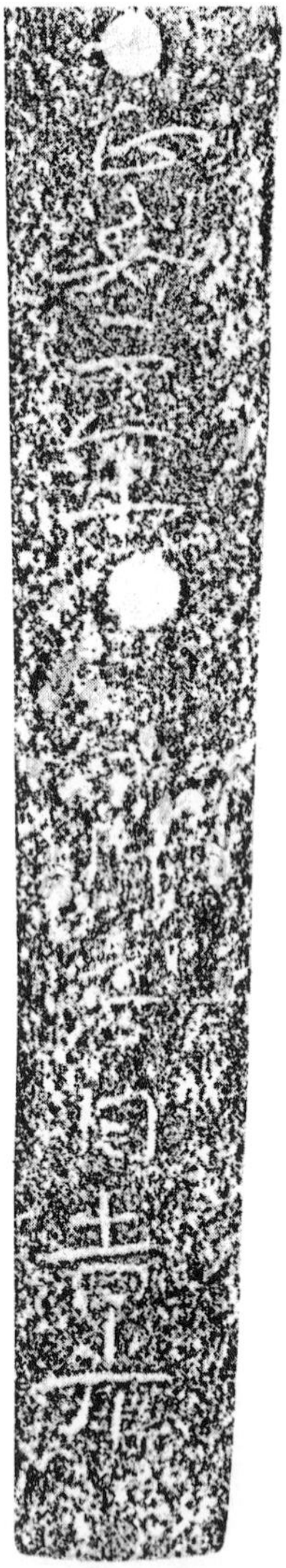
○正安二年八月六日吉光（よしみつ）〈一文字〉備前國―正安

○吉光（よしみつ）〈一文字〉備前國―鎌倉中期

○吉光（よしみつ）〈粟田口〉山城國―鎌倉中期

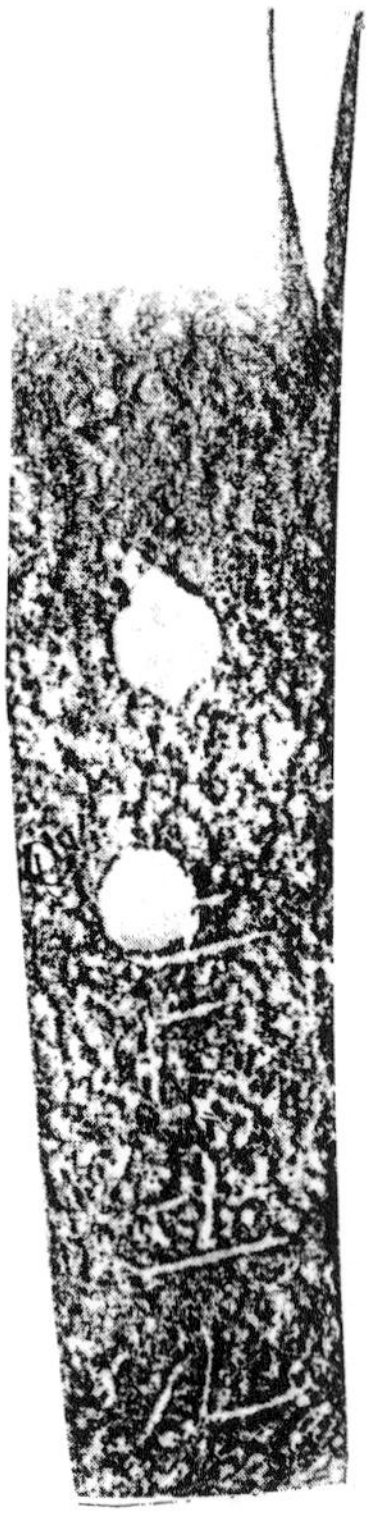

○吉光（よしみつ）〈粟田口〉山城國―鎌倉中期

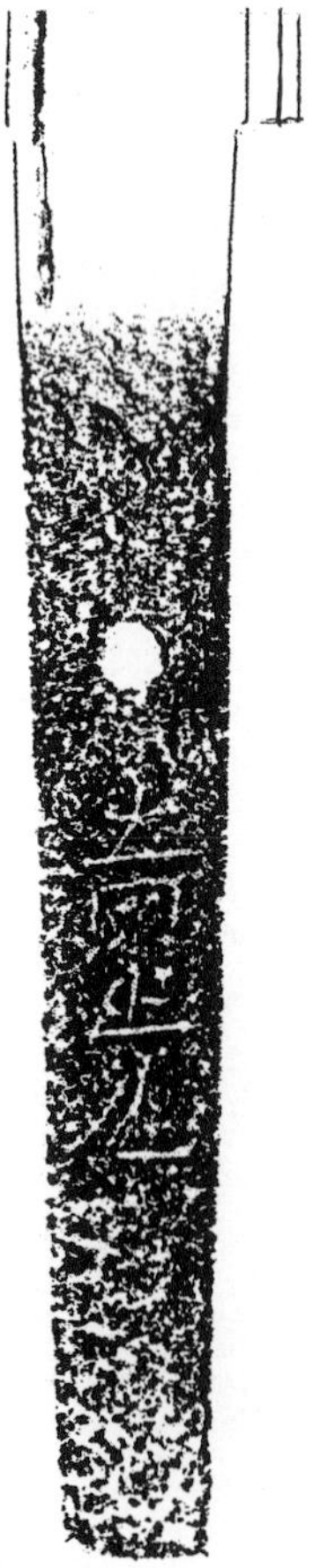

○吉光（よしみつ）〈粟田口〉山城國―鎌倉中期

○吉光（よしみつ）〈粟田口〉山城國―鎌倉中期

○吉光（よしみつ）〈粟田口〉山城國―鎌倉中期

○吉宗（よしむね）〈一文字〉備前國―鎌倉中期

○吉元（よしもと）〈一文字〉備前國―鎌倉中期

○長宗
吉元（よしもと）〈一文字〉備前國―鎌倉中期

○吉光（よしみつ）〈土佐〉土佐國―室町末期

○吉光（よしみつ）〈土佐〉土佐國―室町末期

○吉宗（よしむね）〈一文字〉備前國―鎌倉中期

○吉用（よしもち）〈一文字〉備前國―鎌倉中期

○吉用（よしもち）〈一文字〉備前國―鎌倉中期

○吉元（よしもと）〈一文字〉備前国―鎌倉中期

や

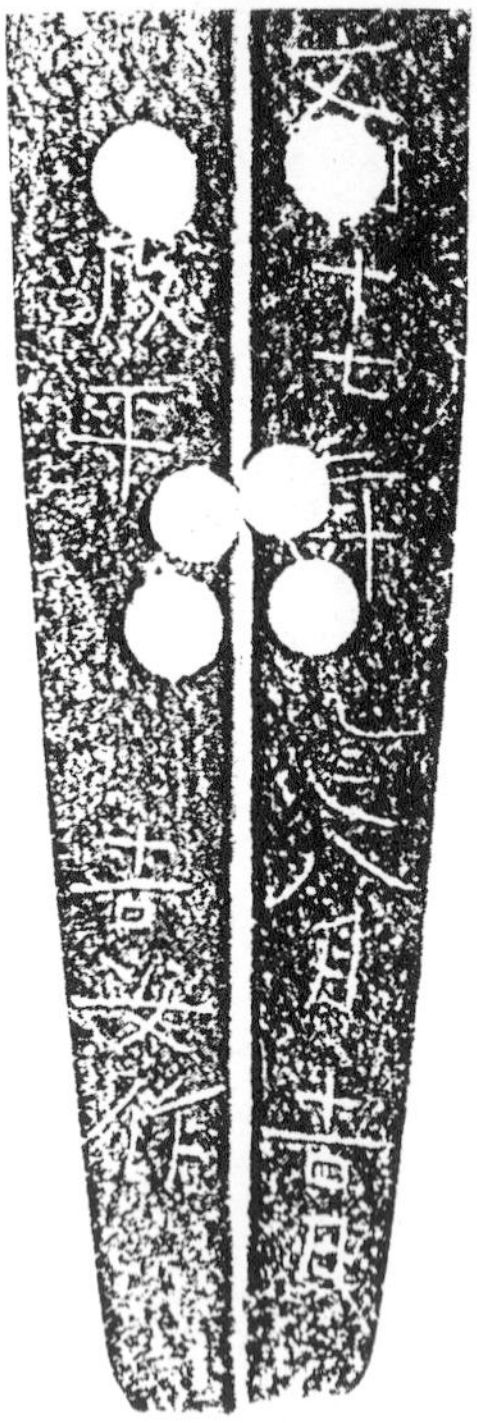

○波平吉安作（よしやす）
文明十七年乙巳八月吉日
薩摩國―文明

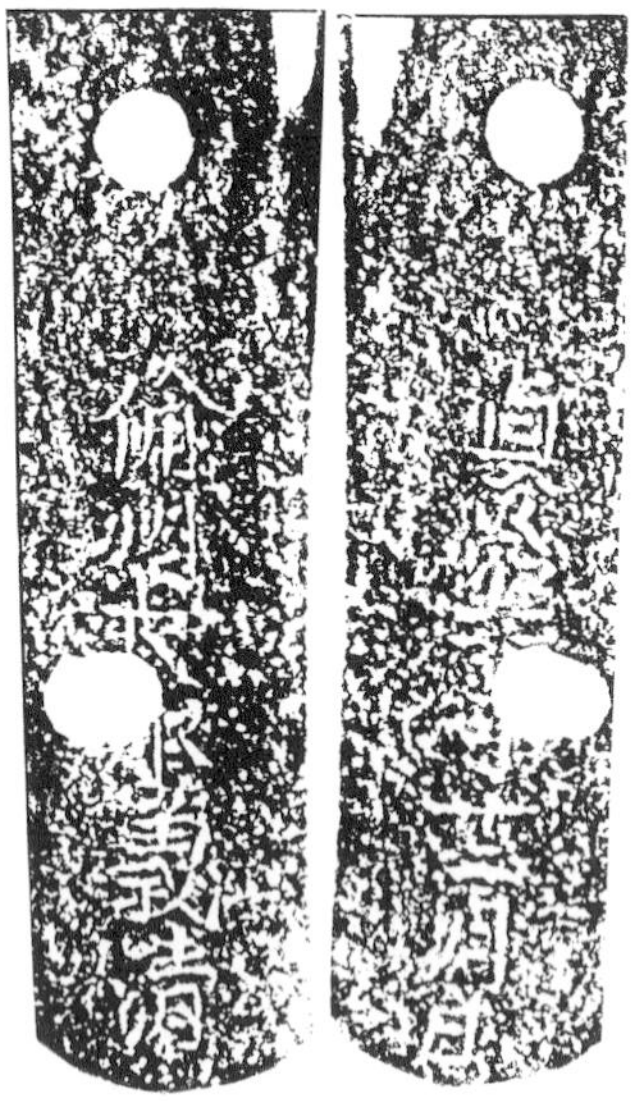

○備州長船義清（よしきよ）
貞治二年十二月日
備前國―貞治

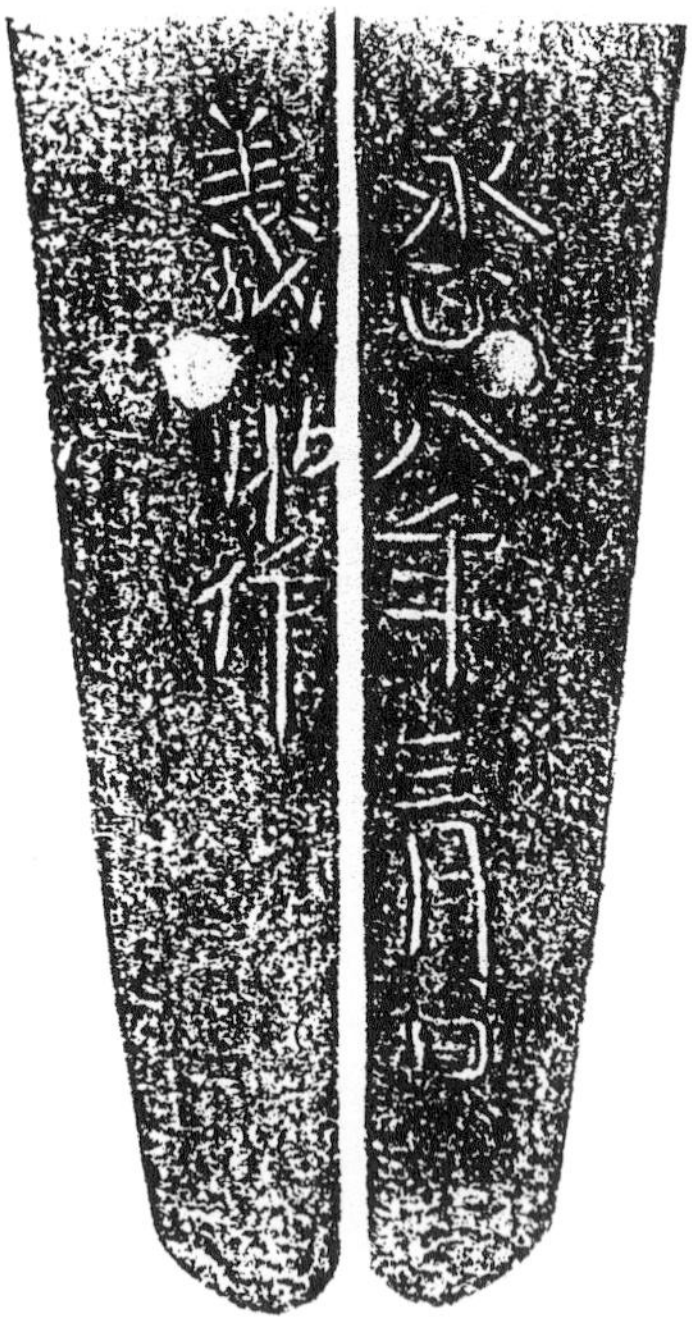

○義助作（よしすけ・ぎすけ）
永正八年三月日
〈島田〉駿河國―永正

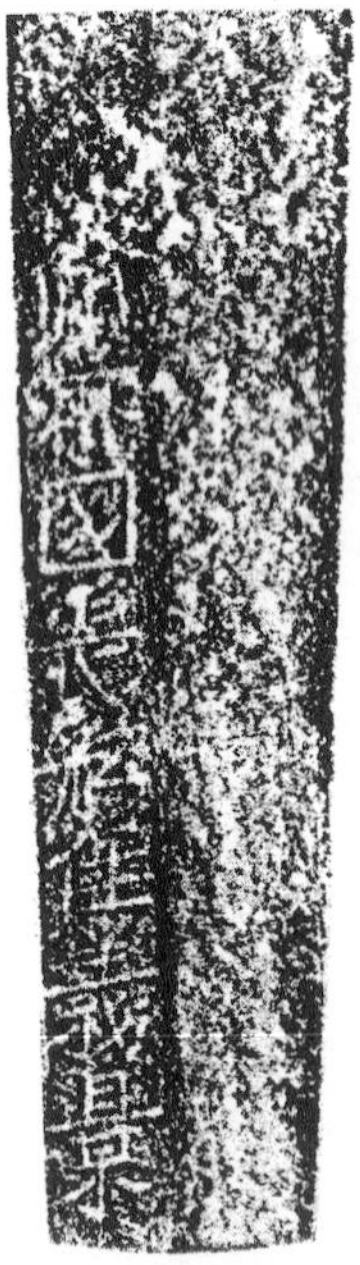

○備前國長船住義景（よしかげ）
備前國―南北朝期

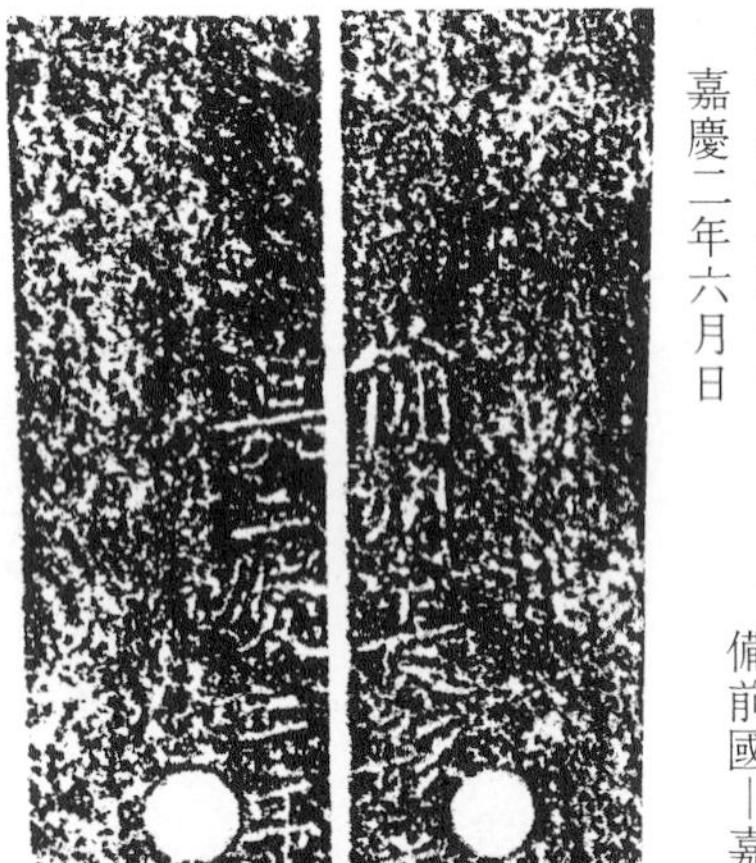

○備州長船義景（よしかげ）
嘉慶二年六月日
備前國―嘉慶

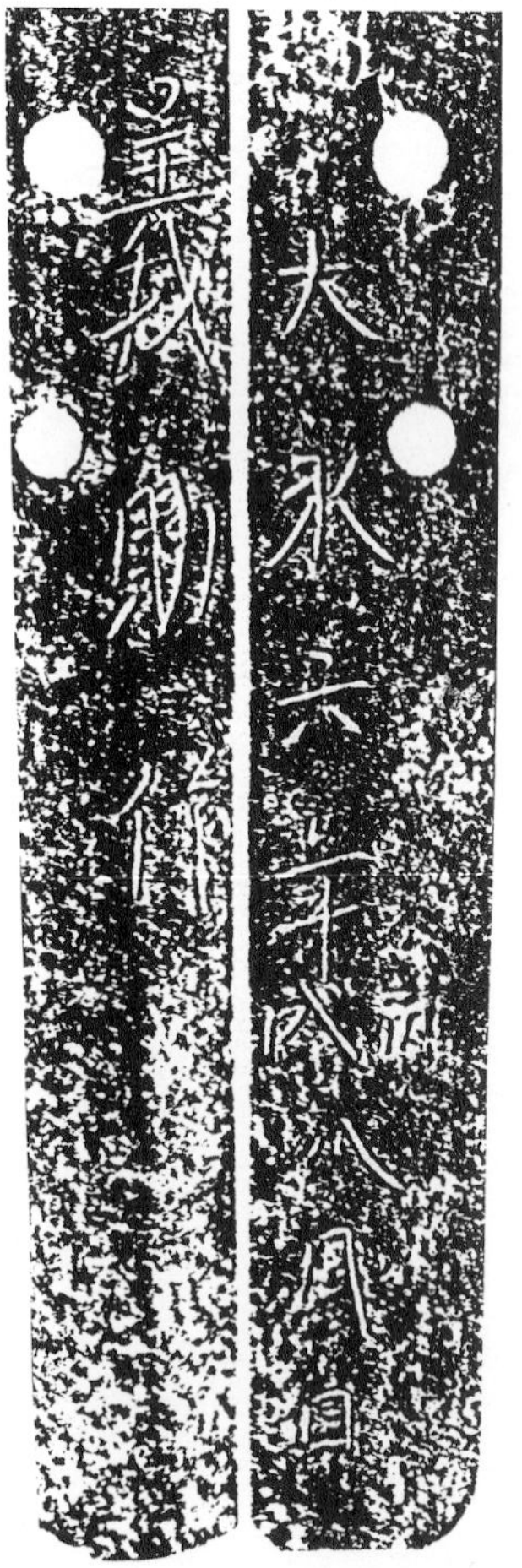

○義助作（よしすけ・ぎすけ）
大永六年丙戌八月日
〈島田〉駿河國―大永

○相州住義助（よしすけ・ぎすけ）
相模國—室町末期

○嶋田義廣作（よしひろ）
天文十一年二月吉日
〈島田〉駿河國—天文

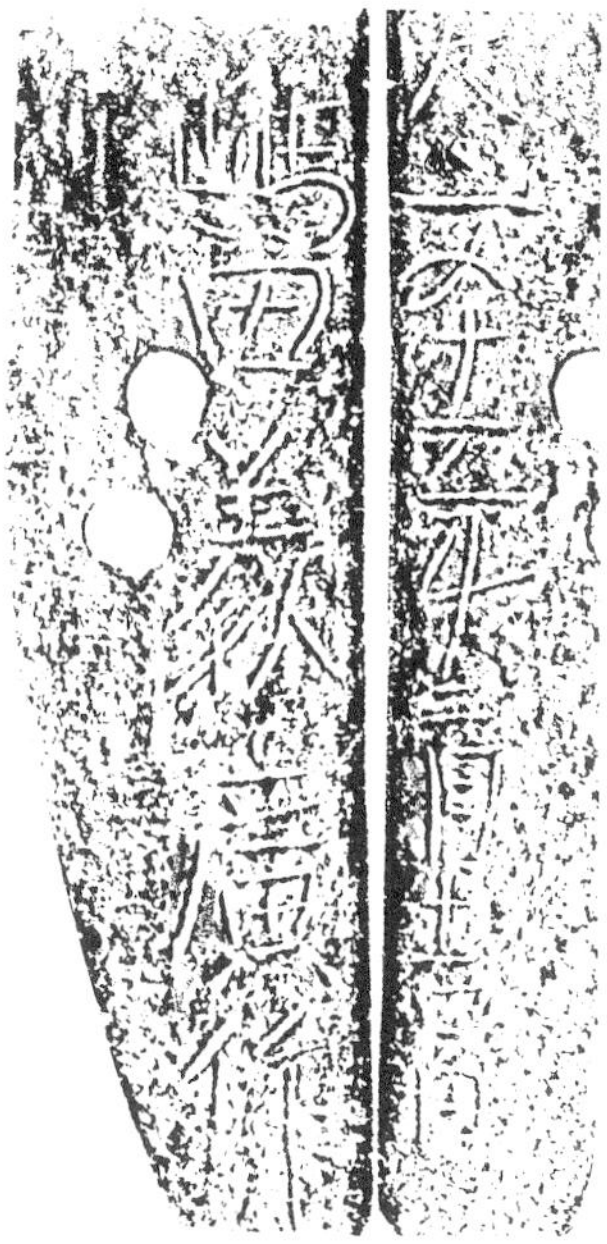

○了戒能真作（よしざね） 山城國—室町前期

○備州河田住義則（よしのり）
貞和二年二月日
備前國—貞和

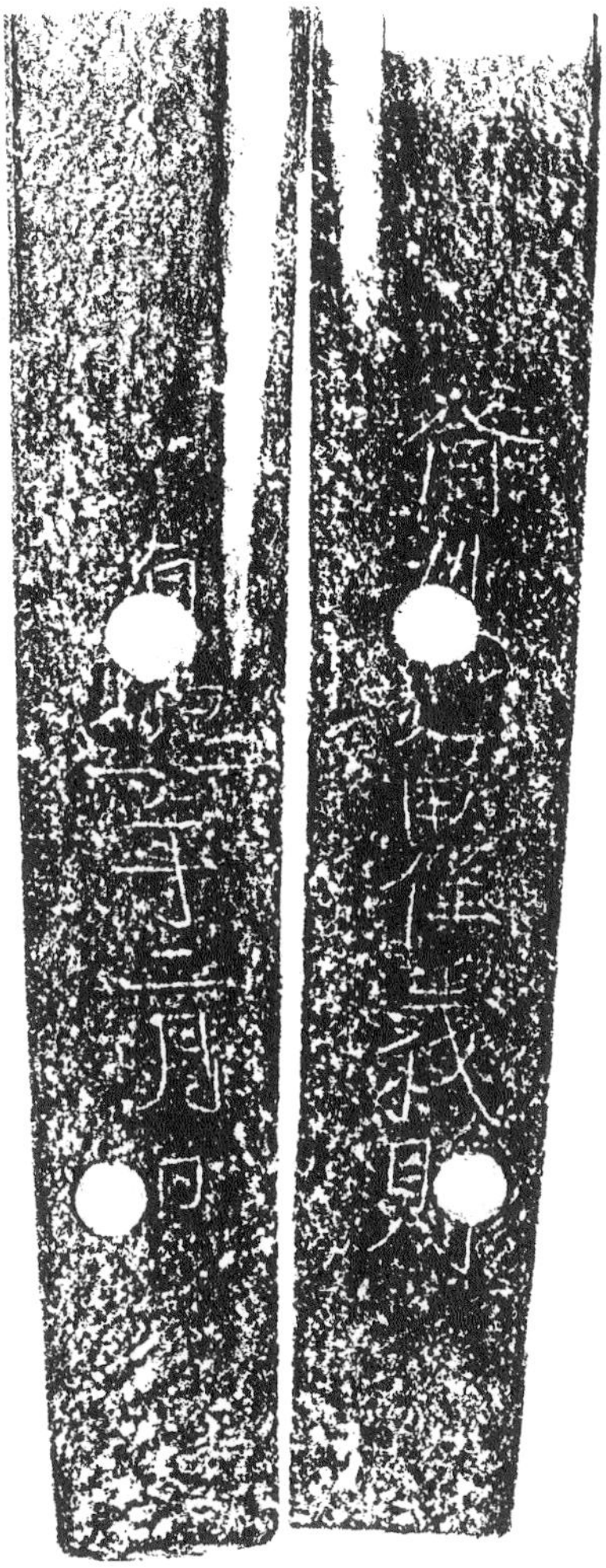

○備州長船住義光（よしみつ）
建武二二年十二月日
備前國—建武

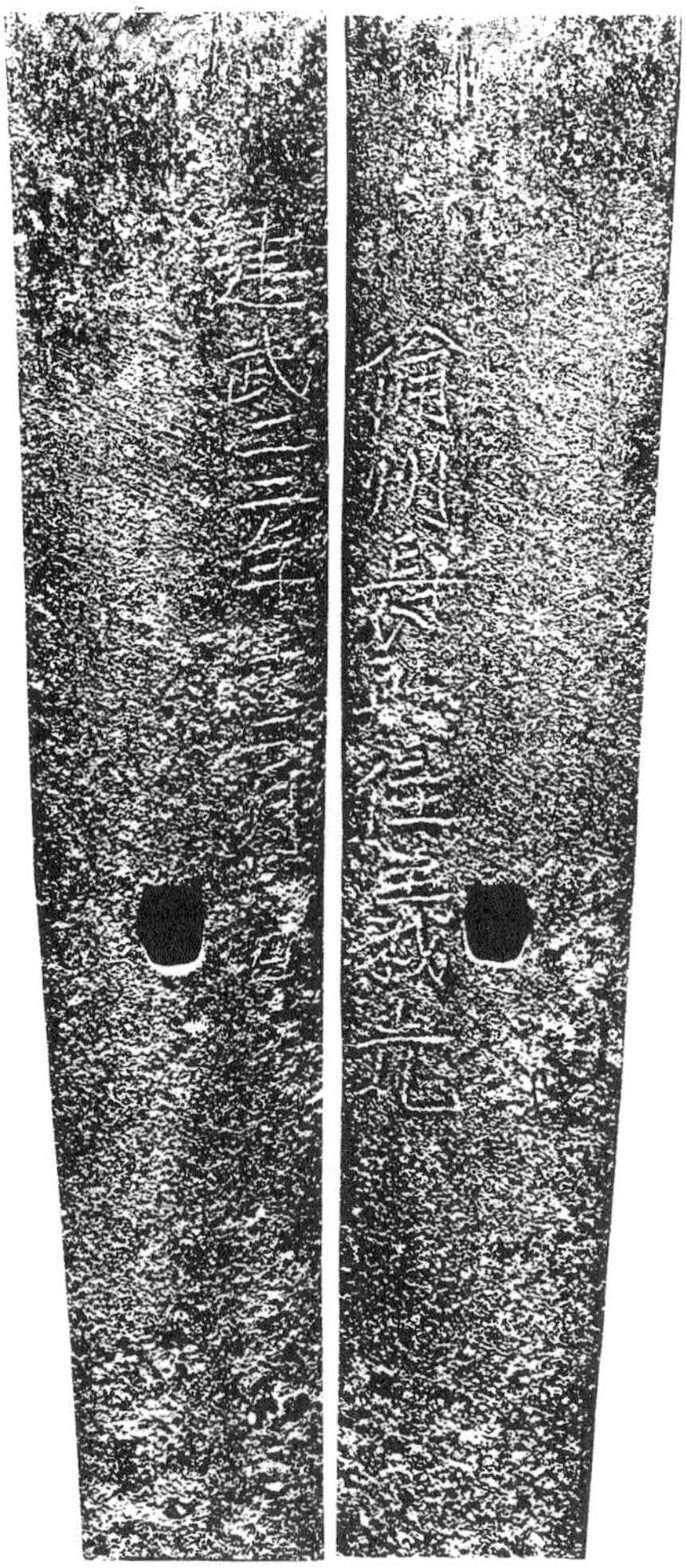

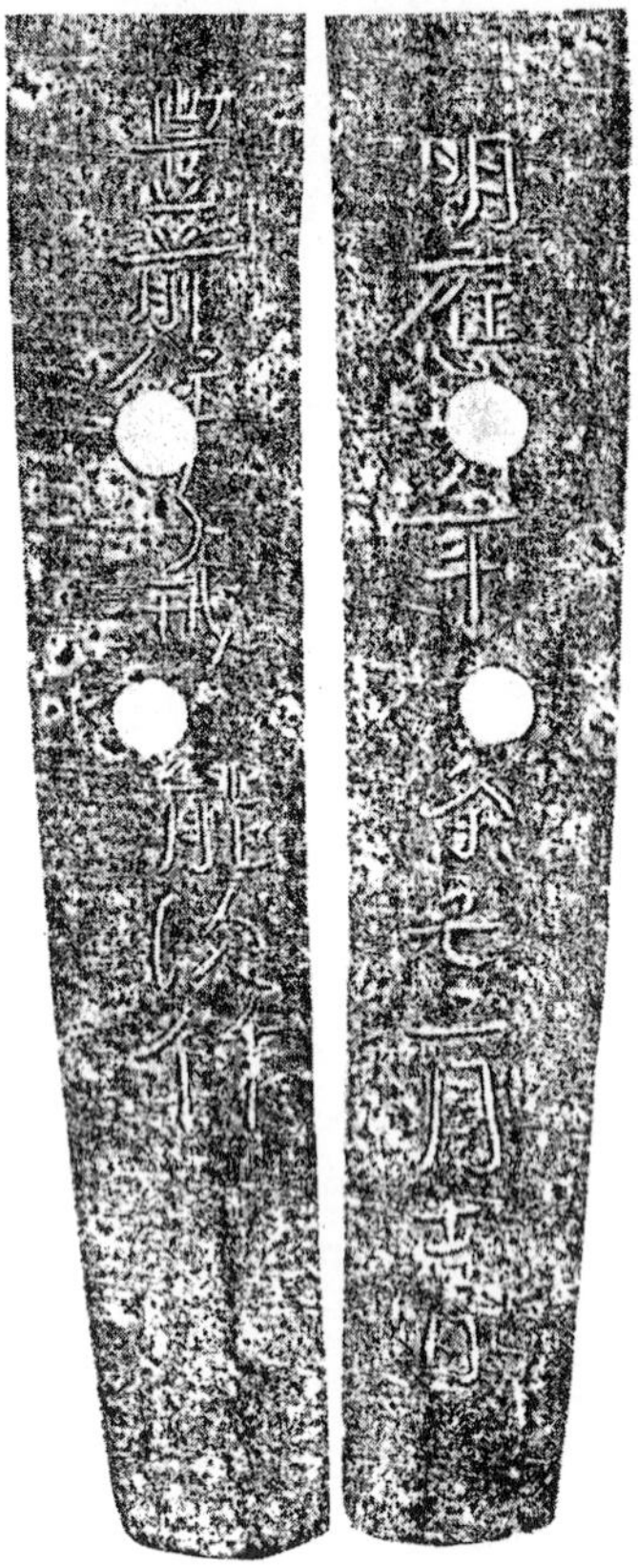

○豊前住了戒能次作（よしつぐ）
明応二年発丑二月吉日
豊前國―明応

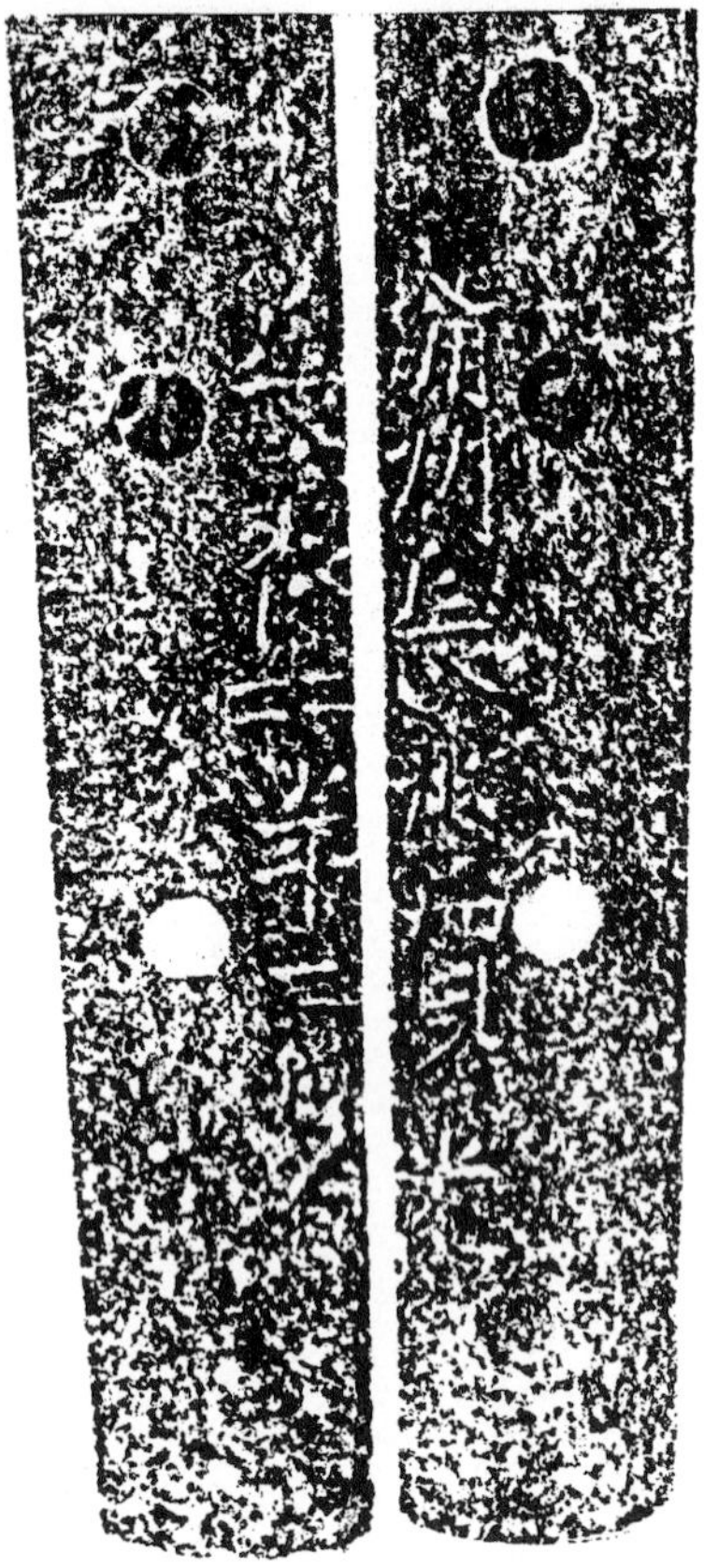

○備州長船賀光（よしみつ）
長禄二年二月日
備前國―長禄

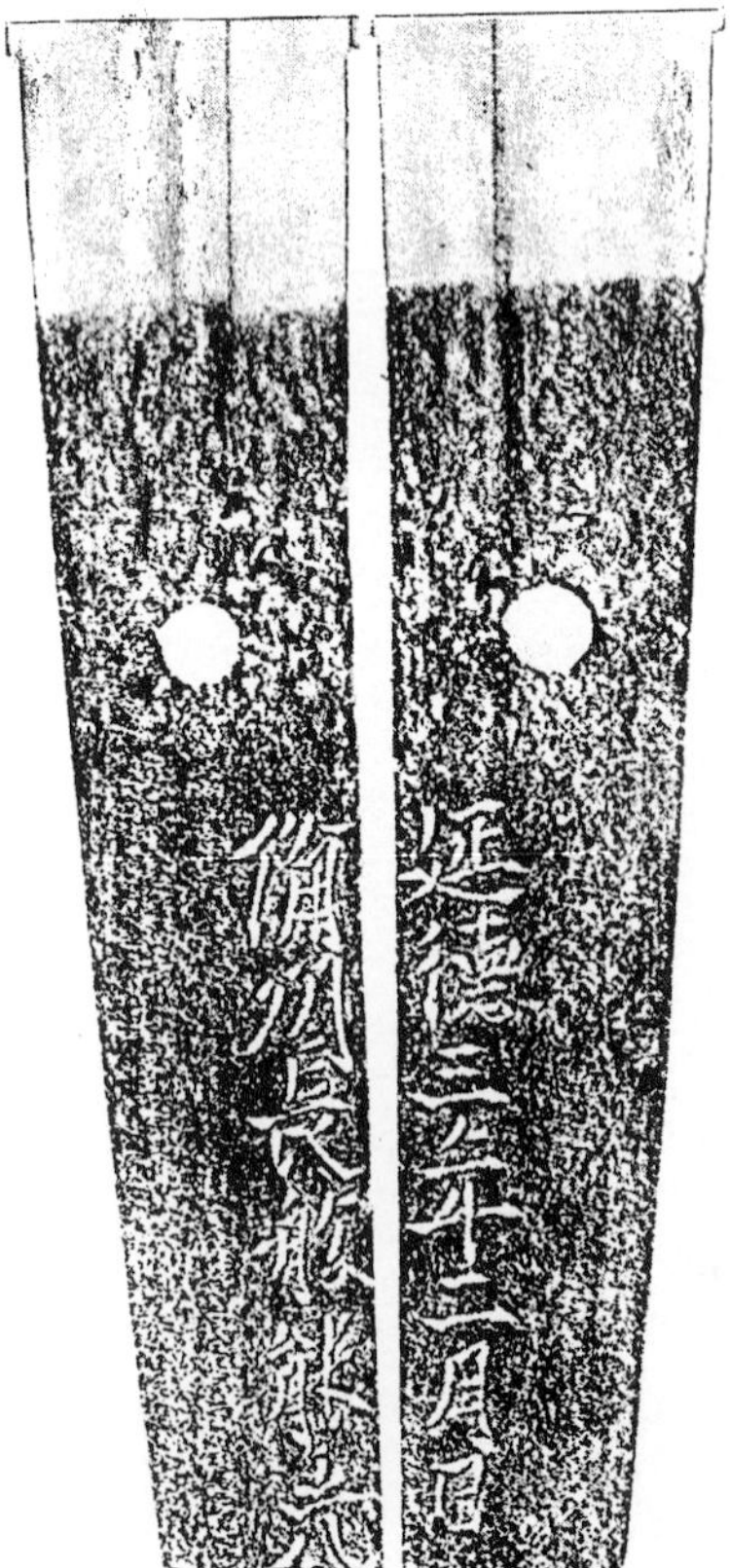

○備州長船能光（よしみつ）
延徳三年二月日
備前國―延徳

○石州長浜住人祥末作（よしすえ） 石見國―室町後期

○頼次（よりつぐ）〈青江〉 備中國―鎌倉末期

△肥前國住人相右衛門尉吉家（よしいえ）　肥前國―桃山期

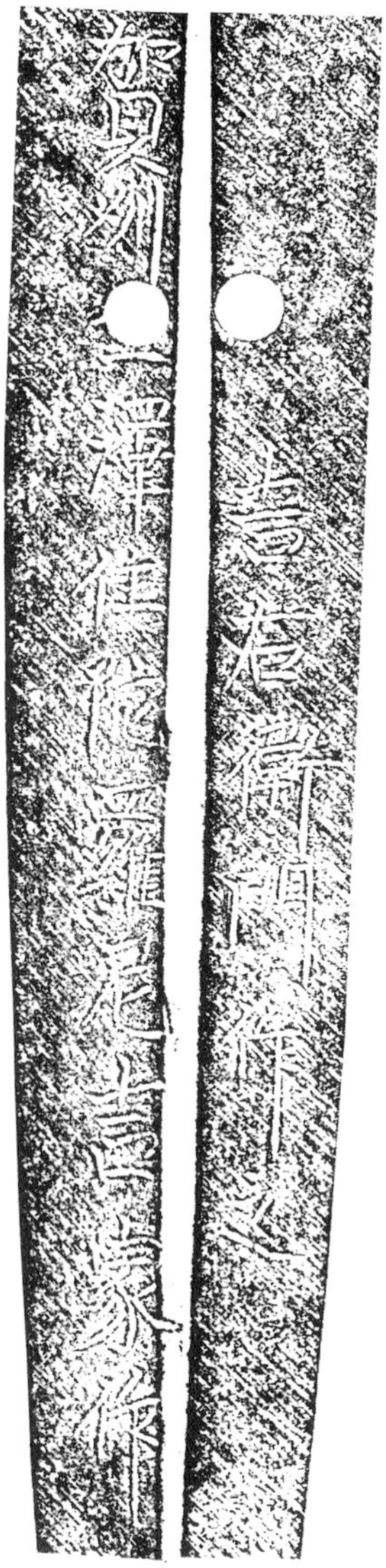

△賀州金沢住陀羅尼吉家作（よしいえ）
吉右衛門作之　加賀國―江戸中期

△筑州住源信國吉包（よしかね）　筑前國―江戸中期

△肥前國吉包（よしかね）　肥前國―明治

△濃州関善良家越前守吉門（よしかど）
承応三年修行拾九年以後於武州作之　常陸國―承応

や

△筑州住鬼塚吉國（よしくに） 筑後國―江戸初期

△上野大掾藤原吉國（よしくに） 肥前國―桃山期

△信國源吉貞（よしさだ） 筑前國―桃山期

△筑州住源信國吉重（よししげ） 筑前國―江戸中期

△摂州住藤原吉國（よしくに） 摂津國―江戸前期

△上野守吉國（よしくに） 土佐國―江戸中期

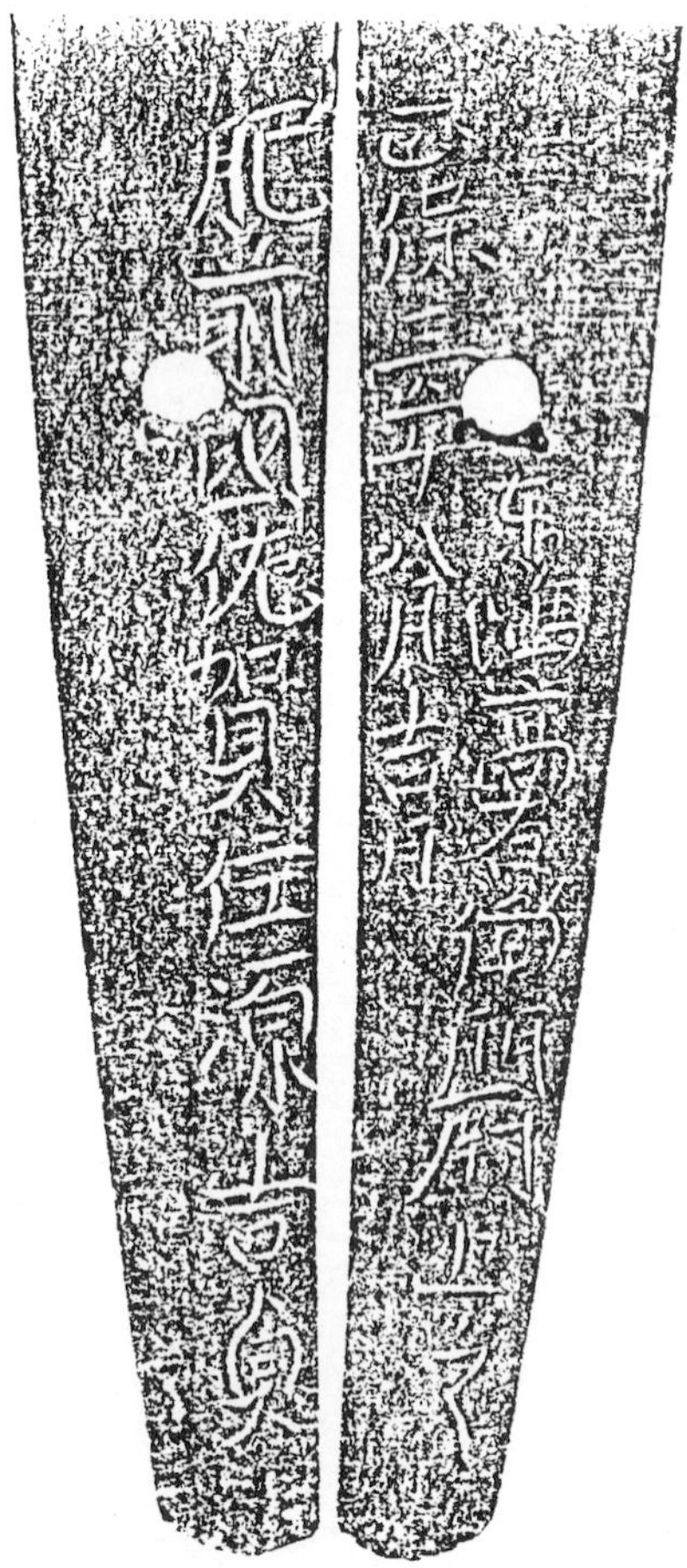

△肥前國佐賀住源吉貞（よしさだ）
正保三年八月吉日
東嶋高右衛門尉上之
肥前國―正保

△出雲大掾藤原吉武（よしたけ） 武蔵國―江戸中期

△出雲守藤原吉武（よしたけ）
元禄二年己巳八月日
武蔵國―元禄

△肥後守橘吉次作（よしつぐ）
〈金象嵌銘〉延宝六年六月十日　貳ッ胴切断　山野勘十郎久英〈花押〉
武蔵國―江戸中期

や

△肥後守橘吉次作（よしつぐ）　武蔵國―延宝
延宝五年八月七日
三ツ胴裁断　高屋甚太夫切

△関善定坂尾吉時（よしとき）　美濃國―江戸中期

△播磨守橘吉成（よしなり）　摂津國―江戸前期

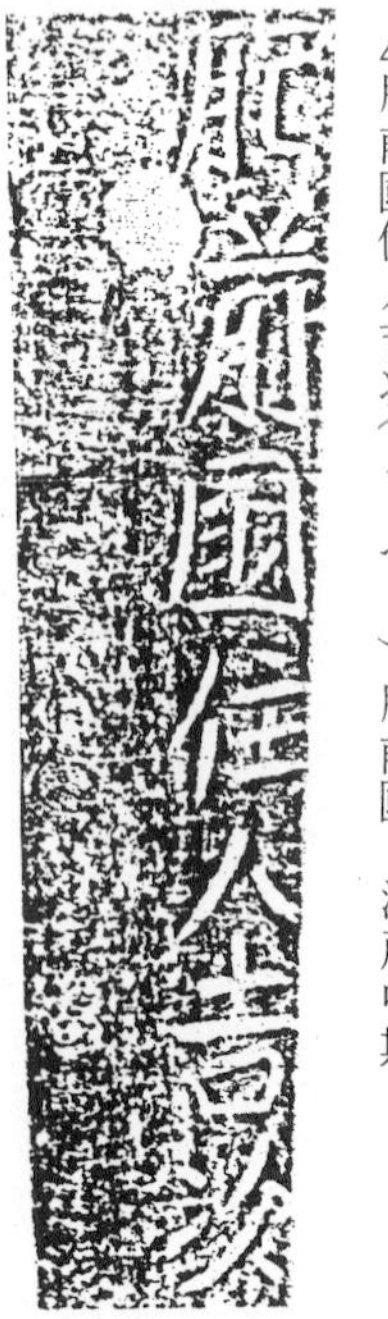

△肥前國住人吉次（よしつぐ）　肥前國―江戸中期

△信國源吉次（よしつぐ）　筑前國―江戸中期

△切物藤原吉長（よしなが）　〈吉房と合作〉　肥前國―桃山期
吉房

△山城國住埋忠吉信（よしのぶ）山城國―桃山期

△肥前國住人吉信（よしのぶ）山城國―桃山期

△伊勢大掾藤原吉廣（よしひろ）肥前國―江戸中期

△肥前國住伊勢大掾藤原吉廣（よしひろ）肥前國―江戸中期

△上州前橋住源吉信作（よしのぶ）上野國―元禄
元禄六年十月吉日

△肥前國佐賀住源吉房（よしふさ）肥前國―桃山期

△武州住吉正（よしまさ） 武蔵國―江戸中期

△筑前住源信國吉政（よしまさ）〈二代〉筑前國―江戸中期

△信國十二代嫡流源吉政（よしまさ）
天和二年八月吉日 筑前國―天和

△上野介源吉正（よしまさ） 武武國―江戸中期

△源信國平四郎吉政（よしまさ） 筑前國―江戸中期

△丹波守吉道〈花押〉（よしみち）平安城住藤原〈帆掛丹波・京初代吉道前銘〉山城國―桃山期

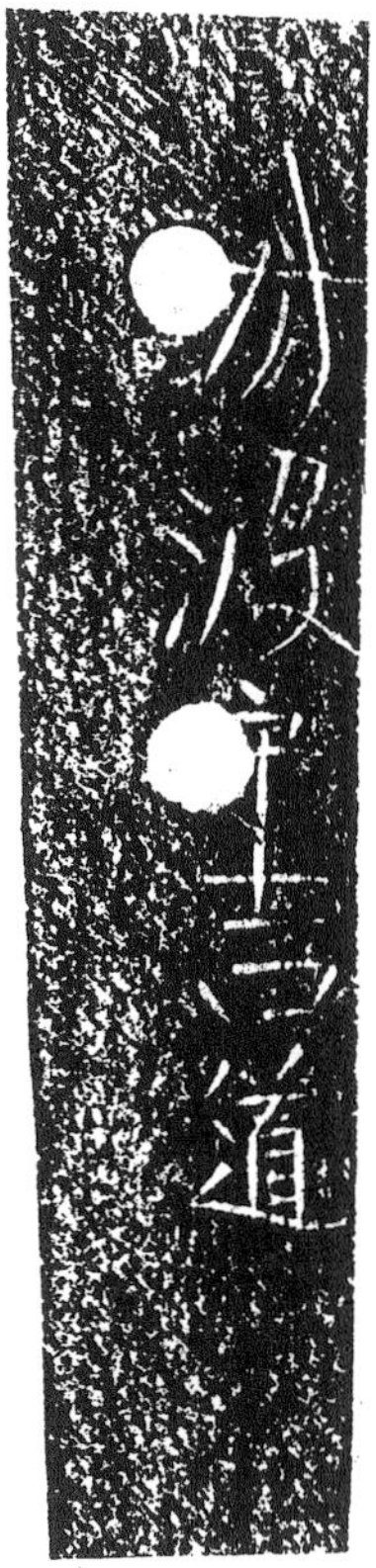

△丹波守吉道（よしみち）〈京初代〉山城國―桃山期

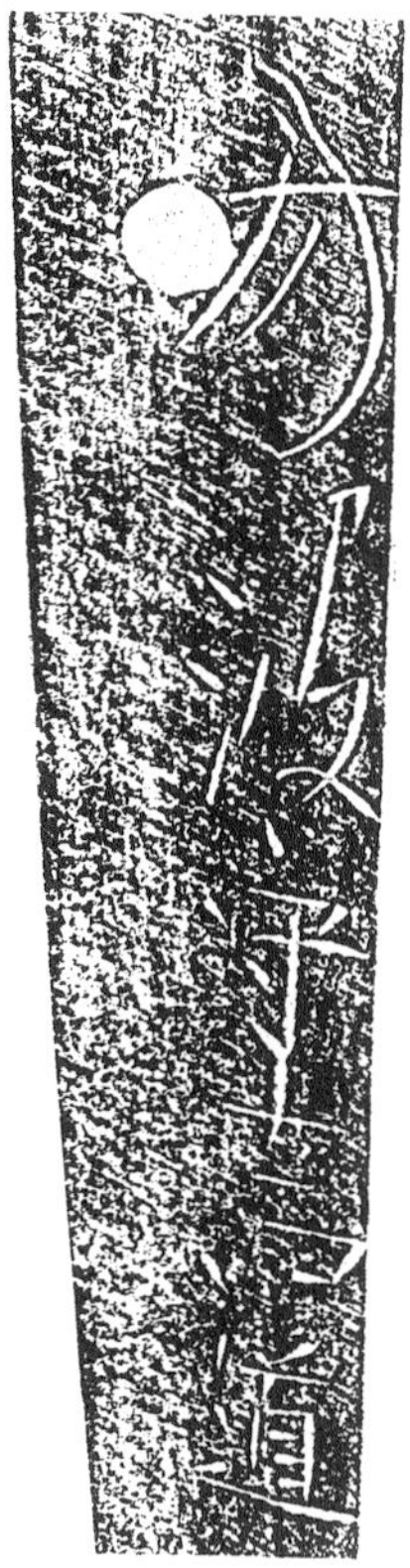

△丹波守吉道（よしみち）〈京初代〉山城國―桃山期

△丹波守吉道（よしみち）〈京初代〉山城國―桃山期

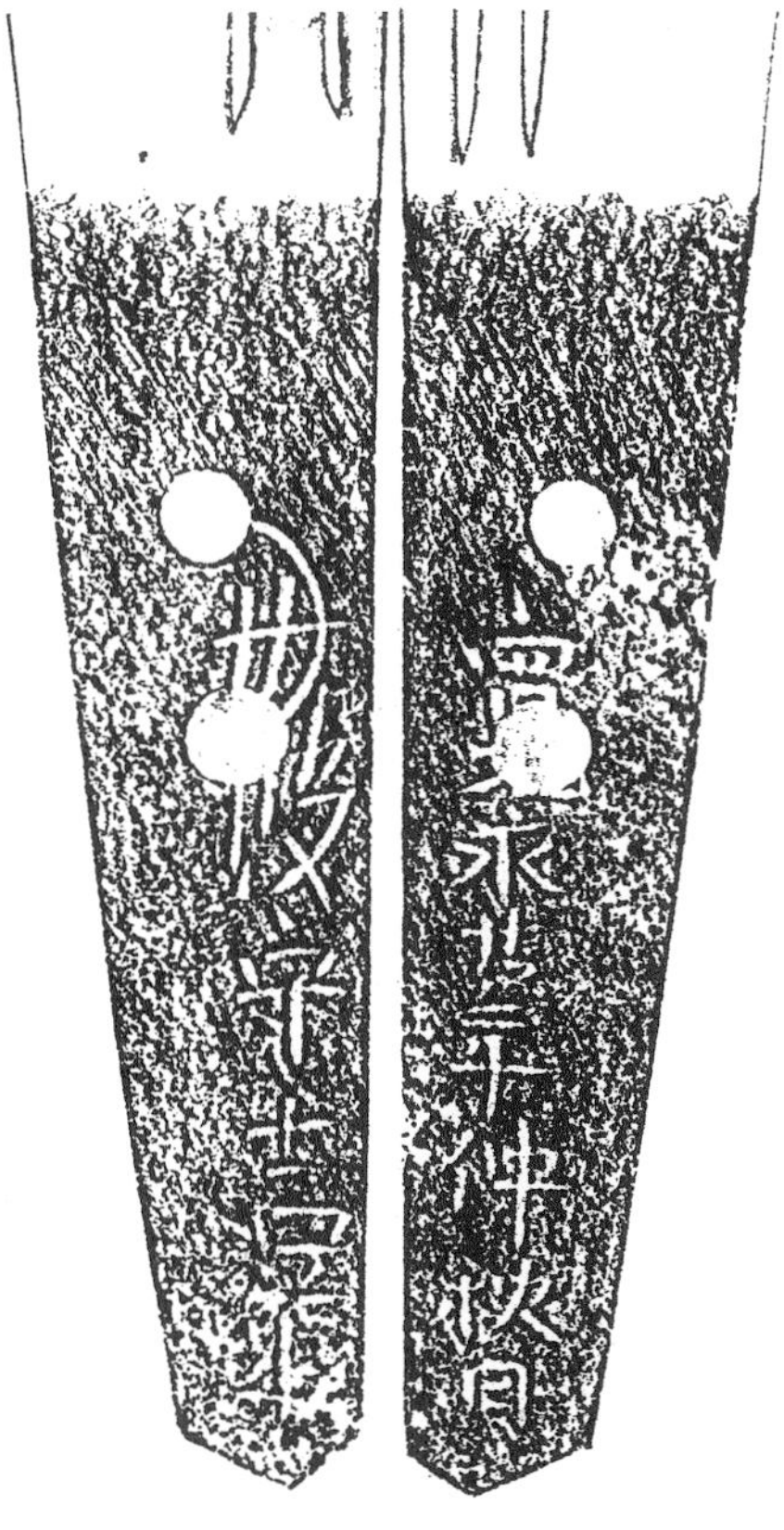

△丹波守吉道（よしみち）〈京二代〉山城國―寛永
寛永廿年仲秋日

△（菊紋）丹波守吉道〈よしみち〉〈京三代〉山城國―江戸中期

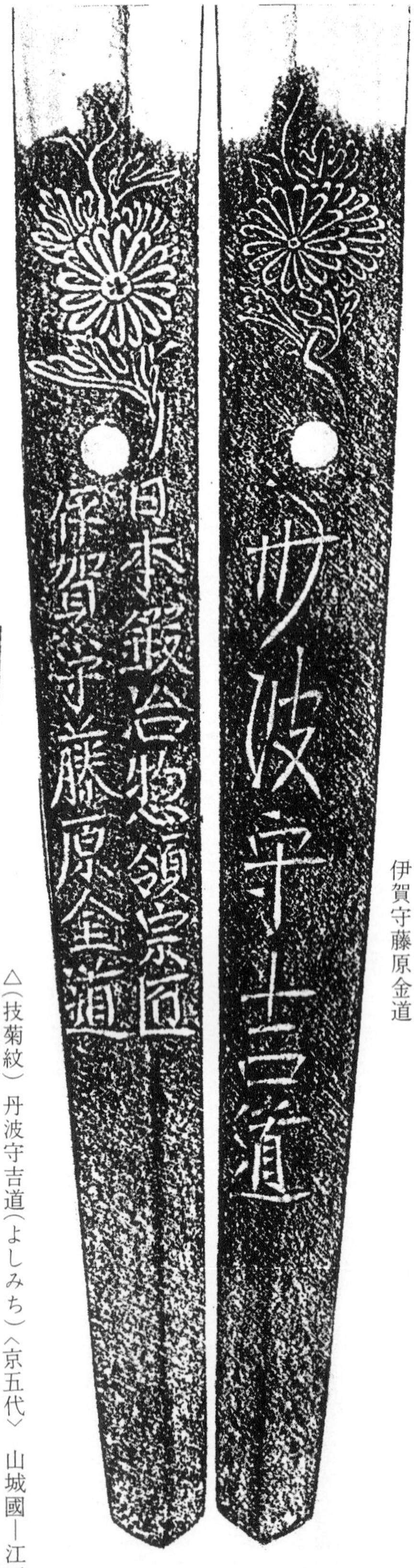

△（技菊紋）丹波守吉道（よしみち）
（技菊紋）日本鍛冶惣領宗匠　〈京四代・三代金道と合作〉　山城國―江戸中期
伊賀守藤原金道

△（技菊紋）丹波守吉道（よしみち）〈京五代〉　山城國―江戸中期

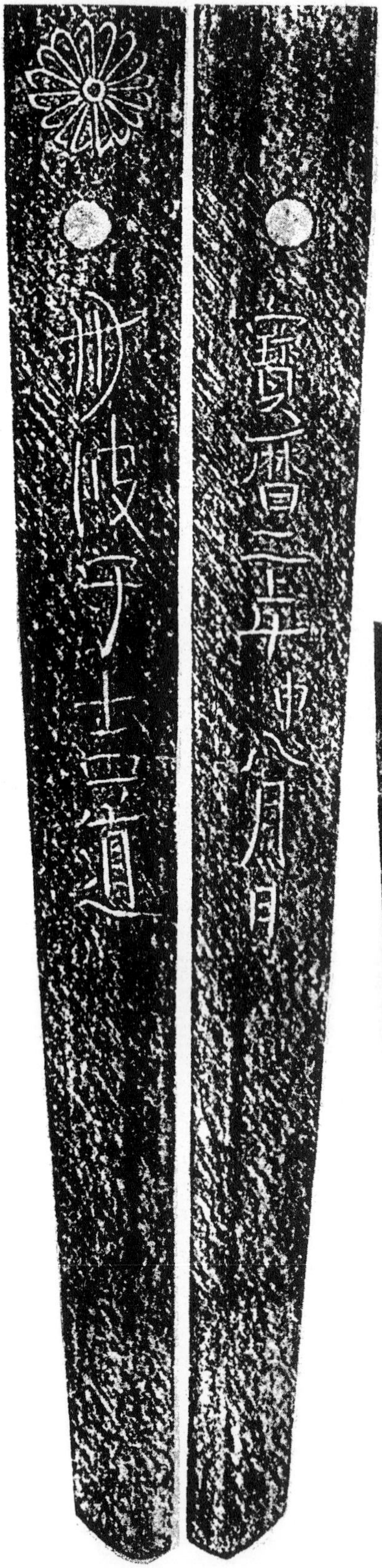

△（菊紋）丹波守吉道（よしみち）　〈京六代〉　山城國―宝暦
宝暦二年申八月日

△丹波守嫡吉道作（よしみち）
寛政三年六月廿四日於千住乳割土壇拂
〈京七代〉　山城國—寛政

△丹波守吉道（よしみち）〈大坂初代〉　摂津國—江戸初期

△丹波守吉道（よしみち）〈大坂二代〉　摂津國—江戸中期

△延陵士吉道（よしみち）
寛政十一年二月日
〈京七代〉　山城國—寛政

△大和守吉道（よしみち）　摂津國—江戸中期

△大和守吉道（よしみち）
万治巳亥二年八月吉日　摂津國—万治

△大和守吉道七拾八歳造改（よしみち）
延宝三年二月吉日　摂津國—延宝

△陸奥守吉行（よしゆき）　土佐國—江戸中期

△吉光（よしみつ）　土佐國—江戸末期

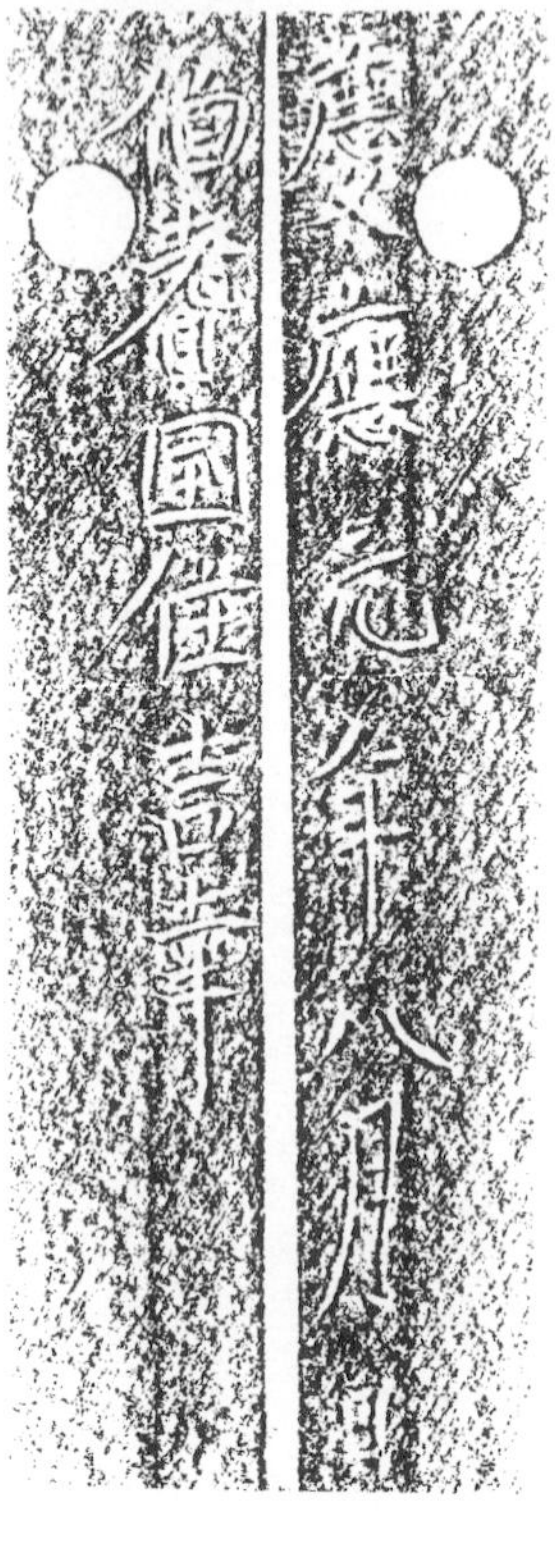

△伯耆國住吉幸（よしゆき）
慶応元年八月日　伯耆國—慶応

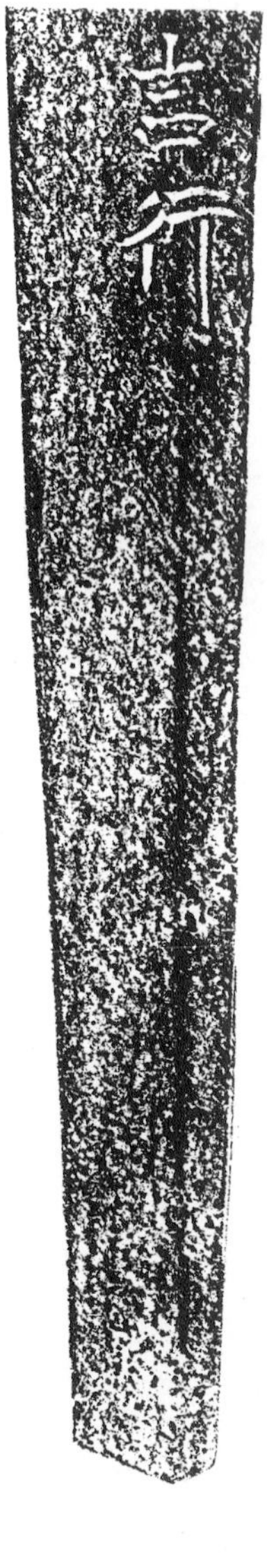

△吉行（よしゆき）　土佐國—江戸中期

△筑前住源信國義一　同義直作（よしかず）
藩邸士松岡重次陪　駕至福城令造之者也
〈義直と合作〉筑前國―江戸後期

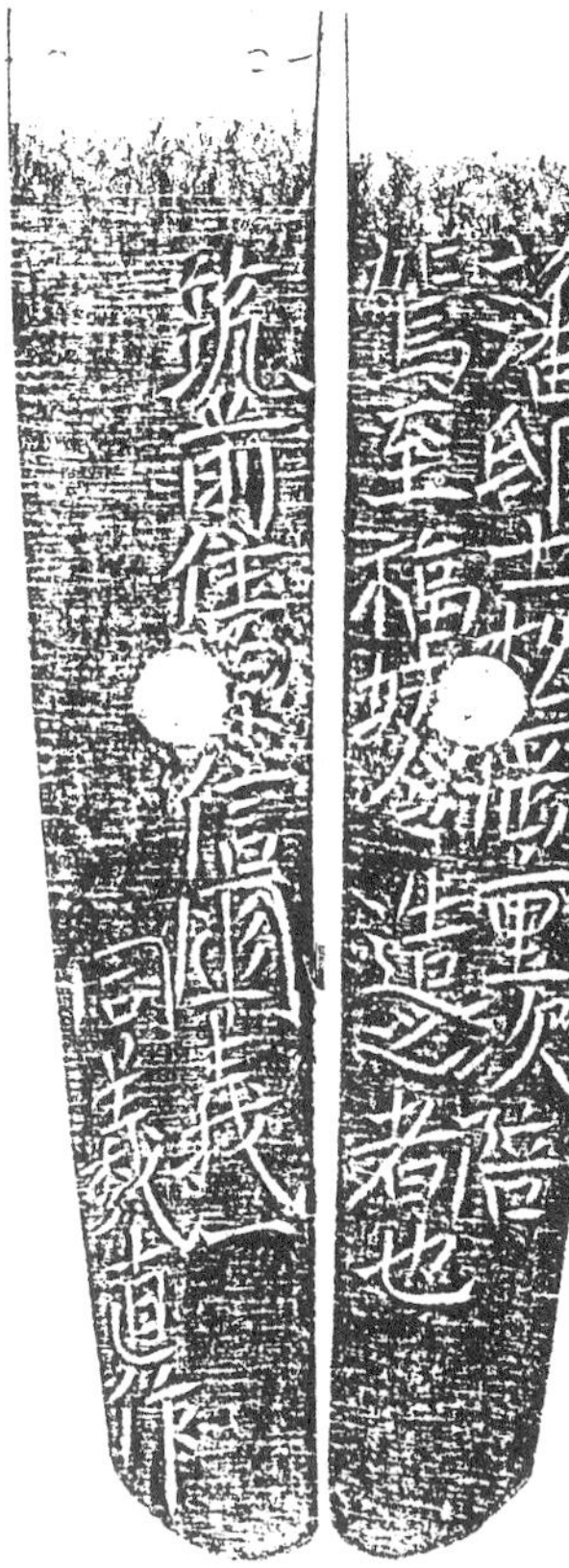

△駿河國嶋田住人源義重（よししげ）
於江戸義助父子ニテ作之
武蔵國―江戸中期

△備州岡山住竹貫斎義隆〈刻印〉（よしたか）
二十五才剞物同作
備前國―明治

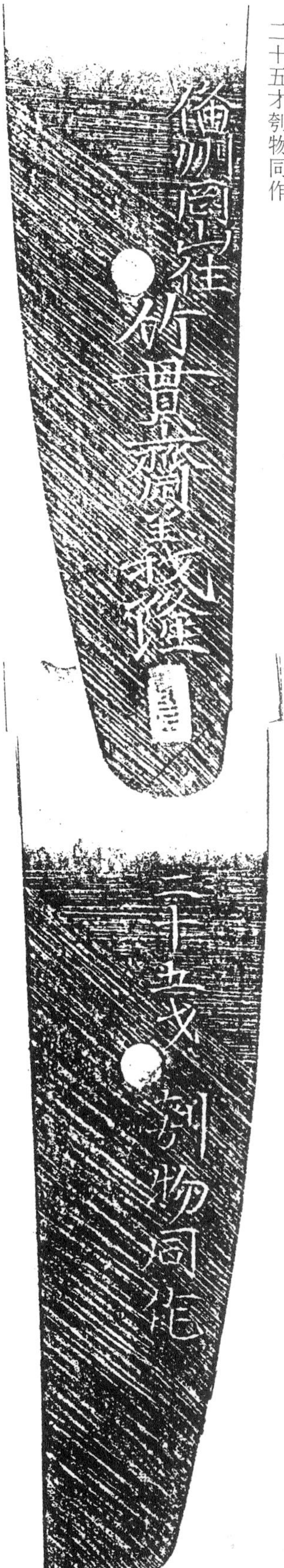

△三条堀川住義國（よしくに）　山城國―桃山期

△上野國群馬郡高崎住　長谷部義重作（よししげ）
安政六己未年二月吉日
上野國―安政

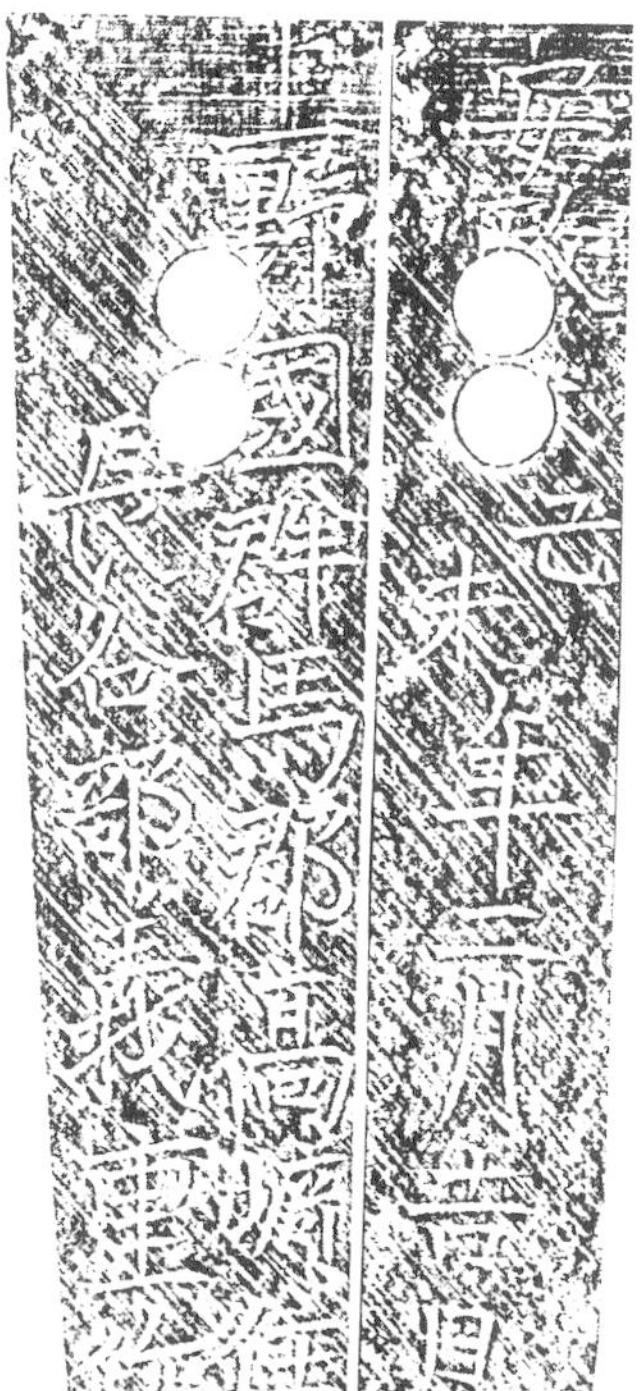

や

△備前國岡山住逸見竹貫斎源義隆廿六歳剞物同作（よしたか）
備中國甕江郷社於羽黒大神御前謹作之
明治二辛未年冬十一月日
備前國―明治

△越前住河内守藤原義植（よしたね） 越前國―江戸前期

△兵左衛門義継（よしつぐ） 信濃國―安政
安政三年十一月

△山浦兵左衛門藤原義信（よしのぶ） 信濃國―江戸末期

△総州佐倉臣細川義則造〈花押〉（よしのり） 下総國―明治
明治三年二月日

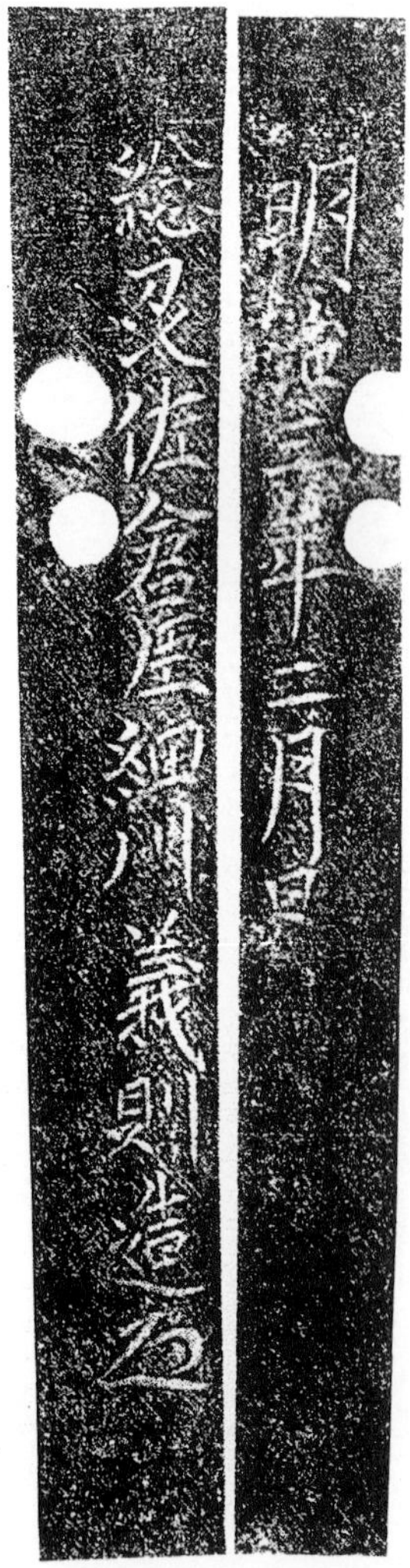

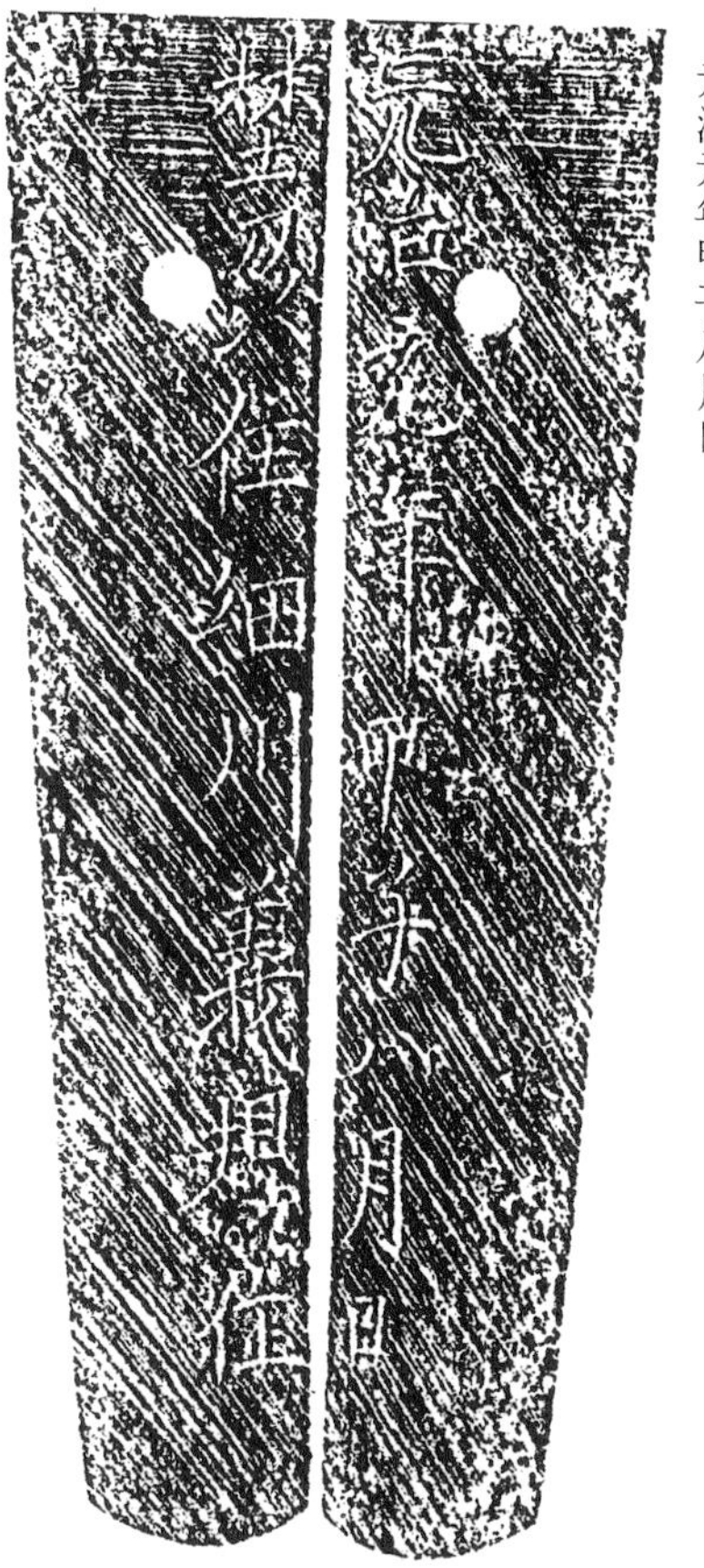

△埜州住細川義規作（よしのり）
元治元年甲子八月日
下野國―元治

△中山一貫斎義弘〈花押〉（よしひろ）
武蔵國―江戸後期

△平安城相模守源義道（よしみち）
延享元年八月吉日　以南蛮鉄造之
山城國―延享

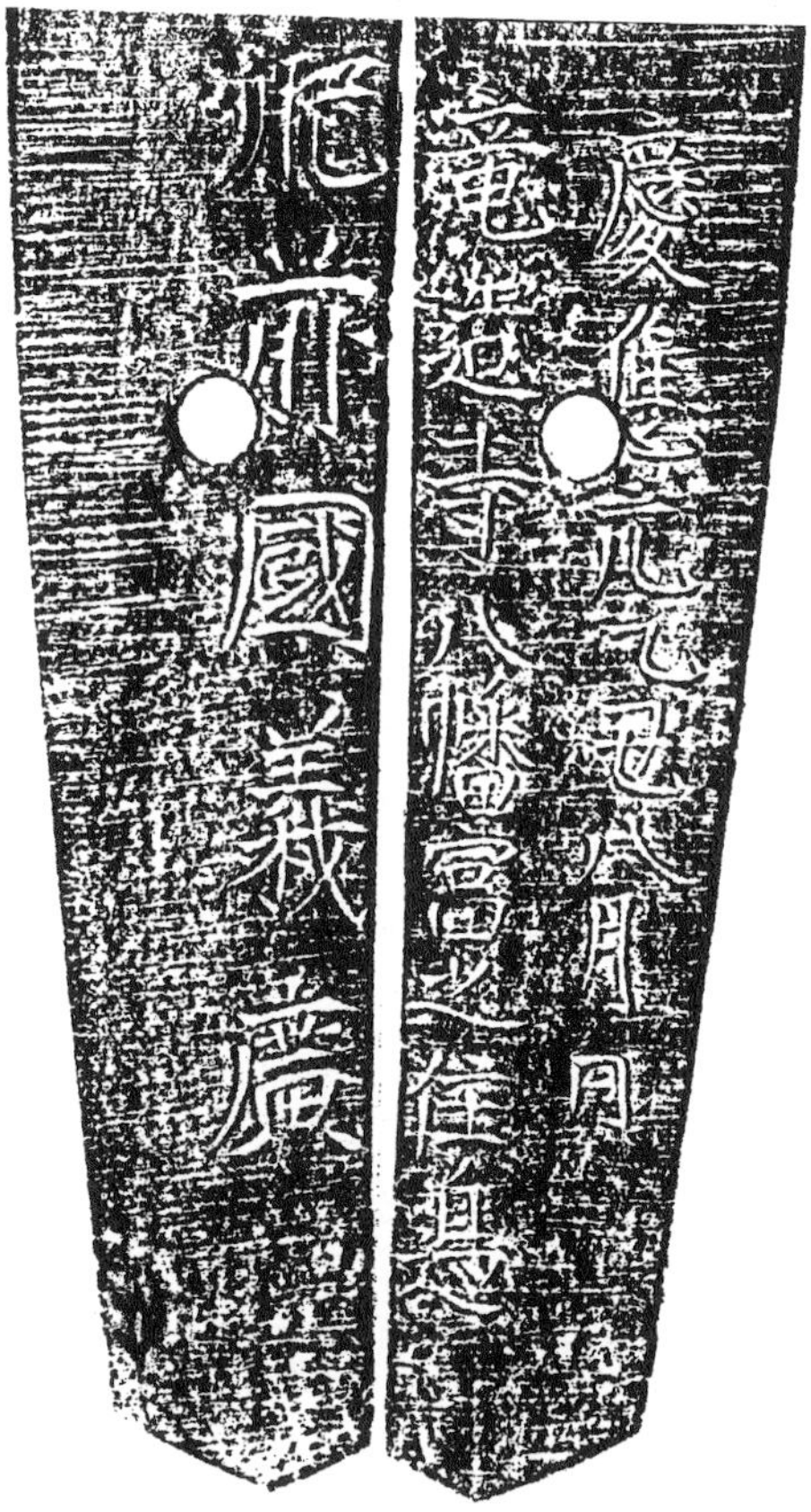

△肥前國義廣（よしひろ）
竜造寺八幡宮之住辺
慶応元乙丑八月日
肥前國―慶応

△豊州高田住藤原義行（よしゆき）
豊後國―江戸中期

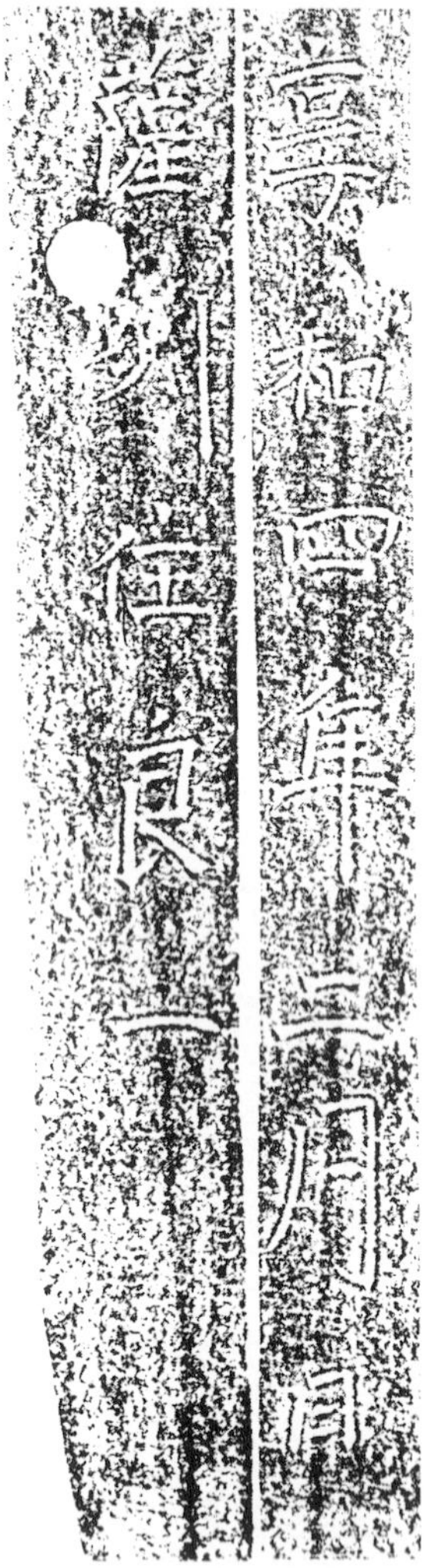

△薩州住良一（よしかず）
享和四年二月日
薩摩國—享和

△井上良忠（よしただ・りょうちゅう）
延宝七年八月日
摂津國—延宝

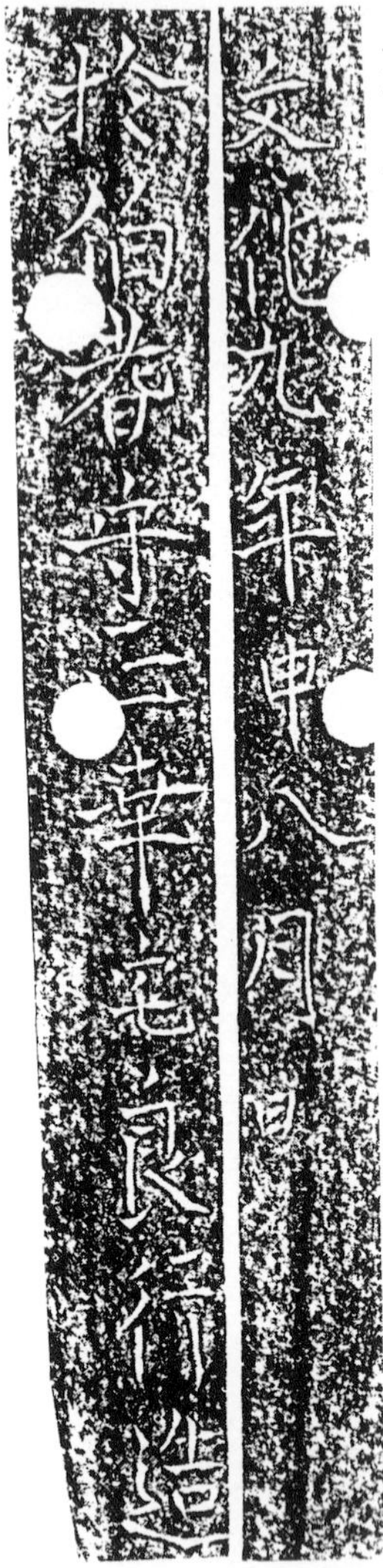

△於伯耆守正幸宅良行造（よしゆき）
文化九年申八月日
薩摩國—文化

△大江慶隆（よしたか）
〈東山美平晩年銘〉山城國—江戸中期

△東山住美平（よしひら・びへい）
山城國—江戸中期

△梅忠美平作（よしひら・びへい）
山城國—江戸中期

△東山住美平（よしひら・びへい）
山城國—江戸中期

□安達義昭三戌作之（よしあき）
昭和壬戌年三月日

静岡県―昭和

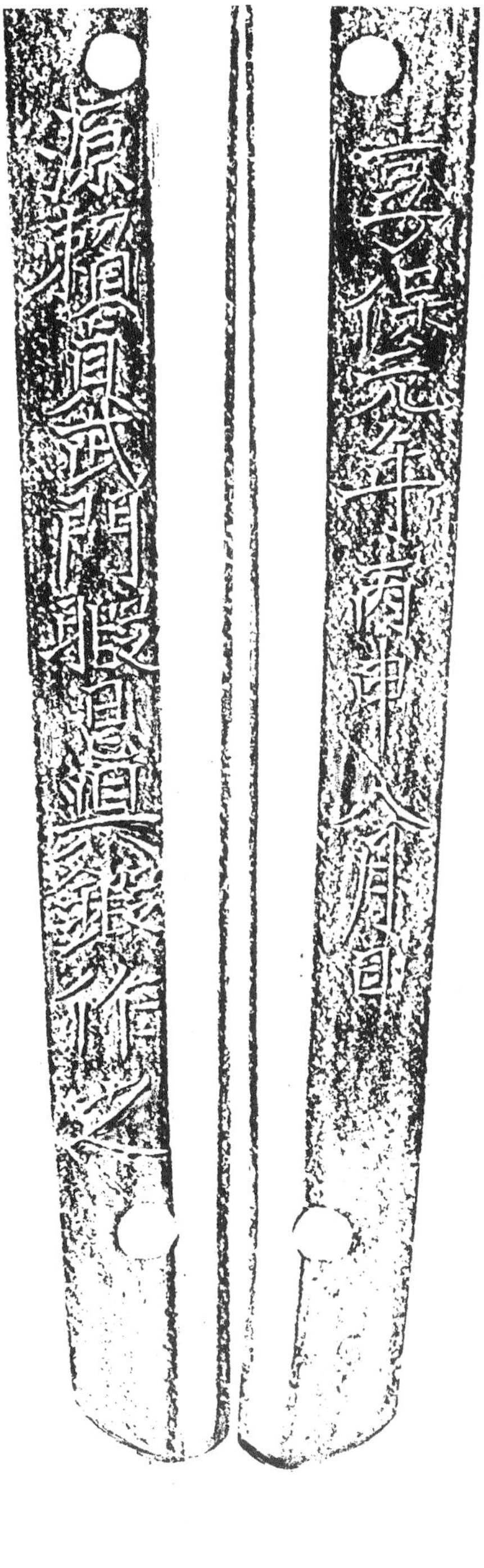


△源頼貞武門暇日真鍛作之（よりさだ）
享保元年丙申八月日

武蔵國―享保

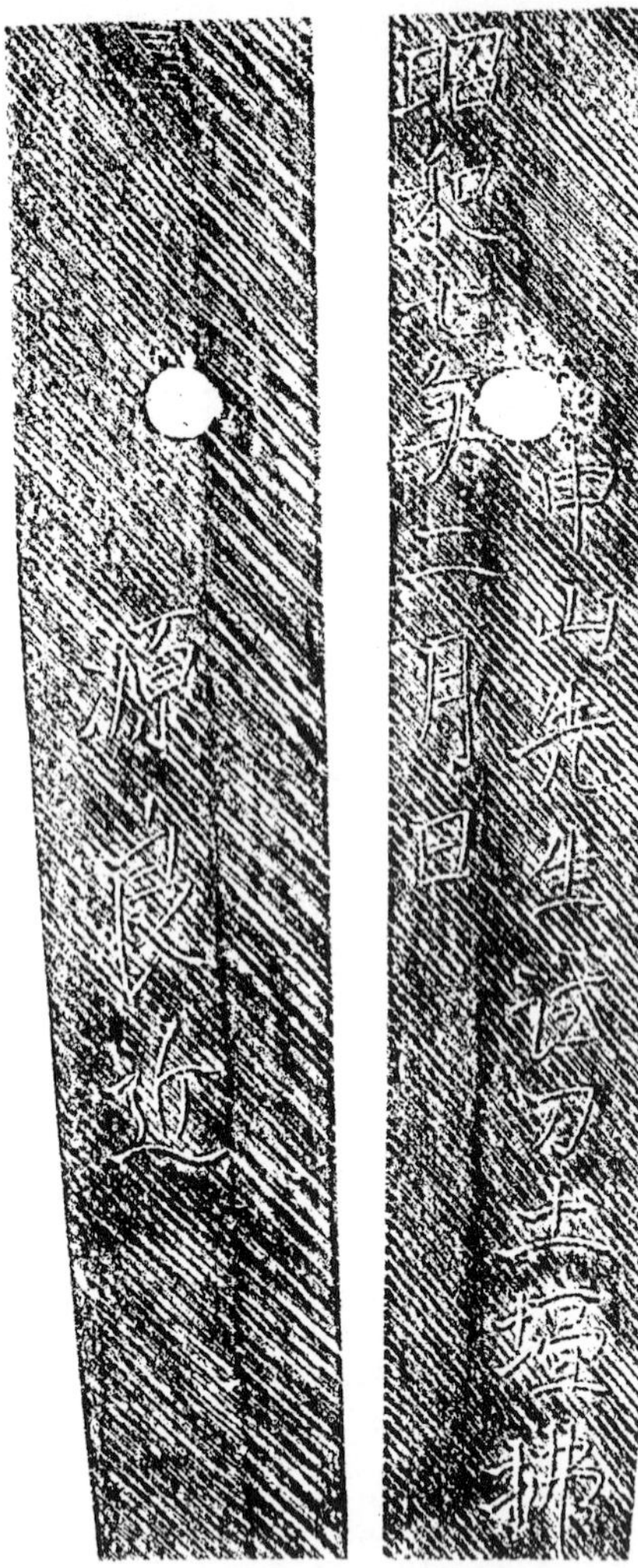

□源良近（よしちか）
昭和七年二月日
中山先生試刀土壇拂
東京都—昭和

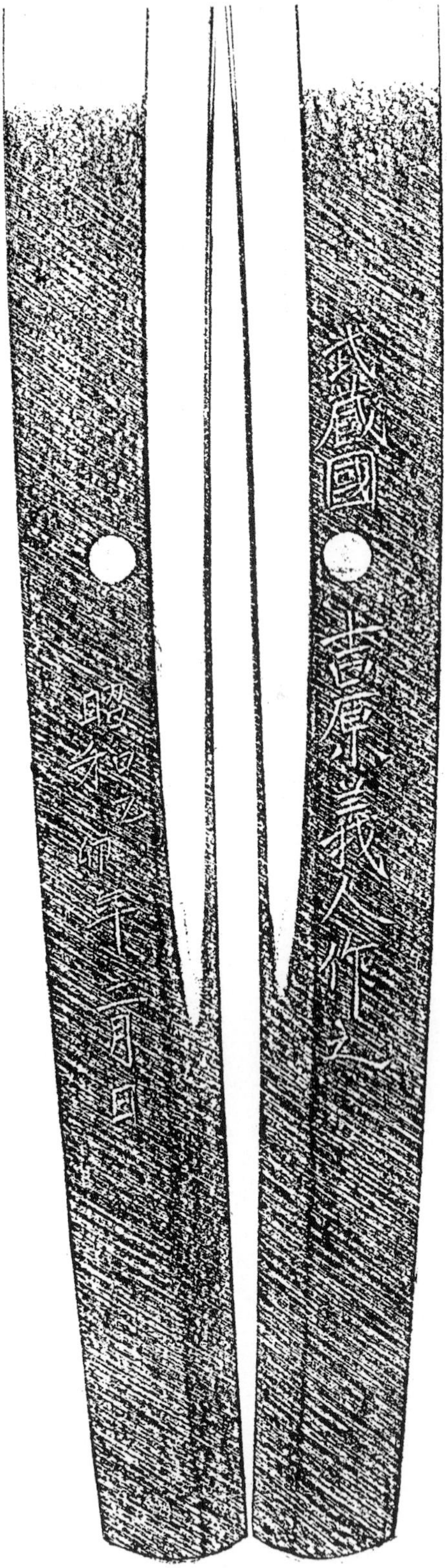

□武武國吉原義人作之（よしと）
昭和乙卯年二月日
東京都—昭和

□源義宗造（よしむね）
昭和十一年八月日
岡山県—昭和

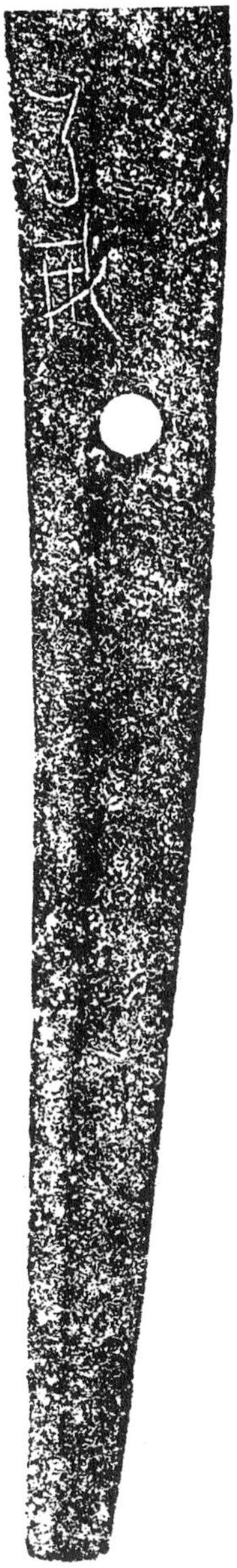

○了戒（りょうかい） 山城國―鎌倉末期

○了戒（りょうかい） 山城國―鎌倉末期

○良西（りょうさい・よしあき） 筑前國―鎌倉中期

○旅泊七十五（りょはく） 日向國―室町末期

○了戒（りょうかい） 山城國―鎌倉末期

○了戒（りょうかい） 山城國―鎌倉末期

# 参考文献資料

日本刀大鑑（本間順治・佐藤貫一監修）、鑑刀日々抄（本間薫山）、名刀の見どころ極めどころ（本間薫山）、佐野美術館図録（佐野美術館）、康継大鑑（佐藤貫一）、rhs徹大鑑（本間順治・佐藤貫一）、長曽禰rhs徹新考（小笠原信夫）、井上真改大鑑（中島新一郎・飯田一雄）、越前守助廣大鑑（飯田一雄）、美濃刀大鑑（得能一男）、水戸の刀匠（関山豊正）、京都の刀剣（福永酔剣）、新刀大鑑（飯村嘉章）、新々刀大鑑（飯村嘉章）、日本刀随感・新刀編（片岡銀作）、豊前守藤原清人（酒井忠明）、肥前の刀と鐔（福永酔剣）、駿遠豆三州刀工の研究（日本美術刀剣保存協会・静岡県支部）、薩摩の刀と鐔（福永酔剣）、薩摩刀名作集（日本美術刀剣保存協会・鹿児島県支部）、國廣大鑑（本間順治・佐藤貫一）、加州新刀大鑑（日本美術刀剣保存協会・石川県支部）、有銘古刀大鑑（飯村嘉章）、肥前刀私考（片岡銀作）、新々刀集（藤代義雄）、新刀集（藤代義雄・松雄）、愛刀（刀剣春秋新聞社）、麗（刀剣柴田）、刀連（刀剣研究連合会）、紀州の武具（和歌山県立博物館）、肥前刀大鑑（日本美術刀剣保存協会）、日本古刀史（本間順治）、優秀刀図録（日本刀剣保存会）、新刀古刀大鑑（川口陟）、清麿大鑑（中島宇一）、寒山刀剣講座第一巻（刀和会）、寒山小論文集（佐藤貫一）、野州刀工金工集（日本美術刀剣保存協会・栃木県支部）、奥州刀の話（本間順治）、ミュージアム（東京国立博物館）、中世に於ける長船刀工（加島進）

# 年代早見表

（年号の下の洋数字は継続年数、和数字はその年号元年の逆算、南北朝期は右が南朝、左が北朝）

## 鎌倉時代

| **元暦** | 文治 | 建久 | 正治 | 建仁 | 元久 | 建永 | 承元 | 建暦 | 建保 | **承久** | 貞応 | 元仁 | 嘉禄 | 安貞 | 寛喜 |
|---|---|---|---|---|---|---|---|---|---|---|---|---|---|---|---|
| 1 | 5 | 9 | 2 | 3 | 2 | 1 | 4 | 2 | 6 | 3 | 2 | 1 | 2 | 2 | 3 |
| 八二七 | 八二六 | 八二一 | 八一二 | 八一〇 | 八〇六 | 八〇五 | 八〇四 | 八〇〇 | 七九八 | 七九二 | 七八九 | 七八七 | 七八六 | 七八四 | 七八二 |

## 鎌倉時代

| 貞永 | 天福 | 文暦 | 嘉禎 | 暦仁 | 延応 | 仁治 | 寛元 | 宝治 | **建長** | 康元 | 正嘉 | 正元 | 文応 | 弘長 | **文永** |
|---|---|---|---|---|---|---|---|---|---|---|---|---|---|---|---|
| 1 | 1 | 1 | 3 | 1 | 1 | 3 | 4 | 2 | 7 | 1 | 2 | 1 | 1 | 3 | 11 |
| 七七九 | 七七八 | 七七七 | 七七六 | 七七三 | 七七二 | 七七一 | 七六八 | 七六四 | 七六二 | 七五五 | 七五四 | 七五二 | 七五一 | 七五〇 | 七四七 |

## 鎌倉時代

| 建治 | 弘安 | 正応 | 永仁 | 正安 | 乾元 | **嘉元** | 徳治 | 延慶 | 応長 | 正和 | 文保 | 元応 | 元亨 | 正中 | 嘉暦 |
|---|---|---|---|---|---|---|---|---|---|---|---|---|---|---|---|
| 3 | 10 | 5 | 6 | 3 | 1 | 3 | 2 | 3 | 1 | 5 | 2 | 2 | 3 | 2 | 3 |
| 七三六 | 七三三 | 七二三 | 七一八 | 七一二 | 七〇九 | 七〇八 | 七〇五 | 七〇三 | 七〇〇 | 六九九 | 六九四 | 六九二 | 六九〇 | 六八七 | 六八五 |

## 南北朝時代

| | 元徳 | 元弘（右）／正慶（左） | **建武** | 延元（右）／暦応（左） | 興国（右）／康永（左） | 正平（右）／貞和（左） | 観応 | 文和 | **延文** | 康安 | 建徳（右）／貞治（左） | 文中（右）／応安（左） | 天授（右）／永和（左） | 康暦 | 弘和（右）／永徳（左） | 元中（右）／至徳（左） |
|---|---|---|---|---|---|---|---|---|---|---|---|---|---|---|---|---|
| 年数 | 2 | 3／2 | 2／4 | 4／4 | 6／3 | 24／5 | 2 | 4 | 5 | 1 | 2／6 | 3／7 | 6／4 | 2 | 3／3 | 9／3 |
| 逆算 | 六八二 | 六八〇／六七九 | 六七七 | 六七五／六七三 | 六七一／六六九 | 六六五／六六六 | 六六一 | 六五九 | 六五五 | 六五〇 | 六四一／六四九 | 六三九／六四三 | 六三六 | 六三二 | 六三〇 | 六二七 |

## 室町時代

| 嘉慶 | 康応 | 明徳 | **応永** | 正長 | **永享** | 嘉吉 | 文安 | 宝徳 | 享徳 | 康正 | 長禄 | 寛正 | 文正 | **応仁** | 文明 | 長享 |
|---|---|---|---|---|---|---|---|---|---|---|---|---|---|---|---|---|
| 2 | 1 | 4 | 34 | 1 | 12 | 3 | 5 | 3 | 3 | 2 | 3 | 6 | 1 | 2 | 18 | 2 |
| 六二四 | 六二二 | 六二一 | 六一七 | 五八三 | 五八二 | 五七〇 | 五六七 | 五六二 | 五五九 | 五五六 | 五五四 | 五五一 | 五四五 | 五四四 | 五四二 | 五二四 |

## 室町時代

| 延徳 | 明応 | 文亀 | **永正** | 大永 | 享禄 | 天文 | 弘治 | 永禄 | 元亀 |
|---|---|---|---|---|---|---|---|---|---|
| 3 | 9 | 3 | 17 | 7 | 4 | 23 | 3 | 12 | 3 |
| 五二二 | 五一九 | 五一〇 | 五〇七 | 四九〇 | 四八三 | 四七九 | 四五六 | 四五三 | 四四一 |

## 桃山時代

| **天正** | 文禄 | **慶長** |
|---|---|---|
| 19 | 4 | 19 |
| 四三八 | 四一九 | 四一五 |

## 江戸時代

| 元和 | 寛永 | 正保 | 慶安 |
|---|---|---|---|
| 9 | 20 | 4 | 4 |
| 三九六 | 三八七 | 三六七 | 三六三 |

## 江戸時代

| 承応 | 明暦 | 万治 | **寛文** | 延宝 | 天和 | 貞享 | 元禄 | 宝永 | 正徳 | 享保 | 元文 | 寛保 | 延享 | 寛延 | 宝暦 | 明和 |
|---|---|---|---|---|---|---|---|---|---|---|---|---|---|---|---|---|
| 3 | 3 | 3 | 12 | 8 | 3 | 4 | 16 | 7 | 5 | 20 | 5 | 3 | 4 | 3 | 13 | 8 |
| 三五九 | 三五六 | 三五三 | 三五〇 | 三三八 | 三三〇 | 三二七 | 三二三 | 三〇七 | 三〇〇 | 二九五 | 二七五 | 二七〇 | 二六七 | 二六三 | 二六〇 | 二四七 |

## 江戸時代

| 安永 | 天明 | 寛政 | 享和 | **文化** | 文政 | 天保 | 弘化 | 嘉永 | 安政 | 万延 | 文久 | 元治 | 慶応 |
|---|---|---|---|---|---|---|---|---|---|---|---|---|---|
| 9 | 8 | 12 | 3 | 14 | 12 | 14 | 4 | 6 | 6 | 1 | 3 | 1 | 3 |
| 二三九 | 二三〇 | 二二二 | 二一〇 | 二〇七 | 一九三 | 一八一 | 一六七 | 一六三 | 一五七 | 一五一 | 一五〇 | 一四七 | 一四六 |

| **明治** | 大正 | 昭和 | 平成 |
|---|---|---|---|
| 44 | 14 | 63 | 23 |
| 一四三 | 九九 | 八五 | 二二 |

| 年号 | 読み | 西暦 | 時代 |
|---|---|---|---|
| 貞永 | じょうえい | 1232～33 | 鎌倉 |
| 正応 | しょうおう | 1288～93 | 鎌倉 |
| 承応 | じょうおう | 1652～55 | 江戸 |
| 貞応 | じょうおう | 1222～24 | 鎌倉 |
| 正嘉 | しょうか | 1257～59 | 鎌倉 |
| 承久 | じょうきゅう | 1219～22 | 鎌倉 |
| 正慶 | しょうきょう | 1332～34 | 北朝 |
| 貞享 | じょうきょう | 1684～88 | 江戸 |
| 正元 | しょうげん | 1259～60 | 鎌倉 |
| 承元 | じょうげん | 1207～11 | 鎌倉 |
| 正治 | しょうじ | 1199～1201 | 鎌倉 |
| 貞治 | じょうじ | 1362～68 | 北朝 |
| 正中 | しょうちゅう | 1324～26 | 鎌倉 |
| 正長 | しょうちょう | 1428～29 | 室町 |
| 正徳 | しょうとく | 1711～16 | 江戸 |
| 正平 | しょうへい | 1346～70 | 南朝 |
| 正保 | しょうほ | 1644～48 | 江戸 |
| 承保 | じょうほう | 1074～77 | 平安 |
| 承暦 | じょうりゃく | 1077～81 | 平安 |
| 正和 | しょうわ | 1312～17 | 鎌倉 |
| 昭和 | しょうわ | 1926～89 | 昭和 |
| 貞和 | じょうわ | 1345～50 | 北朝 |
| 〔た〕 | | | |
| 大永 | たいえい | 1521～28 | 室町 |
| 大正 | たいしょう | 1912～26 | 大正 |
| 大同 | だいどう | 806～10 | 平安 |
| 大宝 | たいほう | 701～04 | 飛鳥 |
| 〔ち〕 | | | |
| 長享 | ちょうきょう | 1487～89 | 室町 |
| 長徳 | ちょうとく | 995～99 | 平安 |
| 長禄 | ちょうろく | 1457～60 | 室町 |
| 〔て〕 | | | |
| 天授 | てんじゅ | 1375～81 | 南朝 |
| 天正 | てんしょう | 1573～92 | 桃山 |
| 天和 | てんな | 1681～84 | 江戸 |
| 天福 | てんぷく | 1233～34 | 鎌倉 |
| 天文 | てんぶん | 1532～55 | 室町 |
| 天保 | てんぽう | 1830～44 | 江戸 |
| 天明 | てんめい | 1781～89 | 江戸 |
| 〔と〕 | | | |
| 徳治 | とくじ | 1306～08 | 鎌倉 |
| 〔に〕 | | | |
| 仁治 | にんじ | 1240～43 | 鎌倉 |
| 仁平 | にんぴょう | 1151～54 | 平安 |

| 年号 | 読み | 西暦 | 時代 |
|---|---|---|---|
| 〔ふ〕 | | | |
| 文安 | ぶんあん | 1444～49 | 室町 |
| 文永 | ぶんえい | 1264～75 | 鎌倉 |
| 文応 | ぶんおう | 1260～61 | 鎌倉 |
| 文化 | ぶんか | 1804～18 | 江戸 |
| 文亀 | ぶんき | 1501～04 | 室町 |
| 文久 | ぶんきゅう | 1861～64 | 江戸 |
| 文治 | ぶんじ | 1185～90 | 鎌倉 |
| 文正 | ぶんしょう | 1466～67 | 室町 |
| 文政 | ぶんせい | 1818～30 | 江戸 |
| 文中 | ぶんちゅう | 1372～75 | 南朝 |
| 文和 | ぶんな | 1352～56 | 北朝 |
| 文保 | ぶんぽう | 1317～19 | 鎌倉 |
| 文明 | ぶんめい | 1469～87 | 室町 |
| 文暦 | ぶんりゃく | 1234～35 | 鎌倉 |
| 文禄 | ぶんろく | 1592～96 | 桃山 |
| 〔へ〕 | | | |
| 平治 | へいじ | 1159～60 | 平安 |
| 平成 | へいせい | 1989～ | 平成 |
| 〔ほ〕 | | | |
| 保安 | ほうあん | 1120～24 | 平安 |
| 宝永 | ほうえい | 1704～11 | 江戸 |
| 保元 | ほうげん | 1156～59 | 平安 |
| 宝治 | ほうじ | 1247～49 | 鎌倉 |
| 宝徳 | ほうとく | 1449～52 | 室町 |
| 宝暦 | ほうれき | 1751～64 | 江戸 |
| 〔ま〕 | | | |
| 万延 | まんえん | 1860～61 | 江戸 |
| 万治 | まんじ | 1658～61 | 江戸 |
| 〔め〕 | | | |
| 明応 | めいおう | 1492～1501 | 室町 |
| 明治 | めいじ | 1868～1912 | 明治 |
| 明徳 | めいとく | 1390～94 | 北朝 |
| 明暦 | めいれき | 1655～58 | 江戸 |
| 明和 | めいわ | 1764～72 | 江戸 |
| 〔よ〕 | | | |
| 養老 | ようろう | 717～24 | 奈良 |
| 養和 | ようわ | 1181～82 | 平安 |
| 〔り〕 | | | |
| 暦応 | りゃくおう | 1338～42 | 北朝 |
| 暦仁 | りゃくにん | 1238～39 | 鎌倉 |
| 〔わ〕 | | | |
| 和銅 | わどう | 708～15 | 奈良 |

# 日本年号索引

〔あ〕

| 年号 | 読み | 西暦 | 時代 |
|---|---|---|---|
| 安永 | あんえい | 1772~81 | 江戸 |
| 安政 | あんせい | 1854~60 | 江戸 |
| 安貞 | あんてい | 1227~29 | 鎌倉 |

〔え〕

| 年号 | 読み | 西暦 | 時代 |
|---|---|---|---|
| 永延 | えいえん | 987~89 | 平安 |
| 永享 | えいきょう | 1429~41 | 室町 |
| 永正 | えいしょう | 1504~21 | 室町 |
| 永徳 | えいとく | 1381~84 | 北朝 |
| 永仁 | えいにん | 1293~99 | 鎌倉 |
| 永暦 | えいりゃく | 1160~61 | 平安 |
| 永禄 | えいろく | 1558~70 | 室町 |
| 永和 | えいわ | 1375~79 | 北朝 |
| 延享 | えんきょう | 1744~48 | 江戸 |
| 延慶 | えんぎょう | 1308~11 | 鎌倉 |
| 延元 | えんげん | 1336~40 | 南朝 |
| 延徳 | えんとく | 1489~92 | 室町 |
| 延応 | えんおう | 1239~40 | 鎌倉 |
| 延文 | えんぶん | 1356~61 | 北朝 |
| 延宝 | えんぽう | 1673~81 | 江戸 |

〔お〕

| 年号 | 読み | 西暦 | 時代 |
|---|---|---|---|
| 応安 | おうあん | 1368~75 | 北朝 |
| 応永 | おうえい | 1394~1428 | 室町 |
| 応長 | おうちょう | 1311~12 | 鎌倉 |
| 応仁 | おうにん | 1467~69 | 室町 |

〔か〕

| 年号 | 読み | 西暦 | 時代 |
|---|---|---|---|
| 嘉永 | かえい | 1848~54 | 江戸 |
| 嘉吉 | かきつ | 1441~44 | 室町 |
| 嘉慶 | かぎょう | 1387~89 | 北朝 |
| 嘉元 | かげん | 1303~06 | 鎌倉 |
| 嘉祥 | かしょう | 848~51 | 平安 |
| 嘉禎 | かてい | 1235~38 | 鎌倉 |
| 嘉暦 | かりゃく | 1326~29 | 鎌倉 |
| 嘉禄 | かろく | 1225~27 | 鎌倉 |
| 寛永 | かんえい | 1624~44 | 江戸 |
| 寛延 | かんえん | 1748~51 | 江戸 |
| 寛喜 | かんぎ | 1229~32 | 鎌倉 |
| 寛元 | かんげん | 1243~47 | 鎌倉 |
| 寛弘 | かんこう | 1004~12 | 平安 |
| 寛正 | かんしょう | 1460~66 | 室町 |
| 寛政 | かんせい | 1789~1801 | 江戸 |
| 観応 | かんのう | 1350~52 | 北朝 |
| 寛文 | かんぶん | 1661~73 | 江戸 |
| 寛保 | かんぽう | 1741~44 | 江戸 |

〔き〕

| 年号 | 読み | 西暦 | 時代 |
|---|---|---|---|
| 享徳 | きょうとく | 1452~55 | 室町 |
| 享保 | きょうほう | 1716~36 | 江戸 |
| 享禄 | きょうろく | 1528~32 | 室町 |
| 享和 | きょうわ | 1801~04 | 江戸 |

〔け〕

| 年号 | 読み | 西暦 | 時代 |
|---|---|---|---|
| 慶安 | けいあん | 1648~52 | 江戸 |
| 慶応 | けいおう | 1865~68 | 江戸 |
| 慶長 | けいちょう | 1596~1615 | 桃山 |
| 建永 | けんえい | 1206~07 | 鎌倉 |
| 元応 | げんおう | 1319~21 | 鎌倉 |
| 元亀 | げんき | 1570~73 | 室町 |
| 建久 | けんきゅう | 1190~99 | 鎌倉 |
| 元久 | げんきゅう | 1204~06 | 鎌倉 |
| 乾元 | けんげん | 1302~03 | 鎌倉 |
| 元亨 | げんこう | 1321~24 | 鎌倉 |
| 元弘 | げんこう | 1331~34 | 南朝 |
| 建治 | けんじ | 1275~78 | 鎌倉 |
| 元治 | げんじ | 1864~65 | 江戸 |
| 元中 | げんちゅう | 1384~92 | 南朝 |
| 建長 | けんちょう | 1249~56 | 鎌倉 |
| 建徳 | けんとく | 1370~72 | 南朝 |
| 元徳 | げんとく | 1329~31<br>1329~32 | 鎌倉<br>北朝 |
| 元和 | げんな | 1615~24 | 江戸 |
| 建仁 | けんにん | 1201~04 | 鎌倉 |
| 元仁 | げんにん | 1224~25 | 鎌倉 |
| 元文 | げんぶん | 1736~41 | 江戸 |
| 建保 | けんぽ | 1213~19 | 鎌倉 |
| 建武 | けんむ | 1334~36<br>1334~38 | 南朝<br>北朝 |
| 建暦 | けんりゃく | 1211~13 | 鎌倉 |
| 元暦 | げんりゃく | 1184~85 | 鎌倉 |
| 元禄 | げんろく | 1688~1704 | 江戸 |

〔こ〕

| 年号 | 読み | 西暦 | 時代 |
|---|---|---|---|
| 弘安 | こうあん | 1278~88 | 鎌倉 |
| 康安 | こうあん | 1361~62 | 北朝 |
| 康永 | こうえい | 1342~45 | 北朝 |
| 康応 | こうおう | 1389~90 | 北朝 |
| 弘化 | こうか | 1844~48 | 江戸 |
| 康元 | こうげん | 1256~57 | 鎌倉 |
| 興国 | こうこく | 1340~46 | 南朝 |
| 弘治 | こうじ | 1555~58 | 室町 |
| 康正 | こうしよう | 1455~57 | 室町 |
| 弘長 | こうちょう | 1261~64 | 鎌倉 |
| 康暦 | こうりゃく | 1379~81 | 北朝 |
| 弘和 | こうわ | 1381~84 | 南朝 |

〔し〕

| 年号 | 読み | 西暦 | 時代 |
|---|---|---|---|
| 至徳 | しとく | 1384~87 | 北朝 |
| 正安 | しょうあん | 1299~1302 | 鎌倉 |
| 承安 | じょうあん | 1171~75 | 平安 |

# 五畿七道と国別一覧

**❶ 畿内〈五ヵ国〉**

山城（京都）
大和（奈良）
摂津・河内・和泉（大阪）

**❷ 北陸道〈七ヵ国〉**

越後・佐渡（新潟）
越中（富山）
加賀・能登（石川）
越前・若狭（福井）

**❸ 東山道〈十三ヵ国〉**

出羽｛羽後（秋田）
　　　羽前（山形）
陸奥｛陸奥（青森）
　　　陸中（岩手）
　　　陸前（宮城）
　　　磐城・岩代（福島）
下野（栃木）
上野（群馬）
信濃（長野）
飛騨・美濃（岐阜）
近江（滋賀）

**❹ 東海道〈十五ヵ国〉**

（安房、志摩は刀工未見）
常陸（茨城）
上総・下総（千葉）
武蔵（東京）
武蔵（埼玉）
相模（神奈川）
伊豆・駿河・遠江（静岡）
三河・尾張（愛知）
伊勢・伊賀（三重）
甲斐（山梨）

**❺ 山陽道〈八ヵ国〉**

播磨（兵庫）
備前・美作・備中（岡山）
備後・安芸（広島）
周防・長門（山口）

**❻ 山陰道〈八ヵ国〉**

（隠岐、丹後刀工未見）
丹波（京都）
丹波・但馬（兵庫）
因幡・伯耆（鳥取）
出雲・石見（島根）

**❼ 南海道〈六ヵ国〉**

紀伊（三重）
紀伊（和歌山）
淡路（兵庫）
讃岐（香川）
伊予（愛媛）
土佐（高知）
阿波（徳島）

**❽ 西海道〈九ヵ国〉**

筑前・筑後（福岡）
豊前（福岡）
豊後（大分）
肥前（佐賀）
肥前（長崎）
肥後（熊本）
日向（宮崎）
大隅・薩摩（鹿児島）

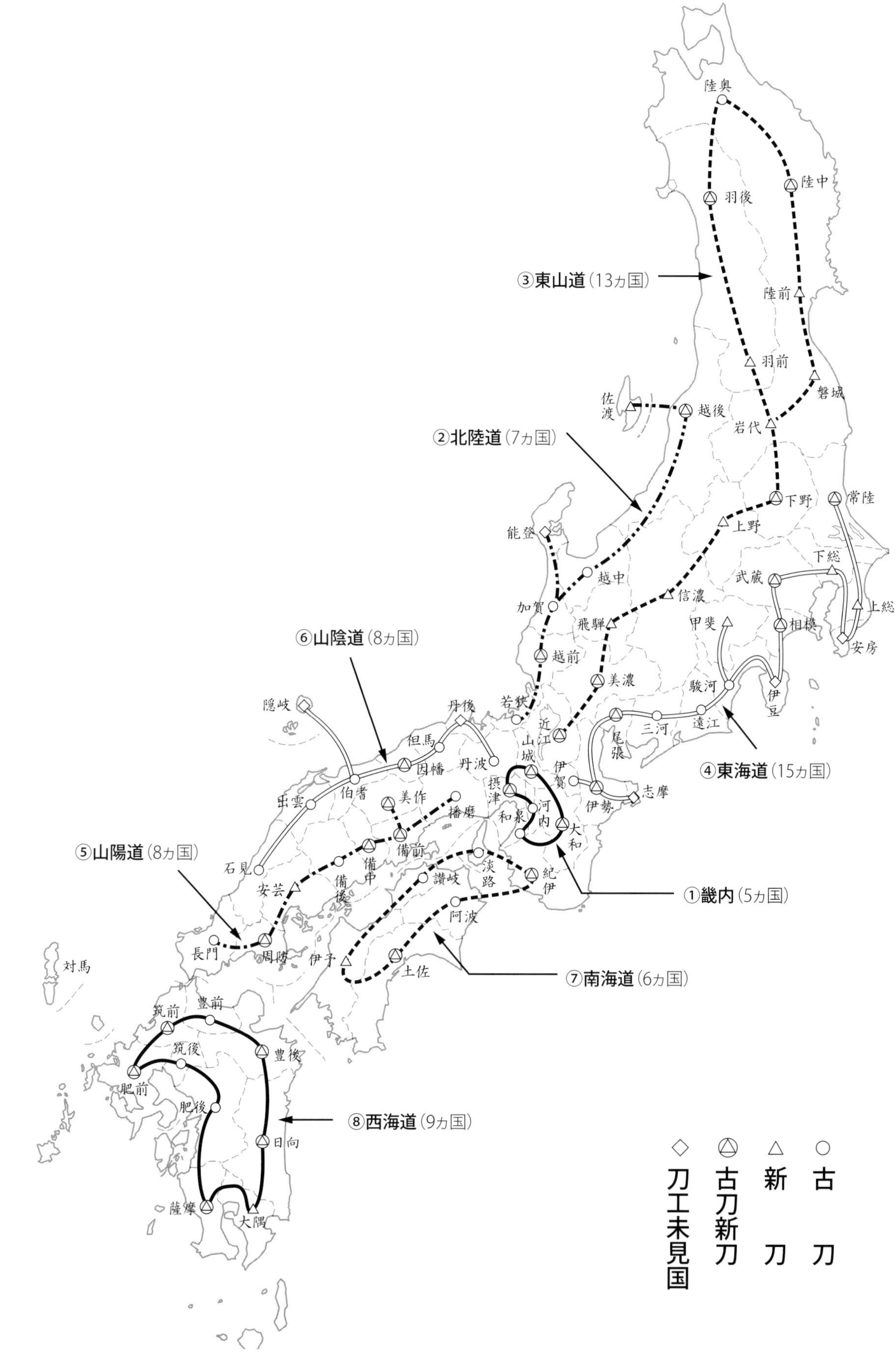

①畿内（5ヵ国）
山城
大和
河内
和泉
摂津
②北陸道（7ヵ国）
佐渡
越後
能登
越中
加賀
越前
若狭
③東山道（13ヵ国）
陸奥
羽後
陸中
陸前
羽前
磐城
岩代
下野
上野
信濃
飛騨
美濃
近江
④東海道（15ヵ国）
常陸
下総
武蔵
上総
甲斐
相模
安房
駿河
伊豆
遠江
三河
尾張
伊賀
志摩
伊勢
⑤山陽道（8ヵ国）
美作
播磨
備前
備中
備後
安芸
周防
長門
⑥山陰道（8ヵ国）
隠岐
丹後
但馬
因幡
丹波
伯耆
出雲
石見
⑦南海道（6ヵ国）
紀伊
淡路
讃岐
阿波
伊予
土佐
⑧西海道（9ヵ国）
対馬
筑前
豊前
筑後
豊後
肥前
肥後
日向
薩摩
大隅
○ 古刀
△ 新刀
◎ 古刀新刀
◇ 刀工未見国

# 刀工別索引


## あ

秋廣〈あきひろ〉……11
秋弘〈あきひろ〉……14
秋房〈あきふさ〉……14
秋義〈あきよし〉……11
顕國〈あきくに〉……12
昭次〈あきつぐ〉……14
昭秀〈あきひで〉……14
昭平〈あきひら〉……15
昭守〈あきもり〉……16
アサ丸〈あさまる〉……14
朝郷〈あささと・ともさと〉……17
天寿〈あまとし〉……17
天秀〈あまひで〉……17
有功〈ありこと〉……18
有綱〈ありつな〉……12
有俊〈ありとし〉……13
有平〈ありひら〉……17
在光〈ありみつ〉……13
在吉〈ありよし〉……18
果→か

## い

家定〈いえさだ〉……21
家重〈いえしげ〉……21
家助〈いえすけ〉……19
家忠〈いえただ〉……19・22
家次〈いえつぐ〉……19
家利〈いえとし〉……19
家久〈いえひさ〉……22
家平〈いえひら〉……22
家光〈いえみつ〉……20
家守〈いえもり〉……20
家安〈いえやす〉……20
家能〈いえよし〉……20
石塔〈いしとう〉……24
一〈いち〉……20
一英〈いちえい・かずひで〉……24
一乗〈いちじょう〉……21
一秀〈いっしゅう・かすひで〉……23
一則〈いっそく・かずのり〉……23
一峯〈いっぽう〉……24
市太〈いちた〉……24
一定→か
一次→か
一直→か

## う

右作〈うさく〉……28
氏貞〈うじさだ〉……25・28
氏繁〈うじしげ〉……28
氏重〈うじしげ〉……29
氏次〈うじつぐ〉……29
氏永〈うじなが〉……29
氏信〈うじのぶ〉……25
氏詮〈うじのり〉……29
氏房〈うじふさ〉……25・29
氏正〈うじまさ〉……26
氏吉〈うじよし〉……26・30
氏善〈うじよし〉……30
埋忠〈うめただ〉……30
雲次〈うんじ〉……26
雲重〈うんじゅう〉……27
雲生〈うんしょう〉……27

## え

円真〈えんしん〉……31

## お

大兼道〈おおかねみち〉……32
奥里〈おきさと〉……32
興里〈おきさと〉……32
興直〈おきなお〉……33
興久〈おきひさ〉……33
興正〈おきまさ〉……33
起正〈おきまさ〉……34
大道→た

## か

果〈か・あきら〉……55
加卜〈かぼく〉……55
景真〈かげざね〉……35
景介〈かげすけ〉……35
景長〈かげなが〉……35
景則〈かげのり〉……35
景秀〈かげひで〉……35
景平〈かげひら〉……55
景政〈かげまさ〉……36

景光〈かげみつ〉……36
景安〈かげやす〉……37
景吉〈かげよし〉……56
一定〈かずさだ〉……23
一次〈かずつぐ〉……23
一直〈かずなお〉……23
勝家〈かついえ〉……38・56
勝國〈かつくに〉……56
勝貞〈かつさだ〉……38
勝重〈かつしげ〉……57
勝永〈かつなが〉……57
勝廣〈かつひろ〉……38
勝光〈かつみつ〉……39
勝盛〈かつもり〉……40
克一〈かついち〉……58
月山〈がっさん〉……40・218
兼明〈かねあき〉……40
兼在〈かねあり〉……41
兼舎〈かねいえ〉……41
兼岩〈かねいわ〉……41
兼氏〈かねうじ〉……41
兼景〈かねかげ〉……42・58
兼門〈かねかど〉……42
兼清〈かねきよ〉……42
兼岸〈かねぎし〉……42
兼國〈かねくに〉……42
兼先〈かねさき〉……42・58
兼定〈かねさだ〉……43・59
兼貞〈かねさだ〉……44
兼重〈かねしげ〉……44・60
兼助〈かねすけ〉……61

兼高〈かねたか〉……61
兼位〈かねたか〉……44
兼植〈かねたね〉……61
兼次〈かねつぐ〉……45・62
兼辻〈かねつじ〉……45・62
兼綱〈かねつな〉……45
兼常〈かねつね〉……45・62
兼辰〈かねとき〉……62
兼友〈かねとも〉……46・63
兼豊〈かねとよ〉……63
兼虎〈かねとら〉……64
兼栄〈かねなか・かねひで〉……46
兼仲〈かねなか〉……65
兼中〈かねなか〉……65
兼長〈かねなが〉……46
兼永〈かねなが〉……46
兼成〈かねなり〉……46
兼信〈かねのぶ〉……46・65
兼則〈かねのり〉……47・65
兼法〈かねのり〉……48・66
兼春〈かねはる〉……48・66
兼久〈かねひさ〉……66
兼衡〈かねひら〉……48
兼廣〈かねひろ〉……67
兼房〈かねふさ〉……48・71
兼巻〈かねまき〉……67
兼正〈かねまさ〉……67
兼道〈かねみち〉……50・68
兼光〈かねみつ〉……49・68
兼元〈かねもと〉……50・68
兼基〈かねもと〉……50

兼安〈かねやす〉……51・68
兼吉〈かねよし〉……51
兼若〈かねわか〉……69
包氏〈かねうじ〉……52
包清〈かねきよ〉……52
包國〈かねくに〉……71
包先〈かねさき〉……74
包定〈かねさだ〉……72
包貞〈かねさだ〉……72
包真〈かねざね〉……52
包重〈かねしげ〉……74
包次〈かねつぐ〉……52
包俊〈かねとし〉……53
包友〈かねとも〉……53
包長〈かねなが〉……53
包永〈かねなが〉……53・74
包則〈かねのり〉……74
包久〈かねひさ〉……75
包平〈かねひら〉……53
包道〈かねみち〉……75
包守〈かねもり〉……75
包保〈かねやす〉……75
包行〈かねゆき〉……54
包吉〈かねよし〉……54
金定〈かねさだ〉……76
金高〈かねたか〉……54・76
金英〈かねひで〉……76
金光〈かねみつ〉……54・76
岩捲〈がんまく〉……54
一英→い
一秀→い

一則→い
金重→き
金道→き
寛重→ひ
寛次→ひ

## き

紀充〈きじゅう・のりみつ〉……81
鬼道〈きどう・きみち〉……82
奇峯〈きほう〉……81
菊御作〈きくぎょさく〉……77
菊平〈きくひら〉……82
休鉄〈きゅうてつ〉……82
清景〈きよかげ〉……77
清兼〈きよかね〉……91
清國〈きよくに〉……77
清定〈きよさだ〉……77
清貞〈きよさだ〉……77・82
清重〈きよしげ〉……82
清繁〈きよしげ〉……83
清左〈きよすけ〉……77
清高〈きよたか〉……84
清綱〈きよつな〉……78
清恒〈きよつね〉……84
清長〈きよなが〉……84
清永〈きよなが〉……78
清宣〈きよのぶ〉……84
清則〈きよのり〉……78
清秀〈きよひで〉……85
清仁〈きよひと〉……85
清平〈きよひら〉……86
清房〈きよふさ〉……79・87・91
清丸〈きよまる〉……87
清麿〈きよまろ〉……87
清光〈きよみつ〉……79・89
清盈〈きよみつ〉……90
清安〈きよやす〉……80
清吉〈きよよし〉……80
清人〈きよんど・きよひと〉……85
金重〈きんじゅう・かねしげ〉……80・92
金道〈きんみち・かねみち〉……92
玉英→た
久次→ひ
久道→ひ
義助→よ

## く

國家〈くにいえ〉……140
國勝〈くにかつ〉……99・115
國包〈くにかね〉……113
國清〈くにきよ〉……99・115
國定〈くにさだ〉……99・117
國貞〈くにさだ〉……99・117
國真〈くにざね〉……121
國實〈くにざね〉……99・121
國重〈くにしげ〉……99・121
國助〈くにすけ〉……101・123
國資〈くにすけ〉……101
國祐〈くにすけ〉……101
國隆〈くにたか〉……125
國武〈くにたけ〉……125
國次〈くにつぐ〉……101・126
國綱〈くにつな〉……103・127
國常〈くにつね〉……127
國輝〈くにてる〉……128
國英〈くにてる・くにひで〉……127
國時〈くにとき〉……104
國俊〈くにとし〉……105・140
國富〈くにとみ〉……129
國友〈くにとも〉……105
國俦〈くにとも〉……129
國虎〈くにとら〉……130
國長〈くになが〉……106
國永〈くになが〉……106・130
國信〈くにのぶ〉……106
國徳〈くにのり〉……130
國治〈くにはる〉……131
國久〈くにひさ〉……106・131
國秀〈くにひで〉……107・131
國平〈くにひら〉……132・140
國廣〈くにひろ〉……107・133
國弘〈くにひろ〉……107
國房〈くにふさ〉……107・134
國正〈くにまさ〉……134
國政〈くにまさ〉……135
國昌〈くにまさ〉……107・135
國益〈くにます〉……135
國道〈くにみち〉……135
國路〈くにみち〉……136
國光〈くにみつ〉……108
國宗〈くにむね〉……109・116・137
國村〈くにむら〉……110
國盛〈くにもり〉……137

國安〈くにやす〉……110・138
國康〈くにやす〉……138
國泰〈くにやす〉……111
國行〈くにゆき〉……111
國幸〈くにゆき〉……138
國吉〈くによし〉……112
國義〈くによし〉……139
圀次〈くにつぐ〉……126
圀秀〈くにひで〉……131
邦彦〈くにひこ〉……139

## け

厳秀→ひ

## こ

乕徹〈こてつ〉……142
上野介〈こうずけのすけ〉……141
是一〈これかず〉……142
是包〈これかね〉……143
是介〈これすけ〉……141
是助〈これすけ〉……141
是次〈これつぐ〉……143
是俊〈これとし〉……143
廣賀→ひ

## さ

左〈さ〉……144
左馬介〈さまのすけ〉……144
西蓮〈さいれん〉……144
貞秋〈さだあき〉……144
貞興〈さだおき〉……144
貞一〈さだかず・ていいち〉……152・159
貞勝〈さだかつ〉……153
貞清〈さだきよ〉……144
貞國〈さだくに〉……153
貞真〈さだざね〉……145
貞重〈さだしげ〉……154
貞末〈さだすえ〉……145
貞次〈さだつぐ〉……145・154・160
貞継〈さだつぐ〉……146
貞綱〈さだつな〉……146
貞利〈さだとし〉……161
貞俊〈さだとし〉……154
貞則〈さだのり〉……155
貞晴〈さだはる〉……155
貞秀〈さだひで〉……155
貞英〈さだひで・さだてる〉……156
貞廣〈さだひろ〉……156
貞光〈さだみつ〉……146・160
貞宗〈さだむね〉……146・156
貞盛〈さだもり〉……156
貞安〈さだやす〉……147
貞行〈さだゆき〉……147・156
貞幸〈さだゆき〉……156
貞之〈さだゆき〉……157
貞吉〈さだよし〉……147・157・161
定興〈さだおき〉……157
定利〈さだとし〉……147
定秀〈さだひで〉……147
定廣〈さだひろ〉……157
定盛〈さだもり〉……147・157
定行〈さだゆき〉……147
定吉〈さだよし〉……148
實忠〈さねただ〉……148
實弘〈さねひろ〉……148
實昌〈さねまさ〉……148
實行〈さねゆき〉……148・158
實可〈さねよし〉……149
真雄〈さねお・まさお〉……158
真景〈さねかげ〉……149
真國〈さねくに〉……149
真恒〈さねつね〉……149
真利〈さねとし〉……150
真長〈さねなが〉……150
真則〈さねのり〉……150
真光〈さねみつ〉……151
真守〈さねもり〉……151
真行〈さねゆき〉……158
三条〈さんじょう〉……151
三秀→み

## し

重〈しげ〉……162
重勝〈しげかつ〉……164
重包〈しげかね〉……164
重國〈しげくに〉……162・164
重真〈しげざね〉……162
重高〈しげたか〉……165
重武〈しげたけ〉……162
重胤〈しげたね〉……165
重次〈しげつぐ〉……162
重信〈しげのぶ〉……162
重則〈しげのり〉……166

重久〈しげひさ〉……162
重秀〈しげひで〉……166
重房〈しげふさ〉……166
重光〈しげみつ〉……162
重村〈しげむら〉……166
重安〈しげやす〉……163
重康〈しげやす〉……167
重行〈しげゆき〉……167
重吉〈しげよし〉……163
重義〈しげよし〉……167
繁武〈しげたけ〉……167
繁継〈しげつぐ〉……171
繁寿〈しげとし〉……171
繁平〈しげひら〉……172
繁政〈しげまさ〉……172
繁昌〈しげまさ・はんじょう〉……167
繁慶〈しげよし・はんけい〉……168
繁栄〈しげよし・はんえい〉……167
鎮種〈しげたね〉……163
鎮政〈しげまさ〉……168
七左〈しちざ〉……168
實阿〈じつあ〉……163
下坂〈しもさか〉……168
寿命〈じゅみょう・としなが〉……169
荘二〈しょうじ〉……172
順慶〈じゅんけい〉……163
真改〈しんかい〉……170
真了〈しんりょう〉……171


## す

末次〈すえつぐ〉……173
末則〈すえのり〉……173
末秀〈すえひで〉……173
末行〈すえゆき〉……173
助包〈すけかね〉……173・183
助國〈すけくに〉……173
助真〈すけざね〉……174
助重〈すけしげ〉……174・183
助茂〈すけしげ〉……174
助高〈すけたか〉……183
助隆〈すけたか〉……183
助隣〈すけちか〉……190
助次〈すけつぐ〉……174
助綱〈すけつな〉……175
助俊〈すけとし〉……183
助共〈すけとも〉……183
助直〈すけなお〉……184
助長〈すけなが〉……175
助永〈すけなが〉……176
助成〈すけなり・すけしげ〉……176
助延〈すけのぶ〉……176
助信〈すけのぶ〉……185
助則〈すけのり〉……186
助久〈すけひさ〉……176
助平〈すけひら〉……176
助廣〈すけひろ〉……176・186
助政〈すけまさ〉……188
助光〈すけみつ〉……176
助宗〈すけむね〉……177・189
助村〈すけむら〉……178
助守〈すけもり〉……178
助吉〈すけよし〉……178
祐包〈すけかね〉……190
祐國〈すけくに〉……191
祐定〈すけさだ〉……179・191
祐高〈すけたか〉……193
祐寿〈すけとし〉……193
祐直〈すけなお〉……193
祐永〈すけなが〉……193
祐信〈すけのぶ〉……194
祐則〈すけのり〉……194
祐春〈すけはる〉……194
祐久〈すけひさ〉……194
祐平〈すけひら〉……194
祐廣〈すけひろ〉……195
祐光〈すけみつ〉……182・195
祐宗〈すけむね〉……195
祐義〈すけよし〉……195
祐芳〈すけよし〉……196
資永〈すけなが〉……182
資綱〈すけつな〉……182
資正〈すけまさ〉……182
佐重〈すけしげ〉……196
佐之〈すけゆき〉……196


## せ

千手院〈せんじゅいん〉……197
正峯→ま


## そ

宗寛→む
宗栄→む

## た

大道〈たいどう・おおみち〉……198・202
大明京〈だいみんきん・だいみんきょう〉……202
高包〈たかかね〉……198
高真〈たかざね〉……202
高綱〈たかつな〉……198
高平〈たかひら〉……202
貴道〈たかみち〉……203
貴光〈たかみつ〉……199
隆廣〈たかひろ〉……199
鷹俊〈たかとし〉……203
鷹諶〈たかのぶ〉……203
忠清〈ただきよ〉……203
忠國〈ただくに〉……204
忠貞〈ただきだ〉……199
忠重〈ただしげ〉……205
忠親〈ただちか〉……205
忠次〈ただつぐ〉……214
忠縄〈ただつな〉……206
忠綱〈ただつな〉……206
忠廣〈ただひろ〉……208
忠正〈ただまさ〉……209
忠光〈ただみつ〉……199・209
忠宗〈ただむね〉……209
忠行〈ただゆき〉……209
忠吉〈ただよし〉……210
忠義〈ただよし〉……212
忠善〈ただよし〉……214
種重〈たねしげ〉……200
種廣〈たねひろ〉……212
胤長〈たねなが〉……212
胤光〈たねみつ〉……212
胤吉〈たねよし〉……213
玉英〈たまひで・ぎょくえい〉……213
為家〈ためいえ〉……213
為清〈ためきよ〉……200
為貞〈ためさだ〉……201
為次〈ためつぐ〉……201
為継〈ためつぐ〉……201
為遠〈ためとお〉……201
為利〈ためとし〉……201
為康〈ためやす〉……213
為義〈ためよし〉……214
當麻→ま
達磨〈だるま〉……201

## ち

近景〈ちかかげ〉……215
近包〈ちかかね〉……215
近則〈ちかのり〉……215・217
近房〈ちかふさ〉……216
近村〈ちかむら〉……216
親次〈ちかつぐ〉……216
周重〈ちかしげ〉……217
朝尊→と
長円→な
長義→な

## つ

次家〈つぐいえ〉……218
次包〈つぐかね〉……221
次重〈つぐしげ〉……221
次忠〈つぐただ〉……218
次直〈つぐなお〉……218
次平〈つぐひら〉……225
次廣〈つぐひろ〉……219
次吉〈つぐよし〉……219
紹芳〈つくが〉……221
継貞〈つぐさだ〉……221
継利〈つぐとし〉……221
継永〈つぐなが〉……221
継秀〈つぐひで〉……222
継平〈つぐひら〉……222
継廣〈つぐひろ〉……222
継吉〈つぐよし〉……222
勉〈つとむ〉……225
綱家〈つないえ〉……219
綱重〈つなしげ〉……223
綱俊〈つなとし〉……223
綱信〈つなのぶ〉……223
綱英〈つなひで〉……224
綱平〈つなひら〉……224
綱廣〈つなひろ〉……219・224
恒清〈つねきよ〉……220
恒次〈つねつぐ〉……220
恒平〈つねひら〉……225
恒弘〈つねひろ〉……220
恒光〈つねみつ〉……220
経家〈つねいえ〉……220
常遠〈つねとう〉……221
常光〈つねみつ〉……225

## て

英一〈てるかず〉……226
英辰〈てるとき〉……226
英義〈てるよし〉……226
照包〈てるかね〉……73・226
照重〈てるしげ〉……226
照廣〈てるひろ〉……226
輝秀〈てるひで〉……228
輝廣〈てるひろ〉……227
輝政〈てるまさ〉……228
輝行〈てるゆき〉……228
輝吉〈てるよし〉……227
貞一→さ
照包→包貞

## と

外藤〈とふじ〉……229
東虎〈とうこ〉……233
遠近〈とうちか〉……229
遠政〈とうまさ〉……229
刻國〈ときくに〉……233
辰仲〈ときなか〉……233
辰成〈ときなり〉……233
利次〈としつぐ〉……233
利恒〈としつね〉……229
利常〈としつね〉……229
利光〈としみつ〉……229
利安〈としやす〉……229
俊一〈としかず〉……233
俊胤〈としたね〉……234
俊次〈としつぐ〉……230
俊長〈としなが〉……230
俊秀〈としひで〉……239
俊平〈としひら〉……240
俊光〈としみつ〉……239
歳長〈としなが〉……234
寿國〈としくに〉……235
寿實〈としざね〉……235
寿隆〈としたか〉……235
寿長〈としなが〉……235
寿格〈としのり〉……235
寿治〈としはる〉……236
寿秀〈としひで〉……236
寿廣〈としひろ〉……239
寿昌〈としまさ〉……236
寿幸〈としゆき〉……237
世安〈としやす〉……230
友清〈ともきよ〉……230
友重〈ともしげ〉……230・237
友次〈ともつぐ〉……230
友常〈ともつね〉……238
友成〈ともなり〉……231
友英〈ともひで〉……238
友弘〈ともひろ〉……231
友安〈ともやす〉……231
友行〈ともゆき〉……231・238
倫清〈ともきよ〉……232
倫國〈ともくに〉……231
倫助〈ともすけ〉……238
倫光〈ともみつ〉……232
朝尊〈ともたか・ちょうそん〉……238
具衡〈ともひら〉……238
朝郷→あ
寿命→し
徳勝→の
徳隣→の
道円→み

## な

直景〈なおかげ〉……246
直勝〈なおかつ〉……246
直重〈なおしげ〉……241
直胤〈なおたね〉……247
直次〈なおつぐ〉……241
直綱〈なおつな〉……241
直格〈なおのり〉……249
直秀〈なおひで〉……248
直房〈なおふさ〉……249
直正〈なおまさ〉……249
直道〈なおみち〉……249
直光〈なおみつ〉……249
直行〈なおゆき〉……250
直義〈なおよし〉……250
尚定〈なおさだ〉……250
尚光〈なおみつ〉……241
尚宗〈なおむね〉……241
長勝〈ながかつ〉……251
長清〈ながきよ〉……251
長國〈ながくに〉……251
長重〈ながしげ〉……242
長次〈ながつぐ〉……243・251
長綱〈ながつな〉……251

長円〈ながのぶ・ちょうえん〉……242
長信〈ながのぶ〉……251
長則〈ながのり〉……243
長道〈ながみち〉……252
長光〈ながみつ〉……243
長旨〈ながむね〉……252
長元〈ながもと〉……244
長守〈ながもり〉……244
長盛〈ながもり〉……244
長幸〈ながゆき〉……253
長吉〈ながよし〉……244
長義〈ながよし・ちょうぎ〉……245
長善〈ながよし〉……253
永國〈ながくに〉……253
永貞〈ながさだ〉……254
永重〈ながしげ〉……254
永則〈ながのり〉……245
永弘〈ながひろ〉……254
永道〈ながみち〉……254
永光〈ながみつ〉……246
永行〈ながゆき〉……246
浪貞〈なみさだ〉……246
成家〈なりいえ〉……242
成高〈なりたか〉……242
成就〈なりとも〉……250
成則〈なりのり〉……242
成宗〈なりむね〉……242・250

## に

仁王三郎〈におうさぶろう〉……255
入西〈にゅうさい〉……255

## の

順重〈のりしげ〉……262
信舎〈のぶいえ〉……256
信屋〈のぶいえ〉……262
信一〈のぶかず〉……262
信國〈のぶくに〉……256・263
信貞〈のぶさだ〉……263
信高〈のぶたか〉……263
信孝〈のぶたか〉……264
信連〈のぶつら〉……264
信寿〈のぶとし〉……264
信友〈のぶとも〉……264
信長〈のぶなが〉……257
信秀〈のぶひで〉……264・269
信房〈のぶふさ〉……258・269
信正〈のぶまさ〉……258・265
信光〈のぶみつ〉……258
信行〈のぶゆき〉……265
信吉〈のぶよし〉……258・265
信義〈のぶよし〉……266
延次〈のぶつぐ〉……259
延房〈のぶふさ〉……259
延吉〈のぶよし〉……259
宣勝〈のぶかつ〉……266
宣行〈のぶゆき〉……266
陳直〈のぶなお〉……266
則國〈のりくに〉……259
則定〈のりさだ〉……267
則重〈のりしげ〉……259・267
則高〈のりたか〉……259
則綱〈のりつな〉……259
則恒〈のりつね〉……260
則長〈のりなが〉……260
則成〈のりなり〉……260
則房〈のりふさ〉……260
則光〈のりみつ〉……261
則宗〈のりむね〉……261
則行〈のりゆき〉……267
法光〈のりみつ〉……261
徳勝〈のりかつ・とくかつ〉……267
徳兼〈のりかね〉……267
徳隣〈のりちか・とくりん〉……268
徳廣〈のりひろ〉……267
徳正〈のりまさ〉……268
徳宗〈のりむね〉……268

## は

春光〈はるみつ〉……270
治國〈はるくに〉……271
治継〈はるつぐ〉……270
治久〈はるひさ〉……271
治光〈はるみつ〉……270
治行〈はるゆき〉……270
繁昌→し
繁慶→し
繁栄→し

## ひ

久一〈ひさかず〉……278
久國〈ひさくに〉……272・278
久次〈ひさつぐ・きゅうじ〉……272・278

久長〈ひさなが〉……272
久信〈ひさのぶ〉……272
久則〈ひさのり〉……278
久道〈ひさみち・きゅうどう〉……279
久光〈ひさみつ〉……273
久宗〈ひさむね〉……273
久幸〈ひさゆき〉……281
久娟〈ひさよし〉……273
久義〈ひさよし〉……281
秀明〈ひであき〉……289
秀興〈ひでおき〉……281
秀景〈ひでかげ〉……273
秀一〈ひでかず〉……281
秀國〈ひでくに〉……282
秀助〈ひですけ〉……274
秀近〈ひでちか〉……282
秀次〈ひでつぐ〉……274・282
秀辰〈ひでとき〉……283
秀寿〈ひでとし〉……282
秀春〈ひではる〉……283
秀弘〈ひでひろ〉……283
秀光〈ひでみつ〉……274
秀世〈ひでよ〉……283
廣家〈ひろいえ〉……274
廣國〈ひろくに〉……274
廣貞〈ひろさだ〉……283
廣實〈ひろざね〉……275
廣重〈ひろしげ〉……283
廣助〈ひろすけ〉……275
廣隆〈ひろたか〉……283
廣任〈ひろただ〉……284
廣近〈ひろちか〉……284
廣次〈ひろつぐ〉……275・284
廣綱〈ひろつな〉……284
廣信〈ひろのぶ〉……285
廣則〈ひろのり〉……285
廣房〈ふろふさ〉……285
廣正〈ひろまさ〉……275
廣政〈ひろまさ〉……285
廣道〈ひろみち〉……285
廣光〈ひろみつ〉……276・286
廣行〈ひろゆき〉……286
廣幸〈ひろゆき〉……286
廣義〈ひろよし〉……277・287
廣賀〈ひろよし・こうが〉……276・286
弘包〈ひろかね〉……287
弘重〈ひろしげ〉……287
弘次〈ひろつぐ〉……277
弘利〈ひろとし〉……277
弘元〈ひろもと〉……287
弘行〈ひろゆき〉……277
弘幸〈ひろゆき〉……288
寛重〈ひろしげ・かんじゅう〉……288
寛次〈ひろつぐ・かんじ〉……288
寛安〈ひろやす〉……277
厳秀〈ひろひで・げんしゅう〉……277
汎隆〈ひろたか〉……288
博正〈ひろまさ〉……289
美平→よ

## ふ

房信〈ふさのぶ〉……292
房安〈ふさやす〉……291
総宗〈ふさむね〉……290
藤嶋〈ふじしま〉……290
冬廣〈ふゆひろ〉……290

## ほ

宝寿〈ほうじゅ〉……293

## ま

将應〈まさのり〉……301
将平〈まさひら〉……323
正明〈まさあき〉……301
正商〈まさあき〉……302
正家〈まさいえ〉……295・302
正氏〈まさうじ〉……302
正雄〈まさお〉……302
正奥〈まさおき〉……295
正興〈まさおき〉……303
正景〈まさかげ〉……303
正蔭〈まさかげ〉……304
正方〈まさかた〉……304
正勝〈まさかつ〉……304
正清〈まさきよ〉……295・305
正國〈まさくに〉……305
正眞〈まさざね〉……295
正實〈まさざね〉……305
正重〈まさしげ〉……296・305
正繁〈まさしげ〉……306
正祐〈まさすけ〉……296
正甫〈まさすけ〉……305
正隆〈まさたか〉……306

正孝〈まさたか〉……323
正全〈まさたけ〉……306
正近〈まさちか〉……296・306
正次〈まさつぐ〉……296・307
正綱〈まさつな〉……308
正恒〈まさつね〉……297
正照〈まさてる〉……308
正利〈まさとし〉……297・310
正俊〈まさとし〉……309
正俦〈まさとも〉……310
正寿〈まさとし〉……310・323
正直〈まさなお〉……297・311
正長〈まさなが〉……297
正永〈まさなが〉……311
正信〈まさのぶ〉……298・311
正則〈まさのり〉……311
正規〈まさのり〉……312
正久〈まさひさ〉……312
正日出〈まさひで〉……312
正秀〈まさひで〉……313
正廣〈まさひろ〉……298・314
正弘〈まさひろ〉……315
正房〈まさふさ〉……316
正路〈まさみち〉……317
正光〈まさみつ〉……299・317
正峯〈まさみね・せいほう〉……324
正宗〈まさむね〉……299
正守〈まさもり〉……318
正盛〈まさもり〉……300・318
正行〈まさゆき〉……318
正幸〈まさゆき〉……321
正義〈まさよし〉……320
正良〈まさよし〉……320
正美〈まさよし〉……321
政次〈まさつぐ〉……300
政常〈まさつね〉……321
政長〈まさなが〉……300・322
政則〈まさのり〉……300
政平〈まさひら〉……322
政光〈まさみつ〉……300
政宗〈まさむね〉……301
政盛〈まさもり〉……301
昌直〈まさなお〉……322
當麻〈まさま・たいま〉……301
方清〈まさきよ〉……322
真雄→さ

## み

道辰〈みちとき〉……328
道俊〈みちとし〉……328
道寿〈みちとし〉……328
道尚〈みちなお・みちひさ〉……329
道長〈みちなが〉……329
道円〈みちまろ・どうえん〉……326
道安〈みちやす〉……329
通吉〈みちよし〉……326
光起〈みつおき〉……330
光包〈みつかね〉……325
光定〈みつさだ〉……325
光重〈みつしげ〉……325
光忠〈みつただ〉……325
光長〈みつなが〉……326
光則〈みつのり〉……326
光治〈みつはる〉……327
光平〈みつひら〉……327
光弘〈みつひろ〉……326
光昌〈みつまさ〉……328
光守〈みつもり〉……326
光世〈みつよ・みつとし〉……326
光代〈みつよ・みつとし〉……328
三秀〈みつひで・さんしゅう〉……327
明寿〈みょうじゅ〉……330

## む

宗明〈むねあき〉……335
宗有〈むねあり〉……335
宗貞〈むねさだ〉……331
宗重〈むねしげ〉……331・335
宗茂〈むねしげ〉……335
宗俊〈むねとし〉……338
宗忠〈むねただ〉……331
宗近〈むねちか〉……331
宗次〈むねつぐ〉……331・336
宗平〈むねひら〉……338
宗廣〈むねひろ〉……339
宗弘〈むねひろ〉……338
宗寛〈むねひろ・そうかん〉……339
宗正〈むねまさ〉……331
宗道〈むねみち〉……339
宗光〈むねみつ〉……332
宗行〈むねゆき〉……332
宗吉〈むねよし〉……332・339
宗義〈むねよし〉……333

宗栄〈むねよし・そうえい〉……340
宗依〈むねより〉……333
統景〈むねかげ〉……333
村正〈むらまさ〉……334

## も

元真〈もとざね〉……341
元重〈もとしげ〉……341
元助〈もとすけ〉……342
元武〈もとたけ〉……349
元利〈もととし〉……349
元直〈もとなお〉……349
元長〈もとなが〉……349
元平〈もとひら〉……350
元廣〈もとひろ〉……342
元寛〈もとひろ〉……351
元光〈もとみつ〉……351
元安〈もとやす〉……351
元喜〈もとよし〉……351
基近〈もとちか〉……342
基光〈もとみつ〉……342
本信〈もとのぶ〉……351
本行〈もとゆき〉……352
盛景〈もりかげ〉……342
盛國〈もりくに〉……352
盛重〈もりしげ〉……343
盛助〈もりすけ〉……343
盛高〈もりたか〉……343・356
盛近〈もりちか〉……352
盛継〈もりつぐ〉……343
盛縄〈もりつな〉……343
盛俊〈もりとし〉……353
盛寿〈もりとし〉……353
盛利〈もりとし〉……353
盛則〈もりのり〉……344
盛尚〈もりひさ・もりなお〉……353
盛秀〈もりひで〉……353
盛房〈もりふさ〉……344
盛匡〈もりまさ〉……344
盛道〈もりみち〉……354
盛光〈もりみつ〉……344
盛宗〈もりむね〉……354
盛吉〈もりよし〉……345・356
守家〈もりいえ〉……345
守勝〈もりかつ〉……346
守清〈もりきよ〉……346
守重〈もりしげ〉……346・354
守助〈もりすけ〉……346
守次〈もりつぐ〉……346・354
守利〈もりとし〉……347
守俊〈もりとし〉……355
守長〈もりなが〉……347
守永〈もりなが〉……347
守久〈もりひさ〉……355
守秀〈もりひで〉……355
守廣〈もりひろ〉……347・356
守弘〈もろひろ〉……347
守正〈もりまさ〉……355
守政〈もりまさ〉……348
守光〈もりみつ〉……348
森弘〈もりひろ〉……348
森宗〈もりむね〉……348
師光〈もろみつ〉……348

## や

安在〈やすあり〉……362
安家〈やすいえ〉……362
安清〈やすきよ〉……357
安國〈やすくに〉……362
安貞〈やすさだ〉……357・363
安定〈やすさだ〉……363
安周〈やすちか〉……357
安次〈やすつぐ〉……358
安綱〈やすつな〉……357
安縄〈やすつな〉……358
安常〈やすつね〉……364
安輝〈やすてる〉……364
安利〈やすとし〉……364
安倫〈やすとも〉……364
安信〈やすのぶ〉……359
安延〈やすのぶ〉……359
安則〈やすのり〉……365
安廣〈やすひろ〉……365
安正〈やすまさ〉……359
安行〈やすゆき〉……359・365
安代〈やすよ〉……366
安吉〈やすよし〉……359
康家〈やすいえ〉……360
康貞〈やすさだ〉……366
康重〈やすしげ〉……360・367
康親〈やすちか〉……367
康近〈やすちか〉……367
康次〈やすつぐ〉……360

康継〈やすつぐ〉……367
康綱〈やすつな〉……370
康直〈やすなお〉……371
康永〈やすなが〉……361
康春〈やすはる〉……360
康廣〈やすひろ〉……371
康道〈やすみち〉……371
康光〈やすみつ〉……361
泰近〈やすちか〉……371
泰長〈やすなが〉……361
泰幸〈やすゆき〉……371
泰吉〈やすよし〉……361
保弘〈やすひろ〉……362
靖武〈やすたけ〉……372
靖廣〈やすひろ〉……372

## ゆ

行観〈ゆきあき〉……373
行勝〈ゆきかつ〉……376
行兼〈ゆきかね〉……376
行包〈ゆきかね〉……373
行清〈ゆききよ〉……376
行真〈ゆきざね〉……373
行周〈ゆきちか〉……377
行次〈ゆきつぐ〉……377
行長〈ゆきなが〉……377
行久〈ゆきひさ〉……373
行秀〈ゆきひで〉……373・377
行平〈ゆきひら〉……374・379
行廣〈ゆきひろ〉……379
行弘〈ゆきひろ〉……374
行房〈ゆきふさ〉……380
行光〈ゆきみつ〉……374・380
行安〈ゆきやす〉……375・381
幸景〈ゆきかげ〉……375
幸継〈ゆきつぐ〉……375
幸久〈ゆきひさ〉……375
幸光〈ゆきみつ〉……376

## よ

吉家〈よしいえ〉……382・391
吉門〈よしかど〉……391
吉包〈よしかね〉……382・391
吉國〈よしくに〉……392
吉貞〈よしさだ〉……383・392
吉重〈よししげ〉……392
吉武〈よしたけ〉……393
吉次〈よしつぐ〉……383・393
吉時〈よしとき〉……394
吉長〈よしなが〉……383・394
吉成〈よしなり〉……394
吉信〈よしのぶ〉……384・395
吉則〈よしのり〉……384
吉久〈よしひさ〉……384
吉平〈よしひら〉……385
吉廣〈よしひろ〉……385・395
吉弘〈よしひろ〉……385
吉房〈よしふさ〉……385・395
吉正〈よしまさ〉……396
吉政〈よしまさ〉……396
吉道〈よしみち〉……397
吉光〈よしみつ〉……386・400
吉宗〈よしむね〉……387
吉用〈よしもち〉……387
吉元〈よしもと〉……387
吉安〈よしやす〉……388
吉行〈よしゆき〉……400
吉幸〈よしゆき〉……400
義昭〈よしあき〉……405
義景〈よしかげ〉……388
義一〈よしかず〉……401
義清〈よしきよ〉……388
義國〈よしくに〉……401
義重〈よししげ〉……401
義助〈よしすけ・ぎすけ〉……388
義隆〈よしたか〉……401
義植〈よしたね〉……402
義継〈よしつぐ〉……402
義人〈よしと〉……406
義信〈よしのぶ〉……402
義則〈よしのり〉……389・402
義規〈よしのり〉……403
義廣〈よしひろ〉……389・403
義弘〈よしひろ〉……403
義道〈よしみち〉……403
義光〈よしみつ〉……389
義宗〈よしむね〉……406
義行〈よしゆき〉……403
能真〈よしざね〉……389
能次〈よしつぐ〉……390
能光〈よしみつ〉……390
賀光〈よしみつ〉……390
祥末〈よしすえ〉……390

良一〈よしかず〉……404
良忠〈よしただ・りょうちゅう〉……404
良近〈よしちか〉……406
良行〈よしゆき〉……404
慶隆〈よしたか〉……404
美平〈よしひら・びへい〉……404
頼貞〈よりさだ〉……405
頼次〈よりつぐ〉……390
良西→り

り

了戒〈りょうかい〉……407
良西〈りょうさい・よしあき〉……407
旅泊〈りょはく〉……407
良忠→よ

## 飯田一雄（いいだ・かずお）

1934年東京に生まれる。1962年刀剣春秋新聞社を設立。「刀剣春秋」新聞、『愛刀』誌を発刊するほか、日本刀、刀装具、甲冑武具などの書籍を刊行するとともに、鑑定、評価、評論にたずさわる。著書に『百剣百話―わが愛刀に悔なし』『日本刀・鐔・小道具価格事典』（以上光芸出版）、『越前守助廣大鑑』『甲冑面もののふの仮装』（以上刀剣春秋新聞社）、『金工事典』『刀工総覧』『井上真改大鑑』（以上共著・刀剣春秋新聞社）、『刀剣百科年表』（刀剣春秋新聞社）などがある。



図版 刀銘総覧〔普及版〕

2011年9月1日 第1刷発行

編　者　飯田一雄
発行者　宮下玄覇
発行所　刀剣春秋
〒104-0031 東京都中央区京橋1-8-4
TEL 03-5250-0588　FAX 03-5250-0582
URL http://www.toukenshunju.com
発売元　㈱宮帯出版社
〒602-8488 京都市上京区真倉町739-1
TEL 075-441-7747　FAX 075-431-8877
URL http://www.miyaobi.com
印刷所　爲國印刷株式会社
振替口座 00960-7-279886

定価はカバーにあります。
落丁・乱丁本はお取り替え致します。


 ISBN978-4-86366-082-3 C3072